中国政治経済史論

鄧小平時代

胡鞍鋼……著
日中翻訳学院 本書翻訳チーム……訳

日本僑報社

中国政治経済史論

鄧小平時代

目次

第三章　改革への政治的準備（一九七六～一九八一年）（上）　125

第四章　改革への政治的準備（一九七六～一九八一年）（下）　215

The Political and Economic History of China
The Period of Deng Xiaoping

第一章

興隆する中国と改革開放[1]

第一節　「中国の夢」――夢から現実へ

中華人民共和国の成立は、現代中国の興隆と中華民族の偉大なる復興の歴史的起点を象徴している。一九四九年九月二一日、毛沢東は中国人民政治協商会議第一期全体会議でこう指摘した。「人類の四分の一を占める中国人が、ここから立ち上がる。中国人はこれまで偉大で勇敢、勤勉な民族であった。ただ近代において遅れをとっているにすぎない。これは、外国の帝国主義と本国の反動政府による圧力と搾取がもたらした結果である」、「我々は団結し、人民解放戦争と人民大革命によって国内外の圧力者を打倒した。ここに中華人民共和国の成立を宣言する。我々の民族は、今から平和と自由を愛する世界民族の大家族の一員となる。勇敢かつ勤勉に仕事に励み、自身の文明と幸福を創造し、世界の平和と自由を促そうではないか。我々は二度と人に辱めを受ける民族とはならない。我々は立ち上がったのだ。我々の革命は全世界の広範な人民から、共感と歓呼を以って迎えられている。我々の友人は世界中に広がっている」[2]。

社会主義の基本制度を確立し、世界で最も強大な社会主義国家となることは、中国指導者の一貫した遠大な目標である。一九五六年八月、毛沢東は第八回党大会準備会の第一回会議で、中国を強国とする夢の大戦略、すなわち、五〇年（二〇〇六年までを指す）、六〇年（二〇一六年までを指す）をかけて米国に追いつき追い越すという構想を提起した。毛沢東はこれが可能と考えていただけでなく、必要であり、やるべきだと考えており、さらに有名な『開除球籍論（ある民族や国家などが地球上に存在する資格をはく奪される）』を打ち出した[3]。

同年一一月、毛沢東は『孫中山先生を記念する』一文において、いわゆる「中国の夢」を公式に提起した。彼は大胆にも「あと四十五年、つまり二〇〇一年、二十一世紀になったとき、中国はいっそう大きく変化している。**中国は巨大な社会主義工業国となる。……中国は人類に大きく貢献すべきである**」と予言した。この発言は毛沢東の名言となり、「中国の悲願」ともなった。**なぜ中国が人類に大きく貢献すべきなのか。**彼は第一に、中国の人口は六億人余りに達していること、第二に、中国の国土面積は九六〇万㎢に達し、世界の大国であること、この二つを理由として挙げている。彼が言っている。「こうした貢献は、過去、長きにわたってあまりに少なく、慚愧に堪えない」[4]、「中国は人類に大きく貢献すべき」ことは、毛沢東に代表される中国共産党人の強国への悲願となった。

三〇年余り前、鄧小平が改革開放を発動してから、中国は経済が飛躍的に発展する段階へと突入した。中国の迅速な興隆が不可逆的な歴史の趨勢となり、中国が人類に大きく貢献する時代は既に到来している。[5] 中国興隆という「中国の夢」は、まさに夢から現実となりつつあり、毛沢東の極めて広大な予言は、正確であった。二〇一六年、中国のGDP（購買力平価で計算）が米国を追い抜こうとしている。[6]

では、一三億人の人口を擁する中国の興隆が、全世界に対してどれほど重要な影響を生み出すのであろうか。中国の興隆を正確に判断するには、どのようにすればよいのであろうか。これは、最近、世界で最も活発な議論を呼んでいる。その例証の一つに、米国の国家情報委員会が千名近いエリート（政治・企業・社会・学術等各分野のエリート）の世界発展に関する見解をまとめ、二〇〇四年一二月、研究報告『世界の未来を描く』を発表した。この報告では、二〇二〇年に中国等が重要な世界の参画者となる可能性について研究し、また、十九世紀に成立したドイツ第二帝国と二十世紀に強大化した米国を例にして、この種の可能性の意味を説明している。報告では、中国の興隆は世界各地の地政学的局面に変化をもたらし、その影響は、十九世紀、二十世紀に興隆した大国の影響と同様に巨大であるとしている。その違いは、ドイツや米国の興隆は西側の発展であり、中国の興隆はいわゆる非西側の発展である、という点にある。報告では、二〇二〇年、**中国国民総生産は米国以外のあらゆる西側経済強国を追い抜き、中国は人口の絶対規模が巨大であるため、強国となるが、一人当たりの生活水準または収入水準は西側の水準に及ばない、と予測している。**[7] では、この中国興隆に対する判断は正しいのだろうか。明らかにこの予測は中国の発展する実力を過小評価している。二〇一〇年、中国のGDPはすでに日本を抜き、世界第二の経済体となり、[8] 米国の国家情報委員会の予測よりも一〇年早いのだ。

中国興隆の道は、筆者の長年にわたる研究の軸である。筆者は、中国がどのようにして歴史的好機をつかんだのかを研究することから始め、中国の経済発展に影響を与えた根本的要因の分析に着目した。そして、中国が興隆するまでに直面した問題や試練をまとめ、中国の興隆が全世界に与えた影響を研究し、最終的に中国興隆の戦略の大きな枠組みを分析している。[9] その中で、国際比較と歴史分析は、筆者が中国興隆を研究する上での一貫した大筋である。[10]

本書では、国家の発展過程におけるライフサイクルの概念を取り上げ、諸大国が興隆する歩みについて比較分析を行っている。より踏み込んで議論すべきだと筆者が考える問題はこうである。**中国の興隆には発展の法則あるいは発展の軌跡があるのかどうか。その他の国家との共通点や相違点があるのかどうか。国家の興隆が、発展ライフサイクルの存在を意味するのかどうか。もし存在するとしたら、その発展ステージは何か。このライフサイクルをもたらす原動力あるいは要因は何か。**

筆者の観点の中心は、次の通りである。世界の現代経済の発展歴史過程から見ると、確かに国家の発展ライフサイクルが存在し、大まかに四つのステージ、つまり成長準備期・急成長期・強盛またはピーク期・国力衰退期がある。国家の台頭は、国家間の競争によって受身の行動から積極的な行動へ、改革の模倣から自発的な改革へと変化し、反対に、国家の衰退は国家間の競争によって積極的な行動から受身の行動へと変化し、革新する力は衰え、ついには消え去っていくと考えられる。この国家発展ライフサイクル理論は、強大な近代中国がなぜ衰退したのかだけでなく、貧しかった現代中国がなぜ強大化したのか、当然説明できる。中でも、中国改革開放の歴史は、まさに中国が絶えず革新してきた歴史であり、台頭してきた歴史である。

第二節　理論的背景
――国家発展ライフサイクル

一、国家発展ライフサイクル

米国経済史学者のチャールズ・P・キンドルバーガーは、先駆的な研究を行い、学際や国境を越えた研究方法により「国家の生産力」という概念を提起した。一五〇〇～一九九〇年までのイタリアの都市郊外、スペイン・ハプスブルク家支配下の低地の国々、フランス、英国、ドイツ、米国、日本等の経済覇権の興亡を考察し、「世界覇権の交替論」を提起した。彼は、ダニエル・J・レヴィンソンが『人生の四季』（一九七八）の中で言及した概念、つまり人の一生を幼少と青少年（二〇歳まで）・成人（一七～四五歳）・中高年（四〇～六五歳）・晩年（八〇歳以降）に分けたことになぞらえて、国家には人と同じように、そのライフサイクルがあり、幼少期・青年期・老年期・晩年期に分けられると考えた。それぞれのライフステージで、国家の歴史的ポジションもこれとともに興隆から衰退に向かう変化が起こり、これによってその国家の世界経済におけるポジションが決定づけられ、リーダー的ポジションに置かれているのか、それとも取って代わられるのか、それらが決まる。彼は、国家の衰退を二種類に分けた。一つは、外部的要因による衰退、例えば、戦争に敗北することがそうである。もう一つは、内部的要因による衰退、例えば、拡大に向けた過渡期、創造的能力の喪失、財政力や投資率の低下、外国との競争等、これらはすべて国力老化の兆候である。またこれらは互いに関連し合っている独立要因である。変革を拒み、硬直化し、リスクを避け、生産から消費・財産へと関心が移行する。これらは経済的老化の表れである。最も賢明な政策をもってしても、このプロセスを逆転させることは難しい。[11]

国家発展ライフサイクルは存在するのだろうか。筆者は、国家は一つの生命体と同様に、そのライフサイクルが確実に存在すると考える。

筆者が提起し、考察する国家のライフサイクルという重要な概念は、チャールズ・P・キンドルバーガーとはやや異なっている。筆者が提起するこの概念は、主にプロダクトライフサイクル理論に由来し、これについて十分に学び、理論を参考にし、大胆に引用した結果である。

いわゆるプロダクトライフサイクルの「四段階説」とは、次のとおりである。まず第一段階は、国外から比較的先進性のある製品を導入する。第二段階は、新製品を消化吸収した後、当該製品を国内市場に投入する。すると、国内の市場価格と販売額は急速に拡大する。これが当該製品の生産・販売の成長期である。第三段階は、当該製品が成熟期に入り、加速段階から減速段階へと移る。第四段階は、当該製品の生産・販売が下降傾向を示す時期である。例えば、A製品がこのような昇降曲線を描く場合、下降の主要な原因がA製品より競争力の高いB製品の出現であれば、後者は前者に取って代わるだろう。あるいは、前者と比べて先進的で低コストであれば、B製品は新たなライフサイクル曲線を描き始める。これがいわゆる「四段階説」である。

この分析の考え方は、我々の理解に役立つ。経済の開放あるいは経済のグローバル化の条件の下、A国がB国と異なるライフサイクル曲線に起因する競争関係を形成することは、A製品とB製品の競争市場下におけるトレードオフの競争関係と同じである。

もし国家発展ライフサイクルが存在するならば、どのような特徴があるだろうか。どのように捉え、サイクルごとの境目をどのように区分するのだろうか。

ここに、筆者は国家発展ライフサイクル「四段階説」を提起する。[12] 世界は一つの国家で成り立っているのではなく、また一つの国家が主導あるいは統治しているのでもなく、多くの国家から成り立っている。そのため、特に大国によって作り出される競争環境におけるA製品とB製品の市場競争と同じように、A国とB国の国家間の競争が形成されると考えられ、二つの国家の発展と競争が生み出す「四段階説」が成立し得る。ここで、縦座標を用いて、一国の経済実力または総合国力が世界総量に占める割合を表すことで、A国とB国との競争結果の相対変化を示す。

第一段階は、A国の成長準備期である。A国が先んじて、経済の成長段階に入り、例えば、一人当たりの収入あるいは一人当たりGDPの成長率が一％を超えると、経済的実力または総合国力が世界総量に占める割合がやや向上し、トップランナーにもなる。一方、B国は長期にわたる停滞期をいまだ脱しておらず、いかなる経済成長の兆しも現れていない。つまり開発途上国であり、A国にとって、いかなる挑発にも脅威にもなっていない。

第二段階では、A国が経済の離陸期と急成長期に入る。[13] A国の経済的実力と総合国力が世界総量に占める割合が急速に上昇し、優位者そして挑戦者となり、B国に対して外的インパクトと外的脅威を形成し、B国に工業化を開始するよう迫る。B国は、劣位者そして受動者となり、A国の外的インパクトと脅威に対する対応を迫られる。この段階の後期には、B国は成長準備期に入り、A国を追駆する。

第三段階は、A国の強盛期である。A国は世界の大国（World Power）となり、その経済的実力と総合国力の世界総量に占める割合がピークに達する。しかし、その発展スピードは加速から減速へと変化する。B国は経済のグローバル化の恩恵の下、A国から各種資源（知識・技術・資本・人材）を獲得して急成長期に入り、経済的実力と総合国力が世界総量に占める割合が上昇する。B国は新たなライバルそして新たな挑戦者となり、A国との競争関係を形成し、さらには挑戦するようになる。[14]

第四段階は、A国の国力衰退期であり、内外の要因によって引き起こされる国家の衰退が始まる。つまり、B国が急速な興隆期に到達したか、あるいは強盛期に移行したことによる外からの挑戦を受けるという外的要因、そして人の老化に見られるような、内部の不調あるいは深刻な病気という内的要因のため、A国は衰退から逃れることはできない（図1-1）。

以上が、経済グローバル化の条件下でのA国とB国との競争であり、非常に単純化した理想型（Ideal Type）である。

図1-1　国家ライフサイクルの四段階（A国とB国）

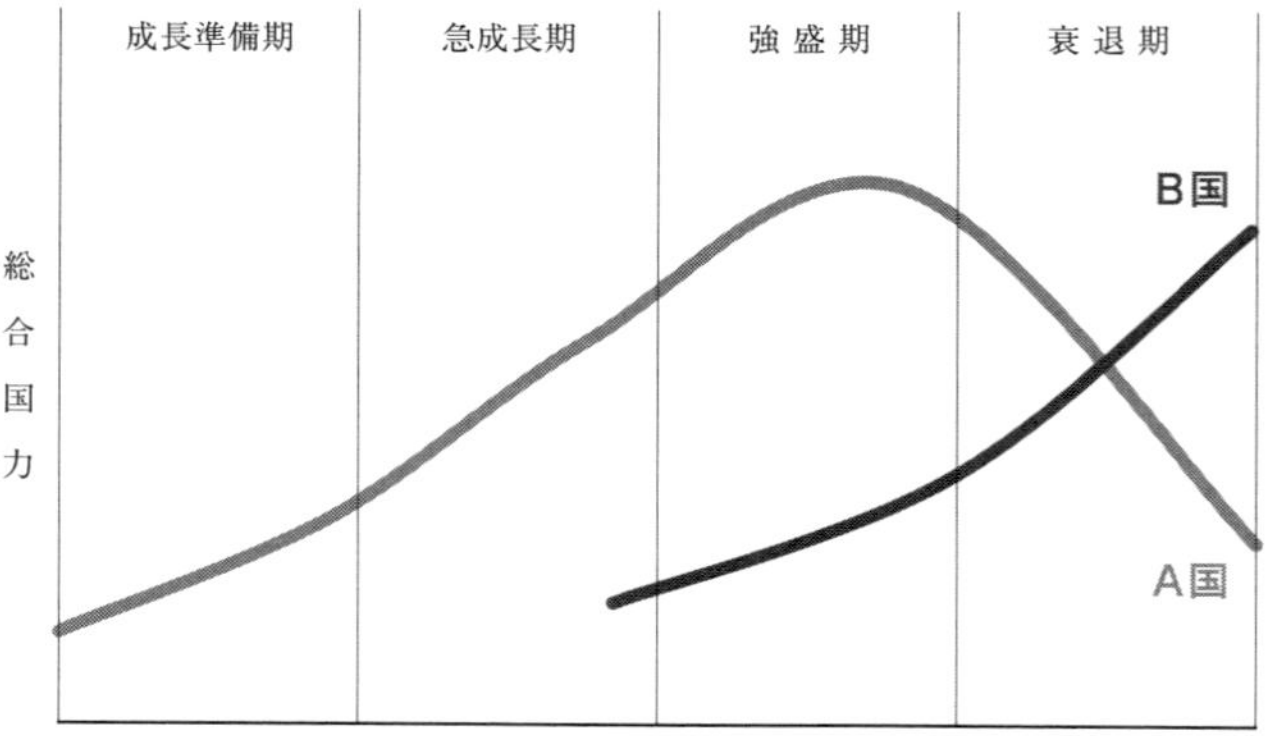

注：筆者が作図した。縦座標は一国の主要指標または総合国力が世界総量に占める割合である。

しかし現実の二国間競争は、はるかに複雑かつ多彩である。もし多くの大国が並存、あるいは多くの大国が積極的に競争に関わる時は、上記の国家発展ライフサイクルはさらに複雑な局面を形成する。例えば、十九世紀の中国とインドはグローバル競争に関与することはできず、経済グローバル化の傍観者でもあり、世界の工業化の波に乗ることができず、衰退が続いていた。この状況は二十世紀半ばまで続き、中印両国は一九八〇年代と一九九〇年代にようやく経済グローバル化への参与を開始し、世界の大国間競争は新たな構図を形成した。

二、国家発展ライフサイクルの定量化指標

もし、競争の世界に間違いなく国家発展ライフサイクルが存在すると認めるなら、我々が、一国あるいは複数の国のライフサイクルを計測し、それを考察する際に、どのような指標によるべきなのか。キンドルバーガーは、経済的覇権を的確に計量することは不可能であるが、それにもかかわらず経済的覇権は、現実に存在していることを認めている[15]。

本書は、選び出した主要な五つの人口に関する指標及び経済に関する指標を、グローバリゼーションと国力を競い合う環境の中に当てはめ、一国の発展ライフサイクルの動態変化の傾向を定量的に描き出すものである。主な計算方法は次のとおりである。第一、主要な経済と社会指標を選択し、続いて第二、この五つの指標が世界の総量に占める割合を計算し分析する。これを「比例法」と言う。第三に、できる限り長期の歴史データを使用する。これは、歴史動態の分析に都合が良いからである。第四に、国際的な比較を行うために、主要七カ国を選択する。第五に、筆者が採用した総合国力方式は、一国の総合国力が世界の総量に占める割合を評価するものである。その結果、選び出した五つの指標は、計算と正確な定量化が可能であるだけでなく、正しい国際的比較と歴史的比較が可能であることが示された。以下、この五つの指標とその意味するところを具体的に説明する。

(一)一国のGDPが全世界総量に占める割合は、世界経済構造における当該国の地位とその変化を反映しており、これは当該国の総合国力のベースを示す。一八二〇～一九七三年のデータは、筆者がアンガス・マディソンのデータベース(二〇一〇)から一九九〇年国際米ドル価格に基づいて計算した世界と主要国のGDPを採用している。また、一九九〇～二〇一五年データは世界銀行のデータベースから引用し、購買力平価に基づいて計算している(**表1－1**)。

(二)一国の輸出額が世界総量に占める割合は、当該国家の世界貿易構造における地位及びその変化を反映しており、これは当該国家の国際競争力を表している。**表1－2**は、アンガス・マディソンの最新データベースのデータを用いて、一九九〇年国際米ドル価格に基づいて計算した世界と主要大国の輸出額である。二〇〇〇～二〇一五年データは、世界貿易機関(WTO)のデータベースから、現在の価格に基づい

表1-1　七大国GDPが世界に占める割合の変化（1820～2015年）　単位：％

国＼年	1820	1870	1913	1929	1950	1973	1978	1990	2000	2010	2015
英国	5.21	9.00	8.22	6.76	6.53	4.22	3.80	3.30	3.10	2.50	2.30
ドイツ	3.86	6.48	8.69	7.06	4.98	5.90	5.50	5.30	4.80	3.60	3.30
米国	1.80	8.84	18.94	22.70	27.32	22.07	21.60	19.70	20.50	16.70	15.70
ロシア／旧ソ連	5.42	7.52	8.50	6.42	9.57	9.44	9.00	6.50	3.30	3.60	3.30
中国	32.88	17.05	8.83	7.37	4.50	4.62	4.90	3.70	7.40	13.90	17.10
日本	2.98	2.28	2.62	3.45	3.02	7.76	7.60	8.00	4.30	5.00	4.40
インド	16.02	12.12	7.48	6.52	4.17	3.09	3.30	3.20	4.10	5.90	6.90
米／中（倍）	0.05	0.73	2.14	3.08	6.07	4.78	4.41	5.34	2.77	1.20	0.91

注：購買力平価に基づいて計算。
注：1913年以前の「ソ連」はロシア等の国である。2000年・2008年のソ連データは、旧ソ連の総計である。本表は、購買力平価に基づいて計算。
資料出典：1820～1978年データ（1990年国際通貨単位）は、Angus Maddison, World Population, GDP and PerCapita GDP, 1-2008AD, 2010から引用。1990～2015年データ（2011年国際通貨単位）は世界銀行データベースから引用。
https://data.worldbank.org/indicator/NY.GDP.MKTP.PP.KD?locations=1W

表1-2　七大国の輸出が世界に占める割合の変化（1820～2015年）　単位：％

国＼年	1820	1870	1913	1929	1950	1973	1978	1992	2000	2010	2015
英国	15.51	21.76	16.65	9.57	10.47	5.27	5.50	5.11	4.43	2.72	2.79
ドイツ	—	12.02	16.16	10.49	3.51	10.80	10.93	11.35	8.56	8.23	8.07
米国	3.46	4.44	8.12	9.08	11.47	9.71	11.03	12.04	12.12	8.4	9.13
ロシア／旧ソ連	—	—	2.82	1.02	1.72	3.23	4.01	1.10	1.64	2.6	2.06
中国	—	2.49	1.78	1.87	1.69	0.65	0.75	2.16	3.86	10.3	13.80
日本	—	0.09	0.71	1.30	0.94	5.29	7.49	9.13	7.43	5.0	3.79
インド	—	6.16	4.01	2.45	1.46	0.54	0.51	0.53	0.66	1.5	1.62
米／中（倍）		1.78	4.56	4.86	6.79	14.94	14.71	5.57	3.14	0.81	0.66

資料出典：1820～1973年データは、アンガス・マディソン『世界経済200年回顧』改革出版社、1997年版から引用。1978～2015年データは、世界貿易機構（WTO）データベースから引用。

表1-3　七大国の人口が世界に占める割合の変化（1820～2015年）　単位：％

国＼年	1820	1870	1913	1929	1950	1973	2003	2009	2015
英国	2.04	2.47	2.55	1.99	1.99	1.44	0.87	0.91	0.87
ドイツ	2.39	3.08	3.63	2.83	2.71	2.02	1.30	1.20	1.11
米国	0.96	3.16	5.45	5.34	6.03	5.41	4.57	4.48	4.38
ロシア／旧ソ連	5.26	6.97	8.72	7.51	7.11	6.38	2.28	2.09	1.96
中国	36.57	28.15	24.40	21.28	21.66	22.52	20.2	19.46	18.66
日本	2.98	2.71	2.88	2.76	3.32	2.78	2.01	1.87	1.73
インド	20.06	19.89	16.95	14.54	14.22	14.81	17.44	17.75	17.85

資料出典：1820～1973年データは、Angus Maddison, Historical Statistics of the World Economyから引用。1-2008, http://www.ggdc.net/maddison/(02-2010)。2003～2015年データは、世界銀行データベースから引用。

て計算している。

（三）一国の人的資源が全世界総量に占める割合は、当該国家の世界の人的資源または人的資本構造における地位及びその変化を反映している。人的資源の指標は、一国の労働力人口が世界総量に占める割合、または一国の科学者・エンジニアが世界総量に占める割合に分けることができる。我々にはこれらの指標の履歴データが不足しているため、一国の総人口が世界総量に占める割合を代替として採用した（**表1－3**）。一八二〇～一九七三年の人口データは、アンガス・マディソンデータベースのデータを採用している。また、二〇〇三～二〇一五年のデータは、世界銀行データベースから引用している。

（四）一国の製造業生産高が世界総量に占める割合は、当該国家の世界工業化構造における地位及びその変化を反映している。この指標は、Paul Bairochの研究成果に基づいており、すなわち一七五〇～一九八〇年の各国の製造業の生産高が世界に占める割合である。[16] 一九八〇～一九九〇年のデータは世界銀行の『世界発展指標データベース』から選択している。[17] 二〇〇〇～二〇一五年のデータは、世界銀行データバンクから引用している（**表1－4**）[18]。

（五）一国の総合国力が世界総量に占める割合は、当該国家の世界構造における地位及びその変化を反映している。この指標は、我々自身の革新的成果である。[19] 我々は総合国力を一

表1-4　七大国の製造業生産高が世界に占める割合の変化（1830～2015年）　単位：%

国＼年	1830	1880	1900	1913	1953	1980	2000	2010	2015
英国	9.5	22.9	18.5	13.6	8.4	4.0	3.5	2.1	2.1
ドイツ	3.5	8.5	13.2	14.8	5.9	5.3	6.6	6.5	5.7
米国	2.4	14.7	23.6	32.0	44.7	31.5	25.4	17.3	17.7
ロシア／旧ソ連	5.6	7.6	8.8	8.2	10.7	14.8	0.9（2000年）	1.9	1.4
日本	2.8	2.4	2.4	2.7	2.9	9.1	18.1	11.4	7.5
中国	29.8	12.5	6.2	3.6	2.3	5.0	6.7	18.4	26.6
インド	17.6	2.8	1.7	1.4	1.7	2.3	1.3	2.6	2.6
米／中（倍）	0.08	1.18	3.81	8.89	19.43	6.30	3.79	0.94	0.67

資料出典：1830～1980年データは、Bairoch, Paul, International Industrialization Levels from 1750 to 1980, Journal of European Economic History, Fall82, Vol.11 Issue 2, pp.269-335から引用。2000～2015年データは、世界銀行データベースから引用。https://data.worldbank.org/indicator/NV.IND.MANF.CD?locations=CN-1W

つの国家が戦略目標を実現するために有する能力と定義し、特に国家戦略的資源を運用する能力のことである。本書は、九大類別に分類した国家戦略的資源（経済的資源・人的資源・資本的資源・自然的資源・知識的資源・ガバナンス資源・軍事的資源・国際的資源・情報資源）と十四種類の数値化指標を計算した。データは、アンガス・マディソン経済データベースと、世界銀行『世界発展指標データベース』（二〇一六年）から取った。世界の各大国の総合国力の変化曲線は大きく異なる。改革開放以降、中国の総合国力が世界に占める割合は持続的に向上し、米国との相対格差は縮小を続けている。このことは、中国が「興隆型」国家に属していることを十分に表しており、インドもこのタイプに属する。日本は「興隆後に下降」し、ロシアは「低迷期から上昇を始め」、米国は「ピークに達し、今まさに下降を始めている」。

ここで、**我々が国家の興隆または衰退を定義付けする際、一定期間（少なくとも二十五年以上）における当該国家の主要指標が示す傾向、とりわけ総合国力が世界総量に占める割合が、持続的な上昇傾向または持続的な下降傾向のどちらなのかをその根拠とする。これらの指標は、全世界の経済・貿易・科学技術・政治・軍事等における当該国家の地位の上昇または下降の傾向を反映しているからである。**我々は、アンガス・マディソン、Paul Bairochと世界銀行の歴史データを利用し、一八二〇〜二〇一五年の世界七大国の興隆過程を分析した。その結果、我々は各国の興隆モデルのすべてが同じではないが、国家発展ライフサイクルが明らかに存在することを発見した。

国家発展ライフサイクルに影響を与える要因は何か。筆者は、一つの国家の繁栄または衰退は決して偶然ではないと考える。**国家発展ライフサイクルの核心をなす問題は、一つの国家のイノベーション能力の有無、すなわち硬直・停滞を回避する能力の有無に在り、またイノベーションの持続能力、すなわち中断と挫折を回避する能力の有無、そして他のライバル国家に比してよりイノベーション能力を有し、おごることなく、落伍しないでいられるかどうかに在る。**一つの国家の衰退は、イノベーション能力の欠如・イノベーションの抑圧に起因しており、これにより、国家は衝突と競争の過程において衰退へ向かうことになる。持続的かつ連続的なイノベーションは、一つの国家が時を移さず発展し、興隆し、強大化する本質的動因となる。中国の盛衰の歴史が、最良の証明である。

第三節　中国の国家発展ライフサイクル

ここで中国の国家発展ライフサイクルを見てみよう。古代中国（西暦元年から一八二〇年）・近現代中国（一八二〇〜一九五〇年）・現代中国（一九五〇年から現在）に分けることができ、現代中国は、古代中国の発展ライフサイクルと現代国家の発展ライフサイクルを相前後して経験し、近現代中国は前者のピーク期と衰退期を体現し、また後者の始まりを体現している。

西暦元年から一五〇〇年までの世界では、中国は人口大国であり、最大の経済大国でもあった。もちろん、中国は世界の農業経済の先進国であった。まさにキンドルバーガーが「歴史の不規則発展の法則」で述べているとおりである。発展の程度が比較的高く、新しい文明の段階が他国の先を行っている国家が、臨界点または限界ラインに達したとき、この一線を超えてさらに発展することは極めて困難であり、それが招来する結果として、人類は次なる発展のために、他の世界に踏み出さざるを得なくなるのだ[20]。一五〇〇年以降、資本主義が西側国家で興り、世界に拡散した。特に、一七五〇年以後に発生した西側の産業革命[21]に対峙した中国経済は長期にわたって停滞した。一五〇〇年以降、中国と西欧の間に生じた発展の不均衡のため、両者の一人当たりGDPの相対的格差が広がった[22]。

中国の興隆モデルは、他の大国のそれと同じでなく、独特であるとさえ言える。**中国は先に衰退し、後に興隆している。あるいは、先に衰退し、後に改めて興隆したと言う人もいる。そのため、正確な言い方をするなら、中国の興隆は興隆（China Rising）ではなく、新たな再興隆（China Rerising）である。**これは一種の「復興効果」、すなわち、戦争で敗北した国が、十～十五年後、その経済実力と国際的地位を回復できることとよく似ている[23]。しかし、中国はその衰退過程で、一度ならず一〇〇回を超える戦争を経験している。そのうえ中国が復興に費やした時間は、十～十五年どころか、数十年もしくは百年を超える時間であった。

一八二〇年以降、世界がしだいに工業社会へと変貌し、工業文明・工業経済が主流となった同じ頃、中国は依然として農業文明・農業社会であり[24]、閉鎖的で硬直的、さらには老化した「老大帝国」となり、つるべ落としのように衰退期へと突入した。

一八二〇年当時、中国のGDPは、まだ世界総量の三分の一を占めており、世界の「老大帝国」であった。一八四〇年、GDPが中国の三分の一に満たない英国が中国を打ち負かした。その後、中国のGDPの世界に占める割合が急速に下落し、一八七〇年には半分の一七％となった。辛亥革命により清王朝が倒れた一九一三年、この割合は世界の一〇分の一（八・八％）未満に落ち込んだ。中華民国北京政府（北洋軍閥政府）、国民政府も中国の急激な衰退の流れを変えることができず、一九二九年にこの割合は七・四％となった。一九三八年、さらに六・三％まで下落し、一九五〇年、中国のGDPはついに四・五％となり（**表1－1**）、歴史上、最も低い割合に達した。このほか、当時の中国は世界の最貧困国家の一つであった。一人当たりのＧＤＰは四四八米ドル（一九九〇年国際米ドル価格に基づく。以下同じ）であり、世界平均（二一一一米ドル）の二一・二%であった。このことは、中国が伝統的な農村社会を基礎とする国家ライフサイクルから抜け出し、伝統的農業が近代的転換を開始することを意味していた。

一九四九年以降、中国はようやく現代国家発展ライフサイクルの第一段階に入った。これを現代経済の成長準備期と呼ぶ[25]。中国共産党率いる人民政府は、工業化・都市化・近代化を公式に発動し、正真正銘の現代経済成長時代、すなわち一人当たりの所得またはＧＤＰの年平均成長率が一%を超える時代が始まった。それだけではなく、社会主義発展の道を選択し、社会主義の制度と体制を整えた世界最大の社会主義国家となり、社会主義の力を集中して大事を成し遂げるという制度的優位を十分に活用した。かつて「大躍進」と「文化大革命」による深刻な挫折と影響を受けたが、七〇年代末には、比較的独立し、完全に近い工業体系と国民経済体系を築き上げ、工業化の本源的蓄積を完成させた。さらに、比較的独立した完全に近い国民教育システムと国民衛生サービスシステムを構築し、教育指標や健康指標、人類発展指標には明らかな進歩が見られ[26]、同時期のインドを上回っていることが歴然としていた[27]。つまり中国はすでに改革開放時代において国家発展ライフサイクルの第二段階に突入し、物質的資本基盤・人的資本基盤・制度的資本基盤を築いたのである。社会主義近代化への道を探るという角度から見ると、この一時期は、模索し経験を蓄積する段階に属する[28]。

一九七八年以降、中国は現代経済のテイクオフ段階に入ったが、スピードのある興隆は少なくとも二〇二〇年を待たなければならないだろう[29]。中国は今まさに、国家発展ライフサイクルの第二段階にあり、経済の高成長が際立ち、経済実力・貿易実力・総合国力が世界総量に占める割合は高まり続け、米国との相対格差は見る見るうちに縮小している（表1-1、1-2）。中国は二〇二〇年までに小康社会（まずまずのゆとりある社会）を全面的に実現し、「対外的にはさらに開放し、親和性を有し、人類文明に対してより大きく貢献する国家となる」としている[30]。

二〇二〇年以降、中国はいわゆる強盛期、すなわち国家発展ライフサイクルの第三段階に入り、新中国成立一〇〇年までに（二〇四九年を指す）、富強・民主・文明・調和（和諧）の社会主義近代国家の建設を実現し[31]、すべての中華民族の偉大なる復興を成し遂げると同時に、人類の発展に大きく貢献する国を目指している。

以上が、中国の国家発展ライフサイクルの軌跡とその発展段階であり、中国がこれまでにどのように歩み、今後どこに向かうのかを、より一層知らしめるものである。中国の歴史記録と対比するだけでなく、世界の歴史的背景の下、世界の大国（特に米国）と情勢を対比することにより、さらにはっきりと中国の国家発展ライフサイクルの変化と今後の傾向を知ることができ、中国が世界の歴史に深く関わっていくことが明確になる。この研究は、中国興隆の理論的根拠であり、「中国の道」の学理的基礎である。

第四節　改革開放の革新的メカニズム

世界史の大舞台で、なぜある国家は興隆し、ある国家は衰退するのだろうか？　同じ国家でありながら、なぜ時に興隆し、時に衰退するのだろうか。このことについて、歴史学者は絶えず探求し、激しい論争を繰り広げている。中国についても同様である。

世界の近代化に遅れ、追いかける側として、中国の歴史的使命は工業化・都市化・近代化であり、そのターゲットは先進国である。ここで、我々は追いかけるモデルとその可能性を知る必要がある。キンドルバーガーは、新製品と新製造技術の知識が一国から別の一国に伝わるに従い、先行する国家はある時期に他国から追いつかれることが、不可避であると考えている。彼は、**追いつき追い越すモデルを用いて、社会的能力を有する主要な国が、どのようにして一人当たりの国民所得の差を縮小し、相互の隔たりを減らすことができるかについて説明している。**[32]このモデルはある程度、なぜ第二次世界大戦後に日本が米国に追いつくことができ、一九六〇年代以降にアジア「四小龍」が先進国に追いつくことができたのかを説明している。同時に、一九七八年以降の中国がなぜ先進国に追いつくことができるのかも説明している。国家の能力と社会の能力にその理由があることは、**この能力の中身が何か、いかにこの能力を向上するか**についてキンドルバーガーの解説の有る無しにかかわらず、明らかである。筆者は、この能力の要が国家のイノベーション能力であり、これにより、なぜ中国が追いつくことができ、弱国から強国に変貌したのかを説明できると考える。

ここで、我々は国家のキャッチアップを係数化することで、一つの国家が最先進国に追いつくか、あるいは、遅れに甘んじたままなのかどうかを示す。この係数は、ある国家のGDP（一九九〇年国際通貨）と米国のGDPとの相対比較の水準である。中国が米国に追いつく過程を例にとると（図1－2）、段階をいくつかに分けることができる。まず、一九五〇～一九五七年、中国は米国に追いつこうとしている傾向をすでに示し、キャッチアップ係数は、一九五〇年の一七％から一九五七年には二一％に上昇している。一九五八年以降は「大躍進」と「文化大革命」のため、わずかな上下の変動もしくは下降状況を呈している。一九七七～一九九一年は、キャッチアップ係数の上昇傾向が継続し、一九七八年の二三％から一九九〇年の三七％に上昇している。一九九二～二〇〇八年のキャッチアップ係数はハイペースで上昇し、まず四〇％

図1-2　中国GDPのキャッチアップ(米国を100とする)係数（1950～2015年）

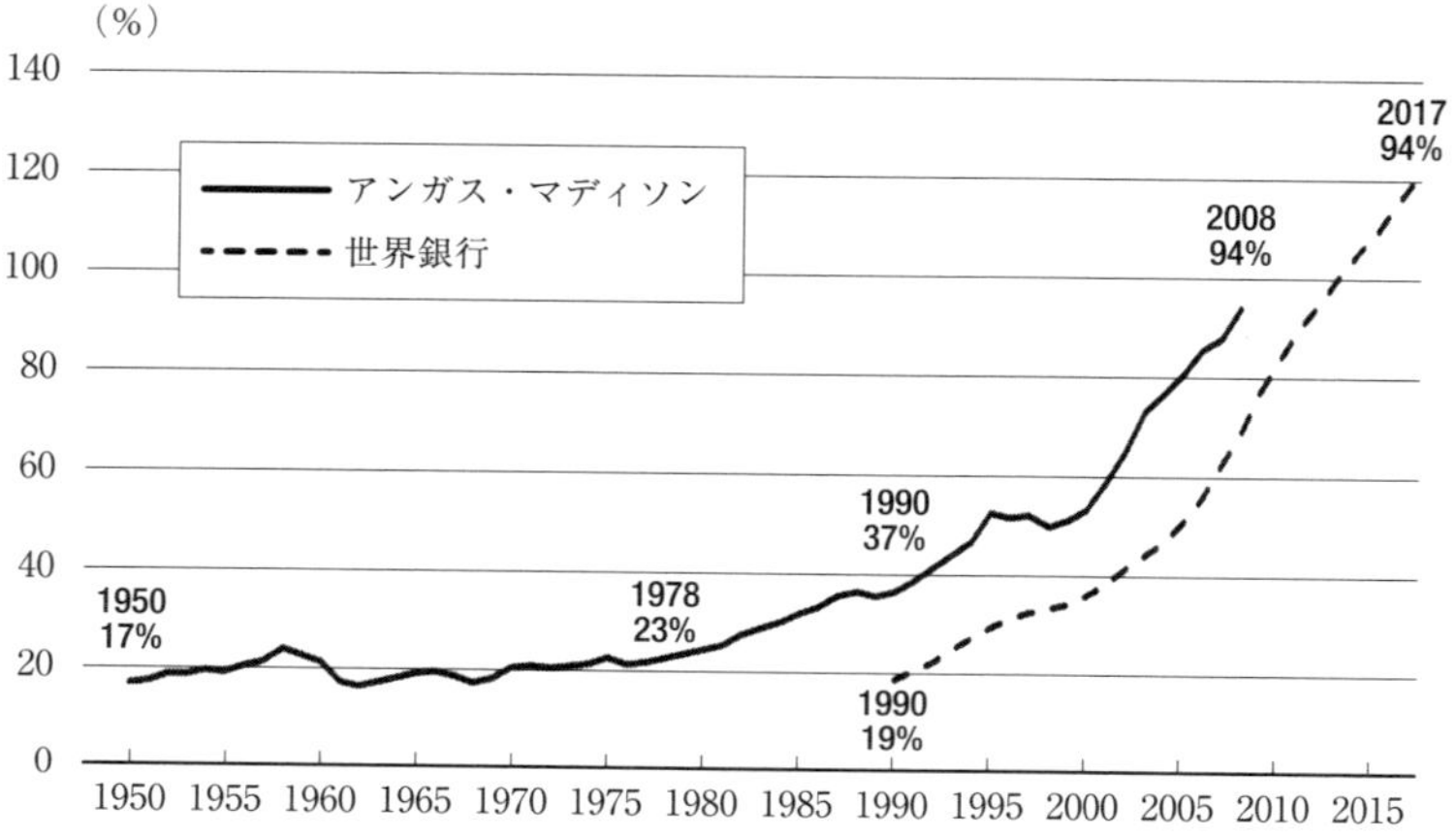

注：1950-2008, Angus Maddison, Historical Statistics of the World Economy: 1-2008 AD, OECD Publishing; 1990-2017, World Bank Data, PPP（constant 2011 international $）に基づくGDP。

を超え、二〇〇八年さらに九四%まで上昇し[33]、その間、上昇傾向が途切れることなく続いている。

筆者は「国家イノベーション説」を用いて、中国の改革と経済発展について説明する。その説は、国が先頭に立ってイノベーションを主導し、奨励し、推し進めるために、国が環境を整え、リスクを背負い、コストを負担することである。

一九七八年の改革開放以来、中国は大規模なイノベーション、集団的なイノベーション、迅速なイノベーション、持続的なイノベーションを特徴とする新たな時代に突入した。中国最大のイノベーションはなにか。それは「中国の道」を切り開いたことである（西側の学者は「北京コンセンサス[34]」と呼ぶ）。

一九八二年第十二回党大会において、鄧小平は「中国版近代化の道」、すなわち「中国の特色ある社会主義近代化[35]」を提唱した。つまり、旧ソ連の社会主義モデルを踏襲せず、教条主義に反対するとともに、西側の資本主義モデルを盲目的に踏襲するのではなく、たとえ西側の近代化を学び、西側の経験と教訓を参考にしたとしても、西側の近代化を越え、新たな境地を切り開き、中国の道を模索し、開拓すると表明したのである。鄧小平が提起したものは、西側の近代化発展の道とは異なる、また、その他のいわゆる非西側国家（インドなど）の近代化の道とも異なるものである。その時から現在まで、我々はこの方針の下、大国中国が速やかに興隆する奇跡を世界に示し、社会主義的富強という「人間の正道[36]」を歩み続けている。

中国改革の新機軸とは何か。筆者は、中国改革の社会的実践と関連付け、その新機軸を「新しい社会的価値を創造する（各種）活動」と定義する。この定義には、三つの意味が含まれる。一つめは、既存の価値と異なる新たな価値を創造する可能性である。二つめは、創造される価値とは主に社会的価値であり、プラスの外部性を有するということ、三つめは、イノベーションと関連する各種活動は内的な刷新にとどまらない、ということである。例えば、技術革新活動には、資金融資や投資の刷新、技術革新の研究・開発、知的財産権の保護、技術革新の模範・応用・普及等の活動が含まれる。これは広義のイノベーションの定義である。**なぜなら、中国の改革は世界最大規模の人口が実践するイノベーションであり、先例がなく、また、比較的短い時間の中で社会的価値を創造する世界最大のイノベーションでもあり、同様に先例がないからである。**

中国におけるイノベーションには二つの部分がある。一つは、中国共産党の革新、特に中央の集団指導の革新である。二つは、中国人民の革新であり、労働者・農民の革新、実業家の革新、科学者の革新、無数の人材の革新である。これにより、トップダウン・ボトムアップの国家的革新と社会的革新が有機的に結びつき、実業家の革新である資本主義を大きく越え、社会主義の特殊な優位と優越性を明らかにしている。そして、中国は先進国を追い越し、飛躍的発展を実現し、中華民族の偉大なる復興の道程を開くことに成功した。

中国におけるイノベーションメカニズムの内実はどのようなものであるのか。筆者は、以下の四つの面があると考える（図1－3）。

図1-3　中国における革新の四大メカニズム

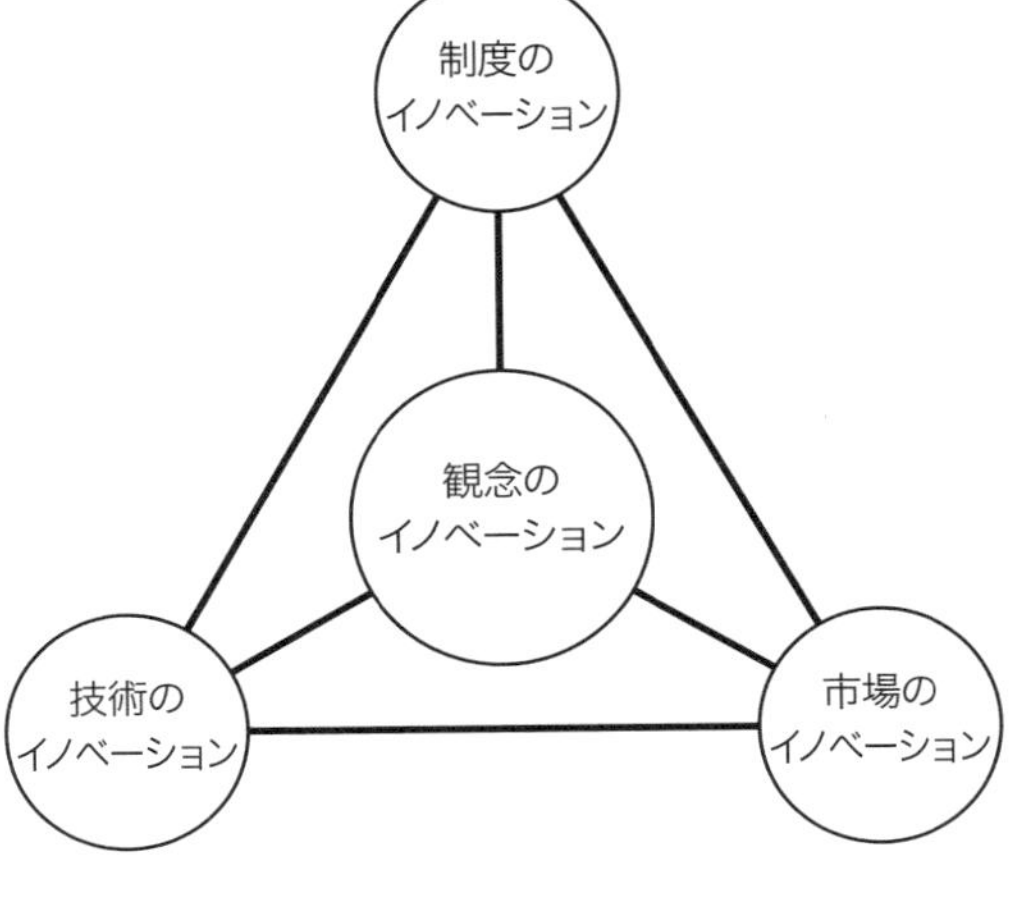

（一）**観念のイノベーション**。これにはいくつかの意味がある。一つは「実事求是」である。毛沢東が言うように、「実事」とは客観的に存在している一切の事物であり、「是」は客観的事物の内部関係、すなわち法則性である。また、「求」は我々が深く研究するという意味である。[37]中国の国情に根拠を置き、中国の実情から遊離せずに、発展段階を踏み進んでいく。二つは「思想開放」である。それは鄧小平が言うように、「**すなわちマルクス主義、毛沢東主義の基本原理を活用し、新たな状況を研究し、新たな問題を解決する**」**ことである**[38]。観念のイノベーションとは、新たな思想・アイデア・観念・理念を提唱し、広く普及、応用することで、人々の思想を解放し、潜在力を発揮し、想像力を形成することである。三つは「絶えず革新し、時代の変化に対応する」のである。まさに、江沢民が言うとおりであり、「過去の多くのやり方や経験は合わなくなっており、新しい実践要求に基づき、新たに学習し、革新を持続し、時代の変化に対応しなければならない[39]」。その後、江沢民は持続的なイノベーションを「理論・体制・科学技術の革新を途切れることなく推進する」[40]と総括した。それゆえ、「**事実に基づき真実を求め、思想を解放し、時代の変化に対応し、不断に革新する**」**ことが、中国における改革開放の思想路線となった。**

（二）**制度のイノベーション**。その主旨は、各分野において、人々が発展する機会を拡大することにある。すなわち、財産・知識・発明・文化の制度的体系を創造することを奨励し、経済的・社会的・文化的・生態的な効果と利益を全面的に高め、発展コストと統治コストを大幅に下げ、各種の経済リスクと政治リスクを絶えず減少させることを目的としている。これにより、共有制を主体とする多様な所有制経済制度が共に発展する基本的な経済制度、社会主義市場経済体制、人民代表大会制度、中国共産党が指導する多党連携と政治協商制度、民族区域自治制度及び末端の大衆自治制度を革新した。

（三）**市場のイノベーション**は、中国の巨大な国内市場が有する潜在力を十分に活用して、市場参入水準の拡張、市場開放原則の堅持、市場主体の活性化、市場競争の公平化、市場効率の向上、市場の潜在力の発揚など国内の統一した自由競争市場の確立を通して、国内の市場規模を世界のトップレベルまで引き上げることを目的としている。さらに、国際市場競争への参入を奨励し、国際的な市場空間を積極的に開拓することで、中国の国際市場シェアを世界最高水準に高めることを目指している。これにより、無数の企業グループ、中小企業、零細企業、個人商工業者と農家が中国の経済発展の主体となるための、巨大な発展スペースと急速な発展に適応する市場環境を提供する。

（四）**技術のイノベーション**は、自主的な技術革新をバックアップすること、国外の先進技術を活用して、全力を挙げて推進する導入・消化・吸収をベースにさらに革新すること、内外の多様な革新技術・新製造技術・新産業を統合すること、それらを目的としている。科学技術政策の目標と役割は、中国の知識と技術の蓄積を加速する過程で、知識普及と技術応用のスピードアップとその範囲を拡張し、中国の技術革新能力と技術成果の実用化能力を高めることにある。

この四つの分野におけるイノベーションが、相互に作用し合い、関連し合い、影響し合う。その中でも、観念のイノベーションすなわち思想解放が核心的作用を担い、その他の三つの分野におけるイノベーションに直接影響を及ぼす。経済学の視点から見ると、創意は発展にとって極めて重要な働きを持っている。それは、公共財と同様に非排他的であるだけでなく、非競争的な性質をを有しており、創意がひとたび産み出されると、「地域化」ついで「全国化」へと範囲を拡張し、究極的には「グローバル化」していく[41]。

どのようにすれば新たな観念を生み出すことができるのか。少なくとも以下の三つの重要な発生の源がある。

(一)古い観念。新たな観念は決して「何の根拠もなく生じる」のではない。まず、観念に対する歴史的記憶・継承・革新がある。例を挙げると、十一期三中全会で提起された「経済建設を中心とする」は、一九五六年の党の八回大会路線に対する歴史的記憶・継承・革新であるばかりでなく[42]、毛沢東が「階級闘争を綱要とする」と提唱して「文化大革命」を行ったことに対する歴史的反省・学習・否定でもある[43]。

(二)対外開放の環境下にあれば、外部的観念を獲得・消化・吸収・応用することで、新たな観念は生まれる。一つの社会の開放度が上がれば上がるほど、外部的観念の獲得は増え、新たな観念が生まれる可能性も大きくなる。例を挙げると、一九七八年と一九七九年に、鄧小平は相次いで八カ国を訪問し、外国からの賓客に数十回接見した。多くの重要な改革構想は、対外交流の中で形成されたものである。鄧小平は、中国の指導者の中で最も開放的で、最も活発な思想を持った人物であり、観念の革新性が最も高い指導者であると言えるだろう。近代化の「新参者」という「後発の優位性」を十分に活用し、近代化の「先駆者」の成功体験に学び、その失敗を回避することに、非常に長けていた。

(三)新しい観念は主に社会実践から生まれる。古い観念や他国の観念であっても、すべて他人の間接的な観念である。新しい観念で最も大切なことは、自分の直接的な社会実践から獲得することである。毛沢東が言うとおり、「人の正しい思想はどこから生じるのか。天から落ちてくるのか。否。自分の頭の中に元々あるものか。否。人の正しい思想は、社会実践の中からしか生まれず、社会の生産闘争・階級闘争・科学実験という三つの実践の中からしか生まれない」[44]。中国の改革は、十数億の人民が関わる改革であり、世界最大規模の社会実践である。このこと自体が、新しい観念を形成し生み出す上で、認識の源となっている。鄧小平が言うとおり、生産責任制や郷鎮企業はみな中国農民による実践と革新であり、我々はただそれらをまとめ、広く行き渡らせているにすぎない。**歴史の継承があってこそ、革新がある。開放された学習があってこそ、さらに多くの革新がある。広範な社会実践があってこそ、さらに大きな革新がある。**

中国における改革の過程は、持続的な思想解放と観念のイノベーションの過程である。それが、直接的または間接的に、他の三分野（制度、市場、技術）のイノベーションを誘発し、影響を与えている。中国の改革の過程は「社会実践による検証」の過程である。毛沢東が言うとおり、「成功したものが正しく、失敗したものが誤りである」[45]。このように人々は、絶えず成功から新しい概念を創り出し、失敗から観念の修正を導き出している。

中国における改革の過程は、「物質が精神を変化させ、精神が物質を変化させる」過程でもある[46]。制度・市場・技術のイノベーションによって観念のイノベーションが生起し、観念のイノベーションにより制度・市場・技術のイノベーションが生起する。この基本原理は、Ideas（観念・知恵・知識・経験・革新等）成長モデルを用いて説明できる。Ideasは限界収益が逓増する特性を有する投資であり、我々は暫定的にそれを「無形要素投資」または「ソフト投資」と呼び、資本・労働・資源等の「有形要素投資」または「ハード投資」と区別する。「ソフト投資」と成長は正比例を成す。たとえ「ハード投資」が増加しない状況にあっても、「ソフト投資」は依然として効果的に経済成長を促す。まさに我々が改革前後の経済成長率の異質性とその由来を比較する際に発見したのだが、改革期（一九七八～一九九五年）は、計画経済期（一九五二～一九七八年）の経済成長と比較して、三～四ポイント高い。しかし、資本と労働の投資成長率に大きな変化はなく、重要な原因は、全要素の生産性がマイナスからプラスになり三～四％のレベルに達したことであり、そのうちの一つの原因は、Ideasが起こす重要な作用である。筆者は、それを「思想解放」運動の作用と利益配当に帰属させる。

中国では、どのような革新でも巨大な国家規模の反応が起こり得る。これは中国の総人口規模が大きく、他国の興隆プロセスと異なるためである。例えば、一八七〇年に米国の興隆が始まった時、人口はわずか四〇二〇万人、一九五〇年に日本の興隆が開始された時には八三八〇万人であった[47]。しかし、一九七八年、中国の興隆が開始された時、総人口は九・六億人である。同一種の革新は異なる規模の人口に対し、大きな限界性差異を持ち得る。ここでケーブルテレビ技術を例に挙げると、一九七〇年代に米国でケーブルテレビが普及し始め、一九七七年に一二一七万世帯が有していたが、二〇〇〇年には六八五四万世帯に達し、テレビユーザー総数の六八％に相当する[48]。しかし、中国は一九九〇年代になってようやく普及し始め、二〇〇〇年には七九五〇万世帯だったが、既に米国を超えており、二〇〇九年には一億七五一二万世帯に達し[49]、米国の二倍に相当する数である。

これが「中国の革新」のキャッチアップ効果であり、スケール効果、限界効用である。それゆえ、中国は他国と異なる興隆の特性が現れ得る。その特性とは、(一)規模が巨大であること、(二)キャッチアップスピードが非常に速いこと、(三)発展がきわめて不均衡であること、(四)国内外への影響が非常に大きいことなどである。このことによって、中国の興隆プロセスにおいて、チャレンジとチャンス、有利な条件と不利な条件、優位と劣位、発動要素と制約要素、発達要素と後進要素、内部要素と外部要素などが、しばしば併存する。これそのものが、「中国の革新」の背景と動機を形成し、「中国の革新」の目指す方向となり、手段となる。

他のイノベーションと同様に、中国における改革開放の革新も多くのリスク、ひいては失敗の可能性に直面していた。なぜなら、革新そのものが、かつて誰も成し得なかったことであり、国の内外で稀少であったため、成功と失敗、さらには大成功と大失敗という二種類の可能性を常に有していた。例えば、旧ソ連が十五カ国に分かれ、旧ユーゴスラビアが六カ国に分裂したことは、最も典型的な例である。中国もかつて、例えば天安門事件など、大きな失敗に直面する可能性があった。しかし、鄧小平が始めた指導により、中国の改革開放は大きな失敗を回避し成功することができた[50]。

中国の改革開放は、最大の「中国のイノベーション」である。その意味するところは、中国の特色ある社会主義の道を切り開き、中国の特色ある社会主義の理論体系を形成し、中国の特色ある社会主義制度を確立することである[51]。これは、中国共産党人による偉大な革新であり、独創的革新であり、すでに中国と世界の現代史に刻まれている。またこのイノベーションが、中国の速やかな興隆、中華民族の偉大なる復興の根本的原因である。

筆者は本書において、中国の改革がいかなるイノベーションなのか、この革新の過程でいかにして進歩を継続し、いかにして速やかな興隆を実現したのか、詳細に紹介する。

第五節　改革開放時代

一九七八年の十一期三中全会を境に、中国は改革時代に突入し、かつてない対外開放時代を切り開いた。これは中国の近代化の巨大な歴史的変化である。[52]主に次のような表れ方をしている。

思想上では、長く存在する教条主義と個人崇拝の厳しい束縛を突破し、現実を見据えて正しい行動を取る（実事求是）というマルクス主義の思想路線を再構築し、毛沢東思想を堅持し発展させている[53]。指導者は、中国の基本的国情に対する認識を新たにし、「大躍進」のやり方を捨て、新しい発展目標と発展戦略を制定し、「段階的に歩み」「高みを目指す」という方法を採用した。また、「文化大革命」の歴史的教訓を総括し、経済体制と政治体制の弊害を深く反省し、漸進主義の改革戦略を実行した。さらに、指導者は積極的に「外に出」て、世界と周辺国家の変化を客観的に理解し、世界と中国を認識し直した。そして、閉鎖から対外開放へ、思想の硬直から開放へ、主観主義から現実主義へ、教条主義から実践主義へと向かった。この時期は、思想解放が盛り上がり、観念が変革され、理論が刷新された最良の時期である。

政治面では、長きにわたる政治闘争と政治内乱が終息し、新中国に歴史的に最も長い「天下大治」、すなわち、政治的安定・社会的安定・人心的安定・躍動する政治的局面をもたらした。また、『中国共産党章程』と『中華人民共和国憲法』を制定して党と国家の基本制度を段階的に構築し、党と国家の指導制度を改革し、完成させた。さらに、指導者の「終身制度」を撤廃し、速やかに党内の政治的危機を解決し、党内の政治的分裂を防いだ。共産党の指導の下、多党協力制と政治協商制を立て直し、個人による意思決定制度を改め、集団指導により意思決定を行う制度を復活させた。また、公共政策の意思決定制度を改良して、意思決定の合理化・民主化・制度化を段階的に実行した。これにより、社会主義的民主を回復し、国民の基本的人権を保障し、社会主義的法制を全面的に構築し、社会秩序を立て直し、社会的安定を維持した。

表1-5　五大国の興隆期におけるGDPと工業生産成長

国家	GDP			工業生産		
	時期	成長倍数	年間平均成長率（%）	時期	成長倍数	年間平均成長率（%）
英国	1870～1913	2.24	1.90	1876～1913	1.85	1.7
米国	1870～1913	5.26	3.94	1874～1913	7.37	5.4
ドイツ	1870～1913	3.32	2.83	1875～1913	3.53	3.5
日本	1950～1973	7.70	9.29	1947～1975	11.3	9.1
中国	1978～2010	20.50	9.91	1978～2010	32.57	11.5

資料出典：GDPデータは、アンガス・マディソン『世界経済千年史』中国語版、北京、北京大学出版社、2003。工業生産データは、エルネスト・マンデル『資本主義発展の長期波動』、商務印書館、1998年から引用。中国のデータは、国家統計局編『中国統計摘要2011』、24頁、北京、中国統計出版社、2011。

「天下大乱」から「天下大治」に入り、国家制度が破壊され機能不全に陥った状況から国家制度を建設し改革する段階に入った。これは、新中国が成立して以来、最良の政治的安定と政治的進歩の時期である。

経済面では、中国では歴史的にもかつてないほどの高成長を維持しており、経済のテイクオフ段階に突入した。[54] 中国は世界において経済成長率が最高の国家であり、日本が成し遂げた経済成長の記録を破った。[55] 米国はＧＤＰが五・二六倍に成長するまでに四十三年の時間を費やしたが、中国は一〇・五倍に成長するまでに三十二年しか費やしておらず、米国の約四倍の速さ（表1－5）で先進工業国との差を縮小した。これにより、人民の生活レベルは目に見えて向上し、貧困人口は大幅に減少し、都市化のスピードが増した。**これが中国の歴史上で、経済が最も活力にあふれ繁栄した時期であり、かつてない経済的奇跡を創出した**（コラム1－1）。

コラム1－1　**「経済の奇跡」とは何か**

いわゆる奇跡とは、トーマス・ダッチは「その原因が明かされないがゆえに、人々が驚嘆してやまない事実」[56]、「人々が用いるさまざまな手段を超越する自然力が生みだした結果」[57]であると定義する。

アラン・ペレスは、発展も一つの奇跡であり、人々はそうであることは知っていても、なぜそうであるかを追求しようとしないことを指すと考える。奇跡は繰り返し起き、伝播と競争と浸透を通して、ある国家から別の国家に転移する。彼は、経済の奇跡が自然条件に恵まれたことで獲得した成功であることを完全に否定し、それは予測を超えた、神速な成功と定義する。彼はさらに、「オランダの奇跡」「イギリスの奇跡」「米国の奇跡」「日本の奇跡」を分析し、「中国の奇跡」に期待を寄せ、この奇跡はまもなく実現すると考えた。[58]

ロバート・Jr・Ｅ・ルーカスは、もし我々が経済の奇跡とは何かを知ったとしたら、我々は経済の奇跡を創り出すことが当然できるはずだと話したことがある。[69] 彼は、経済成長の角度から、経済の奇跡を「成長の奇跡」、つまり、成長過程で、低所得国家が高度成長期を経て、最富裕国家との所得格差を縮小することと定義した。[60]

国際面では、中国は主動的に経済開放政策を実行し、かつてないほどに経済のグローバル化と地域の一体化に関わり、そこから開放による大きな収益をますます獲得している。中国の開放はまた、世界経済と貿易の成長を促進し、中国は今まさに迅速な興隆にあって、世界の貿易小国（一九七八年の中国の貨物輸出入額は世界第二九位）から、世界第一位の貿易国となった。これは、中国史上最も開放的でハイスピードな国際化の時期であり、中国と世界の関係に大きな変化が起きた時期でもある。

三十年におよぶ改革開放の実践は、一九七八年の十一期三中全会において、中国共産党の中心的任務を経済建設に転換したことは正解であり、中国の国情に合致し、世界発展の潮流に順応していることを表している。中国の改革は、トップダウンによる強制的な改革であり、ボトムアップが誘発した改革でもあり、両者が結びついた制度改革である。また、参与・参画した人の数が最大で、社会的変遷の範囲が最も大きく、影響が最も明らかな制度改革と社会改革の実践である。今までに費やした時間は、秦の始皇帝が中国を統一して以来、二〇〇〇年余りの歴史の中でも極めて短く、**しかし生み出された歴史的変化は、その他の時代の変化の総和を大きく超え、中国にまさしく「千年に一度の大変動」をもたらした。**

本書では、主に一九七七～一九九一年の中国における政治経済の発展史を紹介し、詳細に分析している。「中国の特色ある社会主義近代化への道」（「中国の道」と略称）を歴史的テーマとしている。また、中国における改革開放を歴史的大筋とし、「史」と「論」を結びつけて、鄧小平・李先念らの指導者の歴史的役割を、叙述・紹介・分析・評論する。

本書は十章からなる。第一章では、国家発展サイクル理論を提起して中国の興隆の理論的背景とし、中国における改革開放の革新メカニズムを説明する。第二章では、改革開放の国際的背景を紹介し、有利・不利条件を含む初期条件及び中国の改革の初期選択を分析する。第三章と第四章では、鄧小平による中国改革発動の政治的動機及び政治的準備、特に党と国家の基本的制度の回復と再構築を詳細に分析、紹介する。第五章では、中国における農村改革の歴史的背景と制度的変遷及び農村の工業化を紹介し、歴史的、国際的視点から農村改革を評価する。第六章では、中国における経済体制改革理論の重大な進展、都市経済体制改革の実践を紹介し、中国がどのようにして計画経済体制の修正から離脱へ至ったのか、その過程を説明し、改革の初期成果に対して客観的に評価する。第七章では、経済発展戦略と政策の変化及び経済発展の実践を詳細に説明する。第八章では、中国における政治体制改革の理論及び目標を重点的に検討し、一九八二～一九八七年の政治体制の改革の実践に対する評価を行う。第九章では、「八九」年の政治的〝波風〟の国内外の背景とプロセスを重点的に紹介し、意思決定メカニズムの角度から党中央内部に出現した二つの声を分析し、深刻な政治的体験と歴史的教訓を総括する。第十章では、この時期の経済体制改革と政治体制改革に対して主要な評価と基本的総括を行い、中国改革が成功した本質的要因と核心的要素を説明し、その歴史的進歩性と歴史的限界性を考察する。

本書では、鄧小平等が指導する中国共産党が切り開いた「中国の道」の歴史的功績を十分に肯定し、成功経験を総括するだけでなく、失敗の教訓を指摘し、幅広い読者が歴史的・客観的に「中国の道」の発展の背景・軌跡・ロジック・特徴を理解できるようにしている。本書は筆者の『中国政治経済史論（一九四九－一九七六）』と二部構成の専門書であり、相互に関連し合い、筆者が継続して執筆する『中国政治経済史論――江沢民時代』第三部の歴史的下地でもある。

注

1　本章は主に次の文章を参照している。『教学与研究』掲載の胡鞍鋼著「国家ライフサイクルと中国の興隆」二〇〇六年（一）。胡鞍鋼『中国崛起之路』、北京、北京大学出版社、二〇〇七。本書は二〇〇九年四月二日及び七月三一日に草稿し、二〇一三年四月に再修正。

2　毛沢東「中国人民は立ち上がった」（一九四九年九月二一日）。『毛沢東文集』第五巻三四三～三四四頁、北京、人民出版社、一九七七。

3　毛沢東は第八回党大会準備会第一回会議において「中国は世界で最も強大な資本主義国家、つまり米国に追い付かなくてはならない。米国の人口はわずか一億七千万人であり、わが国はその何倍もの人口を有し、資源も豊富である。気候条件はほとんど変わらず、追い付くことは可能である。追い付くべきではないだろうか。当然そうすべきである。もし我々にあと五十年（二〇〇六年を指す）、六十年（二〇一六年を指す）あれば、完全に追い越すべきである」と述べた。なぜ米国に追い付かなくてはならないのか。毛沢東はこれについて「一種の責任である。もしこのように多くの人や土地を有し、資源もこれほど豊富であり、さらに社会主義をやり、その優位性があると承知しているにもかかわらず、五、六十年経っても米国を追い抜くことができなかったとしたら、あなたはどんな様子だろうか。速やかに地球上からその存在資格が取り除かれるだろう！　故に、米国を追い抜くことは、可能であるだけでなく、必要であり、必ずそうすべきなのだ。もしそうでなければ、我々中華民族は全世界の民族に対して申し訳が立たず、人類に対してほとんど貢献できないだろう」と説明している。毛沢東「党の団結を強化し、党の伝統を継承する」（一九五六年八月三〇日）、『毛沢東文集』第七巻、八九頁、北京、人民出版社、一九九九。

4　毛沢東「孫中山先生を記念する」（一九五六年一一月一二日）、『毛沢東文集』第七巻、一五六～一五七頁、北京、人民出版社、一九九九。

5　胡鞍鋼監修『中国大戦略』、三一頁、杭州、浙江人民出版社、二〇〇三。

6　経済協力開発機構（ＯＥＣＤ）『経済合作組織経済調査系列中国二〇一三』、二五頁、仏国パリ、ＯＥＣＤ、二〇一三年三月。

7　National Intelligence Council, Mapping the Global Future. http://www.foia.cia.gov/2020/2020.pdf, December 2014. 事実上、この報告は中国の経済成長の潜在力を過小評価しており、二〇一〇年の中国ＧＤＰ（為替レートに基づく計算）は既に日本を抜いて、世界第二の経済大国となった。

8　世界銀行のデータベースに基づき、為替レートに準じて計算したところ、二〇一〇年の中国GDPは世界総額の九・三%を占め、日本は八・七%であった。http://data.worldbank.org

9　胡鞍鋼「中国の興隆をどう見るか—序に代えて」、門洪華監修『中国—大国崛起』五頁・杭州・浙江人民出版社・二〇〇四年に掲載。

10　一九九六年、私は米国国務省に赴き、特に中国の興隆について紹介と交流を行い、今後中国が米国を超えることができるかどうかを議論したことがある。米国国務省と行政当局または情報機関はみな中国は米国を超えることができると予想した。違いはどれほどの時間を要するかという点のみであり、つまり十五年なのか、二十年あるいは三十年なのかということである。現在、これはすでに全世界で話題となっている。

11　Charles Kindleberger, 1996, *World Economic Primacy: 1500-1900*, Oxford University Press.　チャールズ・P・キンドルバーガー『世界経済覇権一五〇〇－一九〇〇』、中国語版、一五～一六頁、三四五頁、北京、商務印書館、二〇〇三。

12　胡鞍鋼：『教学与研究』に掲載の「国家ライフサイクルと中国の興隆」、二〇〇六（一）。

13　Walt Whitman Rostow が一九六〇年に提唱した「離陸」(take off) の経済成長段階。W. W. Rostow, 1960. *The Stage of Economic Growth, Cambridge, Mass.*

14　キンドルバーガーがサラの見方を紹介している。新興覇権国家は一つ一つの分野で絶えず追いつき追い越し、高めの効率、低めのコストまたは優秀な設計力で、比較的衰退している覇権国家をはるか後方に置き去りにする。Charles Kindleberger, 1996, *World Economic Primacy: 1500-1900*, Oxford University Press.　チャールズ・P・キンドルバーガー『世界経済覇権一五〇〇－一九〇〇』、中国語版、六八頁、北京、商務印書館、二〇〇三。

15　キンドルバーガーは、経済覇権は下記の経済指標のいずれを用いても評価することができないと考えている。その指標とは、国民所得（総体または一人当たり）、成長率、発明創造の数量及びその潜在的重要性、生産能力の伸び、各種輸出市場シェア、国内または国外投資水準、原材料と食物原料またはエネルギーの支配能力、金と外貨準備、他国が本国の貨幣を交換媒介・記帳単位、価値貯蔵として使用することである。反対に、経済覇権の興隆はこれらの評価指標とその他の評価指標の混合作用の結果であり、各指標の作用は、時間と場所の相違によって異なる。多くの経済覇権と類似する概念—有徳の人、健康、優れた思想—はみな厳格に区分することはできないが、大多数の人はその意味するところを理解している。経済覇権を適切に計量することは不可能である。とはいえ、この概念にはその意味するところがあり、過去のある時期、ひょっとすると長い時間にわたって、経済覇権は間違いなく存在していたと、私はやはり考える。Charles Kindleberger, 1996, *World Economic Primacy: 1500-1900*, Oxford University Press.　チャールズ・P・キンドルバーガー『世界経済覇権一五〇〇－一九〇〇』、中国語版、一六～一五頁、三四五頁、北京、商務印書館、二〇〇三。

16　Paul Bairoch, "International Industrialization Levels from 1750 to 1980", *Journal of European Economic History*, Vol.11 Issue2, Fall 1982, pp. 269-335.

17　一九八〇～一九九〇年のデータは、World Bank, *World Bank Development Indictor 2004 CD-ROM* から引用。

18　United National Industrial Development Organizations, *Statistical Country Briefs*.

19　胡鞍鋼、門洪華「中米日ロ印総合国力の国際比較」。胡鞍鋼監修『中国大戦略』、四一～七九頁、杭州、浙江人民出版社、二〇〇三を参照。

20　Charles Kindleberger, 1996, *World Economic Primacy: 1500-1990*, Oxford University Press. チャールズ・P・キンドルバーガー『世界経済覇権一五〇〇－一九〇〇』、中国語版、三七頁、北京、商務印書館、二〇

〇三。

21　工業革命（The Industrial Revolution）は、産業革命または技術革命とも言い、資本主義的工業化の初期過程を指す。すなわち、資本主義的生産が工場手工業から機械大工業への移行を完成させた段階である。これが第一次工業革命であり、英国から始まり、英国がリードした。

22　マディソンの計算分析に基づくと、一六〇〇年の西欧一二か国の一人当たりGDPは七九七米ドルで、中国（一人当たりGDP／六〇〇米ドル）より三三％高い。一八二〇年には、西欧一二カ国で一二三八米ドルとなり、中国の二倍強である。Angus Maddison, *Historical Statistics of the World Economy: 1-2008 AD*. http://www.ggdc.net/maddison/(02-2010).

23　Charles Kindleberger, 1996, *World Economic Primacy: 1500-1990*, Oxford University Press. チャールズ・P・キンドルバーガー『世界経済覇権一五〇〇－一九〇〇』、中国語版、四六頁、北京、商務印書館、二〇〇三。

24　毛沢東は「かつて中国は〝老大帝国〟、〝東亜病夫〟であり、経済は遅れ、文化も遅れていた。また、清潔さを軽んじ、球技も泳ぎもひどかった。女性は纏足、男性は辮髪、さらには宦官までいたのだ」と語った。毛沢東「党の団結を強化し、党の伝統を継承する」（一九五六年八月三〇日）。『毛沢東文集』第七巻、八七頁、北京、人民出版社、一九九九を参照。

25　一九九一年、筆者は一九五〇～一九八〇年を中国の現代経済発展の準備段階、または中国経済テイクオフの蓄積段階と称した。胡鞍鋼『中国―走向二十一世紀』一二六頁、北京、中国環境科学出版社、一九九一。

26　詳細な分析は、胡鞍鋼『中国政治経済史論（一九四九－一九七六）』、第七章「毛沢東時代の歴史的評価」第二版、北京、清華大学出版社、二〇〇八を参照。

27　これに対し、アマルティア・センは詳細な分析と中印の比較を行った。アマルティア・セン、ジャン・ドレーズ『印度――経済発展与社会機会』中国語版、六八～六九頁、一〇二頁。北京、社会科学文献出版社、二〇〇六。

28　一九七四年四月二五日、鄧小平はパキスタン文官学院代表団との会見時に「中国は全体を見るとやはり発展途上の非先進国である。建国後ようやく二十五年が経ったが、制度的問題が山積みである。例えば、教育や人民公社、工業建設の分野では、経験を蓄積する段階にあり、実験段階と言うこともできる」と指摘した。中共中央文献研究室編『鄧小平年譜（一九〇四－一九七四）』（下）、二〇一五－二〇一六頁、北京、中央文献出版社、二〇〇九。

29　一九八九年に筆者は、一九五〇～一九八〇年を中国現代経済の高速成長と経済テイクオフ段階と称した。この時期は、中華民族がすべてにわたって発展・興隆した重要な段階である。胡鞍鋼『人口与発展―中国人口経済問題的系統研究』、杭州、浙江人民出版社、一九八九。

30　胡錦涛は第十七回党大会の報告において、二〇二〇年までの中国中長期目標に言及した。内容は次のとおりである。「十数億人が恩恵を受ける、より高水準の小康社会を全面的に築き上げる。二〇二〇年までに中国は、十数億人が恩恵を受ける、より高水準の小康社会を全面的に建設し、工業化が基本的に実現し、総合国力がはっきりと増強され、国内市場の総体規模が世界上位に位置する国家となる。また、人民の富裕レベルが普遍的に向上し、生活の質が明らかに改善し、生態環境が良好な国家となり、人民が民主的権利を十分に享受し、より高い文化的素養と精神的な果実に対する欲求を人民が有する国家となる。さらに、各分野の制度を完成させ、社会が活力に満ち、安定し団結した国家となり、対外的にはさらに開放し、親和性を有し、人類文明に対してより大きく貢献する国家となる」。胡錦涛「中国の特色ある社会主義の旗印を高く掲げ、小康社会の全面的実現を勝ち取るために闘う―中国共産党第十七回全国代表大会における報告」（二〇〇七年一〇月一五日）。

31　胡錦涛「中国共産党成立九十周年祝賀大会における講話」、二〇一一年七月一日。

32　Charles Kindleberger, 1996, *World Economic Primacy: 1500-1990*, Oxford University Press. チャールズ・P・キンドルバーガー『世界経済覇権一五〇〇－一九〇〇』、中国語版、一頁、北京、商務印書館、二〇〇三。

33　Angus Maddison, *Historical Statistics of the World Economy, 1-2008 AD*. http://www.ggdc.net/maddison/(02-2010)

34　Joshua Cooper Ramo, 2004, *The Beijing Consensus*. 英国外交政策研究センター『中国とグローバル化』研究プロジェクト。

35　鄧小平「中国共産党第十二回全国代表大会開幕の辞」（一九八二年九月一日）、『鄧小平文選』第三巻、一～四頁、北京、人民出版社、一九九三。

36　胡鞍鋼・王紹光・周建明・韓毓海著、韓毓海執筆『人間正道』、北京、中国人民大学出版社、二〇一一。

37　毛沢東「我々の学習を改造する」（一九四一年五月一九日）、『毛沢東選集』第三巻、八〇一頁、北京、人民出版社、一九九一。

38　鄧小平「四つの基本原則を堅持しよう」（一九七九年三月三〇日）、『鄧小平文選』第二巻、一七九頁、北京、人民出版社、一九九四。

39　江沢民「中国共産党第十四期中央委員会第一回全体会議における講話」（一九九二年一〇月一九日）、『江沢民文選』第一巻、二五六頁、北京、人民出版社、二〇〇六。

40　江沢民「全国宣伝部長会議における講話」（二〇〇一年一月一〇日）、『江沢民文選』第三巻、一九七頁、北京、人民出版社、二〇〇六を参照。

41　ポール・ローマーは、「創意」（Idea）のグローバル化を提起した。この創意とは、分かりやすく言うと、考え方または知恵・工夫であり、技術分野だけでなく制度分野でもあり得る。彼は、さらに技術と制度を区別している。創意のグローバル化について言うと、制度がきわめて重要である。「なぜ制度が重要であるかと言うと、インセンティブを改変する可能性があり、インセンティブがさらに技術の流動と当該地で獲得し得る技術生産効率に影響を与える可能性があるためである」。「グローバル化のどの部分がキャッチアップ型成長に重要であるか」、八～一三頁、『比較』に掲載、二〇一〇（四）。

42　一九八二年九月一七日、鄧小平は金日成との会見において、「一九五六年の第八回党大会は適切であり、八回党大会で制定した路線が徹底していないのは、〝左傾化〟したためである。この後、〝文化大革命〟を行った。過ちを犯したのは、毛主席だけでなく、我々にも責任があり、経験を総括すると、ある一人（毛沢東を指す）の問題ではない」と指摘した。中共中央文献研究室編『鄧小平年譜（一九七五－一九九七）』下巻、八五〇頁、北京、中央文献出版社、二〇〇四。

43　一九六三年、毛沢東は「我々は二種類の（歴史的）経験を有し、それは過ちの経験と正しい経験である。**正しい経験は我々を励まし、誤ちの経験は我々に教訓を与える**」と話した。毛沢東「革命と建設は自分を信頼しなければならない」（一九六三年九月三日）、『毛沢東文選』第八巻、三三八頁、北京、人民出版社、一九九九を参照。

44　毛沢東「人の正しい思想はどこから生まれるのか」（一九六三年五月）、『毛沢東文集』第八巻、三二〇頁、北京、人民出版社、一九九九。

45　毛沢東「人の正しい思想はどこから生まれるのか」（一九六三年五月）、『毛沢東文集』第八巻、三二〇頁、北京、人民出版社、一九九九。

46　毛沢東は「一つの正しい認識は、往々にして物質を経て精神に到達することを必要とし、その逆も必要である。また、実践から認識に到達し、認識から実践に到達しなければならない。このように何度も繰り返すことにより、ようやく完成するのだ」と指摘している。さらに、「（多くの人は）物質が精神となり、精神が物質となること―このような日常生活でよく見られる飛躍的現象について、理解できないと感じている」と指摘する。毛沢東「人の正しい思想はどこから生まれるのか」（一九六三年五月）、『毛沢東文集』第八巻、三二一頁、北京、人民出版社、一九九九。

47　Angus Maddison, *Historical Statistics of the World Economy: 1-2008 AD.* http://www.ggdc.net/maddisom/(02-2010)

48　*The World Almanac and Book of Facts 2002,* World Almanac Books, pp. 280

49　国家統計局『中国統計摘要（二〇一〇）』、一七九頁、北京、中国統計出版社、二〇一〇。

50　詳細な分析は、本書の第八章、第九章を参照のこと。

51　胡錦涛「中国共産党創立九十周年大会における講話」、二〇一一年七月一日。

52　金衝及は、二十世紀の中国は三度の歴史的に大きな変化を経験したと考える。一度目は、一九一一年の辛亥革命であり、数千年の専制君主制を終わらせた。二度目は、一九四九年の中華人民共和国の成立であり、社会主義の基本的制度を築いた。三度目は、一九七八年の改革開放である。金衝及『二十世紀中国史綱』（第一巻）、二頁、北京、社会科学文献出版社、二〇〇。

53　胡耀邦「社会主義的近代化建設の新局面を全面的に切り開く—中国共産党第十二回全国代表大会における報告」（一九八二年九月一日）、中共中央文献研究室編『十二大以来重要歴史文献選編』、七頁、北京、人民出版社、一九八六。

54　筆者の計算に基づくと、一九八〇〜二〇〇五年に、世界百二十八の統計可能な国家または地区のうち、一人当たりGDP成長率が最も速いのは中国であり（八・五五%）、第二位は韓国（五・八一%）、第三位はボツワナ共和国（五・七四%）である。同時期に、中国の三十一の省区のうち、GDP成長が最も速いのは浙江（一一・一〇%）で、成長が最も遅いのは青海（六・九八%）である。しかし、韓国（五・八一%）と比べると高い。世界各国（地区）のデータは、World Bank, World Development Indicator 2007 による。また、中国各省区のデータは、国家統計局編『新中国五十五年統計資料匯編』と同局編『中国統計年鑑（二〇〇六）』から引用。

55　第一に、中国の経済成長率（九・九%）は、日本（九・二九%）よりも高い。第二に、中国の高度経済成長持続期間（一九七八〜二〇〇九年）は日本の高度成長持続期間（一九五〇〜一九七三年）よりも長い。第三に、中国は過去三十年余りの期間に、低成長時期が数度出現したが、経済がマイナス成長とはならなかった。最も低い経済成長率は三・八%（一九九〇年）であった。第四に、中国の工業総生産は二九・九倍増加し、工業年間成長率は一一・五%に達し、日本の工業成長率（九・一%）を明らかに超えている。第五に、中国の経済テイクオフ初期の人口規模（九・六億人）は、日本の一九五〇年の人口規模（八千万人）を大きく超えている。

56　『神学概論』第一巻、第一〇五節、第七三条、アラン・ペイルフィット「経済の奇跡を論ず—フランス学院教程」（中国語版）、二四頁、北京、中国発展出版社、二〇〇一。

57　雑誌『思想』、ラフマ、八九一。アラン・ペイルフィット「経済の奇跡を論ず—フランス学院教程」（中国語版）、二四頁、北京、中国発展出版社、二〇〇一。

58　アラン・ペイルフィット「経済の奇跡を論ず—フランス学院教程」（中国語版）、二四頁、北京、中国発展出版社、二〇〇一。

59　Robert E. Lucas, Jr. 2003, *Lectures on Economic Growth,* Harvard University Press, 2003：ロバート・Jr・E・ルーカス『為何資本不従富国流向窮国』、中国語版、一〇五頁、南京、江蘇人民出版社、二〇〇五。

60　ロバート・Jr・E・ルーカス『為何資本不従富国流向窮国』、中国語版、一〇五頁、南京、江蘇人民出版社、二〇〇五。

The Political and Economic History of China
The Period of Deng Xiaoping

第二章

改革開放の国際的背景と初期条件

本章での研究対象は、互いに関連する一連の問題である。すなわち、**中国における改革の国際的背景は何か。中国の指導者、特に鄧小平が決定した改革は、どのような影響を引き起こしたのか。中国は、国際的環境の変化によって形成された「天の時、地の利」をどのように利用して、経済のテイクオフに着手したのか。中国における改革は、どのような起点と基礎の上に始まったのか。その初期条件は何か。社会主義に転換したその他の国家と比較して、どのような条件が有利であり、どのような条件が不利であったのか。なぜ中国の改革が、驚くべき成功をつかむことができたのか。**

第一節　改革開放の国際的背景

一九七〇年代末、鄧小平等、中国の指導者が改革と対外開放の実行を決定したことは、決して偶然ではない。背景の一つは、毛沢東が発動し指導した「文化大革命」が経済的・社会的危機をもたらし、それが経済体制の改革と社会変革を引き起こしたことである。もう一方で、第二次世界大戦後の世界において、顕著となった経済のグローバル化と新しい科学技術革命が主流となる中、中国はコミットする機会を失っただけでなく、先進国との先進技術レベルの差が明らかに広がり、発展する「亜洲四小龍（アジアの四小龍＝香港、台湾、シンガポール、韓国）」との格差もますます広がったことである。中国は、さらに激しさを増す国際競争に直面し、中国共産党はかつてないほどの大きな圧力に直面した。これに対し、鄧小平等は、正確な政治的判断と果敢な戦略的選択を行った（コラム２－１）。

コラム２－１　胡錦涛―中国における改革開放の背景（二〇〇八年）

十一期三中全会は、党と国家がどこに向かうかという歴史的に重大な時期に開かれた。一九七六年一〇月に「四人組」を打倒した後、多くの幹部と大衆は、党と国家に「文化大革命」の過ちを正し、十年にわたる内乱がもたらした深刻な情勢を徹底して転換し、危難から新たに奮起するよう強く求めた。しかし、この時勢にかなった願いは由々しい妨害に遭い、党と国家の工作が前進している中においても、決心がつきかねる局面が現れた。同時に、迅速に発展する世界経済、日進月歩の科学技術、手付かずに山積する国家建設事業、そのような情勢の中、真理の基準論争が起こった。

国内外の大勢は、党と国家の命運を左右する重大な政策方針について、できるだけ早く政治的決断と戦略的選択を我が党に下すように促した。

鄧小平同志の指導と古参革命家の支持の下、十一期三中全会は、「文化大革命」期とそれ以前の「左」よりの誤りを全面的に糾す作業を開始し、「二つのすべて」という誤った方針をきっぱりと批判した。また、完全かつ正確に毛沢東思想の科学的体系を把握することを肯定し、真理の基準問題に関する討論を高く評価した。さらに、思想を解放し、知恵を絞り、実事求是の態度で、一致団結して将来に目を向ける指導方針を確立した。すなわち「階級闘争を以て綱要となす」というスローガンの使用をきっぱりと止め、党と国家の工作の中心を経済建設に転換し、改革開放という歴史的政策を実行した。

資料出典：胡錦涛『十一期三中全会開催の三〇周年を記念する大会における講話』、二〇〇八年一二月一八日。

中国改革は、国際的、政治的、経済的に極めて深刻かつ広大な背景を備えている。シカゴ大学政治学教授鄒讜（Tsou Tang）が、以下のように言っている。甲午戦争（日清戦争）の敗北が危機意識をかき立て、西洋イデオロギーとそのパラダイムの影響、そして資本主義的世界経済との激突がこの危機意識を高めた。一九四九年に中華人民共和国が成立するまでこのような危機感は、減衰したとは言え、一貫して存在した。さらに、一九七八年直後の四～五年間、中国の指導層は、改革計画の徹底が人民に受け入れられるよう努力している時期にも、依然として時折「亡党亡国」の危険性に言及していた。[1]

これに対し、鄧小平は非常に明確であった。**彼は、三つの力強い言葉で話した。一つは「一つの党、一つの国家、一つの民族、もしそのすべてが書物からスタートするなら、思想は硬直化し、迷信が流行り、それでは前に進むことができず、その生命力は停止し、党も国家もなくなる」[2]。二つは「もし今改革を実行しなければ、我々の近代化事業と社会主義事業は葬られる」[3]。三つは「社会主義を堅持しなければ、改革開放もあり得ず、経済も発展せず、人民の生活も改善されず、死あるのみである」[4]。この三つの言葉である。**

改革開放は、鄧小平を代表とする中国指導者が発展する世界の大きな変化と国内外のさまざまな発展に向けた挑戦に対して、積極的に行った速やかな対応であり、能動的な反応である。

当時、中国の指導者が直面していたのは、貧しく立ち遅れた中国と、競争が渦巻き、変化して止まない世界であった。彼等は、「文化大革命」による十年にわたる動乱を収束させ、二十年にわたる「階級闘争を以て綱要となす」路線を放棄し、「経済建設を中心とする」党の第八回代表大会路線の継続的実施に方向転換した。また彼等は、中国の経済発展が立ち遅れた種々の原因を改めて探求し、さまざまな危機を取り除く良策を模索し、国家の強大化と人民の富裕を促進する中国スタイルの社会主義近代化の道を切り開こうとした。

今振り返ってみると、我々はこう問わずにいられない。**なぜ中国は対外開放をしなければならなかったのか。その国際的背景と歴史的背景は何か。毛沢東は、これに対してどのような役割を果たしたのか。彼はどのように世界を捉え、どのような限界性があったのか。なぜ鄧小平は、対外開放を決意したのか。外部的原因と彼個人の原因があったとしたら、それはどのようなものか。彼は、中国が立ち遅れた原因をどのように考えたのか。この重大な戦略的決定をどのように行ったのか。なぜ彼は、中国の対外開放の父と言われるようになったのか。**我々は歴史を振り返り、当時の状況を分析する。

一、毛沢東が開いた中国対外開放の戦略的好機の扉

新中国の成立前後、毛沢東は「内外交流」を新民主主義経済原則の重要方針の一つに位置付けた。一九四九年三月、毛沢東は七期二中全会報告において「我々はできる限り、社会主義国家と人民民主国家とビジネスをまず行い、同時に、資本主義国家ともビジネスを行わなければならない」と指摘した。同年九月に中国人民政治協商会議が採択した『共同綱領』第五七条で、「中華人民共和国は、平等互恵に基づいて、各国の政府及び人民との通商貿易関係を回復し、発展させなければならない」と明確に指摘している。[5] このことは、新中国の基本方針が鎖国ではなく対外開放であることを表している。

当時の状況から見ると、一九五〇年当時、中国と資本主義国家との貿易は、輸入総額の六六・二％を占めており、輸出総額の六六・八％を占めている。[6] つまり、当時の中国市場は世界の資本主義市場の一部分であり、西側の資本主義国家市場も中国の輸出市場の主要な位置を占めていたことを表している。西側への開放は、中国が世界経済と市場に参入することを意味していた。反対に、西側国家に対する閉鎖または西側国家による中国に対する経済封鎖は、中国が世界経済と市場から離脱することを意味した。しかし、当時、中国が世界の輸出市場に占める割合は、中国の人口が世界総人口に占める割合から見ても、すでに近・現代史上の最低レベルにまで落ち込んでいた。アンガス・マディソンの計算に基づくと、一八七〇年の中国輸出額が世界総量に占める割合は二・四九％であり、一九五〇年には一・六九％まで下落していた。[7] こ

れは、中国が百年余りにわたって外国の帝国主義による圧力を受けた結果であり、中国自身が急速に衰退した結果でもある。

　朝鮮戦争の勃発により、中国は義勇軍を派遣して朝鮮を支援し、米国をリーダーとする西側資本主義国家は新中国に対して貿易禁止・経済封鎖を実行した。これにより中国は、西側世界との対外貿易がほぼ途絶し、香港を経由して西側の先進技術設備または緊急物資を輸入するルートしか残らなかった。主に旧ソ連をリーダーとする社会主義陣営との対外貿易・技術導入・人材誘致に転換せざるを得なくなった。

　一九五六年に毛沢東は、中国と外国は手を結び互いに精通し合わなければならないと言及し、清朝末期の西太后が盲目的に外国製品を排斥したやり方を批判した。また彼は、音楽工作者との談話の中で、洋務派の中体西用（中国の学述を体と為し、西洋の学述を用と為す）という伝統的観点を批判した。[8]

　一九五八年、毛沢東は『第二次五カ年計画に対する指示』の中で、「自力更生為主、力争外援為鋪（自力更生を主とし、外国からの支援は補佐とするように努力する）」という方針を正式に打ち出した。[9]

　一九六四年、毛沢東は中国の伝統文化と外国文化に適切に対応するための基本方針として、「古為今用、洋為中用（古いものを現在に役立て、外国のものを中国に役立てる）」を提起した。[10]

　しかし、毛沢東が言及したこの方針は実行に至らず、国内には根拠のない対外排斥が起こり、閉鎖的政策が実行された。新中国の成立初期には、元々中国にあった外国資本の大部分が強制的に閉鎖させられたり、撤退を迫られたり、差し押さえられたりしている。いわゆる争取外援（外国からの支援を勝ち取る）とは、主に一九五〇年代に旧ソ連から勝ち取った経済援助と技術援助であった。中・ソ両党が政治的に対立し、六〇年代初期の中国が最も苦しかった時期に、旧ソ連はこれらの援助を中止した。「双方は多くの絵空事を話し尽くした」、「今になれば、我々も自分が当時言ったことがすべて正しいとは考えない。本質的な問題は不平等で、中国人が屈辱と感じていたことである」[11]と鄧小平が中・ソ対立に言及して、認めた通りである。六〇年代半ば、中国は二年前倒しで、対旧ソ連借款と中国志願軍に旧ソ連が提供した兵器弾薬費用をすべて返済し、いかなる対外債務も外国投資もない国となった。このため中国は、自身を社会主義の優位性を有する国家と称した。

　中国が自らを閉鎖したことは、世界市場から離脱したことを表しており、世界の輸出における割合もますます低下した。一九七三年には、中国の輸出額が世界総量に占める割合は、史上最低レベルの〇・六五％まで落ち込み、一九五〇年の一・六九％を下回った。[12]中国の世界市場における競争力は向上せず、明らかに低下した。しかし、これらのデータが決して指導者の強い関心を引いた訳ではない。江青は、見聞が狭く学識が浅いため、盲目的に対外排斥を強化し、西洋崇拝主義を盛んに批判した。一九七〇年代、経済グローバル化の時代になり、中国は工業化・近代化を続けていたが、依然として世界最大の閉鎖型経済・自給自足型社会であった。このことが中国の潜在的な貿易成長力を大きく制限した。[13] 対外開放だけが、中国の潜在的な貿易成長力を解放することができた。[14]

新中国成立以降、中国は長期にわたって世界から隔絶し、また同時に、相互に影響しあう状態にあった。[15] **毛沢東が「憤怒する、孤立無援の我が国」（一九六九年）と自ら称したが、それには外部的原因があり、中でも米国が鍵であった。** 鄧小平は、新中国が成立して以来、長らく世界から隔絶した状況にあるのは、中国が原因ではなく、国際的に中国に反対する勢力や中国の社会主義に反対する勢力が中国を隔絶し、孤立した状態に追いやっている、と考えた。[16] 米国をリーダーとする西側諸国が中国に対して行う経済封鎖は、中国が遅々として対外開放できない客観的な原因である。朝鮮戦争において中国と朝鮮が米国と韓国に対して和平協議に署名するよう求めたが、対共産圏輸出統制委員会（Coordinating Committee for Export to Communist Area：COCOM）内に中国委員会が増設され、中国に対して旧ソ連や東欧国家よりもさらに厳しい経済封鎖と経済制裁が行われた。[17] 胡耀邦もかつて次のように話した。「これは当然、我々が国を閉ざそうとしたことによるものではなく、当時の歴史的要因によるものである。第一に、米国をリーダーとする世界の主要資本主義国家が、長期にわたって我々を敵視し、封鎖し、中国に対する禁輸を行ったためである。第二は、六〇年代以降、ソ連が中国との経済契約を破棄したことにより、我々とソ連と東欧の一部の国家との経済関係が大きく縮小したためである」[18]。

銭其琛は次のように考える。一九六〇年代末から一九七〇年代半ばまで、国際情勢に新たな変化が現れた。米国はベトナム侵略戦争が足枷《かせ》となり、内外ともに苦境に立ち、収縮せざるを得なくなった。また、旧ソ連はこの機に軍事力を強化し対外拡大に一段と力を入れ、中国の安全保障に対する脅威となっただけでなく、米国と覇権を争い、ソ連が攻め米国が守るという構図が作られた。この時、毛沢東は機が熟したと考え、中国の外交戦略を整えることを決め、中・米関係の打開を図り、米・ソと同時に対立する状況を回避した。[19]

一九七〇年代初期、毛沢東が中・米関係の打開に取り組んだことは、七〇年代末に鄧小平が対外開放に取り組む際に、有利な前提条件となった。 中国が西側への開放に取り組む際、最大の障害は、中・米間の長期にわたる対峙と隔絶である。この障害を取り除くことは、中国の対外開放にとっても戦略的扉を開け、発展の道を開くことである。一九六八年八月、旧ソ連は旧チェコスロバキアに侵攻し、六時間のうちに全土を占領した。この事件は中国にとって大きな衝撃となり、旧ソ連の軍事脅威を国家安全保障戦略全体の重点として考えなければならなくなった[20]。一九六九年三月、中・ソ国境近くの黒竜江省の珍宝島地区で軍事衝突が起き、旧ソ連は、中・ソと中・蒙（モンゴル）の国境に強力な軍隊を集結させ、中国の国家安全保障に対する深刻な脅威を生み出した。キッシンジャーによると、中・ソ国境のソ連軍は四二師団まで増え、一〇〇万人に達したそうである。ソ連の中級官吏は世界各国の旧知の同級官吏に向かって、「もし機先を制するために中国の核施設を攻撃したら、各国はどう反応するだろうか」と尋ね始めた。同年六月五日、米国『クリスチャン・サイエンス・モニター』は、ソ連が「口頭でワシントンやその他の西側諸国政府にさぐりをいれている」のは、「極東で起きる可能性のある核戦争に対して準備をしようとしている」のだと報道した。同年八月、米国大統領ニクソンは、国家安全保障委員会会議の席で「現在のソ連は、米国にとって危険な存在であり、もし中ソ戦争で中国が敗戦したなら、米国の利益を損なうだろう」と立場を表明した。この政策に基づき、キッシンジャーは「ソ連と中国が衝突した際は、米国は中立を保つが、そうであっても、できる限り中国を重視しなくてはならない」と指示した。九月五日、米国国務次官エリオット・リチャードソンは「もしソ連と中国の仲たがいがエスカレートし、国際平和と安全保障を脅かす事態となった場合、我々は強い関心を持たざるを得ない」[21]と公にした。これに対し、毛沢東は強く警戒し反応を示した。同年六月、毛沢東の考えで、中央軍事委員会弁事組が座談会を招集し、「戦争準備」について議論した。毛沢東は、陳毅等の元帥の提案に基づき[22]、中・米・ソの「三極」構造の中で、「米国」を外交カードとして利用することを考え始めた。毛沢東は「（社会主義陣営）一辺倒」外交方針を放棄し、「敵（米国）を以て友」とし、「友（ソ連）を以て敵」とする新戦略に転換した[23]。**このこと自体は、毛沢東が国家安全保障戦略を決定する際、国家の最高利益を基準とし、イデオロギーを乗り越え、時局を理解して状況を判断し、機敏な措置を取り、新たな戦略的好機を打開したことを示している。**

これより前の一九六九年一月、米国大統領ニクソンは中国との和解に向け観測気球を上げた。バーノン・A・ウォルターズとの会談で次のように考えを述べている。「世界で、最も強大な国と人口が最も多い国が全く接触しないのは、世界にとってマイナスである」[24]。また、一月二〇日の就任演説で、中国と接触する考えであることを再度表明し、こう述べた。「すべての国に知ってほしい。私の任期中、我々の対話の回路は開かれている。我々は開かれた世界、つまり思想が開放され、ヒト・モノの交流が開放されている世界を探し求めている。人口の多少にかかわらず一民族が、憤怒し孤立無援のまま生きていくことはできない」[25]。後に彼は「当時、この話をしたとき、中華人民共和国は私の考えの中で、とても重要なポジションにあった」と打ち明けている。[26]これに対し、毛沢東はニクソンの就任演説に非常な関心を寄せ、「一九四九年から今に至って、彼等は、この憤怒し孤立無援の我々が彼等に与えた本当の味を噛みしめた」とコメントし、『人民日報』にニクソンの演説を掲載するよう求めた。[27]

一九七〇年二月、ニクソンは米国議会に最初の報告を行い指摘した。「中国人民は偉大で、生命力あふれる人民であり、国際家族の外に孤立し続けるべきではない」[28]。三月、米国国務省は中国への渡航に関する政府当局の大部分の制限を緩和した。四月、さらに貿易制限を緩和した。

一〇月、ニクソンは、まずパキスタン大統領ヤヤ・カーンとルーマニア大統領チャウシェスクが訪米する機会を捉え、米国が中国とのハイレベルな接触を希望していることを、彼等を通じて内々に知らせた。一一月、毛沢東の承認を経て、周恩来は米国に対し、大統領の中国への特使派遣を歓迎するとの「メッセージ」を言付けた。一二月一八日、毛沢東は米国記者エドガー・スノーとの会見で「もしニクソンが来たいのであれば、私も彼と話をしたい。会談が成功すればそれで良いし、しなくても良い。言い争いをしてもしなくても構わない。旅行者として来ても、大統領として来ても良い。つまり、どのような形でも良いのだ」と話した。

毛沢東はタイミングを逃すことなく、ピンポン外交を通じて中・米関係を進展させた。一九七一年四月、毛沢東は米国の卓球チームを中国に招いた。四月一四日にニクソンは、二十年にわたる中国への貿易禁輸を終結させると宣言し、中国貨幣と船舶輸送に対する規制を緩和して、中国に対して前向きなシグナルを送った。

一九七一年七月九日、国家安全保障問題担当大統領補佐官キッシンジャーは、パキスタン政府の協力により秘密裏に訪中し、七月一六日に米中双方が同時に、ニクソンが訪中予定であることを公表した。この後、一連の連鎖反応が引き起こされた。

毛沢東は、中・米・ソの三極関係の構築を推進し、国際戦略のパワーバランスをコントロールすることにより、国際的緊張を緩和させ、中国外交の新しい局面を切り開いた。[29]一〇月二五日、第二六期国際連合総会は、中華人民共和国の国連におけるすべての合法的権利を正式に回復した。これにより、中国は安全保障理事会の五つの常任理事国の一つとなった。毛沢東はこの知らせを受け取り、兄弟である第三世界の国々が我々を「担ぎ上げた」[30]のだと喜んだ。「得道多助（正しい道を行えば多くの助けが得られる）」[31]とはこのことである。

一九七二年二月二一日、米国大統領ニクソンは訪中のため、北京に到着した。毛沢東はニクソンとの会見で、**まず中国の「鎖国状態」と米国との交流を拒絶していたやり方が誤りであり、さらにその責任は彼を含む中国側にあると認めた。**[32]しかし、当時の毛沢東は、「鎖国」の代償が何かを理解していなかった。当時の毛沢東の考え方は、闘争戦略にその多くを根拠としていた。彼はかつて発言している。「二つの覇権主義国家（米国とソ連）のうち、我々は常に一方（米国）を味方につけなければならず、両面作戦は不可能である」[33]。大変残念なことに、対外開放の基本国策を提起する機会を失くした。

周恩来とニクソンは五回の会談を経て、ニクソンは米国の立場を改めて表明した。つまり、米国は、中国が一つであり、台湾は中国の一部であると認めること。米国は、二度と「台湾の地位は未定である」と言わず、「台湾独立」を支持しないこと。米国は、中国との関係正常化の実現を図り、四年以内に台湾から軍を撤退すること、である[34]。二月二八日、中・米両国は、初の『共同声明』（通常、「上海コミュニケ」と言う）を発表し、両国が「中・米関係が正常化に向かうことは、すべての国家の利益に合致する」との共通認識に至ったことを宣言した。また、「二国間貿易は相互利益をもたらし、平等で互恵の経済関係は両国の国民の利益に合致するものである。両国は段階的な発展のため、両国間の貿易に便宜を図ることに同意した」と言及した。このことは、中・米の二十二年間にわたる深刻な膠着状態がついに終わりを迎え、中・米関係の正常化の大門が開かれたことを意味しており[35]、同時に、中国が西側に貿易を開放し、中国の対外開放の枠組みが速やかに改変されたことを意味している。毛沢東が「中・米関係正常化は、一つの鍵である。この問題が解決すれば、その他の問題は簡単に解決する」と言った通りである[36]。一九七三年五月、両国政府は北京とワシントンに連絡所を設置した。両国は貿易を展開し始めた。数十の代表団が互いに行き来し、千人を超える中国系米国人が中国を訪問した[37]。

三月、中・英両国は外交関係を、代理大使級から大使級へと格上げした。続いて、中国は、オランダ・ギリシャ・ドイツ連邦等の国家と相次いで外交関係を結び、あるいは、外交関係の格上げを実現した。

九月下旬、日本の田中首相が中国を訪問した。周恩来総理と田中首相は中・日共同声明に署名した。また、日本政府は、中華人民共和国が中国の唯一の合法的な政府であるとし、両国は即日（九月二九日）に国交を樹立した。中国政府は、中・日両国の友好のため、日本に対する戦争の賠償請求を放棄すること、さらに両国間に横たわっていた不正常な状態を終わらせることを宣言した。

中国と西側国家の関係が大きく変化した。このことは、中国が西側国家の先進技術を導入する好機となった。

一九七二年は、中国の経済開放の初年となった。二月初め、毛沢東の確認と同意を経て、国家計画委員会は化学繊維と化学肥料の技術設備一式を輸入した。同じ年、中央政府と国務院は四三億米ドルの輸入計画を許可し、これが、国外の先進技術設備導入に関して、新中国成立以来最大規模の輸入計画であった[38]。しかし、実際の輸入額は二八・六億米ドルであった[39]。

一九七三年一月、中央政治局委員で、経済工作を主管する国務院業務組の責任者である李先念は、対外貿易を積極的に発展すべきであり、まず輸出を増やすかもしくは委託加工貿易でも良いと提案した[40]。

六月、国務院業務組の工作に参加したばかりの陳雲は、中国と資本主義の応対は大勢がすでに定まったと考えていた。彼は、我々は資本主義についてよく研究すべきであると言及した[41]。また、鋭い指摘を行った。「自力更生方針の実行を資本主義を利用した信用貸付と対立させるべきでなく」、**大口貨物の輸入は、資本主義国の商品取引所を利用すれば、資本主義国から綿花や化学肥料等の原材料を輸入し、加工した後に再度輸出できる。また、資本主義の先進技術と設備を利用し、国際的に先進的な管理方法を取り入れ、国内の優位条件を利用して輸出を拡大する**[42]。これが、中国の指導者が最も早い時期に持っていた対外開放の構想である[43]。

一二月、李先念が、必要な先進設備の輸入は、社会主義建設を加速するためであると言及した。**これは、李先念と陳雲が最初に提起した対外開放・国外技術導入の政策であり、のちに彼等は鄧小平が主張する対外開放の支持者となり、政策決定者となった。**

一九七四年三月、李先念は、中国の海上輸送能力を強化するため、（外国）船を適切に購入することは、やはり必要であると言及した。一〇月、江青はいわゆる「風慶号事件」に仮託して、周恩来・鄧小平・李先念らを「孔孟の弟子」、売国主義路線の執行者であると誹った[44]。中国が西側世界に対して開放を始めたばかりであるのに、鎖国主義・孤立主義の江青が圧殺しようとした。

一九七五年四月、鄧小平は、江青の「鎖国」というやり方に対し、自力更生は国外の先進技術の吸収を排除するものではないと明確に指摘した[45]。

八月、鄧小平は、国家計画委員会が起草した『工業発展加速に関する若干の問題』に対する国務院の討論を主宰した際、新技術・新設備を導入して輸出を拡大すると提起した。少しでも輸出を増やし、優れた技術と設備に変えることで、工業技術の改良を加速し、労働生産性を向上しようとした[46]。

九月一日、李先念は、遠大な志を持ち、外国の先進技術を謙虚に学ぼうとする姿勢を持たなければならないと言及した[47]。この政策は実施に至らないうちに、「批鄧（鄧小平批判）と右からの巻き返しの風に反撃する」運動により挫折した。

一九七六年三月三日、江青は文化大革命中に行われた十二省区を招集した会議で、鄧小平が「売国奴で、買弁ブルジョア階級の代表」、「台湾問題について鄧小平はブッシュ（当時、米国在華連絡所主任であったジョージ・ブッシュを指す）にゴマをすった[48]」と非難した。江青のこのやり方は、鄧小平と李先念に歴史的な記憶として刻み付けられ、中国に歴史的空白をもたらした。この後、彼等は陳雲と共に中国の対外開放の歴史を開いた。

この時期、中・米貿易と中・日貿易は飛躍的に発展し、西側の先進技術の輸入に新たなチャンスをもたらした。一九七一年の中・米貿易額はわずかに四九〇万米ドルであったが、一九七四年には九・三億米ドルに達し、米国は中国にとって第二の貿易相手国となった。一九七二年の中・日貿易額は一一億米ドル、一九七五年には三七・八億米ドルに達し、日本は中国にとって最大の貿易相手国となった。

この時期、中国の外交相手国の構成は大きく変化した。一九四九年一〇月から一九六九年末までに、新中国は四四カ国と正式に外交関係を結び、一九七二年末には八八カ国となり、三年間で倍増した[49]。

一九七〇年代初めに毛沢東が行った対米戦略が、中国の対外開放戦略の扉を開いたと言える[50]。鄧小平はこれを毛沢東の功績と見なした[51]。鄧小平は決定的な第一歩を踏み出し、対外開放の基本国策を提起し、中国対外開放の父となった。

二、鄧小平による二十年間の

国際的平和環境創出の大戦略

歴史を深く掘り下げてみれば、鄧小平時代の周辺環境と国際環境は、対外開放と経済発展にとって、毛沢東時代よりも有利であった。

一九五四年一〇月、毛沢東はインドのネルー首相との会談で、「この先、数十年平和であるなら、国内生産の開発と国民生活の改善を容易にやることができる。我々は戦争をしようと思わない。仮にこのような環境をつくることができたなら、とても良いことだ[52]」と話した。

一九五九年六月、毛沢東はペルー議員団との会談で、中国には希望があるとの考えを語り、次のように述べた。世界の平和を愛する人民の助けを借り、平和環境を維持することが最も大事だ。これは、多くの人にとって最大の利益である[53]。彼はさらに、「十年から十五年の（国際）平和を勝ち取ることは可能である」と考えた[54]。しかし、毛沢東は願いを実現することはできず、国際平和を利用することもできなかった。

一九七七年、鄧小平は職務に復帰した後、以前と同様に外交事務を主管し、調査研究を進め、国際情勢の特徴と傾向の認識を新たにした。世界情勢に関する毛沢東や周恩来の基本的な見方を改変し、彼等のこれまでの戦略的枠組の限界を突き破り、中国の近代化建設のために、有効かつ長期的な国際平和環境を創出する戦略構想を最初に提起した。彼は、少なくとも二十年の時間が必要であると考え、その狙いは国内の経済建設のためであった。**これには、「外交は内政の延長であり」、内政の状態によって外交のあり様が変わり得るという考えが示されている。鄧小平は、内政が外交を決定し、外交は内政のためにあると考えた。**

一九七三年八月、党の第十回全国代表大会における毛沢東と周恩来の時局に対する総合的な考え方は、依然としてレーニンの考え方を踏襲していた。つまり、中国はいまだに帝国主義とプロレタリア革命の時代にあるという考え方である。[55]毛沢東の国際情勢に対する基本的な見解は、「天下大乱論」[56]である。これについて、鄧小平も同意した。[57]当時、中国はすでに国際連合に加盟しており、国際社会の重要な構成員（国連安全保障理事会常任理事国の五カ国の一つ）であったが、毛沢東は依然として「世界大戦論」と「世界革命主傾向論」を維持していた。[58]この時、**毛沢東は、世界が科学技術革命と経済グローバル化の時代に突入していることに気づいておらず、さらに、中国が直面する最大の試練は、「資本主義の復活」ではなく、資本主義先進国との間の科学技術格差の明らかな拡大であり、中国が再び科学技術の落伍者となっていることを知らなかった。**

一九七四年一二月一七日、鄧小平は毛沢東に報告するに際し、**初めて、今後十年で工業総生産額を倍増するという構想を提起し、五年間の国際的平和環境を実現し、対外協力と対外貿易の展開に力を尽くすことを提起した。**彼は、毛沢東の言う安定的団結の重要性を強調した。不安定であっては、生産をすることができない。その時、毛沢東は「**良い考えだ**」[59]と応えた。

一九七七年八月、中国共産党第十一回全国代表大会において、十年間にわたる「文化大革命」の終息と「四つの近代化建設」の再スタートが、正式に宣言された。当時、すべての指導者が千載一遇の「天の時」、すなわち中国の経済発展に有益な国際環境であることをはっきりと意識した訳ではない。また、国外でも、中国が門戸を開いて対外開放を積極的に行い、世界経済の一体化に大きく参与すると予見できた者はいなかった。

九月一四日、鄧小平は真っ先に、過去に行った戦略決定（党の第十回全国代表大会政治報告を指す）は現実に合わなくなっており、我々には平和な国際環境が必要であり、少なくとも二十三年間（二〇〇〇年までを指す）は戦争を望まない、[60]と指摘した。鄧小平が初めて、国際平和の環境を創出しなければならないと提起し、それは国内経済の建設に寄与するための戦略的思想であった。**私はこれを真の「中国大戦略」と称す。つまり、中国の核心的国益と長期的な根本利益を反映し、大胆かつ先見性に富んだ戦略構想である。**

一一月、『人民日報』が『毛主席の三つの世界論は、マルクス・レーニン主義への貢献である』を発表した。その文章は依然として、我々の時代は「帝国主義とプロレタリア革命の時代」であり、「新たな世界大戦は不可避」で「早く大きく叩くことに軸足を置き」、「ソ連社会帝国主義」は「米国よりもさらに危険な世界戦争の震源地」であることを肯定していた。実際は、毛沢東が提起した、「聯米反ソ」の（米国と手を結び、ソ連に対抗する）「一本の線」戦略の固持である。これは、一九七三年に毛沢東がキッシンジャーとの会談で言及した「緯度に沿った一本の横線でつながる米国・日本・中国・パキスタン・トルコ・欧州」が共に、ソ連に対抗することである。[61]これは、党中央が毛沢東の「世界観」と「大戦略」に固執していることを表している。

一二月二八日、鄧小平は、中央軍事委員会全体会議において「我々は、努めて時間を稼ぎ、戦争を回避することができる」、また「戦争勃発を、努力して遅らせることができる」と言及した。[62]このことは、党中央が「世界大戦は不可避であり、戦争の危険が迫っている」という考え方にこれ以上固執せず、世界戦争は遅らせることができると認識したことを表している。[63]

一九七八年三月二五日、鄧小平はノルウェー外務大臣Knut Frydenlundと会見した時、西側世界と協力する考えを示した。彼は、「我々がはっきりと想定しているのは、四つの近代化を実現するために、西側世界との協力が必要であることだ。**さらに重要なことは、政治的に超大国に対抗するには、我々のさらなる協力が必要なことである**[64]」**と述べた。これは、毛沢東の統一戦線思想の国際問題における最良の運用であり、中国の対外開放が主に西側世界へ向けた開放であることを意味している。**

八月五日、鄧小平はリビア・アラブ代表団との会見時、「二十年」の戦略構想、すなわち平和な二十年間を望んでいる。そうすればしっかり建設に取り組むことができると言及した。二十年間安定することで、安定した国際環境を手に入れ、経済の発展と国民所得の増加を目指したいとした。[65]その後、彼は何度もこの考えを繰り返し述べた。[66]

人口が多く発展途上の大国は、どのようにしたら発展できるのか。少なくとも内外の二つの基本的な条件が必要だった。一つは「天下太平」であり、地域経済の一体化と良好な周辺環境（「地の利」）、そして国際平和が少なくとも一世代続き、「天の時」（経済グローバル化と科学技術革命）を十分に利用できることである。二つは「天下大治」であり、国内の安定的環境が少なくとも一世代続き、「人の和」を実現し、社会の安定と経済の発展を考えることができればそれで良い。「天下太平」でなければ、しっかりと国内建設に着手することができず、「天下大治」でなければ、国内建設に精力を注ぐことができない。「天下太平」「天下大治」であってこそ、中国は「天下大変（国が大きく変化する）」を実現できるのだ。これは、中国の指導者が歴史的好機をどのように認識し、どのように掴まえるかにかかっていた。

鄧小平は、毛沢東時代にはなかったこの得難い歴史的好機を鋭敏に意識し、[67]未だ嘗てなかった「天の時、地の利」を十分に利用した。**彼は、華国鋒・陳雲・李先念と共に、対外開放という重大な決断を果断に行い、**中国を、経済グローバル化の「周縁者」から重要な「参与者」、国際的先進技術の「落伍者」から積極的な「採用者」、近代化の「新参者」から新たな「追走者」に押し上げた。**鄧小平は対外開放の戦略的構想を打ち出しただけでなく、経済建設を中心とする戦略的転換も提起した。この二つの相互補完的な「中国大戦略」は、知恵を備え、遠い将来を見通し、一八四〇年以来存在していなかった「天の時、地の利、人の和」を極めて巧みに創り上げた。これにより、中国は一世代、またはさらに長い時間を利用し、経済のテイクオフと速やかな興隆を実現した。これが、「鄧小平時代」を創出した。**

三、中国の鎖国と「天の時、地の利」の逸失による歴史的代償

「毛沢東時代」における中国の経済的発展と社会的進歩は、大きな成果と進展を手に入れた[68]。しかし、「大躍進」時代(一九五八～一九六二年)と「文化大革命」時期(一九六六～一九七六年)に、周辺の日本・韓国・マレーシア等の国や、大陸のライバルであった台湾・香港と比べ、中国は非常に閉鎖的で、大きく遅れた。それにもかかわらず毛沢東に「見えた」のは、中国国内に「日常的に、自然発生的に、大量に生まれてくる」資本主義的要素であり、また、彼が最も懸念していたのは「林彪のような輩が表舞台に上がり、資本主義制度をやったとしたら、それは非常に簡単[69]」だということであった。彼に「見えなかった」ものは国際競争と世界の技術革命であり、周辺国家と世界で起きている大きな変化に気がついていなかった。また、これが異なる政治体間の経済競争であることを意識しておらず、対外的にも依然として「三打倒」、つまり「帝国主義・現代修正主義・各国の反動派を打倒する」と主張した。さらに対内的には「このような(プロレタリア文化大)革命は、今後何度も実行しなければならない[70]」と主張し、「階級闘争を綱要」とする路線を放棄して、経済発展加速の路線に転換することをしなかった。そうして彼は、「文化大革命」の新たな高まりを追い続け、経済発展を続ける世界と東アジアの「黄金時代」が創出した「天の時、地の利」を利用する機会をみすみす失った。

世界の現代経済発展の歩みを見ると、少なくとも二度の「黄金時代」があった。一八七〇～一九一三年が最初の「黄金時代」であり、世界の一人当たりGDPの年平均成長率は一・三%、一方で、中国はマイナス〇・〇九%であった。第二次世界大戦後、世界経済は二度目の「黄金時代」(一九五〇～一九七三年)を迎え、世界一人当たりGDP成長率は二・九%、それは最初の黄金時代を超えていた。中国は、世界平均成長率と同じ二・九%であったが、日本や「アジアの四小龍」はいずれも、世界の平均成長率を大きく超えていた[71]。

中国は少なくとも二度、経済グローバル化にコミットし発展する機会を失い、同時に世界経済と貿易における立場も失

った。中国の輸出額が世界総量に占める割合の変化を例にすると、世界経済が最初の「黄金時代」にあったとき、中国の割合は一八七〇年の二・五％から一九一三年には一・八％まで低下した。また、二度目の「黄金時代」には、中国の割合は、一九五〇年の一・八％から一九七三年には〇・六％まで下がり、中国史上最低を記録した。これが、中国が閉鎖的であったことの代償である。中共中央文献研究室編『建国以来の毛沢東草稿』第十二冊と第十三冊に記録されている、一九六六年から一九七六年にかけて毛沢東が批評と指示を与えた草稿から分かることは、彼がこのことについて「まったく知らず」、「一言も話していない」ということであり、階級闘争と資本主義復活阻止を彼が片時も忘れなかったことである。

十八世紀の産業革命以来、近代化とグローバル化は世界歴史の潮流である。世界近代史は、いかなる民族、国家であろうとも、閉鎖的で進歩を求めず、盲目的に自分以外のものを排斥することは、その民族や国家を停滞させ、他の先進民族や国家の後塵を拝し、打ち負かされることを示している。また、世界に向けた開放が遅くなればなるほど、その後進性が鮮明になり、発展機会をますます喪失することを示している。中国は、典型的な失敗例である。しかし、中国がひとたび対外開放すれば、典型的な成功例となり得ることも意味している。例えば、一九七八年以降、中国の輸出額が世界総量に占める割合は上昇し続けており、中国は世界経済に同調する歩みを加速している。

大国の視点から見ると、米国は比較的高い経済成長率を維持し、一九七八年の米国ＧＤＰは中国の五倍以上に相当する。一方、敗戦国である日本やドイツは、経済を急速に回復させ、再び米国を追いかけ始め、世界第四位、第三位の経済大国となった。旧ソ連も比較的高い経済成長を維持し、世界第二位の経済体となり、一九七八年にはＧＤＰ世界総量の約九・〇％を占めている。一九五〇年の中国ＧＤＰが世界総量に占める割合は四・五％であり、一九五七年には五・五％に達し、わずか七年間で一・〇ポイント上昇した。しかし、その後は下降を始め、一九七六年、毛沢東が死去した年には四・五％となり、一九五〇年の水準に戻った。これらの「目に見えない損失」は、すべて「大躍進」による経済的混乱と「文化大革命」による政治的混乱の結果である。

東アジア地域から見ると、一九六〇年代半ばに中国で「文化大革命」と「自己の闘争対象が自己である」時代が始まった頃、日本経済は加速を続け、アジアの「四小龍」は経済テイクオフ段階に入り、対外開放を押し進め、米国等の先進国との差を急速に縮める一方で、中国を引き離しその差も拡大しつつあった。一九六五年、中国大陸と台湾の一人当たりＧＤＰは、それぞれ七〇六米ドルと二二一二米ドルであり、一九七六年は、八五二米ドルと四六〇〇米ドルであった。[72] 両者の相対差異は三・一倍から五・四倍に開き、絶対差異は一五

○六米ドルから三七四八米ドルに拡大した。一九七三～一九七五年、台湾の輸出貿易額が五五・七億米ドルに達し、[73]中国は五八・二億米ドルであった。[74]この時期のデータは、少なくとも公開されている経済競争において、毛沢東率いる大陸が政敵である蒋介石率いる台湾に遅れていることを証明しており、後者は対外開放に力を入れ、輸出の成長を奨励し、世界の先進技術を導入することで、経済テイクオフを実現した。李先念と陳雲は相次いで類似する提案を行ったが、江青等に封殺された。一九七九年二月、鄧小平は外賓との会談の際、中国の対外貿易額は依然として台湾（地域）に及ばないことを初めて認めた。[75]

閉鎖的であれば落伍者となり、対外開放をやれば地位を押し上げ遅れを取り戻すことができると、歴史が我々に教えてくれる。では、**鄧小平はどのようにして「天の時」を知り、「地の利」を知ったのだろうか。彼は、どのようにして中国が対外開放すべきと決めたのだろうか。**

国同士の競争、特に中国と隣国の経済競争は、中国に改革の始動を促す最も重要な外部要因であった。「文化大革命」後、鄧小平等指導者は、国際的に通用する経済社会指標をどのように用いて、中国と日本やアジア「四小龍」との間の発展格差を比較すべきか知らなかった。しかし、この差が拡大していることをすでに感じとっていた。

一九七七年五月一二日、鄧小平はまだ職務に復帰していなかったが、次のように発言している。「中国と外国の科学技術水準を比べてみると、多くの分野でその差が拡大しており、追い付くには大変な労力が必要である。我々は、努力して追い付かなければならず、それができなかったなら、その差はさらに拡大する。相手には一瀉千里の勢いがある」[76]。

五月二四日、鄧小平は、「思うに、先進国と比較した時、中国の科学技術と教育はちょうど二十年遅れており、このことを認めなければならず、認めることで希望が見える」と話している。[77]

九月二四日、鄧小平は英国籍の作家ハン・スーインと会見した際、中国が二十年あるいは三十年という時間を無駄にしたと再び言及している。[78]

一九七八年三月一八日、鄧小平は、全国科学大会において中国の基本的発展水準に話が及んだ際、「中国の今の生産技術レベルはどのような状況なのか。数億の人口が食べるには、食糧問題はまだ真に解決していない。中国の鉄鋼業の労働生産率は、外国の先進レベルのわずか数十分の一しかなく、新興工業の差はさらに大きい」と話した。[79]

五月二八日、鄧小平はアルジェリア総督特使との会見時、「四人組の妨害は過ぎ去ったが、門戸を閉ざしてやってきたために、世界がどのような情況であるか分からなくなった。もし六〇年代前半に中国と世界の技術格差が多少あったとしても、それほど大きくなかった。しかし、この十数年で拡大した」と語った。[80]

　一九六四年一二月二七日、周恩来は毛沢東に政府工作の報告を行った際、「中国にはすでに多くの世界トップクラスの科学者とエンジニアがおり、一部の研究成果は世界の先進レベルに到達したか、または近づいている」[81]と評価している。陳伯達（当時、中共中央政治研究室主任、中国科学院副院長を担当）は、当時次のように指摘している。**外国の新聞雑誌等によれば、電子技術が第二次産業革命を実現しつつある。第二次産業革命は、中国も完成し得る。我々は新しい技術を採用しなければならず、中国は常に他国の後塵を拝して、四〇年代、五〇年代、六〇年代のレベルに甘んじるわけにいかない。**これに対して、毛沢東は非常に賛同し、中央政治局や国務院の各同志に回覧するように求めた。陳伯達と余秋里との会談記録の草稿で、毛沢東がこの問題を検討すべき時であると提起したことが示されている。[82]しかし、毛沢東は新技術革命を発動せず、反対に政策を転換して自ら「文化大革命」を発動、領導し、この得難い歴史的好機をみすみす放棄した。

　鄧小平は、「文化大革命」の十年は、まさに世界の科学技術が勢いよく発展していた時期である一方、中国は自ら門戸を閉ざしたため、新中国成立後に縮小していた西側国家との科学技術の差が、一転して拡大したと考えた。これが「文化大革命」の非顕在コストと機会コストであり、鄧小平が対外開放を決定した根本的要因とチャンスにつながる窓口でもあった。中国には情報通信技術に代表される第三次産業革命の指導者・イノベーターが存在せず、落伍者・新規参入者・追走者・積極的利用者であったが、改革開放後の中国は、すでに世界最大の情報通信技術生産国・消費国・輸出国となり、まさに技術革新の国家となった。

四、なぜ中国は遅れたか
――鄧小平の歴史に対する反省

　中国指導者の中でも、鄧小平の最大の特徴は、「外に目を向け」ていること、思想的に開かれていることである。国家間競争に対する強い意識、国家間格差拡大に対する強烈な危機感、そして発展の加速に対する強い切迫感を持っていた。鄧小平が、一貫して考え続けた重大な問題がある。**中国はなぜ遅れたのか。中国の後進性とその原因をいかにして認識するのか。この打ちのめされ、遅れた状況をどのように変えていくのか。**これらの深い思索は、彼の対外開放という重大な構想の提起に直結しただけでなく、ソ連の近代化モデルや西側の資本主義近代化モデルとは異なる中国の特色ある社会主義近代化という目標の提起につながった。[83]

　中国指導者に改革を促した大きな要因は、彼等が従来の単一な認識のあり方と閉鎖的な学習モデルを放棄し、新しい多元的な認識のあり方と開放的な学習モデルに転換して、急速

に変化する外部世界と周辺国家に対する認識を新たにしたことにある。知識源の変化は、知識内容の変化、特に社会主義に関する知識と近代化に関する知識内容・含意・理解に重要な変化をもたらした。中国指導者は、東側（旧ソ連）の経験から学ぶことから始め、すぐに西側の経験を学び、さらには、東アジア、特に日本の経験を学ぶよう方針を転換した。なぜなら、後者は近代化の追走に成功した国であり、中国が発展を加速させるための参考となるからである。これは、常に学習・比較・参考・吸収・消化・実践・認識を繰り返すプロセスである。

鄧小平はすぐに人を派遣して技術視察を行うこと、共同市場や、日本・米国について、専門グループを作り、特化して研究することを提案し、国際情勢に気を配り、今が最も有利な時機であることを提起した。一九七七年末から、中共中央は相次いで多くの指導幹部を国外に派遣し、外国の経験を理解し参考とした[84]。

一九七八年春、中共中央は初めて代表団をユーゴスラビアに派遣した[85]。帰国後、代表団の報告によると、スターリンが旧ソ連の経済体制をユーゴスラビアに押し付けようとして、チトーから拒絶されていたことが分かった。しかし、ユーゴスラビアは社会主義国家を堅持し、ユーゴスラビア共産主義者同盟は社会主義路線を堅持した。社会主義の基本的経済制度にさまざまなモデルがあることを、初めて認識した[86]。これは、社会主義（発展）モデルに対する認識の大きな進展である[87]。これより以前、一九七七年八月三〇日から九月八日、ユーゴスラビア大統領かつユーゴスラビア共産主義者同盟の指導者であるチトーが中国を訪問し、中共中央はユーゴスラビア共産主義者同盟との関係を復活させた。

これに続き、一九七九年と一九八〇年に中国は代表団をハンガリーやポーランド等の東欧社会主義国に派遣した。中国の社会科学界ではしばらくの間、ユーゴスラビアの大企業自主権拡大による市場社会主義の実践や、ハンガリーの「新経済メカニズム」改革、ポーランドの利益還元改革と「高速発展戦略」改革の権限移譲等の「東欧モデル」が議論され、紹介された[88]。実際、当時の東欧社会主義国の改革経験には、中国指導者の改革方針に役立つ情報・経験・理論に限りがあり、中国の状況との差も非常に大きいだけでなく、これら東欧諸国の改革も人々が思うほど成功していなかった。しかし、開放政策を開始したばかりの中国指導者と学識経験者にとって、一線を越えて聖域に踏み込む契機にもなった。ほどなくして、中国の改革プロセスと成功はこれらの国を追い越し、一歩先を歩んだ。

四月から五月に、党中央と国務院は、三つの代表団を西欧五カ国（フランス・ドイツ連邦・スイス・デンマーク・ベルギー）と日本・香港・マカオに派遣し、世界経済と技術発展の状況を調査した。四月末、鄧小平は出国を控えていた国務院副総理の谷牧等に実事求是で、客観的に考察し報告するよう求めた。そのために幅広く交流し、詳細に調査し、この問題を深く研究するよう求め、良いものも悪いものも見聞し、西側国家の現代工業がどのレベルまで発展したのか観察し、彼等が経済工作をどのように管理していたのか観察するように求めた。資本主義国家の先進的な経験や良い経験を、学んでくるべきだと伝えた。[89]なぜなら、一九七四年四月に鄧小平が国連総会特別会議出席のためにニューヨークを訪れ、パリにも短期間滞在したことがある以外、[90]これ以前に中共指導者が西側国家を訪問したことがなかったからであり、彼等の資本主義国家に対する認識は、旧ソ連科学院経済研究所編『政治経済学教科書』の文献至上主義にとどまったままであり、第二次世界大戦後に起きた西側資本主義国家の変化も、さらに、この時期（一九五〇〜一九七三年）が世界の現代経済発展の第二次黄金期であることも全く知らなかったからである。[91]当時、鄧小平だけが「中国の工業と科学技術のレベルが西側の最先進国に追いつくには、さらに数十年の時間が必要である[92]」ことを認識していた。

谷牧が率いる代表団は、三十六日間をかけて二十五の都市を訪れ、八十余りの工場・鉱山・港湾・農場・大学・科学研究機構を視察した。その際、政治経済界の人士と幅広く接触し、幾度も会談と交流を行い、市民の家庭を訪問することさえあった。在ドイツ連邦の中国大使館で、代表団はドイツ連邦の戦後復興を紹介する記録映画を鑑賞した。映画は、戦後ドイツ連邦の実際の状況を詳細に紹介していた。当時、一帯は廃墟となり、多くの都市が半分または三分の二を破壊され、多くの一般市民は住む場所がなく、食べる物もなく、多くが馬車や牛車を引いて農村に食料を求めに行き、どこも飢えと寒さに苦しむ人々にあふれていた。しかし、ドイツ連邦は廃墟から新興工業を発展させ、積極的に国際貿易を展開し、わずか十数年で復興と近代化を実現した。視察を続ける中で彼等が目の当たりにしたのは、かくも先進的で繁栄を成し遂げ、電化・自動化が普及した戦後三十年のドイツ連邦であり、代表団の同志はみな驚愕させられた。彼等は、中国の後進性を感じると同時に、祖国振興の信念を強めた。[93]

鄧小平は、これらの海外視察に非常に注目し、六月下旬に谷牧との会談を特に予定し、自ら西欧国家訪問の報告を聴取した。[94]彼はいくつかの考えを示した。一つは、これらのことを取り入れ、必ず実施すること、二つは、外国から借款して建設すると決心すること、三つは、時間を無駄にせず、急いでやること。[95]彼は、世界に巨大な変化が起き、中国と先進国の経済や技術発展の差がますます広がっていることを、はっきりと意識した。[96]

六月三〇日、中共中央政治局は会議を招集し、華国鋒・葉剣英・李先念・聶栄臻・ウランフ・王震等が参加し、午後三時半から夜十一時まで、谷牧の報告を聴取した。谷牧の話は三つの重要な観点に及んだ。一つ目は、第二次世界大戦後、西欧の先進国の経済は間違いなく発展し、特に科学技術は目覚ましく進歩している。中国はすでに大きく遅れており、これらの国の社会一般に行われている生産体制の組織管理は参考に値する経験であること。二つ目は、これらの国の資金・商品・技術は市場を探しており、中国との発展関係を期待していること。三つ目は、国際経済で運用されている多くの方法には、補償貿易・生産協力・外国投資の導入等、中国が研究・採用できるものが含まれていること。彼はさらに、中国は遅れており、世界の先進レベルとの差が広がっていることを率直に認めるべきであると指摘した。中国はどのようにして国際先進レベルに追いつき、どのように近代化を行い、どのように速く実行したら良いのか。重要なことは、先進技術の導入・消化・吸収に全力を尽くすことである。国際情勢は、資本主義世界の科学技術成果を利用して、中国を発展させる機会を与えており、必ずその機会をつかまなければならない。[97]葉剣英や李先念等はみな、国外（西欧の資本主義国を指す）の状況を、今回の訪問ではっきりと知り、理解した。政策の実行を決断すべき時であると語った。中央政治局会議は、さらに踏み込んで今回の出国訪問について研究してまとめ、国務院に提出して議論するよう、谷牧に求めた。[98]

七月六日から九月九日まで、党中央の決定に基づき、李先念が主宰する国務院思想・理論検討会議が招集された。中央指導者の指示により、谷牧は西欧視察の状況を報告し、対外開放について若干の意見を提起した。彼は特に、次のように強調した。「国際情勢は中国に資本主義世界の成果を利用する機会を与えており、鄧小平が一九七五年に提起した技術導入の強化と貿易輸出の増加の一大政策を、今、真剣に組織的な実施に移すべきである。必ず思想を解放し、道を開くべきであり、閉鎖的になってはならず、時機を逃してはならない」。この会議は二十日余り開かれ、新中国三十年弱の経済建設の教訓を総括し、外国の先進的な文物と発展情勢を真剣に研究した。発展問題が、議論の重点となった。大勢の発言は次のようであった。日本やドイツ連邦という二つの敗戦国が、なぜ迅速に復興できたのか。「神が太陽と水のみ与えた」スイスが、なぜ先進国の隊列に並ぶことができたのか。中国の環境もそれらの国とほとんど差がなく、多くの面で彼等よりも強い。多くの同志が、決心しなければならない。あらゆる手段を講じて経済を強くするべきだと、表明した。[99]

会議では、谷牧の西欧五カ国（フランス・スイス・ベルギー・デンマーク・ドイツ連邦）訪問の報告を印刷して配布した。[100]李先念は会議を総括し、次のようにはっきりと指摘した。「自力更生の方針を堅持するが、これは鎖国では決してない。世界の先進技術の習得を加速するため、積極的に外国から先進技術と設備を導入しなければならない。これは鎖国のまま、自分等で最初から模索するよりもどれだけ早いか分からない。

現在の国際情勢は、中国にとって非常に有利であり、国外の先進技術・設備・資金・組織経験を利用する気迫と能力が我々には当然有るのだから、中国の建設を加速し、このきわめて得難い時機を逃してはならない。自力更生は鎖国することではなく、外国の先進的事物の学習を拒否することでもない」。**後に、李先念の講話は、党中央によって、十一期三中全会が討論する文書として提出され、改革開放の政策決裁に重要な影響を与えた**[101]。

同年九月五日から一〇月二二日まで国務院が招集した全国計画会議において、**これまで資本主義国家と経済技術交流を行わず鎖国または半鎖国であった方針を転換し、積極的に国外の先進技術を導入し、外国資本を利用し、国際市場に大胆に参入することが正式に提起された**[102]。**このことは、中国政府が閉鎖的政策を放棄し、正式に対外開放政策を実行することを示している。**

周辺の経済体の発展経験、特に東アジア地域の発展経験に、鄧小平は強い関心を示した。一九七七年五月、鄧小平は日本の科学技術の発展と教育の成功に関心を向け、中国はこれ以上に良くしなければならないと考えた[103]。

一九七八年五月三〇日、彼は対外貿易部長の李強と交通部長の葉飛等に次のように問いかけた。「**なぜ台湾・香港・韓国・シンガポールなどの国と地域がここまでになることができたのか（対外貿易の成長の速さと、貿易量の大きさを指す）、（なぜ）我々（中国大陸を指す）ができないのか。我々のような大国が、わずかな貿易量でしかない。良くない、追いつかなくてはならない**」[104]。同じ日、彼はさらに国務院政治研究室責任者の胡喬木等に同様の問題を提起し、会話の中で初めてアジア「四小龍」に言及した[105]。

鄧小平は、すでに中国大陸とアジア「四小龍」との発展格差が見えており、なぜ「四小龍」の発展がこのように速いのかを理解したいと願い、さらに東アジアモデルを理解し、学習し、参考にしたいと願った。このことは、**中国共産党が指導する大陸と、当時国民党と英国の管轄下にあった香港との内部競争、中国と日本・韓国・シンガポール等の東アジア諸国との隣国競争、中国と米国・西欧先進工業国家との外部競争が、すべて改革開放の極めて重要な国際環境である**ことを表している。当時の指導者の中で、鄧小平は最も鋭敏、冷静、旺盛かつ実務的であり、したがって、最もおおらかで開放的な指導者であった。これより以前に、毛沢東、周恩来、それを引き継いだ華国鋒は、誰も日本とアジア「四小龍」の経験に言及したことがなかった。

鄧小平は、中国が遅れている原因に対し、深く反省した。一九七七年五月一二日、鄧小平は「**中国は清朝時代に鎖国し、四人組も鎖国していた**」[106]と鋭い指摘を行った。一九七八年三月一八日、彼は全国科学大会代表に向けて、**自主独立は国を閉ざすことではなく、自力更生は盲目的な排外ではない**、と述べている。これは、毛沢東が提起した自主独立、自力更生方針の鄧小平による新しい解釈であり、人々が長い間保持してきた、このことに関する偏った理解を変えることにその主旨があった。最も重要なことは、中国の科学技術が遅れているゆえに、努力して外国に学ぶ必要があるだけでなく、たとえ科学技術が世界の先進レベルに追いついても、他国の長所を学ぶべきだと、鄧小平がはっきりと意識していたことである[107]。これ以前の二月に、当時の中央副主席で国務院副総理であった李先念が、中国の方針は自主独立、自力更生を前提として、積極的に世界の先進技術を導入することであると提起した[108]。

六月末、鄧小平は外賓に対し、次のように語った。中国は遅れていることを率直に認める。遅れをはっきりと認識することは、良いことである。現在の国際環境も国内環境も有利であり、決意さえすれば、(経済)建設を速めることができる[109]。

九月六日、鄧小平は、「世界は日々変化しており、新しい物事が絶えず生まれ、新しい問題が次々と起こっている。中国は門戸を閉ざしてはならず、頭を使わなければ、永遠に落ちこぼれのままだ、それでは良くない」と考え、さらに、江青をリーダーとする四人組が「外国かぶれ」「売国主義」と批判し、中国を世界から隔絶させたと考えていた[110]。

一〇月一〇日、鄧小平は西ドイツの外賓に対し、次のように語った。中国は歴史的にも世界に貢献したが、長く停滞し、発展も遅い。現在、中国は世界の先進国から学ぶ時である。中国は過去の一時期に、先進国家から科学技術を学ぶことを「外国かぶれ」と言われたことがある。**これがばかげた話であることを**、今はみな知っている。中国は多くの人材を派遣し、世界がどのような様子なのかさらに多くの人に直に見てもらう。**門戸を閉ざし、新しいものを拒絶し、夜郎自大であったから、発展できなかった。**また、鄧小平は、特に中国と先進国の経済格差が二十年、三十年、ある分野では五十年かもしれないと言及した。そして、**中国が対外開放政策を実行し、世界の先進的科学技術を学ぶことを、発展のスタート地点とすると主張した[111]。この方法は、後発国家の「後発優位」に合致するものであり、東アジアモデルの成功体験でもある。すなわち、対外開放を通じて、外国の技術を獲得し、技術分野での追走、さらには経済分野での追走を実行するのである。**後に、中国の対外開放がこのことを証明した。我々は対外開放のキャッチアップ効果と呼んでいる。

同年末に開かれた中共中央工作会議において、鄧穎超による提案の結果、李先念等は、出席者に外国の参考資料を配布することに同意した。その資料には、『ルーマニア、ユーゴスラビアの経済はなぜ急速に発展できたのか』『ソ連は、二、三〇年代にどのように外国の資金と技術を利用して経済を発展させたのか』『戦後の日本・ドイツ・フランス経済はどのようにして迅速に発展したのか』『香港・シンガポール・韓国・台湾の経済はどのようにして迅速に発展してきたのか』が含まれていた。[112] これまで、中国指導者と中央委員は、外部の変化について「全く知らず」、これらの資料は、彼等の視野を広げ、揺り動かし、対外開放について共通認識を形成した。

経済グローバル化という条件の下、中国が発展を加速できるか否かは、中国が対外開放できるか否か次第であり、中国が対外開放できるか否かは、指導者が思想を解放できるか否か次第である。また、中国の指導者が思想を解放できるか否かは、彼等の観念（ideas）を解放できるか否かにかかっている。世界的な工業化と近代化の流れの中、世界を理解しなければ、中国の真の姿を理解することはできない。また、世界に向けて開放しなければ、中国の発展は遅々として進まない。毛沢東は閉鎖的で、外国の支援に欠けている条件の下、自力更生により、新民主主義革命を成功させた。彼は、世界最大の人口を有する国家の指導者として、二十七年にわたる（一九四九〜一九七六年）執政を行ったが、外遊はわずか二度にとどまり、いずれも旧ソ連への訪問である。旧ソ連の工業化の成果は、彼に深い印象を残し、ソ連モデルの体験を基礎とする『モスクワ宣言』（すなわち「モスクワコンセンサス」）[113]は、彼の心に政治的印象を深く刻みつけた。毛沢東はそれを普遍の真理と見なし、[114] 国家が社会主義的性質であるか、政党がマルクス・レーニン主義原則の基準を堅持しているかを判断するものだと考えた。[115] 毛沢東は西側国家を訪れたことも、留学したこともなく、そこでの生活体験や本質的な理解に欠けていた。そのため、大国の指導者として、直接的な知識や経験が限定されていた。彼は書物や新聞、中国を訪れた外国人との会見等、限定されたルートから資本主義世界を理解していただけであり、これらはすべて間接的な知識であり、直接の感性的知識ではない。一九五七年、彼が、「超英赶美（英国を追い越し、米国に追いつく）」のスローガンを提起した主な理由は、旧ソ連を訪れた際、ソ連の指導者フルシチョフの米国に追いつき追い越そうというスローガンから影響を受けたことにあり、毛沢東が以前（一九五五年と一九五六年）打ち出した五十年、六十年で米国を追い越そうという構想の焼き直しである。毛沢東は、英国と米国について、直接のいかなる感性的認識も持っておらず、詳細な調査研究も行っていない。ただ、モスクワを訪問した英国共産党主席と総書記の意見により、決断しただけである。年末、劉少奇を代表とする党中央は、このスローガンを公に提起した。

一九六〇年代半ば、毛沢東は二十世紀末に「四つの近代化」を実現するという目標を打ち出した。**「四つの近代化」とはなにか。どのような内容が含まれ、主要な指標は何があるのか。中国はどのようにして「四つの近代化」を実現するのか。何か重要な目印があるのか。**毛沢東と周恩来はどちらも明確な説明をしていない。さまざまな意味から考えると、やはり政治的スローガンまたは政治的働きかけであり、実行可能な発展の長期計画やロードマップではない。鄧小平が外国を訪問した後、一九七九年、二〇〇〇年までに「四つの近代化」を実現するという目標を、「ややゆとりのある社会（小康社会）を実現する」目標に修正した。

「文化大革命」の十年間、毛沢東が世界と西側諸国の情報を得るには、中国を来訪した外国人に接見する以外に、主に新華社が毎日二回、内部向けに出版している『参考資料』（略称『大参考』）に頼っていた。[116]彼は、江青・王洪文に『大参考』を読むように幾度も要求した。[117]また、翻訳された外国の書物も度々読んでいたが、「文化大革命」期には中国語に翻訳されたものは非常に少なかった。費正清が言うとおり、毛沢東は、外部の世界を直接経験したことがない。彼は、中国が自力更生によって経済的自給をするように要求したが、経済が発展するどころか、かえって停滞が生じた。[118]

中国と世界との間に、未曾有の「情報の断絶」、「知識の断絶」、「文化の断絶」が生じた。中国の最高指導者としての晩年の毛沢東は、「断絶」の決定者である。なぜなら開放は、外部の情報、知識、文化からの巨大な挑戦に彼が向き合い、そのことによって内部からの挑戦を誘発しかねないからだった。高度に集権的な政治体制の下では、最高権威性には独断性がつきまとい、独断性は自然と排他性を装い、排他性はさらに閉鎖性を志向する。**同時に、毛沢東は、「断絶」の被害者でもあった。彼個人の情報源・知識構造・文化資源は、ますます限定された。このことも、中国共産党や社会全体の学習能力、とりわけ開放的な学習、参考能力を極端に制限した。**

もちろん、毛沢東は決して、米国や日本等の先進国を訪問する機会がなかった訳ではなく、これらの国との外交関係がなかったとしても差支えがなかった。一九七一年九月には日本の田中首相が、一九七二年七月には米国のニクソン大統領が訪中した。さらに、西側国家の指導者も相次いで中国を訪れた。逆に言うと、もし毛沢東が訪米・訪日・訪欧し、中国と西側の先進国との発展格差を自ら理解し、経験していたとしたら、鄧小平ではなく毛沢東が最初に対外開放という重要な意思決定を行っていたかもしれない。中国が西側世界に門戸を開き、対外開放を行うのが、一九七八年ではなく一九七二年であったかもしれない。もちろん、歴史を仮定することはできないし、年老いて病気がちであった毛沢東に過酷な要求をすることもできない。後継者は常に先人と比べて歴史のチャンスが多く、歴史の舞台もさらに大きく、歴史の輪郭はより明確である。

指導者が閉鎖的であることは、必然的に中国という社会を閉鎖的にしてしまう。鄧小平が言うとおり、**門戸を閉ざし、新しいものを拒絶し、夜郎自大であったから、発展できなかった。**[119]**これこそが、中国の長期にわたる後進性の根本的な内部要因である。**これが鄧小平の久しく持ち続けた深刻な反省であり、その意味するところは、中国が自国中心主義・政治的孤立主義・鎖国主義から永遠に決別し、全く新しい開放主義・協力主義・グローバル主義に転換したことである。鄧小平という人物が、この歴史作用の重要な要となった。

五、鄧小平の歴史的背景

鄧小平と毛沢東との違い、そして鄧小平の有利な点は、鄧小平が西側で生活し、学び、西側を理解していたことにある。そのため、鄧小平は、毛沢東よりも中国と西側世界との発展格差を理解し、中国は西側に学び、世界に向けて開放しなければならないと考えた。

「文化大革命」時代の早くから、鄧小平は江青と真っ向から対立していた。**彼等の対立は、すなわち開放主義と鎖国主義の争いでもあった。**鄧小平の開放思想は、彼が十六歳の時にフランスで働きながら学んだ経験と関係がある。一九七四年一〇月、中央政治局会議において、江青らは「風慶号事件」を取り上げて、国務院と交通部が国内造船を後押しせず、海外から船舶を熱心に購入している、これは「外国かぶれ」「売国主義」だと批判し、矛先を周恩来に向けたが、鄧小平はその場で反論した。**鄧小平はこの政治論争を深く心に刻み、このことが対外開放を決定した重要な政治的要因の一つとなった。**後に、彼はこの当時を振り返り、「国を閉鎖することは良くない。私は四人組（主に江青を指す）と論争したことがある。たった一万トンの船舶が何だと言うのか。一九二〇年にフランスへ留学した時[120]、乗船したのは五万トンの外国船だ[121]」と話した。事実、一九七三年に日本は四十二万トンの巨大な船舶を製造した。明らかに、**江青は中央政治局委員として典型的な「井の中の蛙」であり、現代版「夜郎自大」であった。彼女は必然的に、中国と世界の歴史の流れの中で淘汰されていった。**

鄧小平の経歴から見ると、フランスに留学して苦学した五年間が、鄧小平にとって人生のターニングポイントであった。この時から、彼は革命事業に身を投じ、この五年間で西側の資本主義国家への理解を深めた。青年時代が彼の重要な「歴史の記憶」となった。**とりわけ「文化大革命」期（主に後期）、中国指導者の中で、唯一彼のみが米国と西欧への訪問経験があった。一九七四年四月九日から一九日まで、鄧小平は中国政府代表団を率いて、ニューヨークで開かれる国連総会第六回特別会議に出席し、帰国時、フランス・パリを経由して、フランス首相に面会し、改めて米国や西側の資本主義国の近代化について理解を深めた。彼は、中国のどの指導者（毛沢東、周恩来を含む）よりも西側世界を理解し、近代化とは何かを知っていた。このように独特な経歴により、彼は、同時代の指導者と比べて、開放的な思想と広い視野をもつようになった。彼だけが、対外開放という戦略を打ち出すことができた。**

六、鄧小平は率先して海外へ

一九七八年、十一期三中全会の開会前後に、鄧小平は一連の外遊をスタートさせた。これは、歴史的記憶を取り戻し、自ら国外に学び、過去を振り返り、反省する過程であり、中国が対外開放という政策決定を行う下準備でもあった。

では、**中国はどのようにして門戸を開き、対外開放を行うことができたのか。鄧小平は、毛沢東が創った戦略的好機を巧妙に利用した。**三中全会の開会前、鄧小平は外交上の、二つの重要な決裁を行った。一つは、中・日平和友好条約の締結であり、二つは、中・米の国交正常化を実現したことである[122]。この二つの経済大国との関係改善は、中国の対外開放政策の大局に直接関係する。鄧小平が二度の国際交渉で行った妥協が、後の世代に二つの課題を残した。一つが釣魚島の帰属問題であり、もう一つが米国による台湾への武器販売の問題である。いかなる決裁にもコストと利益がある。古来、「ただ飯」に有りついたためしがない。最善の策がないなら、次善の策を採るだけだ。つまり、長期的な利益は、短期的なコストに勝る。そうしなければ、中国は一九七八年に改革開放を行うことはできなかった。後に鄧小平は、ヘンリー・キッシンジャーに「復帰後の最初の仕事は、中・米関係の発展を推進することであった[123]」と話している。これが、鄧小平による、中国の門戸を開く対外開放の戦略的かつ重要なスタートであった。

後に続く世代は、確かに、当時の鄧小平がどのようにして、このような複雑で困難な意思決定を行ったのか理解すべきであり、彼の政治的英知と闘争戦略を学ぶべきであり、そして「先人の植樹が、後人の緑陰となる」ように、次世代のために利益を生み出さなくてはならない。

「百聞は一見に如かず」。対外開放のために、鄧小平は海外を訪問し、東アジアの国々を調査・研究することを決めた。一九七八年、鄧小平は前後四回、八カ国を訪れた[124]。

鄧小平はまず、中・日平和友好条約締結の課題を解決した。ここに至るまで、中・日双方は三年半にわたる厳しい協議を行ってきた。日本側は、旧ソ連への配慮から、条約に「反覇権条項」を書き込むことに難色を示していたが、最終的に「双方ともアジア・太平洋地域またはその他のいかなる地域においても覇権を求めるべきでなく、また、このような覇権を確立しようとする他のいかなる国または集団による試みにも反対する」と書き込むことに同意した。一九七八年八月一〇日、鄧小平は日本の外相である園田直と面会した。園田直は、双方の主張の相違により、今後、前回のような釣魚島事件が発生することを望まないと言及し、鄧小平は、それが偶発的な事件であり、漁民が目の前の魚を追っていただけであり、それ以上のことはないと説明した[125]。彼は、「釣魚島問題や大陸棚問題は、ひとまず脇に置き、無理に持ち込むことはない。今後、落ち着いてこの問題を検討し、双方が受け入れられる方法をゆっくり協議しよう。我々の世代が解決できなくても、次の世代やさらに次の世代が、解決するだろう」と話した。[126] 最終的に、日本は鄧小平の意見を受け入れた。八月一二日、中・日平和友好条約が正式に締結された。[127]

一〇月、鄧小平が両国間で中・日平和友好条約の批准書を取り交わすため、中国の指導者として初めて日本を訪問した。彼は日本滞在中、一九六〇年代に日本が「国民所得倍増計画」を実現したことを知り、日産の組み立てラインや新日本製鉄の自動制御圧延生産ライン、松下電器のカラーテレビ組み立てラインなど、各企業を相次いで視察した。また、日本が自主開発したジェットフォイルや新幹線に乗車し、日本の近代化の成果に彼は非常に驚嘆した。「何が（真の）近代化であるかを知った」と率直に話した。まもなくして、彼は、中国式近代化は的を絞った近代化であり、つまり経済総量四倍とややゆとりのある社会を実現するという目標（小康目標）であり、毛沢東や周恩来による「四つの近代化」とは大きく異なると話した。鄧小平は、東京から京都に向かう新幹線の中で、遅れていると認めてこそ、希望が持てると話した。この訪日は、鄧小平に大きな衝撃を与えた。彼は、中国と日本の発展格差がこれほど大きいとは思っていなかった。[128] 彼は、日本経済団体連合会会長の土光敏夫と日本中国経済協会会長の稲山嘉寛に、「中国にとって一番都合が良いのは、中国と外国資本による合弁企業である」と提案し、これが認められた。このことが、中国の対外開放政策の突破口となった。彼は、日本経済界が行った歓迎レセプションにおいて、外国のすべての先進的経験と先進技術を学ばなければならないと表明した。日本記者クラブが東京で開催した記者レセプションでは、日本に学ぶところは多く、日本の科学技術、さらには資金に頼ることになるだろうこと、中・日間ですでに長期貿易協議が締結されたことを明らかにした。彼は、正式に日本との間で、中・日平和友好条約批准書を取り交わした。また、在日の華僑代表が開いた茶会の席で、中・日友好関係の発展は非常に重要な意義をもち、中国が国際平和環境を手にし、四つの近代化を実現するために、大変重要であると指摘した。[129]

一九五〇年代、中国と日本はともに高度成長を経験した。マディソンのデータに基づく計算では、一九五〇年の中国GDP（二三九九億国際米ドル）は日本GDP（一六一〇億国際米ドル）の一・四九倍であり、一九五七年には、中国GDP（四〇六二億国際米ドル）は、日本GDP（二八七一億国際米ドル）の一・四二倍であった。このことは、中国の経済総量が依然として日本よりも高く、一貫して優位であったことを表している。一九五七年以降、中国と日本の経済総量格差に大きな変化が生じた。二十年も経ずして、一九七六年には日本GDP（一兆三二六〇億国際米ドル）は中国GDP（七九三二億米ドル）の一・六六倍となったが、[130] 中国の総人口は日本の九倍に相当する規模であった。逆に言うと、もし

「大躍進」と「文化大革命」の深刻な失策がなければ、中国は日本と同様に経済テイクオフを維持し、経済の奇跡を生み出していたかもしれない。しかし、**中国指導者（主に毛沢東）は殻に閉じこもり、自分を苦しめ[131]、発展の機会を遅らせた。国際競争においては、後退するのみであった。失敗は相手ではなく、自分に責任がある。これが経済グローバル化の鉄則である。**これについて、アンガス・マディソンは「毛沢東時代は、ほぼ外の世界と隔絶されていた。一九五二年から一九七三年の間、米国は、対中貿易・旅行・金融取引を全面的に封鎖していた。一九六〇年から、旧ソ連も中国に対し、同様の封鎖を行った。中国経済の資源配分は極めて非効率であった。他の共産主義経済と比べて、成長が遅く、世界平均を下回っていた[132]」と評している。

一九七八年一一月、鄧小平はタイ・マレーシア・シンガポールを訪問した。彼は、タイの農業等のプロジェクトを視察した際、タイが農業の発展を重要視していることは、非常に賢明であり、農業の発展なくして工業の市場はなく、工業が発展しなければ、農業も迅速に発展することはできないと考えた[133]。マレーシア訪問時、マレーシア経済の発展状況に関する専門家の説明を受けた。鄧小平は、特にシンガポールが外資を誘致し、先進技術を導入した経験に関心を寄せた。彼は、シンガポールの振興工業の中心であるジュロン地区を視察し、シンガポールの公営住宅計画を調査した[134]。このことが、後に中国が設置した経済特区の重要な知識源となった。彼は非常に感慨深げに「五十六年前、フランスに行く途中、シンガポールに二日間滞在した。昔のイメージとは大きく変わり、飛行機を降りた途端に、まったく新しいシンガポールが目に入ってきた。私に深い印象を残すほど、素晴らしい発展を遂げたと言えるだろう。シンガポールの歩みは正解であり、発展は目覚ましいものである」と話した。**シンガポールへの外遊が、鄧小平の対外開放の決意をさらに強めた。**

一九七七年八月、鄧小平は正式に職務に復帰すると、米国との国交正常化にすぐさま着手した。同月、米国大統領カーターは国務長官ヴァンスを中国に派遣し、米中の国交正常化が、米国と台湾の経済貿易関係に影響を及ぼさないことを保証し、米国側が台湾に留まることを非公式に認めるよう求めた。鄧小平はこれに対し、条約廃止・軍の撤退・断交の三条件は必ず守るべきと明示した。しかし、米国政府はこの三原則を受け入れず、中・米の国交正常化が暗礁に乗り上げた。九月二日、鄧小平は米国の前駐中国連絡所主任ジョージ・ブッシュに対し、中・米国交正常化に向けた歩みを加速したい考えを示した。

一九七八年五月二一日、鄧小平は国家安全保障問題担当大統領補佐官ズビグネフ・ブレジンスキーと面会し、米国大統領カーターが米中関係について中国と積極的に協議する準備をしていることを知った。鄧小平は、「カーター大統領が決心しているのであれば、事は上手く進む。双方ともいつでも国交正常化の文書に署名できる」と話した。鄧小平は、中国が一貫して明らかにしてきた三条件、つまり断交・軍の撤退・条約廃止は、すべて台湾問題に関係すると再度表明した。この会談以降、中・米は合意に達し、七月五日から中・米関係正常化に向けた話し合いをスタートさせた[135]。

一一月、鄧小平は米国コラムニストのロバート・ノヴァクと面会し、中国の政治家も、米国の政治家も、どちらも中・米関係が早期に正常化することを望んでおり、早ければ早いほど良い。中・米関係の正常化は全世界の平和・安全保障・安定に重要な意義を持つと話した[136]。

一二月一日、中央政治局常務委員会が、中央工作会議と十一期三中全会の一部の省委第一書記と大軍区司令員を招集し、鄧小平が中・米の国交正常化交渉について通達し、「これが間違いなく大局である」[137]と強調した。鄧小平は、大局を考慮して**必要な妥協を行うことを決心し、米国の台湾に対する兵器販売が中・米国交正常化の進展を阻害しないようにした。**

一二月一三日、鄧小平は、米国の駐中国大使ウッドコックが提案した国交正常化共同声明の草案に基本的に同意したが、「反覇権条項」[138]について重ねて公に表明した。

一二月一五日、ウッドコックは鄧小平と緊急会談し、一年後に米台共同防衛条約を破棄した後も、台湾への兵器販売を継続することをはっきりさせるよう求めた。鄧小平はこれに同意しなかったが、最終的にはこの問題の棚上げに同意し、国交正常化共同声明の発表に影響を及ぼさなかった[139]。鄧小平は、もし米国が台湾への兵器販売を継続すれば、長い目で見ると、中国が平和的な方法で台湾の中国復帰問題を解決する妨げになるだろうと述べた。最終的に、鄧小平は「元の計画に基づいて進める」ことに同意し、両国関係の正常化を実現すると表明した[140]。一九七九年三月二六日、米国議会は『台湾関係法』を可決し、米国が台湾に対して兵器販売を継続することを宣言し、米国が中国をけん制し、封鎖する切り札となった。これは、次世代に残された歴史的課題となった。しかし、このコストと全中国の対外開放を大局的に比較すると、利益は弊害よりも大きく、長期的利益が短期的コストを上回っている。

一二月一六日、中・米両国は同時に、世界に向けて中・米国交正常化共同声明を発表し、正式な外交関係を樹立する協定に署名した。これにより、中・米関係の正常化が実現した[141]。中国は正式に、世界最大かつ最先進国である米国に門戸を開いた。鄧小平は、世界が中国に与えた歴史的機会を掴み、同時に、中国のために歴史的機会を創り出した。

一九七九年一月一日、国防部部長の徐向前元帥は、「中華人民共和国とアメリカ合衆国政府はすでに互いに承認し合い、外交関係を樹立したことを宣言した。このことは、アジアと世界の平和と安定に寄与し、さらに台湾の祖国回帰と祖国の完全な統一に向けて有利な条件を創り出した。私は福建の前線部隊に指示し、本日から大金門・小金門・大担・二担等の島嶼に対する砲撃を停止する」との声明を発表した。一九五八年八月から始まり、二十一年にわたって行われた金山等の島嶼への砲撃に終わりが告げられた[142]。これは、中・米の外交関係樹立が、台湾との戦争状況を大陸側が主動的に緩和、終結することに直接つながり、沿海地区の対外開放のためにかつてなかった周辺の平和環境を創り出したことを意味している。

一月、鄧小平は中国の指導者として初めて米国を公式訪問した。米国大統領カーターとの会見時、求めに応じて中国の「四つの近代化」戦略について説明した。「大統領は、私に中国の戦略を語らせようというのですね。四つの近代化を実現するため、中国は長期にわたる(国際)平和環境を必要としています。ソ連は結局、戦争を始めようとしています。もし我々がうまくやることができれば、戦争を遅らせることができるでしょう。中国は戦争を二十二年遅らせたい（二〇〇〇年を指す）」[143]。鄧小平のもう一つの訪米目的は、米国の国民と彼等の生活を理解し、国家建設の経験を知り、中国にとって有益なすべてのことを学ぶことであった[144]。彼はワシントン、アトランタ、ヒューストン、シアトル等の都市を相次いで訪れ、有名なグローバル企業や米国航空宇宙博物館、ジョンソン宇宙センター、フォードの自動車生産ライン、ボーイング社の747機製造ライン等を視察した。これらの体験は、彼に非常に深い印象を残した。中国は開放すべきであり、開放しなければ、中国の発展は夢で終わると、鄧小平はより強く感じた。**鄧小平は、長期にわたる鎖国政策が中国経済の遅れの根本的な原因であり、対外開放が中国経済の迅速な発展の根本的な原動力であると、はっきりと認識した。**彼は、対外開放という重要な政策決定を行い、外国資本と技術を利用するという構想を打ち出し、華僑と中国系住民による国内での工場経営を奨励した[145]。

中国の開放は、まずは指導者の思想開放から始まり、外の世界を見たからこそ、世界の大きな変化を知ることができ、比較することで、国家間の激しい競争を感じることができた。鄧小平が自ら先導し、指導者は続々と外国を訪問した。党中央主席の華国鋒は、東欧の三カ国と西欧の四カ国を訪問し、中央政治局常務委員の李先念はアジアとアフリカの国を訪れた。一九八〇年一月になると、鄧小平の紹介により、**副総理はほとんど外遊し、副委員長も多数が外国訪問の経験を持った。この三年で、特に一九七九年は、外交事務で外国を訪れる機会がかつてなく多く、外国の指導者もほぼ毎月中国を訪れた。**[146] おおまかな統計だが、一九七七年七月一日から一九八一年六月三〇日の三年間、中央指導者の外遊活動を除き、部・委員会・事務部門の代表団の海外派遣は三六〇回、科学技術・教育・経済・貿易部門の代表団は四七二回に達した[147]。

中国の指導者はついに「文化大革命」式の「鎖国」を放棄し、対外開放に転換した。中国という巨大船は、世界の大波に乗り出し、「近代化、世界、未来と向き合い始めた[148]」。

七、鄧小平の歴史的役割

鄧小平の歴史的役割は、長期にわたる中国と世界との隔絶や鎖国を打破し、対外開放を大胆に実行したことにある。米誌『タイム』は、一九七九年第一期の表紙に鄧小平を掲載し、こう評価した。「中国はこれまで古い殻に閉じこもり、進歩を求めてこなかった。鄧小平はこのように人口の多い民族を、短期間のうちに一八〇度変化させた。これは、かつてないほどの勢いであり、後にも先にもただ一つの快挙である。考えてみると、有史以来、どの豪傑が世界人口の五分の一である一〇億の民衆を率いて、あっという間に混乱をしずめて正常に戻し、教条主義の檻から解放し、二十世紀末の世界の大舞台に踏み出すことができただろうか。本能的な外部恐怖症により長く閉鎖的であったが、中華人民共和国はついに、一九七八年から外部世界に大きな一歩を踏み出し、新しい長征をスタートさせた[149]」

これは、中国が西側の資本主義国家によって外部から隔絶されていた時代が終結し、中国が自ら殻に閉じこもっていた時代もすでに過去の出来事となったことを意味している。

キッシンジャーは鄧小平の一連の外遊に対し、これまでの歴史と比較した。彼は『論中国』の中でこのように書いている。「鄧小平の外遊は――同時に彼は、たびたび中国の貧困に言及している――従来の中国の道とは当然異なる。中国の統治者で海外に渡航した経験のある者は、ほとんどいない（もちろん、中国には古くから『浦天之下、莫非王土（この空の下、王の土地でない土地はない）』という観念があり、それゆえ厳密に言うと『行くべき外国』はない）。鄧小平は公に中国が立ち遅れていることを強調し、中国は外国に学べと力説している。これは、中国の皇帝と官吏が外国人との付き合いの際に示した傲慢さとは明らかに異なっている。中国の統治者で外国人に対して外国の新奇なものを要求した者は、誰一人としていない。清王朝は外国のものをわずかに（例えば、イエズス会の天文学者や数学者を歓迎）受け入れたが、外国人との通商は、中国の仁と慈を表すためであり、中国が必要としている訳ではないと、頑なに言い続けた。毛沢東も自力更生を力説し、そのために中国を貧困と孤立に陥らせた[150]」

鄧小平が各国を訪問するというやり方は、十八世紀ロシアのピョートル大帝とよく似ている。ピョートル大帝は若い頃、自ら西欧を旅し、帰国後、さまざまな異論を極力排除し、政治・経済・軍事・文化の改革を実行し、対外開放し、西側に学び、工業化を発動した。そして、西側国家の追走を開始し、ロシア全盛時代を切り開いた[151]。

歴史には、必然性もあり偶然性もある。同様に、偉人の歴史的役割にも必然性があり、偶然性がある。一九七八年の中国は、同様の歴史的な機会をほぼ手中にしていたが、「万事具備、只欠東風（準備万端だが、大切なものが一つ欠けている）」状態であった。この東風こそが、鄧小平の歴史的役割である。**彼は対外開放の父となり、中国は急速に発展し、日増しに強大化する道にたどり着いた。**

一九七八年中国は、対外開放を始めるとすぐに、世界各国との経済貿易を急速に拡大し、経済のグローバル化への大規模な参入を開始した。統計によると、一九八一年までに、中国はすでに世界一七四の国と地域との経済貿易関係を発展させており[152]、輸出入貿易額は三五五億米ドルから七三五億米ドルに伸び、二倍強の成長を見せた[153]。対外貿易は急速に成長し、中国の近代化建設にとって極めて有利な条件となった。

このほか、中国が対外開放するにつれ、海外の華人は率先して中国に入り、資金とマネジメント技術が大量に流入し、中国の改革開放に大きく貢献した。鄧小平は一九七八年一月に、国務院華僑事務辦公室を改めて設置した。廖承志を主任として招き[154]、海外華人の帰国と彼等の両親等への面会を歓迎し、彼等の大陸での積極的な投資の支援に当たらせた。中国大陸が対外開放を始めた途端、海外華人が我先にと大陸への投資を始め、全国の外資企業の八五％を占めた[155]。鄒至庄（Gregory C. Chow）もまた、ソ連等の国とは異なり、中国の改革は多くの海外華僑の支持を集め、彼等が財力と人力の面で、中国経済の改革と発展に大きく貢献したと考えている[156]。

一九七〇年代末から八〇年代初めは、国際環境に重大な変化が起きた。**特に、八〇年代以降、経済のグローバル化は加速し、世界の貿易成長は経済成長を上回った。また、科学技術は目覚ましく進歩し、情報技術も急速に発展し普及した。地域経済の一体化も急速に興り、中国も含まれる東アジア地域は世界経済・貿易・投資の成長が最も速い地域となった[157]。さらに、中国と隣国や大国との間の緊張も緩和に向かい、はっきりと改善が見られた。たとえ外部からもたらされたチャンスと試練の併存だとしても、チャンスの方が大きかった。有利な要素と不利な要素が混在していたが、有利な要素の方が多く、このことが、中国の改革開放にとって良好な国際環境を創り出した。**

一九七九年一一月、鄧小平は、このような情況は過去にはなく、今になって現れたが、一時期この情況を利用しておらず、今利用すべきだとはっきりと意識した。鍵は、正しく、開放的な対外政策である[158]。鄧小平は、傑出した政治家であるばかりでなく、偉大な戦略家でもあり、正しい時期に、正しい路線を選択し、正しい戦略を策定した。これが、現代中国が手に入れた初めての「天の時、地の利、人の和」である。

米ハーバード大学歴史学教授の費正清は『偉大な中国革命（一八〇〇－一九八五）』の中で、対外開放の歴史的意義を論述している。彼は、「我々は鄧小平の改革が重大な進歩を遂げていることを目の当たりにし、代々の王朝の基礎を確立した人物の事業は、どれも次代の大人物の手で揺るぎないものとなったことを思い出さずはいられない。例えば、唐の太宗、宋の太宗、明の永楽帝、清の康熙帝である。どの王朝も、創立者には軍事上の功績が不可欠であり、次に偉大な建設時代が続く」[159]と指摘している。**鄧小平時代が中国経済の建設時代であり、歴代王朝の歴史と異なることは、中国が真の対外開放時代を迎えたことであり、全中国が根本から変化し、全世界に深く影響を与えたことを、後の事実が示している。**

第二節　改革初期の有利な条件

　マルクスは、かつて言っている。「人は自ら自己の歴史を創造する。しかし、心の欲するままに創造することはできず、また自分で選択した条件の下で創造するのではない。直に遭遇する条件、ないしはあらかじめ定められている条件、あるいは過去から継承されてきたさまざまな条件の下で、自己の歴史を創造する」[160]

　一九四九年、毛沢東は蔣介石が残したさまざまな条件の下で新中国を創立し、新たな歴史を創造した。同様に、一九七八年、鄧小平は毛沢東から継承したさまざまな条件の下で改革開放を行い、新たな歴史を創り上げた。

　ここで、一九七八年の改革初期の情況を分析する。その情況とは、一九四九年以来、中国の工業化・都市化・近代化発展が積み重ねてきた歴史的結果であり、一九七八年以降の発展のスタート地点である。

　その時の国の情勢がいわゆる初期条件であり、一国の人的資源・経済発展水準・経済構造・都市化水準・市場経済要素・地理環境・地域優位等が含まれる。初期条件には、不利な条件もあり、有利な条件もある。国際的に比較をすると、初期条件の違いによって、各国の指導者の戦略選択に与える影響が非常に大きいことが分かる。このことは、国ごとに異なる改革の道があり、国ごとに異なる改革の成果があることを、一定程度説明している。

　以前、我々が中国の改革について議論する際、しばしば改革の初期条件を見過ごし、国際的比較や歴史的比較を軽視してきた。このために我々は、歴史に対してニヒリズムに陥り、知らず知らずのうちに、先人の歴史的役割と歴史的貢献を貶め、後人の歴史的役割と歴史的貢献を誇大化しているのかもしれない。実際、**歴史は元々訳もなくやって来るものでもなく、訳もなく去っていくものでもない。歴史は、先人から絶えることなく継承されてきた連続する発展のプロセスである。まさに、先人が用意した歴史の出発点があり、後人は先人の肩の上に立つことで、先人をようやく超えることができる。しかし、後人はたちまち先人となり、次世代の歴史の出発点となる。**

ここで、筆者は歴史比較に必要となる発展背景・体制背景・国際背景とともに、鍵となる定量化指標を提示し、異なる二つの時期の初期条件を比較する（表2－1）。また、一九七九年九月二九日に葉剣英が建国三〇周年大会で表明した重要講話に示された情報や観点を踏まえて分析を行う。

一、毛沢東時代に確立された基礎

一九四九年以降、中国は現代経済の成長期に突入した。一九五〇～一九七八年の一人当たりGDP（米ドル）は四三九米ドルから九七九米ドルと二倍余り増え、年平均成長率は二・九％となり、現代経済成長の「条件」である一％を大きくクリアし、高度経済成長の「条件」である三％にも近づいている。ただ、幾度かの乱高下のため、経済テイクオフの持続が実現しなかった。また、農業の生産条件にも明らかな改善が見られ、全国の穀物生産高は一九七八年に一九四九年の二・七倍に増加し、綿花生産高は四・九倍に増加した。耕作可能な土地の減少が続く中、食糧問題は自国の力で基本的に解決した。さらに、工業化建設も大きく進展し、全国の工業企業は三五万社にのぼり、全人民所有制工業企業の固定資産は三二〇〇億元に達し、一九四九年以前の一〇〇年余りで蓄積してきた工業固定資産の二五倍に相当する。工業増加値がGDPに占める割合は、一〇％前後から四四・四％に向上し、中国は、昔から残っていた「一窮二白（一に経済的貧窮、二に文化的な空白）」の状況を基礎としながらも、比較的完成され、比較的独立した工業体系と国民経済体系を築き、世界の工業大国となった。交通インフラは大きく発展し、鉄道・自動車道路・港湾・空港、さらに南京長江大橋を建設し、多くの地域の不便な交通を十分に改善した。また、原子爆弾と水素爆弾の実験、人工衛星の発射回収に成功し、インディカ米の栽培と普及等の科学技術が大きな成果を収めるなど、一連の新興科学技術部門の基礎を構築した。全国の各級就学生は二億一千万人に達し、世界総量の約四分の一に近づき、建国前の最高年度の七倍に相当する。就学年数の人口平均は一・〇年から四・〇年に向上した。全国でも大衆による衛生運動とスポーツ運動が広がり、都市部では公費医療制度、農村部では合作医療制度がそれぞれ実施された。これにより、劇症伝染病は基本的には消滅し、各種人口死亡率は大幅に低下し、人口平均余命は四一歳から六五歳に上昇し、世界平均（六二・二歳）を上回った。人間開発指数は〇・二二五という極めて低い水準から〇・五四二という中程度の低水準に向上した。**もし「大躍進」や「文化大革命」といった誤った政策決定と深刻な挫折がなければ、中国はさらに大きな近代化の成果を獲得していただろう。**[161]

どのような比較であれ、一九七八年の中国は一九四九年の中国よりも、高い発展レベル・有利な発展条件・良い国際環境（表2－1）を有しており、鄧小平時代の歴史的起点は毛

表2-1　中国の現代経済発展の初期条件及び背景比較（1949年と1978年）

	1949年	1978年
一人当たりGDP①（1990年国際米ドル、PPP）	439（1950）	979
総人口（百万人）	542	963
都市人口割合（％）	10.6	17.9
農村貧困人口		
国家貧困ライン（億人）		2.5
国際貧困ライン⑤（億人）		9以上
工業増加値がGDPに占める割合②（％）	10	44.4
鉄道距離②（1万km）	2.22	5.17
15~64歳人口の一人当たり教育年数③（年）	1.0	4.0
人口平均余命（歳）	41（1950）	65
人間開発指数④（HDI）	0.225（1950）	0.542
農村住民世帯のエンゲル係数（％）	65.7（1957）	67.7
基本路線	「一化三改」（1953）	改革開放
所有制構造	5種類の経済部門が併存する公有制	国有・集団所有制企業が90％以上を占め、世帯生産請負責任制を開始
体制の特徴	中央集権計画経済体制（1952～1957年）	市場経済メカニズムの導入開始
国際環境	世界経済第二黄金期、冷戦、朝鮮戦争、米国をリーダーとする西側諸国が中国と断絶	経済グローバル化、貿易自由化、科学技術革命、情報工業革命、ソ連との対立
外交政策	「一辺倒」、ソ連をリーダーとする社会主義陣営への加入、平和共存	米国等との外交関係樹立、対外開放、平和と発展
外交関係樹立国家数（カ国）	25（1956年末）	120（1979年末）
中国の輸出額が世界に占める割合（％）	1.69	0.65（1973）

資料出典：世界銀行『世界発展報告』、毎年。①Angus Maddison. The world Economy: A Millennial Perspective. OECD, 2001: Table 2-22a. ②国家統計局編『新中国55年統計資料集』、北京、中国統計出版社、2005。③胡鞍鋼『中国政治経済史（1949-1976）』、119頁、北京、清華大学出版社、2007。④Crafts. "The Human Development Index, 1870-1990: Some Revised Estimates". *Enropean Review Economic History*, 2002（6）, p495-505. ⑤国際貧困ラインは、2005年価格に基づいて計算した毎日平均生活費1.25米ドル、世界銀行業務論文を参照、2008年8月28日。

沢東時代の歴史的起点よりもはるかに勝っている[162]。**これらの一切は、毛沢東時代に確立された社会主義的近代化の比較的充足した物質的資本基盤と人的資本基盤であり、この他さらに社会主義制度基盤——例えば、人民代表大会・中国共産党が指導する多党合作及び政治協商制度・民族地区自治制度など——が毛沢東時代に確立された。このすべてが、鄧小平が改革開放を発動する最も重要な有形・無形の資産であり、これにより中国近代化発展を推進し、持続する新たな歴史の起点が創造された。**

改革初期の背景に対する分析から、我々は改革の初期条件に関する基本的な認識を得ることができ、それはまた、我々が改革を進めるための重要な支持環境と基礎的条件でもある。我々これらの要素についてさらに分析し、**どの要素が有利で、どの要素が不利なのか、それらがどのように変化したのか、我々は知る必要がある。**これは、我々が改革初期の選択をはっきりと認識すること、特に「中国的特色」を有する道の非常に重要な意義を明確に認識することである。

二、有利な条件——旧ソ連との比較

中国の改革と経済テイクオフの初期には、どのような条件が有利であったのか。このことについて、鄧小平は、一九七八年五月に外賓と接見した際、これらの有利な条件に言及し、四つにまとめた。一つは「人民が積極的に動き始めた」こと、二つは「一定の物質的基礎がある」こと、三つは「中国には豊富な天然資源がある」こと、四つは「さらに世界の先進技術を利用する」こと、である。「中国は四つの近代化を実現できる[163]」。鄧小平のこの判断は中国の実情と合致しており、また、中国が「後発優位」を利用し、世界の先進技術を導入して、技術面と経済面で追走できることも見通していた。その後の事実が、中国は前述の有利な条件に基づいて、経済体制の改革を大規模に開始し、経済テイクオフを成功裏に実現したことを証明している。

この「第二節の二」では、より詳細で専門的な角度から改革初期の有利な条件を深く分析し、次節でその不利な条件を分析する。二つの面及び両者間に生じた転化から、中国の「経済体制改革」と「経済発展の道」の相互依存関係と段階性を知ることができる。中国は計画経済体制国家であるのみならず、発展途上国でもあり、この二つの相互に関連する変化に、同時に直面している。その変化とは、一つは中央計画経済体制が社会主義市場経済体制に転換したこと、二つは農業・農村・農民を主とする低所得国家から非農業・都市・市民を主とする中所得国家に転換したことである。このため、国際的な視点から見ると、計画経済体制である旧ソ連や東欧の社会主義国家と比較するだけでなく、低所得水準にある発展途上の大国インドと比較しなければならない。

経済体制の角度から見ると、旧ソ連等の社会主義国家と比べ、中国は改革に有利な条件を多く有していた。

（二）旧ソ連等の典型的な計画経済体制に比して、中国の計画経済の主要カバー率は比較的低い。まず、中国農村の所有制は旧ソ連の集団農場ではなく、社会主義的「人民公社」のそれであり、集団化の程度は相対的に低い。次に、中国農村の土地もまた一〇〇％の「集団化」ではなく、農家が「自留地」「宅地」（それらは元来、集団所有の土地である）及び荒地、荒山を留保することを国が許している。筆者の予測では、総耕地面積の五％前後を占め、この部分の土地は事実、農民が使用権を有しており、みだりにはく奪したり占用したりすることはできない。さらに中国の農村には細分化された小規模な農産物の交易市場があり、農民が自家製農産物を取引する重要な場となっていた。たとえ規模が非常に限られていても、農民にとっては市場経済を学ぶ「教室」あるいは「試験農地」であった。ひとたび世帯生産請負制が実行されると、農民はすぐに適応し、独立した生産者、経営者となった。最終的には、農村において相当規模の各種社隊企業に発展し、その後の改革期には、農民と地方政府の一大創造である市場の需給関係に基づく郷鎮企業に変化した。一九七〇年、全国の農村社隊企業の総生産額は六七・六億元に達し、一九七八年には三八五億元まで増加した[164]。これらの企業は典型的民間企業ではなく、社区の集団所有制企業に属するが、一貫して「計画経済」とは距離を置いており、自主経営、独立採算、柔軟な経営を行い、農村工業化の主要な構成要素となった。一九七八年には、農村における工業・建築業・運輸業・商業の総生産額は六四〇億元となり、全国の農村社会の総生産額の三一・四％を占め[165]、社会総生産額の九・三％を占めている[166]。すなわち、非農業産業が農村社会総生産額のほぼ三分の一、社会総生産額の一〇分の一を占めたことになる。しかし、それらは、国の計画外の経済活動であるが、地方政府のさまざまな支持を獲得し、一定の意味で、地方工業化の重要な構成要素であった。特に沿海地区と大都市郊外において、後の全国郷鎮企業の急速な発展の条件となった。

（二）中国が計画経済体制を実行した期間は比較的短く、したがって中国経済が計画経済のレール上に、完全に固定されていたわけではなく、計画経済体制から脱却する可能性を持っていた。一九五三年から一九七八年までの二十五年は、一世代の時間にすぎない。一方、旧ソ連が計画経済を開始した一九二八年から、一九九一年にそれが解体されるまで、およそ六十年余りを経ており、二、三世代の時間である[167]。人的資源に観点を置くと、旧ソ連体制下の人々（特に農民）は、市場経済の「制度記憶」をすでに失っていた。しかし、中国は大きく違っていた。たとえ農村であっても、農民あるいは地方官吏には依然として幾度かの経済体制改革の「制度記憶」が残っていた。一九五〇年代初期の責任制、あるいは六〇年代初期の「三自一包」、これらの制度の試みは握りつぶされたが、それにもかかわらず人民公社とは異なる経済体制として、歴史の記憶の中に残されていた。制度改革による利益を農民と官吏は身をもって経験しており、それゆえ、ひとたび国が農村に対する統制を緩和し、経済自由化政策を唱道すると、農民は世帯生産責任制のような新制度を自発的に選択することになる。また、地方官吏も非常に実務的であったがために、この大きな体制転換を許容し、支持し得た。[168]

中国は、毛沢東が発動した一九五七年と一九七〇年の二度にわたる経済体制改革を経たが、その時でさえ、中国の都市部であっても、典型的な旧ソ連式計画経済ではなく、また同時に「一〇〇％」国家による投資でもなく、自己調達した投資資金のように、三分の一程度は準市場的投資であった。社会全体の固定資産投資の出所だけ見ると、一九五七年の国家予算内の投資比率はピークに達し、八八・六％であった。一九七八年にはすでに六二・二％に下降していたが、自己資金の割合は三一・九％に達していた。中国の中央と地方経済の関係は、すでに高度な中央集権から相対的な地方分権へと転換しており、地方は半分以上の財政支出を有していた。国の財政収入構成から見ると、一九五七年の中央財政比率は四三・二％であり、一九七八年にはすでに一五・五％まで下降していた。国の財政支出構成から見ると、一九五七年の中央財政比率は七一・八％であり、一九七八年には四七・四％に下降していた。[169]旧ソ連等の国家と比較すると、中国は「準計画経済」国家であっただけでなく、「準中央計画経済」国家でもあった。そのため、経済体制改革がひとたび発動されると、必然的に「市場経済」国家そして「地方分権」型国家へと移行したのである。

（三）中国の計画経済は、幾度もの強大な政治的攻撃にさらされ、「統制が有るが、計画が無い」類であり、度々「計画が変化に追いつかない」情況であった。「第一次五カ年計画」期に、最初に定められた計画指標を基本的には達成したが（達成比率は九四％）、その他の四つの五カ年計画では計画の発展目標を達成しておらず、達成比率は相当に低い（表２－２）。その最たるものは、「第二次五カ年計画」の策定である。一九五六年の中国共産党第八回全国代表大会において『国民経済発展第二次五カ年計画の提言に関する報告』が採択されたが、一九五七年一二月に毛沢東がこの「第二次五カ年計画」に対して修正意見を出し、「十五年で主要工業製品の生産量の面で、英国を追い越す」とするよう求めた。[170]しかし、一九六二年の計画終了時、すべての指標が達成されなかった。「文化大革命」期には、経済工作は基本的には「計画不足」または「無計画」の状態にあり、この時期に策定された第三次・第四次・第五次の五カ年計画は実行に至らなかった。それだけでなく、わずかな年度（例えば一九六九年）を除き、国民経済の年度計画はほぼ定められていなかった。経済発展目標の達成率は第三次が八二％、第四次が五九％、第五次が二二%しかなかった（表2－2）。華国鋒は、一九七四年から一九七六年の間の「四人組」の妨害と破壊による全国のおよその損失は、工業総生産額一〇〇〇億元、鉄鋼生産高二八〇〇万トン、財政収入四〇〇億元であると公式に認めている。**これにより、華国鋒は自ら直接、全国民経済が崩壊の危機に瀕している、と推論した。**[171]

表2-2　五カ年計画目標の実際の達成率比較（1953〜1980年）

時　　期	計画指標数	達成率（%）
第一次五カ年計画（1953~1958年）	18	94
第二次五カ年計画（1958~1962年）	14	0
第三次五カ年計画（1966~1970年）	11	82
第四次五カ年計画（1971~1975年）	12	59
第五次五カ年計画（1976~1980年）	9	22

資料出典：鄢一龍『第十次五カ年計画の実施状況評価報告』、清華大学公共管理修士論文、2005年12月、指導教師：胡鞍鋼。

実際には、全国民経済が崩壊するまでには至っていなかったが、二度の政治運動（「批林批孔運動」と「批鄧・右からの巻き返しの風に反撃する運動」を指す）が経済成長に対して外部から打撃を加え、経済は激しく変動した。

一九五八年以降、中国の計画経済には幾度もの変動が起こり、一九七八年にはすでに「有名無実」化しており、旧ソ連の計画経済と比較しても「同列に論じる」ことができなくなっていた。この時期、どの指導者にとっても毛沢東がいつ再び政治運動を発動させるか、さらにそれが経済計画に対してどのような政治的打撃と影響を与えるか定かでなかったからである。[172] それは、「標準」的な計画経済と言うよりも、「非標準」的な計画経済と言ったほうが良く、また「精確」な計画経済と言うよりも、「達成率」の設定が極端に高い計画経済と言ったほうが良かった。さらに、「硬直」的な計画経済と言うよりも、「計画が変化に追いつけない」計画経済と言った方が良かった。

（四）中国の国有経済比率は、明らかに旧ソ連等の国よりも低い。一九七八年の国有経済は、工業総生産額の七七・六%、GDPの五七・八%、非農業部門就業の七八・四%を占めている。この三大指標は、程度の差があるが、旧ソ連や東欧国家よりも低い（表2－3）[173]。中国は当時、非農業部門就業は総就業の三〇%に満たない割合で、実際の国有経済への就業は総就業の五分の一（一八・六%）に満たなかった。中国はこれまで一〇〇%の国有経済ではなく、国有と非国有経済が併存する混合経済であった。イメージで言うと、中国経済は「二本の足」、すなわち国有経済と非国有経済で成り立っていた。旧ソ連等の経済は「一本の足」に基づいており、それは

表2-3　経済体制転換国家の国有経済割合の比較　　単位：%

国	年	国有経済が生産高に占める割合	国有経済が非農業部門就業に占める割合
ブルガリア	1970	99.7（公共部門）	—
チェコスロバキア	1986	97.0	—
東ドイツ	1982	96.5	94.2
旧ソ連	1985	96.0（就業部門）	95.9
キューバ	1988	95.9（公共部門）	—
ルーマニア	1980	95.5	—
ポーランド	1980	93.4	73.4
中　国	1978	77.6（工業生産額）	78.4（工業）
中　国	1978	57.8（GDP）	63.0
ハンガリー	1975	73.3	76.9
ベトナム	1987	71.4	—
インド	1982	35.0（工業GDP）	23.0
英　国	1978	11.1	8.2
西ドイツ	1982	10.7	7.8
中国台湾	1978~1980	13.5	—
韓　国	1981~1983	9.0	7.0
米　国	1983	1.3	1.8

注：Brank Milanvic. Liberalization and Enterpreneurship: Dynamics of Reform in Socialism and Capitalism, Armonk, New York: M. E. Sharpe, 1989: 15-20.

資料出典：Minxin Pei, From Reform to Revolution: The Demise of Communism in China and the Soviet Union, Harvard University Press, 1988: 14-15.

データ出典：中国経済改革基金会『制度的障害と供給—非国有経済の発展問題の研究』、594頁、上海、上海遠東出版社、2001。

主に国有経済である。相対的に言えば、中国は計画経済体制から脱却し、非国有経済を発展させるという面で、旧ソ連と東欧国家よりもさらに大きいニーズがあり、より大きく進展し得た。しかし、旧ソ連等の国は、非国有経済を十分に発展させておらず、したがって国有経済要素を上回っていないという情況下で、国有企業を急速に民営化した。つまり、もう一本の足が成長していないうちに、自ら国有経済という足を切り落とし、すべてをもう一本の足に移行しようとしたようなイメージである。これでは、国民経済の大破綻を招くのは必至である。逆に、中国は「二本立て」の改革戦略を採用し、一方では、国有企業に対してまず「放権譲利（自主経営権を企業に移譲するとともに、利益もその企業が使用できるようにした）」し、その後「抓大放小（国有大企業を少数に集約し、国有中小企業に対しては規制緩和をし自力で経営させる）」を行った。もう一方で、非国有経済の発展を奨励し、全国民経済の発展と繁栄を築いた。

厳密な意味からすると、一九七八年の中国はまだ「標準」的あるいは一〇〇%の計画経済体制ではなく、「標準」的あるいは一〇〇%の国有経済でもなかった。さらに言うと、「ソ連式」の計画経済体制でもない。それは、非常に典型的な二元経済社会構造であった。つまり、同時に異なる二つの経済体制のなかに「計画内経済と計画外経済」が存在し、また、「国有経済と非国有経済」という異なる二つの経済所有制、「都市経済と農村経済」という二つの異なる経済形態、さらに、「農業部門と非農業部門」という二つの異なる就業部門が、二つの経済体制の中に存在していた。**このような二元経済社会と体制の特徴によって、中国の経済体制改革が初めから「二重構造」を採用するように決定づけられ、特有の漸進的改革の道を形成するように決定づけられていた。つまり、計画内経済を主とする社会・体制から計画外経済を主とする社会・体制へ、国有経済を主とする社会・体制から非国有経済を主とする社会・体制へ、都市と農村経済が分離した社会・体制から融合した社会・体制へ、農業部門就業を主とする社会・体制から非農業部門就業を主とする社会・体制へと、持続的な転換を行った。中国国情の独自性が、中国経済体制改革の戦略と径路の独自性を決定し、影響を与えた。**

三、有利な条件――インドとの比較

中国を発展途上の国家と比較するには、インドが最もふさわしい。両国とも人口大国であり、一九四九年の中国の生活条件と当時のインドの情況は違いがほとんどなく、世界で最も貧しく、最も遅れた国に挙げられる[174]。また、歩調をを合わせるように、大規模な工業化・都市化・近代化の発動を開始した。しかし、多くの面で中国の発展成果が上回り、さらに改革開放においても大きく先を進んでいた。改革の開始は、中国が一九七〇年代末、インドが一九九〇年代初めであった。我々は若干の指標を用いて比較を行い（表２－４）、毛沢東時代の中国は同時期のインドと比べると、発展に有利な多くの条件を創り出していた。

表2-4　中国とインドの人口指標比較
（1950～1990年）

	中　国	インド
合計特殊出生率		
1950~1955年	6.11	5.91
1975~1980年	2.93	4.89
1985~1990年	2.63	4.15
乳児（1歳未満）死亡率　（‰）		
1950~1955年	195.0	163.7
1975~1980年	52.0	107.7
1985~1990年	31.4	87.8
予測平均寿命　（歳）		
1950~1955年	40.8	37.9
1975~1980年	65.3	53.9
1985~1990年	67.4	57.6

資料出典：Population Division of the Department of Economic and Social Affairs of the United Nations Secretariat. World Population Prospects: The 2008 Revision.

（一）中国は、早期に人口ボーナス期に突入し、経済テイクオフにとって良好な人口条件を創り出した。一九五〇～一九五五年、中国とインドはともに世界でも出生率の高い国に属

していた。インドは、一九五〇年代から産児制限を開始したが、一貫して効果をあげることができず、改革期に至るまで女性の合計特殊出生率は四以上を維持していた。一九七〇年代初めに中国政府はようやく産児制限政策を開始し、一九七〇年代下半期に至り、合計特殊出生率は上半期の四・七七から二・九三に低下した（表2－4）。一九七九年、中国政府は人口過剰が発展の大きな重荷になることに気がつき、さらに厳格に人口増加を制御するために産児制限政策を実行した。これを第一の基本国策として、出生率を効果的に低下させ、人口の急増を効果的に抑制した。この産児制限が人口ボーナスを形成し、一五～六四歳の人口の総人口割合が六〇％を大きく上回り、急速に上昇した。一九八二年の六〇％から二〇〇〇年には七〇％に上昇し、この年齢層の人口増加率は、総人口増加率をはるかに上回った。この年齢層の人口比率は二〇一五年にピークを迎え、その後下降したが、依然として六〇％以上を維持している。人口ボーナス期は、一九八〇年から数えて、四十～四十五年持続すると見られている（図2－1）。このような人口条件は、中国経済のテイクオフにとって良好な機会を創り出したが、同時に巨大な就業圧力を生み出した。一方、インドは二〇〇〇年になって一五～六四歳の人口比率が六一・一％に達し、人口ボーナス期にようやく突入した。中国と比べてほぼ二十年遅れであり、人口ボーナスは二〇四〇年にようやくピークに達する見込みである。[175]

(二)中国はインドよりも相対的に高い人的資本水準と総量を備えている。教育指標から見ると、中国の基礎教育はインドよりもはるかに高く、成人の識字率も明らかにインドを上回っている。[176] 一九七五年の中国は、一五歳以上の平均教育年

図2-1　中国の15～64歳人口増加率（右軸）及び総人口に占める割合（左軸）（1980～2050年）

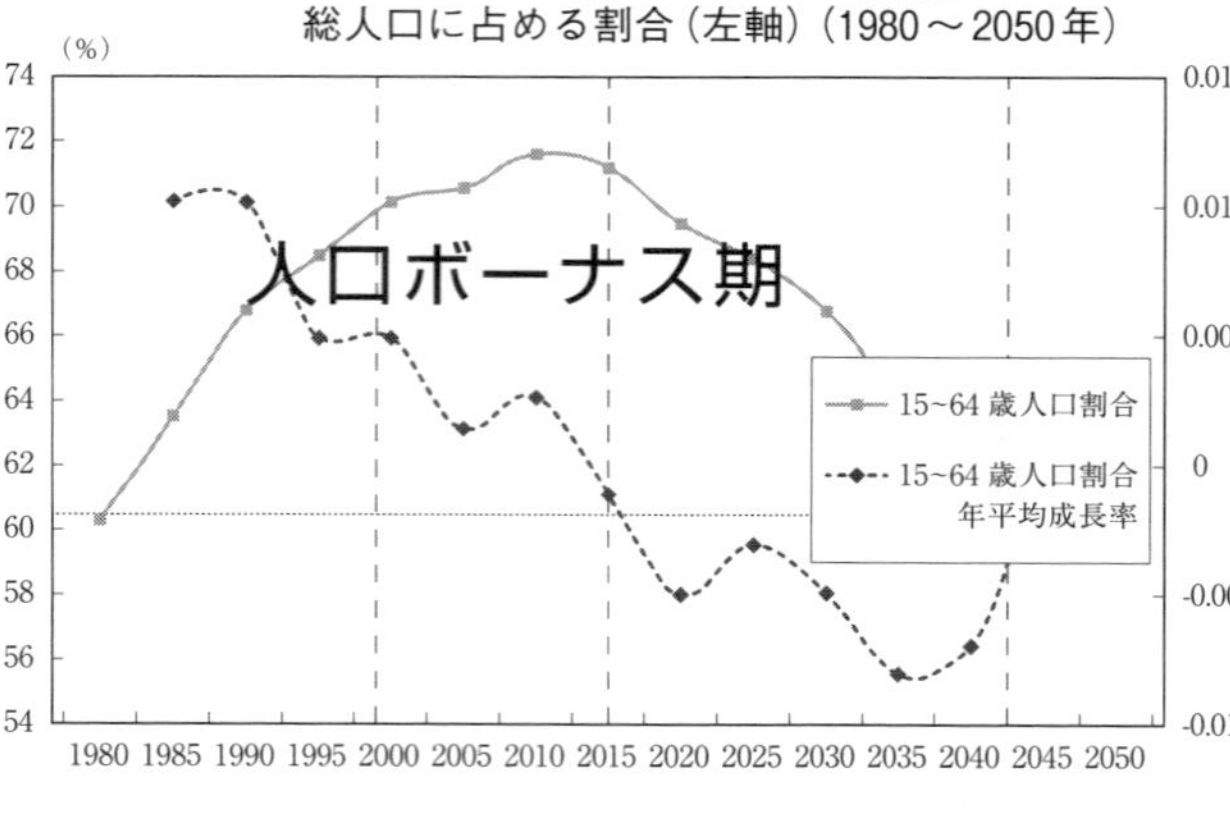

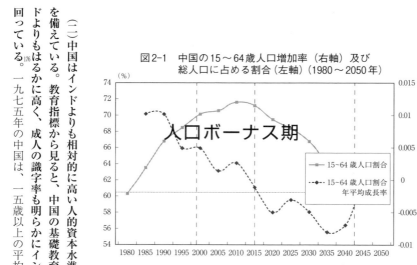

数は四・三八年であり、明らかにインド（二・七〇年）を上回っている。[177]また、中国の総人的資本（一五歳以上の平均教育年数と一五～六四歳人口の積を指す）は二・二五億人年で、インドは〇・九三億人年であり、中国はインドの二・四倍に相当する。[178]健康指標から見ると、一九五〇～一九五五年は、中国とインドはともに、世界でも人口の予測平均寿命が低く、乳児（一歳未満）死亡率が高い国家に属している。両国の改革初期には、中国の人口の予測平均寿命はインドの水準よりも高く、乳児死亡率も中国の方が低いことが明らかであった（表2－4）。中国政府の改革以前の三〇余年における人的資本への投資は、特に改革初期に貧困人口を大幅に減少できた重要な社会条件である（コラム2－2）。

コラム2－2　アマルティア・セン──中国改革前の人的資本と社会の公平

中国は、ある国家において人々が低所得であっても多くの比較的高い水準の基本能力を手に入れることができるということを、私が説明する上で重要な一例となった。基礎教育・基本医療保健・流行病防止に対して先行投資をすることで、中国は、教育・非識字者の一掃・基本衛生保健・国民寿命等の面において、一人当たりGNPまたは実際の国民所得が中国をはるかに上回る、多くの他の国家よりはるかに大きな成果を挙げている。

中国のこの早期の成果は、ある視点から見ると、国家の平均水準と関係するものである。それは中国が従来の教育・健康・平均余命等の不平等を大幅に減らすと同時に、能力面での貧困も減少させたことを反映している。これらの成果はすべて、経済改革以前に獲得したものである。一九七九年に改革を開始する以前に、すでに初等教育と基本医療保健の基礎が拡充していた。中国は、改革前における実体経済の正常化が、特に全面的になされたのでもなく、また迅速になされたのではないがゆえに、依然として所得貧困レベルが高位のまま持続していた。しかし、中国が改革前に能力の貧困と不平等を減少させた成果を無視することは、非常に大きな誤りを犯すことになる。

まさに事実が示す通り、中国が最終的に経済改革を開始した際に中国が得た驚くべき成果は、その他の要素以外に衛生保健と教育面で既に進歩を手に入れていたおかげである。教育面での成果や労働人口の健康状態の向上は中国経済の発展に有益であった。改革前から一九七九年までに衛生保健と教育面で獲得した成果が、実体収入の向上に対する要求に補足的役割をかなりな程度で果たしたことは、疑問の余地がない。

この観点から言えば、我々は改革後の中国が貧困を減少させた努力、つまり所得貧困の減少を重視したことについて、適切に評価しなければならない。改革後の中国の実践――特に改革開始直後の数年間――は、改革前の成果の恩恵と政府が世帯と個人の経済所得水準により関心を寄せたおかげであり、改革前に政府が衛生保健と教育に力を尽くした賜物でもある。

資料出典：姚洋監修『中国の転換、社会の公正と平等の観察』、北京、北京大学出版社、二〇〇四年から引用。

(三)中国社会は、インド等のアジアの発展途上の国と比べて公平である。一九五〇年代以降、中国は土地改革を実行しただけでなく、「耕者有其田（耕す者は土地を持つ）」を実現し[179]、その上で社会主義の道を進むことを選択した。一方、インドは独立前に国民会議が土地改革綱領を提起したが、実際には土地改革法の制定のみが行われ、「耕者有其田」は実現せず[180]、元々の極めて不平等な社会構造が維持された。そのため、二つの異なる社会形態が形成された。都市と農村の住民所得は不平等かつ水準も相当に低く、ジニ係数は〇・一六と〇・二二に分けられ、インド等のアジアの発展途上国の水準を下回っている。しかし、中国の都市と農村の住民一人当たりの所得差は、インド等のアジアの発展途上国の都市と住民の所得差を明らかに上回っている（表2－5）。これは、中国が一九五〇年代中後期に実施した戸籍制度により、『中華人民共和国憲法』が規定する国民の「居住移動の自由」が事実上放棄され[181]、農村から都市への転居が人為的に制限されたた

表2-5　アジア発展途上国の所得不平等状況の比較

国	年	ジニ係数			年	都市所得割合(倍)
		農村	都市	全国		
中　国	1978	0.22	0.16		1978	2.5
インド	1975~1976	0.34		0.42	1973~1974	1.4
バングラデシュ	1985~1986	0.36	0.37	0.37	1966~1967	1.5
タ　イ	1975~1976	0.39		0.47	1975~1976	2.2
フィリピン	1985	0.37	0.37	0.43		2.1

注：都市と農村の一人当たり所得割合は、農村の一人当たり所得を1とする。
資料出典：世界銀行実地調査報告『中国社会主義経済の発展』中国語版、49頁、北京、中国財政経済出版社、1983。趙人偉、グリフィン監修『中国住民世帯の所得及びその分配』、86頁、北京、中国社会科学出版社、1994。李仲生著『中国の人口と経済発展』、北京、北京大学出版社、2004。

めに、都市と農村が分離し対立する二元経済社会が形成されたからである。

(四)中国国民の貯蓄率が急速に上昇し、それに伴い国内投資率も急速な上昇を見せ、比較的高い水準に達した。一九七〇年の全国民貯蓄（都市と農村の貯蓄を指す）がGDPに占める割合は二・九％であり、一九七八年には四・三％に上昇し、その後急速上昇期に突入した。国内資本形成総額がGDPに占める割合から見ると、一九七八年の中国は三八・二％であった。[182] 国内投資が世界に占める割合から見ると、中国の一九七五年と一九八〇年は、それぞれ三・四五％と四・四一％であり、一方インドは二・九二％と二・七三％であった。[183] 中国はインドと比べて、比較的強い動員力と国内投資の活用能力を有していた。これが、中国経済のテイクオフの基本条件の一つである。

(五)中国は大国の優位を有している。世界の五大国を比較してみると（表2－6）、中国の主要資源は旧ソ連と米国に次いで、世界第三位であり、インドや日本よりもはるかに上位である。中国には、広い国土と多種類の資源があり、独立し比較的完成された工業体系と国民経済体系を築く天然資源の基盤を有している。中国の一人当たりの所得水準は低いが、総人口が一〇億人に近づいており、広大な国内消費市場がある。そのため、規模の経済効果を生み出すことができ、依然として世界でも大きな影響力のある大国に属している。世界の五大国（中国・インド・旧ソ連・日本・米国）のうち、中国は依然として、米国に次いで、主要農産物の生産第二位の大国であり、穀物生産量はインドの一・九九倍、綿花生産量は二・二倍である。また、主要工業品生産は、米国・ソ連・日本に次ぐ第四位の大国だが、インドよりも明らかに高く、中国のエネルギー生産量はインドの二・九倍、化学肥料生産量は四・一倍に相当する（表2－6）。

中国とインドを比較して最も重要な優位は、社会主義制度の実施にあり、大事を行うために力を集中することができ、インドよりも発展のスピードが速く、またその質も良いことにある。これは、以下の事実によって容易に説明できる。その事実とは、一九七八年の中国GDPはインドの一・四九倍であり、一九九一年には二・〇四倍、二〇〇八年には二・六一倍となったことである。[184]

四、中国の後発優位とキャッチアップ効果

このほか、中国は「後発優位」も備えている。これは、アレクサンダー・ガーシェンクロンが提起した理論であり、その中心的な考え方は、相対的経済後進は決して人々が通常考えているようなものではなく、一種の劣位にすぎず、積極的作用により優位に変化できるというものである。後進国家は先進国家とは全く異なる条件下において、産業革命を発動し、経済発展を実現することができる。それだけでなく、導入・

表2-6　五大国の主要指標が世界総量に占める割合　単位：%

指　標	中　国	インド	日　本	旧ソ連	米　国
土地面積（1978）	7.20	2.29	0.28	16.71	7.18
森林面積	2.9	1.6	0.6	22.5	6.9
草原面積	10.2	0.4	0.02	12.0	7.6
総人口（1978）	22.33	15.34	2.68	3.20	5.20
GDP（1978）	4.93	3.30	7.63	9.05	24.80
輸入額（1978）	0.67	0.67	5.83	3.3＊	13.59
輸出額（1978）	0.64	0.54	7.03	3.8＊	12.19
農 産 物（1981）					
穀　物	17.5	8.8		10.2	20.2
綿　花	19.3	8.8		19.2	22.0
豚肉・牛肉・羊肉	11.5			11.7	15.9
工業産品（1980）					
原　炭	16.6	3.1		17.5	20.3
原　油	3.6			20.2	14.2
スチール	4.9		14.9	19.8	13.5
発電量（1978）	3.35	1.44	7.28	16.1＊	30.22
化学肥料	10.4	2.5		18.2	18.8
エネルギー生産（1978）	8.56	2.93	0.51	20.8＊	20.77
エネルギー消費（1978）	8.51	3.22	4.83	17.4＊	27.15

＊は1980年のデータ。

資料出典：国家統計局編『中国統計年鑑（1981）』、481～491頁。『中国統計年鑑（1983）』、562、567、573～575頁。GDPデータは、購買力平価に基づき計算し、Angus Maddison, Historical Statistics of the World Economy: 1-2008, http://www.ggdc.net/maddisom/(02-2010)から引用。その他のデータは、Word Bank. World Development Indicators 2007, CD-ROMから引用。

吸収・参考を通して、先進国家が経てきた工業化プロセスのいくつかの段階を飛び越え、飛躍的な発展を実現することができる。したがって、後進国家の工業化の発展プロセスには先進国家とは明らかに異なる若干の特徴が見られる。それは、通常よりも速い発展スピードとして現れるだけでなく、生産構造や組織構造、制度手段等の差異に体現される。[185] 実際、毛沢東時代初期（一九四九～一九五七年）の中国はこの後発優位を十分に利用し、「キャッチアップ効果」をはっきりと示した。このキャッチアップ効果とは、つまり、一つは中国がすでに経済の高成長を実現していたことである。一九五二～一九五七年GDPの年平均成長率は九・二%に達し、中国の歴史上いかなる時期の経済成長率も上回り、さらに同時期の先進国家の経済成長も上回っている。この間、西欧一二カ国のGDP年平均成長率は五・二%である。二つは、中国GDPが世界総量に占める割合が持続的に上昇し、一九五〇年の四・五%から一九五七年には五・五%に上昇したことである。[186] その後に発動された一連の政治運動と階級闘争により、中国はこの後発優位を十分に生かすことができなかった。しかし、この後発優位は客観的に存在するものであり、ひとたび鄧小平が改革開放を発動すると、「山あり谷ありのむやみな混乱」がないことだけで、[187] 中国経済は再び九%以上の高成長を手にし、さらにはっきりとした「キャッチアップ効果」が表れた。

以上の分析から分かることは、経済体制の比較から見ると、中国と旧ソ連は異なる特徴を持ち、客観的に言うと、中国の方が旧ソ連よりも経済体制改革を発動しやすい環境にあり、さらに成功を収め、漸進主義の「二重制度」により現代市場経済にモデル転換できた。発展水準の比較から見ると、中国とインドは、物質資本基盤であろうと、人的資本条件であろうと、そのどちらにおいても中国は明らかにインドよりも優れており、ひとたび改革が開始されると、中国の経済発展速度はインドを上回り、特に比較的公平な社会と良好な人的資本条件が、経済テイクオフにとって有利に働いた。[188] **最も重要なことは、中国の指導者、特に鄧小平が旧ソ連の指導者よりも十数年早く改革を発動し、社会主義という政治の方向性を堅持し、「中国の道」を切り開いたことである。同様に、中国はインドよりも十数年早く対外開放しており、社会主義制度の優位と優越性を十分に活かし、「一歩先を進み」、全世界の改革開放の潮流をリードし、発展途上国の新たな興隆を促す「帯頭羊（集団を先導する羊）」の役目を担い、世界の経済の枠組みの改変を開始した。**

第三節　改革初期の不利な条件

不利な条件も相対的であり、それには歴史的相対性と国際的相対性がある。ここでは主に国際的な比較を行うことで、中国の国情の特殊性を分析する。我々は、やはり二種類の国家を取り上げて比較を行う。一つは、同時期のインド等、所得水準が低い人口大国との発展指標の比較であり、もう一つは、一九九〇年前後の旧ソ連及び東欧国家が社会・経済体制を転換した初期条件と比較する。この二つの国際的な比較により、我々は比較的はっきりと、改革初期の発展特性及び改革方法に違いがあることを理解することができる。

一、発展の負担となる大規模な人口

一九七八年中国の改革初期の総人口は九・六億人、一九九一年インドの改革初期の総人口（八・五億人）よりも多いだけでなく、一九九〇年に体制転換を行った国の総人口（四・一億人）をはるかに上回っている。中国は主に農村人口が多く、一九七八年は七・九億人、全国の総人口の八二％を占めており、同年のインドの割合（七三％）を明らかに上回っている。これは当時の中国最大の基本国情であり、指導者が優先して解決しようとした発展課題でもある。当時は、解決すべき喫緊の課題があった。その課題とは、約一〇億人の食糧問題の解決、約八億人の農村における貧困問題の解決、四億人の都市と農村の雇用問題の解決、二億人余りの各級各種類の就学生の教育問題の解決という四つである。この時の中国にとって、人口が多いことは決して良いことではなく、重すぎる負担であった。**事実、これも世界的な発展にとって難しい課題であった。どの国の政府もこのように大規模な人口の発展問題に直面したことがなく、そのことに起因するいずれの課題も克服したことがなかった。中国は、自らこれらの難題を解決するほかなかった。**

二、世界の低位にある一人当たり所得

経済発展水準から見ると、中国の一人当たりの所得は極めて低く、依然として世界最貧困国家の一つであった。世界銀行データベースによれば、為替交換比率に準じて米ドル現価計算すると、一九八〇年中国の一人当たりＧＮＩは二二〇米ドルである。また、実際の購買力平価（ＰＰＰ）で計算すると、一九八〇年中国の一人当たり国民総所得（ＧＮＩ）はわずか二五〇米ドル（時価）となり[189]、世界の低ランクにあった[190]。マディソンの購買力平価一九九〇年国際米ドルに基づいて計算すると、一九七八年中国の一人当たり国内総生産（ＧＤＰ）は九七九米ドルで、世界の一人当たりＧＤＰ（四三八二米ドル）の二二・三％である。一方、一九五二年中国の一人当たりＧＤＰは世界の一人当たりＧＤＰの二三・七％であり[191]、これは一九五二年から一九七八年まで、中国は一貫して低所得水準にあり、世界の一人当たりの所得水準の相対格差は縮小せず、いくぶん拡大したことを表している。

経済体制を転換した国々の初期と比較すると、モンゴルとベトナムを除き、中国の一人当たりＧＤＰはその他の社会・経済体制を転換した国家（ソ連崩壊後のロシア及び東欧諸国）

よりもはるかに低い。世界銀行が実際購買力平価に基づいて計算したデータによると、一九七八年中国の一人当たりＧＮＰは一〇〇〇米ドル、一九九〇年ロシアの一人当たりＧＮＰは六四四〇米ドル（マディソンが一九九〇年国際米ドル価格で計算した場合、一九七八年ロシアは六五六五米ドル）であり、ロシアは中国の改革初期の六倍強に相当する。また、その他の国家（モンゴルを除く）の一人当たりＧＮＰは四六六〇米ドルで、中国の四倍強に相当する（表２－７）[192]。

表2-7　経済体制転換初期の国際比較

指　標	中欧・東欧	ロシア	その他の独立国家共同体及びモンゴル	中　国（1978年）	インド（1978年）
1. 人口と収入					
人口（百万人）（1989年）	122	149	139	963	850
一人当たりGNP（1990年米ドル）（1990年）					
『世界銀行図表集』為替レート	2268	4110	2141	190	200
実質購買力平価に基づく計算	4647	6440	4660	1000	550
経済体制転換前成長率（%）（1980~1989年）	1.5	1.9	2.3	4.9	5.7
2. 経済構造					
都市人口が総人口に占める割合（%）（1991年）	61	74	58	18 [a]	27
投資がGDPに占める割合（%）（1989年）	34	34	31	35（30 [b]）	24
工業がGDPに占める割合（%）（1989年）	51	50	40	48（44 [a]）	0.21
エネルギー使用（GDP 1米ドル毎の消費1,000kg石油相当量）	0.81	0.91	0.71	0.38	
3. 人的資源					
ジニ係数（1989年）	0.26	0.24	0.24	0.26（1979）[c]	0.34
人口出生時の予想寿命（歳）（1989年）	71	69	70	65 [e]	60
成人非識字率（%）	3	2	2	30 [e]	52
人類発展指数（1990年）		0.823 [d]		0.553（1980）[d]	0.433（1980）[d]
4. 貨幣と為替レート指数					
M2がGDPに占める割合（%）	53	100	75	25	46
ブラックマーケット為替レート割増価格（1989年）	331	1828	1822		12

資料出典：世界銀行『1996年世界発展報告―計画から市場へ―』中国語版、北京、中国財経出版社、1996年、2頁。a 国家統計局編『中国統計摘要』（2002）、35頁、北京、中国統計出版社、2002。b 固定資産投資形成額がGDPに占める割合。c 世界銀行推定数、世界銀行1984年経済考察団『中国―長期発展の問題と方法（主報告）』、42頁、中国語版、北京、中国財政経済出版社、1985。d 国際連合開発計画（UNDP）、『人間開発報告書』中国語版、北京、中国財経出版社、2002。e 作者による推定数。中国の経済体制転換前の成長率は、1966～1978年データ。

当時の中国農村は、世界で最大規模の貧困人口を抱えていた。中国政府当局の国家貧困ラインによると、一人当たりの年間所得は一〇〇元に満たず、一九七八年には約二・五億人の農村貧困人口を抱え、農村総人口の三〇・七%を占めていた[193]。この数字は、農村の貧困人口を少なく見積もっている可能性がある。国家統計局の統計に基づくと、一九七七年の全国農村住民世帯の一人当たり純所得は一一七元であり、一九六五年の一〇七元から一〇元しか増えておらず[194]、ほとんどの人が国家貧困ライン人口に属している。一九七八年一一月から一二月に中央工作会議が提供した資料では、全国農業人口の一人当たり平均年収がわずか六〇元余りで、生産隊社員の三分の一は四〇元以下であった。この資料に基づいて推計すると、一九七八年の全国農村人口は七・九億人で、みな貧困人口に属しており、そのうち約二・六億人の一人当たり年収は四〇元以下であった。

世界銀行が定めた国際貧困ライン（一人当たりの毎日の支出が一米ドル未満）に基づいて計算すると、一九八一年の中国は約七・三億人の農村貧困人口を抱えていた。このデータに基づいて推計すると、**一九七七年中国の七・九億人の農村人口のほとんどが、国際貧困人口であると推定される。**世界銀行の最新統計（二〇〇八）によると、国際貧困ラインは二〇〇五年価格に基づく計算で、毎日平均生活費一・二五米ドルを貧困ラインと推計しており、一九八一年中国は約八・三五一億人の貧困人口を抱え[195]、全国農村人口が絶対的貧困人口に属していただけでなく、城鎮人口の相当部分も絶対的貧困人口に属していた。

前述のどの推定をとっても、一九七七年前後の中国は、世界でも絶対的貧困人口が最多の国であった。毛沢東時代には、この問題を解決しておらず、毛沢東自身もこの最大の基本国情を意識していなかった。これが、毛沢東が鄧小平に残した最大の経済的遺産であった。一九七八年一一月から一二月の中央工作会議と十一期三中全会において、非常に実務的であった中央委員らはこの情況を十分に理解し、鄧小平が発動した経済体制改革、特に農村改革に全員一致で賛同した。農民の生産力を解放し、農村の多様な経済（郷鎮企業等を含む）を発展させることが、中国指導者の最優先の任務となった。

三、都市と農村の明らかな格差

都市と農村では、住民の実際の一人当たり所得増加幅は小さく、貧困人口と低所得人口は総人口の約半分であった。表2－8から分かることは、一九五二年の不変価格に基づいて計算すると、異なる時期の全国一人当たりGDPの年成長率は、程度の違いがあるが、都市農村住民所得の増加率を上回っており、一九五七年から一九六五年の農村住民一人当たり純所得増加率だけが、一人当たりGDP成長率を上回っている。一九五七年に城鎮で賃金が凍結された後、実際の城鎮一

表2-8　都市・農村住民の一人当たり所得の増減（1952～1985年）

年と時期	一人当たりGDP（元）		都市住民一人当たり生活費所得（元）		農村住民世帯一人当たり純所得（元）	
	当年価格	1952年価格	当年価格	1952年価格	当年価格	1952年価格
1949			100		44	
1952	119	119			57	57
1957	168	165	235	214	73	67
1964	208	177	227	186		
1965	240	203			107	89
1977	339	303	260	209	117	94
1978	379	334	316	252	133	106
1985	853	586	685	407	398	236
増　加　率（%）						
1952~1957		6.8				3.3
1957~1964/1965		2.6		-2.0		3.6
1964/1965~1977		3.4		0.9		0.5
1957~1977		3.1		-0.1		0.7
1978~1985		8.4		7.1（7.0）		12.1（15.1）

注：1952年価格は、全国住民消費価格指数に基づいて計算し、括弧内は国家統計局データ。
計算データ出典：国家統計局国民経済総合統計司編『新中国五十年統計資料集』、3・20・22頁、北京、中国統計出版社、1999。1949年データは国家統計局提供、『経済日報』から引用、2011年10月4日。

表2-9　都市・農村住民の生活消費支出及びエンゲル係数（1949～1978年）

年	都市住民			農村住民		
	生活消費支出（元）	食品支出（元）	エンゲル係数（%）	生活消費支出（元）	食品支出（元）	エンゲル係数（%）
1949			70			80
1954						68.6
1957	222.0	129.7	58.4	70.9		65.7
1964	220.7	130.7	59.2	93.6		67.1
1965				95.1		68.5
1978	311.2	178.9	57.5	116.1	78.6	67.7

注：当年価格に基づいて計算。
データ出典：国家統計局国民経済総合統計司編『新中国六十年統計資料集』、25頁、北京、中国統計出版社、2009。1949年データは著者推定、1954年データは国家統計局提供、『経済日報』から引用、2011年10月4日。

人当たり所得と従業員（事務職員・労働者）賃金の水準は下降した。一九七七年の城鎮住民の一人当たり生活費所得は二〇九元（一九五二年価格）で、一九五七年水準（二一四元）を二・三％下回った。**一九七七年一〇月一日までの丸二十年、都市の労働者（主に全人民所有制企業の従業員）・幹部・教師・医療従事者等には、調整後の賃金を支払っていなかった。**一九五七年の全国従業員の年平均賃金は六二四元、一九七八年は六一五元であり、一九五二年の価格で計算すると、それぞれ五六九元と四九一元である。すなわち一九七八年の実際の平均賃金水準は、一九五七年と比べて一三・七％低かった。鄧小平の言うとおり、**一九五八年から一九七八年までの二十年を通して、農民と労働者の所得の増加幅は非常に少なく、生活水準も極めて低かった。**[196]これが、客観的情況である。

住民の消費構造から見ると、一九五七年から一九七八年の城鎮住民は、温飽型（衣食に過不足がない基本的生活ラインを維持する型）に属する。一九五七年全国の城鎮住民のエンゲル係数は五八・四％、一九七八年は五七・五％である。一九五四年から一九七八年の農村住民は絶対的貧困型に属する。一九五四年、農村住民の世帯エンゲル係数は六八・六％、一九七八年は六七・七％である（表2－9）。

都市化水準から見ると、当時の中国の都市化率は相当に低かった。一九七八年、中国の都市化率はわずか一八％であり、一九九〇年のロシア（七四％）と社会・経済体制を転換したその他国家の水準を大幅に下回っていた。また、インドの都市化水準（二七％）（表2－7）を大きく下回っており、これは中国の計画経済体制の特徴が、都市と農村間・地域間の人口流動や移動を強制的に制限し、都市化プロセスを大きく遅延させたことを表している。

就業構造から見ると、比較的発達した社会・経済体制転換国家は非農業就業割合が相当に高く、七三～九六％であり、中程度に発達した社会・経済体制転換国家も七一～七九％あるが、中国はわずか二九・五％でベトナム（三一・〇％）よりもかなり低い割合である（表2－10）[197]。

労働生産率または一人当たり所得であろうと、一人当たり消費支出または公共サービス水準であろうと、都市と農村の発展には明らかに大きな隔たりが存在する。取得可能なデータから見ると（表2－11）、一九五七年の都市と農村の一人当たり所得の相対格差が最も大きく三・三倍であり、一九七七年は最も小さく二・二倍であった。しかし我々には、この間の上下の変動がどのようであったのか明確ではない。これは、都市労働者の賃金が二十年（一九五七～一九七七年）凍結されたことによる影響が非常に大きい。都市と農村住民の消費水準の格差を比較してみると、まず、一九五七年までに二・七倍に上昇し、その後下降に転じ、一九七〇年には最低の二・四倍となった。その後再び上昇し、一九七七年にはピークの三・〇倍となった。

表2-10　社会・経済体制転換前の経済と社会指標の国際比較

	非農業就業割合（%）	中等教育人口割合（%）	高等教育人口割合（%）
体制転換発達国家			
旧ソ連	81.0（1987）	63.3（1989）	13.9（1989）
チェコスロバキア	88.0（1988）	45.9（1980）	6.0（1980）
東ドイツ	96.0（1988）	52.6（1981）	17.3（1981）
ハンガリー	81.0（1988）	80.6（1980）	7.0（1980）
ポーランド	73.0（1988）	33.9（1978）	5.7（1978）
ユーゴスラビア	95.0（1988）	23.4（1981）	6.8（1981）
中程度に発達した体制転換国家			
ブルガリア	79.0（1987）	—	—
ルーマニア	71.0（1985）	39.8（1977）	4.6（1977）
キューバ	76.0（1976）	—	—
発展途上の体制転換国家			
アルバニア	48.0（1988）	—	—
中　国	29.5（1978）	24.4（1982）	0.6（1982）
ベトナム	32.0（1980）	—	1.3（1989）

注：括弧内は、西暦。
資料出典：Minxin Pei, 1998, From Reform to Revolution: The Demise of Communism in China and Soviet Union, Harvard University Press, 1998: 59. 中国データは、国家統計局国民経済総合統計司編『中国統計摘要』（2004）、37、43頁、北京、中国統計出版社から引用。

表2-11　都市と農村住民の一人当たり所得及び消費水準と一人当たりGDP水準との相対比較（1949～1978年）

年	都市住民一人当たり生活費所得	農村住民世帯一人当たり純所得	都市農村比（倍）	都市住民消費水準	農村住民消費水準	都市農村比（倍）
1949	100	44	2.3			
1952		48		129	55	2.3
1957	140	43	3.3	132	49	2.7
1962	109			143	54	2.6
1964				122	48	2.5
1965		45		108	43	2.5
1970				102	43	2.4
1977	77	35	2.2	115	38	3.0
1978	76	32	2.4	97	33	2.9

データ出典：国家統計局国民経済総合統計司編『新中国五十年資料集』、北京、中国統計出版社、3頁、22～33頁、1999。1949年データは、国家統計局提供。『経済日報』、2011年10月4日から引用。
注：都市農村比は、当時の価格に基づいて計算。

都市と農村の各種指標と全国一人当たりGDP水準を比較すると、城鎮住民の指標は、程度の差こそあれ、全国一人当たりGDPを上回っているが、「文化大革命」期には相対的に低かった。農村住民の二つの指標はおしなべて全国一人当たりGDP水準を下回っており、全体的に見ると下降傾向にあった。一九五二年から一九七八年の農村住民の世帯一人当たり純所得は、GDP水準と比較すると一六ポイント下降し、農村住民の消費水準は、一人当たりGDP水準と比較すると二二ポイント下降した（表2－11）。明らかなことは、中国の工業化と近代化は都市の工業化と近代化が主であり、広大な農村人口が工業化と近代化に参画しそれを享受することは厳しく排斥され、特に、農業労働力の非農産業への移転、農村人口の都市へ移動、非発達地域の労働力の発達地域への流動が制限されていたことである。

四、特殊な経済構造

経済構造から見ると、**中国は典型的な低所得大国とも異なり、典型的な中所得大国とも異なっている。**[198] 国内の需要構造から見ると（表2－12）、中国の投資または資本蓄積率は相当に高く（三〇％）、低所得国家で唯一であり、中所得国家の平均よりも極めて高い。**これは、中国国内の貯蓄率が高く、国内資金を運用する能力がその他の発展途上国よりもはるかに高いためである。**また、中国の世帯消費割合はかなり低く（四九・二％）、中等収入水準国家の割合を下回っている。**これも中国が工業化推進に当たって、「強国」を主要目標とし、「富民」を明らかに軽視していたことを表している。**また、中国の公共消費支出割合（一三％、特にそれは教育と衛生支出である）も低所得国家よりもはるかに多く、中等所得国家の割合を超えている。これは、非常な低所得であるという条件下で、世界の五分の一にあたる人口に基本的な公共サービスを提供し、基本的需要を満足させていたことである。このほか、中国の国外からの資金流入比率は相当に低い（マイナス〇・八％）。[199]

生産構造から見ると（表2－13）、一九七八年中国の農業増加値がGDPに占める割合（三八・一％）は、低所得国家を下回っている。しかし、中国の第二次産業増加値がGDPに占める割合（四八・二％）は、低所得収入国家を大幅に上回っているだけでなく、中所得国家の水準も上回っている。中国のサービス業増加値がGDPに占める割合（二三・七％）は、低所得国家（三八・五％）もしくは中所得国家に比して非常に低い。

就業割合から見ると（表2－14）、中国の農業就業が総就業人口に占める割合は高く（七〇・五％）、低所得国家（七三％）と基本的に類似している。しかし、第二次産業への就業が総就業人口に占める割合（一七・三％）も、低所得国家（一一％）と比べて高い。中国のサービス部門への就業が総

表2-12　国内需要構造（GDPに占める割合）の国際比較（1981、1982年）

国　別[a]	家庭消費率	公共消費率	国内投資率[a]	国外資金流入	国内貯蓄率
中　国	49.20	13.24	30.1	-0.8 [a]	37.55
インド	71.01	9.85	13.0	0.01	19.13
その他の低所得経済体	73.20	10.63	13.0	0.33	15.93
下中所得経済体	58.80	12.79	23.0	0.88	28.41
上中所得経済体	62.16	12.65	24.0	0.56	25.19

注：aは、中国データが1981年であることを除き、その他の国（組織）はすべて1982年。
資料出典：World Bank, World Development Indicators 2007, CD-ROMから引用。

表2-13　生産構造（GDPに占める割合）の国際比較（1978年）　単位：%

国　別	第一次産業	第二次産業	第三次産業
中国	28.2	47.9	23.9
インド	38.95	24.46	36.59
その他の低所得経済体	37.95	23.50	38.54
下中所得経済体	21.83	41.38	36.81
上中所得経済体	12.95	36.86	50.34

資料出典：中国データは『中国統計摘要（2010）』、22頁、北京、中国統計出版社、2010に基づく。その他のデータは、World Bank, World Development Indicators 2007, CD-ROMに基づく。

表2-14　就業構造（総労働力に占める割合）の国際比較（1978～1980年）　単位：%

国　別	第一次産業	第二次産業	第三次産業
中国（1978）	70.5	17.3	12.2
インド（1978）	71	17	16
その他の低所得経済体（1980）	73	11	16
下中所得経済体（1980）	56	16	28
上中所得経済体（1980）	30	28	42

資料出典：中国データは『中国統計摘要（2010）』、22頁、北京、中国統計出版社、2010に基づく。その他のデータは、World Bank, World Development Indicators 2007, CD-ROMに基づく。

就業人口に占める割合（一二・二％）は、低所得国家の割合（一六％）よりも低い。

インドのような人口大国を含む低所得国家と比較すると、中国は優位性だけでなく、劣位性も有している。しかし、優位性が劣位性よりも大きく、劣位性は優位性に変化し得る。中国とそれらの国との大きな違いはいくつかある。一つは、中国が社会主義国家であることである。動員力が極めて強く、社会の各種資源の配置能力があることは、国内投資率の高さを表しており、効果的に工業化と近代化を推進することができる。二つ目は、中国がすでに世界の工業大国ということである。国防工業システムを含む世界最大規模の工業システムを構築し、それらは全国の多数の省・市・自治区に分布し、比較的高い工業化率を備えている。これには、経済総量に占める割合だけでなく、就業総量に占める割合も含まれている。ひとたび改革開放を行えば、中国は工業化プロセスを加速し、「世界の工場」となり得る。三つ目は、中国のサービス業の発展が滞っているが、逆に言えば、経済体制改革と経済自由化が行われると、サービス業の発展が加速し、さらに多くの就業場所を生み出すことができる、ということである。

同様に、ソ連等の社会主義国家と比較しても、中国は優位性だけでなく、劣位性も有している。都市化レベルから見ると、ソ連であっても、東欧であっても、基本的には都市化プロセスを完成しており、一方で中国は都市化の初期段階にある。就業構造から見ても、中国はなお伝統農業を主とする未発達国家である。人的資本の比較から見ると、中国は一般的な発展途上国家よりも比較的高い教育水準と人的資源を有しており[200]、これは明らかに、社会主義制度の優位性の表われであり、同等の発展水準の条件下であれば、相対的に高い人的資本水準に到達可能であることを表している[201]。しかし、ソ連や東欧国家と比較すると、中国はかなり遅れている。国務院の『非識字者一掃に関する指示』（一九七八年一一月）の説明に基づくと、建国二十年余りになるが、中国の少年・青年・壮年のうち、非識字や半非識字が三〇～四〇％を占め、辺境地域と少数民族地域では五〇％以上を占めている。一方、ソ連と東欧の社会・経済体制転換国家は、基本的には非識字者がおらず、比較的高い人的資本水準を有し、中等教育を受けている人口と高等教育を受けている人口の割合は比較的高い。しかし、中国はそれぞれ二四・四％と〇・六％（一九八二年データ）（表2－4）である。国連開発計画（UNDP）データによると、一九八〇年中国の人間開発指数はわずか〇・五五で、同年のインド（〇・四三）よりも高いが、一九九〇年のロシアの水準（〇・八二三）よりも明らかに低い。中国は世界の下・中等人間開発水準に到達したばかり（〇・五～〇・六五）だが、後者はすでに世界的にも高い人間開発水準（〇・八〇～一・〇）に属している。

五、中国に課せられた二重の課題――発展と転換[202]

　以上、主要な経済社会発展指標の国際比較から見ると、**中国は旧ソ連と東欧諸国の社会・経済体制転換国家と比べて、初期条件が大きく異なっていた。前者の発展条件は後者にはるかに及ばず、不利な条件も後者よりも明らかに多い。**このため、中国は改革初期に、経済体制の転換、すなわち計画経済体制から社会主義市場経済体制への転換に直面していただけではない。それ以外の非常に重要な社会発展の転換、すなわち農業経済から現代工業とサービス経済に転換する工業化プロセス、農村社会から現代都市社会へ転換する都市化プロセス、低い人的資本水準の人口大国から高い人的資本の人的資本大国へ転換する知識化プロセスに直面しており[203]、閉鎖・半閉鎖社会から、半開放・全面開放社会への転換に直面している。これは、世界でも例のない、大規模な多重転換のモデルである。一方、ソ連と東欧諸国の社会・経済体制転換国家はすでに、基本的に工業化・都市化・知識化を実現している中等発展国家であり、発展の原動力はほどんどない。

　これらの国家の基本的国情には非常に大きな差異があり、さながら種々雑多な色で構成された絵画である。そのため、たとえスタートの時間差あるいはスタート時点の水準の差にすぎなくとも、その後の経済体制改革の性質を決める重要な影響となって現れた。したがって、経済転換の初期条件の違いは、それらの国々の転換手順と発展プロセスに直接影響を与えた[204]。**中国の国情、特に「ひどく貧しく、ひどく遅れている」**（鄧小平の言葉、一九七七年九月）[205]**という国情が、「発展こそが最優先事項である」**（鄧小平の言葉、一九九二年一月から二月）[206]**ことを決定づけ、また、中国の経済体制改革が、改革のための改革ではなく、それは経済発展のためであり、人民が貧困から脱却し、衣食の問題を解決し、小康を実現し、共に豊かになるためであることを決定づけた。**

　この意味からすると、中国は、発展しながら転換し、転換しながら発展し。発展が転換を先導し、転換が発展を促進してきたのである。**一九八〇年代の中国の経済体制改革と一九九〇年の経済体制転換は、改革初期の経済発展水準による制約の、きわめて大きな影響を受けていた。同時にその制約が、中国指導者の選択した改革戦略の狙いを決定づけてもいた。その狙いは、経済発展を促進するための農業自由化にあったが、しかし全面的な自由化にはなく、非国有化にあったが、しかし全面的な私有化にはなく、経済の自由化にあったが、しかし政治の自由化にはなく、政治的方向性として社会主義を維持することにあったが、しかし資本主義化することにはなかった。つまり、公有制経済、とりわけ国有経済を保持するだけでなく、改革によってそれらの経済効果と競争力を向上させることに、その狙いがあった。一方、ソ連や東欧諸国が実行したのは、資本主義的な経済私有化あるいは全面的な私有化、そして政治の自由化、政治の公開、政治の民主化の**

改革戦略を促進することであった。

第四節　指導者の新たな認識と新たな選択

では、当時の指導者は、どのようにして国情の基本的特徴を認識したのか。彼等は、直面している重大な発展課題にどのように対応したのか。指導者が改革を発動する動因は何か。彼等が遭遇した制約条件はどのようなものであったか。どのような初期選択をしたのか。彼等はどのように発展の重点領域、改革の突破口を選択したのか。なぜ彼等は「実務主義」と言われるのか。

一、中国最大の基本国情

中国最大の基本国情は何か。最も大きく最も喫緊の発展任務は何か。時代を異にする指導者は、この二つの課題に対する答えが異なり、また治国の方策も異なっていた。

「文化大革命」期、毛沢東の答えは、党の第九回代表大会の路線に示されている。まず、党の第九回代表大会の党規約の大綱は、社会主義社会の時間を「相当に長い歴史的段階」と定義しており、毛沢東の構想は百年から数百年を見据えている。[207]この段階には、「終始、階級、階級矛盾と階級闘争が存在し、社会主義と資本主義の二つの路線闘争が存在し、資本主義が復活する危険性が存在し、帝国主義と現代修正主義が転覆と侵略を進める脅威が存在している」。「**四つの存在説」は、中国の政治国情、つまり社会主義社会の基本的性質に対する毛沢東の考えである。**次に、党の第九回代表大会の党規約の大綱は、党の基本的任務を次のように規定している。二つの階級と路線、「これらの二つの矛盾は、マルクス主義の継続革命の理論と実践によってのみ解決できる。それが中国のプロレタリア文化大革命、つまり社会主義条件下におけるプロレタリア階級によるブルジョア階級とすべての搾取階級に対する政治大革命」である。

まさに「文化大革命」の歴史的教訓があったからこそ、党の指導者は再び党の第八回代表大会の路線に立ち返り、中国の基本的な国情と特徴に対する認識を新たにした。

ここに、鄧小平・陳雲・李先念の主要な観点をまとめて紹介する。なぜなら、彼等は中共中央政治局常務委員・中央副主席・国務院副総理を任じただけでなく、彼等の観点は党内主流派を代表し、経済体制改革の発動に対して重要な働きをしたからである。

第一に、中国の基本的国情は、人口が多く、耕地が少なく、経済的基盤が弱いことである。一九七八年二月、陳雲は十一期二中全会で華国鋒の政府報告を検討する際、中国の基本国情は耕地が少なく、人口が多いことであり、経済工作は国の実情を発端とし、自身の実力相応に事を進め、実情からかけ離れて功を焦ってはならないと強調した。[208]陳雲は一貫して実務主義・漸進主義であり、これはすべて彼の国情に対する深く全面的な理解に基づいている。

一九七九年三月、鄧小平は「中国は四つの近代化を実現しなければならず、少なくとも二つの重要な（国情の）特長は必ず考慮に入れなくてはならない。一つは、経済的基盤が弱いことである。現在の中国は依然として、世界で非常に貧しい国の一つである。二つは、人口が多く（特に農民が多い）、耕地が少ないことである。この情況は簡単に改善できるものではない。これは、中国の近代化建設において考慮すべき特徴である[209]」と指摘した。実際、これは毛沢東が、「大躍進」による失敗を経て中国の基本国情に対して行った判断であり、一九六二年一月の「七千人大会」において、これについて「中国は人口が多く、経済的基盤が弱く、経済が立ち遅れている。そのため、生産力を発展させなければならず、世界の最先進資本主義国家に追いつき追い越さなければならない。百年余りの時間がなければ、難しいだろう[210]」と、代表的な総括を行った。これが鄧小平に深い歴史的記憶として残り、彼はさらに「特に農民が多い」と「耕地が少ない」という二つのキーワードを付け加えた。彼は「このような国情の条件下」では、「長期的に奮闘することだけが、先進国の水準に追いつくことを可能にする」と考えた[211]。これがまさしく、中国経済発展の「持久戦論[212]」である。

国際的に比較してみるなら、前述の中国の国情の特徴は、長期的な制限要素となっている。これは一八七〇年前後の米国経済テイクオフの国情特性とは大きく異なる。当時の「西漸運動」によって米国の耕地面積は急激に増え、八億エーカー（一エーカーは六・〇七ムー（畝）に相当する）に達した。これは、イギリスとフランス両国を合わせた面積に相当する。**一方、中国は一九五七年以降、耕地総面積の減少傾向が続き、人口と耕地の基本的矛盾が深刻化していた。**

第二に、中国の人口の八〇%は、農民である。一九七八年九月九日、李先念は、**「農業は依然として中国の国民経済の中でも薄弱な部分であり、強化しなければならない。農業が低迷していると、すべての経済発展計画が水の泡となる危険性がある**[213]」と指摘した。一九七九年三月九日、陳雲は「中国の社会経済の特徴は、農村人口が八割を占め、人口が多く、耕地が少ないことである[214]」と言及した。鄧小平は**「現在、全国の人口は九億人で、その八〇%が農民である。これは、中国の近代化建設において考慮すべき特性である」**と考えた[215]。中国は、単に典型的な二元経済社会であるだけでなく、「二対八」のきわめて非対称的な二元経済社会であった。

当時、中国の農村では衣食の問題がまだ解決されていなかった。一九五七年以降、全国の耕地面積が減少する一方、総人口は増え続け、一人当たりの穀物生産高は一九五七年の水準に及ばなかった。一九七八年三月、鄧小平は国務院最初の会議の席で、各部の部長に対し「全国の一人当たり年平均食糧が六百数十斤（約三〇〇キログラム強。一斤は〇・五キログラム）であり、多くの人が食事すらまともにできない」と話し、「これが社会主義の優越性と言えるのか」と問いただした。[216] 五月、鄧小平は「中国の人口負担は非常に大きい」[217]と話した。一一月から一二月の中央工作会議の資料では、「一九五七年から一九七七年まで、人口は三億人増え、そのうち非農業人口の増加は四〇〇〇万だが、耕地面積は一・六億ムー（畝）減少した。そのため、単位面積生産量と食糧総生産高は伸びているものの、一九七七年の全国平均一人当たりの食糧は一九五七年よりも少なく、全国の一人当たり占有食糧は、一九七七年は五九八斤で、一九五七年は六〇三斤である」と説明されている。この資料は初めて、**全国の農村にさらに一億数千万人分の食糧が不足している**ことを明らかにした。陳雲は、「建国からまもなく三十年となるが、いまだ食糧問題を議論し、解決に至っていない。農民の造反もあり得る」と鋭く指摘した。彼は、三~五年以内に毎年食糧二千万トンを輸入し、まず農民を落ち着かせることを提案した。七億人超（農村）の人口が安定すれば、国は安定する。[218] 一九七九年四月、李先念は初めて、**一九七八年の人口平均に基づく食糧占有量が、一九五七年をほぼ上回った**ことを認めた。同年、輸入農産物は、輸入総額の五分の一を占めた。多くの地域の農民は食糧が不足しており、ある地域では食糧不足が極めて深刻であった。[219]

したがって、一〇億近い人口の食糧問題を解決することは、当時の指導者が直面した最大の難題であり、これも彼等が農村改革を「先に進める」ことを選択した直接的要因でもある。

第三に、中国は、大国でもあり小国でもある。中国の世界における地位と国としての評価をいかに認識するのか。鄧小平は国情の特性について、「国土が広いこと」と「人口が多いこと」の二点にまとめている。[220] 生産と科学水準から言えば、中国は小国と言わざるを得ない。鄧小平曰く、「いわゆる大国であると言うのは、人が多く、土地面積が広いことであり、いわゆる小国であると言うのは、中国がまだ発展途上の国であることである。貧しく、一人当たりの国民総生産は三〇〇米ドルに届かない。中国は名実相伴う小国だが、中国は名実伴う大国とも言え、国連安全保障理事会の常任理事国の一つである」[221]。彼はさらに、「中国は大国であり、より多くの役割を果たすべきだが、今の力には限りがあり、名ばかりの大国である。結局のところ、中国は発展しなければならない。**今、中国は貧しいと言うだけでは不十分であり、非常に貧しいのだ。中国自身の地位と全く釣り合っていない**[222]」と考えた。これは典型的な二重性、非対称性な特性の問題である。つまり、国際事務の上では、中国は世界大国であり、非常に大きな発言権を有しているが、発展段階の上では、中国は小国であり、実際には非常に貧しいのだ。

第四に、中国の一人当たりの所得水準は非常に低い。[223] 当時の指導者は経済指標を用いて中国の経済発展と国民の生活状況を詳細に分析していなかったが、国民生活があまり改善されておらず、生活水準も相当に低いことを認め、実事求是の立場から、生産力を発展させ、国民の生活水準を改善しようと行動した。

一九七五年四月には、党中央副主席・国務院第一副総理である鄧小平は、中国の国情の特徴を「**人口が多く、八億人を有している。一人当たりの国民所得はやはり非常に低いままである**」と言及している[224]。彼は、中国の指導者の中で初めて、一人当たりの国民所得という最も重要な経済指標を用いて、中国の国情と経済発展水準を評価した。一九七七年九月一七日、鄧小平は遼寧省瀋陽市を視察した際、「中国はあまりにも貧しく、あまりにも遅れている。正直に言うと、人民に対して申し訳ない」と慨嘆した[225]。一九七九年三月三〇日、鄧小平は「今の中国は依然として、世界でも極めて貧しい国の一つである」と指摘した[226]。四月、李先念は中央工作会議において、初めて、**国民生活は長年にわたり何も改善されていない**と認めた[227]。**一九八七年、党の十三回代表大会の報告でようやく、基本国情と発展段階について、中国の「一人当たりの国民総生産（GNP）は依然として世界の低ランクである」と、初めて定量的で正確な説明を行った**[228]。

後に、鄧小平はこう振り返った。「一九五八年から一九七八年の丸々二十年間、農民と労働者の所得はほとんど増えず、生活水準も非常に低く、生産力も大きく発展しなかった[229]。一九五八年の経済では「大躍進」が行われ、生産はとてつもなく破壊され、国民生活は非常に苦しかった。一九六六年には「文化大革命」が始まり、十年も続いたことは、大きな災難であった。一九七七年と一九七八年は、中国は行ったり来たりしている状態であった[230]。「文化大革命」によって、中国は十年遅れた。もし一九五七年に始まった「左」の過ちによって失った時間を加えたなら、二十年を失ったのだ[231]。この二十年は、世界が勢いよく発展した時期であり、これを失ったことは極めて残念なことである[232]。鄧小平は分析し、次のように結論付けた。「階級闘争を綱要とする政策から生産力の発展を中心とする政策へと転換し、閉鎖から開放へと転換し、従来の方法への固執から各方面の改革へと転換する[233]」

中国の指導者は、前述の基本国情を再認識する必要があったほか、さらに多くの最優先すべき喫緊の発展課題に直面していた。一九七九年四月、李先念は中央工作会議において、次のように指摘した。「バランスを欠いた比率がある。例えば、農業と工業の比率、軽・重工業の比率、天然資源エネルギー工業とその他工業の比率、蓄積と消費の比率である。国民経済の比率がバランスを欠いた状況は、ますます深刻化しており、多くの分野で、一九六一～一九六二年と比べてさらに深刻である。労働就業問題が非常に際立っており、全国約二千万人が就業の手配を求めている。彼等は主に、大学・中等専門学校・中等技術学校の卒業生及び都市で生活する退役軍人の一〇五万人、政策によって都市に留め置かれた高等教育を受けた知識青年三二〇万人、反右派闘争と『文化大革命』で対応を誤り、正しく配置すべき八五万人等である。今年（一九七九年を指す）八〇〇万人の就業を至急手配しなければならない。大規模な人口が就業を必要としており、これはすでに突出した社会問題の一つである。もし対応を誤ると、一触即発の事態となり、安定と団結に深刻な影響を与えるだろう。」彼は特に、「文化大革命後の中国経済は、崩壊の危機に瀕している」と指摘し、さらに「実質的には、一種の経済危機である」[234]と認めた。

李先念は、さらに詳しく計画経済体制の弊害を分析し、「段階的に改革しなければならない」と明確に言及した。彼はこの体制の弊害を「あまりに中央集権的であり、計画は融通が利かない。財政は統収統支（収入・支出のすべてを中央政府に集中させ、地方政府や国有企業には留保しないこと）、物資は統購包銷（重要な製品を国有企業が統一して購入すること）、海外貿易は統進統出（国有企業が輸出入を行うこと）である。すなわち、「吃大鍋飯（大鍋の飯を全員で食べる、つまり全員が同じ待遇を受ける）」という考えでは、経済効果を語ることはできない」と総括した。[235]これは、我々が知る中で、当時の指導者が計画経済体制に対して行った最も厳しい批判であり、最も率直な反省でもある。

中国における計画経済体制を改革する政治の力は決して「体制外」の人物からではなく、鄧小平・陳雲・李先念のような「体制内」の指導グループから来ており、彼等の一人一人が、一九五〇年代初期の計画経済体制の主要な設計者と実行者であった。また、一九五七年の第一次経済体制改革に参画し、李先念はさらに周恩来を補佐して一九七〇年に第二次経済体制改革に携わってきた。今回が、第三次経済体制改革である。しかし、前の二回と比較して、中国の計画経済体制の弊害に関する認識はさらに深まり、改革はさらに徹底された。**陳雲と李先念は鄧小平と同じく、中国改革の父と称されるべきである。彼等の政治的コンセンサスと集団意思決定は、不可逆的な経済体制改革と対外開放を招来した。**

二、中国共産党の歴史的使命

「文化大革命」が終息するとすぐ、執政党としての中国共産党は、必然的に方向転換を行った。すなわち、「天下大治」を再び執政理念とし、経済建設を中心任務とし、「四つの近代化」の実現を歴史的使命とした。[236]

初めに、華国鋒は「天下大治」の目標に言及した。一九七七年一月一日の『人民日報』・雑誌『紅旗』・『解放軍報』は元旦社説『乗勝前進（勝ちに乗じて前進する）』を発表し、華国鋒が閉幕したばかりの第二回全国「農業は大寨に学べ」会議の席で提起した「天下大治」の目標を伝えた。つまり「天下大治」の目標とは、「生き生きとした政治生活、繁栄し隆盛する経済、百花斉放・百家争鳴（自由な発展と討論）を旨とする科学文化を必ずや創出し、人民の生活が生産発展に裏付けられ、持続的に改善していく新しい局面を必ずや創出することである。[237]華国鋒の施政綱領は、毛沢東の「天下大乱」綱領とは明らかに異なり、「天下大治」の実行を目的としている。これも、毛沢東が一九六六年七月八日の『江青にあてた手紙』の中で提起した「天下大乱」から「天下大治」に到達するという考えと一致する。[238]しかし毛沢東は、最後まで実現できなかった。次のように考えることができる。「文化大革命」の終息によって、まず華国鋒がこの目標の実現を提起し、そして最も重要なことは、この目標が全党・全軍・全国民の願いに合致したことである。

次に、華国鋒は中国共産党の「歴史的使命」を重ねて表明した。同年五月、華国鋒は次のように言及している。「中国を、貧しく遅れている半植民地半封建的な弱国から、偉大な社会主義の近代化強国に変えること、これが二十世紀の中国の労働者階級と中国人民の歴史的使命である[239]」。

華国鋒と鄧小平は、中国共産党の「四つの近代化目標」を改めて言明した。党の第十一回代表大会と第五期人民代表大会第一回会議において、華国鋒は、今世紀末に農業・工業・国防・科学技術の近代化を実現するという奮闘目標を提起した。一九七八年三月一八日、鄧小平は全国科学技術大会において、「二十世紀中に、農業・工業・国防・科学技術の近代化を全面的に実現し、中国を社会主義の近代化された強国とすることが、中国人民の背負った歴史的使命である[240]」と指摘した。これは、一九六四年と一九七五年に毛沢東と周恩来が提起した壮大且つ偉大な目標である。

最後に、華国鋒と鄧小平は十一期三中全会において、「**全党工作の力と全国民の意識と努力が向かう先を、社会主義近代化建設に移行する**」、「わが党が提起する新時代のすべての任務は、歴史の求めと国民の願いを反映し、国民の根本利益を代表する」と明確化した。[241]

これは中国共産党の主流となる考えである。これは、一九五六年に党の第八回代表大会で確立した基本路線であり、二十年（一九五七～一九七六年を指す）にわたる否定と否知を経て、再び肯定され、新しい内実を賦与されたのである。これは、中国の国情と一致し、歴史の流れに順応し、党と国民の心をつかみ、中国が国家発展ライフサイクルの第二段階、すなわち経済テイクオフと急速な興隆段階に入ったことを表している。

第五節　改革の初期条件と初期選択

中国の改革開放を理解するには、我々は三十年余り前の中国を理解する必要がある。そうしてこそ我々は、**中国がどこ**

から来たのか、ようやく理解することができる。また、**改革開放当初、鄧小平等はどのような基本的判断を行ったのか、そして、どのように自主的に戦略決定を行ったのか。これらの選択と意思決定は、中国の改革プロセスにどのような影響を与えたのか、我々は理解することができる。**

一九七〇年代末、中国は、社会主義国家における経済体制改革を率先して実行し、発展途上の人口大国における対外開放を率先して実行した。これは、鄧小平を代表とする指導者が、世界発展の大きな変化局面と国内外のさまざまな課題に対して行った積極的反応であり、極めて深く広い国際的背景と発展志向の背景がある。

一九七〇年代初め、毛沢東は米中関係を打開する戦略に取り組み、それが一九七〇年代末に鄧小平が対外開放を行う上での有利な前提条件となった。この基礎の上に、鄧小平は対外開放という重要な政策決定を行い、世界経済、世界の潮流と中国の同期が始まった。

中国の改革初期には、多くの有利な条件があった。しかし、多くの不利な条件もあった。例えば、「一人当たりの所得が極めて低く、依然として世界で最も貧しい国の一つであること」、「貧困人口と低所得人口が総人口の約半分を占めていること」、「都市と農村の分離と対立により、都市人口の割合が低く、農村人口が膨大となっていること」、「従来の計画経済体制の効率が低下し、すでに危機に瀕しており、経済体制改革が望まれていること」、「農業が危機に直面し、衣食問題を早急に解決する必要があること」、「経済危機に直面し、経済調整を余儀なくされ、危機からの脱出を目的としていること」などの条件である。

中国の一九八〇年代の経済体制改革と一九九〇年の経済体制転換は、改革初期の経済発展水準の制約を大きく受けていた。同時にその制約が、中国指導者の選択した改革戦略の狙いを決定づけた。その狙いは、経済発展を促進するための農業自由化にあったが、しかし全面的に自由化することにはなく、非国有化にあったが、しかし全面的に私有化することにはなく、経済の自由化にあったが、しかし政治の自由化にはなく、政治的方向性として社会主義を維持することにあったが、しかし資本主義化することにはなかった。つまり、公有制経済、とりわけ国有経済を解体もしくは破壊することではなく、それを堅く保持しながら、改革によってそれらの経済効果と競争力を向上させることに、その狙いがあった。同時に、非公有経済を大きく発展させ、外資経済の導入を積極的に行うことを目的としていた。中国の指導者と人民は、文化大革命の悲惨な教訓を深刻に汲み取り、理性的かつ漸進的な社会変革方式を選択した。

中国の改革は、危機型改革に属している。つまり、改革は深刻な危機に端を発している。内部からの危機とは、「文化大革命」がもたらした政治的危機・経済的危機・社会的危機である。外部からの危機は、例えば国際圧力・国際競争・国際的課題等であり、改革は危機に対応し、危機を脱し、危機を解決するためであった。改革は危機の契機となる。鄧小平は危機を利用して改革を発動し、改革を推進した。中国の改革は経済調整に始まったが、経済調整は指導者の経済危機に対する政策反応であり、経済政策の調整が経済体制の改革を引き起こした。調整がまずありき、改革はその後になったと言える。

中国の改革は、挑戦型改革に属している。つまり、改革は内外からのさまざまな挑戦に起因し、改革はこれらの挑戦に対する積極的な反応であった。鄧小平は、対外開放によって、外部からの挑戦に反応し、対内改革によって内部の挑戦にも反応した。

中国の改革は、体制内型改革に属する。つまり、改革の発動は主に体制内の指導者が「自ら発動」し、「自ら改革」したものであり、原体制の枠組みにおける改革であった。一方、「文化大革命」は体制外の改革に属し、毛沢東は体制内の指導者であったが、彼は党政官僚機関を素通りし、体制外の力（例えば紅衛兵と造反派）を利用し、「大民主（いわゆる大鳴、大放、大字報、大弁論）」、全面奪権、そして「推倒重来（転覆させ再生する）」を展開し、古い国家システムを破壊した。そして党の指導小組を設立して、党規約に基づく各級の党委員会に取って代え、「三結合（革命的大衆・革命的幹部・人民解放軍）」の革命委員会を設立して憲法に基づく各級の人民政府に取って代わった。まさに、「文化大革命」による政治的内乱と社会的動乱の歴史的教訓があったからこそ、中国は体制内改革を選択し、執政党つまり中国共産党の指導の下、目的を持ち、段階を踏んで、秩序ある改革を実行した。ソ連と東欧諸国のように、体制外改革を選択し、共産党の弱体化さらに共産党の解体、共産党指導の転覆へと進展し、政権を更迭し、国家を解体し、経済を後退させて、人民に大きな代償を払わせるようなことは、決してしなかった。こうして、二つの異なる改革の方向・方式・プロセスがあり、明らかに異なる二つの改革結果が生まれた。

要するに、中国の指導者、とりわけ鄧小平の改革の初期選択は、決して恣意的・盲目的・主観的・急進主義的ではなく、理性的・自覚的・実務的であり、また、冒険主義ではなく、漸進主義であった。彼等が提起した最も核心となる思想は、中国の国情から出発し、中国式の近代化を行うという思考の基本的な筋道にある。また、彼等の初期段階での選択は、やはり「中国の道」であり、ソ連の道への回帰、西側の道への転換ではなかった。たとえこの改革プロセスにさまざまな思想や論争が充満していたとしても、それは、自覚的であるのかあるいは無自覚であるのか、毅然として確固不動たるのか動揺しているのか、主導的であるのか受動的であるのか、そのような歴史的選択のプロセスであった。一九八二年、鄧小平は党の第十二回代表大会開幕式において、より自覚的、より主導的に「中国の道」を命題として提起した[242]。当時彼は、この命題に対する詳細な答えとロードマップを持っていなかった。しかし中国の改革が改革そのものの歴史の論理と学習メカニズムをたどり、一歩一歩模索し、中国の特色ある社会主義近代化の道を徐々に開いていけば、中国の道が鄧小平時代の主題となり、そして後の世代によって継承され、革新されていくのである。

注

1　鄒讜『中国革命再闡釈』中国語版、一～二頁、香港、オックスフォード大学出版社、二〇〇二。

2　鄧小平「思想を解放し、現実を見据えて正しく行動し（実事求是）、一致団結して将来に目を向けよう」（一九七八年一二月一三日）、『鄧小平文選』第二巻、一四二頁、北京、人民出版社、一九九四。

3　鄧小平「思想を解放し、現実を見据えて正しく行動し（実事求是）、一致団結して将来に目を向けよう」（一九七八年一二月一三日）、『鄧小平文選』第二巻、一五〇頁、北京、人民出版社、一九九四。

4　鄧小平「武昌・深圳・珠海・上海等における談話骨子」（一九九二年一月一八日～二月二一日）、『鄧小平文選』第三巻、三七〇頁、北京、人民出版社、一九九三。

5　「中国人民政治協商会議共同綱領」、一九四九年九月二九日の中国人民政治協商会議第一回全体会議で採択。中共中央文献研究室編『建国以来重要文献選編』第一冊、一～三頁、北京、中央文献出版社、一九九二。

6　顧龍生主編『中国共産党経済思想発展史』、四〇〇頁、太原、山西経済出版社、一九九六。

7　アンガス・マディソン『世界経済二百年回顧』中国語版、一四二頁、北京、改革出版社、一九九七。

8　毛沢東は「〝学〟は基本理論を指し、これは中国も外国も同じであり、中国か西洋かを区別するべきではない」と指摘した。さらに彼は「文化的に、外国の文物をすべて排斥したり、全面的に吸収したりすることは、どちらも誤りである。外国の長所に学び、中国（の文化）を整頓し、中国独自の文物、独特な民族の風格ある文物（新文化）を創造すべきである」と考えた。毛沢東「音楽工作者との談話」（一九五六年八月二四日）、『毛沢東文集』、八二～八三頁、北京、人民出版社、一九九九。

9　毛沢東は「自力更生を主とし、外国からの支援を従とする。盲信を排除し、独立自主を以って工業と農業に取り組み、技術革命と文化革命に取り組む。**そうして、奴隷思想を打倒し、教条主義を葬り、外国の良好な経験を真剣に学び、外国の粗悪な経験も研究して戒めとする。**これが我々の路線である」と指摘している。毛沢東「軍事委員会会議に向けて発布された李富春の第二次五カ年計画要点報告に関する評語」（一九五八年六月一七日）、中共中央文献研究室編『建国以来毛沢東文稿』第七冊、二七三頁、中央文献出版社、一九九三。

10　許全興『毛沢東晩年的理論与実践（一九五六－一九六六）』、三七頁、北京、中国大百科全書出版社、一九九五。

11　鄧小平「結束し、未来を切り開く」（一九八九年五月一六日）、『鄧小平文選』第三巻、二九一頁、二九四～二九五頁、北京、人民出版社、一九九三を参照。

12　Angus Maddison, 1995. Monitoring the World Economy 1820-1992, Paris: OECD.

13　貿易潜在力指数＝各国の輸出が世界総輸出に占める割合／各国GDPが世界GDPに占める割合。これは、各国が国際市場に参入している程度と国際競争力の強弱を反映している。筆者の推定では、一九七三年中国の貿易潜在力指数はわずか〇・一〇である。胡鞍鋼監修『全球化挑戦中国』、五九頁、北京、北京大学出版社、二〇〇二。

14　筆者の推定では、二〇〇五年の中国の貿易潜在力指数は〇・五四であり、一九七三年と比べて〇・四四向上した。

15　ニュージーランド・カンタベリー大学の歴史学教授アッズヘッド（Adshead）は、毛沢東が他界した時、中国は依然として二つの世界の間にあり、一つは中国自身―新長城に守られた世界、もう一つは外部の世界である、と考えている。S・A・M・アッズヘッド『世界歴史中的中国』中国語版、三九四頁、上海、上海人民出版社、二〇〇九。

16　鄧小平「社会主義も市場経済を行うことができる」（一九七九年一一月二六日）、『鄧小平文選』第二巻、二三二頁、北京人民出版社、一九九四を参照。

17　董志凱『躋身国際市場的艱辛起歩』、四一～四五頁、北京、経済管理出版社、一九九三。

18　胡耀邦「対外経済関係の問題について」（一九八二年一月一四日）、中共中央文献研究室編『三中全会以来重要文献選編』（下）、一一一二頁、北京、人民出版社、一九八二。

19　銭其琛「毛沢東が創始した新中国外交と国際戦略思想――一九九三年一二月二六日　毛沢東の生涯と思想の研究討論会開会式の講話」。

20　金衝及『二十世紀中国史綱』第三巻、一〇六五頁、北京、社会科学文献出版社、二〇〇九。

21　ヘンリー・キッシンジャー『論中国』中国語版、二一〇～二一二頁、北京、中信出版社、二〇一二。

22　当時、最も差し迫って答えを出すべき問題が三つあった。一つは、中・米と中・ソ間で戦争が起きるか、起きないか、ということ。二つは、ソ連と米国のどちらが中国の安全保障に対してより大きな脅威であるか、ということ。三つは、これらの局面を打開する新しい考え方はないか、ということである。このため毛沢東は、陳毅が指揮をとり、徐向前・聶栄臻・葉剣英の参加の下、国際問題の報告（「戦争情勢に対する初期予測」（一九六九年七月）、「当面の情勢に対する見解」（一九六九年九月）を提出することを、提議した。陳毅等は、中・米・ソの〝三極〟関係において、中・ソの矛盾が中・米の矛盾よりも大きく、米・ソの矛盾が中・ソの矛盾よりも大きいと考えていた。また、米・ソ両国が焦って中国を外交カードとして利用しようとする状況で、中国は戦略上、主導権を握っていると考えた。逢先知・金衝及監修『毛沢東伝（一九四九－一九七六）』、一六二四～一六二五頁、北京、中央文献出版社、二〇〇三を参照。

23　胡縄等はこう考える。「米国ができるだけ早く、ベトナム戦争での敗北による影響を取り除いて世界覇権の地位を挽回し、ソ連の挑戦に対処するためには、中国との関係を改善する必要があった。中ソ関係が深刻化すれば、この構想が現実となる可能性があった。中国の立場からすると、ソ連が北部国境に集結させた強力な軍隊による中国の安全保障に対する直接かつ重大な脅威に対処することに重点を置き、台湾問題を解決して民族統一の大業を成し遂げ、国際的な往来を回復、拡大し、積極的に国際事案に参与するためには、米国との和解を実現すべきでもあった。」胡縄監修『中国共産党的七十年』、四九六～四九七頁、北京、中共党校出版社、一九九一。

24　バーノン・A・ウォルターズ著、憂鍔等訳『秘密使命』中国語版、北京、世界知識出版社、一九八〇年版、一八〇頁。リー・ゴン『鄧小平与美国』、三二頁、北京、中共党史出版社、二〇〇四から引用。

25　『人民日報』、一九六九年一月二八日。

26　詳細は以下を参照。Richard M. Nixon, First Annual Report to the Congress on U.S. Foreign Policy for the 1970's, February 18, 1970, Public Papers of the Presidents, Richard Nixon, 1970, February 18. リー・ゴン『鄧小平与美国』、三一頁、北京、中共党史出版社、二〇〇四から引用。

27　毛沢東は『人民日報』と『紅旗』の雑誌評論家が書いた文章で「このまま発送してよい。ニクソンの演説も雑誌を見るべきである」と指示を与えた。　リー・ゴン『鄧小平与美国』、三二頁、北京、中共党史出版社、二〇〇四から引用。

28　ニクソン「尼克松回顧録」中冊、二二九頁、北京、商務出版社、一九七九。

29　銭其琛「毛沢東が創始した新中国外交と国際戦略思想―一九九三年一二月二六日　毛沢東の生涯と思想の研究討論会開会式の講話」、『外交十記』、北京、世界知識出版社、二〇〇三。

30　金衝及『二十世紀中国史綱』第三巻、一〇七〇頁、北京、社会科学文献出版社、二〇〇八。

31　「得道多助 失道寡助（道義にかなえば助けが多く、道義に背けば助けが得られない）」は、『孟子・公孫丑章句下』の「得道者多助，失道者寡助。寡助之至，親戚畔之；多助之至，天下順之（道義にかなう者は助けが多く、道義に背く者は助けが得られない。助けが得られなければ、親族も背く。助けが多ければ、天下が帰順する）」（岩波文庫）による。一九七〇年五月二〇日午後、首都の各界の群衆五〇万人が天安門広場で盛大な集会を開き、世界の人民の米国の帝国主義に反対する闘争を支持した。毛沢東、林彪、周恩来等中央の指導者が出席し、シアヌーク国王とその夫人が大会に招かれた。林彪は、毛沢東の声明「全世界の人民が団結し、侵略者米国とその他一切の走狗を打ち負かそう」（喬冠華が起草し、毛沢東が自らチェックし定稿とした）を読み上げた。声明では「**道義にかなえば助けが多く、道義に背けば助けが得られない**」ということを無数の事実が証明している。弱国は強国に勝利でき、小国は大国に勝利することができる。小国の人民が勇気を以って闘い、武器を手に取り、自国の運命を背負いさえすれば、大国の侵略に打ち勝つことができる。これは、法則である」と指摘している。

32　毛沢東はニクソンにこう話した。「我々の仕事にも官僚主義はある。あなた方が人の往来等のことや小さなビジネスをやろうとしたが、我々は決して承知しなかった。十数年間、大きな問題を解決しようとせず、また小さな問題も解決しようとしなかった。その中に私も含まれている。後になって、やはりあなた方が正しいことが分かり、だからピンポン外交をやった」。さらに、毛沢東は最後に、ニクソンに伝えた。「私は数日前に亡くなったスノー記者と話したことがある。我々は会談が成功しても、失敗してもよい。そこまで堅苦しくする必要はないだろう」。「毛沢東とニクソンとの会見記録」（一九七二年二月二一日）、逢先知・金衝及主編『毛沢東伝（一九四九－一九七六）』一六三八頁、北京、中央文献出版社、二〇〇三。

33　「毛沢東と周恩来、姫鵬飛等の談話」（一九七二年七月二四日）、リー・ゴン『鄧小平与美国』、二四頁、北京、中共党史出版社、二〇〇四。

34　陶文釗『中米関係史（一九四九－一九七二年）』、五五九頁、上海、上海人民出版社、一九九九。

35　銭其琛「毛沢東が創始した新中国外交と国際戦略思想―一九九三年一二月二六日　毛沢東の生涯と思想の研究討論会開会式の講話」、『外交十記』、北京、世界知識出版社、二〇〇三。

36　林克・徐涛・呉旭君『歴史的真実』、二五五頁、北京、中央文献出版社、一九九八。

37　費正清『中国：伝統与変遷』中国語版、六三七頁、北京、世界知識出版社、二〇〇二。

38　逢先知・金衝及監修『毛沢東伝（一九四九－一九七六）』一六二二頁、北京、中央文献出版社、二〇〇三。

39　国家統計局国民経済総合統計司編『新中国五十年統計資料匯編』、六〇頁、北京、中国統計出版社、一九九九。

40　李先念「対外貿易の然るべき発展」（一九七三年一月四日）、『李先念文選（一九三五－一九八八）』、三〇二～三〇三頁、北京、人民出版社、一九八九を参照。

41　陳雲は、「過去、我々の対外貿易は七五%がソ連と東欧諸国向けであり、二五%が資本主義国家に対するものであった。現在、七五%が資本主義国家向けで、二五%がソ連向けに変わった」、「この流れは、定まっただろうか。私は定まったと見ている。そのため、我々は資本主義についてより研究しなければならない」、「資本主義を研究しなければ、我々は損をするだろう。資本主義を研究しなければ、世界市場で我々が占めるべき場所が占領されるだろう」と言及した。陳雲「現代の資本主義を研究しなければならない」、一九七三年六月七日、『陳雲文選』第三巻、二一七～二一八頁、北京、人民出版社、一九九五。

42　陳雲「現代の資本主義を研究しなければならない」、一九七三年六月七日、『陳雲文選』第三巻、二一九～二二〇頁、北京、人民出版社、一九九五。

43　朱佳木は「これらすべては、対外開放の合図と見なすことができ、鄧小平が復帰後に提起した一連の対外開放の考えと、主旨は同じである」と評価した。朱佳木「改革開放初期的陳雲与鄧小平」、当代中国史研究、二〇一〇年六月一九日。http://www.iccs.cn/contents/602/9978_4.html

44　一九七四年九月末、中国が設計・製造した大型貨物船の風慶号が、欧州への航行から上海へ戻った。江青らは、事件をでっち上げ、事実を歪曲し、国務院と交通部が国内での造船を支援しない、それは「外国かぶれ」、「外国に投降する売国奴」であると中傷し、矛先を周恩来に向けた。同年一〇月、江青らは中共中央政治局会議で再び「風慶号問題」を取り上げたが、その場で鄧小平による制止と反駁にあった。

45　中央文献研究室編『鄧小平年譜（一九七五－一九七九年）』上巻、三〇～三一頁、北京、中央文献出版社、二〇〇四。

46　鄧小平「工業発展に関するいくつかの意見」（一九七五年八月一八日）、『鄧小平文選』第二巻、二九頁、北京、人民出版社、一九九四。

47　鄧小平「工業発展に関するいくつかの意見」（一九七五年八月一八日）、『鄧小平文選』第二巻、二九頁、北京、人民出版社、一九九四。

48　リー・ゴン『鄧小平与美国』、二三頁、北京、中共党史出版社、二〇〇四。

49　金衝及『二十世紀中国史綱』第三巻、一〇七二～一〇七三頁、北京、社会科学文献出版社、二〇〇九。

50　周恩来総理も鍵となる役割を果たした。

51　一九七九年三月、鄧小平は「毛沢東同志は晩年、三つの世界論の戦略思想を提起し、自ら中・米関係と中・日関係の新たな段階を切り開いた。これにより、世界の反覇権主義闘争と世界政治の前途に新たな発展条件を創り上げた。我々が現在の国際情勢の中で四つの近代化建設に着手できるのは、毛沢東同志の功績であることを忘れてはならない」と言及した。鄧小平「四つの基本原則の堅持」（一九七九年三月三〇日）、『鄧小平文選』第二巻、一七二頁、北京、人民出版社、一九九四を参照。

52　毛沢東「インド首相ネルーとの四度にわたる会談」（一九五四年一〇月）、『毛沢東文集』第六巻、三六五頁、北京、人民出版社、一九九九。

53　毛沢東「経済建設は科学であり、誠実に学ばなくてはならない」（一九五九年六月一一日）、『毛沢東文集』第八巻、七三頁、北京、人民出版社、一九九九を参照。

54　毛沢東「比較的長い平和を勝ち取ることは可能である」（一九五九年一〇月一八日）、『毛沢東文集』第八巻、九二頁、北京、人民出版社、一九九九。

55　このため、党中央の指示に従い、一九七四年九月に人民出版社は、『列寧関于帝国主義和無産階級革命時代的幾篇文章』を専門に出版した。全七五ページ、全党、全国に学習するよう求めた。

56　周恩来は毛沢東に代わって次のように報告している。「**現在の国際情勢の特徴は、天下大乱である**」。そして「山雨欲来風満楼：唐許渾（山雨来たらんと欲して風楼に満つ。すなわち重大事発生前の前兆と緊張があたりに満ちている）」。これはまさにレーニンがかつて分析した世界のさまざまな基本的矛盾の今日的表現である。緊張緩和は一時的、表面的な現象であり、大乱はこの先も続いていく。**このような大乱は、人民にとって良いことであり、悪いことではない。大乱の情勢が敵を混乱させ、分裂させ、人民を呼び覚まし、鍛錬する。**また、国際情勢を、人民に有益、だが帝国主義・現代修正主義・各国の反動派に不利な方向に促し、発展させる。周恩来「中国共産党第十回全国代表大会における報告」（一九七三年八月二四日報告）、八月二八日批准。『人民日報』、一九七三年八月三一日。

57　一九七四年四月一〇日、鄧小平は国連総会第六回特別会議において、「国際関係は激しく変化しており、世界は揺れ動き、不安定である」と述べた。このような状況を中国語で（毛沢東の言葉を指す）、「天下大乱」と言う。しかし鄧小平は、「天下大乱」は良いことであるとは、重ねて言明しなかった。中共中央文献研究室編『鄧小平年譜（一九〇四－一九七四）』（下）、二〇一一〜二〇一二頁、北京、中央文献出版社、二〇〇九。

58　周恩来は、毛沢東の一九七〇年五月二〇日の見解、つまり「新たな世界大戦の危険は依然として存在しており、各国の人民は準備しておかなければならない。しかし、現在の世界の主要な傾向は、革命である」と重ねて言明した。周恩来「中国共産党第十回全国代表大会における報告」一九七三年八月二四日報告）、八月二八日批准。『人民日報』、一九七三年八月三一日。

59　鄧小平は、毛沢東に第四回全国人民代表大会の「政府工作報告」を報告する際、「工業（総生産額）は一〇年で（一九七五〜一九八五年を指す）二・九倍に増加し、毎年一一％余り逓増している。この数字は悪くはない」と話した。対外合作と貿易に話が及び、鄧小平はこう述べた。「もちろん、我々は何もせずとも、発展できる。しかし、そのスピードは少し遅い。**現在、地球上のどの国も、国際舞台から逸脱することはできず、どの国も良い点を取り入れ、悪い点をを補っている。**それには米国も含まれる。この先、国際的環境が五年の猶予を与えてくれるだろうが、大事なことは、米国があえて戦おうとせず、地ならしがうまくいけば、ソ連に集中することになるだろう。**我々は、この五年という時間を利用しなければならず、無駄にできない。**結局のところ、主席が述べたように、安定的団結が必要だということである。**建設するにも不安定ではいけない。**肝心な点は、安定的で威信ある省委が、指示を出すことができ、みなが聞くことである。当然指示が正しくなければならない。このように大きな国がみな中央頼みではいけない。今、下の方で議論しており、みな不安で、騒がしく感じている。例えば、極めて大勢の科学技術者は何もしておらず、大衆も工作を求めていないのではなく、方法がないのである。サボタージュは珍しくなく、少数ではない。相当な数である。しかし、これは労働者大衆が現状に満足していることではない。おそらく、革命と生産をどのように位置づけるかの問題である。不安定では、生産を行うことができない。私はそう考えている。主席は、八年が経ったと言う。これには、省委の威信確立をどのように支援するかにも関係している。毛沢東は、あなたの考えは良い、と言った」。「毛沢東と鄧小平の談話記録」（一九七四年一二月一七日）。逢先知・金衝及監修『毛沢東伝（一九四九－一九七六）』下巻、一七〇九－一七一〇頁、北京、中央文献出版社、二〇〇三から再引用。

60　一九七七年九月一四日、鄧小平は日本の新自由クラブ訪中団との会見時、こう言及した。「国際情勢の変化は大きく、古い概念や古い公式の多くが、すでに現実を反映できず、過去の古い戦略法則も現実に合わなくなっている。我々は再び、平和な環境を必要とし、少なくとも二十三年間戦争がないことを願っている。二十三年とは二十世紀末である。その時、我々は先進レベルに到達するつもりである。追い越すとは言わない。少なくとも世界のその時のレベルに追いつき、近づくのだ。世界は前進している。特に、科学技術分野は、とてつもない勢いで発展している。その時、我々は個々の分野で世界の先進レベルを追い越しているかもしれない。いや、少なくとも近づいている可能性がより高い。そのため、我々には、平和な環境が必要なのだ」。中共中央文献研究室編『鄧小平年譜（一九七五－一九九七）』（上）、二〇〇～二〇一頁、北京、中央文献出版社、二〇〇四を参照。

61　朱良「中国の対外政策の新時代における胡耀邦の調整についての試論」、二〇一〇年一一月二〇日。

62　鄧小平「中央軍事委員会全体会議における講話」（一九七七年一二月二八日）、『鄧小平文選』第三巻、七七頁、北京、人民出版社、一九九三。

63　中共中央党史研究室第三研究部『中国改革開放三〇年』、一二七頁、瀋陽、遼寧人民出版社、二〇〇八。

64　中共中央文献研究室『鄧小平年譜（一九七五－一九九七）』（上）、二八七頁、北京、中央文献出版社、二〇〇四。

65　中共中央文献研究室『鄧小平年譜（一九七五－一九九七）』（上）、三五二頁、北京、中央文献出版社、二〇〇四。

66　一九八〇年四月一五日、鄧小平は世界銀行総裁ロバート・マクナマラとの会見時、「**二〇年間にわたる平和環境の実現を図ることは可能である。中国について言うと、我々は一貫して、中国自身の利益という観点から問題を検討したことはなく、世界戦略から問題を提起し、問題を検討している**」と話した。中共中央文献研究室編『鄧小平年譜（一九七五－一九九七）』（上）、六二一頁、北京、中央文献出版社、二〇〇四。一九八二年八月二一日、鄧小平は国際連合事務総長ハビエル・ペレス・デ・クエヤルとの会見時、「**中国は平和を最も望んでおり、少なくとも二〇年（一九八〇～二〇〇〇年を指す）戦争がないことを願っている。我々は少なくとも五〇年（一九八〇～二〇三〇年を指す）から七〇年（一九八〇～二〇五〇年）、平和であることを願っている**」と話した。鄧小平「中国の対外政策」（一九八二年八月二一日）、『鄧小平文選』第二巻、四一六～四一七頁、北京、人民出版社、一九九四を参照。

67　鄧小平は「我々は四つの近代化を実現しようとしており、多くの条件がそろっている。毛沢東同志の生前（建国から一九七六年を指す）にはなく、現在はある。その時には条件がそろっておらず、我々は封鎖されていた。数年間、努力して、今日のような、過去に比べて非常に良好な国際的条件がそろった。おかげで、我々は世界の先進技術と経営管理の経験を学ぶことができ、彼等の資金を受け入れることができる」と考えた。鄧小平「毛沢東思想の旗を高く掲げ、実事求是の原則を堅持する」（一九七八年九月一六日）、『鄧小平文選』第二巻、一二七～一二八頁、北京、人民出版社、一九九四を参照。

68　詳細な分析は、胡鞍鋼『中国政治経済史論（一九四九－一九七六）』（北京、清華大学出版社、二〇〇七）、「第七章―毛沢東時代の歴史的評価」を参照。

69　毛沢東が指摘している。「レーニンは、何故ブルジョア階級に対する独裁を説いたのか。この問題をはっきりさせなければ、修正主義に変化する。我が国が、現在実行しているのは貨幣を媒介とする商品制度であるが、賃金が八段階に分けられるなど、賃金制度が不平等でもある。これは、プロレタリア階級独裁下で規制するほかない。レーニンは次のように言っている。『小生産が、常に、日常的に、自然発生的にかつ大量に、資本主義とブルジョア階級を産み出している』。一部の労働者階級、一部の党員の中にもこのような状況が起きている。プロレタリア階級、役人すべてにおいてブルジョア階級的生活の作風が生じている。だから、林彪のような輩が表舞台に上がり、資本主義制度をやったとしたら、それは非常に簡単である」。一九七五年二月二二日、『人民日報』より再引用。

70　『中国共産党章程』（一九七三年八月二八日、中国共産党第十回全国代表大会批准）

71　アンガス・マディソン『世界経済二百年回顧』中国語版、三三頁。北京、改革出版社、一九九七。

72　アンガス・マディソン『世界経済千年史』中国語版、三〇二頁。北京、北京大学出版社、二〇〇四。

73 薛琦監修『台湾対外貿易発展論文集』、三九頁。台北、聯経出版事業公司、一九九四。

74 『中国貿易物価統計資料（一九五二－一九八三）』、四八九頁。北京、中国統計出版社、一九八四。

75 鄧小平「中国、今世紀の目標は小康社会の実現」（一九七九年一二月六日）、『鄧小平文選』第二巻、二三八頁。北京、人民出版社、一九九四。

76 中共中央文献研究室編『鄧小平年譜（一九七五－一九九七）』（上）、一五八頁。北京、中央文献出版社、二〇〇四。

77 鄧小平「知識を尊重し、人材を尊重する」（一九七七年五月二四日）、『鄧小平文選』第二版、第二巻、四〇頁。北京、人民出版社、一九九四。

78 中央文献研究室編『鄧小平思想年譜』、四三頁。北京、中央文献出版社、一九九八。

79 鄧小平「全国科学大会開幕式における講話」、一九七八年三月一八日。『鄧小平文選』第二巻、九〇～九一頁。北京、人民出版社、一九九四、第二版。

80 中共中央文献研究室編『鄧小平年譜（一九七五－一九九七）』（上）、三一六頁。北京、中央文献出版社、二〇〇四。

81 中共中央文献研究室編『建国以来毛沢東文稿』第十一冊、二八七頁注釈。北京、中央文献出版社、一九九六。

82 中共中央文献研究室編『建国以来毛沢東文稿』第十一冊、二九〇～二九一頁。北京、中央文献出版社、一九九六。

83 鄧小平「中国共産党第十二回全国代表大会開幕の辞」（一九八二年九月一日）。『鄧小平文選』第三巻、二～三頁。北京、人民出版社、一九九三を参照。

84 李嵐清「谷牧同志の国境開放の歳月」、『光明日報』二〇一四年一〇月八日。

85 当該代表団は、社会主義制度と市場経済との親和性を主に視察した。李一氓が中国共産党代表団団長、于光遠と喬石が副団長。

86 于光遠『大転折：十一届三中全会的台前幕后』、五四～五五頁。北京、中央編譯出版社、二〇〇八。

87 肖冬連「一九七八－一九八四年中国経済体制改革構想の進展—決裁と実施」、『当代中国歴史研究』、五九～七〇頁。二〇〇四（五）

88 呉敬璉『当代中国経済改革』、二八～三二頁。上海、上海遠東出版社、二〇〇三を参照。

89 一九七八年四月末、鄧小平は、国務院副総理谷牧、水利電力部長銭正英、国家基本建設委員会副主任彭敏等のフランス、スイス、ベルギー、デンマーク、ドイツ連邦共和国訪問に先立って、その準備工作情況の報告を聴取した。中共中央文献研究室編『鄧小平年譜（一九七五－一九九七）』（上）、三〇五頁。北京、中央文献出版社、二〇〇四。

90 一九七四年四月六日、鄧小平は中国政府代表団を率いて北京を出発した。翌七日、ニューヨークに到着、国連総会の特別会議に出席し、一六日にニューヨークを離れ、途中パリに滞在し、四月一九日北京に戻った。中共中央文献研究室編『鄧小平年譜（一九〇四－一九七四）』（下）、二〇一〇～二〇一五頁。北京、中央文献出版社、二〇〇九。

91 アンガス・マディソン『世界経済二百年』中国語版。北京、新華出版社、一九九九。

92 一九七四年五月一九日、鄧小平は来華したキプロス大統領マカリオス三世と会談した。中共中央文献研究室編『鄧小平年譜（一九〇四－一九七四）』（下）、二〇二二頁。北京、中央文献出版社、二〇〇九。

93 李嵐清「谷牧同志の国境開放の歳月」、『光明日報』二〇一四年一〇月八日。

94 中共中央文献研究室編『鄧小平年譜（一九七五－一九九七）』（上）、三三五頁。北京、中央文献出版社、二〇〇四。

95 李嵐清「谷牧同志の国境開放の歳月」、『光明日報』二〇一四年一〇月八日。

96 一九七八年九月一二日、鄧小平は朝鮮を訪問し金日成との会談で次のように述べている。最近、我々の同志が外国の視察に出かけたが、我々の後進性を痛感して帰ってきた。何を近代化というのか。一九五〇年代と同じだ。六〇年代は違う、七〇年代はもっと違う。中共中央文献研究室編『鄧小平年譜（一九七五－一九九七）』（上）、三七〇頁。北京、中央文献出版社、二〇〇四。

97　谷牧『谷牧回顧録』、三〇七頁。北京、中央文献出版社、二〇〇九。

98　李嵐清「谷牧同志の国境開放の歳月」、『光明日報』二〇一四年一〇月八日。

99　李嵐清「谷牧同志の国境開放の歳月」、『光明日報』二〇一四年一〇月八日。

100　谷牧『谷牧回顧録』、三〇七頁。北京、中央文献出版社、二〇〇九。

101　李嵐清「谷牧同志の国境開放の歳月」、『光明日報』二〇一四年一〇月八日。

102　『李先念伝』編纂組『李先念伝（一九四九－一九九二）』（下）、一〇六八頁、一〇七〇頁。北京、中央文献出版社、二〇〇九。

103　鄧小平が次のように述べている。「日本人は、明治維新以降、科学技術、教育に重点を置き、力を注いだ。明治維新は新興ブルジョア階級による近代化である。プロレタリア階級である我々は、当然、もっとうまくやることができるはずだ」。鄧小平「知識を尊重し、人材を尊重する」、一九七七年五月二四日。『鄧小平文選』第二版、第二巻、四〇頁。北京、人民出版社、一九九四。

104　中共中央文献研究室編『鄧小平年譜（一九七五－一九九七）』（上）、三一八頁。北京、中央文献出版社、二〇〇四。

105　鄧小平が語っている。「現在、東方に四頭の『小さな虎』がいる。その虎は、韓国、台湾、香港、シンガポールである。それらの国の経済発展、対外貿易の成長は非常に速い。彼等の経済があのように速く発展できたのだから、我々ができないことはあるまい。我々の頭の中はまだ古いままのようだ。現在の問題を研究せず、現在の実際から問題を捉えて解決しようとしない」。中共中央文献研究室編『鄧小平年譜（一九七五－一九九七）』（上）、三三〇頁。北京、中央文献出版社、二〇〇四。

106　中共中央文献研究室編『鄧小平年譜（一九七五－一九九七）』（上）、一五八頁。北京、中央文献出版社、二〇〇四。

107　鄧小平「全国科学大会開幕式における講話」（一九七八年三月一八日）。『鄧小平文選』第二巻、九〇～九一頁。北京、人民出版社、一九九四。

108　李先念「技術導入工作の重視と改善」（一九七八年二月九日）。『李先念文選（一九三五－一九八八）』三一五～三一六頁。北京、人民出版社、一九八九。

109　中共中央文献研究室編『鄧小平年譜（一九七五－一九九七）』（上）、三二九頁。北京、中央文献出版社、二〇〇四。

110　鄧小平「毛沢東思想の旗を高く掲げ、実事求是の原則を堅持しよう」（一九七八年九月一六日）。『鄧小平文選』第二巻、一二七頁。北京、人民出版社、一九九四。

111　鄧小平「開放政策を実行し、世界の先進科学技術を学習しよう」（一九七八年一〇月一〇日）。『鄧小平文選』第二巻、一三二～一三三頁。北京、人民出版社、一九九四。

112　『中華人民共和国史』四〇六頁。北京、人民出版社、二〇〇九。

113　一九五七年一一月一九日、旧ソ連のモスクワで採択された『社会主義国の共産党・労働者党会議の宣言』（『モスクワ宣言』とも言う）に次のようにある。ソ連とその他の社会主義国家は社会主義革命と社会主義建設の経験を検討し、社会主義の道を歩む国家に普遍的に適用する九カ条の共通原則を提起した。すなわち、マルクス・レーニン主義政党を核心とする労働者階級が、勤労大衆を指導し、各国の多様な条件に応じてプロレタリア革命を推進し、各国の多様な条件に応じたプロレタリア独裁を確立する・労働者階級と農民をはじめとする一般大衆及びその他の勤労階層との連盟を確立する・基本生産資料の資本主義的所有制を廃棄し、基本生産資料の公有制を確立する・農業的社会主義の改造を段階的に実現する・国民経済を計画的に発展させ、社会主義と共産主義の樹立をめざし、勤労大衆の生活水準を向上させる・思想文化領域の社会主義革命を推進し、労働者階級、勤労大衆と社会主義事業に忠実な知識分子の隊列を造り上げる。民族に対する圧迫をなくし、各民族間の平等と兄弟的友誼関係を確立する・社会主義の成果を守り、国内外の敵の侵犯を排除する・プロレタリア階級の国際主義を実行し、各国労働者階級と一意団結する。『毛沢東文集』第七巻、三九六～三九七頁、注釈の⑫。北京、人民出版社、一九九九。

114 毛沢東は、駐中国ソ連大使Pavel IUdin と会談した際、次のように話している。「ソ連の経験を学ばなければならない。普遍的真理を遵守しなければならない、普遍的真理とは『モスクワ宣言』に記された九カ条である」。毛沢東「駐中国ソ連大使Pavel IUdin との談話」。『毛沢東文集』第七巻、三八七頁。北京、人民出版社、一九九九。

115 逢先知・金衝及主編『毛沢東伝（一九四九－一九七六）』上巻、七四三頁。北京、中央文献出版社、二〇〇三。

116 一九七一年、毛沢東は中国の国際連合における合法的地位回復に対する国際的な動向を知るために、新華通信社が毎日編纂する二冊の『参考資料』を購読し、あるいは担当工作員による関連情報の読み上げを聴き、大量の文書、電報に目を通した。逢先知・金衝及監修『毛沢東伝（一九四九－一九七六）』下巻、一六三四頁、北京、中央文献出版社、二〇〇三。

117 「毛沢東と周恩来、王洪文との談話記録」（一九七四年一二月二七日）。逢先知・金衝及監修『毛沢東伝（一九四九－一九七六）』下巻、一七一二頁、北京、中央文献出版社、二〇〇三。

118 費正清『中国—伝統与変遷』中国語版、六五三頁。北京、世界知識出版社、二〇〇二。

119 鄧小平「開放政策を実行し、世界の先進科学技術を学習しよう」（一九七八年一〇月一〇日）。『鄧小平文選』第二巻、一三二頁。北京、人民出版社、一九九四。

120 一九二〇年一〇月一九日、鄧小平はフランスのマルセイユ港に上陸し、五年四カ月にわたる「勤工倹学」、いわゆる苦学生活を開始した。当時、鄧小平はわずか一六歳であった。近代化が進む西側世界は、彼に強烈な印象を与え、重要な歴史的記憶となった。

121 鄧小平「上海視察時の談話」（一九九一年一月二八日～二月一八日）。『鄧小平文選』第三巻、三六七頁。北京、人民出版社、一九九三。『文匯報』と『解放日報』が、一九七四年一〇月一二日、「〝孔孟〟の売国主義路線を批判する」を掲載。鄧小平は、一九七七年一二月当時を振り返って、次のように述べている。「一九二〇年代、私が出国した時の船は五万トンの定期客船だった。風慶号は一万トンに満たない、何ほどのことがあろうか。江青が私に詰め寄ったが、私は彼女に言い返した。江青のやり方は形而上学だ、何でもかんでも自分が第一だ」。中共中央文献研究室編『鄧小平年譜（一九七五－一九九七）』（上）、二四五頁。北京、中央文献出版社、二〇〇四。

122 中央党史研究室第三研究部『中国改革開放三〇年史』、一一七頁。瀋陽、遼寧人民出版社、二〇〇八。

123 ヘンリー・キッシンジャー『論中国』、四一九頁。北京、中信出版社、二〇一二。

124 中央党史研究室第三研究部『中国改革開放二〇年史』、二九頁。瀋陽、遼寧人民出版社、一九九八。

125 朱良「中国の対外政策の新時代における胡耀邦の調整についての試論」、二〇一〇年一一月二〇日。

126 中共中央文献研究室編『鄧小平年譜（一九七五－一九九七）』（上）、三五五頁。北京、中央文献出版社、二〇〇四。

127 中央党史研究室第三研究部『中国改革開放三〇年史』、一一七～一一八頁。瀋陽、遼寧人民出版社、二〇〇八。

128 鄧小平が、後に回顧して述べている。「**歴史は前進を続けている、それなのに我々が立ち止まったまま前進しなければ、遅れてしまう**」、「中国について言えば、技術分野での日本との差は、一九五〇年代はそれほど開いていなかった。しかし我々は二〇年間、国を閉ざし、国際市場競争を議事日程に上げもしなかった。その間に日本は経済大国に変貌してしまった」。鄧小平「科学技術が第一の生産力」（一九八八年九月五日）。『鄧小平文選』第三巻、二七四頁。北京、人民出版社、一九九三。

129　中共中央文献研究室編『鄧小平年譜（一九七五－一九九七）』（上）、四一〇～四一二頁、四一五頁。北京、中央文献出版社、二〇〇四。

130　Angus Maddison : Historical Statistics of the World Economy: 1-2008 AD, http://www.ggdc.net/maddisom/(02-2010).

131　李先念が次のように話している。「過去にあった困難と言えば、政治面では〝階級闘争を綱要〟したことや、〝文化大革命〟というような困難であり、経済面では高すぎる目標、例えば一九五八年の大躍進のような困難である」。李先念「経済発展の速度調整は実事求是に基づくべきである」、一九八一年九月二日。『李先念文選（一九三五－一九八八）』、四三二～四三三頁。北京、人民出版社、一九八九。

132　アンガス・マディソン『世界経済千年史』中国語版、一三七頁。北京、北京大学出版社、二〇〇三。

133　中共中央文献研究室編『鄧小平年譜（一九七五－一九九七）』（上）、四一九頁。北京、中央文献出版社、二〇〇四。

134　中共中央文献研究室編『鄧小平年譜（一九七五－一九九七）』（上）、四二七～四二八頁。北京、中央文献出版社、二〇〇四。

135　中共中央文献研究室編『鄧小平年譜（一九七五－一九九七）』（上）、三一三～三一四頁。北京、中央文献出版社、二〇〇四。

136　外交部檔案館（外交部公文書館）『偉人的足跡：鄧小平外交活動大事記』一五八頁、一九六～一九七頁。北京、世界知識出版社、一九九八。

137　リー・ゴン『鄧小平与美国』、二三六頁。北京、中央党史出版社、二〇〇四。

138　朱良「中国の対外政策の新時代における胡耀邦の調整についての試論」、胡徳平『中国為甚麽要改革：思憶父親胡耀邦』、北京、人民出版社、二〇一一。

139　朱良「中国の対外政策の新時代における胡耀邦の調整についての試論」（二〇一一年一一月二〇日）、胡徳平『中国為甚麽要改革：思憶父親胡耀邦』、北京、人民出版社、二〇一一。

140　中共中央党史研究室第三研究部『中国改革開放三〇年』、一一八頁。瀋陽、遼寧人民出版社、二〇〇八。

141　中米双方は、両国関係正常化問題に関して、以下のような意見の一致を見た。一、米国は、中国は一つ、台湾は中国の一部であるとする中国の立場を認め、中華人民共和国が中国の唯一の合法政府であることを承認する。この範囲内において、米国民は台湾人民との文化、ビジネス、そしてその他の非公式関係を保持する。二、中米関係正常化に際して、米国は直ちに台湾との〝外交関係〟の断絶を宣言し、一九七九年四月一日以前に台湾及び台湾海峡から米国の軍事力と軍事施設を完全に撤去し、並びに台湾当局に対して『共同防衛条約』の終結を通知する。三、一九七九年一月一日を以って互いに承認し、並びに外交関係を樹立し、三月一日を以って互いに大使を派遣し、大使館を設立する。リー・ゴン『鄧小平与美国』、二四〇～二四一頁。北京、中央党史出版社、二〇〇四。

142　一九五八年八月二三日、中国人民解放軍は命を奉じて金門砲撃を開始した。撃ち込まれた砲弾は三億発余り、死傷した国民党軍兵士は数百人。九月、中米は大使級会談をポーランドのワルシャワで再開した。中央は、「打而不登（島），封（鎖）而不死（打撃を与えるが上陸せず、封鎖するが死者をださず）」の方針を決定し、実行した。一〇月二五日、国防部部長彭徳懐が「台湾同胞に告ぐる書」を発表し、指摘した。「中国人のことは、我々中国人のみが解決できる。しばらくは解決困難であるが、急がず時間をかけて協議すれば可能となる」。毛沢東『毛沢東文集』第七巻、四二七頁、北京、人民出版社、一九九九。一九六一年一二月、中央軍事委員会は次のように決定した。駐金門国民党軍を主動的に攻撃せず、また福建の前線部隊は金門に対する実弾射撃を主動的に停止する。ただし、奇数日に宣伝弾を発射することとする。『中華人民共和国史』、二一一〜二一二頁。北京、人民出版社、二〇〇九。

143　ヘンリー・キッシンジャー『論中国』、三五八頁。北京、中信出版社、二〇一二。

144　中共中央文献研究室編『鄧小平年譜（一九七五ー一九九七）』（上）、四八一頁。北京、中央文献出版社、二〇〇四。

145　鄧小平「建設を行うには、外資を利用し、元からある商工業者の力を発揮しなければならない」（一九七九年一月一七日）。『鄧小平文選』、第二巻、一五六〜一五七頁。北京、人民出版社、一九九四。

146　鄧小平「当面の形勢と任務」（一九七八年一月一六日）。『鄧小平文選』第二版、第二巻、二四七頁。北京、人民出版社、一九九四。

147　李嵐清『突囲—国門初開的歳月』、六四頁。北京、中央文献出版社、二〇〇八。

148　一九八三年九月、鄧小平が北京景山学校に題辞を記した。「教育要面向現代化，面向世界，面向未来（教育は、近代化を目指し、世界を目指し、未来を目指さなければならない）」。

149　米国のタイム誌が一九七九年第一期に掲載した「中国の夢の新しい追求者—鄧小平が「中央の国」の大門を世界に向けて開く」の一文に次のように書かれている。「何世紀もの間、中国は外界から知る由もなかった。歴代封建王朝の交代が繰り返される間に、中国人は一つの観念を形成した。全世界はみな、天の一統の下にあり、中国人は自らを天朝中の天の寵児であると認ずるようになった。中国は、古来『故歩自封』—殻に閉じこもり進取に欠けていた」。劉強倫、汪大理編著『鄧小平卓越智恵』、四九頁。北京、当代中国出版社、二〇〇一。

150　ヘンリー・キッシンジャー『論中国』、三五八頁。北京、中信出版社、二〇一二。

151　孫成木等『俄国通史簡編』（上冊）。北京、人民出版社、一九八六。

152　趙紫陽「当面の経済情勢と今後の経済建設方針」（一九八一年一一月三〇日、一二月一日）。中共中央文献研究室編『三中全会以来重要文献選編』、一〇二五頁、北京、人民出版社、一九八二。

153　国家統計局編『中国統計摘要』（二〇〇七）、一七七頁。北京、中国統計出版社、二〇〇七。

154　中共中央文献研究室編『鄧小平年譜（一九七五ー一九九七）』、二六〇〜二六一頁。北京、中央文献出版社、二〇〇四。

155　鄭竹園『大陸経済改革的進程与効果』二五〜二六頁。台北、中華欧亜学会、一九九七。

156　鄒至庄『中国経済轉型』中国語版、六一頁。北京、中国人民大学出版社、二〇〇五。Gregory C. Chow, 2002, China's Economic Transformation, Business & Economics, 2009.

157　一九八〇〜一九九二年、東アジア地区の経済成長率は七・七%。当該地区は、フィリピンを除いて、すべて高い成長率を示しており、その中でも韓国は九・四%にまで達している。この時期、中国経済も高成長を呈しており、成長率ランキング第二位、九・一%であった。一九八〇年、東アジア地区の国際貿易は世界総量の三三%を占め、一九九二年には四一%に上昇している。World Bank, World Development Report 1994 : Intrastructure for Development. New York: Oxford University Press, 1994.

158　鄧小平「社会主義も市場経済が可能である」（一九七九年一一月二六日）。『鄧小平文選』、第二巻、二三三〜二三四頁。北京、人民出版社、一九九四。

159　費正清『偉大的中国革命（一八〇〇ー一九八五年）』中国語版、北京、世界知識出版社、二〇〇〇。

160　『馬克思恩格斯選集』、第一巻、六〇三頁。北京、人民出版社、一九七二。

161　葉剣英が講話の中で認めている。「知っての通り、我々が歩んできた道は決して平坦ではなかった。比較的順調に発展したこともあるが、深刻な挫折に見舞われたこともある。全国人民の苦難に満ちた努力や社会主義制度のあるべき優越性に比したら、我々が手にした成果は頗る不十分である。」葉剣英「中華人民共和国成立三〇周年慶祝大会における講話」、一九七九年九月二九日。

162　詳細な分析は、胡鞍鋼『中国政治経済史論（一九四九－一九七六）』（北京、清華大学出版社、二〇〇八）「第三章—中国現代経済発展的初始条件「第三章 中国における経済の近代的発展とその初期条件」を参照。

163　鄧小平「四つの近代化を実現し、永遠に覇を称えない」（一九七八年五月七日）。『鄧小平文選』第二巻、一一一頁。北京、人民出版社、一九九四。

164　何康監修『中国的郷鎮企業』、二八頁、三一頁。北京、中国農業出版社、二〇〇四。

165　国家統計局農業統計司編『中国農村統計年鑑』（一九八五）、一一頁。北京、中国統計出版社、一九八五。

166　国家統計局編『中国統計年鑑』（一九八三）、一三頁。北京、中国統計出版社、一九八三。

167　鄭竹園『大陸経済改革的進程与効果』二三頁。台北、中華欧亜学会、一九九七。

168　王輝『漸進革命—震蕩世界的中国改革之路』中国語版、七五～七八頁。北京、中国計画出版社、一九九八。

169　国家統計局編『中国統計摘要（二〇〇八）』、一四頁。北京、中国統計出版社、二〇〇八。

170　国家発展与改革委員会『〝一五〟到〝七五〟大事輯要』、国家発展与改革委員会ウェブサイト。

171　華国鋒「団結し、社会主義近代化強国建設に向けて奮闘しよう—第五期全国人民代表大会第一回会議における政府工作報告」、一九七八年二月二六日。

172　詳細な分析は、胡鞍鋼『中国経済波動報告』（瀋陽、遼寧人民出版社、一九九四）を参照。

173　一九九一年旧ソ連は、国有経済が主要な地位を占め、全経済の九〇・八％を占めていた。そのうち、製造業の九八・五％、建築業の九八・三％、交通業の一〇〇％が国有経済であった。（Russian Goskomstat, Statisticheskoe Obozrenie (Statistical Review), Oct.1994, pp.64,66. を参照）【米】Spulber, Nicolas.『国家職能的変遷—在工業化経済体和過渡性経済体中的私有化和福利改革』中国語版（楊俊峰、馬愛華、朱源訳）、七一頁。瀋陽、遼寧教育出版社、二〇〇四。

174　Amartya Sen, Jean Drèze『印度——経済発展与社会機会(India: Economic Development and Social Opportunity)』中国語版、七一頁。北京、社会科学文献出版社、二〇〇六。

175　UN, World Population Prospects: The 2010 Revision, http://esa.un.org/unpd/wpp/index.htm

176　一九八一～一九八二年、中国の男性と女性の成人（一五歳以上）の識字率はそれぞれ、男性が七九％、女性が五一％、インドでは男性が五五％、女性が二六％に過ぎなかった。Amartya Sen, Jean Drèze『印度：経済発展与社会机会(India: Economic Development and Social Opportunity)』中国語版、七四頁。北京、社会科学文献出版社、二〇〇六。

177　Barro Robert J., Jong-Wha Lee. "International Data on Educational Attainment: Updates and Implications". (CID Working Paper No. 42, April 2000) www.cid.harvard.edu/ciddata/ciddata.html.

178　中国の人的資源の世界に占める割合は一七・五〇％、世界の首位にいた。インドのその割合は七・二七％、世界第二位である。胡鞍鋼「从人口大国到人力資源大国」、『中国人口科学』掲載、二〇〇三（一）。

179　アレクサンダー・ガーシェンクロン（A. Gerschenkron）が次のように考えている。「ロシアの農奴制の撤廃は、工業化にとって必要であり、ひいては絶対的な先決条件であった。それが意味するところは、一八六〇年代のロシアの農民解放が、後に続く工業化プロセス進展を大いに後押ししたことである。」（A. Gerschenkron『経済落後的歴史透

視』中国語版、四三二〜四三三頁。北京、商務出版社、二〇〇九。

同様に、一九五〇年代の中国の土地改革は、中国史上、最大規模の農民解放運動であった。土地を持たないか、あるいはわずかな土地しか持たない三億の農民（旧解放区の農民を含む）が、七億ムー（畝）前後の土地とその他の生産資料を分け与えられ、かつ毎年地主に納めていた七〇〇億斤以上の食糧による地租を免除された。（胡縄主編『中国共産党的七〇年』、三二六頁。北京、中央党史出版社、一九九一。）

180　F・託馬斯・詹努茨（F. Tomasson Jannuzi）『印度土地制度改革的失敗』中国語版、施堯伯・訳。wenku.baidu.com/view/1549d5eb6294dd88d0d2... 2010-9-6

181　一九五四年、中国は第一部憲法を公布、実施した。その中で、公民は「移動と居住の自由」を有する、と規定している。一九五五年六月、国務院は「経常戸籍登記制度設置に関する指示」を発布し、全国の都市、城鎮、農村に戸籍登記制度の設置を義務付け、全国の都市・農村の戸籍登記統一工作を開始した。一九五六年、一九五七年の二年弱の期間に、国は続けざまに、農民によるむやみな都市流入を制限または制御する四件の文書を発布した。一九五八年一月、「中華人民共和国戸籍登記条例」によって、都市と農村の居住民が「農業戸籍」と「非農業戸籍」の二種類の戸籍に、初めて明確に区分され、人口の自由な流動に対する厳格な規制と政府による管理が実施に移された。事実上、一九五四年の憲法に記されている「移動と居住の自由」を認めた公民の合法的権利が破棄されたことになる。

182　国家統計局編『中国統計摘要』（二〇〇五）、三一頁。北京、中国統計出版社、二〇〇五。

183　World Bank, World Development Indicators Database CD-ROM, 2004に基づく著者の計算。

184　Angus Maddison, Historical Statistics of the World Economy: 1-2008 AD, http://www.ggdc.net/maddisom/(02-2010)

185　A. Gerschenkron『経済落後的歴史透視』中国語版、四三二〜四三三頁。北京、商務出版社、二〇〇九。

186　Angus Maddison, Historical Statistics of the World Economy: 1-2008 AD, http://www.ggdc.net/maddisom/(02-2010)。

187　これに対して、陳雲と李先念が最も感ずるところがあった。彼等がいち早く「むやみに無茶をせず、騒動を起こさない安定した」指導者たることを提起した。一九七九年三月一四日、中央政治局常務委員陳雲と李先念が連名で党中央に書信を致し、「前進の足取りには、確実、安定が必要であり、再び困難を繰り返さず、高い山と深い谷が入れ代わり立ち代わり出現する不安定な局面を繰り返すべきではない」と提起した。（陳雲「財経工作に関して中央に当てた書簡」一九七九年三月四日、『陳雲文選』第三巻、二四八〜二四九頁。北京、人民出版社、一九九五。）同年九月、陳雲が国務院財政経済委員会で述べている。「当面、人民は四つの近代化に期待を寄せ、経済発展が適度な速さで進むことを望んでいる。しかし同時に彼等は再びの混乱を望んでいない。山と谷が繰り返されることがない、安定した条件の下で適度なスピードの発展を望んでいる。我々は、このような条件に基づく発展速度を探究しなければならない」。（陳雲「経済建設は着実に、地に足を着けてやらなければならない」一九七九年九月一八日。『陳雲文選』、第三巻、二六八頁。北京、人民出版社、一九九五。）

188　Amartya Sen と Jean Drèze は、（新中国成立以降）いくつかの成果が時期を異にして現れたが、それらが成就された時期が違うにもかかわらず互いに依存し合っていることが重要であると、注目している。とりわけ改革以前（毛沢東時代を指す）に中国が教育、土地改革そして社会変化の分野において成し遂げた成果が、改革以後の成果に巨大な積極的貢献をしている。それによって、中国が高い予測平均寿命とそれと相関するその他の成果を保持できただけでなく、市場改革に基づく経済拡張に対する揺るぎない支援となった。Amartya Sen, Jean Drèze『印度——経済発展与社会機会（India: Economic Development and Social Opportunity）』中国語版、七〇頁。北京、社会科学文献出版社、二〇〇六。

189　World Bank. "World Development Indicators". 2012. http://data.Worldbank.org/indicator/NY.GNP.PCAP.CD?page=6

190　一九八七年党の第十三回全国大会が初めて、中国の基本的国情の特徴の一つとして、一人当たり国民総生産（ＧＮＰ）が依然として世界の低位にあると指摘した。趙紫陽「中国の特色ある社会主義の道を前進しよう—中国共産党第十三回全国代表大会における報告」、中共中央文献研究室編『十三大以来重要文献選編』（上）、一〇頁。北京、人民出版社、一九九一。

191　Angus Maddison, Historical Statistics of the World Economy : 1-2008 AD, http://www.ggdc.net/maddison/(02-2010)

192　Angus Maddison, Historical Statistics of the World Economy : 1-2008 AD, http://www.ggdc.net/maddisom/(02-2010)

193　国家統計局編『中国統計摘要（二〇〇五）』、一〇四頁。北京、中国統計出版社、二〇〇五。

194　国家統計局編『新中国五〇年資料滙編』、二二頁。北京、中国統計出版社、一九九九。

195　Martin Ravallion（馬丁·瑞沃林）の論著（世界銀行政策研究工作論文）は次のように結論付けている。「発展途上国は、我々の事前の想定以上に貧困である。しかし、反貧困の戦いはやはり成果を挙げている」。http://econ.worldbank.org/docsearch

196　鄧小平「政治面では民主を発展させ、経済面では改革を実行しよう」（一九八五年四月一五日）。『鄧小平文選』、第三巻、一一五頁。北京、人民出版社、一九九三。

197　世界銀行『中国国家経済備忘録：分享経済全球化的機遇』、中国語版、二〇〇三年八月一八日。

198　世界銀行一九八四年『中国——長期発展の課題とプラン』の主調報告は、一九八一年当時の中国と典型的な低収入大国及び中収入大国とを専門に国際的な比較を行っている。世界銀行『中国——長期発展的問題和方案（主調報告）』、中国語版。北京、中国財政経済出版社、一九八五。

199　世界銀行『中国——長期的発展の課題とプラン』（付属文書—教育問題とその将来）、中国語版。北京、中国財政経済出版社、一九八五。

200　世界銀行一九八四年経済視察団提供の報告に依拠すれば、次のようになる。一九四九年以降、中国の教育分野における成果は、所得程度が同じ他の発展途上国のそれが匹敵できないほど勝っている。正規、非正規を問わず初等・中等教育の入学率は、どのような指標においても比較的高くなっている。一九四九年初等教育の純入学率は二五％だが、一九八三年には九〇％に達し、発展途上国の六～一一歳の年齢層の平均入学率（六八％）よりも高い。成人の識字率は、一九四九年の二〇％から一九八三年の七〇％までに向上し、これも発展途上国の平均識字率（五〇～五五％）より高い。同時に報告は次のようにも指摘している。「文化大革命」期に教育の質が甚だしく低下し、人材養成能力の水準を損なった。世界銀行『中国——長期発展的問題和方案』（附件—教育問題和前景）、中国語版。北京、中国財政経済出版社、一九八五。

201　キューバとベトナムの状況も次のようである。所得水準が同等である国と比較しても、主要な人的資本の指標が他の国よりまさっている。

202　劉国光は、早くから、我が国の経済発展のモデル転換と経済体制のモデル転換を提起していた。劉国光主編『中国経済体制改革的模式研究』（北京、社会科学文献出版社、一九八三年三月第一版）を参照。後に、彼はまた二重の経済体制モデル転換から、二つの本質的な転換を引き出している。すなわち経済体制については、伝統的な計画経済体制から市場経済体制への転換、そして経済成長方式については、労働力や資本の投下が比較的小規模な粗放型からそれらの投下が大規模な集約型への転換である。

203　当時、中国の最も差し迫った発展課題の一つは、全人民に初等教育を実現し、普及することであった。一九七八年一一月国務院が、小学校五年間の教育を普及させ、青少年及び壮年の非識字者を基本的に根絶する目標を提起した。

204 中国、ベトナムの体制転換の方法とソ連、東欧諸国のそれが大きく違うのは、なぜなのか。裴敏欣は社会動員（social mobilization）の概念を用いて、その構造を分析し解釈を加えている。中国とベトナムの都市化率は低く、人的資本水準も高くない。したがって、経済市場化の要求は高いが、政治民主化の要求は比較的低い。反対に、比較的発達した体制転換国家は政治民主化の要求が比較的高く、したがって中国、ベトナム両国の市場化プロセスに遅れを取った。Minxin Pei, 1998, From Reform to Revolution: The Demise of Communism in China and the Soviet Union, Harvard University Press, pp.58-59.

205 『中華人民共和国史』、三六五頁。北京、人民出版社、二〇〇九。

206 鄧小平「武昌、シンセン、珠海、上海等における談話の要点」（一九九二年一月一八日～二月二一日）。『鄧小平文選』、第三巻、三七七頁。北京、人民出版社、一九九三。

207 一九七〇年四月一八日、康生が党第九回大会の党章のこの件について解釈をしている。「社会主義社会は相当長期にわたる歴史段階である」、これは毛主席がマルクス・レーニン主義を創造的に発展させた言葉である。社会主義社会は人類史の発展における相当長期にわたる歴史段階である、この歴史段階について、あるいは「相当長期」にわたるとか、あるいは「歴史段階」とかいうことで、少なくともマルクス主義を発展させ、混乱している思想を糾している。共産党員は四六時中、共産主義のいち早い到来を希求しているが、しかし**毛主席が常日頃述べているように、これはとてつもなく長い歴史段階、数十年もしくは一〇〇年の長さではなく数百年の長さである。**「中央と全軍の整党建党工作座談会に出席した同志全員と会見した際の康生の講話」、一九七〇年四月一八日。

208 陳雲が述べている。「中国の特徴は、九億を超える人口を持ちながら、耕地面積は一五億ムー（畝）にすぎず、その中の一部の耕地を経済作物の植え付けに当てている。米国は人口が少なく、土地が多い上に気候も良い。ソ連の土地は我々より多い。中国は、耕地が少なく、人口が多い、これが基本的な矛盾である」。中共中央文献研究室編、金衝及・陳群監修『陳雲伝』（下）、一四六九～一四七〇頁。北京、中央文献出版社、二〇〇五。

209 鄧小平「四つの基本原則の堅持」（一九七九年三月三〇日）。『鄧小平文選』第二巻、一六四頁。北京、人民出版社、一九九四。

210 毛沢東「拡大中央工作会議における講話」（一九六二年一月三〇日）。中共中央文献研究室編『毛沢東文集』、第八巻、三〇二頁。北京、人民出版社、一九九九。

211 鄧小平「当面の情勢と任務」（一九八〇年一月一六日）。『鄧小平文選』第二巻、二六〇頁。北京、人民出版社、一九九四。

212 まさに毛沢東と鄧小平の啓発を受けて、一九八九年著者が、中国の近代化は持久戦論を堅持する必要があると提起した。著者は次のように考える。「中国が工業化に取り掛かったのは遅く、発展のための起点も低位にあり、重い歴史的負担やその他の制限要素が積み重なっている。これらが、中国とその発展の長期性、困難さ、痛苦さを決定づけている。中国の近代化は、漸進的変化を継続し、積み重ね、質の部分的変化を進める長期の歴史プロセスである。『速い勝利』論は、非現実的である。できることは持久戦を耐えることである。中国の近代化のプロセスは、少なくとも一〇〇年の時間（一九四九年～二〇四九年）が必要である。我々の任務は極めて重い。幾世代にもわたる長く苦しい努力を倦むことなく続けてこそ、ようやく完成の日の目を見ることができる。」胡鞍鋼『人口与発展——中国人口経済問題的系統研究』、一二三頁。杭州、浙江人民出版社、一九八九。

213 李先念「国務院政治思想理論研究会における講話」（一九七八年九月九日）。『李先念文選（一九三五－一九八八）』、三三六頁。北京、人民出版社、一九八九。

214 陳雲「計画と市場問題」、一九七九年三月八日。『陳雲文選』第三巻、二四六頁。北京、人民出版社、一九九五。

215 鄧小平「安徽黄山における講話」、大型電視文献記録フィルム『鄧小平』一四七頁を参照。

216 中共中央文献研究室編『鄧小平年譜（一九七五－一九九七）』、二七七頁。北京、中央文献出版社、二〇〇四。

217 一九七八年五月、鄧小平が述べている。我々の人口の圧力は、極めて大きい。農業を取り上げて言うなら、我々の耕地面積は小さく、平均すると七人半で一ヘクタールしかない。このように非常に狭い土地でより多くの農産品を作るには、機械化だけでは不十分である。丁寧な耕作と入念な作付けが必要であり、農業科学の研究を強化しなければならない。中共中央文献研究室編『鄧小平年譜（一九七五－一九九七）』、三一九頁。北京、中央文献出版社、二〇〇四。

218 陳雲「当面の経済問題に関する五つの意見」（一九七八年一二月一〇日）。『陳雲文選』第三巻、二三五頁。北京、人民出版社、一九九五。

219 李先念「中央工作会議における講話」（一九七九年四月九日）。『李先念文選（一九三五－一九八八）』、三四六頁。北京、人民出版社、一九八九。

220 一九七八年三月一三日、鄧小平、ソマリア報道代表団との接見談話。『鄧小平年譜（一九七五－一九九七）』、二七九頁。北京、中央文献出版社、二〇〇四。

221 鄧小平「革命と建設は、自分の道を歩くことである」（一九八四年一〇月二六日）。『鄧小平文選』第三巻、九四頁。北京、人民出版社、一九九三。

222 鄧小平「社会主義は、生産力の発展が先決である」（一九八〇年四月－五月）。鄧小平文選』第二巻、三一二頁。北京、人民出版社、一九九四。

223 鄧小平「革命と建設は、自分の道を歩くことである」（一九八四年一〇月二六日）。『鄧小平文選』第三巻、九四頁。北京、人民出版社、一九九三。

224 中共中央文献研究室編『鄧小平年譜（一九七五－一九九七）』、三〇～三一頁。北京、中央文献出版社、二〇〇四。

225 『中華人民共和国史』、三六五頁。北京、人民出版社、二〇〇九。

226 鄧小平「四つの基本原則の堅持」（一九七九年三月三〇日）。『鄧小平文選』第二巻、一六三頁。北京、人民出版社、一九九四。

227 李先念は次のように捉えていた。あまたの地域で農民の食糧が不足し、ある地域では深刻な不足を来している。二〇年近く、農民が所属する集団から分配される平均的な収入は、ほとんど増えていない。職員や労働者の就業機会は増えているが、平均賃金水準が少しも上がっていない。人民の生活に直結する住宅、文教衛生、都市の公共事業等の建設関係の割合は、「第一次五カ年計画」の時期には二八・三％であったが、一九七八年になるとわずかに一七・四％でしかない。李先念「中央工作会議における講話」（一九七九年四月五日）。中共中央文献研究室編『三中全会以来重要文献選編』（上）、一一〇～一一二頁。北京、人民出版社、一九八二を参照。

228 趙紫陽「中国の特色ある社会主義の道を前進しよう――中国共産党第十三回全国代表大会における報告」（一九八七年一〇月二五日）。中共中央文献研究室編『十三大会以来重要文献選編』四～六一頁。北京、人民出版社、一九九一。

229 鄧小平「政治面では民主を発展させ、経済面では改革を実行する」（一九八五年四月一五日）。『鄧小平文選』第三巻、一一五頁、北京、人民出版社、一九九三。

230 鄧小平「歴史の経験を吸収し、傾向の誤りを防止する」（一九八七年四月三〇日）。『鄧小平文選』第三巻、二二七～二二八頁。北京、人民出版社、一九九三。

231 鄧小平が語っている。「『文化大革命』によって、一〇年を丸々無駄にした。もっと突っ込んで言えば、社会主義の時期の我々の誤りは、主に『左』から来ている。この『左』は一九五七年……一九五七年の後半に始まり、それは八回大会の路線に背いていた。この『左』は、一九七六年まで続いた、長い時間だ、ほぼ丸々二十年」。鄧小平「我々の事業は全く新しい事業である」（一九八七年一〇月一三日）。『鄧小平文選』第三巻、二五三～二五四頁。北京、人民出版社、一九九三。

232　鄧小平「国際経験を吸収しなければならない」（一九八八年六月三日）。『鄧小平文選』第三巻、二六六頁。北京、人民出版社、一九九三。

233　鄧小平「情勢は、否応なしに我々を改革へ向かわせる」（一九八八年六月二二日）。『鄧小平文選』第三巻、二六九頁。北京、人民出版社、一九九三。

234　李先念『中央工作会議における講話』（一九七九年四月五日）。中共中央文献研究室編『三中全会以来重要文献選編』（上）、一一一～一一六頁、一一九～一二〇頁。北京、人民出版社、一九八二。

235　李先念『中央工作会議における講話』（一九七九年四月五日）。中共中央文献研究室編『三中全会以来重要文献選編』（上）、一四〇頁。北京、人民出版社、一九八二。

236　「中国共産党の歴史の使命と意識の新たな覚醒」と称している。『中華人民共和国史』、三六二頁。北京、人民出版社、二〇〇九。

237　『人民日報』、『解放軍報』、理論雑誌『紅旗』の社説「勝利に乗じて前進しよう」。『人民日報』一九七七年一月一日。

238　毛沢東「江青に宛てた書信」（一九六六年七月八日）。中共中央文献研究室編『建国以来毛沢東文稿』、第十三冊、七三頁。中央文献出版社、一九九三。

239　華国鋒「〝工業は大慶に学ぶ〟全国会議における講話」一九七七年五月九日。『人民日報』、一九七七年五月一三日。

240　鄧小平「全国科学技術大会開幕式における講話」（一九七八年三月一八日）。『鄧小平文選』第二巻、八五～八六頁。北京、人民出版社、一九九四。

241　「中国共産党第十一期中央委員会第三回全体会議公報」（一九七八年一二月二二日批准）。

242　鄧小平「中国共産党第十二回全国代表大会開幕の辞」（一九八二年九月一日）。『鄧小平文選』第三巻、二～三頁。北京、人民出版社、一九九三。

The Political and Economic History of China
The Period of Deng Xiaoping

第三章

改革への政治的準備
（一九七六～一九八一年）（上）

一九七六年一〇月、華国鋒をはじめとする党中央が「四人組」を一挙に打倒した。その年の八月、華国鋒は党の第十一回全国代表大会における報告の中で「文化大革命」の終結を宣言した。[1] これにより中国は、一九五七年以降二十年にわたる「階級闘争を綱領とする」政治教条主義時代に別れを告げ、「天下大治」の時代に入った。しかしその後、政治的な惰性・逡巡・駆け引きの時期——それはわずか二年にすぎなかった——を経て、一九七八年末に中国共産党第十一期中央委員会第三回全体会議が開催され、ようやく改革開放の時代が始まった。[2]

一九七六年から一九七八年は、**中国にとって重要な歴史的転換の山場であった。毛沢東後の中国は果たして何処に向かうのか。中国の前途とその選択肢はどうなるのか。世界の人口の五分の一を占める中国が進む道はどのようなものか。**当時の中国の指導者が乗り越えなければならない重大な課題であった。

九億の人口を擁した当時の中国は、文字通り「十字路」に差し掛かっており、少なくとも三本の道が選択可能であった。鄧小平は、反「左派」と反「右派」の二つの戦線で同時に戦う必要があった。しかしこの時期は反「左派」に重点を置き、政治的ヘゲモニーを獲得し、改革開放路線を確立しなければならなかった。

「過去の方針通りにやる」ことが選択肢の一つにあった。それは、[3] 毛沢東晩年の誤った路線を堅持する「二つのすべて」路線、すなわち伝統的な教条主義的社会主義の古い路線を継続することであった。代表する人物は、毛沢東自らが後継として指名した華国鋒、そして毛沢東の陰で動いていた汪東興であった。華国鋒路線と鄧小平路線の闘争の要点は、毛沢東晩年の閉鎖的で硬直した社会主義路線（古い路線）を進むのか、または改革開放を切り開く新しい社会主義路線（新しい路線）を進むのかにあった。それは、ポスト毛沢東時代が政治的に逡巡した時期でもあり、また改革への政治的な準備期間でもあった。実際、毛沢東自らが発動し、指導した「文化大革命」の終わりを華国鋒が宣言したことの本質は、「古い路線」が完全な失敗であったことであり、それは鄧小平が改革と開放の新路線を発動するための前提条件であった。正にこれが、鄧小平が新たに打ち立てた「思想解放、実事求是」の路線であり、敗北（「文化大革命」を指す）を転じて勝利（改革の勝利を指す）となすことであった。この路線は、着実に勝利を重ねていった。一九七八年一一月から一二月に開かれた中央工作会議と十一期三中全会において、鄧小平、陳雲などの党内主流派は、華国鋒などのごく少数が固執した「古い路線」の清算と改革を開始した。制度化された規則と平和的な方法によって、正しい路線のリーダーが誤った路線のリーダーと交替した最初である。中国は、政治的逡巡期から改革期へと舵《かじ》を切った。

もう一つの別の誤った路線は、社会主義の道を否定し、西洋を模倣し「西洋化の道」へ方向転換する路線であった。その主張するところは、中国の社会主義革命とその建設が甚だしく挫折したとして社会主義の道を放棄し欧米資本主義の道を進むこと、中国共産党政権が重大な過ちを幾度も繰り返し、是正するにも時すでに遅しとして中国共産党の指導原則を捨て欧米式の民主政治制度へ転向すること、毛沢東がその晩年に全面的かつ長期にわたる誤謬を犯したとして毛沢東思想を放棄し欧米式の自由主義を採用すること、「正真正銘」の社会主義の道を進むことができなくなったとして欧米資本主義の道へと方向転換することであった。鄧小平が正しく指摘した通り、「四人組」を打倒した後、中国にある種の思想的風潮が現れた。それは、ブルジョア階級の自由化と言われるものであり、欧米資本主義国家の「民主」と「自由」を崇拝し、社会主義を否定する風潮であった。[4]ごく少数のエリート知識分子がこのように主張し、一部の指導者と少数の党員の同情を引き寄せ、自らを「改革派」と称していた。彼等はまたおおっぴらに欧米メディアの支持を取り付け、いわゆる「中国の民主派」と見なされていた。しかし鄧小平は明確に次のように認識していた。「我が党は、十一期三中全会において開放政策の実施を決定したが、同時に自由化の風潮に歯止めをかけることも求められていた。これは、互いに関連している課題である」[5]。彼は、少数の人が主張するような資本主義の邪道を進むことを公然と拒絶し、後のソ連、ユーゴスラビア、チェコスロバキア等の社会主義国家におけるような、「大規模な軌道修正」によって引き起こされた国家の「崩壊」、「解体」、「没落」を免れた。

もう一つの新しい路線は、鄧小平の独創になる「中国の道」である。言葉を替えて言えばそれは、「中国の特色ある社会主義近代化の道」である。つまり、社会主義の基本的な政治の方向性を堅持しつつ、伝統的な高度集権計画経済体制と政治体制を漸進主義的なやり方で改革することであり、対外全面開放を主動的に行い、中国が発展するための新しい道を独創的に開拓することである。十億の人口を擁する中国にとって、この新しい道は最も意にかなっており、妥当なものであった。[6]

しかし、**この新しい道は「文化大革命」の終結に伴って自然に始まったのでは決してない。党中央内部の非常に複雑でかつ十分に平和的といえる政治的駆け引きを経る必要があり、それゆえにこそ古い路線を新しい路線へ転換することができた。この新しい路線は、一九七八年一二月に開催された十一期三中全会がメルクマールとなっている。**正に鄧小平が言うとおり、「中国共産党第十一期中央委員会第三回全体会議から中国共産党第十二回全国代表大会まで、我々は新しい道を一心不乱に切り開いてきた」[7]。

中国の改革が、なぜ一九七八年に始まったと言えるのか。[8]

当時の改革にはどのような政治的背景があったのか。改革を促進した政治的な動因は何であったのか。指導者の誰それがキーパーソンとなったのか。十一期三中全会が中国の改革にとって重要なメルクマールであるとなぜ言えるのか。鄧小平以下の改革指導者たちが、改革に向けてどのような政治的な準備を為し、改革のための政治的条件をどのように創出し、なぜ成功裏に経済体制の改革を立ち上げることができたのか。

我々は、毛沢東をはじめとする第一世代の指導者（中共第八回中央政治局と常務委員会の構成員を指す）のうち、「大躍進」と「文革」期の政治的粛清と党内淘汰あるいは自然死亡を経て、生き残ったのはわずかに鄧小平、陳雲、葉剣英、李先念の四名だけであると明確に知っている。このほかにも、聶栄臻、徐向前、劉伯承元帥がおり、続いて彭真、薄一波、羅瑞卿、譚震林、ウランフなどの政治指導者が復帰している。ほかに毛沢東の子飼いで彼の秘書や助手を務めた「大秀才」――例えば、陳伯達、胡喬木、田家英、張春橋、姚文元がいたが、この時すでに田家英は亡くなっており、三人（陳伯達、張春橋、姚文元）が失脚し、一人胡喬木だけが残った。彼は中国共産党第八期中央書記局の書記候補であった。こうした人物は毛沢東時代が残した重要な人的資産であった。薄一波を除いて[9]、彼等は新たに中共第十一期中央政治局に入り、鄧小平をトップとする第二世代の指導グループを構成した。もしも彼等の存在がなかったなら、中国の改革はおそらく遅れたであろうし、たとえ発動されたとしても中途で頓挫するか、あるいは道を誤るかのどちらかであっただろう。[10] 歴史の重要な転換期に、彼等は間違いなく人民の多大な期待と歴史の使命に背かなかった。彼等は共に中国の改革を発動し、共に対外開放を決断し、重大な歴史的な役割を遂行した。[11]

第一節　毛沢東の死と華国鋒による「四人組」の打倒

一九七三年八月の中国共産党第十回全国代表大会、中央政治局の中で三つの政治勢力が形成されていた。周恩来と鄧小平をトップとする「穏健派」は、中国共産党が伝統とする健全な主流派を代表し、中国の近代化を領導する勢力である。江青を頭とする「文革頑迷派」は、中国共産党内でも新しい邪悪な少数派を代表し、中国の近代化を破壊する勢力である。二つの対立する二大政治勢力の狭間に位置する「文革受益派」は、[12] 毛沢東自らが入念に配置した「均衡勢力」であり、林彪グループ壊滅後の「政治的空白」を埋めはしたが、やはり「文化大革命」の政治的な追従者であった。この政治構造は、後の変転めまぐるしい中国政治の行く末に影響した。しかし、その最終結果は党心・軍心・民心を誰がつかむかにかかっていた。[13]

一九七五年一月第四期全国人民代表大会第一回会議の後、

周恩来と鄧小平をはじめとする「穏健派」は、より大きな政治的影響力がある（主に国務院）部門を手に入れた。一群の古参幹部が新たに権力を握り、「文革受益派」もまた重用された。五月、江青以下の「文革頑迷派」は毛沢東から厳しい内部批判を受け、王洪文に代わって鄧小平が中央の業務を主管し、「全面整頓」を進め「文化大革命」の誤りの是正を開始した。江青らは一時的に守勢に置かれ、反撃の時期を待つことになった。毛沢東は、甥の毛遠新から鄧小平が文革に不満を抱いていることを知らされ、「右からの巻き返しに対する反撃」を展開することを決意する。まず、中央の政治局内で鄧小平を批判し、自己批判を要求した。しかし鄧小平は、毛沢東が「文化大革命」に対する評価を「三七開（誤り三分、功績七分）」としたことに婉曲な言葉で拒絶した。[14]同時に、毛沢東は「文革受益派」の採用を支持し、三大政治勢力のバランスを図った。

一九七六年一月の周恩来の死去から「四五事件（第一次天安門事件）」に至り、鄧小平は表舞台から降りることになった。葉剣英（中央政治局常務委員・軍事委員会主席）、李先念（中央政治局委員・国務院副総理）の二人も相次いで退任を余儀なくされ、「穏健派」は手痛い打撃を被った。しかし、依然として党政軍において強力な政治権力と広範な人民大衆の政治的支えを維持していた。二月、華国鋒（中央政治局委員・国務院副総理）が毛沢東の指名により国務院総理代行に就き、張春橋（中央政治局委員・国務院副総理・党内序列二位）の総理就任の夢が打ち砕かれた。四月、毛沢東の提案に基づき華国鋒は党第一副主席兼国務院総理に就任、[15]「文革受益派」を代表する人物になり、党中央の指導権の掌握を開始した。そして、王洪文（中央政治局常務委員・中央委員会副主席）と江青（中央政治局委員）の「主席の夢」を打ち砕いた。[16]

江青をトップとする「文革頑迷派」は中央政治局内で一貫して少数派であり、わずかに四人だけであったが、中央政治局常務委員の中では多数を占めた。王洪文と張春橋は共に中央政治局常務委員であり、党中央第一副主席と国務院総理に任じていた華国鋒は中央政治局常務委員ではなかった。このことが権力の不均衡を招き、双方が毛沢東から得た「合法性」のお墨付きを利用し、激烈な政治闘争を尖鋭化させた。四人組は、政治世論と政治的「発言権」を確実に制御しつつ、鄧小平に対する批判と攻撃を継続する一方で、華国鋒政治への挑戦をやめることがなかった。中央政治局の大多数は、「四人組」の問題を合法的な手続きを経て解決したいと願っていた。毛沢東はいまだ存命だが健康状態が悪化していたため、「投鼠忌器」[17]を思い、耐えていた。毛沢東が逝去する前、ただ葉剣英だけがこの道理を正しく理解し、江青ら四人の中央政治局委員への対処は、「投鼠忌器」の態度で臨むべきと話していた。しかし毛沢東が死去すれば、「ネズミ（江青）に投石」したところで、「器物（毛沢東）の破損」はあり得ないと葉剣英は考えた[18]。毛沢東の死去に際して、葉剣英は聶栄臻と何度か協議する中、江青らに対しては「正常な手段では解決できず、それなりの方法を取らなければならない」と認識を共有した[19]。

葉剣英の言葉によれば、毛沢東が逝去した九月九日に召集された中央政治局会議で、江青をリーダーとする「四人組」は党の実権を簒奪しようとし、中央第一副主席・国務院総理である華国鋒に挑戦しようとした。多くの中央政治局構成員と「四人組」との闘争が、白熱化していく趨勢となった[20]。

九月一一日、華国鋒は李先念の住まいを訪れ、「四人組」との闘争が不可避であること、今が解決する時期であることを話した。彼は李先念に、葉剣英と面会し四人組の問題を解決する方法とそのタイミングについての意見を確かめるように依頼した。九月一四日、李先念は葉剣英を訪ね、華国鋒の考えを伝え、このことを検討した[21]。華国鋒は葉剣英、李先念、汪東興等と検討を重ね、「四人組」との闘争は彼我が並び立つことはできず、どちらかが破滅するほかなく、党内矛盾とか党内闘争といった正常な範囲をすでに逸脱している。果断な措置を以って解決するべきである」と認識するに至った[22]。

一〇月六日夜、政治同盟を結んだ華国鋒以下の「文革受益派」と葉剣英以下の「穏健派」が、一致連携して先手必勝の行動に移り、江青を首領とする「文革頑迷派」を一挙に打倒した[23]。その夜の十時、中共中央は政治局の緊急会議を招集し、華国鋒の党主席と党中央軍事委員会主席就任決議を採択した（十期三中全会で追認された）。一〇月七日から一四日にかけて党中央政治局は、中央の党、政、軍の各機関、各省、各自治区、直轄市、各大軍区の責任者らをいくつかに分けて会議に招集し、情況報告に当たった[24]。いち早く上海の政治勢力を掃討し[25]、河北保定地区などの武力闘争を制止する措置を採ったため、大規模な動乱を誘発することもなく全国の情勢は徐々に安定に向かった。一〇月一四日、党中央は「四人組」の逮捕・失脚のニュースを発表した。組織上の手続きから見れば、このやり方は党の第九回代表大会の『党章』第九条の規定にかなっておらず、前例にも反していたが[26]、華国鋒は「党心、軍心、民心」に従った[27]。二一日から二四日、北京はじめ全国各地でデモや集会が挙行され、この偉大な勝利を歓喜と共に祝った[28]。**こうして中国は人々の思惑をはるかに超えた文化大革命を速やかに終息させ、長期の政治的安定期に入った。すなわち、天下は「大乱」から「大治」へと歩みを進めた**[29]。

「四人組」をなぜ一挙に打ち砕くことができたのであろうか。一九八〇年一一月、胡耀邦がそのことについて述べている。彼等は、歴史の発展法則に背を向けていたからである。大衆から浮き上がって孤立していたから、一発の砲弾も必要なく、朽木を引き倒すよりも容易《たやす》く打倒できた。「四人組」は、国家と人民に災いし、人心を得ておらず、早くから見かけ倒しであった。彼等の罪悪の実体を人民は学び、人民は早くから立ち上がり、闘争を始めていた。天安門事件が「四人組」を粉砕するための強大な大衆の礎を打ち固めた。それゆえ、とどのつまり「四人組」を粉砕した一事は、人民大衆の力であり、歴史の必然であり、人民大衆が歴史を前進させた生き生きとした表われである。中央の同志が党心と民心に従い、戦略策略を編み出し、「四人組」を粉砕したことは、党の損失を減らし、功績であった。[30]

　十年にわたる「文化大革命」の内乱は、党と国家に極めて深刻な痛手をもたらした。それは、世界でも最大の執政党の危機、そしてその人民政府がかつて直面したことがない執政の正統性に対する危機であった。無論、それが政治的な痛手であろうと、ある種さまざまな危機であろうと、それらはすべて外部からのあからさまな挑戦に由来があるのではなく、内部の明らかな失敗に由来していた。それは、主として晩年の毛沢東の「指導者個人の誤り」に由来がある。一九三五年の「遵義会議」後の毛沢東と中国共産党の関係は、「成功は汝にあり、失敗も汝にあり（成在汝、敗也在汝）[31]」また「一人が栄えれば倶に栄え一人が落ちぶれれば倶に落ちぶれる（一栄倶栄、一損倶損）[32]」、いわば一蓮托生の関係であった。**「文化大革命」の誤りは、毛沢東個人の誤りであるだけでなく、中国共産党の誤りでもある。したがって、党が毛沢東個人の誤りを糾弾することはできず、毛沢東個人を捕縛することは、むしろ党の名において「天下大乱」を為すことになる。**[33]

毛沢東亡き後、党中央の指導者である華国鋒と鄧小平は、二人とも選択を迫られていた。毛沢東の誤った路線を継続して実行するのか、さらに毛沢東の威信を保つべきか。それとも、毛沢東の誤った路線を正し、毛沢東の評価を新たにするのか。もし前者を選択するなら、党の誤りの是正を先送りするという代価を払うことになり、最終的には人民の利益が犠牲になる。後者の選択なら、党の誤りを終結させ、成功への道が開かれている。しかし、それは毛沢東の威信を大きく損なうことになりかねない。何を捨て、何を取るか、華国鋒と鄧小平の分水嶺であった。しかし、一九六六年の毛沢東と劉少奇との政治闘争とは異なり、中国共産党は鄧小平を選び、鄧小平もまた中国共産党を救うことになる。

　毛沢東みずから発動し、指導した十年（一九六六年から一九七六年）にわたる「文化大革命」が、中国の改革の直接原因となり、また必然の結果であったことは事実である。次のように言うことも可能だ。「文化大革命」がなかったなら、改革もなく、この十年の「天下大乱」がなかったなら、その後数十年の「天下大治」もなかった。前者は後者の根本的な原因であり、後者は前者の必然的な結果である。[34]これは、一九五六年毛沢東が述べたことをなぞっている。**「失敗は成功の母である。**もし、失敗に良いところが何もないとしたら、成功の母となぜ言えるのか。**誤りが多ければ、必ず見返りも多い。**これはマルクス主義である。**〝もの極まれば必ず反《かえ》る〟**、

誤りが山積すれば、光明が近い」[35]。**なぜ、毛沢東晩年の誤りが鄧小平の改革開放という「成功の母」となったのか、**我々はこの毛沢東の言葉から正しく理解することができる[36]。

「四人組」を打倒した後、当然のように華国鋒が党と国家の最高指導者になったが、その中で中央政治局常務委員葉剣英元帥が重要な働きをした[37]。**当時、党の全国代表大会と中央委員会全体会議が招集されていない状況であったが、彼は軍を代表して華国鋒を最高指導者として推戴し、華国鋒の一切の指示に従うことを公にしていた。**一九七六年一〇月三一日、『人民日報』が、『解放軍報』編集部の「華国鋒同志は、指導者の栄誉に恥じない」という文章を転載し、華国鋒を「中国共産党の英明な指導者」として扱っている[38]。さらに一一月九日、『解放軍報』編集部の「華国鋒同志が我が党の指導者であることは、毛主席の英明な決断である」との記事を『人民日報』が転載している[39]。一一月一五日から一九日まで開催された全国宣伝工作座談会において[40]、宣伝工作のための三つの要点を定めた。そのうちの一つが華国鋒の宣伝を強調している。一一月二三日、『人民日報』が『解放軍報』編集部の文章「すべての行動は華主席をリーダーとする党中央の指揮に従う」を転載している[41]。

一九七七年二月、党理論誌『紅旗』に中国共産党湖南省委員会が、「華国鋒同志は毛主席の革命路線の卓越した継承者である」を発表し、称賛している。毛主席が我々の党と国家のために最も素晴らしい後継者を選んでくださったことに我々は感激している。毛主席は華国鋒同志に限りない信頼を置き、華国鋒同志は県、地区、省で全面的な工作経験があり、また中央での工作の経験もあると称賛している[42]。党湖南省委員会第二書記の張平化は組織活動に専念する際、「人民の英明な指導者」華国鋒、と率先して称揚している[43]。張平化は、華国鋒主席は偉大な領袖にして指導者である毛沢東主席の優秀な学生であり、毛主席自ら育成に当たり、自ら選抜し、自ら配属なされた最もすばらしい後継者である、と褒め称えている。同時に、華国鋒を「英明な領袖」であるとして「一九三五年の遵義会議で確立した毛沢東の領袖の地位」と並び論じている[44]。

三月の『紅旗』で、論説員が「毛主席の旗の下、華主席としっかり歩調を合わせ、勝利を前進させよう」という文を発表している。英明な領袖である華主席は、毛主席の偉大な旗を高く掲げ、毛主席の革命路線を断固として遂行し、守り抜いている。華主席は毛主席の後継者であり我が党の領袖であることは、毛主席が生前に下した英明な決断であり、全党が彼を必要としている。軍隊が彼を必要とし、人民が彼を必要とし、プロレタリア階級の革命事業が彼を必要としている。華主席が舵を執り導いてくださるなら、我々の革命事業の勝利を阻むものはない[45]。

四月二日、中国共産党弁公庁が中央宣伝部門[46]の「宣伝における当面の要点」を伝達した。華主席は、毛主席の優秀な学生であり、優秀な後継者であることを宣伝しなければならない。毛主席の偉大な旗を、彼は継承し、高く掲げ、しっかり守っている。華主席の要諦を把握し国を治める戦略と決定を宣伝しなければならない[47]。

八月一三日、中国共産党第十一回全国代表大会で葉剣英が『党規約改正に関する報告』で次のように、正式に表明した。「華国鋒は、毛主席の優秀な学生としてまた優秀な後継者として恥じることのない、我が党と我が人民の英明な領袖、我が軍の英明な統帥者となった。華国鋒同志は、毛沢東自らが選んだ後継者であり、政治、経済、軍事、文化の仕事を全面的に指導する才能を持っている。**華主席は必ずや、毛主席が切り開いたプロレタリア階級の革命事業をたゆまず前進させ、我が党、我が軍そして我が各民族の人民を領導して、勝利のうちに二十一世紀へ躍進させてくれる**[48]」。

華国鋒は毛沢東自らが選定した後継者であるから、毛沢東の三つの最高指示をその正統性の根拠とした[49]。**いわゆる「既定の方針通りにやる」ことは、「文化大革命」時期の毛沢東の誤った路線を華国鋒が引き続き堅持していくことであり、毛沢東路線の「守護神」となることである。これは、華国鋒が必然的に中国政治の舞台で過渡期の人物になることである**[50]。**「あなたがやれば、私は安心だ」という言葉が、党中央委員会主席と中央軍事委員会主席を華国鋒が引き継ぎ、就任するための唯一の正統性の根拠である。ただ、これは毛沢東一人の選択に過ぎず**[51]**、中国共産党全体の選択ではない。華国鋒が、毛沢東晩年の誤った路線に固執すればするほど、彼が舞台から降りる時が早くなる。華国鋒が、我が党、我が軍そして我が各民族の人民を領導して、勝利のうちに二十一世紀へ躍進させてくれる最高指導者となることは不可能であった。**

一九七七年一月、三月開催予定の中国共産党中央工作会議に向けた講話を起草している時、華国鋒が草稿スタッフに「二つのすべて」の観点を書き入れるように示唆を与えた。二月三日、中央弁公庁副主任の李鑫が、華主席の講話の草稿を進めるには、まず社説に、華主席の講話の「毛主席の旗を高く掲げる」内容を書き入れ、発表する必要があるという汪東興の指示を草稿スタッフに伝えた。華国鋒の意を受けたこの社説は、汪東興グループの審査を経て華国鋒に報告され許可された[52]。二月七日、党機関紙『人民日報』、軍機関紙『解放軍報』、党理論誌『紅旗』に社説「文書をよく学習し、綱要をしっかりつかもう」が掲載され、それは華国鋒が提案した「二つのすべて」の原則を代表している。すなわち、「『すべて』は毛主席が下した決定であり、我々はみな断固としてこれを擁護するのであり、『すべて』は毛主席の指示であり、我々は終始一貫してこれに従う」というのである[53]。これは、華国鋒が毛沢東自ら指定した後継者であると公に表明したに等しく、毛沢東晩年の政治的誤謬を極力維持することが本分であり、毛沢東の誤った路線の断固たる実行は、決して変えることができないことの表明である。これは明らかに古い道であり、華国鋒にしてみれば全面的な継承であって根本を改変せず、すべてが丸写しであって新しいものを取り入れることではない。そうしなければ行き詰まってしまい、古い道を歩くことができない。

「文化大革命」の終結後、中国は何処に向かって進もうとしたのか。最高指導者である華国鋒の施政綱領はどのようなものであったのか。

華国鋒は、一九七七年一月一日党機関紙『人民日報』、党理論誌『紅旗』、軍機関紙『解放軍報』の「勝利に乗じて前進しよう」という元旦の社説で、四項目の戦闘任務を提起している。すなわち、「四人組」の罪を暴き批判する偉大な大衆運動を深く掘り下げ展開しなければならず、党の建設を強化し、マルクス主義思想教育運動を全党で推進し、農業は大寨に学び、工業は大慶に学ぶ大衆運動を深く掘り下げ展開し、国民経済の向上に努力しなければならず、マルクス・レーニンと毛主席の著作を学習する大衆運動を一歩進めてさらに高揚しなければならない。[54]

華国鋒は、**「要諦を把握して国を治める」方針**を提起し、こう述べている。「四人組」の罪を暴き深く掘り下げて批判することが、それぞれの仕事での要諦であり、この要諦をしっかりつかんでこそ国家は日増しに天下大治に向かうのである。彼は、「四人組」を暴露し、批判し、精査する運動の指導方針と具体的な手順を提起した。指導方針とは、毛沢東思想の偉大な紅旗を高く掲げ、毛主席の遺志を継ぎ、毛主席が「四人組」を批判した一連の重要な指示を公にすることである。「四人組」が修正主義に走り、分裂を画策し、陰謀詭計をめぐらし、党と国家の指導権の簒奪を図った愚かさを暴き出すことである。

「要諦を把握して国を治める」理論的な基礎はどのようなものであるか。一九七七年四月二日、中国共産党中央弁公庁が中央宣伝部門の「当面の宣伝の要点」を発布した。それは、華主席の要諦を把握して国を治める戦略決定策が、プロレタリア階級独裁の下での革命の継続と党の基本路線に関する毛主席の偉大な理論の具体的な実践の表れであると表明している。[55]四月一一日、『人民日報』が社説「要諦を把握して国を治める戦略決定策を全面的に実行しよう」を発表している。四人組を打倒した後、華国鋒主席は党中央を代表して全国に向け、要諦を把握して国を治める戦略決定策を提起した。「おかげで我が国は、日を追って天下大治に向け歩みを進め、本年（一九七七年）はっきりとした成果を勝ち取り、三年後（一九七九年）大いなる成果を見るだろう。[56]」いわゆる「要諦を把握する」とは階級闘争をしっかり把握することであり、四人組の運動を暴き批判する一方で、「右からの巻き返しを反撃する」ことを深く掘り下げ展開し、鄧小平の復活を阻むことである。**これが「二本の手で喧嘩をする」政治綱領である。**いわゆる「治国」の方針とは、「文化大革命」期の発展方針であって、農業の面では「大寨に学ぶ」ことを継続する一方で、工業の面では「大慶に学ぶ」ことを継続することである。華国鋒は第五次五カ年計画の期間中に、全国の三分の一の県が大寨県となり、三分の一の企業が大慶式の企業となることを要求した[57]。これは、「二本の手で生産をしっかりやる」経済綱領であって、新しい発想が少しもない「文化大革命」式の古臭いやり方だった。

八月、華国鋒は党の第十一回代表大会の報告で次のように述べている。現在、「四人組」を打倒したので、我々は毛主席の指示に従い、安定団結を実現し、天下大治に到達した。こうして、十一年を経たわが国最初のプロレタリア階級文化大革命は、「四人組」打倒が標識となり、勝利宣言のうちに終息した。華国鋒は、第十回代表大会の政治路線と組織路線はすべて正しいと考えていた。これは、華国鋒が毛沢東の「文化大革命」路線を継承、実行しようとしていることを意味している。彼は、毛沢東が発動した「文化大革命」の誤った理論と政策とスローガンを依然として肯定しており、高い評価を与え、同時に「文化大革命」を今後何度も繰り返す必要があると発言している[58]。華国鋒は、毛沢東自らが選んだ後継者として、脇目も振らず、毛沢東の既定路線と方針を実行するのである。彼の言葉を借りるなら、これは「決して疑いのない、揺るぎのない、明確なことである[59]」。

言うまでもなく、これは閉鎖的で硬直した「古い道」、すなわち「毛沢東亡き後も毛沢東晩年の誤った路線」が続くことであり、中国共産党にとってはむしろ「死の道」である。「文化大革命」の主要な受益者であり擁護者である華国鋒が「文化大革命」を是正しかつ否定することは不可能であり、華国鋒が毛沢東晩年の誤った路線を糾すことも不可能であり、その上さらに華国鋒による改革は不可能であると、証明している[60]。

必要なことは、「乱世を治め正常な世に戻す」こと、つまり林彪を排除し、「四人組」による破壊を糾すことであり、それは毛沢東同志が晩年に犯した誤りを批判することである。それは、あらためて毛沢東思想の正しい軌道に回帰することであり、一九五六年の党第八回代表大会で示された社会主義の全面的な建設の任務にもう一度復帰することであり、同じく党の第八回代表大会で制定された『党章』が規定する党内とりわけ党中央における健全な政治生活を新たに取り戻すことである[61]。**最も重要なことは、新しい道を探し出し開拓することである。すなわち改革開放の道であり、これが「活路」である。そのためには、改革の指導者が文革の指導者と交代することが必要であり、鄧小平と陳雲が中国の政治の舞台にもう一度登場し、華国鋒と汪東興と代わることが必要とされた。改革の指導者である鄧小平と陳雲が、お互いを支え合い**

歩調を合わせて、「文革」の指導者である華国鋒と汪東興にどのようにとって代わったのか、見ていくことにする。

第二節　鄧小平の「政治的出山」

驚くべきことに、鄧小平の再びの登場を毛沢東が予言していた。遡ること一九六六年七月八日、毛沢東は「江青に宛てた手紙」で予言している。私の死後、中国に、もし反共右派の政変が起きたとしても、彼等は安泰どころか短命に終わると私は断言する。なぜなら、人民の利益を代表する九割以上の革命家が容赦しないからだ。右派は私の言葉を利用していっときは羽振りが良くなるが、左派も私の言葉の組み合わせを利用して、右派を打倒するだろう。[62]

当時、右派の代表人物が間違いなく鄧小平であると、毛沢東は知らなかった。というのもその時、鄧小平は中央政治局の常務委員でもあり、党中央の総書記を任じていたからだ。同年一〇月鄧小平は、劉少奇と共に中央工作会議で自己批判をさせられ、政治的に批判された非主流派であった。一九六九年、汪東興は毛沢東の指示の下、鄧小平を江西省に下放させた。実質的には、鄧小平を保護したのである。一九七一年の「九・一三」事件（林彪事件）後、毛沢東が政治的勝利を手にしたにせよ、彼本人が受けた衝撃は極めて大きく、危うくマルクスに会いかねないほどの非常に大きな代価を払った。[63]

一九七三年、毛沢東はもう一度鄧小平を傍に置くことを決断した。一九七五年一月、鄧小平は国務院を取り仕切り、五月には中央の日常的な業務を采配し、「全面整頓」を展開し「文化大革命」の誤りを糾していた。改革の「予行演習」である。しかし毛沢東は、鄧小平が「文化大革命」を否定することを容認できず、余命わずかの段階で生涯最後の政治運動——批鄧、右からの巻き返しに反撃する運動を発動した。「天安門事件」が爆発的にもりあがっている時、中央委員会全体会議、人民代表大会そして常務委員会も召集されない状況下で、毛沢東は個人的に鄧小平を党内外の一切の職務から解任し、党籍は残したままその後の改悛を観察する処分を下した。しかし、この一連の出来事が鄧小平と「全面整頓」を、全党、全軍、全国、ひいては全世界に知らしめることになった。

「四人組」の失脚が鄧小平復活の直接原因となった。鄧小平は江青にとって政治上の不倶戴天の敵であり、江青は鄧小平を死地に追いやることを望んでいた。一九七六年四月六日、江青は毛沢東に「天安門事件」の報告を行い、鄧小平の党籍を剥奪することを提案したが、毛沢東は態度を明らかにしなかった。[64]毛沢東は鄧小平の党籍をそのままに経過を観察することを主張した。後に、「四人組」は鄧小平が「天安門事件」の黒幕であると誹謗中傷し、大衆が鄧小平を攻撃し、捕まえようとしていると言いつのった。汪東興が直ちに毛沢東に報告したが、毛沢東は攻撃も捕まえることもできないと答えた。

汪東興は毛沢東の指示に従い、鄧小平を安全な場所へ移し保護した。汪東興が鄧小平を二度守った。

九月九日毛沢東が死去したその夜、中国共産党中央政治局が会議を開き、毛沢東の葬儀の段取りを話し合った。江青は、中央政治局に後顧の憂いを絶やすため鄧小平を排除することを強力に要求したが、すぐさま華国鋒、葉剣英により断固として阻止された[65]。

一旦「四人組」が失脚してしまうと、鄧小平が受けた政治的迫害と罪状は彼特有の政治資産と社会的名誉と見なされた。彼が中国政治の表舞台に再登場し、ポスト毛沢東時代における党中央の指導の核心となったことは歴史の必然である[66]。

鄧小平の復活の是非をめぐって、一九七六年から一九七七年にかけ、党中央内部の高いレベルで激烈な政治闘争が展開され、政治的駆け引きが何度も繰り返された。一九七六年一〇月以降、党中央政治局内部では三つの政治勢力が二大政治勢力に変化していった。一つは、華国鋒をトップとする「文革受益派」であり、毛沢東晩年の路線を継続し、しばらく政治的にも世論的にも優勢であり主動的地位にあった。もう一つは、葉剣英をトップとする「穏健派」であり、**「文化大革命」の終息を求めるだけでなく、さらに「文化大革命」を否定し、毛沢東晩年の政治路線を根本的に改変しようとした。彼等「穏健派」は、政治のほとんどの領域を掌握し制御下においていた。党内、政府内、軍内部で政治的に優勢にあり、全力で鄧小平を推戴し、鄧小平の「政治的復権」を推進していた。**この時、鄧小平のカムバックに影響を与え、それを阻んでいた最大の障害はもはや江青以下の「文革頑迷派」ではなく、華国鋒以下の「文革受益派」であった。彼等は党中央政治局内で相当な比重を占めていたが、党全体では少数派であり、優勢にあった「穏健派」と政治的な駆け引きを繰り広げていた。ただし、闘争の性質は「四人組」とのそれとはすでに様相を異にしていた。かなりな程度で平和的でもあり、かなり複雑でもあった。この時の闘争の焦点は、鄧小平復帰の是非にあった。

一〇月七日、党中央副主席、（唯一の）中央政治局常務委員、中央軍事委員会副主席である葉剣英元帥（「穏健派」の代表）が中央政治局内で率先して鄧小平の復職を提案した。「同席の同志の方々はいつまでも彼を恐れているわけではあるまい。彼が政治局に加わり、仕事に戻ったとしても我々にとやかく言うだろうか。」と葉剣英が発言すると、李先念（当時、中央政治局委員と国務院副総理に就いていた）がすぐさま賛成を表明し、鄧小平同志はできるだけ速やかに仕事をするべきだとした。しかし、華国鋒は終始態度を明らかにせず、答えざるを得なくなると、「水が流れてくれば自然と溝ができる（条件が整えば物事は自然と成就する）」と発言した[67]。葉剣英の建議は中央政治局で受け入れられなかった。葉剣英は鄧小平の境遇に配慮して、適時、彼に党中央の決定を知らせていた。[68]

当時、中央政治局委員だった呉徳が別の発言をしている。「鄧小平同志の問題に関して、（中央）常務委員の方々が議論したことを覚えている。（一九七六年）一〇月、華国鋒は第一回政治局会議の席上で、三つのことを宣言している。**第一条は、鄧小平に仕事に出てきてもらうこと、第二条は、中央会議に正々堂々と出るべきであること、第三条は、鄧小平復帰のための大衆への働きかけをきちんやるべきこと——である**。その後、李先念の提案に従って、彼と陳錫聯（当時、中央政治局委員、中央軍事委員の工作を担当、国務院総理、北京軍区司令員）の三人で鄧小平を訪問し、党中央が彼の復職を願っていると伝えている。とりわけ李先念が、『少なくとも、元の官職に復帰してほしい』と言っていた」[69]。

当時、王洪文と張春橋はすでに逮捕されていたから、その時の中央政治局常務委員はただ一人しかおらず、それが葉剣英であり、華国鋒は中央常務委員ではなかった。呉徳が「常務委員の方々」と言っているのはおそらく、華国鋒と葉剣英とが交わした政治協議を指している。そのことは、後の事実もはっきり示している。**華国鋒もまた、この協議を履行しているのだ**。

一〇月一二日、中央委員であった胡耀邦が人を頼んで、華国鋒と葉剣英に三つの言葉を伝えている。「一つは、批鄧をやめれば民心が晴れる。二つ目は、冤罪を改めれば民心が晴れる。三つ目は、生産を全力でやれば民心が花の開くように爽快になる」[70]。**胡耀邦の三つの言葉は、事の要点を明確にしている。それは、あたかも三国志の「隆中の策」に比肩し、毛沢東後の「治国綱領」を述べた正しく透徹した知見であり**、党心、軍心、民心を十分に反映し代弁していた。三つのうち、最後の生産の問題について比較的容易に共通の認識を形成できるが、前の二つの問題を解決しようとすると、毛沢東晩年の誤りと「文化大革命」の評価に直結する。[71] これは迂回することも逃げることもかなわないが、華国鋒にしてみれば解決不可能な問題であった。**中国国内で、中国共産党内で誰が指導するのか、そしてどのように指導するのか**。これは人心を大切にしなければならず、**党員に順であれば成功が待っており、人心に逆であれば失敗が待っていることである。歴史は一貫してこうであった**。

一〇月一八日、陳雲が李先念の求めに応じて党中央宛てに六項目の意見を提出した。一、反「四人組」の文書をしっかりと書かなければならない。主席死去後の四週間に採られた施策の理由の説明に重点を置くべきだ。二、革命に力を入れ、生産を促進し、仕事を促進し、戦闘準備を促進すること。三、各省・各市の党委員会の仕事を支持すること。四、地方の政治局委員は、北京で政治局会議に常に参加し、仕事をするべきこと。五、時機が熟する時を待って、三中全会召集の準備をすること。六、党の作風を回復すること。[72] そのうち最も重要な提言は第五条である。なぜなら、九期中央政治局常務委員会はわずかに葉剣英一人を残すだけであり、中央政治局委員は一九七三年当時の二十一人から十二人まで縮小していたからである。

一〇月一八日、陳雲が李先念に宛てた書簡で、「今年四月の天安門事件の真相を再調査すべきである。当時の大多数の人民は周総理を悼んでいたのであり、特に気にかけていたことは誰が後継者なのかということだ。集まった群衆の中で悪人はごく少数であった。「四人組」がこの事件に関して陰謀がなかったのかどうか調べるべきだ[73]」と書いている。

一一月から一九七七年七月までの間、北京市は天安門事件で拘束された三〇〇人余り、全員を釈放した。しかし、この事件の名誉回復を宣告することはなかった[74]。

一〇月二六日華国鋒は、葉剣英以下の「穏健派」による政治的圧力に反応した。彼は、中国共産党宣伝部門の責任者である耿飈らに四項目の指示を出し、集中して「四人組」批判をやり、ついでに批鄧もやるべきである。「四人組」路線は極右路線である。毛主席が話されたことがすべてであり、毛主席が同意したことがすべてであって、批判する必要はない。天安門事件に触れてはいけない、とした[75]。一一月中旬、全国宣伝工作座談会が開かれ、「批鄧」を継続するべきであり、天安門事件を見直すことはできないことが提起された[76]。当時の華国鋒も両面作戦を採っていたと言うべきである。「四人組」を批判する一方、鄧小平批判を継続していた。前者は「四人組」を打倒した直接の結果であるが、後者は毛沢東による批鄧の指示を継続実行することであった。だが、「ついでにやる」という言葉を用いたのは、「四人組」批判に重点があり、鄧小平批判はすでに重要ではなくなったというのだろうか。これは互いに矛盾した闘争である。前者は人民の心を深くとらえたが、後者は人民の心から乖離していた[77]。この種の不満が社会に拡散するスピードは速い。政治の中心的な話題になり、注目が集まった。

一九七七年一月上旬、周恩来没後一周年をはさんで、人民が再び自発的な紀念活動を挙行した。北京市では、李冬民らの青年たちが長安街に大字報（壁新聞）を貼り出し、鄧小平の復帰と「天安門事件」の無罪を公に要求した。しかし、「文革受益派」の重要人物である呉徳（当時、中央政治局委員、党の北京市第一書記、北京市革命委員会主任）が、法律手続きを経ることなく、李冬民等を反革命罪で逮捕することを認めたのである。こうしたやり方は、一九七六年の「四・五」事件と軌を同じくするやり方であった。

もし、鄧小平の政治的復権に華国鋒が反対しているのが策略であって、「已むを得ずしている」というなら、鄧小平の政治的復権に真に反対している主要人物は汪東興である。一一月一八日、汪東興は党中央が招集した宣伝工作会議の席上、次のように発言している。「鄧小平の問題に関して、毛主席に四号文書がすでにある。四号文書はどうであれ正しく、毛主席の指示である。鄧小平は『文化大革命』をやはり理解しておらず、三つの正しい対応をやり損っている。[78]去年（一九七五年を指す）の一〇月過ぎに、毛主席は鄧小平の誤りに気付いた。しかもその誤りは重大であり、元からそうであった。毛主席は鄧を見限り、華国鋒を選んだ。鄧小平の重大な誤りは天安門事件へ発展した。鄧のやり方と来たら、華国鋒にはるかに及ばない。（毛主席）は鄧小平を試したが、駄目だった。現在、鄧小平の問題は敵と味方の矛盾として区分けしてもいない。誰が区分けするのか。彼の改悛の様子を観ているところだ」。汪東興は、党内でも極めて特殊な人物である。党の中央弁公庁主任であったため、毛沢東個人に長らく仕え、党の高次元の機密を熟知していた。汪東興はかつて中国共産党宣伝部門の会議で、「現在、『文化大革命』の全過程を把握しているのは、ただ一人私だけだ。毛主席自筆の指令原稿を私は全部持っている」と自分で言っている。これは**彼が、高齢のため病気がちで執務に耐えない毛沢東の黒幕であったばかりでなく、弱小勢力の領袖であり温厚実直な華国鋒の黒幕であった**ことを示している。たとえ彼が、毛沢東の指示に従って鄧小平とその家族を何度も保護したとしても、[79]彼は鄧小平が政治に復帰するその政治的意味を深く理解しており、反対を唱える主要な人物であった。こうしたことは、毛沢東の政治的な必要性から発生しただけではない。保身という彼の個人的な必要性から生じたことである。

一一月三〇日、第四期全国人民代表大会の第三回会議で、『四人組』批判を批鄧と結び付けなければならない」と呉徳が提議している。[80]

非常にはっきりしていることは、毛沢東が後継者に指名した華国鋒と毛沢東が最も信頼した汪東興、その二人の決意が、毛沢東晩年の誤った路線の継続と実行、鄧小平批判の継続、右からの巻き返しに反撃することにあったことである。華国鋒を戴く「文革受益派」と葉剣英以下の「穏健派」の闘争は「針先を突き付けあう鋭い対立」であったが、「食うか食われるか、生きるか死ぬか」の闘争ではなかった。後者が「一歩一歩地歩を固めて前進」すれば、前者が「一歩一歩後退」するというように、比較的穏やかな政治的駆け引きを繰り返していた。

一九七七年初頭、あるレセプションで李先念が発言している。「毛沢東は、管理に関することで鄧小平が間違いを犯したと確かに批判している。しかし、『四人組』が鄧小平を批判することには全く根拠がない。彼等は罪名をでっち上げて鄧小平に反対している。これらすべてをはっきりさせる必要がある」。[81]

三月一〇日から二二日まで開催された中央工作会議の前後、鄧小平の問題が両派の闘争の焦点となった。会議の前、華国鋒と葉剣英の意見は違っていた。三月七日、葉剣英が新たに中央軍事委員の仕事を取り仕切ると中央からの通達があった。起草会議報告時に、**鄧小平について表現の仕方を改めるように葉剣英からの要求が出された。それは、鄧小平の早期の復帰を有利にするためだった。葉剣英は、「天安門事件」は冤罪であり、反革命的事件ではない。速やかな名誉回復が必要だと、表明した。**華国鋒は葉剣英の正しい意見を受け入れようとせず[82]、発言者はこの二つの敏感な問題に言及しないことを望むと釘を刺している。会議終了後、葉剣英は引き続き働きかけ、鄧小平の党中央への職務復帰を粘り強く要求した[83]。

陳雲（当時、中央委員、全国人民代表大会常務委員会副委員長）**が党内で率先して華国鋒を挑発し、鄧小平の職務復帰が必要だとはっきりと提起している。**三月一三日陳雲は、党の中央工作会議の上海代表団と書面を正式に交わし、鄧小平同志と「天安門事件」は無関係である。**中国革命と中国共産党は、鄧小平同志が再び党中央の指導的な仕事に参加することを求めており、それは全く正しく、全く必要であり、私はそれを完全に支持する、**と指摘している[84]。陳雲は鄧小平の「政治的復権」に極めて大きな支持を与え、率先的な役割を発揮している。ほどなくして、鄧小平もまた陳雲の「政治舞台への登場」に重要な働きをした。

当時の陳雲の書面による発言は中央工作会議の短信に掲載できなかったが、「投じられた一石が千の波を起こす」ように、直ちに党内「穏健派」の積極的な反響を引き起こした。三月一四日、中央委員、国務院副総理の王震が、鄧小平同志に党中央の指導工作に参加してもらうように提起した。彼は、鄧小平が一九七五年中央と国務院の仕事を主宰し極めて大きな成果を上げたことを称揚した。鄧小平の政治思想は立派で、その才能は得難い。このことは毛主席が話しており、周総理が伝えている。鄧小平は「四人組」との闘争の先頭に立ち、「四人組」はあらゆる手段を講じて、卑劣にも彼を陥れた。現在、全党、全軍、全国人民が、彼の早期復帰と党中央の指導工作に参加することを熱烈に望んでいる[85]。この建議に対して、中央委員である耿飈、王錚、姚依林などが明確に支持する態度を表明している[86]。葉剣英、李先念が彼等の建議に賛同を表している。

華国鋒は、上述の党中央内部の強い要望や多数の意見に何らかの答えをしなければならなくなった。三月一四日の中央工作会議全体会議での彼の講話である。「批鄧と右から巻き返しに反撃することは偉大な指導者毛主席が決めたことであり、批鄧は必要である。「四人組」を打倒した後、党中央は当時、「批鄧、右からの巻き返しに反撃する」といったスローガンを継続して掲げなければならないと決定している。これは繰り返し検討されたことだ。このようにやったから、「四人組」と党内・その他の残りの反革命勢力がこの問題を利用して、反革命的扇動を進めるいかなる口実をも根本から打倒したのだ[87]」。このように華国鋒は、「二つのすべて」を堅持するつもりであること、毛沢東晩年の誤った路線を堅持するつもりであることを表明した[88]。彼はさらに、中国共産党北京市委員会が差し出した「李冬民反革命事案」を材料としてでっち上げ、次のように主張している。すなわち、このような一つまみの反革命分子がいるが、彼等の反革命の策略は、まず、鄧小平同志の復帰の旗印を引き倒し、党中央に態度表明を迫り、然る後、毛主席の遺志に我々が背いていると攻撃することにある。それによって党中央の転覆を扇動し、「四人組」の評価を覆すために王洪文の登壇を確保するつもりである。それゆえ、もし我々が急いで鄧小平同志を復帰させたなら、階級の敵の思うつぼであり、「四人組」の罪を暴いて摘発する闘争の大局が混乱しかねず、また我々が受身の立場に追い込まれかねない[89]。明らかにこの主張は、捏造された虚構であり、人々の耳目を覆い隠すものである。華国鋒は、全党に向けて「天安門事件」のような一部の問題を再び議論の俎上にあげないことを要求している。彼は、「人民大衆は、周総理に哀悼の念を表すために清明節に天安門に赴いたのであって、これは人の情理にかなっている」と認めている[90]。しかし、彼はさらに一歩引き下がって、調査の結果、鄧小平同志は天安門事件にまったく介入していないと表明している。鄧小平の問題は当然解決しなければならないが、しかしそれには段取りというものが必要であり、プロセスを経る必要がある。適切な時期になりさえすれば、鄧小平同志に仕事をしてもらうことは可能である。中央政治局の意見としては、党の十期三中全会と党の第十一回代表大会での正式な決定を待って、鄧小平同志に復職させるつもりである。このようにやることが、比較的妥当である[91]。

華国鋒は当時、中国共産党中央委員会主席であり、名義上は最高指導者であったが、三つの致命的弱点を持っていた。一つは、党章によれば党の中央主席は、中央委員会全体会議の正式な選挙を経る必要があり、三中全会で多数の中央委員会構成員の同意と追認が必要である。二つは、彼は鄧小平の復職に反対する政治的態度をとったが、それは当然ながら「衆矢の的」となり非難が集中した。これは、人心に背いた「四人組」に対処した場合と大いに異なっていた。また衆望を集めている陳雲、王震などの革命第一世代の面々に対応する場合も、毛沢東のように「一言発すれば九鼎より重い」というわけにいかなかった。三つは、党内における華国鋒の政治的盟友は汪東興であり、加えて紀登奎、陳錫聯等の「文革受益派」であった。汪東興は中央の公安部門の責任者であっただけでなく、人を陥れる術に長けていて深く恨まれていた。**華と汪は、中央委員会のなかで孤軍奮闘し、華本人は孤立無援の指揮官にすぎなかった。**この三つの弱点のために、彼は「穏健派」の強大な政治的圧力に押され最初の政治的譲歩を余儀なくされた。「一度退けばさらに退からさるを得ず」、「ずるずると敗退せざるを得なかった」。

中央工作会議が終了してほどなく、政治的な敏感さにすぐれ、かつ豊富な政治経験を持つ鄧小平はすぐさま適切な政治的反応を見せた。四月一〇日、鄧小平は華国鋒、葉剣英ならびに党中央に手紙を送り、次のように書いている。党中央が、天安門事件と私が無関係であると明瞭にしてくれたことに私は感謝申し上げる。華主席が講話の中で、昨年の清明節で広範な人民大衆が天安門で取ったすべての行動は情理にかなっていると肯定したことを特にうれしく思っている。私個人の仕事について、何をするのか、いつ仕事を始めたらよいのか、党中央の考えと処置にすべて従う意向である。彼はまた次のように提案している。もし中央がかまわないと認めるなら、私はこの手紙と昨年一〇月一〇日の手紙[92]を印刷し、党内の皆さんに配布したい[93]。

華国鋒と葉剣英等は、鄧小平の書信を党内に公表するという鄧小平の建議に同意し、同時に若干修正意見も提示した。すぐ後、汪東興と李鑫が華国鋒の依頼を受けて鄧小平を訪ねたが、鄧小平は四月一〇日の書信の修正に応じなかった。華国鋒等は、以後この要求を持ち出すことはなかった[94]。

この時の鄧小平の政治に対する抱負は相変らず雄大であり、勇み立つ心を抑えながら、あらためて中国政治の舞台に登壇する準備をしていた。毛沢東後の中国は、まさに行き先を見定めがたく彷徨していた。中国は一体、何処へ向かうのか。歴史が彼を必要とし、歴史が彼に呼びかけていた。葉剣英が華国鋒に行った提議に従って、五月三日の中国共産党中央委員会が全党に向け、鄧小平の手紙を公開した。すぐさま党内で政治的共鳴と政治的支持が広がった。これは、鄧小平が政治の舞台に再度復帰する重要なシグナルが発せられたに等しかった。

何度も政治的駆け引きの応酬がなされ、鄧小平がついに「山を下り政治の中枢」に再び戻ってきた。これ以降、彼は中国改革開放の「総合プロデューサー」となった[95]。七月一七日、十期三中全会は、『鄧小平同志の職務復帰に関する決議』を全会一致で採択し、鄧小平は党中央委員、党中央政治局委員、常務委員、党中央委員会副主席、中央軍事委員会副主席、国務院副総理、中国人民解放軍総参謀長の職務に復帰した[96]。七月二三日、『人民日報』、『紅旗』、『解放軍報』が社説を載せ、「毛主席は早くから、鄧小平同志を明確に、全面的に高く評価していた。この度、鄧小平同志が党内外の一切の職務に復帰することを全会一致で決定したが、これで広範な党員と人民大衆の願いが実現したのである」と書いている[97]。これは実事求是の考え方であり、党心、軍心そして人心の反映である。この決定は、一九七六年四月七日中央政治局で採択された『鄧小平の党内外の一切の職務からの解任に関する党中央の決議』からわずか十五カ月しか経っていない。当時の会議には、政治局委員であった鄧小平、葉剣英は参加しておらず[98]、またこの決議は『党章』の中央委員、中央政治局委員と常務委員の免職規定に符合していなかった。この権限は中央委員会全体会議と全国代表大会に属していた。

全体会議は、『華国鋒の党中央委員会主席、中央軍事委員会主席就任追認に関する決議』を採択したが、華国鋒が第十期中央政治局常務委員に正式な選挙で選ばれたのではなかった。また、『王洪文、張春橋、江青、姚文元の党籍の永久剥奪に関する決議』を採択した。第十一回全国代表大会の繰り上げ招集も決定された。

八月一八日、鄧小平は十一期一中全会で、党中央政治局委員、常務委員、党中央委員会副主席、党中央軍事委員会副主席に選ばれ、華国鋒、葉剣英に次ぐ党内序列三位となり、李先念が第四位、汪東興が第五位になった。中央政治局常務委員会の構成が新しく三対二となった（表3－1）。**最も重要なことは、党の指導体制が集団指導による決裁システムとなったことであり、例えば一人一票、多数決による投票制となったことである。これは、毛沢東一人の決裁システムが終わったことを意味し、新しい政治展開の論理が形成されたことを意味している。改革の指導者が文革の指導者に交代した政治的な起点である。**陳雲は当時、鄧小平の原則を堅持し、闘争の戦術を研究する姿勢を支持していた。彼は鄧小平にかつて話したことがある。「あなたは問題にぶち当たると、戦うべきなら必ず戦うし、勝ち目がない時は、順番を決め、再び戦うように覚えている[99]」。

一九七八年三月、第五期全国人民代表大会第一回会議で、鄧小平は序列第一位の国務院副総理に任命された。三月一〇日、華国鋒総理は国務院第一回会議で国務院指導体制の分担について公表し、鄧小平が華国鋒を協力補助しながら国務院の仕事全般を指導し、外交、科学と教育面も取り仕切ると宣言した[100]。

表3-1　中央政治局常務委員　構成の変化（1977～1981年）

時　期	会　議	中央政治局常務委員
1977年　8月	十一期一中全会	華国鋒（主席）、葉剣英、鄧小平、李先念、汪東興（合計5人）
1978年12月	十一期三中全会	華国鋒（主席）、葉剣英、鄧小平、李先念、汪東興、陳雲（合計6人）
1980年　2月	十一期五中全会	華国鋒（主席）、葉剣英、鄧小平、李先念、汪東興、陳雲、胡耀邦（総書記）、趙紫陽（合計8人）
1981年　6月	十一期六中全会	胡耀邦（主席、総書記）、葉剣英、鄧小平、趙紫陽、李先念、陳雲、華国鋒（合計7人）

資料出典：李穎編『第一回全国代表大会から十六回全国代表大会まで』（下巻）、北京、中央文献出版社、2003、988～1000頁。

鄧小平は二度「政治的な出山（復権）」を果たしたが、どちらの時も同様の抱負を持っていた。しかしその政治的な結果はどちらの時も異なる結果となり、したがって中国にも異なる政治的局面が出現した。一九七二年末、六八歳の鄧小平が「私は（中国のために）二十年は（一九九二年まで）、まだ働くことができる」と話している[101]。一九七三年一月、鄧小平は北京に戻るようにと中央からの手紙を受け取った。二月、鄧一家は北京に戻った[102]。しかしその時、仕事をしたのはわずかに三年間だけだった。彼も予想していなかったのだが、一九七六年毛沢東が最後の政治闘争（批鄧・右からの巻き返しに反撃する闘争）を発動したせいで、鄧小平は再び下野し、自身の政治的抱負を実現することができなかった。一九七七年七月、彼は再度出山し、自身の政治的抱負を表明することになった。七月二一日、十期三中全会において彼は次のように講話を行っている。「一介の老共産党員であるが、残されたわずかな時間で、党のため、国家のため、人民のために力の及ぶ限り何か成すことができるなら、私個人としてはうれしい限りである。復職するとなると、それには二種類の態度のとり方がある。一つは役人になること、もう一つは仕事をすることである。私は思うのだが、誰それのおかげで共産党の党人になったとか、それは問題ではない。しかし党人になったからには、役人で満足するわけにいかない。私心や雑念を持っては駄目だ。別の選択はあり得ない[103]」。**この言葉から、鄧小平は彼の政治的抱負（それは、中国の改革、対外開放、富民強国の道である）の実現を心から望んでいたと分かる。華国鋒が鄧小平の政治的出山（復権）を迫られたと言うより、中国共産党が再び鄧小平を選択したのであり、中国の歴史が鄧小平を選択したのである。逆に言うなら、鄧小平が中国を変えたのである。ひいては、彼が世界を変え、歴史を書き換えたと言える。**

一九八〇年一一月二九日、葉剣英が中央政治局会議で、次のことを述べている。「皆さんもご存じの通り、小平同志は、歴史的にも党のために傑出した貢献をしてきた。『四人組』打倒後、重要な節目のたびに、彼は鋭敏に、かつ果断に正しい決断と主張を示してくれた。私の見るところでは、**小平同志は国を安んじ、国を治める卓越した才能を持っている。彼が全党の『軍師』となり全軍の統帥者となっても、この任に恥ずるものではない**[104]」。これは、党内、軍内の人心が唱和する鄧小平の政治的地位の反映である。

中国政治の局面変化は、人の予想を常に超えている。毛沢東は政治の大予言者と言って差し支えないだろう。彼が死去してから一カ月に満たないうちに江青以下の「四人組」が打倒され、さらに一年経たないうちに鄧小平が再復活を遂げるなど、彼の予言が的中する。さらに毛沢東ですら思いつかなかったことだが、中国が非常に早く「文化大革命」を終息させ、まさにこの時「改革開放」が胎動していた。これはまさに毛沢東の死後の中国における「資本主義の全面復活」であり、生前の彼が一貫して危惧していたことである。[105]これは、毛沢東の中国の国情に対する判断が間違っていたことであり、できるだけ早期に豊かになりたいという人民の強い願いを見抜けなかったことである。

第三節　十一期三中全会における陳雲の「政治的出山」

陳雲の復職の可否、党中央への復帰の可否をめぐって、一九七七年から一九七八年にかけ、党中央内部で激しい政治論争が展開され、パワーバランスをめぐる激しい駆け引きが交わされた。陳雲は、華国鋒等による「四人組」の打倒に際して、重要な画策を行い支持した一人である。彼は、第八期中央委員会で選ばれた党中央主席、副主席のうち、毛沢東死去後もただ一人健在であった。彼は党内の「元老」であるだけでなく、肝心なことだが、党内の実際的な中核的人物であった。当時、彼は党内の指導的な中枢にいなかったとはいえ、キーパーソンとして重要な役割を発揮した。

一九七六年九月下旬から一〇月五日にかけて、王震が葉剣英に委託され、何度か陳雲を訪ね、「四人組」問題の解決方法について相談している。陳雲は当初、党中央全会の招集を以って解決できると考えたが、党の第十期中央委員会の構成メンバーを繰り返し検討した結果、成功の見込みがないと感じた。一〇月初め、葉剣英は陳雲に、「四人組」を批評した毛沢東の講話を見せ、尋ねた、「どうするか。『四人組』を捕まえる。あなたはどう思う。」陳雲は賛成の意を示し「この闘争は不可避だ」と答えた。[106]次の日の夜、華国鋒、葉剣英が党中央政治局を代表し、「四人組」の隔離審査を行った。このように見てくると、陳雲が示した政治的態度は、華国鋒と葉剣英が「四人組」問題解決のために非常措置を採ると決心するに当たって、重要な鍵となったと分かる。

「四人組」打倒後、陳雲が党の指導の中心に返り咲いたのは至極理に適ったことであるが、たびたび政治的な邪魔が入った。主に汪東興が強く反対していたし、華国鋒は態度を明確にしなかった。

一九七六年一〇月一六日、李先念が陳雲に電話を入れ、当面の工作について意見書を提出するように要請した。陳雲は王震（当時、国務院副総理）、姚依林と相談の上、一八日に六項目の意見を李先念に提出した。李先念はこの意見書を重要視し、翌日華国鋒に送付した。彼は、陳雲と王震の提議を華国鋒に何度か伝え、陳雲を早期に中央政治局に入れ、中央の指導工作に加えるように働きかけた。[107]

一九七七年三月、中央工作会議で、十期三中全会において陳雲を中央の指導中枢に加えるように要求するグループが幾つかあったが、受け入れられなかった。[108]この後に、鄧小平、李先念等が会議で陳雲の中央への出仕を要求したが、華国鋒、汪東興は取り合わなかった。汪東興はさらに、次のような話までしている。「**陳雲は一貫して右の傾向がある。重用してはいけないと毛主席が話されていた**」[109]。このことから、一九六四年四月の党の第九回代表大会以後、陳雲が中央委員に選ばれるのみで、第九期、第十期を通じて中央政治局や常務委員会に席を連ねることができなかった理由が分かる。明らかに毛沢東その人が、陳雲を一貫して排斥してきた結果であると、陳雲は身にしみて知ることになった[110]。たとえ毛沢東の死後であっても、汪東興が毛沢東個人の意を受けて、中央の指導中枢に陳雲が加わることを断固として拒絶したのである。陳雲の扱いは棚上げとされた。

これに対して、中央委員の姚依林は納得しなかった。後に彼は一九七八年一二月の中央工作会議西北組分科会で発言している。「私は、『陳雲同志が一貫して右寄りだった』という意見には賛成できない。中国全土の開放以後、彼は毛主席から指導を受け、任弼時同志が亡くなったあと書記局に入り、党の財政工作を主宰してきた」、「陳雲同志は当時の（大躍進の時期を指す）、あのように人民の生活を顧みることなく、只々工業化に熱を入れるだけの考えに反対していた。これは正しかった。あの困難な三年間、陳雲同志は〝調整〟、〝強固〟、〝充実〟、〝向上〟の〝八字方針〟を実行し、問題解決の施策を提案し、当時の困難な局面を打開するために積極的な働きをした。当然、誤りも犯しはしたが、**偉大な領袖である毛沢東にずばずば物を言って、憚ることがなかった**。自分の観点を隠しごまかすことは一度もしたことがない」[111]。これはまさに、陳雲の非常に貴いところである。

中央委員の谷牧も納得しなかった。彼は後に述べている。「陳雲同志は長い間、右派のレッテルを貼られてきた。しかし、陳同志に右派の帽子をかぶせることはできない。これは長年の実践が証明している。陳雲同志の特徴はその慎重さにある。どのような状況であっても、冷静かつ緻密に物事を考えることができ、慎重で責任ある態度を取り、決して付和雷同することがない。彼は仕事をする時も細部まで把握し、しかも多くのことを自分で調査研究し、そうした後で適切に処置する」[112]。

八月に招集された党の第十一回全国代表大会で鄧穎超、王震、陳雲を政治局委員に選出する提案が多数の人からなされたが、結果として華国鋒が受け入れなかった。中央委員姚依林の回想によると、十一期一中全会で、すべての分科会が陳雲同志の政治局委員選出を提議し、鄧小平、李先念同志もまた何度も提議した[113]。中央委員韓先楚の話では、党の第十一回全国代表大会で軍代表団が陳雲、鄧貴姉（鄧穎超）、王震ら何人かの同志の政治局入りを提議し、その他の代表団で反対する者がいなかった。だが、大勢の意見は取り入れられなかった[114]。

一一月一〇日から一二月一五日にかけて、党中央が工作会議を開いた[115]。会議の元々の主要な議題は、経済工作を討論することであった。(一)農村を基盤とする方針をさらに一歩を進めていかにして貫徹するか、そして農業生産をいかにして迅速に向上させるかに関する討論。(二)一九七九、一九八〇両年の国民経済計画の配分決定に関する討論。(三)国務院の政治に関する理論、政策、思想を研究する会議で李先念が行った講話に関する討論。鄧小平の提議に基づいて、党の中心的工作の重点移行問題を解決しなければならなかった。実際、鄧小平が九月一六日一つの構想を提案し[116]、中央政治局常務委員会、中央政治局が数日間かけてこの提案をまず討論にかけた。華国鋒が会議冒頭の講話で中央政治局常務委員会を代表して、「明年(一九七九年)一月より、全党の工作の重点を社会主義(経済)の建設に移行する」と宣言した[117]。

当時胡喬木が、これは歴史的意義のある根本的な変化であると述べている。戦争発生時を除き、今後、生産闘争と技術革命を必ず中心に据えるべきであり、それ以外(階級闘争)を中心に置くことはできない[118]。鄧小平にとっても華国鋒にとっても、彼等の記憶の奥深くにある「党の八回代表大会路線」が二十年後に復活し、十一期三中全会の公報の中で過不足なく示されたのである[119]。

陳雲は、中央工作会議の重要な議題でキーパーソン的な役割を発揮した。一一月一二日、彼は中央工作会議の東北組分科会で次のように発言し指摘している。「安定と団結は全党と全国人民の関心事でもある」。しかし現在、「党幹部と人民大衆は党内を安定団結させているだろうか。そのことを気にかけているだろうか」。彼は率先して「混乱を鎮めて正常に戻す」ことを提言し、党中央は重大な政治案件を検討し決定するべきと要求している。彼は六つの問題を列挙している。すなわち薄一波等六十一人が反逆集団だとされた事案である。「文化大革命」の最中に一部の者が誤って反逆者とされたこと、陶鋳、王鶴寿等の問題、彭徳懐の問題、天安門事件などの事案であり[120]、さらに康生の問題も特に取り上げた[121]。陳雲の講話は中央工作会議において強烈な反響を引き起こした。聶栄臻、万里、楊得志、李成芳、陳丕顕、王首道、康克清、胡喬木等も各分科会で陳雲の建議に賛同している。会議の議題は経済問題から政治問題に移り、天安門事件、冤罪・でっち上げ・誤審、真理の基準論争、「二つのすべて」などの問題に及んだ。これに対して陳雲は率先的な役割を担い、権力闘争の火ぶたを切った[122]。

一一月一三日の分科会、胡耀邦はその発言の中で康生が「文革」期間中の悪事の張本人であり、有り余る悪事を働いたと厳しく指摘した。中国共産党中央対外連絡部、中国共産党中央組織部、中国共産党中央党校から数多の資料が康生のもとに届けられていた。胡耀邦は、「四人組」を「五人組」と改称すべきであり、康生が「五人組」の筆頭に列せられるべきだと考えた。彼は深層レベルの問題も提起し、「文化大革命の教訓を総括しなければならない」と発言している。林彪や「四人組」がなぜ十年もの間、勝手し放題ができたのか、あらゆる人に考えるように求めた。根本的な教訓は問題のどこにあるのか。党内の仕事の有様が正常ではなかったと彼は考えた。長期間、「党内有党、法外有法（党の内に党があり、法の外に法がある）」現象にさらされていたと指摘した[123]。

一一月二五日、中央政治局常務委員会の検討を経て、華国鋒が八項目の決定を宣布し、陳雲らが提起した重大案件に対する明確な態度を表明した。いわゆる「二月逆流」事件、薄一波等六十一人を裏切り者とした「六十一人事件」、彭徳懐、陶鋳、楊尚昆らの名誉回復、これらの問題に対して当たり前の決定を下した。

陳雲が提起した六つの問題に関連する政治事件と政治家の範囲は広く、及ぼす影響は大きかった。これは、中国共産党と毛沢東がある時期に犯した政治的誤謬であり、歴史の重荷でもある。陳雲同志は「誤りあれば必ず糾す」方針を堅持し、歴史の重荷を投げ捨て、身軽となって前進した[124]。まさに、一一月二六日陳雲同志が中央政治局で重大決定を宣布した後に述べた通りである。「安定と団結を維持し、四つの近代化の実現を勝ち取ることは、全党全人民が切に望むことであり、また我が党、我が国が直面している大局である。我々はこの大きな流れを維持しなければならない」。「天下大治」こそは中国の大局であり、国家の典型的な公益性を帯びた生産物である。この大局を見失うなら、中国の改革開放の大局はあり得ない。陳雲同志は歴史の重大な時期に、深く大局を認識し、しっかりと大局を把握していた。

一一月二八日、王震が中央工作会議西北組分科会で重ねて建議している。陳雲同志は党中央の副主席であった。少なからぬ同志が私に、陳雲の（中央委員会）副主席就任を建議するように申し送ってくれと言っている。王震の提議がすぐさま各方面に反響を起こした[125]。一九八〇年、姚依林が回顧して述べている。「十一期三中全会まで、多くの人の攻撃が凄まじかったが、大勢が赴くままようやくこの問題は解決した[126]」。

一二月一〇日、中央政治局会議で、陳雲を中央政治局委員、常務委員、中央委員会副主席として補充する準備が決定された[127]。この時、陳雲はすでに七十三歳、党内でも政治経験、政治資質が最も豊かな党指導者であった。一九三四年、彼は二十九歳、早くも中央の指導部中枢に加わり、六期五中全会で中央政治局委員、常務委員に選ばれた。一九四五年、七期一中全会で引き続き中央政治局員に選出され、中央書記処書記候補に就任した。一九五〇年、中央書記処書記として増補され、指導中枢に入った。一九五六年、八期一中全会中央政治局常務委員、中央委員会副主席に選出された。十一期三中全会に出席した中央委員が、陳雲は長い試練に耐え、人格高潔で徳望ある指導者であり、党の建設と経済建設の方面で豊富な経験と卓越した才能を発揮したと全党が一致して認めているとと、称揚した。[128] **陳雲は、党の最高レベルで多大な賛同を得た。彼の「政治的出山」は全党から宿望され、また中国の政治の大勢と合致していた。これは、一九七八年、中国で発動された改革の重要な要素の一つであった。**

広範な討論を経て、中央工作会議は徐々に政治的コンセンサスを形成していった。未解決の重大な歴史的遺留問題に関して、思想を統一することができなかったが、力を集中することで、速やかにかつ順調に全党の工作の重点として扱われるようになった。一一月二五日、華国鋒が中央政治局を代表して全体会議で次のように宣言した。(一)天安門事件は完全に革命的な大衆運動である。したがってこの事件は、徹底した名誉回復が公になされるべきである。周総理を悼み、「四人組」に反対したために迫害を受けた同志は、一律に無罪とされ、名誉が回復される。(二)「右からの巻き返しの風に反撃する」運動は誤りであった。一九七五年と一九七六年に、中央が発布した関連文書はすべて取り消すことにする。[129] (三)いわゆる「二月逆流事件」は、明らかに林彪一味が是非を顛倒させ、誣告を行う下心があった。その狙いは、当時彼等に反対していた数人の先生と副総理を打倒し、引き続き周総理と朱委員長を打倒することであった。中央は以下のように決定した。この事案によって無実の罪をかぶせられたすべての同志は、一律にその名誉が回復される。連座させられ、あるいは処分を受けたすべての同志は無実とされる。過去の文書及び資料の中にある「二月逆流事件」に関連した不実な記載は、残らず廃棄されるべきである。(四)薄一波らの「六十一人事件」は、すべて誤審案件である。中央はこの重大な誤審案件を糾すために、正式な文書を発布すべきである。(五)彭徳懐同志は党と人民に多大な貢献をなした。彼に対する事実と異なる侮蔑の言辞は否定されなければならない。彼の遺骨は、北京八宝山革命公墓の第一室に納骨されるべきである。(六)陶鋳同志は党と人民に貢献した。彼を裏切り者と扱うのは誤りであり、冤罪はすすがれるべきである。彼の遺骨は、北京八宝山革命公墓の第一室に納骨されるべきである。(七)楊尚昆同志の問題に関して、彼は過去に反党をたくらみ、外国に内通し祖国を裏切ったとされたが、それは誤りであった。名誉回復され無実とされるべきである。(八)康生と謝富治に対して民衆は大いに怒っている。党内幹部と大衆による彼等二人に対する摘発と批判は、情理にかなっている。彼等を摘発した資料は、中央の組織の審理に付されるべきである。(九)地方の重大事件は、省市自治区の党委員会によって実事求是の原則に基づき一律に処理される。[130]

この中央会議は、二十日余りの会期であったが三十六日間に延長され、元来議題に組み入れられていなかった問題が集中して討論された。その問題は、重大な歴史遺留問題、数人の中央の責任者(華国鋒、汪東興等)に対する批判と意見、真理の基準問題、そして中央の人事の調整であった[131]。

一二月一三日、中央工作会議が閉幕した。華国鋒が「二つのすべて」に関して自己批判を行い、工作会議終了後党中央委員会全体会議の開催を明言した。全党の工作の重点を移す方針、その任務を一歩踏み込んで確立するためである。葉剣英が指導グループ、民主と法制、思想解放等の課題について講演を行った。鄧小平が講話「思想を解放し、現実を見据えて正しく行動し（実事求是）、一致団結して将来に目を向けよう」を行った。それは、実質的に十一期三中全会の主調報告であり、党と国家が改革開放の新しい政策を実施する端緒であったと捉えられている[132]。

この三中全会と三中全会の準備となった中央工作会議は、党内民主を発揚した。すなわち指導層の中の多数の意志が中央会議で表現でき[133]、最高指導者の誤りであっても中央会議の多数を以って糾すことができることである[134]。これは、建国以来初めてであった。まず、華国鋒が会議の開始に当たって、会議に参加している同士の方々は、思う存分伸び伸び発言してほしいと明言した。毛沢東とは大いに異なっていた。次いで、陳雲が党の民主的作風回復を積極的に押し進めようと、率先して名指しで批評し、腹蔵の無い発言を行った。民主の作風の保持に努めることは、会議の気風であり、党の気風である[135]。これに先立つ一九七七年八月一四日、中国共産党第十一回代表大会の上海代表小組会に陳雲が参加し、「まず党を治める必要がある」と発言した。「『知っていることは何でも、包み隠さず話し』、『言う者に罪はない。聞く者が戒めとするに足る』、そして『誤りがあればこれを改め、なければなお努力する』。これを真面目にやり通さなければならない。高度な民主が高度に集中することで、伸び伸びとした、そして溌剌とした（政治の）局面を現出できる[136]」。これらはすべて毛沢東の重要な観点であり、これを以って陳雲は党内政治の民主的な工作を提唱し、再建した。さらに鄧小平が「三不主義（三つのしない主義）」を重ねて言明した。「今のこの時期、民主を強調することが特に求められている。我々は民主の条件を創らなければならない。「三不主義」すなわち「むやみに揚げ足を取らず、レッテルを張らず、打撃を与えず」の態度をいま一度提言する[137]」。会議に出席した中央委員会の構成員は、華国鋒が提言し固執している「二つのすべて」の誤った方針と、この二年来、華国鋒と汪東興等が工作において犯した誤謬の問題と党の優良な伝統を回復する問題等に対して、的を射た批評と建議を提起した。しかし、鄧小平は全員を批判することを主張せず、原則に拘泥しない妥協的な政治的役割を意識的に演じた[138]。胡耀邦は冤罪・でっち上げ・誤審の案件を徹底的に見直し、古参幹部の名誉回復と復職を大胆に進め、重要な意見を提起した。胡喬木は個人崇拝を的確に批判し、個人を宣伝することを控えるように提起した[139]。葉剣英は三つの意見を述べている。一、指導グループの問題。二、民主の発揚、法制の強化。三、学習に励み、思想を開放する。[140]

華国鋒が会議の閉幕に当たって講話を発表した。「二つのすべて」という言い方は、もとより革命の領袖である毛沢東の旗を守ることから発している。しかしその旗を絶対化することを言い立てたが、それは思慮に欠けていた。程度の違いはあるが多くの人の思想を束縛し、実事求是に基づいた党の政策実現を阻害し、党内の思想活発化を阻害した。「二つのすべて」を提起すべきではなかった。この責任は私が負うべきであり、私は自己批判をすべきだ。[141]

中央政治局常務委員、党中央委員会主席として招集し、主宰した中央工作会議において華国鋒は、党内民主を発揚し、異なる意見を発表するだけでなく、他人の意見を単刀直入に批評することを許可し、また自己の意見に固執せずに、党内多数の意見と集団決定を尊重し、それに従うことを認めた。これは、党中央内の「個人の専権」と「個人の専断」による決裁方式が終わったことを初めて意味している。同時に「少数が多数に従う」原則が初めて政治的コンセンサスとなり、党中央の指導グループの政治的分裂も避けることになった。改革時期における党中央の民主的決裁、内部協議、集団決裁にとって良い先例となった。しかし、党中央は華国鋒の政治路線を否定したが、華国鋒の政治的民主方式を肯定しなかった。これは非常に残念なことであった。後の胡耀邦、趙紫陽は、公のためを思い大局を維持した華国鋒に遥かに及ばず、胡・趙の二人は、舞台から姿を消すその間際に党に対して多大な負の影響を残した。

汪東興は、会議出席者からの非難が集中し、「衆矢の的」となった。彼こそは中国の「ラヴレンチー・ベリヤ」[142]であった。数多くの政治的重大案件、冤罪事件の先導役であり、執行者であり、内部の事情通であった。会議出席者は、汪東興が「四人組」打倒に重要な役割を果たしたと認めている。だが「二つのすべて」を支え堅持することを標榜し、真理の基準論争を拒み、「天安門事件」の名誉回復と鄧小平の復職を阻害し、「文革」期の冤罪事件と康生問題の解決に消極的態度を取る等、汪東興が晴らさなければならない借りが多々ある。多くの古い同志が汪東興の数多の誤った言行を暴露しており、その暴露の際の言葉は厳しいものがあった。于光遠の話によれば、「文革」期に多くの重大事案があったが、一つの事案ごとに特別査問班が設けられ、特別査問班の上に若干の事務方が設置されたから、一つの事案に関わる人間が非常に多く、また大きな特別査問班の下に小さな査問班が幾つかに分れ、各査問班は班長と数人の専従員とで構成された。したがって一個の膨大な機構が形成されていた。こうした特別査問は、事案に関係した人間の生殺与奪に対して多大な影響を持っていた。それゆえ彼等の仕事は極めて秘匿性が高く、外部の者がその内情を知ることは困難であった。そしてすべての特別査問班は汪東興の直接の指揮下にあり、彼の一言で事が決した。[143] しかし、彼本人は、認めてもいないし、懺悔の気持ちを持ったこともない。毛沢東が古い同志を解放した時も当然、紀登奎か汪東興の手を経ており、鄧小平もそこに含まれている。[144]

汪東興は強い政治圧力に押されて、会議宛てにやむなく次のような自己批判書を提出した（一二月一三日）。私が担当している任務と私の能力は釣り合いが取れておらず、有名無実と言える。このため、私が担っている一切の職務から私を罷免することを中央に、切に願う。中央の決定を待って、関係する同志への引き継ぎを真面目に行いたい。一二月一七日鄧小平は、中央常務委員会の招集になる十一期三中全会の各分科会で講話を行った。（汪）東興同志は（党中央）副主席として適切でなく、（中央政治局）常務委員として適切でないと提議した。我々（中央常務委員会）が大局から出発しなければ、やはり何も動かない。後はどうするか、時が来たらまた話そう。[145] これ以降、汪東興は決裁に再び参与しなかった。一二月二五日、党中央政治局会議は汪東興を、中央弁公庁主任、弁公庁党委員会書記、中央警衛局局長、警衛局党委員会書記、八三四一部隊政治委員兼党グループ書記、毛沢東著作編集委員会弁公室主任及び党グループ書記等の兼職から罷免した。[146] これは、十一期三中全会の重要な政治的成果の一つだと言える。このように「政治的黒幕」を徹底的に排除した。一九八一年六月の十一期六中全会まで、汪東興は中央政治局常務委員と副主席の座に戻ることはなかった。

十一期三中全会における重要なもう一つの成果は、陳雲が中央の集団指導の中核に再び加わったことである。一九七八年一二月一八日から二二日まで十一期三中全会が北京で開催された。出席者は、中央委員一六九名、候補委員一一二名、工作上の関係で九名、合計二九〇名であった。地区別に六つのグループに分かれ、討論を進めた。会議は、華国鋒、葉剣英、鄧小平の中央工作会議での講話を印刷し配布した。《農村人民公社工作条例（試行草案）》、《一九七九年、一九八〇年両年の経済計画配分（草案）》、そして中央委員会副主席増補（陳雲）、政治局委員増補（陳雲、鄧穎超、胡耀邦、王震）、中央委員候補選出名簿等の文件である。三中全会で、陳雲は中央政治局委員、常務委員、中央委員会副主席に選ばれ、党と国家の主要な意思決定者となった。[147] 鄧小平のやり方は、「足し算を先にやり、後で引き算をする」のである。これは、一九六六年八月、八期十一中全会で毛沢東が劉少奇を処分したやり方が人を驚かしたことに似ている。[148] 中央政治局常務委員会における「穏健派」と「文革受益派」の勢力割合に根本的な変化が生まれ、「四対二」と新しい構成（表３－１）ができあがった。鄧小平の政治的出山が「実務派」の勝利と言うなら、陳雲の政治的出山は「実務派」が決定的勝利を手にしたことになる。「改革」の指導者と「文革」の指導者との全面的な交代が間近に迫り、時間の問題となったことを意味している（一九八二年の党第十二回大会が節目となる）。

経済学者の馬寅初氏は、陳雲が党中央副主席に復帰したニュースを知った後、「陳雲同志は経済工作指導の経験が豊富であり、実事求是の精神で問題を処理できる。彼は透徹した遠謀深慮があり、民心を大いに得ている。「四つの近代化」達成はさらに早まる」と述べている。[149]これは、陳雲の政治的出山に対する民意を反映している。

三中全会閉幕の当日、華国鋒及び中央政治局常務委員会の主催で召集された三中全会とこれに先立って開催された中央工作会議において、毛沢東同志が提唱した「集中もあるし民主もある、規律もあるし自由もある。意思統一もあり、一人一人の気持ちが伸び、溌剌している。そのような政治局面」が真に実現された、と陳雲が講話で述べている。しかし一九五七年以後は、様々な騒擾のために、長年にわたって実現されていなかったと彼は考えた。第九回代表大会（一九六九年）、第十回代表大会（一九七三年）の党章にもこの要求が書き込まれたが、実現されることはなかった。十一期三中全会に対して彼は評価し、話している。**党中央は幸先良いスタートを切った。皆がしっかり続けさえすれば、全国で実現される。**最後に、彼は次のように述べている。私の身体の具合は良くない。私は力を尽くして仕事をやる。しかし、最も必要な仕事ができるだけだ。つまり能力に見合ったことをやる。[150]

この会議で、鄧穎超、胡耀邦、王震が中央政治局委員、さらに黄克誠等九人が中央委員として増補された。[151]

一二月二五日、党中央政治局会議は新たに加わった四名の政治局委員の分担を諮り、決定した。陳雲は党中央規律検査委員会、公安、検察、裁判所、民政等中央の政治と法律部門、鄧穎超は労働組合、中国共産主義青年団、婦人連合会等の大衆団体、胡耀邦は中央の日常工作と宣伝工作、王震は今までと同様に第三、四、五、六機械工業部等の国防工業部門をそれぞれが分掌した。中央秘書長と副秘書長のポストを設け、中央の指導者グループの日常業務を補助し、胡耀邦を中央秘書長に任命した。これは「総書記」的な役回りを務め、同時に中央の宣伝部長を兼任した。胡喬木は中央副秘書長と毛沢東著作編集委員会弁公室主任、[152]姚依林は中央副秘書長と中央弁公庁主任を兼任した。宋任窮を中央組織部部長に任命した。[153]張平化を中央宣伝部長の職務から外し、中央党校の副校長に転任させた。陝西省委員会第一書記の王任重を国務院副総理兼国家農業委員会主任に転任させた。[154]このほか「文革受益派」の呉徳、紀登奎、陳錫聯、陳永貴は以前どおり中央政治局委員に留め置いた。これは鄧小平の政治的策略である。呑み込んだものを外に決して出さない古代伝承の動物「貔貅《ひきゅう》」のように中央政治局に閉じ込める思惑がある。[155]すでに実権を徐々に剥奪していた。[156]呉徳は一〇月に北京市委員会第一書記、北京市衛戍区第一政治委員、衛戍区党委員会第一書記を罷免されていた。

この三中全会で、一九七六年一〇月「四人組」打倒以後の政治的逡巡期が終了し、「階級闘争を重点綱領にする」スローガンをきっぱりと止め、党の工作の重点を社会主義近代化建設に移行する決定がなされた。改革開放の新時代が開かれた。

鄧小平を核心とする中央の指導集団が、この三中全会で実質的に形成された[157]。鄧小平が重要な勝利を獲得し、党の政治路線と政治綱領の大転換が開始されただけでなく、党の新たな指導集団と新たな決裁システムが形成された。鄧小平は、陳雲、李先念、葉剣英等「実務派（実事求是派）」と共に、新しい政治的コンセンサスの下、政治同盟を形成し、中国改革を推進する「主流派」となった。鄧力群が、**この全会以前までは、「鄧陳合作」は政治方面が主であった。陳は鄧の出山を支持し、鄧は陳の副主席の職務復帰を支持した。鄧陳の両氏は協力して「二つのすべて」を批判し、「天安門事件」の汚名を晴らし、思想を解放し、騒乱を正常に戻し、偉大な歴史的転換を成し遂げた**、と評価している[158]。この後も鄧陳両氏は華国鋒の政治勢力除去を協力してさらに進めた。これが、後の中国が一連の改革と対外開放を展開するための政治的障害を排除することになり、重要な政治的準備となった。後日、鄧小平が回顧している。「我が党の十一期三中全会以降、第二世代の指導集団が生まれた。そこには私が入っていたし、陳雲同志、李先念同志もいて、さらに葉元帥（すなわち葉剣英――筆者注）もいた[159]」。彼はさらに次のように述べている。「**十一期三中全会は新しい指導集団を創り出した。これは、第二世代の指導集団である。このグループの中で、私は実質的に重要な地位にあったと言える**[160]」。

十一期三中全会は、中国が改革開放の新しい歴史の発展段階に達したメルクマールであり、偉大な転換局面であることを意味していた。全会は、一九七六年一〇月以来の党と国家が徘徊し逡巡していた局面を終結させ、「文化大革命」とそれ以前の「左」の偏った誤りを全面的かつ真摯に糾すことを開始した。思想を解放し、頭を働かせ、実事求是の態度で一致団結して未来へ進む指導方針を、全会は確立した。「階級闘争を綱領とする」という社会主義社会に不適切なスローガンを毅然として棄て去り、工作の重点を社会主義近代化建設に移行する戦略決裁を生みだした。健全な社会主義民主の提起と社会主義法制の強化を重点的に行った。また、党と国家の歴史における重大な冤罪・誤審・でっち上げの事案と指導者の功罪是非の問題を審査解決した。これらは重大な意義を持つ転換であり、党と国家がマルクス主義の思想路線、政治路線、そして組織路線をあらためて確立したことを明確に示し[161]、中国の特色ある社会主義が発展していく道筋を示していた。

一九七九年九月の十一期四中全会で、王鶴寿、楊尚昆、報真、薄一波等十二名が中央委員に増補され、中央政治局候補委員であった趙紫陽と報真が中央政治局委員に選ばれた。鄧小平を核心とする第二世代の指導グループがさらに強化され、華国鋒の政治勢力は弱体化し、「騒乱が正常化する」につれ、華国鋒の最高権力地位に直接手が届く勢いとなった。

一九八〇年一一月一〇日から一二月五日までの間、中央政治局会議が連続して九回開かれ[162]、『中央政治局会議通報』が全会一致で通過した。華国鋒が、「四人組」打倒後に犯した「左」の誤りとその他の誤りを全党に通達し、並びに十一期六中全会に向け、華国鋒の中央委員会主席と中央軍事委員会主席の職務からの辞任に同意する建議を決定した[163]。

陳雲は、華国鋒の中央委員会主席辞任促進に当たって重要な働きをしている。一一月一〇日の中央政治局第一回会議で、華国鋒は中央委員会主席、軍事委員会主席辞任要求を提起し、並びに「四人組」打倒後の工作情況を説明した。一一月一一日、陳雲が会議に同席した。彼は華国鋒に対し、三つの観点を伝えた。第一点、「四人組」を引きずり下したことは、党に対する華国鋒の「大きな貢献」である。あの時、華国鋒は「主要な責任を果たした」。しかし、「四人組」を引きずり下して以降、我が党は気持ちをのびやかに溌剌としたあの（政治）局面を実現できず、大勢の人を「大いに失望させた」。第二点、「華国鋒同志は（党中央）主席にふさわしくない」。陳雲がかつて、華国鋒同志に面と向かって次のように言った。「**己を知るべきだ**」、「**過去の手柄をいつまでも後生大事にしないでほしい**」。第三点、（党の）第十二回代表大会で誰が（政治報告）するのか決める。（党中央）主席は誰で、誰が報告を行うのか。このことはもう先延ばしできない[164]。

陳雲の考えは、多数の中央政治局会議出席者から支持を得た。多くの同志が発言し、指摘している。華国鋒が十一回代表大会の前後に提起した一連の講話は、基本的に「文化大革命」のスローガンであり、「文化大革命」の誤りを糾す提議を彼自ら提案したことが未だかつてない。彼は、古参幹部の解放や冤罪事案の再審査を邪魔し、党内大多数の同志の願いを踏みにじった。彼は熱心に、個人的な迷信を新しく創ったり、受け入れたりしている。この二年の冒険主義的な経済工作とそれによる損失に、彼は重大な責任がある[165]。

胡耀邦が指摘している。華国鋒は、党員に正しく対処せず、党そして人民に対して為すべき貢献を正しくやっていない。これまでの四年間、同志たちはますます失望し、心休まらない。能力がダメなのでもなく、仕事上のいくつかの失敗のせいでもなく、文化大革命期の問題でもない。核心となっている問題は個人と党の関係、人民大衆との関係を正しく捉えていないことである。胡耀邦は五項目の政治的誤謬を列挙している。一、「英明な領袖が「四人組」を一挙に打倒した」というこの考え方は反マルクス主義的である。他人からの喝采をきっぱりと制止せずに、逆に理に適っているかのように平気でいる。二、騒乱が一旦治まると、全党、全人民の切迫した要望から目を背けている。鄧小平の名誉回復もせず、天安門事件の名誉回復もしない。却って他のことをやり、批鄧を継続し、天安門事件が反革命的であると主張し、いそいそと毛主席紀念堂の建設をやり、『毛沢東選集』第五巻の出版を急ぎ、「（政治）デマ」の出所調査に汲々としている。三、幹部に関しては、党内多数の共通の意志から乖離し、長期間、汪東興、紀登奎、蘇振華（第十一期中央政治局委員、一九七二年二月病没）、李鑫、郭玉峰（第十一期中央委員、中央組織部部長）などろくでもない輩が号令をかけ命令を下すに任せてきた。迫害されてきた幹部の解放には消極的であり、不熱心、不公平である。四、毛沢東の問題に対する対応は、プラグマチックな態度を採る。「二つのすべて」に固執し、毛沢東晩年の誤りを主として、継承し、守っている。華国鋒は自身の必要だけを考え、プラグマチズムを実践している。五、個人を際立たせることに関して、非常に有害な影響を作り出している。二重の個人崇拝をやっている。古い個人崇拝を維持し、新しい個人崇拝を打ち立てている。華国鋒の主たる責任は、個人崇拝を制止せず、その勢いを弱めもせず、なおそれに現をぬかしていることにある。胡耀邦の政治的見方の要点は、華国鋒が党（中央）主席と（中央）軍事委員会主席にとどまることを党内多数が賛成しないだろうということである。華自身も辞意を示しているし、それは胡耀邦もとても良いと思い、趙紫陽の意見に同意した。党にとっても、華国鋒自身にとっても利益になる[166]。これは、中央政治局委員である胡耀邦、趙紫陽の二人が、華国鋒辞任に大きな働きをしたことを示している。

華国鋒の退場を促すことに、葉剣英が重要な働きをした。中央政治局会議で彼は次のように述べている。「私が華国鋒同志を支持してきたことは、一貫している。『英明な領袖』も私が社説の中に書かせた[167]。毛主席がなくなる前、『文化大革命』、『四人組』そして毛主席の一部のやり方に私は同意せず、不満があった。しかしあの時は、ネズミに向けて投げた石が器に当たりはしないかと危惧していた。『四人組』批判が、毛主席にまで影響することが避けられない情勢だった。それゆえ当時は、遠慮していた。主席の臨終のとき、政治局員が別れのために一人一人部屋に入り、また退出した。全員が面会し終えると、主席はまだ意識がはっきりしており、私に入るように促した。この時主席は何か話そうとしたが、言葉にならなかった。私は主席の意志が分かった。死を目前にして私になにかを託そうとした。当時、華国鋒が第一副主席であり、主席代理を務めていた。まさにこのことがあったから、主席亡き後、私は華国鋒同志を擁護し、主席の最後の頼みを全うした。こうしたことを考えると、私という人間には封建思想の滓が残っている。善人かもしれない。しかし、結果は良くなかった[168]」。葉剣英が毛沢東個人の依託を受け、華国鋒を「後主（後継者）」として扱い[169]、彼が最高の領袖たるように協力した。そしてまた、葉剣英が中国共産党の指導グループから依託されたなら、華国鋒に退場を促すのは必然である。

一二月五日、中央政治局第九回会議で『中国共産党中央政治局会議通報』が討論された。その中で中央政治局は、「華国鋒同志は過去四年間、一定の有益な仕事をやってきた。しかし、中央主席として必要な政治能力と組織能力に欠けているのは歴然としている。華国鋒同志が現職にとどまるのはふさわしくない」と認識した[170]。これに対して、華国鋒は同意しなかったが、胡喬木がこれについて特に発言している[171]。それは、『中国共産党中央政治局会議通報』の指摘を踏まえている。『建国以来の党の若干の歴史問題に関する決議(討論草稿)』を検討する過程で、中央直属機関、中央国家機関あるいは軍隊機構はもとより、多数の同志から、建国以後、歴史の第四段階に入ったことに対する総括を真剣に行う必要があると意見が出され、次のように指摘している。華国鋒同志が「四人組」を打倒してから一九八〇年までの四年間、とりわけ直近の二年間の工作で華国鋒同志はいくつかの重要な誤りを犯している。そのため、彼が受け持っている職務の調整(左遷)を多くの同志が要求している。中央常務委員会は真剣に検討し、華国鋒同志を批判しまた啓発を行った。同時に、彼の現状の職務を改変する必要があると認識した[172]。これに先立って、胡喬木が決議起草小組を代表して、華国鋒執政の歴史的評価に関する草案を起こしていた。三中全会前の二年間の逡巡期における前進局面と題された。一〇月一〇日関係方面に送られ、七名の中央政治局常務委員の審査閲覧に付された。六名の常務委員が同意したが、華国鋒一人だけが賛成しなかった。この時、華国鋒はすでに「孤軍奮闘」の情況であったが、鄧小平と胡耀邦の二人は、「華国鋒が賛成しない以上、胡耀邦の草案は加えないでおこう。四千人による討論を経た後、みんなが加える必要があると思ったなら、その上で付け加えても遅くはない」と考えた。一〇月一五日、鄧力群が、中国社会科学院党委員会常務委員会でこの六百字の討論草稿を紹介した[173]。一〇月二五日、鄧小平、胡耀邦は胡喬木、鄧力群と話し、態度を明確にし、この一段の文は必ず書き加えられると話している[174]。四千人の大討論を経た後、この一段の文は決議の草稿に加えられた。これにより、華国鋒の退場に向けて、政治上、思想上の足掛かりが定まった[175]。この間の胡喬木と鄧力群の働きは、重要であった。

こうした党内の政治的圧力が強まる状況の中、中央政治局の最後の会議に臨んだ華国鋒は、彼に対する多数の批判を歓迎し、現在の職務を辞任することを再度提起した。同時に(中国共産党第十一期)六中全会が開かれるまで、中央政治局、中央常務委員会と中央軍事委員会の仕事に、彼がもはや関わらないことを要望した。中央政治局は、彼が再び現前の仕事に二度と携わらない考えを受け入れた。しかし、六中全会がこれに関係する決定をするまでは、彼は依然として党中央主席であった。また、六中全会で、華国鋒は中央政治局常務委員及び中央副主席として継続して選ばれるよう要望した。中央政治局は、六中全会まで暫定的に、胡耀邦が中央政治局と中央常務委員会の仕事を主宰し、鄧小平が中央軍事委員会を取り仕切ることを決定したが、これらは正式な形を採っていなかった。[176]『党章』の規定によれば、中央政治局にこうした決定を下す権限はなく、それは中国共産党中央委員会全体会議に帰属する権限であった。このため、中央政治局はやはり特別な説明が求められた。上述の決定は六中全会に対する建議にすぎず、全体会議がどのような決定を下すか、これは全体会議の権限である。全体会議は、党内民主の原則に、厳格に則り、討論、表決と選挙を行わなければならないとした。[177]

全体会議で、華国鋒が党中央主席と中央軍事委員会主席の職務から辞任し、胡耀邦が中央委員会主席（総書記兼任）、趙紫陽が中央委員会副主席、鄧小平が中央軍事委員会主席に選ばれた。この全体会議で、鄧小平を中核とし、そこに葉剣英、陳雲、李先念が加わった第二世代指導集団が形成された。同時に、汪東興は中央政治局常務委員を解任され、華国鋒は中央政治局常務委員に止まり、中央委員会副主席に転任した（表3－1）。これによって、一九七七年八月の党第十一回代表大会で正式採択された決議が根本的に変革された。[178]これは、同期内の党中央による「自己否定」であった。

中国共産党が、建国以来初めて、平和的かつ民主的な手続きによって党内の政治闘争を解決し、党の関連制度に基づいて最高指導者の交代を成し遂げた。このことについて、胡耀邦が説明をしている。党内の是非の問題を解決するには、同志の方々、第一に、全党の健全な組織活動が求められ、相互批評と自己批判が求められている。例えば、我々の歴史決議に対して議論が百出しなかったか。中央指導の改組に対して議論が百出しなかったか。大勢であれこれ議論することはよいことである。四千人の討論がその第一歩である。昨年の八月と九月、四千人の大討論を行った。最初に討論したことは歴史問題の決議をどうするかについてだった。二番目に、中央の指導グループの調整が必要かどうかを討論した。昨年、討論を一回やった。今年、六中全会でもう一度討論した。六中全会は十一日間にわたって準備会議を開いた。会議で批評が展開され、自己批判もあった。その後に、無記名投票を実施したが、問題が解決されなかっただろうか。[179]

ここに至って、華国鋒が受動的に政治の舞台から退場させられたことで、毛沢東晩年の政治路線の実行継続が完全に終わったのであり、主動的に政治辞職がなされたことで、**中国共産党内部の政治的分裂と政治動乱が避けられたのである。肝心なことだが、彼自身は一人の真正な共産党員として党中央の集団決定に服従したのであり、真に成し遂げたことは指導的地位の上がり下がりであって、社会的な活動は何もしていない。**[180]**建国以後の党内で起きた政治闘争のいかなる処理や**

最高レベルで起きた人事のいかなる変動に比べても、さらに後の胡耀邦と趙紫陽両総書記の辞職と免職に比べても、今回の政治的代償は最も小さく、党が払った代償も小さい。まして華国鋒個人が払った代償もまた小さい。

一九八一年六月十一期六中全会で採択された決議の中で、次のように指摘されている。華国鋒同志は、江青等反革命集団打倒闘争に功績があり、以後も有益な仕事をこなしている。しかし彼は、「二つのすべて」(すなわち、すべては毛主席の決定したことであり、我々は断固として守っていく。すべては毛主席の指示であり、我々は終始一貫従っていく)の誤った方針を推進し、いつまでも改めようとしない。混乱から正常に戻すことに重大な意義を持つ一九七八年に展開された真理の基準論争問題の討論を抑圧した。古参幹部の復職と過去の冤罪事案(天安門事件を含む)の再審理を阻害し、その進行を遅延させた。古い個人崇拝を継続擁護すると同時に、さらに引き続き、彼自身への個人崇拝を生み出した。彼の指導によって党内左派の誤謬を糾すこと、とりわけ党の優良な伝統を復興すること、それが不可能なことは明確であった[181]。華国鋒同志を批評するこの決議は、「路線の誤り」という政治的述語を使用することはなかった。毛沢東はかつて、「党内の二つの路線闘争は長期にわたって存在する。それは十回、二十回、三十回でも出現する」と預言している[182]。このことに関して胡喬木が説明している。党の歴史的決議を路線闘争史に単純化することはできない。路線の誤謬、路線闘争、この二つの言葉でどれだけ多くの同志が混乱し害されたことか[183]。彼は早くから、十一期三中全会で歴史的教訓に鑑み、この提起をしている[184]。これは、中国共産党が路線闘争の歴史を終結し、「残酷な闘争、無情な打撃」の政治闘争の歴史を終結したことの表れである。しかし党内には、やはりさまざまな思想闘争と政治闘争が始終姿を現すが、党内政治生活会を開き、批評と自己批判を繰り広げ、率直で誠意あるやり方で思想交流を行い、また集団討論や集団協議を経た後、投票によって決定し、政治的コンセンサスを形成することができる。

この会議で、多数の人が鄧小平に中央委員会主席と軍事委員会主席を兼任するように提案した。鄧小平は「自分が中央委員会主席に就くことはよろしくない。六十代の同志の中で胡耀邦同志が、中央委員会主席を担当するのが良いと私は思う」と答えている。陳雲がそれに説明を加えている。「小平同志が主席になること、これは衆人が望んでいる。しかし、私の確信では、小平同志はやることを望んでいない。彼は耀邦同志を強く推薦している。」中央政治局は鄧小平の意見に一致して同意した[185]。

胡耀邦がこの六中全会の閉幕に当たって講話をしている。「我が党の特定的な歴史条件の下、私が推されて現在のこのポストに就いている。本来、全党の圧倒的多数の同志の願いに基づけば、中央主席の職務は小平同志が就くべきである。

小平同志以外でも、レベル、能力、経歴と声望から言って、もっと良いベテラン幹部がいる。皆さん、私より相応しいことは言うまでもない。私より少し若い人の中でも、まちがいなく我が党の優秀な幹部であるから、その人材に事欠かない。私は、趙紫陽同士が私より適切であると、かつて提案したことがある。現在、このように決定した。当然、これは大きな変化である。しかし私は、思っているそのことを、全会に向けて話す責任がある。それは、二つの不変の存在である。一つは、古参のベテラン幹部の役割の不変、もう一つは私のレベルの不変である。」彼はさらに指摘し、同志たちに六中全会公報の一つの言葉に注意を向けるように特に促している。それは「この度の会議で、党の指導する思想面では、擾乱を治め正常に帰す歴史的任務が完成したことが歴史に記された」ことである。つまり、「擾乱を治め正常に帰す歴史的な任務が党の指導思想の面で、すでに完成した。しかし、実際の工作面では決して完成しておらず、擾乱を治め正常に帰す歴史任務は決して終わっていない。したがって、擾乱を正常化する実際の工作、具体工作は、私の見るところ、さらに二、三年、三年から五年を要する」。

鄧小平を代表とする改革派の指導者が、華国鋒を代表とする「文革」の指導者と交代した。これが一九七〇年代末に始まった中国改革の直接の政治的要因である[186]。指導者が変わっただけで観念が変化し、観念のイノベーションが社会の変革を生み出す。当時の政治上、組織上の重大な施策はトップダウンの人事異動であり、それが改革開放の政治的基盤、組織基盤を打ち固めた[187]。

後に鄧小平は次のように考えた。一九七六年に「四人組」を打倒した後の二年間、中国は逡巡していた。華国鋒同志の責任であるが、当然彼に責任を押し付けることはできない。それは不公平というものである[188]。鄧小平のこの評価は客観的であり、党の歴史上に起きた「残酷な闘争、無情な打撃」から深刻な教訓を十分汲み取ったものである。華国鋒と汪東興を処分するに当たって、比較的慎重に且つ適切にすすめた。華国鋒は数期（第十二期から十五期）にわたって中央委員に高得票で選ばれている。汪東興は、一九八二年九月、中国共産党第十二回全国代表大会で中央候補委員に選出され、一九八五年九月の中国共産党全国代表会議では中国共産党中央顧問委員会委員に増補され、一九八七年一一月の中国共産党第十三回全国代表大会で引き続き中央顧問委員会委員に選出されている。鄧小平は、ソ連のラヴレンチー・ベリヤに比べれば、結局のところはるかに良かった[189]。

実際、華国鋒には四つの大きな歴史功績がある。一、「四人組」問題解決に決定的な働きをしている。二、機を逸せずに「文化大革命」の終息を宣言した。三、「四つの近代化」実現の目標を重ねて言明している。四、十一期三中全会の開催を主宰し、工作の重点を社会主義近代化建設に移行する戦

略的決裁をした。このほか、毛沢東が華国鋒という人をはっきりと見定めていた通り、間違いなくその人となりは、正直で温厚、誠実、党人気質は概ね優れ、大局を気遣い、私心がなく率直、地位の上下に関わりなく仕事熱心であり、党内政治と団結維持に自覚的であって、その功は無くなるものではない[190]。このような面では、趙紫陽は彼に遠く及ばない。彼の逝去に際して、党中央はなお高い政治的評価を彼に与えている[191]。これ以降、中国共産党内において、二つの路線闘争と二つの大きな階級闘争が終結し、長期にわたって席巻した「残酷な闘争、無情な打撃」のやり方も終結した。

第四節 「実事求是」の原則堅持と毛沢東の歴史的地位の評価

一、改革思想路線の確立

「思想解放」は鄧小平の重要な新機軸であり、中国の改革開放の基本構想の方向性である。「実事求是」は、毛沢東思想の魂であり、鄧小平が発動した中国改革の思想路線である。「思想解放」の意は毛沢東晩年の誤謬の束縛から解放することにあり、「実事求是」の意は毛沢東の初期・中期における正しい思想とその伝統を回復することにある。鄧小平は、華国鋒と汪東興の「二つのすべて」思想路線に直接照準を合わせた。毛沢東は自ら、華国鋒に「あなたがやれば、私は安心だ」だと書き与えているが、これは毛沢東の正式な遺言であり、華国鋒に執政を任せる「最高指示」である。**鄧小平と華国鋒の闘争は、実質上、二つの思想路線、二つの政治路線の継続をめぐる戦いである。一つは、実事求是と「二つのすべて」との間の思想路線闘争であり、もう一つは、閉鎖的で硬直化した社会主義と中国の特色ある社会主義との間の政治路線闘争であり、前者の思想路線闘争が、後者の政治路線闘争の行く末を決定する。しかしこの闘争は、思想路線闘争が端緒となったのであり、毛沢東の矛《ほこ》（「実事求是」）を以って華国鋒の盾《たて》（「二つのすべて」）を攻撃する戦いである。**まさに、鄧小平が後に述べているように、「我々の間の相異は、政治路線の相異のみならず、思想路線の相異である[192]」。

一九七六年一〇月二六日、華国鋒がはじめて「二つのすべて」の要点を提起した。彼が、「四人組」批判の問題を新聞、雑誌に語ったときにはっきりと指摘している。「四人組」の犯罪行為と毛主席の指示を区別することに注意する必要があり、毛主席が話したこと、承知したことがすべてであり、批判してはいけない。彼は、「天安門事件に触れてはいけない、話してはいけない」と中央宣伝部門に要求した[193]。

一一月三〇日、呉徳が第四期人民代表大会第三回会議で講話し、「二つのすべて」の二つの要点を重ねて述べている。「すべては毛主席の指示であり、毛主席が是認した。我々は力を尽くしてやり、努力してやれば良い」。

一九七七年一月八日、全国の人民が自発的に周恩来総理逝去一周年を悼んだ。中央政治局の汪東興は『人民日報』に周総理を紀念する文章がたくさん載っていると指弾し、天安門詩抄の編纂出版は、「天安門事件」の評価を覆すためだと責めた。彼は言った。「天安門事件」が反革命事件だと断定したのは誰であるか。毛主席様が仰られた。おまえたちはそれを覆すつもりか。誰を覆すつもりだ。毛主席様を覆すのか。

一月二一日、華国鋒が講話の原稿の中で書いている。「すべては毛主席が下した決定である。我々は守らなければいけないし、違反することもできない。毛主席を損なう言行はすべて、きっぱりと制止しなければならないし、容認できない」[194]。これが最も早く提起された「二つのすべて」である。

二月七日、中央弁公庁副主任李鑫が率いた理論学習班は[195]、華国鋒の「二つのすべて」の指示に基づき、もっと簡潔に手直しを加え、二紙と一誌（党機関紙『人民日報』、軍機関紙『解放軍報』、党理論誌『紅旗』）に社説『文書を良く学び、要をしっかり把握しよう』を発表し、「二つのすべて」が正式に提起され公布された。「毛主席が下したすべての決定を我々は断固として擁護する。毛主席のすべての指示に、我々は終始一貫従う[196]」。

二月八日、朱佳木が鄧力群に報告し、鄧力群はまた国務院副総理王震に話している。「二つのすべて」はマルクス主義の精神に反している。「二つのすべて」の通りなら、鄧小平は出仕できないし、出仕すべきではない[197]。

二月、鄧小平と王震が話した。「まず、「二つのすべて」に意義を申し立てよう。これはマルクス主義にふさわしくない。毛沢東思想ではない[198]」。

三月、華国鋒は中央工作会議で正式に、「二つのすべて」を、全党全国の工作それぞれを指導する要とした。毛沢東に関係する言行は、過去のもの一切を変更することは許さず、将来も一切踏襲すると彼は考えた[199]。

四月一〇日、党中央に宛てた書簡の中で鄧小平が、**正確で完全な毛沢東思想によって全党を指導しなければならない**、と提起している[200]。「一言半句」と「最高指示」の代わりに、「正確で完全な毛沢東思想」という言葉を鄧小平が全党に向けて提起したのは、彼の極めて豊富な政治的智恵のなせるわざであった。それは、彼が政治的ライバルである華国鋒に勝利する政治的武器であり、彼が中国の改革開放を指導する思想的武器であった。

同日、鄧小平が華国鋒によって中央政治局委員に任命された汪東興と中央弁公庁副主任李鑫と話した時、「二つのすべて」は良くないと厳しく指摘した[201]。鄧小平は、まだ復職を果たしていない状況であったが、華国鋒と汪東興が提唱した「二つのすべて」と正面切って矛を交えたのである。これは、鄧小平の政治的鋭敏性と確固とした原則性の表れである。

五月二四日、鄧小平が王震、鄧力群と話を交わし、明確に指摘している。「『二つのすべて』はマルクス主義と符合していない。毛沢東思想を（思想的）体系として捉え、正確で完全な毛沢東思想によって指導すべきだ」と重ねて発言した。また、「毛沢東同志は、『話したことに間違いがあったか』と何度か私に訊いたことがあるし、自分自身も間違ったことがある」と彼は説明した。鄧小平は、話すことが一言一句間違いもなく、絶対に正しい、そんなことがあるわけがないと、このことについて意見を述べている。[202] 毛沢東自身の話を用いて、毛沢東は絶対に正しいという神話を打破することは、鄧小平にとって「二つのすべて」を批判するためのもっとも良い突破口であった。

六月一五日、汪東興が中央宣伝部門の会議で、文化大革命で攻撃を受け、怒っている人がいる。文化大革命は一銭の値打ちもないと言い、その矛先を最終的には毛沢東に向けている、と発言した。[203]

七月二一日、鄧小平が十期三中全会で、完全にかつ正確に毛沢東思想を理解することについて特に論述している。我々は、毛沢東の個別の言葉だけから毛沢東思想を理解することはできない。毛沢東思想全体の体系から正確に理解しなければならないと強調した。彼はさらに、毛沢東が樹立した実事求是等の良き伝統とやり方を必ず回復し、盛り上げなければならないと指摘した。彼はまた、「四人組」、特にいわゆる理論家の張春橋が毛沢東思想を歪曲し、改竄したと痛罵した。彼等は、毛沢東の片言隻語を引用しては人を騙り、脅していた。[204]

八月、鄧小平は中共第十一期代表大会閉幕の辞の中で「二つのすべて」を批判し、積極的に実事求是の作風を唱道し、思想を解放し、思想戦線における混乱を治め正常に復す先導役となった。[205]

これは鄧小平の「驚人之語（人を覚醒させる言葉）」である。政治的には、**長期間にわたって党内に形成された毛沢東は『一〇〇％正しい』という神話を、彼が初めて打破した。これによって、毛沢東晩年の誤謬を客観的かつ公平に弁別し、分析する根拠が提供された。**思想的には、鄧小平は毛沢東が唱道した弁証法的唯物論と唯物史観を復活させ、堅持し、時間、場所、条件などを区別せずに、マルクス主義と毛沢東思想を硬直的に運用する誤ったやり方を根本的に否定した。**戦術的には、鄧小平は毛沢東の正しい思想を以って、毛沢東晩年の誤謬を正し、**「毛沢東思想体系」の精華に浴し、毛沢東思想を継承し刷新した。今にして振り返れば、確かに先見の明と卓越した政治的智恵を持っていた。

九月一九日、鄧小平が、方毅（当時、中央政治局委員、国家科学技術委員会主任）、劉西堯、教育部責任者雍文濤、李琦との話で指摘している。一九七一年姚文元が改訂し、張春橋が定稿とした『全国教育工作会議紀要』は、毛沢東同志が閲覧済みの丸印を付けている。毛沢東同志が閲覧済み丸印を付けたからと言って、内容に是非の問題が無い事にはならない。我々は単純に処理することはできない。この『紀要』は批判し、是非の区別を明らかにすべきだ。我々は、正確に、完全に毛沢東思想の体系を理解すべきである。[206]

陳雲が、「実事求是」の根本指導を党内で回復し堅持することを公に主張した。九月五日、『人民日報』が中央政治局委員聶栄臻元帥の文章『党の優良な作風を回復し発展させよう』を発表した。九月一九日、中央政治局委員徐向前元帥の文章『党が銃を指導する原則を永遠に堅持する』を発表した。九月二八日、『人民日報』が陳雲の『実事求是の革命作風を堅持しよう』を掲載した。[207]文の冒頭で述べている。実事求是――これは一般的な作風の問題ではない。これはマルクス主義唯物論の根本となる思想路線である。我々はマルクス・レーニン主義を堅持し、毛沢東思想を堅持し、実事求是を必ず堅持しなければならない。彼の主張は「二つのすべて」に照準を合わせたもので、実事求是の革命作風を堅持するか否かは、実質上、本物のマルクス・レーニン主義と偽のマルクス・レーニン主義を見分け、本物の毛沢東思想と偽の毛沢東思想を見分ける標識であると考えている。[208]彼はさらに、「新聞・雑誌に掲載された文には、マルクス・レーニン主義、毛沢東思想の字句と実質の区別を理解していないものがある。毛沢東思想の本質（実事求是）を完全にかつ正確に、豊かに伝えていないものがあり、実事求是を現実の問題の具体的な分析の指針にしていないものがある」と指摘している。[209]陳雲の政治主張は明らかに、鄧小平が提起した「我々は、正確で完全な毛沢東思想に拠って、この先何世代にもわたって全党、全軍、全国人民を指導しなければならない」――この正しい主張と相呼応している。こうして、後の思想解放運動の基調が定まった。[210]

一〇月九日、中央党校の始業式で葉剣英が行った講話で、彼は次のように指摘している。マルクス主義は完全な科学体系である。我々がマルクス主義の理論著作を学習するにあたって、多くのことに精通すること、実際と連携すること、実事求是であること、目的を定めてやることを必ず推奨すべきである。実際から出発するべきである。もし、理論が実際を指導できず、また実際の検証を受けないなら、はてして理論であろうか。[211]中央党校で工作に携わる同志、党校に学習をしに来ている同志が誠心誠意我が党の歴史を研究し、素晴らしい党史をものすることを切に希望する。[212]これは、中央政治局常務委員葉剣英が、鄧小平と共にあることを表している。鄧小平、陳雲、葉剣英はみな毛沢東の学生であり、毛沢東から深い影響を受けている。

実際、これに先立って、一九三七年毛沢東が『実践論』の中で指摘している。「真理の基準は、社会実践だけである」[213]。一九六三年、毛沢東はある文章の中で述べている。「社会実践が真理を検証する唯一の基準である」[214]。

鄧小平が提起した「正確で完全な毛沢東思想」が、毛主席の「片言隻語」に取って代わったのが第一歩だとするなら、彼が発動した審理の基準問題に関する公開大討論は、すなわち第二歩である。華国鋒の「二つのすべて」と鋭く対峙し、党内外の思想解放運動の戦端を開き、改革開放の思想的先導の役割を果たした。その中で胡耀邦は重要な働きをしている。彼は、まず実践は真理を検証し、是非を見分ける基準であるという重大な政治命題を提起し、大論争を誘発し、「二つのすべて」の束縛を打破した。

一二月二日、中央党校の日常業務を取り仕切る副校長の胡耀邦が、「文化大革命」を検討するのかどうかの問題に対して、態度を明確にした。検討しなければならず、検討しないことは良くない。思想を解放しなければならない。同時に二つの原則を提起した。一つは、毛沢東思想を完全に、正確に理解し、運用することであり、もう一つは、実践を以って真理を検証し、路線の是非を見分ける基準とし、実事求是の態度で検討することである。[215]

一九七八年五月一〇日、中央党校内部の刊行物『理論動態』に『実践が真理を検証する唯一の基準である』の文章が掲載された。一一日、『光明日報』に「本紙特約評論員」名で発表され、一二日、『人民日報』、『解放軍報』などに転載された。この文は、南京大学哲学学部教師胡福明と中央党校理論研究室の孫長江が七カ月にわたって十回、相前後して手直しした後、最後に中央党校副校長胡耀邦による閲覧審査を受け定稿となり、正式に発表された。[216]

『実践が真理を検証する唯一の基準である』の文章が指摘しているのは、社会実践だけが真理を検証できるということである。理論と実践の統一、これはマルクス主義の最も根本的な原則である。いかなる理論であろうと不断に検証されなければならない。およそ科学理論であるなら、検証を忌避するわけにいかない。マルクス主義理論の宝庫に溢れているのは、屍となった教条ではない。そこには実践の中で絶えず生みだされた新しい観点、新しい結論が加わえれ、新しい状況にふさわしくない古い観点、古い結論が棄て去られていく。もし、マルクス・レーニン主義と毛沢東思想の出来合いの条文の上に胡坐《あぐら》をかき、出来合いの公式を以って、限りなく豊かで且つめまぐるしく発展する実践を制限したり、切り刻んで接ぎ合わせたりするなら、誤りを犯すことになる。「経典に書かれたことが正しい」、この種の誤った傾向が今なお存在しているが、これこそが、人々の精神を堅く縛り付ける「四人組」の首枷、鎖である。勇気を振り絞って引きちぎらなければならないと、この文章が特に指摘している。さらに次のように強調している。誤りである、あるいは実際にふさわしくないと証明されたなら、拘泥することなく、すべて改革するべきである。[217]これを境に、中国の前途と運命に影響を及ぼした思想解放運動が始まった。[218]

長期間、毛沢東に付き従い、毛沢東を警護してきた汪東興は、これに対して即座に反応した。五月一七日、彼は第一回会議で『実践が真理を検証する唯一の基準である』を非難して、「実質的にこれは、主席の思想に矛を向けている。我が党の機関紙はこのようなことはできない。」彼は詰問した。「どこの中央の意見なのか。」彼は、『光明日報』の責任者である楊西光を叱責した。「党性が欠如している」、そして「調査し、教訓を得て認識を統一しなければならず、先例にしてはいけない」と提起した。明くる日、彼はさらに、党中央宣伝部部長張平化を訪ね、話し合った[219]。

「鋼鉄公司[220]」の異名を持つ鄧小平も政治的な反応を示し、真っ向から対峙した。五月一九日、鄧小平が文化部の中心的指導小組の責任者に接見した時に発言している。「『光明日報』が発表した文章だが、その時私は気付いていなかった。後になってある人（汪東興を指す）が大変に反対してひっくり返そうとしていると聞き、ようやく探し出して読んでみた。文章はマルクス・レーニン主義に合致しているではないか、ひっくり返せないな[221]」。

五月三〇日、鄧小平が胡喬木と次のような話をしている。あなたが話したことが毛主席の話したことと違っているだけで、あるいは華主席の話したことと違っているだけで、それは駄目だと言う。毛主席が話さなかったこと、あるいは華主席が話さなかったことをあなたが話したとする、それも駄目だと言う。一体、どうしたら良いことになるのか。毛主席が話したことを丸写しにする、あるいは華主席の話したことを丸写しにしたら、良いということだ。これは孤立現象ではないか。現在の思潮を反映している。現在一つの問題が起きている。実践は真理を検証する基準であることすら問題になっている。まったく不思議なことだ[222]。

後に、胡耀邦がこの理論闘争の背景を説明している。去年（一九七八年）の五月、思想理論戦線に重要な発展があった。それは、実践は真理を検証する唯一の基準に関する討論が始まったのだ。この討論の重要な意義とは、全党と全国人民の思想を毛沢東同志の『実践論』を基礎として統一したことにあり、毛沢東同志が一貫して強調した弁証法的唯物論の認識論において実践を第一とする観点を重ねて言明し、千百万の人民の社会実践さえあれば、それが真理を検証する尺度であると重ねて言明したことにある。これはマルクス主義の一般常識であるが、長年忘れられたままになり、ひいてはひっくり返されたままであった。この問題の新たな提起が、林彪及び「四人組」の反科学的思想体系の急所を的確に撃ち、林彪及び「四人組」の似非マルクス主義理論をすべて清算した。同時に、人々のマルクス主義に対する根本的態度問題に深く触れるものであった。このことによって、我が国の思想理論戦線に波風が起こった。ある同志は、あの『実践は真理を検証する唯一の基準』の文章及び論戦に参戦したその他の文や発言に大げさなレッテルを貼り、「負け組」、「非毛化」、「旗を捨てた奴」などと呼んだ[223]。

六月二日、鄧小平は全軍政治工作会議で講話を行い、実事求是は毛沢東思想の出発点であり、根本的な問題であると詳しく説いた。「一部の同志は来る日も来る日も毛沢東思想を語っているが往々にして、毛沢東同志の実事求是、一切は実際から出発し、理論と実践を結合するマルクス主義の根本となる観点、根本となる方法を忘れ、破棄し、ひどいのになると反対を唱える。のみならず、もしも実事求是を堅持し、実際から出発し理論と実践を結合させたなら、極悪大罪を犯すことになると考えている人がいる。」鄧小平は、林彪、「四人組」が流した害毒を一掃し、擾乱を治め正常に戻し、精神の箍《たが》を解かなければならず、我々の思想を大解放しなければならないと主張した[224]。この講話の全文は、六月六日の『人民日報』に公表された。**鄧小平が初めて公に、「実事求是、思想解放」を主張し、また初めて公に、党内の「すべて派」の謬論を批判した。**当時の党内最高レベルにおける理論闘争の焦点が明確になり、双方が毛沢東の言葉を利用することで、新たな発言権を獲得し、相手方を打倒せんとすることが明確になった。明らかに、**鄧小平に一日の長があった。彼は毛沢東思想の精華を十分熟知しているだけではなく、独自の見識を備えていた。**

六月二四日、『解放軍報』が特任評論員の名前で、『マルクス主義の最も基本的な原則』を発表した。この文は、鄧小平の支持の下、中央軍事委員会常務委員秘書長羅瑞卿が手直しし、定稿になった。彼の指摘は急所を突いている。**「二つのすべて」は、実際は林彪が、「毛沢東の一つ一つの言葉はすべて真理である（句句真理）」、「毛沢東の一言はほかの人の万言よりすぐれている（一句頂一万句）」と言ったことと同じである。「二つのすべて」に照らして物事をやっても、何も成し遂げられない。それは現代の迷信であり、打倒しなければいけない。**この文は、中央政治局委員、中国人民解放軍総政治部主任の韋国清の賛同を得た[225]。彼は胡耀邦と少なくとも六回電話で話しており、胡耀邦が多くの訂正意見を伝えている。これは、この党内最高レベルで起きている政治闘争において、軍の指導者が鄧小平の側に立ち、直属の上司である中央軍事委員会主席華国鋒に対抗すると公表したことを意味している。翌日、『人民日報』『光明日報』がこの文を転載し、「二つのすべて」を堅持している人たちからの数々の非難に、この文が回答していると称賛した。そして毛沢東思想の旗をどのように正しく高く掲げるのかという政治理論問題を論述した[226]。

七月、汪東興が山東省委員会の責任者と話し、「一、旗を畳むべきではない。二、投降するべきではない。三、一八〇度の転換をするべきではない」と提起し、現在、新聞・雑誌は「文化大革命」を宣伝していない。「文化大革命」の成績が主要なものだとした。彼は、毛沢東に対する「七分の功績、三分の過失」という見方を繰りかえした[227]。明らかに、汪東興は典型的な「文革受益派」であり、毛沢東晩年の誤った路線の「忠実な番人」を演じ、眼中人無しの有様で、中国における思想大解放、歴史的大転換を阻止するべしと決意した。

同じ七月、華国鋒が、党の中央宣伝部と一部の省、市の責任者に、真理の基準問題論争に対して「態度を表明せず」、「介入せず」の姿勢で臨むように指示を出し、一部の省市の責任者がこの問題に対して態度を表明したことを批判した[228]。これは華国鋒による最初の政治的態度表明であった。『紅旗』編集長熊復が華国鋒の指示に従い、「態度を表明せず」、「介入せず」の態度表明を最初に行い、後に、『実践は真理を検証する唯一の基準』に反対する文章作成グループを組織した[229]。

華国鋒の態度表明に対して、鄧小平は即応した。七月二一日、鄧小平は党の中央宣伝部部長張平化に対し次のように言っている[230]。真理の基準論争に禁止令を出したり、禁止領域を作ったりする必要はさらさらない。また、生き生きとした活発な政治局面がいま始まったばかりだ、後戻りする必要はない[231]。七月二二日、彼は党中央組織部部長胡耀邦に話している。「『実践は真理を検証する唯一の基準である』の文は、マルクス主義的である。論争は不可避だが、構わない。「二つのすべて」に端を発しているからだ[232]」。八月一三日、鄧小平と呉冷の間で次のような話が交わされた。「『実践は真理を検証する唯一の基準である』の中で言っていることは正しい。現在、最も重要な課題は、思想解放である。「二つのすべて」から出発してはいけないし、禁止領域を設けてもいけない。古い箍《たが》を外すように励ますことが必要だ[233]」。

九月上旬、李先念が国務院理論会議で態度を明確に表明し、真理の基準問題の論争を支持している。「実践は真理を検証する基準というのは正しい。これは我々が平素一貫して堅持している観点である」と彼は発言している。**これは、鄧小平、葉剣英、李先念、三人の中央政治局常務委員が政治的コンセンサスに達し、華国鋒と汪東興との論争に必ず勝利することを表している。**

九月一六日、鄧小平が吉林省委員会第一書記王恩茂等に説明している。現在、実践を通して理論を検証するこの問題に関して論争をする必要がある。思想の硬直化が見て取れる。問題の根本は、「毛沢東同志の実事求是の思想に反し、弁証法的唯物論、唯物史観の原理に背いていることである。実質上、それは唯心主義と形而上学の反映である。」いわゆる、あの毛沢東思想の旗を高く掲げるのは、実質上、「形式主義の掲揚であり、偽の掲揚である[234]」。鄧小平が言うところの「二つのすべて」、この言葉が示す明確な態度は、「毛沢東思想の旗を高く掲げ、実事求是の原則を堅持しなければならない」、この二つのことである。これは、華国鋒が言う「毛沢東の旗を高く掲げる」とは別ものであり[235]、また華国鋒のそれに照準を突き付けて、「**二つのすべて**」を大いにやろうということである。[236]

九月、理論誌『紅旗』が長文『「実践論」を復習しよう――論・実践を基準とすることはマルクス主義認識論の基礎』を書き、中央政治局常務委員会に送った。葉剣英が中央に、一度理論工作研究会議を開催し、皆さんから様々な意見を出してもらい、十分な民主的討論によって認識を統一し、この問題の解決を図ろうと建議した。[237] 一二月、華国鋒がこの文による論争に話が及んだ時、次のように述べている。「当時私は朝鮮から戻ったばかりで、急な処理を要することが山積していたため、目を通していなかった。六、七月に、中央常務委員の数人が相前後して、彼等が聞き及んでいるこのことに関わる状況を私に話してくれた。この時になって私は、この文章にいくつか違った見方があることを知った。葉剣英元帥が、理論工作に携わる同志を集め、理論研究会を開き、大勢のいろいろな意見を出すことで充分な民主的討論を行い、それを基礎に認識を統一し、問題を解決しようと提案された。中央常務委員会の同志も皆、このやり方に賛成した[238]」。しかし、葉剣英のやり方でやったなら、明らかに「すべて派」は間違いなく敗北する。このため、華国鋒は理論研究会を一九七九年春まで開催することはなかった。

一〇月三日、中央候補委員で党中央弁公庁副主任の張耀祠が、次のように発言している。「毛主席の言葉を利用して毛主席を批判している者がいる。毛主席に照準を向けているばかりか、華主席にも向けている者がいる。この風潮は非常に激しく、抑えるのも容易ではない。張平化に、あなたは宣伝部長であるから、あなたが方向性をしっかりつかむ必要がある。毛沢東思想を全面的に、正確に理解しなければならないと言いながら、やることは間違っている人がいる、と話した[239]」。鄧小平を指しているのは明らかだった。張耀祠は、長期間毛沢東の警護に当たり、さらに第九回代表大会で主席団に加わっている。彼は汪東興の古参の部下であるから、「すべて派」の重要人物の一人となるのは自然なことだった。彼は、張平化と手を結び、共同して鄧小平に挑もうとした。

一一月二五日、鄧小平は再度、『実践は真理を検証する唯一の基準である』の文を承諾し、指示した。彼は次のように考えていた。現在、新聞紙上で真理の基準問題が討論されている。よく討論されているし、思想が非常に活発化している。これらの文は毛主席に向けられていると言えない。そのような人たちは発言してはいけない。[240]

一一月二七日、胡喬木が中央工作会議分科会で、**華国鋒同志に（中央工作）会議終了時、実践は真理を検証する唯一の基準であるという問題について少し話していただきたいと希望する**と提起し、次のように述べている。この問題は本来、理論問題の一つである。しかし、二つの意味で、これは政治問題でもある。第一、この問題をはっきりさせることは、思想を解放するという当面の工作をきちんとやることであり、四つの近代化建設を加速させ、遺留されているいろいろな案件を正確に処理するなど、指導的意義がある。第二、この問題の討論に対して、絶対多数の省市、大軍区の責任者がみな態度表明している。これは一般的な理論問題ではない[241]。これは、華国鋒に態度表明を迫り、華国鋒に対する党内の政治的圧力を形成することであった。

一二月一〇日、陳雲が中央工作会議東北組で発言し指摘している。毛沢東の著作の基本思想は、実事求是である。**何が「実事」なのか。いかにして「実事」をはっきりさせるのか。**陳雲は、六つの文字で概括している。それは、交換、比較、反復である。いわゆる交換とは、正面の意見を聞くだけでなく、側面の意見も聞く必要がある。いわゆる比較とは、一つは左右の比較、もう一つは前後の比較である。いわゆる反復とは、研究を繰り返すことであり、目的は状況をはっきりさせ、事や仕事をきちんとやることである[242]。一二月一三日、鄧小平が中央工作会議で述べている。この討論は、「必要性も意義も非常に大きい」、「実際、思想を解放する論争をやるかやらないか、である」。「この意味から言って、真理の基準問題に関わる論争は、確かに思想路線の問題であり、政治問題であり、党と国家の未来そして運命に関係する問題である[243]」。鄧小平と陳雲らは協力して、華国鋒と汪東興の「二つのすべて」派の発言権を封じ、新たに「実事求是、思想解放」の思想路線を確立した。これは、毛沢東の「文化大革命」の理論と実践の否定に向けた十分な世論形成の準備であった。

同日、華国鋒は閉幕式で次のことを承認した。この「二つのすべて」という言い方は、（毛主席を）さらに絶対化し、妥当ではない。「二つのすべて」はさまざまなレベルで人々の思想を束縛した。当時、この言葉に対する考えが不十分であった。今思うと、「二つのすべて」に触れないのが良い。**彼はさらに主動的に、「華主席、党中央」のような表現は妥当ではなく、今後、「主席」を「党中央」の前や上に置いて話すことはやめるように希望すると提起した[244]。**

一九七八年下半期、真理の基準問題が公にされ、山場を迎えた。中央の党及び政府機関の各部門、大多数の省、市、自治区、解放軍の各本部、大軍区の責任者が次々と文を発表し、講話を行い、取材に応じた。非公式の統計によると、一九七八年末までに中央及び省級の機関紙・機関誌が、「実践は真理を検証する基準」に特化した約六五〇編の文を掲載している[245]。

一二月末、十一期三中全会が終了した後、胡耀邦が張平化に代わって党の中央宣伝部長に就任した。張平化は華国鋒を支持する主要な人物の一人である。この後、華国鋒が再び政治世論の大権を掌握することはなかった。

一九七九年七月二九日、鄧小平が海軍党委員会常務委員拡大会議で、この真理の基準論争の「本質は、マルクス・レーニン主義と毛沢東思想を堅持するか、堅持しないかにあった」と回想している。[246]

一九八〇年六月二七日、鄧小平が「二つのすべて」の性質に触れ、話している。「二つのすべて」の考え方は、毛沢東同志晩年の誤った思想を元のまま変えることをせず、堅持していくことであり、いわゆる既定の方針通りにやるということは、毛沢東同志晩年の誤った方針通りにやることである、と単刀直入に指摘した。[247]

後に鄧小平は、この時期の政治闘争と思想闘争を歴史的に振り返り、歴史的な評価を下している（コラム3－1）。実事求是と「二つのすべて」の思想路線をめぐる闘争は、前者が勝利し、後者が敗走した。まさに鄧小平が言うように、「思想路線の問題をきちんと解決さえすれば」、その後の政治の道の闘争において、閉ざされて硬直した古い道を否定し、改革開放の新しい道をようやく切り開くことができる。

コラム3－1　「二つのすべて」に対する鄧小平の批判

「四人組」打倒後、当時中央の工作を取り仕切っていた同志（華国鋒と汪東興）は「左」の政治路線を堅持し、また誤った思想路線を提起していた。これを「二つのすべて」と称している。私は言ったことがある。もし毛主席が健在であったなら、主席は「二つのすべて」を容認しなかっただろう。なぜなら、それはマルクス・レーニン主義でも、毛沢東思想でもないからだ。もし「二つのすべて」に照らすなら、私は仕事に出て来られず、そのほかの問題を語る必要もないことになる。「四人組」打倒後、九カ月たってから、すなわち一九七七年七月に、私はやっと職務に復帰した。その時に、ようやく中央の会議に参加できた。復職して以降、私は、毛沢東思想の精髄は実事求是であることを提起し、「実践は真理を検証する唯一の基準である」問題の討論を始めた。当時、一部の人がこの討論を阻止しようとした。一九七八年六月、全軍政治工作会議で講話を私が行った。それから、私はあなたたちのところから戻り、東北三省の道すがら、この思想路線問題について話した。ほぼ一年余りの間、討論がなされた。一九七八年末、我々は十一期三中全会を開き、「二つのすべて」を批判し、「思想を解放し、頭を働かそう」というスローガンを提起した。理論と実際を結び付けること、一切は実際から出発することも提唱した。実践は真理を検証する唯一の基準であることを是認し、実事求是の思想路線を新たに確立した。

思想路線問題をきちんと解決するだけで、新しく正しい政策をようやく提出できるようになった。最初に工作の重点の転移、さらに農村政策、対外関係政策、及び社会主義を建設する一連の政策がある。

資料出典：鄧小平『一心不乱に建設をやりぬこう』（一九八二年九月一八日）、『鄧小平文選』第三巻、九～一〇頁、人民出版社、一九九三。

二、「文化大革命」の理論と実践の否定

華国鋒は、「二つのすべて」の思想路線を代表しているだけではなく、階級闘争を綱領として堅持する政治路線を代表し、中国共産党第九回全国代表大会で確立した政治路線を擁護し是認している。したがって、鄧小平に代表される政治路線との対決が先鋭化せざるを得ない。初めのメルクマールは、十一期三中全会であった。階級闘争を綱領とする政治路線と決別し、経済建設を中心に据えた第八回全国代表大会の政治路線の復活を明確にした。次のメルクマールは、十一期六中全会である。「文化大革命」の理論と実践を否定し、我が国の実情に適合した社会主義近代化建設の正しい道を積極的に模索したのがこの時期である。

「文化大革命」の評価のいかんが、一時期、華国鋒と鄧小平の政治闘争の焦点となった。もし、鄧小平が「文化大革命」を否定できず、また「階級闘争を綱領とする」政治路線を否定できなかったとしたら、経済建設を中心に据える第八回全国代表大会の路線へ舵を切ることができず、また経済体制の改革を発動することはできなかった。

一九七七年三月、華国鋒は中央工作会議で「文化大革命」の継続を承認した。「プロレタリア階級文化大革命に対して、正しく対応すべきである。プロレタリア階級文化大革命は、功績七分、誤り三分である。七分の功績は、毛主席の指導の下で獲得され、三分の誤りは、林彪、陳伯達、「四人組」の妨害と破壊がもたらした。このように捉えないなら、我々の旗そのものを損なう問題が発生する。」この評価は毛沢東による自己評価である。毛沢東はかつて中央政治局会議の政治決議を、この評価に基づいて鄧小平にまとめさせようとしたが、鄧小平は婉曲に拒絶した。それゆえ毛沢東は、生涯最後の政治運動――「批鄧（小平）、右からの巻き返しに反撃する」政治運動を発動した。明らかにこの評価は、非科学的であり、実事求是にも、さらに歴史による検証を経ていなかった。真に正しい評価は、一九八一年十一期六中全会の決議である。

四月末、華国鋒は『毛沢東選集』（第五巻）を学習し、階級闘争を綱領とする政治路線を相変らず堅持していた。彼は次のように自身の考えを示している。「毛主席は我が党のために、一本の明白で、明確に正しいマルクス・レーニン主義の路線を定めている。それは、プロレタリア階級の専制の下

で社会主義革命を徹底して進める路線である。毛主席は、社会主義社会から共産主義社会に至る過渡期を実現するまで、片時も階級闘争を忘れてはならず、階級闘争の綱領をしっかりつかみ、一歩一歩着実に、社会主義革命と社会主義建設事業をやり遂げ、我が国が偉大な社会主義国家の建設を成し遂げることを求めている。毛主席は我々にこのようにやることを求め、我々は決して脇道にそれることなくやらなければならない[248]」。

八月、華国鋒は、中国共産党第十一回全国代表大会で政治報告を行い、存分に「文化大革命」を肯定し、発言している。「我が国の今回のプロレタリア階級文化大革命は必ずや、プロレタリア階級独裁史上前例のない偉大な壮挙として歴史の一ページに加えられ、歴史の前進に伴い、ますますその燦爛たる光輝を発するであろう。」彼はまた、「四人組」の打倒を「プロレタリア階級文化大革命」の偉大な二つの勝利と呼び、「文化大革命」を領導した「プロレタリア階級独裁下の継続革命理論」を存分に是認し、これは「現代のマルクス主義の最も重要な成果である」と見なし、同時に「プロレタリア階級独裁下の継続革命の堅持」を十一回代表大会の基本内容とした[249]。

実際、華国鋒は政治上で「三つの堅持」を行った。すなわち「階級闘争を綱領とする」ことを堅持し、プロレタリア階級独裁下の継続革命を堅持し、「文化大革命」を堅持し、さらに将来にわたって何度も行う必要があるとした[250]。しかし、大会代表の質疑を受けている。ある代表が次のように発言している。「毛主席が、『文化大革命』は『一切の打倒、全面内戦』の誤りを犯していると話している。しかし、報告は『文化大革命』に誤りがあることを否認している。実際と合わないし、毛沢東の言い方にも合っていない。実事求是のやり方で運動の全過程を詳細に解明するべきだ。『文化大革命』の誤りを客観的に承認することだけが、経験と教訓の深刻な吸収を可能にする[251]」。ある代表は、「文化領域におけるプロレタリア階級の全面的な専制」に反対し、またある代表は十一回代表大会報告中の「社会主義の歴史段階に終始一貫して階級闘争が存在する」との論断に関して、「終始一貫」ということは理論上筋が通らないと鋭く指摘した。これらの意見は受け入れられず、したがって「文化大革命」に対する誤謬理論の扱いは先延ばしされた[252]。

九月二三日、中国共産党中央が『王洪文、張春橋、江青、姚文元等反党集団の罪行（材料の三）』の発表を許可した。当時、中央宣伝工作と特別査問グループを主管していた汪東興は、「『四人組』にどんな理論があるというのか。王洪文はごろつき、江青はデマを垂れ流し、張春橋と姚文元は書物バカだ」と考えていた。同時に内部では、張春橋の『論・ブルジョア階級に対する全面専制』と姚文元の『論・林彪反党集団の社会基盤』の「二つの文は中央と偉大な領袖毛主席が目を通しているから、名指しで批判はできない」と定めた。[253]この二つの文の内容は、毛沢東の「文化大革命」理論と実践の極致であり、典型的な「全面専制論」の政治専制主義と「資本主義要素の徹底的な根絶論」の経済専制主義であった。

明らかに華国鋒と汪東興は「四人組」批判を主張するが、その「四人組」を「文化大革命」の災難を受けた「政治的なスケープゴート」として扱うに過ぎず、毛沢東の「文化大革命」の理論と実践を否定することは厳禁した。さらに甚だしいことに、「プロレタリア階級文化大革命の勝利の成果を強固に発展させるべきだ」と提起した。このため、党内の高い指導レベルで「文化大革命」を肯定するのか否定するのかが、「文革受益派」と「実務派」による闘争の熱い焦点となった。しかし、畢竟「文化大革命」は徹底的に失敗しただけでなく、人心の離反を招いた。否定されるのは時間の問題であった。「実務派」がひとたび表舞台に上がれば、「文化大革命」が否定されることは、至極理に適ったことだった。華国鋒は毛沢東ではない。彼の一言が九鼎の重みと同等に扱われることは不可能であった。

当初、鄧小平は「文化大革命」の歴史的評価が下されることを急いていなかった。一九七八年一一月二五日、鄧小平が華国鋒、葉剣英、李先念、汪東興等と共に、中国共産党北京市委員会と共産主義青年団の責任者の報告を聴取していた時、「いくつか歴史問題があるが、歴史の時期によっては無理やり解決できないものもある。いくつかの事件は我々の世代で解決できない。次の世代に解決させる。時間が経てば経つほど見えてくるものがある」と話している。[254]一二月一三日、鄧小平は中央工作会議の閉幕式の講話で次のように話したことがある。「文化大革命」は我が国の社会主義の歴史発展における一段階とすでになっている。総括は絶対にしなければならない。しかし、必ずしも慌ててやるものではない。このような歴史の一段階に対して科学的評価をするには、真面目な研究工作が必要であり、あることについてはもっと長い時間をかける必要があり、そうすることでようやく、十分に理解し評価を下せるようになる。その時にこの歴史の一段階を説明する。おそらく今の我々よりもっとよく説明できるだろう。[255]

毛沢東は早くから鄧小平を見透かしていた。毛沢東の次の指摘はそのものずばりである。「彼（鄧小平）という人間は階級闘争を把握していない。これまでずっとこの要諦を持ち出したことがない。相変わらず「白猫と黒猫」だ。帝国主義だろうとマルクス主義だろうとかまわないとまで言うのではないか。文化大革命は何をするのだ。階級闘争ではないか」。[256]鄧小平がもし「文化大革命」を否定しようと思うなら、必然として毛沢東の階級闘争理論を否定しなければならない。毛沢東は先見の明があった。彼の危惧と憂慮には根拠があった。治国の綱領と政治路線において、毛沢東と鄧小平は明らかに違っていた。

一九七九年一月三日、**胡喬木が真っ先に、毛沢東の「プロレタリア階級独裁下の継続革命」、「階級闘争を綱領とする」などの理論問題を徹底的に整理すべきであり、このようなスローガンは階級闘争を人為的に拡大することだと提起し、彼はこれに対し否定的な態度を取った。[257]胡喬木は一九四一年から毛沢東の秘書を務め、毛沢東晩年の理論の生き証人であり、誰よりもこの理論から害せられた一人であった。彼は、毛沢東の学生としてまた、中国共産党内部の人間として、自己反省と自己否定を行ったのである。**一月六日、彼は中国社会科学院の会議で、恣意的に階級闘争の概念を用いることは、党内生活にとって益となることはなく、むしろ逆に害となることがはるかに多い。今後、党内にやはり思想闘争が起こりうるが、いかなる思想闘争であっても、それらすべてを路線闘争と呼ぶことはできないと発言した。[258]ほどなく党中央はこの建議を受け入れ、以後、五十八年もの長きにわたった中国共産党内部の路線闘争の歴史が終わった。新しい党内規則(『党内政治生活の若干の準則』を指す)に照らして、党内の様々な観点や意見を処理することになった。

一月一八日、胡耀邦が理論研究会議で述べている。「私は、文化大革命以来、とりわけ昨年(一九七八年)組織工作に携わって以来、頭の中に二つの問題がいつも去来している。我が国のような大きな国で、『打倒』というこの言葉はどのような数概念を念頭に置いているのか。毛沢東同志は、大多数の幹部は良いか、比較的良いと常々言っている。打倒しなければならない幹部は極めて少数にすぎない。我々の専従幹部はすでに一七〇〇万人、今年の年末には一九〇〇万人に達するだろう。ルーマニアの人口とほぼ同じだ。百分の一を打倒すると十九万人、百分の二を打倒するなら三十八万人、これは大変なことだ。ここで一つの問題に突き当たる。良いとか、比較的良い絶対多数の幹部とはどれだけをそう呼んでいるのか。九八%の幹部、九九%、それともそれ以上なのか。[259]」これはほとんどの高級幹部が『文化大革命』に対して深刻に感じていたことである。一旦、定量分析されたなら、「打倒」のような階級闘争と路線闘争のやり方は、間違いなく「自己破壊、自己傷害」であり、嫌悪、憎悪されるやり方だ。」胡耀邦はさらに話している。「一九六八年一〇月一四日に開かれた八期十二中全会で、(毛)主席が少し話した後、我々に質問した。『同志のみなさん、あなた達は文化大革命をどのように見ているか。』小鳥の鳴き声もしないほど静まり返り、誰も返答しなかった。主席は続けた。『私は思うのだが、五十年後か百年後、この出来事は歴史の小さなエピソードとなっているだろう。』この言葉を聞いた後、私はその夜一睡もできなかった。私はかつて、毛主席を訪ね、この言葉について質問しようと考えた。毛主席のこの話には深い意味があると私は思ったからだ。あの日、主席はこうも言っている。『今回出席した中央委員は五十六人だけだ。多くの人が来ていない。次は、もっと多くの人が来ることを私は希望している。』しかし、第九回代表大会以降、増えるどころか、さらに少なくなり、五十四人だけで二人欠けている。」胡耀邦は次のように話している。「康生、張春橋が起草したあの『九回代表大会』の政治報告は、理論上に多くの間違いがあり、『四人組』の謬論はそこから来ている。これらの理論は分かち難く、我々の思想を束縛し、四つの近代化に向けて進軍している我々の足枷となっている。この問題に関して胡喬木同志の意見がある、資料として皆に配布する。[260]」

三月六日、「文化大革命」がなぜ発生し、なぜ拡大していったのか、研究しなければならないと陳雲が提起した。将来の適切な時期に総括しなければならないが、今は慌てなくともよい。後になるほど問題がはっきりする。たくさん観察すれば、結論はより客観的に、より実際に符合し、より科学的になるだろう。現在は各部門が大変忙しい。必ずしも結論を急がなくても良い。[261]これは鄧小平の態度と同じであった。「文化大革命」に対する結論を出すことはかなり複雑な政治問題であり、華国鋒本人が「文化大革命」の最大の受益者であり、「文化大革命」の否定は華国鋒本人を否定することである。それがネックになっている。

しかし、「文化大革命」は避けて通ることができない重大な政治問題である。歴史の評価を成し得ないなら、鄧小平は改革開放を始動できず、前者の否定、後者の肯定は裏表を成している。否定がなければ肯定することはできない。それゆえ党中央はもともとの決定を覆し、適切な時期に「文化大革命」の評価を考えることにした。

六月、中国共産党中央は、葉剣英が党中央、国務院、全国人民代表大会常務委員会を代表して行う講話の原稿を起草した。起草は鄧小平の指導で進められ、胡喬木をトップとする十五人からなる起草班が組まれた。度重なる手直しの間、討論に参加した人は三四〇〇人にのぼり、十一期四中全会を通過した。[262]

九月二九日、葉剣英が建国三十周年の講話のなかで、「文化大革命」は彼等（林彪、「四人組」一派）が十年にわたって進めた反革命的大破壊であり、我が国人民に大きな災難をもたらし、我が国社会主義事業に建国以来最も重い挫折を経験させたと定義した。講話は、毛沢東を名指して公に批判することを避けているが、はじめて毛沢東による「文化大革命」の誤りを指摘している。「問題は、（毛沢東によって）発動された文化大革命時代にある。党内及び国内の形勢が実際の見込みにそぐわず、修正主義の何たるかについて正確な解釈を欠いていた。同時に民主集中制の原則から遊離し、誤った闘争方針と方法を採用する事態に至った[263]」。党中央は、「過去三十年とりわけ文化大革命十年の歴史に対し、適切な時期に、専門的な会議を経て、正式な総括を為すべきである」と判断した。[264]

一九七九年一〇月から、鄧小平の提議に基づき、当時中国社会科学院院長であった胡喬木が責任を持つ形で歴史決議起草小組を設け[265]、鄧小平、胡耀邦の直接指導を受けながら工作を展開した。

一九八〇年六月から一九八一年三月まで、鄧小平は前後七回、胡喬木、鄧力群らと面談し、『建国以来の党の若干の歴史問題に関する決議』の起草について自分の意見を述べている。

「文化大革命」の性質をどのように判断するか。当時、党内外にいくつかの主要な見方があった。反革命という人、十年の動乱という人、一場の政変であるという人もおり、さらに深刻な革命であったと言う人までいた。胡喬木は、「文化大革命」はいかなる意義においても革命たりえないと考えた。反革命でもなく、動乱と称することもできない。彼はまた政変説に賛成しなかった。最後に彼は、「文化大革命」の性質を「内乱」と定めた。鄧小平はこの定性（事物の本質的な性質を定めること）に賛成した[266]。彼は、「文化大革命」の性質を「重大で全面的な誤りである」と定義した。それが生み出した結果は重大であり、現在に至るもその影響があると考えていた[267]。

一二月一四日、胡耀邦がギリシャの『黎明』紙の編集長と会見した時、**「文化大革命」に対する「定性」をはじめて定め、我が党の一致した見方として、いわゆる「文化大革命」とは、災難の十年であった**とした。この十年で、我が国の経済、文化、教育、政治思想、党組織はすべて甚大な破壊を被った[268]。この重要な見方は党中央から受け入れられている。

「文化大革命」の発生原因は、決議起草にとって難題の一つであり、党内の意見は一致していなかった。ある人は、「文化大革命」の発生原因を単純に毛沢東個人に帰結させる。これに対して、胡喬木は、「個人の資質、個人の性格が全く影響しなかったとは言えない」と認めている。さらに、胡喬木は次のように考えた。「文化大革命」発生の根本は、毛沢東の階級闘争の認識と見通しに対する誤りにあった。毛沢東は、階級闘争にしっかり取り組むことが党の最重要工作であると考えた。政治の働きを過剰なレベルにまで引き上げ、政治が一切を統帥すると唱え、続いて階級闘争が一切を統帥するというように、変貌していった。中国革命の勝利は、毛沢東の威信をますます高めた。傲慢な情操は増長し、個人的な独断傾向が強まり、党内の民主と法制が破壊の憂き目に遭い、そして不幸な結果を招いた。革命成功後、後進分野の刷新がすべて立ち行かず、国家本体の政治、経済、文化上の立ち遅れも一つの重要な要素であった。文化、教育、知識分子等の長期間の偏向もまた、「文化大革命」の準備にとって非常に重要な働きをしている。中国封建専制主義に由来する古い思想風俗の害毒に対して、我が党が執政に当たった後も、成熟した理論と有効な監督が欠けていた。修正主義に反対し、修正主義を防ぐうねりが過剰なまでに国内と党内に拡大した。

空想社会主義を目標として追求したことが、毛沢東が発動した「文化大革命」の深層次元の原因となった[269]。このため決議はやはり、毛沢東が発動した「文化大革命」の指導上の誤りの直接原因と複雑な社会歴史原因を、専門的に分析したものになった。

一九八一年六月、十一期六中全会が『建国以来の党の若干の歴史問題に関する決議』を採択し、そのなかで指摘している。「**歴史がすでに、『文化大革命』は指導者によって誤って発動され、反革命集団によって利用され、党、国家、各民族の人民に重大な災難をもたらした内乱であると、明確に確定している。毛沢東同志が発動した『文化大革命』の主要な観点はマルクス・レーニン主義と合致せず、中国の実態にも合致していなかったことを、『文化大革命』の歴史が証明している。当時の我が国の階級闘争の情勢と国家政治状況の見通しに対する論点は、完全に間違っていた**」。これは、中国共産党が堅持する真理と誤りを糾す原則を映し出し、あえて領袖を含む自身の錯誤を直視し、糾している。そして再び重大な歴史的錯誤を犯さないことを願い、またその能力があることを示している。この決議はさらに次のように指摘している。「**三中全会以降、我が党はすでに我が国の情況に適合した社会主義近代化建設の正しい道を、一歩一歩確定しつつある。この道は、実践のなかで絶えず充実し発展していくだろう**[270]」。決議はさしあたり、「中国の道」の要点を次のようにまとめている。経済建設を党と国家の中心的工作とする。社会主義経済の建設は、我が国の国情から出発し、能力相応に事を行い、努力を怠らず、段階を踏んで近代化の目標を実行する。国営経済と集団経済は我が国の基本的な経済形態であるが、一定の範囲内の労働者の個体経営経済は公有経済にとって必要な補足である。高度な民主的社会主義政治制度を段階的に建設する。社会主義は高度な文明を必要とする。社会主義民族関係を改善、発展させる。**これは、「中国の道」の本質と特徴に対する概括的な総括と表現である。これにより、「文化大革命」終結から五年弱、光明あふれる人間の正道の歩みが始まった。**

三、毛沢東の歴史的地位の擁護と毛沢東思想の堅持・発展に関する論争[271]

「文化大革命」終結後の、極めて敏感で異説・異論が多い重大な政治問題は、毛沢東をどのように評価するかであった。当時の党内の毛沢東に対する主要な評価は、相反する二つであった。一つは、一九七八年八月、華国鋒が党の第十一回代表大会の政治報告で、「プロレタリア階級独裁下の継続革命理論」に関連して毛沢東を引き続き肯定し、「プロレタリア階級文化大革命」は完全に必要であり、極めて時機に適った、歴史上最初の偉大な試みとして歴史の頁に載せられると、高らかに称揚し肯定している。華国鋒は、自身が堅持している

「二つのすべて」の方針以外に、彼はさらに政治における「三つの堅持」を提唱している。すなわち「階級闘争を綱領とする」、プロレタリア階級独裁下の継続革命、「文化大革命」を将来何度も実施する、この三つを堅持することである。もう一つは、毛沢東みずから発動し領導した「文化大革命」を否定すると同時に、中国の社会主義建設と革命における毛沢東の歴史的作用も否定し、さらに踏み込んで毛沢東思想を否定することである。

鄧小平本人はこの問題を避けることはしなかったが、彼は言行の程合いが必要であると十分に心得ていて、毛沢東の歴史的地位を過不足なく肯定すべきと、最初から提起していた。一九七八年秋、鄧小平と陳雲が話を交わし政治的コンセンサスに達した。「文化大革命」に対して延安時代の歴史決議のようにやる。つまり、いくつかの問題（主に毛沢東の歴史的評価を指す）は、一度きりの評価を下すが、毛沢東思想は捨てることはできない[272]。明らかに鄧小平と陳雲は、フルシチョフがスターリンを全面的に否定したやり方を、深刻な歴史的教訓として記憶にとどめていた。彼等は、毛沢東晩年の誤謬を糾さなければならず、さらにまた歴史の過ちの繰り返しを避けなければならなかった。

一一月二五日、鄧小平が毛主席の偉大な功績は不滅であると話している。「外国人が私に、毛沢東の評価は、スターリンに対する評価のように、誤り三分功績七分として良いだろうか、と訊ねた。そのようには言えないと私は明確に答えた。党中央と中国人民は、永久にフルシチョフのようなことはしないだろう[273]」。その日の午後、中央政治局常務委員華国鋒、葉剣英、鄧小平、李先念、そして汪東興が、北京市委員会林于加（当時、北京市委員会第一書記、北京衛戍区第一政治委員）、賈庭三（当時、北京市委員会第二書記、北京市革命委員会主任）そして共産主義青年団中央委員会韓英（当時、中央委員、共青団中央委員会書記処第一書記）、胡啓立（当時、共青団中央書記処書記）等の報告を聴取した後、中央政治局常務委員会名義の重要な講話を発表した。ある事柄は、毛主席に触れることができず、触れない方が良く、触れてもためにならない。新聞雑誌は十分な慎重さが要求される。ある範囲を踏み越えると、真理は誤謬に変わってしまう（レーニン）。毛主席の偉大な功績は不滅である。毛主席の存在がなければ、新中国もなかった。毛主席に欠点や誤りがないわけではない。しかし彼の偉大な功績に比べれば取るに足らない。党中央と中国人民は、永久にフルシチョフのようなことはしないだろう[274]。**これは鄧小平の卓越した政治的智恵の表れであり、彼の政治路線のボトムラインでもある。鄧小平が守り、継承し、発展させた中国共産党総体の知恵の結晶である最大の政治的財産は、毛沢東思想である。そのことは、後の実践から知ることができる。**

一一月二七日、鄧小平はロバート・ノヴァク（アメリカのコラムニスト）と会見した時、次のように話している。毛主席の中国史における偉大な功績は、言葉では言い表せない。「毛主席がいなければ、新中国もなかった」。中国では、誰もが理解していることだ[275]。彼はここでも、自分はソ連のフルシチョフではない、毛沢東を貶すことはできないと重ねて強調している。

魏京生（北京市公園服務管理処労働者）が、鄧小平におおっぴらに挑みかかった。彼は自ら編んだ刊行物『探索』で、鄧小平は「毛沢東がいなければ、新中国はなかった」と発言しているが、それは鄧小平が「毛沢東に命を救ってもらったことを感謝している」からだ、と述べている。『探索』に、鄧小平に対する「十の質問」を掲載し、「頗る人心を得ている鄧副総理」に向けて公開質問を行い、直接挑戦した。目的は、「現下の体制に有効な打撃を加えるため」であった[276]。

一二月一日、鄧小平が、党中央政治局常務委員会が招集した一部の省第一書記と大軍区司令員の会議で、「清華大学で大字報が貼りだされ、そこに「反周民必反、反毛国必乱（周恩来に反対すれば人民の反感に遭う。毛沢東に反対すれば国が乱れる）」と書いてある」と述べた。鄧小平は、この話のレベルはとても高いと考えた[277]。

一二月二八日、彭真が北京に戻った後、ほどなくして新華社の記者李尚志の取材を受け話している。「毛沢東がいなければ、一九四九年に中華人民共和国建国は不可能であった。毛沢東同志は我々の領袖である。毛沢東同志は、全面的な観点で判断しなければいけない。私の心の中では、毛沢東同志は永遠に我らが主席である[278]」。彭真の話は公正公益に基づき、大局を擁護し、歴史を全体的に捉え、毛沢東を扱っている。

一九七九年一月三日、胡耀邦が「当面の社会の政治動向問題に留意する」談話を、五時間にわたって華国鋒に伝えている。胡喬木は、三中全会において避け得ない情勢が起きていること、つまり毛主席を全面否定する趨勢もしくは否定的な感情が起きていることを認めている。このような傾向、感情、趨勢は、毛主席の生涯の誤りと欠点の分析をはるかに逸脱していた。この問題は党の指導を否定する傾向、社会主義制度に対する懐疑ないし否定にもつながっていた。三中全会にこのような傾向、趨勢が出ていたのである。彼は、次のように認識した。当面の形勢は、一九五七年初めのそれに似ている。いや、もっと複雑になっている。「現在、中国とアメリカは国交を樹立し、北京は国際都市になった。外国人も増えている。観光が発展し、人がますます多くなっている[279]」。これは、中国の指導者（華国鋒、鄧小平を含む）が、改革開放の条件下で、社会の変化に由来する、異なる政治的見解を持つ者や党内の急進主義者によるおおっぴらな挑戦を、初めて受けたことになり、それは整党整風が展開された一九五九年に非常によく似ている。中国共産党は「右派」の挑戦を受けているのである。しかし、彼等（特に華国鋒）は一九五七年当時の反右派闘争の教訓を得ていたので、華国鋒は時を移さず「今、我々は一九五七年の繰り返しを避けなければならない。朝令暮改は厳に慎まなければならない。」「反右派に拘泥するのは良くない」（胡耀邦の伝える言葉）と提起した。

一月、西単の城壁に『中国人権同盟』の宣言が貼り出された。十二条の綱領が書かれており、アメリカ大統領に中国の人権に「関心」を持つように求めている。一部の組織が、「反飢餓、反迫害、要人権、要民主」と書いた横断幕を掲げ天安門広場を新華門まで請願デモを行った。「中国人権同盟」は七つの組織と連絡を取り連合の声明を発表した。西単城壁前で一万人告発大会を開催し、中南海まで請願を行った。西側メディアは「北京の春」と報じた[280]。

三月一六日、鄧小平が明確に提起している。我々は断固として毛主席の偉大な旗を守らなければならず、このようなやり方でこの旗を傷つけることはできない。このことについて彼は解釈を特に加えている。毛主席を否定することは、すなわち中華人民共和国を否定することであり、その歴史全体を否定することである[281]。同日、党中央は第二二号文書を発布し、十一期三中全会の決定に重ねて言及している。毛主席と「文化大革命」の評価は、十分に慎重を期すべきであり、急いではいけない。」さらに、「最近、公開された文章で毛主席が誤った路線を長期間執行したことを宣伝しているが、このやり方は慎重さに欠け、妥当ではない」と批判している。

三月二五日、魏京生が『探索』に社説を発表し、再度鄧小平を挑発している。「鄧小平は、毛沢東の誤謬を追及することで、自身が昔、毛沢東の仲間だったことまで追及されるのを恐れているのではないか。やはり、毛沢東式の独裁社会主義政治を引き継ごうとしているのではないか。もしそうなら、我々は決して彼を許すべきではない。」魏京生はさらに警告している。「鄧小平が独裁者に変質しないかどうか警戒すべきだ。彼は、独裁と反人民の道を進もうとしている。人民はまさに彼に反対すべきである[282]。」魏京生の名前はたちまち大きな反響を呼び、西側メディアによって「中国民主化の父」と持ち上げられた。しかし、その実際の姿は、看板を付け替えた「造反派」にすぎず、彼の「民主化」のスローガンは「絵に描いた餅で飢えをしのごうとする」、中身のない空疎なものだった[283]。

これに対して、鄧小平は党内そして社会の誤った思潮を意識した。その誤った思潮は、社会主義の道、プロレタリア独裁、共産党の指導、マルクス・レーニン主義、毛沢東思想と毛沢東に疑いを持ち反対する思潮であった。彼は理論工作研究会で、四つの基本原則の堅持と強大な誤った思想潮流の撃退を強調しなければならないと決定した[284]。

三月三〇日、鄧小平は党の理論工作研究会で、王若水（『人民日報』副総編集長）が毛沢東思想と毛沢東個人を否定したことを厳しく指弾し[285]、「毛沢東同志の業績と思想は、どれも彼個人の業績と思想であるにとどまらず、彼の戦友、党、人民の業績と思想であり、半世紀に及ぶ中国人民の革命闘争経験の結晶である」[286]と指摘した。この観点は、いち早く党中央の決定に付された。

四月二二日、彭真が始めて中央工作会議に参加し、こう述べている。「毛沢東同志については、全面的な観点で判断すべきである。いわゆる全面的とは、歴史における全面、現在における全面、未来における全面である。」「我々は、毛沢東思想の旗を高く掲げ、堅持しなければならない。さもなければ、全党、全軍、全国各民族人民の思想と革命戦線の全体に混乱をきたすに違いない。味方が傷つき、敵が喜ぶだけである」[287]。

同年、彭真が山西省委員会書記李立功に話している。「毛主席の歴史的功績は否定し難い。毛沢東思想は永遠に我が党の工作の指針である。毛主席の一生は偉大であり、我が人民は心の中で崇高な威信を分かちあっている。このような我が大国、このような大政党がこの旗を失くしたら、立ち行かない」[288]。

九月二八日、建国三十周年大会で葉剣英が党中央を代表して講話し、次のように肯定している。「毛沢東同志は、偉大な中国共産党、偉大な中国人民の最も傑出した代表である。毛沢東同志の不滅の功績を、中国人民は永遠に銘記する」。

彼はまた、特に指摘している。「毛沢東思想が無かったならば、こんにちの新中国はあり得ず、これは歴史の実際に符合している。**当然ながら、毛沢東同志一個人の知恵が毛沢東思想を生み出したのではない。彼の戦友たち、党、人民の知恵の産物である。**まさに彼自らが言っているように、『党と人民の共闘の中で生み出されたものである』。**毛沢東思想は、半世紀余りに及ぶ中国の革命闘争と新社会建設の経験の結晶であり、中国共産党の知恵が集大成された結晶である**」[289]。同じ日、十一期四中全会の公報が指摘している。「葉剣英の講話は、全会一致で承認された。講話の原稿は、全会で討論に付される前に、党内の広範な意見を集め、同時に一部の民主党派責任者と若干の無党派有志の意見を求めた。これは、全党、全軍、全国の工作にとって長期的指針となる意義を持ち、極めて重要な歴史文献である」[290]。

一九八〇年初め、彭真が秘書の楊景宇に話している。「毛沢東思想の旗を高く掲げることと毛主席に対する個人崇拝は、別々のことである。旗は方向を示し、高く掲げる必要がある。この旗を捨て去るなら、方向を見失い、党心民心が乱れるだろう。果たしてそれで良いだろうか。個人崇拝は良いことではない。それは、党を誤らせ、国を誤らせるだけでなく、崇拝される対象を悪い方向へ押しやりかねない。しかし、個人崇拝についても、歴史的な観点が必要である。毛主席に対する個人崇拝について言うなら、毛主席にすべて責任を負わせることはできない。我々にも負うべき責任がある。自身の胸に手を当て問うてみると、私は盲目迷信の輩ではないが、毛主席を崇拝している。例えば、ある事案について、主席と、劉少奇または周首相とが意見を異にしていたら、私は当然主席の意見に賛成する。またもし、劉少奇と周首相の意見が違っていたら、どうするか決まっていない。ある事柄では劉少奇の意見に賛成するかもしれず、ある事柄では周首相の意見に賛成するかもしれない。このような心理になるのは何故か。党の歴史をみると、何度か重大な分岐点があった。毛主席の意見は最初多数の人が賛成しなかった。彼は孤立した。だが、最終的な事実が証明している。彼は正しく、卓越しており、遠望高所から判断した。このようにして、彼に対する個人崇拝が徐々に形成されてきた。私も例外ではない。しかし、人間というものは聖人賢者ではない。聖人賢者でさえ間違うこともある。『文化大革命』をやったことは、毛主席が犯した大きな誤りである。だが、良い点もある。悪事転じて善となることもありうる。毛主席は自らの誤りのお蔭で、彼に対する個人崇拝を打破した。これは、全党、全国人民の思想解放にとって、必ずや深遠な影響を生み出すであろう[291]」。

三月一九日、鄧小平は胡耀邦、胡喬木、鄧力群との話し合いで、『建国以来の党の若干の歴史問題に関する決議』の起草に向けて、三つの基本原則を提案している。第一、毛沢東同志の歴史的地位を確立し、毛沢東思想を堅持、発展させる。第二、建国三十年来の歴史上の重大な出来事について、何が正しくて、何が誤りだったかを、実事求是の態度で分析を進める。あわせて関係した同志の功罪の是非を含めて公正な評価をする。第三、この決議を通して、過去の事案に対する基本的な総括を行う。**この総括は重箱の隅を楊枝でつつくようなやりかたではいけない。総括は、みんなが一致団結して前へ進むためである**[292]**。**

四月一日、鄧小平は胡耀邦、胡喬木、鄧力群と話を交わし、述べている。「要するに、一九五七年以前、毛沢東同志の指導は正しかった。一九五七年の反右派闘争以後、誤りが次第に多くなった」。彼はさらに重要な原則を提起している。「すなわち、誤りについて触れる際、毛沢東一人だけに焦点を集中するべきではない。関係した中央の多くの同志全員に誤りがあった。こうした問題は公正でなければならない。他の人はみな正しく、ただ一人（毛沢東）だけが正しくないなど、そのような印象を作り上げることは駄目だ。なぜなら、これは事実に合っていないからだ。**中央が誤りを犯せば、それは一人の責任ではなく、全体の責任である。我が党が偉大であること、自らの誤りに勇気をもって向き合い、勇気を以ってその誤りを糾すことを述べるのである。**決議の最も大事なこと、最も根本的な問題は、やはり毛沢東思想の堅持と発展である[293]。」

六月二七日鄧小平が、胡耀邦、趙紫陽、胡喬木、姚依林、鄧力群等に、決議の構想は毛沢東同志の歴史的地位の確立と毛沢東思想の堅持・発展にあると、重ねて話している[294]。

七月三日、胡喬木が中央書記処の会議で「二分法」のアイディアを提案した。毛主席晩年における思想上、行動上の誤りと毛沢東思想を区別し、対比する。毛沢東の晩年は肯定し、毛沢東晩年の誤った理論と実践には批判を加える。[295] 中央書記処は胡喬木の提案に同意し、毛沢東思想と毛沢東晩年の誤りの区分けと処理の難題を解決した。

七月三〇日、党中央が次のように公布した。毛沢東同志の肖像、語録、詩詞が公共の場所で多く掲載され見受けられる。これは政治的にも浮ついた表現であり、国際的にも景観上よろしくない。今後、必要な範囲まで徐々に減らすようにするべきである。[296] 八月二一日、天安門広場のマルクス、エンゲルス、レーニン、スターリン、毛沢東の肖像画が撤去されたが、天安門城楼の毛沢東の肖像画は残された。全国各地の公共の場所にある毛沢東の塑像が相次いで撤去され、会議室や教室の毛沢東の肖像画が降ろされた。これに対して外電はいち早く反応し、さまざまな疑念や思惑が行き交った。[297] 同日、鄧小平がイタリア人女性記者オリアーナ・ファラーチによる「天安門上の毛主席の肖像画は永遠に残すのですか」との質問に、「永遠に残す」と答えている。彼は説明を付け加えている。「これまで毛主席の肖像画は大変多く、あちこちに架かっていた。これは厳粛さに欠けており、毛主席に対する尊敬が表明されていなかった。我々は、我が党、我が国の創建者として、彼を永久に紀念する。」鄧小平はさらに、我々はフルシチョフがスターリンに対したように、毛主席を扱いはしないと重ねて表明した。[298]

八月一〇日、鄧小平が胡耀邦、鄧力群と談話している際に、陸定一の手紙に話が及んだ。手紙には次のような建議がなされていた。「歴史問題の決議を作ろうとするなら、この数年の路線闘争について編む必要がある。そうしなかったら、将来、評価を覆す人が出る。」鄧小平は次のように考えた。将来評価を覆すというなら、毛主席のことに他ならない。我々が毛主席の功績を十分に語り、語ることが実際に符合しさえすれば、覆そうにも容易ではないと思う。彼の誤りについては、非常にはっきりしている。毛主席について言うなら、欠点、誤りは結局、二義的なものだ。[299]

一〇月二五日、鄧小平が次のように発言している。毛沢東同志の功績と過失に対する評価は適切ではない。そのような評価を、古参の労働者は容認できないし、土地改革時代の貧農・下層中農は容認できないし、彼等と関係ある幹部たちも承服できない。[300]

一一月二七日、中央規律検査委員会常務書記黄克誠が、規律委員会の座談会での報告で指摘している。「数年来、世を挙げて毛主席は我が党、我が国家の領袖であり、中国革命の象徴であると認められているが、これは実際に符合している。毛主席を誹謗し歪曲することは、我が党を誹謗し歪曲するだけでなく、我が社会主義の祖国を誹謗し歪曲することになる。このようにすることは、党と国家の根本利益を損ない、十億の人民の利益を損なうことになる。現在、国内外の敵対勢力は我々が徹底して毛主席を否定することを望んでおり、我が国人民の思想を攪乱し、以って我が国を資本主義に赴かせようと望んでいる。我が国人民内の一部には西欧個人主義、自由主義思想の影響を受け入れ、そうした人達と調子を合わせている者がいる。これは警戒するに値する。**毛主席は逝去されたが、我々に貴重な財産を残し、またわずかであるが消極的要素も残した。彼の消極的要素が一時的に頭をもたげるだろうが、我々の仕事によって克服できる。すなわち、毛沢東思想こそが長い将来にわたって我々の行動を指導するのである。**現在、毛沢東思想の旗を棄て去ろうとする人がおり、あるいは毛沢東思想の重要な部分を批判しようとする人がいる。このような仕業は危険であり、割に合わず、さんざんな目に遭うであろう。毛沢東思想の基本原理、それは我が党と国家の指導思想である。このことは、党章と『党内政治生活に関する若干の準則』に記されており、中央が一再ならず言明した重要な原則である。毛沢東思想を否定し中傷する行為は、党章・党紀に違反する行為である。我々古参の共産党員や人民の事業のために真面目に奮闘しているすべての共産党員は、毛沢東思想を中傷し、毛主席のイメージを歪曲する状況と闘わなければならず、以って党と人民の根本的利益を擁護しなければならない」。黄克誠の報告は党内の高いレベルで共鳴を引き起こし、きわめて大きな議論を誘発したが、鄧小平の同意を十分に獲得した。

黄克誠は一九五九年の廬山会議で彭徳懐等と共に「反党集団」として打倒されたが、一九八〇年になって、党中央がようやく中国人民解放軍総政治部宛てに『黄克誠同志の再審査に関する結論』を配布し、正式に名誉回復がなされた。黄克誠のこの報告は公正な心に裏付けられたもので、個人的な恩讐を目論んだものではない。彼の高尚な品格と高潔な節操、深謀遠慮が表れている。一九八一年四月一一日、黄克誠はこの報告をもとに、『毛主席の評価と毛沢東思想に対する態度に関する問題』を『人民日報』に公表し、毛主席に対する評価は、十億人民の根本的利益を出発点とし、実事求是の態度を以って進めなければならないと指摘した[301]。この文は、鄧小平が公表を提案し、胡喬木による改正を経ている。

これ以前、一九八〇年に胡耀邦が次のように発言している。毛沢東思想は、毛沢東個人の思想であるだけでなく、中国革命の歴史過程で形成され発展したものであり、中国共産党総体の知恵の結晶であり、中国人民の偉大な闘争の勝利の記録である。我々ができることは否定すべきものを否定することだけであり、科学を否定することはできない。また、一個人(毛沢東)の誤りを否定することだけはできるが、一個人が成し遂げた事業、科学に対する偉大な貢献を否定することはできない[302]。

一九八一年二月一二日、鄧小平はフランスのジャーナリストと会見し述べている。中国は一貫して毛沢東思想を堅持する。毛沢東の晩年には確かに誤りがあった。これについては、明確に話さなければならない。しかし、中国の人民、中国革命に対する彼の貢献は極めて偉大なものだ[303]。

三月九日、鄧小平が鄧力群と交わした談話のなかで述べている。決議の中心を為しているのは、あの方（毛沢東）に対する評価の問題であり、毛沢東思想の歴史的地位の問題である。誤りに過度に触れると、毛主席と毛沢東思想に対する評価が適切でなくなり、国内の人民から受け入れられないし、国際的にも相当数の人たちからも受け入れられない。歴史問題に対しては評価が定まり、認識が統一されたのだから、力を集中して前に進むことができる[304]。

鄧小平は、中国の政治状況の基本的な事実――政治的には毛沢東の評価は慎重であらねばならないと冷静に意識していた[305]。最も重要なことを鄧小平は意識していた。毛沢東思想、この旗を降ろしては駄目だ。旗を降ろしてしまえば、それは実質的に我が党の光り輝く歴史を否定することになる[306]。同時に、鄧小平は正しい「毛沢東思想」と正しくなかった「毛沢東晩年の誤り」とを意識的に区別した[307]。前者は鄧小平の理論的根源となり、後者は鄧小平にとって歴史の教訓の根源となった。そのどちらもが、歴史の財産である[308]。

陳雲が、毛沢東の歴史的地位と彼の功績と過失の評価のやり方に対して具体的に指導し、毛主席の功績と過失に対して最終的な結論を下すには、歴史の検証が必要だと提案した。彼は、**鄧小平が提案した「重箱の隅をつつくようなやり方はしない」という原則に賛同した[309]。**彼は、**毛主席に対する我々の評価は、フルシチョフがスターリンに対したようにはできない。この問題に対して、冷静な態度であらねばならず、感情のまま衝動的になってはならず、慎重な考慮が必要とされる。**毛主席に対する評価は中国だけの問題にとどまらず、世界の問題である、と提起した。陳雲は次のように考えた。科学的に毛沢東を評価することは、毛沢東晩年の誤りを避けようとすることではなく、実事求是の科学的態度を取ることである。毛沢東晩年の誤りを記述する仕方について、彼は三つの意見を述べている。(一)毛主席の誤りの問題は主に、彼による民主集中制の破壊、党を超越した君臨と独断専行、彼と意見が異なる人に対する攻撃について触れる。(二)党中央全体として、毛主席の責任が主であると言えるかどうか。党中央が一つの教訓として言うなら、党中央に責任があり、争う余地はまったくない。中央常務委員であるなら、毛主席以外では彭徳懐の場合だが、局面に違いがあるだろうか。党中央が集団として自身の責任を担うべきである。(三)毛主席の誤りについて、地方の一部の人たちに相当大きな責任がある。毛主席は、北京は空気が悪い、北京に居たくないと常々言っていた。この言葉が意味するところは、中央の常務委員と話をしたくない、顔を会わせたくないということだ。彼が会いたいと思う人は、第一に華東の柯慶施、次が西南（李井泉を指す）、さらにその次が中南（陶鋳、王任重を指す）である。[310]同じ月の二二日、胡喬木が起草小組に陳雲の意見を伝えた。

一九八一年三月陳雲が、鄧力群と四回面談している。彼ははっきりと述べている。毛沢東同志の功績は第一、誤りは第二。毛沢東同志の党内における威信は、長期にわたる革命闘争の実践によって確立されたものだ。毛沢東同志が誤りを犯した時、たとえ多くの古参幹部がひどく苦しめられたとしても、みんなは相変らず彼を信じ、彼の功績を忘れることができなかった。原因はここにある。[311] 三月二四日、**鄧小平が陳雲と意見を交わし、この評価に大いに賛成した。同時に中央政治局常務委員の一致した同意を取り付けた。**[312] このことは、毛沢東同志の歴史的地位をいかに評価するのかという重大な政治問題において、**鄧小平と陳雲が毛沢東同志を中心とした第一世代指導グループの一員であり、彼等の政治的立場、政治的態度そして政治的共通認識が重要な影響を及ぼしているこ**とを表している。葉剣英が中央政治局常務委員会に送った書簡に、次のように書いた通りである。「決議」の中で、毛沢東同志及び毛沢東思想の歴史的地位が確立されている。これは、我が党の千秋の大業にとって、疑いもなく極めて重要なことである。

五月一九日、鄧小平が中央政治局拡大会議で明確に指摘している。毛沢東同志は誤りを犯したが、これは一人の偉大な革命家が誤りを犯したのであり、一人の偉大なマルクス主義者が誤りを犯したのである。[313]

鄧小平は、歴史問題、特に毛沢東に対する歴史評価を「先送り」し、「急がずに総括する」と決定しながら、なぜ後になって考えを変え、歴史決議を繰り上げようとしたのか。一九七九年一〇月三一日、鄧小平は葉剣英の「国慶節講話」の存在によって歴史決議がうまく書けると考え、「国慶節講話」を中心に据え、具体化、深化を工夫することを提案した。[314] 当時、党内外、国内外で鄧小平に対して巨大な政治的圧力が形成され、実質上、鄧小平が「非毛化」の黒幕と見なされていた。[315] 党内では、「毛主席に対して、党中央が肯定は抽象的に、否定は具体的にやる」ことが議論されていた。[316] 国外では、中国共産党の「非毛化」は「革命に対する裏切り」だと指弾する者もいた。これは、鄧小平にとって巨大な政治的挑戦であった。彼は、毛沢東自ら発動し領導した「文化大革命」を徹底的に否定し、かつまた毛沢東思想を堅持し発展させなければならず、もっと重要なことは、歴史の誤りを、中国共産党の改革開放のための財産に転化しなければならなかった。

胡喬木本人は、一九四〇年代中期、第一回『歴史決議』の起草工作に参加していた。最初の草案は任弼時が書き、中央政治局秘書胡喬木がかなりな改訂を行い、これをもとに任弼時が三回書き直した。さらに毛沢東が何度か書き直した。胡喬木は二回目の『歴史決議』起草の責任者となった。[317] もう一度、重要な役割を発揮したことになる。[318]『歴史決議』は、毛沢東の革命戦争期の歴史的功績と歴史的役割を十分に肯定している。起草工作は二十カ月を要した。党の四千人余りの高級幹部と理論部門の討論を経て、前後八回訂正され、一九八一年六月二七日、十一期六中全会において正式に承認された。

　全体会議の公報が指摘している。全会一致で、『建国以来の党の若干の歴史問題に関する決議』を承認した。マルクス主義的弁証法的唯物論と唯物史観を運用して、建国三十二年来の党の重大歴史事件、とりわけ「文化大革命」に対し正確な総括を行い、これらの事件における指導思想の正誤を分析し、誤りを生み出した主観的要素と社会的原因を分析した。さらに、毛沢東同志の中国革命で示した歴史的地位を実事求是の態度で評価し、毛沢東思想の全党の指導思想としての偉大な意義を十分に論述している。[319]

　六月二九日、鄧小平が全体会議の閉幕式で講話を行った。「建国以来の党の若干の歴史問題に関する決議は、我々の本来の要求に真に到達している。これは、党内の思想統一に重要な作用を持っている。この決議は、歴史の検証に十分耐えると信じている。[320]」後（一九八八年）に、鄧小平が話している。「**歴史の総括は、個人の功罪に目を奪われてはいけない。それは未来を開くためにある。「文化大革命」の歴史的な誤りを我々の財産に変えるのだ。**[321]」十年にわたる「文化大革命」の内乱は、中国社会に三十年間、いやもっと長期間にわたる安定を、間違いなくもたらす。

　七月一日、胡耀邦が中国共産党成立六十周年慶祝大会の講話で次のように述べている。「『文化大革命』以前の一時期と『文化大革命』が発動されていた時期、党（主に党中央を指す）が、次第に大きくなっていく毛沢東の誤りを阻止できなかったこと、そして毛沢東の誤った幾つかの主張を受け入れ賛同したことは、確かに認めなければならない。我々は、毛沢東同志と共に長期間事に当たってきた戦友であり、毛沢東同志に長期間付き従い戦ってきた彼の学生でもある。それゆえ我々自身も責任を負わなければならないと痛感し、必要な教訓をくみ取ることを決意する。[322]毛沢東晩年の誤りは、本質的に党中央の誤りでもあることは明らかであり、制止することも糾すこともできず、さらには重要な決議を正式に批准し採択した。そこには十一期、十二期の人民代表大会、第九回、十回の中国共産党全国大会の路線が含まれる。したがって、党中央が公に誤りを認めてこそ、根本的かつ制度的にその誤りの由ってきたる根源を糾すことができ、そうすれば中国の改革開放を成功裏に発動し、かつ持続的な成功とすることができる。」

　要するに、鄧小平と陳雲は、「多数の異論を力を尽くして説き伏せた」。二人が求めたものは、全党が鮮明な旗の下、中国革命の最も基本的成果を肯定し、毛沢東の歴史的地位を擁護し、毛沢東思想を堅持・発展させ、中国共産党の指導的地位を確保し、中国の改革が邪道をゆくのを回避し、「中国の道」を開き、継続的に創造することである。かくして、毛沢東の1・0バージョンから鄧小平の2・0バージョンに、バージョンアップがなされた。毛沢東の正しい点が回復・継承され、毛沢東の誤りが修正・正常化され、毛沢東思想が継承・発展せられた[323]。

第五節 「四つの基本原則」の堅持と改革開放の正しい方向性の確保

改革開放の初期、鄧小平は二方面にわたって政治闘争を展開した。一つは、党内の「文革受益派」との闘争、つまり新旧の道をめぐる闘争である。それは、一九七八年の中央工作会議及び十一期三中全会において決定的な政治的成果を獲得したと言える。その成果は、鄧小平の重要講話『思想を解放し、現実を見据えて正しく行動し（実事求是）、一致団結して将来に目を向けよう』の中に反映されている。その講話は実質的に三中全会の主調報告であり、改革開放の時代の始まりを告げる号砲であった。もう一つの戦いは、党内外の「ブルジョア階級自由化」との正邪の道をめぐる闘争である。まさに一九七九年の理論イデオロギー研究会議がその焦点であると言え、鄧小平の重要講話『四つの基本原則を堅持する』に反映されている。それは、党内における一部の同志の誤った傾向と社会におけるごく少数の破壊的な挑戦に対して、鮮明な旗を掲げて反対した闘争である。この二つの重要な講話は、鄧小平が成功裏に発動した中国改革開放のメルクマールとなる綱領的文献であり、改革開放の全過程にその影響が及んでいる。前者は思想解放と実事求是によって、改革開放の歴史的プロセスを進展させ、古い道から新しい道への転換を果たした。後者は「四つの基本原則」を堅持することによって、改革開放の正しい方向性を確保し、正しい道を進み、旧ソ連や東欧の国々が歩んだ邪道を避けることができた。

一九七八年九月下旬、葉剣英の中央政治局常務委員会での提議に基づき、理論工作に当たる同志を集め、思想・理論研究会議を開くことになった。葉剣英は、その会議では様々な意見を開陳しあい、十分な民主的討論を基礎として認識を統一し、問題の解決に当たるべきと提議した。中央政治局常務委員は、このやり方に全員が賛同した。

一二月三一日、中共中央秘書長兼中央宣伝部部長の胡耀邦が、中央宣伝関連の幹部大会で、中央政治局は一九七九年一月理論工作思想研究会の開催を決定したと宣告した。

一月一八日、中共中央宣伝部と中国社会科学院共催の理論イデオロギー研究会議が開かれ、思想界、理論界、新聞界、文芸界、科学界を代表する一六〇人余りが参加した。胡耀邦が『理論工作研究会議序言』を発表し、口頭で報告を行った。

彼がこの研究会の目的を紹介した。第一、理論宣伝戦線の基本的な経験と教訓を総括する。経験の総括とは、二年間、十年間、いや三十年間を総括したほうがよい。建国以来三十年間、理論戦線においてたくさんの良い経験があり、またたくさんの教訓があった。これら正負両面の経験すべてを総括し、思想理論上の重大な原則問題をきちんと討論し、そのことによってマルクス・レーニン主義と毛沢東思想の基礎の上で統一しなければならない。第二、全党工作の重点移転後の理論宣伝の根本的任務を研究する。この二つの目的は互いに連係している。過去の経験と教訓を総括することは、未来に目を向けることである。すなわち、今後の工作をより良くやり遂げ、理論工作をより活発に展開するためである。さらに胡耀邦は次のことに特に触れた。「〝反飢餓、反迫害、要民主、要自由〞といったスローガンを掲げ、デモ行進をやり、外国人と関係を持ち、四時間もそのことを話している者がいる。」しかし、このような輩を彼は「個人民主主義者」と呼んだ。[324]

注

1　『人民日報』の社説に次のようにある。華主席が全党を領導して「四人組」を一挙に打倒し、乱党、乱軍、乱国の禍根を取り除き、大乱から大治に向かう条件を根本から創り出した。十一年に及んだ我が国最初のプロレタリア階級文化大革命は、「四人組」打倒を境に、勝利のうちにその終息が宣言された。我が国の社会主義革命と社会主義建設は、新しい発展段階に入った。『人民日報』一九七七年八月二二日。

2　一九八一年の党中央の決議が次のように指摘している。一九七八年一二月に開かれた十一期三中全会において、一九七六年一〇月以来続いた党の工作の逡巡・徘徊の局面が終息し、「文化大革命」期及びそれ以前の「左」の錯誤に対する全面的かつ真摯な是正が始まった。「中国共産党中央委員会建国以来の党の若干の歴史問題に関する決議」（一九八一年六月二七日中国共産党第十一期中央委員会第六回全体会議全会一致で採択）。中共中央文献研究室編『三中全会以来重要文献選編』（下）、八二頁。北京、人民出版社、一九八二。

一九八四年五月二〇日、鄧小平がユーゴスラビア共産主義者連盟代表団と会見した際、次のように語っている。一九五七年の反右派闘争以後、「左」の思想が深く根を張り、後の「文化大革命」をもたらした。「四人組」を打倒した後、なお二年間の逡巡と徘徊の時期が続いた。一九七八年十二月、十一期三中全会において、「思想解放、実事求是」の八つの大きな文字を明確にしたと言える。中共中央文献研究室編『鄧小平年譜（一九七五－一九九七）』（下）、九七五頁。北京、中央文献出版社、二〇〇四。

3　一九七六年四月三〇日、毛沢東がニュージーランド首相ロバート・マルドゥーン（Robert Muldoon）と会見した後、華国鋒に三カ条の指示を書き与えた。「ゆっくり、慌てる必要はない」、「過去の方針に照らしてやる」、「あなたがやれば、私は安心だ」。毛沢東「華国鋒との会談時に書きつけたいくつかの文言」（一九七六年四月三〇日）。中共中央文献研究室編『建国以来毛沢東文稿』、第十三冊、五三八頁。北京、中央文献出版社、一九九八。

4　鄧小平「資本主義的自由化を行うことは、資本主義の道を進むことである」（一九五八年五月、六月）。『鄧小平文選』、第三巻、一二三～一二四頁。北京、人民出版社、一九九三。

5　鄧小平「資本主義的自由化を行うことは、資本主義の道を進むことである」（一九五八年五月、六月）。『鄧小平文選』、第三巻、一二三〜一二四頁。北京、人民出版社、一九九三。

6　龔育之、楊春貴、石仲泉、周小文『重読鄧小平』、五六〜五七頁。北京、中央党校出版社、二〇〇四。

7　鄧小平「一心不乱に建設をやろう」（一九八二年九月一八日）。『鄧小平文選』、第三巻、一一頁。北京、人民出版社、一九九三。

8　「経済改革が、何故一九七八年に開始されたのか」。この命題を最初に提起したのは、鄒至庄（Gregory C. Chow）であった。彼は、少なくとも四つの原因を挙げている。一、「文化大革命」は人心を全く得ていなかった。したがって、党と政府は旧体制と距離を保って変革をしなければならず、そうすることで人民の支持を獲得した。二、長年の計画経済を経験した後なので、政府の官僚は計画経済の欠陥を承知しており、その改革の必要性を理解していた。三、アジアその他の地域経済の成功と発展――「四小虎」すなわち中国台湾、中国香港、シンガポール、韓国が含まれる――が、中国政府の官僚と中国人民に対して計画経済より市場経済の方がはるかに良いと明らかにしていた。四、上述の理由があったから、中国人民は経済改革の準備をすでに整え、支持を表明していた。鄒至庄『中国経済転型』中国語版、四三〜四四頁。北京、中国人民大学出版社、二〇〇五。Gregory C. Chow, 2002, China's Economic Transformation,Business& Economics.

9　一九七九年七月一日、第五期全国人民代表大会第二回会議で、薄一波は国務院副総理に任命された。一九八二年九月、中央顧問委員会常務副主任に選出され、中共中央顧問委員会の日常工作を主宰した。中央顧問員会を代表して中央政治局会議に参加し、中央の重要な決裁に参与している。

10　鄒至庄は次のように考えている。中国の経済改革が成功をおさめた重要な原因の一つは中国の指導者、とりわけ鄧小平の指導能力にある。中国の事情の常として、数人（指導者を指す）の影響をかなりな程度で受ける。鄒至庄著『中国経済転型』中国語版、六〇〜六一頁。北京、中国人民大学出版社、二〇〇五。Gregory C. Chow, 2002, China's Economic Transformation, Business & Economics.

11　一九八二年七月、胡耀邦が中央党校の省・市・区の研修班で話している。現在、我々の中央で主導的かつ重要な役割を担い、舵を取っているのは胡耀邦ではない。君たちは錯覚してはいけない。舵を取っているのは小平同志、葉元帥、陳雲同志、先念同志、これらの古参革命家であり、特に小平同志である。彼等が健在でなかったなら、また彼等が大局の政策方針を考えなかったなら、我が国のことは難しくなっていた。満妹『思念依然無尽回憶父親胡耀邦』、四五七頁。北京、北京出版社、二〇〇五。

12　「文革受益派」とは、李徳生、華国鋒、紀登奎、汪東興、呉徳、陳永貴、陳錫聯、呉桂賢、倪志福である。楊継縄『鄧小平時代―中国改革開放二〇年紀実』、上巻、九二頁。北京、中央編譯出版社、一九九八。

13　中国の伝統的政治文化に「得民心者得天下（民心を得るものは、天下を得る）」の考え方がある。すなわち「得天下有道、得其民、斯得天下矣。得其民有道、得其心、斯得民矣。得其心有道、所欲与之聚之、所悪勿施爾也。（天下を得るに道あり、其の民を得れば、すなわち天下を得べし。其の民を得るに道あり、其の心を得れば、すなわち民を得べし。其の心を得るに道あり、欲する所は之がために之を聚《あつ》め、悪《にく》む所は施すなからんのみ）」。（孟子離婁章句上。岩波文庫）

14　一九八〇年八月、鄧小平が外国の記者と接見した際に触れている。「毛主席が逝去される一、二年ほど前に語っていた。文化大革命には二つの誤りがあった。一つは「一切を打倒する」であり、もう一つは「全面的内戦」である。この二つのことを語ったことだけで、「文化大革命」が正しかったと言うことはできない。」鄧小平「イタリアの記者オリアーナ・ファラーチ（Oriana Fallaci）の質問に答える」（一九八〇年八月二一日）。『鄧小平文選』、第二巻、三四六頁。北京、人民出版社、一九九四。

15　中国共産党の中央指導体制は、中央政治局常務委員及び常務委員会で、第十期中央委員会主席と副主席が中央政治局常務委員であるが、華国鋒だけが違っていた。それが毛沢東の故意によるものなのか、それとも老齢、病気がちとなった毛沢東が華国鋒を中央政治局常務委員に推す提議を忘れたのか、いまでは定かではない。

16　華国鋒が後に発言している。「これは毛主席の重大な戦略的決定である。「四人組」による党簒奪奪権の陰謀に厳しい打撃を加え、後の「四人組」問題解決のための足場を固めた。」華国鋒「第五期全国人民代表大会第一回会議における政府工作報告」、一九七八年二月二六日。

17　いわゆる「投鼠忌器」の出典は、漢の賈誼『治安策』。ネズミに物を投げつけたいが、かたわらの器物に間違って当たるのが心配だ。不正を糾したいが、その影響が大きいことを憚り、躊躇うことの譬え。

18　『葉剣英伝』編纂班『葉剣英伝』、三八一～三八二頁。北京、当代中国出版社、二〇〇六。

19　楊継縄『鄧小平時代─中国改革開放二〇年紀実』上巻、八五頁。北京、中央編譯出版社、一九九八。

20　一九七七年三月二二日、葉剣英が中央工作会議閉幕式でこれについて詳細な背景を紹介している。中共中央文献研究室編、金衝及、陳群監修『陳雲伝』（下）、一四四一～一四四二頁。北京、中央文献出版社、二〇〇五。

21　『李先念伝』編纂班『李先念伝（一九四九－一九九二）』下巻、八八九～九〇〇頁。北京、中央文献出版社、二〇〇九。

22　中共中央党史研究室編『中国共産党歴史　第二巻（一九四九－一九七八）』、下冊、九六二頁。北京、中京党史出版社、二〇一一。

23　一九七六年十月六日夜八時、華国鋒、葉剣英が中南海懐仁堂に中央政治局常務委員会会議を招集し、姚文元に列席するよう通知した。張春橋、王洪文、姚文元が前後して会議に出向いた時、彼等一人一人に隔離審査を行うと宣告した。同時に、江青の中南海の住居に人を派遣し、同様に隔離審査を執行する決定を宣告した。中共中央党史研究室編『中国共産党歴史　第二巻（一九四九－一九七八）』、下冊、九六三頁。北京、中京党史出版社、二〇一一。

24　中共中央党史研究室編『中国共産党歴史　第二巻（一九四九－一九七八）』、下冊、九六三～九六四頁。北京、中京党史出版社、二〇一一。

25　一九七六年一〇月八日、上海市委員会責任者徐景賢、王秀珍等は江青等の拘禁の情報を得た後、反乱を決意した。民兵を動員し、武器を調達し、生産停止とサボタージュ、デモを画策した。中央が強力な措置を取ったおかげで、この計画は実現することができなかった。「中華人民共和国最高人民法院特別法廷判決書」（一九八一年一月二三日）を参照。中共中央文献研究室編『三中全会以来重要文献選編』（下）、一一六八頁。北京、人民出版社、一九八二。

26　党の第九回大会批准『党章』第九条に、党と中央委員会全体会議は中央政治局、中央政治局常務委員会、中央委員会主席、副主席を設置すると規定されている。ここで注意すべきは、一九七三年党の十回大会で批准された『党章』では、上記の規定が張春橋、王洪文の主導の下削除されていることである。

27　一九七六年一〇月二九日、『人民日報』が「党心、軍心、民心は大いに痛快である」の文を掲載している。「華国鋒主席をリーダーとする党中央が、毛主席の遺志を継ぎ、〝四人組〟ら反党集団による党の簒奪と奪権の陰謀を一挙に粉砕し、全党全軍全国人民のために大きな禍を排除した。党心、軍心、民心は大いに痛快である。」

28　中共中央党史研究室第三研究部『中国改革開放三〇年』、四頁。瀋陽、遼寧人民出版社、二〇〇八。筆者は、一〇月二二日、黒龍江から北京へ出向き、天安門広場と長安街における慶祝デモの状況を目撃した。

29　〝天下大治〟、出典は『晋書天文志上』、「星明大潤沢、則天下大治。芒角、則禍在其中」とある。一九六六年七月、毛沢東の『江青に宛てた書信』に次のようにある。「天下が大いに乱れると、天下の大治が出現する。七、八年経てばまた繰り返す。妖怪変化の輩が飛び出してくる」。周恩来「中国共産党第十回全国代表大会における政治報告」（一九七三年八月二四日）より引用。

30 胡耀邦「徹底して唯物主義者となる」、一九八〇年一一月二三日。

31 洪邁（宋）『容斎続筆・蕭何給韓信』に「信之為大将軍、実蕭何所薦、今其死也、又出其謀。故俚語有〝成也蕭何、敗也蕭何〟之語。」（漢の蕭何が推挙したおかげで、韓信が大将軍となった。しかし漢の高祖劉邦に疑われた韓信が殺されたのも、蕭何の陰謀のせいである。よって「成也蕭何、敗也蕭何（成功も失敗も蕭何一人に左右される）」という言い回しが生まれ、それになぞらえた。）

32 この語句の出典は、『紅楼夢』第四回〝薄明の女、ひとえに薄命の男子に遇うこと。胡蘆の僧、みだりに胡蘆の判決を下すこと〟（平凡社、伊藤漱平訳『紅楼夢』）に、「這門子道：這四家皆連絡有親、**一損皆損、一栄皆栄**、扶持遮飾、倶有照応的（この小姓がいいますには、この四軒はみな互いに親戚関係にありまして、なかの一軒でも落ち目になればほかはみな落ち目、一軒でも勢いがよくなればほかもみな活気づくというわけで、互いに助け合いかばいあって、なにかつけ面倒をみあう仕組みでございます。（伊藤漱平訳『紅楼夢』））」とある。一九六四年八月一八日、毛沢東が哲学工作者に次のように語っている。『紅楼夢』は、少なくとも五回読んでいる。私はそれを〝歴史読み物〟だと思っている。初めは小説の読物だと思ったが、後になって歴史読み物だと思った。『紅楼夢』の第四回に〝総則（すべての法則）〟が書いてあることに、誰も注意していない。ほかにも第二回の〝冷子興演説栄国府（冷子興、栄家の歴史をば説き去ること）〟や〝好了歌〟がある。第四回『葫芦僧判断葫芦案』に、〝護官符〟や〝四大家族〟のことが次のように書いてある。〝賈不仮、白玉為堂金作馬。阿房宮、三百里、住不下金陵一個史。東海缺少白玉床、竜王来請金陵王。豊年好大雪、珍珠如土金如鉄〟。毛沢東は、この一段を『紅楼夢』の総則だと捉えた。その主旨は、この一段が賈、史、王、薛の〝四大家族〟が、**一損皆損、一栄皆栄**、の統治・被統治の関係にあることを明確にしていることである。

33 詳細な分析は、胡鞍鋼『毛沢東与「文革」』（香港、大風出版社、二〇〇八）を参照。

34 費正清（John King Fairbank）の考えによれば、毛沢東晩年の指導が徹底的な失敗であったため、あらゆる変化が中国社会全体の根本的な姿を改変してしまった。費正清（John King Fairbank）『中国―伝統与変遷』、中国語版、六三九頁。北京、世界知識出版社、二〇〇二。

35 毛沢東「我が党の歴史経験」（一九五六年九月二五日）。『毛沢東文集』、第七巻、一三六頁。北京、人民出版社、一九九九。

36 詳細な分析は、胡鞍鋼『中国政治経済史論（一九四九―一九七六）』、七三六～七四〇頁（北京、清華大学出版社、二〇〇七）を参照。

37 「四人組」を打倒したその日の夜、華国鋒と葉剣英は即刻西山に赴き、その夜のうちに在京している政治局委員の会議を開くことを相談した。党中央主席の人選を決める際、華国鋒が「葉元帥が中央の工作を取り仕切ることを提案する」と発言した。葉剣英は「主席の生前、すでに指示があった。あなたがこの重責を担うべきだ」と答えた。なぜ、葉剣英は華国鋒を努めて支えたのか。葉剣英がこの間の事情を振り返っている。「毛主席の臨終が間近になると、政治局全体の委員が毛主席の部屋に駆けつけ、一人一人順番に主席に会った。その時主席の心臓はまだ脈を打っていた。主席を見舞ってから休憩室に下がった。しばらくすると、看護士が私を主席の所に呼び戻した。主席は私をすこし見て、何かを話したが言葉にならなかった。私が引き下がってほどなく、主席の心臓の鼓動が止まった。当時私は考えた。主席は何故、二度まで私に会おうとしたのか。何か託すことがあったのではないか。主席が逝去に臨んでどのような気持ちだったのかよく考えた。私が華国鋒を〝後継者〟として間違いなく取り計らうことであった。私自身、精力も十分でなく、能力も高くないが、彼を支えることに力を尽くすつもりである」。載範碩『葉剣英在一九七六』、二〇三頁。北京、中中央党校出版社、一九九〇。

38　『解放軍報』に次のようにある。「毛主席は、中国革命と国際共産主義運動における成功と失敗の両方の経験を総括し、プロレタリア階級の革命事業の後継者たる五つの条件を提示し、党内が二つの路線の激烈な闘争に在る中で、華国鋒同志を我が党領袖の後継者として自ら選び定めた。華国鋒同志が、中国共産党中央委員会第一副主席及び国務院副総理として在任した期間は、『四害（四人組の害）』が横行する深刻な災厄の状況であり、我が国建国以来、最も困難な時期であった。毛主席の指導の下、華国鋒同志は逆流に耐え、妨害を排除し、困難に打ち勝ち、国内外の一連の重大問題を正しく適切に処理した。毛主席は、手ずから『あなたがやれば、私は安心だ』と認め、華国鋒同志に対する限りない信頼を示された。偉大な領袖であり、導師である毛主席逝去の後、毛主席の遺志を継承し、マルクス主義、レーニン主義、毛沢東思想の純粋性を守り抜くため、華国鋒同志をはじめとする党中央が、毛主席紀念堂の設立、『毛沢東選集』の出版及び『毛沢東全集』の出版準備など英明な決定を速やかに行い、王・張・江・姚『四人組』反党集団を暴き出し、さらに華国鋒同志の我が党の領袖としての高尚な品位、卓越した才能、革命的な胆力と英明な遠望深慮を顕示した。以て毛主席生前の決裁が比類なく英明であること、毛主席の後継者たる人材の存在、偉大な社会主義の祖国の光明ある前途を証明した。華国鋒同志は、毛主席が自ら選び定めた後継者の名に恥じず、毛主席の事業推進の舵取り役に恥じず、毛主席が創建した中国共産党の英明な領袖たるに恥じない。」『解放軍報』、一九七六年、一〇月二九日。

39　『解放軍報』に次のようにある。「毛主席は本質を見通す観察力によって、華国鋒同志が党の領袖の後継者たるに必要な優れた資質を備えていることを指摘した。華国鋒同志は、偉大な領袖にして導師である毛主席が手ずから育成し、選定し、配置した後継者である。華国鋒同志が我が党の領袖となることは、毛主席が生前に為された英明な決断である。」『解放軍報』、一九七六年、一一月一八日。

40　全国宣伝工作座談会が中共中央によって北京で開催された。会議は「中共中央宣伝関連部門」が担当責任を負った。中共中央宣伝関連部門（小組）は、耿彪（中共中央聯絡部部長）、朱穆之（新華社社長）、李鑫（中央弁公庁副主任）、華楠（解放軍報社長）、和王珠（人民日報副総編集長）らで構成された指導小組であり、耿彪が責任者である。

41　『解放軍報』に次のようにある。戦火の厳しい状況の中で、戦士が熟知し信頼できる指揮官がいるように、革命闘争の重大な分岐点で、億万の人民にとって華国鋒同志のような英明な領袖の道案内がいることは、無上の幸せであり、なお一層自分たちの領袖を熱愛し信頼するのである。党・政・軍・民・学のいたるところで、すべての人が力強く声を発している。「全党・全軍・全国各族人民の領袖華主席を断固として支持し、一切の行動は華主席をリーダーとする党中央の指揮に従おう。」『解放軍報』、一九七六年一一月二一日。

42　譚宗級、葉心瑜監修『中華人民共和国実録――改革与巨変――開創近代化建設新局面（一九七七－一九八三）』、第四巻、（上）、一九頁。長春、吉林人民出版社、一九九四。

43　『人民的英明領袖』、上海、上海人民出版社、一九七七。

44　張平化「華国鋒主席は偉大な領袖毛沢東主席の最も優れた後継者である」、『華主席在湖南』、北京、人民出版社、一九七七。

45　譚宗級、葉心瑜監修『中華人民共和国実録――改革与巨変――開創近代化建設新局面（一九七七－一九八三）』、第四巻、（上）、二五～二六頁。長春、吉林人民出版社、一九九四。

46　中共中央宣伝関連部門（小組）は、耿彪（中共中央聯絡部部長）、朱穆之（新華社社長）、李鑫（中央弁公庁副主任）、華楠（解放軍報社長）、和王珠（人民日報副総編集長）等が指導する小組である。

47　譚宗級、葉心瑜監修『中華人民共和国実録――改革与巨変――開創近代化建設新局面（一九七七－一九八三）』、第四巻、（上）、二六頁。長春、吉林人民出版社、一九九四。

48　葉剣英「党章程改正に関する報告」（一九七七年八月一三日報告、八月一八日批准）。

49 毛沢東「華国鋒との会談時に書いた文言」（一九七六年四月三〇日）。『建国以来毛沢東文稿』、第十三冊、五三八頁。北京、中央文献出版社、一九九八。

50 後に鄧小平が、華国鋒は過渡期的（人物）であり、一時代（の指導者）とまで言えないと評価している。彼は本質的に独自のものは持っておらず、つまり「二つのすべて」にすぎない。鄧小平「改革を実行する希望を持てる集団指導を組成しよう」（一九八九年五月三一日）。『鄧小平文選』、第三巻、二九八頁・北京、人民出版社。一九九三。

51 モーリス・マイスナー（Maurice Jerome Meisner）『毛沢東的中国及其後—中華人民共和国史』、第三版、中国語版、三九七頁。香港、香港中文大学出版社、二〇〇五。

52 譚宗級、葉心瑜監修『中華人民共和国実録——改革与巨変——開創近代化建設新局面（一九七七－一九八三）』、第四巻、（上）、一三頁。長春、吉林人民出版社、一九九四。しかし、羅平漢が、一九七七年二月七日の『人民日報』、『解放軍報』、『紅旗』の社説「文書をよく学習し、綱要をしっかりつかもう」について述べている。社説は汪東興の提議によるもので、政治局の同意を経ていた。「二つのすべて」は特定のねらいがあり、その目的は〝毛主席の旗を高く掲げることを強調し、局面を安定させる〟ことであり、決して鄧小平の復帰に焦点を合わせたのではなかった。当時、華国鋒と上層部はすでに鄧小平の復帰を考え、処遇を手配しており、一篇の社説を発表することで鄧小平の復帰を妨害することは不可能であった。羅平漢『党史細節—中国共産党九〇年若干重大事件探源』北京、人民出版社、二〇一一。

53 『人民日報』、『解放軍報』、『紅旗』の社説「文書をよく学習し、綱要をしっかりつかもう」。『人民日報』、一九七七年二月七日。

54 『人民日報』、『解放軍報』、『紅旗』の社説「勝利に乗じて前進しよう」『人民日報』、一九七七年一月一日。

55 譚宗級、葉心瑜監修『中華人民共和国実録——改革与巨変——開創近代化建設新局面（一九七七－一九八三）』、第四巻、（上）、一二六頁。長春、吉林人民出版社、一九九四。

56 譚宗級、葉心瑜監修『中華人民共和国実録——改革与巨変——開創近代化建設新局面（一九七七－一九八三）』、第四巻、（上）、二八～二九頁。長春、吉林人民出版社、一九九四。

57 『李先念伝』編纂グループ編『李先念伝（一九四九－一九九二）（下）』、九七三頁。北京、中央文献出版社、二〇〇九。

58 華国鋒が次のように発言している。「この度のプロレタリア階級文化大革命が、プロレタリア階級専制史上の偉大な壮挙として歴史に記され、歴史の前進とともに、その輝かしい光輝を放つことは、一毫も疑いないことである。プロレタリア階級文化大革命は、今後も幾度となく繰り返されるべきである。」華国鋒「中国共産党第十一回全国代表大会における報告」（一九七七年八月一二日報告、八月一八日批准）。『中国共産党第十一回全国代表大会文書滙編』、五一～五二頁。北京、人民出版社、一九七七。

59 『華国鋒与「両個凡是」出台』、人民網、二〇〇八年八月二一日。

60 王鴻模、蘇品端によれば、華国鋒は〝文化大革命〟の理論と実践の受益者である。彼は、「文化大革命」の最中にとんとん拍子に出世し、省級の指導幹部から中共中央第一副主席兼国務院副総理のポストに抜擢され、毛沢東に次ぐ地位に昇りつめた。彼は、毛沢東晩年の理論と実践に忠誠を尽くす信頼に足る後継者であり、それはまさに毛沢東が評価するように「あなたがやれば、私は安心する」後継者であった。王鴻模、蘇品端『改革开放的征程』、二八～二九頁。鄭州、河南人民出版社、二〇〇一。

61 胡耀邦「社会主義近代化建設の新局面を全面的に切り開こう—中国共産党第十二回全国代表大会における報告」（一九八二年九月一日）。中共中央文献研究室編『十二回大会以来重要文献選編』（上）、四九頁。北京、人民出版社。一九八六。

62 毛沢東「給江青的信」、一九六六年七月八日。中共中央文献研究室編『建国以来毛沢東文稿』、第十三冊、七三頁。中央文献出版社、一九九三。

63　林彪事件によって、毛沢東は重い精神的打撃を受けた。この時から、彼の健康状況は急速に悪化した。九月中旬、彼の心臓は発作を起こした。彼は、エチオピア皇帝ハイレ・セラシエと会見した時、次のように話している。「ほんの数週間前、心臓病のために私は一度死んでいる。昇天して天帝にまみえ、今また戻ってきた。」逄先知、金衝及監修『毛沢東伝（一九四九－一九七六）』、下巻、一六一〇〜一六一一頁。北京、中央文献出版社、二〇〇三。

64　中共中央文献研究室編『鄧小平年譜（一九七五－一九九七）』（上）、一四九頁。北京、中央文献出版社、二〇〇四。

65　中共中央文献研究室編『鄧小平年譜（一九七五－一九九七）』（上）、一五〇〜一五一頁。北京、中央文献出版社、二〇〇四。

66　フィリップ・ショート（Philip Short）は、「鄧小平の復職を、華国鋒はただ遅らせることができるのみで、阻止することができなかった」と指摘している。Philip Short『毛沢東伝』、中国語版、四九二頁。北京、中国青年出版社、二〇〇四。

67　王鴻模、蘇品端『改革开放的征程』、二二頁。鄭州、河南人民出版社、二〇〇一。程中原、王玉祥、李正華『転折年代――一九七六〜一九八一年的中国』三七頁。北京、中央文献出版社、二〇〇八。

68　中共中央党史研究室第三研究部『中国改革開放三〇年』、六頁。瀋陽、遼寧人民出版社、二〇〇八。

69　朱元石等『呉徳口述――十年風雨紀事――我在北京工作的一些経歴』、二五五頁。北京、当代中国出版社、二〇〇四。

70　王鴻模、蘇品端『改革开放的征程』、二三頁。鄭州、河南人民出版社、二〇〇一。

71　中共中央党史研究室第三研究部『中国改革開放三〇年』、六頁。瀋陽、遼寧人民出版社、二〇〇八。

72　中共中央文献研究室編『陳雲伝』（下）、一四四三〜一四四四頁。北京、中央文献出版社、二〇〇五。

73　中共中央党史研究室編『中国共産党歴史　第二巻（一九四九－一九七八）』、下冊、九九〇頁。北京、中央党史出版社、二〇一一。

74　中共中央党史研究室編『中国共産党歴史　第二巻（一九四九－一九七八）』、下冊、九九一頁。北京、中央党史出版社、二〇一一。

75　中共中央党史研究室第三研究部『中国改革開放三〇年』、七頁。瀋陽、遼寧人民出版社、二〇〇八。

76　中共中央党史研究室編『中国共産党歴史　第二巻（一九四九－一九七八）』、下冊、九九〇頁。北京、中央党史出版社、二〇一一。

77　「四人組」を打倒した時、党中央（華国鋒を指す）は、「鄧小平の問題は正しく解決されるべきだが、しかし毛主席の偉大な旗を擁護・維持するという根本から遊離することはできない。したがって鄧小平の処遇を改善すると同時に、「批鄧」のスローガンも継続する」と考えた。中共中央党史研究室編『中国共産党歴史（一九四九－一九七八）』、第二巻、下冊、九六三〜九六四頁。北京、中央党史出版社、二〇一一。

78　「三つの正しい対応」とは、「文化大革命に正しく対応する」、「人民大衆（革命造反派を指す）に正しく対応する」、「自己に正しく対応する」ことを指す。王鴻模、蘇品端『改革开放的征程』、一一頁、一二頁。鄭州、河南人民出版社、二〇〇一。

79　毛毛著『我的父親鄧小平――「文革」歳月』、北京、中央文献出版社、二〇〇〇を参照。

80　于光遠『大転折――十一期三中全会的台前幕後』、九八〜一〇〇頁。北京、中央編譯出版社、二〇〇八。

81　劉吉『華国鋒提出「両個凡是」的必然性』、人民網、二〇〇九年八月一四日。

82　王鴻模、蘇品端『改革开放的征程』、二三頁。鄭州、河南人民出版社、二〇〇一。

83　『葉剣英伝』編纂グループ『葉剣英伝』三九二頁。北京、当代中国出版社、二〇〇六。

84　中共中央文献研究室編『陳雲年譜（一九〇五－一九九五）』（下巻）

二〇六〜二〇七頁。北京、中央文献出版社、二〇〇〇。

85 程中原「重大歴史間接点上的陳雲」、『中華兒女』（二〇〇五年六月）、総第二一七期、一五頁。

86 程中原「重大歴史間接点上的陳雲」、『中華兒女』（二〇〇五年六月）、総第二一七期、一五頁。

87 『鄧小平文選』、第二巻、四二一頁注釈19。北京、人民出版社、一九九四。

88 華国鋒は会議で次のように提起している。「断固として〝階級闘争を綱要とする〟」、「断固として〝プロレタリア階級専制のもと継続革命理論〟の指導を堅持する」、「プロレタリア階級文化大革命が完全に必要であると十分に認識し、プロレタリア階級文化大革命の成果を強固にし、発展させなければならない」など。王鴻模、蘇品端『改革開放的征程』、一三頁。鄭州、河南人民出版社、二〇〇一。

89 王鴻模、蘇品端『改革開放的征程』、二三〜二四頁。鄭州、河南人民出版社、二〇〇一。

90 『鄧小平文選』、第二巻、四二一頁注釈19。北京、人民出版社、一九九四。

91 中共中央文献研究室編『鄧小平年譜（一九七五－一九九七）』（上）、一五六頁。北京、中央文献出版社、二〇〇四。

92 一九七六年一〇月一〇日、鄧小平は汪東興に書信を書き、それは華国鋒ならびに党中央に届けられた。彼はその書信で、「四人組」を一挙に打倒した党中央による果敢な行動や華国鋒の党中央主席と軍事委員会主席就任の党中央による決定に対して断固とした支持を表明している。

93 中共中央文献研究室編『鄧小平年譜（一九七五－一九九七）』（上）、一五七頁。北京、中央文献出版社、二〇〇四。

94 当代中国研究所著『中華人民共和国史稿』第四巻（一九七六－一九八四）。人民出版社、当代中国出版社、二〇一二年版、一〇〜一一頁。

95 一九九二年一〇月一二日、江沢民が党の第十四回代表大会の報告で指摘している。「鄧小平同志は、我が国の社会主義改革開放と近代化建設の総合プロデューサーである」。『江沢民文選』、第一巻、二二二頁。北京、人民出版社、二〇〇六。

96 中共中央文献研究室編『鄧小平年譜（一九七五－一九九七）』（上）、一六二頁。北京、中央文献出版社、二〇〇四

97 『人民日報』、一九七七年七月二三日。

98 中共中央文献研究室編『鄧小平年譜（一九七五－一九九七）』（上）、一五〇頁。北京、中央文献出版社、二〇〇四

99 中共中央文献研究室編『陳雲伝』（下）、一四五〇頁。北京、中央文献出版社、二〇〇五。

100 中共中央文献研究室編『鄧小平年譜（一九七五－一九九七）』（上）、二七八頁。北京、中央文献出版社、二〇〇四。

101 一九七二年一二月一〇日、鄧小平夫妻は瑞金の旋盤工場、電線工場と紅都製糖工場を見学した。その時、述べている。「**私は、まだ二十年は働くことができる**」。中共中央文献研究室編『鄧小平年譜（一九〇四－一九七四）』（下）、一九六六頁。北京、中央文献出版社、二〇〇九。

102 一九七二年一二月一八日、周恩来が紀登奎、汪東興に書信を送っている。「鄧小平が以前に仕事をしたいと言っていた。あなた方に幾らか考慮していただきたい。主席も何度かこのことを提案していた」。一二月二七日、紀登奎と汪東興が鄧小平の新たな仕事の配属について周恩来に返事をしている。「鄧はやはり副総理に就いてもらい、適切な仕事を受け持ってもらう」。周恩来は、これを読んだ後、「鄧のことは、主席の指示を待って決める」。一九七三年一月、党中央が鄧小平に近々北京に戻るように通知した。二月中旬、鄧一家は北京に戻った。中共中央文献研究室編『鄧小平年譜（一九〇四－一九七四）』（下）、一九六六頁、一九六九〜一九七一頁。北京、中央文献出版社、二〇〇九。

103 中共中央文献研究室編『鄧小平年譜（一九七五－一九九七）』（上）、一六二頁。北京、中央文献出版社、二〇〇四。

104 葉剣英「中央政治局会議における発言」（一九八〇年一一月二九日）。

『葉剣英伝』編纂グループ『葉剣英伝』三九三頁。（北京、当代中国出版社、二〇〇六）を参照。

105　一九七四年一二月二六日、毛沢東がプロレタリア階級専制理論の問題に関して話を交わした時、「もし、林彪のような輩が表に出てくるなら、資本主義制度を簡単にやるだろう」と発言している。毛沢東「理論問題に関する談話の要点」、一九七四年一二月、中共中央文献研究室編『建国以来毛沢東文稿』、第十三冊、四一三〜四一四頁。北京、中央文献出版社、一九九八。

106　中共中央文献研究室編『陳雲年譜（一九〇五－一九九五）』（下巻）、二〇四頁。北京、中央文献出版社、二〇〇〇。

107　『李先念伝』編纂グループ『李先念伝（一九四九－一九九二）』（下）、九六〇〜九六一頁。北京、中央文献出版社、二〇〇九。

108　「陳鶴橋、軍隊系統討論の歴史的決議（草稿）小組会議における発言記録）」（一九八〇年一〇月二七日）、中共中央文献研究室編：金衝及、陳群監修『陳雲伝』（下）、一四六三〜一四六四頁。北京、中央文献出版社、二〇〇五。

109　王鴻模、蘇品端『改革开放的征程』、二六頁。鄭州、河南人民出版社、二〇〇一。

110　一九八〇年一一月上旬、『建国以来の党の若干の歴史問題に関する決議』の起草について、陳雲が前後二回胡喬木と会談し指摘している。「毛主席の誤りの問題だが、主に民主集中制を破壊したこと、党を凌駕したこと、独断専行であったこと、彼の意見に同意しない者に攻撃を加えたことなどである」。中共中央文献研究室編『陳雲年譜（一九〇五－一九九五）』（下巻）、二六〇頁。北京、中央文献出版社、二〇〇〇。

111　『中央工作会議簡報』、西北組第三七期、一九七八年一二月三日。中共中央文献研究室編：金衝及、陳群監修『陳雲伝』（下）、一四九二〜一四九三頁。北京、中央文献出版社、二〇〇五。

112　『中央工作会議簡報』、中南組第四五期、一九七八年一二月七日。中共中央文献研究室編：金衝及、陳群監修『陳雲伝』（下）、一四九三〜一四九四頁。北京、中央文献出版社、二〇〇五。

113　中共中央文献研究室編：金衝及、陳群監修『陳雲伝』（下）、一四六三〜一四六四頁。北京、中央文献出版社、二〇〇五。

114　『中央工作会議簡報』、西北組第三八期、一九七八年一二月三日。中共中央文献研究室編：金衝及、陳群監修『陳雲伝』（下）、一四九〇〜一四九一頁。北京、中央文献出版社、二〇〇五。

115　この中央工作会議に参加したのは、中央政治局委員、各省・市・自治区と各大軍区の主な責任者、中央の党・政・軍各部門と一般人民大衆団体の主な責任者など、計二一二名である。于光遠の統計によれば、会議に参加したのは第十一期中央委員と候補委員一三七名であり、一期中央委員と候補委員の総数（三三三名）の四二％である。于光遠『大転折——十一届三中全会的台前幕後』、一九頁。北京、中央編譯出版社、二〇〇八。この会議は元来準備されていた開催期間は二十日余りであったが、一再ならず会期が延長され、一二月一三日の閉幕式の後、一二月一五日に終わった。実際の開催期間は三十六日間となった。

116　鄧小平が中共吉林省常務委員の報告を聴取した際に語っている。「毛沢東思想の旗を高く掲げるとは何を言うのか。それはつまり、現在の実際から出発し、種々の有利な条件を十分に活用し、毛沢東同志が提起し周恩来同志が敷衍した四つの近代化を実現することである。唯物史観の観点から言えば、正しい政治指導が詰まる所、社会生産力の発展、人民の物質的文化生活の改善として体現されることである。極めて長い歴史の時間を経て、社会主義国家の生産力の発展が資本主義国家のそれよりも、なお遅れていたとしたら、（社会主義の）優越性は何を以って語ることができるだろうか。」鄧小平「毛沢東思想の旗を高く掲げ、実事求是の原則を堅持しよう」（一九七八年九月一八日）。『鄧小平文選』、第二巻、一二七〜一二八頁。北京、人民出版社、一九九四。

117　楊明偉『陳雲晩年歳月』、一五頁。北京、人民出版社、二〇〇五。

118 一九七八年一一月一二日、胡喬木が華東組での発言で指摘している。様々な客観的、主観的な理由で、この転換を安定的に、系統立てて、徹頭徹尾、遂行することができなかったがために、社会主義の建設が、持続的かつ計画的な発展を実現できず、曲折と停滞を生み出してしまった。程中原等『転折年代――一九七六～一九八一年的中国』一八三頁。北京、中央文献出版社、二〇〇八。

一九七九年一月六日、胡喬木が中国社会科学院大会で述べている。「この工作の重点となっている転換を実現することは、我が中国の重要な歴史的転換である。建国以来、党が、工作の重点を経済建設に移行する方針を幾度も提起し実行したにもかかわらず、過去二十年間、この転換は完成しないどころか、途中、各種各様の挫折、妨害、破壊に遭った。今こそ我々は決意を以って、徹頭徹尾、この転換をやり遂げなければならない。この転換は、何処にでもあるような一般的な転換ではなく、歴史的な転換である」。彼はさらに次のような考えを述べている。「外部の敵が大規模に我が国を侵犯しない限り、我々は一貫して、社会主義経済建設を発展させなければならず、四つの近代化建設を発展させなければならない。」胡喬木「十一期三中全会の重大な意義」（一九七九年一月六日）。『胡喬木談中共党史』、九～一〇頁。北京、人民出版社、一九九九。

119 胡喬木はかつて一九五六年に、党の第八回代表大会の政治報告に関する決議の起草に関わった。この決議は、毛沢東の主宰の下、陳伯達、胡喬木が起草の責に当たった。逄先知、金衝及監修『毛沢東伝（一九四九－一九七六）』（上）、五三五頁、北京、中央文献出版社、二〇〇三に掲載。

また、十一期三中全会公報に、毛沢東同志は建国初期、社会主義改造が基本的に完成した後、とりわけ工作の重点を経済分野と技術革新分野に移行すべきであると再三再四、全党に指示を出していることが載っている。公報は次のことも認めている。我々は、社会主義建設の経験が十分ではないため、工作上の指導に欠陥や誤りが発生し、党の中心的な工作の転換に障害が発生した。『中国共産党第十一期中央委員会第三回全体会議公報』（一九七八年一二月二二日批准）。

120 陳雲「誤りがあれば必ず糾す方針を堅持しよう」（一九七八年一一月一二日）。『陳雲文選』、第三巻、二三二～二三四頁。北京、人民出版社、一九九五。

121 于光遠の記載によれば、陳雲が東北組の発言で次のように述べている。「文革初期、康生同志は中央の文革顧問であった。その時、康生同志が恣意的に名前をあげ、冤罪をでっち上げたおかげで、中央各部門と全国各地の党政機関が麻痺状態に陥った。康生同志はそのことに重大な責任がある。康生同志の誤りは極めて深刻である。中央は適切に会議を設け、康生同志の誤りに対して然るべき批判を加えるべきである。」

122 朱佳木「胡喬木同志在十一届三中全会」、劉中海、鄭慧、程中原編『回憶胡喬木』、三一一頁。北京、当代中国出版社、一九九四。

123 于光遠『一九七八年―我親歴的那次歴史大転折』、北京、中央編譯出版社、二〇〇八。

124 中共中央文献研究室編、金衝及、陳群監修『陳雲伝』（下）、一四八五頁。北京、中央文献出版社、二〇〇五。

125 中共中央文献研究室編、金衝及、陳群監修『陳雲伝』（下）、一四八八～一四八九頁。北京、中央文献出版社、二〇〇五。

126 中共中央文献研究室編、金衝及、陳群監修『陳雲伝』（下）、一四六四頁。北京、中央文献出版社、二〇〇五。

127 中共中央文献研究室編、金衝及、陳群監修『陳雲伝』（下）、一四八八～一四八九頁。北京、中央文献出版社、二〇〇五。

128 一九七八年一二月一一日、蕭華ら九名の中央委員（韓先楚、霍士廉、譚啓龍、宋平、李瑞山、王任重、于明濤、李学智）が西北組において連盟で発言している。「陳雲同志は、長い試練を経験した、徳高く人望厚い我が党の指導者であり、党の建設と経済建設の方面における彼の豊富な経験と卓越した才能は全党が公に認めるものである。彼の優れた智謀と的確かつ速やかな判断、実事求是の姿勢、そして人民大衆と一体となった工作の作風は、我々が学ぶべき手本である。彼が政治局と常務委員会に加わることになれば必ずや、我が党の指導の核心を安定強化し、四つの近代化実現に向け全党をさらに適切に領導するに違いない。」中共中央文献研究室編、金衝及、陳群監修『陳雲伝』（下）、一五〇七頁。北京、中央文献出版社、二〇〇五。

129　華国鋒が、一一月二五日の全体会議での講話で宣布したのは八カ条のみである。しかし全体会議の代表たちは、「右からの巻き返しの風に反撃する運動」の問題に関して中央には意見があると考えた。そこでこの講話を修訂する際に、一条を文の二番目に付け加え、九条として印刷、発布した。

130　当代中国研究所著『中華人民共和国史稿』第四巻（一九七六－一九八四）。人民出版社、当代中国出版社、二〇一二年版、五〇～五一頁。

131　当代中国研究所著『中華人民共和国史稿』第四巻（一九七六－一九八四）。人民出版社、当代中国出版社、二〇一二年版、五一頁。

132　中共中央文献研究室編：金衝及、陳群監修『陳雲伝』（下）、一五〇二頁。北京、中央文献出版社、二〇〇五。胡喬木がこの鄧小平の主調報告を起草した。詳細ないきさつは、程中原、王玉祥、李正華『転折年代――一九七六～一九八一年的中国』一五九～二一五頁。北京、中央文献出版社、二〇〇八、を参照。

133　統計に基づくと、中央工作会議（三六日間）と三中全会（四日間）の開催中、出席者の発言は五〇〇回あまり、会議のブリーフィングは一五〇万字に達した。葉永烈『鄧小平改変中国―一九七八――中国命運大転折』、四〇五頁。南昌、江西出版社、二〇〇八。**中国共産党史上においても、思想が開放され、民主が十分に行き渡り、思う存分伸び伸びと発言できた〝盛会〟であったと言っても差し支えなかった。**

134　龔育之、楊春貴、石仲泉、周小文『重読鄧小平』、五九頁。北京、中央党校出版社、二〇〇四。

135　陳雲「中央工作会議における発言」（一九七八年一二月一〇日）、楊明偉『陳雲晩年歳月』、二二二頁。北京、人民出版社、二〇〇五。

136　『中国共産党第十一次全国代表大会簡報』、上海市代表団第二号、一九七七年八月一四日。中共中央文献研究室編、金衝及、陳群監修『陳雲伝』（下）、一四六二頁。北京、中央文献出版社、二〇〇五。

137　鄧小平「思想を解放し、現実を見据えて正しく行動し（実事求是）、一致団結して将来に目を向けよう」（一九七八年一二月一三日）。『鄧小平文選』、第二巻、一四四頁。北京、人民出版社、一九九四。

138　中央工作会議において、中央政治局委員紀鄧奎、陳錫聯、呉徳の誤りに対して、やはり批判が提起され、彼等はそれぞれ検査に付されたが、出席者を満足させるに至らなかった。一二月一日、中央常務委員会が大軍区の一部の司令員と省委員会の第一書記を招集した際、鄧小平が次のように発言している。「私は意識的に妥協を図った。意見がある人たちは、ある程度成果が上がればそれで良い。検討がすべて満足いくわけではないし、我々の過去も批判がないわけではない」。程中原、王玉祥、李正華『転折年代――一九七六－一九八一年的中国』一八〇～一八一頁。北京、中央文献出版社、二〇〇八。

139　胡喬木が分科会で発言した。「華国鋒同志が閉幕式の講話に際して彼自身を表現する問題に言及している。これは党生活の中で一見瑣末なことに見えるが、実際は非常に大事なことである。単純な形式の問題ではなく、党生活の規則と秩序の問題である。毛主席が建国後の初期に話していた。『もしある個人（毛沢東本人を指す）を持ち出す必要があるなら、その個人を党組織の後に置くべきである。個人は、どうあっても党を超越することはできない』。これはつまり、党中央・毛主席とすべきで、その順序を転倒することはできないということである。『文化大革命』以前は、ほぼずっとこのようにやって来た。その後になって変わり、一時期、党中央、中央政治局が存在しないことさえあって、毛主席だけがあった。華国鋒同志は、以後『華主席・党中央』という言い方を二度としないと言っている。これは、党の原則に適っているし、党生活を正常な状態に復することである。毛主席が書いたもの—何かの文章、果ては詩や詞、家庭の手紙、あるいは墨跡の類でありさえすれば、新聞の一面に載せなければ駄目だとか、時には第一面全体に党の領袖の写真を載せなければいけない等のことは、世界でも稀なやり方である。個人をこのように無制限に、極端なほどに引き立てるやり方は、党として成熟した表現でなく、未熟な表現である。これらの未熟で、不自然なやり方は、人民大衆、党内そして国際的に、領袖の威信を高めることができず、その反対の結果になり、よろしくない影響が残るだけである。」朱佳木『胡喬木同志在十一届三中全会上』、劉中海、鄭慧、程中原編『回憶胡喬木』、三一九～三二〇頁。北京、当代中国出版社、一九九四。

140 譚宗級、葉心瑜監修『中華人民共和国実録—改革与巨変—開創近代化建設新局面（一九七七－一九八三）』、第四巻、（上）、一六三～一六五頁。長春、吉林人民出版社、一九九四。

141 金春明監修『評〈剣橋中華人民共和国史〉』、四五六頁。武漢、湖北人民出版社、二〇〇一。

142 ベリヤは、スターリン時代の〝反革命分子粛清運動〟の中心人物。この史上前例のない粛清によって、多くのソ連開国の元勲、古参革命家そして数百万の無辜の一般大衆が罪をでっち上げられ、獄中で無残な死を遂げている。一九三八年、ベリヤはソ連内務部人民委員会主席を任された。一九四五年から一九五三年まで、国家保安委員会（KGB）の最高指導者に就任しており、全国の粛清活動の直接の責任を負った。

143 于光遠『一九七八年—我親歴的那次歴史大転折』、北京、中央編譯出版社、二〇〇八。

144 中共中央文献研究室編『建国以来毛沢東文稿』第十三冊の毛沢東の評語を参照。胡鞍鋼『毛沢東与文革』付表四・一毛沢東が開放した古参幹部詳細表（一九六九－一九七五）、香港、大風出版社、二〇〇八。

145 程中原、王玉祥、李正華『転折年代——一九七六～一九八一年的中国』一八一～一八二頁。北京、中央文献出版社、二〇〇八。

146 譚宗級、葉心瑜監修『中華人民共和国実録—改革与巨変—開創近代化建設新局面（一九七七－一九八三）』、第四巻、（上）、一七八～一七九頁。長春、吉林人民出版社、一九九四。

147 中共中央、全国人代常務委員会、国務院、全国政治協商会議、中央軍事委員会『陳雲同志訃報』に次ぎのように記されている。三中全会以後、陳雲同志は鄧小平同志を核心とする中央の第二世代集団指導の構成員として、党と国家の主要な政策と戦略の決定者の一人であった。『人民日報』一九九五年四月一二日。

148 この全体会議で中央政治局常務委員は七人から十一人に増えた。一九六九年の十一期一中全会の時はわずか五人であった。

149 馬玉淳編著『馬寅初的故事』、一九七頁。杭州、浙江古籍出版社、二〇〇六。

150 陳雲「十一期三中全会閉幕式における講話」記録稿（一九七八年一二月一二日）。金衝及、陳群監修『陳雲伝』（下）、一五〇九～一五一〇頁。北京、中央文献出版社、二〇〇五。

151 一九七八年一二月一日、中央常務委員会が大軍区の一部の司令員と省委員会の第一書記を招集した際、鄧小平が次のように発言している。「党章の規定に従えば、中央委員会は中央委員を選ぶことができない。先例を作り、補選をやろうと思うが、数が多すぎるのは駄目だ。将来、追認すればそれで良い。」これにより、十一期三中全会公報に以下のように記された。全会は、第十一回全国代表大会以来の党生活の実際の変化と当面の党の工作の切迫した求めを考慮して、臨時措置を取ること決定し、黄克誠、宋任窮、胡喬木、習仲勲、王任重、黄火青、陳再道、韓光、周恵の九名の同志を中央委員として増補した。将来、党の第十二回代表大会でこの増補手続きの追認を要請することにした。「中国共産党第十一期中央委員会第三回全体会議公報」（中国共産党第十一期中央委員会第三回全体会議一九七八年一二月二四日）。

152 胡喬木はかつて党中央副秘書長、第八期中共中央書記処候補書記に就いていた。

153　宋任窮は、かつて第八期中共中央政治局候補委員、中共東北局第一書記を任じた。
154　譚宗級、葉心瑜監修『中華人民共和国実録―改革与巨変―開創近代化建設新局面（一九七七－一九八三）』、第四巻、（上）、一七八～一七九頁。長春、吉林人民出版社、一九九四。
155　一九七九年六月二五日、鄧小平が第五期全人代第二回会議の党内責任者会議に出席し、誤りを犯した高級指導者（例えば汪東興等）に対して組織的な処理の遂行を要求している一部の人大代表者に焦点を合わせ、次のように述べている。これらの同志が誤りを犯したのは間違いないが、しかし三中全会と中央工作会議は方針を定めた。それはつまり、これらの問題の処理を急ぐのは宜しくない。「ただ入れておくだけにして、外には出さない」ことにする。これは私が言っていることだ。私が三中全会で話し、三中全会が受け入れた意見である。ということは実質、三中全会が決定した方針であり、あるいは政策といってもよい。中共中央文献研究室編『鄧小平年譜（一九七五－一九九七）』、上冊、五二六～五二七頁。北京、中央文献出版社、二〇〇四。
156　蕭冬連『歴史的転軌――従撥乱反正到改革開放（一九七九－一九八一）』、三四二頁。香港、香港中文大学中国。文化研究センター、二〇〇八。
157　金春明監修『評〈剣橋中華人民共和国史〉』、四六三頁。武漢、湖北人民出版社、二〇〇一。
158　鄧力群『鄧力群自序――十二個春秋』、一八四頁。香港、大風出版社、二〇〇六。
159　中共中央文献研究室編『鄧小平年譜（一九七五－一九九七）』（下）、一二九五頁。北京、中央文献出版社、二〇〇四。
160　鄧小平「第三代指導集団の当面の急務」（一九八九年六月一六日）。『鄧小平文選』、第三巻、三〇六頁。北京、人民出版社、一九九三。
161　当代中国研究所著『中華人民共和国史稿』第四巻（一九七六～一九八四）。人民出版社、当代中国出版社、二〇一二年、一～二頁。
162　会議には二一名の中央政治局委員と一名の中央政治局候補委員が出席した。劉伯承と聶栄臻は病気のため欠席。陳永貴と賽福鼎は通知がなかったが出席した。七名の中央書記処書記も会議に列席した。蕭冬連『歴史的転軌――従撥乱反正到改革開放（一九七九－一九八一）』、三八七頁。香港、香港中文大学中国文化研究センター、二〇〇八。
163　『鄧小平文選』、第三巻、四四一～四四二頁、注釈141。北京、人民出版社、一九九三。
164　中共中央文献研究室編、金衝及、陳群監修『陳雲伝』（下）、一五四七～一五四八頁。北京、中央文献出版社、二〇〇五。
165　譚宗級、葉心瑜監修『中華人民共和国実録――改革与巨変――開創近代化建設新局面（一九七七－一九八三）』、第四巻、（上）、三七二頁。長春、吉林人民出版社、一九九四。
166　「胡耀邦の第七回中央政治局会議における発言」（一九八〇年一一月一九日）。中共中央文献研究室編『三中全会以来重要文献滙編』、上冊、七三六～七四六頁。北京、人民出版社、一九八二。
167　『解放軍報』編集部執筆「華国鋒同志は、我が党の栄誉ある、恥じることのない領袖である」（一九七六年一〇月二九日）を指す。『解放軍報』編集部執筆「華国鋒同志を我が党の領袖としたのは毛主席の英明な決断である」、一九七六年一一月一八日。
168　鄧力群『鄧力群自序――十二個春秋』、一七二頁。香港、大風出版社、二〇〇六。
169　範碩『葉剣英在一九七六年』、二〇三頁。北京、中共中央党校出版社、一九九〇。
170　中共中央の「中共中央政治局会議通報の拡大伝達に関する通知」、一九八〇年一二月五日。中共中央文献研究室編：金衝及、陳群監修『陳雲伝』（下）、一五四八頁。北京、中央文献出版社、二〇〇五。
171　鄧力群『鄧力群自序――十二個春秋』、一七二頁。香港、大風出版社、二〇〇六。
172　鄧力群『鄧力群自序――十二個春秋』、一七二～一七三頁。香港、大風出版社、二〇〇六。

173 この草案は八カ条を挙げている。一、「四人組」打倒の勝利は、華国鋒同志の功績であることを肯定する。二、華国鋒同志は何が誤りなのか、つまり、毛沢東同志の「文化大革命」期の理論、路線の何が誤りなのかを、今まで言及しなかった。三、一九七七年三月の工作会議に至るまで、華国鋒同志は一九七六年の「批鄧、右からの巻き返しに反撃する」運動を、一貫して肯定してきた。四、「二つのすべて」を堅持した。それは、実質的に、毛沢東同志晩年の誤った理論、路線、政策を堅持することである。五、新しい個人的迷信を行った。六、「四人組」を打倒した後、多くの幹部の解放を続けた。これはよくやった。しかし、いくつかの重大な冤罪・でっち上げ・誤審等の事案に圧力をかけ続け、華国鋒同志は主動的に解決しようとしなかった。七、一九七七年三月の（中央）工作会議の前後、異なる性質の矛盾を混同し、新たな冤罪の事案を作り出した。八、経済工作に高い目標設定を行った。

174 程中原、王玉祥、李正華『転折年代——一九七六～一九八一年的中国』四四一～四四三頁。北京、中央文献出版社、二〇〇八。

175 鄧力群『鄧力群自序——十二個春秋』、一六八～一六九頁。香港、大風出版社、二〇〇六。

176 中共中央文献研究室編、金衝及、陳群監修『陳雲伝』（下）、一五四九頁。北京、中央文献出版社、二〇〇五。

177 中共中央文献研究室編、金衝及、陳群監修『陳雲伝』（下）、一五四九頁。北京、中央文献出版社、二〇〇五。

178 「華主席は、必ず、毛主席が創始したプロレタリア階級革命事業を不断に前進させ、我が党、我が軍そして我が国各族人民を勝利のうちに二十一世紀へと躍進させることができる。」葉剣英「党章程改正に関する報告」（一九七七年八月一三日報告、八月一八日中国共産党第十一回全国代表大会批准）。

179 「中央党校第六期学員修了式における講話」、一九八一年七月二九日。

180 一九八一年六月二二日、鄧小平が十一期六中全会準備会で述べた。「現在〝四人組〟の残存勢力と若干の下心がある人は、誰の旗を振っているのか。過去に〝四人組〟の旗を振ったが、今は誰の旗を振っているのか。華国鋒の旗を振り、華国鋒を擁護している。これは、華国鋒同志本人の責任ではない。彼はどんな活動もやっていない。しかし、こうした社会の情勢には注意しておくことだ」。鄧小平「〈建国以来の党の若干の歴史問題に関する決議〉起草に対する意見」（一九八〇年六月－一九八一年六月）。『鄧小平文選』第二巻、三〇九～三一〇頁。北京、人民出版社、一九九三。

181 「中国共産党中央委員会建国以来の党の若干の歴史問題に関する決議」（一九八一年六月二七日中国共産党第十一期中央委員会第六回全体会議全会一致採択）。中共中央文献研究室編『三中全会以来重要文献選編』（下）、八二〇～八二一頁。北京、人民出版社、一九八二。

182 周恩来「中国共産党第十回全国代表大会における政治報告」一九七三年八月二四日、より引用。

183 胡喬木「〈歴史決議〉に関するいくつかの説明」（一九八一年五月一九日）。『胡喬木文集』、第二巻、一六頁。北京、人民出版社、一九九三。

184 胡喬木が説明している。「この中央工作会議と三中全会で、彭徳懐同志の名誉が回復された。彼は、林彪。「四人組」の迫害を受けながら世を去った。彼の逝去の状況は悲惨であった。何故、この種の現象が生み出されたのか。林彪、「四人組」の罪行のせいであるが、同時に、（毛沢東が）路線闘争の概念を濫用したこととも関係しているのではないか。これについて少し説明がいる。路線闘争の概念を無条件に使うことは、党内生活にとって何のメリットもない。逆に非常な害を及ぼすのではないだろうか。今後、党内に思想闘争はやはり起きるだろう。しかし、いかなる思想闘争であっても路線闘争として語ることはできない。階級闘争を濫用、拡大解釈してはならない。党内の路線闘争を勝手に濫用してはならないし、拡大してもいけない。さもなくば、党内は安定を欠き、団結を欠くことになり、社会もまた安定できず、団結できない。」胡喬木「十一期三中全会の重大な意義」（一九七九年一月六日）。『胡喬木談中共党史』、一三頁。北京、人民出版社、一九九九。

185　中共中央文献研究室編、金衝及、陳群監修『陳雲伝』（下）、一五四八～一五四九頁。北京、中央文献出版社、二〇〇五。

186　王輝は次のように考えている。「七〇年代末に復帰した鄧小平、陳雲に代表される一群の着実な実行力を持つ指導者が、イデオロギーに重点を置く発展戦略を打破し、歴史的に意義ある改革運動を発動したことに、彼等は決定的な役割を果たした。」王輝『漸進革命――震蕩世界的中国改革之路』、中国語版、七頁。北京、中国計画出版社、一九九八。

187　胡耀邦が一九八二年の党第十二回代表大会の報告の中で指摘している。「一九七八年十一期三中全会以来、我が党の各級指導グループは徐々に調整と整頓が加えられ、強化された。全体的に言えば、党と国家各級組織の指導権は既に、基本的に党と人民に忠誠を尽くす幹部の手の中にある。」胡耀邦「社会主義近代化建設の新局面を全面的に創始しよう――中国共産党第十二回全国代表大会における報告」、一九八二年九月一日。中共中央文献研究室編『十二回大会以来重要文献選編』（上）、七頁。北京、人民出版社、一九八六。

一九九二年の党第十四回大会がこれに対して歴史的評価を行っている。「鄧小平同志を核心とする第二世代中央指導グループは、全党と全国各族人民を領導し、さらに偉大な革命を開始した。これは、改革開放を行い、我が国の生産力発展を束縛してきた経済体制（計画経済体制を指す）を根本的に改変し、生き生きとした生気あふれる新しい経済体制（社会主義市場経済体制を指す）を打ち立てることであり、政治体制とその他の体制をそれに相応しく改革し、以って生産力をさらに開放・発展させることである。長期にわたる奮闘が必要であり、そうすることで、中国を未発達の社会主義国家から富強、民主、文化的な社会主義現代国家に変え、社会主義の優越性を存分に体現することにその目的がある。」江沢民「改革開放と近代化建設の歩みを加速し、中国の特色ある社会主義事業のさらなる勝利を勝ち取ろう――江沢民第十四回全国代表大会における報告」（一九九二年一〇月一二日）。中共中央文献研究室編『十四回大会以来重要文献選編（上）』、七頁。北京、人民出版社、一九九六。

188　中共中央文献研究室編『鄧小平年譜（一九七五－一九九七）』（下）、七三四頁。北京、中央文献出版社、二〇〇四。

189　一九五三年一二月、ベリヤ等六人の判決は、銃殺、個人資産没収、軍人の称号と一切の勲章及び褒賞の剥奪となった。また、ベリヤの母親、義理の母親、妻、妹、息子ら二十人は流刑となった。

190　鄒讜（Tsou Tang）が次のように指摘している。華国鋒は、最高指導者としての正式な職位を一つ一つ放棄するように迫られた。一九八二年には、彼は平の中央委員にすぎなかった。華は中の上の政治家にすぎなかったが、彼はこの避け得ない結末を受け入れ、深刻な政治分裂を誘発することはなかった。極めて良好な先例を残した。この一点において、彼の功績は埋もれることがない。鄒讜（Tsou Tang）『中国革命再闡釈』、中国語版、香港、オックスフォード大学出版社、二〇〇二。

191　中国共産党の優秀な党員、幾久しい試練に耐えた共産主義に忠誠な戦士、かつて党と国家の重要な指導職務の責に任じた華国鋒同志は、二〇〇八年八月二〇日、北京にて永眠、享年八七歳。華国鋒同志は、その生涯を民族独立の実現、人民の解放と国家の富強、人民の幸福に捧げ、勇敢に闘った。彼の党人気質は原則を堅く守り、自ら進んで団結を護持し、大局を重んじ、個人的得失に拘泥せず、豪放磊落、作風は正統であった。彼は、常に党と人民の利益を第一に、全身全霊人民に尽くす宗旨を遵守し、倦まず弛まず工作に打ち込み、終始一貫共産党員の政治的本分を全うした。彼が党と人民のために成し遂げた重要な貢献は永遠に歴史に刻まれ、彼の崇高な品格風格に対する人民の賞賛は絶えることがない。新華社、北京、二〇〇八年八月三一日電。

192 一九八二年九月一八日、鄧小平と金日成との単独会談の談話。中共中央文献研究室編『鄧小平年譜（一九七五－一九九七）』（下）、八五〇頁。北京、中央文献出版社、二〇〇四。

193 王鴻模、蘇品端『改革开放的征程』、二〇頁。鄭州、河南人民出版社、二〇〇一。

194 王鴻模、蘇品端『改革开放的征程』、二一頁。鄭州、河南人民出版社、二〇〇一。

195 これは華国鋒の文章作成班であり、李鑫が直接の責任者であった。鄧力群の説明によれば、「四人組」が打倒された後、国務院政治研究室が二つに分けられ、李鑫が呉冷西、胡縄、熊復を率いて華国鋒の下へ行きこの文章作成班を組織した。後に鄭必堅と龔育之が華国鋒のところへ配属された。李鑫はかつて鄧力群を求めたが、鄧力群に拒絶された。鄧力群『鄧力群自述―十三年個春秋』、八三～八四頁。香港、大風出版社、二〇〇六。

196 王鴻模、蘇品端『改革开放的征程』、二〇～二一頁。鄭州、河南人民出版社、二〇〇一。

197 鄧力群『鄧力群自述―十三年個春秋』、八四頁。香港、大風出版社、二〇〇六。

198 中共中央文献研究室編『鄧小平年譜（一九七五－一九九七）』（上）、一五五頁。北京、中央文献出版社、二〇〇四。

199 王鴻模、蘇品端『改革开放的征程』、二〇頁。鄭州、河南人民出版社、二〇〇一。

200 中共中央文献研究室編『陳雲年譜（一九〇五－一九九五）』（下巻）二〇七頁。北京、中央文献出版社、二〇〇〇。この発言は、胡喬木、耿飈、王震、蕭勁光、王諍の意見を求めたものである。中共中央文献研究室編、金衝及、陳群監修『陳雲伝』（下）、一四四七頁。北京、中央文献出版社、二〇〇五年、を参照。

201 中共中央文献研究室編『鄧小平年譜（一九七五－一九九七）』一五七頁。北京、中央文献出版社、二〇〇四。鄧力群『鄧力群自述―十三年個春秋』、八五頁。香港、大風出版社、二〇〇六。

202 鄧小平「〝両個凡是〟不符合馬克思主義」（一九七七年五月二四日）。『鄧小平文選』、第二巻、三八～三九頁。北京、人民出版社、一九九四。

203 于光遠『大転折――十一届三中全会的台前幕後』、一〇三頁。北京、中央編譯出版社、二〇〇八。

204 鄧小平「完全にかつ正確に毛沢東思想を理解しよう」（一九七七年七月二一日）。『鄧小平文選』、第二巻、四二～四七頁。北京、人民出版社、一九九四。

205 当代中国研究所著『中華人民共和国史稿』第四巻（一九七六～一九八四）。人民出版社、当代中国出版社、二〇一二年版、三七頁。

206 鄧小平「教育戦線的撥乱反正」（一九七七年九月一九日）。『鄧小平文選』、第二巻、六六～六七頁。北京、人民出版社、一九九四。

207 陳雲のこの文は、胡喬木が提議し手を加えている。

208 陳雲「実事求是の革命的作風を堅持しよう」（一九七七年九月二八日）。『陳雲文集』、第三巻、四四一頁。北京、中央文献出版社、二〇〇五。

209 中共中央文献研究室編、金衝及、陳群監修『陳雲伝』（下）、一四六四～一四六五頁。北京、中央文献出版社、二〇〇五。

210 中共中央文献研究室編、金衝及、陳群監修『陳雲伝』（下）、一四六五頁。北京、中央文献出版社、二〇〇五。

211 『葉剣英伝』編纂班『葉剣英伝』、三九五頁。北京、当代中国出版社、二〇〇六。

212 陳述『中華人民共和国史』、三五八頁。北京、人民出版社、二〇〇九。

213 毛沢東「実践論」（一九三七年七月）。『毛沢東選集』、第一巻、二八四頁。北京人民出版社、一九九一。

214 一九六三年一一月一八日、毛沢東が『人民日報』、党機関誌『紅旗』編集部の文章を点検している時、この文を加筆している。『毛沢東著作選読』、下冊、八九〇頁、注釈487。北京、人民出版社、一九八六。

215 柴紅霞、石碧波、高慶『胡耀邦謀略』、五～六頁。北京、紅旗出版社、一九九七。
216　王鴻模、蘇品端『改革开放的征程』、三六頁。鄭州、河南人民出版社、二〇〇一。
217　当代中国研究所著『中華人民共和国史稿』第四巻（一九七六－一九八四）。人民出版社、当代中国出版社、二〇一二年版、三九頁。
218　陳述『中華人民共和国史』、三六一頁。北京、人民出版社。二〇〇九。
219　王鴻模、蘇品端『改革開放的征程』、三八頁。鄭州、河南人民出版社、二〇〇一。
220　一九七四年十一月一二日、毛沢東が鄧小平と話している時、鄧小平は〝鋼鉄公司〟を開業したと言うと、毛沢東は、「私は君に賛成する」と答えた。弁論のやり取りを報告した。毛沢東は、「私は君に賛成する」と答えた。逢先知、金衝及監修『毛沢東伝（一九四九－一九七六）』、下巻、一七〇六頁。北京、中央文献出版社、二〇〇三。
221　同右
222　中共中央文献研究室編『鄧小平年譜（一九七五－一九九七）』三一九〜三二一頁。北京、中央文献出版社、二〇〇四。
223　胡耀邦「理論工作務虚会引言」、一九七九年一月一八日。
224　鄧小平「全軍政治工作会議における講話」（一九七八年六月二日）。『鄧小平文選』、第二巻、一〇三〜一一〇頁。北京、人民出版社、一九九四。
225　葉永烈『鄧小平改変中国―一九七八年―中国命運大転折』、三〇四〜三〇五頁。南昌、江西出版社、二〇〇八。
226　中共中央文献研究室編『鄧小平年譜（一九七五－一九九七）』（上）三三二頁。北京、中央文献出版社、二〇〇四。
227　王鴻模、蘇品端『改革開放的征程』、三八頁。鄭州、河南人民出版社、二〇〇一。
228　王鴻模、蘇品端『改革開放的征程』、三八頁。鄭州、河南人民出版社、二〇〇一。
229　葉永烈『鄧小平改変中国―一九七八年―中国命運大転折』、三八九頁。南昌、江西出版社、二〇〇八。
230　張平化は、一九七三年から一九七七年の間、中共湖南省委員会第二書記、湖南省革命委員会第一副主任に就任。一九七七年一〇月から一九七八年一二月まで中共中央宣伝部長に就いた。
231　中共中央文献研究室編『鄧小平年譜（一九七五－一九九七）』（上）三四六頁。北京、中央文献出版社、二〇〇四。
232　中共中央文献研究室編『鄧小平思想年譜』（一九七五－一九九七）、七二〜七三頁。北京、中央文献出版社、一九九八。
233　中共中央文献研究室編『鄧小平年譜（一九七五－一九九七）』（上）三五七頁。北京、中央文献出版社、二〇〇四。
234　鄧小平「毛沢東思想の旗を高く掲げ、実事求是の原則を堅持しよう」（一九七八年九月一六日）。『鄧小平文選』第二巻、一二六〜一二八頁。北京、人民出版社、一九九四。
235　一九七七年八月一二日、華国鋒が党の第十一回代表大会の報告で指摘している。「我々は、毛主席の偉大な旗を高く掲げ、断固として守り抜かなければならない。我々は、毛主席の偉大な旗を家宝として、代々引き継いでいかなければならない」。
236　鄧小平が述べている。ある議論、「二つのすべて」というのだが、ずいぶん有名になっているではないか。すべてとは、毛沢東同志が丸印をつけてチェックした文書はすべて変えることができず、また毛沢東同志がやったこと、言ったことはすべて変えることができないということだ。これを、毛沢東思想の旗を高く掲げていると言っていいのか。いや、言えない。このようにやっていくとするなら、毛沢東思想を間違いなく害する。毛沢東思想の基本は実事求是であり、マルクス・レーニン主義の不変の真理を中国革命の具体的な実践と結び合わせたものである。鄧小平「毛沢東思想の旗を高く掲げ、実事求是の原則を堅持しよう」（一九七八年九月一六日）。『鄧小平文選』第二巻、一二六〜一二七頁。北京、人民出版社、一九九四。

237 胡耀邦「理論工作務虚会議引言」、一九七九年一月一八日。
238 華国鋒「中央工作会議閉幕式における講話」(一九七八年一二月一三日)。『葉剣英伝』編纂班『葉剣英伝』、三九六頁。北京、当代中国出版社、二〇〇六。
239 于光遠『大転折――十一届三中全会的台前幕後』、一〇四頁。北京、中央編譯出版社、二〇〇八。
240 鄧小平が中共北京市委員会と共青団中央責任者を聴取した談話記録(一九七八年一一月二五日)。中共中央文献研究室編、金衝及、陳群監修『陳雲伝』(下)、一四六六頁。北京、中央文献出版社、二〇〇五。
241 朱佳木『胡喬木同志在十一届三中全会上』、劉中海、鄭慧、程中原編『回憶胡喬木(胡喬木の思い出)』、三一三頁。北京、当代中国出版社、一九九四。
242 陳雲「当面の経済問題に関する五つの意見」(一九七八年一二月一〇日)。『陳雲文選』第三巻、二三五~二三六頁。北京、人民出版社、一九九五。
243 鄧小平「思想を解放し、現実を見据えて正しく行動し(実事求是)、一致団結して将来に目を向けよう」(一九七八年一二月一三日)。『鄧小平文選』、第二巻、一四三頁。北京、人民出版社、一九九四。
244 葉永烈『鄧小平改変中国―一九七八年―中国命運大転折』、三八九~三九〇頁。南昌、江西出版社、二〇〇八。
245 王鴻模、蘇品端『改革開放的征程』、四三頁。鄭州、河南人民出版社、二〇〇一。
246 鄧小平「思想路線、政治路線の実現は、組織路線によって保障される」(一九七九年七月二九日)。『鄧小平文選』、第二巻、一九一頁。北京、人民出版社、一九九四。
247 鄧小平「〈建国以来の党の若干の歴史問題に関する決議〉起草に対する意見」(一九八〇年六月二七日)。『鄧小平文選』第二巻、二九八頁。北京、人民出版社、一九九四。
248 華国鋒「プロレタリア階級専制下の継続革命を徹底してやりぬこう」、『人民日報』、一九七七年五月一日。
249 華国鋒「中国共産党第十一回全国代表大会における政治報告」、一九七七年八月一二日。『人民日報』、一九七七年八月二三日。
250 王鴻模『中国共産党第十一回全国代表大会』、李穎編『従一大到十六大』、下冊、六二八頁。北京、中央文献出版社、二〇〇三。
251 王鴻模『中国共産党第十一回全国代表大会』、李穎編『従一大到十六大』、下冊、六三〇頁。北京、中央文献出版社、二〇〇三。
252 中共中央党史研究室著『中国共産党歴史第二巻(一九四九―一九七八)』、下冊、一〇〇五頁。北京、中共党史出版社、二〇一一。
253 王鴻模、蘇品端『改革開放的征程』、八頁、一一頁。鄭州、河南人民出版社、二〇〇一。
254 中共中央文献研究室編『鄧小平年譜(一九七五―一九九七)』(上)四三四~四三五頁。北京、中央文献出版社、二〇〇四。
255 鄧小平「思想を解放し、現実を見据えて正しく行動し(実事求是)、一致団結して将来に目を向けよう」(一九七八年一二月一三日)。『鄧小平文選』、第二巻、一四九頁。北京、人民出版社、一九九四。
256「毛主席重要指示」(一九七五年一〇月―一九七六年一月)。中共中央文献研究室編『建国以来毛沢東文稿』、第十三冊、四八六頁。北京、中央文献出版社、一九八〇。
257 胡喬木が述べている。「『プロレタリア階級独裁下の継続革命』、このスローガンの内包する意味は、結局何なのか。科学的根拠は何なのか。継続、この言葉を使って良いものなのか。これは、あらためて研究する価値がある。少なくとも、ある期間、新聞・雑誌等で言う必要がない。階級闘争が『始終、存在する』という間違った言い方は、すぐにでも正さなければならない。社会主義社会において、階級闘争はどの範囲で、どの条件下で存在するのか。これは社会主義社会発展を推進する原動力であるのか、ないのか。等々。これらの問題はあらためて、実事求是の態度で、科学的に検討する必要がある。また例えば、『階級闘争を以って綱要とする』、この言い方がどのような意味で、どのような範囲で言うと意義があるのか、考えなければならない。このことをはっきりさせなければ、思想上また実際の工作に混乱を来す。このような問題の混乱を今現在、続けるわけにいかない。党内闘争は、すべて社会の階級闘争が反映されたものなのか、すべて路線闘争なのか。党の歴史は、路線闘争の歴史にすぎないのか。党内に路線闘争が存在するのは、これまた事実である。しかし、党の歴史と路線闘争の歴史は同一ではない。党内の一切の複雑な闘争を、紋切り型の形式に単純化すること、このようなやり方を我々は以後も続けていくのか。」胡喬木のこの講話は、一九七六年一月一八日から四月三日まで開かれた党の理論工作研究会で印刷され配布された。譚宗級、葉心瑜監修『中華人民共和国実録――改革与巨変――開創近代化建設新局面（一九七七－一九八三）』、第四巻、（上）、一八八～一八九頁。長春、吉林人民出版社、一九九四。

258　胡喬木「十一期三中全会の重大な意義」（一九七九年一月六日）。『胡喬木文集』、第二巻、一〇五～一〇六頁。北京、人民出版社、一九九三。

259　胡耀邦「理論工作務虚会議引言」、一九七九年一月一八日。『三中全会以来重要文献選編（上）』、人民出版社、一九八二年八月版、五四頁。

260　胡耀邦「理論工作務虚会議引言」、一九七九年一月一八日。『三中全会以来重要文献選編（上）』、人民出版社、一九八二年八月版、五五頁。

261　中共中央文献研究室編、金衝及、陳群監修『陳雲伝』（下）、一五三九頁。北京、中央文献出版社、二〇〇五。

262　この講話の起草状況は、胡喬木「葉剣英の国慶節三〇周年講話起草に関する説明」（一九七九年九月一七日）を参照。『胡喬木談中共党史』、三〇～四一頁。北京、人民出版社、一九九九。

263　葉剣英「中華人民共和国成立三十周年慶祝大会における講話」、一九七九年九月二九日。『十一届三中全会以来歴次党代表大会、中央全会報告公報決議決定』、（上）、四四頁。北京、中国方正出版社、二〇〇八。

264　『葉剣英選集』、五二二頁。北京、人民出版社、一九九六。

265　起草小組は中央の指定による。胡喬木が組長（当時、中央書記所書記、中央文献研究室主任、中共党史研究室主任）、責任者に鄧力群、呉冷西（後に増員された）が当たった。起草に参画した者は主に、袁木、鄭必堅、龔育之、有林、鄭恵、邵華澤、盧之超、衛建林、滕文生、石仲泉、席宣、楊曾和、張徳成等。蕭冬連『歴史的転軌――従撥乱反正到改革開放（一九七九－一九八一）』、二五六頁。香港、香港中文大学中国文化研究センター、二〇〇八。

266　魯書月「党の二回目の歴史決議の作成に対する胡喬木の貢献」、『学習時報』、二〇一一年六月二七日。

267　一九八一年三月一八日、鄧小平と『歴史決議』起草小組責任者同志との談話。『鄧小平文選』、第二巻、三〇二～三〇三頁。北京、人民出版社、一九九四。

268　譚宗級、葉心瑜監修『（中華人民共和国実録――改革与巨変――開創近代化建設新局面（一九七七－一九八三）』、第四巻、（上）、三八四頁。長春、吉林人民出版社、一九九四。

269　魯書月「党の二回目の歴史決議の作成に対する胡喬木の貢献」、『学習時報』、二〇一一年六月二七日。

270　「中国共産党中央委員会建国以来の党の若干の歴史問題に関する決議」（一九八一年六月二七日中国共産党第十一期中央委員会第六回全体会議全員一致採択）。中共中央文献研究室編『三中全会以来重要文献選編』（下）。北京、人民出版社、一九八二。

271　龔育之『従毛沢東到鄧小平』、一一頁。北京、中央党史出版社、二〇〇〇。

272　図們、蕭思科『特別審判――林彪、江青反革命集団受審実録』、三七頁。北京、中央文献出版社、二〇〇三。

273　中共中央文献研究室編『鄧小平年譜（一九七五－一九九七）』（上）四三五頁。北京、中央文献出版社、二〇〇四。

274　于光遠『大転折――十一届三中全会的台前幕後』、九一～九二頁。

北京、中央編譯出版社、二〇〇八。鄧小平等は、一九五六年のソビエト共産党第二十回大会とハンガリー動乱等の世界規模の反共の潮流に対し、すべてはフルシチョフによるスターリン全面否定の結果であるとした。この問題に関して、党の最高レベル、特に元老にとって広く共通に認識され、高度に警戒されていた。蕭冬連『歴史的転軌—従撥乱反正到改革開放（一九七九－一九八一）』、二七一～二七二頁。香港、香港中文大学中国文化研究センター、二〇〇八。

275 譚宗級、葉心瑜監修『中華人民共和国実録——改革与巨変——開創近代化建設新局面（一九七七－一九八三）』、第四巻、（上）、一六八頁。長春、吉林人民出版社、一九九四。

276 蕭冬連『歴史的転軌—従撥乱反正到改革開放（一九七九－一九八一）』、五二～五三頁。香港、香港中文大学中国文化研究センター、二〇〇八。

277 中共中央文献研究室編、金衝及、陳群監修『陳雲伝』（下）、一四九〇頁。北京、中央文献出版社、二〇〇五。

278 『彭真伝』、第四巻、一二八九～一二九〇頁。北京、中央文献出版社、二〇一二。

279 蕭冬連『歴史的転軌—従撥乱反正到改革開放（一九七九－一九八一）』、五七～五八頁。香港、香港中文大学中国文化研究センター、二〇〇八。

280 当代中国研究所著『中華人民共和国史稿』第四巻（一九七六－一九八四）。人民出版社、当代中国出版社、二〇一二年版、六〇～六一頁。

281 中共中央文献研究室編『鄧小平年譜（一九七五－一九九七）』（上）四九三頁。北京、中央文献出版社、二〇〇四。

282 蕭冬連『歴史的転軌—従撥乱反正到改革開放（一九七九－一九八一）』、六五～六七頁。香港、香港中文大学中国文化研究センター、二〇〇八。

283 魏京生は次のように言っている。「四つの近代化」とはすなわち、「絵に描いた餅で飢えをしのぐ」ことであり、「梅を望んで渇きを癒やす」ことである。皆に警告する。「このようなペテンの類をさらに信用してはいけない」。

284 当代中国研究所著『中華人民共和国史稿』第四巻（一九七六～一九八四）。人民出版社、当代中国出版社、二〇一二年版、六二～六三頁。

285 鄧力群『鄧力群自述—春秋十三年』、一三七～一三八頁。香港、大風出版社、二〇〇六。

286 鄧小平「四つの基本原則を堅持しよう」（一九七九年三月三〇日）。『鄧小平文選』、第二巻、一七二頁。北京、人民出版社、一九九四。

287 彭真「中央工作会議東北組における発言」、一九七九年四月二一日。『彭真文選』、三六四～三六五頁。北京、人民出版社、一九九一。

288 『彭真伝』、第四巻、一二九〇頁。北京、中央文献出版社、二〇一二。

289 葉剣英「中華人民共和国成立三十周年大会における講話」（一九七九年九月二八日）。『十一届三中全会以来歴次党代会、中央全会報告公報決議決定』、三八頁。北京、中国方正出版社、二〇〇八。

290 『中国共産党第十一届中央委員会第四回全体会議公報』、一九七九年九月二八日。

291 『彭真伝』、第四巻、一二九〇～一二九一頁。北京、中央文献出版社、二〇一二。

292 鄧小平「〈建国以来の党の若干の歴史問題に関する建議〉起草に対する意見」（一九八〇年三月一九日）。『鄧小平文選』第二巻、二九一～二九二頁。北京、人民出版社、一九九四。

293 鄧小平「〈建国以来の党の若干の歴史問題に関する建議〉起草に対する意見」（一九八〇年四月一日）。『鄧小平文選』第二巻、二九五～二九六頁。北京、人民出版社、一九九四。

294 鄧小平「〈建国以来の党の若干の歴史問題に関する決議〉起草に対する意見」（一九八〇年六月二七日）。『鄧小平文選』第三巻、二九七頁。北京、人民出版社、一九九九。

295 『胡喬木談中共党史』、七五頁。北京、人民出版社、一九九九。

296 中共中央「『個人宣伝を減らす』ことを堅持するいくつかの問題に

関する指示」（一九八〇年七月三〇日）。中共中央文献研究室編『三中全会以来重要文献滙編』、上冊、六一八〜六一九頁。北京、中央文献出版社、一九八二。

297　蕭冬連『歴史的転軌──従撥乱反正到改革開放（一九七九－一九八一）』、二七六頁。香港、香港中文大学中国文化研究センター、二〇〇八。

298　鄧小平「イタリア記者オリアーナ・ファラーチの質問に答える」（一九八〇年八月二一日）。『鄧小平文選』、第二巻、三四四頁、三四七頁。北京、人民出版社、一九九四。

299　『鄧力群自序──十二個春秋』、一六五頁。香港、大風出版社、二〇〇六。

300　鄧小平「〈建国以来の党の若干の歴史問題に関する建議〉起草に対する意見」（一九八〇年一〇月二五日）。『鄧小平文選』第二巻、二九八頁。北京、人民出版社、一九九四。

301　黄克誠は次のように考えている。「毛主席が行った多くの決定は、余人に比して卓越していた。これははっきりした事実である。毛主席に誤りがあったからと言って、彼の功績を別人に帰することはできない。それは歴史の事実に対する不遜である。毛主席後期の誤りに対して、軽薄な態度で勝手気ままに笑いものにするべきではなく、具体的な問題を具体的に分析するべきである。毛主席後期の誤りは二つある。一つは、第三回大会の改造が終わった後、工作の重点を社会主義建設へと、適宜、明確に転換せず、具体的な工作の指導上で急進的な誤りを犯した。二つは、性質の異なる二つの矛盾を混淆し、十年にわたった大きな災禍『文化大革命』を引き起こした。もし、建国以来党がかつて犯した誤りをすべて毛主席一人に押しつけるなら、それは歴史事実に相反することになる。中央全会の全員が挙手し採択した決議であって、もしそれが誤っていたなら、当然中央がその責任を担わなければならない。」『人民日報』、一九八一年四月一一日。

302　柴紅霞、石碧波、高慶『胡耀邦謀略』、一九頁。北京、紅旗出版社、一九九七。

303　譚宗級、葉心瑜監修『〈中華人民共和国実録──改革与巨変──開創近代化建設新局面（一九七七－一九八三）〉』、第四巻、（上）、四〇七頁。長春、吉林人民出版社、一九九四。

304　鄧小平の談話は、『鄧小平文選』第二巻に収録されていない。『鄧力群自序──十二個春秋』、一六六頁。香港、大風出版社、二〇〇六。

305　モーリス・マイスナー（Maurice Meisner）『毛沢東的中国及其後──中華人民共和国史』第三版、中国語版、四〇八〜四〇九頁。香港、香港中文大学出版社、二〇〇五。

306　鄧小平「〈建国以来の党の若干の歴史問題に関する建議〉起草に対する意見」（一九八〇年一〇月二五日）。『鄧小平文選』第二巻、二九八頁。北京、人民出版社、一九九四。

307　胡喬木が鄧小平のいくつかの談話に基づいて提起している。我々は現在、毛主席晩年における思想上、行動上の誤りを毛沢東思想と区別し、照らし合わせ、毛沢東思想を肯定しなければならず、毛主席晩年の誤った理論とその時代に批判を加えなければならない。『鄧力群自序──十二個春秋』、一六七頁。香港、大風出版社、二〇〇六。

308　龔育之等は次のように考えている。当時の鄧小平は十分に認識していた。毛沢東晩年の誤りを糾すことは、もとより中国が前進するために必要なことである。しかし、是正するにも程合いをわきまえず、中華人民共和国の礎を定めた毛沢東の歴史的地位を貶め、また中国革命の勝利の経験を正しく総括した毛沢東思想の指導的意義を否定したなら、逆方向へ進んでしまう。実事求是に基づき、重要かつ明確な歴史事実に基づき、実践が証明する正しい〝毛沢東思想の科学的成果〟と実践が証明する正しくなかった〝毛沢東晩年の誤り〟との区別をはっきりさせなければならない。毛沢東が犯した誤り、それは一人の偉大な革命家が犯した誤りであり、一人の偉大なマルクス主義者が犯した誤りである。毛沢東晩年の誤りは、ある時期、ある範囲において毛沢東思想から遊離しそれに背いたが、この誤りを糾すには、まさに毛沢東思想に依拠しなければならない。鄧小平は、毛沢東晩年の誤りの是正と毛沢東思想の継承、この二つを結合することによって、毛沢東時代の中国に対する独自の超越を成し遂げた。龔育之、楊春貴、石仲泉、周小文『重読鄧小平』、四五～五〇頁。北京、中央党校出版社、二〇〇四。

309 陳雲が胡喬木に話した。我々の世代が元気なうちに、毛主席の功罪を、不動の錘を置き定めるように明確にしなければならない。いちいち、はっきりと語るのである。こうしてこそ、党の思想を統一できる。もし、我々がこれをしないままにしておくなら、将来、フルシチョフのような輩が出現し、本当に毛主席を打倒してしまう。毛主席を否定するだけでなく、曖昧でどっちつかずの決議をした我々も否定されるだろう。したがって、この問題（毛主席の歴史的評価）に対して語る時、透徹した態度が必要である。李悦『陳雲名言考察』、『中華児女』一二～一三頁、二〇〇五（二一七）。陳雲は、さらに鄧力群（『決議』起草工作の責任者の一人）にも話している。建国以来三十二年の党の工作上の誤りに関して、記述は正確でなければならず、論断は実際と合致していなければならない。そのようにして稿を定めなければならない。推敲と斟酌を厭わず、不動のものにしなければならず、そうすれば歴史の検証に耐え得る。小平同志が、「決議」は瑣末なことに拘らず、大意をおさえるのがよい、と言っている。私もそう思う。陳雲「〈建国以来の党の若干の歴史問題に関する決議〉起草に対するいくつかの意見」（一九八一年三月）。『陳雲文選』第三巻、三〇三～三〇四頁。北京、人民出版社、一九九四。

310 中共中央文献研究室編『陳雲年譜（一九〇五－一九九五）』（下巻）、二六〇頁。中央文献出版社、二〇〇〇。

311 陳雲「〈建国以来の党の若干の歴史問題に関する決議〉起草に対するいくつかの意見」（一九八一年三月）。『陳雲文選』第三巻、二八四頁。北京、人民出版社、一九九五。

312 中共中央文献研究室編、金衝及、陳群監修『陳雲伝』（下）、一五四三～一五四四頁。北京、中央文献出版社、二〇〇五。

313 鄧小平「〈建国以来の党の若干の歴史問題に関する建議〉起草に対する意見」（一九八〇年一〇月二五日）。『鄧小平文選』第二巻、三〇七頁。北京、人民出版社、一九九四。

314 中共中央文献研究室編『鄧小平年譜（一九七五－一九九七）』上冊、五七四頁。北京、中央文献出版社、二〇〇四。

315 鄧力群が、一九九四年一〇月一四日、『建国以来の若干の歴史問題に関する決議』起草前後の状況を語っている。蕭冬連『歴史的転軌――従撥乱反正到改革開放（一九七九－一九八一）』、二五八頁。香港、香港中文大学中国文化研究センター、二〇〇八。

316 『胡喬木談中共党史』、三八頁。北京、人民出版社、一九九九。

317 金衝及監修『毛沢東伝（一八九三－一九四九）』、下巻、六六八～六六九頁。北京、中央文献出版社、一九九六。

318 鄧力群は、起草工作で最大の役割を務めたのは胡喬木同志であると考えている。大きな改訂の前にはいつも、試案が彼から提示された。他の人が改訂しても、討論会議に提出される前に彼が最初から最後まで一通り改訂を行った。そのうちの多くの段落が彼の手によって書き改められた。

319 『中国共産党第十一期中央委員会第六回全体会議公報』（一九八一年六月二九日）。中共文献研究室編『三中全会以来重要文献選編』（下）、八四七～八四八頁。北京、人民出版社、一九八二。

320 鄧小平「十一期六中全会閉幕式における講話」（一九八一年六月二九日）。『鄧小平文選』第二巻、三八三頁。北京、人民出版社、一九九四。

321 鄧小平が次のように述べている。過去の成功は我々の財産であり、過去の誤りも我々の財産である。我々は「文化大革命」を根本的に否定するが、しかし〝文化大革命〟の教訓は一つの「成果」であり、反面の教訓を示していると言うべきだ。「文化大革命」の教訓がなければ、十一期三中全会以降の思想、政治そして組織の路線、さらに一連の政策を制定することはできなかった。三中全会は工作の重点を、階級闘争を綱要とすることから生産力の発展と四つの近代化建設を中心とすることへ確実に転換し、全党全国人民の支持を得た。何故か。「文化大革命」という災禍を教訓にして、それが我々の財産になったからだ。鄧小平「歴史を総括するのは、未来を切り開くためである」（一九八八年九月五日）。『鄧小平文選』第三巻、二七二頁。北京、人民出版社、一九九三。

322 『人民日報』一九八一年七月一日版。

323 鄧小平が指摘している。「三中全会以後、我々は毛沢東同志の正しいものを回復した。つまり正確に、完全に毛沢東思想を学習し運用するのである。基本点はいくつかあるし、多くの観点から言えば、現在我々はやはり毛沢東同志がすでに提起したこと、しかし事情があってまだやっていないこと、誤りの是正を彼が反対したこと、彼が上手くやらなかったこと、それらを我々がきちんとやることだ。これから長い時間をかけて、このことをやっていく。当然、我々には発展があり、さらに発展し続けていかなければならない。」鄧小平「〈建国以来の党の若干の歴史問題に関する建議〉起草に対する意見」（一九八〇年一〇月二五日）。『鄧小平文選』第二巻、二九八頁。北京、人民出版社、一九九四。

324 『三中全会以来重要文献選編』（上）、五〇頁、六一～六二頁、人民出版社、一九八二年八月版。

The Political and Economic History of China
The Period of Deng Xiaoping

第四章

改革への政治的準備
（一九七六～一九八一年）（下）

第一節　全面的名誉回復と「文革」による痛手の治癒

一九七六年一〇月以後、中国の指導者は非常に緊迫した問題に直面していた。それは、「文化大革命」の内乱によって生じた政治と社会の痛手の治癒、とりわけ人為的に作り出された大量の冤罪・でっち上げ・誤審などの事案の治癒であった。それらは数百万の党、政府、軍の幹部と数千万の一般社会人に波及する事案であった。これらの遺留された問題を解決しない限り、中国は依然として安寧を手にすることができなかった。党の政治路線の綱領が、階級闘争から経済建設に移行するからには、「でっち上げを見直し、誤審判決を正し、冤罪をすすぐ」[1]要求が党中央に向けられ、消極的要素を積極的要素に転化させ、「集中もあり民主もある、紀律もあり自由もある、意思統一がなされ、人心が伸び伸びとし、生活が生き生きとしている、そのような政治局面」[2]を新たに創造する要求が党中央に向けられるのは必然であった。

一、「四人組」政治勢力の一掃

一九七六年一〇月、「四人組」を打倒した後、党中央は、党の簒奪をたくらんだ「四人組」の活動に関係した人と事案の精査を開始し、全国各地方の指導グループの整頓と調整を続けて行った。華国鋒と葉剣英が連繋して行った「政治的清算」の始まりであった。鄧小平が表舞台に再登場してから、清算工作が強化され、政治的な「地雷」を排除する決意がなされた。

一九七七年二月五日、《人民日報》が、理論誌《紅旗》の評論員の文章『「四人組」を摘発し批判する人民戦争を大いに実行しよう』を転載した。その文に次のように書かれている。「四人組」の長年にわたる党内の画策によって、上部構造から下部構造、革命からその後の建設、理論から実践、中央から地方に至るまで、特に彼等の厳密な統制下に置かれた一部の地区と部門において、人々の思想は極めて大きな混乱を来たし、その毒は広くかつ深く浸透していた。[3]

四月二七日、『人民日報』『紅旗』『解放軍報』が評論員の文章「新旧反革命が結成した反動集団」を発表し、次のように書いている。大量の証拠に基づいた調査で、張春橋は国民党のスパイ分子、江青は裏切り者、姚文元は階級の敵対分子、王洪文は新たに生まれたブルジョア階級分子であることが明確になった。王洪文は労働者家庭の出身であり、軍に入り、労働にも従事したことがあるが、作風は悪く、仲間を集め私利を図り、個人的野心を極限までみなぎらせ、労働者の生血を吸う新手のブルジョア階級の典型的な代表である。王洪文こそは、今まさに走資派の道を歩いている。文章はさらに続けている。「四人組」は、新旧の反革命分子——混乱に乗じて殴打・破壊・略奪など暴力行為に走る輩、汚職横領分子、権勢におもねって身を売る輩、魂を売り渡して恥じない文化人、仲間を裏切り密告をする投機分子、醜悪な悪人、ごろつきやチンピラ、社会のクズなどをかき集め、反革命集団を作り上げ、あまつさえ綱領、路線、組織までも持つ反革命犯罪集団を形成した。[4]

七月、十期三中全会は『王洪文、張春橋、江青、姚文元等反党集団に関する決議』を採択し、「四人組」を反革命陰謀集団と定義づけた。決議で指摘している。「四人組」は党中央転覆の陰謀を企て、反革命の復活を実行し、我がプロレタリア階級独裁をブルジョア階級ファシズム独裁に転換させようと愚かにもたくらみ、さらに社会主義中国を半植民地半封建の国家に陥れようと妄動した。王洪文、張春橋、江青、姚文元の党籍の永久剥奪と、党内外の一切の職務から解任する決議を全会一致で採択した。

八月一二日、華国鋒が党の第十一回全国代表大会で、次のように政治報告を行った。「四人組」との闘争を党における十一度目の路線闘争であると定義付け、さらに、我らの英明にして偉大な毛主席が、「四人組」の反党活動をいち早く察知し、彼等との闘争を何度も繰り返した。毛主席の一連の重要な指示と英明な決裁のおかげで、我々が後に「四人組」問題を解決するための基礎が固まった。この華国鋒の報告を討論する過程で、一部の代表から、「四人組」が悪行を尽くした時間がなぜこれほど長く続いたのか、と質疑がなされた。[5]

一二月、指導グループの人事の調整に当たって、「四人組」の党を簒奪する活動に関与した人物、「風派」「溜派」といった日和見主義一派、社会を揺るがす事件を起こした人物、殴打・破壊・略奪を働いた人物などを指導グループに加えないと提議した。[6] 後に、徹底的に清算する「三種類の者」を明確にした。すなわち、「文化大革命」期に林彪、江青等反革命集団に追随し、造反を行ってのし上がった者、セクト主義・分派思想の著しい者、殴打・破壊・略奪などの暴力行為を働いた者である。鄧小平は、彼等を最も危険な者であると見ていた。もし、党内の整頓に当たって解決に至らないなら、禍根を残すことになり、時限爆弾を抱えることになる。[7]

「四人組」に対する批判闘争が繰り広げられるなか、華国鋒は「拡大化」を心配していた。この問題を最も早く提起したのは陳雲であった。一九七六年一〇月一八日、彼が李先念に宛てた書簡で指摘している。「この運動の拡大化は抑えるべきだ。セクト主義的な活動をいまだにやっている者に対して、できるのは教育だけであり、餅を何度もひっくり返して焼くようなやりすぎは防がなければならない」。[8] 翌日、李先念がこの書簡を華国鋒に渡している。華国鋒は、一九七八年二月二六日の第五期全国人民代表大会第一回会議で、党の第十一回全国代表大会の政治報告で決まった政策を真面目に執行しなければいけない、と提議している。彼は、対象者を三種類に区分けし、それぞれに違うやり方を採り、攻撃を縮小することを提案した。[9]これは、「文化大革命」のやり方とは根本的に違っていたが、実際の処理の現場では「拡大化」の問題が出ていた。

十一期三中全会以前、二十九の省、市、自治区の主な責任者の中で、「四人組」の党簒奪の陰謀に関わったかどで解任されたものは九人に上り、主要な責任者の総数の三分の一ほどになった。同時に、精査工作と結びつけて、十四の省、市、自治区及び二十三の部、委員会、局の指導班に対して、比較的大がかりな人事の調整が進められた。[10]

鄧小平は、組織的な人事の調整や罷免を、なぜ敢行したのか。後に、彼は説明をしている。彼等は、基本的に林彪、「四人組」と同様の思想的な系統にあり、中央が現在遂行していることは後退であり、それは右傾化した機会主義であると考えている。こうした人たちは概ね、文革中に出現した既得権益者である。彼等にとって、現状の一連の事柄により権益が少なくなる。それだから、過去に未練がある。彼等はチャンスがあれば、元に戻そうとするだろう。鄧小平はなおも警告を発している。中国の安定を必要としない輩、林彪、「四人組」の分派連中は、党の指揮に耳を貸そうとしない。彼等は、ただ天下泰平を恐れているだけだ。[11]

一九七八年一二月、十一期三中全会は全国展開されていた「四人組」批判の大衆運動をきっぱりと終結した。[12]

二、幹部政策の実施

一九七七年六月一〇日、理論誌『紅旗』の特任評論員が「党の幹部政策をしっかり実施しよう」を発表し、幹部政策実施工作に関する五項目の基本要求を提起した。①過去の審査に対する結論を出す必要があり、結論が出ていなければ、できるだけ速やかに、正しい結論を出すべきである。②既になされた処分が不正であれば、糾す必要がある。事実無根の言辞は覆すべきである。③仕事ができるのに、仕事の割り当てがされていない者には、できるだけ速やかに相応しい仕事を割り振るべきである。割り当てられた仕事が適切でない場合は異動などの調整をする必要がある。老齢病弱のため仕事ができない者は、穏当に配置を行い、政治生活上の処遇を配慮する必要がある。④審査未了期間中に死亡した同志に対しては、実事求是に基づき結論を出す必要があり、善後策を適切に措置すべきである。⑤無実でありながら連座した配偶者、子女、親類、友人、周辺の関係者のうち、解決すべき問題がある者は、適切に解決する必要がある。このような幹部政策の実行によって処遇される人は相当数に上る。[13]

一二月一二日、胡耀邦が党中央組織部部長に就任した後、幹部配属班、幹部応接班、古参幹部生活班がすぐさま設置され、幹部政策を実行し、冤罪・でっち上げ・誤審を改め、名誉回復をすることで正常化への道を切り開いた。懸案が山積し、どこから手を付けて良いのかわからない厳しい状況に直面していたが、彼は中央組織部に対して三つの約束事を要求した。一、党の優秀な伝統と作風を回復し、「取りつきにくい、面会もままならない、話しづらい、腰が重い」といった悪習を改め、組織部門を党員の家、幹部の家のようにする。二、冤罪を被り迫害された同志による胡耀邦訪問を阻害してはならず、また胡耀邦宛の書簡を勝手に握りつぶしたり処理したりしてはならない。三、陳野萍、賈素珍らで構成される対古参幹部応援グループを設立する。[14] 胡耀邦は、幹部政策実施の四つの基準を提起した。いまだ結論が出ない案件は結論を急ぎ、不正な結論は実事求是に基づき改正すること。配属が未定の者は適切な配置を行い、老齢病弱のために仕事の維持が難しい者には、適切な配慮をするべきこと。死去した者にも実事求是に基づき結論を出し、善後策を適切に処理すること。連座を余儀なくされた家族、親類縁者の問題を適切に解決すること。

一九七八年七月までに中央組織部が配属を決めた中央機関と国家機関の幹部は五三四四名、中央機関と国家機関の五十三部署で、配属待ちの幹部の約八七・二％に相当する。[15]

三、「文革」期における冤罪の名誉回復

十年にわたる「文化大革命」の政治的遺産の一つに、歴史上、後にも先にもないほど大量の冤罪・でっち上げ・誤審の事案がある。鄧小平らが直面していた基本的任務は、擾乱を治め正常化すること、冤罪・でっち上げ・誤審事案の名誉回復、「文化大革命」によって生じた政治的痛手の治癒、その後遺症の処理であった。[16]

中央組織部の当時の統計によれば、全国の約千七百万人の専従幹部のうち、「文化大革命」期に立件訴追を受けたものは一七％を占める。中央機関、国家機関の副部長、省長以上の高級幹部のうち、立件訴追されたものは約七五％。このほか、軍系列で誣告されたものは八万人余り、千百人以上が迫害死を遂げている。そこに訴追を受けた末端幹部、労働者及び連座させられた親類縁者を加えると、一億人近い人達の冤罪をすすぐ必要があった。[17]

「文化大革命」終結後、これらの事案の処理の仕方が、党内政治闘争の焦点の一つとなった。汪東興は、「四人組」が直接関与した誤審事案と毛主席の判断を仰がなかった事案だけが名誉を回復でき、毛主席が決裁した案件はすべて見直しができないと譲らなかった。華国鋒自身もまた康生を擁護し、偉大なマルクス主義者として奉っていた。実際、「文化大革命」期の重大な冤罪・でっち上げ・誤審事案の多くは、康生の指揮によるものだった。当時、康生は中央専案審査小組（中央特別査問班）の第一、第二、第三弁公室を取り仕切り、査問工作を主管していた。彼自らが、多くの古参同志を反逆者、スパイ、走資派と決めつけていた。[18] 中央専案審査小組は、三人の中央政治局委員——汪東興、紀登奎、呉徳——が責任

者として率い、相変わらず中央内部の特殊機関であり、党章で規定される合法性が根本的になかった。統計によれば、中央専案審査小組のメンバー構成は、中央及び国家機関の副部長及び省、市、自治区の副省長（これらに相当する軍隊内の幹部を含む）等の二一三人である。その中に、党の第八期政治局委員一〇人、中央書記処の成員一〇人、中央委員と候補委員七一人（省、市の審査小組の委員は含まず）、国務院副総理七人がいる[19]。

汪東興等は冤罪・でっち上げ・誤審事案の名誉回復を阻害したり、先送りしたりして、この政治的焦点をめぐる党内闘争を展開した[20]。十一期三中全会が中央専案小組の解散を決定した後になって、さまざまな冤罪・でっち上げ・誤審事案の見直しがようやく進み、名誉回復が速まった。残酷な党内闘争はほとんどすべての人を痛めつけたのであるから、政治的な名誉回復は人心の望むところであり、何人も阻止できるものではなかった。

「文化大革命」期の冤罪・でっち上げ・誤審事案の見直しを最も早く提起したのは、陳雲であった。一九七六年一〇月一六日、李先念が今後の工作について意見を求めるために、陳雲に電話を入れた際、古参幹部の一部をできるだけ早期に元の指導部門で仕事をさせるように提案したのが陳雲であった。同月、胡耀邦もまた「冤罪が改まれば、人心も大いに喜ぶ」と提案した。**「文化大革命」期間中、人為的に作られた冤罪・でっち上げ・誤審事案は中国共産党の「傷痕」であり、その傷を癒やしてこそ、党心、軍心、人心を深く得ることができる。**

一一月二五日、陳雲が葉剣英に書簡を送った。それは華国鋒にも渡っている。そこには、黄克誠を眼疾の治療のため北京に戻す許可を求めることが書かれていた。「彭徳懐、黄克誠、張聞天、周小舟」等四人の廬山会議での冤罪を晴らし、名誉回復をする条件を作るためであった。

一二月、耿飈（中央宣伝部門責任者）から「天安門事件」をでっち上げた証拠を受け取ると、葉剣英は非常に怒った。「四人組」が計画的に党中央と毛沢東を欺き、「天安門事件」をでっち上げたことを、中央政治局で数度にわたって暴露した[21]。

一九七七年三月一四日、鄧小平はまだ仕事に復帰していなかったが、当時、中央党校副校長であった胡耀邦と話を交わし、幹部政策の実施、冤罪・でっち上げ・誤審の名誉回復問題について意見を交換している[22]。

九月一九日、鄧小平が方毅と教育部の主要責任者に、「**毛沢東同志が閲覧済みの丸印を付けたからといって、内容に是非の問題が無いことにならない。一九七六年の天安門事件についても毛沢東は丸印を付けているが、実際とまったく一致しない**[23]」と話している。

一〇月七日、『人民日報』が中央党校の楊逢春、葉楊による『「四人組」によって転覆せられた幹部路線が正常化されていない』[24]を掲載した。この文章は、胡耀邦の意見に基づき執筆が手配され、また胡耀邦自らが見直している。党中央組織部部長郭玉峰がこの文章は毒草であると言い、さらに中央の指導者同志（汪東興を指す）も同意見であると言った。郭の意見は、ただちに部内の古参幹部等の強い反響を呼び、この状況が中央政治局常務委員会にも伝えられた。一二月五日、党中央が「『四人組』にまさしく反対し逮捕されたすべての人は、釈放措置が与えられる。既に立件された人は、訴追取り下げ措置がなされる。現在裁判中の人は、裁判を解除される。既に刑が確定した者は、刑が取り消され、釈放される。党籍・団籍に関する処分を受けた人は、取り消し処分が与えられる」と通達した。

郭玉峰が、冤罪・でっち上げ・誤審事案の取り消し工作に消極的であり、あるいはあえて阻害したため、鄧小平は彼の錯誤は小さくないと判断し、中央組織部からできるだけ早期に転出させるべきと考えた。一二月一〇日、葉剣英、鄧小平、陳雲らの強い勧めによって、党中央は正式に。胡耀邦を中央組織部部長に任命し、郭玉峰を部長職から解任した[25]。

一九七八年一月三日、王鶴壽の「歴史問題」に関して送られてきた手紙を、陳雲が党中央主席、副主席、胡耀邦に見せ、王鶴寿の履歴は潔白であるから、彼を外地から北京に戻し病気の治療に当たらせるように中央に建議した。

一月二八日、胡耀邦が中央組織部座談会の席で指摘している。幹部は、我が国の貴重な財産である。仕事ができる人でいまだに配属先が決まっていないものは、速やかに工作に配置しなければならない。「文化大革命」期の事案で、再審査すべきものは再審査を行い、名誉回復すべきはそうさせる。

四月二四日、陳雲が党中央主席と副主席に、陶鋳の「歴史問題」の解決に関する書簡を送り、同時にこの事案に関わった省・部レベルの幹部たちにも触れ、陶鋳の問題をきれいにすることは非常に必要だと述べている。四月下旬、鄧小平が陳雲のこの手紙に応え、中央組織部による再審査を提案した。

六月、中央が中央専案審査小組で審査されていた特別事案を、中央組織部に移管し、特別事案処置責任者（汪東興を指す）の手が届かないようにした。

九月二〇日、胡耀邦がさらに、実際の情況の調査、分析検討を経ることによって、事実無根のものすべて、不正な結論と処理もすべて、いついかなる時に、いかなる情況下で成されたものであろうと、またどの一級組織の誰それの決定、決裁であろうと、すべて実事求是のやり方で改めなければならないと、明確にした[26]。その年の暮れまでに、中央組織部が直接処理、再審査した結果、名誉回復を果たした副省級・副部級以上の幹部は一三〇人であった。

陳雲が真っ先に戦いを挑んだ相手は、合法性が無い中央専案審査小組であった。一一月一二日、彼は中央工作会議においてはっきりと指摘した。中央専案審査小組は「文化大革命」の最中に作られた組織であって、多くの捜査に携わったが、その処理には欠点があった。陳雲は、専案審査小組が所管した党内関係の問題は、中央組織部に移管するべきであり、中央組織部の再審査を経て、当時の歴史的状況を考慮しながら、実事求是の態度で結論を出すべきだと考えた。現在のような中央組織部もあり専案審査小組もあるというような不正常な状態は、終わらせるべきである。[27]これに対する華国鋒の回答は早かった。一一月二五日、彼は中央を代表して、中央専案審査小組を解散し、事案のすべてを中央組織部に移管することを決定した。

一二月、十一期三中全会が招集され、汪東興、紀鄧奎、呉徳等は出席者から批判された。そこでの一致した意見は以下である。**「以前のように党と大衆の監督から遊離して、専案機構を設け幹部を審査するやり方は、弊害がきわめて大きい。**永久にこのやり方を排除すべきである。一二月一九日、中央専案審査小組の責任者の汪東興、紀鄧奎、呉徳等は、中央組織部に移管する事案の資料を検討し、一九七九年二月末にすべて完成した。[28]

一一月下旬、鄧小平が『陶鋳同志の問題に関する報告』の最後の一段で次のように述べている。「要するに、陶鋳同志の監獄における闘争は断固たるものであった。数十年来の工作は、党と人民に対して貢献している。以前、反逆者と決め付けられたが正しくない。名誉を回復されて然るべきである」。[29]同年一二月党中央は陶鋳の名誉回復を正式に行った。[30]陳雲は、後に潘漢年と劉暁の冤罪問題に関する提案を行っている。[31]

中央工作会議の討論に際して、最初に「天安門事件」問題を提起したのは陳再道であった。彼の認識は以下のようである。周総理を悼むことは革命的行動であり、「四人組」に反対する革命的行動であると実践が証明している。もし、「天安門事件」に反革命性があるとするなら、この「四人組」こそ反革命である。この問題を、全国の人民に向けてはっきりさせるなら、全国の人民は納得する。[32]

陳雲が、誤りがあれば必ず糾す方針の堅持を提起し、六つの問題に重点を置くことを提言している。薄一波等六十一人の「反逆者集団」事案は冤罪である。彼等が国民党政府の反省院から退院したのは党中央の決定したことである。これらの同志は反逆者ではない。陶鋳、王鶴寿等は反逆者ではない。彼等の問題は解決されるべきである。彭徳懐は正しく評価されるべきである。「天安門事件」は、北京の数百万人の市民が周総理を悼み、「四人組」に反対し、鄧小平同志批判に同意しなかった偉大な大衆運動であり、中央は肯定するべきである。**康生は「文化大革命」期、中央の各部門と全国各地の党・政府機関を機能不全に陥らせた、その責任は重大である。**こうしたことの影響が波及し、拡大していった問題に対して、中央は考慮し何らかの決定を下す必要がある、と陳雲は提起した。[33]

特筆に値することは、**一九七五年鄧小平が中央の工作を取り仕切っていた期間、ある会議で、薄一波等六十一人の「反逆者集団」の問題を解決すべきであり、あの事件の責任を彼等に帰するのは公平な道理に反していると、発言していたことである。**一九七七年七月の党の代表大会の後、薄一波等とその親族は、再度詳しく申し開きを行い、名誉回復を求めた。**中央レベルの重大事案を主管していた汪東興等は、この事案は毛主席自らが批判し決裁を下した「六十一人事件」であり、毛主席と党中央の批准を経たからには、勝手に覆すことはできない、とたびたび強調した。**[34]しかし陳雲は決して頭を下げなかった。中央工作会議で大っぴらに汪東興に挑んだ。

党内の重大な歴史的な冤罪・でっち上げ・誤審の事案問題について意見を述べる資格を、陳雲が最も持ち合わせていた。なぜなら、一九四五年彼が中央組織部長についていた時、党の第七回代表大会の代表資格審査委員会の成員でもあり、当時、任弼時がその委員会の主任を務めていた。一九四五年、中央は薄一波等に対して歴史的結論を、すでに出していた。しかし、「文化大革命」期に康生、江青が薄一波等六十一人を「反逆者集団」として攻撃し、重大な歴史的冤罪・でっち上げ・誤審事件を捏造した。[35]陳雲が、**指導者に関係する歴史遺留問題を処理するにあたって、「誤りがあれば必ず糾す」原則を堅持し、党内外の冤罪・でっち上げ・誤審事案の名誉回復に向けて、率先的な役割を果たし、突破口としての影響力を保持すると、**非常に明確に指摘している。

一一月二〇日、党中央組織部部長胡耀邦が、葉剣英と鄧小平の支持を受けて、『「六十一人事件」に関する調査報告』を党中央宛に提出した。この報告には、文化大革命期に指摘された、薄一波等の所謂六十一人の反逆者集団は存在しておらず、大きな誤審事件である、と記されていた。[36]この『調査報告』は、**「反革命者がいれば必ず粛清し、誤りがあれば必ず糾す」という毛沢東の指導に一貫して基づき、鉄の如き確固とした証拠があるとして毛沢東自らが下した決裁を覆した。**[37]

中央工作会議で、李昌、呂正操、于光遠、王恵徳、楊西光が、「天安門事件」の名誉回復の必要性を相次いで提起している。[38]一一月一四日、中央政治局の批准を経て、[39]中国共産党北京市委員会が次のように発表した。一九七六年の清明節に、広範な大衆人民が天安門広場に赴き周恩来総理に重々しく哀悼の念を示し、怒りを込めて「四人組」を糾弾した。これは、完全な革命的行動である。この事件で、迫害を受けた同志は一律に判決を取り消され、名誉が回復される。[40]翌日、『人民日報』が評論員の「実事求是、誤りがあれば必ず糾す」という文章を掲載している。一一月二〇日、『人民日報』が特任評論員の文章「冤罪取り消しの歴史的教訓」を発表した。文章には次のように書かれている。冤罪を取り消すことと「文化大革命」を否定することを恐れ、取り越し苦労に明け暮れている人がいる。その実、彼等が真に恐れていることは、自身が否定されることである。というのも、彼等は過去に林彪、「四人組」の反革命修正主義路線の影響下にあったため、誤審事案をつかさどったり、それに関わったりして、借りを作った。今となっても、誤りを糾す勇気も決心も持ち合わせていない[41]。ここで「ある人」と言われているのは、もっぱら汪東興等を指している。

一一月二五日、中央政治局の検討を経て、華国鋒が「天安門事件」の名誉回復を厳かに決定した。華国鋒は次のように発言している。「『四人組』を打倒した後、ほどなくして中央は『天安門事件』と一連の事件において革命的人民が迫害を被った問題の解決に着手した。『四人組』批判運動が深化していくにつれ、そうした問題のほとんどが次々と解決を見た。しかし、問題解決はまだ徹底されていない。なぜなら、『天安門事件』の性質そのものの名誉回復がなされていなかったからである。中央は、『天安門事件』は完全な革命的大衆運動であると認めるのだから、『天安門事件』の名誉回復は公に、徹底的になされるべきである」。同時に彼はまた、薄一波等の六十一人反逆者集団事案と「二月逆流」に関する決定を覆すと宣言し、「批鄧・右からの巻き返しに対する反撃」に関する中央の文書の撤回と鄧小平の名誉の回復、彭徳懐、陶鋳、楊尚昆等に対して過去に下された誤った結論を糾すことを宣言した。さらに、**中央専案審査小組の廃止と康生、謝富治の問題の中央組織部による審査を決定した**[42]。地方の重大事件は一律、各省、市、自治区による、実事求是の方針に沿った処理がなされることになった[43]。

一二月一三日、鄧小平が中央工作会議で述べている。「**我々の原則は『誤りがあれば必ず糾す』ことである。過去に起きた誤りはすべからく、すべて改正されるべきである**」。**これが、冤罪・でっち上げ・誤審を覆す基本原則となり、根拠となった**。鄧小平はこの会議において、遺留されてきた過去の問題が解決され、一部の人の功罪が明らかになり、重大な冤罪・でっち上げ・誤審が糾されたと認めた。これは、思想解放と安定団結のために必要なことであった[44]。

一二月二二日、十一期三中全会公報が全国に向けて発布された。会議は、彭徳懐、陶鋳、薄一波、楊尚昆等の同志に対して過去に下した結論を審査し、糾した。会議は、彼等の人民に対する貢献を認めた。会議は、歴史に残されたままになっている問題を解決するには、毛沢東同志が一貫して唱導してきた実事求是、誤りがあれば必ず糾す原則を遵守しなければならないと指摘している。でっち上げを覆し、誤審を糾し、冤罪をすすいでこそ、党と人民の団結を強固にし、党と毛沢東同志の崇高な威信を保持できる。会議はさらに、特別査問機関を設け幹部を審査する方式が極めて多大な弊害を生んだとして、永久にそれを廃止することが必須であると結論付けた[45]。「文化大革命」期に設立されたその時から、中央専案審査小組は『党章』に違反した「専制の道具」であり、「四人組」と共に大量の冤罪・でっち上げ・誤審の事案を作りだし、「生殺与奪の大権」を「四人組」が握るための道具であった。鄧小平等が受けた被害は甚大であり、その罪悪を骨身にしみるほど熟知していたので、この「専制の道具」を一挙に、永遠に葬り去った。その後にようやく、政治的迫害と残酷な闘争に遭遇した党と国家の指導者たちが、冤罪をすすぎ名誉を回復することができるようになった。

一二月二四日、中国共産党が彭徳懐と陶鋳の追悼大会を挙行した。鄧小平と陳雲が各々弔辞を捧げ、彼等に対する公正で全面的な再評価と名誉の回復を行った。このことは、国外でも驚きをもって迎えられた[46]。

一九七八年末から一九八二年にかけ、党中央は相前後して、政治的迫害を被った第八期中央指導機関の成員の冤罪を晴らし、その名誉を回復した。彭真（中央政治局委員、一九七九年二月一七日）、羅瑞卿（中央書記処書記、一九八〇年五月二〇日）、陸定一（中央書記処書記、一九七九年一月一一日）、楊尚昆（中央書記処候補書記、一九八〇年一〇月二三日）、賀龍（中央政治局委員、一九七九年二月一六日）、烏蘭夫（中央政治局候補委員、一九七九年三月）、譚震林（中央政治局委員、一九八〇年一月一〇日）、李雪峰（中央政治局候補委員、一九八二年四月一日党籍回復）、黄克誠（中央書記処書記、一九八〇年七月二八日）、譚政（中央書記処書記、一九七九年三月二一日）、王稼祥（中央書記処書記、一九七九年三月九日）、及び習仲勲（国務院副総理）鄧子恢（国務院副総理、一九八一年三月九日）等が含まれていた。

四、劉少奇の名誉回復

劉少奇の冤罪は、中国建国以来最大の政治的冤罪である。これは、中国共産党第八期中央委員会拡大第十二回全体会議と党の第九回全国代表大会で正式に決議採択された政治案件であり、毛沢東と党中央が犯した重大な政治的な誤りである。

十一期三中全会の前後、劉少奇事案の再審査と名誉回復工作を、鄧小平と陳雲が共に積極的に推進していた。ちょうど、党の中央組織部が『六十一人事案に関する調査報告』を中央に提出した一九七八年一一月のことである。当時、中央組織部部長だった胡耀邦が、ある日、幹部審査局の責任者賈素萍に訊ねた。「『六十一人』の問題がようやく片づくが、あなたたちは劉少奇の問題をどのように考えているのか」。賈素萍が即答した。「これこそ純然たる大冤罪事件だ」。胡耀邦は、「いいだろう、あなたたちが作った資料を持ってきなさい。私が見てみよう」と言った[47]。一二月、劉少奇夫人の王光美が釈放され、陳雲がすぐさま面会し、伝えている。「劉少奇の冤罪事件は彼一人の問題ではない。党と国家に関わることだ」。一二カ月後、賈素萍等が胡耀邦に『劉少奇同士の問題に関する報告』を提出した。胡耀邦はこの報告書を中央に転送した。[48]

一二月二四日、劉少奇の名誉回復を求める市民からの沢山の手紙を、鄧小平が、中央政治局委員に読ませるようにまとめて送付し、中央組織部に検討するように要求した。これは、鄧小平が劉少奇問題を重要議題として討論にかけるように、党の中央政治局に正式に提出したことになる。

一九七九年二月五日、元交通部部長孫大光が胡耀邦に書簡を送り、劉少奇の一件を再審査するように建議している。胡耀邦と姚依林が、中央政治局常務委員会に正式に報告した。二月二二日、中央規律検査委員会書記業務連絡会議で、劉少奇問題について人民大衆から名誉回復要求の手紙が来ており、鄧小平同志が規律委員会で検討するようにもとめている、と決議がなされた。二月二三日陳雲は、中央常務委員の各同志が回覧し終えた後、中央弁公庁が、中央組織部、中央規律検査委員会に劉少奇の一件を合同で精査するように伝達することを、書面で指示を出している。[49]陳雲の支持に基づき、三月二七日、中央規律検査委員会と中央組織部の合同になる劉少奇案件再審査班が設置された。[50]繰り返しさまざまな資料が照合され、党中央に詳細かつ正確な再審査の情況報告が行われた。信頼に足る事実が、劉少奇に強引に擦り付けた罪名を逐一否定していた。[51]五月一六日、鄧小平が日本からの客人に明確に伝えている、劉少奇に加えられた過去の罪名は事実に反している。これらの問題は実事求是が大事で、適切な時期に正しい結論がなされるだろう。[52]五月二二日、中央規律検査委員会連絡会議で、「劉少奇の事案に関係する資料（保管庫にあるもの、生存している関係者の者も含む）は、さらに調べ、照合を行うべきである。重要なことは、要するに反逆者であるのかないのか、スパイであるのかないのか、労働者階級の裏切り者であるのかないのか、再調査と照合に基づいて、事実に裏付けられた信頼できる傍証を手に入れなければならない」と決定した。一一月、「劉少奇案件再調査組」が中央宛てに、『劉少奇案件の再調査状況に関する報告』を正式に作成した。一二月、鄧小平、陳雲、鄧穎超、胡耀邦等が再調査報告を閲覧審査し、同意した。鄧小平は、この報告が劉少奇に対する中央による名誉回復の決定だと考えていいのではないか、と提案した。[53]

一九八〇年一月一六日、中央が招集した幹部会議で、鄧小平が「劉少奇同志の名誉回復を、まもなく、中央としてやるだろう」と発言した。二月一二、一三日、胡耀邦が全国脚本創作座談会で、「劉少奇は、反逆者でもなく、スパイでもなく、裏切者でもない。我が党と国家の最も優秀な指導者の一人である」と宣言した。**中央政治局が会議を開き、華国鋒が劉少奇の名誉回復を支持すると、態度を明確にした。**[54]二月二九日、十一期五中全会は真剣な討論の結果、『劉少奇同志の名誉回復に関する決議』を全会一致で採択し、八期十一中全会で採択した調査報告と誤った決議の取り消しを決定した。五中全会は公報を発布し指摘した。**劉少奇同志の名誉を回復することは、一人劉少奇同志のためだけでなく、党と人民がこの苦い教訓を永遠に記憶に留め置くためでもあり、あらゆる努力を尽くして、社会主義の民主と社会主義の法制を擁護し、強固にし、整え、劉少奇同志とその他党内外の大勢の同志が経験したような冤罪事件を未来永劫繰り返さないためである。**[55]

五月一六日、『人民日報』に胡喬木が起草し、鄧小平による閲覧審査を経た社説を掲載した。名誉回復を公表すべきか否か、（党中央は）容易に決心することができなかった。もし党中央が虚偽であると明らかに知っていながら、目先の利害得失にとらわれ、秘して公表せず、名誉回復もせず、あるいはそれを公開しなかったなら、それは自ら公言して憚らない実事求是の原則に背き、毛沢東思想に背くことになる。全党、全国人民、世界からの信頼を失うことになる。それゆえ、**党中央はこのことでリスクを引き受ける事態になったとしても、劉少奇同志の名誉回復を決心しないわけにいかなかった。**[56]全党、全軍、全人民は極めて冷静に党中央の決定を受け入れた。これは、「文化大革命」を徹底的に否定したという重要な事実でもある。

五月一七日、党中央が人民大会堂において劉少奇追悼大会を挙行し、鄧小平が党中央を代表して悼辞を読んだ。彼は、劉少奇夫人王光美に、「これは吉事であり、勝利である」と話した。[57]劉少奇が一九六七年四月九日に家族に残した遺言に従って、五月一九日劉少奇の遺灰は、五隻の軍艦に守られ青島から黄海海域に出航し、広大無辺、波濤尽きない大海に撒かれた。[58]「幸いにも、歴史は人民によって書かれる」。まさに、劉少奇の言葉の通りである。この言葉は、現中国の歴史に深く刻まれている。

実践は真理を検証する基準であるだけでなく、誤りを検証する基準でもある。政権党の最大の教訓は、政権党による戦略決定の誤りが中国最大の失敗となることである。一九五〇年代中期に「階級闘争を要とする」政治路線が開始されて以降、それが最も正しい党の基本路線であると考えられてきた。それによって党、国家そして全社会にもたらされた巨大な政治的な結果と巨大な政治的災難が一九七八年前後まで続いたことは、人々の知るところである。党は、いく度かの政治闘争が生み出した政治的悪影響の正常化に着手し、社会の各分野の関係を調整し、消極的要素を積極的要素に転化し、調和的な安定社会の建設を開始した。

五、「文革」期におけるすべての冤罪・でっち上げ・誤審事案の名誉回復

一九七八年末、十一期三中全会の精神に基づき、胡耀邦が第七回全国検察工作会議で次のことを要求している。[59]政法部

門は、安定・団結が進展し、強固になった政治局面を拠り所に、冤罪・誤審事案の名誉回復の工作をしっかり把握し、徹底的にやり通し、終始をよく全うすべきである[60]。十一期三中全会の後、中央は胡耀邦に替えて宋任窮を中国共産党中央組織部部長に任命し、引き続き冤罪・でっち上げ・誤審事案の清算に当たらせた。

一九七九年一月、党の中央規律検査委員会が、冤罪、でっちあげ、誤審の案件を発見次第、すぐさま断固として名誉回復をするべきと通達を正式に出した[61]。

九月五日から一〇月七日までの間に、全国組織工作座談会で『幹部政策工作の終始一貫した着実な実施に関する意見』が採択され、「幹部政策の実施はやりすぎていない」と指摘し、まだ名誉を回復されていないか、十分に解決されていない冤罪・でっち上げ・誤審の案件が存在すると指摘した。このようにして再審査、名誉回復が大幅に早まった。一一月三〇日、党中央組織部が『文化大革命運動における幹部の審査資料問題の処理に関する通知』を発布した。この通知は、次のように指摘している。「文化大革命」期、林彪と「四人組」が捏造した大量の冤罪・でっち上げ・誤審案件によって全国で立件審査に付せられた幹部は約二百万人に上っている。これらの証拠資料の大部分は限りなく教条的であり、事実に合っていない。各レベルの組織はこれらの資料を真面目に整理すべきであり、事実に反する資料はすべて破棄すべきである[62]。

一九七九年から一九八〇年までに、中央組織部が名誉回復の結論を直接下し、中央に報告・批准された副省・部級以上の幹部は四四五人であった。一九七七年末から一九八〇年までに、合計五七〇余りの副省・部級以上の幹部が名誉回復を果たしている[63]。

十一期三中全会の後、「文化大革命」で災難に遭遇した政治の精鋭が改めて登用された。概算によれば、**新たに指導部署に返り咲いた第八期の中央委員は、中央委員全体の三分の一以上であり、中央候補委員に属するものは全体の五分の一になる**[64]。

一九七八年から一九八二年に至るまで、九十万件の各種案件が党内で名誉回復を終え、そのうち影響が比較的大きいものが三十余りある。**全国では、三百万名（親族友人など関係者など一億人近くに何らかの影響があった）の幹部の冤罪・でっち上げ・誤審事案が糾され、四十七万名の共産党党員が党籍を回復し**、数万名の党員に対する誤った処分が取り消されている[65]。

政治動乱が十年もの長きにわたって続いた「天下大乱」が終結し、政治安定の「天下大治」の時期に、中国が入ったことを表している[66]。

六、歴史的冤罪・でっち上げ・誤審事案の名誉回復

大量の冤罪・でっち上げ・誤審事案が人為的に作られたの

は、「文化大革命」の十年間だけではなく、これまでのいくつかの政治運動においても見られた。筆者の概算ではあるが、**一九四九年から一九七六年にかけて、中国は大小さまざまな政治運動を六十七回展開しており、年平均にすると二・五回になる。そのうち一九五〇年代は、政治運動の絶頂期に当たり、十年間で相前後して三十一回、年平均三回以上政治運動が発動されている。**[67]政治運動が発動されるたびに拡大化をたどり、重大な政治的弊害が発生し、歴史的な後遺症を残している。これは、階級闘争に重点を置いた政治路線の結果であり、政治的な代償となっている。

　これに対して、党中央は徹底的かつ全面的な名誉回復措置を採っている。一九七八年一一月九日、胡耀邦が明確に提起した。「我々は、幾千幾万の普通幹部と人民大衆が不公平な扱いをかつて受けたことに注意を向けるべきである。彼等は叛逆者、特務スパイ、右派などと誣告され、彼等の家族もまた連座させられた。彼等もまた、同様に名誉を回復する必要が十分にある」。胡耀邦は何度も中央組織部の同志に説いている。「建国後、我々は、敵地に潜入した党員、知識分子、民主党派、武装蜂起した民衆、在外華僑の家族に対して少なからぬ誤りを犯している。すべて、断固として過去の誤りを糾さなければならない。建国以来の冤罪、でっち上げ、誤審の事案は、どのレベルの組織、どの指導者が決定し、批判したかにかかわらず、すべて実事求是によって改めなければならない」[68]。一九七九年八月四日、中央組織部がまとめた『文化大革命以前のいくつかの事案処理に関する意見』を党中央が批准した。『意見』は、過去の事案処理にあたる原則はやはり「実事求是」であり、「反革命者がいれば必ず粛清し、誤りがあれば必ず糾す」方針を堅持し、「全面的な誤りは全面的に改め、部分的な誤りは部分的に改め、正しければ改めない」ことを提起している。[69]一九八〇年二月、十一期五中全会で採択された『党内の政治生活に関する若干の準則』第一〇条「誤りを犯した同志に対する正しい応対」に次のように規定している。建国以来の冤罪、でっち上げ、誤審の事案は、どのレベルの組織、どの指導者が決定し、批判したにかかわらず、すべて実事求是によって改めなければならない。一切の根も葉もない虚言は、覆さなければならない。[70]この工作は一九八七年まで続けられた。概算ではあるが、一九六六年以前の歴史的に遺留されていた案件二四二万件（反右傾運動におけるものを除く）が再審査に付された。[71]

　中国共産党中央は、党の初期の指導者、瞿秋白[72]**（一八九九－一九三五）、張聞天**[73]**（一九〇〇－一九七六）、李立三**[74]**（一八九九－一九六七）の名誉を回復した。**

　中国共産党中央が、一九五九年以降の党内、軍内の冤罪・でっち上げ・誤審事案を清算し、正しく改め名誉回復を進めた。その影響が及んだ関係者は数百万人に達した。一九五九年の廬山会議の後、軍隊内で「右傾機会主義」あるいは政治的に問題があるとして粛清された士官は、一九五九年から一九六〇年までの間に一万七二二二名を数える。[75]一九五九年八月九日党中央が『右傾思想反対に関する指示』を発布し、それ以降一九六二年まで、名誉回復を選別する時の統計によれば、**右傾機会主義分子として区分けされ、重点的に批判された幹部及び党員は三百数十万人に上った。**[76]一九七九年七月一三日、党中央は通知を発布し、一九五九年以降の反右派闘争期に、右傾機会主義分子または右傾機会主義の誤りを犯したとされた人たちに対して、一律に誤りを糾し、名誉回復を行った。本人及び親族の身上調書と反右派闘争に関する資料は、みな廃棄された。一切の誤った処置を施された人や事案は、すべて断固として糾す必要がある。[77]

党中央が、精査処理を行い、名誉回復をした建国以降の重大な事案に次のものがある。一九五五年の「胡風反革命集団」の名誉回復。[78]一九五五年「丁玲、陳企霞反党活動」の名誉回復。丁玲は、二十二年間黒竜江省に下放されたのち、一九七九年「右派」のレッテルから解放され、北京に戻っている。党中央は、陳雲、廖承志等の建議を受け入れ、一九八二年八月二三日、一九五五年の「潘漢年のスパイ、裏切り、反革命」事案の名誉回復を通達している。[79]馬寅初先生の名誉回復[80]などがある。

中国共産党中央は、右派分子のレッテルをすべて取り消すと決定した。一九七八年四月五日、党中央は党中央統一戦線工作部と公安部が上伸した『すべての右派分子のレッテル取り消し指示待ちに関する報告』を了承した。報告で党が、一九五七年に発動した反右派闘争において、犯した重大かつ広範な誤りに関して述べている。反右派闘争の際、右派分子として区分けされた人は全国で五十五万人に上る。一九五九年から一九六四年にかけて、前後五回、三十万人余りが右派分子のレッテルを取り消されているが、一九七八年に至るも、全国でなお十万人を超える右派分子が存在していた。党中央は『報告』を批准し、すべての右派分子のレッテルを取り消すと決定している。[81]六月、右派レッテル取り消し工作会議が招集され、五つの部の部長（中央統一戦線部部長烏蘭夫、公安部部長趙蒼壁、中央宣伝部部長張平化、民政部部長程子華）から成る「五人小組」が設置された。会議で、『すべての右派分子のレッテル取り消しに関して中央が決定した実施方案を貫徹しよう』が起草され、九月一七日党中央から全党に向けて配布された。[82]一〇月一七日、党中央組織部が審査改正右派工作弁公室を設置し、全国の右派問題改正作業を指導した。一一月中旬までに、全国各地における右派レッテル取り消し作業が完了した。[83]**誤って右派に分類された五四万余人の処置を改正した**が、それは一九五七年に右派とされた総数の九八％以上に相当する。工業部門、文教部門の統計によれば、誤って右派に分類された幹部のうち、知識分子、技術職員、専門職員が六〇％以上を占めていた。**公職から解任され**

ていた二十七万人を復帰させるため、新たに配属先を手配し、生活の安定を図った。彼等の政治的名誉を回復させるためである。[84]中央統一戦線部による直接の再審査を経た二十七名の党外の右派分子とされた著名人士のうち、以下の二十二人が党中央から承認された。章乃器、陳銘枢、黄紹宏、龍雲、曾昭倫、呉景超、浦熙修、劉王立明、沈志遠。彭一湖、華鳴歧、黄琪翔、張雲川、謝雪紅、王造時、費孝通、銭偉長、黄葯眠、陶大鏞、徐鋳成、馬哲民、潘大陸（費孝通、銭偉長、黄葯眠、陶大鏞、徐鋳成、潘大陸の六人だけが存命であり、その他の十六人はすでに鬼籍に入っている）。元のままの者は、章伯鈞、羅隆基、彭文応、儲安平、陳仁炳の五名（陳仁炳だけが在世である）であり、二十七名の一八・五％に当たる。五五万人の右派のうち、三〇〇〇人余りが元のまま据え置かれ、総数の〇・五％である。[85]右派分子とされた者のうちほぼ一〇〇％が政治的名誉回復を手にしたことを示している。残されたのは「五大右派」だけである。

党中央は、地主、富農に関してもレッテルの取り消しを決定した。十一期三中全会で基本的に了承された『農村人民公社工作条例（試行草案）』で、その背景について説明がなされている。地主、富農の大部分は多年にわたる改造の結果、法を遵守し、自分の力で生活する勤労者となり、社会主義の道を歩んでいる。映画の中で表現されているような資本主義を体現していない。したがって、こうした人々に冠せられたレッテルも一律に取り除くべきである。彼等は今後も、人民公社社員、中国の公民としての政治的権利を所有する。[86]一九七九年一月一一日、党中央は『地主・富農分子レッテル取り消し問題と地主・富農家庭出身の子女問題に関する決定』を下した。[87]**全国で、四四〇万人以上の地主・富農のレッテル取り消しが相次いだ**。取り消しが及ばないものがまだ五万人いたが、一九八四年一一月に地主、富農、反革命分子、悪質分子の全国最後のレッテル取り消しが完了した。**少なくとも二〇〇〇万人に及ぶ人**の差別される生活が終わった。[88]

党中央は、「四清運動」によって区分けされた農民・牧畜民の新たな階級区分に対して、改正を行った。「四清運動」の最中に全国で処理された六三万余りの案件を再審査にかけた。[89]

党中央は、国民党武装蜂起に関与した人の冤罪・でっち上げ・誤審事案の名誉回復を決定した。一九七九年一月一七日、党中央は中央統一戦線工作部など六部門の『国民党武装蜂起及び投降人員政策実施の上伸に関する報告』を批准した。中央は、次のような評語で指摘している。愛国一家（国を愛する者はみな家族）、既往不咎（過ぎ去ったことは咎めない）、一視同仁（あらゆる人を平等に扱う）、量才録用（才能に応じて任用する）、妥善安置（適切に配置する）。[90]数百万人に上る全国の国民党蜂起・投降に関係した人たちに対する政策を実施に移した。台湾に渡った人たちの親類縁者が大陸にとどまっていたが、彼等は「文化大革命」期に誤った処遇を受けた。やはり、彼等に対しても一律に再調査し、名誉回復の処置を行った[91]。

党中央と国務院は、一九八二年一月、拘束下にあった元国民党県団の党・政・軍・特殊要員七〇〇〇人を釈放する寛大な措置を決定し、刑期満了のまま労働改造所に留め置かれていた五万五〇〇〇人を専門業種別に配属した。一九八二年三月八日、全国人民代表大会常務委員会で関連する決定がなされている[92]。

党中央は、大陸在住の台湾出身の同胞、及び台湾に渡った人たちの親族に対する政策を実施するように指示を出した。大陸在住の台湾出身の同胞に対する政策の基本は、一視同仁かつ手厚い配慮であった。いわゆる海外との関係に起因する政治上の誤った措置に対してはすべて、速やかに改めるべきであり、冤罪・でっち上げ・誤審は、一人一人に対して再審査、名誉回復が必要とされた[93]。

七、党の統一戦線の回復

統一戦線は、中国共産党の「三大宝物」の一つである[94]。それは、いくつかの民主党派と種々の人民団体の参加によって成り立っている。それは、社会主義労働者、社会主義事業の担い手、社会主義を掲げる愛国者、そして祖国統一を掲げる愛国者など、全体を包含する広範な政治連盟である。これは、中国の政治体制の重要な特色の一つである。しかし、**「文化大革命」が党内の政治的精鋭に重大な損失を与えただけでなく、社会的精鋭にも重大な損失を与えている。このため、党中央が統一戦線政策を着実に実施し、統一戦線の立て直しを行った。**

党中央は、民族ブルジョア階級政策の再スタートを決定した。一九七九年一月二二日から二四日まで、中国共産党中央統一戦線部が大規模な座談会を北京で開催した。中央統一戦線部部長烏蘭夫が会議で講話を行い、党の民族ブルジョア階級に対する一貫した政策を重ねて言明している。つまり、党の民族ブルジョア階級に対する八つの政策の実行を説明した[95]。一一月一二日、党中央が中央統一戦線部などの六部門に『元・商工業勤労者の区分けの問題に関する上申報告』を転達した。一九五六年に私営商工業の小規模商人、小規模手工業者八六万人を誤って資本家として区分けしたが、**そのうち七〇万人を改め、彼等の本来の出身である勤労者に復し、彼等の子女を「搾取階級家庭の出身」という重荷から解放するというものである。**党中央は、元・私営商工業に対する政策を実施した[96]。一九七九年六月一五日、鄧小平が全国政治協商会議第五期第二回会議で公に指摘している。我が国の資本家階級がもともと占有していた生産手段はすでに国有化されたが、個人出資資本に対する固定利息が十三年もの間、停止している。彼等のうち勤労能力を有する絶対多数の人々は、改造教育を経て社会主義社会の中の自活勤労者となっている。現在、彼等は勤労者として、社会主義近代化建設事業にその力を捧げている。[97]**当時、これは極めて大胆な施策であった。民族ブルジョア階級を再び「資本家」として見なすことをせず、社会主義の勤労者と認め、なおかつ彼等の中国近代化に対する貢献を、初めて肯定したのである。後に、彼等の多く、あるいは彼等の末裔が改革開放期の民営企業家の重要な供給源になった。**

党中央は、民族政策も改めて復することを決定した。一九七九年七月三一日、党中央が中央戦線統一部部長烏蘭夫の報告を伝達し、党の民族政策実施に向け七項目の要求を提示した。各民族一律平等の堅持、民主団結の強化、民族地区の自治政策、少数民族出身の共産主義幹部の育成、少数民族の風俗習慣・言語・民族宗教の尊重などの政策である。一九八〇年以降、党中央が相次いで打ち出したチベット、内蒙古、新疆、雲南などの自治区、省に関係する政策の主旨は、少数民族を大いに支援し、その経済文化建設を加速発展させることにある。[98]

党中央は、宗教政策を改めて復することを決定した。一九七九年二月一二日、党中央が中央戦線部の『第八回全国宗教工作会議紀要』を発布し、今後における宗教政策の当面の主要任務を提起した。信仰の自由政策を真剣に徹底し、宗教活動の場所を適切に配慮し、広範な信徒大衆を団結せしめ社会主義建設への参加を促す。その後に、全国規模の宗教団体、地方の宗教組織が相次いでその活動を再開した。一九八一年、中国イスラム協会、中国カトリック経（天主教）愛国会などが会議を開き、各宗教団体の責任者を選出した。[99]一九八二年三月、党中央が、文書『我が国の社会主義時期における宗教問題に関する基本的観点と基本政策』を印刷発布した。文書には次のように指摘されている。我が国は、多種多様な宗教が存在する国家である。主な宗教には五種類ある。仏教は約二〇〇〇年の歴史があり、道教は一七〇〇年余りの歴史、イスラム教は一三〇〇年余りの歴史がある。カトリック、プロテスタントなどはアヘン戦争後に比較的発展をみている。我が国の宗教が大衆性、民族性、複雑性、国際性、長い歴史、それらを備えていることを文書は認め、そのうえでレーニンが指摘しているように「特に慎重」かつ「十分に厳格」で、「綿密に考慮」する態度を採るべきと強調している。信仰の自由を尊重し保護する基本政策を重ねて述べている。しかし、いかなる外国教会、宗教界人士であろうと我が国の宗教政策に介入し、関与することは断固として拒絶し、外国の宗教組織（それらの支配下にある機構を含む）がいかなる方式であれ、我が国に布教することを決して許さず、また大量の宗教宣伝材料の密輸と配布を決して許さないと強調している。[100]

党中央は新たに華僑関係政策を復することを決定した。一九七七年九月二九日、鄧小平が華僑事務工作を工程表に組み入れるように提起し、廖承志を責任者に指名した。鄧小平は次のように述べている。「国内居住の人民と海外居住の親類友人との関係は複雑で信頼できないなどと言うが、この考え方は反動的だ。我々には現在、そのような『海外関係』が多いわけではなく、むしろ極めて少ない。『海外関係』は悪いものではなく、さまざまな方面の関係を打開してよい。出国を望む人にそれほど厳しくする必要はない。遺産相続や妻を迎えに行くなどのために出国するのは構わないし、国に戻ってくるのも歓迎する。[101]」一九七九年二月三日、党中央が、全国華僑事務会議、第二回全国帰国華僑代表大会で李先念と廖承志が行った挨拶と報告を伝達した。党中央が評語として述べている。華僑事務政策を真剣に実施し、華僑、帰国華僑、国内在住の華僑家族の積極性を十分に喚起し拡大する。[102]一九八〇年五月までに、三万件近い冤罪・でっち上げ・誤審案件が再調査・名誉回復され、華僑の国内不動産に関する権利、帰国華僑と国内の華僑家族の出国、華僑子女などに関する諸政策が実施に移された。

八、足かけ二十年にわたる上山下郷運動の終結

中学・高校卒業生の上山下郷運動廃止を決定した。「文化大革命」が残した最大の歴史的な社会問題は、毛沢東の呼びかけに応じて上山下郷運動に参加したおびただしい数の知識青年たちの進路であった。一九六二年から一九七七年までの間に下放した知識青年の数は全国累計で一七〇〇万人に上っている。「文化大革命」の後期に、半数近い知識青年が、労働者、学生、兵士募集などさまざまなルートをたどって農村を離れ、都市に戻っている。一九七七年の末、農村に留まっている知識青年は八六四万人、累計総数の五〇・八％を占め、そのうち人民公社生産大隊にいる知識青年が四八三万人、国営農場に一六八万人、集団農場（生産隊）に一六五万人、本籍地の農村に四八万人であった。[103]

一九七八年三月二八日、鄧小平が胡喬木、鄧力群との会談で提起している。**我が国の都市がさらに多くの労働力を受け入れられるように、検討する必要がある。現在の上山下郷は、長期にわたってやる方法ではない。[104]彼は、第一段階として都市の青年のこれ以上の上山下郷をやめ、そのうえですでに下放している知識青年の問題、都市が農村から人を引き寄せる問題を解決することを構想した。**

一〇月一八日、鄧小平が、中央政治局で『知識青年の上山下郷問題に関する報告要綱』を検討している時、次のように発言している。「余分の人間をどう処遇するか、就職の門戸を開拓しないとうまくない。資本主義国家は、なぜあのように大量の人間を配置できるのか。サービス業でもある。サービス業を発展させなければいけない、教育はサービス業でもある。万策を尽くして大いに発展させる必要がある。[105]」鄧小平が、農村に比べて都市の方が就業のチャンスを創出できると理解していたことを

示している。そこには、労働集約型のサービス業の大いなる発展を見込んでいた。北京、天津、上海のような大都市には雇用創出ルートが最も多く、その力が最も大きいが、だが上山下郷知識青年の人数も最多であり、その負担も極めて大きかった。

一二月、全国知識青年上山下郷工作会議は、初めてありのままの現実を反映した簡易報告を行った。**上山下郷運動は、民力物力の浪費であり、得る者より損失の方が大である。国家は六〇億元余りを費やして、四つの不満を買い込んだ。知識青年の不満、家長の不満、農民の不満、国家の不満である。**会議は調整策を決定し、上山下郷の範囲を順次縮小し、人数も年ごとに減らし、最後は上山下郷を廃止することを決定した。一九七二年末以前の下放知識青年の配置問題を重点的に解決することにした。しかし会議で、国営農場の知識青年は国家従業員待遇とし、今後、病気・負傷による退職、家庭生活困難（老親の介護等）による退職の取り扱いを一般的に行わないと決定した。これは、国営農場の一六八万知識青年にとって、自身の利益及び家庭の利益に直接関わる事柄である。そのため、全国二一の省、市、区において大規模なストライキや進んで騒動を起こす風潮が、時を置かず湧き起り、新たに社会の不安定化を醸成した[106]。

一九七九年八月三〇日、国務院知識青年上山下郷指導小組弁公室（国務院知青弁）が招集した上山下郷知識青年模範代表座談会に華国鋒、李先念等が出席し、知識青年による上山下郷の意義と偉大な功績について重ねて表明した。八月三一日、『人民日報』が多数を代表するとした『上山下郷知識青年の手紙を全国に発信する』を掲載し、全国の知識青年は上山下郷運動を堅持するように呼びかけた。しかし、国営農場に残っている知識青年は少なくなっていた[107]。指導者は否応なく当初の思惑を改め、民意に従い新しく別の方策と活路を探さざるを得なかった。

一〇月四日、鄧小平が中国共産党省市区委員会第一書記座談会の席で話している。上山下郷知識青年の都市回帰の問題だが、これは社会、政治の問題であり、やはり経済的観点から解決すべき問題である。いわゆる（知識青年の）政策は、経済関係の政策が主である。現在、北京、天津、上海で集団所有制をやっているが、就業問題を解決するには経済的なやり方なのだろうか。これは、経済政策をもって政治問題の解決に当たることだ。道を広げ、やり方もいろいろ考えなければならない[108]。

一九七九年以後、中学・高校の卒業生は上山下郷をすることをなくし、全国の農村や辺境地区に広く散らばっていた知識青年が再び都市に回帰することを許可した。国が積極的に就業を生み出す政策を採用し、城鎮[109]の職を探している青年たちの就業問題を解決した。一九七九年六月、華国鋒総理が第五期全国人民代表大会第二回会議ではっきりと提起した。本年の計画として、全人民所有制及び集団所有制の各部門に七〇〇万人以上の就業目標を割り振り、全国の大、中都市に労働服務公司を設立するために、資金を拠出する。各種のやり方を通じて、全組織が失業者に対して職業訓練や職業紹介を引き続き進めていく[110]。事実、城鎮が配属先を決めた新たな就業者は、六八八万五〇〇〇人に達した。**一九八一年末までに、全国の城鎮は二六〇〇万人に就業を割り振り、年平均に換算すると八六六万になる。一九八二年までに、全国二四の省市区において一九八〇年以前に累積していた知識青年を含む就業待ちの青年の配属が基本的に完了した[111]。**一九八一年一一月、国務院知識青年工作弁公室が正式に国家労働総局に組み入れられ、二十年余りに及んだ城鎮の知識青年上山下郷運動は終わりを告げた。

二十年の長きにわたった城鎮の知識青年上山下郷運動は、中国特有の社会主義の「新生事象」である。しかしそれは「槿花《きんか》一朝の夢」のように儚い新生事象であり、世界的な都市化のプロセスに「逆行する」ものであった。しかも一般人民の訴求に反しており、いわゆる「四つの不満（知識青年の不満、家長の不満、農民の不満、国家の不満）」を作り出した。それは、「文化大革命」の後処理の終了と共に終結した。そして、中国は都市化を順調に加速し、城鎮が産み出す大量の労働力を吸収していくだけでなく、農村で新たに生まれる労働力の吸収をも始めていった。

九、多様な陳情の適切処理

「文化大革命」の後遺症は極めて深刻であった。いったん冤罪・でっち上げ・誤審事案が訂正され、順次いくつかの政策が実施に移されると、陳情・上訴が爆発的ともいえる勢いで行われた。長期にわたった政治運動によって痛めつけられた人やその家族が冤罪を具申し、無実を申し立て、また都市に戻った知識青年などさまざまな社会階層の人達がそれぞれの利益を訴求したためである。これは、当時の指導層が予見できなかった事態だが、やはり何らかの処置を講じざるを得ないことであった。

一九七九年一月中旬、陳情のために北京へ来た人の数は四〇〇〇〇人を超えた。年初から、中央信訪部門に届いた各種の直訴・申し立ての投書は毎月六万件以上であった。直訴のために北京へ来た人は年間一八万人、また苦情の投書は年間一〇八万件に達した[112]。これは社会の矛盾の反映であり、「階級闘争を綱要とする」政治路線が残した社会の深刻な結果である。中国共産党の栄誉が大きく損なわれる一方で、人々はなお党に対して訴求する以外に自身の問題を解決する道はなかった。

八月、党中央は、中央の機関として陳情・直訴問題を処理する指導的な小組の設立を決定した。一〇月二六日、党中央秘書長胡耀邦が、全国上訪[113]工作座談会で三つの原則を提起した。（一）人民大衆の合理的かつ解決可能な要求を、すべて積極的に処理する。(二)人民大衆の中の正しい意見は、各組織レベルから上級に反映する。(三)広範な人民大衆の要求に耳を傾ける。しかし、社会の法に違反し秩序を乱す行為、騒乱破壊行為に対して、断固として戦わなければならない。全国各地で、幹部二〇万人が次々と陳情・上訴問題の処理に当たるために配置換えをされた。一九八一年には、「上訪」者数が九万人に減少し、「上訪」の投書も、党中央宛ては一九七九年の五分の一、国務院宛ては五〇％に減少した。「上訪」のために北京まで来る人は、一九七九年に一八万人であったが、半減して九万人余りになった。また「上訪」のために一万人近い人が北京に滞在していたが、千四、五百人まで減少した。[114]これは全国を席巻した「上訪」の勢いが急速に衰退し、中国社会の軋轢が緩和に向かっていたことを意味している。以上の情況が示していることは、毛沢東が自ら発動し、領導した「文化大革命」が犯した誤りが、全面的、歴史的であり、災厄と傷跡の程度、その影響範囲の大きさ、影響が及んだ人数の多さにおいて間違いなく歴史上、空前絶後の事件であったことである。[115]鄧小平は民意に従い、人心の向かうところに応じて、一九五七年の毛沢東の政治方針、すなわち「すべての積極的な要素を結集し、団結可能な人々を団結させ、なおかつ消極的要素をでき得る限り積極的要素に変換し、社会主義社会建設というこの偉大な事業のために奉仕する」を改めて取り入れた。[116]**彼は大胆に「擾乱を治め正しい世に戻した」。さまざま冤罪・でっち上げ・誤審を全面的に糾し、中国社会の消極的要素を積極的要素に転換し、政治的には冤罪などに苦しむ人々を解放しただけでなく、彼等の親族も解放した。社会の矛盾を大いに緩和し、社会の一人一人の積極性を引き出し、社会の安定を促進し、人民の団結を確かにした。これによって、改革と経済成長のために良好な社会的安定をもたらした。**

この時期の中国共産党は、執政の誤りを直視した。積極的に誤りを糾そうと、一九八一年、『建国以来の党の若干の歴史問題に関する決議』を採択した。誤りを公に認め、誤りを深刻に反省し、骨に刻み、心に銘じた。歴史の誤りから深刻な教訓を読み取り、心に記した。まさにこの決議に言う通りである。「歴史の長期的観点から問題を観察すると、我が党の誤りと挫折は結局、一時的な現象にすぎない。我が党と人民にとってこれは、鍛錬であり、長い闘争を経た我が党の基幹である隊伍をさらに成熟させ、我が社会主義制度の優越性をさらに際立たせ、祖国興隆を希求する党心、軍心、民心をさらに奮起させるのである。すなわちこれは、長期的作用を有する決定的要素である」。[117]**決定的要素を結集し、偉大な改革開放の時代を創始した。それは、過去の社会的代価を埋め合わせるだけでなく、社会全体の大いなる発展、大いなる進歩、大いなる繁栄を大きく推進した。**

十、林彪・江青両事案の裁判

一九七八年秋、鄧小平と陳雲が、林彪、江青一味のことは法律に沿って解決すべきだが、党内で解決できなければ、人民に引き渡す。これは公正なことである、と意見を交わした。[118] 彭真は、次のように考えた。歴史決議を起草したということは、党の指導上の是非功罪の問題を解決したことであり、二つの事案を審理することは、我が党対敵の問題を解決することである。[119] こうした政治的判断の下、一二月、十一期三中全会が林彪、江青「反党集団」の案件を中央規律検査委員会の審理に委ねることを決定した。会議後、中央規律検査委員会は、「二つの事案」審理工作指導小組を設置した。この小組は、胡耀邦、黄克誠、王鶴壽等から構成され、胡耀邦が組長を任じ、黄克誠が林彪反党集団の審理、王鶴壽が江青反党集団の審理をそれぞれ受け持った。

一九七九年八月、「二つの事案」が訴訟手続きに処せられることが正式に決定した。審理の対象は、政治的な誤りと犯罪の二つに分けられた。犯罪に関しては、法律に照らして司法部門に提訴され、刑事責任が追求された。胡耀邦が、この「二つの事案」は公開裁判にかけるべきであり、刑罰の判決はすべからく、歴史の検証に耐えるものでなければならないと提起した。[120] 九月二九日、葉剣英が建国三〇周年の講話で、林彪、江青等の集団を「反党集団」と定義付けた。彼等集団の前に「反党」と冠することで、敵対矛盾として処理することを予め示した。[121]

一九八〇年六月、「二つの事案」裁判指導委員会が設置され、彭真が主任となった。「二つの事案」を審理するにあたって、毛沢東と周恩来がそれぞれ関わったいきさつを明確にすることが最大の難問であった。彭真は、「毛主席と周総理に誤りがあった」と認めざるを得なかった。しかし、「毛主席と周総理は善人でありながら誤りを犯したのであり、彼等（林彪、江青等を指す）は悪人であるままに悪事を働いた」。[122] 彭真みずからが「二つの事案」の主犯格十六名と彼等の六十項目の罪行を判定し、毛沢東と周恩来から完全に切り離せない事件はすべて、『起訴意見書』に書き入れなかった。破棄された事件は全部で十三件であった。[123]

九月八日、彭真が「二つの事案」裁判工作指導委員会を代表して中央政治局常務委員会に報告をした。鄧小平は、起訴意見書の内容は毛主席と周総理の誤りに触れることはできず、このことは特に慎重さが求められていると強調した。彼はこの事案を「投鼠忌器」と呼ぶことにすると発言した。[124] 鄧小平は明らかに、毛沢東と周恩来が「文化大革命」に対する第一と第二の責任者であるにしても、彼等二人を極力擁護しようと図った。[125]

九月二六日、党中央が『林彪、江青反革命集団事案の裁判に関する通知』を発布し、全党に向け「政治的配慮の通達」を出した。

一一月二〇日、最高人民裁判所特別法廷において、林彪、江青等の反革命集団の主犯十名の公開審理が行われた。十六名の主な被告のうち[126]、十三名が中央政治局委員であり、その中の三名が中央副主席、五名が中央政治局常務委員であった。これは、新中国の歴史上前代未聞であり、国際的にも稀なことであった[127]。自分が自分に対して審判を下すかのようであった。彼等は、政治的な誤謬も犯せば、刑事的罪業も犯している。それらが分かち難く入り交じっていた。また、林彪、葉群はすでに死亡しており、彼等が反革命政変を発動したかどうか、確たる証拠が不足していた。

一九八〇年一一月一五日、鄧小平は米国クリスチャン・サイエンス・モニター（The Christian Science Monitor）総編集長と会見した。会見内容は、「二つの事案」の裁判に関する質問に答えたものであった。外国人記者の傍聴が許されない理由を尋ねられた際、鄧小平は明確に答えている。「国家機密にかかわる事柄であるからだ。〝四人組〟の裁判が毛主席の問題に波及することを我々が恐れていると国際的に議論されている。しかし、毛主席が犯した誤りは別の問題に属するということが事実である。〝四人組〟は犯罪分子であり、重大な刑事責任がある。毛主席の評価と〝四人組〟裁判は明確に区分され、異なる問題である。我々は法律に基づいて〝四人組〟の刑事責任を追及する。……長期間にわたって国家の高級機関に所属していた〝四人組〟は、国家の機密全般を知っている。それゆえ〝四人組〟の裁判を外国に公開することはできない。しかし国内組織の数百人が出席し傍聴できる」[128]。

一九八一年一月二五日、最高人民裁判所特別法廷が開廷され、林彪と江青の二人に反革命集団の主犯として判決が下された。江青と張春橋は死刑を言い渡され、二年の猶予期間が与えられたが、政治的権利は永久に剥奪された。

一九八一年、林彪と江青の二人の反革命集団の主犯に対して裁判が行われている際、江青と張春橋は死刑に処すべきだと非常に多くの人が主張した。党中央政治局がこの問題を検討するに際して、陳雲は、「『四人組』との闘争は詰まるところ党内闘争である。それゆえ、殺生の戒めを解くわけにいかない。さもなければ後代までよろしくない」と考えた。したがって、江青と張春橋に執行猶予二年付きの死刑が言い渡された[129]。このほか、姚文元は懲役二十年及び五年間の政治的権利剥奪、王洪文は無期懲役及び政治的権利終生剥奪、陳伯達は懲役十八年及び五年間の政治的権利剥奪と各々判決が下された[130]。二年後、一九八三年一月二五日最高人民裁判所刑事法廷が開かれ、江青と張春橋に対する無期懲役への減刑が裁定されたが、政治権利の終生剥奪の原判決はそのままであった。こうしたやり方は、明らかに「文化大革命」期のそれとは違っていた。

陳雲もまた発言している。**文化大革命は内乱である。しかしこれは、特定の歴史条件下における政治闘争である。それ**

ゆえ、若干の陰謀を企てた野心家以外の、巻き込まれたり関わりがあったその他の人に対しては、政治闘争のやり方で処理しなければならない。このような処理方法は、闘争を特徴付ける歴史条件に目を向ける必要があり、さらにこの闘争から将来の共産党員が教訓を得るべきであり、したがって党内闘争に対して正しい方法を採る必要がある。[131] 陳雲は、歴史を学ぶ際の手本である。彼は、常に大事な時を逃さず、歴史の誤りから教訓をより深く学習し、認識し、歴史の人物の是非に対する対応と処理をより理性的に行っている。

第二節　党と国家の基本制度の再建と刷新

一、中国の政治体制に対する鄧小平の省察

当時の鄧小平に関して言うなら、改革のリーダーが「文革」のリーダーに取って代わったこともそうだが、それよりさらに重要であったことは党と国家の基本制度の再建と刷新であった。ここで言う基本制度とは、毛沢東自身が設計し、築き上げたものであり、そして「文化大革命」で彼自らが破壊し、打ち砕いたものである。それでは、鄧小平は如何にして、毛沢東の政治遺産を利用し、この制度の再建と刷新を実行したのか。いかにして、「天下大治」の時代に歩みを進め、中国の経済体制の改革と対外開放に向けた重要な政治的準備を進めたのか。

経済体制の改革と同様に、政治体制の改革についても中国のリーダーたちは、たゆまぬ観察、たゆまぬ実践、たゆまぬ探求の過程を踏んできた。当初、彼等は、多くの政治問題と政治現象を林彪と江青の二大反党集団による深刻な破壊に帰結して捉えるのが極めて自然であったし、さらに踏み込んで毛沢東晩年の個人崇拝、個人独裁、独断に帰結した。しかし、しだいに彼等は高度に政治集権的な党と国家の指導体制がこの弊害を作り出した制度的根源であると意識するようになった。この深刻な認識は、他人もしくは他国の経験がもたらしたものではなく、鄧小平等中国共産党の政治リーダーと国家の奥深くに刻み込まれた経験と思考によって獲得できた認識である。彼等は、「文化大革命」期に度重なる政治的迫害を受けてきた。例えば、一九六六年五月の彭真、羅瑞卿、陸定一、楊尚昆然り、一九六七年の「二月逆流事件」の葉剣英、李先念、徐向前、聶栄臻然り、さらに薄一波、烏蘭夫もいる。無情にも非制度的な政治排斥を、陳雲及び胡喬木も同様に被った。**この痛苦な個人的体験の中で、省察し、悟り、比較し、鑑別し、学習した。**この意味において、中国共産党の政治リーダーたちが受けた政治的迫害こそが、領袖一個人に権力が集中したその制度の必然の産物であった。さもなくば、これほど多くの党と国家の指導者たちが「文化大革命」期に、なぜ迫害され死に至ったのか（劉少奇、陶鋳、彭徳懐、賀龍）、あるいは障害が残るほど迫害されたのか（羅瑞卿）、説明す

ることができない。これは、林彪集団、江青集団などごく少数の者あるいは個人が為したことでは決してない。そしてまた、毛沢東晩年の個人的な誤りが為したことでは決してない。

　こうした政治問題に対して、中国のリーダーたちが当初から認識が足りなかったわけでもなく、あるいは政治的コンセンサスを形成できなかったわけではない。**当時の中国のリーダーたち、とりわけ鄧小平がいかにして一歩一歩中国の政治状況と国情を認識していったのか、さらに伝統的な政治体制の弊害をどれほど深刻に認識していたのか**、我々は考察してみようと思う。

　一九七八年一二月一三日、鄧小平が中央工作会議で、党改革の重大なプランを最初に提起した。彼の発言は次のようであった。政治的な空論が往々にして一切を覆い隠してしまう。これは、同志の誰それの責任というものではない。我々が、過去に、時期に応じた改革を提起してこなかったことに責任がある。しかし、今、改革を再び実行しないなら、我々の近代化の事業と社会主義の事業は葬り去られてしまう。では、改革の概念は、つまるところ何であるのか。鄧小平が指摘している。急速に発展する生産力に適合しない生産関係と上部構造を正しく改革することである。彼はまた、党の中国社会指導における過度な集権と高次元の独裁体制から生まれた甚だしい弊害に対して、厳しい糾弾と省察を初めて行った。彼の話は、長期にわたる民主集中制の破壊と、党内に長期間にわたって間違いなく存在した過度に権力が集中した官僚主義に及んだ。この種の官僚主義は、常々、「党の指導」、「党の指示」、「党の規律」という仮面をかぶって登場するが、これこそが本当の、口出し、締め付け、抑え付けである。[132]彼が批判したのは、党の名義を騙っているにすぎない典型的な政治的集権専制主義である。彼は続けて、長期にわたって党内にはびこった個人専制主義を批判した。多くの問題が、しばしば一人か二人の裁断で終わり、そのほかの人たちが恭しく命令を奉じて事に当たるだけであった。[133]明らかにこれは、毛沢東個人に集中した権力、毛沢東個人の独断、毛沢東に対する個人崇拝などの著しい誤りに矛先が向いている。鄧小平はさらに、党の指導を強化し、党が一切を取り仕切り、党がすべてに関与するように変える、と指摘している。党の指導の一元化を実行し、党政不可分に改変し、党が政府を代行する。[134]一九六九年四月、中国共産党第九回代表大会の『党章』が党の指導の一元化の原則を強調している。[135]しかし、七月一日、党中央が、『人民日報』『解放軍報』『紅旗』の社説で、党の「一元的指導」とは毛沢東個人の指導であると明記した。[136]一九七三年八月、党第十回代表大会の『党章』は、党が一切を指導し、党による一元的指導をさらに強化すると明確にした。[137]「文化大革命」後期には、党が一切を取り仕切り、すべてに関与する、ともう一度変化している。

中国の改革（経済体制改革、政治体制改革の両方を含む）

が開始されると、それは「外部人」革命という様相ではなく、「内部人」改革の様相を呈した。それは、「文化大革命」の失敗と危機を経て、執政党としての「自己反省、自己批判、自己改革、自己刷新」の姿を見せた。鄧小平が、最も典型的な代表人物であり、最も重要で権威ある代表作を発表した。

一九八〇年八月一八日、鄧小平が党中央政治局拡大会議で、講話『党と国家の指導制度改革』を発表した。[138]彼は、中国の国情と政治情勢について本質的で、極めて鋭い分析を加えている。党と国家の指導制度と幹部制度に存在する五つの大きな弊害を、彼は指摘した。(一)官僚主義現象、(二)過度な権力集中現象、(三)家長制現象、(四)幹部・指導職務の終身制現象、(五)各種の特権現象。[139]

鄧小平の指摘によれば、官僚主義は長期にわたって存在し続ける複雑な歴史現象である。我々が直面している現在の官僚主義は、歴史上の官僚主義と共通している部分もあるが、我々固有の特徴すなわち、旧中国の官僚主義とも、もしくは資本主義国家の官僚主義とも異なる特徴を持っている。**それは、社会主義制度と計画管理制度は、経済、政治、文化、社会に対して高度に集権的な管理体制を敷くのが必須であると、長い間認識してきたことと密接に関係している。我々の各級指導機関は、管理する必要がないこと、うまく管理出来ないこと、管理しきれないことを管理してきた。これは、我々の官僚主義に特有の病根の一つである。この問題（権力の過度の集中）に対して、我々は、長い間認識を欠いており、「文化大革命」の重要な原因の一つとなった。そのため、我々は深刻な代価を払うことになった。これ以上、解決しないままでいることはできない。**[140]

中国共産党内に家長制の作風が著しく、鄧小平はこのような封建主義の影響の一掃を十分に考えていた。[141]これは、毛沢東晩年の誤りに基づく歴史的教訓である。彼は次のように述べている。家長制は、中国の悠久の歴史における古い社会現象であり、その影響は党の歴史においても非常に大きな弊害となっている。党内で討論すべき重大な問題は、民主の発揚に多くの時間を割きながら、十分な衆議が不足し、**個人または少数の者が急いで下す決定によって、多数決の原則に基づく表決がないがしろにされていることであり、これは民主集中制が厳格な制度たりえていないことの表れである。**[142]「党に党章がある」、これは明確である。中国共産党には明確で、明晰な党紀がある。一九四九年の七期二中全会の決議から一九五六年の党代表大会で採択された党章に至るまで、すべて明文化された規則がある。しかし、制度の厳格な実施が欠如していた。したがって、制度が本来の働きを失うと成文化されていない「家長制」、つまり「ナンバーワン」が定めた潜在的な規則が、成文化された党章の正式な規則、例えば「集団指導体制」とか「班長制」のようなシステムを後ろに追いやった。[143]

鄧小平の鋭い批判は、次のように展開された。党の指導の一元化強化の掛け声の下、不適切かつ無分別に一切の権力が党委員会に集中され、さらに党委員会の権力はしばしば数人の書記、**特に第一書記に集中され、何事も第一書記が優先的に決裁の音頭を取る状況にあった。党の一元化指導は、往々にしてこのような理由から、個人指導に変質してしまった。彼は、このような現象がよってきた根源は、二つあると考えた。一つは、我が国の歴史的な封建専制主義の影響、もう一つはコミンテルン時代、各国の党活動において指導者個人に権力が集中していった伝統に関係している。**[144]

中国の政治体制の特徴と弊害に対する鄧小平の認識は、極めて本質的であり、分析は透徹しており、唯物的、客観的、かつ歴史に根ざし、現実的であった。彼は党と国家の基本制度の再構築を決意し、一歩一歩着実に政治体制改革を進めた。『党と国家の指導制度改革』は、中国政治体制改革に関する鄧小平の代表作であり、最も創意あるところは、中国の政治体制改革の構想を提示し、それを「中国標準」としたことである。

二、毛沢東によって提示された一九五七年の政治目標の再提示

「文化大革命」終了後、**党心、軍心、民心を結集するには、果たしてどのような政治局面を創出するべきなのか、どのような執政党を目指すべきなのか、どのような現代国家制度を打ち立てるべきなのか、毛沢東を中心とする第一世代指導グループのメンバーとして鄧小平、陳雲等はみな、深く刻み込まれた歴史の記憶に促されるように、自然と毛沢東の社会主義的政治目標を改めて提示した。**

一九七七年七月二一日、党中央副主席の職務に復帰したばかりの鄧小平は、十期三中全会において全国に向け、軍全体に向け、全人民に向け、はっきりと提起している。「我々の目標は、民主と集中があり、規律と自由があり、意志を統一し、気持ちが伸び伸びして、生き生きとした、そのような政治局面である」[145]。これは、毛沢東の一九五七年当時の社会主義政治目標である。[146]しかし、このような政治局面を毛沢東が確立することは、終生かなわなかった。それどころか、彼が一九五七年以後に発動した一連の政治運動、特に「文化大革命」は国全体を長期の内乱に陥れた。時が過ぎ、鄧小平が毛沢東が掲げた政治目標を選択したのは自然であった。彼は、毛沢東が成し得なかった目標を実現しなければならなかった。

陳雲が、十一期三中全会で述べている。毛沢東同志が提起し、全党に求めた「気持ちが伸び伸びして、生き生きとした政治局面」の達成は、種々の妨害に遭ったため実現できなかった。第九回、第十回の党章にもこの要求が書き込まれたが、実現していない。党が率先し、皆さんで頑張っていけば、全国で実現できるであろう。これは、安定と団結、四つの近代

化実現にとって、必ずや重要な作用を及ぼすに違いない。[147]

鄧小平と陳雲が改めて表明した毛沢東のこの政治目標は全党から受け入れられ、一九七八年一二月十一期三中全会の公報に正式に書かれることになった。[148]毛沢東のそれと異なっているところは、鄧小平と陳雲が動機と効果の統一論者、そして目標と行動の統一論者であることである。

一九七九年九月三〇日、葉剣英が建国三十周年の講話の中で、**中国の社会主義近代化の目標とその意義を展開している。すなわち社会主義の民主化と制度化を一つの目標とする重要な側面を述べ、それは四つの近代化を実現するための必要条件でもある、としている。**[149]**この意味からすると、国家の基本制度の近代化を提起し、実現することは、「五つの近代化」ということになる。しかし、近代化とはどういう意味なのか、具体的な内容は何か。やはり明確ではない。目につくのは、やはり政治理念と政治的スローガンである。**

一〇月二三日、鄧小平が全国文学芸術工作者第四回大会で、中国政治体制改革のテーマを提起した。それは、社会主義の経済制度と政治制度を改革し、完全にすること、高度な社会主義民主と完備した社会主義法制を発展させることである。[150]これは、手始めに体制改革を二種類に区分けすることであり、この二種類の体制改革が中国改革の基本を構成していることである。同時に中国の改革が「リスタートの繰り返し」ではないことを表明している。中国の改革は、「完全に自前」の社会主義制度のたゆまぬ建設であり、そこには執政党制度の建設と現代国家制度の建設が含まれる。

一九八〇年八月一八日になされた鄧小平の重要講話『党と国家の指導制度改革』は、党と国家の指導制度改革構想を提起している。

鄧小平はまず、中国の政治体制改革構想を提起している。それは、制度上から国家の政治生活の民主化、経済管理の民主化、社会生活全般の民主化を保障しようとするものである。さまざまな有効な民主形態を取ることによって全国の人民が国家権力の管理を享受し、公民としての権利を享受することを保障するのである。[151]鄧小平はさらに三つの要求を提出している。**経済的には、先進資本主義国家に追い付く。政治的には、資本主義国家の民主に比してより高度な、より実際的な民主を確立する。そして、これらの国家に比してより多くの、より優秀な人材を育成する。**党と国家の種々の制度の良し悪し、欠点の有る無しは、詰まるところ、**この三つの目標実現のために有効かどうかによって検証する。**[152]**私は、これを鄧小平の「中国標準」と呼んでいる。それは鄧小平の高い自覚、強い自信を体現しており、ありきたりな「欧米標準」ではない。**中国の政治体制改革は、決して改革のための改革ではない。きわめて明確で、長期的な経済・政治・社会の目標を見据えている。欧米国家の政治スタイルの丸写し、真似事ではなく、また欧米国家の後塵を拝して追随するのでもない。パイオニア精神を奮い起こし、中国独特の社会主義近代化の道を切り開き、欧米国家の政治スタイルを超越せんとするものである。中国が、この三つの要求において資本主義国家を超えることを、後の歴史を見れば分かる。[153]

最も重要なことは、鄧小平が党及び国家の指導制度改革の具体的な見取り図を示したことである。**制度の領域では、過度の権力集中を解決し、個人の専断を防ぎ、集団指導を保障する。リーダーの職務兼任・副次的職務は過多であってはならず、その権力を分散する。党中央の指導に当たる一部の同志が、政府の職務を兼任することがもはやあってはならない。この政治体制改革は、同時に、新旧交代の課題を解決する。党及び政府内部の重大な改革である。**[154] 執政党そして国家の基本制度の再建プロセスを、的確に描いている。

三、『中国共産党章程』改正

葉剣英が、党の第十一回全国代表大会での『党規約改正に関する報告』で「二十世紀が終わるまでに、党が全国各民族人民を領導して、我が国を農業、工業、国防及び科学技術が近代化された社会主義強国とする」目標が、新しい党章の大綱に書き込まれたと指摘している。しかし、党章の大綱には、依然として毛沢東の「プロレタリア階級独裁下の継続革命の理論と実践」が堅持され、「文化大革命」を肯定するに十分であった。党第十回全国代表大会の党章は六章一二条からなり、新党章は五章一九条、構成上は党第七回代表大会の党章を復活し大綱と各章を分けるやり方を採っている。「文化大革命」の歴史教訓に照らして、党章第六条に中央委員会委員と候補委員の規律処分は、必ず、中央委員会あるいは政治局の決定を経ると規定している。さらに、党の組織が党員に対して処分を下す時、特殊な状況を除いて、必ず、本人による会議出席の上、通知すべきと規定している。このほか、処分を下された党員に上訴権が認められた。党章は、第八回代表大会の「民主に基づく集中制と集中指導下の民主」の原則を復活している。第一一条に、党の各級委員会の集団指導実行と個人による責任分業との結合の原則を規定している。集団の政治経験と集団の知恵に依拠し、一切の重要事項は集団によって決裁し、同時に個人本来の働きを発揮させるべきとしている。党内の同志関係は、「知っていることはすべて言い尽くす」、「言う者は罪がなく、聞く者は戒めとするに足る」[155]の原則を実行すべきである。新しい団結を目指すべきである。批判もしくは論争を経て、是非を明らかにし、新しい団結を目指すべきである。第一二条では、党員が党の各級組織とその指導員に対して批判と建議を提出する権利を認めており、さらに職階を超えて中央委員会もしくは中央委員会主席に上訴する権利を認めている。何人も批判を抑えつけたり、報復を行ったりすることを決して認めていない。党の第十回代表大会の党章でこのように規定しているが、この度の党章では「批判を抑えつけたり報復を行ったりする人は、追及され、処分を受けなければならない」と、付け加えられた。この規定は、党が「文化大革命」の歴史教訓に学んだことを反映し、党員の政治的民主と批判建議を行う権利を確保している。さらに批判に圧力を加え、報復をした人を追及し処分するとしている。陳雲の提議に基づき、第一二条で「党員は、党組織の決議・指示に異論がある場合、留保することが許されている」とも規定されている。[156]第一三条は、党の中央委員会、地方の県と県以上、軍隊軍団以上の各級の党委員会は、すべて規律検査委員会を設置すると規定している。この規定に基づき、党の十一期三中全会で、中央規律検査委員会が選挙の上、設置され、この後、地方の県と県以上、軍隊軍団以上の各級の党委員会による規律検査機関の設置が続いた。当時、中国共産党の党員は三五〇〇万余りに達し、そのうち「文化大革命」以降の入党者が過半を占め、一九七三年に党の第十回代表大会以降の入党者が七〇〇万人を超え、新党員の割合がかなり大きくなっている。このため、党員の要求に応えて条文が改訂され、第一二条においても八項目の要求が明文化されている。そのうち、八回代表大会党章の「誠心誠意人民に奉仕し、個人もしくは少数の私利を謀らず」、「党紀と国法を遵守し、党及び国家の機密を厳守」などの規定が復活した。しかし、党員の権利を規定していない。同時に、予備党員期間（人により一年半または一年）に関する規定が復活した。[157]しかし、この党章はなお、九回、十回代表大会の基本綱領を受け継いでいたので、依然として毛沢東個人の影響が突出しており、重大な政治的な欠陥があり過渡的な党章であった。その後、一九八二年の党第十二回代表大会の党章が代わることになった。

一九八〇年二月、十一期五中全会で『中国共産党章程』の改訂草案が議論された。初めに、中国共産党党員と党組織は憲法及び法律の範囲内で活動しなければならないと規定している。これは、「文化大革命」の歴史教訓と毛沢東晩年の歴史的誤りを鑑みたものである。改訂草案は、さらに党幹部制度に関して一連の新しい規定を設け、まず、実質的に了解されていた指導幹部の終身制を取り消している。[158]

四、党中央指導体制の再建

一九七八年一二月、陳雲が中央工作会議東北組の討論に出席した時、中央書記処の設置に賛成した。これで、中央常務委員会を小事から解放し、国家の大事により精力を集中させることができる。[159]これが、陳雲が党中央書記処設立に関わった最初の建議であった。中央書記処の設立まで手が回らなかった当時、習仲勲が日常業務処理班の設置を提案した。十一期三中全会閉幕後、中央政治局会議は胡耀邦を党中央秘書長に任命し、胡喬木、姚依林をそれぞれ副秘書長としてあてがった。[160]

一九七九年一〇月、陳雲が、党中央に（党中央）書記処設

立の二回目の建議を提出した。陳雲が述べている。「これは、我が国の天下の大計である。私は、鄧小平と話した。体がついて行かない。葉元帥は年をとった。小平同志は、体が丈夫だが、やはり七六歳、この先はどうか。これは党の利益のためである。[161]」

一九八〇年二月二三日から二九日まで開催された十一期五中全会で、党の重要な施策である中央書記処設立の三度目の提案を陳雲が行った。「事情は差し迫っており、極めて必要とされている。今は、我々が主となって人材を選べるし、その時間があるが、このまま先延ばしすれば、時間がなくなる。党の事務引き継ぎの問題は、国際共産主義運動においても、中国国内においても、辛い教訓を経験した。[162]」全会の十分な討論を経て、党の第八回代表大会での決裁の復活を決定し、一九五六年から一九六六年の十年間によってその必要性と有効性が証明された中央書記処を、中央政治局ならびに中央常務員会の指導下で日常的な業務を行う工作機関として設立することを決定した。[163]これによって中国共産党中央の集団指導が充実したことは、疑問の余地がない。

中国共産党中央は、中央書記処、中央政治局、中央政治局常務委員会の三つの次元の指導体制を整え、党中央に分権と制約の働きを持たせた。第一線に中央書記処、第二線に中央政治局と中央政治局常務委員会を配置し、前者は後者の指導下で日常の工作を遂行する機関とした。これは、一九五六年中国共産党第八期中央の指導体制が復活したことになる。

陳雲は、毛沢東個人から受け継いだ歴史教訓から、集団としての引継ぎを提起した。彼は、「一人が引き継ぐのは良くない。集団で引き継ぐべきだ。例えば、十人でやっているなら、その半分が駄目になっても、まだ五人残っている」と述べている。[164]**この建議は新しいアイディアであり、先見の明がある。たとえ総書記が倒れても、党の集団指導体制は残る。**

彼はまた、中央書記処が集団指導体制を実行すること、集団内の連絡会議形式の採用を提案した。[165]（中央）書記処が再スタートしてから、中央と国務院は集団事務処理制度を率先して牽引し、書類にサインだけして素通りさせることがなくなった。各レベルで集団指導が行われ、個人個人で責任分担が行われた。[166]葉剣英が中央書記処設立に当たって詳しい説明を行った（コラム４－１）。五中全会で胡耀邦、趙紫陽が中央政治局常務委員に増補され、正式に中央指導集団指導体制の中核に加わった。また胡耀邦を中央書記処総書記に選んだ。三月二七日、中央政治局の批准を経て次のような通知が発布された。趙紫陽は、経済工作を担当し、財経指導小組組長を任じる。また、中央書記処に入らないが書記処の会議に参加する。胡耀邦が書記処全般の工作の責任を負う。[167]

全会は、万里、王任重、方毅、谷牧、宋任窮、余秋里、楊得志、胡喬木、姚依林、彭沖を中央書記処書記に選任した。さらに、汪東興、紀登奎、呉徳、陳錫聯の辞職請求を批准し、党と国家の指導的職務を解任もしくは解任を具申した。中央政治局内の「文革受益派」の大部分が取り除かれたが、華国鋒、陳永貴、倪志福は留まった。この時、穏健派が中央政治局常務委員と中央政治局委員において主導的地位を占めた。

コラム4－1　中央書記処設立（一九八〇年二月）葉剣英

中央書記処は、私が思うに、中央の後継を育成・準備する所である。書記処の特徴の一つに、若さが挙げられる。我が党は、理論面では後継者問題を提起しているが、実践面では十分に解決していない。**毛主席は、集団的な後継問題についてあまり考えておらず、個人による後継に重きを置いていた。**「**第九回代表大会**」**では、林彪を後継者として党章に書き入れたが、林彪が死ぬと、王洪文が後継者として持ち出された。こうしたことが失敗だったことは、実践が証明している。この教訓をしっかり記憶にとどめておかなければならない。**

中央書記処は党の高級幹部を養成・訓練する場所である。中央の日常業務の処理を通して、書記処の委員は全体的な状況を理解し、中央の工作方法と作風を熟知し、国家の大事を独力で処理し、事態の変化に対応する能力を訓練することができる。将来、政治局もしくは中央常務委員の同志に加わるには、まず一定時間、書記処で仕事をしてもらう。そうすれば慣れるのも比較的容易である。もちろん、書記処の同志がみな政治局に入るもしくは中央常務委員になるとは限らず、また書記処の委員が固定不変であることはない。常に、出入りがあり、新陳代謝が繰り返される。これは、弁証法に合致する。

書記処は党中央の書記処である。中央政治局の書記処ではなく中央常務委員会の書記処でもない。**書記処が第一線、中央常務委員会、政治局が第二線に位置づけられる。**

党中央書記処の成立は、国内的に重要な意義があるばかりでなく、国際的にも大きな影響がある。すなわち、中国共産党の後継者には人材がいることを世界に向けて表明している。

資料出典：葉剣英、十一期五中全会第一回会議における講話（一九八〇年二月二四日）。『三中全会以後の重要文献選編』（上冊）三八六～三九一頁。北京、人民出版社、一九八二。

五、中国共産党中央規律検査委員会設立と党内制度の整備強化

十一期三中全会は、陳雲をトップとする百人を選挙で選び、中国共産党規律検査委員会を設立した。陳雲が第一書記を任じ、鄧穎超と胡耀邦の各々が第二書記、第三書記、黄克誠が常務書記、王鶴寿等が副書記となった[168]。これより前の十二月一日、鄧小平は、中央政治局が招集した中央工作会議の一部の出席者との談話で、陳雲が中央規律委員会の書記を兼任するよう建議した[169]。十一期三中全会で中国共産党中央規律検査委員会の設置が決定されたのだが、これは制度上から言えば、個人または少数に権力が過度に集中することを糾すものであり、集団指導体制を強化し、権力のバランス強化機関としてのさしあたっての措置である[170]。

一九四九年一一月、中央は、中央及び各級党委員会の規律検査委員会設立の決定を発布し、中央書記処書記朱徳総司令が書記に任命された。「高崗・饒漱石事件」の後、一九五五年三月、毛沢東の提議と党の全国代表会議で出された決議に基づき、中央、地方の各級の党規律検査員会の代わりに党の中央と地方の監察委員会が成立し、中央政治局委員から中央監察委員会書記が任ぜられた。董必武がかつて中央監察委員会書記を担当した。「文化大革命」期には、中央、地方の監察委員会は活動をすべて停止した。一九六九年の党第九回代表大会、一九七三年の党第十回代表大会、一九七七年党第十一回代表大会のいずれも中央、地方各級監察委員会を設置しなかった。陳雲は、毛沢東時代に発生した「文化大革命」の根本原因は、党の最高指導者毛沢東本人が先頭に立って、毛沢東自らが創建した党の民主集中制を破壊したことにあると、明確に意識していた[171]。

陳雲が取り仕切っている中央規律検査委員会の最初の大仕事は、党の基本制度の再建と党の執政制度の基盤の回復であった。一九七九年一月四日から二三日まで、陳雲は新たに成立した中国共産党中央規律検査委員会第一回全体会議を主宰し、重要な講話を行っている。彼の認識によれば、ロシア一〇月革命後のレーニン時代の党内生活は極めて正常であったが、スターリン後期の「党内生活は不正常であった」。そして「文化大革命」期、我が党内は不正常な状況が出現し、甚だしく異常であった。彼は、中央規律検査委員会の基本任務を明確にし[172]、規律検査委員会の工作に八項目の原則を定めた。一、性質の異なる二種類の矛盾を厳格に区分し、正しく処理する。二、路線の偏向に反対する闘争は、実際から始めなければならない。「左」に偏向すればそれに反対し、右に偏向すればそれに反対し、徹底して反対しなければならない。誤りの性質と軽重の判断は適切さが必要である。際限なく教条的に扱うことを防がなければならない。特に、路線に誤りがあるとか、階級闘争云々を党内に反映するとか、軽々しく言い立てることを防がなければならない。三、証拠を重んじ、

調査研究を重んじ、自白の強要は厳禁する。四、対人処理は特に慎重な態度で臨まなければならない。五、実事求是を堅持し、誤りがあれば必ず糾さなければならない。六、闘争するにひるまず、剛直にして雷同しない。七、人民を信じ人民と共に歩む大衆路線を真面目にやる。八、集団指導と責任分担を結合させる。

毛沢東晩年の政治的誤りという歴史的教訓に鑑みて、胡耀邦が中央組織部部長に就任し、党内生活に関する準則（一二条）の草稿を起草した[173]。これを基礎として、一九七九年一月、陳雲が中央規律検査委員会第一回全体会議において『党内政治生活に関する一二条の準則』を討論するように提案した[174]。この『準則』は、実際、党内立法という方式で民主集中制度の構築を押し進めている。党の優良な伝統と作風、党内政治生活で重要なことは制限がないこと、党内関係を処理する重要な原則などを、この準則は系統立てて、規範化している[175]。後に、党内討論で一八〇〇余りの意見が提起されている。中央規律検査委員会は、前後七回の討論と改訂を行っている。一九八〇年二月下旬、十一期五中全会で、『党内政治生活に関する若干の準則』が採択された。党第十一回代表大会で党章の正式な改正がなされていない状況にあって、これは中国共産党の最も重要な党紀党法となり、同時に党第十二回代表大会で改訂される党章の重要な基礎となった。

『準則』は、最初に、党内闘争において残酷な闘争、無情な打撃を許さないと提起している。林彪、「四人組」が採った封建的ファシストの手段によって党内問題を解決することを厳禁している。対人処理は十分に慎重を期すべしとし、一般的な政治的誤りを政治路線の誤りを犯したと言いたててはいけない。しかし、政治的誤りを犯したとしても、それが依然として党内闘争の性質を帯びた問題であるなら、党の転覆を企てる、または社会主義国家の転覆を目論む反革命的性質を持った問題と混同してはいけない[176]。ほどなくして鄧小平が、十期六中全会準備会議で明確に指摘した。「党内闘争がどのようなものであれ、犯した誤りがどのような誤りであれ、その内容を話す場合、原則として路線闘争の言い方を用いないことだ[177]。」**これが改革時期の党内闘争を処理する際の重要な規則となり、党内政治生活において制限がないことが重要であると明確にし、党内関係処理の重要な原則を定めた。**『準則』は、「集団指導を堅持し、個人の独断専行に反対する」と明文化し、党指導の最高原則の一つとなった。これは要するに、「文化大革命」の歴史的教訓を深刻かつ過不足なく取り入れたことである。すなわち党内に、毛沢東式の個人専制の出現を阻み[178]、江青式の政治的野心家[179]と王洪文式のロケット並みの極端な成り上がり型人物の出現を阻んでいる[180]。さらに党内において「残酷な闘争、無情な打撃」式のやり方が横行することを防ぎ、党員の政治権利が侵されることを防いでいる（コラム4－2）。

コラム4－2『党内の政治生活に関する若干の準則』（一九八〇年）

集団指導を堅持し、個人の独断専行に反対する。このことは、党の路線・方針・政策の大事、重要工作に当たる部署、幹部の重要な任免・異動・処理、大衆の利益に関わる重要問題などすべてにあてはまる。さらに上級指導機関に言及し、党委員会が集団で決済する問題は、問題の情況に応じて提出先を、党の委員会、常務委員会、書記処に区分けし、党組織の集団討論を経て決裁し、個人の独断専行に拠らないと規定している。

いかなる状況下にあっても、ほかの組織が党の委員会及び党常務委員会の指導に替わることは許されない。特定のいかなる問題であっても、それを研究処理するために党員会が設置した組織は、党委員会の指導の下で工作をしなければならず、党委員会に代わるとか、党員会を凌駕することがあってはならない。

党委員会の内部において、問題を決定する場合、少数が多数に従う原則を厳格に遵守しなければならない。書記と委員に上下関係はない。すなわち書記は党委員会おける委員の一員である。「鶴の一声」的なワンマン、家長制は許されない。

党委員会で重大問題を討論する場合、各人に忌憚なく各自の見解を発言してもらわなければならない。討論の過程で生じた相異は、少数の意見を真剣に考慮しなければならず、かつまた議論することに拘泥して結論を先送りし、工作が滞ってはいけない。

共産党員の忠誠の対象は党の組織と原則であり、特定の個人であってはならない。いかなる者も党幹部の地位を私物化してはならず、党の上下級関係を私的な依存関係に変質させてはならない。党幹部が欲するものを忖度して提供してはならず、良いことだけを報告し不都合なことを隠蔽してはならず、偽計を弄してはならず、信任・栄誉・褒賞を騙し取ってはならない。いかなる理由、名目であろうと下級の者の虚言を容認、誘導もしくは強要してはならない。

党内民主を発揚し、異論を唱える者に正しく対応する。揚げ足を取らない、レッテルを貼らない、棍棒をふるわない、いわゆる「三不主義」を厳格に実行する。人の誤りを誇張したり、冤罪をでっち上げ、政治的かつ組織的に打撃を加えたり迫害したりすることを禁止する。

ある同志の意見に反対することとその同志を攻撃することは別であり、ある指導機関のある同志に反対することとその組織を攻撃することは別であり、指導に反対することと党を攻撃することは別である。このことを注意深く区別しなければならない。党内に理論上・思想上に異なる認識が存在し、論争があることは正常である。思想理論のいくつかの是非は即座に解決できるものではない。重大な政治的かつ切迫した現実問題を除いて、拙速に結論を出すべきではなく、研究を着実に進め、実践による解決を待つべきである。

思想認識問題で、「正しい党の旗の棄損」「毒草」「ブルジョアジー」「修正主義」などの政治的レッテルをむやみに張り付けたり、敵対的な政治問題などをむやみに言い立てたりすることは、党内の正常な政治生活を破壊し、思想の硬直化を増長するだけではなく、反党の野心家に容易に利用され、社会主義国家の民主秩序を破壊する。このようなやり方は制止されるべきである。

党員の権利は保障され、侵犯されるものではない。党組織が党員に下す処置に関して、党員は、党の会議においてもしくは党中央までを含む上級組織に向けて声明、上訴、告訴、抗弁を行う権利を有する。

誤りを犯した同志に対して正しい扱いをする。同士が犯した誤りを分析するに際して、始めに、性質が異なる二種類の矛盾を厳格に見分ける必要がある。工作における一般的な誤りあるいは思想認識上の誤りを政治的な誤りと言いたてたり、一般的な政治的な誤りを路線の誤りと言いたてたりしてはいけない。また、路線の誤りを犯しながらもなお党内闘争の問題に属するものと、党の転覆、社会主義国家転覆を目論む反革命的問題とを混同してはいけない。

党内闘争において、残酷な闘争、情け容赦ない攻撃の実行は許されない。党の規律を逸脱する手段、あるいは国家の法に違反する手段を用いて、党員に応対することは許されない。文革期のような公開批判、身体的な侮蔑、身体的な迫害、誘導尋問、自白の強要は厳禁する。いかなる情況であっても、無辜の親族、友人を巻き添えにすることは許されない。

資料出典：『党内の政治生活に関する若干の準則』（中国共産党第十一期中央委員会第五回全体会議批准）、中国共産党中央文献研究室編『三中全会以来の重要文献選編（下）』北京、人民出版社一九八二年、四一七～四三〇頁。

鄧小平が、各級の党委員会は集団指導と個人の責任分担を結合する制度を確立するべきだと提案した。重大な問題は集団討論を経て決定されるべきである。決定に際して、少数が多数に従う原則を厳格に実行するべきである。一人一票、すなわち各書記はただ一票だけの権利を有し、第一書記の一声で事を決することはできない。集団で決定した事項は、手分けして事を行い、各自が責任を負う。責任・仕事を互いに「なすりつけあうことは、決して良くない」[181]。このやり方は、『党内の政治生活に関する若干の準則』のなかで充分に体現され、中央から末端の各級党委員会に至るまで、そこで行われる決裁の基本原則となった。それは、「特定の個人の独断専行」「鶴の一声」「家長制」の出現を防止する根本的な保証である。

党の領袖がさまざまな形の個人崇拝を進めることを厳禁する。一九七八年一二月一三日、華国鋒が中央工作会議の閉幕式で、「英明な領袖と呼ぶ必要はなく、（華国鋒）同志と呼んだ方が良い。私一個人を持ち上げるべきではない」と提起した[182]。十一期三中全会の公報が華国鋒同志の提議に基づいて通達を出している。全国の新聞・雑誌・広報そして文芸作品は、労農兵大衆、党と古参革命家を謳歌するべきであり、個人を宣揚するべきではない。華国鋒同志の提議は完全に同意され、高く評価された。これは党内民主生活健全化の重要な基準である。三中全会は、毛沢東同志が一貫して主張してきたように重ねて次のように言明した。**党内一律互いに同志と呼び、官職名で呼ぶ必要がない。中央の指導に当たる同志を含めて、いかなる責務を担う同志であろうと、その発言・意見を「指示」と呼ぶ必要はない。中央常務委員までを含む上級の指導者に対して、批判意見を提起する党員の権利は間違いなく保障されねばならず、党の民主集中制と集団指導の原則に符合しないやり方は、すべて断固として糾されるべきである。**[183] 胡喬木は、中央全会の決定は重大な歴史的意義があると考えた。これは、党内生活に関わるきわめて重大な原則問題であり、我が党が将来にわたって健全な発展をなし得るかどうかに関わっている。彼は、さらに一歩踏み込んだ説明を行っている[184]。

一九八〇年二月、『党内の政治生活に関する若干の準則』で、次のように定めた。**指導者についての宣伝は実事求是に基づいてやるべきであり、無原則に褒め称えることは禁止する。搾取階級のおもねりへつらう言辞を用いてプロレタリア階級の指導者を称揚することを許さず、歴史を歪曲し、事実を捏造して指導者の功績を宣揚することを許さない。**十一期五中全会の『中国共産党章程』（改訂草案）を討論するに際して、**事実上存在していた指導者の終身制を実施しないと、初めに、はっきりと規定している。**[185]

七月三〇日、党中央が『「個人宣伝禁止」を堅持するためのいくつかの問題に関する指示』を発布し、大勢の成果であっても目立った個人の成果とされ、彼一人が歴史を創ったとされる傾向が、個人崇拝にはあると明確に指摘した。中央はさらに、次のように規定している。マルクス・レーニン主義、毛沢東思想を多く宣伝し、社会主義の優越性と労農兵と知識分子が四つの近代化のために奮闘している成果を多く宣伝し、党の政策方針・決議を多く宣伝し、指導者によるものであっても重要な意義を持たない活動や講話の宣伝は控えるべきである。同時に、毛沢東に関する記念活動は「熱を冷ます」べきであり、「今後、徐々に必要最小限度まで減らすべきである」[186]。八月、中央書記処が次のように決定している。**今後、二、三十年は中央指導者の個人的な肖像の掲示は一律に禁止し、これによって個人崇拝の影響の一掃に役立てる**[187]。しかし、**公共の場所に指導者の題辞を掲げることを禁止すると明文化していない**。一〇月二三日、党中央が『華国鋒同志の書簡配布の通知』を発布した。これによれば、華国鋒同志は、今後公共の場所で自身の肖像と題辞を掲げないと提起している[188]。**まさに華国鋒は己を知る聡明さを持っていると言うべきであり、誤りと分かればすぐに改める指導者である。一九七六年一〇月に華国鋒が最高指導者を任じてから後、彼と故毛沢東の肖像画が公共の場所のすべてに並べ掲げられていた。ここに至って、華国鋒の基準写真は全国で再び掲げられることはなく、毛沢東紀念堂の題辞を除いて、華国鋒のいろいろな題辞は消されることになった。公の場所における中央の主要な指導者のさまざまな「個人崇拝」の形式が、中国で初めて取り消された。**

一九八〇年一一月六日、胡喬木が鄧小平と中央政治局宛てに『建国以来の党の若干の歴史問題に関する決議』の検討に際して、「**党の領袖は指導者集団であると規定**」するべきであると建議を行い、党の領袖は一個人ではなく指導者集団であると表明すべきであるとした。同時に、「**党の指導者に求められるべきは政治的品性を備えることであり、党の指導者と党は人民の有効な監督を受けるべきである**」と要求した[189]。

一九八一年六月、党中央が決議を通して明確に提起している。**党は当然のこととして、大衆闘争の中から生まれ出でた才徳兼備の指導者たちによる集団指導を実行するというマルクス主義観点を必ず樹立しなければならず、個人崇拝はいかなる形であっても禁止するべきである**。党指導者の威信は保持されなければならず、**同時に指導者たちの活動は党と人民の監督の下で保障されなければならない**[190]。

七月一日、胡耀邦総書記が公開講話の中で指摘している。**党員はすべて党の会議の場で、中央の指導者までを含むいかなる党員に対しても、批判・批評する権利を持ち、かつそのことによって攻撃を受けることはない**[191]。

しかし、中国の政治文化と伝統の影響と政治環境にあって、個人崇拝を完全に根絶することは難しい。公共の空間に掲げられた指導者の題辞、特に大規模な公共建築物の題辞のように、種々の形式を採り、手を変え品を変えて姿を現す。そし

て、今なおそれらは消し去られていない。これは、党中央の上述の規定に反している。我々は、この歴史的な原因を理解することが依然として求められており、歴史を鏡とし、是非を判断すべきである。

六、国務院指導メンバーの異動

国務院の指導メンバーは二度の大規模な人事異動を経験している。一九七五年一月、第四期全国人民代表大会第一回会議において、周恩来を国務院総理に任じ、鄧小平、張春橋、李先念、陳錫聯、紀登奎、華国鋒、陳永貴、呉桂賢（女）、王震、余秋里、谷牧、孫健等十二人を国務院副総理に任じると決定した。一九七八年三月、第五期全国人民代表大会第一回会議では、華国鋒を国務院総理、鄧小平、李先念、徐向前、紀登奎、余秋里、陳錫聯、耿飈、陳永貴、方毅、王震、谷牧、康世恩、陳慕華等十三人を国務院副総理に任じた。その中で張春橋、呉桂賢、孫健の三人が副総理の職を解かれた。

一九八〇年八月、中央政治局拡大会議で国務院指導メンバーの入れ替えに関する決定がなされ、国務院指導者の異動は四つの原則に従うべしとされた。権力の過度な集中を排し、過度な兼職、副職を避ける。党と行政の分離そして党と行政の職権問題の解決に着手する。長期的観点から後継問題を解決する。これら四つを中央政府指導体制改革の第一歩とした（コラム４－３）。[192]鄧小平は特に、会議で次のように指摘した。もし真剣に改革を進展させないなら、党と国家の政治生活民主化の要求に応えることができず、「文化大革命」のような深刻な問題が今後も発生する可能性がある。[193]

九月七日、華国鋒が第五期全国人民代表大会第三回会議で、党中央を代表し、国務院指導者メンバーの異動について説明を行った。歴史の教訓をくみ取るために、権力の過度な集中と過度な兼職を避けるために、そして党の工作と政府の工作の適切な分離を進めるために、中国共産党中央は次のことを決定した。党委員会の最高責任者が人民政府の省長、自治区主席、自治州州長、県（市）の長官を兼任することは一般的にすべきではない。それは、こうした委員会の同志が時間と精力を集中して党の重大問題を処理できるようにするためであり、国務院以下の各級政府が上から下まで効果的に連係する業務システムを構築できるようにするためである。以上の原則を踏まえて、華国鋒は党中央を代表して、全国人民代表大会に向け正式に次のような建議を行った。党中央主席である華国鋒は、国務院総理を再び兼任せず、趙紫陽に引き継ぐ。同時に、鄧小平、李先念、陳雲、徐向前、王震、王任重などの古参革命家が、国務院副総理と全人代常務委員会副委員長を兼任することをなくし、それらは体力・気力が比較的強靭な同志に引き継ぐ。[194]

九月一四日、第五期全国人民代表大会第三回会議は党中央の建議を受け、それを批准した。会議は、趙紫陽の国務院総理就任と楊静仁、張愛萍、黄華の国務院副総理就任、併せて陳永貴副総理の職務解任を決定し、『華国鋒国務院総理辞任と鄧小平、李先念、陳雲、徐向前、王震、王任重の副総理辞任に関する決議』を採択した。

コラム4－3

鄧小平―国務院指導メンバー異動に関する四つの原則（一九八〇年八月）

国務院責任者人選の調整に関して、中央は次のように考える。調整の理由は何なのか。

一つは、権力の過度の集中はすべきでないからである。権力の過度な集中は、社会主義民主制度と民主集中制の実施の妨げになり、社会主義の発展、多数の知恵の発揮を妨げることになる。それは容易に、個人の独断専行を増長し、集団指導を破壊する。さらに、新しい条件下で官僚主義を醸成する重要な原因ともなる。

二つめは、過度の兼職・副職は避けるべきである。一個人の知識、経験、精力には限りがある。二足のわらじが過ぎると、工作のやり方が表面的になる。特に、多数のよりふさわしい同志の中から、工作の指導者を選抜する妨げになる。復職が過ぎると、効率を高めることが難しく、官僚主義と形式主義を助長する。

三つめは、党と行政の分離、党と政府の職務範囲の明確化の問題解決に着手する。中央で主に指導工作に当たる同志は政府の職務を兼任せず、党の管理、路線、方針、政策の管理に精力を集中できるようにする。このようにやれば、中央による統一的な指導の強化と改善に役立ち、各級政府の上から下まで一貫した強力な工作システム構築に役立ち、政府の職権範囲の管理が上手くいく。

四つめは、長期的観点から後継問題を解決する。古参の同志は、党と国家の貴重な財産であり、その責任は重い。彼等の第一の任務は、党組織による正しい後継者の選抜を後押しすることである。これは、厳粛な職責である。比較的若い同志を第一線に送り出し、古参の老同志は参謀を務め、彼等の工作を支える。これは、党と政府の指導の正しい連続性と安定性を保持するための重大な戦略的措置である。

中央のこうした配慮は、党と国家の指導制度に必要な改革を促すためである。

資料元：鄧小平『党と国家の指導制度の改革』一九八〇年八月一八日、『鄧小平文選』第二巻、三三二頁、北京、人民出版社、一九九四年第二版。

鄧小平が提起したのは、国務院以下各級政府に至るまで、すなわち上級部門から下級部門に至るまでの強力な工作遂行システムの真の構築である。今後、政府の職権範囲内の工作はすべて、国務院と地方各級政府の討論、決定を経て文書が発布され、党中央と地方各級党委員会が行う指示を再び経ることなく、決定が下される[195]。鄧小平の意見によって、党・政が互いに分離する重要な制度が整えられた。鄧力群の説明によれば、これ以降、国務院のことは、国務院が処理し、文書を作成し、党が表に出てくることはなくなった[196]。

七、幹部の若返り、知性化、専門化の提唱

十一期三中全会で党の四路線と組織路線を整えた後、鄧小平は組織に根ざして路線を保障するべきだと提起した。これはすなわち、誰が後継となるべきかという問題を提起したことである。鄧小平がこの問題を持ち出したのはなぜであろうか。直接の原因は、一九七五年にさかのぼる。毛沢東の指示に基づき鄧小平が王洪文に代わって中央の工作を主宰することになったが、その時、王洪文が、「十年後（一九八五年）が見ものだ」と発言している[197]。この言葉は鄧小平を甚しく刺激した。鄧小平は回顧して述べている。「あの時、私は李先念同志やほかの同志たちとこのことを話した。一九七五年、私はとうに七一歳になっていた。年齢では彼等に太刀打ちできない、だから、当時の私は考えた。確実に、もっと若い同志に仕事をしてもらわなければならない」[198]。

二つ目の理由は、各級幹部の高齢化である。鄧小平は要所をずばり指摘している。「現在の各級指導グループの年齢は高く、気力も十分ではない」[199]。八〇年代初めは、中国共産党が政権を執ってから三十年以上経ち、幹部の老齢化は日増しに際立っていた。その頃、国務院の各部、委員会の指導グループの平均年齢は六三歳、省市自治区の党及び政府の指導者たちの平均年齢は六二歳、省部級の指導グループの幹部のうち五〇歳以下はわずかに一五％であった。これ以外にも、指導幹部の文化レベルは低く、専門知識を持つ幹部は非常に少なかった。当時、全国二百万余りの幹部のうち、大学・単科大学以上の学歴を持つものは二〇％にすぎなかった[200]。

組織問題の解決が最も大きな問題、最も難しく、差し迫った問題であり、それは確かな後継選びであると鄧小平は明確に指摘している[201]。それは、その他の中央政治局常務委員である葉剣英、陳雲、李先念等との政治的コンセンサスでもあった。その共通認識は、党と国家の指導幹部制度の改革、終身制の廃止、流動性の確立、人事制度の制度化、改革意識を具えた若く、専門知識を持った後継者の育成である。彼等は毛沢東に学び、中国改革のために組織的な準備を行った。まさに陳雲が、一九八一年三月に次のように述べた通りである。毛沢東同志の他と比肩できない功績の一つは、同世代を育成したことである。それは、我々を含む「三十八年前後に革命

に参加した幹部党員」の一群である。[202]

一九七八年一二月、葉剣英が中央工作会議で次のように提起している。革命事業の後継者を育成し輩出することは、全党、全国の重要な任務として提起され、全党に重要視を促している。[203]

一九七九年一〇月、陳雲は、党中央が招集した各省、市、自治区党委員会第一書記座談会で、出席した老同志たちに、「葉元帥は御高齢になられた。私も体が元来丈夫でなく、しかも今年で七五になる。小平同志は健康だが、やはり七六歳になられた。私たちは長く勤まらない」[204]と気持ちを込めて語った。

一九八〇年二月、陳雲が十一期五中全会で、青年幹部養成の政治的意義に再度触れている。[205]葉剣英が率直な言葉で語った。年には勝てず、自然の成り行きに抗うことはできない。後継者を育てる、特に中央の跡継ぎは、間違いなく我々が直面する喫緊の戦略的任務である。[206]

五月一四日から二七日まで、党中央組織部が開いた優秀選抜青壮年幹部座談会で胡耀邦が講話を行い、三位一体の工作任務を提起している。一、年が若く精力が旺盛であり、党の路線を堅持し、専門知識と才能が豊かで、前途有望な幹部を大胆に、数多く選抜する。それは、各級の指導班を充実させるためである。二、高齢で体力が弱まった同志は適切に処置し、第二線に配置する。三、現在の工作の任に堪えがたい一部の同志の配置を調整する。[207]

六月、陳雲が陸定一宛ての書簡述べている。老幹部は重要である。しかし、いま四〇代の青年幹部を選び出し各級のポストに就け、経験を積ませなかったなら、後継者問題が大きくなるに違いない。現在、部長、省委員会第一書記、一級の幹部は皆六〇を越えている。この一、二年の間に若い幹部を登用しないなら、危険極まりない。今は抵抗も大きく、よしんば若い者を先に入れ、年寄りをその後に出そうとしても、入れることができない。私は、まさにこのことを言いたいのだ。[208]

八月一八日、鄧小平が党中央政治局拡大会議で述べている。「陳雲同志が次のように提起している。我々が幹部を選ぶ際には、才徳兼備の人材なのかどうかに留意しなければならない。その徳が主となる。それは社会主義の道と党の指導を堅持することである。この前提を踏まえて、幹部の隊列の若返り、知性化、専門化をしなければならないし、このような幹部の選抜は制度化によって行わなければならない。陳雲同志のこのような意見は、良いと思う」[209]。

一九八一年五月、陳雲が『青壮年幹部の養成抜擢が当面の急務である』の文の中で指摘している。幹部の高齢化は、否定しがたい客観的事実であり、このままいけば、後継は極めて困難となる。このため、この分岐点で我々は正しい判断をする必要がある。陳雲はこの意見を胡耀邦（当時、党中央主席、中央委員会総書記）に送り、さらに次のように付け加えている。**非常に多数の青壮年幹部を抜擢しなければならない。非常に多数とは、数千人、一万、二万人という数である。少なくとも一万人である。**二十数個の省区市、それに加えて中央の各部の委員会が、百人、二百人を引き上げても、それで足りるだろうか。足りない。陳雲はこの意見を鄧小平にも伝えた。鄧小平は、目を通し、陳雲の鋭い意見を認め、非常に良い、私はもろ手を挙げて賛成するし、この意見を擁護すると述べた[210]。

七月二日、鄧小平が「老幹部の第一の任務は青壮年の幹部の選抜である」と提起した。私と陳雲同志は腹を割って話し合った。我々自身、今隠居すれば実に愉快である。だが今はまだそうもいかない。国の政策も党の方針も、まだ口出ししなければならない。**最大の事案は、青壮年幹部の選抜である。この問題の解決が、私たち二人の主要な任務である**[211]。

中央から地方に至るまで、幹部の若返り、知性化そして専門化の実現をこの時期に力強く推進することが、中国の改革開放ために無限の人的資本を創出することになる。これが、鄧小平と陳雲の政治的コンセンサスであった。

八、社会主義法制の復活と強化

一九七八年一二月一三日、鄧小平が中央工作会議に提起した。人民の民主を保障するために法制を強化しなければならない。民主の制度化、法制化が必要であり、この種の制度と法律は、指導者の交代のたびに改変するのではなく、指導者の考え方や意向が変わるたびに改変するのではない。刑法、民法、訴訟法その他必要な法律の制定に力を集中するべきである。法に拠るべし、法に拠らしむべし、厳格に法を執行し、違法行為は必ず追及されるべきであり、そのために検察機関と司法機関を強化する[212]。

同日、同会議で葉剣英が「民主の発揚と法制の強化」について話している。林彪、「四人組」は、反面からみれば我々に血の教訓を残してくれた。おかげで、一国に法律とその制度がなかったら、それは不可であり、その法律と制度は安定性と連続性が必要だと、我々は知ることができた。それは人民の手によって制定される。社会主義とプロレタリア階級独裁の最高利益を代表し、極めて大きな権威を備えていなければならない。それは、法律的手順を経ることによってのみ改変でき、いかなる指導者の個人的意思であろうと、それによって改変できるものではない。法律の前では、一人一人が平等であり、法律を超越する特権をいかなる人間も持つことは許されない。

鄧小平と葉剣英が提起した民主法治の原則は、十一期三中全会で正式に批准された[213]。一九七九年九月、党中央が『刑法、刑事訴訟法の適切な施行に対する断固とした保障に関する指示』で、各法律制度は、党中央主席から党員一人に至るまで、全員があくまで遵守しなければならないと規定した。さらに、法律の制約を受けない特殊公民の存在は決して許されず、法律を凌駕するいかなる特権も決して許されないと規定した。

一九七九年二月二三日、五期全国人民代表大会常務委員会第六回会議で、彭真を主任、胡喬木を副主任とする全国人民代表大会常務委員会法制工作委員会の設置が決定された。中央政治局委員、全人代常務委員会副委員長の烏蘭夫が会議に向けて説明をしている。ただ今より、立法工作を全国人民代表大会とその常務委員会の議事日程に載せるべきである。そのため、相応の組織的措置を採る必要があり、全人代常務委員会に法制委員会を設置し、常務委員会による法制工作強化の協力に当てるつもりである。

三月一三日、全人代常務委員会法制委員会第一回会議を主宰した彭真が、指摘している。法制委員会は全人代常務委員会による立法工作管理を手助けする。立法工作において過去の経験と教訓を総括し、「文化大革命」が再び発生することを防止する。我々は、全人代常務委員会の立法工作の助手である。[214]

六月、五期全人代第二回会議で、全人代常務委員会副委員長が補選された。九月、彭真が十一期四中全会で中央委員、中央政治局委員に補選された。この後、彭真の指導の下、国家機構、民事、刑事、訴訟手続き、経済、渉外などの分野に関する一連の重要な基本的法律が制定された。彼はかつて「文化大革命」を経験し、その時に味わった政治迫害が骨髄にまで刻み込まれ、それを教訓として深く省察し、明確に指摘している。革命戦争時期は主に政策に基づいて事をなしたが、人民が全国の政権を掌握した後は政策だけではなく法に依拠して事をなす。これは歴史的な変化である。健全な社会主義法制は、必ず経済建設を中心に据え、四つの基本原則と改革開放を堅持し、中国的特色を持つ社会主義建設に努めなければならない。立法工作は、必ずマルクス主義の指導の下、中国の国情から出発し、自己の実践経験を総括し、同時に古今内外の有益な文物を吸収しなければならない。各級国家機関は、必ず厳格に法に依拠して事をなし、同時に宣伝教育を通して、法律を人民大衆に広め、遵守・執行することで法律は保障に値することを広めなければならない。我が国では、党が人民を指導して憲法と法律を制定し、党が人民を指導して憲法と法律を遵守・執行させ、党自身もまた、憲法と法律の範囲内で活動しなければならない。党の指導を堅持することと、厳格に法に依拠して事をなすこと、人民の意志に従うこと、この三つは統一されなければならない。社会主義法制構築にとって重要なこれらの思想は、憲法改正、法律制定、法治国家の指導思想であり、中国の民主法制に傑出した貢献をなしている。

一九七九年二月から一九八二年一二月までの間に、葉剣英は十四の「委員長令」を発布し、十四の法律を公布した。同時に、十二の全人代常務委員会令に署名し、全人代常務委員会が制定した一連の法律、条令、決議を公布した[215]。**全国人民代表大会常務委員会委員長を任じた葉剣英元帥は、中国改革期の法制整備に揺るぎない政治的貢献を果たした。**

九、憲法改正と国家指導機構の再建

一九七七年一一月、中央は一九七五年一月第四期全人代で採択された憲法の改正に着手することを決定した。一九七八年二月、新憲法草案が十期二中全会で討論に付され、党中央が全人代に提出する提案原稿として採択された。

二月二六日から三月五日まで開催された第五期全人代第一回会議で、葉剣英が『憲法改正に関する報告』を行い、大会は『中華人民共和国憲法』を採択した。大会は一致して、葉剣英を全人代常務委員会委員長に選出し、華国鋒を国務院総理、鄧小平、李先念等十三人を国務院副総理に決定し、さらに江華任を最高人民検察院院長、黄火青を最高人民検察院検察長に選任した。

この憲法は、一九五四年憲法の原則と制度の一部を復活し、最高人民検察院を再建している。五月四日、党中央は通知を発布し、地方の各級人民検察院に組織を構築し、工作を展開するように求めた。

六月二〇日、党中央が批准し成立した中国共産党中央政法小組は、紀鄧奎（党中央政治局委員、国務院副総理）、趙蒼璧（公安部部長）、黄火青（最高人民検察院院長）、江華（最高人民法院院長）、程子華（民政部部長）等で構成され、最高法院、最高検察院、公安部、民政部の四つの部門の重大政策と方針問題を党中央が処理するのを手助けし、法制構築の指導強化に当たった[216]。

十一期三中全会の後に、中央は一九七七年『憲法』の部分的改訂に着手し、一九五四年『憲法』の地方各級人民代表大会と地方各級政府体制を復活した。

彭真は夜に日を継ぎ、我を忘れて工作に没頭した。三カ月余りを費やして、我が国初の刑法、刑事訴訟法等七種の重要法を制定した。

一九七九年三月三一日、彭真が、地方各級人代と各級政府の組織法の検討すべき三つの課題に言及している。「革命委員会」の改廃、地方の立法権の有無、地方各級人代の常設機構の三つである。

五月三日、彭真が述べている。地方各級革命委員会は選挙の洗礼を受けたものではないから、中央が広げようとする民主の精神を体現できない。第二部『憲法[217]』では、革命委員会は「地方各級人民代表大会の常設機関」であり、「同時にそれは地方各級人民政府でもある」と規定している。これは矛盾する規定である。法制上でも法理論上でも、解釈が非常に難しい。革命委員会は、「文化大革命」の産物である。革命委員会は人民委員会とする。これは道理にかなっており、同時に県以上各級人民代表大会が常務委員会を設置する。これは『憲法』の改訂に関連することであるから、全国人民代表大会に憲法修正案の採択を提案できる。[218]

六月一二日、彭真が烏蘭夫、姫鵬飛[219]、劉復之、武新宇、邢亦民、王漢斌、胡繩[220]等を招集し、憲法改正に関する規定を検討した。一、憲法を規定する検察院の上級・下級は監督関係にあるが、二本立ての指導に改める。[221]二、県以上の人民代表大会は常務委員会を設け、革命委員会を取り消す。革命委員会を再び設置せず、人民政府を設立する。三、省、自治区、直轄市の人民代表大会及びその常務委員会は、行政区域内の具体的状況と実際の必要性に基づき、憲法、法律、法令、政令に抵触しないことを前提として、地方的な法規を定めまたは発布できる。[222]

七月一日、第五期全人代第二回会議で、『地方各級人民代表大会及び地方各級人民政府組織法』と『全国人民代表大会及び地方各級人民代表大会選挙法』が審議され、採択された。県以上の地方各級人民代表大会が常務委員会を設立すること、地方各級革命委員会を人民政府に改編すること、県人民代表大会代表は選挙人の直接選挙によることなどを規定している。これによって、一九七八年三月五日第五期全人代第一回会議で採択された『中華人民共和国憲法』における地方各級革命委員会に関する条文が改訂された。[223]地方各級革命委員会は「文化大革命」の全面奪権による政治的産物である。地方各級人民政府の復活は、一九五四年の『中華人民共和国憲法』中の関係規定[224]と『地方各級人民代表大会及び地方各級人民委員会組織法』（彭真の主導によって制定された）の復活に等しいものである。後者の法律は、第一期全人代第一回会議で正式に採択され（一九五四年九月二四日）、さらに毛沢東が国家主席に就任した後、毛沢東が最初に発布を命じ公布されたものである（一九五四年九月二八日）。この制度は、毛沢東自身が創設と批准を行い、毛沢東自身が改変し廃止したのだが[225]、今また、鄧小平によって再生せられた。第五期全人代第二回会議においてさらに、『人民法院組織法』、『人民検察院組織法』、『刑法』、『刑事訴訟法』が採択された。

鄧小平が述べたように、全人代が開かれ、七つの法律が制定された。実質的には、我々の憲法を部分的に改訂したのである。例えば、革命委員会の廃止と本来の行政体制の復活（人民政府を指す）である。これは政治局面の安定団結にとっての保障になった。彼は、民主を強化するためには法制の強化が必要であると、特に強調している。民主が広範に行われないのは不全であり、健全な法制が行われないのも、不全である。[226]

十、党・行政機構の簡素化

一九八〇年一〇月から一九八二年末にかけて、党と政府は権力の過度な集中とそのすべての弊害を、徐々にではあるが取り除くために、若干の施策を行った。主に行ったことは、党と政府の分権、地方の権利の増大、基盤となる民主的権利の拡大、司法・検察機関の憲法に依拠した審判と検察権の着実な保証であり、それによって党と国家の政治生活民主化実現を追求した[227]。

中央政府機構から始まって下級機関に至るまで、党と政府の指導幹部の過度な兼職副職状況が次第に改正された。党と政府の権力が少数または特定の個人の指導幹部に集中する体制を改革する重要な一歩が、踏み出された。

一九八二年一月一一日と一三日、党中央政治局が会議を招集し、そこで鄧小平が指摘している。機構簡素化は一つの革命である。もしこの革命が失敗すれば、党と国家の組織がいまと同じように肥大化し続け、職責は未分明、多くの人員が不適切な職に就き、責任を負わず、工作の気力、知識、効率性を欠如した状況が継続するであろう。これでは、人民の賛同を得ることができない[228]。

こうして、党中央と国務院の機構改革は迅速に展開された。六月二八日までに、中央の党政機構改革の第一段階が終了した。改革を経て、国務院に所属する部、委員会、直属の機構と事務機構が、一〇〇から六〇に整理統合され、工作人員は約三分の一まで再編縮小された。三八の部と委員会の統計にすぎないが、兼職の部長、主任を除いた正副部長、正副主任は、五〇五人から一六七人に減り、六七％減少した。新しく構成された指導グループにおいては、新たに選抜された青壮年幹部が三二％を占め、平均年齢も六四歳から五八歳に下がった。国務院本体の指導体制改革も進んだ。副総理が一三人から二人に減り、新設の国務委員が一〇人となり、国務院の日常の指導機構が改善され、強化された。党中央直属部門においては、局級機構が一一％減、工作人員の編成も一七・三％の減少、各部、各委員会の正副職は十五・七％減った。新しく構成された指導グループのうち、新選抜された青壮年幹部が六六％を占め、平均年齢が六四歳から六〇歳に低下した[229]。

十一、全国政治協商制度の再建

中国共産党が指導する諸党派合作と政治協商制度は中華人民共和国の基本的な政治制度の一つであり、中国的特色を持つ政党制度である。中国人民政治協商会議はこの制度における重要な機構であり、政治協議、民主の監督、国政参加、この三大機能を担っている。この制度は、毛沢東が創始者となり党中央が創設した。毛沢東が第一期全国委員会主席に選ばれ[230]、全国人民代表大会の権限を代行した。

一九五四年九月、全国人民代表大会第一回会議の後、人民政治協商会議は中国共産党が指導する人民民主統一戦線組織として、諸党派合作と政治協商に力を発揮した。

一九六六年七月第四期全国政治協商会議における常務委員会開催を最後に、その正常な活動の停止を余儀なくされた。

毛沢東自身が創設した国家機構は、彼本人によって十年もの間、活動が停止されたのである。

一九七七年一一月、全国二九の省、市、自治区が新たに政治経協会議を開催した。一九七七年一二月二七日、全国政治協商会議が第四期第七回拡大会議を開催した。

一九七八年二月二四日から三月八日まで第五期全国政治協商第一回会議が開かれ、『中国人民政治協商会議章程』が採択された。また全会一致で鄧小平を全国政協主席、烏蘭夫（当時、中国共産党中央統一戦線工作部部長）等十二人を副主席に選んだ。これより、全国政協は正式に政治活動を展開しその政治的職務を担った。

一九七九年六月一五日、鄧小平が全国政治協商会議五期第二回会議で、重要講話『新時代の統一戦線と人民政治協商会議の任務』を発表し、新時代の統一戦線と人民政協の性質と任務について全面的に詳述した。「我が国の統一戦線は既に、プロレタリア階級に指導された、労農連盟を基盤とする社会主義労働者と社会主義を擁護する愛国者の広範な連盟となった。新しい時代の統一戦線と人民政協の任務は、すなわちすべての積極的要素を動員し、消極要素を積極要素に変えるべく努力し、団結可能な勢力をすべて団結せしめ、心を一つに、衆知と大勢の力を集め、安定団結した政治局面を維持、発展せしめ、我が国を近代化された社会主義強国とするために奮闘することである[231]」。これより後、全国政協は正式に国政に参与し、政治的協議と意思統一ために力を発揮した。

十二、その他の社会機構の再建

労働組合、共産主義青年団、婦人連合会等の人民大衆組織の復活が開始された。「文化大革命」時代、これらの組織は強制的に活動を停止させられていた。一九七八年九月、第四回全国婦人代表大会が開催され、康克清が全国婦人連合会主席に選出された。

中華全国総工会は、一九六七年に第八回全国代表大会が開催されてから二十一年後、一九七八年一〇月に第九回全国代表大会が開かれ、中国工会章程を改訂し、倪志福を全国総工会主席とする指導部を選出した。

一九七八年一〇月、全国共産主義青年団第十回代表大会が開催され、共産主義青年団章程を改訂し。韓英を第一書記、胡啓立等を書記とする第十期共青団中央委員会を選出した。これより前、全国の各学校の紅衛兵組織は解散させられた。一九七七年八月一九日、党中央が共青団第十回代表大会準備委員会の『紅衛兵問題に関する請訓報告』を配布した。『報告』は、文化大革命期に生まれた紅衛兵組織がすでにその歴史的使命を終えたと指摘している。文書が通達されると、学校の紅衛兵組織は即時解散させられた[232]。

全国の文芸機構の再建も始まった。一九七八年一月、党中央の批准を経て、全国文学芸術界連合会と各協会再建準備小組が設立せられた。五月二七日から六月五日まで、中国文学芸術界連合会が第三期全国委員会第三回拡大会議を招集した。年末までに各協会は工作を回復し、二十種類以上の文芸刊行物を復刊または創刊した。文化の新しい高潮期が始まり、一九八〇年までに全国で正式に出版された図書は二万二〇〇〇種、発行された雑誌は二一九一種、文芸芸術公演団体は三五三三、文化会館は二九一二、公共図書館は一七三二に達した[233]。

全国の各民主諸党派が活動を再開した。「文化大革命」が始まるとすぐに、各民主諸党派は活動停止に追い込まれていた。わずかに残った民主的政治すら毛沢東によって破棄せられ、それは「文化大革命」期の「全面的専制」の政治的専制主義の反映であった。一九七七年一〇月、党中央が中央統一戦線工作部の『愛国党派問題に関する請訓報告』を発布した。報告によれば、全国に八つの愛国民主党派があり、構成員はわずか約七万人にすぎなかった。その年の冬、党中央統一戦線工作部が各民主諸党派と商工業連合会の指導者を招集し会を開き、「中国共産党中央は各民主諸党派の活動再開を決定する」と宣布した。その年の末までに、各民主諸党派はすべて臨時指導小組を設立し、活動を展開した[234]。一九七九年六月一五日、鄧小平が第五期全国政協第二回会議で述べている。我が国の各民主諸党派は、民主革命において栄光の歴史を有し、社会主義的改造において重要な貢献を果たしてきた。現在それらは、各々、一部の社会主義労働者と一部の社会主義を擁護する愛国者の政治連盟とすでに連携し、それらは皆中国共産党の指導の下社会主義に貢献する政治勢力となっている[235]。同年一〇月一一日から二二日までの間、各民主諸党派と商工聯がそれぞれ全国代表大会を開き、それぞれの章程を改正し、中央指導機構を改選した[236]。一〇月一九日、鄧小平が政協全国委員会と党中央統一戦線工作部が催したレセプションで述べている。**中国共産党の指導によって民主諸党派の合作が実現した。これは我が国の具体的な歴史条件と現実条件によって決定せられたものであり、我が国の政治制度の特徴であり、優れた点である。「長期共存、相互監督」、これはこの先、長期にわたって不変の方針である**[237]。

実際、この方針は党中央、毛沢東によって一九五六年に制定されたのだが、一九五七年の「反右派闘争」の後、方針が転換せられたのである。一九六六年六月毛沢東が「文化大革命」を発動すると、この方針は廃棄され、真の意味で「一党独裁」となった。鄧小平が、「一党（中国共産党を指す）領導、諸党（民主諸党派と商工連を指す）合作」制度を復活させた。一九八九年一月二日、鄧小平が民主諸党派の建議に対して、専門小組（構成メンバーに民主諸党派を加える）を組織し、民主諸党派による参政と監督職務履行に関するプランを一年以内に作成、完成させ、明年（一九九〇年）施行開始するように指示を行っている。**鄧小平の指示に基づき、一九八九年**

一二月三〇日、党中央は『中国共産党が指導する諸党合作と政治協商制度の堅持と整備に関する建議』を制定した[238]。このことが示しているのは、中国が十年の月日を費やして、「一党独裁」の政治スタイルから「一党領導、諸党合作、政治協商」制度に移行したことであり、民主諸党派は野党、反対党ではなく、参政党、監督党であることを示している。民主諸党派は、中国共産党と長期にわたる合作関係を形成し、かつ互いに監督しあう関係を形成することを示している。これは、欧米国家の「二大政党制」、「多党制」、「政治競争」制度とは異なっている。

要するに、「文化大革命」終結後、中国は「天下大治」の時代に入り、真に安定団結した政治局面を迎えたのである。一九七八年に招集された中央工作会議と十一期三中全会は、認識を一致させた。安定団結が存在しなければ、経済の発展はあり得ず、国家は日一日と危険な状態（文化大革命を指す）に陥っていくであろう。工業が良くなり、農業が良くなり、発展するためには必ず社会政治の安定が欠かせない。これは、経済発展に欠かせない二つの条件のうちの一つである（もう一つは、客観的な経済法則に則ることである）[239]。ならば、中国は「天下大治」をいかにして保障し、「長期安定」の道をいかにして進むのか。十一期三中全会の公報が指摘している。人民の民主を保障するために、社会主義法制の強化が必須であり、民主の制度化、法制化が必須である。こうして展開された党と国家の基本制度の再構築と復活は、中国が開始した改革の重要な制度基盤となっただけでなく、中国の政治体制改革の重要な目標となった。これは、「文化大革命」の現実的な教訓に基づき、建国以来の歴史的教訓に基づいている[240]。

中国にしてみれば、成功経験は歴史の財産であり、失敗経験も同様に歴史の財産である。しかし、それらは自動的に財産になるわけではない。鄧小平が十分な知恵を駆使して、毛沢東晩年の誤りを、中国の改革開放発動の貴重な財産に転換したからである。

第三節　思想の解放と観念のイノベーションに基づく改革

中国の改革の特徴は何であろうか。改革が始まってから、経済のあらゆるモデルが変換され、経済のあらゆる軌道が修正されたそのような国家が、経済の衰退、政治の混乱、社会の動揺を免れたのはなぜだろうか。その反対に、持続的に高成長する経済、長期的に安定した政治、巨大な社会的進歩、さらに未曾有の対外開放、このような状況が出現したのはなぜだろうか。基礎となった改革と発展のモデルはどのようなものか。中国の改革から幾つかの特徴を見ることができる。それは、ソ連と東欧国家の改革とは異なる特徴である。

一、思想解放に基づく改革モデル

中国の改革は、政治構造の改変、つまり「転覆してやり直す」改革ではない。「文化大革命」で毛沢東は、古い国家機構を打ち壊し、「プロレタリア階級の民主」を利用し、「全面的奪権」を発動し、そうして新しい国家機構を打ち立てることを主張した[241]。しかし、毛沢東は徹底的に失敗し、鄧小平に深い歴史的教訓を残した。中国の改革は、後に発生したソ連、東欧のように「政権交代」を伴う巨大な変化とは異なっている。それは、思想解放と観念のイノベーションに基づく改革である。**思想を解放することによって「思想を一新」したが、指導者による「組織の血の総入れ替え」というやり方ではなかった。**指導者間で政治的コンセンサスを達成し、党の内外で思想解放運動を繰り広げるなど、改革開放のために思想的な準備と輿論の準備を十分に行ったのである。

一九七八年六月二日、鄧小平が全軍政治工作会議で呼びかけた。**全党挙げて精神の足枷《かせ》を引きちぎろうではないか。我らの思想の大解放をもたらすのだ**[242]。一二月、鄧小平が中央工作会議で述べている。**党、国家、民族が、書物に書かれたことだけにとらわれるなら、思想は硬直し、迷信が横行し、前に進むことができず、活力が停止し、党を滅ぼし、国を滅ぼすことになる**[243]。

この改革運動では、指導者から一般農民に至る、ほとんどすべての人の観念に根本的な変化が生じた。鄧小平は後に語っている。当時、我々が思想を解放すると言ったとき、それはどのような職場、地区であろうと実際から出発するべきこと、小規模単位から生産隊までを含むすべての場所で、自分たちの実際の情況に根ざして自分たちの経済を発展させなければならないことであった[244]。

中国の改革開放の成功の源は、鄧小平が発動した思想解放運動であり、それが中国改革の基本原則となった。私は、これを思想解放の「配当」と称している。

二、中国式インサイダー改革モデル

中国の改革開放は、外界から無理強いされたものではない。内部改革の型があり、すなわち指導者自身が内外からの挑戦に触発され主動的に提起し、主導的に始め、主導的に推進したのである。したがって、その改革は、自己の改革、自己の完全、自己の発展を目指すものである。状況は、経済の軌道を変換したその他の国家と大いに異なっていた。

陳雲、鄧小平、李先念は、一九五〇年代の計画経済体制の主要な発案者であり執行者である。例えば、陳雲は「第一次五カ年計画」綱要草案を編成した八人工作小組を主宰し、鄧小平は成員の一人であった。李先念は、一九五四年から国務院副総理、財政部部長、国務院第五弁公室主任を兼任し、「第一次五カ年計画」時期の財政計画と資金集めの責任者であった[245]。彼等は現実的に実務をこなした。その頃の中央の計画経済体制の弊害を深く省察し、評価を行い、より広範な市場効果の発揮を提唱した。彼等はまた、六〇年代初期の経済調整を中心となって唱導し、執行に当たった。中国経済の激しい浮き沈みとその結果を、歴史の記憶として骨身に刻み付けていた。これらの歴史経験は、彼等が中国の経済体制改革を発動するに際して、貴重な財産となった。

李先念はまず、中国が必要とする改革の重要命題を提起した。彼は当時、党中央政治局常務委員、中央副主席であり、経済工作を主管する国務院副総理であった。一九七八年九月九日、国務院政治思想理論研究会で総括報告を行い指摘した[246]。**我々は、生産力の発展に適合しない生産関係のすべてを改革し、経済的基礎構造が要求する上部構造のすべてを改革しなければならない。**過去二十年余り、我々はすでに一度ならず経済体制を改革しただけではなく、多くの成果を手にしている。しかし彼の考えによれば、企業管理体制の分野では、往々にして行政権力の変転に目を奪われ、自由化しては引き締め、引き締めては自由化する、お決まりの繰り返しだった。そのため、経済発展の要求に適合することが難しかった。彼は次のように述べている。四つの近代化の求めに適応するように、我々は計画体制、財政体制、物資体制、企業管理体制、内外貿易体制、それらを改革し、近代化した経済組織、科学技術研究組織、教育組織、管理組織を確立しようではないか[247]。さらに彼は、「計画経済と市場経済を結合する」構想を提起している[248]。

九月一六日、鄧小平が次のように指摘している。「機構システム等を含む我が国の体制は、基本的にソ連から来ている。仕事の割に人が多すぎ、組織機構が重複し、官僚主義が横行している。」「多くの体制問題を見直さなければならない。要するに、我々の体制は近代化にふさわしくなく、上部構造は新しい要求に適合していない[249]」。

続けて、鄧小平は改革の概念と構想を提起し、述べている。**この革命では、現在の立ち遅れた生産力を改革しなければならない。そうすれば必然的に、生産関係の多方面にわたる改革、上部構造の改革、工業、農業、企業の管理方式の改革、また工業、農業、企業に対する国家の管理方式の改革が必要となり、近代化という経済の多大な要求にこれらを適合させなければならない。このように多くの戦線では、技術的な重大改革が必要とされるだけでなく、制度的にも組織的にも、重大な改革が求められている。こうした改革を進めることは全国人民の長期的な利益になる。改革を進めなければ、生産技術と生産管理の落ちこぼれ状態から抜け出すことができない**[250]。

鄧小平が、中央工作会議で明確に指摘している。**今、改革を実行しないなら、我々の近代化事業と社会主義事業は、葬られてしまうだろう。**彼は、さらに深く分析している。我が国の経済管理体制の弊害は権力の過度な集中であり、大胆に、計画的に開放するべきである。地方、企業、生産隊に、より多くの経営管理の自主権を持たせるべきである。我が国にはたくさんの省、市、自治区があり、中程度の省でヨーロッパの大国と同じくらいである。したがって、認識を統一し、政策、計画、指揮、行動を統一して、経済計画、財政、貿易の分野にさらに多くの自主権を与える必要がある。[251]この考え方は党中央によって受け入れられ、十一期三中全会の公報（コラム4－4）に書き込まれた。[252]**改革初期の権限分散・権限移譲が中国改革の基本構想となった。**

ここに、鄧小平が提起した経済体制改革の意義が示されている。ひとたび開始されると、技術上、制度上、組織上、重大改革が進行したのである。中国の経済体制改革は、最初に指導者の改革から提起され、上から下に向かって、入念に設計されかつ段階を踏んだ強制的な変化であった。同時に、動員された人民が改革に参与し、下から上に向かって動き始めた誘発型の制度変化であった。このようにして世界最大規模の制度の変化が生みだされた。

コラム4－4　十一期三中全会で提起された経済体制改革（一九七八年一二月二二日）

四つの近代化実現のために、大幅な生産力の向上が要求され、生産力の発展に見合わない生産関係と上部構造の多面的な変革が必然的に要求され、また一切の不適切な管理方式、活動方式そして思考方式の変革が要求されている。したがって、これは広範で、非常に重要な革命である。

現在の我が国の経済管理体制における重大な欠点は、権力の過度の集中である。リーダーシップを発揮して大胆に権限を委譲するべきであり、地方、工業、農業、企業に、国家の統一的な指導の下、より多くの経営管理自主権を持たせるべきである。各級経済行政機構の簡素化に力を尽くすべきであり、それらの職務権限の大部分を企業的な専門公司あるいは提携公司に移譲すべきである。経済法則をしっかり踏まえて仕事を行うべきであり、価値の法則の働きを重視し、思想・政治工作と経済手段を結び付けることに注意を払い、幹部と労働者の生産に対する積極性を十分に引き出すべきである。党の一元的な指導の下、党政不分の現象、つまり党が政府を代行し、政府が企業を代行する現象を真剣に解決するべきであり、ランク、工作、責任者の区分けの実施、管理機構と管理人員の強化、会議や公文書の減少を図るなど、作業効率を向上するべきであり、審査、賞罰、昇級等の制度を真面目に遂行すべきである。このような措置を採ること

によって、中央部門、地方、企業、労働者の四つの分野で主体性、積極性、創造性を発揮することができ、社会主義経済の各部門、各段階があまねく、勢いよく発展できる。

資料出典：『十一期三中全会公報』一九七八年一二月二二日。中央文献研究室編『三中全会以来の重要文献選編』上冊、六頁～七頁、一九八二。

三、自己学習プロセスとしての中国改革

自己の誤りを学習し、教訓を財産に変え、失敗を成功に変える。一九五七年以来、党は数次に及ぶ決裁の失敗を経験した。一九八一年六月に党中央が指摘している通り、社会主義事業の経験が我が党の指導者は十分ではなく、形勢分析、国情認識に主観主義的な偏りがあり、「文化大革命」以前、階級闘争の拡大化と経済建設の面でむやみに事を急ぐという誤りを犯していた。後に、「文化大革命」という全面的かつ長期にわたる深刻な誤りが発生した。このため、我々が本来手にするべき大きな成果を、逃してしまった。誤りを軽視したり、隠匿したりすることは許されず、そのこと自体が誤りであり、さらに重大な誤りを招来しかねない。「真理を堅持し、誤りを糾す」、これは、我が党が採るべき弁証法的唯物主義の根本的立場である。[253]

胡耀邦が、党を代表して、「文化大革命」に対する厳しい反省と歴史的総括を行った（コラム4－5）。彼は、社会主義の道を歩んできた我々が、深刻な挫折と甚だつらい経験をしたことを認めている。しかし、その誤りと挫折のおかげで我々は鍛えられ、覚醒し、そして我々はより堅固に、より成熟し、より実事求是的になり、より強くなった。我々はすでに、この誤りと挫折から多くのことを学び、これからも多くのことを学んで行かなければならない。この意味において、深刻な誤りと挫折は詰まるところ、一時的な現象にすぎない。[254]胡耀邦はこのことについてさらに突っ込んだ解釈を行っている。[255]

コラム4－5　胡耀邦―毛沢東晩年の誤りの歴史的教訓と自己反省（一九八一年七月）

「文化大革命」の重大な誤りを長期間糾すことができなかった根本原因は、我が党の正常な政治生活が破壊され、党の民主集中制、とりわけ中央の集団指導が破壊されたからである。……この痛ましい歴史的教訓を、全党の同志は必ずや永遠に記憶しなければならず、戒めとしなければならない。

歴史の潮流に立ち向かう偉大な人物のほとんどが欠点を持ち、誤りがあったように、毛沢東同志にも彼の欠点と誤りがあった。主に彼の晩年においてであったが、全党、全国の各民族人民から長期間敬愛され、かつ自信過剰のせいもあり、実際からの遊離がますます激しくなった。**大衆から遊離し、特に党の集団指導から遊離し、他人の正しい意見を拒絶もしくは圧迫することもしばしばであった。**このようであれば、失敗と誤りを犯さないわけはなかった。それが、「文化大革命」という全面的かつ長期にわたる重大な誤りに直結し、党と人民に多大な不幸をもたらした。だが当然のことであるが、「文化大革命」以前の一時期、そして「文化大革命」が発動されたその時期、**毛沢東同志の次第に肥大する誤りを党が阻止できず、あまつさえ彼のいくつかの誤った主張を党が受け入れ、賛同した**ことを認めなければならない。我々は、長い間、毛沢東同志と共に歩んだ戦友であり、毛沢東同志の戦いに付き従った彼の学生でもある。**このことに対する責任を痛感せざるを得ず、同時に、おろそかにしてはいけない教訓として記憶していく決心である。**

資料出典：胡耀邦『中国共産党創立六十周年祝賀大会における講話』一九八一年七月一日。中国共産党中央文献研究室編『三中全会以来の重要文献選編』（下）八五七～八五八頁、北京、人民出版社、一九八二。

鄧小平が、毛沢東の誤りから汲み取った歴史的教訓とはどのようなものであったか。彼は述べている。毛主席の最大の弱点は社会主義建設における生産力の発展を軽視したことである。我々は社会主義の道を堅持し、社会主義の優越性を発揮しなければならない。生産力を発展させ、人民の生活を改善しなければならず、社会主義の改造を進めなければならない。生産力の破壊はあり得ず、むしろ生産力の発展を大いに促進しなければならない[256]。これこそが、毛沢東自身が常に言っていた誤りの裏表である。ここに、鄧小平が毛沢東の誤りから得た教訓があり、さらに聡明になり得た理由がある[257]。

鄧小平は、「文化大革命」の災難を自ら被り、その経験は骨身に刻み込まれ、毛沢東の痛ましい教訓を十二分に汲み取っている[258]。彼は、中国を訪れたアメリカ前大統領補佐官ヘンリー・キッシンジャーに、「今日『文化大革命』を振り返ると、それは大変有意義である。この十年の波乱と曲折が我々の改革開放を啓発してくれた[259]」と語っている。「文化大革命」という毛沢東の徹底した失敗が。鄧小平の改革開放の偉大な成功の母となった。

鄧小平は、毛沢東の成功経験と誤りから教訓を手に入れ、改革の財産とし、同時に大きな誤りを犯さないように努めた[260]。まさに、鄧小平が毛沢東の個人専制的な決裁システムを改め、集団討論、集団決定の決裁システムを実行したからこそ、改革時代においても重大な誤りを避けることができた。また彼が、毛沢東の最大の歴史的弱点に学んだからこそ、歴史の最大の成功を手にすることができた。

四、漸進主義的改革方式を採る中国改革

中国の指導者の理性が選択したのは、社会を漸進的に改革する変革方式であった。社会変革は、社会の発展を促す動力であり、個人と社会の活力（energy）、能力（capacities）そして創造力（creativity）をかき立て、刺激する。しかし、社会変革はまた、政治、経済、文化制度の全面的な崩壊を引き起こし、中国の社会モデルの転換を招き、近代化の発展が阻害されかねない。[261]

改革は、元々あった政治と社会の枠組みのバランスを破壊することが起こりうる。人々の積極性を突き動かす局面をもたらすこともできるし、社会に不穏な局面をもたらすこともありうる。ひとたび改革がスタートすると、中国の指導者は、社会の安定と団結の大局確保を十分すぎるほど強調した。胡喬木が述べている。三中全会が安定団結の方針を強調するのは、一時的な措置ではない。この方針には、戦略的意義がある。我が国の基本となる経験の一つに、長期の持続的な安定団結を保持しなければならないことがある。もし、我が党があるべき安定団結を保持できなかったなら、社会の安定団結も保持できない。安定と団結は国内外で、重要な戦略的意義を持つ。[262] 一九七九年初頭、中国の一部の地方で社会不安の現象が見られた。一部の群衆が党と政府の機関を攻撃し、ハンストを実行し、交通を妨害し、工作、生産、社会秩序をひどく破壊した。鄧小平は、この種のやり方を「文化大革命」の「党委員を蹴飛ばし、改革をかき乱す」やり方の類と同じだとした。[263] 李先念が明確に指摘している。「文化大革命」は我が国に混乱の十年をもたらした。現在全国の人民の心は安定を願い、向上を願い、四つの近代化の一日でも早い実現を願っている。これは大局である。何人もこの大局を破壊することは許されない。[264] **毛沢東は「天下大乱」を起こし、「安定団結」を自己否定する痛ましい教訓を残した。**[265] **直接的には、それは、鄧小平等中国の指導者が安定を保持し、「天下大治」を実現しようとする改革にとって貴重な財産となり、全国人民の社会的共通意識となった。**

深層レベルで見れば、社会変革が社会の活力を突き動かすと同時に、活力あふれる政治的共同体に対する欲求を喚起する。これは、強力で集権的な政治権力を再建し、それによって、政治的安定と社会的安定が可能であり、社会経済の協調のポテンシャル増加が可能だということである。[266] **経済、活力の平衡と社会の安定との関係は、社会が変革し経済の軌道が変化する時代にあって、処理が最も困難な重要な関係であり、真っ先に成功裏に処理すべき重要な関係である。**

改革の初期、鄧小平は、中国が「歴史的変革の時期にあり、

課題が山積し、やるべき仕事が累積している」ことを十分意識していた。[267] **それでは、中国はどのようにして改革を開始し、どのような方式で改革を推進したのか。**改革初期に、中国の指導者は「漸進改革」方式とその原則をはっきりと示している。一九七九年四月、李先念が中央工作会議で、この構想を明確に提起している（コラム4－6）。

コラム4－6　李先念『中国漸進改革策略』（一九七九年四月）

体制改革は、間違いなく、国民経済全局に関係する一大事であり、複雑で困難な仕事である。我々は積極的な態度を採らなければならないが、しかし改革の方法と段取りは、穏当に確実にやらなければならない。機が熟さない状況にもかかわらず、拙速に大きな改革をやろうとするなら、混乱を来しかねない。一つ一つ焦点を定めてやらなければならない。改革しなければならないこと、比較的容易に改革できることに重点をおき、先に計画と段取りを定めて改革を進める。局と部の改革を同時に進めるには、調査研究を怠らず、狭い範囲で試験的にやり、準備を整え、全体的な改革方案と対照比較し、中央の批准を受ける。その後、条件が満ちた時を見計らって着手実行する。改革に当たって、正しい理論指導を欠き、また実践経験に対する系統的な総括を欠くと、スムーズに事が進まない。国内の経験を総括すること、国外の良好な経験に学ぶこと、調査研究を確かに行うこと、これらが必要なことである。

資料出典：李先念『中央工作会議における講話』（一九七九年四月五日）。『李先念文選（一九三五－一九八八）』、三七四頁、北京、人民出版社、一九八九。

中国の指導者は極めて実務的であり、地方が改革のやり方と制度を刷新することを積極的に奨励している。一九七八年二月、鄧小平は早くから、当時四川省第一書記であった趙紫陽に地方の刷新の必要性を説いている。[268] 中国の改革の道と旧ソ連、東欧諸国との改革は違う。**漸進主義的な改革の計略を採っている。最も容易な地方改革から始め、阻止勢力が最も小さい方面から改革を始めている。**まず、農村から始め、漸進方式によって徐々に都市に向かっていく。沿海地区の解放を手始めにすることによって、国外の資金、技術、管理方法を吸収し、制度やルールを二本の異なるレールに沿って実行すれば、改革が引き起こす衝撃を軽減できる。世界経済史において、深い影響を持つ初めての試みであった[269]。

鄧小平はさらに、中国の経済体制改革の方法論を提起している。いかにして旧制度を改革し、新制度を打ち立てるのか。鄧小平は、中国共産党の伝統と経験をもとに、末端における「試行」という新しいやり方を提起した。彼は指摘している。いくつかの課題について、中央が原則的な決定を下した後、試すことが必要である。経験値を積み、集団の知恵を集め、一つ一つ成熟させ、解決する。中央からそれぞれに正式な決定が出されてから、念入りで実行可能な、しかも長期にわたって効果を発揮する制度、条令を制定し、それらを順を追って実施に移す。中央が新しい制度条例を正式に公布するまでは、関係各方面の工作は、やはり現行の制度に照らして進める[270]。このようにして、旧体制から新体制に段階的に移行する問題、例えて言えば、「河」を渡るための「橋」と「船」の問題が解決された。すなわち、「試行錯誤」の方法を使い、絶えず試し、絶えず模索し、少しずつ変化を積むことで、生産制度が一歩一歩変わっていった。ここで多用されたのは実践経験に基づくことであり、教条的な理論に基づくことではない。同時に、制度変遷における情報の不均衡を軽減し、不確定要素とさまざまなリスクを低減している。

五、中国の進路を新たに創造する改革

中国は世界で最も人口が多い国家である。新中国を創建するに当たって、社会主義の道を選択した。搾取制度を消滅させ、社会主義制度を打ち立てた。これは、世界史における新しい創造である。

改革の初期、中国の指導者は、「我々が成し遂げた成果は偉大である。この偉大な成果から目を背けるのは完全に誤っている」と十分に意識していた。同時に、彼等は冷静であった。「我々が歩んできた道は決して平坦ではなかった。比較的順調に発展したこともあり、厳しい挫折を味わったこともある。全国人民の艱難努力に比すれば、社会主義制度が発揮すべき優越性に比すれば、我々の成果は極めて不十分である」[271]。**しかし、中国の指導者はこれらの挫折と失敗を理由に、社会主義政治の方向性を決して放棄しなかった。それどころか、中国の改革の目標は依然として社会主義の道を堅持することだとさらに明確にした。**だが、それはソ連式の社会主義と異なっている。**改革が開始されると、中国の指導者は、「中国の道」、すなわち中国の特色ある社会主義近代化の道を建設するという目標を、十分自覚的に提唱した。**

一九七九年四月、李先念が中央工作会議で、我々の近代化とはどのようにやるのか、と提起している。彼自身、中央政治局と国務院を代表して答えている。**我々は、我が国の実際から出発し、社会主義制度の下で近代化を実現する中国式の**

道を進まなければならない。[272]これが最も早い「中国の道」に関する発言である。そこには、明確な定義が付加されてはいないものの、三つの基本要素が含まれている。一つは、近代化の要素であり、これは当時の「四つの近代化」を指す。二つ目は、社会主義要素であり、これは基本的な社会主義政治制度と経済制度のことである。三つ目は、中国的要素であり、これは中国の文化、中国の特徴を指す。

九月二八日、葉剣英が建国三十周年大会の講話で指摘している。「我々は、中国の実際から出発し、経済法則と自然法則を真剣に研究し、我が国の情況と特徴に適合する客観的近代化の道を努力して進まなければならない[273]」。

一九八〇年八月、鄧小平がはっきりと述べている。**我々が社会主義近代化建設を進めるために、経済的には発達した資本主義国家に追い付き、政治的には資本主義国家の民主よりもさらに高次元で、現実的な民主を創造しなければならず、これらの国家と比べてもっと多くの、もっと優秀な人材を育成しなければならない。上述の三つの要求を達成するには、時間が短く済むと言う人もいれば、長い時間が必要だと言う人もいる、しかし、社会主義の大国として、我々は達成できるし、必ず達成しなければならない。したがって、詰まるところは、党と国家の種々の制度は良いのか悪いのか、完全なのか不完全なのか、この三つの要求を実現するために役立つのかどうか、検証しなければならない**[274]**。**これは、中国の経済体制改革と政治体制改革が欧米基準ではなく、中国基準であること、中国の近代化が欧米の道ではなく、中国の道であることの明確な答えである。これはまた、経済、人的資源において欧米諸国に追い付くだけでなく、政治的にも欧米国家を超越することを意味している。

一九八二年九月一日、党の第十二回代表大会開会の辞で鄧小平が公式に「中国の道」と表明し、述べている。「**マルクス主義の普遍的真理と我が国の具体的な実際とを結合し、我々自身の道を進む。中国の特色ある社会主義の建設、これこそ、長い歴史経験を総括して我々が獲得した基本的結論である。**[275]」

鄧小平が提起した命題「中国の道」は、中国の社会主義実践の総括であり、後の中国改革開放実践の指導思想でもある。それは、マルクス主義の生きた魂を体現し、具体的な課題の具体的な分析を体現している[276]。それは、ほかの国がすでに成し遂げた発展モデル、もしくは表面的には成功している発展モデルの丸写しではない。ましてソ連の計画経済モデルでもなく、米国政治の民主モデルでもない。自前の発展モデルを探究するのである。あたかも「石を探りながら川を渡る」ように、実践しながら、学び、探究し、調整しながら、新しいものを創造する道である[277]。

党の十二回代表大会（一九八二年）から十八回代表大会（二〇一二年）までの大会報告の標題がすべて同じテーマであることは、注意すれば気が付く。それは、中国的特色を持つ社会主義である（表4－1）。キーワードは三つある。一つは、「近代化」。これは、発展途上の国であれば必ず通過する、貧困・落伍の容貌を脱ぎ捨てる「近代化」の過程である。近代化の「落伍者」から「追走者」に変貌せんとすることであり、発展した現代経済における「貧困者」から「富裕者」に変貌せんとすることである。二つ目は、「社会主義」。これは中国近代化の基本的な政治の方向である。それは、インド等の発展途上国の近代化の過程と異なり、社会主義の制度と手段を採用する。また、後のソ連が社会主義を放棄し、資本主義に転向したこととも異なっている。三つ目は、「中国の特色」。これは、中国の近代化の特色である。中国が行う近代化のモデルは欧米のそれと異なっている。中国が行う社会主義はソ連と東欧のモデルと異なっている。中国は、数千年来の文化と伝統という歴史資源と文化的優位に基盤を置き、中国共産党九〇年の政治資源と政治的優位に基盤を置き、新中国六〇年の社会主義制度資源と制度的優位に基盤を置いている。**これらの要素が、真にオリジナルな、独創性ある、クリエイティブな「中国の道」に昇華するには、やはり、たゆまぬ探求と実践、そして歴史の検証が必要である。**

一九八二年以降、党代表大会で行われた上述の三つの特徴に対する歴史的総括に注意しながら、基本経路を次の表で示す。

鄧小平復活は、歴史が必要とし、歴史が選択し、歴史が決定し、歴史が与えたチャンスであった。中国の改革は鄧小平の存在があったから成し得たことであり、それは決して偶然の改革ではなかった。龔育之は次のように考えている。鄧小平が進めた「撥乱反正（乱れた世を治めて、正しい状態に戻す）」は、「非毛化」ではない。それは独特の超越、つまり是正、継承、創造的発展、この三者が合わさった結果である。十一期三中全会後、鄧小平は我々を導いて全面改革へと進んだ。実践面と理論面で重大な突破を成し遂げ、「中国の特徴的な社会主義論」を創り上げた。これこそ独特の超越的で、意義深いものである。龔育之は、「中国の特徴的な社会主義論は『毛に始まり、鄧で成った』」と評価している。[278]この意味から言えば、毛沢東は「中国の道」の開拓者である。成功もし、失敗もした。先に成功し、後に失敗した。しかし、成功であろうと失敗であろうと、すべて、鄧小平にとっては「歴史の財産」である。一九六六年の中国は、かつて、毛沢東と彼の「文革」を選んだが、一九七八年、鄧小平が毛沢東の歴史的地位を肯定しながらも、毛沢東の「文革」路線を放棄し、一九五六年の八回大会路線への回帰を果たした。彼は、毛沢東の新民主主義理論と実践を余すところなく吸収し、「社会主義初級段階」の改革理論を提起した。彼は、毛沢東に学び、毛沢東を超えた。毛沢東の「文革」の失敗は、鄧小平改革の成功の母である。中国は、広範かつ深刻な革命を経ていくだ

表4-1　歴代党代表大会政治報告標題と発展目標（1982～2012年）

党代表大会	開催年	報告の標題	発展目標	報告者
第12回	1982	社会主義近代化建設の新局面を全面的に切り開こう	2000年までに、工業と農業の生産総額を4倍にする	胡耀邦
第13回	1987	中国的特色を持つ社会主義の道を前進しよう	2000年までにGNPを4倍にする	趙紫陽
第14回	1992	改革開放と近代化建設の歩調を速め、中国的特色を持つ社会主義事業の偉大な勝利を勝ち取ろう	2000年までに、国民経済全体の資質と総合国力を新しい段階に邁進させる	江沢民
第15回	1997	鄧小平理論の偉大な旗を高く掲げ、中国的特色を持つ社会主義事業建設を全面的に、21世紀に向けて押し進めよう	2010年までにGNPを対2000年比倍増させ、人民の生活をより豊かにし、比較的整った社会主義市場体制を形成する	江沢民
第16回	2002	ややゆとりある中流社会を全面的に建設し、中国的特色を持つ社会主義事業の新局面を切り開こう	2020年までにGDPを4倍にし、総合国力と国際競争力の明確な増強を成し遂げる	江沢民
第17回	2007	中国的特色を持つ社会主義の偉大な旗を高く掲げ、ややゆとりある中流社会を全面的に建設し、新しい勝利を勝ち取るために奮闘しよう	一人当たりGDPを4倍にし、工業化の基本的実現、総合国力の顕著な増強を成し遂げ、国内市場総体規模を世界トップクラスに押し上げる	胡錦濤
第18回	2012	中国的特色を持つ社会主義の道からそれることなく断固として前進し、中流社会の全面的達成のために奮闘しよう	対2010年比、GDP倍増と都市・農村の一人当たり平均収入倍増を実現し、科学技術に優れた国家の列に加わり、国際競争力の顕著な増強を実現する	胡錦濤
第19回	2017	ややゆとりある中流社会を全面的に建設するための最後の戦いを貫徹し、新時代の中国の特色ある社会主義の偉大な勝利を奪取しよう	2035年までに社会主義近代化を基本的に実現する。2050年までに我が国を富強、民主的、文化的、調和的かつ美しい社会主義近代化強国にする	習近平

ろう。しかし、この革命は「文化大革命」とは違う。「漸進的革命」と呼べる革命である。[279] 漸進主義的な方式によって、革命性の衣装をまとい、社会変革を実現する。

特に指摘されるべきは、中国が「文化大革命」の終結から「撥乱反正（乱れた世を治めて、正しい状態に戻す）」段階に到達でき、再び改革開放を発動できた理由である。それは、鄧小平、陳雲等彼等の政治的コンセンサスと政治的協力が決定的な作用を引き起こし、[280] 胡耀邦、趙紫陽等の重要な政治的サポートを従えて、改革指導者が「文革」指導者に取って代わったからである。まさに胡耀邦が十一期六中全会で述べた通りである。現在の中央指導の核心的状況は、政治生活の正常であり、集団指導の真の回復にある。古参同志の何人かが、「現在の中央の政治生活は、思うに、我が党史における最も良好な時期だ」と発言している。私も同感である。[281]

鄧小平が新たに党中央総書記に就任せずに形成された胡（耀邦）・趙（紫陽）の第一線と鄧（小平）・陳（雲）の第二線に分かれる第二世代指導体制は、第八回代表大会後に形成された劉（少奇）の第一線と毛（沢東）の第二線に分かれた第一世代指導体制に似ている。それは政治権力と決裁権の二元化につながる可能性がある。すなわち、一級指導と二級指導が政治権力を分かち合い、共に合法性を有しているため、彼等の間にずれが生じた時、権力の二元化のゆえに政治的膠着状態を生み出し、また直接の交流と情報の欠如のゆえに、政治的なずれが政治的分裂に変わっていく。一九六五年、一九六六年の毛沢東と劉少奇、一九七五年の毛沢東と鄧小平がその典型である。[282]この種の決裁体制には、やはり大きな限界があることを、後の事実が証明している。それは、指導者同士の情報の共有化と政治認識の共通化に対する制度的な保障を困難にし、指導者の正常な交代に対する制度的な保証を困難にする。

注

1　『中国共産党第十一届中央委員会第三回全体会議公報』、(中国共産党第十一期中央委員会第三回全体会議公報一九七八年一二月二二日採択)。

2　毛沢東「一九五七年夏季の情勢」、『毛沢東選集』、第五巻、四五八～四五九頁。北京、人民出版社、一九七七。一九七八年一二月二二日に採択された『中国共産党第十一期中央委員会第三回全体会議公報』より引用。

3　譚宗級、葉心瑜監修『中華人民共和国実録――改革与巨変――開創現代化建設新局面(一九七七‐一九八三)』、第四巻、(上)、一二頁。長春、吉林人民出版社、一九九四。

4　譚宗級、葉心瑜監修『中華人民共和国実録――改革与巨変――開創現代化建設新局面(一九七七‐一九八三)』、第四巻、(上)、三六～三七頁。長春、吉林人民出版社、一九九四。

5　王鴻模『中国共産党第十一次全国代表大会』、李穎編『従一大到十六大』、下冊、六〇八～六二一頁。北京、中央文献出版社、二〇〇三を参照。

6　鄧小平「中央軍事委員会全体会議における講話」(一九七七年一二月二八日)。『鄧小平文選』、第二版、七四頁。北京、人民出版社、一九九四。

7　鄧小平「党の組織戦線と思想戦線における差し迫った任務」(一九七九年七月二九日)。『鄧小平文選』、第二巻、三七頁。北京、人民出版社、一九九三。

8　中共中央文献研究室編『陳雲伝』、一四四四頁。北京、中央文献出版社、二〇〇五。

9　華国鋒が述べている。「二つの性質が異なる矛盾を厳格に区分し、正しく処理しなければならない。証拠を重んじ、調査研究を重んじ、強要に基づく自白によって罪状を決定することを厳禁する。教育更生面を拡大し、攻撃面を縮小する。批判は厳しく、だが処理は寛大にする。反抗すれば厳しく対応し、悔い改めれば寛大に対応する。罪行が重く、悔い改めないひとつまみの『四人組』反動グループ、また破壊活動を行った反革命分子に対しては、断固として攻撃しなければならない。『四人組』の中堅分子は、『四人組』と明確に区分けし、事の顛末を洗いざらい白状し、改悛を願う者は、寛大に処理してもよい。誤りを犯した同志、重大な誤りを犯した同志も含め、『誤りを戒めとし、将来の更生に役立たせる』方針を堅持しなければならない。彼等の更生を助け、誤りを改めるならそれでよく、早めに解放できるものは解放してよく、拘束は必要ない。」華国鋒「団結し、社会主義近代化強国建設のために奮闘しよう——第五期全国人民代表大会第一回会議における政府工作報告」、一九七八年二月二六日。

10　王鴻模、蘇品端『改革開放的征程』、四七～四九頁。河南人民出版社、二〇〇一。

11　鄧小平「思想路線、政治路線の実現は、組織路線によって保障される」（一九七九年七月二九日）。『鄧小平文選』、第二巻、一九二～一九三頁。北京、人民出版社、一九九四。

12　当代中国研究所著『中華人民共和国史稿』第四巻（一九七六－一九八四）、人民出版社、当代中国出版社、二〇一二年版、八頁。

13　『紅旗』、一九七七（六）。

14　当代中国研究所著『中華人民共和国史稿』第四巻（一九七六－一九八四）、人民出版社、当代中国出版社、二〇一二年版、一六～一七頁。

15　王鴻模、蘇品端『改革開放的征程』、一〇頁。河南人民出版社、二〇〇一。

16　費正清（John King Fairbank）は次のように考えている。「中国共産党は、中国人民の心の中で合法的な地位を取り戻すために、人心に沿うままに擾乱を治め正常に戻すことしかできなかった。」費正清（John King Fairbank）『中国——伝統与変遷』、中国語版、六四〇頁。北京、世界知識出版社、二〇〇二。

17　中共中央党史研究室第三研究部『中国改革開放三〇年』、五三頁。瀋陽、遼寧人民出版社、二〇〇八。

18　王鴻模、蘇品端『改革開放的征程』、二六頁。鄭州、河南人民出版社、二〇〇一。

19　宋任窮の回顧録。程中原、王玉祥、李正華『転折年代——一九七六－一九八一年的中国』三二三～三三三頁、北京、中央文献出版社、二〇〇八による。

20　一九八〇年一一月一九日、胡耀邦が中央政治局会議で述べている。「私は次のような言い方に同意する。かなり長い期間、少なくとも一年間、華国鋒同志は主に、汪東興同志、紀鄧奎同志、呉徳同志、穌振華同志に頼ってきた。まだ、李鑫同志と郭玉峰の二人もいる。彼等は二つのものを掌握している。一つは、輿論の道具であり、主に汪東興同志と李鑫同志が握り、さらに呉徳同志もいる。もう一つは人事の道具である。主に、汪東興同志、紀鄧奎同志と郭玉峰である。この二つのグループは、鼻持ちならぬほどに意気揚揚、居丈高である。この人たちの仕事のやり方は、神秘的で量りかね、すべてが独断専行である。明日発表しようとする事柄を、今日の夜、宣伝部門の責任者である耿飈同志すら知らない。このようなやり方は、〝四人組〟を打倒する前の典型的なあのやり方である。」

21　『葉剣英伝』編纂班『葉剣英伝』、三九一～三九二頁。北京、当代中国出版社、二〇〇六。

22　中共中央文献研究室編『鄧小平年譜（一九七五－一九九七）』上巻、一五六頁。北京、中央文献出版社、二〇〇四。

23　譚宗級、葉心瑜監修『中華人民共和国実録——改革与巨変——開創現代化建設新局面（一九七七－一九八三）』、第四巻、（上）、五四頁。長春、吉林人民出版社、一九九四。

24　この記事は鋭い指摘を行っている。「いまだに次のような同志がいる。特に、幹部工作を受け持っている同志だが、『四人組』がばらまいた害毒の影響を受けているために、幹部政策を実施するというこの根本的な是非に関する重大な問題を前にして、工作が十分な役割を果たしていない。したがって、基本的な政治方針を認識している一部の幹部、あるいは仕事の能力を持つ幹部に仕事が割り振られていないとか、あるいはまた、審査中の多くの幹部が正しい結論を得るに至っていないとか、幹部の隊列に混入している悪玉の処理がいまだなされていないとか、そうした事態が生じている。根本的に是非を明らかにする党の幹部政策を着実に実施することに対して、その工作に当たっている同志の中に、現在に至るも、認識が不足している者や、甚だしい場合にはその工作に対する意欲が欠如している者がいる。」『人民日報』、一九七七年一〇月七日。
25　王鴻模、蘇品端『改革開放的征程』、四七頁。鄭州、河南人民出版社、二〇〇一。郭玉峰は、「文化大革命」の期間中、中共中央組織部業務小組組長、中央組織部部長に就き、中国共産党第九期中央候補委員、第十、第十一期中央委員に選出されている。一九七七年一二月に職を解かれた後、康生の問題との関連で、摘発を受け党籍を除名された。
26　王鴻模、蘇品端『改革開放的征程』、四八頁、五〇頁。鄭州、河南人民出版社、二〇〇一。
27　中共中央文献研究室編金衝及、陳群監修『陳雲伝』(下)、一四八二頁。北京、中央文献出版社、二〇〇五。
28　王玉祥、王玉祥、李正華『転換の時代――一九七六―一九八一年の中国』三三一～三三二頁、北京、中央文献出版社、二〇〇八。
29　一九六七年当時、中共中央政治局常務委員、書記所書記に就いていた陶鋳は、江青等の誣告に遭い、南京監獄〝反徒集団〟の主要なリーダーとされた。
30　中共中央文献研究室編『鄧小平年譜(一九七五―一九九七)』(上)三〇四頁。北京、中央文献出版社、二〇〇四。
31　程中原「歴史のキーポイントにおける陳雲」、『中華児女』二〇〇五年(一一七)、一七頁。
32　于光遠『大転折――十一届三中全会的台前幕後』、六五頁。北京、中央編譯出版社、二〇〇八。
33　陳雲「誤りがあれば必ず糾す方針を堅持しよう」(一九七八年一一月一二日)。『陳雲文選』、第三巻、一三二頁。北京、人民出版社、一九九五。
34　王鴻模、蘇品端『改革開放的征程』、一四八頁。鄭州、河南人民出版社、二〇〇一。
35　中共中央文献研究室編金衝及、陳群監修『陳雲伝』(下)、一四七八～一四七九頁。北京、中央文献出版社、二〇〇五。
36　王鴻模、蘇品端『改革開放的征程』、一四八～一五〇頁。鄭州、河南人民出版社、二〇〇一。
37　一九三六年当時、中共中央総書記であった張聞天が中共北方局に正式に回答を行っている。「薄一波等六十一名が、党のために工作できるように、反省院規定の手続きを経て、出獄できることを許可する」。当時の毛沢東もかつて彼等に、中央は彼等の出獄の経過を承知していると言っている。しかし、「文化大革命」の最中、康生、江青、謝富治らが「六十一人反徒集団」事件をでっち上げ、親族、親友、親しい同志と部下を巻き添えにした。
38　于光遠『大転折――十一届三中全会的台前幕後』、六五～六七頁。北京、中央編譯出版社、二〇〇八。
39　中央工作会議開催期間、鄧小平は外遊に出ており、一九七八年一一月一四日夜、北京に戻った。彼は中央政治局常務委員会に参加していなかった。
40　王鴻模、蘇品端『改革開放的征程』、五〇頁。鄭州、河南人民出版社、二〇〇一。
41　『人民日報』一九七八年一一月二〇日。
42　汪東興は、中央専案審査小組組長であった。この小組は『党章』の規定に反していたが、「文化大革命」期に劉少奇等を迫害した主要な独裁機関となった。
43　何沁主編『中華人民共和国史』、三六二～三六三頁。北京、高等教育出版社、一九九七。
44　鄧小平「思想を解放し、現実を見据えて正しく行動し(実事求是)、一致団結して将来に目を向けよう」(一九七八年一二月一三日)。『鄧小平文選』、第二巻。北京、人民出版社、一九九四。
45　『中国共産党第十一期中央委員会第三回全体会議公報』、(中国共産党第十一期中央委員会第三回全体会議公報一九七八年一二月二二日採択)。
46　モーリス・マイスナー(Maurice Jerome Meisner)が次のように評価

している。一九五九年の毛沢東による元帥打倒の一事は、人々の心の奥深くに刻み込まれ、毛沢東時代における最大の冤罪の一つとして、二十年近く広く認知され、人々はこの冤罪がすすがれることを求めていた。彭徳懐は冤罪を負ったまま、一九七四年世を去った。しかし彭徳懐が背負った冤罪は、中国の政治生活において人々にとって最も耐え難い傷の一つとなった。鄧小平が党中央を代表して悼辞を致し、既に亡き元帥を偉大な革命的英雄として讃え、一九五九年まで続いた彼の歴史的地位を回復した。この儀式は重大な政治的意義を持っている。なぜなら、このようにして彭徳懐を特に讃えることは、毛沢東がいついかなる時でも崇拝に値するとは限らないことを意味していたからである。彭徳懐に対する称揚は〝大躍進〟運動への批判である。なぜなら彭徳懐こそは断固として〝大躍進〟に異を唱えたために粛清されたからである。モーリス・マイスナー（Maurice Jerome Meisner）『毛沢東的中国及其後——中華人民共和国史』、第三版、中国語版、四〇九頁。香港、香港中文大学出版社、二〇〇五。

47　黄峥「中共中央為劉少奇平反紀実」。『香港傳信』、二〇一〇年（二四）。

48　黄峥「中共中央為劉少奇平反紀実」。『香港傳信』、二〇一〇年（二四）。

49　黄峥「中共中央為劉少奇平反紀実」。『香港傳信』、二〇一〇年（二四）。

50　再審査班は中央規律検査委員会が責任を持ち、王鶴寿に指導され、中央組織部、中央党校、軍隊等の単位の八名によって構成された。

51　中共中央文献研究室編金衝及、陳群監修『陳雲伝』（下）、一五二〇～一五二三頁。北京、中央文献出版社、二〇〇五。

52　中共中央文献研究室編『鄧小平年譜（一九七五－一九九七）』上冊、四五八頁。北京、中央文献出版社、二〇〇四。

53　黄峥「中共中央為劉少奇平反紀実」。『香港傳信』、二〇一〇年（二四）。

54　程中原、王玉祥、李正華『転折年代——一九七六—一九八一年的中国』、三四七頁。北京、中央文献出版社、二〇〇八。

55　中共中央文献研究室編『三中全会以来重要文献選編』（上）、四四一～四四二頁。北京、人民出版社、一九八二。

56　『恢復毛沢東思想的本来面目——論為劉少奇同志平反』一九八〇年五月一六日。

57　一九六七年四月九日、劉少奇は一度ならず家族に話している。「将来、私が死んだら、私の遺灰を、エンゲルスと同様に、大海に散じてほしい。大海は五大洋に連なっている。私は、そこから、全世界に共産主義が実現されることを見届けるつもりだ。忘れるではない。これは私の遺言である」。

58　黄峥「中共中央為劉少奇平反紀実」。『香港傳信』、二〇一〇年（二四）。

59　この会議は、一九七八年一二月一六日～二七日まで、北京で開かれた。

60　譚宗級、葉心瑜監修『中華人民共和国実録——改革与巨変——開創現代化建設新局面（一九七七－一九八三）』、第四巻、（上）、一七四頁。長春、吉林人民出版社、一九九四。

61　王鴻模、蘇品端『改革開放的征程』、一四七頁。鄭州、河南人民出版社、二〇〇一。

62　譚宗級、葉心瑜監修『中華人民共和国実録——改革与巨変——開創現代化建設新局面（一九七七－一九八三）』、第四巻、（上）、二六九頁。長春、吉林人民出版社、一九九四。

63　中共中央文献研究室編金衝及、陳群監修『陳雲伝』（下）、一五二〇頁。北京、中央文献出版社、二〇〇五。

64　石仲泉等『中共八大史』、二五頁。北京、人民出版社、一九九八。

65　胡喬木「十二回大会の重要な成果」。李穎編『従一大到十六大』（下冊）、六九四頁。北京、中央文献出版社、二〇〇三を参照。

66　現在まで既に三十年が経過している。

67　胡鞍鋼『中国政治経済史論（一九四九－一九七六）』、第二版、五四六頁と付録の一。北京、清華大学出版社、二〇〇八。

68　柴紅霞、石碧波、高慶『胡耀邦謀略』、二七頁、三五頁。北京、紅旗出版社、一九九七。

69　中共中央文献研究室編『三中全会以来重要文献滙編』、上冊、二一四九頁。北京、人民出版社、一九八二。

70 中共中央文献研究室編『三中全会以来重要文献滙編』（上）、四三〇頁。北京、人民出版社、一九八二。

71 宋任窮『宋任窮回憶録（続集）』、八九～九一頁。北京、解放軍出版社、一九九六。

72 瞿秋白は、かつて二度、中国共産党最高指導者の地位に就いたことがあり、中国共産党早期の主要な指導者の一人である。

73 張聞天はかつて、一九三五年一月の遵義会議で中国共産党の総責任者（総書記とも言っている）に就任し、一九三八年秋に開催された六期六中全会の前まで、洛（張聞天の当時の筆名を洛甫と言った）毛（沢東）合作指導体制を執った。

74 李立三は、一九三〇年六月から九月まで中央政治局常務委員兼秘書長、宣伝部長に就いていたが、〝左〟の冒険主義（即ち立三路線）の誤りを犯したとされ、九月二四日、瞿秋白、周恩来がコミンテルンの指示に基づき主宰した六期三中全会で〝立三路線〟の誤りを糾され、党中央の指導的地位が終わった。

75 Shiping Zhen（鄭世平）. 一九九七. Party vs. State in Post 1949 China : The Institutional Dilemma, Cambridge University Press, p125. より引用。

76 何蓬『毛沢東時代的中国（一九四九－一九七六）』（二）。北京、中央党史出版社、二〇〇三。

77 王鴻模、蘇品端『改革開放的征程』、一五七頁。鄭州、河南人民出版社、二〇〇一。

78 胡風事件は二一〇〇人が関係し、逮捕者は九三人、胡風分子は七八人に上る。一九五五年三月中共中央が、中央宣伝部の「胡風思想批判の展開に関する報告」、一九五五年五－六月の『人民日報』の「胡風反党集団資料」に関する毛沢東の評語を転送・配布した。

79 潘漢年は当時、中共上海市委員会第三書記、上海市常務副市長に就いていた。

80 一九五九年、康生の策動に遭い、馬寅初が名指しで公開批判を受けた。一九六〇年初頭、馬寅初は北京大学校長の職務を迫られて辞任し、この後、全人代常務委員会委員を罷免された。一九七九年六月二一日、馬寅初先生の問題が提起され、名誉回復が当然であるとされた。胡耀邦は、即刻賛意を表明した。七月一六日、中央の関係部門が馬寅初先生の名誉回復を決定した。九月五日、鄧小平の意見に基づき、馬寅初先生は北京大学名誉校長に任命された。中共中央文献研究室編金衝及、陳群監修『陳雲伝』（下）、一五二七～一五二八頁。北京、中央文献出版社、二〇〇五。

81 譚宗級、葉心瑜監修『中華人民共和国実録――改革与巨変――開創現代化建設新局面（一九七七－一九八三）』、第四巻、（上）、一一四頁。長春、吉林人民出版社、一九九四。

82 程中原、王玉祥、李正華『転折年代――一九七六－一九八一年的中国』、一一八頁。北京、中央文献出版社、二〇〇八。

83 王鴻模、蘇品端『改革開放的征程』、一五六頁。鄭州、河南人民出版社、二〇〇一。

84 王鴻模、蘇品端『改革開放的征程』、一五六頁。鄭州、河南人民出版社、二〇〇一。

85 蕭冬連『歴史的転軌――従撥乱反正到改革開放』、一一六～一一七頁。香港、香港中文大学当代中国文化研究センター、二〇〇八。

86 胡喬木「十一期三中全会の重大な意義」（一九七九年一月六日）。『胡喬木談中共党史』、八頁、一五頁。北京、人民出版社、一九九九。

87 この「決定」が指示している。反動的立場に固執している極めて少数の者を除いて、政府の法令を多年の間遵守し、勤労態度が真面目で悪事をなさなかった地主、富農分子、及び反革命分子、不良分子は、すべて人民大衆の批判審査を受け、県革命委員会が承認した者はレッテルを取り消し、農村の人民公社社員待遇を授ける。地主、富農家庭出身社員の子女は、出身家庭の階級にかかわらず一律に社員とし、地主、富農家庭出身として扱わない。今後入学、労働者募集、軍入隊、共青団入団、入党、仕事の配置等に関しては、本人の政治的表現を主に観察するべきであり、差別されるものではない。中共中央書記処研究室総合小組編『党的十一届三中全会以来大事記（一九七八－一九八五）』、一三頁。北京、紅旗出版社、一九八六。

88　王鴻模、蘇品端『改革開放的征程』、一五六～一五七頁。鄭州、河南人民出版社、二〇〇一。

89　蕭冬連『歴史的転軌――従撥乱反正到改革開放』、一一九～一二〇頁。香港、香港中文大学当代中国文化研究センター、二〇〇八。

90　譚宗級、葉心瑜監修『中華人民共和国実録――改革与巨変――開創現代化建設新局面（一九七七－一九八三）』、第四巻、（上）、一九六頁。長春、吉林人民出版社、一九九四。

91　王鴻模、蘇品端『改革開放的征程』、一五四頁。鄭州、河南人民出版社、二〇〇一。

92　龐松監修『簡明中華人民共和国史』、四六六頁。広州。広東教育出版社、二〇〇一。

93　「中共中央の祖国大陸に居住する台湾同胞政策実施に関する指示」（一九八一年九月二八日）。中共中央文献研究室編『三中全会以来重要文献滙編』、下冊、一三四九～一三五一頁。北京、人民出版社、一九八二。

94　毛沢東が次のように指摘している。「統一戦線、武装闘争、党の建設、これらは中国共産党が中国革命において、敵と戦い打ち負かす三つの宝物であり、主要な宝物である。これは中国共産党の偉大な成果であり、中国革命の偉大な成果である。」毛沢東「『共産党人』発刊の辞」（一九三九年一〇月四日）。『毛沢東選集』第二巻、六〇五～六〇六頁。北京、人民出版社、一九九一。

95　党の民族ブルジョア階級に対する八つの政策。一、「文化大革命」期に凍結されたブルジョア階級商工業者の預金は、金額にかかわらずすべて凍結を解除され、利息を含めて返還される。二、「文化大革命」期に減額された俸給は元来の俸給額に復され、かつ過去の減額分が追加支給される。三、「文化大革命」期に占拠された大・中都市の一部のブルジョア階級商工業者の個人住居は、もとの所有者に返還される。四、「文化大革命」期に工場または販売部門に下放され肉体労働に従事させられたブルジョア階級商工業者はその仕事が調整され、職種・職階に応じた待遇を受ける。五、ブルジョア階級商工業者と勤労人民を積極的に組織化し、労働を競い合わせ勤務評定を行い、同列に扱う。六、ブルジョア階級商工業者の生活福利待遇の保障等の問題に注意を払い、医療待遇を改善するべきである。七、国の政策に照らし、ブルジョア商工業者が一九六六年九月以前に受領すべきだった個人出資固定利息あるいは未受領の固定利息を受領できる。八、ブルジョア階級出身の子女は差別されてはならず、本人の態度を重要視し、出身階級第一主義を排除することを堅持するべきである。中共中央書記処研究室総合組編『党的十一届三中全会以来大事記』、一五～一六頁。北京、紅旗出版社、一九八六。

96　王鴻模、蘇品端『改革開放的征程』、一五八頁。鄭州、河南人民出版社、二〇〇一。

97　鄧小平「新時代における統一戦線と人民政協の任務」（一九七九年六月一五日）。『鄧小平文選』、第二巻、一八六頁。北京、人民出版社、一九九四。

98　蕭冬連『歴史的転軌――従撥乱反正到改革開放』、一四四頁。香港、香港中文大学当代中国文化研究センター、二〇〇八。

99　蕭冬連『歴史的転軌――従撥乱反正到改革開放』、一五〇～一五一頁。香港、香港中文大学当代中国文化研究センター、二〇〇八。

100　中共中央「我が国の社会主義時期の宗教問題に関する基本的観点と基本的政策」（一九八二年三月三一日）。中共中央文献研究室編『三中全会以来重要文献滙編』、下冊、一六〇〇～一六一四頁。北京、人民出版社、一九八二。

101　中共中央文献研究室編『鄧小平年譜（一九七五－一九九七）』上冊、二一一頁、二一四～二一五頁。北京、中央文献出版社、二〇〇四。

102　譚宗級、葉心瑜監修『中華人民共和国実録――改革与巨変――開創現代化建設新局面（一九七七－一九八三）』、第四巻、（上）、二〇〇頁。長春、吉林人民出版社、一九九四。

103 何光主編『当代中国的労働力管理』、五五～五六頁。北京、中国社会科学出版社、一九九〇。

104 中共中央文献研究室編『鄧小平年譜（一九七五－一九九七）』上冊、二八八頁。北京、中央文献出版社、二〇〇四。

105 劉小萌『中国知青史』（大潮一九六六～一九八〇）、五〇〇頁。北京、当代中国出版社、二〇〇九。

106 蕭冬連『歴史的転軌——従撥乱反正到改革開放』、一一六～一一七頁。香港、香港中文大学当代中国文化研究センター、二〇〇八。

107 蕭冬連『歴史的転軌——従撥乱反正到改革開放』、一一六～一一七頁。香港、香港中文大学当代中国文化研究センター、二〇〇八。

108 鄧小平「経済工作に関するいくつかの意見」（一九七九年一〇月四日）。『鄧小平文選』、第二巻、一九五～一九六頁。北京、人民出版社、一九九四。

109 県または県より上級機関の所在地、あるいは人口二千人以上、十万人以下で非農業人口が過半を占める居住地区を言う。（訳者註・百度百科より）

110 『人民日報』、一九七九年六月二六日。

111 劉小萌『中国知青史』（大潮一九六六～一九八〇）、五〇四頁。北京、当代出版社、二〇〇九。

112 蕭冬連『歴史的転軌——従撥乱反正到改革開放』、一〇七～一〇九頁。香港、香港中文大学当代中国文化研究センター、二〇〇八。

113 上級機関を訪問し、問題の解決を直接訴えることを「上訪」という。（訳者註）

114 中央弁公庁、国務院弁公庁が第三回全国投書・陳情工作会議の文書を配布した（一九八二年四月八日）。蕭冬連『歴史的転軌——従撥乱反正到改革開放』、一一〇頁。香港、香港中文大学当代中国文化研究センター、二〇〇八。

115 詳細な分析は、胡鞍鋼『毛沢東与「文革」』、香港、大風出版社、二〇〇八年一一月版を参照。

116 毛沢東「人民内部の矛盾を正しく処理する問題について」（一九五七年二月二七日）。『毛沢東文集』、第七巻、二二七～二二八頁。北京、人民出版社、一九九九。

117 『建国以来の党の若干の歴史問題に関する決議』（一九八一年六月二七日、中国共産党第十一期中央委員会第六回全体会議において全会一致採決）。

118 図們、蕭思科『特別審判——林彪、江青反革命集団受審実録』、三八頁。北京、中央文献出版社、二〇〇三。

119 彭真『彭真文選（一九四一－一九九〇）』、三九二頁。北京、人民出版社、一九九一。

120 図們、蕭思科『特別審判——林彪、江青反革命集団受審実録』、四六頁。北京、中央文献出版社、二〇〇三。

121 蕭冬連『歴史的転軌——従撥乱反正到改革開放』、二九九頁。香港、香港中文大学当代中国文化研究センター、二〇〇八。

122 図們、蕭思科『特別審判——林彪、江青反革命集団受審実録』、五三頁。北京、中央文献出版社、二〇〇三。

123 破棄された十三件の事案は以下である。劉少奇同志に対する判決決定問題。文芸反動路線専制。上海一月奪権。二月逆流。七・二〇事件。文攻武衛（言論・道理で攻め、敵が武力に訴えれば武力で守る）問題。楊（楊成武）・余（余立金）・傅（傅崇碧）事件。軍委常委から軍委弁事組に代わった問題。中央書記所から中央文化革命小組に代わった問題。周総理を汚す問題、いわゆる十一回路線闘争に代表される問題。一九七六年の鄧小平同志に対する誣告・迫害の一連の問題。天安門事件問題。ヴィクトリア機密漏洩問題等。蕭思科『知情者説（之三）——歴史関鍵人物留給後世的真相』、六頁。北京、中国青年出版社、一九九七。

124 蕭思科『知情者説（之三）——歴史関鍵人物留給後世的真相』、二一～二四頁。北京、中国青年出版社、一九九七。

125　詳細な分析は、胡鞍鋼『毛沢東与「文革」』、香港、大風出版社、二〇〇八年一一月版を参照。

126　合計十六人のうち、十人は江青、張春橋、姚文元、王洪文、陳伯達、黄永勝、呉法憲、李作鵬、邱会作、江騰蛟であり、ほか六人が既に死亡していた。死亡していた六人の中に、林彪、康生、謝富治、葉群がいる。

127　蕭冬連『歴史的転軌――従撥乱反正到改革開放』、三〇一頁。香港、香港中文大学当代中国文化研究センター、二〇〇八。

128　「鄧小平、国内外の当面の重要問題に関する米国記者の質問に答える」、一九八〇年一一月二四日、『人民日報』。

129　『陳雲同志教我哲学』、『中華児女』、八七頁、二〇〇五（二一七）。

130　「中華人民共和国最高人民法院特別法庭判決書（特法字第一号）」（一九八一年一月二三日）。中共中央文献研究室編『三中全会以来重要文献選編』、（下）、六七八～六七九頁。北京、人民出版社、一九八二。

131　中共中央文献研究室編『陳雲年譜（一九〇五－一九九五）』（下巻）二八二頁。北京、中央文献出版社、二〇〇〇。

132　鄧小平「思想を解放し、現実を見据えて正しく行動し（実事求是）、一致団結して将来に目を向けよう」（一九七八年一二月一三日）。『鄧小平文選』、第二巻、一四一～一四二頁。北京、人民出版社、一九九四。

133　鄧小平「思想を解放し、現実を見据えて正しく行動し（実事求是）、一致団結して将来に目を向けよう」（一九七八年一二月一三日）。『鄧小平文選』、第二巻、一四二頁。北京、人民出版社、一九九四。

134　鄧小平「思想を解放し、現実を見据えて正しく行動し（実事求是）、一致団結して将来に目を向けよう」（一九七八年一二月一三日）。『鄧小平文選』、第二巻、一四二頁。北京、人民出版社、一九九四。

135　党章第七条が次のように規定している。党の各級委員会は、指導の一元化、人民大衆との密接な連携、簡素化の原則に基づき、業務機構あるいは自己の出向機関を設立する。

136　一九六九年七月一日、中央が『人民日報・解放軍報・紅旗』の社説で「指導の一元化」を重ねて表明している。「党の第九回全国代表大会において、毛主席を首長、林副主席を副とする党中央委員会が選出せられた。これは、全党、全軍そして全国人民の唯一の指導の中心である。全党は、必ず統一された紀律に従わなければならない。全党は、必ず中央に従わなければならない。プロレタリア階級独裁の国家権力機構、人民解放軍、共産主義青年団、労働者、貧農下層中農、紅衛兵及びその他の革命的大衆組織はすべて、党の指導を必ず受け、毛主席の偉大な戦略配置に緊密に付き従い、偉大な領袖毛主席が親しく制定した党中央の路線、方針、政策を文字通り徹底的に執行しなければならない。この問題においては、階級の敵による破壊に警戒し、反動的な「多くの中心、すなわち無中心論」に対する批判を継続しなければならず、いかなる人、いかなる組織であっても、自身と党の関係の順列をはき違えてはならない。党を整え、党を建設する工作においては、指導グループの整頓と建設をしっかりやること、これは極めて重要である。各級革命委員会においては、必ず自己の具体的な条件に照らし、毛沢東思想によって武装された、一元的な、大衆と密接に連携した党の強固な指導的核心を着実に形成しなければならない」。『人民日報』、『紅旗』、『解放軍報』編集部「中国共産党万歳――紀念中国共産党誕生四十八周年」、『人民日報』一九六九年七月一日。

137　改訂草案第七条に規定している。「国家機関、人民解放軍及び各級革命的大衆組織は、『必ず党の一元的な指導を受けなければならない』。」当該条項の規定について、王洪文が『党章』改訂の報告を行い説明している。「組織面では、二つのことが実現されなければならない。第一、同級の各組織の相互関係面では、工、農、商、学、軍、政、党の七つの部門において党が一切を指導し、互いが平行することも、相反することもない。第二、上級、下級の関係では、全党が中央に従う。各級党委員会は皆、毛主席の革命路線を基礎とし、認識を統一し、政策を統一し、計画を統一し、指揮を統一し、行動を統一する。」王洪

文『中国共産党第十回全国代表大会における党章改訂に関する報告』（中国共産党第十回全国代表大会一九七三年八月二四日報告、八月二八日批准）。『人民日報』一九七三年八月二九日。

138 鄧力群がこの講話の起草経過を説明している。「この講話の原稿の要点と問題は、鄧小平同志自身が提起したものであり、起草工作は私が主管し、中央書記処研究室の藤文生、鄭恵、衛建林が参加した。この原稿が書き終わった後、胡喬木が修改した。」鄧力群『鄧力群自序――十二個春秋』、一八〇～一八二頁。香港、大風出版社、二〇〇六。

139 鄧小平「党と国家の指導制度改革」（一九八〇年八月一八日）。『鄧小平文選』、第二巻、三二七頁。北京、人民出版社、一九九四。

140 鄧小平「党と国家の指導制度改革」（一九八〇年八月一八日）。『鄧小平文選』、第二巻、三二七～三二九頁。北京、人民出版社、一九九四。

141 鄧小平が、報告の改訂について検討する際に鄧力群と話している。「封建主義の影響は、党内で主に家長制として表れている。毛沢東同志の家長制である。毛（沢東）は封建主義の影響を受け、彼による党内の家長制の実行として表れている。過度な（権力の）集中、個人的な独断専行がそれである。」鄧力群『鄧力群自序――十二個春秋』、一八〇～一八二頁。香港、大風出版社、二〇〇六。

これより前の五月二四日、李維漢（当時、全国政協副主席）が封建主義的思想に反対する意見を鄧小平に提起している。五月三一日、鄧小平が胡喬木、鄧力群と話している。我が国人民も我が党も、封建主義にひどく害されている。しかし封建主義の影響をいつまでも一掃しないまま、重要な任務の一つとして処してきた。現在、党内で特権を持っている人がいるのは、なぜか。これは封建主義の影響と不可分である。指導幹部終身制の排除と領袖終身制廃止の問題は、我々が元気なうちに解決しなければ、良くない結果になる。党内生活、社会生活から封建主義の影響を一掃しなければならない。中共中央文献研究室編『鄧小平年譜（一九七五－一九九七）』（上）、六三八頁、六四二頁。北京、中央文献出版社、二〇〇四。

142 鄧小平「党と国家の指導制度改革」（一九八〇年八月一八日）。『鄧小平文選』、第二巻、三二九～三三〇頁。北京、人民出版社、一九九四。

143 鄧小平が指摘している。「一九五八年（毛沢東が）反冒険主義を批評し、また一九五九年の『反右派運動』以来、党と国家の民主生活が次第に正常でなくなっていった。鶴の一声、個人による重大問題の決定、個人崇拝、組織の上に君臨する個人など、そのような類の家長制的な現象が日常的に生じてきた。林彪が『最高』論を吹聴すると、毛主席の述べられたことは最高指示であるという言われ方が、全党全軍全国で広く流行した。要するに、この種の家長制を徹底的に排除しなければ、党内民主あるいは社会主義の民主がどうのこうのと根本的に話すことはできない。」鄧小平「党と国家の指導制度改革」（一九八〇年八月一八日）。『鄧小平文選』、第二巻、三三〇～三三一頁。北京、人民出版社、一九九四。

144 鄧小平「党と国家の指導制度改革」（一九八〇年八月一八日）。『鄧小平文選』、第二巻、三二八～三二九頁。北京、人民出版社、一九九四。

145 鄧小平「完全にかつ正確に毛沢東思想を理解しよう」（一九七七年七月二一日）。『鄧小平文選』、第二巻、四〇頁。北京、人民出版社、一九九四。

146 毛沢東「一九五七年夏季の情勢」（一九五七年七月）、『毛沢東選集』、第五巻、四五六～四五七頁。北京、人民出版社、一九七七。

147 陳雲「十一期三中全会閉幕式における講話」（一九七八年一二月二二日）。『陳雲文集』、第三巻、四五三～四五四頁。北京、中央文献出版社、二〇〇五。

148 中央委員会全体会議は、毛沢東同志が提唱した「集中もあり民主もある、紀律もあり自由もある、意思統一がなされ、人心が伸び、生活が生き生きとしている、そのような政治局面」をまさに実現した。このような気風を全党、全軍そして全国各族人民の中に拡大することを、全会で決定した。「中国共産党第十一期中央委員会第三回全体会議公報」、（中国共産党第十一期中央委員会第三回全体会議一九七八年一二月二二日批准）。

149　葉剣英が指摘している。我々が言う所の四つの近代化とは、主要分野の近代化の実現であるが、近代化事業を四つの分野に限っていうのではない。我々は、社会主義経済制度を改革・完成すると同時に、社会主義政治制度を改革・完成し、高度な社会主義民主と完全に整備された社会主義法制を発展させなければならない。これらはすべて、我々の社会主義近代化の重要な目標であり、四つの近代化実現の必要条件でもある。『葉剣英選集』、五二二頁。北京、人民出版社、一九九六。

150　鄧小平「中国文学芸術工作者第四回代表大会における祝辞」（一九七九年一〇月三〇日）。『鄧小平文選』、第二巻、二〇八頁。北京、人民出版社、一九九四。

151　蕭冬連『歴史的転折――従撥乱反正到改革開放（一九七九－一九八一）』、三七四〜三七五頁。香港、香港中文大学当代中国文化研究センター、二〇〇八。

152　鄧小平「党と国家の指導制度改革」（一九八〇年八月一八日）。『鄧小平文選』、第二巻、三二二〜三二三頁。北京、人民出版社、一九九四。

153　清華大学国情研究センター、胡鞍鋼、鄢一龍、魏星執著『二〇三〇中国――共同富裕与大同世界』、北京、中国人民大学出版社、二〇一一。

154　鄧小平「党と国家の指導制度改革」（一九八〇年八月一八日）。『鄧小平文選』、第二巻、三二〇〜三四三頁。北京、人民出版社、一九九四。

155　毛沢東「論連合政府」（一九四五年四月二五日）。『毛沢東選集』、第三巻、一〇九六頁。北京、人民出版社、一九九一。

156　中共中央文献研究室編、金衝及、陳群監修『陳雲伝』（下）、一四六二頁。北京、中央文献出版社、二〇〇五。

157　葉剣英「党の章程改訂に関する報告」（一九七七年八月一三日、中国共産党第十一回全国代表大会における報告）、八月十八日批准。

158　「中国共産党第十一期中央委員会第五回全体会議公報」（一九八〇年二月二九日批准）。当該文書は全党に伝達され討論された。討論において提起された意見に基づき再度改訂され、次いで党の十二回大会の審議に上程され批准された。

159　「中央工作会議簡報」東北組第五七期、一九七八年一二月一〇日。中共中央文献研究室編、金衝及、陳群監修『陳雲伝』（下）、一四九五頁。北京、中央文献出版社、二〇〇五。

160　同右。

161　中共中央文献研究室編、金衝及、陳群監修『陳雲伝』（下）、一五八七頁。北京、中央文献出版社、二〇〇五。

162　陳雲「幹部の引き継ぎ問題は一貫して党の大事であった」（一九八二年二月三〇日）。『陳雲文集』、第三巻、五〇八頁。北京、中央文献出版社、二〇〇五。

163　「中国共産党第十一期中央委員会第五回全体会議公報」（一九八〇年二月二九日批准）。

164　楊明偉『陳雲晩年歳月』、六七頁。北京、人民出版社、二〇〇五。

165　陳雲「中央書記所の設立は党の重要な施策である」（一九八〇年二月二四日）。『陳雲文選』、第三巻、二七〇頁。北京、人民出版社、一九九五。

166　鄧小平「党の路線を堅持し、工作のやり方を改善しよう」（一九八〇年二月二九日）。『鄧小平文選』、第二巻、二八二頁。北京、人民出版社、一九九四。

167　譚宗級、葉心瑜監修『中華人民共和国実録――改革与巨変――開創現代化建設新局面（一九七七－一九八三）』、第四巻、（上）、二九九頁。長春、吉林人民出版社、一九九四。

168　「中国共産党第十一期中央委員会第三回全体会議公報」（中国共産党第十一期中央委員会第三回全体会議一九七八年一二月二四日批准）。中共中央文献研究室編『三中全会以来重要文献選編』（上）、北京、人民出版社、一九八二、掲載。

169　中共中央文献研究室編、金衝及、陳群監修『陳雲伝』（下）、一五〇八頁。北京、中央文献出版社、二〇〇五。

170 王鴻模、蘇品端『改革開放的征程』、二四〇頁。鄭州、河南人民出版社、二〇〇一。

171 陳雲からすれば、この十年の動乱が発生した根本的な原因は、党内民主集中制が徐々に弱体化し、ついに破壊されたことにある。一九七九年三月六日、彼は語っている。「文化大革命の経験と教訓は我が党にとって極めて重要である。この問題は、民主集中制に関わっている。民主集中制は党の原則である。七回全国代表大会から全国的勝利に至るまで、我が党はすべてにわたってすぐれて民主的であり、民主集中制に基づき民主が発揚されていた。国共内戦勝利後の建国初期、社会主義改造、抗米援朝、これらはすべて正しく、民主集中制がよく徹底されていた。一九五八年から、とりわけ一九五九年の廬山会議で、彭徳懐が批判され、党の民主集中制が少しずつ破壊されてきた。後に林彪が、何が『最高峰』なのか、それは『(毛沢東の)一言は一万言を凌ぐ』ことだと発言した。この時、民主集中制にとって非常に不都合になった」。中共中央文献研究室編、金衝及、陳群監修『陳雲伝(下)』、一五一一～一五一二頁。北京、中央文献出版社、二〇〇五。

一九八二年六月二四日、陳雲が語っている。「民主制度、民主生活が不十分であることは、『文化大革命』の発生がその重要な原因の一つである。この問題は実質上、次のように言うべきである。党内民主集中制の消滅、集団指導の消滅、これらの根本原因は『文化大革命』の発生にある。」陳雲「執政党の党風問題は、党の生死存亡にかかわる問題である」(一九八〇年一一月-一九八四年一〇月)。『陳雲文選』、第三巻、二七四頁。北京、人民出版社、一九九五。

172 一九七八年一二月一三日、鄧小平が中央工作会議で提起している。各級規律検査委員会と組織部門の任務は、ただ単に案件を処理するだけでなく、さらに重要な任務は党紀党法を保持することであり、我が党の党風を良好にすることである。鄧小平「思想を解放し、現実を見据えて正しく行動し(実事求是)、一致団結して将来に目を向けよう」(一九七八年一二月一三日)。『鄧小平文選』、第二巻、一四七頁。北京、人民出版社、一九九四。

一九七九年一月四日、陳雲が中央規律検査委員会第一回全体会議において明確に指摘している。党の規律検査委員会の基本任務は、党紀党法の保持、党風の整頓である。陳雲「中央規律検査委員会第一回全体会議における講話」(一九七八年一月四日)。『陳雲文選』、第三巻、二三四頁。北京、人民出版社、一九九五。

173 党内生活準則(十二条)草稿要点。第一条、重大な問題の一切は、党委員会の集団討論を経て決定される(「鶴の一声的独裁」に反対し、個人崇拝に反対する)。第二条、如実に状況を反映する(事実を話し、虚言を弄さない)。第三条、党内における分派活動を許さない(全国各地の党員と交流しなければならない)。第四条、各自が自身の意見を公開し(すべてをテーブルの上に並べ)、面従腹背はあってはならない(原則堅持、言行一致、表裏如一)。第五条、言う者は罪がなく、聞く者は戒めとするに足るの原則を堅持する。第六条、思想上、理論上の異なる意見は、民主的に討論すればよく、強制的に屈服させることはできない。第七条、過ちを犯してもよく、その過ちを糾すことも許される。第八条、党員の申述する権利は、保障される。第九条、党内選挙は、選挙人の意志が十分に反映されなければならない。第十条、功績や人徳の無原則な称揚を禁止する。第十一条、党員間の関係は同志の関係であり、それ以上でもそれ以下の特殊な関係ではない。第十二条、党員は、必ず党組織と人民大衆の監督を受けなければならない。胡耀邦は、中央規律検査委員会成立後、第三書記を兼任した。

174 「準則」は全文十二条。一、党の政治路線と思想路線を堅持する。二、集団指導を堅持し、個人独裁に反対する。三、党の集中と統一を保持し、党の規律を厳格に遵守する。四、党性を堅持し、分派を根絶する。五、事実を述べ、言行一致でなければならない。六、党内民主を発揚し、異なる意見に正しく応対する。七、党員の権利は保障され、侵犯を受けない。八、選挙は、選挙人の意志が十分に反映されなければならない。九、誤った傾向と悪人に因る悪事に対して闘争する。十、誤りを犯した同志に正しく応対する。十一、党と大衆の監督を受け、特権を許さない。十二、学習を努力し、思想も革命的、業務も専門的であるよう勉める。

175　中共中央文献研究室編、金衝及、陳群監修『陳雲伝』（下）、一五〇一二～一五一三頁。北京、中央文献出版社、二〇〇五。

176　「党内政治生活に関する十二カ条の準則」（中国共産党第十一回中央委員会第五回全体会議批准）。一九八〇年二月二九日、中共中央文献研究室編『三中全会以来重要文献選編』（上）四二九～四三〇頁。北京、人民文献出版社、一九八二。

177　鄧小平「〈建国以来の党の若干の歴史問題に関する決議〉起草に対する意見」（一九八一年六月二日）。『鄧小平文選』第二巻、三〇八頁。北京、人民出版社、一九九四。

178　鄧小平が指摘している。革命の隊列における家長制の作風、これは個人に権力を高度に集中せしめ、それ以外に、個人に組織を凌駕せしめ、組織が個人の道具となる事態を生みだす。家長制は、長い歴史のなかでも陳腐な社会現象であるが、その影響は党の歴史において極めて大きな危害となる。鄧小平「党と国家の指導制度改革」（一九八〇年八月一八日）。『鄧小平文選』、第二巻、三二九～三三〇頁。北京、人民出版社、一九九四。

179　鄧小平がイタリアの記者に語っている。江青は毛主席の旗を振りかざしたが、毛主席の関わりも役に立たなかった。この点、毛主席に責任がある。江青は徹底して悪だった。「四人組」をどれほど罰しても足りない。「四人組」に痛めつけられ、傷つけられた人は千や万を越える。鄧小平「イタリアの記者オリアーナ・ファラーチの質問に答える」（一九八〇年八月二三日）。『鄧小平文選』、第二巻、三五二頁。北京、人民出版社、一九九四。

180　鄧小平が指摘している。一九七五年に、「文化大革命」の誤ったやり方について話したことがある。ロケットに乗ってまっすぐ上昇するようなやり方で幹部を引き立てた。我々はこんなやり方は、二度とできない。鄧小平「党と国家の指導制度改革」（一九八〇年八月一八日）。『鄧小平文選』、第二巻、三二四頁。北京、人民出版社、一九九四。

181　鄧小平「党と国家の指導制度改革」（一九八〇年八月一八日）。『鄧小平文選』、第二巻、三四一頁。北京、人民出版社、一九九四。

182　程中原、王玉祥、李正華『転折年代――一九七六－一九八一年的中国』一八八頁。北京、中央文献出版社、二〇〇八。

183　「中国共産党第十一期中央委員会第三回全体会議公報」、（中国共産党第十一期中央委員会第三回全体会議一九七八年一二月二二日採択）。中共中央文献研究室編『三中全会以来重要文献選編』（上）、一頁。北京、人民出版社、一九八二。

184　胡喬木「十一期三中全会の重大な意義」（一九七九年一月六日）。『胡喬木談中共党史』、二頁。北京、人民出版社、一九九九。

185　王鴻模、蘇品端『改革開放的征程』、二四三頁。鄭州、河南人民出版社、二〇〇一。

186　当該指示が指摘している。以前、毛主席の像、語録そして詩詞が公共の場所で非常に多く掛けられていた。これは、政治的にも荘重さに欠ける表現であり、国際的にも目に余る。今後、徐々に必要最小限まで減らしていくべきである。その他の指導者の像、題辞も同様の原則に従って処理する。毛沢東バッジはできる限り回収再利用し、金属材料の無駄遣いを回避する。「〝個人宣伝〟縮小堅持についてのいくつかの問題に関する中共中央の指示」（一九八〇年七月三〇日）。中共中央文献研究室編『三中全会以来重要文献選編』（上）、五〇七～五〇八頁。北京、人民出版社、一九八二。

187　王鴻模、蘇品端『改革開放的征程』、二四三頁。鄭州、河南人民出版社、二〇〇一。

188　譚宗級、葉心瑜監修『中華人民共和国実録――改革与巨変――開創現代化建設新局面（一九七七－一九八三）』、第四巻、（上）、三六五頁。長春、吉林人民出版社、一九九四。

189　『胡喬木書信集』、三〇〇頁。北京、人民出版社、二〇〇二。

190 「中国共産党中央委員会による建国以来の党の若干の歴史問題に関する決議」（一九八一年六月二七日中国共産党第十一期中央委員会第六回全体会議全会一致採択）。中共中央文献研究室編『三中全会以来重要文献選編』（下）、八四四頁。北京、人民出版社、一九八二。
191 胡耀邦「中国共産党成立六〇周年慶祝大会における講話」（一九八一年七月一日）。中共中央文献研究室編『三中全会以来重要文献選編』（下）、八七〇頁。北京、人民出版社、一九八二。
192 王鴻模、蘇品端『改革開放的征程』、二四四頁。鄭州、河南人民出版社、二〇〇一。
193 鄧小平「党と国家の指導制度改革」（一九八〇年八月一八日）。『鄧小平文選』、第二巻、三二七頁。北京、人民出版社、一九九四。
194 華国鋒「第五期全国人民代表大会第三回会議における講話」（一九八〇年九月七日）。『人民日報』、一九八〇年九月一五日。
195 鄧小平「党と国家の指導制度改革」（一九八〇年八月一八日）。『鄧小平文選』、第二巻、三三九頁。北京、人民出版社、一九九四。
196 鄧力群『鄧力群自序――十二個春秋』、一八〇頁。香港、大風出版社、二〇〇六。
197 鄧小平「党の路線を堅持し、工作のやり方を改善しよう」（一九八〇年二月二九日）。『鄧小平文選』、第二巻、二八〇頁。北京、人民出版社、一九九四。
198 鄧小平「党の路線を堅持し、工作のやり方を改善しよう」（一九八〇年二月二九日）。『鄧小平文選』、第二巻、二八〇頁。北京、人民出版社、一九九四。
199 鄧小平「思想路線、政治路線の実現は、組織路線によって保障される」（一九七九年七月二九日）。『鄧小平文選』、第二巻、一九一～一九二頁。北京、人民出版社、一九九四。
200 鐘文（中央文献研究室）編著『百年陳雲』、四〇五頁。北京、中央文献出版社、二〇〇五。
201 鄧小平「思想路線、政治路線の実現は、組織路線によって保障される」（一九七九年七月二九日）。『鄧小平文選』、第二巻、一九二頁。北京、人民出版社、一九九四。
202 金衝及、陳群監修『陳雲伝』（下）、一五四五頁。北京、中央文献出版社、二〇〇五。
203 『葉剣英伝』編纂班『葉剣英伝』、四一九頁。北京、当代中国出版社、二〇〇六。
204 陳雲「省・市・自治区党委員会第一書記座談会における講話」（一九七九年一〇月三、四日）。『陳雲文集』、四六三～四六四頁。北京、中央文献出版社、二〇〇五。
205 陳雲が語っている。「現在、中央から県の委員会まで、大部分の人の頭が白くなっている。だから、その事の緊急性、必要性がある。今、我々が主動的に人材を求めようとすると、まだ時間がある、もう少し待とうと言い、そうこうしているうち、将来時間がなくなってしまう。党における引継ぎや交替の問題は、国際共産主義運動、我が中国の党にとって、つらい教訓がある。書記処と全党の重要な任務の一つは、各級の中から相応しい、若い幹部を選出しなければならないことである。これらの選ばれる人の党性は強固で、意気込みがなくてはならず、一定の工作経験が必要である。さらに技術幹部を養成し各級の指導機関に配置しなければならない。」陳雲「幹部の引き継ぎ問題は一貫して党の大事であった」（一九八二年二月三〇日）。『陳雲文集』、第三巻、五〇八～五〇九頁。北京、中央文献出版社、二〇〇五。
206 葉剣英「十一期五中全会における講話」（一九八〇年二月二四日）中共中央文献研究室編『三中全会以来重要文献滙編』、上冊、四八〇～四八一頁。北京、人民出版社、一九八二。
207 譚宗級、葉心瑜監修『中華人民共和国実録――改革与巨変――開創現代化建設新局面（一九七七－一九八三）』、第四巻、（上）、三三〇～三三一頁。長春、吉林人民出版社、一九九四。
208 陳雲「青年幹部抜擢問題に関して陸定一に宛てた書簡」（一九八一年三月二九日）。『陳雲文集』、四八六頁。北京、中央文献出版社、二〇〇五。

209　中共中央文献研究室編『陳雲年譜（一九〇五－一九九五）』（下巻）二五九頁。北京、中央文献出版社、二〇〇〇。

210　鐘文（中央文献研究室）編著『百年陳雲』、四一〇頁。北京、中央文献出版社、二〇〇五。

211　鄧小平「古参幹部第一の任務は青壮年幹部の抜擢である」（一九八一年七月二日）。『鄧小平文選』、第二巻、三八五～三八六頁。北京、人民出版社、一九九四。

212　鄧小平「思想を解放し、現実を見据えて正しく行動し（実事求是）、一致団結して将来に目を向けよう」（一九七八年一二月一三日）。『鄧小平文選』、第二巻、一四六～一四七頁。北京、人民出版社、一九九四。

213　十一期三中全会公報で指摘している。「人民の民主を保障するために、社会主義法制を強化しなければならない。民主を制度化、法制化し、この制度と法律に安定性、連続性を持たせ、権威化することによって、法に依拠することができる。法があって必ず依拠するなら、法が厳粛に執行され、法律違反を必ず追究できる。検察機関と司法機関は当然有るべき独立性を保持し、法の前の平等を人民に保障しなければならない。いかなるものも法律を超越する特権は許されない。現時点から、立法工作を全国人民代表大会及びその常務委員会の重要議事として上程するべきである。」「中国共産党第十一期中央委員会第三回全体会議公報」（一九七八年一二月）。中共中央文献研究室編『三中全会以来重要文献滙編』、上冊、北京、人民出版社、一九八二。

214　『彭真伝』編纂小組編『彭真年譜』、第五巻、六頁。北京、中央文献出版社、二〇一二。

215　『葉剣英伝』編纂小組『葉剣英伝』。四〇一～四〇三頁。北京、当代中国出版社、二〇〇六。

216　王鴻模、蘇品端『改革開放的征程』、七六頁。鄭州、河南人民出版社、二〇〇一。

217　一九七五年一月一七日、第四期全国人民代表大会第一回会議で採択された『中華人民共和国憲法』を指す。

218　『彭真伝』編纂小組編『彭真年譜』、第五巻、一三～一四頁。北京、中央文献出版社、二〇一二。

219　姫鵬飛は、当時、全国人民代表大会常務委員会副委員長兼秘書長であった。

220　胡縄は、当時、中共中央毛沢東主席著作編集出版委員会弁公室副主任であった。

221　彭真が特に指摘している。「レーニンは、十月革命後、検察機関の唯一の職権は国家法制の統一の維持であると主張している。我々は、このレーニンの指導思想をを採り入れる。法整備では、我が国の状況に基づき重大な改訂を行った。当時のソ連では、総検察長が責任を持ち、下級の検察長は総検察庁が任命していた。我々の規定では、地方検察長は地方の民主的な選挙によって選ばれ、同時に上級の検察長に報告され、該当する人大常務委員会の批准を受けなければならない。我々はさらに次のように規定している。各級検察院にはすべて検査委員会が設けられ、重大案件などその他の重大な問題は検査委員会の決定に委ねられる。」『彭真伝』編纂小組編『彭真年譜』、第五巻、二二頁。北京、中央文献出版社、二〇一二。

222　『彭真伝』編纂小組編『彭真年譜』、第五巻、二二～二三頁。北京、中央文献出版社、二〇一二。

223　『鄧小平文選』、第二巻、四三二頁、注釈八七。北京、人民出版社、一九九四。

224　『中華人民共和国憲法』第四節『地方各級人民代表大会と地方各級人民委員会』、第五三条から第六六条までの合計一四条。

225　一九六七年一月毛沢東が「全面奪権」を支持し、「革命委員会」と改称し、一九七五「革命委員会」を地方各級政府として『中華人民共和国憲法』に入れたことを指す。

226　鄧小平「民主と法制は共に弱体化できない」（一九七九年六月二八日）。『鄧小平文選』、第二巻、一八九頁。北京、人民出版社、一九九四。

227　王鴻模、蘇品端『改革開放的征程』、二四七〜二四八頁。鄭州、河南人民出版社、二〇〇一。

228　鄧小平「機構合理化は革命である」(一九八二年一月三日)。鄧小平文選』、第二巻、三九六〜三九七頁。北京、人民出版社、一九九四。

229　王鴻模、蘇品端『改革開放的征程』、二五一頁。鄭州、河南人民出版社、二〇〇一。

230　一九四八年四月三〇日、中共中央が「五・一」国際メーデースローガンを発布し、新しい政治協商会議を招集し、民主連合政府成立を呼びかけた。一九四九年九月二一日、中国人民政治協商会議第一期全体会議が北平で挙行され、中華人民共和国成立の歴史的文書及び決議を採択し、新中国成立の歴史的使命を完成した。

231　鄧小平「新時代の統一戦線と人民政協の任務」(一九七九年六月一五日)。『鄧小平文選』、第二巻、一八七頁。北京、人民出版社、一九九四。

232　譚宗級、葉心瑜監修『中華人民共和国実録——改革与巨変——開創現代化建設新局面(一九七七ー一九八三)』、第四巻、(上)、一四六頁。長春、吉林人民出版社、一九九四。

233　国家統計局編『中国統計摘要二〇〇六』、一九六頁。北京、中国統計出版社、二〇〇六。

234　王鴻模、蘇品端『改革開放的征程』、六〇〜六一頁。鄭州、河南人民出版社、二〇〇一。

235　鄧小平「新時代の統一戦線と人民政協の任務」(一九七九年六月一五日)。『鄧小平文選』、第二巻、一八六頁。北京、人民出版社、一九九四。

236　王鴻模、蘇品端『改革開放的征程』、二四二頁。鄭州、河南人民出版社、二〇〇一。

237　鄧小平「各民主党派と工商連は、社会主義に奉仕する政治勢力である」(一九七九年一〇月一九日)。『鄧小平文選』、第二巻、二〇五頁。北京、人民出版社、一九九四。

238　『鄧小平文選』、第二巻、四三二頁、注釈九〇。北京、人民出版社、一九九四、を参照。

239　胡喬木「十一期三中全会の重大な意義」(一九七九年一月六日)。『胡喬木談中共党史』、一〇〜一一頁。北京、人民出版社、一九九九。

240　一九八一年六月、党中央の決議が指摘している。「徐々に、高度な民主的社会主義政治制度を構築することは、社会主義革命の根本的任務の一つである。建国以来、この任務を重視してこなかったが、『文化大革命』の発生が一つの重要な条件となったことは、深い悲しみを伴う教訓である。」「中国共産党中央委員会建国以来の党の若干の歴史問題に関する決議」(一九八一年六月二七日中国共産党第十一期中央委員会第六回全体会議全会一致採択)。中共中央文献研究室編『三中全会以来重要文献選編』(下)、八四一頁。北京、人民出版社、一九八二。

241　一九六六年一二月二六日、毛沢東が七三歳の「誕生日談話」(コラム3-5)を発表した。これは、彼の「文化大革命」に関する重要な、最初の内部向け談話である。彼は誕生日の晩餐に、中央文革小組を構成する江青、陳伯達、張春橋、王力、関鋒、戚本禹、姚文元の七人だけを招待し、彼等に「文化大革命」を発動した政治目的と、「政治的な詳細」を特に語った。毛沢東は、「古い(国家)機構を新しい機構に改め、古いやり方を新しいやり方に改め、古い秩序を新しい秩序に改め、古い制度を新しい制度に改めなければならず、古い規律を廃棄しなければならない」と語った。(資料元『王力反思録』(下)、六九三〜七〇一頁、香港、香港北星出版社、二〇〇一。)こうして、毛沢東は全国的な、下から上に対する「全面奪権」運動の展開を決意した。

242　鄧小平「全軍政治工作会議において」(一九七八年六月二日)。『鄧小平文選』、第二巻、一一九頁。北京、人民出版社、一九九四。

243　鄧小平「思想を解放し、現実を見据えて正しく行動し(実事求是)、一致団結して将来に目を向けよう」(一九七八年一二月一三日)。『鄧小平文選』、第二巻、一四三頁。北京、人民出版社、一九九四。

244　一九八三年一一月六日、鄧小平がオーストラリア共産党主席夫妻と会談した際の談話。

245　『李先念伝』編纂グループ編『李先念伝（一九四九－一九九二）』（上）、三〇一頁。北京、中央文献出版社、二〇〇九。

246　国務院は、一九七八年七月六日から九月九日まで、二三回にわたって政治思想理論研究会を開き、中国の経済管理体制改革問題について、大胆なパイオニア的な研究を行った。

247　李先念「国務院政治思想理論研究会における講話」（一九七八年九月九日）。『李先念文選（一九三五－一九八八）』、三三一頁。北京、人民出版社、一九八九。

248　肖冬連「一九七八－一九八四年・中国経済体制改革構想の発展と進化――決裁と実施」。『当代中国歴史研究』、二〇〇四（五）、五九～七〇頁に掲載。

249　鄧小平「毛沢東思想の旗を高く掲げ、実事求是の原則を堅持しよう」（一九七八年九月一六日）。『鄧小平文選』、第二巻、一二八頁。北京、人民出版社、一九九四。

250　鄧小平「労働者階級は四つの近代化実現のために特に貢献しなければならない」（一九七八年一〇月一一日）。『鄧小平文選』、第二巻、一四〇頁。北京、人民出版社、一九九四。

251　鄧小平「思想を解放し、現実を見据えて正しく行動し（実事求是）、一致団結して将来に目を向けよう」（一九七八年一二月一三日）。『鄧小平文選』、第二巻、一四五～一四六頁、一五〇頁。北京、人民出版社、一九九四。

252　「中国共産党第十一期中央委員会第三回全体会議公報」（中国共産党第十一期中央委員会第三回全体会議一九七八年一二月二二日批准）。

253　「中国共産党中央委員会建国以来の党の若干の歴史問題に関する決議」（一九八一年六月二七日中国共産党第十一期中央委員会第六回全体会議全会一致採択）。中共中央文献研究室編『三中全会以来重要文献選編』（下）、七九七～七九八頁。北京、人民出版社、一九八二。

254　胡耀邦「中国共産党成立六〇周年慶祝大会における講話」（一九八一年七月一日）。中共中央文献研究室編『三中全会以来重要文献選編』（下）、八七五頁。北京、人民出版社、一九八二。

255　胡耀邦が指摘している。私は、「七・一」の講話（この講話は私一人で書いたのではない、集団で作った。書記処、政治局でで討論し、数十人が改訂に参加した）の中で、二つの言葉を挙げた。我々は挫折と錯誤の中から多くのことを学んだ。継続してさらにもっと多くのことを学ばなければならない。この意味するところは、相反する両面から我々はすでに多くの事柄を学んだが、今後も継続して学んでいかなければならないということだ。逆に言えば、我々には学んでいないことがまだあるということだ。誰であろうと、例えば中央の同志はすでに学び、習得したとは言えないのである。さらに胡耀邦は十分に学んだとは、決して言うことはできない。我々が学んでいない事柄はたくさんある。私は思うのだが、自己に対する正しい評価をするなら、この課題、つまり我々の多くの同志がまだ何も学んでいない課題を、この会は解決してくれるはずだ。胡耀邦「思想路線問題座談会における講話」、一九八一年八月三日。

256　中共中央文献研究室編『鄧小平年譜（一九七五－一九九七）』（下）、七四一頁。北京、中央文献出版社、二〇〇四。

257　一九八一年六月、鄧小平が外国の賓客に接見した際に述べている。「我々は努力して学習している。外国に学ぶだけでなく、我々自身の経験からも学習している。毛主席が以前、話したことがある。誤りを犯すことには二面性がある。誤り自体は当然よくない。我々に損失をもたらす。だが、誤りが我々を教育し、聡明にしてくれる。」中共中央文献研究室編『鄧小平年譜（一九七五－一九九七）』（下）、七四七頁。北京、中央文献出版社、二〇〇四。

258　鄧小平が語っている。「生涯で最も苦しかった時は、もちろん『文化大革命』の時である。その実、あのような境遇にありながら、私は楽観主義的であった。」鄧小平「中日関係発展には、先を見据えなければならない」（一九八四年三月二五日）。『鄧小平文選』、第三巻、五四～五五頁。北京、人民出版社、一九九三。

259　中共中央文献研究室編『鄧小平年譜（一九七五－一九九七）』（下）、八五七頁。北京、中央文献出版社、二〇〇四。

260　一九八一年七月、鄧小平が外国の賓客に接見した際に指摘している。「建国以来三十二年経ったが、我々が手にした成果は、総じて偉大である。我々が歩んできた道は正しかったが、いくぶん曲がりくねっていた。このことは後悔していない。なぜなら、成果は我々が為したことであり、誤りもまた我々自身が犯したのである。成功の経験は我々の財産となり、誤りの教訓もまた我々の財産となるからだ。中国は、国土が広く、人口も多く、課題は複雑である。我々は経験をさらに積む必要がある。これから先、誤りを犯すかどうか、それは判然としない。しかし、過去の経験と教訓を持つ我々は、努めて大きな誤りを犯さないようにできる。大きな誤りを犯すことさえなければ、我々の歩みを早くすることができる。」中共中央文献研究室編『鄧小平年譜（一九七五－一九九七）』（下）、七四一頁。北京、中央文献出版社、二〇〇四。

261　ここで筆者は、鄒讜（Tsou Tang）の『二十世紀中国政治』、中国語版、四六～四七頁、（香港、オックスフォード大学出版社、一九九四）を参考にした。

262　胡喬木「十一期三中全会の重大な意義」（一九七九年一月六日）。『胡喬木中共党史を語る』、二二一～二三頁。北京、人民出版社、一九九九。

263　鄧小平「四つの基本原則を堅持しよう」（一九七九年三月三〇日）。『鄧小平文選』、第二巻、一七一頁。北京、人民出版社、一九九四。

264　李先念「中央工作会議における講話」（一九七八年四月五日）。『李先念文選（一九三五－一九八八）』、三七七頁。北京人民出版社、一九八九。

265　毛沢東は「安定団結」の唱道者であった。一九七四年八月、中共中央政治局が開いた八大軍区司令員、政治局委員会議において、毛沢東の支持が伝達された。「プロレタリア文化大革命は既に八年を経過している。現在は安定を以って良しとする。全党全軍は団結しなければならない」。一九七五年一月十一期二中全会開催期間、毛沢東が杭州で周恩来の報告を受けている際に発言している。「やはり安定団結するのが良い」。中共中央文献研究室編『建国以来毛沢東文稿』、第十三冊、四〇二頁、北京、中央文献出版社、一九九八。

一九七五年七月、鄧小平が、毛沢東の重要な三カ条の指示を伝達しているが、この一条が含まれており、「これは、我々のこの時期の工作の綱要である」と併称された。鄧小平「党の指導を強化し、党の作風を整頓しよう」（一九七五年七月四日）、『鄧小平文選』、第二巻、一二頁、北京、人民出版社、一九九四。一九七五年一〇月から一九七六年一月にかけて、毛沢東が、発言している。「三項目の指示を綱要とする」とは何か。安定団結は階級闘争が不要ということではない。階級闘争が大綱であり、そのほかはすべて目である。」「毛主席重要指示」、一九七五年一〇月より一九七六年一月、中共中央文献研究室編『建国以来毛沢東文稿』、第十三冊、四八六頁、北京、中央文献出版社、一九九八。

266　鄒讜（Tsou Tang）『中国革命再闡釈』、中国語版、二頁。香港、オックスフォード大学出版社、二〇〇二。

267　鄧小平「四つの基本原則を堅持しよう」（一九七九年三月三〇日）。『鄧小平文選』、第二巻、一七八頁。北京、人民出版社、一九九四。

268　鄧小平が述べている。「農村政策、都市政策を中央は徹底的に整理しなければならず、各地方も同様である。バラバラに解決しようとするのは駄目だ。統一的に考えなければならない。自分の周りで解決可能なものは先に解決する。要するに地方に融通性が必要だ。」中央文献研究室編『鄧小平年譜（一九七五－一九九七）』、二六一頁。北京、中央文献出版社、二〇〇四。

269　鄭竹園『大陸経済改革的進程与効果』二九頁。台北、中華欧亜学会、一九九七。

270　鄧小平「党と国家の指導制度改革」（一九八〇年八月一八日）。『鄧小平文選』、第二巻、三四一頁。北京、人民出版社、一九九四。

271　葉剣英「中華人民共和国成立三十周年慶祝大会における講話」、一九七九年九月二九日。『十一届三中全会以来歴次党代会、中央全会報告公報決議決定』、五二頁。北京、中国方正出版社、二〇〇八。

272　李先念「中央工作会議における講話」（一九七八年四月五日）。『李先念文選（一九三五－一九八八）』、三五六頁、三五八頁。北京人民出版社、一九八九。

273　葉剣英「中華人民共和国成立三十周年慶祝大会における講話」、一九七九年九月二九日。『十一届三中全会以来歴次党代会、中央全会報告公報決議決定』、五二頁。北京、中国方正出版社、二〇〇八。

274　鄧小平「党と国家の指導制度改革」（一九八〇年八月一八日）。『鄧小平文選』、第二巻、三三二〜三三三頁。北京、人民出版社、一九九四。

275　鄧小平「中国共産党第十二回全国代表大会開幕の辞」（一九八二年九月一日）。『鄧小平文選』、第三巻、三頁。北京、人民出版社、一九九三。

276　レーニンが言っている。「マルクス主義の最も本質的なもの、マルクス主義の生きた魂は、具体的な状況を具体的に分析することにある。」毛沢東「矛盾論」（一九三七年八月）。『毛沢東選集』、第一巻、三一二頁。北京、人民出版社、一九九一。

277　鄧小平が述べている。「我々が現在手を付けている事業は、新しい事業である。マルクスは語っておらず、我々の前人もなしたことがなく、他の社会主義国家もやったことがない。だから、既存の経験は役に立たない。**我々ができるのは、実地から学び、実践の中で探求することだけである。**」鄧小平「十三回大会の二つの特徴」（一九八七年一一月一六日）。『鄧小平文選』、第三巻、三頁。北京、人民出版社、一九九三。

278　龔育之『党史札記二事』、二七〇頁。杭州、浙江人民出版社、二〇〇四。

279　王輝『漸進革命——震蕩世界的中国改革之路』中国語版、北京、中国計画出版社、一九九九。

280　鄧力群は次のように認識している。「『四人組』打倒後の一九七六年末から一九八〇年末までの四年間、鄧（小平）と陳（雲）の協力は上手くいっていた。思想路線、政治路線、組織路線の制定と実施面で、お互いにバランスを取り、お互いに支え合った。『決議』の起草と華（国鋒）の問題の解決、華の権力を徐々に除いて行き、華と入れ替えに趙（紫陽）を国務院総理に就け、華と入れ替えに胡耀邦を（中央）主席に就け、さらに鄧（小平）が華に替わって（中央）軍事委員会主席に就くに及んだ。これらの課題で、鄧と陳の連携は非常に上手く行き、意見は完全に一致した。」鄧力群『鄧力群自序——十二個春秋』、一八五頁。香港、大風出版社、二〇〇六。

281　胡耀邦「十一期六中全会閉幕式における講話」一九八一年六月二九日。

282　詳細な分析は、胡鞍鋼『毛沢東与文革』、香港、大風出版社、二〇〇八を参照。

The Political and Economic History of China
The Period of Deng Xiaoping

第五章

農村の改革と発展
（一九七七～一九九一年）

一九七八年から始まった農村改革は、中国の経済体制改革の歴史的起点であり、中国の経済体制改革の成功例である。米国シカゴ大学の経済学教授D・ゲイル・ジョンソンがこのことに関して高い評価を行っている。世界のいかなる地域、いかなる時代に発生した革命であっても、中国の農村改革の成功と肩を並べ得る革命はない。政策の改変による農村改革は、人々の生産に対する積極性を促し、人的資源と物質的資源の最大利用を可能にし、人々は巨大な成功を得ることができた。改革によって、農業生産力がかつてないほどに向上し、郷鎮企業は勢いよく発展した。この改革がもたらした中国の農村の変化の速さは世界史上でも稀であった。[1] 換言すれば、中国の農村改革は世界でも稀有な変革である。

本章で検討する内容は、一連の相関する問題である。すなわち、**中国改革は、なぜ農村が突破口となったのか。農村改革はなぜ驚異的な成功をおさめたのか。**これについて鄧小平がかつて説明した。「農村人口は我が国人口の八〇%を占めている。だから、農村が安定していなかったなら、政治局面全体が安定しない。農村が貧困から抜け出さなければ、我が国の貧困脱却もない。**率直に言って、改革以前、大多数の農民は非常な貧困状況に置かれており、衣食住は皆ままならなかった。**十一期三中全会後、農村改革に取り掛かると決定した。農民に自主権——末端の農民に自主権を与える、このちょっとしたことで農民の積極性、末端から積極性が湧き起こり、様相が一変した。土地柄に合わせてさまざまな経営がなされ、**食糧生産が大幅に向上しただけでなく、原料となる経済作物の生産も大幅に増大した。農村改革の効果はてきめんだった。これは、我々も予想だにしなかった。**[2]」

中国改革、鄧小平はこれを「中国の第二次革命」と呼んでいる。[3] **中央による高度に集中した計画経済体制に対して、いかにして改革を進めたのか。**鄧小平等はこの問題について、一九七八年から絶えず探求をし、あれこれ考えをめぐらし、彼等が熟知している農村を改革の突破口として選んだ。

中国の改革は農村改革に始まる。農村改革は世帯生産請負責任制改革に始まっている。世帯生産請負責任制は、七〇年代の農業危機が元になっている。五〇年代以降、農業生産が下降し、十分な食料の供給ができなくなるたびに、各種の請負制が登場した。[4] 中国の工業化が唱えられると、農業が代償として犠牲となり、中国の都市化が大規模に行われると、それと同程度に農業が犠牲を払い、農民の貧困化が改善されることはなかった。[5] 七〇年代末期の農村改革はこうした農業危機が直接の原因であったが、[6] この改革は困難を極め、紆余曲折を経た。

第一節　中国農業発展の歴史的背景

中国の農村の国情とは何か。中国の農村の国情をどのよう

に判断するのか。これは、正確な認識がたやすくできるものではない。往々にしてかなり大きな食い違いが生じやすく、そのため中国の農業政策に影響を与えかねない。

一九七四年一二月二六日、毛沢東が周恩来と語っている。「中国の建国前は資本主義と大差なかった。現在も八級賃金制が実施され、労働の成果に応じた分配、貨幣交換、これらは旧社会とどれほども違いがない。違うところは所有制が変更されたことである。[7]」彼はさらに、レーニンの『共産主義における「左翼」小児病』（一九二〇年四〜五月）の一文を引き合いに出している。「小さな生産は、常態化すると、日々刻々と、目に見えぬ形で、大量の資本主義とブルジョア階級を生み出す[8]」。

その実、毛沢東は、レーニンが考えを変え、農民を貧困から富裕に引き上げる「新経済政策」を提案したことに触れていない。**なぜ、レーニンは彼の政策を変えたのか。レーニンが、ロシアの基本的国情を正確に認識していたからに他ならない。**当時のロシアは、農民が総人口の八〇%を占め、このためレーニンが直面していた基本的問題は国家と農民の関係であった。「農民と我々とが妥協し、経済的に農民に譲歩するか、あるいは対立するのか[9]」。レーニンの「新経済政策の実質はプロレタリア階級と農民の同盟である[10]」。農民の利益の代表者となることは、「ただ、我々が人民の考え方を正しく表現することであり、そうしてこそ（彼等を）管理できる[11]」。

いわゆる「新経済」とは、「千百万農民が依存する生きた農民経済と結合することである[12]」「党が農民の中で行うすべての工作、その最も主要な目的は、作付面積を迅速に拡大し、耕地を増やし、農産品を増やし、農民の深刻な貧困状況を軽減するための実際的な支援である[13]」。このようにして、この新経済政策は農民から歓迎され、広範な農民の積極性を刺激し、ロシアの農業生産は顕著な発展を見せた。一九二一〜一九二二年、国は三八〇〇万キンタルの食糧を買い付けたが、一九二五〜一九二六年には八九〇〇万キンタルの食糧を買い付け、二倍以上、増加した。一九二五年、全国の作付面積は第一次大戦前の水準に達した[14]。レーニンは、生涯の最後には、我々の力はそこまで及んでいない」と認識していた[15]。「純粋社会主義形態と純粋社会主義的分配へと直接移行する

彼は『協同組合論』の中で、「**我々は、社会主義に対するすべての観点を改変せざるを得ない**」と書いている。これは、おそらく社会主義国家における最も早い改革、とりわけ農村改革の政策であり、これをレーニン主義の改革路線と呼び、後のスターリン主義の集団化路線と区別している。後者は、前者を修正し否定するものである。一九五六年、党中央がソ連の歴史経験と教訓を討論した際、毛沢東はやはりレーニンの改革路線を高く評価している。「**思うに、レーニンの新経済政策は正しい。しかし惜しいことに、この政策の終了が速すぎた。もう何年か続けていたら、もっと良くなっただろう**[16]」。

しかし十八年後、毛沢東は、自身の正しい考え方を変えてしまった。**この時彼が最も危惧したことは、林彪一味が政権の表舞台に登場したなら、資本主義制度を極めて容易に実行したであろうことである。**[17]このため、毛沢東はプロレタリア階級専制の下、農民資本主義の自然発生的な力を制限することを主張した。[18]このこと以外にも毛沢東は、農村に貧富の格差が生じ、両極分化が起こることを危惧した。このため、彼は、農業、農村、農民に対して矛盾する政策を実施している。農業の機械化、農業技術改善を行い、農業の土地生産性と労働生産性の向上を提唱し、さらに農民に対する人的資本投資(例えば文盲一掃、基礎教育普及、農村医療合作制度を推進し農村の医療条件改善を図るなど)を行った。しかしその一方で、生産関係革命を次々と推進した。例えば、土地改革、互助組、初級合作社、高級合作社、人民公社など、土地私有制に基づく、「耕す者が土地を持つ」式の農民を強制的に「一大二公(大規模かつ公有の所有制)」すなわち、私有の土地や家畜をほとんど持たない人民公社社員に改造していった。そして「四清運動」と「文化大革命」へと進み、階級闘争と資本主義に対する批判を展開し、広範な農民の豊かさを求める自発的な要素を、農村から消し去ってしまった。

党中央文献研究室編纂『建国以来の毛沢東文稿』第十二冊、第十三冊(一九六六－一九七六)の資料によれば、毛沢東は調査研究のために農村へ行ったことも、農村の調査研究報告を読んだ形跡もなく、その上、中国の農村の絶対貧困人口に関する専門的分析に言及していない。このことが直接的に影響し、彼は中国の国情、特に中国の農村の情況に対する重大な判断ミスを犯している。

中国の国情の最たるものは人口が多いことである。実際、農村人口が多く、農村人口が多いことはすなわち、貧困人口が多いことである。国際貧困ラインに基づけば、一九七八年の中国農村貧困人口は少なくとも七億人である。したがって、いかにして貧困人口を減らし、広範な農民をできるだけ早く豊かにするかが、上述の国情を基にした基本的国策であり、それを「富民」政策と呼んでいる。これは、多くの党指導者の経済的主張である。例えば一九五九年七月、当時党中央副主席、中央政治局常務委員であった朱徳が、廬山会議の南組で言及している。**我々は農民を豊かにするべきであり、彼等を「貧窮させる」べきではない。農民が豊かになったとして、何を恐れるのか。農民に、良い暮らしをさせ、一家を築かせる方法を考えるべきである。家族制度は当然ゆるがせにできない。さもなくば、有り金を使い果たす。家庭に戻り、日々を過ごすべきことが原則である。要するに、農民は豊かになるべきであり、富農になる路線をやるのではない。**[19]朱徳の考え方は、当時の中央政治局常務委員と政治局委員の大多数の考え、すなわち数億の農民を豊かにする考えを反映していたと言うべきであるが、毛沢東はこの富民政策を「富農路線」

と認識し、資本主義の道を行くのではないかと危惧した。党内には終始、（基本的国情に対する）基本的な認識の不一致と治国の路線の争いが存在し、中央の指導グループにおいても多数派と少数派（主に毛沢東）の争いが存在した[20]。

新中国成立以来、農業危機のたびに農村改革が言われ、そのたびに人為的につぶされてきた。現実的な新しい指導者は経済危機を利用して改革を発動すること、改革を通して経済発展を促進すること、とりわけ農業の発展を促進することを学び始めた。

一九五二～一九五七年、中国が強制的に工業化を発動した期間であるが、農業生産額とその増加率は相当高く、年平均増加率は三・七％、農業労働生産性は年平均一・四％の伸びを示し、土地の生産性も向上しており年平均三・〇％伸びている。しかし、農業の急速な発展は思いがけず中断させられてしまう。一九五七～一九六一年の間、「大躍進」の厳しい影響にさらされたためである。農業生産額と農業労働生産性は大幅に下落し、一九三三年の水準にも達しなかった。一九六五年になって農業生産増加額は一九五七年の水準をようやく回復している。農業労働生産性は、一九七八年になっても一九五七年の水準より低い。一九五七～一九七八年の間、中国の農業労働生産性の年平均伸び率はマイナス〇・二％であり、農民の一人当たり実収入が増えるどころか、減り続けてきたことを示している。この時期、土地の生産性は上がっている（年平均二・四％の伸び）（表5－1）。しかし、膨大な農民はむしろ貧困状態に置かれていた。

表5-1　中国の農業労働生産性と土地生産性の比較（1933～1995年）

年	農業生産増加額（百万元）	労働生産性（元／人）	耕地生産性（元／ヘクタール）
1933	138497	277	1353
1952	127891	225	1185
1957	153649	241	1374
1958	154548	237	1434
1961	110181	167	NA
1978	225079	235	2265
1995	528339	439	5563
年平均増加率（%）			
1933~1952	− 0.4	− 1.1	− 0.7
1952~1957	3.7	1.4	3.0
1957~1961	− 8.0	− 8.8	
1957~1978	1.8	− 0.2	2.4
1978~1995	5.1	3.7	3.7

資料出典：アンガス・マディソン『中国経済の長期的展望（中国経済的長遠未来）』中国語版、111頁、北京、新華出版社、1999。

この期間、農業労働生産性がマイナス成長になった時があるが、これは、絶えず発動される政治運動の予測しがたい打撃の影響以外に、中国の伝統的な農業発展モデルが主な原因になっている。中国の歴史を見てみると、重農主義政策が採られてきた。毛沢東時代には「食料を以って鋼とする」という言われ方がされ、農業労働力の非農業部門移転が奨励されず、それどころか逆に農業労働力の移動が制限ないしは禁止された。一九五八年、都市と農村を分割した「戸籍登録制」が実施され、農村人口の都市移転が基本的に閉ざされた。農村人口がほかの地区へ移転・流動することが基本的になくなった結果、新しい労働力が生まれたとしても、矮小な農業分野にとどまるほかなかった。人口と労働力の条件悪化以外に、農村の農用地の生産条件もますます不都合になっていった。中国の耕地面積は一九五七年に歴史的ピークに達して以降縮小し始め、農業労働力における一人当たり耕地可能面積は一貫して縮小している。人口と食糧の問題を解決する唯一の手段は、絶えず土地の生産性を高めることであり、土地の生産性向上の主要な手段は労働力の集約と集中投下である。しかし、**農業労働生産性が下降し続けることが必然的になり、「一高（土地の生産性が高い）」と「一低（労働生産性が低い）」が併存する農業発展モデルの形成につながった。**これは中国の農業が「袋小路」に入り込んでいることを意味している。しかも、農村の外では、国家的工業化が進められ、農業の生産性停滞状況に拍車を掛けていた。

六〇年代中期、中国の指導者の農業発展に関する基本的な考え方は、「農業は大寨に学べ」に示されている。大寨は山西省昔陽県大寨公社の一大隊である。土地は痩せ（七つの谷八つの尾根が続く一面の坂と言われた）、自然環境は劣悪、極めて貧窮した小さな山村であった。合作化の後、党支部書記陳永貴が農民を率いて、山を切り開き坂を削り、棚田を造成した。土地の生産性が大幅に向上し、合作社以前に比べ、食糧のムー（畝）当たり収穫量が八倍になった。一九六四年二月一〇日、『人民日報』がルポ『大寨の路』を掲載し、社説『革命精神を以って山岳地帯建設を成し遂げた手本』を発表した。三月二八、二九日に毛沢東が視察を行った。山西省委員会第一書記陶魯加が大寨大隊の自力更生による山西省建設の事績を報告し、自力更生を堅持した陳永貴を称賛し、大寨幹部らによる集団労働参加と「区別するが、特別扱いをしない」その労働成果記録のやり方を称賛した。同年、毛沢東が「農業は大寨に学べ」のスローガンを発した。一九六五年一月、毛沢東が自ら主宰し制定した『農村の社会主義教育運動において提起された当面のいくつかの問題』（「二十三条」と略称）で、「全国すべての人民公社、生産隊は皆、大寨に学んで、自力更生による農業発展をなすべきである」と提起した。[21] 周恩来総理が第三期全国人民代表大会第一回会議で『論政府工作報告』を行い、大寨の経験とその精神を、「政治指導、思想率先の原則、自力更生、困難を恐れず奮闘する精神、愛国と集団愛の共産主義的風格」と概括した。彼は、これらは皆、大いに提唱する価値があると考えた。大寨の路は、農民陳永貴の刷新になるものであり、毛沢東、周恩来の考えに極めて符合し、彼等の力強い提唱によって、大寨は中国六〇年代中期の農業社会主義の典型となった。彼等は、これをモデルとして中国の食糧問題を根本的に解決する道を探し出そうと希望を抱き、また社会主義の新しい農村建設に邁進することに希望を持った。

大寨の精神は立派だと言えるが、しかし大寨の路は中国の食糧問題を解決できず、中国の農民を豊かにすることにつながらなかった。これは、古い道であった。

一九七七年七月、全国普及大寨県工作座談会摘録は次のことを載せている。我が国の食糧生産増加率と一人当たり食糧占有量は二十年間増加しておらず、綿花生産量は十一年間連続して横這い、搾油用作物生産量は一九五二年レベルを超えず、砂糖生産量は一九七三年以降増えていない。農業は停滞したままであった[22]。しかし、当時の指導者は、単純に、この事態の原因を人口増加と工業サイドからの農産品（主に食糧）需要増加に帰結させた。背後に横たわる制度的原因を分析も反省もせず、農業危機を打開する新しい発想を適時に提案することもなかった。彼等は依然として毛沢東が提唱した「農業は大寨に学べ」式の思考と方法による農業発展を唱えた。発展のための空間要素（可耕地等の農業資源）はさらに狭小化し、日ごとに増える人口の食糧問題と基本的要求の解決が難しくなった。食糧需給格差は日増しに拡大し、農業としての基本的役目を遂行できなくなり、農民の貧困化は日を追って厳しさを増した[23]。中国農業の発展する道はどこにあるのか。中国の農民が豊かになり、暮らしが良くなる道はどこにあるのか。人々が、疑問を持つのは当然であった。

第二節　「大寨に学べ」から農業自由化政策への転換

一、「大寨に学べ」式農業の継続

一九七六年一〇月以後、華国鋒が提起した施政綱領は、「綱領をしっかりつかみ国家を治める（抓綱治国）」であった。いわゆる「抓綱」とは、実質上、毛沢東の「階級闘争を綱領とする」治国路線の継承である。具体的には、農村で「資本主義を大いに批判」し、「社会主義を大いに行い」、「農業は大寨に学べ」を継続してやる。つまり、人民公社体制を堅持し、依然として「貧困は過渡期」のままである[24]。これは出口がなく、硬直した古い道である。

中国の農業は、なぜ「大寨に学べ」を継続しなければならなかったのか。当時の華国鋒が重要視したのは毛沢東の指示であり、中国農業の基本的な国情ではなかった。毛主席の樹立した大寨の紅旗は、プロレタリア階級専制下の継続革命の堅持であり、社会主義農業の光り輝く模範である、と華国鋒は発言している。[25] しかし、大寨の大隊は毛沢東が提唱した一種の農業社会主義の「ユートピア」である。[26] 大寨党支部書記をかつて任じ、当時は中央政治局委員、国務院副総理となっていた陳永貴が農業を主管し、また華国鋒の主たる助手として、毛沢東の農業社会主義を引き続き遂行した。陳永貴と江青の個人的性格は大いに違っているが、「極左」思考的であったことは似ている。すなわち、農民を富ましむことは資本主義復活につながると危惧していた。このことがまた、中国の農民を貧窮せしめた根本的原因でもある。

「大寨県」とは何なのか。 一九七五年一〇月、国務院副総理であった華国鋒が中央を代表して、『全党を挙げて、大いに農業をやり、大寨県普及のために奮闘しよう』と報告を行った。彼は、大寨県の六項目の基準を作り、集団経済の発展を強固にするために四つの問題解決を提起した。[27] この報告は、毛沢東による閲覧チェックを受けた後、党中央の文書の形を取り通達された。

一九七六年末、華国鋒と陳永貴は、大寨を継続的に学習するブームを全国的に高揚させることによって、大寨精神と昔陽県の経験を活用し、中国農村の長期的な経済社会発展の問題解決を目論んだ。一二月、国務院は第二回全国「農業は大寨に学べ」会議を挙行した。陳永貴は、党中央が提起した戦闘任務を断固として完遂すると、講話を行った。一九八〇年までに全国三分の一の県を大寨県として建設し、全国の農業を基本的に機械化し、食糧・綿花・搾油作物等の経済作物の生産高を『綱要』[28] よりも引き上げることを提起した。一九七八年当時、県級の区分けが全国で二六五三存在し、そのうち三分の一に当たる八八三が大寨県となった。

華国鋒の基本構想は、農地造成と農業機械化を盛んにやり、農業の生産能力を向上させることであった。これは毛沢東の宿願でもあった。毛沢東は、かつて一九五六年初頭に、基本的な農業機械化を二十五年間（一九五五～一九八〇年）で実現することを提起していた。大躍進の失敗が引き起こした大飢饉、そして「文化大革命」による由々しい妨害のため、毛沢東の宿願は終に実現できなかった。毛沢東の遺志を全うするため、第二回全国「農業は大寨に学べ」会議は、一九八〇年に農業機械化を基本的に実現する任務を提起した。一九七七年一月、国務院が農業機械化の基準を、「農業、林業、牧畜、副業、漁業の主な作業の機械化を七〇％にする」こととした。上述の構想は、当時の中国の農村の生産条件と生産力の水準から大きく遊離していた。一九八〇年当時、農業機械の総動力が一万四七四六万キロワット、大型・中型トラクターが六六・七万台、小型トラクターが一八七・四万台、各種動力牽引農具が三五六万台というように、[29] 中国農業の機械化水準が目に見えて向上したとはいえ、中国の農業生産は基本的に人力に頼った肉体労働であり、毛沢東の宿願の期限内実現からは遠く隔たっていた。中国農村の発展、農業生産と農民収入の増加を達成するための新しい発想を、華国鋒、陳永貴は明らかに欠いており、「文化大革命」期の古い道を依然としてなぞる「経路依存症（Path dependence）」にかかっていた。

一九七七～一九七八年、国務院が二回、全国農田基本建設会議を開き、「三年間、大いに頑張り、一九八〇年に農業人口一人当たり、干ばつ洪水の影響を受けずに安定した収穫を望める一ムー（畝）の農地確保を実現する」と呼び掛けた。陳永貴の発表によれば、全国の耕地面積は国土総面積の一一％余りであった。それを、二〇％、三〇％に押し上げることが可能であろうか。中国農業の責任者としての副総理陳永貴の構想は、大寨と昔陽県の経験をもとにしており、中国農業資源の基本的国情について、彼は「知るところ甚だ少なし」であった。中国の耕地面積は一九五七年に早くも歴史的ピークに達し、その後、山林開墾、干拓、放牧地の農地化を持続的に、大規模に実施したものの、耕地面積は一貫して減少を続け、もしこれを二倍、四倍とさらに増やそうとするなら、農村の生態環境を破壊するどころか、実現が極めて難しかった。陳永貴はこれらの事情に甚だ疎かった。同様に、中国が既に開始していた工業化と都市化について、彼は「知るところ多からず」でもあった。工業化も、都市化も、農業も多大な土地を必要としているのに、どうやって二〇％、三〇％の拡張が可能となるのか。**いかにしてさらなる耕地面積拡大を進めるのか。**陳永貴は次のように言う。我が国はこれほど広大な面積がある。山が近ければ棚田に改修し、河が近ければせき止めて土地を造成し、海が近ければ海を囲って造田すればよく、どこそこのクリークであってもただ行ってやればよく、すべてそのようにやればよい。彼は大寨と昔陽の経験とそのやり方を全国の各県、人民公社に強制し、基幹となる大工事を実施させ、大会戦、大動員、人民戦争を要求し、報酬損得をあれこれ詮索しないよう求めた[30]。これは「人海戦術」であり、開墾や干拓によって耕地を造成することは、生態環境を犠牲にしながら耕地を拡大する土地集約型の農業発展構想である。当時、八千万農村の労働力が動員され、三十九万カ所の耕地造成プロジェクトが実施された。

李先念もまた大寨に学ぶことを主張した。耕地造成を大いにやることが、中国の農業の難題解決になると見ていた。一九七七年七月二二日、彼は『済寧地区農田基本建設大会戦遂行の方法』に対するコメントを陳永貴に送り、この文書を農田基本建設会議参加の同志に閲覧させるように提議した。彼は次のように指摘している。東西南北、山地であろうと平地であろうと、窪地（実際は、湿地）あるいはもっと複雑な地区であっても良いではないか、ただ党の路線と政策を堅持し、大寨に学び、土地柄にあわせ、着実にやり通しさえすればよく、それでも我が農業生産が向上しないなら、それこそ奇妙であろう[31]。

当時展開された「大寨に学べ」は、「資本主義に対する大批判」が必要であった。このいわゆる「資本主義」とは、農村に存在した自由市場、農民の自留地、各世帯の副業、そして農民の非農業生産流通活動を指していた。[32]これはまさに、農民が豊かになる手段であった。「資本主義に対する大批判」の直接的な結果は、農民の収入源の制限であり、農民一人当たり実質収入のマイナス成長の理由となった。周其仁の計算によれば、一九六〇～一九七八年、農民が各世帯の副業から得た純収入は、少なくとも総収入の四分の一を占め、一九五七年の水準に接近している。[33]

この時、中央政府は依然、農産品価格を厳格にコントロールしており、自由市場経済行為に打撃を加えていた。一九七八年一月、国務院による相変わらずの規制により、農副産品の買い上げ価格は行政府の価格政策が執行されていた。価格を任意に設定することはできず、計画価格が堅持され、自由価格（すなわち市場価格）は反対され、違法価格行為として攻撃された。

華国鋒は、集団化、機械化、電力化、水利事業によって農業の高成長実現を企てた。二月、華国鋒が第五期全国人民代表大会第一回会議で、農業の発展目標を提出した。一〇年計画（一九七六～一九八五年）に照らし、農業の基礎を安定させ、主要な農作業の機械化を八五％以上達成する。また農業人口に基づき一人当たり一ムー（畝）の安定的に高収穫を見込める農地確保を達成し、農林、牧畜、副業、漁業においても比較的高い水準を達成する。食糧生産高を四〇〇〇億キログラムに到達させる。一九七八年から一九八五年までの八年間、我が国の農業総生産を、毎年四％ないし五％成長させる。二十世紀末までに、我が国の主要な農業産品の単位面積当たり生産量を、世界の先進レベルに到達または、それを超えさせる。農業生産において、最大限度の機械化、電力化、水利化を実現する。彼は、さらに農業新政策を提出した。等価交換政策の実行、多角経営と集団副業を発展させる政策の展開、農副産品の買い付けとそれに呼応する販売奨励政策の展開、集団経済の絶対優位を保障する条件の下での公社員による小規模自留地経営と世帯副業の許可、畜産地区社員による小規模自留地保有の許可、正当な定期市における売買の許可などである。これと同時に華国鋒は、農村の所謂「資本主義の自然発生的傾向」に対する抑圧を主張した。[34]これは自己矛盾的な農村政策である。所謂「資本主義の自然発生的傾向」こそは、毛沢東の基本的な観点である。[35]しかし華国鋒には、農村改革を発動することでインセンティブシステムを構築し、農業の高成長を促進する考えはなかった。彼はやはり、古い思考、古いやり方をなぞる「経路依存症」から抜け出ていなかった。

「農業は大寨に学べ」、これは中国指導者の農村発展に関する主流思考の筋道であり、また極めて硬直化した発展思考で

ある。この発展に対する考え方は、広大な国土、肥大化する地域格差、農業資源大国としての多様性に適応していなかった。土地利用の集約化が強まり、土地の生産性は大幅に上昇したが、労働生産性が向上しないだけでなく、むしろ下降したところもある。経済体制から見ると、「農業は大寨に学べ」の実質は、相変わらず、毛沢東が創った人民公社体制の強制的な遂行を堅持することであり、「基準」にすべきものを生産隊から大隊に移行すること、つまり「貧困の過渡期」に停滞することを要求している。[36]すなわち、農業、農村、農民に対する国家の独占的支配権を継続的に保持し、生産要素、とりわけ労働力の流動化と最適な配置を極端に制限している。これは、農業の生産力を束縛する制度的足枷《かせ》である。一九七七年一二月、党中央が配布した全国普及大寨県工作座談会の文書で指摘している。「基本的な計算単位の生産隊から大隊への移行を実現し、人民公社の『一大二公』の優位性をさらに発揮する。これが前進する方向であり、大勢である」。当時、七・七%の大隊が、大隊を基本とする計算単位制を既に実施しており、同じ年、条件が整った大隊一〇%ほどをさらに選別し、先に移行するように要求している。[37]これは、毛沢東の急進主義と農業社会主義の延長であり、中国の農村の実際から甚だしく遊離していただけではなく、広範な農民の利益と願望に背いていた。**「農業は大寨に学べ」は「自力更生」に似ているように見えるが、中国農業の発展の「袋小路」であり、政治的惰性と経路依存症の特徴を強く見せている。**

二、農村改革醸成期

世帯生産請負責任制が登場する以前の中国農村改革は、いわゆる「政策の緩和」時期、あるいは「改革醸成期」とも言える段階を経ている。

杜潤生の説明によれば、当時、多くの人が問題の肝要は体制にあるとの認識を持っていなかったが、主として、「経営管理」と幾つかの政策、そして幹部の作風に問題があると考えていた。指導レベルで出される決裁の大部分は、こうした「欠点」と「不良現象」に焦点を絞っていた。例えば、一九七八年初め、鄧小平が広東などで行った講話でまず、次のように提起している。生産隊の自主権を尊重し、「一に平等、二に調達（平均的な分配と無償調達）」に反対し、無分別な指令に反対する。四月、『人民日報』が『正当な世帯副業をどのように扱うか』を掲載した。六月、中央が湖南省湘郷県委員会の報告、『農民負担の不合理問題を糾す』を伝達した。七月、中央がまた、陝西省委員会の『旬邑県の少数幹部の強制命令、違法規律違反問題の調査報告』を配布した。一〇月、『人民日報』は『森林を破壊し耕地を造成することが「食糧を綱要とする」ことなのか』を発表し、全国各地で「食糧を綱要とする」と言われているが、各地区はその土地の実情に適合させるべきであり、今は偏りがある、と指摘した。多くの省単位で自留地の回復、拡張が実行され、自留地の拡張が耕地の一〇％に達している地方もあり、定期市での売買の解放など、状況は速やかに回復され、「文化大革命」前の水準に近づいていた[38]。

一九七七年六月陳雲が率先して、農民の負担軽減と民力の向上を提起した。陳雲が、当時国務院財貿小組副組長であった姚依林に語ったことを鄧力群が紹介している。一、輸入食糧。輸入食糧の解決は思想的に見ても、修正主義の問題ではない。二、農民向けの食糧買付指標を下げ、食糧買い上げ量と農業税を低減し、買付価格交渉をする。国が食糧を輸入できるようにし、農民からの食糧買付量・農業税徴収、買い付け価格交渉の圧力を軽減する。三、農産品の買い上げ価格を引き上げる[39]。この構想は、独特であり卓越していた。この二十年間ほとんど不変であった食糧買い上げ計画価格に対する重大な突破口ともなった。

鄧小平は、最も早く「農業は大寨に学べ」のやり方に疑問を呈し、農業自由化の考え方を示していた。九月一六日、吉林を視察した彼が述べている。「大寨に学べ」は実事求是でなければならない。彼等の基本的経験、例えば苦しみに耐えて懸命にやる精神、科学的態度などを学ばなければならない。しかし、**大寨には学ぶことができないものが幾つかあり、学ぶべきでないものもある。**例えば労働の内容や質を評価して点数を付けるなどは、大寨は一年に一回やるが、全国、他の人民公社、大隊はこのようにやることはできない。**定期市での商売を廃止するのも不可能であるし、自留地の完全廃止など、小規模の自由を完全になくすことも学ぶことができない。**全国で農業経済政策の調整をやっているが、多くの地方で小規模な自由が回復している。これもまた、実事求是である。要するに、実際から出発し、土地ごとの状況に合わせてやるのが良い[40]。

一九七八年二月、華国鋒が第五期全国人民代表大会第一回会議の冒頭で提起している。農産品買い上げ価格を適切に引き上げ、工業品、特に農産品を支える工業品販売価格を適切に引き下げる。農民による小規模自留地の経営、副業を許可し、畜産地区の畜産民が小規模自留地を所有できる政策を許可し、正常な定期市での売買を許可する[41]。農村地区において、かなり「柔軟な政策」が採られるようになった。

八月一五日、李先念が全国農田基本建設会議で、次のように提起した。大きな集団体制を堅持することが前提であるが、小さな自由を許可し、公社員の自留地、世帯副業に対してむやみな干渉を行う必要はない。定期市の売買に対する管理は強化しなければならないが、廃止することを軽率にやってはいけない[42]。これは、「大きな集団、小さな自由」という融通政策であり、農民に「小さな抜け道」を開く新しい政策であった。

一〇月二〇日、李先念が食糧価格調整の必要性を提起し、八億農民の生活を徐々に改善するよう提起した。**彼は、食糧価格を今後、二、三年以内に三〇%引き上げ、超過購入分に上乗せする奨励政策を継続し、それによって多くの農民による国家への食糧売り渡しを刺激し、農民の増産増収を保障する、と建議した。**一九七八年一二月、十一期三中全会後に農産品価格の調整が実施に移された。一九七九～一九八二年にかけて、政府による食糧総合買い上げ価格が四九%上昇し、それが食糧の大幅増産の重要な原因になった[43]。

一一月一三日、紀鄧奎（中央政治局委員、国務院副総理）が中央工作会議第二回会議で農業問題に言及している。**農民一人当たり食糧は三〇〇斤に満たず、「腹をすかしている」。**「彼等に活力を養ってもらうべきだ」。**全国の四分の一近い生産隊の一人当たりの分配は四〇元以下であり、物価に照らして計算すると農民の年平均収入の増加は、わずか五角だけである。「簡単な再生産すら維持するのが難しい」。**中央の指導者として彼が、**食糧買付量と農業税に関して党と農民の関係がいくぶん緊張していると、**初めて認めた[44]。これはおそらく、党内の高いレベル（中央工作会議）が中国の農村と農民の実態に言及した最初である。これによってすぐさま、党内に強い反応が起きた。

陳雲が鋭く指摘している。「建国後、早くも三十年になるが、今なお物乞いがいる。果たして良いのであろうか。少し負担を緩和する必要がある。農民に楽になってもらうことが少しもできない。もしこのまま問題を解決しないでおくと、農民の造反もありうる。そうなったら、支部の書記は隊を引き連れて街へ物乞いに行く羽目になる」[45]。陳雲の考えは、ほかの中央委員の賛同を得た[46]。我が中国は、世界の百分の七以下の耕地を以って世界の五分の一の人口を扶養していると、一部の人が自らを慰めているが、胡耀邦は同意できなかった。「扶養」にもいろいろある。一年の大半をぬかや野菜だけで過ごさせることも「扶養」であり、衣食と栄養も十分であって、健康に過ごさせることも「扶養」であると彼は発言した。彼は次のように考えた。**現在、我が国の農民の自己扶養水準はきわめて低い。また、農村の体制、例えば「政社合一」体制は改めるべきであると、彼は提起した。**漠然と集団制は良いと言っているが、分析のやり方が抽象的である。集団経済が上手くゆかず、農民がその積極性を十分に発揮できないなら、根本的に言って、優越性も何もない[47]。これは、人民公社制度の深層に抵触する発言であるが、実事求是の反映であり、まさに思想の解放である。安徽省委員会第一書記万里が紹介している。安徽省の一人当たり食糧占有量は、いまだに一九五五年の水準に達していない。一九五五年の一人当たり食糧は七六八斤であったが、一九七七年には六五二斤に下がっている。一九四九年に比べても、建国後二十八年経つが、わずか四斤しか増えていない。淮河以北地区の農民が手にする分配は毎年三〇元ちょっとにすぎず、大別山旧根拠地の農民は、履くズボンもかける布団もない。実に悲しいではないか。[48]

国家と農民の矛盾そして農民の生存危機が、党中央に厳しい反省を促した。一九七九年一月一一日、党中央が通達した『農業問題に関する決定（草案）』が、農業の状況に対する正式な「自己批判」となった。一九五七年から一九七八年にかけて、全国の人口は三億人増加し、そのうち非農業人口が四千万人増えたが、耕地面積は、建設用地等が原因となり、増加するどころかむしろ減少している。**このため、たとえ単位面積当たり生産量と食糧総生産量が増えたとはいえ、一九七八年の一人当たり通年の食糧は、全国平均で見て、ほぼ一九五七年当時の水準のままであった。**[49] **この結果から見えてくるものは、「人民公社運動」の二十年の実践を以ってしても、中国はいまだに衣食充足の問題解決に至らず、一人当たり食糧生産量が停滞もしくは後退していることである。つまり、「農業は大寨に学べ」式の古い道こそが農業停滞の道であり、中国農業発展のために新たな別の道を必要としていることを示している。新たな別の道とは、農業に対する経済統制を緩和すること、農民に対する政治的強制を廃止すること、すなわち農民を解放し、農民に経済的自由を賦与することである。**

一二月、十一期三中全会において中国の農業発展について見直しが進められ、全会で採択された『農業発展を加速させるための若干の問題に関する決定（草案）』に反映された。草案は、我が国農業が紆余曲折の道のりを歩んできたことを認め、次のように振り返っている。一九五八年、人民公社化と大躍進では、「誤った指導による混乱」、「大げさに言うやり方」、「あらゆるものを共同所有とするやり方」等の誤りを犯し、さらに自然災害とソ連による協力停止、専門家撤退が重なり、我が国の農業発展は一九五〇年代末から六〇年代初頭にかけ、厳しい挫折を経験した。その後に十年続いた「文化大革命」期では、林彪・「四人組」反革命陰謀集団が押し進めた極左路線によって、党の農村の各級組織、各種政策と党の優良な作風、集団経済と工農連盟がひどく破壊され、広範な農民と幹部の積極性が甚だしく損なわれた。しかし、林彪・「四人組」等の時代に逆行するやり方に抵抗した広範な農民と幹部のおかげで、我が国の農業はそれでも、七〇年代に一定程度の発展をおさめることができた。三中全会は、上述の農村政策の即時停止と改変を決定し、一連の新しい農村経済政策を制定した（コラム5－1）。

第一、農村における階級闘争展開を停止し、農民の所謂「資本主義の自発傾向」批判を停止する。また、数次の政治運動による迫害を受けた人たちの名誉を回復し、「地主、富農、反革命、悪質分子」の四種のレッテルを貼られた人を公社員とし、公民権を与える。この措置は二千万人余り、その家族親類を含めると約一億人近い人々に施された。それは農村の総人口（七億九〇一四万人）の八分の一弱に相当する。このことは、農民が「政治解放」されたこと、生産力が「経済解放」されたこと、ついに「階級闘争を綱要とする」時代が終焉したことを意味していた。

第二、「貧困の過渡期」のやり方を否定した。採算コストの計算単位の基準を急いて大隊におく経過的なやり方を制止し、「三級集団所有制（人民公社、生産大隊、生産隊の三級の単位による集団所有制）と、採算コストの計算単位は生産隊を基礎とする」政策を強く打ち出している。この制度は、現在の我が国農業の発展レベルに適合していた。これは、「農業は大寨に学べ」式のやり方とその方向性を否定し、六〇年代初めに行われた生産隊を基本的なコスト単位とするやり方への回帰である。最も貧しい貴州省を例に取ると、「生産突撃を過渡期とする」四二三の生産大隊が四〇〇〇近い生産隊に戻り、それぞれがコスト計算の基本単位に回帰した[50]。

第三、「先富論」が提起され、一部の人が先に豊かになることが許された。それは、長年続いた富農攻撃路線の改変を意味し、農民が世帯経済を発展させ、働いた分だけ豊かになるための「青信号」であった。

第四、農業は「食糧を綱要とする」、長期間唱え続けられてきたこの政策の改変が始まった。いっそう発展するために経済作物、林業、副業、漁業等が推奨され、農業構造の調整、農村経済の繁栄に向けて「青信号」が灯された。

しかし、三中全会の公報に次のように明記されている。「人民公社は、三級所有制と生産隊を基礎とする制度を断固として堅持しなければならず、これは一定不変である。「食糧を綱要とし、全面的に発展し、その土地の事情に適合させ、集中を適切にやる」方針を断固として貫徹する。これは、中国の農村改革に対する公報の保守性、自己矛盾と歴史的な限界を映し出している。しかし、こうした人為的な制約は、広範な農民と現実的かつ実務的な進取の精神を持つ地方幹部によって早々に打ち破られた。二十年にわたって強制的に実行されてきた農業社会主義路線は、早晩、農民と歴史によって遺棄される運命にあった。

コラム5-1　十一期三中全会公報『農業、農村政策に関して』（一九七八年一二月）

全会は次のように考える。全党は、今、主要な精力を集中して農業を迅速に向上させなければならない。なぜなら、農業は国民経済の基礎でありながら、この数年重大な破壊を被り、現在、全体として見るなら、やはり非常に薄弱である。農業生産を力強く回復させかつ迅速に発展させ、また農林畜産、副業、漁業等を断固として遂行し、同時に「食糧を綱要とし、その土地の事情に適合させ、集中を適切にやる」方針を断固として貫徹することによって、着実に農業の近代化を実現しさえすれば、国民経済全体の迅速な発展を保障することができ、全国人民の生活水準を継続的に向上できる。この目的のため、まず我が国の数億の農民の社会主義的意欲を引きだし、経済的には農民の物質的利益に十分関心を注ぎ、政治的には農民の民主的権利を現実的に保障しなければならない。この指導思想を起点として、当面の農業生産を発展させるため、全会は一連の政策措置と経済措置を提起した。その中で最も重要なことは、以下である。人民公社、生産大隊及び生産隊の所有権と自主権は、国家の法律によって具体的に保護されるべきである。生産隊の労働力、資金、産品及び物品の無償調達もしくは占有を許可しない。公社の各級組織は、労働に応じて分配する社会主義の原則を真面目に執行しなければならず、また労働の量と質に応じて報酬を計算し、悪しき平等主義を克服しなければならない。社員の自留地、世帯副業及び定期市における売買は社会主義経済の必要な補完であり、何人もみだりに干渉することはできない。人民公社は、三級所有と生産隊を基礎とする制度を断固として堅持しなければならず、これは一定不変である。人民公社の各級組織はすべて、民主的管理、幹部選挙、帳簿の公開を確実に実行しなければならない。全会は次のように考える。今後、比較的長期にわたって、全国食糧買い上げ量・農業税指標は一九七一年から一九七五年までの「五年計画」を基礎とすることを継続し、これを変更しない。また食糧買い上げの行き過ぎを許さない。工業製品と農産品の交換価格差を縮小するため、三中全会が建議して国務院が次のように決定した。食糧の統一買い上げ価格を一九七九年夏の穀物市場出荷時から二〇%引き上げ、超過購入分はこの水準をベースに五〇%上乗せする。綿花、搾油原料作物、製糖原料、畜産品、水産品、林業産品等の農業副産品の買い上げ価格は、状況を見定め、徐々に適切な引き上げを行う。農業機械、化学肥料、農薬、農業用合成樹脂等の製品などの農業用工業製品の工場出荷価格と販売価格は、コスト低減を図り、一九七九年と一九八〇年に一〇%ないし一五%値下げし、コスト低減の恩恵を農民に与える。農産品の買い上げ価格の引き上げ後、都市の勤労者の生活水準低下を来さないように保証が必要である。食糧販売価格は一律に不変とする。大衆の生活に必要なその他農産品販売価格は、断固として安定を維持する。値上げが必須のものは、消費者に適切な手当てを支給する。会議はさらに、農業科学教育の強化、農林畜産業発展に向けた地域計画の制定、農林畜産・漁業の近代化基地建設、農村の公社・生産隊の勤労者による副業の積極的な発展等の重要課題を討論し、相応の措置を決定した。

資料出典：『中国共産党第十一期中央委員会第三回全体会議公報』一九七八年一二月二二日。中共中央文献研究室編『三中全会以来重要文献選編』（上）七二九頁、北京、人民出版社、一九八二。

実際、建国前の早い頃に、毛沢東が農業社会主義を批判している（コラム5－2）。毛沢東は、一九四八年四月一日に開かれた晋綏幹部会議で講話を行い、述べている。「現在、農村で工業と商業の破壊が流行している。土地の分配をめぐって絶対平等を主張する思想があるが、それは一種の農業社会主義思想である。この種の思想の性質は、反動的であり、後進的、逆行的である。我々はこの種の思想を批判しなければならない」「農業社会主義思想とは、農業経済を基盤とする一種の平等主義思想である。こうした思想を持っている人は、小規模農業経済を基準として世界を認識し、その改造を目論み、社会経済全体を均一な『平等』の小規模農業経済に改造することを考えている。すなわち、社会主義を実践すれば、資本主義的発展を避けることができると考えている」[51]。新中国成立後の高度な各種集団化こそが、農業社会主義である。

コラム5－2　毛沢東「何が農業社会主義なのか」（一九四七年、一九四八年）

農業社会主義思想とは、農業経済を基盤とする一種の平等主義思想である。こうした思想を持っている人は、小規模農業経済を基準として世界を認識し、その改造を目論み、社会経済全体を均一な〝平等〟の小規模農業経済に改造することを考えている。すなわち、社会主義を実行すれば、資本主義的発展を避けることができると考えている。

資料出典：毛沢東『現在の形勢と我々の任務』一九四七年一二月二五日。

土地の分配をめぐって絶対平等を主張する思想があるが、それは一種の農業社会主義思想である。この種の思想の性質は、反動的であり、後進的、逆行的である。我々はこの種の思想を批判しなければならない。

資料出典：毛沢東『晋綏幹部会議における講話』一九四八年四月一日。

王小強が、建国以来の農業社会主義理論とその実践を厳しく批判している。彼は、農業社会主義を次のように定義している。私有制を廃止することによって、供給の平等化と文化的専制等の一連の極端な措置の実行を目論み、一時の苦労で後々まで安寧でいられるように、生産、分配、消費さらに意識形態の領域における二極分化を根絶して土地も併合でき、小規模生産者が永遠に栄えるように、よろしくやる。彼は次のように考えた。実践が示している、すなわち、農業社会主義の空想は実践において失敗し、それはつまり封建社会主義の「全面的専制」学説が勝利を得たことになる。[52]

建国から改革開放期まで、中国の指導者は一つの基本問題に、終始一貫向き合ってきた。何が社会主義で、何が資本主義なのか。指導者たちは、それぞれ別の時代に、さまざまな理解、さまざまな認識を行ってきた。しかし、社会主義と資本主義を区別するには、書物が根拠となるのではない。根拠とすべきは、中国の農村の実際の状況と発展段階であり、また指導者の主観的判断が根拠となるのではなく、広範な農民の客観的要求が根拠となる。

十一期三中全会公報の起草に参与した胡喬木が述べている。何が資本主義なのか。副業がそうなのか。まともな生業であっても、食糧以外を植えたり、その他の経済作物をやったり、あるいはその地域の規定通りに植えなかったりすると、それら全部が資本主義をやっていることなのか。そうだろうか。資本主義とはこんなものなのか。副業経営は社会主義（農業）本体の一部分であり、小規模自留地や世帯副業は国家の憲法に規定され、党の正式な文書で肯定されている。これを資本主義と言うのか。何が資本主義で、何が社会主義なのか、まずはっきりさせなければいけない。何が社会主義なのか、その境界線を明確にしないなら、農業経済の発展は難しい。[53]

十一期三中全会は、「農業は大寨に学べ」を再び提起することはなかった。その後に続き、各地で大寨に学べ運動の修正が始まった。『人民日報』も大寨に学べ式の方法を批判する文章を連続して発表した。陳永貴は党内の批判にひどく立腹した。特に、大寨が行った農田基本建設「大会戦」の経験を否定する人が出てきたことに我慢ならなかった。彼は密かに、胡耀邦を「胡乱邦」と罵倒した。党内で陳永貴を支持するものは、華国鋒、李先念そして王任重（国家農業委員会主任）等がいた。李先念は次のように考えていた。三億の勢いある農業労働力を使って、農田基本建設を推進し、生産条件を整え、防災能力を高めなければならない。大規模な水利事業を興さなければ、農業の高生産、安定生産など言えたものではない。しかし、胡耀邦は、過去に行われた農田建設水利事業は農民に過重な負担を強い、人力物力の多大な浪費であり、「人民に苦労をかけ、人民の財産を傷める」と考えた。[54]

指導者の間で、意見の分裂があるのは正常である。彼等は、中国の農業問題を違う角度から観察し、捉えていた。華国鋒、李先念、陳永貴は国家的利益を考え、農業発展政策を決定したが、胡耀邦は農民の利益を考え、長年続いた「人民に苦労をかけ、人民の財産を傷める」政策を糾そうとした。農田水利基本施設は典型的な公共物であるから、国家によって提供されるべきであり、農民が提供するものではない。さらに、農民に無償労働をさせることは許されず、本来、農民に無償を強いることは国家による搾取にほかならない。これらは、強制的な人民公社制度の下で行われる「国家意思」の農民に対する無理強いである。しかるに、農民には代表もいなければ、発言権もない。なぜなら、中央政治局委員、国務院副総理の身分に成り上がった陳永貴が彼等の利益を真に代表することはできず、八億農民の選択権は、ないも同然であった。

三、農村自由化政策

鄧小平の強力な推進と広範な農民の切実な支持を受けて、中国の農業と農村は、意欲的な創造性を大動員し、過去三年（一九七六～一九七八年）の逡巡と反復の過程に終止符を打った。一九七九年、中国は全面的な農村改革と農業が迅速に発展する新しい段階へ突入した。

十一期三中全会は、『農業発展を速めることにおける若干の問題に関する決定（草案）』と『農村人民公社工作条例（試行草案）』を採択した。一九七九年一月一一日、党中央がこの二つの文書を通達し、各省、市、自治区において討論と試行を行うように求めた[55]。

一九七九年九月二八日、十一期四中全会は『農業発展における若干の問題に関する決定』を批准し、我が国の農業の現状分析と歴史経験の総括を行い、農業近代化ための配置を実現した。この決定は、二十五項目にわたる農業生産力発展に向けた政策（コラム5－3）を提起した。またこの決定は、第二次農業自由化政策を代表し、「中国農村革命の開幕を告げるメルクマール」と目されている[56]。歴史を振り返って比較すると、この決定の大部分は、一九六〇年代初め、第一次農業自由化の時に採られた措置を踏襲している。しかし、この決定の最も重要な点は、実務主義の態度を採用していることである。まさに、十一期四中全会の公報が指摘する通り、この決定は実際の状況に正しく符合している。提出された一連の方針、政策は我が国の現段階の農業生産発展が求めているものである[57]。六〇年代初めの農業危機によって始められた第一次農業自由化は、毛沢東一人の反対によって夭折してしまった[58]。しかし、七〇年代末に再びの農業危機によって第二次農業自由化が実施されたが、鄧小平の揺るぎない支持を受け、成功することができた。

コラム5－3　十一期四中全会二十五項目の農業政策（一九七九年九月）

一、人民公社、生産大隊及び生産隊の所有権と自主権は、国家の法律によって具体的に保護されるべきであり、いかなる単位及び個人であっても任意に剥奪することができず、その利益を侵犯することができない。

二、いかなる単位及び個人であっても、生産隊の労働力、土地、家畜、機械、資金、産品及び物資を、無償調達もしく

はそれらを占有することは絶対に許されない。

三、人民公社の各級組織は、各人が能力に応じて働き、労働に応じて分配する原則を真剣に執行しなければならない。多く働いた者が多くの報酬を受け、少なく働いた者は少ない報酬を受け、性別にかかわらず同一労働同一賃金としなければならない。

四、社員の自留地、自留家畜、世帯副業及び定期市での売買、これらは社会主義経済に付属し、それを補完するものであり、いわゆる資本主義の追随者であると批判してはいけない。農民が世帯副業を経営することによって、収入増加を図ることを支持・奨励するべきであり、以って農村経済を活性化するべきである。

五、人民公社は、三級所有制と生産隊を基礎とする制度を安定的に継続実行しなければならず、農村の労働力を発展させるために力を集中しなければならない。

六、今後三～五年以内に、国の対インフラ建設投資全体における対農業投資の割合を一八％前後まで、徐々に引き上げる。国の総支出における農業事業費及び公社・生産隊支援支出割合を八％前後まで、徐々に引き上げる。

七、対農業借款を、現在から一九八五年までに、過去の二倍以上に増やす。

八、食糧の統一買い上げ価格を一九七九年夏の穀物市場出荷時から二〇％上げ、超過購入分はこの水準をベースに五〇％上乗せする。

九、今後、比較的長期にわたって、全国食糧買い上げ量・農業税指標は一九七一年から一九七五年までの「五年計画」を基礎とすることを継続し、ならびに一九七九年から五〇億斤減らし、以って農民負担軽減と生産発展に資する。

十、農林畜産業、副業、漁業等の生産、貯蔵と運送、加工所などに必要な農業の基本的な建設を、地域の実情に照らして断固として、継続的かつ強力に実施する。

十一、現有耕地を十分に利用すると同時に、条件が整った地方では、国営農場と人民公社が計画的に荒れ地の開墾、開拓を行う。

十二、国営農場は良好な運営に努力し、国家のため、さらに多くの食糧製品、経済作物及びその他の農副産品を供給する。

十三、化学肥料、農薬、農用プラスチック製品及び各種除草剤を速やかに増産し、産品の品質を保証する。

十四、優良品種の積極的な選択育成、導入、普及を行う。
十五、地域の実情に合わせて、農林畜産、副業、漁業の機械化を発展させ、中でも畜産業の機械化の比重を高める。
十六、食糧生産をゆるがせにせず、同時に、綿花、搾油作物、製糖作物等の各種経済作物にしっかり取り組み、林業、牧畜、副業、漁業にもしっかり取り組む。食糧生産と経済作物生産に並行して取り組む。すなわち、農、林、畜産、副業、漁業の五業を並行してしっかりやる。
十七、大いに力を尽くして植林造林を展開し、活着率の向上に意を注ぐ。
十八、大いに力を尽くして畜産業を発展させ、農業における畜産業の比重を向上させる。
十九、水産資源を合理的に活用し、漁業生産を加速し、水産品生産量を増加させる。
二十、人民公社・生産隊の企業を発展させ、三級経済単位（人民公社、生産大隊、生産隊）の収入における公社・生産隊の比重を徐々に向上させる。
二十一、商業工作では、等価交換の原則を真剣に、徹底的に実行させ、都市と農村間の物資交流を円滑に行う。
二十二、農業は、輸出用産品の生産に努力する。
二十三、西北、西南の一部地区及びその他の旧革命根拠地、辺鄙な山間地区、少数民族地区、辺境地区は、長期にわたって生産が低迷し食糧も欠いており、民衆は貧困状態にある。国務院は、関係部門の責任者が参加する専門委員会を設立した。それによって統一的な計画を策定し、組織を挙げて、これらの地区に財政、物資、技術面において重点的な扶助を実施し、それらの地区の生産発展と貧困からの脱却を援助する。
二十四、計画出産を継続的な努力の下、断固として実行しなければならない。この分野の宣伝教育工作を真剣に行い、不自然で不適切な方法を改め、医療サービスと医薬品供給を保障しなければならない。
二十五、農村の広範な末端幹部の積極性を保持、引き出すことによって、農業発展の加速に向け、極めて重要な一環を担わせる。

資料出典：『農業発展の加速における若干の問題に関する中国共産党中央の決定』一九七九年九月二八日中国共産党第十一期中央委員会第四回全体会議採択。中央文献研究室編『三中全会以来重要文献選編』上冊、一八四～一九三頁、北京人民出版社、一九八二。

中国の農業改革は、世帯生産請負責任制の実施に見られるように一連の制度を刷新し、また一連の政策も刷新している。その主旨は、農業自由化政策の施行を通じて新しいインセンティブシステムを形成すること、すなわち八億の農村人口の活性化と三億の農村労働力の活力を刺激することにある。この政策は、次のようになっている。

第一、農業副産品の買い上げ価格を大幅に引き上げ、工業品価格と農産品価格の不合理な格差拡大、すなわち「鋏状価格差（シェーレ）」の縮小を進める。十一期三中全会は次のように決定した。食糧の統一買い上げ価格を一九七九年夏の穀物市場出荷時から二〇％上げ、超過購入分はこの水準をベースに五〇％上乗せする。綿花、搾油原料作物、製糖原料、畜産品、水産品、林業産品等の農業副産品の買い上げ価格は、状況を見定め、徐々に適切な引き上げを行う。同時に、農業機械、化学肥料等の農業用工業産品価格の引き下げも要求する。一九七九年から一九八四年までの期間、全国農業副産品の買い上げ価格は全体として五三・六％上昇しており、同時期の農用工業産品価格全体はわずかに七・八％の上昇にとどまっている。工業品と農業産品の「鋏状価格差」は二九・九％に縮小した[59]。農副産品買い上げ価格引き上げと農村労働力の生産性向上が、広範な農民に利益をもたらした。一九八〇年から一九八四年の期間、各農村の労働力が産み出した主要な農産品のうち、食糧が一三・四％、綿花が一〇・七％、搾油原料作物が三七・九％、製糖原料作物が四六・四％、肉類が一四・二％、水産品が二一・九％、それぞれが生産量を伸ばしている[60]。

第二、割り当て農産品の統一買い上げ範囲を縮小し、買い上げ量・農業税の指標を低下させ、農民による農産品販売自主権を拡大・強化する。十一期三中全会が、一九七九年より、全国食糧買い上げ量・農業税の指標を五〇億斤減らすと決定した。実際、一九八二年には、全国食糧買い上げ量・農業税は六〇六億四〇〇〇万斤となり、一九七八年（七五五億斤）より一四八億六〇〇〇万斤減少し、減少割合は九・七％である。一九七八年、国家による統一割り当て・統一買い上げ対象の農副産品は一七〇種類余りであったが、一九八四年になると三十八種類（そのうち二十四種類が漢方薬材料）までに減少し、減少割合は七七・六％である。**農産品販売総額における国家の計画価格での買い上げ額の割合は、一九七八年に八二％であったが、一九八四年には七三％まで減少した**[61]。

第三、都市と農村の自由市場を開放し、都市と農村の交易関係を促進する。計画経済時期、いわゆる「資本主義的自然発生勢力」は厳しく攻撃され、都市と農村における定期市での売買は基本的に廃止、また農産品の投機的売買に携わることと短距離及び長距離の輸送販売は厳禁されていた。一九七六年、全国の農村の定期市は二万九二二七か所に上り、取引額は一〇二億元だが、農村人口一人当たり平均に直すとわずか一三・二元でしかない。一九七九年四月、国務院は農村の定期市売買の統制緩和を決定し、綿花以外の農業副産品を定期市で売買することと、認可を受けた企業が定期市で農業副産品を購入することを許可した。一九七八年、全国の農村定期市の取引額は一二五億元、一九八二年には二八七億元、二倍強増加した。農村人口の一人当たり平均額は、三五・八元、一九七六年当時の二・七倍である。一九八四年、党中央が一号文書を発布し、大都市における農業副産品の卸売市場と交易センターの設置を許可した。徐々に、都市における農副産品市場が開放されていった。

第四、農業多角化の方針が実施され、農村経済構造が調整された。計画経済時期の農業の発展は「食糧（生産）を綱要とする」によっていたため、特有の単一的な農業生産構造が形成されてきた。一九七八年、全国農業総生産額の中で、作付け・栽培農業の割合が七六・七％、林業、畜産、副業、漁業を合わせた割合は二三・三％であった。作付け・栽培のうち、食糧作物の作付面積の割合が八〇・三％にのぼり、経済作物の作付面積は九・六％しかなく、その他作物が一〇・一％であった。**十一期三中全会は、この単一食糧経営方針を否定して、**多角経営の発展を奨励し、人民公社・合作社社員の自留地と世帯副業を認めた。一九八一年三月、国家農業委員会がさらに、農林畜産副業漁業など多角経営をやり、農工商を総合的に発展させることを、「農村経済繁栄のための戦略的措置」とするべきだと提起した。しかし、一方で「食糧生産を決しておろそかにしない」ことも提起している。一九七八年から一九八四年の期間、全国の食糧作付け面積が六・四％減少したが、食糧総生産量は三三・六％増加し、同期間における経済作物作付け面積が三三・七％増加、綿花、搾油作物の総生産量は二～四倍増加した。副業の生産額は二・三倍増え、畜産業は七三・二％、漁業は五五・八％増加した。林業・畜産業・漁業・副業の農業総生産額に占める割合が、二三・三％から三一・七％に増え、これと同時に農家世帯の副業収入の一人当たり平均収入に占める割合が二九・四％から三八・一％に上昇した。[62]

第五、政府は、農民に対し「取るものは少なく、与えるものは多く」、「民力を養わせる」を旨とした。十一期三中全会は農業税の減免を決定した。一九七九年、収穫量が少なく食糧不足の地区は、四七億斤の税糧（穀物で納める税）が徴収免除された。また、公社・合作社・生産隊の企業の商工業所得税の課税基準ラインを引き上げ、新しく活動を始めた社・隊に対して三年間の免税、民族自治県と辺境県に対して五年間の免税を実施した。十一期三中全会は、政府のインフラ投資全体に占める農業投資を一一％から一八％程度まで高めると決定し、農業事業費及び農業支援財政資金の政府財政総支出に占める割合を一一％から一三・七％まで増やすと決定した。中央政府は「農業支援」を強く意識し、また政治目標でもあった。とはいえ、実際はこの目標は実現されなかった。政府の財政支出に占める農村向けの支出割合は、一九八五年問当時、一九七八年に比べて一・五ポイント下がっている。

次のように考えることができる。十一期三中全会の最重要任務は、党の中心工作であった。すなわち、「階級闘争を綱要とする」ことから経済建設中心に踵《きびす》をめぐらし、一九五六年当時の党の八回大会決議で確定した路線に復することであった。国家と農民との関係、都市と農民利害との関係の調整は、それに次ぐ課題であった。それは、一九六〇年代初期の第一次農業自由化の枠組みに回帰し、農業自由化禁止から限定的自由化へ舵を切り、再び農業自由化を奨励することである。農業の剰余を必死に取り立てることから農業育成に舵を切り、農民の「活力と民力を養う」ことである。農民の「資本主義追随」を大批判することから舵を切り、「先富論」の富民政策を押し進め、唱道することである。農民の意にそぐわない「貧困の過渡期」を強制するやり方から、「三級所有、基礎は生産隊」へ回帰し、「さらなる後退」から「世帯生産請負責任制」へと舵を切ることである。これらすべての転換が「重大な転換」である。それは、毛沢東時代に何度も現れては消えていった農業政策の調整と改善をはるかに凌駕し、改革初期の指導者の構想と人為的制限をはるかに超越し、さらには同時期の国有経済を主とする中国都市経済体制の改革を大幅に乗り越えるものであった。

第三節　「包産到戸」[63]の歴史的経緯

農村における「包産到戸」改革は、中国農民の偉大なイノベーションであるが、遅れてやって来た改革である。その歴史プロセスは「紆余曲折」を経てきた。

建国の歴史を振り返ると、農村には何度も「包産到戸」改革が出現した。合作社であろうと人民公社であろうと、A隊、B隊、C隊……またはA社員、B社員、C社員……それぞれが、みんなで「大鍋の飯」をつつきあう悪しき平等の問題が存在し、それがさまざまな請負形式（例えば、隊による請負、組あるいは世帯による請負等）を生み出した。それらはみな農民による自発的な制度の刷新であり、主旨は有効なインセンティブシステムの形成にあった。これらは合作社、人民公社式の「大鍋の飯」をつつきあうシステム（適切な言い方をすれば「ただ乗り」システム）に対する挑戦であり否定であった。しかも、「請負」単位が小さければ小さいほど、農民の意欲がますます高まった。経済学の視点から言えば、管理監督の情報コスト（Information Cost）が低ければ低いほど、ただ乗りの可能性が低下し、経済的な刺激レベルが上がる。これこそが、「包産到戸」改革の経済的原理である。

一九五六年秋、合作社運動の最中にあった安徽、四川、江蘇、浙江、広東の地で、「包産到戸」の試みが最初になされた。しかし、一年も経たぬうちに、批判を受け早々と消えてしまった。

二回目は、一九五九年夏、人民公社運動においてだったが、すぐさま中断させられた。

三回目は、農村が「大飢饉」に襲われた一九六一年だった。当時、全国でも最もひどい飢饉に見舞われ、死亡率が最も高い（一九六一年、六・八六％に達した）安徽省で、「農地請負」、「農家定量責任生産」などの制度が自発的に行われ、その年、全省の生産隊総数の八五・四％がこの制度を実施した。これは、飢饉に襲われ生死の危機にあった農民が自発的に行った農村改革であり、当時の安徽省党委員会第一書記曾希聖が力強く推進したこととも関係している。一九六〇年に彼は、考えを巡らし、困難から抜け出す道を探し出した。調査研究に基づき、彼は「農地責任管理報奨制」、略称「責任農地」制を、大胆にも提案した。一九六一年二月、合肥市南新庄が試験モデルとなり、全省で「責任農地」制が推進されることになった[64]。

三月、曾希聖が広州中央工作会議で、安徽省が行った「包産到戸」の状況を毛沢東に報告し、併せて会議で発言し「包産到戸」のやり方を紹介した。当時、毛沢東が試験的にやっても良いと表明すると、河南、広西、湖南、浙江、陝西、甘粛、貴州等の各省が続き、さまざまな形式の「包産到戸」が出現した。中央農村工作部部長、国務院副総理鄧子恢は、安徽省視察のために人を派遣したが、「包産到戸」のやり方を十分に肯定した。

一九六二年五月、中央工作会議で、鄧子恢がまず「包産到戸」構想を提案した。小さな自由を適切に広げ、「包産到戸」を適切に実行している地区であれば、自留地、飼料耕作地、借地、冬季休耕田等を含めて、農民に任せることに賛成すると彼は提案した[65]。

当時の中国の指導者は、実務的であり、農業を主管する責任者にとどまらず、中央政治局常務委員までが、中国農村の実情から出発し、広範な農民の願いを尊重し、農業自由化改革を積極的に推進した。

六月下旬、中央書記処において鄧小平が、安徽省の「請負農地」（責任農地すなわち「包田到戸」）問題に関する報告を聞き取っている際に、発言している。農民の生活が困難な地区では、いろいろな方法があってもよい。安徽省の同志が「黒い猫であろうと黄色い猫であろうと、ネズミをつかまえる猫が良い猫だ」と言っていたが、これは一定の道理がある。「請負農地」は新しいことだ、試してもいいだろう[66]。鄧小平は実務的な態度を採り、試験的にやってみる方法を主張した。

六月から七月にかけて、陳雲が次のように提起した。すなわち、「包産到戸」はまだ徹底されておらず、「分田到戸（農地分配責任請負）」の方が「包産到戸」より良い。「農地分配」のやり方は、農民の生産意欲を刺激できるから、農業の生産高が回復する。このことは、陳雲が実務主義であるだけでなく、「分田到戸」による経済のインセンティブシステムに明るいことを示している。しかし、毛沢東の考え方を理解している姚依林は、これは毛沢東がおそらく受け入れないと、心配した。陳雲は、毛主席は実事求是の人だ。私が行って説明する――まず「分田到戸」を実施する、その方がより徹底している。集団化はその後の話だ。[67] **農村改革の進め方に関して、陳雲の考えが最も徹底しており、最も説得力があった。毛沢東が実事求是でありさえすれば、中国農村の改革は、「小さな野火」から「燎原の勢い」に成り得た。**

六月下旬、陳雲は、中央常務委員劉少奇、林彪、鄧小平、周恩来等と相前後して意見を交わした。彼等は皆、「分田到戸」等のやり方に同意した。中国の農村改革に対する政治的なコンセンサスを大多数の中央政治局常務委員が持ったのである。毛沢東の決裁を待つのみであった。

七月二日、鄧小平が中央書記処の会議で述べている。「農業を回復するために、多くの大衆が農地の分配を提案し、陳雲同志が調査し、道理を説き、意見を提出している。これはいいことだ。当面、あらゆる形式があるが、農業は個人経営でやった方が良い。黄色い猫でも黒い猫でも構わない。過渡期では、どの方法でも農業回復に役立つ方法を用いるのだ[68]」

七名の中央政治局常務委員の中で、ただ毛沢東一人が農業自由化政策に対して否定的な態度を取った。彼は、これを「良からぬ風潮」に自分が立ち向っていると言った。[69]

五月から六月の間、毛沢東の秘書・田家英が上海で、毛沢東に湖南省の韶山市、大坪鎮、炭子衝村で行った調査状況を報告した際、農民と農村幹部が提出している「包産到戸」あるいは「分田到戸」の要求に言及した。毛沢東は、田家英に次のように答えている。「我々は大衆路線を行かなければならない。**しかし、大衆の言うことをすべて聞くことができない時もある。例えば、『包産到戸』をやろうとすることに、耳を傾けることはできない[70]**」。これは、大衆に対する毛沢東の態度が機会主義的であることを示している。彼個人の意見と合致する場合、同意もしくは支持をする。これに反して、彼個人の意見と違う場合、反対するか握りつぶす。

七月六日、田家英が農村で実行している「分田到戸」の状況を、毛沢東に報告した。[71] 同日、毛沢東と陳雲が会見した。陳雲が、「分田到戸」実行を主張する理由を申し述べた。陳雲はさらに続けた。「分田到戸」を実行しても、二極分化は起こり得ず、(食糧の)買い上げ・農業税に影響しない。四年あれば(一九六六年を指す)、もしくは八年すれば(一九七〇年を指す)農業は回復する。陳雲は後に回顧して言っている。「(毛沢東と)話した後、毛沢東同志は非常に怒っていた[72]」。

七月七日、毛沢東が厳しい批判を行っている。「分田到戸」は、農村の集団経済の瓦解につながる。人民公社解散は中国式の修正主義であり、どの道を進むのかが問題となっている。[73]

これは、陳雲の改革の建議を問題ありとしたも同然である。七月八日、毛沢東は、劉少奇、周恩来、鄧小平、陳伯達、田家英を呼び集め——陳雲は、意識的に排除された——、「包産到戸」に対して明確に反対の立場を表明した。陳伯達を指名し、『人民公社集団経済の強化と農業生産の発展に関する決定』を党中央として起草することを命じた。[74] 後に、毛沢東は北戴河会議で述べている。「なぜこのような文書を作るかと言えば、集団経済を強固にするためではないか。というのも、個人経営の風潮が騒がしく、上層部まで吹き込み、風の勢いもますます強くなっているからだ」。[75] 上層部とは、陳雲を指している。数日後、党中央は、『新聞紙上における「包産到戸」等の問題の宣伝禁止に関する通知』を通達した。[76]

八月六日毛沢東は、主宰した中央工作全体会議で、階級闘争を大いに語り、同時に「包産到戸」と「分田到戸」は資本主義に走ることであると、明確に表明した。[77] これ以降、毛沢東は、陳雲が本来的に「右寄り」であるとみなした。彼は、違う意見に耳を貸すことができなかった。

なぜ、毛沢東は「包産到戸」に反対したのか。 彼が危惧したのは、農村に貧富の両極分化と階級分化が出現することだった。地方の多くの責任者もまた同様の危惧を抱いた。[78] 何をもって、貧富の両極分化ないし階級分化とするのか。毛沢東等は明確な定義を示すこともなく、また詳細で説得力ある調査研究報告を示すこともなかった。個人的な危惧が事実であるという主観にとらわれていた。さらに次のように考えた。たとえ貧富の両極分化が出現した（貧窮者がなお貧窮する）としても、社会主義国家として、一次、二次の分配などの国家政策を強力に実施することで、そのような事態は避けることができ、解決することができる。これこそまさに、社会主義制度の優位性を体現することである。

毛沢東個人の決断、つまり中央政治局常務委員多数意見に対する「一票の拒否権」によって、「包産到戸」が否定され、中国農村改革はここで頓挫した。

もし党中央内で民主集中制が行われ、「少数が多数に従う」原則が守られていたなら、中国の農村改革は、本来一九六二年に始まっていたはずである。なぜなら、当時の七名の中央常務委員のうち少なくとも五名の常務委員（劉少奇、周恩来、陳雲、林彪、鄧小平）が、「包産到戸」と「分田到戸」に関して意見の一致を見ていたからである。[79] これは、当時の中国の指導者等は実事求是の精神を具えていたことの証左であり、したがって、とりわけ農業が重大な危機に直面していた時代に、農村改革を大胆に提起できたのである。まさにこのことによって、七〇年代末、鄧小平と陳雲が中国農村改革を発動した変革の指導者たりえたのであり、農村に「包産到戸」という制度的イノベーションが登場しただけで、必然的にその制度変革とリンクし、それが大規模かつ迅速に農村全体に広がった。七〇年代に遅ればせながら姿を見せた制度変革であるが、最も成功した制度変革となった。

鄧小平や陳雲のような指導者にとっても中国の普通の農民にとっても、「包産到戸」は、熱望の対象であった。この制度的イノベーションは毛沢東一人によって否定されはしたが、時を隔てながらも人々の記憶にとどまり、いったん改革の機が熟すると「星火燎原」の勢いを現出した。これは中国改革の「種子」であり、極めて後進的な農村の中で存在し続け、億万の農民の記憶の中、変革を志す指導者の脳裏に存在し続けた「種子」である。

これは、一種の、制度の記憶あるいは体制の記憶の蘇生である。すなわち、ある社会階層がかつて幾度も経験し、忘れることができない制度、行為である。この種のヒューマンリソースに融けこんだ体制の記憶は、適切な制度を選び、試すための糸口を、この体制に提供してくれる。この意味から言ってこれらは、過去の農家が基礎とした生産制度の直接経験から抽出された体制の因子であり、一九七八年の世帯生産請負責任制の推進に向けた準備的、内在的な体制の因子であった[80]。

第四節　世帯生産請負責任制の実施

一、改革の先頭に立つ安徽省と四川省

中国の改革は、まず計画経済が比較的確立されていない農村から突破口が開かれた。農村改革がひとたび開始されると、それは制度の刷新の段階に入っていった。すなわち農民が「包産到戸」のような誘惑的な制度を発明し、実務色の強い地方の責任者が「大寨に学べ」式の政治的な制約を突き破り、農民の自発的な新機軸を容認していった。この言わば政治的な博奕を行っている過程で、鄧小平等最高指導者の強力な政治的支持を取り付け、さらに強制的な制度変革の形を取り全国に普及していった。

中国の農業改革は、その成果を一挙に成し遂げたわけでもなく、あらかじめ何かしらの方策が用意されていたわけでもない。むしろ、この改革は中央の思わくと規範に違反さえしていた。農民が「下から上に突き上げた」自発的な改革であり、農民の偉大な、前例のない試みであった。つまり、「雲の上にお高くとまった」政治官僚もしくは技術官僚の文書のお墨付きはなかった。したがって、もし鄧小平等最高指導者の政治的支持を得ることができなかったら、中国の農村改革は「上意下達」式の改革を変えることも叶わず、全中国の農村の大地にかくも早く広がり伝わることもなかった。

一九七七年六月党中央は、万里を第一書記とする安徽省の新指導班の結成を決定した。当時、安徽省は中国で最も貧しい省の一つであった。一九七八年の安徽省の総人口は四七一三万人、そのうち農村人口が四一三二万人、一人当たりGDPは全国平均の六四・四%[81]、当時の低収入国の平均水準よ

り三〇％下回っていた。当時、地方の責任者には、経済指標を駆使して安徽省の経済状況を分析する能力はなかったが、彼等は優れて実務的、解放された思想の持ち主であった。万里は、三カ月にわたって安徽省の調査研究を進めた。その行程は一五〇〇キロを超えた。調査中に彼は、大別山の人民が食べる物にも事欠き、襤褸《ぼろ》を纏っている姿を目の当たりにし、つらそうに話した。内心忸怩たる思いだ。皖北の農民は年越しの餃子を食べられないと嘆いていると聞く。白毛女の父・楊白労は貧窮しても餃子を何とか工面しようとした。農民たちに年越しの餃子を食べさせないままに放っておけない[82]。建国後、とうに三十年になろうとするのに、農民たちはこんなにも貧窮している。社会主義の優位性はどこに行ったのか。彼の慨嘆は極まった。彼は言った。農村改革の最初の重点は、「大寨」の箍《たが》を外すことにある。断固として、生産を中心に据える[83]。彼の支持の下、一一月一五日安徽省全省の農村工作会議は、『当面の農村経済政策のいくつかの問題に関する規定』を採択した。いわゆる『農業六カ条』である[84]。生産隊の自主権を尊重すること、世帯の副業を許可すること、国家に上納する以外の収穫は、市で売買してもよいことが提起された。当時万里は、生産隊の自主権を尊重し、的外れな命令を無くしさえすれば、一〇％以上の増産が可能だと予測していた[85]。これは党中央の本意から外れ、違ってもいた。党中央の四九号文書（一九七七年一二月）は、今冬とあくる年（一九七八年）の春、生産隊の一〇％分を生産大隊に移行して計算すると指示していたからだ。万里は考えた。大寨に学べ云々を安徽省の農民は支持しない。我々も学ぶこともできないし、学ぶ気もない[86]。

一九七八年、安徽省に百年に一度有るか無いかの大干ばつが発生した。長江、淮河を除く大多数の河川の流れが途絶え、四〇〇〇万ヘクタールを超える農地が干ばつ被害を受け、四〇〇万人余りが用水確保に非常な困難を来した。農村の分業工作に当たっていた安徽省委員会書記の王光宇が、万里に「土地借り上げによって飢饉を乗り切る」ことを建議した。九月一日、安徽省党委員会常務委員会が緊急会議を招集し、集団での耕作がなされていない土地を、社員に貸し出し、麦や野菜の耕作に当てるように提案した。荒れ地の開墾を奨励し、耕作した社員がそれを収穫する。国家は食糧の統一買い上げ、統一分配、統一販売を実施しない。このやり方によって、農民の「包産到戸」のうねりのような高まりが、誘発された[87]。

安徽省の『農業六カ条』は、中国が長期間実行してきた集団経済「農業は大寨に学べ」式の思考スタイルに対する重要な最初の突破口となった。これに対し陳永貴の不満が極まり、一連の文章を発表するように唆し、名指ししないものの万里を批判させた。万里もまた真っ向から受けて立ち、省の党委員会で安徽省は組織立った大寨参観をせず、大寨に学ぶこともしない、と宣言した[88]。安徽省の『農業六カ条』は、農村政策改革の綱領的性質を持つ中国最初の文書でもある。それは、中国の農業危機に深く根ざしているだけでなく、最も注目すべきは、地方の責任者の意識の刷新、すなわち実際を重んじるという実務意識のイノベーションであり、制度のイノベーションであった。こうしたことは、地方の責任者が実践の中から会得した自明のことであった。[89] **改革こそが一筋の活路であり、改革の否定は破滅への道である。彼等のイノベーションと信念が、鄧小平に影響を与えた。**

農村改革は決して偶然ではない。深刻な農業危機が、間違いなくその起因となっている。それは、最も貧しい安徽省で政治的醸成が進み、突破口が開かれただけではなく、中国で最も多くの人口を抱えている四川省でも発生している。一九七八年当時、四川省の総人口は九七〇〇万人、中国総人口の一〇%を占め、そのうち農村人口が八五七五万人、全国農村人口の一一%に相当し、四川省一人当たりGDPは全国平均の六六・八%である。[90] 一九七七年一二月一〇日、鄧小平が、党中央政治局候補委員、四川省党委員会第一書記であった趙紫陽との話の中で指摘している。「政策だけがようやく良くなっているし、ゆとりがでてきている。しかし現有の政策、特に農村政策を少し整理しなければならない。[91]」「少し整理する」とは、地方の責任者の思想を解放し、刷新を大胆にやり、改革の発動を奨めることである。一九七八年初め、趙紫陽が主管し、四川省委員会が、いわゆる「十二カ条」を制定した。[92] 農民の家庭副業、自留地の保全、農村の定期市での売買の合法性を肯定し、さらに農民の自留地を生産隊総耕地面積の五〜七%から一〇%以上にまで拡大すると規定した。二月一日、鄧小平が趙紫陽等四川省委員会による農村と都市の政策問題に関する報告を聴取した。その際、彼が発言している。私が広東で聞いた話だが、アヒルを三羽飼うと社会主義で、五羽なら資本主義だと言う所があるそうだ。奇妙ではないか。農民がちょっと融通を利かしてどこが悪いのか。農村政策、都市政策、それらを中央は整理しなければならないし、各地方も同じだ。こまごました半端な土地を解決しないことは良くない。考え方を統一しなければならない。自分たちの周りの解決できることを、ちょっと解決すれば、地方が動き出すきっかけになる。[93] 六月二六日、四川省委員会が『農村の多角経営を大いに発展させることに関して』の中で指摘している。集団の副業発展に全力を尽くさなければならず、社員による政府・党の家庭副業経営を許可する。豚、牛、ウサギ、アヒル、ガチョウなど、社員による飼育を引き続き奨励する。[94] 四川省もまた、中国農村改革の「先駆者」となった。

安徽と四川、両省の農業改革は、積極的に地方の刷新を奨励し、新しい概念、新しい思考回路によって農業問題の解決を主張する鄧小平から明確に支持された。[95] 実のところ、当時全国各地で、農業改革は模索されていた。一九七九年一月一日、『人民日報』が、四川、雲南、広東の一部の人民公社と生産隊で生産責任制が実行されていると報道した[96]。この報道が全国の農村におけるさまざまな形態の生産責任制の整備と実施に果たした推進作用は、非常に大きかった。

一九八七年六月、鄧小平が当時を回顧し、評価を述べている。農村改革が始まった頃、それはすべての人が賛成した訳ではなかった。二つの省、四川省と安徽省の先導があったればこそである。我々は、この両省の経験の蓄積を基に、改革方針とその政策を制定した[97]。この思考の方向性とやり方は、鄧小平が中央集権的な計画経済体制を突き動かす主要な手段となった。思想を解放し、権限と利益を譲渡し、先行地区で試し、そして全国に普及させ、「上意下達の専制」を突破する地方刷新を鼓吹したのである。

二、偉大な先駆けとなった
小崗村の「世帯生産請負責任制」

中国農村改革の端緒が安徽省であったのは偶然ではない。それは、安徽省の責任者と農民の記憶の中に、時を隔てながらも記憶されていたのだ。一九六〇年代初頭、党安徽省委員会第一書記曾希聖の支持を受け、耕作地管理責任制「五統一」が実行されていた。曾希聖は、当時毛沢東の同意を得ていた。しかし、一年余り試行した後、一九六二年毛沢東が決定を再度くつがえした。李葆華を第一書記として派遣し、是正に当たらせた[98]。

中国の農業改革誕生の地は、安徽省の最も貧しい小さな村であった。後にそれが、全国的な改革運動に発展していく[99]。一九七八年一二月、十一期三中全会開催と時を同じくして、安徽省鳳陽県小崗村で、全国最初の「包干到戸」[100]が始まった。五一七ムー（畝）の耕作地を、家族数に応じて十八の農家に請け負わせ、十頭の耕作牛は、値踏みを踏まえ、二世帯に一頭ずつあてがった。当時、全村の世帯数は三十四戸、一七五人、耕作地は全部で一一〇〇ムー（畝）、家畜は三十頭であった。その年、小崗村は酷い凶作に見舞われ、多くの農民が座して死を待つか、物乞いをするか、二つに一つの選択しかなかった。彼等は、秘密裏に包干到戸の契約書を起草した。

> 一九七八年一二月、厳立華の家にて
> 我々は耕作地を各戸に分配する。戸主はそれぞれ署名、押印する。上手くやることができたなら、各戸が全うすることが保証され、一年間の上納と農業税を払い、今後、金銭や食糧を国家に求めることはしない。事が成就しないなら、我々幹部は獄舎につながれ、処刑されることも辞さない。社員の皆が我らの子供たちを十八歳まで面倒を見ると保証する[101]。

これは、彼等の決意の行動が当時許可されておらず、個人及び家族に多大な危険が及びかねなかったことを示している。しかしこの改革は、収益力と潜在力を早くも示した。一九七九年の食糧生産が、一九六六から一九七〇年までの五年間の総生産量に匹敵し、搾油作物の年間生産が過去二十年分を超え、取引用の生きたブタの飼育数が過去最高を更新した。一人当たり収入は四〇〇元以上、社員一人当たり分配金は二〇〇元、所得が急増した生産隊として全県でも注目された。しかし、関連文書の規定に違反したため、一九七九年一二月小崗村の法律によって取り締まりを受け、「農家」ごとの請負から「組」ごとの請負に転換させられた[102]。

一九八〇年一月二四日、万里が小崗村を訪れた。報告を聴取し実地調査を終えた後、小崗村の幹部や大衆に向かって話した。「地区委員会はあなたたちが三年間やることを承認できるが、私は五年間やることを認める。国家にたくさん貢献し、集団にたくさん留保することができさえすれば、社員の生活は改善できる。そして終生やり続ければ〝後戻り〟も考えなくてもよくなる。」二月から四月までのわずか二、三カ月で、鳳陽県全体の二五%の農家が包干到戸を実施した[103]。

安徽省の包産到戸の発展過程を以下に示す。一九七八年末、総数の〇・四%に当たる一二〇〇の生産隊の請負が、一九七九年には、総数の一〇%に当たる三万八〇〇〇の生産隊までに発展した。全省の秋の作付面積は二九〇〇万ムー(畝)、夏の食糧総生産は三九億キログラムに達し、百年に一度の大旱魃を無事に乗り切った。一九八〇年五月末、生産隊の請負は八万七〇〇〇まで増加し、総数の二三%を占めた。その年の一〇月、一七万六〇〇〇、総数の四一・六%、一二月には二二万を上まわり、総数の五三・九%、年末に六〇%に達した[104]。

三、農村改革をめぐる政治論争

実際、中国の農村改革がひとたび開始されると、それは後戻りできないほどの猛烈な速さで全国に広まった。中国農村改革をめぐる政治的環境に劇的な変化が引き起こされたからである。この政治的環境の変化は党中央で発生した。指導者等が農村改革の思想的方向性をめぐって激しく、だが十分に平和的な政治論争を展開し、徐々に政治的コンセンサスに到達し、時機を逃すことなく広範な農民による自発的な改革開始を肯定した。

一九七八年一二月、十一期三中全会が『農業発展を加速させるための若干の問題に関する決定(草案)』を採択した。この決定は、「作業組による生産請負とその生産量に応じて労働報酬を計算する」ことを認めており、元来の人民公社体制に対する大胆な改革であった。農民の「責任制」を奨励し、農民の生産と収入水準を大いに向上させる主旨をはじめて取り入れており、農村改革に対する政治からの働き掛けと見ることができる。しかし一方で、この決定は制限的な文書である。依然として、「個別農家生産請負(包産到戸)は許可せず」「農地分配個別経営(分田単干)は許可せず」といった伝統的な表現が留保されていた。同時に人民公社制度の維持はなお要求されており、万里が討論に参加し「文書に、『個別農家生産請負（包産到戸）は許可せず』の文言を書き入れなくともよい」と提案したが、全会が採用しなかった。この政策文書は十分に開明的でありながら、矛盾をはらんだ文書であった。当時の指導者が農村改革に対して、積極的でもあり消極的でもあり、改革的でもあり保守的でもあり、思想解放も志向し理性のバランスも志向したことを反映している。彼等は、人民公社を解散・廃止するつもりは当初からなく、公社に改革を加え、公社の現有体制を継続し、運営と効率の向上を望んでいた。[105]

一九七九年二月六日、万里が主宰した安徽省委員会常務委員会会議で、次のような提案がなされた。中央の文書に許可しないとあるが、我々は農民が（包産到戸を）やると言っていることに同意する。これは組織の原則に違反する問題だ。万里は次のように考えた。過去に批判されたこと（農地請負い）が必ずしも誤りとは限らない。過去に提唱されたこと（大寨に学べ）が必ずしも正しいとは限らない。すべて実践によって検証する必要がある。十一期三中全会で制定された政策は、例外なく実践の検証が必要である。最後の会議において、包産到戸の試験運用が決定され、一年間やってみることになった。[106]

三月一五日、『人民日報』の一面トップに甘粛省の読者張浩の投書が掲載された。その投書は、「農地の作業組分配（分田到組）、作業組請負制（包産到組）」は政策上の問題がある、誤った方法を断固糾すことが必要だと書かれていた。さらに、『人民日報』編者の注釈が添えられ、支持を表明していた。三月二〇日、『人民日報』が、安徽省農業委員会副主任周曰礼によって書くように組織された『生産量に応じる責任制を正しく捉えよう』の読者投稿を掲載したが、『人民日報』の編集者が張浩の投書と編者の評語の発表の承認を根拠に、その中の取り上げ方は正当性が十分ではなく、今後注意して改正すべきとした。[107]

三月、国家農業委員会農村工作問題座談会で、華国鋒は依然として「包産到戸」に否定的態度をとったが、特殊地域での「小さな例外」を許した。周曰礼が安徽省の包産到戸の経験を紹介した。[108]安徽省委員会の態度は、責任制については「画一的、単純な処理」をしてはならず、大衆の決定、選択を許可するべきとするものであった。華国鋒が代表との会見時に、集団経済はやはり優れていると特別に強調した。しかし、彼はまた「画一的な処理」をしてはいけないと発言し、最後に、深山辺鄙な山間地区が独自で包産到戸を実行することに同意した。この時の華国鋒は一九六二年当時の毛沢東と違っていた。彼は、ある程度の融通性と実務性を持ち合わせ、「一票の拒否権」を実行することもなかった。ようやく、農村改革の可能性が見えてきた。

四月三日、国家農業委員会党組織の上部及び関係方面向けの報告である『農村工作問題に関する座談会紀要』を中共中央が回覧させ、生産量にリンクする責任制の問題に対して「大方の意見の一致を得た」。『紀要』には次のような考えが反映されていた。「生産責任制の形態が多種多様であることは必然である。一つの生産大隊、一つの生産隊の中にあっても、ただ一種類のやり方だけが可能なわけではない。全体を一律化することを強制すること、つまり〝画一的〟にやることはよろしくない。」さらに紀要は、包工包産到組におけるさまざまな生産量リンク責任制を含めて、「大衆が支持しさえすれば、試行が許される」と肯定している。こうして包産到組が政策的な許しを得たことになり。生産量リンク責任制が発展する一定の条件が提供された[109]。

九月、十一期四中全会で改訂され採択された『農業発展を加速させるための若干の問題に関する決定』は、「耕地分配世帯経営（分田単干）を許可しない。副業生産を特別に必要とし、交通が不便である辺境山間地区の個別農家以外は、包産到戸を許可しない」と改められた。一〇〇％の禁止事項に、わずかな風穴があいた。この小さな風穴が、徐々に大きくなっていく。

このことによって、党中央の指導者の間で政治的な共通意識が形成されたことを意味しているのではない。なお意見を戦わせる必要があり、その焦点は集団体制を維持するのか、包産到戸を実行するのか、どちらかに絞り込まれた。華国鋒が主宰した中央会議で李先念が、「包産到戸を提唱することはよろしくない、中国は数千年にわたって単独生産をやって来たが、食べる物は少なく、いまだに貧乏ではないか」と考えを述べた。華国鋒は、彼が湖南にいたころの「三夏（〝夏収〟すなわち夏作物の取り入れ、〝夏种〟すなわち秋作物の種子まき、〝夏管〟すなわち夏の畑の手入れをいう）」を念頭に、収穫や種まきに追われる季節には互助と協力が必要であるから、集団化は避けられないとした。しかし、彼は次のようにも述べている。「農村問題は多く、山積みになっているから、主要なものはしっかり解決するべきであり、貧困地区は政策緩和が必要である[110]。」こうしたことから、包産到戸を進めるのかどうか、中央常務委員の間でも、当時意見が分かれていたことがわかる。華国鋒と李先念は、集団経済（人民公社を指す）の堅持と継続を主張し、これがやはり主流でもあった。

一九八〇年一月一一日、万里が安徽省農村工作会議で述べている。「実践から見ると、包産到戸は原則的に『耕地分配世帯経営（分田単干）』と同じではない。包産到戸の生産資料は実質的に集団の所有であるから、地方によっては包産到戸もしくは各農家責任制のどちらも可能だが、前提となっているのは『三級所有（集団所有）と生産隊を基礎とする統一分配』である。いろんな形式の責任制があってもよく、画一的にやることは良くない[111]。」

一月三一日、国家農業委員会が人民公社経営管理会議を開

き、中央政治局に状況報告を行った。参加者は、華国鋒、鄧小平、李先念、胡耀邦、余秋里、王任重、姚依林等である。華国鋒等が発言した後、最後に鄧小平が「包産到戸」のような大きな問題について、事前の意見交換もなかったし、思想的に何の準備もしていないから、うまく答えられないと話した。彼は大局的な決断を述べた。二十世紀末には基本的な生活レベルを実現し、来世紀初めに中流レベルを実現する。二段階に分けて実行する。このように目標を定めることが必要だ。さらに彼は、「これは戦略思想であり、この目標は簡単ではない。一〇〇〇米ドルという目標に照らして、我が国の経済発展の速さ、農村経済発展を我々は考慮しなければならない。今、長期的な計画を定めなかったなら、また目標を定めなかったなら、四つの近代化に希望はない[112]」。

一月、安徽省の包産到戸のやり方が、農業改革を主張する安徽省委員会第一書記万里同志の支持を直接受けた[113]。二月、十一期五中全会で万里が党中央書記処書記に選ばれ、後に国務院副総理を担当し、王任重の後を引き継いで国家農業委員会主任、党組書記を兼任し、全国農村工作を取り仕切った。

四月二日、党中央書記処書記、国務院副総理兼国家計画委員会主任の姚依林が鄧小平に報告を行い、胡耀邦、万里等が同席した。姚依林が提案した。「次のような地区は政策を少し緩めてもよいのではないか。土地が広大で人口も少なく、経済が立ち遅れ、生活が困窮している地区は、いっそのこと包産到戸などの類を実行してもよいのではないか。土地が広大で人口も少なく、経済が立ち遅れ、生活が困窮している地区、例えば貴州、雲南、西北の甘粛省等に存在するこのような地区では、政策を緩和することに賛成する。彼等がその土地の状況に合わせて、彼等の特徴を発展させた方が良い。政策を緩和し、各世帯が自分たちの思うようなやり方、いろいろな方策を見つけだし、生産を増やし収入も増えるようにするべきだ。組が請け負うこともできるし、個人が請け負ってもよい。恐れる必要はない。我々の社会主義の性質に何の影響もないであろう[115]。」

五月、国家農業委員会が全国長期計画会議の主旨に基づき、中央に向け『包産到戸の問題の請訓に関する報告』を正式に作成し、特殊困難地区における包産到戸の実行を許可することを提起している。鄧小平が杜潤生と交わした話の中で指摘している。農村経済の情勢からすると、少しくらい多様化することもよい。貧困地区は以前、農家の生産請負がなかったようだが、試してもよいだろう。将来改める必要があるなら、その時改めてもよい。まず腹を満たすことを急ぐべきだ。貧困地区以外の地区はその様子を見てからにする。状況はしょせん変化するものだ[116]。包産到戸をやろうとした動因は、基本的な問題、すなわち飢えの問題を解決することにあった。

五月三一日、鄧小平が安徽省の包産到戸を強く支持すると正式に態度表明を行った。鄧小平は世帯生産請負責任制を広範な農民による発明と見なし、彼は安徽省の請負生産による農村改革を、熱を込めて高く評価した。彼はさらに、現在の農村工作における主要な問題は思想解放の不徹底にあると鋭い批判を行った。依然として古い箍《たが》に締め付けられており、思想が全く解放されていない[117]。彼の強力な後押しによって、この農村改革は迅速に全国へ拡散していった。これは中国農村改革の発動とその促進にとって、きわめて重要であった。

六月、国務院総理に就任したばかりの趙紫陽が陝西省米脂県に調査に赴いた際、専門業請負責任制を思い付いた。彼はまた包産到戸を主張し、さまざまな形があってもよいと主張した。現在、全国のどこの地方であろうと、大衆が何を選択してもそれはそれでよく、包産到戸をやらないならやらないでもよい。しかし、始めている者にはこれ以上反対はしない。この後、胡耀邦によってこの建議が全党に通達された。この新しい情報は、包産到戸に対して中央が緩和に一歩踏み出したと捉えられた[118]。

九月、党中央が各地の第一書記座談会を開き、農村における「双包制（包産到戸と包干到戸）」を極力肯定した。会議は党中央政治局常務委員、党中央総書記に就任したばかりの胡耀邦が主宰し、華国鋒、万里が出席した。会議では、包産到戸を実施するか否かをめぐって意見が鋭く対立した。包産到戸の主な支持者は、貴州省第一書記池必卿、内モンゴル党委員会書記周恵、遼寧省委員会書記任仲夷などであり、反対者は福建、江蘇、黒竜江などの数省であった。中でも黒龍江省委員会第一書記楊易辰が「我が陽光あふれる道をゆく（集団経済を指す）」と主張すれば、貴州省書記池必卿が「私は困難であろうと丸木橋をゆく（包産到戸を指す）」と主張した[119]。実際、この両省の状況は完全に違っていた。黒竜江省は「土地は広大だが、人は少なく」、機械化のレベル、農業労働生産性、食糧商品化率のどれをとっても全国一であるが、貴州省は「人は多いが、土地は狭く」、機械化された農業が存在せず、農業労働生産性、農民一人当たり純収入などすべて全国最低、さらに食糧を他省から仕入れている。それゆえ、背景が違うそれぞれの責任者は、実際に即して、農業の異なる発展ルートを選択することになる。

この会議において、『農業生産責任制の強化と改善を一歩進めることに関するいくつかの問題（紀要）』（一九八〇年七五号文書を指す）が採択された。この文書に次のように明記された。集団経済は、我が国の農業が近代化を前進させるための、ゆるがせにできない基礎である。我が国の農業集団化は、紆余曲折を経験しいくつかの誤りを犯しはしたが、しかし総じていえば、成就したものが多い。生産者が最大限度の関心をもって集団生産に励むことに役立ち、生産と収入の増加、商品増加の責任制の確立に役立つことなど、それらはすべて良く、実行してもよく、支持されるべきである。しかし一つのスタイルに拘泥してはならず、画一的になってもいけない。『紀要』は、包産到戸と包干到戸を実施するかどうかの問題をめぐって広範な論争が行われたことを認め、これに対して、対応方針の違いを区別し、構想を各地区それぞれが決定することを提起している。[120]『紀要』は次のようにも記している。十一期三中全会以降、各種形式の農業生産責任制が広く各地で行われ、農民の意欲・積極性を有効に引き出した。そのことによって、農業生産は比較的迅速にその回復と発展を成し遂げ、大多数の農民の収入が増加し、農村の状況がますます好転した。農業生産責任制を強化し確立するためには、場所、社隊が異なっても、実際の状況に基づきそれぞれの形式を採用すべきであり、画一的に一つのスタイルにこだわってはいけない。深山辺境の貧困後進地区は、包産到戸、包干到戸を実行してよく、比較的長くそれを安定保持してよい。こうしたことは、衣食の問題を解決するために必要な措置であり、資本主義復活の危険性は存在せず、したがって恐れることはない。[121]七五号文書は、中央指導部と地方責任者との談合・駆け引きの結果であることが、よく分かる。貧困地区に向けて包産到戸の「ゴーサイン」を出し、制限するどころか奨励しているに等しい。しかし一方で、経済が比較的発達した地区では集団経済体制の継続を認めている。各地区の違いの尊重、農民の自由な選択を特に強調し、さらに改革のための試行と探究の必要性を強調している。**相異する観点であろうと、その存在を認め、指向し、討論し、比較することを認めている。**

全国で「双包制」を実施している生産隊は、一九八〇年末には一九七九年より一〇％増え、二五％に上昇した。一九八〇年から一九八一年秋にかけて、全国各地の人民公社は統一経営から農家各戸経営に変換した。包産到組から包産到戸へ、包産から包干へと変換していき、それに応じて統御的な制限が緩和し、各戸農家の自由度が高まっていった。

農村が、ひとたび改革を始めると顕著な効果が表れ、農業経済の大いなる発展を力強く促進した。農業総生産額は、一九八〇年に一九二二億六〇〇〇万元に達し記録を更新すると、一挙に二〇〇〇億元の大台を突破し、二一八〇億六二〇〇万元に到達した。農業構造の調整によって食糧作付面積が二％減少したにもかかわらず、食糧生産量は四四六万トン増加し、綿花、搾油作物等の生産量の伸びも急カーブを描いて増加した。[122]

一一月二三日、党中央が山西省委員会の『農業は大寨に学べ運動における経験教訓に関する検査報告』を発布した。報告は次のように指摘している。「文化大革命」以前、大寨は確かに、農業戦線における先進的な典型であった。しかし、「文化大革命」以後、大寨は左路線実行の典型となり、大寨に学べ運動は深刻な結果を招いた。「文化大革命」期の大寨、昔陽の経験における「左」の傾向が現在、政治、経済、思想、組織、作風の各場面で姿を現しているが、それが最も集中的に表れているのが所謂「三つの根本的経験」であり、ある一点に帰納される。それはいわゆるプロレタリア階級専制下の継続革命堅持の一点である。その内実は、人為的に絶えず階級闘争を作り出し、階級闘争を拡大化すること、絶えず生産関係を変革し、「過渡期の貧困」を実行すること、絶えず「資本主義の尻尾を断ち切り、資本主義の道をふさぐ」こと、絶えず平等主義を標榜し、働きに応じた分配を破壊することである。党中央はこれらの資料を関係機関に伝達するに際して、「『文化大革命』以降、山西省で大寨の経験が遂行され重大な結果を引き起こした。山西省委員会はすでに責任を負っている。**全国的には、主要な責任は当時の党中央が負うべきである**」と指摘した。これに先立って李先念が、次のように態度を明らかにしている。大寨の誤りは、彼等自身が責を負うべきだが、少なからぬ部分で我々にも責任がある。例えば我々は、大寨に学ぶかどうかは、路線の問題であると発言したことがある。同時に、彼等のどのやり方が正しく、どのやり方が誤りなのか、厳粛にかつ明確に指摘しなかった。彼等に対して称揚することが多く、批判することが少なかった。一つの事象には両面が存在するのに、我々にはその認識が欠けていた[123]。中央の評語がさらに指摘している。我が国農村の状況は地域格差が非常に大きいがゆえに、先進的な経験を推し広めようとする際、機械的に適用したり、命令を強要したりすることは絶対にできない。いかなる先進技術、いかなる経営管理経験であっても、当地の農民の経済利益に結び付かなければならず、経済効果を重視する必要がある。農民自らが望む報酬計算を前提として、試しながら次第に普及させるべきである。一九八一年二月一一日、新華社が上述の報告と中央の評語を公に報道した[124]。

　一九八一年一月一日から八日まで、趙紫陽が湖北、河南、山東の三省を視察し、農村で進行中の生産経営方式の改革を肯定し、支持を与えた。彼は次のように発言した。**包産到戸は、止めようにも止めきれない。できることは道を示すことであり、遮ることはできない。大衆は政策が三年不変であることを望み、我々はすなわち大衆の意見に基づいて実行する。**この地方の包産到戸は保持されなければならない。彼は、全国を経済発展のレベルごとに三種類に分け、それぞれが違う責任制の形態を採ってもよいと考えた。経済が良好な地区は、集団経済が比較的しっかりしており、生産状況、農民の生活も年々良くなっている。このような地区は、専業の請負、生産にリンクして報酬を計算する責任制を実行するべきであり、包産到組を実行しているところは農民の自由意思で小組を結成してもよい。経済状況が中程度の地区は、「統一経営、生産量にリンクした個人請負」すなわち「六つの統一」の条件の下で、包産到戸、生産量にリンクした報酬計算のやり方を実行するように指導するべきである。困難な経済状況の後進地区は、包産到戸、包干到戸をしてよい[125]。

一九八一年末、包産到戸もしくは包干到戸を実施した生産隊は総数の五〇％を占めるに至った。[126]

四、五つの中央「一号文書」

一九八二年一月一日、党中央が『全国農村工作会議紀要』を通達した。これが、最初の中央「一号文書」である。『紀要』は、現在までに全国農村の九〇％以上の生産隊が種々の形態の農業生産責任制を打ち立て、大規模な変動の時期を終え、今では総括、完成、安定化の段階に入っていると指摘している。[127]当時、実行された農業生産責任制は多種多様である。小段包工定額計酬（短期間請負定額制）、専業承包連産計酬（専業生産リンク報酬制）、連産到労（生産リンク個人請負）、包産到戸、包産到組、包干到戸、包干到組、等々。各地の生産責任制の中で、生産量にリンクして報酬を計算する所は生産隊総数の八〇％以上に上る。『紀要』は、各種の農業生産責任制をすべて、社会主義集団経済の生産責任制であると捉え、これらの責任制は「正しい名分」と合法性を備えていると見なしている。同時に『紀要』は、今後も長期にわたって二つの方針が不変であることを特に強調している。すなわち我が国の農業は社会主義集団化の道を堅持しなければならず、したがって土地などの基本的生産資料公有制は長期にわたって不変であり、集団経済が打ち立てる生産責任制もまた長期にわたって不変である。[128]**中央「一号文書」は、鄧小平と陳雲の強力な支持を取り付けた。鄧小平は完全賛同の意思表示をし、陳雲はこれは良い文書であり、私は賛成すると表明した。**当該文書が広範な農民の支持を得たことを受け、胡耀邦が、**農村工作に関係する戦略文書を毎年一編作成し、次も「一号文書」として発布する**と提案した。**この後の五年間、毎年発布される中央「一号文書」はすべて農村と農業政策に関するものとなった。**[129]一九八二年末に、全国で「双包」を実施している生産隊の比率が七八・八％まで増加した。

鄧小平が、一九八七年に回顧して語っている。農村改革が始まった頃、誰も賛成する者はいなかった。省の中では、躊躇し、成り行きをうかがい一年してから始めた省、二年経ってから始めた省があった。中央は、事実が彼等を教育するかと、待つ方針を採った。[130]このことから、鄧小平の実務的な改革戦術が見えてくる。地方の刷新を鼓舞しながら積極的に改革の道を模索する一方、そのかたわら、意見の相違を許容しながらも、実践の検証による事実の証明を経た新しい政治コンセンサスの形成を待ち、各地の改革を推進していく。これが新しい改革のスタイルとなった。まず「下から上に向かう」制度の変化を誘発し、試行錯誤から経験を手に入れ、その後「上から下に向かう」制度の変化を強制し、全面改革を達成する。**これは、比較的成功する「中国式改革」の方法論である。すなわち、人民によるイノベーション、地方におけるイノベーションと中央のイノベーションを有機的に結合さ**

せる方法である。

中国の農村改革の成功は、党の第十二回代表大会で承認された。一九八二年九月、胡耀邦が大会の報告で指摘している。この数年来、農村で確立されたさまざまな形の生産責任制が、生産力の解放を進めたが、さらに長期にわたって堅持していかなければならない。大衆の実践経験の総括のみによって、完成に向かって歩みを進めることができる。大衆の願望に背を向け軽率な修正をしてはならず、後戻りすることはさらに良くない。[131]

一九八三年一月二日、党中央が『当面の農村経済政策の若干の問題』を印刷配布した。これが、第二の中央「一号文書」である。それは、この生産とリンクした請負責任制が完成に一歩近づき、発展していると肯定し、農業合作化の具体的な道筋と我が国の実態とのさらなる符合を進めなければならないとしている。**これは、党の指導の下で示した我が国の農民の偉大な創造であり、マルクス主義農業合作化理論の我が国の実践における新しい発展である。**[132] 一九八三年末までに、全国農村で「双包」を実施している生産隊は総数の九七％以上に達した。[133]

この文書は、統一購入や割当て購入の対象となる農産品の品種が多すぎることがよろしくないと指摘している。商業部が管理する一類と二類農産品は、四十六種類から二十一種類に減少し、一九八四年になるとさらに八種類まで減少している。農民が売り出す農副産品の中で、国家計画公定価格による統一購入、割り当て購入の割合は、一九七八年には八四・七％であったが、一九八四年になると三九・四％まで減っている。[134] これは六〇％の農副産品が市場システムに任され、農産品の迅速な発展を促す原動力となっていることを表している。

一九八四年一月二日、党中央が『一九八四年農村工作に関する通知』を通達した。これが、第三の中央「一号文書」である。土地の請負期間の延長が記され、一般的にそれが一五年以上とされた。しかし、自留地、請負地の売買と賃貸は禁止されている。農民と集団の資金の自由な、もしくは組織的な流通が許可され、地域的な制限は受けないとされた。それによって、農民の各種企業への投資・出資と各種企業の共同創設を促し、農家の専門性を高めるように促した。『通知』には将来を見通した意見が示されている。農村の中で分業化が進むと、将来的に耕地の経営から離れ、林業、畜産、漁業などに従事する人がますます多くなり、並行して小規模工業に転業したり、鎮（農業人口が少ない中小規模の街）でサービス業を始める人が比較的増えていく。これは歴史の必然的な進歩である。しかし、農業生産を深く広く発展させるための前進でもあり、人口と工業の分布を変革する条件の創造でもある。「八億農民に食べさせる」状況にならなければ、そして農民を豊かにしなければ、国の富強はなく、四つの近代化の実現もない。[135] 中央で『通知』が討論に付されている時、比較的大きな分岐点となったのは「農民雇用問題」であった。胡喬木が、党員による農民雇用の問題をどう扱うのか提起した。討論を経ても意見の一致をみることができず、ふさわしい結論にも達しなかった。会の後、鄧小平に指示を仰いだ。急ぐ必要はない、三年、様子を見てからにしようと答えた。[136]陳雲も、結局制限するのかしないのか、どれだけ制限したら適切なのか、やはりしばらく様子を見ることにしようと考えた。[137]『通知』は「農民雇用問題」に対して具体的に分析する必要があり、状況は資本主義の雇用経営として扱うことはできないと提起した。同時に、関係部門に調査研究をしっかりやるように要求し、条件が熟した時に、具体的な政策規定を定めることにした。[138]

一九八四年末、全国の農村で、生産隊の九〇％と農家の九六・六％が包干到戸を実施している。

いわゆる世帯生産請負責任制とは「包産到戸」である。集団所有制の下では、経営、労働、分配が集中的に行われる。世帯生産請負責任制にあっては、土地は集団所有であるが、労働は分散的に行われ、分配は直接的に行われる。これは、集団所有の土地を各農家が請け負うことである。農家一世帯が最も基本的な生産経営単位であり、各農家が国に農業税や農業税としての穀物（公糧）等の主要農産品を完納、また公共に納入するために留保した後の剰余部分（余糧）は、すべて各農家の所有に帰され、それらは市場で自由に売り出してもよい。農民によって経営される土地面積は固定され、彼等は努めて土地の生産制すなわち単位土地面積当たり生産量を高めようとする。しかし、必ずしもそれが可能であるわけではなかった。改革初期、大多数の農民が耕作以外に他の就業機会や収入源はなく、そのため機会原価、すなわち逸失利益は相当低かった。しかし後に、工業、建築業、運輸業等の他の就業機会が増え、また外地への出稼ぎ制限が徐々に緩和されるに従い、世帯生産請負責任制のおかげで、農民家庭内、農業非農業分野における労働時間配分の自主的決定権ないし選択権を持てるようになり、したがって新たな収入源が拡大されていった。つまり土地請負が一種の「社会保障」の役割をますます発揮し、非農就業機会の喪失あるいは非農収入の減少という事態になったとしても、農家はこの機会保障の効果を享受できた。一九八四年以前、土地の請負試用期間は一般的に一年から三年であったため、農民は収奪性が高く粗雑な耕作方法をこぞって採用し、耕地の地力の急速な消耗をもたらした。後に土地請負使用期間は、十五年以上二十年に改められた。

世帯生産請負責任制は、土地の貸し出しが基礎となっており、土地私有化に基づくのではない。農民は必ず国の計画が定めるところに従い、農産品を国に売り渡さなければならず、直接市場に売り出すのではない。これは、農業改革の最初の目的が計画経済の改良であって、計画経済に取って代わることではないことを示している。[139]しかし、学者の中には、世帯生産請負責任制は実質的な家族人数に応じた土地の分配であるとする学者がいる。その本質は、「定額貸出が付加された小農経済」である。これはいわば、伝統的な農村制度の復活である。制度変遷の積極的な意義から見ると、実質的に国家の統制下にある農地を基礎とする財産制度すなわち人民公社と名付けられた制度に対して、二億の農家が土地を占有し、当時中国の八〇％の農民が利益を獲得する改革を引き起こし、公平理念を体現する改革を引き起こしたと言える。[140]

一九八五年一月一日、党中央と国務院が『農村経済をさらに活発化する一〇項目の政策』を発布した。すなわち第四の一号文書である。その中心となる内容は、農村産業構造の調整、三〇年来続いた農副産品の統一買い上げ制度と割り当て農産品買い上げ制度の廃止、穀物、綿花等の少数重要産品に対する国家による計画的合同買い付けの新政策である。さらに国は農業税を、実物税から現金税に改めた。[141]

一九八六年一月一日、党中央と国務院が『一九八六年農村工作に関する手はず』を発布した。すなわち第五の一号文書である。文書は次のように指摘している。「個体経済は社会主義経済にとって必要な補完であり、農村におけるその存在と発展を許可する。しかしまた生産資料の占有によって若干の格差が発生し得る。ただ適切な政策を採り、必要な調節を行いさえすれば、この種の格差は社会の許容限度内に収めることができる。なおかつ社会主義の基礎にとって脅威となり得ない。各種の専業世帯の勤勉な労働による財の蓄積を奨励するが、人為的な『富農一極集中』は不可とする」。すなわち、一部の人が先に豊かになることは間違いなく許されるが、合作制度の発展にも注意を向けなければならない。税収の調節を実施し、貧困家庭・貧困地域への支援工作を全うし、法制を整え、合法的な権益の保全と違法な金品獲得の制止を図り、生産力を発展させ、共に富裕を獲得しなければならない。[142]この文章はさらに、一九五三年以降実施してきた食糧等農産品の統一購入・統一販売の廃止を決定した。まず食糧の統一購入を廃止し、食糧の契約予定購入を実施した。この後、各種の農産品の統一購入制度・割り当て農産品買い上げ制度が徐々になくなり、その傾向も速まった。それと共に、農産品市場の成長、市場システムの作用が絶えず強化され、大都市から中小都市まで農産品が豊富に出回るようになった。都市住民が慣れ親しんだ米穀通帳、副食配給切符、食用油配給切符、綿布配給切符、肉類配給券などが相次いで歴史の舞台から退場していった。[143]

第五節　人民公社解体と郷鎮政府の再建

世帯生産請負を主とする責任制の実施が、農民を解放し、さらに一歩進んで農民の生産力を解放したとするなら、続い

て起きたことは「政社合一」の農村人民公社体制を変えることであった。すなわち農村の基層組織を新たに建設しなおし、「政社」分割を実現することであった。それは、重要な関係——農民と国家の利害関係、さらに農民と基層組織との関係を調整することであり、前代未聞の調整であった。

一、人民公社瓦解の原因

毛沢東は、急進主義的方式で「人民公社化」運動を発動した。一九五七年一二月、チベット自治区の昌都地区を除くと、全国には一万二七五三の郷鎮政府があり、そのうち郷政府は一万七〇八一、鎮政府は三六七二である。一九五八年六月、毛沢東は人民公社構想を、すなわち一歩一歩段階を踏んで、秩序を保ちながら、工（業）、農（業）、商（業）、学（教育文化）、兵（民兵）で組織された大公社を創設し、我が国農村社会の基本単位として構成しなければならないと正式に提起した。九月、党中央が『農村に人民公社を設立する問題に関する決議』を正式に採択した。人民公社を設立することによって、社会主義の建設を加速するだけでなく、工農格差、都市と農村の格差、頭脳労働と肉体労働の格差を徐々に解消し、またこれらの格差の反映である不平等なブルジョア階級の法的権利の残り滓を次第に除去し、共産主義へ橋渡しするために積極的な準備をしっかりやることを、『決議』は嘱望している。[144]

人民公社運動は、「政社合一」を実施し、郷鎮政府を解消した。人民公社が郷鎮政府の代わりに基本的業務を行うことになった。一九五八年一〇月末までに、全国で二万六五七〇の人民公社が創設され、参加した農家は全国総数の九九・一％に達した。一九五九年二月、党中央が人民公社の規模縮小を決定したので、人民公社の総数は七万五〇〇〇に増加した。[145]

しかし人民公社が「万歳」に値するかどうかは議論が残る問題である。たとえ、人民公社の唱道者が毛沢東であっても、「一〇〇％」の確信があったわけではない。一九五九年七月の廬山会議では、党中央の指導者たちに次のような問題を提起した。**我が人民公社が、結局のところ失敗するのかどうかの問題である。もし失敗するなら、それを失敗させる何かしらの要素がある。失敗しないなら、それはまた理由がある。歴史の要求に合致しないものは、必ず失敗し、人為的に維持しようとしても、それは不可能である。歴史の要求に合致しているなら、失敗することはあり得ず、人為的に解散させようとしてもそれは不可能である。[146]これは、歴史唯物主義の道理である。毛沢東もまた、彼自身が提起した歴史唯物主義の道理に背くことはできなかった。**

それは後の事実によって証明された。毛沢東は、断固として強制的に人民公社を実施し、厳格に統御された都市と農村の戸籍制度を強制的に実施し、農民による「三自一包」[147]を強制的に禁止した。しかし、これらは中国の農村発展の歴史的要求に合致していなかった。世帯生産請負責任制が農村で実施されると、集団経営の人民公社は必然として瓦解した。二〇年余りにわたって実施されてきた人民公社もまた、歴史の舞台から退場した。

一九七八年、中国農村の人口は七億九〇〇〇万人、全人口の八二・一％であった。農村の就業人口は三億六三八万人、全国就労人口の七六・三％を占め、そのうち就農人口は二億七八一一万人、全国就労人口の七〇・五％を占めていた。非農業就労（郷鎮企業就業人員を指す）は二八二七万人であった。[148]すべての農村人口と郷鎮企業就業者は、五万二七八〇の人民公社によって組織されていた。一つの公社は、平均一三個の生産大隊で構成され、生産大隊一個は、七から一〇の生産隊で構成されていた。一つの公社の社員数は平均一万五千人余り、生産隊は平均六〇名ほどの労働力、三五戸の農家を擁していた。[149]人民公社は、経済組織でもあり、社会組織、政治組織でもあった。

まず、人民公社は農村経済を独占する組織である。基本的に他の経済組織と個人を排斥し、農村経済（主に農業）の機能と活動を独占する。国家計画と上級政府の計画に基づき、生産大隊と生産隊に生産計画を配分し、収入を分配し、農業生産資料の買い上げと農産品の買付価格を按配し、生産大隊と生産隊の人事任命を直接管理する。国は、人民公社という特定組織を通して、農産品、とりわけ食糧産品を買い上げ、低価格方式に基づいて都市と非農業住民の住む町に供給する。そうすることで、市場の交易コスト低減の極大化を実現している。しかし、経済効率の観点からすると、人民公社の経済組織としての効率は非常に低い。薛暮橋が指摘している通り、一九七七年の（全国）一人当たり食糧生産量は一九五五年の水準のままであり、綿花の総生産量は一九六五年の水準に滞っている。[150]D・ゲイル・ジョンソンの見積もりでは、同期の一人当たり綿花生産量が四分の一減少している。一九七八年の大豆総生産量は、一九五〇年代中期に比して約二五％減少している。[151]

次に、人民公社は地方の基盤となる行政上の役割の大部分を運営している。公安、司法、福利、計画出産管理、学校、病院管理などである。

世帯生産請負責任制改革が人民公社制度の終息を加速した。一九八二年一一月、第五期全国人民代表大会第五回会議で採択された『憲法』が、我が国農村の基盤となる地方政府として郷鎮一級政府の設立を明確に規定している。一九八三年の中央一号文書は、人民公社の「政社合一」体制を改め、徐々に政社分割の準備をしなければならないと規定している。同年一〇月一二日、党中央と国務院が『政社分割と郷政府設立に関する通知』を発布し、一九八四年末までに郷政府設立工作をほぼ完成するように求めている。この後、郷鎮政府の設立と各種経済主体の合作工作が全国展開され、人民公社体制は正式に廃棄された。

人民公社はやはり一つの社会組織であったから、地方の公共サービスを提供するコミュニティ組織として相応に有効であり、相当程度に公平であった。人民公社が行き渡っていた時期、広範な農村で地域教育体系を形成し、農村の適齢児童の教育需要を基本的に保証していた。この時期の農村入学率と成人の識字率は目に見えて向上しており、小学校入学率が二七％から九〇％に上がり、中学校入学率が一九六〇年の二〇％から一九八〇年には四〇％まで上昇した[152]。一九六四年には全人口に対する非識字者の割合が五三・二％であったが、一九八二年には二二・八％に減少し、一五歳以上の教育年限は三・二年から四・六年に向上している[153]。

人民公社の解体によって、今までの国家－人民公社－農民の関係が、国家－農民という直結する関係に変化し、結果として、社会管理と公共サービスのコスト増加がもたらされた。それに従い、人民公社が地域的な公共サービス組織として担ってきたそのサービスの消滅、もしくは「有名無実」化、波及範囲の縮小、品質の低下といった状況が生じ、広範な農村向けの基本的公共サービス提供や公共施設の問題が、現在に至ってもなお解決できないでいる。中国の農村改革とりわけ人民公社の廃止と世帯生産請負責任制構築の主旨は、経済効率改善の促進にあったが、社会公益の損失という代償を伴った。

人民公社の解体は、農産品市場と農家の関係にも重大変化をもたらした。市場－人民公社－農家の関係性が、市場と農家が直結することになり、市場交易コストを上昇させた。

この時期の農村の重要な任務は、中国農村における末端政府の体制再建であった。中央の決定を後ろ盾に、政社を分解し、人民公社を廃止し、郷鎮政府を復活させることであった。一九八五年には、全国で郷鎮政府が九万一九五〇設立された。当時の農村の総人口は八億七五七万人であったから、郷鎮一カ所当たりの平均人口は八七八二人であった。

二、農村合作医療システムの解体とその後の状況

一九七〇年代末、世界保健機関（ＷＨＯ）の高官が中国農村の視察に訪れた時、農村合作医療は「後進国が保健衛生経費を解決するための唯一の手本である」と発言した。一九五〇年代、人民公社が開始された頃、相前後するように全国の公社が合作医療を始めた。一九五六年六月、毛沢東が「医療衛生工作を農村で重点的に行わなければならない」と提起した。このため省レベルで人民医院、公社レベルで衛生院の設立が全国で相次いだ。日常的に都市医療隊が組織され、農村医療巡回と衛生知識の普及を図った。あるいは、県城に働きながら学べる衛生学校を設立し、農村の医療スタッフを養成し、彼等は「半農半医」と言われたり、後には「はだしの医者」とも呼ばれるようになった。このようにして、農村合

作医療制度の全国普及が促進された。一九六八年一二月五日、『人民日報』が「貧農・下層中農から大いに歓迎される合作医療制度」の記事を一面トップに掲載した。一九六九年、全国に農村合作医療ブームが巻き起こった。一九七六年、全国「はだしの医者」工作会議が開かれた。一九七六年七月二一日衛生部が、党中央と国務院に向けた報告で次のように提起している。「農村合作医療をさらに発展させ、特に国防辺境地、少数民族地区、高山寒冷地区、旧革命根拠地、漁業地区、畜産地区において積極的かつ一歩一歩確実に、地区の事情に適応させながら、合作医療をできるだけ迅速に興さなければならない」。一九七七年末に、全国八五％の生産隊が合作医療を実施し、はだしの医者が一五〇万名を超え、生産隊の衛生員、助産師が三九〇万余りに達した。農業生産現場にとどまりながら、医療に従事する衛生工作人員は五〇〇〇万人に達した。[154]

社会・公共サービスの面から見ると、人民公社は、社区組織として効率性、公平性、地域カバー率がかなり高い水準にあった。当時の農村には三級医療サービス網があって、[155]一九八〇年に農村のはだしの医者（衛生保険工作を兼務していた）が約一四六万人おり、医療品質が劣っていたとはいえ、農村地域を比較的広くカバーしていた。一九八〇年、中国の行政村と生産大隊の約九〇％で合作医療が行われ、合作医療のカバー率は農村人口の八五％に達していた。このため農村の平均余命が大幅に伸び、一九四九年以前、全国人口（主に農村人口）の平均余命は三十五歳であったが、一九七五年から一九八〇年の間に六十四歳まで伸びた。農村の嬰児死亡率も目に見えて下降し、同時期、千人当りの割合で二三六‰から六五‰までになった。農村改革以後、農村の合作医療組織は基本的に解体された。八億農民のほとんどが何らの医療保障を持たず、農村の社会医療保険カバー率が、一九八〇年およそ九〇％であったが、一九八九年に一〇％まで下落した。[156]一九九三年になって、中国政府はようやく農村合作医療体制の再建に取り掛かった。

Ryan Manuelが次のように評価している。「中国は、集団医療体制の時期（一九五〇年代〜一九七九年）に非常に大きな成果を成し遂げており、『少ない費用で大事をやる』ことから言えば、当時の中国の公共医療システムは世界をリードしていた。ポスト集団化時期（一九八〇〜二〇〇三年）に中国の医療衛生システムは不公平化し、費用が巨大化し効率も低下した。[157]」

以上から次のことが分かる。農村経済改革期に毛沢東の社会遺産を有効に継承せず、保全もしなかった。逆に社会遺産を汚水のように流し去ってしまい、農村の公共衛生サービスシステムをあらかた廃棄してしまった。

三、都市と農村の伝統的な戸籍制度の改革

中国の公民は一貫して自由に移動できた。建国初期においてもこのやり方は変わらず、公民の基本的権利として扱われ、国家も保護を与えていた。一九四九年九月末に採択された憲法に準じる『共同綱領』の第五条に、中華人民共和国公民は居住、移動の自由権を有すると明文化され、規定されている。[158]一九四九年から全国の城鎮の人口が大幅に増加に転じ、一九四九年には五七六五万人であったが、一九五二年には七一六三万人となり、二四・二％増加した。一九五七年にはさらに増加して九九四九万人、一九五二年比で三八・九％の増加である。[159]中国における都市化の「最初の黄金時期」である。

高度に集権的な計画経済体制が確立されるに従い、中国は世界でも独特かつ厳密な戸籍制度を作り上げた。一九五三年、中国政府は人口流動奨励政策から人口流動制限政策に転換し、実質上、『共同綱領』の規定に違反した。

一九五三年四月一七日、政務院が『農民のやみくもな都市流入阻止に関する指示』を公布した。自由に流動的に移動する農民に対して、「盲流」、すなわち盲目的な流動者という言葉が、初めて冠せられた。

一九五四年三月、国家内務部と労働部が『農民のやみくもな流入を徹底的に阻止し、その継続に関する指示』を通達した。

一九五四年九月、第一部『中華人民共和国憲法』第八五条に、中華人民共和国公民は法律上、一律に平等であると規定されている。第九〇条には、中華人民共和国公民は居住と移動の自由（権利）を有すると規定されている。[160]このため、中央政治局委員彭真が第一期全国人民代表大会第一回会議で特に発言し、「公民は法律の前で誰もが平等である」と明確にした。[161]**しかし、その後の人の自由な流動を制限する政策は、すべて憲法に違反することになった。**

一九五六年一二月三〇日、国務院が『農村人口のやみくもな域外流動の防止に関する指示』を公布した。

一九五七年三月二日、国務院が『農村人口のやみくもな域外流動の防止に関する補足指示』を公布し、同年一二月一八日、党中央と国務院が共同で、『農村人口のやみくもな域外流動の防止に関する指示』を公布した。

一九五八年から、中国は正式に「一国二制度」の戸籍制度を運用した。一九五八年一月九日、全国人民代表大会第一一〇回会議で『中華人民共和国戸籍登記条例』が採択され、中華人民共和国主席毛沢東によって正式な公布命令が下され、実施に移された。『条例』第六条に次のように規定されている。公民が農村から都市に移住する際、都市労働部門の雇用証明、学校の合格採用証明もしくは都市戸籍登記機関の転入許可証明が必要であり、それを持って、現住地の戸籍登記機関で転出申請事務手続きをすることが必要とされる。[162]当時、公安部部長であった羅瑞卿が次のように説明している。我が国の社会主義建設の方針として、重工業の優先的発展を基礎

としながら、工業の発展と農業の発展を並行して進める。無論、工業生産と農業生産は共に国の統一計画に照らして進めなければならない。したがって、都市と農村の労働力は、社会主義建設の求めに適合させるために統一された計画的な配置がなされるべきであり、都市労働力のやみくもな増加と農村労働力のやみくもな流出は防止されるべきである。**戸籍制度は、管轄地区の人口管理を政府が行うための必要手段から、公民の移動を制限する制度に変っていき、計画経済の実行がこの制度構築の論理的起点となった。**[163]この戸籍制度は次の内容が基本である。公民の大都市から中小都市への移動は基本的に自由である。小都市から郷鎮への移動は基本的自由である。しかし、その逆は非常に厳格な制限を受けなければならない。

一九七七年に国務院が公安部に伝達した『戸籍移転処理に関する規定』は、この戸籍制度の特徴を反映している。農村から市、鎮（鉱区、林区なども含む。以下同じ）に移住するのは、農業人口が非農業人口に転化するので厳しく規制するべきであり、また北京、上海、天津の三市への他市からの流入も同様である。鎮から市、小規模市から大規模市、一般農村から市郊外や鎮郊外、あるいは国営農場、蔬菜隊、経済作物区などへの移住は適切な規制がなされるべきである。市・鎮から農村へ、市から鎮へ、大規模市から小規模市への移住、及び同規模の市、鎮、農村間の移住は、正当な理由があれば定住が許可される。農村居住者（下放知識青年を含む）と結婚した市・鎮の勤労者と住民は、農村の集団生産労働に参加しなければならず、市・鎮に移り住むことはできない。その子女も農村に定住しなければならない。市・鎮の勤労者の父母であって、農村に居住している者は、市・鎮に移住することはできない。[164]

非農業人口の増加を制御し、「離農」人口を厳しく制御するために、一九五三年一一月、食糧の「統一購入・統一販売」政策が全面的に実施された。「文化大革命」期に、「離農」人口の制御はさらに厳しくなったが、農村に既に移り住んでいる城鎮の知識青年も例外ではなかった。一九七九年の『全国糧食会議紀要』に至っても、農業から非農業への転換要求は依然として強かったが、公安部の規定により一・五％以内にとどめ、超えてはならないとされた。穀物生産農家から穀物を購入する野菜専業農家に転換するのも、厳しく制限された。[165]

一九五三年から一九八四年の時期は、中国が都市と農村の人口の流動と移動に対して「赤信号」を点灯した時代であった。一九七八年以後であっても、一九五八年に採択された戸籍制度管理方策によって非農業人口の増加が厳格に規制されていた。一九八四年になってようやく「黄色信号」の段階へ移行が開始された。一九八四年一〇月一三日、国務院が『農民の鎮移住と定住問題に関する通知』を発布し、食糧を自弁できる条件を満たせば、県級以下の小規模の鎮に定住できることになった。しかし、県及び県以上の城鎮もしくは都市に定住することは依然として許されなかった。二〇〇一年、国務院が公安部に『小規模城鎮戸籍制度改革推進に関する意見』を通達し、農民は県以下の小規模城鎮での城鎮定住戸籍手続きだけが可能になった。[166]

第六節　郷鎮企業の台頭

一、都市の工業化から農村の工業化へ

なぜ、一九七八年から一九八四年にかけて、中国の農業生産高が七・二%増加したのか。D・ゲイル・ジョンソンが詳しく分析している。この時期、大量の農業労働力が非農業産業に移転している。同じ時期、個人と世帯の生産の年間増加率が一一・八%に達し、郷鎮企業の生産も約三〇%伸びている。[167] 世帯生産請負責任制の実施が労働生産性を高めているのは明らかであり、農村の労働力人口が農業生産が必要とする人数を大幅に上回っていることも明らかであった。農村工業化の発展が、必須の趨勢であった。

仮に、中国農村改革の最初の大発明が世帯生産請負責任制だとしたら、二つ目の大発明はすなわち、郷鎮企業の台頭である。[168] 前述の通り、一九五〇年代以降の中国の工業化は国家の工業化である。つまり、国家が発動し、主導し、投資し、国有経済が主体となった工業化であり、民間の参与、非国有経済の参与を排斥してきた。同時にそれは、都市の工業化、すなわち都市が主導し主体となる工業化であり、農村の工業化と農民の参与を排斥してきた。**改革以来、郷鎮企業の台頭によって中国農民は、工業化に参与する現実的な道を探し当て、中国工業化の発展スタイルが徹底的に改変された。**[169] 鄧小平は、郷鎮企業と世帯生産請負責任制を広範な農民の発明になるものと捉え、これを大衆の知恵、集団の知恵であると考えた。[170]

ここで指摘されるべきは、毛沢東が「大躍進」と「人民公社化」運動を発動すると同時に、農村の工業化を発動していることである。一九五八年一二月、党中央の『人民公社の若干の問題に関する決議』に次のようにある。「数えきれないほどの小工場が、雨後の筍のように次々と起業している」。決議は、まず人民公社は工業を大いにやらなければならないと提起している。徐々に、労働力を農業分野から工業分野へ適切に移転し、肥料、農薬、農具と農業機械、建築材料、農産品などの資源の総合利用、製糖、紡績、製紙及び採鉱、冶金、電力などの軽重工業を計画的に発展させる。さらに決議は、手工業と機械工業の結合、伝統的な生産と外来の近代的な生産の結合の原則を主張している。機械工業は、在来の鉄、在来の工作機械とその他の種々の在来の原料、設備、方法を利用し、徐々に、伝統的なものから近代的なものへ、規模は

小から大へ、品質は低いものから高いものへと利用を広げなければならない。[171]一九五九年二月、毛沢東は農村工業を「公社企業」と称し、[172]公社企業は「我々の偉大で、光り輝く希望である」と言っている。この後、党中央は三級（公社、生産大隊、生産隊）管理の実施を決定した。生産隊をもって人民公社体制の礎にした。公社工業は、社隊（人民公社と生産隊）工業に転化し、後に社隊企業と呼ばれた。

「大躍進」が失敗したため、党中央が次のような決定をした。人民公社と生産大隊は今後数年、企業活動を行わない、すでに活動している企業であっても、正常な生産条件を持たず大衆から支持されていないものは、一律に活動を停止すべきである、と農村に対して要求した。保全が必要な企業は、社員代表大会の討議を経て決定されるべきであり、状況の見極めによって、手工業合作社か生産隊に経営を移管したり、あるいは個人手工業か世帯の副業に改めたりする。この決定によって農村の社隊企業は放棄され、農村工業は最初の大規模な撤退をさせられ、非常に多くの社隊企業が閉鎖もしくは経営の転換を余儀なくされた。

一九六〇年代中期は、社隊企業の第二の興隆期である。国民経済の速やかな回復に伴い農村の社隊企業は、「冷たくなった灰の中から、再び、火が燃え立つ」ように、各地で力強く再興した。次いで、中央政府が支持に転じた。一九六五年、中央国務院が『農村の副業生産を大いに発展させることに関する指示』を発布し、次のような指示を提起した。集団副業の経営は生産隊が主となるべきである。一つの生産隊で経営ができない場合、いくつかの生産隊が共同で経営に当たってもよい。生産隊の人、物、資金の調達が上手くいかない場合、生産大隊が直接経営に当たってもよい。生産大隊による経営が許可されたことにより、農村工業の二回目の高潮に向けて、小規模ながら促された。

一九七〇年、北方地区農業会議が開かれ、農村に元からある資源の利用が提起された。それによって、小規模であるが化学肥料工場、機械工場、セメント工場などが創設され、農業生産に奉仕し、人民の生活に奉仕し、工業活動に奉仕し、それぞれに便宜を提供した。一九七五年一〇月、国務院が全国農業は大寨に学べ会議を開き、社隊企業発展のために、「三つの奉仕」はもとより、そこにもう一つの奉仕すなわち「輸出に奉仕する」ことを付け加えることが提起された。一九七七年国務院が、農村手工業企業を人民公社の管理下に編入することを承認した。

これらの奨励政策が、農村工業化の第三次高潮期をもたらした。一九七〇年当時の全国社隊企業の工業生産額は六七億六〇〇〇万元であったが、一九七四年には一五一億元に増え、一九七八年に三八五億元に達した。[173]一九七七年、全国約九〇%の人民公社と七〇%の生産大隊が一〇九万の社隊企業を創設している。[174]これは、改革時期の郷鎮企業発展の重要な基礎となった。

一九七八年以後、社隊企業はようやく高度成長期に入った。一九七八年一二月二日、国務院が『農業税負担軽減問題に関する報告』を通達し、新規社隊企業に対して、一般的に工商税と所得税を二年ないし三年間徴収免除し、辺境地区と少数民族地区の社隊企業は工商税の徴収を五年間免除することにした。国としても、新規社隊企業に対する優遇政策を実施し、全国各地の社隊企業発展を刺激することを示した。十一期三中全会公報が、「社隊企業は大きく発展しなければならない」と提起した。一九八〇年の社隊企業総生産額は五二八億元、一九七八年の約一・三七倍となった。

二、中国工業化の重要構成部分となった郷鎮企業

一九八四年の党中央一号文書がまず提起したことは、社隊企業の振興と共に、農民個人または農民共同による各種企業の振興であった。一九八四年に人民公社が解体された後、中央四号文書において社隊企業が郷鎮企業と呼び改められた。郷鎮企業は、経営主体によって郷鎮、村（村民の小集団）、数戸の農家による共同、個人の四種類に分けられ、郷鎮企業を次のように位置づけしている。郷鎮企業は、「多角経営の重要な組成部分かつ農業生産の重要な支柱であり、広範な農民大衆が豊かになることを目指して共に歩む道であり、国家の財政収入の新たな源泉である」「郷鎮企業はすでに国民経済の重要な力となっており、国営企業を補完する重要な力である」「ここ数年、郷鎮企業の発展速度は、全国民経済発展の平均速度の上を行き、特有の生命力を顕示している」。このため、通知は「郷鎮企業に対して、国有企業と同等に扱い、必要な援助を与えなければならない」と提起している。[175] 都市の工業あるいは国営企業が、農村に向かって放射状に拡散し、伝播し、移転する一方で、郷鎮企業が都市に進入し、参与、合作、競争を行い、都市の工業化と農村の工業化が互いに連関し、融合しあう前代未聞の新しい情勢が出現した。こうして、八〇年代中国工業化の高速発展が強力に推進された。

八〇年代中期の郷鎮企業の特徴は、次のように考えられる。高い市場化、自主経営、自己責任、市場による調整。企業規模が小さく、労働集約型が主であり、効果的な就業機会の創出と農村労働力の吸収。生産コストが低く、柔軟な経営、すなわち「船小さければ操縦が容易」を地に行く変わり身の早さで、比較的強い市場適応力と競争力を持っている。技術の相対的な後進性。資源ロス率が高く、環境汚染問題が突出している。財産権の帰属が曖昧、当地政府（主に郷鎮政府）による人為的干渉を受けやすく、「政府と企業の癒着」の蓋然性が高い。このような特徴があるとはいえ、郷鎮企業の生命力は比較的強く、市場競争にもまれながら迅速に発展している。

この時期の新勢力である郷鎮企業は、中国工業化の重要な構成部分を為している（表5－2）。

表5-2　郷鎮企業の発展状況（1978～1992年）

年	企業数（万）	従業員数（万人）	総生産額（億元）	固定資産（億元）	増加値（億元）	営業収入（億元）	総利益（億元）	輸出産品引き渡し額（億元）
1978	152	2827	515	230	209	431	95	
1979	148	2909	561		228	491	112	
1980	142	3000	678	326	285	596	126	0.1
1981	134	2970	767		321	670	122	
1982	136	3113	892	429	374	772	129	0.4
1983	135	3235	1019		408	929	137	
1984	607	5028	1710	575	633	1537	188	27
1985	1223	6979	2728		772	257	247	
1986	1515	7937	3583	1212	873	3364	379	99
1987	1750	8805	5055		1416	460	381	169
1988	1888	9545	7018	2098	1742	6120	526	269
1989	1869	9367	8402		2083	776	675	371
1990	1873	9262	9581	2857	2504	7284	608	462
1991	1909	9614	11811		2972	1058	815	789
1992	2092	10581	18051	4084	4485	13434	1079	1193

資料出典：何康主編『中国の郷鎮企業』、付表1～7、北京、中国農業出版社、2004。

表5-3　国民経済における郷鎮企業の位置

年	対全国就業員数比（%）	対郷村就業員数比（%）	郷鎮企業増加値の対GDP比（%）	郷鎮企業輸出産品額の対総輸出額比（%）
1978	7.0	9.2	5.8	
1980	7.1	9.4	6.3	
1985	14.0	18.8	8.6	8.1（1986年）
1990	14.3	19.4	13.5	16.3
1992	16.1	22.0	16.8	25.5

資料出典：国家統計局編『中国統計摘要』17、42、158頁、中国統計出版社、2004。
何康主編『中国の郷鎮企業』217、218、221頁、中国農業出版社、2004。

郷鎮企業の主なデータをみると、段階をいくつかに分けることができる。一九七八～一九八三年の高速発展期、一九八四～一九八八年の爆発的発展期、一九八九～一九九一年の調整期であるが、最後の調整期は、全面的な調整・緊縮経済の下、国が郷鎮企業に対する優遇措置を削減し、郷鎮企業数と従業員数の下落が目につく。そして、一九九一年になってようやく、一九八八年の水準を超えるまでに回復した。

一九八五年の郷鎮企業の従業員数は、郷村における全勤労者数の一八・八%、社会全体の勤労者数の一四%を占め、また郷鎮企業の増加値はGDPの八・六%、輸出産品引き渡し額は全国輸出総額の八・一%（一九八六年データ）を占めている。その後、上記の比率は一九九二年まで着実に上昇を続けている（表5－3）。

郷鎮企業はすでに強大な生命力を示し、中国の都市と農村の二元構造の枠組みから抜け出す新しい道を切り開いた。そして、しだいに三元経済社会構造へ変化していった。一九八六年の中央一号文書が、時機に適い、その動きを肯定している。「我が国の条件の下では、農業と農村工業は協調しながら発展しなければならない。工業が農業を排斥することも、農業が工業を排斥することもいけない。次のように指摘できる。農村工業を発展させなければ、余剰労働力が行き場を失い、工業が農業を補完することができなくなる。またその逆に、農業から絶えず多くの食品と原料が提供されなければ、農村工業の持続的な発展は難しい。この二つの結果は、経済成長と社会の安定に悪影響を及ぼしかねない。郷鎮企業は短期間のうちに二〇〇〇億元以上の生産額を産み出し、六〇〇〇万人余りの労働力を吸収した。そのおかげで、我が国の農村は耕地不足、労働力過多、資金不足を克服し、都市と農村の新しい関係を構築でき、有効な道を手に入れた。郷鎮企業の持つ力強い生命力と重要な経済的、政治的意義がこれによって証明された。中央の各部門と各地方はみな、積極的に支援し、合理的な計画、正しい指導、管理強化によって、郷鎮企業の健康的な発展を図るべきである[176]」。

発展する郷鎮企業の重要な意義は、次に示す通りである。都市と農村が分割されている「一国二制度」の条件の下、農村地区に工業化を発動し工業化を推進することは、地域的、全国的ないしは国際的な分業と競争の市場に参加することにつながり、農村経済の分業水準を向上させ、専門化と商品化を促進させ、農村労働力の農業部門から非農業産業への移転を加速させ、以って、伝統農業の改造、農村と都市経済の連繫促進、非農業経済の収入増加などの方面に、積極的な作用を起こすことになる。

第七節　農村改革の評価

晩年のレーニンは、「純粋社会主義」に対する考え方を根本的に改め、ロシアで「新経済政策」を実行し、農村改革を行い、顕著な成果を上げた。後にスターリンがレーニンの路線を改変し、「純粋にしてなお純粋」な社会主義路線を実行した。

一九四九年以後の中国も似たような過程を経ている。初めは、農民の個人経済を許し、保護した。これはレーニンの新経済政策に類似している。『共同綱領』に書き込まれ、新民主主義経済綱領の重要な構成要素となった。その後に互助組、初級合作社の発展が始まった。これは中国の基本的国情に比較的合致していた。つまり九〇%以上が農村人口であり農業労働力である中国の極端に低い収入水準、低い労働生産性を発展させていく段階に、比較的合致していた。そしてまた極めて残念なことに、この新民主主義経済政策の終息があまりに早すぎ、鳴り物入りでそそくさといわゆる「社会主義」の急進政策へ転換していった。最初は集団化、高級合作社化であり、その後に人民公社化が続き、「文化大革命」の時期になると、全農村地区から「資本主義」的な私有経済と個人経営が消えて行った。

中国の農村改革は六〇年代初期の農民による「三自一包」の自発的な改革の実践に起因しており、レーニンの「新経済政策」理論と実践に基づいていたわけではなかったにしろ、基本的思考の筋道とやり方に相似する所が多い。まず、基本的な国情、すなわち大多数の人口が農村に居住するという国情を新たに認識し直した。次いで、社会主義とは何か、その認識を新たにした。つまり、古典的な教科書あるいは指導者の頭の中に存在する「純粋にしてなお純粋」な単元社会主義であるのか、それとも現実の「複雑にしてなお複雑」な多元的社会主義であるのか、その認識を新たにした。そして、農村政策の新たな調整である。それは実質的には国家と農民の関係の新たな調整である。すなわち、農民を制御し、農民に上納を要求する政策から、農民に権利を賦与し、農民を富ましめる政策に転換した。例えばレーニンが食糧徴発制を食糧現物課税に改め、余剰食糧の自由販売を認めたように[177]、中国では世帯生産請負責任制が認められた。しかし、中国の農村改革は、一九二〇年代初めのレーニンの改革とも異なり、また一九六〇年代初期の中国の農村改革とも異なっている。すなわち、改革開放期の農村改革は、鄧小平をリーダーとする改革指導部によって強く支持され、中断されることも流産することもなく、それどころか継続的に、成功裏になされた真の改革であった。

我々はまず、中国の農村改革に対する国外の学者による評価、すなわち「第三者による評価」を見てみる。米国イェール大学の歴史学者ポール・ケネディは次のように指摘している。中国にとって、農業分野は眼前に広がる絶好のチャンスでもあり、また 弱点でもある。米国は四億エーカーで二億三〇〇〇万の民を養い、中国は二億五〇〇〇万エーカーで一〇億の民を養っている。中国政府が科学技術を駆使して「農業技術革命」をやり、加えて鄧小平が市場経済改革を進め、さらに農産品調達価格を大幅に引き上げたことにより、中国の過去五年間の食糧生産量が大幅に増加した。一九七九年から一九八三年にかけて、世界経済の大部分が停滞したが、中国八億農民の収入は、むしろ七〇％増加している。彼等のカロリー摂取量は、ブラジル人もしくはマレーシア人とほぼ肩を並べた[178]。

米国シカゴ大学経済学教授D・ゲイル・ジョンソンが語っている。人類の歴史上、政治体制と経済制度に激烈な変動が同時に発生することは、稀である。このような変動が起こったとしても、その多くは、一般的に言って武力衝突あるいは革命による結果であって、経済制度の改変にほとんど影響しない。しかし中国の農村に起きた平和的な革命は、その刺激的な影響力において、一九五二年の中国の土地改革そして一九五七年の人民公社成立に少しも引けをとらない。中国の農村が平和的に実現した政治経済制度の移行は、極めて稀な成功例であり、ほかの成功例が並び競うことが不可能なほど、現代史における数少ない事件であった。中国農村で、極めて短時間のうちに非常に大きな変化が発生しただけでなく、その改革の進行プロセスは、停滞する気配を少しも見せることがなかった[179]。

一九七八年から一九八五年にかかる中国の農村改革は、広大な貧困層があまねく恩恵を被った改革であり、それゆえ最も成功した改革として捉えられる。

まず、農村の一人当たり収入が、かつてないほどに増加した。一九七八年から一九八五年の間に、農村居住者一人当たり純収入は、不変価格を基にして計算すると二・七倍増え、年平均増加率は一五・二％になる。農民の農業収入の増加をもたらした主な要素は、一人当たり農産品生産量の増加と農産品の相対価格の上昇である。一九八〇年代半ば以前、農民収入の増加は主に農業収入の向上となって表れるが、それは農産品生産量の増大と農産品相対価格の上昇の相乗効果と結びついている。この時期の農村経済の成長は、貧困人口にとって有益な成長方式であったということができる[180]。

農村家庭のエンゲル係数は、一九七八年、六七・七％の絶対貧困型であったが、一九八四年に五九・二％に下がり、「絶対貧困」から「最低限の生活維持レベル」へ転換している。一九八八年に、エンゲル係数は五四・〇％に下降した。

この時期の中国農村改革が到達した成功は、絶対貧困人口の大幅な減少に、特徴的に示されている。国家の貧困ラインの基準によれば、一九七八年我が国農村の貧困人口は二億五〇〇〇万人であったが、一九八五年に一億二五〇〇万人まで減少し、同じく、貧困発生率が三〇・七％から、一四・八％に減少している（表5－4）。

国際貧困ライン[181]（世界銀行二〇〇八年推計）から見ると、一九八一年中国の貧困人口は七億三〇〇〇万人、貧困発生率は七三・五％である。世界で最も貧困人口が多い国家であり、世界貧困人口総数の四七・六％、この指標はインドより明らかに高い。一九八七年になると中国農村の貧困人口は減少し、四億一二〇〇万人、貧困発生率三八・〇九％、対世界の貧困総数割合は三三・六％で、共に減少している。しかし、一九九〇年にはこれらの指標がむしろ上昇している。中でも、絶対貧困人口が八一〇〇万人増え、貧困発生率が六ポイント上昇している（表5－5）。このことは、八〇年代下半期農村貧困問題が深刻化したことを表している。

表5-4　中国の貧困ライン人口とエンゲル係数（1978～1990年）

年	貧困基準（元／人）	貧困人口（万人）	貧困発生率（%）	エンゲル係数（%）
1978	100	25000	30.7	67.7
1984	200	12800	15.1	59.2
1985	206	12500	14.8	57.8
1986	213	13100	15.5	56.4
1987	227	12200	14.3	55.8
1988	236	9600	11.1	54.0
1989	259	10200	11.6	54.8
1990	300	8500	9.4	58.8

注：貧困発生率は、貧困人口割合とも言い、貧困ライン人口の総人口に対する割合である。『中国統計摘要』（2007）、北京、中国統計出版社、2007。

表5-5　中国とインドの国際貧困ライン人口（1981～1990年）

	1981年	1984年	1987年	1990年
国際貧困人口（百万）				
中　国	730.4	548.5	412.4	499.1
インド	296.1	282.2	285.3	282.5
世　界	1535.3	1359.1	1228.3	1303.2
貧困発生率（%）				
中　国	73.5	52.9	38.0	44.0
インド	42.1	37.6	35.7	33.3
世　界	41.9	35.0	29.9	29.9
対世界貧困人口割合（%）				
中　国	47.6	40.4	33.6	38.3
インド	19.3	20.8	23.2	21.7

注：国際貧困ラインを一九九三年の国際価格と購買力平価（PPP）に基づき、1日1ドルと設定している。

資料出典：陳少華、Martin Ravallion『The developing world is poorer than we thought, but no less successful in the fight against poverty』世界銀行政策研究工作論文、2008年8月25日。http://econ.worldbank.org/povcalnet

世界銀行の専門家Revallionと陳少華によれば、中国において、GDPの成長と相関する貧困率の弾力性はマイナス二・六と考えられている。成長構造が貧困率に及ぼす影響は非常に大きい。しかも、第一次産業の成長の影響は、第二次産業もしくは第三次産業よりはるかに大きい。中国の農村で改革が始まった時、土地の分配の不均等は相対的に低く抑えられ、一九八〇年代初めに行われた農地分配が意味することは農業の成長が中国の貧困減少と不平等緩和の有力な手段となったことである。[182]

一人当たり純収入の違いによってグループ分けを行い、一九八〇年と一九八五年を見ると、一人当たり純収入が一〇〇元以下の割合が九・八〇%から〇・九六%に下がり、純収入が一〇〇元から二〇〇元のグループの割合が五一・八〇%から一一・二六%に下がっている（表5-6）。農民が、土地などの生産資料を自由に案配するといった経済的自由をより多く獲得し、あるいは、農産品交易が開放され市場化が進み、農民の生産意欲をさらに刺激したと考える学者もいる。[183]

第二、都市と農村住民の一人当たり収入格差が大幅に縮小する傾向にある。 一九七八年の二・五七倍から、一九八五年の一・八六倍まで縮小している。しかし、一九八五年以降は、都市と農村の収入格差が拡大する傾向にあり、一九九一年に二・四〇倍に広がった。

第三、農村の郷鎮企業が大量の雇用を創出した。 就業者数は、一九七八年二八二七万人であったが、一九八五年に二・四七倍に増え、六九六七万人に達した。平均増加率は十三・四%である。[184] これは、中国ないし世界でも歴史的な最高記録である。

中国の改革は、農村改革に始まり、農村改革は世帯生産請負責任制改革に始まり、世帯生産請負責任制は七〇年代の農業危機によって生み出された。一九七八年から一九八五年にかかる中国の農村改革は、広大な貧困層があまねく恩恵を被った改革であり、それゆえ最も成功した改革として捉えられる。

表5-6　農村住民の収入別割合（1980～1990年）

	1980年	1985年	1990年
一人当たり純収入（元）	191	398	688
収入別割合（%）			
100元以下	9.80	0.96	0.22
100~200元	51.80	11.26	1.80
200~300元	25.30	25.61	6.57
300~400元	8.60	24.00	11.99
400~500元	2.90	15.85	14.37
500~600元		9.06	13.99
600~800元		8.02	20.83
800~1000元	1.60	2.93	12.45
1000元以上		2.31	17.78

注：農村世帯サンプリング調査に基づく。
資料出典：国家統計局編『中国統計年鑑』（1998）344頁、北京、中国統計出版社、1988。

表5-7　中国とインドの農業比率変化の割合

単位：%

	生産構造			就業構造		
	1978	1993	変化量	1978	1993	変化量
中　国	28	20	-8	71	56	-15
インド	44	33	-11	71	64	-7

資料出典：（中国）『中国統計摘要』21頁、2007。
（インド）India NSSO.

表5-8　中国とインドの農業成長要素比較（1978～1993年）

単位：%

	中　国	インド	中国・インド間の格差
年平均成長率			
農業生産	5.2	2.7	2.5
就業者	0.9	1.4	-0.5
労働生産性	4.3	1.3	3.0
対生産貢献			
資本投入	2.5（48）	0.5（19）	2.0
土地投入	-0.2（-4）	-0.1（-4）	-0.1
人的資本投入	0.2（4）	0.2（8）	0.0
TFP	1.8（35）	1.0（37）	0.8

注：TFPは、Total Factor Productivityの略。
注：括弧内の数字は、対生産貢献率。
資料出典：Barry Bosworth, and Susan Collins, 2007, Accounting for Growth: Couparing China and India, NBER Working Paper No. 12943, February, 2007.

表5-9　中国農業経済構造の変化（1970～1990年）

単位：%

	構　成			変化量	
	1970	1980	1990	1970~1980	1980~1990
農　業	82.1	75.6	64.7	−6.5	−10.9
畜産業	13.4	18.4	25.7	5.0	7.3
漁　業	1.7	1.7	5.4	0	3.7
林　業	2.8	4.2	4.3	1.4	0.1

資料出典：国家統計局農村社会経済調査総隊『新中国五十年農業統計資料』63頁、北京、中国統計出版社、2000。

中国の農村改革は相当程度成功した。産業構造から見てみると、GDPに占める農業の割合は明らかに下落しており、一九七八年から一九九三年の間に八ポイント下がり、同時期のインドでは一一ポイント下落し、中国に比して下落幅が大きい。農業における就業割合は一五ポイント、同じくインドは七ポイントの下落である（表5－7）。この時期、中国の工業化発展が迅速に進み、農業の就業比率の下落に拍車を掛けたと判る。

農業を投入資金と産出量から見ると、中国農業は高成長を実現している。年平均成長率は五・二％、対インド同期比では二・五ポイント上回っている。この時期の中国で起きていたことは、明らかに「緑色農業革命（The Green Revolution）」であった。

成長から考察すると、現代的な農業生産要素が大きく増加している。化学肥料、農業用電力、農地インフラ建設など国内の資本投入の農業生産に対する貢献伸び率は二・五％、インドの〇・五％を大きく上回っている。次に、全要素生産性（Total Factor Productivity, TFP）の伸び率が一・八％に達し[185]、インドの一％の上を行き、農業生産に対する貢献率は三七％である。これは、農業改革が農民の積極性、農業資源の有効な配置に重要な影響を及ぼしたことを示している。

農業生産性から見ると、比較的早い成長速度を実現した。対インド同期比で三ポイントトリードし、生産高でインドを上回ったが、農業労働投入の成長ではインドを下回った（表5－8）。

農業経済構造から見ると、農業の比重が下がり続け、その他の産業の比重が上がり続けている。一九七〇年から一九八〇年にかけて、農業の比重が六・五ポイント下落し、さらに一九八〇年から一九九〇年の期間に十・九ポイント下落している。一方で、同時期、畜産業の比重が七・三ポイント、漁業が三・七ポイントそれぞれ上昇し、林業の比重の変化は小さい（表5－9）。

これは、農業経済の内部構造がいっそう多種・多様化してきたことの表れである。畜産と漁業部門の生産が農業部門を超え、これらの部門の比較優位性がより鮮明になってきたことの表れである。黄季焜氏等の研究によれば、一九七八年から一九八四年にかけ、綿花、食用油、野菜、果物などが、七〇年代に比べて飛躍的に成長している。農業は、民政問題を解決しただけでなく、食用油部門に搾油作物の種子を供給し、食品小売り部門に畑作・演芸産品、紡績工業に必要な綿花を供給するようになった[186]。

この時期に、中国の農村改革が成功した理由は何か。まず、中国の農民による最初の大発明、世帯生産請負責任制の実施が挙げられる。この農村改革は、農民自身の発明、発動によるものであり、彼等の切実な利益に最も合致していた。地方の責任者に認められたこの改革は、さらに政治的保護が付け加わり、大胆な推進が始まった。この改革は、鄧小平等改革指導者の承諾を得て、政治的な支持が付加され、強制的に普及せられた。統制的な政策が緩和され、改革の試行が繰り返され、時と地勢にふさわしい推進、全面展開が続き、制度が改革されていったからである。

次に、中国の農民の第二の発明である郷鎮企業の急速な発展が、長年にわたる都市と農村の二元経済構造を変革し、農村地区に新しい「二元経済社会構造」を形成したことが挙げられる。すなわちそれは、農業と非農業の両輪であり、中国社会に新しい「三元経済社会構造」が形成された。郷鎮企業を主体とする非農業経済が、農業国から工業国へ中国を駆り立て、郷村主体から都市主体の社会へ移行するスタイルを生み出し、その担い手となったからである。

注

1　D・ゲイル・ジョンソン『経済発展中的農業、農村、農民問題』、中国語版、六頁、七頁。北京、商務出版社、二〇〇五。

2　鄧小平「改革の歩みを速めなければならない」（一九八七年六月一二日）。『鄧小平文選』、第三巻、二三七～二三八頁。北京、人民出版社、一九九三。

3　鄧小平「改革は中国の第二次革命である」（一九八五年三月二八日）。『鄧小平文選』、第三巻、一一三～一一四頁。北京、人民出版社、一九九三。

4　王輝『漸進革命―震蕩世界的中国改革之路』、中国語版、七五頁。北京、中国計画出版社、一九九八。

5　モーリス・マイスナー（Maurice Jerome Meisner）は次のように考えている。毛沢東主義の現代工業発展の方式は、農村の収奪である。もし農民を貧困化させなければ、この方式の継続は困難であり、しかし農民は以前から共産党のパワーの主要な源であった。モーリス・マイスナー『毛沢東の中国及びその後―中華人民共和国史』、第三版、中国語版、三九三頁。香港、香港中文大学出版社、二〇〇五。

6　世界銀行の専門家は次のように考えている。「大躍進（一九五八－一九六〇）は飢饉をもたらし、続く十年の文化大革命の動乱は中国社会に政治的打撃を加え、共産党に変革を促した。多くの地区で地方性改革が開始された。とりわけ農民たちは、集団農業政策が生産効率と生活水準を毀損したと思っていた。共産党は農村に強大な基盤を持っており、農民の観点を相当程度共有していたので、経済状況の改善は非常に切迫した目標であった。」世界銀行『一九九六年世界発展報告――従計画到市場』、中国語版、三頁。北京中国財政経済出版社、一九九六。

7　毛沢東「理論問題に関する談話の要点」（一九七四年一二月）。『建国以来毛沢東文稿』、第十三冊、四一三頁。北京、中央文献出版社、一九九八。

8　『列寧全集』、中国語版、第二版、第三九巻、四頁。北京、人民出版社、一九九二。

9　『列寧全集』、中国語版、第二版、第四一巻、三一四頁。北京、人民出版社、一九九二。

10　『列寧全集』、中国語版、第二版、第四二巻、三四七頁。北京、人民出版社、一九九二。

11　『列寧全集』、中国語版、第二版、第四三巻、一〇九頁。北京、人民出版社、一九九二。

12　『列寧全集』、中国語版、第二版、第四三巻、七五頁。北京、人民出版社、一九九二。

13　『列寧全集』、中国語版、第二版、第四三巻、八五頁。北京、人民出版社、一九九二。

14　陸楠泉等『蘇連興亡史論』（修訂版）、二四八頁。北京、人民出版社、二〇〇四。

15　『列寧全集』、中国語版、第二版、第四三巻、二七八頁。北京、人民出版社、一九九二。

16　「毛沢東主宰中央書記処会議における講話」（一九五六年一二月二三日）。呉冷西『十年論戦（一九五六－一九六六）中蘇関係回憶録』、七九頁。北京、中央文献出版社、一九九九。

17　毛沢東「理論問題に関する談話の要点」（一九七四年一二月）。『建国以来毛沢東文稿』、第十三冊、四一三頁。北京、中央文献出版社、一九九八。

18　逢先知、金衝及監修『毛沢東伝（一九四九－一九七六）』、下巻、一七一四頁。北京、中央文献出版社、二〇〇三。

19　何蓬『毛沢東時代的中国（一九四九－一九七六）』（二）、一三九頁。北京、中央党史出版社、二〇〇三。

20　胡鞍鋼『中国政治経済史論（一九四九－一九七六）』、第二版、二七六～二七七頁。北京、清華大学出版社、二〇〇八。

21　馮健、李峰監修『通訊名作百篇』。北京、新華出版社、一九九九。

22　肖冬連『崛起与徘徊――十年農村的回顧与前瞻』、三三二頁。鄭州。

河南人民出版社、一九九四。

23　黄季焜等は次のように捉えている。農業部門は全国一人当たり一日、二三〇〇カロリー（国連が定める最低標準）を満たすことができず、七〇年代、国は国内の食糧不足を補うために食糧の緊急輸入を行うことが常であった。綿花と油の産出量は増加したが、産業水準が低く、厳格に定められた量の衣服・非農業食品を配給できるだけだった。中国の農業は、その役割を完全に果たしていないか、許容範囲を満たしていなかった。役割は以下の五つである。一、非農業部門への労働力の十分な提供。二、消費者に対する十分な食糧の提供。三、工業部門に対する十分な原材料の提供。四、国外市場への進出。五、人々の収入水準の引き上げ。黄季焜等『中国農業的発展——歴史的教訓、近年的成就、未来的挑戦』。Lawrence Brandt、Thomas Rawski 編『偉大的中国転型』、中国語版、三九七頁。上海、上海人民出版社、二〇〇九、所収。

24　董輔礽主編『中華人民共和国経済史』（下巻）、三一～三四頁。北京、経済科学出版社、一九九九。

25　華国鋒「団結し、社会主義近代化強国建設のために奮闘しよう——第五期全国人民代表大会第一回会議における政府工作報告」、一九七八年二月二六日。

26　モーリス・マイスナー（Maurice Jerome Meisner）は次のように考えている。毛沢東の経済政策との連続性を示すため、華国鋒は一連の農業工作に関する会議を主宰、開催した。農業工作会議は、「農業は大寨に学べ」のスローガンの下に進められた。大寨大隊は毛（沢東）が樹立した（強制的な）平均主義と自力更生の典型であった。

27　大寨県の六項目の基準。（一）断固として党の路線と政策を実行する団結した戦闘的な県委員会の指導的核心があること。（二）貧農下層中農の階級的優位を樹立し、資本主義的活動に対して断固たる闘争を推進し、階級の敵に対して有効な監督と改造を実行し得ること。（三）県・公社・生産隊の三級幹部全員が、昔陽郡のように、断固として集団生産労働に参加し得ること。（四）農田のインフラ建設において、農業機械化と科学的農業を速やかに進展させ、効果が大なること。（五）集団経済をたえず拡大し、貧窮人民公社と貧窮生産隊の生産と収入が、当該地区の中程度の公社・生産隊の水準に到達、もしくは超えること。（六）農林牧畜副業を全面的に発展させ、生産量を増大させ、国家に対し多大に貢献し、社員の生活を着実に改善すること。華国鋒の報告は、集団経済を強固に発展させるために四つの課題解決を提起している。一、外地に流出した個人農業労働力を回帰させる。二、分散している個人経営職工を組織化する。三、政策が定めた以上に占有している自留地、開墾地を集団に接収・帰属させる。四、分配品等を蓄積せず、すべて消費することを糾す。華国鋒「全党を動員し、大いに農業をやり、大寨県普及のために奮闘しよう」、一九七五年一〇月。

28　一九五六年一月二三日に、中共中央政治局提出の「一九五六年から一九六七年に至る全国農業発展綱要（草案）」に規定された一九六七年食糧、綿花のムー（畝）当たり年平均生産指標を指す。一九五六年一月二六日『人民日報』。

29　董輔礽主編『中華人民共和国経済史』（下巻）、三三頁。北京、経済科学出版社、一九九九。

30　理論誌『紅旗』、一九七七年第十期。董輔礽主編『中華人民共和国経済史』（下巻）、三四頁。北京、経済科学出版社、一九九九、を参照。

31　李先念「農田基本建設を確実にやろう」（一九七七年七月二二日）。『建国以来李先念文稿』第四冊、四〇頁、北京中央文献出版社、二〇一一、を参照。

32　董輔礽主編『中華人民共和国経済史』（下巻）、三二頁。北京、経済科学出版社、一九九九。

33　一九五七年、農民が家庭世帯副業生産から得た純収入は二九・四％を占めた（中国統計年鑑、一九八三、五二三頁）。一九五八年から一九六一年までの資料がないため、欠損年度の数字は年平均増加率を用いて推算した。そのため安定した逓増傾向を呈している。信頼できる見積もりによれば、一九五八年から一九五九年の間、農民家庭の副業収入は減少しているが、一九六〇年以降は割合すみやかに増加に転じている。周其仁『産業与制度変遷――中国改革的経験研究』、二〇頁、北京、北京大学出版社、二〇〇四。

34　華国鋒が述べている。「すべての公社、生産隊は党の基本路線教育を深化させなければならない。農民に社会主義思想を怠ることなく植え付け、資本主義の自発傾向を断固として絶えず克服しなければならない。」華国鋒「団結し、社会主義近代化強国建設のために奮闘しよう――第五期全国人民代表大会第一回会議における政府工作報告」、一九七八年二月二六日。

35　一九七四年一二月二六日、毛沢東が誕生日の講話の中でレーニンの考えに触れた。小さな生産は、常態化すると、日々刻々と、目に見えぬ形で、大量の資本主義とブルジョア階級を生み出す。毛沢東が非常に心配していたことは、この問題をはっきりさせなければ、修正主義に変貌していくことだった。毛沢東「プロレタリア階級専制理論に関する談話」（一九七四年一二月二六日）。『建国以来毛沢東文稿』、第十三冊。北京、中央文献出版社、一九九八。

36　毛沢東は人民公社化運動の最中、「貧困の過渡期に乗じる」、「貧者は革命を求め、富者の革命は困難である」と主張した。六〇年代初頭、彼はソ連を研究した後「貧しいから働き、革命をやろうとする、たえず革命をやる必要があるし、このようにしているのに富裕になったら、良くない。中国は現在貧しいが、将来豊かになったら必ず問題が発生する」。李鉄映『改革、開放、探索』（下冊）、一一〇四～一一〇五頁。北京、中国人民大学出版社、二〇〇八。

37　董輔礽主編『中華人民共和国経済史』（下巻）、三三二～三三三頁。北京、経済科学出版社、一九九九。

38　杜潤生『杜潤生自述――中国農村体制変革重大決策紀実』、九七頁。北京、人民出版社、二〇〇五。

39　鄧力群『鄧力群自述――十三個春秋』、九九頁。香港、大風出版社、二〇〇六。

40　中共中央文献研究室編『鄧小平年譜（一九七五－一九九七）』（上）、三七八頁。北京、中央文献出版社、二〇〇四。

41　華国鋒「第五期全国人民代表大会第一回会議における政府工作報告」、一九七八年二月二六日。

42　『人民日報』、一九七八年八月一六日。

43　一九八八年、高小蒙が食糧買い上げ価格とその影響を研究している。温鉄軍『改革物語之一――関于中国改革的経験討論』、東亜国際学術会議。『中国改革――従内外部的角度』韓国、成均館大学、二〇〇七年三月一七日～一八日。

44　于光遠『大転折――十一届三中全会的台前幕後』、四〇～四一頁。北京、中央編譯出版社、二〇〇八。

45　中共中央文献研究室編、金衝及、陳群監修『陳雲伝』（下）、一四九七～一四九八頁。北京、中央文献出版社、二〇〇五。

46　蒋南翔が中央工作会議で述べている。現在、一億余りの農民が三〇〇斤以下の食糧で暮らし、腹をすかしている。迅速に決断を下し、農民の緊張状況を緩和しなければ、我が国の政治・経済全体の形勢は受動的な局面から脱することができない。中央文献研究室編、金衝及、陳群監修『陳雲伝』（下）、一五〇一頁。北京、中央文献出版社、二〇〇五。

47　于光遠『大転折――十一届三中全会的台前幕後』、四四頁。北京、中央編譯出版社、二〇〇八。

48　于光遠『大転折――十一届三中全会的台前幕後』、五二頁。北京、中央編譯出版社、二〇〇八。

49　中共中央文献研究室編『三中全会以来重要文献滙編』上冊、二七四頁、北京、人民出版社、一九八二。

50　『人民日報』、一九七九年一月一九日。

51　毛沢東が、晋綏幹部会議の講話で「名指し批判」を行っている。また、『農業建設問題』の一篇、すなわち中共中央が査定した「新華社ポスト」の一九七八年七月二七日付「農業社会主義に関する問答」が、「問答」形式をとって「農業社会主義」に対する全面批判を行った。雷頤「建国前後の『農業社会主義』の波風」、『社会科学論壇』二〇〇九（七）。

52　王小強『農業社会主義批判』。中国社会科学院執筆班編『未定稿』、第四九期、一九七九年一二月一五日。http://www.strongwind.com.hk/pddfs/hs001-L....

53　胡喬木「十一期三中全会の重大な意義」（一九七九年一月六日）。『胡喬木中共党史を語る』、一五～一六頁。北京、人民出版社、一九九九。

54　蕭冬連『歴史的転軌――従撥乱反正到改革開放（一九七九－一九八一）』、六五〇～六五四頁。香港、大風出版社、二〇〇八。

55　譚宗級、葉心瑜監修『中華人民共和国実録――改革与巨変――開創現代化建設新局面（一九七七－一九八三）』、第四巻、（上）、一九三頁。長春、吉林人民出版社、一九九四。

56　陳錫文、趙陽、羅丹著『中国農村政策三〇年回顧与展望』、一頁。北京、人民出版社、二〇〇八。

57　「中国共産党第十一期中央委員会第四回全体会議公報」（一九七九年九月二八日）。中共文献研究室編『三中全会以来重要文献選編』（上）、二〇五頁。北京、人民出版社、一九八二。

58　胡鞍鋼『中国政治経済史論（一九四九－一九七六）』、第二版、三四一～三四五頁。北京、清華大学出版社、二〇〇八。

59　董輔礽主編『中華人民共和国経済史』（下巻）、三九～四〇頁。北京、経済科学出版社、一九九九。

60　国家統計局編『中国統計年鑑』（一九八六）一七四～一七六頁、北京　中国統計出版社一九八六。

61　董輔礽主編『中華人民共和国経済史』（下巻）、四〇～四一頁。北京、経済科学出版社、一九九九。

62　董輔礽主編『中華人民共和国経済史』（下巻）、四二～四四頁。北京、経済科学出版社、一九九九。

63　「包産到戸」は最初「家庭聯産承包責任制（世帯生産請負責任制）」と呼ばれ、安徽省鳳陽県小崗村の十八戸の農家によって始められた。中国農村集団経済組織が実行した一種の生産責任制度である。農村集団経済組織が生産資料の公有制、統一計画、統一経営、統一採算、統一分配を堅持する条件の下、耕地農作物、牧畜業、養殖業、副業生産の任務を（労働役務、費用、生産量を含めて）農家に責任を持って請負わせ、超過生産には褒賞し、減産には賠償させる方式である。農家単位で農業生産の全サイクル内の生産任務に責任を負うことによって、労働の最終成果と請負農家の経済利益が直結するため、技術改善、生産高の向上に有効性があり、生産力の発展を促進した。（百度百科より、訳者引用）

64　王光宇『我所親歴的安徽農村改革』。『中共党史研究』、二〇〇八（五）。

65　逄先知等『毛沢東和他的秘書田家英』（増訂版）、九〇頁。北京、中央文献出版社、一九九六。

66　龔育之等『重読鄧小平』、二五頁。北京、中央党校出版社、二〇〇四。

67　姚錦『姚依林百夕談』。『伝記文学』、一九九五（二）を参照。

68　「中共中央書記処記録」一九六二年七月二日。中央文献研究室編、金衝及、陳群監修『陳雲伝』（下）、一三二二頁。北京、中央文献出版社、二〇〇五。

69　毛沢東が話している。**修正主義は一種の急性伝染病である。指導者、指導グループは重要である。**私が以前に話したことだが、人の背が伸び、頭には頭皮がある。このため、良からぬ風が吹くと、頭皮を固くして耐える。**一九六二年に良からぬ風が吹いたが、もし私と数人の常務委員が抗しかねて、うなずいていたなら、長くはかからない、半年ほどその風にいぶされるだけで良い、顔色が変わってしまっただろう。**多くのこともこのようである。指導者が一変すればすべてが変わる。

あの時、我々がうなずいたなら、あなたたちは、当時、反対したかもしれないし、そうと決まっていなかったかもしれない。このような経験はたくさんある、国の内外、プラス面、マイナス面、何処にでもある。「毛沢東が羅瑞卿の戦争準備の問題の報告を聴取した時の挿話記録」(一九六五年八月一一日)。逢先知、金衝及監修『毛沢東伝(一九四九―一九七六)』、下巻、一三九三〜一三九四頁。北京、中央文献出版社、二〇〇三。

70 中共中央文献研究室編、金衝及、陳群監修『陳雲伝』(下)、一三二一頁。北京、中央文献出版社、二〇〇五。

71 田家英の意見は次のようであった。「現在、全国各地で『包産到戸』と『分田到戸』を実施している農民は約三〇%で、しかも発展を続けている。農民が自発的に行うより、指導してやる方が良い。将来の結果は、『包産到戸』と『分田単干』をやる農民が四〇%になり、六〇%は集団または半集団である。生産が回復したら、彼等をもう一度集団経済に戻したらよい。」逢先知、金衝及監修『毛沢東伝(一九四九―一九七六)』、下巻、一二三〇頁。北京、中央文献出版社、二〇〇三。

72 「毛沢東に宛てた陳雲の書簡」(一九六二年七月六日)手稿。逢先知、金衝及監修『毛沢東伝(一九四九―一九七六)』、下巻、一二三〇頁。北京、中央文献出版社、二〇〇三。

73 周太和『陳雲同志による四度の農村調査前後』。『陳雲与新中国経済建設』、一六八〜一六九頁。北京、中央文献出版社、一九九一。

74 逢先知、金衝及監修『毛沢東伝(一九四九―一九七六)』、(下)、一二三二頁。北京、中央文献出版社、二〇〇三。

75 薄一波『若干重大決策与事件的回顧』(増訂本)、下巻、一一二一頁。北京、人民出版社、一九九七。中共中央文献研究室編、金衝及、陳群監修『陳雲伝』(下)、一三二三頁、北京、中央文献出版社、二〇〇五年より引用。

76 中共中央文献研究室編、金衝及、陳群監修『陳雲伝』(下)、一三三三頁。北京、中央文献出版社、二〇〇五。

77 毛沢東が述べている。「現在、一部の農民が個人経営とか言って騒がしいが、結局、どれ位いるのか。少し見積もってみてほしい。数パーセント、それとも十数パーセントか、二〇パーセントなのか。個別の地方のことを言っているのではない。個別の地方、例えば安徽だが、あそこは多い。現在、この問題が比較的突出している。社会主義をやるのか、それとも資本主義をやるのか。分田到戸と包産到戸をやるのか、それとも集団化をやるのか。農業合作化は必要なのか不要なのか。主にこれが問題だ。すでに分田到戸と包産到戸をやっている者は、しばらくはそのままでよい。無理に糾さなくてもよいが、しかし注意して工作をする必要がある。」逢先知、金衝及監修『毛沢東伝(一九四九―一九七六)』、(下)、一二四一頁。北京、中央文献出版社、二〇〇三。

78 一九六五年八月五日、毛沢東が北戴河会議で述べている。「ひとたび「包産到戸」や個人経営をやったら、半年経たぬうちに、農村の階級分化が目に見えてひどくなる。」薄一波『若干重大決策与事件的回顧』(増訂本)、下巻、一〇八七頁。北京、中央党校出版社、一九九三。八月九日、中央経済工作中心組の会議で、中共西南地区第一書記李井泉が発言している。「個人経営が始まってから、二極分化がひどい。二年経つとはっきりする。」毛沢東が話した。「二年はかからない。一年余りで階級分化が出現する。その中で共産党支部の書記のあるものが、賄賂をせしめ、二号を囲い、高利を縦に金を貸し、土地を買っている。一方で、貧窮の農民が破産し、その中に生産隊の幹部、職工、教師、軍人の家族もいれば、衣食住・医療・葬儀をやる者もいる。これらは社会の基礎であり、我々が頼りにしている。我々は貧農下層中農を代表し、一部の富裕な農民の代表でもある。したがって、働きに応じて分配しなければならないが、分配の平均が多すぎてはいけない。」彼はさらに言っている。「集団化を強固にするには、何度も戦わなければならない。我々の集団化の事業は何度も試練を経験した。将来も、何度も試練を受けるだろう。」逢先知、金衝及監修『毛沢東伝(一九四九―一九七六)』、(下)、一二四二頁。北京、中央文献出版社、二〇〇三。

79　中共中央文献研究室編『陳雲年譜（一九〇五－一九九五）』下巻、一一九頁。北京中央文献出版社。

80　王輝『漸進革命――震蕩世界的中国改革之路』中国語版、七六頁。北京、中国計画出版社、一九九九。

81　データ資料元：国家統計局編『改革開放十七年的中国地区経済』、四七六頁。北京、中国統計出版社、一九九六。

82　王鴻模、蘇品端『改革開放的征程』、八〇頁。河南、河南人民出版社、二〇〇一、三月。

83　王光宇『我所経歴的安徽農村改革』。『中共党史研究』、二〇〇八年第五期。作者は、当時安徽省委員会書記に就いており、農村工作を担当した。

84　「当面の農村経済政策のいくつかの問題に関する規定」の主な内容は以下である。(一)人民公社の経営管理を確実に行う。(二)生産の発展を加速する。(三)生産隊の自主権を尊重する。(四)生産隊と社員の負担を軽減する。(五)食糧配分は、国家・集団と社員個人の利益、双方に配慮する。(六)農民の家庭副業を許可し、その収穫は完全に国の関与外であり、市に出荷し販売しても良い。王鴻模、蘇品端『改革開放的征程』、八〇頁。河南、河南人民出版社、二〇〇一。

85　張広友『改革風雲中的万里』、一五四頁。北京、人民出版社、一九九五。

86　王光宇『我所経歴的安徽農村改革』。『中共党史研究』、二〇〇八年第五期。

87　王鴻模、蘇品端『改革開放的征程』、八四～八五頁。河南、河南人民出版社、二〇〇一。

88　呉思『陳永貴沈浮中南海――改造中国的試験』、二八六頁、広州、花城出版社、一九九三。

89　その責任者は、万里、顧棹新、趙寧一、王光宇、周日礼等である。王光宇『我所経歴的安徽農村改革』。『中共党史研究』、二〇〇八年第五期。

90　データ資料元：国家統計局編『改革開放十七年的中国地区経済』、七〇六頁。北京、中国統計出版社、一九九六。

91　中共中央文献研究室編『鄧小平年譜（一九七五－一九九七）』（上）、二四六頁。北京、中央文献出版社、二〇〇四。

92　四川省委員会制定の『当面の農村経済政策のいくつかの主要な問題に関する規定』は、以下である。(一)労働管理を強化する。(二)財務管理を厳格にする。(三)生産計画の管理を的確にやる。(四)国家・集団と個人利益の双方に目を配り、社員の分配の確約を保障する。(五)生産隊と社員の負担を軽減する。(六)食糧を中心に据え、多角的な経営を展開する。(七)役牛増産を奨励する。(八)養豚事業発展に力を尽くす。(九)農田基本建設を大いに行う。(一〇)社隊企業を積極的に興す。(一一)基本採算単位の生産隊から大隊への移行問題に、積極的かつ慎重に対処する。(一二)少量の自留地と家庭副業の社員による経営を許可し、奨励する。王鴻模、蘇品端『改革開放的征程』、八五～八六頁。河南、河南人民出版社、二〇〇一。

93　中共中央文献研究室編『鄧小平年譜（一九七五－一九九七）』（上）、二六一頁。北京、中央文献出版社、二〇〇四。

94　王鴻模、蘇品端『改革開放的征程』、八六頁。河南、河南人民出版社、二〇〇一。

95　王瑞璞主編『中南海三代領導集体与共和国経済実録』、七一〇頁。北京、中国経済出版社、一九九八。

96　四川省広漢県委員会は今年（一九七九年）から、「以産定工、超産奨励（生産量に応じて仕事量を決定し、超過生産に対して報奨する）」方法を全県の農業すべてに対して推進することを決定した。雲南省楚雄《そゆう》彝《い》族自治州は全州で「包産到組（作業組請負制）」を推奨し、労働力、土地、農機具、コスト計算、生産量、労働点数を作業組に任せ、厳格な管理責任制を定めた。広東省の公社・生産隊はすべてに「五定一奨（生産責任請負制の一種）」の経営管理制度を推進し、生産隊の作業組に生産量のノルマを定め、管理責任を負わせ、超過生産分に報奨を行った。譚宗級、葉心瑜監修『中華人民共和国実録――改革与巨変――開創現代化建設新局面（一九七七―一九八三）』、第四巻、（上）、一八八頁。長春、吉林人民出版社、一九九四。

97 『鄧小平文選』、第三巻、二三八頁。北京、人民出版社、一九九三。

98 杜潤生『杜潤生自述――中国農村体制変革重大決策紀実』、一〇八頁。北京、人民出版社、二〇〇五。

99 王輝『漸進革命――震蕩世界的中国改革之路』、中国語版、七三頁。北京、中国計画出版社、一九九八。

100 「包干到戸」は、中国農村における世帯生産請負責任制の主要な形式。農民は土地の経営管理権を享受するが、所有権は国家に帰属する。権利関係・責任と利益に関わる請負契約に基づき、農家自身が各種の生産活動を行う。生産品は、国家に納める農業税と集団向けの蓄積やそのほかの留保分を除き、完全に請負者の所有となる。農家は集団の基本的生産資料（主に土地）の自主経営を請け負い、国家と集団に相応の費用等を納め、その他の余剰産品と収入は請負農家の所有となる。この制度は、一九六二年に山東地区で始まったのが最も早く、その後一九七一年から一九七六年にかけて福建等で短期間実施されたが、最終的には文革が原因となり推進できなかった。文革終結後、安徽省鳳陽県小崗村において再び実施され、収穫量も多く、改革開放の風に後押しされ、全国各地に広まった。（『百度百科』より訳者引用）

101 当時、署名、押印した農民は、以下である。厳宏昌（押印）、関廷珠（拇印）、厳立符（拇印）、厳立華（拇印）、厳国昌（拇印）、厳立坤（拇印）、厳金昌（拇印）、厳家芝（拇印）、関友昌（拇印）、厳学昌（拇印）、韓国雲（押印）、関友江（拇印）、厳立学（押印）、厳俊昌（拇印）、厳美昌（拇印）、厳宏昌（拇印）、厳付昌（拇印）、厳家其（拇印）、厳国品（拇印）、関友中（拇印）。中国革命博物館『中国共産党七〇年図集』（下）、五〇五頁。上海、人民出版社、一九九一。元の資料では、誤字・当て字をカッコ内の文字で示してあり、句読符合等を区別しておらず「、」で表示してある。

102 一九八〇年初めに、金県でも包産到戸が始まり、約八〇％の農家が始めた。

103 当代中国研究所著『中華人民共和国史稿』第四巻（一九七六―一九八四）、一二九頁。人民出版社、当代中国出版社、二〇一二。

104 王鴻模、蘇品端『改革開放的征程』、一七八頁。鄭州、河南人民出版社、二〇〇一。

105 D・ゲイル・ジョンソンが、極めて客観的な論評を下している。D・ゲイル・ジョンソン『経済発展中的農業、農村、農民問題』、中国語版、八頁、七頁。北京、商務出版社、二〇〇五。

106 王光宇『我所経歴的安徽農村改革』。『中共党史研究』、二〇〇八（五）。

107 王光宇『我所経歴的安徽農村改革』。『中共党史研究』、二〇〇八（五）。

108 周曰礼はかつて曾希聖の秘書を務め、一九六一年に「責任田」の実験と推進にたずさわったことがある。その記憶が残っており、かつ包産到戸の長所を熟知していた。

109 当代中国研究所著『中華人民共和国史稿』第四巻（一九七六―一九八四）、一二八頁。人民出版社、当代中国出版社、二〇一二。

110 杜潤生『杜潤生自述――中国農村体制変革重大決策紀実』、一〇四～一〇七頁。北京、人民出版社、二〇〇五。

111 王光宇『我所経歴的安徽農村改革』。『中共党史研究』、二〇〇八（五）。

112 杜潤生『杜潤生自述――中国農村体制変革重大決策紀実』、一〇八頁。北京、人民出版社、二〇〇五。

113 万里は、包産到戸は個人経営ではなく、責任制の一つと考えていた。万里が安徽省委員会農業会議で講話している。一九八〇年一月一一日。董輔礽主編『中華人民共和国経済史』（下巻）、五二頁。北京、経済科学出版社、一九九九。

114 杜潤生『杜潤生自述——中国農村体制変革重大決策紀実』、一一五頁。北京、人民出版社、二〇〇五。

115 中共中央文献研究室編『鄧小平年譜（一九七五—一九九七）』（上）、六一六頁。北京、中央文献出版社、二〇〇四。

116 杜潤生『杜潤生自述——中国農村体制変革重大決策紀実』、一一六頁。北京、人民出版社、二〇〇五。

117 一九八〇年五月三一日、鄧小平と胡喬木、鄧力群との談話。彼は次のように指摘している。一、適切に包産到戸を実施している地域の成果は非常に良い。このようなやり方が集団経済に影響するだろうか。心配は必要ない。二、現在の農村工作における主要な問題は、思想が十分に解放されていないことだ。集団化という形式上の表れ方を除けば、土地ごとの状況に合わせた生産発展の問題がある。地域の状況に合わせて発展させ、状況に合わない発展を無理にやる必要はない。西北のように少なからぬ地方では、牧草を主体にし、牧畜業を発展させることを決心するべきである。譚宗級、葉心瑜監修『中華人民共和国実録——改革与巨変——開創現代化建設新局面（一九七七—一九八三）』、第四巻、（上）、三三七頁。長春、吉林人民出版社、一九九四。

　鄧小平はさらに次のようにも指摘している。農村政策を緩和した後、適切に包産到戸を実施している地域の効果は非常に良く、変化も早い。安徽の肥西県では圧倒的多数の生産隊が包産到戸を実施し、成長度合いがすこぶる良い。鳳陽県の大多数の生産隊が大規模請負いをやり、これもまた一年で生まれ変わったように様子が良くなった。同志の中には、集団経済に影響するのではないかと心配している人もいる。私は、そんな心配は無用だと考えている。鄧小平「農村政策に関する問題」（一九八〇年五月三一日）、『鄧小平文選』、第二巻、三一五頁。北京、人民出版社、一九九三。

118 杜潤生『杜潤生自述——中国農村体制変革重大決策紀実』、一一六頁。北京、人民出版社、二〇〇五。

119 杜潤生『杜潤生自述——中国農村体制変革重大決策紀実』、一一六～一二〇頁。北京、人民出版社、二〇〇五。

120 『紀要』が次のように指示をしている。包産到戸については、地区を区別し、社隊を区別し、それぞれがそれぞれの方針を採用するべきである。辺境深山地区・貧困後進地区、それに長期間「放出食糧に依存し、借款に依存して生産してきた」生産隊では、大衆の集団に対する信頼が失せている。それゆえ、包産到戸を要求している。大衆の要求に応えなければならない。包産到戸をやってもいいし、包干到戸もやってもいい。しかも、比較的長期にわたってそれを続けてもよい。一般地区で、集団経済が比較的安定し、生産が発展しているところでは、現行の生産責任制が大衆に満足され、もしくは改善して満足されるなら、包産到戸をやる必要はない。すでに包産到戸を実施しているところで、大衆が改変を望んでいないなら、実施継続を許可するべきである。然る後、状況の発展と大衆の要求に基づいて、情勢に合わせて有利に導き、種々の過渡的形式を運用し組織すべきである。上述のそれぞれの地区をどのように区分けするのかは、各省、市、自治区が真剣に調査し、当該地区の社隊の実情に照らして確定する。「農業生産責任制のさらなる強化と万全化に関するいくつかの問題」の通知（一九八〇年九月二七日）。中共中央文献研究室編『三中全会以来重要文献選編』（上）、五四七頁。北京、人民出版社、一九八二。

121 「農業生産責任制のさらなる強化と万全化に関するいくつかの問題」、「各省市自治区第一書記座談会紀要」。中共中央文献研究室編『三中全会以来重要文献選編』（上）、五四二、五四七頁。北京、人民出版社、一九八二、を参照。

122 董輔礽主編『中華人民共和国経済史』（下巻）、五四～五五頁。北京、経済科学出版社、一九九九。

123 李先念「大寨に学べの問題には二つの面がある」（一九七九年三月二四日）。『建国以来李先念文稿』第四冊、一七八頁。北京、中央文献出版社、二〇一一。

124 譚宗級、葉心瑜監修『中華人民共和国実録——改革与巨変——開創現代化建設新局面（一九七七－一九八三）』、第四巻、（上）、三七六～三七七頁、四〇六頁。長春、吉林人民出版社、一九九四。

125 譚宗級、葉心瑜監修『中華人民共和国実録――改革与巨変――開創現代化建設新局面（一九七七－一九八三）』、第四巻、（上）、三九四頁。長春、吉林人民出版社、一九九四。

126 当代中国研究所著『中華人民共和国史稿』第四巻（一九七六－一九八四）、一五四頁。人民出版社、当代中国出版社、二〇一二。

127 『紀要』は次のように指摘する。農業生産責任制工作を実施し、このように迅速な進展を見たことは、億万の農民が、中国の農村の実際の状況に照らした社会主義農業の発展を強く望んでいることを反映している。生産責任制の確立、それは、集団経済に長期間存在した「大鍋を皆でつつき合う」悪しき病弊を克服したばかりでなく、労働の組織化と報酬計算方法のリンクを改善することで、生産関係の調整を促し、長期間存在した管理の過度な集中と経営方式の過度な単純化の欠点を矯正した。このことによって、我が国農村の経済状況に一層、適合することになった。当面、我が国農村の主体となる経済様式は、組織規模が異なり、経営方式も違う集団経済である。これと並存して、国営農場が存在し、補助的役割として家庭経済活動が存在する。このように多様化した社会主義農業経済構造は、社会生産力のさらなる速やかな発展と社会主義の優位性を存分に発揮するために、有利となる。「中央農村工作会議紀要」（一九八一年一二月）、中共中央文献研究室編『三中全会以来重要文献滙編』（下）、一〇六二～一〇六三頁。北京、人民出版社、一九八二、を参照。

128 「中央農村工作会議紀要」（一九八一年一二月）、中共中央文献研究室編『三中全会以来重要文献滙編』（下）、一〇六二～一〇六三頁。北京、人民出版社、一九八二、を参照。

129 杜潤生『杜潤生自述――中国農村体制変革重大決策紀実』、一三五～一三七頁。北京、人民出版社、二〇〇五。

130 鄧小平「改革の歩みを速めなければならない」（一九八七年六月一二日）。『鄧小平文選』、第三巻、二三八頁。北京、人民出版社、一九九三。

131 胡耀邦『社会主義近代化建設の新局面を全面的に切り開こう――中国共産党第十二回全国代表大会における報告』（一九八二年九月一日）。中共中央文献研究室編『十二大会以来重要文献滙編』（上）、二一頁。北京、人民出版社、一九八六。

132 胡耀邦『社会主義近代化建設の新局面を全面的に切り開こう――中国共産党第十二回全国代表大会における報告』（一九八二年九月一日）。中共中央文献研究室編『十二大会以来重要文献滙編』（上）、二一頁。北京、人民出版社、一九八六。

133 董輔礽主編『中華人民共和国経済史』（下巻）、五三～五六頁、二〇七頁。北京、経済科学出版社、一九九九。

134 『当代中国的農業』、三二九頁、当代中国出版社、一九九二。

135 「中共中央一九八四年農村工作に関する通知」（一九八四年一月一日）。中共中央文献研究室編『十二大以来重要文献滙編』（上）、四二四～四三八頁。北京、人民出版社。一九八六。

136 杜潤生『杜潤生自述――中国農村体制変革重大決策紀実』、一四一頁。北京、人民出版社、二〇〇五。

鄧力群によれば、農民工雇用問題について一九八三年鄧小平が語っている。二年間、様子を見るべきである。問題が出たら、指令を取り消せばよい。鄧小平はさらに述べている。農業に関しては、結局、やはり集団経済と社会主義をやることになる。このような意味のことを、鄧小平は何度か語っている。鄧力群『鄧力群自述――十三個春秋』、三二九頁。香港、大風出版社、二〇〇六。

137 陳雲が述べている。この類の問題に対して、旗を振り回し太鼓をたたくように騒がしく新聞紙上で喧伝する必要はない。ここ数年、農村は大きく変化した。たくさんの問題があるが、干渉する必要はないし、新聞で大々的に取り上げる必要もない。少し時間を置けば、ある程度落ち着く。鄧力群『鄧力群自述――十三個春秋』、三二九頁。香港、大風出版社、二〇〇六。

138 「中共中央一九八四年農村工作に関する通知」（一九八四年一月一日）。中共中央文献研究室編『十二大以来重要文献滙』（上）、四二六～四二七頁。北京、人民出版社、一九八六。

139 王輝『漸進革命——震蕩世界的中国改革之路』、中国語版、七〇～七二頁。北京、中国計画出版社、一九九八。

140 温鉄軍『改革物語之一——関于中国改革的経験討論』、東亜国際学術会議。「中国改革——内外の視点から」韓国、成均館大学、二〇〇七。

141 「中共中央、国務院——農村経済活発化に関する十項目の政策」（一九八五年一月一日）。『十二大以来重要文献選編』（中）、六一〇～六一九頁。北京、人民出版社。一九八六。

142 「中共中央、国務院——一九八六年農村工作に関する部署」（一九八六年一月一日）。中共中央文献研究室編『十二大以来重要文献選編』、八七七～八七八頁。北京、人民出版社、一九八六。

143 陳錫文、趙陽、羅丹著『中国農村政策三〇年回顧与展望』、三頁。北京、人民出版社、二〇〇八。

144 「中共中央——農村における人民公社設立問題に関する決議」、『人民日報』一九五八年九月一〇日。

145 董輔礽主編『中華人民共和国経済史』（上巻）、三五〇～三五二頁。北京、経済科学出版社、一九九九。

146 毛沢東「人民公社問題研究に関する評語」（一九五九年七月二九日）。『建国以来毛沢東文稿』、三九〇頁。中央文献出版社、一九九六。

147 自留地、自由市場、損益自己責任に基づく農業生産請負制。一九六二年、劉少奇によって提唱されたが、一九六四年二月、毛沢東の反対に遭い、終止させられた。（訳者註）

148 国家統計局編『中国統計摘要』（二〇〇五）、四〇頁、四六頁。北京、中国統計出版社、二〇〇五。

149 D・ゲイル・ジョンソン『経済発展中的農業、農村、農民問題』、中国語版、五頁。北京、商務出版社、二〇〇五。

150 薛暮橋『中国社会主義経済』、北京、外文出版社、一九八一。

151 D・ゲイル・ジョンソン『経経済発展中的農業、農村、農民問題』、中国語版、六頁。北京、商務出版社、二〇〇五。

152 World Bank, 1985, World Development Report 1984, Washington, D.C.: World Bank. D・ゲイル・ジョンソン『経済発展中的農業、農村、農民問題』、中国語版、七～八頁、北京、商務出版社、二〇〇五より引用。

153 計算根拠は、国家統計局編『中国統計摘要』（二〇〇五）、三九頁。北京、中国統計出版社、二〇〇五。農村人口は全国人口の八〇％以上を占めるので、ここでは全国人口における平均教育年限を、農村人口における教育年限に代えた。

154 王晋平『「州境巡療」、「恵民薬局」和赤脚医者』二〇〇五年一二月一日、『光明日報』。

155 William Hsiao が指摘している（一九八三）。中国は地方経営と自主的な三級体制を通して医療サービスを提供してきた。第一級は、兼業のはだしの医者が予防的な初歩の治療を行った。さらに重い病状には、患者を第二級の郷鎮衛生院に送った。郷鎮衛生院の診療所には、初級医師が配属されていた。最も重篤の患者は、郷鎮衛生院から第三級の、高級医師が配属されている県の医院を紹介した。農村人口のために、はだしの医者に始まるその他の医療サービスを提供する医療の協力体制は、郷鎮体制の一部であり、郷鎮福利基金によって資金のサポートがなされた。

156 World Bank 1993, Contry Study, China: Long Term Issues and Options in Health Transition 1992, The World Bank, Washingtong, D.C.

157 Ryan Manuel『中国医療衛生体制与未来二〇年的改革』。郜若素等主編『中国——未来二〇年的改革与発展』中国語版、一四～一五頁、北京、社会科学文献出版社、二〇〇一所収。

158 「中国人民政治協商会議共同綱領」（一九四九年九月二九日、中国人民政治協商会議第一期全体会議採択）。中共中央文献研究室編『建国以来重要文献選編』第一冊、二一三頁。北京、中央文献出版社、一九九二。

159 国家統計局編『中国統計年鑑』（一九八一）八九頁、北京　中国統計出版社一九八二。

160 「中華人民共和国憲法」（一九五四年九月二〇日、第一期全国人民代表大会第一回会議採択）。中共中央文献研究室編『建国以来重要文献選編』第五冊、五四〇頁。北京、中央文献出版社、一九九二。

161 彭真「公民は法の前ではすべて平等」一九五四年九月一七日。中共中央文献研究室編『建国以来重要文献選編』第五冊、五一四～五一九頁。北京、中央文献出版社、一九九二。

162 「中華人民共和国戸口登記条例」（一九五八年一月九日、全国人民代表大会常務委員会第九一回会議批准、同日、中華人民共和国主席毛沢東発布命令公布）。中共中央文献研究室編『建国以来重要文献選編』第十一冊、一八頁。北京、中央文献出版社、一九九二。

163 崔暁黎『城鎮戸籍制度的改革思路』。『経済参考報』二〇〇六年一月二八日。

164 崔暁黎『城鎮戸籍制度的改革思路』。『経済参考報』二〇〇六年一月二八日。

165 崔暁黎『城鎮戸籍制度的改革思路』。『経済参考報』二〇〇六年一月二八日。

166 当該文書は次のように規定している。全国県レベルの市、区、県の人民政府所在地及びその他の制度編成の鎮において、当地に固定住所があり安定した職業によって生活を営む人員及びその者と同居し共同で生活する直系親族は、均しく、本人の意思に基づき城鎮常住手続きが可能である。

167 D・ゲイル・ジョンソン『経済発展中的農業、農村、農民問題』、中国語版、一〇頁。北京、商務出版社、二〇〇五。

168 鄧小平が述べている。**農村改革において、我々の予想外の最大の収穫は、郷鎮企業の発展である。多様な業態が突然現れ、商品経済をやり、多種多様な小型企業をやっている、全く新しい勢力が突然出現した。**鄧小平「改革の歩みを速めなければならない」（一九八七年六月一二日）。『鄧小平文選』、第三巻、二三八頁。北京、人民出版社、一九九三。

169 董輔礽主編『中華人民共和国経済史』（下巻）、二〇七頁。北京、経済科学出版社、一九九九。

170 中共中央文献研究室編『鄧小平年譜（一九七五－一九九七）』一三五〇頁。北京、中央文献出版社、二〇〇四。

171 「中国共産党第八期中央委員会第六回全体会議批准人民公社の若干の問題に関する決議」一九五八年一二月十日。

172 李鉄英『改革、開放、探索』（下冊）、一〇八三頁、北京。

173 何康主編『中国的郷鎮企業』二八～三一頁。北京、中国農業出版社、二〇〇四。

174 『人民日報』一九七七年一〇月一〇日。

175 「中共中央、国務院配布――農牧漁業部と部党組〈社隊企業の新局面打開に関する報告〉の通知」（一九八四年三月一日）。『十二大以来重要文献選編』（上冊）、四三九～四四〇頁。北京、人民出版社、一九八六。

176 「中共中央、国務院――一九八六年農村工作に関する配置」（一九八六年一月一日）。中共中央文献研究室編『十二大以来重要文献選編』（中冊）八七五～八七六頁。北京、人民出版社、一九八六。

177 いわゆる食糧税。農民は耕地面積に照らして一定数量の農業税を納めた後、余剰食糧は自己所有に帰し、自由市場での販売、自由交易が可能である。同時に、ある地域内での商品移転が許可され、都市において個人小企業・手工業の開設が許可された。小工業の産品もまた自由な交易が可能である。蒋自強等『経済思想通史』第四巻、二八八頁。杭州、浙江大学出版社、二〇〇三。

178 ポール・マイケル・ケネディ（Paul Michael Kennedy）『大国の興亡

──一五〇〇年から二〇〇〇年までの経済の変遷と軍事闘争』中国語版、四四四頁。北京、国際文化出版公司、二〇〇六。（日本語版は草思社、鈴木主税氏訳がある。）

179　Ｄ・ゲイル・ジョンソン『経済発展中的農業、農村、農民問題』、中国語版、一～二頁。北京、商務出版社、二〇〇五。

180　『中国発展報告二〇〇七──在発展中消除貧困』、五頁。北京、中国発展出版社、二〇〇七。

181　一九九三年国際価格と購買力平価（ＰＰＰ）に基づき調整した一日一ドル未満の人口。

182　Chen, Shaohua and Ravallion, Martin, 2007, "Absolute Poverty Measures for Developing World, 1981-2004", Procelings of the National Academy of Sciences, 104(43) : 16757-16762.

183　『中国発展報告二〇〇七──在発展中消除貧困』、一三頁。北京、中国発展出版社、二〇〇七。

184　国家統計局編『中国統計年鑑』（二〇〇三）一二七頁、北京、中国統計出版社、二〇〇三。

185　多くの研究（黄季焜等）が、一九七八年から一九八四年にかけて、中国農業の全要素生産性の伸び率が五～一〇％であることを示している。「中国農業的発展──歴史的教訓、近代的成就、未来的挑戦」、Lawrence Brandt, Thomas Rawski 編『偉大的中国経済転型』中国語版、四一二頁。上海、上海人民出版社、二〇〇九、所収。Kalirajan 等の計算によると、中国農業のＴＦＰ成長率は、一九七〇～一九七八年の期間がマイナス五・五七％、一九七八～一九八四年が七・六六％、一九八四～一九八七年は再び下落して二・七七％である。K.Kalirajan, M. Obwona and S. Zhao. A Decomposition of Total Factor Productivity Growth: The Case of Chinese Agriculture Growth before and after Reforms, American Journal of Agriculture Economics, Vol.78, No.2, pp.331-338.

186　黄季焜等「中国農業的発展──歴史的教訓、近代的成就、未来的挑戦」。Lawrence Brandt、Thomas Rawski 編『偉大的中国経済転型』、中国語版、四〇六～四〇七頁。上海、上海人民出版社、二〇〇九、所収。

第六章

都市の経済体制改革

中国の改革初期、遅くとも一九九二年の中国共産党第十四回全国代表大会（党十四全大会）前は、指導者も理論家も改革の青写真となる明確な目標を設定せず、何をどのように改革するかも不明瞭だった。これは当時、中国の社会が非常に複雑で、改革の過程には各種のリスクや不確定要素が多く、国民や指導者が考えるよりはるかに難しいことだったからである。中国の改革は基本的に「川底の石を探りながら川を渡る」方法が採られ、実践を重視して漸進的に進められた。

胡耀邦は、十二期一中全会で「中央と省、市、区は再来年の一九八四年から研究を始め、教育、労働、給与、物価制度等の全面的な改革に力を注ぐことになる」と述べた。また「四人組失脚」から十年目に当たる一九八六年には、経済及び社会の各方面において十二全大会で出された五カ年計画の三つの目標が実現に近づくだろうと考えた。[1] まさしく「世の中の変化は激しい」ということである。「文化大革命」の十年間は情況が悪くなるばかりで思い出しても痛ましい時期だった。「文化大革命」後の十年間は、再生期間であり希望に満ちた時期となり、改革開放の黄金時代だったと言える。農村改革が大きな成功を収めると、指導者は都市の経済体制改革に着手し、計画経済体制の問題の核心に迫った。

一九八二年、鄧小平は十二全大会で、中国の特色ある社会主義建設を提唱した。[2] 中国の特色ある社会主義とは何か。改革の基本方針は何か。最終的にどのような経済体制を作り上げるのか。いつ、どのような改革をするのか。改革の成果とその代償は何か。どのような方法で改革するのか。しかし、当時の指導者には実践と経験だけでなく、参考になる海外の知識や情報も不足していた。改革の大きな制約となったのは、改革に関する情報と知識というボトルネックだった。そして、伝統的な社会主義イデオロギーも大きな制約だった。つまり「文化大革命」終結後も、毛沢東の「プロレタリア独裁下の継続革命理論」は消滅せず別の形で現れ、伝統的なイデオロギーの制約が強化された。そのため、事実に基づき正しく行動し、思想を解放することで、これらの制約とボトルネックを取り除く必要があった。

本章では以下の一連の問題について論ずる。**中国はどのように計画経済体制から移行し、その結果どのような変化が起こったか。この時期の指導者は思想と理論の上でどのような障害とイデオロギー的な制約があり、どのような重要な課題に直面したのか。また、毛沢東時代から長期にわたる懸案でありながら未解決だった問題について、どのように認識し対応したのか。新たに直面した問題をどのように解決したのか。鄧小平と毛沢東の路線はどのような違いがあったのか。なぜ鄧小平は漸進的な改革を選んだのか。**

第一節　経済体制改革理論の重要な突破

農村改革と違って都市改革はより複雑かつ困難だった。都市改革は、まず計画経済体制の改革から着手し、それを改善した後に計画経済から脱却して社会主義市場経済体制を構築するという、「川底の石を探りながら川を渡る」ようなプロセスだった。

まず、改革初期の指導者は「大躍進」と「文化大革命」で経済発展が失敗した原因を、計画経済体制の欠陥ではなく、一九五七年から一九七七年までの二十年間で主流だった「左」の急進的思想の経済戦略と政策に帰した。そのため、経済体制改革における最初の目標は、市場経済体制への移行ではなく、一九五〇年代に始まった計画経済の管理体制を改革し改善することだった。[3]当時の指導者、特に鄧小平は中国の経済発展が停滞した主な原因を、林彪、「四人組」の誤った路線、毛沢東晩年の「左」の誤りだと考えた。

次に、改革初期の指導者は計画経済の管理体制における弊害を理解していたが、解決策は依然として「権限の委譲」だと考えていた。後に「権限と利益の委譲」に発展させたが、これも毛沢東が一九五八年と一九七〇年に行った経済体制改革に近かった。すなわち、行政的な権限分散によって中央と地方の関係を解決し、経営権の拡大によって国家と（主に国有）企業の関係を解決しようと考えた。

加えて、一九五〇年代中期の陳雲の基本構想に基づいて市場と計画経済の新たな関係を確立した。一九八二年、党十二全大会報告は経済体制改革の目標を、計画経済を主体として市場調整を補完とすること、国営経済の主導的地位を堅持しつつ多様な経済も発展させることとした。[4]当時の指導者は、旧ソ連式の計画経済モデルから脱却し「中国の特色ある社会主義の道」を模索しなければならないと考え始めた。[5]

全体的に見ると、この時期の改革目標はあいまいであり、部分的な改革が行われたに過ぎなかった。地方や部門における改革は統一性がなく、目標が矛盾していたり、改革の収益とコストが相殺されることもあった。経済体制改革は大きく進展したが、従来の計画経済体制という大きな枠組みの下で部分的に改善され進歩したに過ぎなかった。それ以上は改革理論の突破と改革実践による進展を待つほかなかった。情報も実践も非対称的な状況で「川底の石を探りながら川を渡る」のは、他の方法より理性的で賢明な選択だった。

中国の改革はどのような理論に基づいて実践するべきか、また中国の国情を基にどのような経済体制を目標として設定すべきか。改革当初から理論と政策決定について激しい対立が起こったが、論じれば論じるほど目標が明確になっていった。誰もが情報と知識の非対称性及び不確定性に直面すると、理論と政策の論争は、それ自体が絶えず目標としている最適解に到達するために、（論争の）交換コストを低減しようとする。そして、徐々に政治的な共通認識が形成される。このような状況は毛沢東時代には基本的になかった。どのような論争であっても最終的には階級闘争と見なされ、政治的に批判されたり圧殺させられたりしたからだ。改革初期の一定期間、改革理論についての議論はまだ「開放的」ではなく「閉鎖的」だった。「閉鎖的」とは、改革理論が国内の経験の総括や誤った路線に対する批判に過ぎず、歴史の経験や記憶を含む経験と直感によって試験的な改革モデルと政策が選択されていたということである。さらに重要なのは、議論が内密的に行われることが多く、そのことによって議論そのものの閉鎖性が深まったことである。「開放的」とは、外部との交流、外部の情報や知識を参考にし、外部と関連させ比較することである。特に当時の中国は近代的な市場経済の「後進者」として、発達した市場経済の運営方式を理解する必要があった。他国の成功は参考にし失敗は教訓として、他国と同じ轍を踏むことがないようにし、制度革新のための学習コストを減らす必要があった。鄧小平は主観的には「制度が日増しに良くなるように、世界各国の進歩的な要素をできる限り吸収し、世界で最も優れた制度を作り上げる」ことを望んだ。[6] しかし、何が最も優れた制度でその根拠は何かについては、鄧小平だけでなく他の指導者も答えられず、歴史的な経験と実践的な模索を頼りにするほかなかった。**世界で最も優れた制度というものは実際にはなく、自国に適合した制度、苛烈な国際競争に勝てる制度があるだけだ。このような制度は一つに限らない。それは多様であり、固定的でなく変化するもので、絶対的でなく相対的なものだと言える。**

実際、実践を重視する中国の指導者は、計画経済の時期も旧ソ連の計画経済をそのまま模倣するのではなく、模索しながら重要な突破と革新を行ってきた。中でも重要な役割を果たしたのが劉少奇と陳雲の二人である。

劉少奇は、社会主義経済の計画には多様性と融通性が必要だとして、党八全大会の政治報告で自由市場の利用を提案した。「自由市場は一方では中国の社会主義経済の不完全さを補い、もう一方では中国経済に多様性と融通性を持たせることができる。」[7] 統一した社会主義市場の一定の範囲で国家が主導し、補完として適度に発展させるべきだ」と述べた。[8] 一九五七年四月、五月には、さらに明確に述べた。「社会主義経済を研究する際、特に注意を要する問題がある。それは、社会主義経済に計画以外の多様性と融通性を持たせることだ。**これについては計画のみだった。計画経済にこだわってその型にはめ、多様性や融通性を持たせなかった。**中国の社会主義経済は多様性と融通性を持たせ、資本主義を上回らなければならない。そして、国民経済と国民生活を多様性に富む、さらに便利で柔軟性があるものにしなくてはならない」。[9] これは、中国の指導者には融通性と適応性が備わっていたことを示しており、スターリンを含む旧ソ連の指導者よりも、社会主義経済は多くの実践が必要で奥が深いことを分かっていたということである。実際、党八全大会政治報告では、党の政治的な共通認識だけでなく、社会主義国家初の革新的な観点が示された。

陳雲は、旧ソ連の計画経済モデルに「修正」「補完」を提唱した最初の指導者である。彼は最初の五カ年計画策定者の一人でもあり、国家計画に市場メカニズムを取り入れることも提案した[10]。一九五六年九月、当時経済活動を主管する党中央副主席兼国務院副総理の陳雲は「計画経済が主体、市場経済は補完」と主張した。彼は「計画生産は工業と農業を主体とし、市場の変化に応じて、国家計画の範囲内における自由な生産を計画生産の補完とする」と述べた。また「資本主義国家は小さな計画で大きな自由だが、中国は大きな計画で小さな自由とする。個体経済は集団所有制の補完とする」[11]とも述べた。陳雲は中国の計画経済体制と最初の五カ年計画の策定者だったが、**書物（マルクス・レーニンの古典的著作）や海外（旧ソ連）のモデルを妄信せず、事実にのみ基づくべきだと考えた。**中国の国情と発展状況に基づけば、**計画経済だけではなく市場経済も必要だと考え、中国独自の「大きな計画、小さな自由」という革新的なモデルを提唱した。これは旧ソ連の計画経済モデルに対する重要な突破口となった。この主張は党第八全大会で採決されたが**[12]**、残念ながら二十年余りたっても党中央の主流にはならず、中国の改革と計画経済からの脱却は少なくとも二十年遅れた。**しかし、この主張は党の指導者の記憶には残っており、改革開放後にようやく陳雲の経済思想が党中央の主流となった。一九八一年、国務院総理の趙紫陽は、この陳雲の観点は当面の経済改革に現実的な意義があると考えた[13]。

特筆すべきことは、一九五八年に毛沢東がすでに「社会主義における商品生産に関する問題」について次のように述べていたことである。「今、商品生産の勢いを大きく阻む者がいる。共産主義に思いを寄せ、商品生産を資本主義だと忌み嫌うが、社会主義の商品生産と資本主義の商品生産の区別ができておらず、社会主義で商品生産を利用する重要性も分かっていない。これは、客観的な法則を認めず、五億人の農民問題を知らないからだ。社会主義で商品生産を利用し、数億の農民を団結させるべきだ」「今、商業は不要だという傾向があり、少なくとも数十万人がそのように考えている。これは間違っており、客観的な法則に背く考え方だ」「商品生産を資本主義と一律に論じてはいけない。なぜ商品生産を恐れるのか。資本主義を恐れているからではないか。現在、国家が人民公社とビジネスをやり、資本主義をとっくに排除しているのに、なぜ商品生産を恐れるのか。恐れる必要はない。商品生産は大いに発展させるべきだ」「商品生産がどのような経済制度と結びつくのかが重要だ。資本主義制度と結びつくのは資本主義の商品生産であり、社会主義制度と結びつくのは社会主義の商品生産である」[14]。**つまり、毛沢東のこの観点は、商品経済の何たるかをとっくに明確にしていた。すなわち商品経済は客観的な経済法則であり、資本主義でも社会主義でも採用できると毛沢東は述べた。これが元となり、十二期三中全会で「社会主義商品経済の発展」が提起された。**

計画経済の下で、中国の経済学者は中央の計画経済体制に対する論理的思考と批判が不十分だった。多くは計画経済体制と党の経済政策について説明するのみで、大胆な探求や革新的な理論に欠けていた。ただ、孫冶方と顧準は極めて稀な「反逆者」だった。一九五六年、孫冶方は、社会主義計画経済は原価計算と価値法則に則るべきだと譲らなかった[15]。顧準は、一九五七年、社会主義経済における市場について探求しており、計画が市場の役割を担うことは不可能で、計画は個別の計画の寄せ集めではなく予測だと主張した[16]。これはその後、中国の経済体制改革理論の基礎となった[17]。二人は中国における経済思想の探求に重要な貢献をしたが、その主張ゆえに政治的な迫害を受けた[18]。一九七〇年二月二四日、『人民日報』は次のような文章を発表した。すなわち、孫冶方を経済学界における劉少奇の代表と見なし、劉少奇の「経済法則による経済管理」を資本主義を復活させる反革命的な経済綱領とした。また、孫冶方の経済理論である「利益が指導者」「生産第一」「物質刺激（生産向上のための金銭や消費材による刺激）」「専門家による工場管理」「企業の自己管理」を「じわりじわりと人を死に至らせる五つの卑怯な手段」と呼んだ[19]。

一九七五年頃、プロレタリア独裁理論を学べという毛沢東の指示で、張春橋と姚文元がブルジョア階級に対する全面的な独裁について文章を書いた[20]。これは毛沢東が自分の死後、「人工衛星が天に昇り、しかし共産主義の紅旗は地に落つ」、すなわち資本主義が全面的に復活することを常に心配していたからだ[21]。鄧小平はやむなく国務院政治研究室を設置し「四人組」と激しい理論の応酬を行った。双方は中国社会の特徴、商品、労働、価値法則、労働に応じた分配、ブルジョア階級の法律上の権利等の問題について激しい論争と政治闘争を展開した。それは、中国の経済体制改革が後に直面する基本的な理論問題にも及んでいた[22]。

一九七七年に「四人組」が批判されると、中央と理論界は経済理論と政治理論を整理し、次第に毛沢東のプロレタリア独裁下の継続革命理論を否定するようになった。しかし、中国社会の基本的な性質や中国の今後の発展方向についての基本理論はまだ明確ではなかった。実際、改革初期においては、中国の経済体制改革の理念及び改革目標は明確に統一されておらず、固定的でもなかった。非常にあいまいで、対立も多く絶えず変化した。「四人組」が打倒された当初は、伝統的な社会主義のイデオロギーが改革理論の探求の大きな制約となっていたが、時間とともにこの制約も徐々に縮小した。同時に、理論界と政策決定者は、理論と実践の探求の中で知識が絶えず蓄積され、知識源も多様化し、閉鎖的な学習と論争から開放的な学習、論争、交流、革新に向かった。

当時、中国の経済体制改革の理論と目標は、指導者と政府に関わるごく少数の学者のみで議論されており、多くの論争も内部に限られていた。

一九七八年七月七日、華国鋒は大慶と大寨に学ぶ財政貿易全国会議で社会主義の生産を発展させるためには社会主義計画経済の下で正しく価値法則を利用することが非常に重要だと述べた。そして、国民経済の定量化強化、経済効果の追求、企業利益の増加、財政監督の教育の奨励を要求した[23]。これは、価値法則及び「利潤第一」が毛沢東時代に批判されたことに対する否定であり、計画経済体制の下で自己改善を目指す構想を提供した。

九月九日の国務院理論座談会で、李先念が初めて経済体制改革をテーマとした。そして、生産力発展に不適格な生産関係や経済的基礎の要求に不適格な上部構造をすべて改革する必要があると指摘した。つまり、従来の行政機関、行政区画、行政サービス、行政管理から脱却し、経済計算、経済効果、経済効率、経済責任を軽視する古い考え方を捨て去る必要があるということである。また李先念は過去を総括して次のように述べた。**中国では今まで何度も経済体制改革を行ってきたが、行政の権限委譲に着目することが多く、規制しては緩和、緩和しては規制するという同じパターンを繰り返しただけだった。そのため、改革によって経済発展の最大利益を生み出すことはできなかった。**[24] 後に、経済学者はこれを「緩和すれば乱れ、乱れれば規制し、規制すれば活気がなくなる」とまとめた。李先念は、今が改革の時で、中央、地方、企業の積極性に配慮し、大企業と大公司の経済利益と発展を考慮する必要があり、経済を近代的な方法で管理するよう努力し、急速に発展する工業と農業の需要に適応できる管理水準にすることが必要だと指摘した。さらに、中央と地方の関係についても、中央の強固かつ統一的な指導及び計画を基本として「大きな権限は中央が持ち、小さな権限は分散させる」という「計画は統一、管理は地方と部門」という原則に則って、地方と部門の積極性を発揮させる必要があるとした。また、計画経済と市場経済の融合についても言及したが、論述の展開はなかった[25]。九月三〇日、党中央は李先念の演説を配布した[26]。姚依林は会議でレーニンの「オオカミは群れの中で吠え方を学ぶ」という話を引用し、資本主義と関わらざるを得ず、資本主義を理解する必要があると述べた[27]。**この会議は中国の経済体制改革の糸口となり、李先念による演説は中国経済改革のメルクマールとなる歴史的文献であり、重要な役割を果たした。**

一九七八年、国務院工作部門は一〇〇部門余りに達した。

そのうち経済を直接管理した部門が国家計画委員会、国家経済委員会、国家基本建設委員会、国家科学技術委員会であり、工業関連は十九部門、農業関連は四部門あった。貿易部門は、国内取引と対外貿易の二部門であり、さらに国家物資総局もあった。

一〇月六日、胡喬木は『人民日報』で『経済法則に則った四つの近代化の早期実現』という文章を発表した。[28]マクロ経済の原則尊重及び指導者の鶴の一声に対する反対は、新中国設立後三〇年で形成された新たな政治的共通認識である。以前の「政治第一」「革命に力を入れ、生産を促す」や「毛主席の指示」による経済建設では、経済法則に則って事を進めることはできない。胡喬木は、まず計画とバランスの法則を第一とし、次に価値法則を守り、その上で国家、企業、個人の統一的な利益を保証すべきだと指摘した。また、契約制度の拡大、専門会社の発展、銀行の役割強化、経済関連の立法及び司法の充実を主張し、中央、地方、企業、個人の積極性を発揮させる必要があるとした。さらに、経済管理と企業管理は科学であり、近代化に適応する管理制度と管理方法を徐々に確立する必要があるとした。[29]しかし、孫冶方は価値法則を第二としたことに賛成しなかった。「何千何万もの法則のうち価値法則が第一」という考えだったからである。[30]劉国光も、いわゆる経済法則によって経済を管理することとは価値法則に則って経済を管理することだと考えた。[31]

一九七九年三月二一日、李先念は陳雲と語り、二人の意見が一致した。「計画経済を前提として市場経済を補完とする。すなわち、計画経済に市場経済を結合させるが、計画経済を主体とする。**市場経済は補完であるが大きな補完とする。**いかなるモノについても国内競争が必要だ」。[32]これは、陳雲と李先念が市場経済を「小さな補完」ではなく「大きな補完」と位置付けていたということである。

三月八日、陳雲は計画経済の弊害を批判して次のように述べた。「この六十年間でソ連だけでなく中国の計画経済制度にも大きな欠陥が出てきた。それは『計画とバランス』だけで、社会主義制度にも必要な市場調整を排除していることだ」。そして、すべての社会主義段階の経済には計画経済と市場調整の両方が必要だとして、今後の経済体制改革は、計画経済と市場経済を一方が増加すればもう一方が減少する関係ではなく、双方を適切に増加させると述べた。[33]これは後に「計画経済を主体とした市場調整による補完」とまとめられた。陳雲は一九五〇年代初期、計画経済体制の設計に参加したが、教条主義者ではなく実践に基づいて体制の弊害を反省することが、旧ソ連の計画経済体制を研究するための突破口になると考えた。後に江沢民は、陳雲が十一期三中全会後、真っ先にこれまでの計画経済の弊害を批判したことを評価して、次のように述べた。「全党の思想解放と実事求是を推進し、計画経済体制改革を集中的にやり遂げ、広範かつ重要な影響を生みだした」[34]。**これは、中国の経済体制改革が「外部の改革」「全面的な否定」「全面的な改革」ではなく「内部の改革」「部分的な否定」「部分的な改革」だったということだ。これは非常に実務的な方法である。**

四月五日、李先念は中央工作会議で経済管理体制改革の問題について述べ、**現行の経済管理体制には多くの弊害があるため（コラム6－1）徐々に改革を進めるほかないとした。**そして、初めて経済管理体制改革に関する原則と方向性を示した。一つ目は、国民経済全体では計画経済を主体とするが、市場調整による補完作用も重視する。二つ目は、企業の自主権を拡大して企業の経営の良し悪しと従業員の物質的な利益を関連させる。三つ目は、統一的な指導と部門別管理を原則として、中央と地方の管理権限を明確にする。四つ目は、組織を簡素化し、経済的法則をより良く運用する経済管理を行う。これらは、計画、物資、財政金融、給与、価格、税収、インフラ整備等の管理体制及び管理制度に対して必要な改革である。李先念はさらに、国内の経験を総括し、海外の優れた経験を吸収するため、調査研究を行う複数のチームを国務院が設置する予定だと述べた[35]。七月、国務院財政経済委員会は張勁夫を責任者とする経済体制改革研究チームを設置した。

コラム6－1　李先念―中国の経済体制の弊害（一九七九年四月）

国家と企業の関係から見ると、国家による統一が過多で管理が厳格すぎるため、計画、生産、物資、労働、財務等における企業の権限が過少となっており、企業が持つべき経営権も制限されている。同様に、企業の利益が従業員の物質的な利益に反映されないため、企業は現状に満足し競争心に欠けている。また、企業の生産、流通、販売に関連性がなく生産と需要のバランスが悪いため、国民経済や国民生活、国内外の市場の変化に適応できていない。中央と地方の関係から見ると、分散すべき権限が分散せず、集中させるべき権限が集中しておらず、寛大であるべきものが寛大でなく、厳格であるべきものが厳格でない。また、中央と地方、部門間における職責と権限も不明瞭である。行政においては機関が肥大化して重複するものもあり、作業効率はきわめて低い。経済管理体制においては、中央に過度に集中し計画が厳格すぎる。財政が統一的で、物資の買付販売及び輸出入も統一的という「すべて一律」が主流となっており、経済効果が軽視されている。

資料出典：李先念『中央工作会議における講話』一九七九年四月五日、三七一～三七二頁、『李先念選集（一九三五－一九八八）』、北京、国民出版社、一九八九。

鄧力群は『財政貿易戦線』第十一期で、現段階の社会主義経済は商品経済だと主張している。実際これは、毛沢東の社会主義商品生産について詳述している。彼は毛沢東主導の学習小組に参加して、『政治経済学教科書』に関する毛沢東の講話を記録、編集した。薛暮橋、杜潤生、于光遠、馬洪、廖季立らも「社会主義商品経済」を主張した[36]。

経済体制改革をどのように進めるかについては中央内部でも常に意見が分かれたが、これは正常なことである。陳雲は意見の不一致を否定せず、議論によって合意を形成するべきだと主張した。一〇月三日、陳雲は党中央が開催した各省、市、自治区党委員会第一書記座談会で次のように述べた。「**経済活動について意見の大きな相違が存在するのを認める必要がある。財政・経済の業務に就く者や、中央内部、中央と地方の間にも相違はある。これは財政や貿易の業務に就く者は工業をよく知らず、工業に従事する者は財政と貿易を理解していないからだ。また、中央は地方に対する理解が不十分で、地方も中央の困難を理解しているとは限らない。我々は共産党員なのだから、意見の不一致は議論で解決できるはずだ**[37]」。

つまり、これらの相違は改革派か保守派かの問題ではなく、情報、実践、経験の非対称性によるものである。そのため、交流、コミュニケーション、論争によって、この非対称性を縮小させ重要な理論と実践の共通認識を形成するしかない。これが中国の経済体制改革における重要な方法論だった。

当時、理論界と政策決定者が展開した論争は、市場経済は資本主義経済なのか、また社会主義で市場経済が可能なのかどうかだった。一一月二六日、鄧小平は中国で初めて「社会主義で市場経済が可能だ」と主張し、市場経済は資本主義だけのもの、また資本主義の市場経済しかないというのは間違いだとした。**社会主義も市場経済が可能だと述べ、計画経済を主体として市場経済を結びつけ社会主義市場経済とする**ことで、社会主義は生産力を向上させることができると述べた[38]。鄧小平は、市場経済を発展させて生産力を高め、貧しく後れた状況から脱却するため、社会主義は市場経済を排除するのではなく取り入れることができると考えた。当時の認識から見れば、この概念は計画経済を主体として市場経済と結合させることだった。これは重要な理論の突破だったが、ブリタニカ百科事典の出版社編集委員会副主席のギブニーら、海外の学者に対して述べたものであり、党内ではこの問題を議論しなかった。一九九二年初め、鄧小平は「南巡講話」でも「計画経済が社会主義なのではなく、資本主義にも計画がある。市場経済が資本主義なのではなく、社会主義にも市場がある。計画も市場も経済的手段だ」と述べた[39]。つまり、計画も市場も発展するための手段であって発展の目的ではないのだから、発展に有利な手段を採用すればよいということである。後に、中国における経済体制改革の実践によって、経済体は人体と同様、どのような手であろうと「二つの手」の方が「一つの手」より良いということが示された。**中国の経済体制改革は旧ソ連や東欧諸国が採用した「一つの手（計画）」から「もう一つの手（市場）」への転換とは最初から異なっていた。すなわち「二つの手」という混合型の社会主義市場経済に転換し、「二つの手」の優位性を十分に利用して「強力な二つの手」とした。**

一九八〇年初め、李先念は国務院財政経済会議を主宰し、国務院経済体制改革室が起草した『経済体制改革に関する初歩的な意見』について討議、採択した[40]。これは中国で初めて出された経済体制改革に関する五大原則だった。一つ目は、単一的な計画調整を市場調整と結合させ、計画調整を主体として市場調整の効果を発揮させることに意を配る。二つ目は、行政が経済を単純に管理するのではなく、経済ルールと行政を結合させ、経済ルールを主体として必要に応じて行政が介入する。三つ目は、企業を行政の付属ではなく独立した生産者として、国家の統一的な指導の下で大企業の経営管理自主権を拡大する。四つ目は、中央と地方の関係を正し、社会の大規模生産の発展に資するために、中央と地方の権限を区別して中央の統一的な指導の下で地方の積極性を十分に発揮させる。五つ目は、政治的な思想教育と物資の利益との関係を正し、物資の利益を重視すると同時に政治的な思想教育も強化し、全体の利益に配慮して共産主義の風格を発揚する[41]。さらに「中国の現段階における社会主義経済は、生産財の公有制が優勢であり、かつ多様な経済構成要素が共存する商品経済であるため、これに適応する経済体制を作り上げる必要がある」と提起している。これは中国で初めて、多様な経済要素が共存する社会主義商品経済体制を経済体制改革の目標としたもので、当時中国の「経済改革の憲法」と呼ばれた[42]。

しかし、当時この提案は最高位の政策決定層には受け入れられなかった。その主な原因は国民経済を大きく調整する過程にあり、一方では権限の移譲と分散による経済の活性化を、もう一方では権限の再集中による安定的なマクロ経済を目指していたためである。陳雲は次のように述べた。「これは集中して行う方法である。中国のような国家は集中して進めなければ、大混乱が起き改革にも不利である[43]」。機関、団体、部隊、企業、公的機関はすべて、前年度に節約して余った物資の流用を許されず、やむを得ず使う場合は許可を得る必要がある。そうでなければ、地方による節度のない投資、支出を抑制できず、中央の財政もバランスが崩れてしまう。安定した改革を進め調整しながら統一するという陳雲の意見に鄧小平は何度も賛成していた[44]。

一二月の中央工作会議後、陳雲は経済体制改革について、中央財政経済指導小組に、どのように「計画調整と市場調整を結合させ、市場を活性化させるか」「半年間」考えることを要求した[45]。しかし、同月、当時国務院を主宰していた趙紫陽は中央工作会議で次のような警告を出した。「国民経済全体を見ると、財政赤字も含め大きなリスクをはらんでいる。銀行からの借金と当座貸越や銀行による貨幣の増発によって、貨幣流通量は経済危機の臨界点に達する寸前だ。そのため、三中全会以降、農民と労働者は経済的な利益を得る機会を失い、大きな不満を持ちかねない。これは経済的な問題だけでなく、政治的な安定も難しくしている」[46]。これに対して鄧小平は同会議で「経済工作がうまくいくか、宣伝活動がうまくできるか、経済と政治を安定させながら発展ができるか、これらは非常に深く関わっている」という陳雲の主張に賛成した[47]。こうして、経済調整は一時的な中央集権をもたらし、あくまで計画経済を主とするという主張が主流となった。

　一九八一年一一月から一九八二年一月、陳雲は「計画経済を主体とした市場調整による補完」について何度も述べた[48]。一九八一年六月に採択された『建国以来の党の若干の歴史問題に関する決議』の起草も陳雲の意見をもとに次のように書かれた。「公有制を基礎として計画経済を実行すると同時に、市場調整の補完的作用を発揮させなければならない」「**社会主義の生産関係の発展には固定的なモデルが存在しない。中国の生産力の発展要求に根を下ろし、生産力の発展に適応しかつ前進し続ける具体的な生産関係を段階ごとに創造するのが任務である**」[49]。これは陳雲の先見の明と政治的な知恵であり、経済体制改革の設計当初から関わっていた陳雲は非常に実践的だった。中国経済の体質は硬直的ではなく、すぐれた適応性と弾力性を持っており、改革の各段階で具体的な体制の形式を革新していった。実際、中国の経済体制改革は常に模索、修正、適応を重ね徐々に変化する過程であった。つまり、社会主義経済から社会主義商品経済へ、そして社会主義市場経済へと変化したのである。一二月、陳雲は省、市、自治区党委員第一書記座談会の講話で次のように述べた。「一、農業経済は中国経済の重要な要素であるため、計画経済を主体として市場調整を補完とする。二、十億人の国民の食糧が必要だが、粗末すぎても贅沢すぎてもいけない。まず食糧、次に建設である。三、試験的な経済特別区は既存のもののみとし、これ以上増加させない。四、国家の建設は一局の囲碁のようであらねばならない。計画に基づいて実行していく必要がある」[50]。一九八二年一月二十五日、陳雲は国家計画委員会責任者と話し、計画経済の強化の課題に関して次のように述べた[51]。「中国は計画経済であり、工業は計画経済を主体としなければならない。農業は生産責任制の実施後も計画経済を主体としなければならない。国家の計画には重要度と優先順位が必要だ。まず十分な食糧であり、粗末すぎても贅沢すぎてもいけない。そして次が建設である。国家が食べ尽くし使い果たすようでは望みはない。十分な食料があり、国家建設の余力があるなら望みがある」[52]。後に、陳雲は計画経済と市場調整の関係を鳥かごと鳥の関係に例えた[53]。

陳雲は「大きな合理性」を実現するため、国家計画委員会のような経済総合部門が全体的な計画と戦略を立てるべきだと提案した。「計画委員会は全国の大きな計画を管理し、経済委員会は各部門の協調を管理する。一部は企業の請負を可能とし、請負先については具体的かつ適切に定める。また、上層機関に重要な問題を専門に考える者が必要だ。以前も言ったように『おわん帽をかぶり、水ギセルを持った』昔ながらの商人の中には『戦略』ばかり考えている者がいた。今の経済機関は戦略についてあまり考えないが、昔の商人のような戦略家が必要である。国家計画委員会は、重要度と優先順位を考慮して管理する必要がある。何が重要で何を優先すべきかを、計画委員会は考えなければならない[54]」。これは、国家計画委員会を国家のマクロ経済を総合的に管理する部門として位置づけたということである。

当時、党中央も国務院も陳雲の主張に賛成した。一九八二年二月二〇日、国務院は天津で全国工業交通工作会議を開き、次のように指摘した。「陳雲は経済活動に関して重要な指示をした。つまり、中国は計画経済を主体として市場調整を補完とすること、また国家建設は国家を大局的に把握しなければならない。『まず食糧、次に建設』を根本的な方針とする[55]」。四月三日、鄧小平は北京で胡喬木と鄧力群に次のように述べた。「陳雲が言うように、最も重要なのは公有制に基づいた計画経済であり市場調整を補完とすることである。全国は一局の囲碁である。主な経済活動はすべて国家計画に組み入れることだ[56]」。こうして、鄧小平と陳雲の間に政治的な共通認識が形成された。

九月、党十二全大会で一九八一年から二〇〇〇年までの二十年間における経済戦略の目標、重点、手順を確定した。陳雲の「まず食糧、次に建設、及び計画経済を主体とした市場調整による補完」等の主張が大会報告に明記され、経済建設指導の重要原則及び経済体制改革の初期目標とされた[57]。

胡喬木は党十二全大会の方針に基づき、経済学者の孫冶方が主張する価値法則を利用した市場調整について「計画経済と社会主義公有制を後退させ、社会主義と資本主義の本質的な違いをあいまいにする」と書簡で批判した。一九八二年九月の『人民日報』では、命令的計画を縮小し指導的計画を拡大するという主張は、計画経済の否定であるという論説委員の批判が発表された。

経済体制改革の実践が深化するにつれ、実務主義の指導者は党十二全大会の方針にとらわれず、自らの殻を打ち破った。二年経たずして、中央政治局が十二期三中全会の内容について議論した際、鄧小平は次のように述べた。「最も理想的なのは、改革に関する文書を作成することである。十一期三中全会は政治的にも経済的にも良い役割を果たした。今回の三中全会で改革文書を出せれば、党にとって大きな励みになる」。これに基づき、中央は胡耀邦、趙紫陽、胡啓立、胡喬木、姚依林、田紀雲による文書起草指導小組を組織した。一九八四年五月から起草の準備として何人かの同志を組織し、関連する部門及び省、市の指導者を訪れて座談会を開いた。

一九八四年、経済体制改革の構想は大きく進展した。九月、国務院総理の趙紫陽は多方面の意見を聴取し、中央政治局常務委員の胡耀邦、鄧小平、李先念、陳雲に中国の経済体制について書簡で概括し、次の四つを示した。一、中国は市場経済ではなく計画経済を実施する。二、個体経済（個人経営経済）は国民経済の補完とする。三、計画経済は命令的計画を主体としない。今後は時間をかけて、徐々に命令的計画を縮小し指導的計画を拡大する。四、指導的計画は主に経済手段を用いて調整し、命令的計画も経済法則、特に価値法則を考慮する。社会主義経済は公有制に基づく計画的商品経済である。計画は価値法則に則って実現し、価値法則を計画業務に利用する。「まず計画、次に価値法則」という表現は不適切なので、今後は用いるべきではない[58]。

この一つ目の観点は、中国が計画経済を実行することをまず肯定したものだった。少なくとも党第十二全大会報告と一致しており、計画経済を主体、市場経済を補完とする基本原則に表向き反していない。これは、論争を減らし党内で多くの賛同と支持を得るための作戦とも言える。その後、この方法は改革目標を修正し新たな目標設定をするための常套手段となった。残りの三つは「修正主義」である。この表現は良くないが、改革は一歩一歩確実に「修正」されていくことから生まれた言葉である。それはまさしく「川底の石を探りながら川を渡る」方法のことである。

二つ目の観点は、国民経済の基礎であり国民経済を主導するのは公有制経済であることを前提として、非公有制経済の存在と発展を認め、国民経済の補完としての役割を肯定したもので、当時の所有制経済の構造にも適合していた。これは所有制度と経済構造の二重制だったが、実質的には既存の公有制経済の構成要素以外に新たな非公有制経済の構成要素が取り入れられ、単一の公有制経済という構造から多様な経済構成要素が徐々に共存するようになった。一九九〇年代末に非公有制経済の割合が公有制経済を上回ると、いわゆる「補完的役割」から「重要な構成部分」に修正された。改革における実践と理論は互いに補完し合いながら、実践－理論化－再実践－再理論化を繰り返した。

三つ目の観点は、計画経済の意味と内容に新たな「修正」を加え境界を定めたものである。実際には「国有企業を集約し、国有中小企業は規制緩和する」という改革初期の構想を反映していた。すなわち『党中央による経済体制改革に関する決定』の「国民経済計画は全体的に大まかで弾力性を持たせるほかなく、バランスのとれた計画と経済手段の調整によるほかない。つまり、大はきちんと管理し、中小は緩和して活発化する」ということである。具体的には、命令的計画の縮小と指導的計画の拡大を徐々に進め、国の計画に関連する民生工業製品と農産物については命令的計画を採用し、他の多くの工業製品と農産物は指導的計画を採用する。これは大量の製品を市場価格と市場調整に委ねるものだった。当時は、命令的計画、指導的計画、市場調整の三つの形式が共存していた。主導的地位を占めていた命令的計画が徐々に縮小し、主導的地位ではなかった指導的計画、市場調整が徐々に拡大した。中国は二重制を用い、計画経済体制から市場経済体制まで一足飛びに移行したのではなく、その中間点として指導的計画を取り入れた。これが、中国の指導者の極めて実務的な制度改変の方法であった。

　四つ目の観点は新しい考え方である。すなわち、党内で主流であった「まず計画、次に価値法則」に代わり、孫冶方が長年主張してきた「価値法則が一番」という考えを肯定した。しかし、ここで中断することなく、大きく前進する一歩だった。「計画的」商品経済の重点と基礎は「計画的」にあるのではなく「商品経済」にあり、本質的には市場経済だった。この商品経済とは言葉として市場経済に置き換えたに過ぎないが、これによって党内上層部における政治的な共通認識の形成を容易にすることができた。

　趙紫陽はこの四つについて、中国の経済体制が資本主義の市場経済と区別することができ、従来の計画経済とも同じではないと考えた。また、中国式の計画経済は、意識的に価値法則を運用する計画経済であるべきと考えた。**これは当時、党内の最高層における政治的な共通認識はまだ「市場経済」ではなく「計画経済」だったが、指導者らは第三の道、つまり「社会主義商品経済」を模索していたことを示している。そしてこれが「社会主義市場経済」への通過点となった。**

　趙紫陽のこの書簡は、国家がどこまで経済に関与するかについて改めて提起されたもので、当面の改革は主に政治と企業の分離である。各級政府が主管する経済部門は、企業の正常な経済活動に対する関与を徐々に減らし、経済的手段によるマクロコントロールを修得する必要があるとした。この考えについて四人の中央政治局常務委員は同意し、鄧小平もこの書簡を評価して全党員に伝えるよう提案した。この書簡にある「公有制を基礎とした計画的商品経済」は、十月の十二期三中全会で採択された『党中央による経済体制改革に関する決定』（以下略称『決定』）に盛り込まれ、その後、中国の経済体制改革の目標モデルとなった。これについては、経済学者の馬洪が重要な役目を果たした。なぜなら、事前に「社会主義経済は計画的商品経済である」という表現を、全体会議の『決定』に盛り込むよう趙紫陽に書簡で提案したからだ。

　『決定』は社会生産力の発展要求を満たさない硬直した経済体制モデルが形成されていることを認めた。その弊害は、行政と企業の職責の混同、タテ割、企業に対する国家の過干渉、商品生産、価値法則、市場の効果の軽視、均等分配の重視である。これは、企業が持つべき経営自主権を奪うこととなった。すなわち、企業は国家から「一律の待遇」を受け、従業員は企業から「一律の待遇」を受けるため、企業と従業員の積極性、主体性、創造性が抑圧され、本来なら活気ある社会主義経済の活力が著しく失われていた。

『決定』は中国の基本的な国情を次のように分析した。「広大な国土、巨大な人口、不便な交通、乏しい情報、経済と文化のアンバランスな発展という状況を短期間で改善するのは難しく、まだ商品経済も発達していない。この国情から始め、商品生産と商品交換を強力に発展させなければならない。商品経済の十分な発展は社会経済の発展に不可欠であり、中国経済近代化のための必要条件である」。そして、さらに次のように指摘した。「計画経済を実行しながら価値法則を運用し商品経済を発展させることは、互いを排斥させるのではなく一体化させるのであって、対立させるのは間違いである。商品経済と価値法則は、社会主義経済でも資本主義経済でも同じである。異なるのは所有制度と商品関係の範囲である。例えば、労働力は商品ではなく、土地、鉱山、銀行、鉄道等の国有企業と資源も商品ではない」。

『決定』ではさらに「多様な経済形式と経営方法をともに発展させていくことが長期的な方針である」とし、集団経済は「社会主義経済の重要な構成要素」であり、個体経済は「社会主義経済にとって必要かつ有益な補完」であることを肯定した。それは、人民公社の優れた点とされた「一大二公（一に規模、二に公有制）」という旧来の観念を打破し、単一公有制を突き破った。そして、「都市と郷、鎮における集団経済と個体経済の発展における障害を取り除いて有利な条件を作り出し、それを法律で保護をする」ことを要求した。しかし、私営企業を許可する記述はなかった。これも、この時期の経済体制改革の内容は意味が明確でなく限定的だったことを反映している。

『決定』は「先富論」の原則と構想を初めて提唱、承認した。これは、一部の地区、企業、人々が努力して先に豊かになることを許し奨励することで、より多くの人々も後を追って次々と豊かになれるようにすることであり、「平等主義」について歴史から学んだものだった。すなわち、平等主義というものは労働に応じた分配原則を実行する上で大きな障害であり、蔓延すれば社会の生産力の破壊は避けられない。一部の人々が先に豊かになるということは社会全体が共同富裕の道を歩む過程で、先か後か、早いか遅いかの違いであり、少数の者が搾取する側に立ち、大半の者が貧困に陥るという両極分化ではない。一部の人々がまず豊かになるよう促すという政策は、社会主義発展の法則に適合しており、社会全体が豊かになるために必要な過程である。この意味では、改革開放当初の「先富論」の実施は「貧困の罠」に陥らないため、ひいては「平等主義」から脱却するために重要な構想であり手段である。しかし、これは社会全体でさまざまな人々の所得増加を促すが、人々の所得格差の拡大も引き起こしかねない。

『決定』は、十一期三中全会で初めて対外開放を長期的な基本国策とし、社会主義の近代化を加速させるための戦略とした[59]。すなわち、「国内と国外の二つの資源を十分に活用し、国内と国外の二つの市場を開拓し、国内建設と対外経済関係の発展を結びつけなければならない」と提案された。一九八四年、国は上海、天津、大連、広州等十四の港湾都市の開放を決定した。一九八八年には、沿海の開放地区の範囲は百四十の都市と県に拡大され、また、海南省が設立され海南経済特区となった。

『決定』は、中国の指導者にとって経済体制改革の理念、理論、目標のあり方に関する重要な突破を示していた。鄧小平は、**この決定はマルクス主義の基本原理と中国の社会主義の実践が互いに結合した政治経済学だ**[60]と評価したが、それは五年後の一九九〇年に話されたのであり、この時にようやく正しいと証明されたのだ[61]。陳雲はこれに対して、この決定はとても重要ですばらしい文書であると述べ[62]、十二期三中全会で書面により次のように触れている。「今の中国の経済規模は一九五〇年代よりはるかに大きく複雑である。一九五〇年代の手法は現在に合わないものも多く、それを模倣してはならない[63]」。中国の経済体制改革は指導者の交代によるものではなく、指導者が「事実に基づいて真実を求め、思想を解放する」ことによって考え方を大きく変化させたのである。この結果、改革初期における計画経済の堅持と改善という改革目標にも変化が起き、それと同時に市場メカニズムが取り入れられ、「国家が市場を調整し、市場が企業を導く」新しい枠組みが形成された。それが一九九二年党の十四全大会で提起された社会主義市場経済体制を構築する改革目標が指し示した過渡期モデルである。『決定』は計画的商品経済という改革目標に従って、都市に重点を置く経済体制改革に対する政策と施策を講じた。これは、全面的かつ系統的な経済体制改革を進めるため、改革の重点が農村から都市へ移行したことを示している。

この時、経済体制改革に関する政策立案のためのさまざまなシンクタンクが設立された。その代表としては以下のものが挙げられる。一つ目は、最大の学術団体である中国社会科学院がさらに組織化、専門化されたもので、多学科にわたって中国の経済社会について研究された。経済学研究所だけでも七カ所あり、経済研究で最も有名な研究所には劉国光や董輔礽らの名立たる経済学者がいた。他の研究所でも、農業と農村、工業、財政と貿易、計量経済と技術経済、世界経済と政治、人口と経済等、多様な分野について研究していた。二つ目は、国務院が管轄する国務院経済技術社会発展研究センターで、政策研究とコンサルティングを行う中国最大の機関だった。これは後の国務院発展研究センターである。ここでは薛暮橋、馬洪、呉敬璉らが大きな役割を果たした。三つ目は、各部門や委員会による政策研究機関であり、そのうち一九八二年に国家科学技術委員会が設立した中国科学技術促進発展研究センターは、中国の科学技術改革と発展に関する重要な政策決定に直接参与した。また「体改所」と呼ばれる中国経済体制改革研究所は、国家経済体制改革委員会に属しており、一九八五年初めに設立され若い研究者を中心とする当時最も活発なシンクタンクだった。趙紫陽もこれを支持し、経済体制改革と経済発展に尽力し中央と国務院に貢献することを望んだ。これは組織の内外の青壮年の経済学思想家から組織され、短期及び中期の経済発展と改革における創造的かつ将来性のある戦略の研究や、改革のための政策決定に関する諮問への対応を目標としていた。ほかにも、国務院の発展研究センターに属し、陳錫文、林毅夫、周其仁らが担った農村発展研究所もあった。四つ目は、北京大学、中国人民大学、中央党校等大学関係の研究機関であり、厲以寧、呉樹青、王珏ら著名な学者が携わった。これらのシンクタンクはそれぞれ異なる位置づけと特色を持っており、改革理論の模索、改革発展の研究、社会問題の調整と研究について、重要な情報の提供や諮問への対応、提案を行った。これは、中央と国務院の政策決定に大いに役立ち、指導者に豊富な情報や知識を提供した。また、互いに協力しながら競い合い、時には激しい論争も行われ、指導者がさまざまな意見、考え方、政策について比較、選別、まとめを行うのに役立った。これらのシンクタンクはそれぞれ長所と特色があり、改革と発展に関する共通の知識を提供した。

改革初期においては、経済体制改革の目標、内容、構想、政策の研究と模索は、指導者も理論界も「自分で学び革新」するものだったが、一九八〇年代中期になると「外に目を向け、世界を見る」というように海外の経験からも学ぶようになった。国際組織や海外専門家に対して謙虚に教えを請い、その提案に耳を傾け、次第に開放的かつ柔軟性のある学習を始めた。

一九八〇年四月十五日、鄧小平は世界銀行頭取のロベルト・マクナマラと会見した際、「中国は貧しすぎる。これを変えなくてはならない。しかし、中国は世界とのつながりがない」と述べた。そして、中国の今後の構想を詳しく述べ、中国が世界に追いつくためには世界銀行の助けが必要だと述べた。マクナマラは、世界銀行の優れた人材を派遣し、その構想が実現できるよう援助することを承諾した。[64]

一九八三年、世界銀行は研究報告『中国――社会主義経済の発展』を発表した。これは、一九四九年から一九八〇年における中国の経済発展についての評価と、経済発展と部門発展における主な問題の分析を行った上で、中国の経済発展と経済改革について提案したものである。[65]後に、マクナマラは回想して次のように述べた。「私は二十五年前に鄧小平の目標を知った。それは二〇〇〇年までに中国のＧＤＰを四倍にし、国民の福利を拡大するという明確なものだった。彼は責任を持ってこの目標を達成することを高級官僚に要求し、国務院の高級官僚全員に世界銀行が行った中国経済の評価と報告を熟読させた。しばらくすると、すべての官僚が貧困削減のための社会福祉に関する指標を知るようになった。重点目標のうち軍事は最後とした。彼は改革を行うためのエンジンを提供したのだ。その結果、農業では八％という今までにない成長を遂げた」[66]。

一九八三年五月二十六日、鄧小平は世界銀行頭取のＡ・Ｗ・クラウゼンと会見した際、次のように述べた。「中国の人口は世界の四分の一を占める。中国は今世紀中に貧しく後れた状態から脱却し小康社会を作り上げる。これは、世界経済の安定と発展に大きく貢献するだろう。この目標達成のためには、さらなる努力が必要だ」[67]。そして、低収入という現在の段階から、二〇〇〇年までにどのように一人当たりの平均収入八〇〇ドルである小康社会を実現させることができるか、また改革と近代化の過程で起こりうる各種の複雑な問題についてともに検討した。中国は、世界銀行にこの先二十年間（二〇〇〇年まで）に起こり得る発展問題について研究すること、また参考になる海外の経験を中国に提供することを望んだ。

世界銀行は中国の希望に応じて中国経済の調査研究を再度行った。そして、一九八五年九月『中国――長期発展問題と方案』という二回目の報告を発表し、中国の経済改革に対して三つの提案を示した。一つ目は、市場調整をさらに利用することで革新を進め効率を高める。二つめは、計画をさらに強化して間接的な経済管理と直接的な経済管理を結合させる。三つ目は、社会の組織、機関と政策を改善し、市場調整と間接的な管理によって不均衡かつ不安定な状況になっても、社会的な公平さを維持し社会主義の基本原則を守る。また「中国が適切な政策（他の国家を見ると、農業、労働集約型工業、サービス業、小規模の経済活動に対する支援が重要である）を実施することと、旧体制の重要な特徴（土地の社会的所有、全国民に対する基礎教育と医療衛生サービスの提供、最低限の食事の保証）を残せるなら、典型的な発展途上国の不平等よりは好ましい情況を維持することができる」という意見だった。中国は低収入国家に適した経済負担の少ない実行可能な社会保障制度を制定する必要があった。**中国は体制の弱点克服の過程にあったため、資源の調達や貧困の援助にかかわる既存体制の有効な力の喪失防止は必須だった。世界銀行が中国の改革に対して提案したのは「漸進主義」的な改革だった。つまり「中国は順を追って漸進する必要があり、一段階ごとに試行と評価が必要だ」とした。**中国は他の国家と多方面で異なっており、外国人が完全に理解することはできないと考えられたため、これらの提案はすべて試験的なものだった。[68]

一九八五年九月上旬、世界銀行と中国社会科学院は、海外から多数の学者を招待し「マクロ経済管理国際討論会」（通称「巴山汽船会議」）を開いた。そして東西のマクロ経済管理の経験と教訓を研究討論し、中国のマクロ経済管理と改革に対して一連の提案を出した。会議は中国の経済改革を世界の一大事件と位置づけた。**中国の経済改革が成功すれば、世界の経済と社会の発展に大きな影響を与え、特に社会主義国家と発展途上国の近代化に対して貴重な経験となると考えたからだ。**さらに、ミクロ的な活力と効果的なマクロコントロールを組み合わせた新しい経済モデルに移行するべきでありかつまた正に今移行しつつあるが、ミクロレベルで自由競争を維持しながらマクロレベルでバランスのとれた社会的平等を達成するという点では、**西側諸国よりも有利である。中国は先進国の経験を模倣するのではなく、中国独自の新たな道を進むべきであるとした。確かに中国は、新たな体制――社会主義市場経済体制の新機軸を構築し、それは西側諸国より優れていることを後の事実が示している。これこそが、正に、中国の道の革新性と独自性である。**

会議の出席者は中国の経済改革に関する目標モデルについて集中的に議論した。ハンガリーの経済学者、コルナイ・ヤーノシュ教授は現在の経済体制を大きく二つのタイプに区分した。一つは行政による調整、もう一つは市場による調整である。行政による調整の特徴は、上級機関と下級機関は縦の関係で情報は垂直方向に流れ、主従関係があるため、政策決定が集中的に行われることである。市場による調整の特徴は、買い手と売り手の間に水平な情報の流れがあり、主従関係もなく政策決定も分散することである。この二つのタイプは比較的具体的な形態が二つずつある。行政による調整は直接管理する行政と間接的に管理する行政があり、市場による調整はマクロコントロールのない市場調整とマクロコントロールのある市場調整がある。中国にはマクロコントロールのある市場調整が必要だという彼の考えに、他の外国の学者らも基本的に賛成した。

ブルス教授は次のように考えた。一、経済改革には中間金融機関を設立することによって資本市場の形成を期すことが必要である。二、所有制の多様化が必要である。多様化とは、集団経済または個体経済だけでなく、国有経済における多様な形態も含む。例えば連合株式経済である。三、国家は以下の三つの領域において強力な管理が必要である。一つ目は投資プロセスである。国家が最も重要な唯一の投資者になるのではなく、将来的な生産能力の構造を管理するために積極的な役割を果たすべきである。二つ目は効果的な所得分配ができる所得政策を採ることである。その目的は、社会の所得構造図式を形成すること、実際の生産を生産可能なレベルに近づけ、合理的かつ十分な雇用を達成することである。三つ目は対外経済関係である。これは対外貿易を独占するのではなく、国家の仲介を通して海外の経済変動を国内経済に引き入れなければならない[69]。

この会議後、中国の理論界は市場化を経済体制改革の目標として検討し始め、当時の指導者にも重要な影響を与えた。国務院総理の趙紫陽は会議の代表と話し、中国の経済体制改革はまず商品市場を形成し、次に労働市場と資本市場を開放する必要があるとした。これにより、海外の専門家は趙紫陽の経済体制改革の構想を基本的に肯定した。

海外の学者と専門家は中国の改革に大きな希望を持ち、トービン教授も次のように語った。「中国はどの国家より間違いを犯す可能性もあるが、白紙状態でもあるため、美しい図画を描き上げることもできる。そのため、どの国よりも中国に確信を持つことができる[70]」

旧ソ連の崩壊後、ハンガリーの経済学者であるコルナイ・ヤーノシュは、計画経済を市場経済に移行させる戦略を二つに区分した。一つは有機的な発展を目指す戦略A（the Strategy of Organic Development）であり、もう一つは国有企業の私有化加速を目指す戦略B（the Strategy of Accelerated Privatization）である。戦略Aで最も重要なのは私有部門を下から上へ成長させる条件を作り出すことである。すなわち、販売を基本として多数の国有企業を民営化する、国有財産の無償割り当てはいかなる形式でも防止する、核心となる所有者を生み出せる企業の販売政策を優先する、企業の予算に対する制約を強め、金融規律を強化し、市場経済の効果的な運営を確保することである。戦略Bで最も重要なのは国有企業の私有化によって、できるだけ早く国家所有制をなくし、私有化にはワラント等の無償分配を採用することである。すなわち、所有権構造を適度に分散させる、私有企業を下から上まで発展させることと新たな私有部門の地位の引き上げは強調しない、国有企業の私有化によって予算の制約は自然に強化されるものとし、この方面の要求は出さないことである[71]。

その後、中国の経済改革戦略はコルナイ・ヤーノシュの戦略Aに近づいたが、戦略Bも取り入れ「大を捉え、小を解き放す」と呼ばれた。「大を捉え」とは、国有の大企業や中企業は私有化せず、企業制度の改革によって市場に適応した競争主体の企業に転換させ、国民経済の柱とすることである。「小を解き放す」とは、新設合併、吸収合併、賃貸制、経営請負制、株式制、売却等で小規模な国有企業を自由にして活性化させ、多数ある中小規模の国有企業を私有化させることである。こうして創出された雇用を新規就業者の受け入れ枠とする。これは東欧やロシアによる完全私有化とは異なっていた。

一九八五年十月二十三日、鄧小平は米国の一流企業家代表団と会見した。そして、市場経済と社会主義制度の矛盾について次のように答えた。「**社会主義と市場経済には根本的な矛盾は存在しない。**問題はどのようにして社会生産力を発展させるかである。今まで計画経済を長年実践してきた結果、ある意味で計画経済だけでは生産力の発展を束縛しかねないことが分かった。**計画経済に市場調整を結びつければ、生産力をさらに向上させ、経済発展を加速することができる。**[72]これは『計画経済を主体とした市場調整による補完』に対する重大な修正であり『社会主義商品経済』への第一歩である」。鄧小平は、中国を豊かにし繁栄させるにはこの方法しかないと考えた。

一九八六年四月、国務院は田紀雲副首相を長とする「経済体制改革指導小組」を設立した。その下に国務院の各部門の職員と経済学者から成る「政策班」を組織し、改革案の設計とその責任を持たせた。後者は八月に『一九八七年経済体制改革実施計画』を提出した。[73]十二月十九日、姚依林と田紀雲は鄧小平に経済情勢と経済体制改革の問題を報告した。鄧小平は次のように述べた。「改革にはあといくつの関門があるのか。三国志演義『過五関、斬六将』の関羽の故事のように、数々の困難を克服してきたが、結局、あと何歩いかなければならないのか。去年の一九八五年は大きな一歩を踏み出せた。今後は何を克服し、そのためにどれだけ時間がかかるのか」[74]。

一九八七年二月六日、鄧小平は趙紫陽、楊尚昆、万里、薄一波らと党第十三回全国代表大会（十三大）の準備と十三大報告起草のための討議で次のように述べた。「なぜ市場のことを言えば資本主義で、計画があればそれが社会主義なのか。**計画と市場の働きは手段に過ぎず、生産の向上に有利なら利用すればよい**」。「中国はソ連に学んで計画経済を実践してきた。また計画経済を主体とするというような話は聞きたくない」[75]。この談話に基づき、十三大では「社会主義における計画商品経済体制は、計画と市場が統一された体制であるべき」として「計画による調整と市場による調整を適切に運用するのが任務で、これは実現可能である」「市場による調整イコール資本主義ではない」「命令的計画を主体とした直接管理では社会主義商品経済の要求に適応できない」「国家と企業、企業と企業の間における等価交換の原則に則った経済的な契約締結等、多様な手段で命令的計画の範囲を縮小していくべき」とした[76]。

十月、十三大報告では、社会主義初級段階理論が明確に出され、経済体制改革の目標は新たな経済運営の構造を作り出すこととされた。それは「国家が市場を調整し、市場は企業を導く」という構造で、国家が金融や財政等の経済的手段によってマクロコントロールを行い、ミクロ的な企業の決定には干渉しないというものだ。さらに、所有権と経営権を分離して経営自主権を企業に与えるとした[77]。これは、計画と市場は経済を発展させ調整するための手段ということである。手段は目的を果たすためのもので、実現すべき目的が重要である。これは鄧小平の「猫の論理」が影響している。「猫の論理」は党内における伝統的なイデオロギーの制約を克服して思想を開放し、政治における新たな共通認識の基礎となった。

十三大報告では、経済体制改革の基本的な任務を提起し、とりわけ「社会主義市場経済システムの確立及び育成の加速」が初めて提出された（コラム6－2）。

コラム6－2　**十三大報告——経済体制改革の基本的な任務**（一九八七年）

企業経営のメカニズムの転換——この要を中心に据えて、計画、投資、物資、財政、金融、貿易等の体制内の構造改革を段階的に実行し、計画商品経済という新体制の基本的な骨組みを徐々に構築する。

一、所有権と経営権の分離の原則に基づいて国有制企業を活性化する。これは企業の国有制という性質は変えずに企業を活性化するもので、請負制、賃貸制等の多様な形式による経営責任制も含む。また多様な形式の株式制を引き続き試行し、小規模の国有制企業の財産権を集団あるいは個人に有償で譲渡してもよい。

二、横の関係にある経済連合の発展を促進する。複合企業や企業グループを積極的に発展させ、企業に合併する決定権を与える。

三、社会主義市場体制を確立し、その発展を加速する。これには消費財や生産財等の商品市場だけでなく、資金、労働力、技術、情報、不動産等の生産要素市場も含むべきである。

四、間接的な管理を主体としたマクロコントロール経済調整体系を徐々に健全化する。

五、公有制主体を前提として、多様な所有制経済を引き続き発展させる。現在、国有制以外の経済構成要素はあまり発展しておらず、その数は不足している。都市と農村の経済連携、個体経済、私営経済を引き続き奨励する。私営経済をある程度発展させることによって生産の促進、市場の活性化、雇用の拡大を促し、多方面にわたる国民生活の需要を満足させる。これは公有制経済に必要かつ有益な補完となる。海外企業との合弁、合作、外資企業も社会主義経済の補完として必要かつ有益であるため、海外投資家の合法的な利益を適切に保護し、投資環境をさらに改善すべきである。

六、労働に応じた分配を主体として多様かつ適切な分配政策を実行する。

資料出典：趙紫陽『中国の特色ある社会主義の道に沿って前進する――第十三次全国代表大会報告』一九八七年十月二十五日。

中国の経済体制改革の目標についてどのような方向に行くべきか、やはり多様な考え方があった。馬洪は、党の十三大会における小組会議で『市場経済への転換は経済社会の大変革である』をテーマとして次のように述べた。「計画経済体制から社会主義市場経済体制への転換は、表現の変化だけではなく社会主義の性質に対する認識の重要な変化である。それは、社会主義経済の組織、経済改革の目標、改革の設計の変化にも及ぶ」。そして計画経済から市場経済への転換について十項目の提言をした[78]。経済改革の目標は一九九二年の党十四大でようやく政治的な共通認識となった。中国の経済体制改革の理論と目標は「川底の石を探りながら川を渡る」ように、試行錯誤の繰り返しによって形成されたものであり、そこには理性と知恵が備わっている。

第二節　一九八〇年代の経済体制改革

この時期における改革の基本構想は「行政組織を簡素化し、経営管理権限を企業に委譲する（簡政放権）」「企業に自主権を与え、余剰利潤を自由裁量とする（放権譲利）」ことだった。一九七八年十二月、中央工作会議の閉会式に向けて準備された鄧小平の発言の大筋は次のようであった。「権限を委譲する必要がある。自主権と国家計画の矛盾は、主に価値法則と需給関係（製品の質）によって調整しなければならない[79]」。

当時、中国の経済体制改革について三つの構想があった。一つ目は、中央各省・委員会が集中的に管理して、地方と企業の権限を適切に拡大する。これは「縦割りの独裁」という古い考え方である。二つ目は、中央の統一的な指導の下、省レベルで管理を分散するというものである。これも「横断的に独裁する」という古い考え方である。三つ目は経済法則を取り入れ、経済組織によって経済を管理するという構想である。つまり、計画による調整と市場による調整を結びつけ、国家計画の指導の下に企業の経営自主権を拡大するというものである。一九七九年九月、国務院財政経済委員会体制改革小組は『経済管理体制改革の全体構想に関する初歩的な意見』で、三つ目の方法が好ましいと結論づけた。

当時、経済体制改革の主な目的は、計画経済体制におけるインセンティブの不足を解決することだった。これは政府と企業、計画と市場、中央と地方という三つの関係に及ぶものだった。

一、企業改革

一九七八年九月九日、李先念は国務院思想理論研究会議で次のように述べた。「長期にわたって常に経済体制改革を進めた結果、多くの成果を上げることができた。しかし、企業の管理体制については行政の権限分散だけに着目することが多く、緩和と規制というサイクルを繰り返しただけだった[80]」。十一期三中全会後、一連の改革が実行され国有企業を基礎とした改革の試行が始まった。これは一九九〇年代に東欧と旧ソ連が行った国有企業の全面的な私有化とは大きく異なり、国有企業のままでその管理者に積極性と効率性を求めた。これが一九八〇年代に中国が選んだ企業改革だった。その結果、利潤に対する動機付けが充足され、全要素生産性、資本利益率については効果が上がった。一九八〇年代における中国の国有企業の業績は、一九八〇年代から一九九〇年代における東欧と旧ソ連の国有企業の業績より大幅に上回った[81]。この時期の企業改革は、企業の経営自主権と請負制が入り混じって拡大する過程だった。

試験的な企業経営自主権の拡大。これは、李先念が推進し、国家経済委員会責任者の袁宝華らから成る組織が具体的に実行した。企業経営自主権の拡大とは、主に「自主権を企業に持たせ、その余剰利益を企業が自由に使えるようにする（放権譲利）」ことだった[82]。一九七八年十月、まず四川省で国有企業六社に企業自主権が与えられ、権限拡大についての十四条のルールがまとめられた。一九七九年七月には全省一四〇社（工業一〇〇社と商業四〇社）にモデル地点が拡大された。七月に国務院は『国有工業企業の経営管理経営自主権拡大に関する若干の規定』『国営企業の留保利益に関する規定』を発表した。前者は企業の「自主権」に関する規定であり、後者は企業に対する「利益処分」についての規定だった。国務院は全国各地、各部門でもモデル地点の試行を始めることを求め、一九七九年には首都鋼鉄公司が経営自主権拡大の試行企業となり、一九八一年から「上納利潤逓増請負制」という請負期間中に合理的な経済効果に比例して毎年上納請負額が逓増し、余剰利益は企業が支配する請負責任制が国務院に許可された。こうして、国有企業は大きく変化し、一九八〇年六月になると試行企業は全国で六六〇〇社に達した。これは、全国予算の工業企業生産総額の約六〇％、利益では七〇％を占めたが、企業数では一六％に過ぎなかった。商業分野では、約半分に当たる八九〇〇社が試行企業となった[83]。こうして企業は政府の行政管理と命令的計画から離れる第一歩を踏み出した。

各種の経済責任制の実行。これは企業経営自主権の拡大よりさらに一歩前進し、奨励要素を含む各種の制度だった。一つ目は損益請負責任制で、利益と損失の両方に責任を持たせた。二つ目は利益留保制であり、全額利益留保、超過利益留保、基数利益留保があった。三つ目は利益上納方式を納税方式に改めた損益責任制であり、利益の上納を各種の納税に改めた。また、企業は能率給制、ノルマ超過賞、定量賞、変動賃金制等などを設けた。一九八一年八月末までに県級以上の国有企業の六五%が経済責任制を採用した。

企業請負責任制の実行。これは農家経営請負制の成功に触発された制度である。一九八三年初め、中央書記が国営企業と商業に企業請負制を全面的に推進するように求めると、わずか二~三カ月後には全国の国営企業が請負制を実行した。しかし、まもなく物価上昇によって経済が混乱した。趙紫陽は党中央に、首都鋼鉄公司等、少数の企業以外は企業請負制推進を停止する決定を促した。[84]一九八三年、中央は利益請負制の停止を決定し「利改税（利潤上納制から法人税納付制への変更）」へ切り替えた。

企業の横断的協力が奨励され各種の連合体が設立された。緩いつながりの連合体、緊密なつながりの連合体、実体型の連合体、生産や科学を研究する連合体等、国有企業と非国有企業（城鎮企業集団、郷鎮企業等）による連合体も現れた。国務院の三十八部門は一二〇社の全国的な会社を設立した。これらの会社は中国の骨幹となる大中企業の連合で近代的な会社に移行する可能性が最も高かったが、同時に行政的な「縦割りの独裁」と業界独占の特徴も持っていた。一九八四年、趙紫陽は会社制実施にともなう問題に着目し、会社設立に関する二つの原則を提案した。一つは、会社は行政的でなく企業的でなければならないこと、もう一つは、全国規模の会社も独占的であるべきではないことであった。一般的に極端なものは不適切であり、管轄下の企業、特に大企業の権限を規制するべきではないとした。[85]

これらの改革は試験的なものであり、一部の国有企業に対して部分的な改革を行ったに過ぎなかった。また、初歩的な改革だったため計画経済体制を脅かすものではなく、企業は政府の「付属物」だった。例えば、各種の経済連合が奨励されたが、「三つの不変」が原則だった。つまり、所有制度、企業の従属関係、財政への上納は不変とされた。これらの原則は、異なる地区の企業、異なる部門間の経済連合と経済組織の再編における大きな妨げとなり、企業間のさまざまな要素を自由に流動することもできなかった。

一九八四年、十二期三中全会は国営企業改革の目標を次のように定めた。企業は真に独立した経済実体となるべきである。すなわち自主経営、損益自己責任に基づく社会主義商品生産者かつ経営者であって、自己改造能力と自己発展能力、一定の権利と義務を有する法人となるべきである。

一九八六年一二月五日、国務院は『企業改革の深化と企業活力増強に関する若干の規定』を作成し、小規模の国有制企業については積極的に生産手段リース経営や経営責任請負制を試行できるようにした。中規模及び大規模の国有制企業については多様な形式の経営責任制を実行し、条件を満たす各地の企業は試験的な株式制が許された。こうして、企業請負制の第二のピークが始まった。

この時期の企業改革は、主に多様な経営請負責任制によるものだった。生産手段リース経営は小規模の企業が多く、経営責任請負制は大規模及び中規模の企業が多かった。この責任制の特徴は定額上納だった。すなわち、政府が一定の上納を確保し、企業はそれ以上の利益は留保し、少なければ減収となった。同時に競争も取り入れられ、入札で優秀な企業を選抜して請負先が決められた。統計によると、一九八七年六月末現在、経営を請負った大規模及び中規模の工業企業は全国で四〇四六社あり、全国の大中企業七八一四社の五一・八％を占めた[86]。請負期間は一年が四四・一％で、二～四年が五五・九％だった。企業の請負は二種類あった。一つは黒字企業が請負うもので、請負期間中の上納請負額が毎年逓増し、超過分を国家と企業で分けた。もう一つは赤字企業が赤字額もしくは減損を国と分け合うというものだった。

企業の経営請負責任制によって、一九五〇年代から続いた国家所有、国家経営の国有企業という伝統的なモデルが、所有権と経営権の分離によって所有は国家、経営は企業というモデルに転換した。つまり、企業が自主経営、独立採算、損益責任制による経済活動の主体となるように極力努めた。だが、これも臨時的あるいは修正的なモデルだった。中央の計画経済体制の下で国家所有制のまま農家経営請負制に似たインセンティブシステムを採用し、企業の管理者と従業員の意欲を高めることで企業の経済効率と生産効率を高めようとするものだった。

驚くべきことは、一九八六年一二月、全国人民代表大会常務委員会第十八回会議で『企業破産法（試行）』を採択し、負債が資産を上回る場合、破産申請が可能となった。これにより、国有企業に対して保護ではなく、破産の圧力によって国有企業の現状を変えようとした。しかし、実施後も赤字企業が大量に存在し、債権者も企業の資産を回収できなかった[87]。このような「架空の権利」では意味がなく、経済発展には正しい法律と安定した秩序、そして架空ではない財産権と契約権限が必要だった[88]。

一九八八年四月、『国有制工業企業法』が制定された。これは、国営企業の請負制を基礎として「所有権及び経営権分離の原則」に基づき[89]、企業の経営者に経理責任を持たせる制度だった[90]。

中国は国有企業改革によって国有企業の経済効率を高め、非中央集権化を促し、政府の経済コントロールを減らして民営企業の発展も刺激しようとした[91]。しかし「権限と利益の委譲」による企業改革の効果には限界があった。一九八八年まで、赤字の国営企業が二〇％以上になることは少なかったが、一九九〇年代初期には、三分の一が赤字、三分の一が帳簿上では黒字だが実際は赤字で、実際に黒字だったのは三分の一だけだった[92]。

これは自ら学習し改革した結果だが、従来のモデルを一部否定した点では歴史的な進歩と言える。当時は部門の責任者や企業の管理者はもちろん指導者も、市場経済で近代的な企業制度を構築するための知識や経験がなかったため、農村で成功した農家経営請負制をそのまま企業改革にも取り入れたに過ぎなかった。都市改革を取り巻く状況は農村改革より極めて複雑で、「経営請負制なら活性化できる」という当時の考えは通用しなかった。これは閉鎖的な改革の典型だった。一九八三年から始まった第一段階の請負制、一九八七年に始まった第二段階の請負制の全面的な実施、一九九一年に始まった第三段階の請負制はすべて閉鎖的な改革であり、大した成果を上げることができなかったため柔軟な学習方式に切りかえ、海外の事例を十分に検討した後、一九九三年一一月の十四期三中全会では、企業改革の目標を初めて近代的な企業制度の確立とし、会社制が実行された[93]。

二、価格メカニズムの改革

一九七八年、国家計画に基づいて価格を決定した小売商品と農産物の割合は、それぞれ全体の九七％と九二％だった（表6－1）。中国の経済体制改革は価格メカニズムの改革にも着手した。しかし、中国の指導者は「一度に目標に達する」という急進的な方法は採らなかった。「一歩進んだら評価し、改善してまた進む」という実務的な方法をとったため、計画価格が市場価格に追いつくのに十年以上を要した。この間「二重価格制」も採用され、市場価格への移行は緩慢に進んだ[94]。

十一期三中全会は調整によって農産物価格を大幅に上げることを決定し、調整を主体として緩和も取り入れる改革方針とした。

まず、農産物は一物多価の多重価格制度となった。一九八一年八月五日、国務院は全国供給販売合作総社の農業副産物買付に関する報告を承認した。これは、統一買付（生活重要物資の供給不足のため国家が行う計画的な統一買付）、割当買上（国民生活に大きな関係を持つ農産物や農業副産物における国家の公定価格による農民に対する割当買上）、協議買付（商業部門と生産者による商品、特に農産物や農業副業製品などの価格や数量等の協議買付）を堅持するというものだった。具体的には、第一類農産物は統一買付及び統一販売を継続し、購買販売協同組合が統一的に買い付け、統一的に分配した。第二類農産物は割当買上とし、国家が生産単位と個人に割り当てた数量を買い上げた。第三類農産物は引き続き協議買付、協議販売とした[95]。八月一〇日、国務院は『農業副産物の協議買付及び協議販売の価格についての暫定管理規則（草案）』を承認し、協議買付及び協議販売は第三類農業副産物、そして買い付け完了後に市場出荷を許可された第一、二類農業副産物に限るとした[96]。

　次に、国営工業企業における国家計画外の製品価格を自由化するという「第二の道」を開いた。一九七九年、国務院は『国営工業企業の経営自主権拡大に関する若干の規定』を配布し、企業に計画外の製品について一定量の販売と価格決定を行う権限を与えた。これは計画価格以外の物資の流通を認める「第二の道」が開かれたこと、つまり市場価格への道が開かれたことを意味する[97]。

　一九七九～一九八五年の六年間は価格調整が行われ、後に自由価格となった。まず、重要度の低い工業製品と農産物については自由価格とし、国家経済と国民生活に関連の深い工業製品と農産物については価格調整を行った。農産物は自由価格を主体とし、工業製品は価格調整を主体とした。日用品雑貨などの小商品は自由価格を主体とし、大口商品は価格調整とした。工業製品は二重価格制とした。価格改革によって国家が統一的に価格を定めた規制スタイルから三種類の価格決定システムが形成された。つまり、命令的計画の製品は国家が定める価格、指導的計画の製品は変動価格、計画外の商品は市場価格となった。こうして、一九八五年には価格改革は大きな進展を得た[98]。

　一九八五年になると、小売商品と農産物の計画的価格の割合はそれぞれ四七％と三七％に下がり、指導価格と市場価格を合わせた割合はそれぞれ五三％と六三％（表6－1）に上がった。生産財の指導価格と市場価格も四〇％となった。国務院体制改革委員会責任者の李鉄映は約五〇％の商品が市場調整されたと推測した。

表6−1　小売商品及び農産物の異なる価格の割合[99]（1978～1993年）　単位：％

<table>
<tr><th></th><th>1978</th><th>1985</th><th>1988</th><th>1990</th><th>1993</th></tr>
<tr><td colspan="6">小売商品</td></tr>
<tr><td>市場価格</td><td>3</td><td>34</td><td>49</td><td>45</td><td rowspan="2">95</td></tr>
<tr><td>指導価格</td><td></td><td>19</td><td>22</td><td>25</td></tr>
<tr><td>計画価格</td><td>97</td><td>47</td><td>29</td><td>30</td><td>5</td></tr>
<tr><td colspan="6">農　産　物</td></tr>
<tr><td>市場価格</td><td>6</td><td>40</td><td>57</td><td>52</td><td rowspan="2">90</td></tr>
<tr><td>指導価格</td><td>2</td><td>23</td><td>19</td><td>23</td></tr>
<tr><td>計画価格</td><td>92</td><td>37</td><td>24</td><td>25</td><td>10</td></tr>
</table>

資料出典：『中国物価年鑑（1991）』、466頁、北京、中国物価出版社、1991。田源、喬鋼、『中国の価格改革の研究1984～1990』、203頁、北京、電子出版社、1991。Barry Naughton, Growing Out of the Plan, Cambridge University Press, p.14, 1995.

　一九八〇年代中頃には価格改革が経済体制改革の重点となった。一九八四年九月、趙紫陽は、価格改革は非常に困難ではあるが、経済体制改革を成功させるための重要な鍵になると考えた。燃料と原材料が国家の定めた価格と企業が超過生産分を市場で販売する価格という複数の価格で販売されていたことに対し、趙紫陽は今後の価格改革について二つの方向性を出した。一つは国家が価格を定める品目を徐々に減らし、自由価格の割合を徐々に拡大すること、もう一つは国家が定める価格を調整して市場価格に徐々に近づけることだった。[100]一九八五年七月一一日、田紀雲は価格改革の構想と初歩的な方案について鄧小平に報告した際、価格改革という難関をいずれ突破しなければならないなら、遅いより早い方がよいと考え、次のように述べた。[101]「物価の改革は大きな難関であるが、これは避けられない。これを突破しなければ持続可能な発展もできない。何が起ころうと今後も改革は堅持する。そうでなければ、今後十年の展望はない[102]」。

中国の価格改革は一気に目標に達したのではなく、段階的に実施された。一九九三年における計画価格の割合は、小売商品は五％まで下がり、農産物は一〇％に下がった（表6－1）。

価格改革は自由な生産を促進した。国家商業部が直接に計画管理する商品は一九七九年の一八八品目から一九八六年の二三品目となり、約八八％減少した。また、長期間支給されてきた食糧と食用油を除く四四品目の配給切符は廃止された。一九八〇年、国家による統一分配、あるいは中央の部委員会が管理した物品は八三七品目、そのうち国家が統一分配した物品は二五六品目だった。一九八七年には、それぞれ五八一品目、二六品目となり、それぞれ約三一％、九〇％減少した。そのうち重要な原材料についても国家による統一分配の割合が減少した。例えば鋼材は七四・三％から四七・一％、石炭は五七・九％から四七・二％、材木は八〇・九％から二七・六％、セメントは三五％から一五・六％に減少した。[103]

一九八五年、ブルス教授は中国における生産財の「二重価格制」を大きく評価した。これを中国の改革における発明と考え次のように述べた。「他の社会主義国家にも消費財の二重価格があり、同一の消費財に対して配給価格と商業価格があった。価格は異なっていたが、どちらも国家が管理していた。中国は生産財も二重価格を推進し、国家の計画外の財について管理もしなかった。市場調整の範囲を徐々に拡大するのが目的だったからだ」。この方法は有効に見えたが、当然、問題も発生した。ブルスは、二重価格はつなぎの役割としては有効だが、長期にわたって使うことはできないと結論づけた。[104]

しかし「二重価格制」は各種の社会問題と経済問題を招いた。広範囲にわたるレントシーキングの環境が形成され、腐敗拡大の根源となった。呉敬璉らがこれに着目し権力によるレントシーキング等の重要な問題を議論する専門家組織を作った。そして、次のように提言した。「政府の運営管理を絶対に必要な範囲内に限定しなければならない。そして欠くことができない行政の権限に対して監督と制限を定め、平等に競争する市場経済の新しい秩序を確立しなければ、レントシーキングの根源を一掃することはできない[105]」。

三、計画体制改革[106]

当時の改革の難しさは、計画体制という枠組みの中で改革の突破口をどのように開くかという点にあった。改革の基本構想と根拠は、命令的計画による主導から指導的計画を主とすることに変えることであるが、これはやはり本質的には計画体制だった。しかし「国有大企業を集約し、国有中小企業は規制緩和する」という重大な変化も起きていた。

一九七九年まで国家計画委員会が二五品目の主な農産物に対して命令的計画によって管理した。一九七九年、国家計画委員会が均衡と分配に責任を負った統一割当物資は、二五六品目である。

一九八三年、中国は従来の命令的計画から、初めて命令的計画、指導的計画、国家計画が主導する市場調整という三つの管理方式に変えた。同年一月、国家計画委員会は『計画管理の改善と強化に関する意見』を出した。内容は、国家経済と国民生活に関連する製品とその分配は命令的計画とすること、経済社会の発展に比較的重要なものについては指導的計画とすること、経済社会に影響がない他のものについては国家の計画外として指標も示さず、企業が市場の需要に応じて計画するというものだった。また、価格、税収、貸付、給与、インセンティブ、財政補助等の経済的なてこの作用と経済政策の効果をさらに発揮する必要があるとした。これ以後、国は命令的計画を大幅に縮小し計画管理を徐々に指導的計画とし、市場調整の範囲を大幅に拡大した。

一九八四年一〇月四日、国務院は国家計画委員会の『計画体制改善に関する若干の暫定規定』を承認した。内容は次の通りである。現行の計画体制の問題は、過度な集中と管理、過大な命令的計画、市場調整の軽視、経済調整の不適切な運用である。このため「重要な方面は適切に管理し、重要でない方面は開放して自由にする」という精神に基づき、命令的計画の範囲を適度に縮小して指導的計画と市場調整の範囲を拡大する。国家経済と国民生活に関する主な経済活動は命令的計画とし、他の多くの一般的な経済活動は指導的計画とする。飲食業、サービス業、日用雑貨等の小商品の生産は市場調整とする。[107]

一九八四年、十二期三中全会は『経済体制改革に関する決定』を採択した。すなわち、中期計画と長期計画に計画の重点を置き、年度計画は適切に簡略化する。計画の重点は年度計画から徐々に中期計画と長期計画を主としていく。このため、総合計画部門は予算や物資を分配するだけの旧体制から脱却し、専門研究と経済発展戦略、産業政策、経済法規、経済政策の制定を求められた。また、財政、税収、貸付、利率、為替レート等の経済手段、法律手段、また必要な行政手段を使って国民経済を調整し管理しなくてはならないとした。[108]

一九八六年に公布された『国民経済と社会の発展十カ年計画及び第八次五カ年計画綱要』（以下略称『綱要』）は、新中国の設立後で最初の国民経済と社会の発展に関する十カ年計画だった。十年の長期計画と五年の中期計画が同時に出されたのも初めてだった。この『綱要』は産業を十年間発展させることに特に重点を置いていた。

一九八五年、国家計画委員会による統一割当物資は二十品目に減少した。また、価格、貿易、外国為替、労働給与、文化教育衛生等における命令的計画は大幅に減少し指導的計画が拡大した。中央による計画指標の範囲も大幅に縮小したが、企業の経済活動に対する直接的な行政関与はそれほど減らず、原因は各部門が命令的計画の約八〇〇品目と指導的計画の一二〇〇品目を管理し、また地方政府が直接管理する品目と生産する権利を大幅に拡大したことにあった。[109]これは計画体制改革の複雑さ、すなわち、権限の委譲によって一方では中央の経済計画の能力が弱まり、もう一方では地方の経済計画の能力が強化されたことを反映し、そのうえ、行政が五つの階層に区分けされた国家は、ややもすれば行政的な分権改革が経済的な分権改革に移行しがちであった。

命令的計画の縮小と指導的計画の拡大、そして適切な計画管理権限の委譲という改革が、中央と地方で継続的に進められた。一九八七年、国家の命令的計画で管理する工業製品は、一九八四年の約一二〇品目から六〇品目に減少し、工業製品の総生産額に占める割合も四〇％から約一七％に下がった。国家の統一割当物資は、一九八四年の二五九品目から二六品目に減少した。商業では、国家が直接計画管理する商品は一八八品目から二三品目に減少した。日用雑貨と計画外の製品についてはすべて市場調整とされ、製品の品目と数量は徐々に拡大した。[110]計画体制改革と同時に投資体制改革も呼応して行われた。一部の投資審査許可権を委譲して地方と企業の投資権限を拡大し、対請負生産投資が提唱された。一九八五年から国家の投資は「割当から貸付」が実行された。つまり「国家予算の割当金ではなく、銀行貸付によって建設プロジェクトを実行し、建設プロジェクトに応じて利率や返済期限等を定めるやり方」とした。[111]国家計画委員会が審査許可する生産型建設プロジェクトと技術改造プロジェクトの資金限度額を一九八四年の一千万元以上から三千万元以上に引き上げられ、三千万元以下の投資についてはその権限を地方に委譲した。一九八七年、社会投資総額における国家予算の投資割合は低下し、企業と地方政府の自己資金による投資と銀行借款の割合が高まった（表6－2）。

表6-2　社会固定資産投資資金の構成（1981～1991年）

単位：%

年	国家予算内資金	国内借款	外資	自己資金及び他の資金
1981	28.1	12.7	3.8	55.4
1982	22.7	14.3	4.9	58.1
1983	23.8	12.3	4.7	59.2
1984	23.0	14.1	3.9	59.0
1985	16.0	20.1	3.6	60.3
1986	14.6	21.1	4.4	59.9
1987	13.1	23.0	4.8	59.1
1988	9.3	21.0	5.9	63.8
1989	8.3	17.3	6.6	67.8
1990	8.7	19.6	6.3	65.4
1991	6.8	23.5	5.7	64.0

資料出典：『中国統計年鑑（2010）』、157頁、北京、中国統計出版社、2010。

四、財政体制改革

計画経済の時期は、一貫して統一収入、統一支出の計画管理体制だった。一九七八年、GDPに占める国家の財政収入と財政支出の割合はどちらも三〇％以上だった。一九八〇年以降の財政体制改革によって「財政はかまどを分けて飯を食う（中央と地方で収支を分けて政府のレベルごとで責任を負う）」体制が作られた。一九八八年にはこれがさらに明確に「財政一括請負制」とされ、行政レベル別に分権された財政体制となった[112]。

一九七九年七月九日、国務院は新たに財政管理の試行を始めた。国務院は『収支に基づく三年間固定比率の全額分配という財政管理の試行に関する若干規定』（以下略称『規定』）を発表した。『規定』は一九八〇年から、国家は省、市に対して「収支に基づく三年間固定比率の全額分配」という財政管理方法を試行するとした[113]。この体制は「かまどを分けて飯を食う」と呼ばれた。当時の財政体制改革の目標は、一つは地方の財政権を拡大してその経済を積極的に発展させることであり、もう一つは地方政府が積極的に収入増及び支出減に取り組むことで財政収支バランスの責任の一部を負い、中央の統一的な指導と計画の下で中央と地方で収支を分けるというものだった。「かまどを分けて飯を食う」体制は統一した体制ではなく、二十五の省と自治区に対して異なる四つの方法を採った。

一九八四年「かまどを分けて飯を食う」体制が実行された際、利改税（利益上納方式から納税方式に改める）の改革と歩調を合わせるため、一九八五年に国務院は「税収の種類を中央と地方に分けて中央と地方の財政収支を算定し、中央と地方がそれぞれ請け負う」こととした。財政収入から見れば中央の固定収入と地方の固定収入に分け、中央と地方で収入を共有した。財政支出から見ると一部を調整するのみで基本的に変わらなかった。当時はすでに全国統一の標準的な財政体制ではなく、次の五種類の体制、すなわち、総額分配制、定額上納制、定額補助制、一括請負制、民族地区制があった。

一九八六年「かまどを分けて飯を食う」体制に代わり「分税制」とする予定だったが、これは中止となった。一九八八年からはすべての省と省級相当の経済管理権限を持つ副省級市は財政請負制となった[114]。これは、制度の変遷には経路依存性があり、変わりにくいことを示している。財政請負制は地区ごとに六種類の方法が採られた。北京等の六都市は収入逓増請負制、山西、安徽、天津市は総額分配請負制、副省級市である大連、青島、武漢市は総額分配請負制に収入増加分配請負制を合わせた体制、広東省と湖南省は上納逓増請負制、青島市を除く山東省と上海市、ハルピンを除く黒龍江省は定額上納請負制、吉林省等十四地区は定額補助請負制とした。

一九八八年、中央政府は地方政府の財政請負制をさらに進めた。中央への上納は一回として逓増額は協議で決め、超過収入はすべて各省のものとした。その代わりに留保した収入は各省の支出に充てる責任を負わせた。ただし、収入の少ない省における財政請負制は、一九八七年の価格水準を名目価格として固定して中央政府から補助金を出した。そのため、激しいインフレが起こった一九八八年と一九八九年には、この補助金が急激に目減りしてしまった。その結果、財政体系は根本的に変化した。分税制度と支出を切り離すことにより、財政請負制は地方政府に初めて自己融資をさせることとなった[115]。

これらの財政体制改革は従来の中央集権的な「縦割りの独裁」に基づく計画経済体制に対する変革だった。その基本構想は「権限と利益の委譲」であり、財政収入と財政支出の権限を含むさらに多くの財政権が地方政府に委譲された。地方財政は中央から「ケーキ」という大きな分け前を得て、主に「地域縄張り式」による過渡的な財政体制となった。こうして、一方では地方財政自主権を拡大することで、地方に積極的な経済発展を進めさせ、地方同士の経済競争と発展競争を促す地方政府主導の経済発展モデルを作り上げた。また一方では、統一的でなく規範に合わない不公平な財政体制となった。そのため、規模の大小にかかわらず自給自足的な閉鎖的経済体制の構築が各地区で促進され、地区間における悪性競争と経済封鎖が激化した。

財政分権化改革は国家財政に直接影響を及ぼし、ＧＤＰに占める収入と支出の割合は下がり続け、一九九一年にはそれぞれ一四・五％と一五・五％となった。同時に、全国に占める中央の財政収入と財政支出の割合も下がり始めた（表6－3）。これによって、中央による全国的なマクロコントロール及び地区の発展のバランスを調整する力が弱まっただけでなく、統一的、開放的、公平な競争が可能な国内市場の形成が妨げられた。

表6-3　GDPに占める財政収支の割合及び財政収支に占める中央財政の割合（1981～1991年）　単位：％

年	GDPに占める財政収入の割合	GDPに占める財政支出の割合	財政収入に占める中央の割合	財政支出に占める中央の割合
1978	31.1	30.8	15.5	47.4
1979	28.2	31.6	20.1	51.1
1980	25.5	27.0	24.5	54.3
1981	24.0	23.3	26.5	55.0
1982	22.8	23.1	28.6	53.0
1983	22.9	23.6	35.8	53.9
1984	22.8	23.6	40.5	52.5
1985	22.2	22.2	38.4	39.7
1986	20.7	21.5	36.7	37.9
1987	18.2	18.8	33.5	37.4
1988	15.7	16.6	32.9	33.9
1989	15.7	16.6	30.9	31.5
1990	15.7	16.5	33.8	32.6
1991	14.5	15.5	29.8	32.2

資料出典：『中国統計要旨（2010）』、76頁、77頁、北京、中国統計出版社、2010。

五、科学技術及び教育の体制改革

一九八四年から、党中央は三項目の改革を考えていた。まず、一九八四年一〇月二〇日『党中央による経済体制改革に関する決定』を発表し、科学技術と教育の体制改革に着手した。鄧小平は「改革の目標は同じである。貧困をなくして中国を豊かにすることだ。後進性から脱却して近代化を目指し、中国の特色のある社会主義を建設する」と述べた[116]。

一九八二年、党中央と国務院は「経済建設は科学技術によって行い、科学技術は経済建設のために行わなければならない」という戦略を出した。一九八三年、国務院は科学技術指導者小組を設置し、科学技術体制改革モデル地点の指導を行った。

一九八四年五月と七月、国務院は全国科学技術体制改革座談会と全国科学技術幹部管理工作改革座談会を開いた。

一九八五年三月七日、鄧小平は全国科学技術工作会議で次のように述べた。「科学技術と経済の結合の課題解決をさらに進める必要がある。さらに進めるとは、つまり、方針や認識の問題を解決した後にさらに体制問題を解決する必要があることだ」「経済体制と科学技術体制、この二つの改革は生産力を開放するためである。新たな経済体制は、技術の進歩に有利な体制であるべきだ。新たな科学技術体制は、経済発展に有利な体制であるべきだ。二つを同時進行させることで、科学技術と経済の断絶という長年の問題が好ましい方法で解決できるかもしれない」[117]。

三月一五日、党中央は科学技術と経済の結合によって社会生産力を解放し発展させるため、『科学技術体制改革に関する決定』を発表した（コラム6－3）。科学技術体制改革の最終目標は新たな科学技術体制の確立だった。それは科学技術の発展及び科学技術と経済の結合に有利であるべきで、それによって経済発展を促進を目指すものだった[118]。

コラム6－3　党中央による科学技術体制改革の主な内容（一九八五年）

運用体制においては、割当金制度の改革、技術市場の開拓、行政に依存しない科学技術事業、過度な国家の責任及び管理による弊害の解決が必要である。そのため、国家重点プロジェクトを計画管理すると同時に、経済のテコ入れと市場調整によって科学技術機関が自己発展能力と経済建設のための活力を持てるようにする。また、組織構造の面では、過多の研究機関と企業の分離、研究、設計、教育、生産の分離、軍民、部門、地区の分割等の状況を改善する必要がある。さらに、企業における技術の吸収力と開発力を高め、技術的成果を生産力に転換し、研究機関、設計機関、高等教

育機関、及び企業間の協力を促進して、各方面における科学技術力の合理的かつ奥行きのある配置を行う。人事制度においては「左」の影響を克服し、科学技術者に対する過度な制限の撤廃、人材の合理的な移動、知的労働軽視の改善によって、多くの人材が輩出され、その才能が生かせるような環境をつくる。科学技術体制改革の根本的な目的は、科学技術の成果を迅速かつ広範に生産力へ転換することによって経済と社会を発展させることである。

資料出典：中共中央『関于科学技術体制改革的决定』一九八五年三月一三日。

　科学研究機関の経営自主権を拡大し、人材の合理的な移動を促すことが科学技術体制改革の重点だった。一九八六年五月、国務院は『科学技術研究機関の自主権拡大に関する暫定条例』を発表し、科学研究機関が国家的任務を担保する前提の下、社会に対して各種の科学技術的な役割を担うこととした。そして、科学研究機関がメーカーと連携することで、科学研究と製造業の産学協同による技術の開発と利用を促進することを提唱した。さらに、一九八六年七月には『科学技術者の合理的な移動の促進に関する通知』を発表し、国家の需要の優先を前提として、科学技術者が農業生産及び工業生産の第一線に立つこと、また企業と公的機関が連携して科学技術における経済協力をすることを奨励し、人材を合理的に移動させると定めた。

　科学研究費の資金割当システムの改革は、科学技術体制改革の重要な措置の一つだった。一九八六年一月、国務院は『科学技術資金割当に関する暫定規定』を発表し、科学研究事業とその経費は主に国家が行政を通じて提供するというシステムを変更した。科学研究機関の特徴に応じて、技術研究、技術開発、公共的技術等に分け、契約制、基金制、請負制等の新たな経営管理システムが採用された。これによって、国家の科学研究費を合理的に使い、科学研究機関にも積極的に資金の調達先を開拓させ、科学研究事業の資金的自立を促した。

　技術市場の設立と開発は、科学技術の成果を生産力に転換するために重要だった。一九八五年一月、国務院は『技術移転に関する暫定規定』を公布し、社会主義商品経済では科学技術も商品であり、積極的に技術移転を展開するべきだとした。一九八六年三月、国務院は全国技術市場工作会議を開き、社会の各方面に技術市場開発を積極的に支持するよう求めた。同年一〇月、中国技術市場連合開発集団が正式に設置された。当時、全国で技術市場によって提供された技術成果は八万七〇〇〇項目、契約金額は二〇億一六〇〇万元だった。また国際市場に参入した科学技術も五〇項目以上あり、数千万ドルの外貨を獲得した。技術市場の開拓は、科学技術の成果を経済建設に生かすための重要な役割を果たした。[119]

一九八五年五月一九日、鄧小平は全国教育工作会議で次のように述べた。「**中国は教育を向上させる力がある。中国の科学技術レベルを高め、各級、各方面の人材を億単位で育成する。中国の国力を向上させ経済発展していくためには、労働者の質及び知識人の数と質がますます重要になってきている。十億の人口を持つ大国が教育を向上させれば、それは巨大な人的資源となり、人材の優位性はどの国家より勝る。人材の優位性と先進的な社会主義制度があれば、中国の目標は達成できるはずだ**」[120]。こうして、教育は国家戦略における基本的な構想と主要な目標となり、人口大国の中国が人的資源大国になるための基本構想となった。

五月二十七日、党中央は『教育体制改革に関する決定』を発布し、教育体制改革の措置、段階、目的を明確にした。すなわち、九年制義務教育、職業訓練教育の強化、高等教育機関の学生募集計画及び卒業生の配属制度の改革、高等教育機関の経営自主権の拡大を明記した（コラム6－4）。

コラム6－4　**党中央による教育体制改革の主な内容**（一九八五年）

教育体制改革の根本的な目的は民族の資質を高めることであり、まず多くの人材を輩出し、その中から特に優れた人材を輩出することである。

まず教育体制から着手し、系統的に改革しなければならない。管理体制改革とマクロコントロールの強化を進め、同時に行政組織の簡素化、権限委譲、教育構造の調整、適切な人事制度改革を行うことが必要である。また、社会主義近代化に不適切な教育思想、教育内容、教育方法の改革も必要である。改革によって、各級及び各方面の教育における経済社会の発展の多様な需要に対して主動的に適応できるようにしなければならない。

九年制義務教育は民族の資質の向上と国家の繁栄に関わるため、十分に力を入れ積極的かつ段階的に実施する必要がある。広大な国土を持つ中国は経済及び文化の発展が不均衡なため、義務教育に対する要求と内容は各地に適した方法とするべきである。

中等教育の構造を調整し、職業訓練教育の発展に力を入れる。関連する人事制度を改革し「育成訓練終了後に就業」を原則とする。五年前後で、ほぼすべての地区で高校程度の各種の職業訓練学校における学生募集人数を普通高校と同程度に引き上げる。青少年の進路は一般的に中学校の段階から分けるべきである。初級から高級まで、職業と一体化した合理的な構造とし、普通教育と関連を持たせた職業訓練体制を徐々に構築する。
当面、高等教育体制改革で重要なことは、高等教育機関に対する政府の過度な管理を改善することである。そこで、国家による統一的な教育方針と計画の下で高等教育機関の運営の自主権を拡大し、高等教育機関と社会の各方面の関係を強化する。また、高等教育機関の学生募集計画制度と卒業生の職業配属制度を改革し、国家による計画的な学生募集、雇用団体組織への学生募集委託、少数の自費学生という三つの方法で募集する。

資料出典：中共中央『関于教育体制改革的決定』一九八五年五月二七日。

第三節　非国有経済の急速な発展

従来の計画経済体制における工業化の発展モデルは、設立から投資、管理まで国家が独占しており、民間の参与、投資、経営を排除して発展してきた。特に「文化大革命」の期間は、都市における民間経済がほぼ消滅し国有制と集団所有制が主体となった。一九七七年を例に取ると、国有制が七七・〇%を占め、残りの二三・〇%は城鎮部の集団所有制だった[121]。一九七八年における城鎮部の就業人数は合計九五一四万人だったが、そのうち国有部門が七四五一万人、城鎮集団部門は二〇四八万人であり、両者でほぼ一〇〇%を占めた[122]。地方政府の統計によると、個体経済は一四万人だった[123]。中国の城鎮部では一〇〇%公有制経済であり、明らかに中国の国情に合っていなかった。中国の国情は人口だけでなく生産年齢人口も多いのが特徴で、食糧と雇用の圧力が大きかった。一九七八年、全国の城鎮部には約五三〇万人の失業者がおり、一九八〇年には五四〇万人に増加した。さらに、上山下郷運動の終了によって農山村から戻った数千万人の知識青年を早急に就業させる必要があったが、国有制と集団所有制を主体とする就業制度ではなすすべがなかった。

一九七八年の経済体制改革では重要な変化が見られた。それまでの国家独占という古い殻を破り、個体経済の発展が許された。これは当時の城鎮部における大きな雇用圧力が、一〇〇%公有制だった経済モデルを打ち破ったと言える。「物極まれば、必ず反る」ということである。

一九七九年二月、国家工商行政管理局は「文化大革命」後の最初の会議を開き、党中央と国務院に要求を出した。すなわち、**地方が現地の市場の需要に応じて、関連する業務主管部門の承認を得た上で、正式な戸籍を持ちながら仕事に従事していない労働者に対して、修理、サービス、手工業者といった個体事業を**許すことを要求した。しかし、規定では労働者の雇用は許さないと明記されていた。党中央と国務院はこれを許可し[124]、この時から個体経済に「青信号」がともった。後に党中央、国務院、関連部門は何度も決定を発し、損益に自ら責任を負う各種の協同経済や城鎮部における個体経済を奨励あるいは助成して発展させた。個体経済とは「自力で生活する労働者」であるのは明らかである。

一九八〇年八月、党中央は『全国労働就業会議の文書配布に関する通知（中発第六四号文献）』で次のように指摘している。今後数年間、就業問題を解決するにあたって、損益に自ら責任を負う集団所有経済を強力に発展させなければならず、他人を搾取することのない個体経済の適切な発展とサービス業や建築業そして労働集約型産業の適切な発展が必要とされる[125]。ここで初めて「労働部門の紹介による就業、自ら作った組織への就業、自らの就職活動による就業を関連させる方針」が確認され、「**城鎮における個体経済発展の奨励と支援**」**が求められた**。また、この年は一二〇〇万人の雇用の手配が必要とされ、国有企業と大規模の城鎮集団所有制企業以外にも、小規模の集団所有制企業と全人民所有企業による集団企業を大いに発展させることで、それぞれ個体経済発展の手段とした。一九八〇年末、個体経済に従事する者は、一九七八年の五・八倍に相当する八〇万六〇〇〇人に達した。

一九八一年七月、国務院による『城鎮における非農業個体経済に関する若干の政策性規定』は、**個人経営主が必要な場合は「一〜二人の助手を雇用することができる。また熟練した技術や特殊な技術が必要な場合は二〜三人の見習いを雇用することができ、最高五人までとする**」と明確に規定した。これによって制限はあるものの個体経済の発展が許された。

一九八一年一〇月までに、城鎮部で二千万人あまりの就業を手配することができた。しかし、一九六二〜一九七三年に起こった二回目の出産ラッシュの影響で、「第六次五カ年計画」の時期には新たな就業待機者が大量に発生した。同時に、閉鎖、停止された部門の従業員や経済責任制の推進後に出た余剰従業員の就業手配も必要だった。中央は数年来の課題であった城鎮部における青年の就業問題を一九八五年までに基本的に解決するとした。このため、十月一七日『門戸を広げ、経済を活性化し、城鎮部における就業問題を解決するための党中央と国務院による若干の決定』（以下略称『決定』）を出した。内容は以下の通りである。「今後は産業構造の調整と同時に集団経済と個体経済で就職先を開拓する必要がある。国営経済と集団経済を社会主義経済の基本として、一定の範囲内の個体経済を社会主義公有制経済に必要な補完とする」「自営業者は中国社会主義の労働者である」「**多様な経済形式と経営方法を長期にわたって共存させることは党の戦略であり、決して安易な計画ではない**。経済全体を活性化し、建設事業を速やかに発展させ、都市と農村における雇用を拡大するための手段である[126]」。さらに『決定』では次のように定めた。「城鎮部における個体経済を適度に発展させ、職業の選択肢を増やす。個体経済に対する差別、制限、攻撃を改め、速やかに**指導、奨励、促進、支援する政策を採る**。国営企業の経済体制と労働制度を徐々に改革する。『大鍋飯（一律の待遇）』『鉄飯碗（解雇がない）』等の問題を解決する。また、城鎮部に流入する農村労働力を厳格に管理する。農村の余剰労働力は、多様な経営を発展させて郷鎮企業の方法で現地に適した就業分配を行う」[127]。これらは都市と農村の個体経済を発展させる綱領的な文書となり「指導、奨励、促進、支援」という方針が正式に定められた。

一九八一年末、都市と農村で登録された個体商工事業所は全国で一八三万、従業員は二二七万人、資金は五億元、販売総額あるいは営業収入は一〇億九〇〇〇万元に達した。

一九八二年九月、党十二全大会報告では「中国の生産力は総じて低く不均衡であり、長期にわたって多様な経済形態が必要とされ同時に存在してきた」として、次のように指摘した。「国家が規定する範囲内及び商工業の行政管理の下で農村と都市の個体経済を奨励し、公有制経済に必要かつ有益な補完として適切に発展させなければならない。多様な経済形態を合理的に配置し発展させなければ、都市と農村の経済を発展させ、国民生活を豊かにすることはできない」[128]。**これは個体経済発展のための改革の基礎となった。**中国の基本的な国情に対する見方や計画経済と混合経済――すなわち多種経済に対する肯定は、一九四九年三月の七期二中全会の新民主主義経済綱領への回帰であり、歴史的に肯定と否定が繰り返されてきたと言える。

同年一二月、第五期全国人民代表大会で『憲法』第十一条が次のように定められた。「法律の規定範囲で都市と農村における個体経済を社会主義公有制経済の補完とする。また、国家は個体経済の合法的な権利と利益を保護する」[129]。**これによって、個体経済の発展が憲法で保証された。**これも、一九四九年九月第一期全国政治協商会議で採択した『共同綱領』で規定された経済方針への回帰であった[130]。

一九八三年三月五日、党中央、国務院は『都市と農村における小売業及びサービス業発展に関する指示』（以下略称『指示』）を発表した。おおまかな統計によると、一九八〇年から新たに増加した集団小売業とサービス業のネットショップは三七万店舗以上、個人事業は一七五万以上で、就職待ちの青年ら四五〇万人以上の受け皿となった。主な業種は小売業とサービス業だったが、ほかにも飲食、裁縫、銭湯、散髪、修理、洗濯、染色、撮影等一〇〇業種以上に上った。中央と国務院は『指示』で「基本的に集団あるいは個人による経営」と明記し、さらに次のように高く評価していた。「集団及び個人による小売業とサービス業は、経営は小規模で分散しており、大衆にとっても利便性がよく、損益にも自ら責任を負う。また、内在する活力を持ち融通性と適応性もあるため、国民生活におけるさまざまなニーズを満たし、国営商業の力強い補完となっている」[131]。

個体経済は禁止という「赤信号」から制限付きの「黄信号」へ、そして「青信号」へと大幅に発展した。ただ、雇用関係を有する私営企業の発展を許すかどうかについては議論があった。私的経済は搾取経済であるため社会主義経済にはなじまないという考え方が主流であったため、個体経済と同様に長期にわたって「赤信号」だった。その後、政策が「黄信号」という過渡期を経て「青信号」と変化し、これがイデオロギーの制約を突破する過程ともなった。

一九八二年、党中央政治局は雇用を伴う経済の創出と発展について極めて慎重に「様子を見る」という方針を採った。

一九八三年一月二日、党中央は『当面の農村経済政策に関する若干の問題』という通知で次のように指摘した。「中国は社会主義国家であり、搾取制度の存在を許すことはできない。しかし、中国は発展途上国でもあり、特に農村では生産力が低く商品生産も発達していないため、資金、技術、労働力について一定の流動と多様な形式が許されている。これは社会主義経済の発展に有利であり、**雇用人数が規定を若干超えていても（当時の規定は八人以下）『奨励もせず、公に宣伝することもしないが、急いで取り締まりもしない。多様な合作経済の発展情勢が赴くままにするべき』こととする**」。これは、中央が個体経済を「赤信号」から「黄信号」とし、関与も支持もしないということだった。

一月一二日、鄧小平は万里らと話した際、次のように述べた。「国務院の規定を超えた雇用があったが、これは社会主義を脅かすものではない。方向を誤らず冷静に判断すれば、この問題は難しくない。解決するのは十年後でもよく、何の危険性もない」[132]。**鄧小平は党内における重要な政策論争に対して「様子を見る」、「取り締まらない」態度を取り、国民の選択と社会における実践によって検証することとした。**

一九八四年一月一日、党中央は『一九八四年農村に関する通知』を発表し、農村における雇用問題についてさらに一歩前進させた。その中で次のように指摘した。「現在、規定人数以上の労働者を雇用する企業には、私的企業制度と異なる制度を実行しているものがある。…これは程度の違いはあるが合作経済の要素を持つため、さらに改善されるよう支援すべきである。これらは資本主義的な雇用でないと言える」[133]。私営経済を民営経済として捉え、それが資本主義であるかどうかは、全く人為的な主観的判断である。

一〇月二二日、鄧小平は次のように述べた。「少し前、雇用問題で衝撃的なことがあり国民の不安も大きかったが、それが大局に影響するのかどうか、とりあえず二年ようすを見ようではないか。もし、何か手を打てば国民は政策が変わったと不安になるだろう。『傻子瓜子（一九八二年、工場で一〇〇人以上を雇用して大きな話題となった会社）』の問題を解決しても、国民が不安になればよいことはない。『傻子瓜子』を自由にさせておいても恐れることはない。社会主義を損なうわけではない[134]」。

一九八六年六月、国務院弁公庁調査研究室は『個体経済の現状と問題』という総合的な調査報告を出し、以下のように結論づけた。「現段階では、政策として私的企業の存在とその適切な発展を許すべきである。これは、中国の特色ある社会主義建設における突破口となり得る」。

一九八七年一月二二日、党中央政治局は『農村改革深化に関する決定』で次のように指摘した。私営経済は社会主義経済の補完となる一つの形態である。多方面で雇用を創出し経営者を育成することが必要である。ある一定の期間、私的企業の存在は避けられない。私的企業については「その存在を許し、管理を強化してメリットを生かし、デメリットを抑え、徐々に導いていく方針」とする。

一〇月、党中央は第十三全大会で「現在、国有制以外の経済の発展はまだ足りない。**都市と農村における合作経済、個体経済、私営経済を奨励して発展させなければならない**。経済領域及び地区によって各種の所有制度経済が占める割合が異なるのを許すべきだ」「私営経済には雇用関係が存在しているが、社会主義の下では公有制経済が優勢であり、その影響は大きい。**私営経済がある程度発展すれば、生産の促進、市場の活発化、雇用の拡大に役立ち、国民生活のさまざまな需要を満たし、公有制経済に必要かつ有用な補完となる**。ただし、私営経済に関する政策と法律を速やかに制定する必要がある。それによって私営経済の利益を合法的に保護し、その指導、監督、管理は強化しなければならない[135]」。

興味深いことに、劉少奇は新中国設立前に次のように指摘していた。「新民主主義制度を強化することだ。ソ連のように急進的過ぎる社会主義政策を進めてはならない」。さらに「協調論」を掲げ、民族ブルジョアジーとは一〇～一五年は協調できると思われるが、**それより早く消滅してしまったら復活させるとした**[136]。一九四九年九月に制定された『共同綱領』第三〇条では、「**国家経済と国民生活に有用な私営経済であれば、人民政府はその積極性を奨励し支援すべきである**」と規定していた。

しかし、私営経済の発展を奨励する政策はまもなく廃止された。劉少奇は一九五六年九月、党第八全大会報告で中国及び全世界に向けて次のように宣言した。「中国の農業、手工業、及び資本主義的な商工業の社会主義的改造は、すでに決定的勝利を獲得した」「全国の資本主義的な商工業は全業界において公私の共同経営をほぼ実現した[137]」。私営経済は「大躍進」と「人民公社化」によって再び大きな打撃を受け、「文化大革命」の時期には完全に消滅してしまった。一九七五年四月、当時の党中央政治局常務委員兼国務院副総理だった張春橋は『論・ブルジョアジーに対する全面的な独裁』を発表し[138]、国家による個体経済と私的経済に対する全面的な独裁について説いた。「文化大革命」が終わると、張春橋は執行猶予付き死刑判決を下されたが、彼の「全面的な独裁論」は削除されなかった。その約十年後、一九八七年の党十三大では私営経済を再び正式に復活させ、正式に「合法化」された経済体となった。

一九八八年四月一二日、第七期全国人民代表大会の『中華人民共和国憲法（修正案）』で以下の内容が加えられた。「**国家は法律で規定する範囲で私営経済の存在と発展を許す。私営経済は社会主義公有制経済の補完である。国家は私営経済の権利と利益を法律で保護し、私営経済に対して指導、監督、管理を行う**[139]」。

六月、国務院は正式に『中華人民共和国私営企業の暫定条例』を発表し、私営企業とは企業の資産が個人所有で雇用者数八人以上の営利性の経済組織であると明確に規定した。これによって、私営企業は合法的な地位を獲得した。

一九八九年の政治的騒動後も、党中央は私営経済を発展させる方針を変えなかった。一九九一年七月六日、党中央は中央統一戦線工作部の『全国工商業連合会工作に関する若干の問題への指示の要請』で次のように指摘した。「現在の私営企業家を単に従来の商工業連合者と同類と見なすべきではない。また、一九五〇年代のような社会主義的改造は不要である。ともに団結し、彼等を支援、教育、指導し『愛国、勤勉、法律遵守』を要求すべきである」。

一九九一年、城鎮における自営業者は一九七八年の一五万人から七六〇万人と急速に増加し、全従業員に対する割合は五・二四％を占めた。都市と農村における個体経済の工業生産総額は、一九七八年は皆無に等しかったのが一九九一年には一二八七億元と急速に増加し、工業総生産額に占める割合は四・八三％に達した。一九九一年末、登録済みの私営企業は一〇万七〇〇〇社、従業員は一八四万人に達した。一九九〇年代以降、個体経済と私営経済は急速な発展を遂げ、中国の高度経済成長と雇用創出に大きく貢献した。

非国有経済の急速な発展によって中国の経済所有制度の構造は大きく変化し、その主体は国有経済から非国有経済に移った。改革初期における中国の非国有経済の割合は、旧ソ連と東欧諸国よりずっと高かった。一九七八年、中国の非国有経済は一五三〇億二〇〇〇万元、ＧＤＰに占める割合は四二・二％、そのうち農業の非国有経済は九八二億八〇〇〇万元で、非国有経済全体の六四・二％を占めた（表6－4）。

一九七八～一九八五年は国有経済から非国有経済への移行が急速に進んだ。一九八五年、ＧＤＰに占める非国有経済は五三・〇％に達し、そのうち農業の非国有経済が全国非国有経済総量の五二・〇％を占めた。

一九八五～一九九二年は非国有経済のＧＤＰに占める割合に大きな変化はなく、一九九二年は五三・二％に過ぎなかった。そのうち農業の非国有経済は非国有経済全体の三九・八%、農業以外の非国有経済は非国有経済全体の六〇・二%だった。

表6-4　GDPに占める非国有経済の割合（1978～1992年）　単位：%

年	GDP	第一次産業	第二次産業	工　業	建設業	第三次産業
1978	42.2	96.5	20.47	19.20	35.20	22.14
1979	45.0	96.3	22.13	21.00	36.00	20.93
1980	44.2	96.1	22.64	21.30	36.30	20.00
1981	45.9	96.3	22.87	21.20	39.40	21.59
1982	46.9	96.4	23.32	21.40	42.10	19.99
1983	49.3	97.3	28.60	26.60	46.20	19.67
1984	50.4	96.8	32.37	30.90	45.80	22.04
1985	53.0	97.2	37.80	36.10	51.83	32.03
1986	52.9	96.9	40.01	37.70	57.41	31.33
1987	54.1	97.0	42.65	40.30	58.84	32.00
1988	54.5	96.8	45.31	43.20	60.35	32.03
1989	53.6	96.8	46.58	45.00	59.50	29.23
1990	53.4	96.7	46.13	45.40	51.98	25.54
1991	52.1	97.1	44.88	43.80	53.50	28.24

資料出典：『中国の改革と発展報告』専門家チーム：『制度の障害と供給～非国有経済の発展問題研究～』594頁、上海、上海遠東出版社、2001。

産業別に見ると、第一次産業は非国有経済が主体であり、一九七八～一九九二年における非国有経済の割合は九六%以上だった。一九七八年に九六・五%となったが、その後の変化は小さく、一九九〇年は九六・七%にとどまった。第二次産業の非国有経済の割合は低く、一九七八年で二〇・四七%だった。一九八二年以降は急速に増加して一九八八年で四五・三二%、一九九二年は四九・四八%まで増加した。第三次産業は大きく変動した。一九七八年は二二・一四%だったが、その後は下がって一九八三年で最低となった。その後、再び上昇して一九八八年は三二・〇三%となったが、再び下がり一九九二年は三〇・一四%となった（表6－4）。

工業部門では、城鎮部における集団企業を含む非国有企業は増加傾向にあった（表6－5）。工業総生産額に占める非国有企業の割合は、一九七八年の二二・三七%から一九九二年の四八・四八%に増加し、年平均一・八七ポイント上昇した。固定資産純価値の割合は一九七八年の八・二%から一九九二年の二二・二%に増加し、年平均一・〇ポイント上昇した。就業人数の割合は一九七八年の四八・五%から一九九二年の五五・八%に増加し、年平均〇・五ポイント上昇した。そのうち個体経済と私営経済と外資工業企業を含む他の工業企業については、一九七九年の工業生産総額に占める割合は皆無に等しかったが、一九九二年には一三・四一%に増加し、年平均〇・九六ポイント上昇した。この時期は、非国有工業企業

表6-5　工業において非国有経済が占める割合（1978～1992年）　単位：%

年	工業総生産額 a	工業固定資産純価値 b	工業の就業人数 c
1978	22.37	8.2	48.5
1979	21.53	9.5	49.1
1980	24.03	10.7	50.3
1981	25.24	11.6	50.0
1982	25.56	12.3	50.3
1983	26.64	12.8	50.1
1984	30.91	13.7	53.7
1985	35.14	14.7	54.3
1986	37.73	16.1	56.0
1987	40.27	17.4	56.3
1988	43.20	18.6	56.2
1989	45.94	19.6	55.3
1990	45.40	20.2	55.0
1991	43.84	20.9	55.0
1992	48.48	22.2	55.8

資料出典：aは『中国工業経済統計年鑑（2007）』、19頁のデータに基づく筆者の計算。bは『中国の経済成長最前線Ⅱ－バランスの取れた成長構造への転換についての理論と政策の研究』457頁、張平等、北京、中国社会科学出版社、2011。cは『中国統計年鑑（1993）』98頁及び17頁のデータに基づく筆者の計算。

の中でも他の工業企業が最も急速に発展したと言える。非国有工業企業は、工業生産総額では国有工業企業を上回らなかったが、雇用創出については国有企業をはるかに上回る貢献をした。

第四節　経済体制改革の大きな進展

社会主義革命の目的は何か。これについては、毛沢東が一九五六年に生産力を解放するためだと述べていたが、その手段については、農村における集団化及び都市における国有化を提唱していた[140]。これは主観的な願望と推定にすぎなかった。なぜなら、知識には限界があり、当時参考にできたのは旧ソ連のモデルと経験しかなかったからだ。生産力の解放とは利益を生み出すシステムの確立であり、これが集団化と国有化の「短命」だった原因を説明している。

鄧小平も改革の目的を生産力の解放と生産力の向上とした。**ただその手段を農村における「非集団化」と都市における「非国有化」とし、これこそが生産力を解放して生産力を高めるインセンティブ体制構築の課題を解決した。**中国の経済体制改革において重要な経験は、国情に基づいて効果的なインセンティブシステムと制度を選ぶことであり、これはインセンティブの正当化だけでなく、利益の追求を持続的に刺激することも保証する必要があった。これが国民を豊かにし、国家を強く豊かにする根幹だった。

中央の計画経済体制改革の主な目的は、国家が直接、経済資源を計画、配分し、政策によって資源配分することだった。**表6－6**の各指数は、経済改革政策が国家の機能に与えた影響を示しており、根本的な改革だったことが分かる。最も顕著だったのは多様な経済構成要素が生みだした構造変化である。一九七八年は工業総生産額の八〇・八％が計画経済体制の下で運営された国営企業によるものだったが、一九八九年には五六・一％に下がった。当時の国営企業の所有制度はほぼ変化がなかったため、これは民営化によるものではない。その原因は、主に商業部門における非国有企業の増加だった。これは、急進的に進むことを避け順を追って徐々に進む漸進主義で行ったからで、当時は低い成長率を絶えず積み重ねることで、最終的に構造改革が大きく前進したと言える。[141]

表6-6　国家機能の変化（1978～1989年）　単位：％

	1978年	1984年	1989年
工業総生産額に占める国営企業の割合	80.8	73.6	56.1
GNPに占める財政収入の割合	34.4	26.4	20.9
GNPに占める予算外収入の割合	9.7	17.1	16.8
投資資金	1981年	1984年	1989年
予　算	28.1	23	8.3
借　款	12.7	14.1	17.3
海外投資	3.8	3.9	6.6
その他	55.45	59.1	67.8
総投資額に占める国営企業の割合	69.5	64.7	61.3
国営企業の投資資金	1981年	1984年	1989年
予　算	37.7	39	13.4
借　款	不明	15.4	20.9
海外投資	不明	2.2	10.2
その他	不明	43.5	55.6
GNPに占める銀行貯蓄の割合			
全　体	31.6	47.6	56.8
企　業	10.3	19.2	19.5
都市部	4.3	11.2	23.6
農村部	4.3	5.4	4.5
財政及び政府	9.7	7.1	5.8

資料出典：世界銀行『中国：1990年代の改革と計画の効果』、中国語版、59頁、北京、中国財政経済出版社、1993。

米国の学者は次のように論評している。「**一九九〇年代初期、中国経済は次第に計画経済から脱却し、計画経済と国有経済はどちらも中国の経済を主導する役目を果たさなくなった**[142]」。

これは自己学習と自己変革という典型的な閉鎖的改革の過程である。制度の変遷には自己発展論理と経路依存性がある。制度は過去の歴史に沿って変化するため、既存の利益構造を完全に変えたり置き換えたりすることは不可能で、部分的な改正しかできないということである。中国は他国に先例のない独自の財政制度を採用しており、五〜六通りの多様な財政制度を実行したのも中国だけだった。同時に制度も安定しておらず、大小の変化が絶えず発生していた。国際的に見ると、財政制度は他の制度より安定しており長期的に継続するものである。**中国のように財政制度が頻繁に変化し、無秩序に改革され、改革の結果も不確実な国家は世界でも極めて稀である。中国の財政体制改革は入念な設計による結果ではなく、全国人民代表大会で関連する法律を制定するといった透明かつ明確に制定された結果でもない。中央と地方が政治的な駆け引きを行った結果であり、一対一の交渉の結果だった。**一九九三年になって、中国の経済体制改革、特に財政体制改革は、閉鎖的な改革から開放的な改革へ移行した。つまり、他国の経験を学習、参考、比較、共有することによって、初めて国際的に通用する中央と地方の分税制が導入された。一九九四年には『予算法』が制定され、中央と地方の財政関係は制度化、標準化され、手続きも定められて安定するようになった。

都市改革は農村改革よりも複雑で困難だった。まず計画経済体制の改革と改善から始め、その後「川底の石を探りながら川を渡る」ように計画経済体制から徐々に脱却していった。この時期の改革目標は全体的に明確ではなく、改革の範囲も部分的で、地方における改革にも差があった。改革初期の基本構想は「行政組織を簡素化して、権限を各機関に委譲する」「過度に集中する権限の委譲をはかり、財政の一部を自由裁量とする」ことだった。当時、経済体制改革の主な目的は、企業、価格体系、財政制度、計画体制等の改革によって計画経済体制におけるインセンティブ不足の問題を処理することだった。

中国の経済体制改革は当初「二足のわらじを履く」方法がとられた。つまり、一方では国有企業を改革によって活性化させ、市場競争力を強化し、国家経済と国民生活において重要な役割を持たせ、もう一方では、非国有経済を積極的に発展させた。一九九二年には非国有経済の工業と建設業が全体の五〇%を占め、サービス業は三〇%以上を占めた（表6－4）。また、一方では国家の計画価格を縮小し、もう一方では国家の指導価格と市場価格を拡大した。一九九〇年代初期には市場による価格調整が主体となった（表6－1）。さらに、一方では国家計画の命令的計画を縮小して必要な行政手段だけを保留し、もう一方では指導的計画と市場価格の範囲を拡大して多様な経済手段と法律手段を総合的に運用した。一九九〇年代初期には「国家が市場を調整し、市場が企業を導く」という新たなメカニズムが構築された。

　一九八〇年代の都市の経済体制改革は、一九九〇年代初期の「社会主義市場経済体制」の基礎となり、計画経済体制を脱却するだけでなく市場経済が導入された。これは初歩的な試みではあったが、改革を積み重ねた結果、大きな成果を上げることができた。中国の経済体制改革は、最初から壮大な設計を基に進められたのではなく「川底の石を探りながら川を渡る」という手法で、社会主義市場経済体制に移行するための道を切り開いていった。一九九二年の党十四全大会では、この体制を確立するという目標が正式に提出された。

注

1　胡耀邦は次のように述べた。「五年以内に財政及び経済、社会のモラル、党風を根本的に改善することをすでに提案した。これを達成することができるだろうか。党中央は、代表大会が実現しなくてはならないと判断し、全会一致で必ず実現すると答えると信じている」。胡耀邦「社会主義的近代化の新たな状況を全面的に作り出す――第十二回中国共産党全国大会での報告」一九八二年九月一日、『十一届三中全会以来歴次党代会、中央全会報告公報決議決定』、一六一頁、北京、中国方正出版社、二〇〇八。実際は、財政及び経済の根本的な改善は達成されたが、他の二つの改善目標は達成されていない。

2　鄧小平は次のように述べた。「近代化建設は中国の実情から始めなければならない。革命であれ建設であれ、外国の経験を学習、参考にしなければならない。しかし、他国の経験やモデルを模倣するだけでは決して成功しない。この点において私たちは多くの教訓がある。マルクス主義の普遍的な真理と中国の具体的な現実を結びつけ、独自の道を歩み、中国の特色ある社会主義を建設することが、長期的な歴史の経験から得た結論の総括である」。鄧小平「中国共産党第十二回全国大会開会式辞」一九八二年九月一日、『鄧小平文選』第三巻、二～三頁、北京、人民出版社、一九九三。

3　王輝『漸進革命：震蕩世界的中国改革之路』中国語版、二五頁、北京、中国計画出版社、一九九八。

4　胡耀邦「社会主義近代化建設の新局面を全面的に創り出す――中国共産党第十二回全国代表大会報告」、中共中央文献研究室『十二大以来重要文献選編』上冊、二〇～二二頁、北京、人民出版社、一九八六。

5　鄧小平は外賓に次のように述べた。「**ソ連を模倣した社会主義モデルを取り入れたが多くの問題が起こった。その問題は早期に発見されたが、まだ解決していない**。私たちは今、改革によってこの問題を解決し、中国の特色ある社会主義を建設しなければならない」。鄧小平「思想を開放し、思考を自立させる」一九八八年五月一八日、『鄧小平文選』第三巻、二六一頁、北京、人民出版社、一九九三。

6　鄧小平「党及び国家指導制度の改革」一九八〇年八月一八日、『鄧小平文選』第二巻、三三七頁、北京、人民出版社、一九九四。

7　『劉少奇論合作社経済』、一九二頁、北京、中国財形経済出版社、一九八七。

8　劉少奇「中国共産党第八回全国代表大会政治報告」一九五六年九月

一五日、『劉少奇選集』下巻、二三七頁、北京、人民出版社、一九八一。

9　劉少奇「高級党校学員の整風問題に関する談話」一九五七年五月七日、『劉少奇論党的建設』、六七九頁、北京、中央文献出版社、一九九一。

10　モーリス・マイスナー『毛沢東的中国及其後：中華人民共和国史』中国語版第三版、三九九頁、香港、香港中文大学出版社、二〇〇五。

11　陳雲「大きな計画、小さな自由（一九五六年一月二日）」、『陳雲文集』第三巻、一〇三頁。北京、中央文献出版社、二〇〇六。

12　党八大では『政治報告に関する決議』で次のように指摘した。「商業の方面では民間企業や商業の社会主義的改造が基本的に完了し、中国で統一的な社会主義の市場が形成された。新たな経済状況と人々のニーズに適応するため、**この社会主義の統一市場は国家市場の主体となるべきであり、同時に、国家の指導の下、一定の範囲内の自由市場を併存させ、国家市場の補完とする。**そのため、購買と販売の関係及び市場管理を改善するための対応策を講じ、商品流通を拡大し、工業、農業生産を促進するために価格を合理的に調整する必要がある」『関于政治報告的決議』（一九五六年九月二七日、中国共産党第八回全国代表大会で採択）。

13　趙紫陽「当面の経済情勢及び今後の経済建設方針」一九八一年一一月三〇日、一二月一日、中共中央文献研究室編『三中全会以来重要文献選編』（下）、一〇二九頁、北京、人民出版社、一九八二。

14　毛沢東「社会主義商品生産に関する問題」一九五八年一一月九日、一〇日、『毛沢東文集』第七巻、四三七～四三九頁、北京、人民出版社、一九九九。

15　孫治方「価値法則に則った計画と統計」、『経済研究』、一九五六年第六号。

16　顧準「社会主義制度下の商品生産と価値法則」、『経済研究』、一九五七年第三号。

17　汪暉は、価値法則についての孫治方と顧準の議論が、改革理論の根拠が社会主義の歴史の中で事実上、萌芽していたことを証明したと考えた。汪暉『去政治化的政治：短二〇世紀終結与九〇年代』、一二一頁、北京、生活・読書・新知三連書店、二〇〇八。

18　孫治方は一九六〇年代初めに迫害を受け、「文化大革命」で七年間刑務所に入れられた。顧準は一九五七年の「反右派」運動で右派分子と見なされた。一九六二年「下放労働」から経済研究所に戻り、一九六五年に再び「右派」に分類され、「文化革命」で迫害を受けた。

19　「孫治方に対する批判と経済戦線における闘争・批判・改革」『人民日報』一九七〇年二月二四日。広東人民出版社編『対孫治方的批判和経済戦線的闘批改』、広州、広東人民出版社、一九七〇。

20　張春橋「ブルジョア階級に対する全面的独裁を論ず」『紅旗』一九七五年四月一日。姚文元「林彪ら反党集団の社会的基礎を論ず」『人民日報』一九七五年三月一日。両記事は毛沢東の要求で書かれ、中央委員会政治局で議論された後、毛沢東が一般公開を承認した。陳東林、杜蒲編『中華人民共和国実録：内乱与抗争――「文化大革命」的十年』、一一九三頁、長春、吉林省人民出版社、一九九四。

21　張春橋『在全軍各大単位政治部主任座談会上的講話』一九七六年三月一日。

22　汪暉『去政治化的政治：短二〇世紀終結与九〇年代』、二〇頁、北京、生活・読書・新知三連書店、二〇〇八。

23　華国鋒「全国財貿大慶・大寨に学ぶ会議における講話」『人民日報』一九七八年七月一二日。

24　李先念「国務院理論研究会における講話」一九七八年九月九日、『李先念文選（一九三五‐一九八八）』、三三一頁、北京、人民出版社、一九八八。

25　『李先念伝』編写組『李先念伝（一九四九‐一九九二）』（下）、一〇六六～一〇六八頁、北京、中央文献出版社、二〇〇九。

26　譚宗級、葉心瑜編集主幹『中華人民共和国実録―改革与巨変―開創現代化建設新局面（一九七七－一九八三）』第四巻、（上）、一三九頁、長春、吉林人民出版社、一九九四。

27　于光遠『大転折——十一届三中全会的台前幕後』、五五頁、北京、中央編訳出版社、二〇〇八。

28　これは国務院研究室が国務院理論研究会議に提出したもので、胡喬木、于光遠、馬洪が共同で文章を書き、その後公表された。于光遠『大転折——十一届三中全会的台前幕後』、五五頁、北京、中央編訳出版社、二〇〇八。

29　『人民日報』一九七八年一〇月六日。

30　孫治方『社会主義経済的若干理論問題』（続集増訂版）、北京、人民出版社、一九八三。これは孫治方が一九六四年に批判された時に述べた言葉で、一九七八年一〇月に『光明日報』で「千の規則、万の規則があろうと価値法則が第一」という文章を発表した。

31　楊継縄『鄧小平時代：中国改革開放二〇年記実』、三一〇頁、北京、中央編訳出版社、一九九八。

32　中共中央文献研究室編『陳雲年譜（一九〇五－一九九五）』下巻、二三六頁、北京、中央文献出版社、二〇〇〇。

33　中共中央文献研究室編、金衝及、陳群編集主幹『陳雲伝』下、二三八頁、北京、中央文献出版社、二〇〇五。

34　江沢民「陳雲生誕九〇周年記念大会における演説」『人民日報』一九九五年六月一四日。

35　李先念「中央工作会議における講話」一九七九年四月五日、『李先念文選（一九三五－一九八八）』、三七一～三五四頁、北京、人民出版社、一九八九。

36　肖冬連「一九七八～一九八四年における中国の経済体制改革構想の発展と変化——政策決定と実施」『当代中国歴史研究』、二〇〇四年、第五号、五九～七〇頁。

37　中共中央文献研究室編『陳雲年譜（一九〇五－一九九五）』下巻、二五二～二五三頁、中央文献出版社、二〇〇〇。

38　鄧小平「社会主義も市場経済が可能である」（一九七九年一一月二六日に述べた言葉）、『鄧小平文選』第二巻、二三六頁、北京、人民出版社、一九九四。

39　鄧小平「武昌、深圳、珠海、上海等での談話要点」一九九二年一月一八日～二月二一日、『鄧小平文選』第三巻、三七三頁、北京、人民出版社、一九九三。

40　これは薛暮橋が起草した。

41　徐景安「改革三十年」二〇〇八年三月一三日、『社会科学新聞』。

42　薛暮橋はこの文章の起草目的について次のように説明した。「私たちは、いわゆる経済体制改革が、どのような社会主義経済を中国に確立するべきかという問題を解決しなくてはならないと深く感じている。これは社会主義建設の基本的な方向である。今後起草される経済管理体制改革計画規則は『経済の憲法』である」。薛暮橋『薛暮橋回憶録』、三七五～三七六頁、天津、天津人民出版社、一九九六。

43　陳雲「経済情勢及び経験と教訓」一九八〇年一二月一六日、『陳雲文選』第三巻、二七八～二七九頁、人民出版社、一九九五。

44　鄧小平「調整方針を貫徹し、安定と団結を保証する」一九八〇年一二月二四日、『鄧小平文選』第二巻、三六二頁、人民出版社、一九九四。

45　中共中央文献研究室編、金衝及、陳群編『陳雲伝』、一六三四頁、北京、中央文献出版社、二〇〇五。

46　趙紫陽「国民経済調整に関するいくつかの問題」一九八〇年一二月一六日、中共中央文献研究室編『三中全会以来重要文献選編』（上）、六〇九頁、北京、人民出版社、一九八二。

47　鄧小平「調整方針を貫徹し、安定と団結を保証する」一九八〇年一二月二四日、『鄧小平文選』第二巻、三六三頁、人民出版社、一九九四。

48　中共中央文献研究室編、金衝及、陳群編『陳雲伝』、一六三七頁、北京、中央文献出版社、二〇〇五。

49　「中国共産党中央委員会・建国以来の党の若干の歴史問題に関する決議」一九八一年六月二七日、党第十一届中央委員会第六回全体会議

で全会一致で可決、中共中央文献研究室編『三中全会以来重要文献選編』（上）、八四一頁、北京、人民出版社、一九八二。

50　譚宗級、葉心瑜主編『中華人民共和国実録―改革与巨変―開創現代化建設新局面（一九七七－一九八三）』第四巻（上）、四九四頁、長春、吉林人民出版社、一九九四。

51　姚依林、宋平、柴樹藩、李人俊、房維中、王玉清らが座談会に参加した。

52　譚宗級、葉心瑜主編『中華人民共和国実録―改革与巨変―開創現代化建設新局面（一九七七－一九八三）』第四巻、（上）、五一五頁、長春、吉林人民出版社、一九九四。

53　陳雲「党第十二期代表大会で制定した戦略目標の実現に関するいくつかの問題」一九八二年一二月二日、『陳雲文選』第三巻、三二〇頁、北京、人民出版社、一九九五。

54　中共中央文献研究室編、金衝及、陳群編『陳雲伝』、一六四三頁、北京、中央文献出版社、二〇〇五年六月。

55　趙紫陽「当面の経済におけるいくつかの問題」一九八二年三月四日、中共中央文献研究室編『三中全会以来重要文献選編』（下）、一一九〇～一一九六頁、北京、人民出版社、一九八二。

56　鄧小平は次のように述べた。「経済体制改革はまだ試験段階に過ぎない。近年、対外開放し経済を活性化するという政策は成果を上げたが、これは始まりに過ぎない。経験を総括する目的は、私たちの体制が社会主義的であること、中国式であることを保証し、生産性を向上させ、人々の生活を改善し、各方面の積極性を発揮させるために、改革を継続することである。最も重要なことは、陳雲が述べたように公有制を基礎とした計画経済であり、計画経済を主体とした市場調整の補完であり、あらゆる経済計画は全国的視野から策定し、国家計画に沿って進めなければならないことである」。「鄧小平と胡喬木、鄧力群との談話記録」一九八二年四月三日、『陳雲年譜（一九〇五－一九九五）』下巻、二九三頁、北京、中央文献出版社、二〇〇〇。

57　胡耀邦は党の十二大報告で次のように指摘した。「中国は公有制に基づいて計画経済を実施している。計画された生産と流通が国民経済の柱である。同時に、一部の製品生産と流通は計画ではなく市場調整に委ねることが認められている。これは計画された生産と流通を補完するもので、従属的かつ副次的だが必要かつ有益である。社会主義国営経済は全国民経済において主導的地位にある。農村部と都市部では労働者による個体経済を、設定した範囲内かつ商工業行政管理の下で、公有制経済における必要かつ有益な補完として適切に発展させなくてはならない。計画経済を主体として市場調整を補完とするという原則を貫徹する必要がある。これを貫徹することが経済体制改革における根本的な問題である。命令的計画、指導的計画、市場調整の領域を適切に定め、基本的に物価の安定を前提とした段階的な価格体系及び価格管理の改革、労働制度と賃金制度の改革を進め、中国に適した経済管理体制を確立することで国家経済の健全な発展を確保する」。胡耀邦「社会主義的近代化の新たな状況を全面的に作り出す――第十二回中国共産党全国大会における報告」中共中央文献研究室編『十二大以来重要文献選編』（上）、二〇～二三頁、北京、人民出版社、一九八六。

58　趙紫陽「経済体制改革における三つの問題に関する意見」一九八四年九月九日、中共中央文献研究室編『十二大以来重要文献選編』（中）、五三五頁、北京、人民出版社、一九八六。

59　『経済体制改革に関する中央の決定』（一九八四年一〇月二〇日、党第十二届中央委員会第三次全体会議で採択）出所：人民網。

60　鄧小平「中央顧問委員会第三次全体会議における講話」一九八四年一〇月二二日、『鄧小平文選』第三巻、八三頁、北京、人民出版社、一九九三。

61　中共中央文献研究室編『鄧小平年譜（一九七五－一九九七）』（下）、一〇〇六頁、北京、中央文献出版社、二〇〇四。

62　中共中央文献研究室編『陳雲年譜（一九〇五－一九九五）』下巻、三六三頁、北京、中央文献出版社、二〇〇〇。

63　陳雲「十二期三中全会での書面による発言」一九八四年一〇月二〇日、『十二大以来重要文献選編』(中)、五八九頁、北京、中央文献出版社、一九八六。
64　ゼーリック「実現した鄧小平構想」、『人民日報海外版』二〇一〇年九月一四日『鄧小平年譜(一九七五－一九九七)』(上)、六二〇～六二一頁、北京、中央文献出版社、二〇〇四。
65　世界銀行経済考察団『中国：社会主義的発展』中国語版、北京、中国財政経済出版社、一九八三。
66　引用：デイビッド・M・ランプトン『中国力量の三方面：軍力、財力、智力』中国語版、一〇二頁、北京、新華出版社、二〇〇九。
67　中共中央文献研究室編『鄧小平年譜(一九七五－一九九七)』(上)、九一〇頁、北京、中央文献出版社、二〇〇四。
68　世界銀行一九八四年経済考察団『中国：長期発展的問題和方策』(主報告)、中国語版、北京、中国財政経済出版社，一九八五。
69　郭樹清「国際著名学者と専門家による中国経済改革談」、『経済社会体制比較』、一九八五年第三号。
70　郭樹清「国際著名学者と専門家による中国経済改革談」、『経済社会体制比較』、一九八五年第三号。
71　コルナ・イヤーノシュ「『自由経済への道』出版十周年後の自己評価」、『後社会主義転軌思索』、長春、吉林人民出版社、二〇〇三。
72　鄧小平「社会主義と市場経済に根本的な矛盾はない」一九八五年一〇月二三日、『鄧小平文選』第三巻、一四八～一五〇頁、北京、人民出版社、一九九三。『鄧小平年譜(一九七五－一九九七)』(下)、一〇九〇頁、北京、中央文献出版社、二〇〇四。
73　呉敬璉「経済学と中国経済の台頭について」、『中国改革』二〇一一年八月一六日。
74　田紀雲『改革開放的偉大実践』、四八八頁、北京、新華社、二〇〇九。
75　鄧小平「計画と市場は生産力発展の方法である」一九八七年二月六日、『鄧小平文選』第三巻、二〇三頁、北京、人民出版社、一九九三。
76　高尚全「改革開放三〇年：思想解放の一過程」、一～四頁、『改革内参』、二〇〇八年第六号。
77　趙紫陽「中国の特色ある社会主義の道を進む――中国共産党第十三回全国代表大会報告」、中共中央文献研究室『十三大以来重要文献選編』、一六～一八頁、北京、人民出版社、一九九一。
78　馬洪は次のように指摘した。「第一に、所有制度は国有または集団所有という単一の公有制から、公有経済に基づく混合型の所有制(株式制)に転換する。第二に、経済運営は政府主体から企業主体と個人主体へ転換する。第三に、事業の意思決定によるリスクは政府や社会ではなく企業や個人が負うことになる。第四に、企業経営戦略は依存型から自己発展型に転換する。第五に、政府と企業の関係は政府の支配から独立した企業に変化する。第六に、政府の経済管理は現物的、直接的、一対一の管理から価値的、間接的、業態的な経営に変わる。第七に、国有資産の管理は現物から価値化、貨幣化、証券化に移行し、同時に固定資産管理は単一的な管理から不動産、有価証券、商品等が統合された管理に移行する。第八に、雇用制度は国家による割当から個人による職業選択に変更され、経営者は政府による任命、解雇から取締役会による選挙または任命に変更される。第十に、価格体系は行政価格から市場価格に変わる」。馬洪「市場経済への移行は重要な経済社会革命である」一九八七、『馬洪改革論集』、一九一頁、北京、中国発展出版社、二〇〇八。
79　中共中央文献研究室編『鄧小平年譜(一九七五－一九九七)』(上)、四四五～四四六頁、北京、中央文献出版社、一九九八。
80　李先念「国務院理論研究会議における講話」(一九七八年九月九日)、『李先念文選(一九三五－一九八八)』三二四～三三六頁、北京、人民出版社、一九八九。
81　ローレン・ブラント、トーマス・G・ロースキー編『偉大的中国経済転型』中国語版、三五〇頁、上海、上海人民出版社、二〇〇九。

82　『李先念伝』編写組『李先念伝（一九四九－一九九二）』（下）、一一〇四～一一〇六頁、北京、中央文献出版社、二〇〇九。
83　董補祁主編『中華人民共和国経済史』下巻、六四～六七頁、北京、経済科学出版社、一九九九。
84　呉敬璉『当代中国経済改革教程』、一二九頁、上海、上海遠東出版社、二〇一〇。
85　趙紫陽「経済体制改革における三つの問題に関する意見」一九八四年九月九日、中央文献研究室編『十二大以来重要文献選編』（中）、五三八頁、北京、人民出版社、一九八六。
86　孫健『中国経済通史（一九四九－二〇〇〇年）』下巻、一九七三頁、北京、人民大学出版社、二〇〇〇。
87　ローレン・ブラント、トーマス・G・ロースキー編『偉大的中国経済転型』中国語版、三二五頁、上海、上海人民出版社、二〇〇九。
88　Donald Clark "Empirical Research in Chinese Law", in "Beyond Common Knowledge : Empirical Approaches to the Rule of Law" in Erik Jensen & Thomas Heller (eds.), Stanford: Stanford University Press, 2003 : pp.164-192.
89　「企業法」第二条は次のように規定している。「国有制の工業企業（以下、企業と略称）は法律に則った自主経営、損益自己責任、独立採算の社会主義商品生産の経営単位である。企業の財産は国家に属し、国家は所有権と経営権の分離原則に照らし、企業に経営管理権を付与する。企業は国家によって賦与された経営管理する財産に対して占有、使用そして法に基づく処分の権利を有する。」
90　「企業法」第七条は「企業は工場管理者責任制とし、工場管理者は法律に則って権限を行使し、法律の下で保護される」と規定している。第四十五条は、企業長は企業の法定代表人である。企業は、企業長をトップとする生産経営管理体制を構築し、企業長は企業の中心的地位にあって、企業の物質文明と精神文明の形成に全面的に責任を負う。
91　ローレン・ブラント、トーマス・G・ロースキー編『偉大的中国経済転型』中国語版、三五一頁、上海、上海人民出版社、二〇〇九。
92　呉敬璉『当代中国経済改革教程』、一三一～一三二頁、上海、上海遠東出版社、二〇一〇。
93　『社会主義市場経済体制確立におけるいくつかの問題に関する党中央の決定』は、近代的な企業制度の確立は、社会化された大規模な生産と市場経済の発展にとって避けられない要求であり、中国における国有企業の改革の方向性であると指摘した。国有企業は公司制を導入する。『社会主義市場経済体制確立におけるいくつかの問題に関する党中央の決定』（党第十四届中央委員会第三回全体会議、一九九三年一一月四日）
94　張軍『「双軌制」経済学：中国的経済改革（一九七八－一九九二）』、上海、上海三連書店、上海人民出版社、一九九七。
95　譚宗級、葉心瑜主編『中華人民共和国実録—改革与巨変—開創現代化建設新局面（一九七七－一九八三）』第四巻、（上）、四六三頁、長春、吉林人民出版社、一九九四。
96　譚宗級、葉心瑜主編『中華人民共和国実録—改革与巨変—開創現代化建設新局面（一九七七－一九八三）』第四巻、（上）、四六五頁、長春、吉林人民出版社、一九九四。
97　呉敬璉『当代中国経済改革教程』、五八頁、上海、上海遠東出版社、二〇一〇。
98　田紀雲は次のように考えた。「一九八五年における価格改革の進展は次の通りである。豚の売買政策と価格政策が調整された。野菜等の生鮮品、非主食の食糧価格が自由化された。農村における食糧の売買価格が調整された。鉄道の近距離輸送価格を引き上げた。食糧、綿などの主要農産物は統一買上及び割当買上を廃止して契約買上制度を導入した。契約外については農民自身が販売でき、価格は市場相場の変動に任せ、または保護価格で国に売ることもできる。原材料や燃料等の重要な生産資材については、計画分配価格は基本的に変わらず、規定に則って企業が自己販売する分については価格変動の対象となった。日用雑貨等の価格は自由化され市場価格となった」。田紀雲「中央・

党・政府・解放軍組織大会における演説」一九八六年一月六日、田紀雲『改革開放的偉大実践』、一二頁、北京、新華出版社、二〇〇九。

99 李鉄映『改革開放探索』上冊、一八～一九頁、北京、中国人民大学出版社、二〇〇八。

100 趙紫陽「経済体制改革における三つの問題に関する意見」一九八四年九月九日、中央文献研究室編『十二大以来重要文献選編』(中)、五三七頁、北京、人民出版社、一九八六。

101 田紀雲『改革開放的偉大実践』、四八七頁、北京、新華出版社、二〇〇九。

102 鄧小平「時機を捉え、改革を推進する」一九八五年七月一一日、『鄧小平文選』第三巻、一三一～一三二頁、北京、人民出版社、一九九三。

103 孫健『中国経済通史（一九四九－二〇〇〇年）』下巻、一九七八～一九七九頁、北京、人民大学出版社、二〇〇〇。

104 孫健『中国経済通史（一九四九－二〇〇〇年）』下巻、一九七八～一九七九頁、北京、人民大学出版社、二〇〇〇。

105 「経済社会体制比較」編輯部編『腐敗：貨幣与権力的交換』、北京、中国展望出版社、一九八九。呉敬璉『当代中国経済改革教程』、五八～六一頁、上海、上海遠東出版社、二〇一〇。

106 董補礽主編『中華人民共和国経済史』上巻、北京、経済科学出版社、一九九九を参照。

107 中共中央文献研究室編『十二大以来重要文献選編』(中)、五四五頁、北京、人民出版社、一九八六。

108 李鉄映『改革開放探索』上冊、一三～一四頁、北京、中国人民大学出版社、二〇〇八。

109 郭樹清「中国経済体制の現状と改革の継続」、『管理世界』一九八七年第一号。

110 全国人大常委会弁公庁、国家計画委員会等編『改革与発展』(一九八三－一九八七)、一二頁、中国計画出版社一九八八年版。

111 計画体制改善に関する国家計画委員会の暫定規定、一九八四年八月三一日。

112 呉敬璉『当代中国経済改革教程』、一二六頁、上海、上海遠東出版社、二〇一〇。

113 譚宗級、葉心瑜主編『中華人民共和国実録―改革与巨変―開創現代化建設新局面（一九七七－一九八三）』第四巻、(上)、一三三五～一三三六頁、長春、吉林人民出版社、一九九四。

114 呉敬璉『当代中国経済改革教程』、一三四～一三五頁、上海、上海遠東出版社、二〇一〇。

115 ローレン・ブラント、トーマス・G・ロースキー編『偉大的中国経済転型』中国語版、三六四頁、上海、上海人民出版社、二〇〇九。

116 鄧小平「教育工作を真剣に把握しよう」一九八五年五月一九日、『鄧小平文選』第三巻、一二二頁、北京、人民出版社、一九九三。

117 鄧小平「生産力解放のための科学技術体制改革」一九八五年三月七日、『鄧小平文選』第三巻、一〇八頁、北京、人民出版社、一九九三。

118 「科学技術体制改革に関する中央の決定」一九八五年三月一三日、中共中央文献研究室編『十二大以来重要文献選編』(中)、六六二～六六三頁、北京、人民出版社、一九八六。

119 何沁主編『中華人民共和国史』、四四二～四四三頁、北京、高等教育出版社、一九九七。

120 鄧小平「教育工作を真剣に把握しよう」一九八五年五月一九日、『鄧小平文選』第三巻、一二〇頁、北京、人民出版社、一九九三。

121 国家統計局国民経済総合統計司編『新中国五十年統計資料匯編』、三六頁、北京、中国統計出版社、一九九九。

122 国家統計局『中国統計年鑑（二〇〇四）』、四二頁、北京、中国統計出版社、二〇〇四。

123 夏小林、黄文夫、張志勇「改革開放三〇年―中国非公有制の経済発展」、『経済要聞』、二〇〇八年第五〇号。

124 夏小林、黄文夫、張志勇「改革開放三〇年―中国非公有制の経済発展」、『経済要聞』、二〇〇八年第五〇号。

125　譚宗級、葉心瑜主編『中華人民共和国実録―改革与巨変―開創現代化建設新局面（一九七七－一九八三）』第四巻、（上）、三四二頁、長春、吉林人民出版社、一九九四。

126　『建国以来の党の若干の歴史問題に関する決議』（一九八一年六月、十一期六中全会で採択）、中共中央文献研究室編『三中以来重要文献選編』（下）、北京、人民出版社、一九八二。中共中央、国務院による『門戸を広げ、経済を活性化し、城鎮部における就業問題を解決するための若干の決定』一九八一年一〇月一七日、中共中央文献研究室編『三中以来重要文献選編』（下）、九八三～九八六頁、北京、人民出版社、一九八二。

127　『門戸を広げ、経済を活性化し、城鎮部における就業問題を解決するための若干の決定』一九八一年一〇月一七日、中共中央文献研究室編『三中以来重要文献選編』（下）、九八一～九九三頁、北京、人民出版社、一九八二。

128　胡耀邦「社会主義的近代化の新たな状況を全面的に作り出す――第十二回中国共産党全国大会における報告」中央文献研究室編『十二大以来重要文献選編』（上）、二〇～二一頁、北京、人民出版社、一九八六。

129　『中華人民共和国憲法』（一九八二年一二月四日中華人民共和国第五期全国人民代表大会第五回会議で採択）、中共中央文献研究室編『十二大以来重要文献選編』（上）、二二二頁、北京、人民出版社、一九八六。

130　『共同綱領』第二六条は次のように規定している。「中華人民共和国の経済建設における根本方針は、公共及び民間にともに配慮し、労資双方の有利を図り、都市と農村の相互扶助、内外の交流という政策によって、生産を向上させ、経済を繁栄させるという目標を達成することである。国家は、事業範囲、原材料供給、販売市場、労働条件、技術設備、財政政策、金融政策の面で国営経済、合作社経済、農民及び手工業者による個体経済、民間資本主義経済、国家資本主義経済を調整し、国営経済主導の下で各種の社会経済的要素が分担協力し、適材適所で活動することによって社会経済全体の発展を促進する」。

131　『都市と農村における小規模の商業、サービス業発展に関する党中央、国務院の指示』一九八三年三月五日、中共中央文献研究室編『十二大以来重要文献選編』上冊、二八一～二八三頁、北京、人民出版社、一九八六。

132　夏小林、黄文夫、張志勇「改革開放三〇年―中国非公有制の経済発展」、『経済要聞』、二〇〇八年第五〇号。

133　「中共中央一九八四年農村工作の通知」一九八四年一月一日、中共中央文献研究室編『十二大以来重要文献選編』（中）、四二七頁、北京、人民出版社、一九八六。

134　鄧小平「中央顧問委員会第三次全体会議における講話」一九八四年一〇月二二日、『鄧小平文選』第三巻、一三一～一三二頁、北京、人民出版社、一九九三。

135　趙紫陽「中国の特色ある社会主義の道を進む――中国共産党第十三回全国代表大会報告」一九八七年一〇月二五日、中共中央文献研究室『十三大以来重要文献選編』（上）、三一～三二頁、北京、人民出版社、一九八六。

136　劉少奇は『新中国経済的性質与経済建設方針』（一九四八年一二月二二日）で次のように分析した。「私たちが革命の勝利後に確立した体制はブルジョア政権ではない。ブルジョア階級を打倒するまでもない。ブルジョアジーが私たちを打倒しようとしない限り、十～十五年は協力できる。したがって、特に国民党がいまだ打倒されていないこの時期に急ぐ必要はない。ブルジョアジーをすぐにでも排除しないのか。それは非常に難しいからだ。排除後に何が起こるか。その後、再び呼び戻さなければならない。レーニンの新経済政策の場合はそうだった。十月革命後、レーニンはブルジョアジーを早急に排除したくはなかったが、ブルジョアジーが同意せず排除せざるを得なかった。しかし、排除後に再び呼び戻され、経済発展後にまた排除されたのである」。ほかに薄一波もこの歴史に関する背景を紹介している。詳細は、薄一波『若干重大決策与事件的回顧』（上）、四七～四九頁を参照。北京、中央党校出版社、一九九一。

137　劉少奇『中国共産党第八回全国代表大会政治報告』（一九五六年九月一五日）、中共中央文献研究室編『建国以来重要文献選編』第九冊、四四頁、北京、人民出版社、一九九四。

138　張春橋は次のように述べた。「この二十五年間、帝国主義所有制、官僚資本主義所有制、封建的所有制を徐々に排除し、民族資本主義所有制と個体労働者の所有制に徐々に変えてきた。社会主義における二つの公有制はこの五つの私有制に徐々に取って代わり、誇って言えるが、中国の所有制度は変わり、労働者とプロレタリアートは基本的に私有財産の鎖を断ち切り、社会主義経済の基盤は徐々に強固に発展してきたと言ってもよい。第四回全国人民代表大会で採択された憲法は、私たちが達成したこの大きな勝利を明文化した。しかし、所有制の面では、問題は完全に解決されていないことが分かる。私たちは多くの場合、完全に解決されていないことを『基本的に解決』と述べる。ブルジョア階級の法的権限は、所有制において、完全に排除されていない。上記のデータから分かるように、工業、農業、商業には部分的に私有制があり、社会主義公有制は全人民所有制ではなく二つの所有制がある。全人民所有制は、国民経済の基盤である農業分野でまだ脆弱である。ある領域だけで専制が行われ、すべての領域で専制が行われてはいない。またある段階（例えば、所有制改造以前の段階）だけで専制が行われ、すべての段階に専制が行われてはいない。つまり、ブルジョア階級の資産防御のための一切の〝土塁〟を打ち壊したわけではなく、一部が残存しており、中には隊伍を再拡大しようとしている。これをブルジョア階級復活に向けた準備でないというのであろうか。ブルジョア階級――とりわけ新たに生まれるブルジョア階級を保護するためのものに、プロレタリア階級専制を変質させようとしていないと言うのであろうか。再びの辛酸を望まないすべての労働者、貧農、下層中農そしてそのほかの勤労人民、共産主義実現のために終生の奮闘を決意した共産党員、中国の修正主義への変節を望まないすべての同志諸君、マルクス主義の基本原理をしっかりと心に銘記しなければならない。ブルジョア階級に対しては全面的な独裁でなければならず、途中で放棄してはならない」。張春橋「ブルジョア階級に対する全面的な独裁についての議論」、『紅旗』、一九七五年第四号

139　李青主編『中国共産党対資本主義和非公有制経済的認識与政策』、二六三～二六六頁、北京、中国共産党史出版社、二〇〇四。

140　毛沢東は次のように述べた。「農業と手工業を個人所有から社会主義集団所有に変え、民間の商工業は資本主義の所有から社会主義の所有に変えることで、生産力は必然的に大きく解放される。これは、工業生産と農業生産が大きく発展するための社会的条件を作り出す」。毛沢東「最高国務会議における講話」一九五六年一月二五日、『人民日報』一九五六年一月二六日。

141　世界銀行『中国：九〇年代的改革和計画経済的作用』中国語版、五九頁、北京、中国財政経済出版社、一九九三。

142　Barry Naughton, 1995, Growing Out of the Plan, Cambrige University Press, p.13.

第七章

経済発展及びその戦略的選択

一九八八年、米国の歴史学者ポール・ケネディは中国について次のように述べた。中国のように人口が多い大国を管理するには、党、軍隊、官僚、農民の矛盾を調整する必要があり、社会的あるいはイデオロギー的な混乱なしで発展させることは非常に困難である。これは、いかに臨機応変かつ賢明な指導者にとっても一つの試練と言えるだろう。中国は過去一世紀にわたって、国民を奮い立たせる長期的な発展戦略を示すことができなかった。しかし、この六〜八年の間に中国で行われた改革と変革は驚くべきものだった。歴史学者はいつか、鄧小平が指導したこの時代を、さまざまな手段を駆使して中国が国力を強化した時代と見なすだろう。それは、人々の欲求のバランスを取りながら、向上心、パイオニア精神、変革する勇気を鼓舞した時代であり、迅速かつ順調に国家の目標を実現するため、国家介入主義の導入を決断して国家を導いた時代だった。[1]

一九七八年以降、中国は改革開放を始めただけでなく、経済のテイクオフの段階に入り、驚くべき高度経済成長を見せた。一九七八〜一九九二年、GDPは三・五倍になり、年平均成長率は九・四%だった。そのうち農業付加価値の年平均増加率は五・三%、第二次産業は一〇・八%、第三次産業は一一・二%だった。[2]これは、一九五七〜一九七八年のGDPの年平均成長率と三大産業の付加価値増加率を大幅に上回った。

この時期の高い経済成長率は、一九八二年の第十二回党大会報告と一九八七年の第十三回党大会報告で予想した目標を上回った。一九八二年一〇月、胡耀邦は第十二回党大会報告で、直前の十年間（一九八一〜一九九〇年）に主に基礎固めと力の蓄積がされ、成長する条件が創り上げられたと述べた。[3]工業と農業の総生産額の年平均増加率は六・五%、GNPは倍増し、基本的な国民の衣食問題が解決されたとした。[4]

この時期、中国の経済成長率は世界銀行の当初の予測もはるかに上回った。一九八三年、世界銀行経済視察団は中国の発展に関する最初のリポートで次のような予測をした。一九八〇年代上半期の経済成長率は約四%、楽観的に見ても五%であり、どのような情況であっても、エネルギー不足及び外貨不足のため、一九七〇年代の水準には達しない。また、一九八〇年代下半期は、これらの制約がある程度解消される可能性があるため、経済成長率は五%、楽観的に見ても六%とし、これは一九七〇年代の水準に相当する。[5]

では、なぜこの時期に中国は高度経済成長を遂げ、中国政府や世界銀行の予測を上回ったのか。

実際には、この時期の経済発展は順調に進んだわけではなく、少なくとも大きな経済調整を二回、小さな経済調整を一回経験した。この時期の経済成長率の変動係数は三五・二%で、一九五二〜一九七七年の一五四%よりは明らかに低かったが、変動係数が二五%以上ということは、マクロ経済は不安定だったことを示している。

この時期、中国は経済発展の戦略目標をどのように調整あるいは引き下げたのか。すなわち、毛沢東と周恩来が提起した二十世紀末に四つの近代化を実現する目標から、新たに「三段階発展戦略（三歩走[6]）」つまり二〇五〇年までに徐々に四つの近代化を実現する目標へと、どのようにして転換することになったのか。なぜ経済発展の戦略目標を調整したのか。また、経済発展の方針及び経済発展の政策をどのように調整したのか。この時期の経済発展は何が成功し、何が成功しなかったのか。また、どのような失敗があったのか。中国の経済発展モデルの重要な変化は何か。経済成長の原因に関わる重要な変化は何か。

第一節　全面的な躍進から経済調整まで

「四人組」の失脚と「文化大革命」という政治動乱の後、どのような発展戦略が中国の国情に適切なのか。どのような発展目標が現実的で確実に実行できるのか。当時、中国の最高指導者だった華国鋒には新たな発展構想がなく、党第八期全国代表大会第二回会議の「多く、速く、立派に、無駄なく」という路線を踏襲した。中国の国情を考慮せずに国力を上回る「十年計画」を制定し、単に「全面的躍進」によって目標を実現しようとした。この「十年計画」の政策的な誤りは華国鋒の政治的な失敗の原因となった[7]。経済政策に大きな誤りがあればその影響はすぐ現れるもので、その結果起こった経済危機について指導者の責任が追及された。華国鋒は一九五九年当時の毛沢東とは根本的に異なり、陳雲の反対意見にも対応できず、もう一つの廬山会議も開けず、誤りに対して逃れられない責任を負っただけだった。おかげで中国は第二の「大躍進」という失敗を逃れた。

一、華国鋒の「全面的躍進」

新中国の経済発展の歴史には、常に二つの路線と構想が存在していた。一つは、急進主義と「大躍進」という構想であり、最も悲惨な教訓が「大躍進」である。もう一つは、漸進主義と安定した発展という構想であり、党第八全大会で出された「総合的バランス」を保って安定して前進するという経済建設方針である。「文化大革命」終了後、華国鋒は経済建設を加速させる方針に転換した。そして「文化大革命」による経済損失を回復させるだけでなく、さらに発展することを望み「四つの近代化」を二十世紀中に実現しようとした。しかし、依然として急進主義路線を推進し、「全面的躍進」を発動した。

一九七七年三月、中央工作会議は国民経済発展の加速を要求し、六つの措置を策定した。

四月一一日、『人民日報』は「綱要を把握し、治国の戦略を全面的に実施する決定」という論説を発表し、初めて「新たな躍進」が提案された。この戦略を実現するために全力で取り組むこととし、まず同年中に最初の成果を上げ、三年以内に大きな成果を上げるとした[8]。この論説は、さらに「三つのレベルに向かって追い付き追い越せ」のスローガンを提唱した。まず始めに各職場・各部門における歴史的最高レベル、次いで各業界における最高レベルの超過達成、さらに世界の先進レベルに追い付くことをスローガンとしている。

五月九日、綿密な研究も詳細な論証もせずに、華国鋒は全国工業学大慶（工業は大慶に学ぶ）会議で全国と全世界に向かって次のように公言した。「『四人組』を打倒した今、国民経済は再び全面的に躍進するだろう。毛主席の生前の願いである二十世紀末までに『四つの近代化』を実現するために残された時間は二十三年しかない。国民経済発展の加速は急務である。これは単なる経済問題ではなく政治問題である。現在の一つの大慶は文化大革命前の一九六五年における六つ分の大慶に相当する」。そして、一九八〇年までの第五次五カ年計画の間に、大慶式の企業が全国の三分の一以上になることを要求した。彼の基本構想は「大慶に学ぶ」に依存し、大慶式の企業による工業発展の加速を目指した。これに先立ち、五月四日には国務院副総理兼国家計画委員会主任の余秋里が中央に委託され、大慶大会で『全党、全プロレタリアートが立ち上がり、大慶式企業普及のために奮闘する』という報告をし、「中国の工業発展を加速し、世界のトップレベルにする」という目標を明確にした。華国鋒の指示で、大慶のような油田を十カ所開発する構想が会議で出された。この会議の時点ですでに「急進主義」が示されており、全面的躍進の準備が始まっていた。

五月一七日『人民日報』は「四月以降、中国の工業生産と輸送業は一貫して上昇しており、新たな躍進が実現している」と報道し[9]、新たな「全面的躍進」のための世論が作られた。

七月三〇日、党中央は『一九七七年上半期の工業生産報告』を国務院に転送した。「長期にわたって停滞あるいは低下していた工業生産が、上半期には大幅に回復し始め、生産総額も新たな発展があった」。これは国民経済が新たに躍進し始めたということだが、過大評価しており、深刻な過ちを招く報告だった。実際には、一九七六年の工業総生産額がマイナス成長だったのが一九七七年上半期に回復した程度であり、これは「全面的躍進」とは言えない。工業が成長したという上半期だけのデータだけで躍進したとするのは作為的である。

八月一二日、華国鋒は党第十一全大会報告で再び「高い目標を目指して大いに努力し、多く、速く、立派に、無駄なく社会主義を建設する路線」を掲げ、国民経済全体を計画的かつバランスよく、急速に発展させることによって「全面的躍進」を実現しようとした[10]。この構想と言葉はすべて、毛沢東の「大躍進」の模倣であり、「大躍進」を「全面的躍進」に呼び変えたに過ぎなかった。これが華国鋒執政の主要テーマであり、中国経済を指導牽引するスローガンとなった。華国鋒の提案を受け、李先念と余秋里がまとめた「三大計画」が『十年計画綱要』『八年導入計画』『二十三年構想』であり、これが「四つの近代化」を実現するための青写真となった[11]。

七月一七日、国家計画委員会は国務院に『八年導入計画』を報告し、今後八年間で六五億米ドル外貨の需要があり、四〇〇億元の国内のインフラ建設投資が必要だとした。七月二六日、華国鋒、鄧小平、葉剣英、李先念らは報告を受け、鄧小平は一〇〇億米ドルを提案した。一九七八年、中央政治局は議論し一八〇億米ドルに拡大するとした[12]。

九月一一日、華国鋒は国家計画委員会が出した工業部門の発展目標を「保守的過ぎる」と批判した。一〇％の増加では十分でなく、現状を顧みず一二％はあるべきとした上、それでも不十分だとした。これは自己満足的な数字であった。一九七七年の計画指標に対しても、八％の増加では成長のうちに入らないと考えていた。さらに「今後、工業部門は全速力かつ全力で」「一九七八年の資本蓄積を加速させる」と強調し[13]、国民経済の急速な発展を求め、四つの近代化をできるだけ早く実現するよう要求した。そして「『四人組』は打倒され、国は安定しているのだから、発展の速度は上げられる。その方法について、国家計画委員会は政治局と話し合ってもらいたい」と述べた[14]。

一〇月、中央中共政治局は石炭、電力、冶金、石油等の部門から報告を聞き、一九七八年に五〇〇万キロワット級の発電所の建設、一〇〇セットの石炭採掘設備の輸入、九カ所の石炭基地の建設を決めた[15]。

一一月中旬、国家計画委員会は『二十三年構想』を中央政治局に報告した。これは二〇〇〇年までの二十三年を次の三段階に分けたものである。第一段階は一九七八～一九八〇年で、農業と燃料、動力、素材産業に重点を置き、農業の成長率を四～五％、工業の成長率一〇％以上とした。第二段階は一九八一～一九八五年で、大規模なインフラ整備を計画した。工業では大型プロジェクトが一二〇件あり、大型発電所三十基、大型石炭基地八カ所、大型油田十カ所、大型鋼鉄基地十カ所、大型非鉄金属基地九カ所、大型化学繊維工場十カ所、大型石油化学工場十カ所、大型化学肥料工場十カ所を建設し、また鉄道幹線の新規建設を六本及び既存鉄道の修復を九本、港の整備を五港等だった。第三段階は一九八六～二〇〇〇年までで、農業、工業、国防、科学技術の近代化を全面的に実現するとした。すなわち、食糧の総生産量は六億五〇〇〇万トンから七億五〇〇〇万トンに、鋼の生産高は一億三〇〇〇万トンから一億五〇〇〇万トンに増産する[16]。また、それぞれの生産技術における多くの難題を解決し、一部の技術は世界の先進レベル以上を目指す。そして、中国の国民経済を世界のトップレベルに押し上げ、社会主義強国を建設する。また、国民経済の各部門において近代化の基礎を築き上げる。農業生産量は世界一を目指し、国家建設と国民生活に十分な農業副産物を安定的に供給する。新興工業を大幅に発展させ、工業をバランス良く合理的に配置し、そのレベルも多くの省でヨーロッパの工業先進国以上とする。都市と農村、労働者と農民、頭脳労働と肉体労働の格差を縮小する。そうすれば中国の社会経済は一変して人類に対しても大きな貢献をするに違いない。華国鋒、鄧小平、李先念はこの構想に賛成し、積極的な計画だと評価した[17]。

華国鋒の「全面的躍進」という壮大な構想は、当時、中央の指導者にとって政治的な共通認識だった。後に袁宝華は思い返して次のように述べている。「成功を急ぐという考え方は、一人ではなく全員の考えだった。『文化大革命』の十年は停滞期だったからである。急速な発展は全員の願いであり、華国鋒と李先念も賛成していた。そのため、国家計画委員会の余秋里は急速な発展を目指す計画を作ったのだ[18]」。

三大計画を代表する「全面的躍進」の政策が次々と実施された。これは華国鋒の個人的な構想ではなく、李先念が中央政治局委員の聶栄臻、徐向前、方毅を含む鄧小平や葉剣英らの支持を得て策定したものだった。さらに、国務院の主要な部や委員会の「指標合戦」の影響も大きかった。**全国人民代表大会副委員長の陳雲だけが非常に冷静だったが、当時は党中央と国務院の経済政策に参与できなかった。**彼は後に次のように語っている。「海外視察から帰った者や上の者は、何億も借款しなければとか発展のスピードを上げなくてはと大風呂敷を広げた。言うことは借款を増やすとか、他の国家は八年、十年かけて発展したが、中国はさらに早く発展できないかだけだ。借款は良いし、中央の決断は正しいが、一度に多額の借款を活用できるのか。中国の技術力は海外には及ばない。借款や他の国家の急速な発展だけを見て、自国の実情を見ていない。これが問題である。無分別に多額の借款をすればいいというものではない[19]」。

一九七八年一月一日『人民日報』、雑誌『紅旗』『解放軍報』は、「明るい中国」という元旦の社説を発表した。そして、発展のスピードは経済だけの問題ではなく尖鋭的な政治の問題でもあり、発展のスピードを上げることは必要かつ実行可能だと強調した[20]。

二月、十一期二中全会は『十年計画綱要（草案）』と『二十三年構想』について採択し、第五回人民代表大会第一回会議に提出し通過した[21]。この計画では、一九七六年から一九八五年までの十年間で以下のことを達成するとした。まず、堅実な農業基盤を確立するため、農業の機械化を八五％以上とし、干ばつと洪水に左右されない高収穫の安定した農地を、農業人口一人当たり一ムー（畝：中国の一畝は約七アール）確保し、農業、林業、畜産業、漁業の水準をすべてさらに向上させる。また、製品が豊富で高品質かつ低価格の軽工業を確立し、国民一人当たりの軽工業製品の生産高をより増加させる。さらに重工業を発展させるため、冶金、燃料、電力、機械等の従来からの産業は、新技術に基づいてさらに発展させ、鉄鋼、原炭、原油、発電等の生産高を世界のトップクラスに引き上げる。[22]工業及び農業の発展のニーズを満たす輸送ネットワーク、郵便、電信などの通信ネットワークを確立し、鉄道の電化、内燃化を基本的に実現し、道路、内陸河川輸送、海上輸送、航空輸送をより発展させる。独立かつ比較的整った産業システムと国家経済システムの全国的な構築を基礎として、西南、西北、中南、華東、華北、東北の六地域における経済システムを基本的に確立し、内地の強力な戦略的後方基地とする。[23]

二月二六日、華国鋒は第五回全国人民代表大会第一回会議で二十世紀末までに、農業、工業、国防、科学技術を近代化し、社会主義強国を建設する壮大な目標を改めて述べた。また「中国の国民経済は着実に上昇しており、発展も健全である」「新たな躍進の態勢に入った」ため、社会主義建設のスピードを加速するとした。『十年計画』と『二十三年構想』で提出された課題は、壮大かつ完全に実行可能なものとした。

全国人民代表大会の開催前、李先念は華国鋒に次のように慎重に申し出た。「この計画は議論中で、指標やプロジェクトとして出すのは良いが、詳細に研究されていないため、全国人民代表大会には出すべきではない」。しかし華国鋒は、この論証と研究が不十分な『十年計画綱要』を全国人民代表大会に提出し、正式に批准することを主張した。[24]

『十年計画綱要』はまさしく「過度なスピードを求め、成功を急ぐ、分相応でない発展目標（コラム7－1）」を目指したものだった。華国鋒と計画制定者が当時の基本的な国情について理解不足だったのは明らかであり、中国と先進国の発展格差もほとんど知らなかった。この目標は誤った情報を基に作られたもので、現実離れしたものだった。[25]しかし、その誤った情報が、当時の華国鋒と国家計画委員会の掲げた「全面的躍進」の根拠になっていた。

コラム7－1　華国鋒の「全面的躍進」計画（一九七八年）

一九七八年二月、華国鋒は第五期人民代表大会第一回会議の『政府活動報告』で「新たな躍進の態勢に入った」と明確に宣言し、以下の要求を出した。「二十世紀末までに農業生産量を世界一とし、多くの省で工業レベルをヨーロッパの先進国以上にする。農業生産では機械化、電化、水利化を進め、主要な工業生産ではオートメーション化を実現する。

輸送は大量化かつ高速化を実現し、各経済分野における技術水準を徐々に世界の先進レベル以上にする」。

資料出典：董輔礽『中華人民共和国経済史』（下巻）、九頁。北京、中央文献出版社、一九九九。

当時修正した一九七六～一九八五年における国民経済発展のための『十年計画綱要（草案）』では、同期間の国家予算における固定資産投資を直前の二十八年間の総計と同額にすることとした。また、各方面で次のように高い指標を定めた。農業では一九八五年までに全国の八五％の農村で機械化を実現すること、食糧生産量は八〇〇〇億斤（一斤は約〇・五キログラム。したがって四億トン）、綿の生産高は七二〇〇万担（一担は約五〇キログラム）とした。工業では一〇カ所の大型鋼鉄基地、九カ所の大型非鉄金属基地、八カ所の大型石炭基地、一〇カ所のガス田、三〇基の大型発電所を含む一二〇件の大型プロジェクトを進め、六本の鉄道幹線、五カ所の重点港を建設し、さらに一九八五年における鋼の生産高は六〇〇〇万トン、原油は二億五〇〇〇万トンを目標とした。

資料出典：華国鋒「団結して社会主義近代化強国建設のために奮闘する――第五次全国人民代表大会第一回会議における政府工作報告」一九七八年二月二六日。

六月二二日、鄧小平は余秋里、谷牧、康世恩、方毅と話した際、次のように述べた。「海外技術の導入を増やす。一五〇億ドルと言わず五〇〇億ドルとする。資本主義の危機を利用できるこの機会を逃すわけにはいかない。大胆にやろうではないか。石炭、非鉄金属、石油、発電所、列車から飼料加工場まで、何百ものプロジェクトを実行するのだ。貴重な時間を無駄にしてはならない[26]」。

六月三〇日、華国鋒、葉剣英、李先念はヨーロッパ五カ国視察の報告を聞き、次のように述べた。「今年の第五回人民代表大会では次期の任務と新たな長征について提出した。十年計画、二十三年構想によって社会主義革命と社会主義建設は新たな段階に入り、スピードの加速についても提起した。最先端の技術及び設備を早急に導入することを求める。最初は六五億ドル、次は一八〇億ドルを提示した。今、新たな構想がいくつかあるが、もう少し早く進められる[27]」。

七月六日から九月九日、国務院は社会主義近代化の加速に関する理論研究会議を開いた。そして、新たな「大躍進」を九億人の国民を動員して全国で展開し、**当初の構想よりも早く四つの近代化を実現するとした。**また時間短縮のため重要な設備や設備一式を導入するべきで、今後十年間で予算を八〇〇億ドルまで増やすことができるとした[28]。七月一一日、華国鋒は会議で次のように述べた。「『四人組』打倒後、李先念と余秋里が修正を加えて作成した『十年計画綱要』と『二十三年構想』は第五期人民代表大会で提出され、国内では大きな反響を呼び、国際的な影響も大きかった。海外のニュースでもこの壮大さが取り上げられた。新技術の導入のための予算は、最初は六五億ドル、次には一八〇億ドルの案が出された」。さらに華国鋒は「思想解放をより進め、より大胆に、さらに方法を広げ、そしてスピードを早める」と提案した[29]。前者の三点は画期的な考えであり、経済体制改革と対外開放の基本構想にもなった。しかし、最終的には「スピードを早める」ことが重点となり、この時の華国鋒は「経済成長を大いに加速する」と主張した[30]。会議はこの主張を適切に「トーンダウン」するのではなく、さらに「ヒートアップ」させ、最終的に導入の予算は五五〇億ドルという「大風呂敷」が広げられた。しかし、各省庁は八五〇億ドルという要求を出していた[31]。

九月九日、李先念が党中央と国務院を代表して次のように述べた。「中央が考えているのは、今世紀末までに『四つの近代化を実現する』ことではなく、その早期実現である。つまり、今世紀末までに高度な近代化を実現しようとしている。経済発展のスピードは、党内外、上から下、年配から若者まで、誰もが関心を持っている。『四人組』という障害がなくなった今、社会主義の優位性を十分に発揮して長期にわたって国民経済を急速に発展させる準備ができ上がった。近代化は必ず加速しなければならず、そのための条件も十分そろったのだ」[32]。

当時、党中央は「四人組」を排除すれば、中国が長期にわたって急速に発展できるものと考えており、中国の経済発展を制約する要素を明らかに軽視していた。そのため、例えば原油の生産高を一九八五年までに二億五〇〇〇万トンとする等、無謀な「全面的躍進」を進めた。実際には中国にこれほどの石油埋蔵量はなく、一九八五年の生産高は目標の半分である一億二四九〇万トンにとどまった。全面的躍進は「挫折」し、再び経済調整の必要に迫られた。

李先念は次のように述べた。「直近の中央の決定によると、一九七八～一九八八年の十年間における借款を八〇〇億ドルとしているが、これは優れた戦略政策だ[33]」。党中央の構想は希望的観測であり、海外の先進技術を借款によって導入することで近代化の実現を目指していた。李先念は、技術の導入だけでなく技術革新も可能だと強調したが、実際には借款は極めて困難だった。後に李先念は自己批判して次のように述べた。「借款を甘く見ていた。以前は借款を簡単だと言ったがそうではなかった。バンク・オブ・アメリカには五〇億ドルどころか一〇億ドルしか貸せないと言われた。バンク・オブ・アメリカを介しても、借款可能なのは一銀行だけだとしても、金額は二億ドルだけだ[34]」。一九八八年までに中国が借款できたのは累計で三二八億七〇〇〇万ドルに過ぎなかった[35]。

このような経済政策の拡張はＧＤＰを大幅に引き上げ、経済成長率は一九七七年で七・六％、一九七八年は一一・七％となった。一九七七年におけるインフラ整備投資の増加率は一・六％だったが、一九七八年には三一・〇％に達した[36]。経済成長は投資によるところが大きく、経済成長率への貢献率は六六・〇％に達した[37]。当時、建設中の大規模及び中規模のプロジェクトは全国で一七〇〇件以上、地方における小規模プロジェクトは一一万件もあった[38]。インフラ整備は拡大し続け、ＧＤＰに占める資本の割合も高くなり、一九七七年で三四・七％、一九七八年は三八・二％に上昇した。そのうち、ＧＤＰに占める資本ストックの割合は五・九％から八・四％に上昇した[39]。これは、計画経済下の設備投資や資本増強が非効率化かつ資本ストック拡大化をもたらすことを反映している。一九七八年、設備導入及び技術協力の契約は七八億ドルに達した。一九八一年は建設のピークに入り、毎年一三〇億元以上の投資が必要となった。建設はピークに達したが、巨大な衝撃ももたらした[40]。

一九七七年、中国の設備導入費用は八一〇〇万ドルにすぎなかったが、一九七八年には急増して六九億三四〇〇万ドルに達した（**表７－１**）。この時、上海の宝山鋼鉄や北京、山東の石油化学工業連合企業等の大型プロジェクトに着手した。

華国鋒の「全面的躍進」は「四人組」の閉鎖性と盲目的な排除に対する歴史的な否定であり、歴史的な進歩ではあったが、指導者の主観と客観性の分離、発展戦略と国情の矛盾、発展計画と現実との断絶も反映していた。このように国情からの乖離、現実の国力不足等の問題のため、「全面的躍進」は程なく失敗し、その政策は経済調整へと退却せざるを得なかった。

表7-1　設備導入契約費用の比較（1977～1979年）

単位：百万ドル

	1977年	1978年	1979年
石油化学	39	3,325	20
鋼鉄	0	2,978	312
肥料	0	0	15
石炭及び電力	0	202	736
運輸	0	79	66
通信	0	217	126
有色金属	0	127	3
製造	21	6	279
石油及び天然ガス	20	0	31
その他※	1	0	110
総額	81	6,934	1,706

※セメント工場、ホテルとオフィスビル、苛性ソーダ工場を含む。
資料出典：中央情報局『中国：国際貿易季刊』(1979年第四季)、ワシントン、1980；『国際貿易便覧』ワシントン版、1975～1980；『中国：毛沢東死後の民間産業技術を求めて』ワシントン版、1976。
引用：米国議会連合経済委員会編、郭忠言等訳『四つの近代化に向かって前進する中国』第1巻（下巻）、中国語版、328頁、北京、中国対外経済貿易出版社、1986。

経済の拡張は巨額の財政赤字、深刻な食糧不足、多数の失業者、経済の不均衡等、深刻な経済危機をもたらした。

第一に、資本蓄積と消費のバランスが著しく悪化した。「全面的躍進」はインフラ整備への投資を盲目的に拡大し、一九七八年は三一％の増加で、大規模及び中規模のプロジェクトは前年より二九〇件多い一七二三件が実行された。一九七七年の資本蓄積率は三二・三％で、一九七八年には三六・五％に上昇した。

第二に、農業と工業のバランスが悪化した[41]。農業と工業の総生産額に占める農業の割合は、一九七六年の三〇・四％から一九七八年の二七・八％に下がり、工業は六九・六％から七二・二％に上昇した。

第三に、軽工業と重工業のバランスが悪化した[42]。工業総生産額に占める軽工業の割合は一九七六年の四四・二％から一九七八年の四三・一％に下がり、重工業が軽工業を大きく上回った。これは「全面的躍進」が重工業優先という従来のモデルを受け継いだことを反映している。

第四に、エネルギー産業と他の工業のバランスが悪化した。全国で約一〇〇〇万キロワットの電力が不足したため、生産能力の約二〇％が活用できず、港の処理能力も不足していた[43]。

第五に、外資、先進技術、設備の導入規模が中国の外貨支払能力と配置の体系化能力を大幅に超えた。一九七八年の大型プロジェクト導入の契約は二二件、総額七八億ドルで、すべて現金払いだった。鋼鉄と化学工業分野におけるプロジェクト導入は一部を契約したが、すべて契約しようとするなら、さらに五〇億ドルが必要だった。この導入規模は、外貨の支払能力と事業を体系化する能力のいずれをも上回っており[44]、「全面的躍進」が「洋躍進」と呼ばれる原因となった。

この問題に懸念を抱いた李先念は「全面的躍進」を鋭く批判した。国務院理論研究会議の最終日の九月九日に次のように述べた。「この数年間、多くの政策と制度が乱発されたのは周知の事実である。各地区や各部門はインフラ整備において分別なくプロジェクトを決定し、無節操に規模を変え、戦線が伸び切り、その投資効率は非常に悪かった。当初の投資総額は二八〇〇億元だったのが、今は八〇〇億元以上も増加して三六〇〇億元にふくれ上がった。建設中の計画外のプロジェクトは全国で一万二〇〇〇件あり、投資額は一二〇億元以上にものぼる。鋼材の在庫は一四五〇万トンに達し、機械、電気製品の在庫は五〇〇億元以上もある[45]」。李先念は、近代化のための完璧な経済体系を全国で確立することは不可能で、全省で完璧にする必要もないと指摘し、各省は盲目的に突き進んでいるだけで、これでは害が大きくなるばかりだと批判した。李先念は「全面的躍進」と「急速な発展」が深刻な結果をもたらすことを分かっていた。その根源は地方の盲目的かつ「肥大化した」自給システムにあった。

二、陳雲の「全面的躍進」に対する質疑

陳雲は華国鋒の「全面的躍進」に対して反対意見を出した最初の指導者である。当時は全国人民代表大会副委員長だったが、国務院が責を負う経済活動の担当ではなかった。これは陳雲の特殊な経歴によるものであり、また「書によらず、権威によらず、ただ実際がどうであるかを問題にする」という彼の信条も関係していた。

一九五八年に毛沢東が「大躍進」を開始し、十五年間のうちに鋼鉄等の主要工業製品の生産量でイギリスを超えるとした。一九五九年四月、冶金部部長だった王鶴寿が鋼鉄の大幅な増産を主張した際、陳雲は「指標を下げてトーンダウンする」必要があると主張した。そして、毛沢東に直接、速やかに大躍進の誤りを是正するよう願い出たが、毛沢東はこれに不満を持ち、陳雲は「病気を口実にした休暇」をとらされた。これで中国は「大躍進」の過ちを是正する最初の「チャンス」を失った。七月の廬山会議で毛沢東は彭徳懐による批判と提案を拒否した上に、彭徳懐らを「右傾日和見主義」と見なし、打倒した。中国は「大躍進」の過ちを是正する二回目の「チャンス」も失った。さらにこの年は未曽有の「大凶作」と「大災難」に襲われた。三年後の一九六一年一月、八期九中全会は一九六一年からの国民経済全体を「調整、強化、充実、向上」させるという方針を転換し、国民経済の大幅な調整を決定した。[46]

一九七八年の中国の政治的環境と政策決定システムは毛沢東時代と大きく異なり、廬山会議のような状況もなかったため、華国鋒の誤りに対して反対や是正をすることができた。陳雲はというと、実事求是の態度で「自分の意見」を提起するだけで良く、一九五九年のように政治的な大きなリスクを冒す必要もなかった。また、彼にとって最も重要であったことは「全面的躍進」が「大躍進」のような災難にならないか心配する必要がなかったことである。

七月三一日、陳雲は李先念と谷牧に国務院理論研究会議で異なる観点の意見を専門に聞くことを提案した。[47]

一九七八年末の中央工作会議で、陳雲は政治的に未解決だった重要な問題に取り組むことを要求し、さらに経済建設は積極的かつ安定的でなければならないと主張した。十二月一〇日、陳雲は中央工作会議で華国鋒の「全面的躍進」に対する疑問を述べた。[48]「四つの近代化の実現は前例のない壮大な事業であるため、積極的かつ安定的でなくてはならない。工業のプロジェクト導入は段階的に進め、停滞させてはいけない。勢いよく進むのではなく、段階的に漸進しなければならない。勢いがあれば速く見えるが、実際にはそれほど速くない。プロジェクトが整然としていれば、何か起きても対処しやすく、停滞状態にもなりにくい」。さらに陳雲は一九七九年の国民経済計画の大きな欠陥についても、生産とインフラ整備においては材料不足を起こしてはならないと指摘した。

農業、軽工業、都市建設など各方面のすべてを同時に進めていたからだ。また、「外国為替による食糧輸入を行う必要がある。中米共同コミュニケによって米国から穀物を買うことができる。農民の負担を減らすために国家による穀物の買上を減らし、農民の収入を増やすため、綿、肉類、食用油、砂糖を生産させる。こうすれば都市における衣食等の消費財不足も解決できる」[49]と提起した。陳雲の見解は鋭く現実的な提案だったため、会議の参加者からただちに賛同と支持を得た。このため、一二月の十一期三中全会では、国民経済に対して調整と改革を進める基本構想が提出された。[50]

当時は党中央の指導者の中で国民経済の調整について共通の認識がなかった。そこで、陳雲、李先念、鄧小平は国民経済の調整について提起した。

一二月一八日、李先念は華国鋒に次のように述べた。「中央工作会議で多くの重要問題を議論したが、国民経済に関する議論は少なかった。また、問題も多く論争が十分にされなかったため、深刻な対立が起こる恐れがある。三中全会後も、政治局は引き続き経済問題について議論し、深刻なバランスを欠いた状態が生じないようにする必要がある」[51]。

一九七九年一月一日及び五日、陳雲は次のような指示を出した。「一九七九年にまた物資の不足が起こると国務院から通知を受けた。物資の不足は許されない。指標を下げるかプロジェクトを減らす方がよい」「物資の不足が起こるようでは、その計画は信頼できない」。一月六日、鄧小平は次のように述べた。「全体方針に従って調整する必要がある。まず、実行しやすく工期の短い黒字のプロジェクトから着手し、鋼鉄工場や大型プロジェクトは減らす。即効性のある黒字の多いプロジェクトに重点を置く。今年の計画は指標を下げ、堅実かつ達成可能なものとする」[52]。

国民経済の調整の実行については異なる意見があった。二月二日、国務院副総理兼国家計画委員会主任の余秋里と国務院副総理兼国家建設委員会主任の谷牧は、李先念が招集した会議でし烈な論争を繰り広げた。二月三日、李先念は余秋里、谷牧、そして国務院副総理兼国家経済委員会副主任の康世恩に書簡で、異なる意見があるからこそ正確な判断が下せるのだから、互いの意見を聞くように諭した。[53]

三月三日、党中央政治局会議で、鄧小平は陳雲の意見に賛成して次のように述べた。「今回の会議で提案された三年間の調整は適切だ。主要な任務は三年間の調整であり、これが主要な方針かつ政策になる。まず、あれもこれもやろうとするのではなく、この調整をやり遂げるという決心が必要だ。そうでなければ成し遂げられない。困難を直視して道理を明確にし、しっかりと役目を果たさなければならない。三年間の調整が終われば、すべての産業が発展し、製品の品質は向上して品目も増え、浪費は減って資本蓄積が増加するのは確かである。以前の『食糧を綱要とし、鉄鋼を綱要とする』スローガンを総括するべき時機だ。外国人と話した際に『中国式の近代化』という新しい言葉を使った。中国は今世紀末にようやく一九七〇年代の先進国のレベルに近づくと思われるが、平均所得はそれほど高くならないだろう」[54]。この会議では、国務院財政経済委員会が設置され、財政経済における方針と政策の研究及び重要な政策の決定をすることとした[55]。

三月六日、李先念は国務院計画調整討論会議で次のように述べた。「まず、今回の高い指標は人為的だったと自己批判する。計画は調整する必要がある。『より高く、より急速に』成果を求めた結果、後退してしまい、今年と来年の二年間は調整することとなった。バランスを失っていたのに、さらにバランスの悪い計画を立てて事態を悪化させた。余秋里には今年の計画はうまくいっておらず、その責任は私にあると言われた[56]」。

三月一四日、中央政治局常務委員の陳雲は、李先念と連名で党中央に国民経済の調整に関する書簡を送り、次のように主張した。「(一)安定して前進する必要がある。大きな『U字形の落ち込み』の繰り返しを避けなければならない。(二)長期的に見れば、バランスの取れた国民経済の発展がスピードにつながる。(三)現在の国民経済は総合的なバランスが取れていない。各方面のアンバランスは非常に深刻である。(四)各方面のバランスを取るには二～三年間の調整期間が必要である。(五)鉄鋼の指標は信頼できるものでなければならない。また、数量だけでなく品質も重視しなければならない。(六)外債を利用する際には、元本及び利息の支払能力と国内の投資能力を十分考慮し、基本的に秩序を保って進めなければならない[57]」。李先念は陳雲に経済活動の指揮をとるよう申し入れた。

三月二一～二三日、党中央政治局は会議を開き、一九七九年に修正した国民経済計画と国民経済の調整について議論した。李先念は経済建設について次のように述べた。「まず自己批判を行う。今まではあまりにも楽観的だった。『四人組』を打倒した後、経済は速やかに回復し、財政収入も増えると考えていた。経済建設における問題については認識が不十分だった。『四人組』による破壊の程度についても国民経済が崩壊寸前であることについても認識が甘かった。各方面のバランスの調整については二～三年を要することも知らなかった。国民経済の調整と改革は前向きな方針である。堅実かつ急速に前進するには、各方面のバランスを調整するほかない。逆に言えば各方面のバランスが悪ければ、急速な発展も不可能なのだ[58]」。

陳雲は中国の国情についても次のように述べた。「九億以上の人口があり、その八〇%が農村人口で、**革命から三十年たった今も物乞いがいる。**生活の改善が必要だ。**人口が多いため生活水準を高めるのは容易ではない。また、近代化をするには任用が少なく就職が難しい。このような状況で四つの**

近代化を目指すしかないのだ。この現実が計画の出発点となる。中国ほど人口も農民も多い国家はほかにない。農業を考慮しながら進めなければならない。いわゆるバランスというものが重要で、これが根本的な問題である」[59]。さらに、調整する期間は二～三年が必要で三年が好ましいとし、バランスを欠いている状況は一九六一年と一九六二年よりずっと深刻だと述べた。

鄧小平は演説で次のように述べた。「主要な任務は三年間の調整であり、これが主要な方針かつ政策である。調整によって生産力も向上するだろう。まず、あれもこれもやろうとするのではなく、この調整をやり遂げるという決心が必要だ。そうでなければ成し遂げられない。以前の『食糧を綱要とする（食糧生産を中心にして農業・林業・牧業・副業・漁業の全面的発展を促す）』や『鉄鋼を綱要とする（鉄鋼生産を中心にして工業全体の発展を図る）』スローガンを総括するべきだ。国家の工業レベルは鋼だけで決まるのではない。鋼のレベルも量だけで決まるのではない。品質、品目、規格を見なければならない。農業については、穀物だけでなく農業、林業、水産業、畜産、農業副産物も並行して発展させなくてはならない。外国からの導入については計画を大幅に縮小する必要があり、何をどのくらいの規模で導入するかを財政経済委員会が決定しなければならない」[60]。

国民経済を調整するかどうか、当時の党中央内部で政治的な共通認識が作られた。特に、中央政治局常務委員の鄧小平、陳雲、李先念三人の共通認識が決定的な役割を果たし、会議は国民経済を三年間調整すると正式に決めた。

三月二五日、国務院財政経済委員会第一回会議が開かれた。陳雲は財政経済委員会主任として演説で次のように述べた。「調整とは進め方の調整である。進むべきなら進み、やめるべきものはやめ、速度を上げるべきなら上げる。鋼鉄は重要だが、食糧はさらに重要だと考える。食糧はいくらか輸入する必要がある」[61]。

四月五～二八日、中央工作会議が北京で開かれ、華国鋒は次のように述べた。「前回の中央工作会議後、李先念同志が関連する部門を招集して、経済計画について、特に一九七九年の計画について研究し、国民経済は大幅な調整が必要だと分かった。計画は偏りが大きく不十分な点があり財政は赤字だった。国務院は研究後に政治局で討論させ、今回の工作会議開催が確定した。会議は今年の調整だけでなく、その後もやや長期の調整を行うことを決定しなければならない。そして国民経済を計画的かつバランスよく発展させるのだ」[62]。

李先念は中央工作会議で次のように述べた。「**バランスの悪さは深刻で国民経済は崩壊寸前である。これは経済危機と言える**」。彼は次のように考えた。「当時、国民経済の各方面のバランスについて、総合的かつ現実的な分析が欠けており、矛盾もそれほど表れていなかったため、バランスの悪さに対する認識が不足していた。そして、この二年間、特に前年の一九七八年は、経済の回復が急速に進んだ。さらに、全党と全国民が四つの近代化の速やかな実現を熱望していた。このような状況で、順調な方面ばかりを見て問題や困難にはあまり目を向けず、経済発展を焦って安定的に進んでこなかった」。**「過去の経験から次のことが分かる。国民経済は各方面で総合的にバランスが取れていることが好ましい。計画には余裕を持たせ、実情から逸脱した高すぎる指標を定めない。適切なバランスを保ち、生産組織が無分別な指揮をとらなければ、発展のスピードは速くなるものである。そうでなければ、発展のスピードは遅くなり後退することさえある。**建国後三年間の回復期は、第一次五カ年計画によって秩序を保って大規模な経済建設を展開し、バランスも取れていたため国民経済全体が急速に発展した。一九五八年の『大躍進』の期間はすべてを共同所有とするやり方や誇張する風潮が生まれ、高すぎる指標を掲げ、無分別な指揮が取られたため、バランスが大きく崩れた。さらにソ連の不誠実な契約破棄や自然災害によって、一九五〇年代末から一九六〇年代初めにかけて国民経済はひどい挫折と苦痛を味わった。一九六一年からの調整、強化、充実、向上という方針によってバランスが回復したからこそ、当時の非常に困難な状況を乗り切ることができ、一九六五年と一九六六年には国民経済を大幅に発展させることができたのだ。一九六〇年代初めの調整は非常に困難だったが、調整なしでは難関を乗り越えることができなかった。現在、国民経済のバランスの悪さは、多くの方面で一九六一年と一九六二年よりずっと深刻である。今回の調整は、規模と作業量、企業の再編成、労働力の配置、経済管理体制改革について、すべてが当時より極めて困難で複雑なはずだ[63]」。

中央工作会議は緊縮財政政策を決定し、正式に「調整、改革、整理、向上」を方針とした。これは調整しながら前進し、調整の中で改革、整理、向上を目指すということである。李先念は特に次のことを指摘した。「この方針は中央と国務院が慎重な検討を重ねて出した重要な決定である[64]。会議では調整を行うかどうかの論争が今もされている。省、市、部門の責任者の中には国民経済全体から判断すると調整しかないと言う者もいれば[65]、三年以内に『大きな成果を挙げる』と焦る者もいる。調整を受け入れようとしない者は、大型プロジェクトも放棄しようとしない。会議で十分に協議した結果、中央による統一した国民経済を調整する方針と調整後の一九七九年における国民経済計画を決定した[66]」。

実際には、経済調整やマクロコントロールが行われるたびに、地方はマクロ経済の安定のために公共製品を提供するという責任は負わず、現地の経済発展だけに責任を持つことを要求した。これが中央と地方における利害の衝突を引き起こした。しかし、五月一一日、党中央は李先念の講話を通知し「これは我々の重要な戦いであり、全党及び全国民の主要任務である」と指摘した。

鄧小平、陳雲、李先念は、一九五八年の「大躍進」という大きな失敗を歴史の教訓として深く心に刻み、一九六〇年代初めに行った経済調整も歴史的な経験としてしっかりと記憶していた。三人の政治的な共通認識は「大躍進」によって引き起こされた「大災難」を回避することだったが、それによって経済発展の「急激な起伏」が起こった。経済とは「急上昇」すれば「急降下」するものだが、経済成長はマイナスにはならず、後はどのような経済調整を行うかが問題となった。

三、「調整、改革、整理、向上」の方針

中央工作会議後、党中央と国務院は一連の経済調整を行った。第一にインフラ整備を期間短縮し、第二に一九七九年の国民経済計画を修正した。例えば、工業生産の増加率は一〇～一二％を八％に、鋼の生産量は三四〇〇万トンから三二〇〇万トンに下げ、原油、機械製品の生産量及び発電量も適切に下げた。また、国家予算によるインフラ整備は四五七億元から三六〇億元に減らし、一九七八年のレベルを維持した。第三に主な農産物及び農業副産物の価格を上げた。第四に失業者の就業に力を入れ、全国で就業の手配が必要な二〇〇〇万人のうち、一九七九年には七五〇万人を手配した。第五は工業における内部構造の調整であり、第六は管理体制改革及び財政体制改革だった[67]。

六月、華国鋒は第五期全国人民代表大会第二回会議『政府活動報告』で、一九七九年から三年間は重要な経済調整を行うとし、全国的かつ一定期間の経済活動の方針を「調整、改革、整理、向上」とした。**華国鋒は『十年計画』の制定時に全体を考慮せず、軽率な措置を講じたためであることを認め、この数年で生じた問題を軽視し、**一年前に出した経済の拡張政策を一定期間は後退させるとした。華国鋒は一九五九年の廬山会議における毛沢東とは異なり、自分の過ちを自ら認め、責任を持って是正した。そして、経済調整の目標と政策を提出し（コラム7－2）、そこでは、資本効率を高めることを強調し、工業重視だった投資は農業と軽工業を優先するとした。重工業では成長のボトルネックを解消し、インフラ問題を解決するとした。また、価格政策や国民生活の改善も強調し、科学技術をさらに発展させるとした。会議は、陳雲、薄一波、姚依林を国務院副総理に任命し、陳雲はこの後、全国人民代表大会常務委員会副委員長になることはなかった。この決定は、陳雲が経済調整を直接担当することを意味し、李先念、薄一波、姚依林が陳雲を補助することで強力な指導グループとなった。この結果、一九六〇年代初めの大幅な調整の時より経済損失を大きく抑えることができた。また経済も急速に回復し、一九八〇年代上半期の高度経済成長を促進する役目を果たした。

コラム7－2　華国鋒による経済調整の目標及び政策（一九七九年六月）

今後三年間における経済調整の主な目標

（一）食糧と他の農業副産物の生産の成長を人口増加及び工業生産量増加と足並みをそろえる
（二）軽工業及び紡織業は重工業と同等あるいはそれ以上の増加を確保する
（三）エネルギー、輸送、通信における逼迫した状況を緩和する
（四）インフラ整備の規模を縮小し、重要なインフラに集中して、品質改善、コスト削減、建設期間の短縮を進める
（五）生産の基礎を向上させ、農民全体の平均所得、非農業従業者の平均賃金を増加させる

経済調整のための政策十項目

（一）農業生産量を増加させる
（二）軽工業及び紡織業の発展を加速させる
（三）石炭、石油、電力、輸送、郵便、電気通信、建材等の短期的な供給不足を解消する
（四）インフラ整備への投資を削減し、投資効率を高める
（五）科学、教育、文化の発展に力を入れ、人材育成を加速する
（六）技術導入を引き続き行い、海外資金を十分に利用し、輸出を推進する
（七）経済管理体制を改革する
（八）物価の安定を維持し、不合理な価格を調整すると同時に物価のコントロールを強化する
（九）生産成長に合わせ、徐々に国民の生活水準を向上させる
（十）適切な計画出産を行い、人口増加を厳格に管理する

資料出典：華国鋒「政府活動報告」、一九七九年六月一八日、党中央文献研究室編『三中全会以来重要文献選編』（上）、一五七～一六〇頁、北京、人民出版社、一九八二。

この調整は二段階に分けられる。第一段階は一九七九〜一九八〇年末で、農業、軽工業、重工業のバランス、資本の蓄積と消費のバランスの調整及び都市と農村の住民の所得増加に重点が置かれた。一九七九年九月一八日、陳雲は国務院財政経済委員会で経済調整について次のように述べた。「調整、改革、整理、向上の方針の実行が必要で、これは無駄なことではない。インフラ整備への投資が国家の財力と物資の供給力を上回ることは、一九七〇年から多かれ少なかれあった。インフラ整備は長期にわたるもので、以前からの問題である。インフラ整備の投資に赤字はあってはならない。財政のバランスを基本として、インフラ整備に支出できる投資額を確認し、その額から計画を策定すべきである。この三十年間の経験に基づくと、財政支出に占めるインフラ整備の割合を決めることが必要だ。これが、事実に基づき真実を求めるということだ」。**陳雲は中国経済の発展は過去に起こったような苦痛を二度と経験したくない**と考えた。そして次のように述べた。「現在、国民は四つの近代化のため、より速い経済発展を求めている。**ただし、それは苦痛を伴わない発展である。この苦痛を繰り返さないという条件を満たす発展速度を探るべきである**[68]」。

党内で政治的な共通認識を形成するため、党中央は十月三〜十日に省、市、自治区党委員会第一書記座談会を開き、一九八〇年の国民経済計画の配分と調整に重点を置いて議論した。鄧小平と李先念は相前後して演説をし、一九八〇年と一九八一年の経済活動は調整が重要であることを強調した。調整によって適切な条件を作り出すことで、より適切かつ速い発展ができるとした[69]。陳雲は、外債に依存して建設を行うことが新しい課題であり、中国には経験がないことを認め、研究を重ねて経験を蓄積するべきだと述べた。また、経済活動について大きな意見の相違があることも認めるべきだとした[70]。鄧小平は、現在、経済問題について、省、市、中央の指導者の意見が一致していないことを認め、それは不一致というより意見の調整ができていないのだと述べた。彼は矛盾や問題を十分に出し合い、統一した認識を持って統一した行動をすることを望んだ。最後の会議では李先念が演説を行い、一九八〇年の計画の基本方針を決定して意見を統一した[71]。

経済調整実施後の一九七九年、経済成長率は下落し始めた。GDP成長率は一九七八年の一一・七%から一九七九年は七・六%、一九八〇年は七・八%に低下した。インフラ整備への投資はさらに削減され、一九七八年の全国予算内の投資額は三八九億元だったのが一九七九年は三九七億元、一九八〇年は三〇〇億元に減少した。進行中の大規模及び中規模のプロジェクトは、一九七八年は約一七〇〇件だったのが一九八〇年には九〇四件に減少した。住宅竣工面積は増加し、一九七七年は年三〇〇〇万m²だったのが一九七九年には六二五六万m²に、一九八〇年には八二三〇万m²に増加した。国有企業部門は計画外で動員した約五〇〇万人の農村労働力を故郷へ戻し、退職すべき従業員の約四〇〇万人は退職させた。手工業、商業、サービス業、飲食業のほかにも観光業、都市の公益事業と庭園緑化事業を発展させるため、集団所有制のサービスネットワークや職業安定訓練所を設置し、城鎮部の個体経済が適切に発展できるよう奨励、支援し、城鎮部の青年の就業手配に尽力した。一九七九年、城鎮部で手配された労働者は九〇三万人で、目標の七五〇万人を上回った。一九八〇年は城鎮部の労働者九〇五万人が適切に手配された。この二年間で合計一八〇八万人が手配され、城鎮部における失業率は一九七八年に五・三％だったのが、一九七九年には五・四％、一九八〇年には四・九％となった[72]。こうして「文化大革命」の上山下郷運動によって派遣された農山村から城鎮部に戻った知識青年や大学、高校、専門学校の卒業生と他の労働力に対する就業手配の問題はほぼ解決した[73]。

一九八〇年三月一九日、鄧小平は他の指導者と話した際、次のように述べた。「資本蓄積と消費の割合はどのくらいが適切かという陳雲の問題提起に対して、中央弁公庁研究室から『過去の経験から探求した適切な資本蓄積率』という資料が提供されたが、非常に良い内容である。それによると、蓄積は国民所得の二五％が適切だという。以前はこれより大幅に高く、最高で四三・八％もあった。資本蓄積率が高いほど建設速度も速くなると考えていたからだ。今回の長期計画では資本蓄積率を二五％とする」。

四月一九日、陳雲と李先念が話し合いをし、主張が次のように一致した。(一)鄧小平の出した資本蓄積率二五％に賛成する。(二)電力と道路を優先する。(三)速すぎる経済成長は求めずに七〜八％を目指すが、困難な場合は五〜六％でもよいものとする。今後二十年間は安定的な成長と回り道をしないことに重点を置く[74]。

調整による一定の効果はあったが、受動的な状況を根本から好転させることはできなかった。主な要因は農業災害、エネルギー生産量の減産、新たなプロジェクトの規模縮小が進まなかったこと、財政赤字の拡大、急激なインフレ、通貨供給量の過多等だった。中央財政経済指導者小組は危機が発生する恐れがあると考え、調整は「さらに一歩後退」するとした[75]。

一一月二八日、姚依林は中央政治局常務委員及び書記処に『一九八一年の財政と貸付のバランス及びインフラ整備に関する概略構想』を報告し、調整を「さらに一歩後退」する案を出した。「さらなる後退」とは、財政、貸付、物資の需給における適正なバランスを保って市場の需給格差及び外貨収支の逆ザヤを最小限にし、経済と物価を安定させることである。これは翌年の一九八一年に向けて赤字を解消し、バランスとインフラ整備の規模を適正化するためだった。

一九八〇年一二月、中央は全国の省長と工作会議を開き、一九八一年から調整をさらに進めることを決定した[76]。陳雲、李先念、鄧小平、趙紫陽の四人の中央政治局常務委員が中央工作会議で演説し、党中央はこれを一九八一年の一号文書として配布した。こうして「さらなる後退」が政治的な共通認識となった。

一九七九年と一九八〇年に行われた調整では一定の効果が上がった。国民経済は発展し、主要なバランスもある程度調整され、経済効率も高まった。しかし、長期にわたってバランスを欠いていた国民経済は深刻な状況にあったため短期間では完全に正常化できず、まだ深刻な問題も残っており、潜在的なリスクと欠陥が少なからず存在していた[77]。

一九八一年から一九八二年が第二段階である。この段階では、第一段階におけるバランス調整及び経済管理体制改革で発生した国民所得分配の問題に対処するため、インフラ整備の規模縮小、消費の抑制、財政収支の適正化、経済の安定化に重点が置かれた。

中央工作会議後、経済調整をさらに進める目標に基づき経済を安定させるための措置が採られ、調整の継続、消費財の需給不一致及び燃料動力の供給不足の解消以外にも、次のような措置が重点的にとられた。一つ目は、経済調整を進める柱としてインフラ整備の規模を縮小した。国有制のインフラ整備への投資は、一九八〇年に五五九億元だったのを一九八一年には四四三億元に減らし、年末に進行中だった大規模及び中規模のプロジェクトは九〇四件から六六三件に減らした。二つ目は、消耗が多い、品質が悪い、製品にニーズがない、損失が大きい工業系企業は閉鎖、操業停止、合併、生産転換を行った。一九八一年、小規模の重工業系企業四四〇〇社を減らし、大規模の工業系企業との矛盾をある程度緩和した。三つ目は、財政収支の適正化に尽力し、財政金融と物価の安定に努めた。一九八一年、財政の安定という目標はほぼ実現し、国内市場における小売価格の上昇も一九八〇年の六%から二・四%に下がった。

一九八一年三月、第五回全国人民代表大会第十七回会議は『一九八一年国民経済計画と国家財政収支調整に関する報告』を承認した。この報告では、インフラ整備の投資規模の縮小や、国防費、失業費、行政管理費の圧縮、農業及び工業の生産向上、省エネルギー等、一連の措置が提案された[78]。この結果、一九八一年の経済成長率は五・二%だったが一九八二年には九・一%に回復した。

この時期の経済調整をどのように見るか。これについて、一九八二年四月一九日、趙紫陽がギニアビサウ共和国元首ヴィエイラと会見した際、次のように述べた。「十年にわたる動乱が終了した後、一九七八年に再び間違いを犯した。これは、十年間の動乱のせいで景気が停滞していたことが分かり、経済成長を焦ったためである。手を広げすぎたことと技術設備の過剰な導入が国家の財力と物資力を上回り、財政赤字が続いた。また、通貨の供給過多のため物価が上昇し、潜在的なリスクが生まれていた。このため、一九八〇年以降は経済調整をせざるを得ず、インフラ整備は三〇％に圧縮された。このような断固たる調整措置の結果、昨年の経済成長率は低下したものの、財政赤字はほぼ解消して物価も安定し、国民経済は基本的に安定してきた。今年の第一四半期以降、経済は回復し始め、危険な時期を脱却し、着実な発展の道を再び歩んでいる」。

第二節　発展目標と戦略の転換

一、中国の国情と発展方法の選択

中国は一九七八年十一期三中全会から改革開放の時代に入り、経済のテイクオフの段階にも入った。この時期は新中国が建国されてから経済成長が最も早く、国民が受けた恩恵も最も大きかった。また、社会の進歩に適応する新たな思想も多く生まれ、革新的意義を持つ新体制の基礎も築かれた。また、鄧小平を代表とする指導者も国情に対する認識が深くなり重要な理論的成果が形成された。すなわち、中国はまだ社会主義の初級段階にあるという理論である。

一九七五年四月、党中央副主席兼国務院第一副首相の鄧小平は、中国の国情の特徴を「**人口が八億人と多く、国民一人当たりの所得はとても低い**」とした。国情と経済発展の水準を判断するための最も重要な経済指標として「国民一人当たりの所得」を使ったのは、鄧小平が初めてだった。また、国家建設のために平和的な国際環境を構築するという構想を持っていた。さらに、経済発展における政府の優先課題は衣食問題の解決だと明言し、経済建設は農業を最優先として第二、第三を軽工業と重工業とした[79]。

毛沢東の「大躍進」と華国鋒の「全面的躍進」はどちらも「盲目的な躍進を目指した」と言え、失敗しても、ダメージを受けても、行き詰まっても、重い代償を払い続けた。指導者の鄧小平、陳雲、李先念、葉剣英等はこれを教訓として現実的な道を選んだ。そして、事実に基づいて正しく行動するという実事求是の原則に則り、中国の国情を改めて見直し、発展の制約となる要因を再分析して、中国を発展させるための戦略目標を検討した。

一九七八年二月、陳雲は十一期二中全会で華国鋒の政府報告について議論した際、特に次のことを強調した。「中国の国情は、耕地が少なく人口が多いことだ。経済活動は実情を踏まえ、実際の力に応じて行うべきだ。実情から離れて成功を急いではならない[80]」。

三月、鄧小平は中国の国情を次の二点にまとめた。それは、国土が広いこと、そして人口が多いことだった。さらに、生産と科学のレベルから見れば中国は小国に過ぎないと述べた[81]。

十二月一〇日、陳雲は中央工作会議で次のように述べた。「経済活動は国情に基づいて行うべきで、成功を急ぐ『左』

の思想的影響から脱却しなければならない。国民の大多数を占める八億人の農民を重視し、農業を発展させなくてはならない。バランス良く経済を発展させるため、中央と地方の両方が積極性を発揮する必要がある[82]」。

一九七九年三月八日、陳雲は次のように指摘した。「中国の社会経済の特徴は、人口が多く、そのうち農村人口が八〇％を占めること、そして耕地が少ないことである。計画機関と商工業部門はこれを認識しなければ、必ず行き詰まるだろう[83]」。

三月二一日、陳雲は中央政治局会議で次のように述べた。「人口が多いため生活水準を高めるのは容易ではなく、近代化の実現は任用が少なく就職が難しい。このような矛盾に満ちた状況で四つの近代化を目指すしかないのだ。先進的な企業と後進的な企業を長期間併存させるしかない。そうでければ、これほど多い労働力の受け入れ先を確保できない[84]」。

同日、鄧小平はイギリスの中国語文化協会執行委員会代表団に次のように述べた。「中国の目標は今世紀末までに四つの近代化を実現することである。**中国の概念は西方のそれと異なるため、とりあえず中国式の四つの近代化という新しい言い方をひとまず使う**[85]」。「中国式の四つの近代化」とは何か。当時の鄧小平もまだ明確に答えられなかった。しかし、中国式の近代化の道は指導者の共通認識となった。

三月三〇日、鄧小平は党の理論研究会議の冒頭で考えを述べた。「以前の民主革命では中国の情況に合わせて毛沢東が『農村が都市を包囲する（農村革命根拠地を拡大して都市を包囲するという戦略）』道を進んだ。現在も建設をやろうとするなら、中国の実情に合致した中国式の近代化の道を進む必要がある。中国の四つの近代化を実現するには、少なくとも次の二つの重要な特徴に気付く必要がある。一つは、経済基盤が弱いことで、中国は世界でも貧しい国家の一つである。二つ目は、人口、特に農民が多いことと耕地が少ないことである。この情況は簡単には変わらないため、これが中国の近代化建設で考慮するべき特徴である[86]」。

四月五日、李先念は中央工作会議で次のように述べた。「中国の近代化は、中国の国情に基づく必要がある。中国は九億余りの人口を持つ大国で、そのうち八〇％以上が農民である」。李先念はこれに基づき、「中国式発展の道」という重大な命題についても述べた（コラム7－3）。李先念は経済学の専門用語は使っていないが、労働集約的な産業の発展を優先し、資本集約的な産業は選別して発展させると明確に述べた。これは、資本集約的な重工業重視と労働集約的な産業軽視という計画経済期の発展構想に対する重要なアンチテーゼであり、その後の改革における新たな構想となった。一九八〇年代、中国は急速な経済成長を実現しただけでなく、多数の雇用も創出した。

コラム7－3　李先念による中国式発展の道（一九七九年四月）

中国は貧しい国家であるため、近代化には多額の資金が必要だが、国民生活も改善する必要があり、これは矛盾である。また、近代化を行うにしても、求人が少なく、職を求める大量の労働力が存在する。これもまた矛盾である。このような矛盾の中で四つの近代化を目指すしかないのが中国の現状である。これが計画を策定する上で最初に考慮すべき出発点である。何が重要なのか、何から始めるべきかを考慮せず、近代化のためだと言って何でも推し進めるのは現実的ではなく、国情にもそぐわない。これは必要でもなく実現も不可能である。中国では、先進技術と従来からの技術、及び大企業から小規模の手工業までがしばらく併存するだろう。そうでなければ多くの労働力を受け入れられない。もし、大量の資金と設備を投入して労働力を削減したとしても、生産がそれほど発展しなければ、節約された労働者を再就職させることもできない。これでは自分で自分の首を絞めることになる。中国はオートメーション化、機械化、半機械化による生産のほかに、多種多様な賃労働も発展させ、中国の人的資源を十分に生かして生産を横と縦に広げる必要がある。国家の現状から出発し、社会主義制度の下で中国式の近代化を実現しなければならない。

資料出典：李先念「中央工作会議における講話」一九七九年四月五日、党中央文献研究室編『三中全会以来重要文献選編』（上）、一二一～一二五頁、北京、人民出版社、一九八二。

七月一一日、李先念は全国農田インフラ整備会議で次のように述べた。「中国は人口が多く耕地が少ない。また開墾可能な土地も少ないため、できる限り開墾したとしても、人が多く土地が少ないという状況は変えられない。真面目に丁寧な耕作をする伝統を発揚すると同時に、科学的な農業も発展させ、現有耕地の単位面積当たりの生産量を大幅に向上させることによって総生産量を増加させ、一人当たりの生産量を改善する必要がある[87]」。

一二月二〇日、李先念は全国計画会議で次のように述べた。「この二十年で中国の社会主義は大きな成果を得た。その過程は紆余曲折に満ちた曲がりくねった道のようだった。突然上がったかと思えば突然下がり、急上昇したかと思えば急降下し、大きな損失を被ればその回復に数年を費やしたこともあった。しかし、**無謀に突き進まなければ、国民経済は全体的に安定して長期にわたって発展することができる**[88]」。

一九八〇年、陳雲は中央工作会議で次のように述べた。「中国の基本的な国情は、十億も人口があり、そのうち八億が農民だということだ、このような状況で建設を進めなければばならない。欧米、日本、『アジアＮＩＥＳ』の場合、八億人も農民がいるという問題がなかった。イギリスを超えるとか米国に追いつくといった非現実的な計画を立てる必要はない」[89]。**陳雲は毛沢東が行った一九五八年の「大躍進」を十分に理解しており、当時も彭徳懐とともに毛沢東とは異なる意見を出していた。陳雲は中国の基本的な国情を真に理解し、かつ「実事求是の態度をとり」続けた指導者だが、常に非主流派だった。しかし、陳雲の思想はこの時ようやく主流となった。**

一九八一年四月九日『人民日報』は「経済工作を正す指導思想―経済建設における『左』の誤り」という論説委員の文章を発表した。これは毛沢東時代における発展戦略の教訓についてまとめたもので、内容は以下の通りだった。「この三十一年間、中国の社会主義経済の建設は大きな成果を得たが、その過程は平坦ではなかった。指導的にも思想的な『左』の過ちがあり、**紆余曲折を経て巨大な損失をもたらし、社会主義建設を遅らせた**」。**「左」の過ちとは主に成功を急ぐ「速成論」である**。このような思想による指導の下、経済的な過ちが二つの側面で現れた。一つは、生産関係に関連する多くの変革が実際の社会生産力の水準とかけ離れていたことである。「革命を継続し」プロセスを急ぎ、生産関係変革が盲目的に進められた。もう一つは、多くの経済建設の規模が実際の国力とかけ離れていたことである。高い指標、速いスピード、多大な蓄積を求めたため、生産と建設が盲目的に進められた[90]。

一九八一年六月、党中央は『建国以来の党の若干の歴史問題に関する決議』で次のように指摘した。「中国は以前、中長期の経済工作において『左』の過ちがあった。すなわち、国情から離れて非現実的な路線を進み、生産、建設、経営管理における経済効果や経済計画、政策、措置について科学的な検証を軽視したため、浪費と損失は巨大なものとなった」。この決議では、社会主義経済の建設は国情から始め、国力に応じて積極的かつ段階的に近代化の目標を実現していくとした[91]。

二、鄧小平のキャッチアップ戦略――三段階発展戦略

中国の指導者は常に二つの基本的な問題に答える必要があった。**一つは中国近代化の目標とその基本内容であり、もう一つは中国近代化を実現する方法とその過程である。**その答えは各時代の指導者によって認識、目標、過程が異なっていた。しかし、本質的にはすべてキャッチアップ戦略であり、先進国に速やかに追いつき、社会主義強国を建設することだった。

鄧小平は国情の基本認識に基づいて、毛沢東と周恩来が目指した四つの近代化実現の目標を修正した。つまり「小康家庭」「小康レベル」「小康社会」という目標を掲げた「中国式

の近代化」を提唱し、第二世代の発展戦略を徐々に進めていった。

一九七九年九月二九日、葉剣英は新中国創立三十周年の演説で二十世紀末までに実現する「四つの近代化」について初めて次のように定義した。「農業については農林水産牧畜業を合理的に配置し、全面的に発展させ、国民生活と工業の発展の需要を満たすよう発展させる。そして、農業、工業、商業が総合的に営まれる豊かな農村を作り上げる。工業については、幅広い分野をカバーする合理的な構造に徐々に変え、社会の消費と国民経済の発展の需要を満たす先進的な工業を発展させる。国民経済については、GDPと主な製品生産量を世界のトップレベルに一歩一歩近づけていく。科学技術については、世界の先進レベルに追いついていく。国民の物質的な文化生活については、生産の向上を基礎として安定的かつ段階的に改善していく。国防力については、経済発展を基礎として十分に強化し、近代的な戦争においても国家の安全を守り外国の侵略を撃退できるようにする」。葉剣英はさらに「**近代化の実現には初級段階から高級段階のプロセスが必要である**」と述べた[92]。二〇〇〇年までに実現するとした「**四つの近代化**」**が、近代化の実現において初級段階であることは明らかである**。

十月四日、鄧小平は省市自治区党委員会第一書記座談会で、中国式の近代化の基準を下げる必要があるとし、二十世紀末までに一人当たりのGDPを一〇〇〇ドルにするとした[93]。

十二月六日、鄧小平は日本の大平正芳首相との会見の場を借りて「中国の目標は二十世紀末までに『小康』を実現することである」と対外的に宣言した。そして「小康」の定義を一人当たりのGDP一〇〇〇ドルとした。鄧小平は中国式の近代化は先進国の近代化とは異なり、「小康の家庭」である。二十世紀末、中国の四つの近代化が一定の目標に達したとしても、一人当たりのGDPはまだ低いだろうと考えた[94]。

一九八一年四月九日『人民日報』は「経済工作を正す指導思想―経済建設における『左』の誤り」という論説委員の文章を発表し、次のように指摘した。「中国の基本国情は十億も人口があり、そのうち八億が農民だということだ。これは中国の経済が後れていること、及び生産力が低いことを表している。中国の経済を発達させ、すべての国民を豊かにするには、長く険しい道を進まなければならない。このため、今後二十年間で達成できるとすれば、『**小康社会**』のレベルに過ぎない[95]」。

六月二七日、十一期六中全会で『建国以来の党の若干の歴史問題に関する決議』が採択された。『決議』は社会主義経済の建設は国情から始め、国力に応じて積極的かつ段階的に近代化の目標を実現しなければならないとした[96]。

一九八二年十月、胡耀邦は党第十二届代表大会の報告で[97]、二十世紀末までに「工業と農業の総生産額を四倍にする」及び「**小康**レベルを達成する」という目標を初めて出した[98]。また「二段階で行う」と提案し、最初の十年間は主に基礎を確立し、力を蓄積して条件を作り上げ、次の十年間で新たに経済を活性化させるとした。また、一九八〇～二〇〇〇年でこの目標を実現するため、工業と農業における総生産額の年平均増加率は七％とした[99]。

一一月、鄧小平は中国の国情の特徴について次のように述べた。「中国は大国でもあり小国でもある。国土が広大で人口が多く、国連の常任理事国五カ国の一国を担う点では大国と言える。GDPが少なく一人当たりのGDPは二五五～二六〇ドルで、経済発展が遅れている点では小国と言える」。鄧小平は、このような国情の下で無謀な目標を設定するのは意味がなく、目標達成を急ぎ過ぎれば災難をもたらすため、四つの近代化の目標は高く設定できないと考えた。このため、発展目標を二十世紀末までの工業と農業の総生産額を四倍にするとした。また、この目標が達成できれば、世界の四分の一の人口が貧困から脱却することになり、世界にも大きく貢献できると考えた[100]。

一九八四年三月、鄧小平は日本の中曽根康弘首相と会見した際、「小康社会」は中国式の近代化を意味し「四倍」「小康社会」「中国式の近代化」はすべて中国の新たな概念だと述べた[101]。

四月一八日、鄧小平は英国外務大臣ジェフリー・ハウと会談し、「第一の目標は今世紀末までに小康レベルに到達することであり、第二の目標は三十～五十年以内に先進国レベルまたはそれに近いレベルになることである」と述べた。

六月三〇日、鄧小平は日本の友人と会った際、再び「四倍」という具体的な小康の目標を出し、次のように述べた。「いわゆる小康とは、一人当たりの国民総生産なら八〇〇米ドルである」「中国の人口は現在十億人であり、それが十二億人になれば国民総生産は一兆米ドルに達する」。これは鄧小平の大局的な計算であり、長期的な発展を目論んだ大局観であることを示している。

一九八五年九月二三日、鄧小平は党全国代表大会で中央政治局常務委員を代表して、一九八六～一九九〇年の第七次五カ年計画では、工業と農業の総生産額の年平均増加率を七％程度にすると述べた。彼は、これは決して低い数字ではなく、急ぎ過ぎれば多くの問題が発生し、改革と社会の雰囲気にも影響するため、堅実な目標が好ましいと考えた[102]。

一九八七年、党十三大報告では、鄧小平の「三段階で進む」青写真に基づき「三段階」発展戦略を正式に確定した。第一段階は、国民総生産を一九八〇年の二倍にし、国民の衣食の問題を解決することである。第二段階は、二十世紀末までに国民総生産をさらに倍増させ、国民生活を小康レベルに引き上げる。第三段階は、二十一世紀半ばまでに一人当たりの国民総生産は中進国レベルに達し、国民の生活はより豊かになり近代化を基本的に実現する[103]。

これは、毛沢東と周恩来の四つの近代化を二〇〇〇年までに達成するという目標が、初めて二〇五〇年に延長されたものので、二〇〇〇年の目標は「小康レベル」を達成することとした。振り返ってみると、これは比較的適切で実行し得る発展目標であり、新中国における初めての真に実現可能な発展目標でもあった。[104] 例えば、国民総生産を四倍にする目標は、実際には二〇〇〇年に一九八〇年の六・二倍となり、一人当たりのGDPは四・九倍になった。中国の一人当たりのGDPは世界と比べても著しく上昇した。一九八〇年は低所得国だったのが二〇〇〇年には中低所得国となり、一人当たりGDPについても、一九八〇年は世界平均の一五%だったのが二〇〇〇年には五三%に増加した。[105] 他の発展目標、特に小康という目標も基本的に達成された。海外の多くの学者が、理想主義者の毛沢東が理想主義の中国を樹立しようとし、現実主義者の鄧小平が現実主義の中国を確立しようとしたと考えている。[106] 筆者は以下のように考える。**毛沢東が提起した発展目標は、実際の国情と発展段階のギャップが非常に大きく、より理想的かつ主観的だったが、鄧小平の提案は実際の国情と発展段階のギャップが非常に小さく、より現実的かつ客観的だった。**[107] **しかし、経済発展方針に対する具体的な指導から見ると、鄧小平は「発展の加速」を主張し、陳雲は一貫して「安定的な発展」を主張してきた。後に、陳雲のこの考えを根拠に「持続的で安定した発展」という指導方針として、筆者等は概括した。**[108]

米国の歴史学者ポール・ケネディは、鄧小平のこの戦略を高く評価し、次のように述べた。「中国は世界の大国の中で最も貧しく、おそらく戦略地位も非常に劣っている。**中国は長期的な困難を抱えているにもかかわらず、現在の指導者である鄧小平に目を向けると、壮大な戦略を推進している。この戦略は継続性及び将来性において、西欧はもちろん、モスクワ、ワシントン、東京の戦略よりも優れている。中国は物質的な制限が大きいが、経済発展によって正に改善されつつある。経済発展を継続できれば、中国は数十年で劇的に変化するだろう**[109]」。確かに、中国の指導者は時期ごとに壮大な戦略を持っており、それは持続性、継承性を兼ね備えていただけではなく、時代に適応しながら絶えず革新するという特徴があった。それは、五年ごとに開催される党全国代表大会報告に集中的に反映され、中国の特色ある社会主義近代化の発展方向、目標、工程を力強く牽引してきた。

三、十三回全国代表大会の「社会主義初級段階」理論

中国の基本的な国情を認識することは、本質的に社会主義社会の段階に対する認識である。一九八一年六月、十一期六中全会で採択された『建国以来の党の若干の歴史問題に関する決議』は、初めて我が国の社会主義制度はまだ初級段階にあるとした。社会主義生産関係の変革と改善は、生産力の条

件に適応して生産を発展させるものでなければならない。また、社会主義経済建設は、現在の力量を考慮して奮闘し、近代化の目標を順序立てて段階的に達成する必要がある。具体的には、二十世紀末に国民の物質的、文化的生活を小康レベルにしなければならない。

一九八二年九月、党十二回大会報告は、中国の社会主義社会はまだ初級の発展段階にあり、物質的文明は未発達であると指摘した。社会主義初級段階理論が一応の認定を得たわけだが、これを判断するための基本的な国情分析がまだ欠知していた。

一九八六年九月中旬、胡耀邦は十三回大会報告起草の準備をしており、報告は毛沢東が延安で書いた『新民主主義論』のように、理論が深く明確であることを望んでいた。つまり『中国の特色ある社会主義論』や『社会主義初級段階論』を書かなければならなかった。一〇月末、十三回大会報告起草小組は鄭必堅の下で議論を行い、中国は社会主義初級段階であることを強調する必要があるとした。「この言葉が国を発展させ得る」、そうすれば今後は共産主義を急ぐという騒がしい論争の必要がないと考えたからである[110]。

一九八七年に鄧小平は次のように述べた。「十三大報告で、十一期全会から進めてきた改革の本質が、資本主義を行うことではなく社会主義の強化と改善であることを明確にしなくてはならない。全党と全国民の認識を統一することができれば、より大胆に改革を進めることができる」[111]。

三月二五日、趙紫陽は鄧小平に『十三大報告大綱の立案に関する構想』（以下略称『構想』）を出し、鄧小平はこの『構想』を「良い」と評価した。十三大報告はこれをさらに展開して起草が行われた。すなわち、経済建設の発展戦略、社会主義商品経済の任務と経済体制改革の方向、社会主義民主政治の任務と政治体制改革の原則、党の指導及び任務の強化と改善、理論と思想を理解する上で「左」「右」双方の傾向を排除する必要性について明記された[112]。

八月二九日、鄧小平は党第十三大で、中国の社会主義がまだ初級段階にあることを詳しく述べた。すなわち、社会主義は共産主義の初級段階であり、**中国は社会主義の初級段階という未発展の段階にある**。すべてはこの現実から始め、これに基づいて計画を策定しなければならないとした[113]。鄧小平のこの観点は、毛沢東の一九五〇年代末及び一九六〇年代初めの考え方に由来する。当時の毛沢東は社会主義を二段階に分け、第一段階を未発達の社会主義、第二段階を比較的発達した社会主義であると考えた[114]。ただ当時は毛沢東も、未発達の段階における特徴や第一段階から第二段階に移行するための必要な期間については説明せず、これに対する回答は次世代の指導者に託された。

十三大報告では、社会主義初級段階に位置する国情の理論について体系的に説明された。中国が社会主義の初級段階にあるということには二つの意味がある。一つは、中国社会は社会主義社会であり、社会主義を堅持する必要があることである。もう一つは、中国の社会主義社会はまだ初級段階にあることである。それは一般的に社会主義を目指す国家がすべて経験する初期段階を指すのではなく、中国のように生産力が低く商品経済が未発達であるという条件の下で社会主義建設を進める場合、必ず経験しなければならない特定の段階を指す。この段階は少なくとも百年以上の時間が必要である。

十三大報告では、中国の基本的な国情を人口が多い上に経済基盤が弱く、一人当たりのGDPは世界でも低い方であると総括した。そして、次のことが突出しているとした。人口が十億もある上に、そのうち八億人が農民であり、人力労働で生計を立てている。一部の近代化した工業と、数十年から百年も遅れている工業が併存している。経済が発達している地区もあるが、未発達地区と貧困地区が併存している。世界的にも先進レベルにある科学技術も幾らかあるが、一般的に科学技術のレベルは低く、また非識字者あるいは半識字者が総人口の四分の一近くを占める。低い生産力が生産関係を決定し、社会主義公有制の発展に必要な生産の社会化程度はまだ非常に低い。商品経済と国内市場が未発達で、自給自足経済と半自給自足経済が大部分を占め、社会主義経済制度も未成熟である。また、上部構造から見ると、高度な社会主義民主政治の建設に必要な経済的また文化的な条件が不十分である[115]。報告は、非識字者と半識字者の定量分析を行っているが、その他はすべて定性評価である。一九八八年末、中国科学院国情分析研究小組による『生存と発展』が、社会主義初級段階にある基本的国情の量的分析を初めて系統的に行った[116]。

この報告では「社会主義の初級段階」を五つの方面から定義した（コラム7－4）。その後の党代表大会報告では、これが理論の基礎及び経済政策の根拠となった。

コラム7－4　趙紫陽――社会主義の初級段階とは何か（一九八七年）

中国における社会主義の初級段階とは、貧困と後進的な段階から徐々に脱却する段階である。

農業人口が多数を占め、人力による作業を基礎とした農業国から、非農業人口が多数を占める近代的な工業国へ徐々に移行する段階である。

自給自足あるいは半自給自足が大きな比重を占める経済から、商品経済が高度に発達した社会へ移行する段階である。

改革と探求によって、活力ある社会主義経済、政治、文化の体制を作り上げ発展させる段階である。

全国民が開拓精神を持って努力し、中華民族の偉大な復興を実現する段階である。

資料出典：趙紫陽『沿着有中国特色的社会主義道路前進―党的十三大報告』、一九八七。

第三節　発展方針と発展政策の転換

一、経済発展方針の転換

一九七〇年代末から一九八〇年代初め、中国の指導者は新中国設立以来の経済発展方針の再考を始めた。経済体制改革は計画経済から脱却するだけでなく市場経済を取り入れ、旧ソ連式の重工業化による発展戦略モデルから転換し、中国の特色ある社会主義の発展モデルを模索した。

従来の発展モデルの特徴は次の五つである。(一)経済成長のスピード化を求め、先進国に追いつき追い超すことを目標とする。(二)高蓄積かつ低消費の政策をとる。(三)重工業と国防関連の工業の発展に重点を置き、より多くの資本と労働力の省力化技術を採用する。(四)農業を犠牲にして、工業化の資本蓄積と工業の優先的な発展を確保する。(五)規模拡大生産を主とする粗放型の経済成長モデルで、資本投資の増加が経済成長を上回る。[117]

中国はどのような発展戦略を実施すべきかについては、当時の指導者も明確ではなかった。ただ、発展における大きな

矛盾と現実的な問題に直面すると、事実に基づき真実を求めるという非常に現実的な方法で、反省、総括、参考、探求を続け、その後、鄧小平が中国の社会主義建設には中国の特色が不可欠であることを明確にした。[118]全体的に見ると、一九七〇年代末から一九八〇年代初め、指導者は発展に関する重要な問題を理解して対処するため、次のような共通認識を持った。工業と農業の関係については、農業を国民経済の基盤であることを重視する。重工業と軽工業については、軽工業の発展を強調し、国民の消費ニーズと消費構造の変化に対応させる。蓄積と消費では、適度な蓄積を維持しながら消費の割合を高める。都市と農村では、農村の発展を優先して「まず農村、次に都市」とする。これは中国の実情に適合するように、経済発展の方針が常に調整され、経済発展のための良好な政策環境が構築されたと言える。

一九七八年二月一日、鄧小平はサービス業を強力に発展させ雇用を創出するという発展構想を初めて明らかにした。[119]これは、長期にわたる「ソ連モデル」の模倣による深刻なサービス業の発展不足や雇用の低迷、また都市における新たな就業労働人口と一〇〇〇万人以上の下放知識青年の再就職に対

応したものだった。
九月五日から一〇月二二日、国務院は全国計画会議を開き、経済面では次の三点を転換する必要があるとした。一つ目は、上から下まで生産と技術革新に全力を傾けることである。二つ目は経済効果や仕事の能率を軽視する官僚主義的な管理制度、管理方法から、経済法則に従う民主と集中を結集した科学的管理に移行することである。三つ目は、資本主義国家との経済的な技術交流が閉ざされた鎖国あるいは半鎖国である状態から、積極的に海外の先進技術を導入し、海外資金の利用を進め、国際市場へ大胆に進出することである。[120]
一二月、十一期三中全会は、国民経済の方針に対して重要な調整を行った。すなわち、重工業の発展のみを重視するのでなく、農業を発展させるために全党が一丸となって努力しなければならないとした。
一九七九年四月、中央経済工作会議は「調整、改革、整理、向上」という方針を打ち出し、「全面的躍進」によって生じた経済面の不均衡を調整する必要があるとした。李先念は次のような十二項目を提案した。農業の発展に重点を置き、工業と農業の割合を調整する。農民を休ませて鋭気を養わせ、軽工業及び紡織業の発展を加速させ、軽工業と重工業の割合を調整する。重工業では特にエネルギーと建材工業の生産及び建設を強化し、工業系の企業を調整する。インフラ整備を徹底的に削減し、海外技術の導入は順次行うが、すべてを関連させながら進め、決して急ぎすぎない。輸出を積極的に拡大する。物価を調整する。雇用問題を解決する。計画出産を実行する。国民の生活水準を改善する。各項目は関連させながら計画を立て、落ち度のないようにする。[121]
これは重工業を重視するソ連式の発展戦略に対して行った初めての調整であり、中国で起こった経済危機への対応だった。また、一九六〇年代初期の「大躍進」の失敗による経済危機に対応した経済調整との類似もあったが、多くの点で異なっていた。
まず、経済調整について指導者の政治的な共通認識が速やかに形成された。「大躍進」の時に自説に固執してひたすら経済躍進という方針を堅持した毛沢東とは異なり、最高指導者である華国鋒は鄧小平、陳雲、李先念による経済調整の提案を受け入れた。次に、経済調整の方向性は、重工業を優先して発展させる「ソ連モデル」ではなく「軽工業の発展」を重視した。さらに、雇用の創出、失業率の緩和、国民の生活水準向上に経済調整の重点を置いた。李先念は、特に生産の発展によって国民が目に見える利益を得られることが不可欠だとし、生産の発展と労働生産性の向上によって、都市と農村における住民の生活水準を向上させなければならないとした。[122]
一九七九～一九八〇年、国務院財政経済委員会は中国の経済構造について初めて総合的かつ体系的に調査した。その結論は主に次の八点だった。

(一)農業が工業よりひどく後れており、それが国民経済の迅速な発展を妨げている。(二)軽工業が後れており、都市と農村における住民の生活水準を改善するための要件を満たしていない。(三)農業、軽工業を軽視し重工業だけを発展させた。(四)交通運輸業が後れている。(五)商業とサービス業が国民経済の発展に適応していない。(六)基本的な戦略の規模が過大で範囲を広げすぎている。(七)基本方針と実際の政策のバランスが悪い。(八)非生産的部門の建設の発展が遅く、都市の住宅事情は深刻な状況である。調査では、これらの問題の主要な原因は二つだとした。一つは、経済発展について の指導思想が不適切で、発展のスピードと蓄積を盲目的に追求し、重工業を優先的に発展させたことである。もう一つは、経済管理体制に重大な欠陥があったことである[123]。このため、経済発展モデルと経済管理体制の改革という「二つの転換」の必要性を、この調査は初めて提唱した。

一九八〇年、国務院は軽工業の発展を優先する方針を打ち出した。すなわち、原材料、燃料、電力供給の優先、潜在力の発掘、革新、変革に関する措置の優先、インフラ整備の優先、銀行借款の優先、外国為替による技術導入の優先、交通運輸の優先である。この時期、軽工業への投資が増加して重工業への投資は減少した[124]。これは重工業優先という従来の工業戦略から軽工業優先という新たな工業戦略への移行と、中間製品あるいは生産財工業に重点を置いた発展から最終製品あるいは消費財工業の発展への移行を意味している。これは都市と農村における住民一人当たりの所得を増加させ消費構造を改善するためだった。例えば、この時期は紡織製品、家電製品、ミシン、自転車、腕時計等の製品が激増した。一九八二年に洗濯機を生産するメーカーは三〇〇社に達し、一九八四年には電気冷蔵庫の生産ラインが一一本、洗濯機の生産ラインが六本導入され、有名なハイアールグループも、この時期に海外技術を導入して家電生産を始めた。

一九八一年一一月、国務院総理の趙紫陽は、第五期全国人民代表大会第四回会議の『政府活動報告』で十項目の経済建設の方針を提案した。

(一)政策と科学に依拠して農業の発展を加速する。中国は人口が多く耕地が少ないため、人口増加に伴って土地不足の問題が激化する。土地を貴重な資源として合理的に利用することは国策である。(二)消費財工業の発展に重点を置く。消費財工業の発展は分野も幅広く潜在力も大きいため、中国の現状では消費財工業の発展の加速は重工業発展の妨げではなく促進となるはずである。(三)重工業のサービスの方向性を調整する。エネルギーの利用効率を高めるためエネルギー工業と交通運輸業を強化する。エネルギー問題を解決するため開発と節約をともに重視し、節約を優先した上で当面の需要及び長期的な発展とのバランスにも配慮する。(四)重点を明確にした上で段階的に技術改革を進める。既存の企業がその能力を十分に発揮できるように、既存の企業の技術改革を進める。また、国情に基づき中国独自の方法で進める必要がある。(五)企業の全体的な整理と必要な再編を段階的に行う。これは、経済責任制の再編と改善、労働組織の再編、労働規律の是正と強化、財政紀律の是正等を含む。(六)財産増加、財産の集中、利殖、用途の研究及び建設資金の増加、節約によって各方面の収入を増加させ、国家の財政収支の基本的なバランスを保つため、財政、税収等の面で適切な処置を講ずる必要がある。(七)対外開放政策を堅持しながら中国の自立能力を強化する。現在、中国はすでに世界の一七四の国と地域との経済、貿易を発展させてきた。これは中国の近代化に有利であり、輸出増加の速度が経済成長の速度を上回るよう努力し、低金利といった条件の良い借款を利用する。(八)経済体制改革を積極的かつ確実に進め、各方面の積極性を十分に生かすようにする。計画経済と市場調整の関係を正しく理解して対応することが改革の重要な鍵となる。一定範囲における労働者の個体経済は公有制経済に必要不可欠な補完である。(九)労働者の科学的、文化的なレベルを全体的に高め、科学研究を強力に組織化し、科学技術の進歩を加速する。(十)すべては国民のためという思想に基づき、生産、建設、国民生活を総合的に計画する。[125]この十項目は新中国の成立以来、特に一九七九年の経済体制改革以来の経済建設の経験を総括した方針であり「調整、改革、整理、向上」という方針を具体化し、従来の計画経済体制及び経済方針に対して大きな調整を行ったものである。また『報告』では次のように明確に指摘している。「新中国の成立後、経済は急速に発展してきたが、経済効率は悪く、国民所得の増加率も工業生産や農業生産の増加率より著しく劣り、国民生活のレベルはさらに低かった。また、経済効率関連の指標の多くが先進国より低いだけでなく、過去の中国と比べても低かった」。

この十項目の方針は、スピードと高い指標を追求するという効率の悪い従来の発展戦略を転換させ、安定的かつ協調的な発展によって効率的に経済発展を目指す道を切り開いた。**この十項目は中国の経済発展戦略と発展方針の重要な転換であり、計画経済の時期にスピードと高い指標を追求して効率の悪い発展を招いた誤りを正すことが目的だった。しかし、経済体制を変えずに発展戦略を変えようとしたため、その困難は想像以上だった。**

一九八一年一二月、陳雲は再度「まず食べること、次に建設」という経済方針を述べた。[126]これは当時の国民経済における高い蓄積率と低い消費率という不均衡を調整するためだった。一九八二年、党第十二全大会報告では、経済発展の重点を農業、エネルギー、交通、教育、科学に置くとした。そして再度「まず食べること、次に建設」が中国の経済活動を導く原則だとした。[127]

一九八七年の十三回大会報告で出された経済発展の方針の

重点は以下の通りである。

（一）科学技術と教育を最も重視し、科学技術の進歩と労働者の質の向上に基づいた経済建設に転換する。（二）社会の需要と供給の基本的なバランスを維持し、産業構造を合理的に調整、改革する。（三）対外開放をさらに拡大し、対外経済及び技術交流、技術協力を継続的に展開する。[128]

改革開放初期の中国は世界で最も貧しい国の一つだったと言える。一人当たりの国民総所得は世界一八八の国と地域の中の一七五位、これは最後尾の七％の位置であり、アフリカ大陸全体の一人当たりの所得レベルより低かった。では、どうすれば「貧困の陥穽」から脱却できるのか。当時は海外にも出来あいの答えがなく、中国の指導者が実務的な思考を駆使して大胆なイノベーションを起こすほかなかった。それがために鄧小平が創意豊かに提起し、国民経済全体を発展へと突き動かした「大政策」が、すなわち「先富論」と「共富論」である。[129]一九七八年三月二八日、鄧小平は胡喬木、鄧力群と話した際、労働に応じた分配は資本主義ではなく社会主義であり、中国は労働に応じて分配する社会主義の原則を堅持しなければならないと述べた。[130]

なぜ中国は豊かになることができないのか。体制の何が人々の積極性を抑制しているのか。これに対して鄧小平は、独特の判断を持っていた。

九月一五日、鄧小平は黒龍江を視察した際、次のように指摘した。「平均主義の弊害は大きすぎる。平均主義では駄目だ。労働に応じて分配する政策は研究する価値がある。平均主義では駄目だ」[131]。

九月二〇日、鄧小平は初めて「先富論」を提起し、これを毛沢東の観点と呼んだ。そして、今は平均主義では駄目で、毛沢東はまず一部の人から豊かにすると言ったことがあると述べた。[132]この「先富論」は、長期にわたって主流だった平均主義の考え方に対して出されたものだった。鄧小平は適度な物質的見返りが必要で、一生懸命働いた者は報酬も多くするべきだと一貫して主張した。[133]一九七七年八月初め、鄧小平は胡喬木等と話した際、次のように述べた。「適度な物質的な奨励は必要である。働きが少なければ報酬も少なく、働きが多ければ報酬も多くあるべきである。労働に応じた分配をやるとブルジョアジーが生まれると言う者がいるが、それは根本的に違う」[134]。しかし、毛沢東は労働に基づく報酬という分配制度からブルジョアジーが生まれるのを危惧して、ブルジョアジーの法的権利を制限するよう主張していた。[135]明らかに、毛沢東が「先富論」の考えを主張することはあり得ず、彼がこの考え方を口に出したことはなかった。[136]

鄧小平は「先富論」が中国の国情に適合し、当時の中国の生産力を向上させるのにも適していると主張した。これは後に中国の経済体制改革と経済発展の主流の構想となり、鄧小平もこの「先富論」を重要な政策として党に示したが、彼は「予言的な先駆者」でもあった。一九七八年一二月一三日、鄧小平は中央工作会議で経済政策について次のように述べた。「一部の地区、一部の企業、一部の労働者と農民から始めてもよいのではないか。まじめに努力して成果を上げた者の収入が増えて生活が先に良くなれば、大きな模範となる。それは地区内の人々に影響を与え、他の地区や他の部門の人々もそれに学ぶだろう。このように、国民経済全体が途切れなく打ち寄せる波のように持続的に発展することで、全国の各民族及び国民がより早く豊かになれる[137]」。

一二月二二日、十一期三中全会の官報では「先富論」という表現は採用されず、それはおそらく政治的コンセンサスとならなかったが、次のことが明記された。「労働に応じて分配するという社会主義の原則を真剣に実行する必要がある。労働の量と質に基づいて報酬を決めることで平均主義を克服する[138]」。

一九八四年一〇月、十二期三中全会で『経済体制改革に関する党中央の決定』が採択され、初めて鄧小平の「先富論」が正式に盛り込まれようやく政治的コンセンサスとなった。これは、一部の地区、一部の企業、一部の国民が勤勉に働くことで先に豊かになることを許可し奨励すれば、多くの国民がそれにならって意欲を出し、さらに多くの国民が次々と豊かになっていくとした。しかし「先富論」はまた各方面からの質疑も受けた。これは、紛れもなく平均主義に慣れきった社会意識の側からの攻勢であった。こうした状況は、中国の改革開放の過程が思想と理念の革新であり続け、絶えず議論と検証の過程を経てきたことの反映である。そしてこのようにして、政治の主流、社会の主流が形成されてきたのである。

一九八五年九月一八日、鄧小平は党全国代表大会で「共同富裕」の目標を正式に提案した。そして、一部の地区、一部の国民が豊かになるよう奨励するのは、さらに多くの人を豊かにし、ともに豊かになる目的を実現するためだと述べた[139]。

十年に及ぶ改革開放を経て、中国の地域開発は従来の計画経済体制の基本的な枠組みを打破した。特に対外開放の先駆けとなった沿岸地域は、かつてなかった経済のテイクオフを果たし、アジア市場と世界市場との関係がますます緊密になり、新たな地域発展構想が必要となった。

一九八八年一月二三日、鄧小平は趙紫陽が提出した『沿海地区の経済発展の戦略問題』という報告に対し「全く賛成である。大胆に実行し、スピードを加速して、チャンスを逃さないように」と指示を出した。報告の内容は以下の通りである。

(一)沿海地区はこのチャンスを生かして輸出主導型経済を強力に発展させる。(二)貿易体制改革を加速する。(三)企業をさらに活性化させ、郷鎮企業の新鋭的な役割を十分に発揮させる。(四)管理レベルを適切に向上させ、外国の企業家が中国で国際慣習に従って企業を管理できるようにする。(五)科学技術を生産力に転換できるようにし、中国の強力な科学技術開発能力の利点を十分に発揮させる。(六)沿海地区の経済発展を加速し、また全国の経済を安定させる。一月九日の中央政治局会議と一月一日の中央財政経済指導小組会議で、趙紫陽は沿海地区の経済発展戦略について次のように述べた。「全国の発展が不均衡であるが、国際市場は沿海地区の発展に有利である。国際市場の構造調整と高水準の労務サービスを有する産業の移入は、沿海地区にとって有利である。沿海のデルタ地帯には一億二千万人がいる。全国的に均等な発展という従来の戦略は沿海地区にとって不利である。今はまだ沿海地区における実践を全国で実施することはできない。沿海地区における実践は全国を考慮し、全国における実践も沿海を考慮する必要がある」[140]。

九月、鄧小平はまず沿海を発展させてから内陸を発展させるという戦略を出し、次のように述べた。「沿海地区の対外開放を加速し、二億人が住むこの広大な地区をまず発展させ、それを原動力として内陸を発展させる。これは中国全体の問題であり、内陸も全局に配慮する必要がある。同様に、沿海地区がある程度発展した後は、中国全体のために内陸の発展を支援する必要があり、これも大局に配慮するということで、沿海も大局に従わなければならない」[141]。

建国以来の地域発展戦略は、毛沢東時代のバージョン一・〇版から始まっている。それは、一九五六年の毛沢東「十大関係論」の中に見ることができる。すなわち、毛沢東は「中国の工業の七〇%は沿岸部にあり、内陸部には三〇%しかない」と述べ、これは歴史的に作り出された不合理な状況だと考えた。バランスの取れた工業発展の配置のためには、内陸部の工業を全力で発展させなければならない。沿岸部にある従来の工業基盤を活用し、それを発展させることは、内陸部の工業を発展させ支援するための大きな力となる。それゆえ、沿岸の工業、特に軽工業をより活用し、発展させなければならない。したがって、計画経済の手段に則りつつ沿岸部と内陸部を二つに分ける方法に照らし国家全体の配分を進めるが、その主要な狙いは内陸部の工業を発展させることにある。この戦争準備戦略に基づき、一九六〇〜一九七〇年、相前後して大小の「三線(中西部)」[142]後方戦略基地建設が進められ、内陸部では工業化の基礎が築かれた。しかし、このため沿岸地区の急速な発展のチャンスが失われた。客観的には、例えば一人当たりGDP等に見られる地域経済発展の格差は縮小せず拡大し続けたが、衛生、教育等の基本的な公共サービスの格差はある程度縮小した。このおかげで改革開放後の中国は、周辺環境や国際環境の大きな変化により、沿岸地区発展の加速が必然となる。これが全国的な発展の加速を進展させた。この意味で、鄧小平が示した地域発展戦略バージョン二・〇版は、さまざまな生産要素の自由な流動を加速し、国際技術資本市場を十分に活用することで経済のテイクオフを達成した。これは大局に関わる新しい「布石」である。しかし、地域発展の格差が拡大する傾向も現れた。

二、教育政策の重要な調整

鄧小平は「文化大革命」によって教育と科学技術が最も被害を受けていたことを目の当たりにした[143]。「文化大革命」の間、中国の高等教育は深刻な打撃を受け、人的資本の蓄積が中断された。すなわち、大学院生の学生募集は十年間停止され、別の統計によれば、大学卒業生は全国で少なくとも一〇〇万人以上減ったとされている[144]。

鄧小平は復帰すると直ちに毛沢東の誤った政策に対する調整を行ったが、最初は政治ではなく科学技術と教育から始めた。一九七七年五月二四日、鄧小平は王震と鄧力群に次のように述べた。「日本は明治維新以降、科学技術と教育に重点を置き大きな力を注いだ。明治維新は新興ブルジョアジーが行った改革だが、我々はプロレタリアなのだから、明治維新よりもうまくできるはずだ」。そして、科学技術の研究だけでなく教育も強化する必要があり、厳格な試験によって優秀な人材を重点中学と重点大学に集中させるとした[145]。さらに、自分が科学技術と教育を担当するならただちに小学校から始め、五年で小さな成果、十年で中くらいの成果、十五～二十年で大きな成果を得られると述べた[146]。

一九七七年六月、鄧小平の指示で教育部は高等教育機関学生募集制度を大幅に変え、文革時に中断していた全国統一試験を復活させて成績優秀者を合格させるとした[147]。鄧小平は七月に高等教育入試制度の復活について提案し、全国公開試験と公開競争によって合格者を決めることを要求した[148]。そして、これが大きな論争を引き起こした。

九月六日、鄧小平は高等教育機関学生の募集について、中央政治局常務委員の華国鋒、葉剣英、李先念、汪東興の四人に書簡を送った[149]。一九七七年、大学、高等専門学校の学生募集試験が第四半期に遅れて行われ、約五七〇万人の受験者のうち二七万三〇〇〇人が高等教育機関に合格し、競争率は二十九倍に達した。合格者は翌年の一九七八年二月頃に入学した[150]。一九七八年七月の受験者は六一〇万人で、この二回で受験者数は一一八〇万人となり、高等教育試験の受験者数で世界一を記録した。一九七八年末における高等教育機関学生は全国で八五万六〇〇〇人に達し、一九七〇年における四万八〇〇〇人の一七・八倍となった。

これは鄧小平の復活後、最初の重要な決定となり（コラム7-5）、一九七八年末の改革開放は第二の重要な決定である。筆者はこの最初の重要な決定を改革開放の「種」と呼んでいる。鄧小平は高等教育機関入試の復活によって中国近代化のための人的資本という種をまいたのであり、その種が改革開放期に「根を下ろし、花が咲き、実がなった」からである。

コラム7－5　鄧小平による高等教育機関入試復活の歩み（一九七七年）

一九七二年一〇月、周恩来は高校卒業後に二年間の労働をしなくても直接高等教育機関に進めるようにすることを主張した[151]。

一九七五年、鄧小平は軍隊に国防科学技術大学を作って高校から直接入学できるようにすることを提起した[152]。

一九七七年七月二三日、鄧小平は次のように述べた。「高等教育機関に入学するには受験者数にかかわらず試験は必須であり、不合格者は入学できない。自分の子供が不合格となっても、『裏口入学』は許されない[153]」。

八月一日、鄧小平は「下放知識青年のうち、独学で高いレベルに達した者に対し、どのような方法で選抜して学校に戻らせるかを研究する必要がある。このような青年は何千万人もおり、彼等に注意を払って大切に扱い、大学生や大学院生になれるよう全力で取り組む必要がある」とした。

八月八日、鄧小平は次のように断言した。「今年は高校の卒業生を直接高等教育機関に入れる必要がある。大衆の推薦は不要だ。これは、人材を早期に獲得し、成果も速やかに出すためである」。

九月一九日、鄧小平は教育部の主な責任者と話をした際、次のように述べた。「高校の卒業生を直接入れるのは、中断せず一貫して学ばせるためである。十八～二十歳は学習に最も適した時期であり、高校卒業後に二年以上の労働期間があれば、学んだことも半分は忘れてしまい、時間が無駄になる」。そして最後に、合格基準は二つあり、素行が良いことと優秀であることだと単純明快に述べた。

八月一七日から九月二五日、教育部は北京友誼ホテルで再び全国学生募集工作会議を開き、学生募集の対象を次のように定めた。労働者、農民、上山下郷によって下放しているか故郷へ戻った知識青年（政策で都市に留め置かれ、まだ仕事の配属がされていない者を含む）、退役軍人、幹部、その年の高校卒業生とし、年齢は二十歳ぐらいで二十五歳未満の未婚者とする。研究で成果を収めた、あるいは専門知識を持っているか、実践経験が豊富な者については年齢を三十歳までとし、婚姻は問わないこととした。

一〇月五日、中央政治局は高等教育機関の学生募集について審議、承認した。一〇月十二日、国務院は教育部の『一九七七年高等教育機関学生募集工作に関する意見』を承認した。

資料出典：党中央文献研究室、中央書類保存館『党文献』編集部編『共和国重大決策和事件述実』、四七三～四七四頁、北京、人民出版社、二〇〇五。

一九八二年は、一九七七年及び一九七八年の入学生が卒業する年だった。大学または専門単科大学以上の学歴を持つ者は全国に約六一〇万人いたが、総人口に占める割合は〇・六%に過ぎなかった。一九九〇年になると、大学または専門単科大学以上の学歴の保有者は約一六〇〇万人となり一九八二年に比べて一〇〇〇万人純増した。海外に出ているもの以外の大部分は全国の各分野に進出し、改革開放後の新たな世代による人材の隊伍となった。

一九八五年五月、鄧小平は全国教育工作会議で、教育事業発展の加速と優秀な人的資源の形成が必要だとした[154]。その後の経済発展、社会変革、対外開放は、この人的資本に投資した政策のおかげであり、筆者はそれを中国の「教育ボーナス」と呼んでいる。

大学院生の募集再開と中国の特色ある学位制度の確立[155]

一九七八年は中国で大学院制度が再開した一年目だった。鄧小平の推進の下、一九七八年一月、教育部と国家計画委員会は全国大学院生募集計画を策定した[156]。二月二八日、中国社会科学院は全国で大学院生を募集することを決定し[157]、その年、一万五〇〇名余りが大学院生となった。これは「文化大革命」前の十七年間、すなわち一九四九～一九六六年における大学院生の総数に匹敵した[158]。

一九七九年二月二四日、胡喬木は鄧小平に学位制度の導入を提案した。三月七日、鄧小平は同意し、方毅、胡喬木にその準備作業を任せることを提案した。九月一日、鄧小平は学位や資格の称号等、一連の制度について研究が必要だと述べた[159]。

教育部長の蒋南翔が中心となって起草した『中華人民共和国学位条例（草案）』は、一九八〇年二月一二日に全国人民代表大会常務委員会で採択され、一九八一年一月一日から施行された。学位制度は国家が高いレベルの人材を育成するための重要な制度で、現代国家が採用する基本的な制度である。世界にはさまざまなモデルと方法がある。一つは、旧ソ連が採用したもので、学士は設けず博士、副博士の二段階のみの学位制だった。一九六一～一九六四年、国務院副総理兼国家科学技術委員会主任の聶栄臻が立案した学位条例は、このモデルを参考にしたものだったが、これは正式な制度とはならなかった。もう一つが、西側諸国で広く採用されていた学士、修士、博士の三段階の学位制だった。この時中国が採用したのは、国際的にも通用し留学生の派遣と国際学術の交流に有利だった三段階の学位制だった。こうして、中国は世界的にも先進的な学位制度を持つこととなった。この学位制は中国的な特色もあり、これについては蒋南翔が一九八一年九月七日の第五回全国人民代表大会常務委員会第二十回会議で次のように説明した。「一つ目は、社会主義を堅持することである。中国は学位制度によって思想的かつ専門的に優れた人材を育成する必要がある。学位申請者には、党の指導者及び社会主義制度を支持することを求める。二つ目は、理論と実践を結びつけることである。各段階の学位申請者は専攻学科の基礎理論と専門知識において相当なレベルであること、また実際の問題を解決する能力があることが必要で、どちらか一方に偏っていてはならない。三つ目は、学位の質を第一とする原則を貫徹することである。中国の学位制度は名実ともに備わっていなければならない」。

一九八一年七月二六日から八月二日、国務院学位委員会学科評議チームは中国初の博士号授与専門教育地点を八〇五カ所、また、博士を指導できる教員として一一四三人を認め、修士号授与専門教育地点を二九五七カ所とした[160]。

一九八一年から二〇〇三年末まで、累計で修士号は八〇万余り、博士号は一一万余りに授与され、中国における優秀な人材の中核となった。

留学生の派遣

一九七七年八月八日、鄧小平は科学教育工作座談会で留学生を派遣する構想を提案した[161]。

一九七八年六月二三日、鄧小平は方毅、蒋南翔、劉西尭らと話をした際、留学生の派遣人数を増やす提案をした。「何千人も何万人も派遣する必要があり、多額の資金を投入する価値はある。これは五年以内に成果を上げられ、中国の科学技術レベルを向上させるために重要である」[162]。

七月一〇日、鄧小平はアメリカ大統領科学技術顧問兼科学技術政策事務室主任のフランク・プレスと会見した。プレスは両国における農業交流、宇宙技術、留学生と学者の交流等についての協定締結のため、まず中国から二〇〜三〇人の学生を米国に派遣することを提案した。すると、驚いたことに鄧小平は米国に理系の学生五〇〇〇人を留学させたいと述べ、さらに数年後は数万人を目標としたいと述べた。午前三時にもかかわらず、プレスは直ちに電話して就寝中のカーター大統領を起こし、まず五〇〇〇人の学生派遣、そしてその後もさらに多くの学生派遣を受け入れる許可を願い出た。カーター大統領は喜んでこの要求を受け入れた[163]。

八月四日、教育部は党中央の指示で通知を出した。すなわち、一九七八年における大学生、研修生、大学院生を含む留学生の定員は三〇〇〇名以上に増やし、その対象は主に科学、工学、農学、医学を専攻する学生とした[164]。

蒋南翔は鄧小平の指示で調査、検討を行い、八月一二日に鄧小平に留学生派遣についての特別報告書を提出した。この報告では次の四つの問題が指摘された。一、留学生の派遣は大学院生と教師、技師、科学研究員を含む研修生を主体とし、計画的に一定人数を本科の留学生として派遣する。二、留学生の派遣は自然科学を主体として、外国語、科学技術管理、経済管理、社会科学方面にも適切に手配すべきである。三、留学生の選抜は多方面の人材を対象として統一的な試験で行い、政治的な審査を経て優秀者を採用すべきである。四、卒業して帰国した大学院生について、国家が統一して仕事を配分すべきである。鄧小平はこれを承認し教育部に実行を指示した。海外研修後は元の職場へ復帰することを原則とする。鄧小平はこれを承認し教育部に実行を指示した[165]。

八月二〇日、鄧小平は教育部の『留学生派遣に関する指示』を承認し、一九七八年の留学生派遣を三〇〇〇人とし、派遣は研修生と大学院生に重点を置くとした[166]。

八月末『人民来信摘報』に上海虹口区にある模範高校の学生が自費による日本留学を求めた記事が載り、鄧小平は方毅の「認める」という返答に同意した[167]。

一九七八年下半期、第一回目の留学生が米国に到着し、一九七九年に米国で学ぶ留学生は一〇二五人となった。一九八四年、留学生は一万四〇〇〇人に達し、そのうち三分の二が物理学、医学、工学を学んだ。北京大学と清華大学は、公費による理工系学生の「米国留学予備校」と呼ばれるまでになった[168]。

一九八二年七月一六日、国務院は教育部等による『自費留学に関する規定』を許可し、人材育成の方法として自費留学も認めた[169]。

統計によると、海外で学ぶ留学生は一九七八年には八六〇人だったが、一九八五年には四八八八人に達した。海外留学はハイレベルな人材を育成する重要な手段となった。

ポスドク流動ステーション制度の設立によるハイレベルな人材の育成

一九八三年三月五日、中国系アメリカ人でノーベル物理学賞を受賞した李政道教授は、指導者らに「科学技術流動ステーション」の設立を提案した。これは、若手の科学技術者の流動を促進する永久的な方法であり、対象は海外から帰国した学生だけではなく、国内の研究所を卒業した大学院生や他の若手の科学研究員も含んでいた。

一九八四年五月一六日、李政道教授は指導者らに再度、ハイレベルかつ革新的な人材を育成するために「ポスドク」流動ステーションの設立を提案した。これは、厳格な試験に合格した人材が新世代の学術界のリーダーとなって新たな分野を開拓し、科学技術によって国民経済に貢献できると考えたからだ。しかし、この二つの提案はどちらも採用されなかった。

一九八五年五月二一日、鄧小平は李政道教授及び夫人と会見し、科学の発展と人材の育成について意見を交換した。教授は鄧小平に次のように提案した。「海外で学んだ科学研究員が帰国して仕事に復帰しやすいよう、まずポスドク流動ステーションを試しに十数カ所設置したらどうか。中国のポスドク制度は西側より八〇年遅れている」。鄧小平は、すでに博士であるのに、なぜさらに育成する必要があるのか尋ね教授から説明を聞くと、賛成して次のように述べた。「ポスドク流動ステーションは初耳だが、新しい考え方で、とても優れた方法だと思う。人材育成と仕事を互いに結びつけ、仕事をしながら育成し、育成しながら仕事をすれば、さらに多くの人材が発掘されるだろう。十カ所では少なすぎる。百カ所、千カ所の流動ステーションを設立し、制度化する必要がある[170]」。

一九八五年七月、中国はポスドク流動ステーション制度を導入した。これは、現代的な教育制度の確立に、海外へ渡った中国人が重要な知識を普及する役割を果たしたことを示している。また、鄧小平は「賢者を礼遇する」「教えを請うのを恥としない」というオープン型の学習を理解すると直ちに制度化し、ハイレベルな人材を育成する制度の確立を推進した。これは中国の経済体制改革の過程における制度変遷の典型である。二〇〇五年には、ポスドク流動ステーションが全国に一三六三カ所、ポスドクワークステーションが一〇一八カ所設立され、累計三万二〇〇〇人余りのポスドクが採用され、期間満了のポスドクは二万人余りに達した。

義務教育の普及加速

一九八〇年一二月、中共中央と国務院は「初等教育普及の問題に関する決定」を発表し、一九八〇年代に初等教育普及の歴史的課題を基本的に実現すべきだと提案した。一九九〇年までに、小学校の学齢児童の純入学率は九七・八％、粗就学率（学齢に基づく計算）は一一一・〇％、小学進学率は七四・六％に達した。

三、科学技術政策の調整

鄧小平は中国と先進国の科学技術レベルの差が一九六〇年代から一九七〇年代に大幅に拡大したことを十分に認識していた。これをどのように縮小し、どのように先進国に追いついたのか。

科学技術の発展目標の確定

一九七七年八月、鄧小平は科学技術発展計画の策定を提案した。九月二六日、鄧小平は欧州原子核研究機構（ＣＥＲＮ）総主任と会見した際、中国の科学技術発展の目標を、二十世紀末までに世界の先進レベルに近づけ、大部分は世界の先進レベル、一部はそれ以上にすることだと述べた[171]。鄧小平の推進で設置された国家科学技術委員会は、新たな科学技術政策の制定及び科学技術計画の策定に着手した。

同年一二月、全国科学技術計画会議が北京で開催され、一〇〇〇名余りの専門家や学者が参加して計画策定の研究を行った。

一九七八年三月一八日、党中央は全国科学大会を開き、鄧小平は開幕式で四つの近代化の鍵は科学技術の近代化だと強調した。彼は科学技術力を生産力と考えたが、これはマルクス主義の伝統的な観点である。科学技術は生産力としてますます大きな役目を果たすようになった。また、知識人はプロレタリアートの一員であると明言し、壮大かつ思想が優れた専門的な科学技術チームを作り上げる必要があるとし、世界的に一流の科学技術者や工学の専門家が大量に必要だと述べた。さらに、従来の手法から脱却して優秀な人材を発掘、選抜して育成する必要があり、学術方面における意見の不一致に対して大いに論争すべきだとした[172]。

全国科学大会では『一九七八～一九八五年全国科学技術発展計画綱要』（以下略称『綱要』）について審議した。同年一〇月九日、党中央はこの『綱要』を承認した。『綱要』は「包括的な手配及び重点の強調」という方針に基づき、一九七八年から一九八五年までの科学技術分野における目標を次のように明確にした。(一)重要な科学技術分野の一部を一九七〇年代における世界の先進レベルに近づける。(二)専門的な科学研究員を八〇万人に増やす。(三)多くの近代的な科学実験基地を持つ。(四)全国的な科学技術研究体系を作り上げる。また、『綱要』では全国的な科学技術研究の重点として一〇八件のプロジェクトを決定し、数年以内に農業、エネルギー、材料、コンピュータ、レーザー、宇宙、素粒子物理、遺伝子工学等の八分野に重点を置いて優れた成果を上げるとした[173]。この大会では『科学技術研究の主要任務』『基礎科学計画』『技術科学計画』を制定し、「科学技術は生産力である」「四つの近代化の鍵は科学技術の近代化にある」という戦略を出した。

一九八五年までに、中国は全分野をほぼ網羅する科学技術システムを確立し、ある程度強力な科学技術チームを作り上げた。市級以上の独立した科学研究機関は四三九七カ所となり、一九八〇年より一八〇カ所増加した。科学技術職員の総数は七八一万七〇〇〇人となり、一九八〇年より四八％増加した。そのうち、一九八五年に自然科学に携わる技術者数は全国で一〇〇万人に達し、その内訳は、**上級科学技術人員一万人、中級科学技術人員一七万三〇〇〇人、初級科学技術職員八一万九七〇〇人だった。**また、自然科学専門学会と研究会が二三〇以上設立された。五年間で、累計三万三七六二件の重要な自然科学研究成果が国に登録され、そのうち、九三七件は国に承認、奨励され、研究成果の転換応用率が高まった。

特筆すべきことは、一九八四年三月一二日の第六回全国人民代表大会常務委員会第四回会議で「中華人民共和国特許法」が採択されたことである。その目的は、発明や創造の特許権保護、発明と創造の奨励による発明と創造の応用促進及び科学技術の発展促進に資することと、社会主義近代化のニーズに適応させることである。これは一九八五年四月一日に正式に実施された。この特許法は、発明、実用新案、デザインにおいて新機軸となる成果を保護している。知的財産制度

における この革新によってゼロに等しかった中国の特許出願数と特許授与数は増加した。その二十五年後、中国は世界最大の特許出願国及び特許所有国となり、一七九〇年から二〇〇年以上も特許法を実施してきた米国を追い抜いた。

「導入」による「科学技術のキャッチアップ」の実現

一九七七年九月二六日、鄧小平は「中国は世界の先進レベルを出発点として、真剣かつ謙虚に先進的な科学技術を学び、同時に革新していく必要がある」と述べた。[174]九月二九日には「世界の最先端技術の成果を学び、基礎として導入する必要がある。海外の先進技術を『導入』する方法を採る」と主張した。[175]一〇月一五日、鄧小平はカナダのマギル大学東アジア研究センター主任の林達先教授に「中国はひどく後れており、世界の最先端技術の成果を出発点として努力しなければ、世界に追いつくことはできない」と述べた。[176]一一月三日、鄧小平は米国ロックフェラー大学数理論理学専門の王文先教授と談話した際「科学技術の成果は人類共通の財産である。中国は日本のように『導入』しなければ、科学技術の発展を加速することはできない」と述べた。[177]

実際、一九八〇年における中国の人口は世界の二二％を占めていたが、知識技術資源が世界に占める割合は〇・七二％と非常に低かった。知識技術資源の不足は非常に深刻で、これが中国の近代化の足枷となっていた。先進国との技術格差を埋めるため、鄧小平は対外開放と「導入」によって「技術のキャッチアップ」戦略を採ることとした。そして、特に世界の最先端技術を生かし中国の近代化を進めることを強調した。その後、この技術のキャッチアップは成功を収め中国経済を強力に推進し、一人当たりの所得における先進国との差は急激に縮小した。

知識人政策の実施

鄧小平は「知識を重視し、人材を重用する」ことで科学技術員の積極性を発揮させることを明確にした。

一九七七年五月二四日、鄧小平は、党内に「知識を重視し、人材を重用する」雰囲気が必要だと述べた。[178]

七月二一日、彼は次のように述べた。「『四人組』は知識人をすべて『九番目の鼻つまみ者（原文は〝臭九〟。文革中、知識人を軽蔑した呼称。地主、富農、反革命分子、悪質分子、右派分子、裏切り者、スパイ、資本主義の道を歩む者の後に序列された）』と呼び、これを毛主席の言葉だと述べた。確かに毛沢東は知識人をブルジョアジーの一部と見なしていたが、革命全体とその過程から見ると毛沢東は知識人の役割を重視していた。一九七五年には『四人組』の知識人への中傷に対して『知識人を去らせない（原文は〝老九不能走〟）』と戒めた。[179]我々は毛沢東の知識人に対する思想と政策について、正確に理解する必要がある」。[180]

八月八日、鄧小平は知識人の名誉回復を提案した。そして、知識人に対する奨励及び報奨に重点を置いた制度が必要で、精神的な奨励のほかに物質的な待遇改善を含めた他の措置も講ずるべきだとした。また、労働に応じた分配についても言及し、働きが多ければ報酬も多く、働きが少なければ報酬も少ない、働かない者に報酬は不要とした。そして、これは科学界や教育界だけの問題でなく、国家全体に関わる政策課題だと述べた[181]。「文化大革命」期の「四人組」は知識人を敵と見なして革新的な知識人を攻撃したため、権力に屈した少数の知識人を除き、多数の知識人から抵抗を受けた。改革開放期、鄧小平は「混乱を鎮めて正常に戻す」として、知識人を国家の人材と見なし、科学研究や技術革新のために知識人を起用した。これは当然多くの知識人に支持された。

八月八日、鄧小平は科学と研究の区分について話した際、再び次のように述べた。「科学は基礎科学と応用科学に区分できるのではないか。生産部門は基礎科学だが、応用科学にも力を入れなければならない。科学院と大学で基礎科学を増やすこともできるが、応用科学も必要だ。工科大学の場合はなおさらである[182]」。そして「国家科学技術委員会を再建し、全国の科学研究をすべて統一的に管理すべきだ。中国が社会主義の優位性を十分に発揮し、力を統一して組織を合理化すれば、人材が少なくても（当時の科学研究員は全国でわずか二十数万人だった）資本主義国家の同人数と比べればより多くのことができ、より大きな成果を得られるはずだ」と述べた[183]。

九月一八日、党中央は知識人に対する政策についての通知を出し、科学研究機関及び科学研究員の専門技術資格の復活、評価システムの確立、技術分野の責任制度の導入を早急に実行するよう要求した。

一九七八年一〇月一〇日から一一月四日、党中央組織部は知識人に対する政策について数回の座談会を開いた。胡耀邦は『知識人に対する団結、教育、更生の必要性』をテーマとして演説を行い、会議では次のことが確認された。知識人はすでに変化しており、解放初期に出した知識人に対する「団結、教育、更生」という方針は現在の状況に適用できない。知識人を信頼して自由にし、職務に応じた権限と責任を持たせる必要がある。専門知識が生かせるよう適材適所で役割を十分に発揮させ、知識人の仕事の環境と生活条件を改善するよう努力する[184]。

一九七九年九月一日、鄧小平は、ブルジョアジーの知識人を労働者に更生させるという歴史的な任務は基本的に完了したと考えた[185]。

陳雲は知識人の問題を特に重視しており、次のように述べた。「十年の内乱の時期に知識人を『九番目の鼻つまみ者』と呼んだことに対して批判はされたが、知識人が党員になる、あるいは幹部に抜擢されることが可能な政策の実現には程遠い。古参幹部がいなければ四つの近代化も実現できないが、党に大量の知識人がいなければ、中国の近代化など不可能だと分かるべきだ[186]」。

鄧小平は、大学や高等専門学校が中国の科学研究において重要な役割を担うべきだと繰り返し述べた。一九七七年七月二九日に「重点大学は高等教育の中心であり、また科学研究の中心でもある」と提案し、同年九月一四日には『全国科学大会開催の通知』に「大学も科学研究において重要な役割を担う」という文を付け加えた[187]。

一九七九年一一月一日、中国科学院設立三十周年記念茶話会で、鄧小平は学位制度と専門技術資格制度を早急に確立するよう再度提案した。一二月一〇日、国務院は国家科学技術委員会等が策定した『技術者幹部の専門技術資格に関する臨時規定』を承認し、専門技術資格を、高級技師、技師、技師補佐、技術員及び技術師と定めた[188]。

一九八八年まで、国有制部門に従事する科学技術分野の科学技術員は九六六万一〇〇〇人であり、これは一九七八年の四三四万五一〇〇人の二・二倍で、年平均増加率は八・三％だった。そのうち、高等教育を受けた者が四七・九％を占め、高級科学技術員は五・五七％、中級科学技術員は二五・四一％だった（表７－２）[189]。

経済建設のための科学技術の指導方針の確立

改革開放期、中国の科学技術はどのような指導方針で、何を根拠にしていたのか。これについては熟考を重ねた末、党第十二全大会の開催後にようやく明確な回答が作成された。

一九八二年一〇月二四日、国務院総理の趙紫陽は、経済振興戦略として「科学技術に基づいた経済建設、経済建設のための科学技術」を提案し、これが改革開放期の科学技術の指導方針となった。

表7-2　全国における自然科学分野技術者の構成（1978～1988年）　単位：％

年	高級科学技術員	中級科学技術員	初級科学技術員
1978	0.5	4.2	95.3
1980	0.71	11.58	87.72
1985	1	17.03	81.97
1988	5.57	25.41	69.02

資料出典：国家統計局科学技術統計司編『中国科学技術40年』、196頁、北京、中国統計出版社、1989。

なぜこのような方針が出されたのかについて、趙紫陽は党第十二全大会報告で明確に述べた。すなわち「二十世紀末までに中国の工業と農業の総生産額を四倍にするよう努力する。そのため、まず科学技術の進歩を目指す。経済振興は科学技術の進歩に依拠する」。そして、趙紫陽は「第一に政策に依拠し、第二に科学技術の進歩に依拠する」と述べた。彼は次のように考えていたからだ。「経済建設のための科学技術であると明確にするのは正確かつ必要なことであり、国民経済の発展にも科学技術の発展にも役立つ。これに基づき少なくとも次のことを行う。一つ目は科学研究の任務と課題の決定、二つ目は科学研究体制と科学研究力の調整、三つ目は科学研究員の評価制度と報奨制度の改善である」。そして、次のように指摘した。「今の科学研究体制では、経済建設の要求に適応できない。経済建設における科学技術という難題の解決は急務ではあるが、ただちに科学研究部門に反映することはできない。同時に、企業が新技術を開発する上で圧力、動力、実力という三つの力が不足している。そのため、企業が技術改革を行うためには動力の問題を解決しなければならない。そのうち、計画体制については計画における指標の問題を解決する必要がある。総生産額を主な指標とするのは弊害が多い。なぜなら、無駄やコストの削減、新技術の採用を反映しないからだ」。

趙紫陽はさらに「中国の科学技術者が少ないことは弱点である。しかし、中国は社会主義国家であり、国民の力を組織化できる優れた制度を備えている。これが中国の優位な点である」と指摘した[190]。

一九八五年三月、『科学技術体制改革に関する党中央の決定』で、次のことが明確にされた。「経済建設は科学技術に基づき、科学技術は経済建設に役立つものでければならないという戦略を採るべきである。科学技術の発展法則を尊重し、実情から出発して科学技術体制改革を段階的に行わなければならない[191]」。

ハイテクの発展と産業化の実現

一九八〇年代中期、鄧小平は世界のハイテク産業の発展動向を鋭い観察眼を持って見ていた。そして、中国独自のハイテクを発展させ、世界のハイテク産業に参入しなければならないとした。また、ハイテクの発展による産業化も提案した。

当時の国際的な背景は以下の通りだった。一九八三年、米国は「スターウォーズ」計画と呼ばれる「戦略防衛構想」を出した。それは全米の科学技術力を効果的に結集、組織化することによってハイテク産業の発展を促進し、国際競争力を強化するというものだった。「スターウォーズ」計画に刺激され、数年後には各国によってさまざまな対策や計画が次々と出された。まず日本が「科学技術振興の基本国策」を打ち出し、次に西ヨーロッパ十七カ国の共同声明による「ユーレカ計画（欧州先端技術共同研究計画）」や旧ソ連と東欧諸国による「科学技術進歩のための総合綱領」が出された。これらは二十一世紀のハイテク発展戦略に焦点を当てており、新たな技術競争を引き起こした。

一九八四年から、関連部門は専門家の組織化を何度も行い、「スターウォーズ」計画について各方面から分析を行った。専門家は、米国が「スターウォーズ」計画によって国防科学技術の発展を促進し、さらにハイテク産業と国民経済の活性化によって、世界の軍事、政治、経済において優位な地位を確保しようとしていると考えた。多くの専門家は、当時の国際環境と内情を踏まえると、中国はハイテクを全面的に発展させる経済力はないが、有利な分野に限るなら飛躍的な発展も可能だと考えた[192]。

一九八六年三月三日、著名な科学者である王淦昌、陳芳允、楊嘉墀、王大珩による『世界のハイテク発展戦略に後れを取らないための提案』が鄧小平に提出された。内容は以下の通りである。「科学技術が飛躍的に発展する中、ハイテク分野における発展の方向性を正しく把握した国家が国際競争で優位に立つだろう。また、ハイテクは本来買えるものではなく、ハイテクの研究で成果を出すには努力と時間をかける必要がある。よって、ハイテクの研究は既存の科学研究の力を集中して結果を出すだけでなく、ハイテク分野における新世代の人材を育成することもできる」。三月五日、鄧小平は「この件は素早い決断が必要だ。先延ばしは許されない」という指示を出した。これは大きな意義を持つ決定だった。鄧小平が直接関わり、中央は数百人の専門家を組織して繰り返し論証を行い、『ハイテク研究発展計画綱要』を策定した。そして一〇月二一日、中央政治局拡大会議で承認、実施された。これが有名な「八六三」計画である[193]。

一九八八年一〇月、鄧小平は次のように述べた。「現在、特にハイテク分野を中心として世界は急速に発展している。中国はこれに取り残されないよう、ただちにハイテク分野の発展のために行動する必要がある」。また、「中国独自のハイテクを発展させ、世界のハイテク分野の一翼を担わなければならない」と力説した[194]。

ハイテク製品の輸出額は、国家の新技術の応用とハイテク製品の生産力、及び科学技術製品市場の国際競争力を表す。世界に占めるハイテク製品輸出額の割合を見ると、一九八〇年は中国が〇・〇三％、米国が二六・一％であり、両国の差は八七〇倍もあった。この時期、中国のハイテク製品の輸出は「ゼロに等しい」と言える。一九九〇年、中国の割合は〇・六％に上昇し、米国は二二・〇％で、その差は縮小して三六・七倍となり（表7－3）、この時期はその輸出が「少しはある」という状態となった。二〇〇八年になると、中国は一部のハイテク分野で「一翼を担う」ようになり、さらに世界最大のハイテク製品輸出国となった。中国の割合は一九・七％に達し、米国の一三・四%とEU二七カ国の一三・一%を上回った。鄧小平のハイテク戦略とその措置は、中国がハイテク分野で先進国を追い上げ、さらに先進国以上になるための方向性を示し、またそれを保障したと言える。

表7-3　世界に占めるハイテク製品輸出額の割合　単位：%

	1980年	1985年	1990年
中国	0.03	0.2	0.6
米国	26.1	27.5	22.0
ＥＵ※	24.7	22.6	20.2
日本	15.2	21.4	15.0
旧ソ連	3.3	2.4	0.3
米国／中国	870	137.5	36.7

注：本表は筆者が異なる資料から計算した。
※ＥＵ27カ国。
資料出典：IHS Global Insight, World Industry Service Database; National Science Foundation (NSF), Science and Engineering Indicators 2010.

ハーバード大学のパーキンス教授は次のように述べた。「早ければ一九八五年、遅くとも一九九〇年には、中国の最先端技術分野のエキスパートは数千人に達するだろう。国内外で育成、訓練を受けた科学技術者が科学研究機関や企業に配置され、少なくとも戦略分野において、その技術は世界のトップレベルになるだろう[195]」。

ポール・ケネディは、特に中国独自の技術政策について次のように評価した。「北京の決意は明らかである。すなわち海外資本、海外の工業製品や海外市場、また特定の国家、特に特定の供給国には依存しないことである。海外の技術、設備、生産方法の導入は、すべて中国の国際収支のバランスによってその大勢が決まる[196]」。

四、人口政策の調整

一九七〇年代初め、中国は計画出産政策を実施した。一九七四年六月二六日、鄧小平はノルウェー議会代表団と接見した際、次のように述べた。「急激な人口増加は常に負担になる。巨大な人口を持つ中国はその条件に適した方法を採る。それは貧しい国家に適した方法である[197]」。すなわち、計画出産の実行は「貧しい国に適した方法」であり、この方法しかなかったのではなく、中国に最も適した方法を採ったということである。

一九七八年五月一九日、鄧小平は米国UPI通信の訪中代表団と会見し、人口増加を抑制する措置を採るか聞かれた際、次のように答えた。「この数年は人口抑制策を採り人口増加率を抑えようとしているが、増加は止まらない。人口が多いのは良い面もあるが問題も増える[198]」。

一九七九年、中国政府は大規模な人口が発展の圧力となっていることに気づいた。四月、李先念は中央工作会議で、計画出産による人口増加の抑制を重要な発展戦略とした。すなわち、一組の夫妻につき一人の子とする政策を提案した。また、計画出産ではなく多産を奨励する政策が多いため、これを変える必要があると考えていた。[199]鄧小平も人口問題は戦略的な問題だと考えていた。

一九八〇年二月二日、国務院計画出産指導者小組は北京で婚姻、家庭、計画出産についての座談会を開いた。そして、計画出産政策の重点は一組の夫妻につき一人の子とすることを、人口問題を解決するための戦略的課題とした。[200]六月一四日夜、陳雲は六月一三日の陳慕華の書簡に返信し、次のように指摘した。「子は一人とすることが今の最優先事項であり、その結果生じる問題についてはその次とする」。翌朝も、陳慕華に書簡を送り、人口抑制及び計画出産の問題を国家の長期計画とし、五カ年計画と年度計画に組み入れるとした。[201]九月二五日、党中央と国務院は、すべての共産党員及び共産主義青年団員に人口抑制のための公開書簡を送った。[202]

一九八二年二月九日、党中央と国務院は『計画出産の確実な実行に関する指示』を出し、国家幹部、職員、都市部住民に対して、特殊な情況によって許可された者を除き、一組の夫妻につき一人の子とした。農村にも一組の夫妻につき一人の子を推奨したが、困難な場合は審査を経て許可を得れば第二子も可能とした。しかし、いずれの場合も第三子は許さないとした。[203]

一九八二年、胡耀邦は党第十二全大会報告で初めて次のことを明確にした。「中国の経済と社会の発展において、人口問題はきわめて重要な問題である。計画出産の実行は基本国策である。今世紀末までに、人口抑制によって十二億人以内になるよう努力しなければならない。中国はちょうど出産ラッシュで人口は急激に増加している。これは一人当たりの平均収入だけではなく、食糧や住宅の供給、教育、就業にも深刻な影響を与える。さらに社会の安定にも影響する恐れがある」。[204]

一一月、第五回全国人民代表大会第五回会議は『第六次五カ年計画報告』を採択し、次のことを明確にした。「計画出産政策は確実かつ実行可能な措置を取る必要があり、晩婚及び一組の夫妻につき一人の子を提唱する。また、厳格な管理によって第二子の出産をなくし人口増加を抑制する」。報告では女児とその母親の保護についても定められ、女児とその母親の虐待という犯罪行為を戒めるため司法機関は法的措置を取るとした。[205]

これは政府が初めて人口抑制について全体目標を出したものであり、計画出産を最優先にすることを基本国策として、出生率を効率的に下げ人口増加を管理しようとした。

五、資源環境政策の調整

一九八〇年三月、鄧小平は長期計画の策定について、胡耀邦、胡喬木、鄧力群と話をした際、次のように提案した。

「今年は二つの重要な問題にしっかり取り組む。一つは歴史的な問題の解決であり、もう一つは長期計画の策定である。これは、十二大の前にする必要があり、非常に重要だ」。当時、陳雲も長期計画についての構想を持っており、陸定一への書簡に「植樹造林、河川整備、水力資源、汚染対策、人口管理等については百年あるいは数十年の計画が必要だ」と書いた[206]。これは当時、経済のテイクオフ期を迎える時だったことから考えると、非常に先見の明があったと言える。

計画出産が引き続き基本的な国策とされた後、環境保護も正式に基本的な国策に組み入れられた。一九八三年末に開催された第二回全国環境保護会議で、環境保護を中国近代化のための戦略的任務かつ基本国策とすることが初めて明確にされた。一九八四年五月、国務院は『環境保護工作に関する決定』で「環境保護」について「生活環境と生態環境の保護、改善及び汚染と自然環境破壊の防止は、中国の社会主義近代化の基本国策である」と定めた。

環境保護は国民経済と社会の発展計画に正式に組み入れられた。一九八二年、国家計画委員会は初めて環境保護を正式に「第六次五カ年計画」に組み入れ、環境保護のために独立した章を設け、六項目の指標について五カ年計画期間の目標を設定した。同時に、環境保護の主要な任務と対策を定めた。「第七次五カ年計画」では、環境保護の内容が「第六次五カ年計画」よりさらに具体化された。

環境保護の内容と目標は正式に政府活動報告に入れられた。一九八三年以降、環境保護は重要事項として例年の政府活動報告にその任務、目標、要求が明記された。

環境保護の指導体制が確立した。一九八四年五月、組織の指導と全国の環境保護の調整を行うため、国務院環境保護委員会が設置された。

天然資源及び生態環境の保護が初めて憲法で定められた。一九八二年十二月四日、第五次全国人民代表大会第五回会議は『中華人民共和国憲法』を採択し、第九条を次のように定めた。「国家は天然資源の合理的な利用を保障し、貴重な動植物を保護する。いかなる組織や個人、またいかなる手段であっても、天然資源の侵害や破壊を禁じる」。また第二六条を次のように定めた。「国家は生活環境と生態環境を保護、改善し、汚染や他の公害を防止する。国家は組織的に植林を奨励し森林を保護する」[207]。

環境保護に関する法律は白紙から始まり、基本的な法体系が作られた。一九七九年九月『中華人民共和国環境保護法』（試行）が採択され、法に基づく環境保護が始動した。一九八九年一二月二六日『中華人民共和国環境保護法』が公布、実施された。同時期、さらに『海洋環境保護法』（一九八二年八月）、『水質汚染対策法』（一九八四年五月）、『大気汚染対策法』（一九八七年九月）が採択された。これに基づき実施細則も制定された。

ほかにも、地方人民代表大会と地方政府が環境保護の法律、規制、基準を定めた。

指導者は資源の環境問題を重視し始めた。一九八一年七月三日、党中央書記処は国土の保護を指示し、環境保護問題を議事日程に入れるべきだとした。また国土保全は都市の環境保護や三廃（廃気、廃水、固体廃棄物）等の問題だけではなく、一〇〇〇万平方キロメートルにも及ぶ国土保全も考慮するべきだとした。すなわち、森林面積の拡大、砂漠化防止、長江と黄河の開発管理を含む国土全体を考慮するべきだとした[208]。九月に四川と陝西南部で大規模な洪水が発生すると、鄧小平は大きな懸念を抱いた。そして、その原因が長江と漢江上流の山岳地帯における伐木開墾と森林の強伐採だったと知ると、国務院副総理の万里と話をして植樹を国民全体の義務とする提案を出した。同年一二月、第五回全国人民代表大会第四回会議は『全国民の義務とする植樹運動展開に関する決議』を全員一致で可決した。一九八二年一一月、鄧小平は「植樹造林は祖国を緑化し、子孫に幸福をもたらす（植樹造林、緑化祖国、造福万代）」という言葉を書き残した[209]。これは鄧小平が初めて出した「緑色中国（エコロジー中国）」構想である。

生態環境の保護が初めて経済建設の重要方針に加わった。一九八一年一一月、趙紫陽首相は第五期全国人民代表大会第四回会議『政府活動報告』で、基本的な国情と主要な政策についで議論を深めた。例えば、人口が多く耕地が少ないという問題が人口増加に伴って深刻になっているため、耕地の保護を国策とすべきだと提案した。また、水資源が欠乏しているという基本国情の認識不足について、水は極めて重要な資源であり、統一的な管理を進めながら節水を強く提唱し、水質汚染を防止する必要がある等の提案をした。趙紫陽首相は特に次のことを強調した。中国は森林面積が小さい上に被覆率も低く、水土流失も深刻で生態系のバランスがくずれてしまった。この問題を適切に解決しなければ、子孫末裔まで悪影響が残るという歴史的な誤りを犯すことになる。このため、乱伐の禁止、森林火災と病虫害の防止、全国民による植樹造林の措置を講ずるべきだとした[210]。

一九八五年九月二三日、党全国代表会議は『国民経済と社会発展のための第七次五カ年計画制定に関する党中央の提案』を採択し、初めて自然法則と経済法則に基づく客観的な要求が出され、国土開発と政治的な研究を行って計画を実施するとした。生産及び建設においては、環境保護及び生態系のバランス関連の法律と規定を遵守し、水資源、土地、鉱物資源、森林資源の適切な保護及び節約を重視し、非農業的な耕地使用を厳格に管理する。特に、北方地区における水資源の問題を徐々に解決していく。緑地化や植樹を強力に進め、深刻な水土流失と一部の地区における砂漠化を徐々に改善する。これらを長期的に堅持する基本国策とした[211]。

これは、当時の政府が資源不足、生態系の破壊、環境汚染が発展過程で大きな問題となり、高度経済成長の制約になると認識していたことを示している。政府は計画出産を基本国策とする以外にも、資源の保護、節約、及び生態環境の保護についても、長期的に堅持する基本国策とした。しかし、この時期の工業化の加速、都市化の加速、人口の増加に伴い「先に森林破壊、後で森林再生」「先に生態系破壊、後で生態系再生」「先に汚染、後で管理」といった後発劣位の道を歩み、前例のない「生態系赤字」を膨らませていった。[212]

第四節　経済発展の実践（一九八一～一九九〇年）

一、「第六次五カ年計画」期――改革後初の黄金発展期

「第六次五カ年計画」（一九八一～一九八五）では発展目標に堅実性が求められた。これは、高すぎる発展目標を設定する時代が終わったことを示している。『中国の国民経済と社会の発展のための第六次五カ年計画（一九八一～一九八五）』で出された発展任務は、発展の過程で保留されていた各種の問題を解決すること、財政を根本から改善すること、第七次五カ年計画の期間における国民経済と社会の発展のためのより良い基礎と条件を作り上げることだった。

「第六次五カ年計画」では指標も堅実な目標が定められた。主な指標である社会総生産額（農業、工業、建築、交通運輸、飲食業や卸商を含む商業の生産総額）、工業総生産額、農業総生産額、国民所得の増加率はすべて四％とした。一九八五年の貿易額は八五五億元に達し、輸出額は四〇二億元、輸入額は四五三億元だった。財政収入は五九五三億元、財政支出は六〇九八億元で、国有企業の固定資産投資額は三六〇〇億元、そのうちインフラ整備への投資額は二三〇〇億元だった。新たに建設した鉄道は二〇六七キロメートル、電化された鉄道は二五〇〇キロメートル、港湾の貨物取扱量は一億万トン増加した。総合大学と単科専門大学の学生は一五万六〇〇〇人増加し、大学院の卒業生数は四万五〇〇〇人となり、人口の自然増加率は一・三％に抑制された。城鎮部で受け入れた就業人口は二九〇〇万人、農民の純収入は年六％増加、従業員賃金は年四・九％増加、都市と農村の消費水準は年四・一％増加、病院の病床は二五万床の増加、医療従事者は六〇万人増加した。

一九八六年一月、国務院副総理の田紀雲は次のように「自己評価」した。「第六次五カ年計画」の期間における経済情勢は非常に良く、新中国設立後で最高だった。これは次の六つの方面から示される。一つ目は国民経済全体が比較的速いスピードで持続的かつ安定的に成長したこと、二つ目は重要な経済バランスが基本的に取れたこと、三つ目は経済効率が明確に改善されたこと、四つ目は科学技術及び教育が比較的大きく発展したこと、五つ目は国民の生活水準が著しく向上

したこと、六つ目は国民経済の発展の底力が強化されたことだった。[213]

「第六次五カ年計画」は理想的な結果となり、指標達成率の平均は一八二%、達成率は八三%、おおむね達成した割合は九六%に達した。これは改革開放によって中国が新たな発展黄金期を迎えたこと、また中国の経済発展が全面的な転換をしたことを示している。すなわち、低速で変動の大きい経済成長から安定的かつ急速な経済成長への転換、工業重視、農業軽視の経済成長から調和を目指す経済成長への転換、蓄積重視、消費軽視の経済成長から国民を中心とした経済成長への転換、閉鎖的な経済成長から開放的な経済成長への転換だった。

具体的な実施状況は次の通りである。(一)**国民経済は全面的かつ高速、安定的に成長し、経済指標は目標の二倍近くとなった。**「第六次五カ年計画」の時期の経済成長率は「第八次五カ年計画」の時期に次ぐ一〇・七%に達し、変動係数は三六・二%で、新中国設立後では共に最高となった。経済指標の達成率は三〇〇%近くになり、社会総生産額の増加率は一一%、達成率は二七五%に達した。工業総生産額の増加率は一〇・八%で達成率は二七〇%、農業総生産額の増加率は一一・七%で達成率は二九三%、国民所得の増加率は九・七%で達成率は二四三%に達した。(二)対外**貿易額が大幅に増加し、計画の達成率は二〇〇%近くに達した。**対外開放政策によって貿易額の飛躍的な増加が実現した。一九八五年の貿易額の達成率は二四二%、二〇六七億元に達した。輸出額は八〇九億元、達成率は二〇一%、輸入額は一二五七億八〇〇〇万元、達成率は二七八%に達した。外貨準備高は三九億四〇〇〇万ドル増加した。(三)**インフラ整備が急増した。**「第六次五カ年計画」の時期、インフラ整備も大幅に進展し、計画の目標をおおむね上回った。国有制企業の固定資産投資額は五三三〇億元で達成率は一四八%に達し、そのうちインフラ整備への投資額は三四一〇億元で達成率は一四八%に達した。新たに建設された鉄道は二二〇〇キロメートルで達成率は一〇六%、電化した鉄道は二五〇〇キロメートルに増加して達成率は一〇〇%、港湾の貨物取扱量は九四〇〇万トンに増加して達成率は九四%だった。(四)**高等教育が急速に発展し「第六次五カ年計画」の時期は高等教育の発展が黄金時代に入った。**総合大学、単科専門大学の学生数は一万人当たり四・五人増加し、比較的増加が速い時期だった。総合大学、単科専門大学の学生数は五五万九〇〇〇人増加、達成率は三五八%だった。大学院を卒業した学生は四万人、達成率は八九%だった。(五)**国民の生活水準が新たな段階に入り、特に農民の生活水準は今までにない速さで向上した。**「第六次五カ年計画」の時期は国民が恩恵を得られ、都市と農村の生活水準はどちらも向上した。都市と農村における消費水準指数は八・八%増加して達成率は二一五%、農民の純収入は年一四・一%増加して達成率は二三五%、従業員賃金は年十二・三%増加して達成率は二五一%だった。就業と医療衛生にも進展があった。城鎮部が受け入れた就業人数は三六四八万人で達成率は一二六%、病院の病床は二四万七〇〇〇床増加して達成率は九九%、医療従事者は六一万三〇〇〇人増加して達成率は一〇二%だった。(六)**人口増加の加速化及び財政の緊迫化等の問題が起こった。**「第六次五カ年計画」の時期、人口の自然増加率は「第五次五カ年計画」より〇・二ポイント増加して一・四%となり、一・三%以内という目標を超えた(**表7-4**)。また、財政収入は六八三〇億元で達成率一一五%だったが、財政支出が六九五二億元だったため、一九七九年以来の財政赤字は解消できず、五年間のうち三年間が赤字となった。五年間の赤字総額は一二二億元だった。

表7-4 「第六次五カ年計画」の指標達成状況

指　標	単位	計画値 a.	実際の完成値 b.	達成率(%)
社会総生産額の増加率	%	4	11	275
工業総生産額の増加率	%	4	10.8	270
農業総生産額の増加率	%	4	11.7	293
国民所得の増加率	%	4	9.7	243
貿易総額(1985年)	億元	855	2067	242
輸出額(1985年)	億元	402	809	201
輸入額(1985年)	億元	453	1257.8	278
財政収入総額	億元	5953	6830.8	115
財政支出総額	億元	6098	6952	114
国有企業固定資産投資額	億元	3600	5330	148
そのうちインフラ整備投資額	億元	2300	3410	148
新たに敷設された鉄道	km	2067	2200	106
電化された鉄道	万km	0.25	0.25	100
港湾の貨物取扱量	億万t	1	0.9432	94
総合大学、単科専門大学の学生数	万人	15.6	55.9	358
大学院の卒業生数	万人	4.5	4	89
人口の年自然増加率	%	1.3	1.417	91
城鎮部が受け入れた就業人数	万人	2900	3648	126
農民の純収入の年増加率	%	6	14.1	235
従業員賃金の年増加率	%	4.9	12.3	251
都市と農村における消費水準年増加率	%	4.1	8.8	215
病院の病床の増加数	万床	25	24.7	99
新規医療従事者	万人	60	61.3	102

資料出典：a.『中華人民共和国国民経済と社会発展のための第六次五カ年計画(1981～1985)』、国家発改委員会ホームページ。
b. 国家統計局『中国統計年鑑1986』のデータを基に計算。

二、「第七次五カ年計画」期――改革以来の発展低迷期

胡耀邦の説明によれば、「第七次五カ年計画建議」は、趙紫陽首相が中心となり中央政治局、書記処が議論を重ねて起草された。七月には各部門、各地方政府、大工場の責任者、自然科学者、社会科学者ら約二〇〇人を招集して意見を求めた。そして、十二期四中全会で可決され、審議、承認のため党全国代表会議に提出された。国務院はこれを基に「第七次五カ年計画」を策定し、一九八六年春の第六回全国人民代表大会第四回会議で審議、採択された[214]。

以上のことから、五カ年計画が決定されるまでの過程と手続は以下の通りだったことが分かる。まず研究から始まり、次に基本構想を出す。それを基に党中央が起草し党全国代表会議が審議、承認し五カ年計画が制定される。これが全国人民代表大会で審議、承認されると公布、実施となる。これ以後は党中央の建議を中央全会が審議・採択することに変わったが、主な手続は基本的に変えず、徐々に制度化、規範化、手続化が進められた。

「第七次五カ年計画」は基本的に中国の特色ある社会主義建設のため、また国内経済の活性化と対外開放を進めるため、経済発展戦略と経済管理体制を引き続き進めることによって古いモデルから新たなモデルに移行しようとするものだった。中国の経済社会の総合的な分析及び科学的な評価に基づき「第七次五カ年計画」では以下のような基本指導原則を出した。(一)改革を主体として、改革と建設が互いに調和、促進するよう進める。「第七次五カ年計画」の時期は、経済、科学技術、教育等の管理体制の全面的改革における重要な時期になる。(二)社会の需要と供給の需給バランスを保ち、かつ国家の財政、貸付、物資、外国為替のそれぞれのバランスと総合的なバランスを保つ。(三)製品の品質向上に重点を置いて経済効率を高める。効率とスピード、品質、数量の関係を適切に処理する。(四)社会の需要の変化と国民経済の近代化の要求に適応し、さらに産業構造を合理的に調整する。(五)固定資産への投資は適切な規模とし、投資構造を合理的に調整し、エネルギー、交通、通信、素材産業の建設を加速する。(六)建設の重点を既存の企業における技術改革と再建、拡張に置き、内包型拡大再生産を行う。(七)科学と教育の発展を重要な戦略として、科学技術を進歩させ、人材開発を加速する。(八)対外開放をさらに進め、国内の経済建設を海外の経済技術交流の拡大と結びつける。(九)生産の発展と経済効率の向上を基礎として、都市と農村の住民の物質的、文化的生活を改善する。(十)物質的な豊かさとともに社会主義の精神文化を強化する。(十一)各事業で勤勉な建国精神を発揚する。

これに対応して、「第七次五カ年計画」は次のように経済と社会の発展指標を定めた。GDP成長率は七・五%、工業総生産額の年増加率は七・五%、農業総生産額の年増加率は四%、国民所得の年増加率は六・七%とする。財政収入と財

政支出の総額はともに一兆一一九四億元、貿易額は八三〇億ドルとする。全社会固定資産投資は一兆二九六〇億元、国有制企業の固定資産投資は八兆一九六〇億元、インフラ整備投資は五〇〇〇億元、更新改造投資は二七六〇億元とする。新たに建設する鉄道は三六〇〇キロメートル、電化する鉄道は四〇〇〇キロメートル、一級道路建設が一六〇〇キロメートル、沿海港湾の深水バースの建設は一二〇港とし、沿海港湾の貨物取扱量は二億トン増加させる。大学等の普通高等教育機関の卒業生数は二六一万人、大学院卒業生数は一四万人とする。人口の自然増加率は一二・四‰に抑制する。城鎮部における就業者の新たな受入人数は二九〇〇万人、農民の純収入は年七・六%増加させ、従業員実質平均賃金は年四%増加させる。全国の住民の消費水準は年五%増加、城鎮部における一人当たりの居住面積は一平米増加させ、農村における一人当たりの居住面積は二平米増加させる。病院の病床数は四〇万床増加させる。

「第七次五カ年計画」の達成状況は理想には程遠く、指標達成率の平均は一二一%で、達成率は六九%、ほぼ達成した率は六九%だった。具体的には以下の通りだった。

(一)比較的高い経済成長率を保ち、各経済の指標も目標を達成したが(表7-5)**、成長が不安定な上に深刻なインフレが起こった。**「第七次五カ年計画」の時期の経済成長率は「第六次五カ年計画」の時期の七・九%より三ポイント下回った。変動係数は改革後で最高の四七・八%に達した。インフレ率は一〇・六%に達し「第八次五カ年計画」に次いで深刻だった。各経済の速度指標はすべて目標を達成し、GDPの成長率は七・八%で達成率は一〇四%だった。工業の増加率は一三・二%で達成率は一七六%、農業の増加率は「第六次五カ年計画」より大幅に下がって四・七%、達成率は一一八%だった。国民所得の増加率は七・五%で達成率は一一二%だった。

(二)固定資産投資は大幅に増加したが、インフラ整備の達成は理想的ではなかった。固定資産投資の各指標はすべて約一五〇%の達成率だった。固定資産投資総額は一兆九七四四億元で達成率は一五二%だった。国有制企業の固定資産投資は一兆二四九三億元、達成率は一三九%で、そのうちインフラ整備投資は七三四九億元で達成率は一四七%、更新改造投資は三九七七億元で達成率は一四四%だった。インフラ整備の建設速度は「第六次五カ年計画」を上回ったが、達成状況が理想的でなく、五つの指標のうち三つが達成されなかった。新たに建設した鉄道は二八〇〇キロメートルで達成率は七八%、一級道路の新設は二一九五キロメートルで達成率は一三七%、沿海港湾の深水バースは九六港増加で達成率は八〇%、沿海港湾の貨物取扱量は一億七〇〇〇万トン増加で達成率は八五%だった。

(三)国民生活水準の向上は緩慢であり、その原因は深刻なインフレだった。「第七次五カ年計画」の時期、都市と農村における収入の増加の速さは改革後で最も緩慢な期間であった。城鎮の可処分所得は四・三%増加、農民の純収入は三%増加で、改革後の五カ年計画の中で最低だった。都市と農村の消費水準の増加率は三・三%で達成率は六六%だった。従業員実質平均賃金の増加率は二・八%で達成率は七〇%、農民の純収入の達成率は三九%だった。就業、住宅、衛生関連の指標はすべて目標を超えて達成した。城鎮部が新たに受け入れた就業者数は三八四一万人で達成率は一三二%だった。城鎮と農村における一人当たりの住宅面積の増加はそれぞれ三・七平米と三・一平米、病院の病床数は目標以上の四三万八〇〇〇増加した。

一九七六年以降の五カ年計画の達成度を比べると「第五次五カ年計画」の時期が最も悪く、わずか二二%であった。「第六次五カ年計画」の時期が最も良く達成率は八三%だった。「第七次五カ年計画」の時期に再び悪化して達成率は六九%となった（表7-6）。

表7-5 「第七次五カ年計画」の指標達成状況

指　　標	単位	計画値 a.	実際の完成値 b.	達成率 c.（%）
国民総生産額の増加率	%	7.5	7.8	104
工業総生産額の増加率	%	7.5	13.2	176
農業総生産額の増加率	%	4	4.7	118
国民所得の増加率	%	6.7	7.5	112
財政収入総額	億元	11194	13518	121
財政支出総額	億元	11194	13978	125
貿易総額（1985年）	億米ドル	830	972.8	117
全社会固定資産投資額	億元	12960	19744	152
国有企業固定資産投資額	億元	8960	12493	139
そのうちインフラ整備投資額	億元	5000	7349	147
そのうち更改改造投資額	億元	2760	3977	144
新たに敷設された鉄道	km	3600	2800	78
電化された鉄道	万km	4000	2790c	70
一級道路	km	1600	2195c	137
沿海港湾の深水港新設	カ所	120	96c	80
沿海港湾の貨物取扱量	億t	2	1.7	85
普通高等教育機関卒業生数	万人	261	267	102
大学院卒業生数	万人	14	15.8	113
人口の自然増加率	%	12.4	15.47	75
城鎮が受け入れた就業人数	万人	2900	3841	132
農民の純収入の増加率	%	7.6	3	39
労働者賃金の増加率	%	4	2.8	70
全国の住民の消費水準増加率	%	5	3.3	66
城鎮における一人当たりの居住面積	平米	1	3.7	370
農村部における一人当たりの居住面積	平米	2	3.1	155
病院の病床の増加数	万床	40	43.8	110

資料出典：a.『中華人民共和国国民経済と社会発展のための第七次五カ年計画（1986-1990）』、国家発展改革委員会ホームページ。
b. 国家統計局『中国統計年鑑』1991、1986。
c. 中国交通年鑑社『中国交通年鑑1991』。

表7-6　五カ年計画の目標達成度の比較

五カ年計画	指標数	達成率の平均	達成率（%）	基本達成率（%）	予想精度率（%）
第五次	9	89	22	78	44
第六次	23	182	83	96	26
第七次	26	121	69	69	35

筆者による計算。

第五節　経済変動と経済調整（一九七七～一九九一年）

中国は改革後に高度経済成長が見られたが、多くの経済成長の浮き沈みや深刻なインフレを伴い、経済調整も繰り返された。経済成長率の変動やインフレが何度も起こり、それに伴って経済の拡張、調整、収縮、回復、再拡張という政策が採られ、経済成長は常に不安定だった。先に経済を成長させ、後で経済調整をする政策は深刻な経済低迷を招き、経済成長に大きな影響を与えた。経済発展の大きな変動は中国経済の大きな特徴であり、中国の社会矛盾の根本的な原因でもあった。[215]

国家統計局のデータによると、一九七七～一九九一年の期間、一九七八年、一九八四年、一九八八年が経済成長のピークであり、一九八一年、一九八六年、一九八九～一九九〇年が経済成長の谷だった。インフレについては一九八〇年、一九八五年、一九八九年がピークであり、一九七八年、一九八三年、一九九一年が谷となった。

一九七九～一九九二年における中国ＧＤＰの変動係数は三五・二％で、一九五二～一九七七年における一五四％より大幅に低下した。この期間、ＧＤＰが最も増加したのは一九八四年の一五・二％で、最も少なかったのは一九九〇年の三・八％だった（表7－7）。この期間の長期経済成長率は九％で、一九八四年はそれより六・六ポイント高く、六九％上昇したが、これは典型的な経済過熱だった。一九九〇年の経済成長率は五・二ポイント低く、五八％低下したが、これは典型的な経済の悪化だった。この時期における経済変動の激しさは明らかである。

この期間は経済過熱が三回起こり、経済調整が三回行われたが、そのうち一回目と三回目は大幅な経済調整であり、二回目は中程度の調整だった。

表7–7　GDP成長率と投資増加率の変動（1979～1992年）

	平均値	標準偏差	最大値	最小値	変動係数
GDP成長率	9.1	3.2	15.2	3.8	35.2
投資増加率	15.1	12.2	38.8	-7.2	80.8

注：GDP成長率は不変価格で計算，投資増加率は現行価格で計算。
データ出典：国家統計局編『新中国50年（1949～1999）』、536頁、北京、中国統計出版社、1999。

一、経済発展における最初の変動

一回目の経済変動は、経済界では「全面的躍進」と呼ばれる。一九七七年、党第十一全大会会議では二十世紀末までに「四つの近代化」を実現することを再確認した。一九七八年二月、華国鋒は第五回全国人民代表大会第一回会議『政府活動報告』で再び「十年計画」を提案し、一九七八～一九八五年の八年間における固定資産投資（国家予算）を直前の二八年間の総額以上にすることを要求した。計画では、農業総生産額の年増加率は四~五%、工業総生産額の年増加率は一〇%以上が求められた。その結果、国民経済のバランスが大きく失われた。一つは蓄積と消費のバランスである。新たな「全面的躍進」ではインフラ整備投資を盲目的に拡大した。一九七八年におけるインフラ整備投資額は三一%増加し、大規模及び中規模のプロジェクトは前年度より二九〇件多い一七二三件が実施された。一九七七年、蓄積率は三二・三%となり、一九七八年には三六・五%まで増加した。二つ目は工業と農業のアンバランスである。工業と農業の総生産額に占める割合は、農業が一九七六年の三〇・四%から一九七八年の二七・八%に下がり、工業は六九・六%から七二・二%に上がった。三つ目は軽工業と重工業のアンバランスである。軽工業が工業総生産額に占める割合は、一九七六年の四四・二%から一九七八年の四三・一%に下がり、重工業の占める割合が軽工業を大幅に上回った。これは「全面的躍進」が重工業の発展を優先し、重工業に重点を置く旧来の発展モデルだったためである。このため、一九七八年一二月の十一期三中全会では、国民経済に対して調整と改革を行うという方針が出された。一九七九年四月、中央工作会議は国民経済に対し「調整、改革、整理、向上」という方針を決定し、三~五年で上述の深刻なアンバランスを調整するとした。調整が主体であり、調整しなければバランスの取れた発展は難しかった。しかし、この調整は以前とは異なり、経済管理体制改革も同時に行われた。調整を主体として、調整の中で改革、整理、向上が行われるというもので、調整しながら進められた。

二、経済発展における二回めの変動

二回目の経済過熱の際、一番問題となったのが投資と消費の拡大であり、一九八四年の社会固定資産投資は前年より八二・一%増加し、これは一九五八年の八四・五%に相当した。各種の消費と需要の指標はすべて二桁以上増加し、需要と消費の拡大は最終的に貨幣供給の大幅な増加を招いた。一九八四年、現金支出は二七%増加、現金供給は一八九・二%増加したが、当時の物価指数は二・八%しか増加しなかった。経済成長率は一五・二%に達したが、潜在成長率九%より六・二%ポイントも高く、六九%増加に相当した。これは、一九五三年の一五・六%、一九五八年の二一・三%に次ぐ値だった。実際、投資の増加から見ると一九八四年は大躍進ともいえるが、経済成長から見ると中躍進といえた。一九八五年に入ると、経済過熱は一層進んだ。一九八五年、投資の増加率は前年よりは下がったが三三・八%もあり、インフレ率は前年より六・六ポイント高い九・三%に達した。経済成長率は高いままで一三・五%に達し、潜在成長率より四・五ポイント高く、五〇%増加に相当した。一九八四年と一九八五年は明らかに経済過熱だったと言える。

一九八五年二月から一〇月、国務院は省長、直轄市市長、自治区主席会議を四回開いた。そして、経済過熱を抑えるためマクロコントロールの強化を要求し、それを検査するチームが二度派遣された。この時、中央政府は初めて経済のソフトランディングを求めたが、着陸も離陸もしなかった。一九八七年には、再び固定資産投資が拡大した。

一九八四年に投資と消費が拡大した後、一九八五年に党全国代表会議は「第七次五カ年計画提案」を採択し、一九八六年と一九八七年は経済緊縮政策を実行し、インフレを抑えてマクロ経済を安定させるとした。一九八六年、再度「ソフトランディング」が提案され、緊縮政策を放棄して銀行融資が緩和された。一九八七年に再びインフレが起こり、三回目の経済過熱となった。一九八七年九月、全国工作会議は一九八八年における経済活動の目標を財政政策及び金融政策の緊縮、需要の抑制、物価の安定等の政策による経済沈静化と安定成長の保持とした。一九八七年末には「経済の安定と改革の深化」が一九八八年の経済活動の指導方針であることが再確認された。

一九八八年一月一二～一三日、総理代理の李鵬は、国務院会議を招集して経済情勢を議論し、国家計画委員会総合部門が、一九八八年の経済で最も重要な問題を物価の高騰とした。そして物価の安定を急務としたが、物価上昇の原因をすべて取り除けば各方面は耐えられない。一月二五日、趙紫陽は中央財政経済指導者小組会議で国家計画委員会等に対して「物価のことしか頭にない。木を見て森を見ていないということだ」と批判した。二月四日にも、国務院が開催した全国省長会議で、前年の経済情勢を悲観している者に対し「危険が迫っている」「とても厳しい」等の発表は科学的な分析が足りないと批判した。全国政治協商会議が出した問題と李先念の意見にも、趙紫陽は耳を貸さなかった。そして、李先念に「以前の方法は中国では通用しない。それでは発展できない」と述べた。[216]

二月六日、趙紫陽は中央政治局会議を招集し、経済の安定と改革の深化をより進める方針を決定した。二月一五日、李鵬と胡啓立が陳雲を訪問した際、李鵬は次のように報告した。「最近、党中央と国務院は主に現在の経済情勢について議論し、今年の方針を経済の安定と改革の深化と決定し、改革ですべてを解決しようとしている。現在の問題は物価の高騰だが、改革と生産力の向上でこの問題を解決するつもりだ」。[217]

三月、李鵬は第七回全国人民代表大会第一回会議の『政府活動報告』で「企業体制改革の深化を経済改革の中心とする」とした。

三、経済発展における三回めの加熱

しかし、五月になると、中央はまた改革の重点を企業改革から価格改革に転換した。五月一六日、趙紫陽は党中央政治局常務委員会で、現在は進まなければ後退するという状況で、困難に向かって前進するしかないと述べた。会議は国務院が価格改革及び給与改革案を決定し、審議のため中央政治局に報告した[218]。趙紫陽は急進的な価格改革を決定したが、この改革による政治的リスクを過小評価していた。

五月一八日、姚依林が陳雲を訪ねて趙紫陽の意見を報告した。陳雲は、物価が五年続けて上昇するとどうなるかと尋ねた。姚依林は、物価が六〇～八〇％上がり、給与は一〇〇％増加すると答えた。陳雲が懐疑的な態度を示すと、姚依林も確信は持てなかった。陳雲はさらに、物価が連続して一〇％上昇すればその影響はとても大きいが、この計画を世間に公表する際、趙紫陽はそのことを伝える勇気があるのかと尋ねると、姚依林は伝えなければならないと答えた[219]。陳雲は価格改革に対して慎重な漸進主義者であり、趙紫陽の意見に賛成しなかった。後に、陳雲は趙紫陽より経験豊富で先見の明があったことが証明された。これは、陳雲が中国の国情に熟知しており、また歴史の経験と教訓を何度も学んでいたからである。

趙紫陽は陳雲が異なる意見を表明したため、鄧小平に報告して支持を得ようとした。五月一九日、鄧小平は朝鮮民主主義人民共和国の政府軍事代表団との接見の際、演説で次のように指摘した。「最近、中国は一歩進んで肉、卵、野菜、砂糖の四品目の副食の価格を自由化したが、『困難を克服した』のではない。難関を突破するのは容易でなく、大きなリスクも伴う。副食品の価格を自由化すれば争って買う者も出る等さまざまな意見も出て、不満を持つ者も多かった。しかし、多くの国民は中央の決定を理解するだろう。これが成功するかどうか今はまだ分からないが、成功することを望んでいる。価格の自由化や改革の加速が正しいかは、実践しなければ分からない。私はいつもリスクを恐れるなと言っている。度胸が必要だ。何事にもびくびくしていたら前には進めない[220]」。鄧小平は趙紫陽を支持したのだ。

五月二五日、趙紫陽は米国の客人と会見した際、「現在の改革は前進しなければ後退するという重要な段階にある。今後一定の期間は、主に物価の改革を行う」と述べた[221]。

五月二八日、陳雲は李鵬らを次のように諭した。「物価を短期間に調整するのは不可能で、どの国家も補助をしている。確かに農民の生活は改善し、ポーランドやハンガリーのようにはならないと言う者もいるが、都市に住む二億人の中で問題を起こす者が出るかもしれない。貨幣発行のコントロールが必要だ。海南に独自の紙幣が必要なら、中央が発行するべきだ[222]」。

当時の中国は、改革の難関を突破しようとしていた。中でも最大の難関が物価問題であり、経済的にも政治的にも大きなリスクをはらんでいた。五月三〇日、趙紫陽は鄧小平の同意を得て関連する省、市の書記が参加する中央政治局会議を開き、価格改革の加速を決定した。李鵬の日記によると、全体的な問題は五年間で価格のバランスを取り戻すことで、問題は以下の通りだった。一、物価の上昇率は五年間で五〇～七〇%とし、五年間で基本的にバランスを取り戻す。二、給与は物価よりも上昇率を上げて七〇～一〇〇%とする。三、適切な管理によって企業の経済効果と利益を高める。四、流通改革は、流通の自由化と市場の共同化を進める。五、より良い経済環境を作り上げ、需要と供給のバランスを取り、経済成長は八%に抑制し、工業生産は一〇%増加とする。六、社会主義商品経済の新たな秩序を徐々に確立する。八月には、北戴河で中央工作会議を開き、五年間の価格改革案の議論が行われた[223]。

趙紫陽は価格改革の方向性は正しいと判断したが、急進的な価格改革は今までにないインフレを招き、結果は思わぬ方向に向かいかねず、つまり主観的な願望に反する結果となり得る。白砂糖、卵、ブタ肉、野菜等の主要な副食品の小売価格が自由化されると、次にブランドのタバコや酒の価格も自由化された。市場は直ちに反応して価格は高騰し、一月に九・五%だったインフレ率は七月には一九・三%に跳ね上がり、悪性のインフレとなった（図7-1）。当時は、全国の各都市で毎日のように物価が上昇し、話題は物価のことばかりで人々は不安に陥り、社会的リスクが大幅に高まった。

図7-1　物価上昇の状況（1988年1～12月）[224]

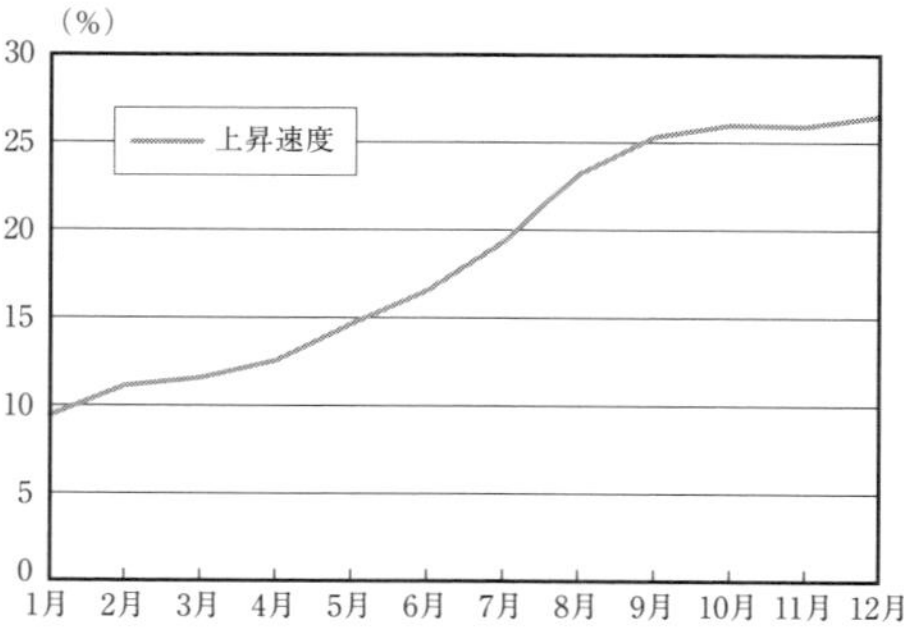

八月九日、李鵬は国務院常務会議を招集した。そして七月一一日に中央財政経済指導小組会議が確定した「五年間で価格の基本的なバランスを取り戻す」という法案を基に、計画商品経済に移行する条件を作り出すための議論を行った。最初の三年間は大きく前進し、その後の二年間は微調整の時期とした。物価の上昇は七〇～九〇%、給与の上昇は九〇～一〇〇%、一年当たりの給与の上昇は物価より二ポイント高くするとした。皆がこれはリスクがあると考えた。物価のコントロールも、消費性資金とインフラ整備のコントロールもできなければ、新たな価格上昇が起こり、物価の調整はできないと考えたからだ[225]。

八月一五～一七日、中央政治局は北戴河で会議を開いた。趙紫陽は、価格改革と給与改革は実行可能だと述べた。そして、インフラ整備について厳格なコントロールを実行し、どのような行政手段もいとわないと主張した。会議では穀物の価格、食糧配給切符の処理、価格の公表等を全国的に統一して進める等、重要な問題が指摘された。そして、中央財政経済指導小組が出した『価格及び賃金改革に関する当面の方案』が可決された[226]。会議は、中国がすでに全面的な改革において一番の難関を突破する段階に入ったため、敢然と立ち向かう必要があるとした。

これらの重要な政策が慌しく出されたことに加え、改革に対する国民の許容能力が軽視された。急速に進むインフレに「火に油を注ぐ」ようなもので、全国で買い占めが起こり、これが価格改革の失敗の直接的な原因となった。劉国光が指摘したように、経済発展と経済改革の二つの方面で、功を急ぎ目前の利益を求め、短期間で迅速な結果を求めた結果、長い目で見た中国経済の利益を損なった[227]。**これは、改革政策の誤りが改革そのものを失敗させる根本的な原因であることを説明している。どれほど主観的な願望が良くても、どれほど大胆に改革しようと、どれほど優れた政策であっても、実情からかけ離れていれば、多くの国民の利益を損ない、改革は挫折するということである。実際、趙紫陽は党中央総書記兼中央財政経済指導小組のリーダーとして、この政策に対する一番の責任があったが、「困難だが前進しなくてはならない」として独断的かつ無謀な改革を進めた。**

八月一六日、趙紫陽は北戴河で日本の客人と会見した際、次のように述べた。「中国はすでに全面的に改革するという難関を突破する段階に入った。今後五年間で古い経済体制から新たな経済体制に転換し、歴史的にも重要な時を迎えるだろう」。

八月一九日、『人民日報』は党中央政治局会議官報で、価格改革の基本的な内容を発表した。これが全国の都市で混乱を引き起こし、初めて全国的な買い占め騒動と大量の預金引き出しが起こった。

八月二四日、趙紫陽は財政経済指導者小組会議を招集し、北戴河会議後の状況について話し合った。そこで彼は次のように述べた。「価格改革に対する自信が全体的に不足している。二つの大きな措置を進める上で、インフラ整備の抑制はうまくいったが、集団の買い占めの抑制は十分ではなかった。方案を国民に二カ月議論させ、なぜこのようにする必要があるか理解させる[228]」。

八月二五日夜、福建省で起こった買い占め騒動で心配となった趙紫陽は姚依林に電話をかけた。そして、マスコミを通じて来年の改革の内容を知らせることによって国民の不安を取り除くことを提案した。姚依林らは検討したが不適切だと判断し、国務院が各省に今年の物価を凍結させるよう通知を出し、買い占め騒動に関しては各省に処理させることを提案した[229]。

八月二七日夜、趙紫陽は経済情勢について討論会を開いた。

そして、激しくなる各地の買い占め騒動について大きな危機感を持っており、想定外だったと述べた。また、長期預金に対して物価スライド預金にすることを提案した。この方法なら国家も個人も損をせず、国民の心理も安定させることができると考えたのだ。李鵬は、消費を遅らせるのが目的なのだから、物価スライド預金は長期預金に限り、引き続き住宅購入や株式購入のような対応も必要だと考えた。そうでなければ、短期預金が満期になれば買い占めが起こり、さらに深刻な状況になると考えたからだ。趙紫陽は北戴河会議で決定した鋼鉄の値上げについて、今年は実行しないとした。姚依林は国民を安心させるため、来年の価格改革は焦らず、穀物価格については徐々に進め、鉄道の切符と塩については実行するが、残りはすべて延期すると述べた。趙紫陽は人々の心を安定させ買い占めを抑制するため、李鵬に以上のことを、国務院常務会議を通して公開するように求めた。李鵬は個人の意見としてでなく中央が支持することを条件として求め、そうでなければ国務院を誰も信じなくなると述べた。趙紫陽は、これは我々全員が共同で決めたことだと発言した。[230] 趙紫陽は重要な政策の誤りに対して責任も取らず、また自己批判もせず、李鵬を表に立たせようとした。これは責任逃れで、無責任だけでなく不誠実であり、総書記としてふさわしい行動ではなかった。後に、趙紫陽は学生運動が起こった際も責任逃れをしようとしたが、これが政治的な致命傷となった。

四、十三期三中全会における「環境を管理し秩序を正す」への転換

八月二九日、趙紫陽は中央財政経済指導小組会議で、翌年は価格改革を小幅に進めることを決定し、指数を一〇%に抑えるとした。また、経済活動の重点を「改革の深化（価格改革を指す）」から「環境を管理し秩序を正す」とした。これは本来なら中央会議（中央全会）の議論を経る必要があった。[231] マクロ経済政策は大きく転換することが決まったが、これは北戴河会議の決定からわずか十日後のことだった。趙紫陽は「痛い目に遭うまで諦めなかった」が、政治に精通した経験豊富な陳雲の意見に耳を傾け、国民の立場に立ってその声を真剣に聴いていれば、事態はここまで深刻にならなかったはずである。

八月三〇日、趙紫陽の指示に基づき国務院は『当面の物価工作と市場安定化に関する緊急通知』を発布した。これは、一部の地区で発生している商品買い占めと預金の大量引きだしの対策として六項目を規定し、「経済の安定化と改革の深化」の実現を要求している。「中央政治局第十回会議で決定した価格改革及び賃金改革案に『少数の重要な商品価格と賃金は国家が管理し、多くの商品は市場調整による自由価格とする』とあるが、これは五年ないしそれ以上の長期目標であり、改革案も改定中である。来年は五カ年改革の初年度であるため価格改革は徐々に進める。国務院は来年の商品の小売

価格の上昇が今年より低くなる措置を必ず講ずる。国民の不安を取り除くため、このことを知らせしっかり説明する。国務院は今年の下半期、価格上昇につながる新たな措置は取らない。国務院の関連部門が管理する商品価格と料金基準を任意に増額することは許さない。地方が管理する商品価格と料金基準も同じで、任意に増額することは許さない。違反した場合は、厳格に責任者を追及する」。そして、さらに「金融の安定と国民の利益保護のため、中国人民銀行は預金価値の保護義務を履行し、三年以上の長期預金の金利は物価の上昇率を下回らず、もしくはそれ以上とする」とした[232]。

九月二日、趙紫陽は北戴河会議で決定した価格改革及び賃金改革案について調整を行うため、政治局会議を招集して提案を一〇件出した。政治局員は賛成したものの、物価のコントロールが実際にできるかどうか懸念し、責任を持たなかった。会議後、上海市委員会書記の江沢民は李鵬に、目まぐるしく変わる政策に下の者はついて来られないと述べた[233]。

九月一二日、鄧小平は党中央政治局の『価格改革及び賃金改革案』の報告の聞き取りを行った。参加者は趙紫陽、李鵬、喬石、胡啓立、姚依林、万里、薄一波だった。鄧小平は、改革と並行して環境を管理し秩序を正していくことに賛成した。しかし、インフレや物価上昇の管理によって改革開放政策が損なわれたり、経済活動が委縮したりしないことを要求し、適切な発展速度を維持する必要があるとした。また、マクロコントロールは中央が十分責任を持てるようにしなければならないと強調し、過去の困難な時期に用いた方法をそのまま使ってはならないとした。そして、中央政治局常務委員の提案する経済管理政策に賛成した。

九月一六日、鄧小平は日本の自民党元副総裁二階堂進と会見し、十年間発展し続けたことは喜ばしいが、新たな問題も起きていることを認め、次のように述べた。発展が速いのは本来好ましいことだが、速すぎると問題も起こる。インフレはずさんな管理から起こるもので、中国は経験が不足している。大胆に進めることもできるが、今必要なのは安定である。間違いがあれば直し、小さな誤りを大きくしてはいけない。これが中国の原則である[234]。

九月一五～二一日、中央工作会議が開かれた。会議では全国で改革を深めるための指導方針と一連の措置が研究され、環境を管理し秩序を正す方向に転換すると決定した。まさしく「アクセルをふかす」から「急ブレーキを踏む」への転換だった。

九月二四日、国務院は緊急の『建設プロジェクトにおける固定資産投資の整理、投資規模の圧縮、投資機関の調整に関する通知』を出した。ここ数年来で初めて、全社会固定資産投資増加が加速化し、社会の財力と物力のキャパシティを越えていることを認めた。これがインフレの重要な原因となった[235]。

九月三〇日、十三期三中全会は官報で「現在、中国経済で最大の問題は急激なインフレである」と発表した。

十三期三中全会では、次の二年間に当たる一九八九年及び一九九〇年における改革と建設について、特に経済環境を管理し経済秩序を正すことに重点を置くと決定した。経済環境の管理とは、主に社会全体の需要を減らしインフレを抑制することである。一九八九年の価格改革は小幅にとどめ、すべての業務は物価上昇率を前年より低くするために行われるとした。国務院は五年もしくはそれ以上をかけて物価上昇を厳格に抑制した上で、各方面の実情を考慮しながら『価格改革及び賃金改革案』を慎重かつ確実に実行するとした[236]。こうして、中国経済は拡張的な政策から緊縮的な政策へ、価格改革の優先から価格上昇の管理へ、拡大して突き進む改革から縮小して退却する改革へと転換した。

十三期三中全会で、趙紫陽は自己批判せずに経済環境の管理には苦痛に耐える必要があるとし、多くの国民の犠牲を求めた[237]。これは、自発的に自己批判をして責任を負おうとした華国鋒に遠く及ばなかった。

一〇月六日、国務院は「社会集団の購買力を厳格に管理する決定」を発表し、需要拡大の抑制、市場における需要と供給の矛盾の緩和を目指した[238]。

一〇月一一日、国務院の全体会議で李鵬は事実に基づいて次のように述べた。「現在、経済的に重要な問題はインフレであり、物価の上昇幅が大きすぎることである。これはこの数年間の経済過熱が蓄積された結果で、国民と企業だけでなく国家も耐えられない。このインフレは国民に大きな懸念と不安を抱かせ、社会の安定と改革に対する信頼にも影響を与えている。このような状況でさらにインフレが進めば、経済が安定して発展することが不可能となるだけでなく、改革も順調に進まなくなる[239]」。当時、インフレ率は上昇し続けており、消費者物価指数の上昇率は七月で二〇%近くなり、八月に二三・二%、一〇月に二六・一%、一一月には二六・七%に上昇し（図7－1）、その年の消費者物価指数の上昇率は一八・七%となった[240]。これは改革以来、最も高い値だったため全国の至る所で不満の声が上がった。中国経済はにわかに不安定となり、社会的な動揺が広がった。これに対して、趙紫陽は責任を負わざるを得なくなった。

一〇月二四日、国務院は「価格管理の強化と価格上昇の厳格な制御に関する決定」を発表した。当面の市場価格はまだ完全に安定しておらず、一部の商品の価格上昇が低減されていない。毅然かつ効果的な措置を講じる必要があり、価格管理の強化、市場秩序の整備、価格上昇の厳格な管理によって、来年の価格上昇幅が今年より目に見えて低くなることを保証する必要がある[241]。

一二月五日、李鵬首相は全国計画会議及び全国経済制度改革会議で、全国の固定資産投資、賃金、賞与及び通貨供給が高いままであり、経済過熱と旺盛な需要が抑制されていないと指摘した。そして、インフレの根本的な原因は、経済過熱と社会の総需要が総供給を上まわっているためであり、インフレ抑制は、まず過剰な社会の総需要を断固として抑制する必要があると考えた[242]。

一九八九年一月一日、趙紫陽は人民政協会議が開催した新年茶話会で次のように述べた。「昨年、最も際立っていたのはインフレである。中国は、高いインフレと引き換えに経済発展を手に入れるべきではない。経済環境の管理と経済秩序の正常化を始めたばかりで、その成果を過大評価するべきではない。任務は困難を極めているが、気を緩めることは許されない。困難だからという理由で改革開放の全体方針、全体の政策に動揺をきたしているが、それは間違っている」。

一月六日、李鵬は総理弁公会議を主宰、招集し、以下のように鄧小平の話を伝えた。「方針、配置、戦略を変更することは、元来できない。変更すれば混乱が起きる。十三回大会の路線を変更する理由はない。一部の人々や地域を先に豊かにすることは、共同富裕を達成するための手段である。鄧小平は、経済過熱の把握が遅すぎたこと、また、経済過熱を把握する能力が十分でないため、管理したくてもできないことを認め、それは政治局と国務院の権限が十分でないためであり、今後より強力にする必要があると鄧小平が説明した[243]。」

二月六日、李鵬は春節団拝会（春節賀詞交換会）のあいさつで国務院を代表して初めて自己批判を行い、次のように述べた。「発生した困難や問題のいくつかは、工作指導上の欠点や失策と不可分であることに気が付かなければならない。工作の経験を真剣に総括し、欠点を克服する必要がある。また、経済と社会の発展における矛盾は錯綜し、複雑であるため、解決することは非常に難しく、一定のプロセスが必要であることにも気が付かなければならない[244]」。

二月二二日、李鵬は政府活動報告について話すため趙紫陽を訪ねた。趙紫陽は、経済がかなり長い間過熱しているという主張は受け入れられないが、一九八八年の指導工作の誤りについて言うなら、主に年初の見通しが楽観的であったことであり、この点は受け入れられる[245]。李鵬は、この彼の要求に従って政府活動報告を修正した。趙紫陽には実事求是の態度が欠けており、さらに重大な政策決定の誤りに対して自ら責任を負おうとしなかった。

二月二八日、国家統計局は一九八八年の国家経済と社会発展に関する統計報告書摘要を提出した。前年、通貨が過剰に発行され、価格は急激に上昇し、明らかなインフレが生じた。商品小売価格は一八・五％上昇し、そのうち野菜、食用家禽の肉、卵、水産物の価格は三一～三七％上昇した。約三四・九％の家庭において、価格上昇の理由だけで実質所得が目減りした。この経済過熱は、穀物、綿、油の生産量が毎年上がり下がりを繰り返す状況下で起こった[246]。インフレ率は、建国以来最も高い値を示し、それは中国のマクロ経済において最も顕著な問題となり、広範囲にわたる大衆の深刻な不安も引き起こした。党中央総書記である趙紫陽は、この逃れられない政治的責任を自ら表に立って負うことをせず、自ら犯した過ちに対して、党と国民への説明も自己批判もしなかった。

三月二三日、鄧小平はウガンダのヨウェリ・カグタ・ムセベニ（Yoweri Kaguta Museveni）大統領と会見した際、次のように述べた。「過去十年間の中国の発展の中で新たな誤りが生じた。現在の問題はインフレであり、価格は激しく高騰し、国と人々に困難をもたらした。私たちはこの問題にすでに気づいており、二年もしくはそれ以上かけて問題を解決する準備ができている。今までの経験からすると、発展が順調に進んでいる時に新たに生じた問題に目を配らなければならず、発展に適度さが必要となる。経済過熱は問題を引き起こしやすいからだ[247]」。四月四日、第七回全国人民代表大会第二回会議が閉幕した。会議は政府活動報告について、実事求是に基づいており、自己批判精神が十分で、冷静に状況を推測し、矛盾を正確に分析し、政策を体系的に明らかにし、全体的な状況の把握も妥当だとして、この報告を批准すると決定した。会議では、国務院総理、副総理、国務委員、また各部委員会の責任者が会議に出席して意見の聴収、質疑応答を行い、歓迎された。これは一九五四年以来、政府が初めて自己批判し、全国の国民代表からの厳しい批判を受け入れた全国人民代表大会だった。

同日、李鵬は国内外の政策に関する記者の質問に答え、再び政府工作におけるいくつかの欠点と誤りについて説明した。欠点や誤りを指摘するのは、経験を総括し、同じような誤りを今後起こさないようにするためである。これらの誤りの性質は、前進する中での誤りであり、発展する中で起こった誤りである。民主的かつ科学的な政策決定はまだ十分でない点もあるが、今後もこの方面を改善し強化するために努力しなくてはならない。

五、十三期五中全会
——持続可能な安定した協調発展方針の実行

八月一五日、李鵬は国務院全体会離を招集し、国民経済の状況を説明した。一月から七月における経済状況は良好であり、その発展は比較的安定している。今後数カ月間の経済活動の焦点はまだ三つある。価格安定化の継続、農業の一年を通した良好な作柄の獲得、総供給と需要の矛盾緩和である。この七カ月間の経済発展は、主に次の三つの面で比較的安定していた。第一に、大幅な最気後退を回避したことである。工業生産は一〇・六％増加を維持し、スタグフレーションも起こらなかった。第二に、価格上昇を抑制し安定させたことである。特に「副食品」の価格は比較的安定しており、低下することもあった。第三に、農業生産状況が比較的良好だったことである。夏期の穀物生産量は前年より二五七万トン多い九三五五万トンで、これまでで最高のレベルに達した[248]。

九月二九日、江沢民総書記は中華人民共和国創立四十周年記念の演説で、次のように指摘した。「間違いや挫折の発生、それが主にしばしば党内部から引き起こされることが問題である。工作における誤りは厳粛かつ私情を交えず分析し、断固として糾さなければならず、党内に存在する問題を解決しなければならない」。さらに次のように指摘した。「現時点では経済環境の管理と経済秩序の正常化及び改革方針の深化を確実に実行し続けなければならず、三年ないしさらに多くの時間をかけて社会の総需要が総供給を上まわる矛盾を根本から緩和し、徐々にインフレを解消することで、国民経済を苦境から脱却させる。経済環境の管理と経済秩序の正常化を行う中で、適切に集中することに重点を置き、国民所得における国家財政収入の割合を徐々に増加させる必要がある。経済環境の管理と経済秩序の正常化は決して後退ではなく、改革を不要とするもので決してない」。

一一月三日、中央工作会議が閉会した。江沢民が主宰、李鵬が総括発言を行い、当面の経済状況に関する見解の統一を見た。すなわち、問題は長期にわたる国民所得の過剰配分と経済過熱の結果であり、長年の経済過熱がもたらした結果であると認識が一致した。問題の根源に行きつき、それが主に「急」の言葉で表されるとした。建設は成果を急いではならず、改革は成果を急いではならず、経済環境の管理と経済秩序の正常化も成果を急いではならないと全会一致した。つまり、三年ないしさらに多くの時間をかけて経済環境の管理と経済秩序の正常化及び改革の深化に力を集中し、持続可能で安定的かつ協調的な経済発展ができるようにすると意見が一致した[249]。

一一月、十三期三中全会では『経済環境の管理と経済秩序の正常化及び改革の深化に関する決定』が採択され、当時直面していた経済問題を次のように分析した。社会の総需要が総供給をはるかに上回っており、現在の国力と社会生産力では巨大な建設規模と拡大する消費の需要を支えきれない。また、工業と農業の割合はひどくバランスを欠き、農業は過大な工業生産を支えられない。基幹工業、インフラと加工業の割合もバランスを欠き、エネルギー、交通、原材料の供給能力が過大な加工業を支えられない。全国的に石炭、石油、電力、鋼材も不足している。国家によるマクロコントロールは著しく弱まった。一九八四～一九八八年まで、国民所得に占める国家の財政収入の割合は二六・七％から二二％に下がり、財政収入全体に占める中央財政収入の割合は五六・一％から四七・二％に下がった。財政と物権がこのように分散している状態では、国家は需要の拡大を抑制することも、悪化する構造を調整もできない。生産、建設、流通分野で大量消費、低収益、投資過多に、低生産性という現象が広く存在している[250]。

『決定』では、党中央と国務院は経済面で生じた困難と問題に対して責任があり、また経験、教訓として生かすべきだと認めた。すなわち数年の間、農村情勢を楽観視し、国情に対する全体的な深い認識も不足しており、国力についての明確な見通しも甘かった。その結果、建設と改革を同時かつ迅速に成功させることを偏重した。これは下部機関の責任ではなく、党中央と国務院はこの経験と教訓を慎重に総括し、より多くの調査、研究を行い、国民の立場に立った科学的かつ正しい政策を採るよう努力するとした[251]。

党が正式かつ速やかに経済活動の問題を認め、自ら責任を負って教訓として生かそうとしたのは初めてだった。実際には、責任を負うべきは江沢民ではなく趙紫陽だった。この全体会議で、中央の誠意は中央委員の理解と賛成を得られた。『決定』が発表されると、全党、全軍、全国の理解と賛成が得られた。こうして「大躍進」の再発を免れることができたが、これは党が「誤りは即刻改める」、「誤りは自ら正す」という体制を確立したということだった。

『決定』では、三年もしくはそれ以上をかけて経済環境の管理と経済秩序の正常化を進めるとした。その主な目標は次の通りである。インフレ率を徐々に下げる。通貨の発行は経済成長と適応させて合理的に行う。財政収支のバランスを適正化して財政赤字を徐々になくす。五～六％の適度な経済成長率を維持する。不合理な産業構造を改善する。さまざまな改革の措置をさらに深化、改善する。また『決定』では、「長期的、持続的、安定的かつ調和のとれた経済発展」という方針も定められた。一九四九～一九八九年は、国情から遊離し、国力以上を追求して成功を急ぎ、激しい起伏があった四〇年間であり、これは大きな教訓となった。すなわち指導の誤りが、経済活動における大衆の意欲を失わせ巨大な損失をもたらし、経済活動に大きな影響を与えるということである。これは忘れてはならない教訓である[252]。

これは、党総書記となったばかりの江沢民が、毛沢東の「大躍進」と華国鋒の「全面的躍進」という歴史的な教訓だけでなく、実際に経験した趙紫陽による「経済加熱」の教訓から学んだものだったことを示している。江沢民は「持続的、安定的かつ調和の取れた発展」方針について次のように説明した。「持続的」とは長期にわたって適切な発展速度を維持することであり、「安定的」とは急激な変動がないことである。「調和の取れた」とは、重要な経済活動の関係が合理的なことである。そして、次のことを強調した。「重要な問題はすべて、集団で議論して決定する必要があり、決定後はそれぞれ責任を持ってやり抜かねばならない。過去の経験から明らかとなったのは、決定前は一個人による決定を防止し、決定後は決定から離れ無秩序に行動するのを防止しなければならないことである[253]」。これは明らかに、過去の毛沢東及び当時の趙紫陽に学んだ教訓である。

一九九一年三月、李鵬は第七回全国人民代表大会第四回会議の『政府活動報告』で次のことを発表した。「今回の経済環境の管理と経済秩序の正常化は明らかに効果的だった。インフレは抑制され、物価指数は大幅に下がった。農業は二年連続で豊作となり、工業生産の増加率も正常なレベルにほぼ回復し、輸出額も増加し続けた。一九九〇年におけるＧＤＰの成長率は五％だった」[254]。しかし、後に公表された統計データでは、一九九〇年の成長率は三・八％、一九八九年は四・一％にすぎず、改革後で最低の成長率だった。[255] 経済環境の管理と経済秩序の正常化によってインフレは抑制できたが、この「ハードランディング」は経済に悪影響を及ぼした。まず、商品の在庫過剰による圧力と弱気市場によって、一九八九年、各種の主要商品の消費量が全体的に減少し、工・鉱業企業製品の在庫が急増した。契約達成率は大幅に下がり、流動資金が過占され、企業間の三角債（支払不能の連鎖による主に国営企業間でたらい回しされた不良債権）を誘発して互いの返済が滞った。一九八九年下半期、商工業の国有企業間における不良借入総額は一一〇〇数億元に達し、九〇％以上の企業間で返済が滞った。一九九〇年三月、国務院は三角債の清算を始めた。一九九一年末までに銀行融資三〇六億元が投入され、地方と企業は二四億五〇〇〇万元を自己調達し、合計一三六〇数億元の三角債が清算された。[256] 操業短縮や生産停止または一部停止等で企業の生産設備の稼働時間が減少し、赤字となる企業が増加した。都市部と農村では失業者が増加して所得が下がり、生活に困窮する住民まで出た。

一九九〇年三月、鄧小平はすでに引退していたが、経済環境の管理と経済秩序の正常化によって経済が急激に失速したことに懸念を感じ始めた。これは経済的な問題だけではなく、実際には政治的にも問題があると考えた。経済を失速させず、ＧＤＰを四倍にすることができるかどうかは重要な問題だったため、経済環境の管理と同時に適度な発展も図るよう努力することを要求した。[257]

六月、ソ連の崩壊と東欧革命が起こり中国の経済が落ち込むと、鄧小平は直ちに「発展好機論」を提唱し次のように述べた。**今は中国の発展にとってまたとないチャンスであり、これを逃してはならない。チャンスだと理解しない者も多いが、これは数百年に一度あるかないかの貴重なチャンスである。**中国は孤立し、生活も苦しいかもしれないが、まさしく今がチャンスであり、これを逃してはならない」[258]。当時の人々は、中国が一九九〇年代に高度経済成長期に入り、貿易も大きく発展するとは思ってもみなかった。

一九九一年八月、鄧小平は江沢民らと話した際「ステップアップ論」を提案した。それは、数年かけて段階が一つ上がった後、問題があれば直ちに調整し、また前進するという考えだった。鄧小平は「このチャンスをつかんで一つ上の段階に行かなければ、他国は中国よりずっと発展し、中国は取り残されてしまう」と述べ「このチャンスは貴重だ[259]」と強調した。鄧小平は、まず発展させることで、問題があれば調整するという波状的な発展方法でなければ「持続的、安定的かつ調和のとれた発展」を実現することはできないと主張した。

第六節　対外開放（一九七九〜一九九一年）

一、国際平和のための外交政策の調整

一九八〇年代以降、中国の指導者は実情に基づいて問題を適切に処理するため、新たな世界情勢やその特徴について認識を改めた。一つは世界大戦勃発についての認識であり、もう一つは改革開放にとって良好な国際環境を構築するための外交政策の調整だった。一九八二年九月一日、胡耀邦は党第十二全大会報告の第五節のテーマを「独立かつ自主的な外交政策の堅持」とし、中国の外交政策の基本原則として「領土と主権の相互尊重、相互不可侵、相互内政不干渉、平等互恵、平和共存」という平和五原則を発表し、「中国はいかなる大国あるいは国家グループにも決して従属せず、いかなる大国の圧力にも決して屈しない」とした。さらに、中国と日本、米国、ソ連の三大国家との関係を詳しく述べ、特にソ連の指導者に対しては中国との関係を改善するための対応を望むことを何度も示した。「ソ連に中国との関係を改善する誠意があり、中国の安全に対する脅威を解除する実質的な措置をソ連が取るなら、中ソ関係は正常化に向かう可能性がある。中国とソ連の国民の友好は永遠であり、国家レベルの関係にかかわらず、中国はこの友好を守り発展させるために努力する」。また「革命は輸出できるものではなく、国民が選ぶものである。このような認識に基づき、中国は平和共存の基本的五原則を終始堅持する」と初めて公表した[260]。これは、党第九全大会から党第十一全大会における「三打倒」路線を、党第十二全大会で変更したことを意味する。つまり「米国をはじめとする帝国主義の打倒、ソビエト修正主義反逆集団を中心とする現代修正主義の打倒、各国の反動派打倒」の路線を修正したということである[261]。そして、新たな『党章』総則では、「米国、ソビエト修正主義反逆集団、各国の反動派」の表現を削除し、「三反対」路線に改めた。「三反対」とは「帝国主義、覇権主義、植民地主義に反対する」ことである[262]。

一九八三年三月二日、鄧小平は胡耀邦、趙紫陽、万里、姚依林らと話をした際、「世界大戦がさし迫っている」という判断を変え次のように述べた。「大戦は起こらないから心配ない。いかなるリスクもない。以前は常に戦争が起きるのを危惧していたが、今考えると杞憂だった。少なくとも今後十年は起きないだろう[263]」。

一九八四年一一月、鄧小平は三つの方面の対外開放という先見的な提案を行い、次のように述べた。「対外開放について正確に理解していない者がいる。対外開放は西側に対して

だけでなく、三つの方面で対外開放する。一つ目は西側の先進国に対する開放であり、外資と技術は主に西側から導入する。二つ目はソ連と東欧諸国に対する開放である。国交が正常化していなくとも交流はできる。例えば、ビジネスや技術協力、合弁経営、技術改良もよいし、一五六件の技術改良プロジェクトに協力してもらってもよい。三つ目は第三世界、つまり発展途上国に対する開放である。これらの国家はそれぞれ特徴や長所があるため、さまざまなことができるだろう。このように、対外開放は一つの方面だけではなく、三つの方面から行う[264]」。

一九八五年六月四日、鄧小平は中央軍事委員会拡大会議で、国際情勢に対する判断と外交政策における二つの重要な転換について明らかにした。「第一は、戦争と平和に対する認識についてである。世界大戦が起こる可能性はあるが、世界で平和を望む力が戦争を起こす力より大きくなっているため、大規模な世界大戦は比較的長い間起こらず、平和が維持される望みがある。これは世界情勢及び中国周辺の分析に基づいて戦争がさし迫っているという考えを変えたものである。第二は、外交政策の転換である。ソ連の覇権主義の脅威に対応するため、日本からヨーロッパ、米国に到る『一本線』戦略を採っていたがこれを転換する。これは重要な転換である。中国は独立自主に基づく正しい外交路線と外交政策を採り、覇権主義に反対し世界平和を掲げて平和を望む側に立つ[265]」。

そして、党中央と中央軍事委員会は鄧小平の提案に基づき一〇〇万人規模の軍縮を決定した。

一九八七年五月四日、鄧小平はルーマニアの客人と会見した際、国際情勢について次のように述べた。「世界的に平和勢力の優勢傾向が強まっており、第三世界がその主体である。この世界情勢では今世紀と次世紀に戦争は起きないだろう。中国はこのチャンスを逃してはならない。二〇〇七年までの二十年間、二〇二七年までの三十年間、二〇二七年までの四十年間という平和な期間を利用して大いに発展しなければならない。中国の力が強いほど戦争も起こりにくくなるため、平和はさらに長く維持できる[266]」。鄧小平の世界情勢に対する判断は将来を見据えたものだった。平和を数十年間維持するという構想は中国の大戦略であり、長期的な世界平和という環境の下でこそ、中国は急速な発展を続け、社会も絶えず進歩できる。そして世界平和の中核を担うことで、世界の戦争を制止することもできるようになる。鄧小平の予見が後の事実によって証明されたのである。

同年一〇月、党第十三全大会報告では重要な判断が下された。「現在の国際情勢は中国の社会主義近代化建設に有利である」として、「引き続き独立自主の路線を堅持した平和的な外交政策を続ける。平和共存五原則に基づき世界の各国と友好的かつ協力的な関係を発展させる。中国は平和を愛する国や人々とともに、世界の人々に利益があり世界平和を維持できる国際環境の構築のために努力する」ことを明確にした[267]。これも、党第十全大会の「天下大乱、乱れるほど良い」という基本構想が[268]、党第十三全大会では「天下大治、平和なほど良い」に変わったことを意味しており、中国が平和的な発展を目指す歴史的な出発点となった。

一九八八年、米国イェール大学の歴史学者、ポール・ケネディは、鄧小平の大戦略について次のように説明した。「平和は鄧小平の経済発展戦略の核心である。戦争はたとえ局地戦でも資源を軍隊の需要に充てることになるため、『四つの近代化』の流れが乱れてしまう」。また、イギリスの雑誌『エコノミスト』から引用して次のように述べた。「もし、鄧小平の経済発展計画が順調に進めば、一九八〇～二〇〇〇年に中国のGDPは計画通り四倍になる。そして十～十五年以内に民間経済が十分な力を蓄積できれば、軍事部門に全力を傾けることも可能で、さらに速いスピードで発展させることができる[269]」。その後、鄧小平の大戦略によって中国は実際に急速に発展し、平和な国際環境及び周辺環境を作り上げた。この環境が三十年余り続いたが、現代中国の歴史では前例がなかった。

二、二つの資源利用と二つの市場開拓

中国は大陸型国家であり、各種の資源が豊富で巨大な国内市場を持っているが、この優位性をどのように利用したのか。また、対外開放という新たな条件の下で、どのように国際市場を開拓し、国際資源を利用したのか。

一九八二年一月一四日、胡耀邦は党中央書記処会議で『対外経済関係に関する問題』という次のような演説を行った。**「国内資源と国際資源という二つの資源を利用し、国内市場と国際市場という二つの市場を開拓するには、国内の建設組織化と対外経済関係の発展という二つの能力を身に付ける必要がある。**一つ目は効率良く海外直接投資を引き付けることである。そのため、以下のような開放的な方針が必要である。第一に大規模から小規模に至るプロジェクトすべてを行い、当面、中規模及び小規模のプロジェクトを主とする。第二に海外、華僑、香港、マカオ、台湾の資本家の参入を歓迎する。第三に政策を適度に緩めて海外直接投資がしやすいようにする。二つ目は海外の先進的な科学技術を導入することである。三つ目は国際的な労務提携を積極的に発展させることである。四つ目は海外の先進的な科学文化、経営管理の知識を研究することである。同時に、ブルジョアジーの腐敗した思想の影響を断固として排斥する必要がある」。胡耀邦は次のことも指摘した。「経験をしっかり総括し、一連の正しい方針、政策、措置によって、中国と世界の状況に適した対外経済関係を発展させる。すなわち、外資の誘致、先進技術の導入、労務協力の発展を強力に進め、国内製品を国際市場に進出させる[270]」。**そしてさらに「世界の長所を活用して国の**

短所を補う」と述べた。これは先見的な戦略的構想だった。

一般的に、関税率と非関税障壁の適用範囲の指標から開放経済か閉鎖経済かに分類できる。また、この指標の変化から開放経済に向かっているか、あるいは閉鎖経済に向かっているか分析できる。

一九八〇年代初期、中国はまだ典型的な保護貿易主義国だった。関税率は世界でも高く、香港〇%、シンガポール〇・三%、マレーシア一〇・六%、インドネシア二九・〇%のところ、中国は五〇%もあった。また、非関税障壁の適用範囲の指標も一〇・六%だった。

一九八〇年代初期から中国は関税率の引き下げを開始した。これは中国が貿易自由化を始めたことを意味しており、比較的高い関税率を依然として保持していたが貿易拡大の刺激となった。一九八四年、中国の関税率は約四〇%に下がり、一九九三年まで維持した（表7－8）。しかし、東アジアではまだ高い方だった。一九八八～一九八九年、東アジアで非関税貿易障壁を拡大したのは中国だけだった。[271]

一九八〇年代から中国の輸出は急速に拡大した。世界に占める割合は上昇し続け、一九八〇～一九八五年に一・三%だったのが一九九二年には二・三%に増加した。また、ＦＤＩ（外資対中国直接投資）も急増し、世界に占める割合は一九八〇～一九八五年が一・四%だったのが一九九二年には六・四%になり（表7－9）、発展途上国でありながらＦＤＩ（外資対中国直接投資）大国となった。

表7-8　中国の関税と非関税措置（1980～1993年）　単位：%

年	農産物	工業製品	全製品
平均関税			
1980～1983	46.5	50.5	49.5
1984～1987	33.1	41.9	39.5
1988～1990	34.1	42.7	40.3
1991～1992	31.7	39.7	37.5
非関税障壁の適用範囲			
1984～1987	17.8	7.9	10.6
1988～1990	27.2	21.9	23.2
1991～1992	11.5	11.3	11.3

注：重み係数を掛けない平均のパーセンテージ。
資料出典：ジョセフ・E・スティグリッツ、シャヒッド・ユスフ編『東アジアの奇跡についての再考』中国語版、294～295頁、北京、中国人民大学出版社、2003。

表7-9　世界に占める中国の輸出額とFDIの割合（1980～1992年）

年	輸出額	FDI
1980～1985	1.3	1.4
1986	1.5	2.4
1987	1.6	1.7
1988	1.7	2.0
1989	1.8	1.7
1990	1.8	1.9
1991	2.2	2.7
1992	2.3	6.4

資料出典：ジョセフ・E・スティグリッツ、シャヒッド・ユスフ編『東アジアの奇跡についての再考』中国語版、287～290頁、北京、中国人民大学出版社、2003。

ある研究によると、対外貿易と外資直接投資はさまざまな経路で経済発展を促進し、この経路には需要と供給という二つの要素があり、製造業の生産力を高め、資源の適切な配置に有効であるという[272]。

三、経済特別区設立と沿海地区開放構想

この構想は地方の提案であり、鄧小平が支持し華国鋒が決定した。そして、中央が戦略を策定し谷牧が具体化して実施した。この構想については党内で論争もあったが、鄧小平の同意を得て対外開放を試験的に始めることとなった。

一九七八年、国務院が組織した香港マカオ経済視察グループは、北京に戻ると「広東省宝安と珠海の二県を省が管轄する市に変更し、ハイレベルの対外生産基地及び加工基地を造り上げ、香港とマカオから観光客を呼び込む観光区とする」という提案をした。これは党中央の支持を得て、翌年三月、国務院は深圳市及び珠海市の設置を承認した。

一九七九年一月三一日、党中央と国務院は中国初の対外開放工業区として広東省蛇口に蛇口工業区の建設を決定した。

四月、中央工作会議が開かれ、党広東省委員会第一書記の習仲勲は「中央の権限を一部委譲して、深圳、珠海、スワトウに輸出加工区を設立する」という提案をした。鄧小平はこの提案を支持すると同時に「やはり特区と呼ぶのが良い。陝西、甘粛、寧夏は特区と呼ぼう」「中央にお金はないが、政策的な援助はできる。実施は地方が行い自ら道を切り開くのだ」と述べた。

六月二三日、華国鋒は第五回全国人民代表大会第二回会議の広東省代表団討論会で次のように述べた。「中央と国務院は、広東省がより大きな自主権を持てる特別な政策を実施する。中央も深圳と珠海を特区とすることに賛成しており、特区になれば発展も加速するだろう。広東省は他の省と異なり、中国の南玄関口に当たり香港とマカオにも面している。四つの近代化が実現すれば、急速な発展が可能である。専門的な調査をするため谷牧を現地に派遣しており、省級指導者や各方面のあらゆる意見を聞いた後、中央に報告書を出すことになっている[273]」。

七月一五日、党中央と国務院は、広東省及び福建省委員会の対外経済活動における特別な政策と柔軟な措置に関する報告を承認した。同時に、まず深圳市と珠海市の一部を試験的な輸出特区とし、経過次第でスワトウとアモイも特区とするとした。

一九八〇年三月末、国務院は広州で広東省及び福建省工作会議を開き、試験特区の運営に関する重要な政策について研究し提出した。谷牧は国家輸出入管理委員会兼国家海外投資管理委員会副主任の江沢民を長とした調査研究グループに実地調査をさせ、経済特別区実施条例の草案を作成させた。

五月一六日、党中央と国務院は『広東省及び福建省会議摘

要』を承認し、正式名称を「輸出特区」から「経済特別区」に変更した。

八月二一日、江沢民は第五回全国人民代表大会常務委員会第十五回会議で、広東省及び福建省に経済特別区を設置する『広東省経済特別区条例』について説明した。八月二六日、全国人民代表大会常務委員会会議は深圳市、珠海市、スワトウ、アモイを経済特別区とすることを許可し、『広東省経済特別区条例』が正式に採択された。

その後、谷牧の決定に基づき、江沢民が関係特区の責任者を率いてシンガポール等六カ国に赴き、四十五日間で八カ所の工業輸出加工区と自由貿易区を視察した。そして、中国の現状に則った特区の業務について具体的な提案をした[274]。

一二月二四日、胡耀邦は広東省と福建省に対する特別な政策と柔軟な措置に関する座談会を開いた。

一九八一年一月二一日、党中央弁公庁は『広東省及び福建省で実行する特別な政策と柔軟な措置に関する座談会摘要』を配布し次のように指摘した。「今は経済調整を行っているため、中央は広東省及び福建省の支援のために多額の支出をすることはできない。しかし、広東省及び福建省が国家に多くの貢献をすることを望む。そのため、広東省及び福建省で実行する特別な政策と柔軟な措置はゆっくり進める必要がある。今後、問題が起きれば縮小や調整を行う可能性もあるが、中央は広東省及び福建省における特別な政策を必ず実行し、柔軟な措置を採る方針も変えない」[275]。

一九八三年六月一八日、鄧小平は海外の科学者に会見した際、次のように述べた。「三中全会では、一部の地区あるいは一部の国民を先に豊かにすると提案した。広東省と福建省に特区を設置したのは正しかった。当然まだ問題もあるが全体的には正しいだろう。この二省は条件もよく、海外にいる多くの者が戻って投資すれば、急速に発展するだろう」。

一九八四年一月二四日、鄧小平は初めて深圳特区を視察した際、「経済特別区は私が呼びかけ中央が決定した。それで成功できるかどうか見に来た」と述べた。そして、深圳経済特別区のために、「深圳の発展と経験は中国の経済特別区の設立が正しかったことを証明した」と書き残した。また、霍英東、馬万祺らと会見した際、「特区は私が提案した。成功するかどうかは分からなかったが、正しい選択だったと思う」と述べた。一月二九日、鄧小平は珠海市視察の際、感激して「珠海経済特別区は素晴らしい」と書き残した。二月九日には、視察先のアモイ経済特区で「アモイ経済特区をさらに発展させる」と書き残した[276]。鄧小平は試験的に始めた経済特別区と対外開放を高く評価した。北京に戻ると、特区の位置づけを「特区は窓口である。技術の窓口、管理の窓口、知識の窓口、外交政策の窓口である」とした[277]。

同年三月二六日、中央書記処と国務院は、沿海各都市座談会を開いた。関係する沿海の省、区、市の指導者のほか、党中央、国務院、中央軍事委員会四十数部門の指導者も参加した。会議の進行は谷牧が務めた。谷牧はまず同年二月二四日に特区の活動と上海、天津、大連、青島、煙台、寧波、温州、北海等の沿海都市に対外開放の拡大についての鄧小平の講話を伝えた。そして対外開放政策実行後の状況を述べた上で、「対外開放、外資利用、技術導入をさらに進め、思想をさらに解放して改革と政策の緩和を進め、地方と企業は外資を十分に利用して技術の導入、旧式の企業の変革、伝統製品の革新、積極的な新製品開発を進める必要がある」とした鄧小平の指示を貫徹しなければならないと強調した。また「党中央と国務院が開放を決めた沿海の一部の港町は、多くの領域と関連があり、政策性が強く、国際的な影響も大きい。決意と意欲のほかにも、綿密な手配、積極的かつ強固な措置、細やかな対応が必要である」と強調した。**そして、中央は開放を拡大して沿海にある十四の港湾都市を経済開発区とし、経済特別区の政策を適用して外資の誘致や急速な経済発展のための「小環境」を作り上げるとした**[278]。

一九八五年七月一一日、鄧小平は国務院の指導者らと話をした際、次のように述べた。「試験的な経済特別区について異論もあったが、論争はしなかった。やると決めたらやる。やってみなければ道は開けない。今思えば当時の判断は正しかった。四つの特区は順調で、開放規模を拡大していくために経験を積んでいる。特区が不足したら海南島がある」[279]。この発言は、後に海南市が省に昇格して最大の特区になるきっかけとなった。

八月一日、鄧小平は日本の客人と会見した際、次のように述べた。「今日は二つ話すことがある。一つは、経済特別区の設置が正しかったこと、もう一つは、経済特別区はまだ試行段階であることだ。この二つは矛盾していない。開放政策も一つの試行であり、世界的に見ても大きな実験である」[280]。

その後、国務院元副首相の谷牧は、特区の役割を次のように要約した。第一に、特区は世界経済の調査研究における最前線である。第二に、特区は対外開放のパイオニアである。第三に、特区は国際市場に通じる特別なルートであり、貿易発展のための新基地である。第四に、特区は改革の実験場である。第五に、特区は中国の経済政策を公開する場である。

鄧小平の指示によって、中央は沿海の都市を開放して特区の優遇政策を実行した。一九八四年三月、谷牧は天津と大連で調査研究を始めた。三月二六日、谷牧と胡啓立が沿海の一部の都市と座談会を開いた。谷牧は二月二四日に特区の活動と上海、天津、大連、青島、煙台、寧波、温州、北海等の沿海都市に対外開放を拡大するとした鄧小平の講話を伝え、さらに地方の提案で南通、連雲港、広州、湛江、福州、秦皇島を含めた十四の港湾都市が開放の第一陣となったことも伝えた[281]。

五月四日、党中央と国務院は『沿海都市の座談会概要』を承認し、大連等沿海にある十四の港湾都市にも開放を拡大すると決定した。また、経済技術開発区の設置も提案した。『概要』では沿海の十四の港湾都市に関して、次のような十件の具体的な政策と措置が提案された。外資利用の建設プロジェクトの審査と承認の権限を緩和する。外国為替と外貨建て融資を増額する。旧式の企業を近代化するため、外資の利用と先進技術の導入を積極的に支援する。中外合弁企業、協同企業、外国投資企業に対して優遇措置を設ける。経済技術開発区の設置を徐々に始める。加工貿易を強力に発展させる。一部の都市について開放の分類を調整する。インフラ整備を強化する。外資利用計画に対する指導を強化する。改革における最前線を行く[282]。

十二期三中全会は「経済体制の改変に関する決定」を提出し、「経済特区の運営が成功するよう努力し、沿岸の港湾都市をさらに開放する」とした。これは、対外開放をさらに拡大して沿岸地域における輸出型の経済構造を有利に促進し、アジア及び世界市場に融合することで、十二億人の先頭を切って貢献してもらうということである。

一九八四～一九八八年、国務院は大連等十四地区を国家級経済技術開発区とした。

一九八五年二月一八日、党中央と国務院は『長江デルタ、珠江デルタ、閩南（福建省南部）、厦漳泉（厦門市、漳州市、泉州市の総称）三角地区座談会概要』を承認し、長江デルタ、珠江デルタ、閩南、厦漳泉三角地区を沿海経済開発区とすることを決定した。

一九八八年三月一四日、国務院は「沿岸の経済開放区の範囲拡大に関する通知」を発表し、百四十もの市、県が新たに沿岸の経済開放区に組み入れられた。

四月一三日、第七次全人大第一回会議は、海南省設立と海南経済特区設置に関する国務院の提案を可決し、海南は正式に省となり、海南省は経済特区に指定された。五月四日、国務院は「海南島開発投資の奨励に関する規定」を通知し、海南経済特区のためのより柔軟かつ開放的な経済政策の実施によって、海南省人民政府にさらに大きな自主権を与えた。

一九九〇年二月一九日、鄧小平は李鵬に次のように述べた。「上海にはより高度な浦東開発区が必要で、そうすれば資本と先端技術を導入することができる。それが経済発展への近道であり、支援すべきである。これは李鵬が提案した方が良い[283]」。

四月、党中央国務院は「浦東の発展、上海の活性化、国全体への貢献、そして世界に目を向ける」という方針を提案した。国務院は正式に浦東の開発開放を発表し、浦東に経済技術開発区と幾つかの経済特区の政策を実行した。これは改革深化と開放拡大のための新たな展開だった。

一九九二年一〇月、国務院は上海市浦東新区の設置を承認した。

その後、沿海から始まった対外開放は河川や国境に沿って内陸の都市に向かって拡大していった。

四、外国政府及び国際金融機関の借款援助

改革開放初期、中国は経済基盤の弱さや国内の資金不足、遅れた技術や知識という問題に直面していた。当時、中国は経済建設のための資金と人材を必要としていただけでなく、海外の先進技術や経験も学ぶ必要があったので、国際的な経済協力と交流を展開した。外国政府と国際金融機関からの援助借款は重要な手段で、これは鄧小平の提案で谷牧が具体的に実施した。

一九七八年五月三〇日、鄧小平は胡喬木らと話をした際、次のように述べた。「現在、国際情勢は中国に有利である。西側の資本主義国家は自身の利益のために、中国がより強大になることを望んでいる。先進国は資金の使い道に困っており、中国に貸したいと思っている。それを借りないのは愚鈍である」。そして「アジアＮＩＥＳ」は高度経済成長を遂げ貿易も著しく拡大したことを挙げ、「アジアＮＩＥＳ」ができたのだから中国もできるはずだと述べた。六月、鄧小平は谷牧に「いずれはやらなければならない。時間を無駄にしないことが重要である。借金すれば利息も付くが、借金を恐れてはいけない」と述べた。七月、谷牧は国務院の理論研究会議で、国際的にはさまざまな方法があるが、中国銀行を利用して外貨を取り込むという提案をした。会議は議論の結果、西側諸国の借款を利用し海外からの投資を引き入れるという共通認識を形成した。[284]

まず、中国は日本政府からの借款を獲得した。一九七九～一九八三年に三三〇九億円を借り入れ、一九八四～一九八九年にも五四〇〇億円の借款の締結をした。その後は毎年、次年度の借款プロジェクトと金額が確定され、三十年近く続いた。これは主に港、鉄道、道路、電力、ガス、農業、電気通信等のインフラ整備プロジェクトに投資された。[285]

次に、米国以外の先進国から長期優遇借款案件を獲得した。これは、ベルギー、イタリア、クウェート、デンマーク、イギリス、ドイツ、スウェーデン、スイス、オーストラリア、オーストリア、スペイン、フランス、ノルウェー、フィンランド、カナダ、オランダ、ルクセンブルク等からであった。[286]外国政府からの借款は援助が目的の優遇借款のため関連する経費が少なかった。無利息または低金利で、利率は一般的に年二～三％程度、返済期間は二十～三十年だった。また、最初の七～十年は猶予期間とされ元金の返済は免除され、利息のみを支払えばよかった。市場金利と比較するとグラント・エレメント（発展途上国への援助の中に占める贈与的要素）は三五％以上だった。[287]この借款は当時の中国にとって「雪中に炭を送る（困っている時に援助する）」の「炭」のようだった。

また、中国は世界銀行に加盟し、国際金融借款を利用し始めた。一九七九年、鄧小平の強力な推進で、国家海外投資管理委員会が設置され、主任に谷牧副首相、事務総長に江沢民、世界銀行と外国借款関連は李嵐清が担当した。中国が改革開放する前、インド、パキスタンを含む多くの発展途上国が、世界銀行等の国際金融機関から大量のソフトローン（貸付条件の緩やかな借款、すなわち無利子貸付）を獲得して自国の経済発展を促進した。国家外国投資管理委員会が慎重に研究してこれらの情況を中央に報告すると、中央はただちに世界銀行に加盟して関連国家と金融における協力関係を築くことを決定した。しかし、当時の中国で外資利用といえば外国借款の利用と考えるのが主流で、外国が直接投資する考えはなかった。そのため、この時期の借款も政府間の借款と国際金融機関による中長期借入金が主だった。

一九八〇年四月、鄧小平は当時の世界銀行総裁マクナマラと会見した。五月、世界銀行は中国を加盟国として復帰させ借款の権利を認めた。これは中国が長期にわたる孤立主義から脱却し、対外開放を行う重要な出発点となった。以後、中国と世界銀行の協力が進むと、協力分野が拡大し内容も発展していった。

後に、鄧小平は次のように述べている。「中国は世界銀行の援助がなくても発展することはできたが、援助のおかげで急速に発展することができた」。世界銀行総裁のマクナマラも、「任期中で最も誇りに思うのは、一九八〇年代初期に改革開放を始めた中国を世界銀行の一員としたことだ」と述べた。[288]

一九八三年五月二六日、鄧小平は世界銀行総裁のクローセンと会見した際、次のように述べた。「中国は今世紀末までに小康社会を建設するという目標を達成するため、懸命に努力する必要がある。中国には適切な経済政策が必要で、それは国内の政策だけでなく対外開放政策も含む。そのためには世界銀行を含む国際的な援助が必要不可欠であり、世界銀行は資金、技術、経済管理について援助することができる」。すると、クローセンは「世界銀行は中国との協力を拡大、強化しており、協力プロジェクトも増加している」と述べ、双方の協力関係が続いて行くことを示した。三一日、クローセンは世界銀行が中国に対して二四億ドルの借款を決定したと述べた。[289]「第六次五カ年計画」の時期、中国が獲得した国際的な援助借款は三九億六〇〇〇万ドルであり「第七次五カ年計画」の時期には一二八億二〇〇〇万ドルに達した。外資総額に占める割合は、それぞれ二六・二一％と二七・七〇％であり（表7－10）、当時の中国が早急に必要としていた重要な国際援助となった。

一九八〇年代、中国の経済社会は早急な開発が必要だった。世界銀行の借款はまず教育に投資され、次第にインフラ整備を支えるようになり、国家経済と国民生活に直接関係する重点プロジェクトへの投資が増加していった。世界銀行からの借款は導入外資の重要な要素となった。同時に、協力して行った経済調査によってマクロコントロールが強化、改善され、経済体制改革等の推進において一連の重要な成果が得られた。

表7-10　国際援助借款とFDI（1981〜1990年）

項　目	第六次五カ年計画期間（1981〜1985）	第七次五カ年計画期間（1986〜1990）
援助借款（億ドル）	39.60	128.20
外資総額に占める割合（％）	26.21	27.70
GDPに占める割合（％）	0.08	0.30
FDI（億ドル）	45.63	142.62
外資総額に占める割合（％）	30.20	30.81
GDPに占める割合（％）	0.30	0.77

資料出典：対外経済貿易部『中国対外経済貿易年鑑』（各年の巻）、北京、対外経貿出版社。

世界銀行の融資援助は三種類ある。**一つ目が「ソフトローン」**で、世界銀行が所属する国際開発協会が無利息かつ長期の融資を行い、手数料は年〇・七五％のみ、返済猶予期間が十年、返済期間は最長五十年だった。「ソフトローン」は一人当たりのGDPが四〇〇ドル未満という条件があり、中国の一人当たりのGDPは三一二ドルで、それに適合した。また、国際開発協会による借款の条件も満たしていた。**二つ目は「ハードローン」**という有利子長期借款である。国際復興開発銀行による融資で、経済情況がまだ良好でない国家の建設プロジェクトに用いられた。**三つ目は、一つ目と二つ目を組み合わせたもの**だった。[290]世界銀行の援助借款が中国における社会経済の発展に与えた影響は、主に次の四点である。[291]

一つ目は、資金と技術の導入によって調和の取れた社会経済の発展を促進したことである。世界銀行の借款は建設資金の不足を補い、多数の重点プロジェクトを支え、地域と社会経済の調和の取れた発展を促進した。世界銀行は主に交通、農業、エネルギー等の領域の発展を支え、同時に貧困扶助、教育、衛生等の社会開発の領域についても配慮された。この数年は世界銀行の借款の七〇％以上が、西部、中部、東北地区の社会経済の発展のために利用され、調和の取れた社会経済の発展に大きく貢献した。

二つ目は、管理方法の導入によって新たな観念が取り入れられ、制度が刷新されたことである。世界銀行の借款プロジェクトにおける標準化された運用メカニズムと知的資源は、経済建設におけるシステムと観念を変革するのに大きな役割を果たした。例えば、一九八四年の魯布革水力発電所プロジェクトでは競争入札が取り入れられた。これが評価されて「魯布革モデル」と呼ばれ、他の分野にも広まった。また、一九八七年の京津塘高速道路プロジェクトでは、初めて工程管理システムが採用され、道路建設の管理体制改革に大きく貢献した。これらの先進的な管理システムとその手法、また世界銀行の借款プロジェクトで用いられる引き出し額帳簿制や事業主責任制等は、中国の重要なプロジェクトにおける標準となった。ほかにも、世界銀行による借款プロジェクトの設計と管理は、市場化及び部門の効率化という観念を定着させ、関連産業が持続可能な発展をしていくための制度的な基盤を提供した。

　三つ目は、人材が開発され国際的な専門家が育成されたことである。世界銀行は一九八一年七月に中国への最初の借款プロジェクトである大学プロジェクトを承認し、その後行われた一連の教育プロジェクトの成功は中国の教育事業を大きく発展させた。ほかにも、多くの技術援助と人材育成の実施によって、マクロ経済、金融外交、産業開発、プロジェクト管理等、幅広い分野で多くの専門管理者が育成され、国際化を加速するための優秀な人材を確保することができた。

　四つ目は「外部や海外の人材」の活用によって、経済体制改革が促進されたことである。世界銀行は経済調査と技術援助に基づき、マクロ経済管理の強化、産業改革の推進、社会のキャパシティとその発展を促進する提案やアドバイスを行い、社会主義市場経済体制の確立と改善に大きく貢献した。例えば『中国：社会主義経済の発展』[292]と『中国：長期発展のための問題と対策（主報告）』[293]は、中国の社会経済の状況について総合的かつ詳細な分析と診断を行った国家経済覚書だが、中国が経済発展するために役立つ政策的な資料となった。有名な「巴山遊覧会議」では、マクロ経済管理の問題及び中国の経済改革で起こり得る重要な問題について議論され、中国の経済管理体制改革に役立った。一九九〇年代の「財政改革技術援助プロジェクト」は、財政部門による総合的な研究と、財政改革及び税制改革の全面的な推進に役立ち、中国の財政改革及び税制改革を進める上で税制改革、財政移転支出制度改革、部門予算改革、財政管理制度改革等、貴重な海外の事例や制度についての情報が提供された。

　政府は世界銀行と協力する上で「中国主体の国情に立脚した平等互恵、相互学習」という方針を堅持した。「中国主体の国情に立脚」とは、中国が選択した発展方法を尊重することである。[294]国家の発展において、世界銀行は重要な支援者であり、国家は貧困を減らし発展する主体である。世界銀行は各国の国情を基本として各国が選択した発展方法を尊重した上で適切な支援の戦略と政策を決定しなければ、効果的な支援にはならない。したがって、世界銀行は中国の発展戦略に緊密にリンクした中国支援計画を作成し、中国の実情と要求に適合する具体的な協力とプロジェクトを実施しなくてはならない。

五、拿来《ダライ》主義と技術の導入

中国は後発国としての優位性があり、特に重要な優位性を発揮したのが海外技術の導入だった。一九七五年八月一八日、鄧小平は海外の先進技術を導入する政策を提案した。国務院で『工業発展の加速に関する若干の問題』について議論した際には、七点の指針を出したが、その二つ目が「新技術や新設備を導入し貿易を拡大する。外国と長期契約を締結し、技術や設備を導入して炭鉱を採掘し、炭鉱で支払う」というものだった[295]。

鄧小平は海外の技術や文化を拒否するのではなく、発展に役立つのであればそれを積極的に利用するという「拿来主義」を主張した[296]。

鄧小平の主張はただちに具体的な政策として反映された。一九七八年九月、全国計画会議は「資本主義国家と経済技術の交流をしないという閉鎖的あるいは半閉鎖的な状態だったが、今後は積極的に海外の先進技術を導入し海外の資金を利用して、国際市場に進出する方向に転換する」とした[296]。

同年一二月二二日、十一期三中全会の官報に「自力更生を基礎として平等互恵の経済協力を世界各国と積極的に進め、世界の先進技術と先進設備を採用するよう努力する」と明記された[297]。こうして、中国は海外技術を導入するための基本方針を確立した。

一九八一年一月二一日、国務院は国家貿易委員会で『技術の導入及び設備の輸入に関する臨時条例』を出し、初めて「技術の導入」の定義が出された。それは、技術の導入及び設備の輸入とは、中国の国民経済の発展と技術レベル向上に必要な技術と設備を、貿易を通して各種の契約方法で外国から獲得するというものだった。こうして、技術の導入と設備の輸入の基準が作られた[298]。

この時期、技術の導入と設備の輸入はピークを迎えた。概算による統計ではあるが、一九八〇～一九八四年の技術導入と設備輸入は合計一万六〇〇〇件で、一二〇億ドルの外貨が用いられた[299]。これは中国にとって技術を獲得するための重要な手段となり、技術の導入及び技術の模倣は技術面における中国の発展段階にも適合した。対外開放による世界の先進技術と設備の獲得は、中国の多くの技術分野でその空白を埋め、それを消化、吸収、拡散、普及することによって中国と世界の先進的な技術レベルの差を大幅に縮小した。これは、この時期における中国の全要素生産性（ＴＦＰ）の上昇にも貢献し、一九八〇～一九八五年におけるＴＦＰの年平均増加率は五・七一％と見込まれる。

後に李嵐清が総括した通り、この時期は中国における対外開放の初期段階だった。すなわち、硬直した思想観念、伝統的な体制構造、脆弱な財政基盤等、束縛された人々の思想や行動は、対外開放が一歩進むごとにいくつもの障害を突破し多くの古い習慣やしきたりを打破する必要があった。それは容易ではなく、さらに巨大な圧力とリスクに耐える必要もあった。しかし、鄧小平が先頭に立って「血路を切り開き」、「左」の思想的呪縛、計画経済体制、閉鎖的な建設方法から脱却することができた。こうして対外開放という新たな時代を迎えることができた。[300]

注

1　ポール・ケネディ『大国的興衰――一五〇〇－二〇〇〇年的経済変遷与軍事衝突』中国語版、四四一頁、北京、国際文化出版会社、二〇〇六。

2　国家統計局編『中国統計摘要（二〇〇五）』、二二頁、北京、中国統計出版社、二〇〇五。

3　胡耀邦「社会主義近代化建設の新局面を全面的に創り出す―中国共産党第十二回全国代表大会報告」、中共中央文献研究室『十二大以来重要文献選編』（上）、一四頁、北京、人民出版社、一九八六。

4　趙紫陽「中国の特色ある社会主義の道を進む―中国共産党第十三回全国代表大会報告」一九八七年一〇月二五日、中共中央文献研究室『十三大以来重要文献選編』（上）、一六頁、北京、人民出版社、一九九一。

5　世界銀行一九八四年経済考察団『中国：社会主義経済的発展』中国語版、一四八頁、北京、中国財政経済出版社、一九八三。

6　「三歩走」は、一九八七年四月、鄧小平が提起した近代化の基本的実現を目指した戦略である。党の十三回代表大会においてこの鄧小平の「三歩走」発展戦略構想が確定された。第一歩は、一九八一年から一九九〇年の間に、GDPを二倍にし、人民の衣食の問題を解決する。第二歩は、一九九一年から二〇〇〇年の間に、GDPをさらに二倍にし、人民の生活水準を小康レベルに引き上げる。第三歩は、二十一世紀中葉までに、GDPを再度二倍にし、中程度の先進国レベルに引き上げ近代化を基本的に実現する。その後も、これを基礎として前進を継続する。（訳者注）

7　一九八一年、党中央委員会は経済活動において成果を急ぎすぎ、「左」の政策を継続していることについて、華国鋒にも責任があると指摘した。『建国以来の党の若干の歴史的問題に関する決議』一九八一年六月二七日、党第十一期中央委員会第六回全体会議で全会一致で可決、中共中央文献研究室編『三中全会以来重要文献選編』（下）、八二〇頁、北京、人民出版社、一九八二。

8　『人民日報』一九七七年四月一日。

9　『人民日報』一九七七年五月一七日。

10　董補祁主編『中華人民共和国経済史』下巻、一一三頁、北京、経済科学出版社、一九九九。

11　『李先念伝』編写組『李先念伝（一九四九－一九九二）』（下）、一〇三五頁、北京、中央文献出版社、二〇〇九。

12　『李先念伝』編写組『李先念伝（一九四九－一九九二）』（下）、一〇三九～一〇四三頁、北京、中央文献出版社、二〇〇九。

13　譚宗級、葉心瑜主編『中華人民共和国実録―改革与巨変―開創現代化建設新局面（一九七七－一九八三）』第四巻、（上）、六三頁、長春、吉林人民出版社、一九九四。

14　『李先念伝』編写組『李先念伝（一九四九－一九九二）』（下）、九七四頁、北京、中央文献出版社、二〇〇九。

15　当代中国研究所著『中華人民共和国史稿』第四巻（一九七六－一九八四）、一一八頁、人民出版社、当代中国出版社、二〇一二年度版。

16　二〇〇〇年、中国の穀物生産量は世界第一位となった。食糧生産量は九二四三億六〇〇〇万斤、鋼生産量は一億二八五〇万トンに達した。

17　『李先念伝』編写組『李先念伝（一九四九－一九九二）』（下）、一〇四三～一〇四七頁、北京、中央文献出版社、二〇〇九。

18　『李先念伝』編写組『李先念伝（一九四九－一九九二）』（下）、一一三九頁、北京、中央文献出版社、二〇〇九。

19　陳雲「バランスの取れた国民経済の調整を堅持する」一九七九年三月二一日、『陳雲文選』第三巻、二五二頁、北京、人民出版社、一九九四。

20　譚宗級、葉心瑜主編『中華人民共和国実録―改革与巨変―開創現代化建設新局面（一九七七－一九八三）』第四巻、（上）、九六頁、長春、吉林人民出版社、一九九四。

21　『李先念伝』編写組『李先念伝（一九四九－一九九二）』（下）、一〇三五～一〇三六頁、北京、中央文献出版社、二〇〇九。

22　二〇〇〇年、中国の粗鋼生産量と石炭生産量は世界一、原油生産量は世界第五位、発電量は世界第二位だった。

23　当代中国研究所著『中華人民共和国史稿』第四巻（一九七六－一九八四）、二二五～二二六頁、人民出版社、当代中国出版社、二〇一二年版。

24　王鴻模、蘇品端『改革開放的征程』、一六頁、鄭州、河南人民出版社、二〇〇一。

25　孫健は次のように考えた。「華国鋒は『文化大革命』による深刻な影響を過小評価し、盲目的かつ楽観的に状況を捉えた。特に、長期にわたる『左』の誤りを真剣に精算しなかったため、経済活動における指導思想で功を焦るという『左』の誤りを犯した」。孫健『中国経済通史（一九四九－二〇〇〇年）』下巻、一八四頁、北京、人民大学出版社、二〇〇〇。

26　『李先念伝』編写組『李先念伝（一九四九－一九九二）』（下）、一〇五五頁、北京、中央文献出版社、二〇〇九。

27　『李先念伝』編写組『李先念伝（一九四九－一九九二）』（下）、一〇五二～一〇五三頁、北京、中央文献出版社、二〇〇九。

28　董補礽主編『中華人民共和国経済史』下巻、一一四頁、北京、経済科学出版社、一九九九。

29　「国務院理論研究会議における華国鋒の講話記録」一九七八年七月一一日、『李先念伝』編写組『李先念伝（一九四九－一九九二）』（下）、一〇五七頁、一〇六五頁、北京、中央文献出版社、二〇〇九。

30　「国務院理論研究会議における華国鋒の講話記録」一九七八年七月一一日、『李先念伝』編写組『李先念伝（一九四九－一九九二）』（下）、一〇五七頁、北京、中央文献出版社、二〇〇九。

31　『李先念伝』編写組『李先念伝（一九四九－一九九二）』（下）、一〇六五頁、北京、中央文献出版社、二〇〇九。

32　『李先念伝』編写組『李先念伝（一九四九－一九九二）』（下）、一〇六六～一〇六七頁、北京、中央文献出版社、二〇〇九。

33　『李先念伝』編写組『李先念伝（一九四九－一九九二）』（下）、一〇六八頁、北京、中央文献出版社、二〇〇九。

34　李先念「中共中央政治局会議における発言」一九七九年三月二一日、『建国以来李先念文稿』第四冊、一七四頁、北京、中央文献出版社、二〇一一。

35　国家統計局編『中国統計摘要（二〇一〇）』、七三頁、北京、中国統計出版社、二〇一〇。

36　国家統計局国民経済総合統計司編『新中国五十年統計資料匯編』、五頁、七頁、北京、中国統計出版社、一九九九。

37　国家統計局編『中国統計摘要（二〇一〇）』、三七頁、北京、中国統計出版社、二〇一〇。

38　李先念「中央工作会議における講話」一九七九年四月五日、中共中央文献研究室編『三中全会以来重要文献選編』（上）、一三〇頁、北京、人民出版社、一九八二。

39　国家統計局国民経済総合統計司編『新中国五〇年統計資料匯編』、六頁、北京、中国統計出版社、一九九九。

40　董補祁主編『中華人民共和国経済史』下巻、一一四～一一五頁、北京、経済科学出版社、一九九九。
41　李先念「中央工作会議における講話」一九七九年四月五日、『李先念文選（一九三五－一九八八）』、三四三～三七八頁、北京、人民出版社、一九八九。
42　李先念「中央工作会議における講話」一九七九年四月五日、『李先念文選（一九三五－一九八八）』、三四三～三七八頁、北京、人民出版社、一九八九。
43　李先念「中央工作会議における講話」一九七九年四月五日、『李先念文選（一九三五－一九八八）』、三四三～三七八頁、北京、人民出版社、一九八九。
44　王鴻模、蘇品端『改革開放的征程』、一七頁、鄭州、河南人民出版社、二〇〇一。
45　李先念「国務院理論研究会議における講話」一九七八年九月九日、『李先念文選（一九三五－一九八八）』、三二八～三三九頁、北京、人民出版社、一九八九。
46　詳細な分析は以下を参照。胡鞍鋼『中国政治経済史論（一九四九－一九七六）』第五章「『大躍進』から経済再建まで」、第二版、北京、清華大学出版社、二〇〇八。
47　中共中央文献研究室編、金衝及、陳群編『陳雲伝』（下）、一四七三頁、北京、中央文献出版社、二〇〇五。
48　これは一九七九年、一九八〇年に会議で討論するために提出された経済計画草案を指す。
49　陳雲「当面の経済問題に関する五つの意見」一九七八年一二月一〇日、『陳雲文選』第三巻、二三五～二三七頁、北京、人民出版社、一九九五。
50　コミュニケでは次のように指摘した。「『四人組』打倒後、中国の経済は急速に回復、発展した。一九七八年には工業と農業の総生産額及び財政収入は大幅に増加した。しかし、林彪と『四人組』の長期的な破壊によって、国家経済にはまだ多くの問題が残されていることに注意する必要がある。一部の不均衡な状態は完全に解消されていない。生産、建設、流通、分配が混乱した状態は完全に解消されていない。都市部と農村部の生活においては長年蓄積された一連の問題を適切に解決する必要がある。私たちは真剣かつ徐々にこれらの問題を解決しなければならない。総合的にバランスの取れた状態にすることで、発展するための堅実な基盤を速やかに構築し、インフラ整備を順序立てて積極的に行う必要がある。重点に集中しなければならないが、無駄に大勢の人間を集中させ、作業の休止状態や浪費を発生してはならない」。『党第十一届中央委員会第三回全体会議官報』（一九七八年一二月二二日採択）、中共中央文献研究室編『三中全会以来重要文献選編』（上）、六頁、北京、人民出版社、一九八二。
51　『建国以来李先念文稿』第四冊、一六〇頁、北京、中央文献出版社、二〇一一。
52　譚宗級、葉心瑜主編『中華人民共和国実録―改革与巨変―開創現代化建設新局面（一九七七－一九八三）』第四巻、（上）、一八七頁、長春、吉林人民出版社、一九九四。
53　『李先念伝』編写組『李先念伝（一九四九－一九九二）』（下）、一〇八六頁、北京、中央文献出版社、二〇〇九。
54　中共中央文献研究室編『鄧小平年譜（一九七五－一九九七）』（上）、四九七頁、北京、中央文献出版社、二〇〇四。
55　国務院財政経済委員会は最初一二人だったが、その後一三人になった。すなわち、陳雲、李先念、姚依林、余秋里、王震、方毅、谷牧、薄一波、王任重、陳国棟、康世恩、張勁夫、金明であり、陳雲が主任、李先念が副主任、姚依林は秘書長だった。一九七九年三月に業務を開始した。七月一日、第五回全国人民代表大会常務委員会第九回会議では、党中央の提案で国務院財政経済委員会の設置が決定した。一九八〇年三月、国務院財政経済委員会は、中央財政経済指導小組が設置された後に廃止された。

56 『李先念伝』編写組『李先念伝（一九四九－一九九二）』（下）、九七四〜九七五頁、北京、中央文献出版社、二〇〇九。
57 陳雲「財政経済の業務に関して中央に出した書簡」一九七九年三月一四日、『陳雲文選』第三巻、二四八〜二四九頁、北京、人民出版社、一九九五。
58 李先念「中共中央政治局会議における発言」一九七九年三月二一日、『建国以来李先念文稿』第四冊、一七四頁、北京、中央文献出版社、二〇一一。
59 陳雲「バランスの取れた国民経済の調整を堅持する」一九七九年三月二一日、『陳雲文選』第三巻、二五〇〜二五一頁、北京、人民出版社、一九九五。
60 中共中央文献研究室編『鄧小平年譜（一九七五－一九九七）』（上）、四九七頁、北京、中央文献出版社、二〇〇四。
61 譚宗級、葉心瑜主編『中華人民共和国実録─改革与巨変─開創現代化建設新局面（一九七七－一九八三）』第四巻、（上）、二一六頁、長春、吉林人民出版社、一九九四。
62 『李先念伝』編写組『李先念伝（一九四九－一九九二）』（下）、一〇九一頁、北京、中央文献出版社、二〇〇九。
63 李先念「中央工作会議における講話」一九七九年四月五日、中共中央文献研究室編『三中全会以来重要文献選編』（上）、一一一頁、北京、人民出版社、一九八二。
64 李先念「中央工作会議における講話」一九七九年四月五日、『李先念文選（一九三五－一九八八）』、三四三〜三七八頁、北京、人民出版社、一九八九。
65 李先念は、調整しながら前進、改革、整理、改善すべきで、これは消極的ではなく積極的な政策であり、失望させるものではなく奨励する政策だと考えた。李先念「中央工作会議における講話」一九七九年四月五日、中共中央文献研究室編『三中全会以来重要文献選編』（上）、一一二一頁、北京、人民出版社、一九八二。
66 中共中央文献研究室編、金衝及、陳群編『陳雲伝』（下）、一五六五頁、北京、中央文献出版社、二〇〇五。一九八一年六月、これに対して党中央決議は次のように指摘した。「一九七九年四月に開催された中央工作会議では、国民経済における『調整、改革、整備、改善』という原則を提案し、過去二年間における経済活動の誤りを是正し、長年にわたる『左』の誤りを真剣に取り除く」。また、党は次のように指摘した。「経済建設は分相応に、秩序立てて理論的に進め、実質的な成果を求めることで、生産性の向上を人々の生活の向上と密接に結び付けなければならない」。中共中央文献研究室編『三中全会以来重要文献選編』（下）、八〇八頁、北京、人民出版社、一九八二。
67 『李先念伝』編写組『李先念伝（一九四九－一九九二）』（下）、一〇九三〜一〇九五頁、北京、中央文献出版社、二〇〇九。
68 陳雲「経済建設は堅実に進めなくてはならない」一九七九年九月一八日、『陳雲文選』第三巻、二六八頁、北京、人民出版社、一九九五。
69 中共中央文献研究室編、金衝及、陳群編『陳雲伝』（下）、一五八五頁、北京、中央文献出版社、二〇〇五。
70 中共中央文献研究室編『陳雲年譜（一九〇五－一九九五）』下巻、二五二頁、北京、中央文献出版社、二〇〇〇。
71 『李先念伝』編写組『李先念伝（一九四九－一九九二）』（下）、一一〇〇〜一一一五頁、北京、中央文献出版社、二〇〇九。
72 国家統計局『中国労働統計年鑑（二〇〇四）』、一四〇頁、北京、中国統計出版社、二〇〇五。
73 国家統計局編『中国統計年鑑（一九八六）』、一三六頁、北京、中国統計出版社、一九八六。
74 中共中央文献研究室編『陳雲年譜（一九〇五－一九九五）』下巻、二五七〜二五八頁、北京、中央文献出版社、二〇〇〇。
75 『李先念伝』編写組『李先念伝（一九四九－一九九二）』（下）、一一三二頁、北京、中央文献出版社、二〇〇九。
76 経済の再調整における全体的な要求及び主な任務は、経済の安定、構造調整、潜在力の発掘、効率の改善である。経済の安定とは、主に財政収支のバランスの適正化による赤字解消、貸付収支のバランスの適正化、市場価格の安定によって、国民生活が再び低下しないようにすることである。構造調整とは、後退すべき時は後退し、前進すべき時は引き続き前進しなければならないということである。潜在力の発掘とは、主に既存の企業の設備を更新し、技術レベル、管理レベル、生産レベルを改善し、既存の企業の役割を十分に発揮することである。効率の向上とは、国家の実情から始め、発展のスピードはそれほど求めず、比較的高い利益を得て、国民に実質的利益をもたらす経済発展の道である。董補祁主編『中華人民共和国経済史』下巻、二四頁、北京、経済科学出版社、一九九九。

77　董補祁主編『中華人民共和国経済史』下巻、二四頁、北京、経済科学出版社、一九九九。

78　董補祁主編『中華人民共和国経済史』下巻、一一七頁、北京、経済科学出版社、一九九九。

79　中共中央文献研究室編『鄧小平年譜（一九七五－一九九七）』（上）、三〇～三一頁、北京、中央文献出版社、二〇〇四。

80　陳雲は次のように述べた。「中国の特徴は人口が九億人以上であること、耕地面積がわずか一五億ムー（畝）しかないことであり、耕地の一部は商品作物を栽培している。米国は人口が少なく、土地は広く気候も良い。ソ連の土地は中国より広い。中国の耕地面積が少なく人口が多いことは基本的な矛盾である」。中共中央文献研究室編、金衝及、陳群編『陳雲伝』（下）、一四六九～一四七〇頁、北京、中央文献出版社、二〇〇五。

81　中共中央文献研究室編『鄧小平年譜（一九七五－一九九七）』下巻、二七九頁、北京、中央文献出版社、二〇〇四。

82　陳雲「経済問題に関する当面の五つの意見」一九七八年一二月一〇日、『陳雲文選』第三巻、二三五～二三八頁、北京、人民出版社、一九九五。

83　陳雲「計画と市場の問題」一九七九年三月八日、『陳雲文選』第三巻、二四六頁、北京、人民出版社、一九九五。

84　中共中央文献研究室編『陳雲年譜（一九〇五－一九九五）』下巻、二四〇～二四一頁、北京、中央文献出版社、二〇〇〇。

85　中共中央文献研究室編『鄧小平年譜（一九七五－一九九七）』下巻、四九六頁、北京、中央文献出版社、二〇〇四。

86　鄧小平「四つの基本原則の堅持」一九七九年三月三〇日、『鄧小平文選』第三巻、一六三～一六四頁、北京、人民出版社、一九九四。

87　李先念「農地のインフラをおろそかにしてはならない」一九七九年七月一一日、『李先念文選（一九三五－一九八八）』、三七九～三八八頁、北京、人民出版社、一九八九。

88　李先念「全国計画会議における講話」一九七九年一二月二〇日、『李先念文選（一九三五－一九八八）』、三九五～四〇〇頁、北京、人民出版社、一九八九。

89　陳雲「経済情勢及び経験と教訓」一九八〇年一二月一六日、『陳雲文選』第三巻、二八一頁、北京、人民出版社、一九九五。

90　譚宗級、葉心瑜主編『中華人民共和国実録―改革与巨変―開創現代化建設新局面（一九七七－一九八三）』第四巻、（上）、四二五頁、長春、吉林人民出版社、一九九四。

91　『建国以来の党の若干の歴史問題に関する決議』（一九八一年六月二七日、十一期六中全会で採択）、中共中央文献研究室編『三中以来重要文献選編』（下）、八四〇頁、北京、人民出版社、一九八二。

92　葉剣英「中華人民共和国成立三十周年大会における講話」一九七九年九月二八日、『十一期三中全会以降の党代表大会、中央全会報告官報決議決定』（上）、五二頁、北京、中国方正出版社、二〇〇八。

93　鄧小平は次のように述べた。「いわゆる政治とは四つの近代化である。**私たちは大口をたたいて、二十世紀末までに四つの近代化を実現すると述べた。その後、言うことを変えて、標準を下げ中国式の近代化と呼んだ。**特に、一人当たりのＧＤＰは高くない。オーストラリアの統計によると、一九七七年、米国の一人当たりのGDPは八七〇〇米ドルを超え、世界第五位だった。第一位はクウェートで一万一〇〇〇米ドル以上、第二位はスイスで一万米ドル、第三位はスウェーデンで九、四〇〇米ドル以上、第四位はノルウェーで八八〇〇米ドルを超えていた。二十世紀末までに一人当たりのGDPを数千米ドルにすることができるだろうか。以前は、一人当たりのGDPが一〇〇〇米ドルに達すれば、中国国民の生活は比較的良くなり、第三世界の貧しい国々に援助できると述べたが、今はまだ力不足だ。現在、中国の一人当たりのGDPは三〇〇米ドル未満であり、それを二~三倍にすることは容易ではない。私たちはまだ懸命に働かなければならない。なぜなら、**以前の目標を下げたのだから、**それを達成するためには、良い働きをしなければならない。そして全力で、非常に綿密かつ具体的、効果的に実行しなければならない。四つの近代化の目標は、絵空事を言っても達成できない」。鄧小平「経済活動に関する若干の意見」一九七九年一〇月四日、『鄧小平文選』第二巻、一九四~一九五頁、北京、人民出版社、一九九四。

94　一九七九年一二月六日、鄧小平は日本の大平首相と会見した際、次のように述べた。「四つの近代化という目標は、毛沢東主席と周首相が生前に決定した。達成しなければならない四つの近代化とは中国の四つの近代化である。そのコンセプトは、日本のような近代化ではなく『小康の家庭』である。二十世紀末に、中国の四つの近代化が一定の目標を達成したとしても、一人当たりのGDPは依然として非常に低い。一人当たりのGDPを一〇〇〇米ドルに引き上げ、第三世界の中でも豊かなレベルに達するためには、まだ頑張らなければならない。たとえそのレベルに達したとしても、西洋と比較すると、遅れている。したがって、その時も中国はまだ『小康』という状態であるとしか言えない」。鄧小平「中国は二十世紀末までに小康を実現する」一九七九年一二月六日、『鄧小平文選』第二巻、二三七頁、北京、人民出版社、一九九四。

95　譚宗級、葉心瑜主編『中華人民共和国実録—改革与巨変—開創現代化建設新局面（一九七七-一九八三）』第四巻、（上）、四二五頁、長春、吉林人民出版社、一九九四。

96　『建国以来の党の若干の歴史的問題に関する決議』（一九八一年六月二七日、十一届六中全会で全会一致で採択）、中共中央文献研究室編『三中全会以来重要文献選編』（上）、八四〇頁、北京、人民出版社、一九八二。

97　十二回大会報告は党中央主席の胡耀邦が行い、胡耀邦の指導の下、胡喬木が中心となって起草した。

98　これは次の目標を指す。一九八一年から二十世紀の終わりにかけての中国における経済建設の全体的な目標は、経済効率が常に改善されることを前提に、全国の工業と農業の年間生産量を四倍にする。すなわち、一九八〇年の七一〇〇億元から二〇〇〇年には約二万八〇〇〇億元に増加させる。この目標を達成すれば、国民所得の総額と主要な工業製品及び農産物の生産高は世界トップレベルに並び、国民経済全体の近代化は著しく進展し、都市部と農村部の所得は倍増する。そして、国民の物質的、文化的な生活は小康レベルに達することができる。胡耀邦「社会主義近代化建設の新局面を全面的に創り出す—中国共産党第十二回全国代表大会報告」、中共中央文献研究室『十二大以来重要文献選編』（上）、一四頁、北京、人民出版社、一九八六。

99　当時、党中央は一九八一~一九九〇年の平均成長率を六・五%、一九八一~二〇〇〇年は七・二%としていた。鄧小平「軍隊は国家建設の大局に従わなければならない」一九八四年一一月一日、中共中央文献研究室編『十二大以来重要文献選編』（中）、六〇二頁、北京、人民出版社、一九八六。

100　中共中央文献研究室編『鄧小平年譜（一九七五-一九九七）』（上）、八七〇頁、北京、中央文献出版社、二〇〇四。

101　鄧小平「中日関係の発展は長い目で見なければならない」一九八四年三月二五日、『鄧小平文選』第三巻、五四頁、北京、人民出版社、一九九三。
102　鄧小平「党全国代表会議における講話」一九八五年九月二三日、『鄧小平文選』第三巻、一四三頁、北京、人民出版社、一九九三。
103　趙紫陽「中国の特色ある社会主義の道を進む―中国共産党第十三回全国代表大会報告」一九八七年一〇月二五日、中共中央文献研究室編『十三大以来重要文献選編』（上）、一六頁、北京、人民出版社、一九九一。
104　十三大報告で提出された二〇〇〇年までの発展目標は次の通りである。「国民総生産価格及び主要な工業製品と農産物の生産量を大幅に増加させ、一人当たりのGDPも大幅に増加させることで世界のトップレベルに引き上げる。工業の主要な分野における技術レベルを一九七〇年代または一九八〇年代初めの先進国レベルに近づけ、農業及び他の産業における技術レベルも大幅に向上させる。城鎮及び大部分の農村部においては、中学校教育を普及させ、大都市では高等学校及び高等学校と同等レベルの高等職業技術教育を基本的に普及させる。国民は小康生活という比較的豊かな生活を送れるようにする」。趙紫陽「中国の特色ある社会主義の道を進む―中国共産党第十三回全国代表大会報告」一九八七年一〇月二五日、中共中央文献研究室編『十三大以来重要文献選編』（上）、一六～一七頁、北京、人民出版社、一九九一。
105　胡鞍鋼「中国の大戦略の構築：『富民強国』という壮大な目標」、胡鞍鋼主編『中国大戦略』、四～五頁、杭州、浙江人民出版社、二〇〇三。
106　王景倫『毛沢東的理想主義和鄧小平的現実主義―美国学者論中国』、北京、時事出版社、一九九六。
107　マックファーカーとフェアバンクは次のように評価した。毛沢東は精神的な面で中国を改革するため最終的な努力し、すべてを賭けた。そして、後継者である鄧小平は新たな道を切り開き、中国の大きな門を開放して経済的に国を変えようとした。その問（一九八〇年代初期を指す）、鄧小平による初期の改革の試みは基本的に大きな成果を上げた。ロデリック・マックファーカー、ジョン・キング・フェアバンク編『剣橋中華人民共和国史：中国革命内部的革命（一九六六～一九八二）』、中国語版、三頁、北京、中国社会科学出版社、一九九二。
108　越涛、胡鞍鋼、姚増起『中国国民経済の持続的かつ安定的な協調発展のための初歩的研究報告』、一九八九年六月、中国科学報社編『国情与決策』、北京、北京出版社、一九九〇。
109　ポール・ケネディ『大国的興衰――一五〇〇－二〇〇〇年的経済変遷与軍事沖突』中国語版、四三九頁、北京、国際文化出版会社、二〇〇六。
110　龔育之「十三大報告では社会主義初級段階論について明記しなくてはならない―社会主義初級段階の観点による党の歴史（六）」『学習時報』、二〇〇五年一二月三日、第三版。
111　李穎編『従一大到十六大』下冊、七四八頁、北京、中央文献出版社、二〇〇三。
112　中共中央文献研究室編『鄧小平年譜（一九七五－一九九七）』（上）、一一七三～一一七四頁、北京、中央文献出版社、二〇〇四。
113　鄧小平「すべては社会主義初級段階から始まる」一九八七年八月二九日、『鄧小平文選』第三巻、二五二頁、北京、人民出版社、一九九三。
114　毛沢東「ソ連の『政治経済学教科書』の学習における談話（抜粋）」一九五九年一二月～一九六〇年二月、『毛沢東文集』第八巻、一一五頁、北京、人民出版社、一九九九。
115　趙紫陽「中国の特色ある社会主義の道を進む―中国共産党第十三回全国代表大会報告」一九八七年一〇月二五日、中共中央文献研究室編『十三大以来重要文献選編』（上）、一六頁、北京、人民出版社、一九九一。
116　中国科学院国情分析研究小組：胡鞍鋼、王毅執著『生存与発展』、科学出版社、一九八九年版。
117　胡鞍鋼「工業化の過程と都市と農村の関係の進展」、胡鞍鋼『胡鞍鋼集―中国走向二十一世紀得十大関係』、一九〇頁、ハルビン、黒龍江教育出版社、一九九五。

118 鄧小平「中国共産党第十二問全国代表大会開幕詞」（一九八二年九月一日）。『鄧小平文選』第三巻、二〜三頁。北京、人民出版社、一九九三。

119 鄧小平は、四川省党第一書記の趙紫陽に次のように述べた。「資本主義国のサービス産業は多くの人を雇用できる。中国ではほとんど雇用に向けられていない。一つの例として、観光事業が発展すれば、多くの雇用が可能である。時間のある人が外に行くための方法を考えなければならず、我々自身で開拓するほかない。このような労働力に対応する方法について全国で研究しなければならない」。中共中央文献研究室編『鄧小平年譜（一九七五－一九九七）』（上）、二六一〜二六二頁、北京、中央文献出版社、二〇〇四。

120 譚宗級、葉心瑜主編『中華人民共和国実録―改革与巨変―開創現代化建設新局面（一九七七－一九八三）』第四巻、（上）、一四七頁、長春、吉林人民出版社、一九九四。

121 李先念「中央工作会議における講話」一九七九年四月五日、中共中央文献研究室編『三中全会以来重要文献選編』（上）、一二六〜一三五頁、北京、人民出版社、一九八二。

122 李先念「中央工作会議における講話」一九七九年四月五日、中共中央文献研究室編『三中全会以来重要文献選編』（上）、一三三頁、北京、人民出版社、一九八二。

123 馬洪、孫尚清主編『中国経済構造問題研究』、三〜八頁、北京、人民出版社、一九八一。董補祁主編『中華人民共和国経済史』下巻、一二一〜一二二頁、北京、経済科学出版社、一九九九。

124 董補祁主編『中華人民共和国経済史』下巻、一三一頁、北京、経済科学出版社、一九九九。

125 趙紫陽「当面の経済情勢と今後の経済建設方針」一九八一年一一月三〇日、一二月一日、中共中央文献研究室編『三中全会以来重要文献選編』（下）、一〇〇六〜一〇三六頁、北京、人民出版社。

126 陳雲は一九八一年一二月二二日、省、市、自治区党委員会第一書記座談会で次のように述べた。「中国の経済活動にはもう一つの大きな方針がある。第一に、中国は十億人に食べさせる必要がある。第二に、社会主義建設を行う必要がある。食べることだけ考えて食べ尽してしまえば国に希望はない。食べた後も保証するには、建設のための余力を残さなければならない。したがって、食うに困るのも、あまりに贅沢なのも許されない。贅沢をすれば建設することができなくなる。国民の生活水準の向上にも制限があるということである。お金があるだけではそれほど改善できない、まず食糧、次に建設である」。陳雲「経済建設の重要方針」一九八一年一二月二二日、『陳雲文選』第三巻、三〇六頁、北京、人民出版社、一九九五。

127 胡耀邦「社会主義近代化建設の新局面を全面的に創り出す―中国共産党第十二回全国代表大会報告」、中共中央文献研究室編『十二大以来重要文献選編』（上）、一四〜一六頁、北京、人民出版社、一九八六。

128 趙紫陽「中国の特色ある社会主義の道を進む―中国共産党第十三回全国代表大会報告」一九八七年一〇月二五日、中共中央文献研究室『十三大以来重要文献選編』（上）、一六〜二四頁、北京、人民出版社、一九九一。

129 張愛茹「鄧小平の『先富』『共富』思想の歴史的考察」、『党的文献』、二〇〇五（六）。

130 鄧小平「労働に応じた分配の堅持」一九七八年三月二八日、『鄧小平文選』第二巻、一〇一頁、北京、人民出版社、一九九四。

131 中共中央文献研究室編『鄧小平年譜（一九七五－一九九七）』（上）、三七六頁、北京、中央文献出版社、二〇〇四。

132 中共中央文献研究室編『鄧小平年譜（一九七五－一九九七）』（上）、三八七頁、北京、中央文献出版社、二〇〇四。

133 一九七五年六月、鄧小平は上海市委員書記の馬天水に次のように述べた。「中国はこれほど人口が多いのに、国民経済は良くならない。一体どうしたらよいのか。私たちは国民経済を押し上げなければならない。生産力について論じるだけで生産は上がるのか。今は何でもブルジョアジーの法的権利と言うが、より多くの報酬を得るのは当然ではないのか。それをブルジョアジーの法的権利と呼ぶのか」。中共中央文献研究室編『鄧小平年譜（一九七五－一九九七）』（上）、五六頁、北京、中央文献出版社、二〇〇四。

134　中共中央文献研究室編『鄧小平年譜（一九七五－一九九七）』（上）、一七〇頁、北京、中央文献出版社、二〇〇四。

135　一九七五年一二月二六日、毛沢東と周恩来は「理論的問題」について話した。毛沢東は労働に応じた分配、貨幣交換そして賃金制度は、「古い社会とあまり変わらない。この形式上の平等は実際は平等の制度ではなく、常に資本主義とブルジョアジーの土壌を生み出し、修正主義の温床となる」と考えた。したがって毛沢東はプロレタリア独裁の下で制限が課せられるべきだと提案した。逢先知、金衝及主編『毛沢東伝（一九四九－一九七六）』下巻、一七一三～一七一四頁、北京、中央文献出版社、二〇〇三。

136　党中央委員会文学研究室の張愛茹の調査によると、現在のところ毛沢東が「先富論」を主張したという文献はない。張愛茹「鄧小平の『先富論』『共同富裕』についての歴史的考察」『党文献』二〇〇五年第六号。

137　鄧小平「思想を開放し、事実から真実を求め、団結して前進する」一九七八年一二月一三日、『鄧小平文選』第二巻、一五二頁、北京、人民出版社、一九九三。

138　「党第十一期中央委員会第三次全体会議公報」（一九七八年十二月二十二日、党第十一期中央委員会第三回全体会議で採決）、中共中央文献研究室編『三中全会以来重要文献選編』（上）、二四頁、北京、人民出版社、一九八二。

139　鄧小平「中国共産党全国代表大会にて」一九八五年九月二三日、『鄧小平文選』第三巻、一四二頁、北京、人民出版社、一九九三。

140　呉国光『趙紫陽与政治改革』、四九〇頁、台北、遠景出版事業公司、一九九七。

141　鄧小平「中央には権威が必要である」一九八八年九月一二日、『鄧小平文選』第三巻、二七七～二七八頁、北京、人民出版社、一九九三。

142　一九六〇年代、中ソ関係悪化や米国が中国東南沿海に攻勢をかけるなど国際情勢の緊張を背景として、全国を一線（沿海部）、二線（東半部）、三線（中西部）の三つのラインに区分けし、戦略上の重点とした。戦争準備強化のため、中国の生産力の配置を東から西方に移す戦略的な大調整であり、建設の重点を西南、西北においた。（訳者注）

143　一九七七年一〇月二二日、鄧小平が朝鮮中央通信社代表団に語っている。「〝四人組〟は様々な分野で甚大な破壊を行った。**最もひどく破壊されたのは教育と科学技術の分野である。教育が被った破壊とは、読書の禁止である。したがって科学技術の分野で後継の人材が不足している**」。中共中央文献研究室編『鄧小平年譜（一九七五－一九九七）』（上）、二二七頁。北京、中央文献出版社、二〇〇四。

144　董補祁主編『中華人民共和国経済史』下巻、五七二頁、北京、経済科学出版社、一九九九。

145　鄧小平の考えは次のようである。教育をしっかりやるには、大事なのは中学であり、中学はまた小学教育が基礎となっている。中国全体が世界の先進レベルを追い越すには、科学研究に先陣の役目を担ってもらう。中国は近代化を果たさなければならず、それには科学技術が向上可能であることが大事だ。科学技術を発展させようとするのに、教育を疎かにしては駄目だ。絵空事を話すだけでは、近代化実現はできない。知識、人材が必ずいなければならない。先進国に比して、中国の科学技術と教育は二十年遅れている。科学技術を重視し、同時に教育もしっかりやる。教育には二つの進むべき道がある。それは、普及と向上に意を注ぐことだ。厳格な試験を行い、優秀な人間を重点中学と大学に集中させる。それから、知識尊重、人材尊重の雰囲気を党内に生み出す必要がある。『鄧小平年譜（一九七五－一九九七）』（上）、一五八頁、一六〇頁。北京、中央文献出版社、二〇〇四。

146　『鄧力群自述：十二个春秋』、九三頁、香港、大風出版社、二〇〇六。

147 中共中央文献研究室編『鄧小平年譜（一九七五－一九九七）』（上）、一八五頁、北京、中央文献出版社、二〇〇四。

148 一九七七年七月二九日、鄧小平は次のように提案した。「多くの重点大学を把握する必要がある。大学は教育の中心であり研究の中心である。高等教育機関における科学研究は国家計画に含めるべきだ。まず、高卒者が大学に行く前に二年間働かなければならない規定は必要だろうか。第二に、試験制度を遵守しなければならない。重点学校は不合格者は留年させる必要がある。第三に、教育と科学研究の関係は緊密だということを分からなくてはならない」。中共中央文献研究室編『鄧小平年譜（一九七五－一九九七）』（上）、一六七頁、北京、中央文献出版社、二〇〇四。

149 一九七七年九月六日、鄧小平は大学生募集について、政治局常務委員会委員である華国鋒、葉剣英、李先念、汪東興の四人に手紙を送り、次のように指摘した。「募集の問題は非常に複雑である。調査によると、北京で最高の高校卒業生でさえ中学一年生のレベルで、特に数学に問題があるらしい。したがって、少なくとも八〇％の大学生は社会人から募集しなければ、学生の質が保証できない」。中共中央文献研究室編『鄧小平年譜（一九七五－一九九七）』（上）、一九五頁、北京、中央文献出版社、二〇〇四。

150 譚宗級、葉心瑜主編『中華人民共和国実録―改革与巨変―開創現代化建設新局面（一九七七－一九八三）』第四巻、（上）、五七頁、長春、吉林人民出版社、一九九四。

151 南開大学歴史研究所周恩来研究室編『周恩来文選』下巻、四三七頁。南開大学歴史研究所周恩来研究室、一九七九。

152 一九七三年七月二三日、鄧小平と湖南長沙工学院責任者張文峰、高勇との談話。

153 一九七三年七月二三日、鄧小平と湖南長沙工学院責任者張文峰、高勇との談話。

154 鄧小平は次のように述べた。「中国の強さと経済発展の強さは、労働者の質及び知識人の数と質によって決まるようになった。人口が一〇億人もいる大国で教育が行われており、他国とは比較にならないほど人材の優位性がある」。鄧小平「教育事業の強化」一九八五年五月一九日、『鄧小平文選』第三巻、一二〇頁、北京、人民出版社、一九九三。

155 この節は主に以下の文献を参考にした。方恵堅、郝維謙、宋延草、陳乗中『蒋南翔伝』、三一五～三二〇頁、北京、清華大学出版社、二〇〇五。

156 中共中央文献研究室編『鄧小平年譜（一九七五－一九九七）』（上）、二五五頁、北京、中央文献出版社、二〇〇四。

157 譚宗級、葉心瑜主編『中華人民共和国実録―改革与巨変―開創現代化建設新局面（一九七七－一九八三）』第四巻、（上）、一〇七頁、長春、吉林人民出版社、一九九四。

158 新華社電、一九七九年一月九日。譚宗級、葉心瑜主編『中華人民共和国実録―改革与巨変―開創現代化建設新局面（一九七七－一九八三）』第四巻、（上）、一九三頁、長春、吉林人民出版社、一九九四。

159 譚宗級、葉心瑜主編『中華人民共和国実録―改革与巨変―開創現代化建設新局面（一九七七－一九八三）』第四巻、（上）、二四五頁、長春、吉林人民出版社、一九九四。

160 譚宗級、葉心瑜主編『中華人民共和国実録―改革与巨変―開創現代化建設新局面（一九七七－一九八三）』第四巻、（上）、四六〇頁、長春、吉林人民出版社、一九九四。

161 中共中央文献研究室編『鄧小平年譜（一九七五－一九九七）』（上）、一七九頁、北京、中央文献出版社、二〇〇四。

162 中共中央文献研究室編『鄧小平年譜（一九七五－一九九七）』（上）、三三一頁、北京、中央文献出版社、二〇〇四。

163 傅高義（エズラ・ヴォーゲル）「鄧小平と中国の対外開放：一九七七～一九七九年の中米関係」、朱佳木主編『当代中国与他的発展道路――第二届当代中国史国際高級論壇論文集』、一二七頁、北京、当代中国出版社、二〇一〇。
164　譚宗級、葉心瑜主編『中華人民共和国実録―改革与巨変―開創現代化建設新局面（一九七七―一九八三）』第四巻、（上）、一四二頁、長春、吉林人民出版社、一九九四。
165　方恵堅『蔣南翔伝』、二八八～二八九頁、北京、清華大学出版社、二〇〇五。
166　中共中央文献研究室編『鄧小平年譜（一九七五―一九九七）』（上）、三五四頁、北京、中央文献出版社、二〇〇四。
167　中共中央文献研究室編『鄧小平年譜（一九七五―一九九七）』（上）、三六五頁、北京、中央文献出版社、二〇〇四。
168　傅高義（エズラ・ヴォーゲル）「鄧小平と中国の対外開放：一九七七～一九七九年の中米関係」、朱佳木主編『当代中国与他的発展道路―第二届当代中国史国際高級論壇論文集』、一二八頁、北京、当代中国出版社、二〇一〇。
169　譚宗級、葉心瑜主編『中華人民共和国実録―改革与巨変―開創現代化建設新局面（一九七七―一九八三）』第四巻、（上）、五五六～五五七頁、長春、吉林人民出版社、一九九四。
170　中共中央文献研究室編『鄧小平年譜（一九七五―一九九七）』（上）、一九七六頁、北京、中央文献出版社、二〇〇四。呂林蔭、陳俊珺「情熱的な李政道」、『解放日報』、二〇〇五年一〇月二八日。
171　譚宗級、葉心瑜主編『中華人民共和国実録―改革与巨変―開創現代化建設新局面（一九七七―一九八三）』第四巻、（上）、六八頁、長春、吉林人民出版社、一九九四。
172　鄧小平「全国科学大会開幕式における講話」一九七八年三月一八日、『鄧小平文選』第二巻、八五～一〇〇頁、北京、人民出版社、一九九四。
173　譚宗級、葉心瑜主編『中華人民共和国実録―改革与巨変―開創現代化建設新局面（一九七七―一九八三）』第四巻、（上）、一五四～一五五頁、長春、吉林人民出版社、一九九四。
174　中共中央文献研究室編『鄧小平年譜（一九七五―一九九七）』（上）、二〇六頁、北京、中央文献出版社、二〇〇四。
175　中共中央文献研究室編『鄧小平年譜（一九七五―一九九七）』（上）、二一一頁、北京、中央文献出版社、二〇〇四。
176　中共中央文献研究室編『鄧小平年譜（一九七五―一九九七）』（上）、二二三頁、北京、中央文献出版社、二〇〇四。
177　鄧小平は次のように述べた。「今中国は外国の先進的なものを学ぶ『拿来主義』を行っている。日本で急速に科学が発展したのは『拿来主義』を行ったからだ」。中共中央文献研究室編『鄧小平年譜（一九七五―一九九七）』（上）、二三六頁、北京、中央文献出版社、二〇〇四。
178　鄧小平「知識を尊重し、人材を尊重する」一九七七年五月二四日、『鄧小平文選』第二巻、四一頁、北京、人民出版社、一九九四。
179　一九七五年五月三一日、毛沢東が党中央政治局委員と北京と談話した際、京劇の『智取威虎山』の中の台詞「老九不能走」に仮託して、社会主義革命とその建設事業に知識分子の力が必要であることを説明している。『鄧小平文選』第二巻、四一九頁注釈の一〇。北京、人民出版社、一九九四。
180　鄧小平「完全かつ正確に毛沢東思想を理解する」一九七七年七月二一日、『鄧小平文選』第二巻、四三頁、北京、人民出版社、一九九四。
181　鄧小平「科学と教育に関するいくつかの意見」一九七七年八月八日、『鄧小平文選』第二巻、五一頁、北京、人民出版社、一九九四。
182　鄧小平「科学と教育に関するいくつかの意見」一九七七年八月八日、『鄧小平文選』第二巻、五三頁、北京、人民出版社、一九九四。
183　鄧小平「科学と教育に関するいくつかの意見」一九七七年八月八日、『鄧小平文選』第二巻、五二頁、北京、人民出版社、一九九四。
184　譚宗級、葉心瑜主編『中華人民共和国実録―改革与巨変―開創現代化建設新局面（一九七七―一九八三）』第四巻、（上）、一五五頁、長春、吉林人民出版社、一九九四。
185　譚宗級、葉心瑜主編『中華人民共和国実録―改革与巨変―開創現代化建設新局面（一九七七－一九八三）』第四巻、（上）、二四五頁、長春、吉林人民出版社、一九九四。

186　鐘文（中央文献研究室）編著『百年陳雲』、四一〇頁、北京、中央文献出版社、二〇〇五。

187　『鄧小平文選』第二巻、四二二頁注釈三一、北京、人民出版社、一九九四。

188　中国共産党中央書記処研究室総合組編『党第十一届第三回中央委員会全体会議以来大事記（一九七八－一九八五）』、五八頁、六二頁、北京、紅旗出版社、一九八六。

189　一九七八年六月三〇日、国家計画委員会、国家科学技術委員会、民政部、国家統計局が国家科学技術職員の調査を行ったところ、国有制企業の科学技術職員数は四三四万五一〇〇人だった。国家統計局科学技術統計司編『中国科学技術四十年』、四～五頁、四三一頁、北京、中国統計出版社、一九八九。

190　趙紫陽「全国科学技術奨励大会における講話」一九八二年一〇月二四日、中共中央文献研究室編『十二大以来重要文献選編』上冊、一一〇～一二二頁、北京、人民出版社、一九八六。

191　『科学技術体制改革に関する中央の決定』一九八五年三月一三日、中共中央文献研究室編『十二大以来重要文献選編』中冊、六六二頁、北京、人民出版社、一九八六。

192　『新中国档案：国家「ハイテク研究発展計画綱要」の誕生』、中央政府ポータルサイト　www.gov.cn　二〇〇九年十月二七日、出所：新華社。

193　『中国、中南海からの出航―党中央による有人宇宙飛行プロジェクトのドキュメンタリー』、人民日報（海外版）第一版、二〇〇五年一二月九日。

194　鄧小平「中国は世界のハイテク分野で最低一領域を占有しなければならない」一九八八年一〇月二四日、第三巻、二七九頁、『鄧小平文選』第三巻、二七九頁、北京、人民出版社、一九九三。

195　ポール・ケネディ『大国的興衰――一五〇〇－二〇〇〇年的経済変遷与軍事冲突』中国語版、四四五～四四六頁、北京、国際文化出版公司、二〇〇六。

196　ポール・ケネディ『大国的興衰――一五〇〇－二〇〇〇年的経済変遷与軍事冲突』中国語版、四四七～四四八頁、北京、国際文化出版公司、二〇〇六。

197　中共中央文献研究室編『鄧小平年譜（一九〇四－一九七四）』（下）、二〇三〇頁、北京、中央文献出版社、二〇〇九。

198　中共中央文献研究室編『鄧小平年譜（一九七五－一九九七）』（上）、三一三頁、北京、中央文献出版社、二〇〇四。

199　李先念「中央工作会議における講話」一九七九年四月五日、中共中央文献研究室編『三中全会以来重要文献選編』（上）、一三三頁、北京、人民出版社、一九八二。

200　譚宗級、葉心瑜主編『中華人民共和国実録―改革与巨変―開創現代化建設新局面（一九七七－一九八三）』第四巻、（上）、二九〇頁、長春、吉林人民出版社、一九九四。

201　中共中央文献研究室編『陳雲年譜（一九〇五－一九九五）』下巻、二五九頁、北京、中央文献出版社、二〇〇〇。

202　「共産党員及び共青団員への人口増加問題に関する党中央の公開文書」一九八〇年九月二五日、中共中央文献研究室編『三中全会以来重要文献選編』（上）、五三五頁、北京、人民出版社、一九八二。

203　譚宗級、葉心瑜主編『中華人民共和国実録―改革与巨変―開創現代化建設新局面（一九七七－一九八三）』第四巻、（上）、五一八～五一九頁、長春、吉林人民出版社、一九九四。

204　胡耀邦「社会主義近代化建設の新局面を全面的に創り出す―中国共産党第十二回全国代表大会報告」、中共中央文献研究室編『十二大以来重要文献選編』（上）、一六頁、北京、人民出版社、一九八六。

205　趙紫陽「第六次五カ年計画報告」一九八二年一一月三〇日、中共中央文献研究室編『十二大以来重要文献選編』（上）、一七八頁、北京、人民出版社、一九八六。

206　中共中央文献研究室編、金衝及、陳群編『陳雲伝』（下）、一五九二～一五九三頁、北京、中央文献出版社、二〇〇五。

207　『中華人民共和国憲法』（一九八二年一二月四日中華人民共和国第五届全国人民代表大会第五回会議で採択）、中共中央文献研究室編『十二大以来重要文献選編』（上）、二二一頁、二二五頁、北京、人民出版社、一九八六。

208　『人民日報』一九八一年七月三日。譚宗級、葉心瑜主編『中華人民共和国実録―改革与巨変―開創現代化建設新局面（一九七七－一九八三）』第四巻（上）、四五四頁、長春、吉林人民出版社、一九九四。

209　中共中央文献研究室編『鄧小平年譜（一九七五－一九九七）』（下）、七七一頁、北京、中央文献出版社、二〇〇四。

210　趙紫陽：「現在の経済情勢及び今後の経済建設方針」一九八一年一一月三〇日、一二月一日、中共中央文献研究室編『三中全会以来重要文献選編』（下）、一〇〇九～一〇一〇頁、一〇三五～一〇三六頁、北京、人民出版社、一九八二。

211　『国民経済と社会発展のための第七次五カ年計画に関する党中央の提案』（一九八五年九月二三日、党全国代表会議で採択）、中共中央文献研究室編『十二大以来重要文献選編』（中）、八一一頁、北京、人民出版社、一九八六。

212　詳細な分析は以下を参照。中国生態環境早期警報課題組、胡鞍鋼、王毅、牛文元『生態赤字：二一世紀中華民族生存的最大危機』一九八九。中国科学報社編『国情与決策』、一八六～二四九頁、北京、北京出版社、一九九〇。

213　田紀雲「中央・党・政府・解放軍組織大会における演説」一九八六年一月六日、田紀雲『改革開放的偉大実践』、三～一〇頁、北京、新華出版社、二〇〇九。

214　胡耀邦『団結して壮大な計画を展開しよう―党全国代表会議における開会の挨拶』一九八五年九月一八日。

215　胡鞍鋼『中国経済波動報告』、二頁、瀋陽、遼寧人民出版社、一九九四。

216　『李先念伝』編写組『李先念伝（一九四九－一九九二）』（下）、一三四五～一三四六頁、北京、中央文献出版社、二〇〇九。

217　金衝及、陳群編『陳雲伝』（下）、一七八七～一七八八頁、北京、中央文献出版社、二〇〇五。

218　金衝及、陳群編『陳雲伝』（下）、一七九一頁、北京、中央文献出版社、二〇〇五。

219　金衝及、陳群編『陳雲伝』（下）、一七九一頁、北京、中央文献出版社、二〇〇五。

220　鄧小平「物価を正常に戻し、改革を加速する」一九八八年五月一九日、『鄧小平文選』第三巻、二六二～二六三頁、北京、人民出版社、一九九三。

221　李鵬『市場与調控――李鵬経済日記』（上）、五三三頁。北京、新華出版社、中国電力出版社、二〇〇九。

222　李鵬『市場与調控――李鵬経済日記』（上）、五三四頁、北京、新華出版社、中国電力出版社、二〇〇九。

223　李鵬『市場与調控――李鵬経済日記』（上）、五三四～五三五頁、北京、新華出版社、中国電力出版社、二〇〇九。

224　董補祄主編『中華人民共和国経済史』、三〇七頁、北京、経済科学出版社、一九九九。

225　李鵬『市場与調控――李鵬経済日記』（上）、五六三頁、北京、新華出版社、中国電力出版社、二〇〇九。

226　李鵬『市場与調控――李鵬経済日記』（上）、五六四～五六五頁、北京、新華出版社、中国電力出版社、二〇〇九。

227　劉国光『改革、穩定、発展――穩中求進的改革与発展戦略』、一三九～一四〇頁、北京、経済管理出版社、一九九一。

228　李鵬『市場与調控――李鵬経済日記』（上）、五六八頁、北京、新華出版社、中国電力出版社、二〇〇九。

229 李鵬『市場与調控――李鵬経済日記』（上）、五六八頁、北京、新華出版社、中国電力出版社、二〇〇九。
230 李鵬『市場与調控――李鵬経済日記』（上）、五六九～五七〇頁、北京、新華出版社、中国電力出版社、二〇〇九。
231 李鵬『市場与調控――李鵬経済日記』（上）、五七〇頁、北京、新華出版社、中国電力出版社、二〇〇九。
232 『現在の物価と市場の安定に関する国務院の緊急通知』一九八八年八月三〇日。
233 李鵬『市場与調控――李鵬経済日記』（上）、三七二～三七三頁、北京、新華出版社、中国電力出版社、二〇〇九。
234 中共中央文献研究室編『鄧小平年譜（一九七五－一九九七）』下巻、一二四九～一二五〇頁、北京、中央文献出版社、二〇〇四。
235 『十三人以来重要文献選編』（上）、二六〇～二七一頁。北京、人民出版社、一九九一。
236 「党第十三届中央委員会第三回全体会議官報」（一九八八年九月三〇日採択）、中共中央文献研究室編『十三大以来重要文献選編』上冊、二八～二八八頁、北京、人民出版社、一九九一。
237 董補礽主編『中華人民共和国経済史』下巻、八二八頁、北京、経済科学出版社、一九九九。
238 『十三大以来重要文献選編』（上）、二九四～二九七頁。北京、人民出版社、一九九一。
239 李鵬「国務院全体会議における講話」一九八八年一〇月一一日、中共中央文献研究室編『十三大以来重要文献選編』（上）、二九八頁、北京、人民出版社、一九九一。
240 董補礽主編『中華人民共和国経済史』下巻、三〇七頁、北京、経済科学出版社、一九九九。
241 『十三大以来重要文献選編』（上）、三〇九～三一二頁、北京、人民出版社、一九九一。
242 『十三大以来重要文献選編』（上）、三四五～三四六頁、北京、人民出版社、一九九一。
243 李鵬『市場与調控――李鵬経済日記』（中）、六〇八～六〇九頁、北京、新華出版社、中国電力出版社、二〇〇九。
244 李鵬『市場与調控――李鵬経済日記』（中）、六一九頁、北京、新華出版社、中国電力出版社、二〇〇九。
245 李鵬『市場与調控――李鵬経済日記』（中）、六二二頁、北京、新華出版社、中国電力出版社、二〇〇九。
246 李鵬『市場与調控――李鵬経済日記』（中）、六二五貫、北京、新華出版社、中国電力出版社、二〇〇九。
247 中共中央文献研究室編『鄧小平年譜（一九七五一一九九七）』（下）、一二六九～一二七〇頁、中央文献出版社、二〇〇四。
248 李鵬『市場与調控――李鵬経済日記』（中）、六四六頁、北京、新華出版社、中国電力出版社、二〇〇九。
249 李鵬『市場与調控――李鵬経済日記』（中）、六六九～六七〇頁、北京、新華出版社、中国電力出版社、二〇〇九。
250 「経済環境の整備、経済秩序の整頓及び改革深化に関する党中央の決定」（一九八九年一一月九日、十三期五中全会で採択）、中共中央文献研究室編『十三大以来重要文献選編』（中）、六八一～六八三頁、北京、人民出版社、一九九一。
251 「経済環境の整備、経済秩序の整頓及び改革深化に関する党中央の決定」（一九八九年一一月九日、十三期五中全会で採択）、中共中央文献研究室編『十三大以来重要文献選編』（中）、六八三～六八四頁、北京、人民出版社、一九九一。
252 「経済環境の整備、経済秩序の整頓及び改革深化に関する党中央の決定」（一九八九年一一月九日、十三期五中全会で採択）、中共中央文献研究室編『十三大以来重要文献選編』（中）、六八一～六八七頁、北京、人民出版社、一九九一。
253 江沢民「十三期五中全会における演説」一九八九年一一月九日、中共中央文献研究室編『十三大以来重要文献選編』（中）、七一二、七一六頁、北京、人民出版社、一九九一。

254 李鵬「国民経済と社会発展ための十年計画と第八次五カ年計画綱要報告」一九九一年三月二五日、中共中央文献研究室編『十三大以来重要文献選編』（下）、一四八頁、北京、人民出版社、一九九一。

255 国家統計局編『中国統計摘要（二〇〇一）』、二一頁、北京、中国統計出版社、二〇〇一。

256 董補祁主編『中華人民共和国経済史』（下）、三一七～三一八頁、北京、経済科学出版社、一九九九。

257 鄧小平「調整の方針を貫徹し、安定と団結を保証する」一九八〇年一二月二五日、『鄧小平文選』第二巻、三五四～三五五頁、北京、人民出版社、一九九四。

258 中共中央文献研究室編『鄧小平年譜（一九七五－一九九七）』下冊、一三一六頁、北京、中央文献出版社、二〇〇四。

259 鄧小平「経験を総括し、人材を活用しよう」（一九九一行八月二〇日）、『鄧小平文選』第三巻、三六九頁。北京、人民出版社、一九九三。

260 胡耀邦「社会主義近代化建設の新局面を全面的に創り出す―中国共産党第十二回全国代表大会報告」一九八二年九月一日。

261 『中国共産党章程』一九六九年四月十四日、党第九回全国代表大会で採択。

262 『中国共産党章程』一九八二年九月六日、党第十二回全国代表大会で採択。

263 中共中央文献研究室編『鄧小平年譜（一九七五－一九九七）』（下）、八九二頁、北京、中央文献出版社、二〇〇四。

264 鄧小平「軍隊は国家建設の大局に従わなければならない」一九八四年一一月一日、中共中央文献研究室編『十二大以来重要文献選編』（中）、六〇三頁、北京、人民出版社、一九八六。

265 中共中央文献研究室編『鄧小平年譜（一九七五－一九九七）』（下）、一〇五〇～一〇五一頁、北京、中央文献出版社、二〇〇四。

266 中共中央文献研究室編『鄧小平年譜（一九七五－一九九七）』（下）、一一八四～一一八五頁、北京、中央文献出版社、二〇〇四。

267 趙紫陽「中国の特色ある社会主義の道を進む―中国共産党第十三回全国代表大会報告」一九八七年一〇月二五日。

268 党十回大会報告は次のように指摘した。「現在の国際情勢の特徴は天下大乱である。『大事が起こりそうで緊張感がみなぎっている』。これはレーニンが分析した世界の基本的な矛盾の今日的な表れである。この種の緩和は一時的かつ表面的な現象であり、大乱は続くだろう。それはの大乱は、人民にとって良いことであり、悪いことではない。それは敵を混乱させ、敵を分裂させ、人民を覚醒させ、人民を訓練し、国際的な状況を国民に利益をもたらす方向に発展させ、帝国主義、現代修正主義、各国の反動勢力の発展に不利になる」。周恩来『党第十回全国代表大会における講話』一九七三年八月二十四日。

269 ポール・ケネディ『大国的興衰：一五〇〇－二〇〇〇年的経済変遷与軍事冲突』中国語版、四四八頁、四五〇頁。北京、国際文化出版公司、二〇〇六。

270 譚宗級、葉心瑜主編『中華人民共和国実録―改革与巨変―開創現代化建設新局面（一九七七－一九八三）』第四巻、（上）、五一一頁、長春、吉林人民出版社、一九九四。

271 ジョセフ・E・スティグリッツ、シャヒッドユスフ編『東亜奇跡的反思』中国語版、二九四頁、北京、中国人民大学出版社、二〇〇三。

272 ジョセフ・E・スティグリッツ、シャヒッドユスフ編『東亜奇跡的反思』中国語版、三一〇～三一二頁、北京、中国人民大学出版社、二〇〇三。

273 李嵐清『突圍―国門初開的歳月』、九〇頁、北京、中央文献出版社、二〇〇八。

274 李嵐清「国門初開歳月中的谷牧同志」、『光明日報』二〇一四年一〇月八日。

275 譚宗級、葉心瑜主編『中華人民共和国実録―改革与巨変―開創現代化建設新局面（一九七七－一九八三）』第四巻、（上）、三八八頁、長春、吉林人民出版社、一九九四。
276 中共中央文献研究室編『鄧小平年譜（一九七五－一九九七）』（下）、九五四～九五八頁、北京、中央文献出版社、二〇〇四。
277 鄧小平「経済特区の運営と解放都市の拡大」一九八四年二月二四日、『鄧小平文選』第三巻、五一～五二頁、北京、人民出版社、一九九三。
278 李嵐清「国門初開歳月中的谷牧同志」、『光明日報』二〇一四年一〇月八日。
279 田紀雲『改革開放的偉大実践』、四八七頁、北京、新華出版社、二〇〇九。
280 鄧小平「特区の経済を内向きから外向きにシフトしなければならない」一九八五年八月一日、『鄧小平文選』第三巻、一三三頁、北京、人民出版社、一九九三。
281 李嵐清『突圍—国門初開的歳月』、一五七～一六〇頁、北京、中央文献出版社、二〇〇八。
282 李嵐清『突圍—国門初開的歳月』、一六一～一六二頁、北京、中央文献出版社、二〇〇八。
283 李鵬『市場与調控—李鵬経済日記』（中）、七〇四頁、北京、新華出版社、中国電力出版社、二〇〇九。
284 李嵐清『突圍—国門初開的歳月』、二七八頁、北京、中央文献出版社、二〇〇八。
285 李嵐清『突圍—国門初開的歳月』、二八四頁、北京、中央文献出版社、二〇〇八。
286 李嵐清『突圍—国門初開的歳月』、三一三頁、北京、中央文献出版社、二〇〇八。
287 李嵐清『突圍—国門初開的歳月』、三〇六頁、北京、中央文献出版社、二〇〇八。
288 胡鞍鋼、胡光宇ら『援助与発展』、二頁、北京、清華大学出版社、二〇〇五。
289 譚宗級、葉心瑜主編『中華人民共和国実録—改革与巨変—開創現代化建設新局面（一九八三－一九八八）』、六四四～六四五頁、長春、吉林人民出版社、一九九四。
290 李嵐清『突圍—国門初開的歳月』、二八七頁、北京、中央文献出版社、二〇〇八。
291 財政部副部長の李勇は、世界銀行から三十年間で獲得した融資総額は四七八億米ドルになったと述べた。財務省のウェブサイト、二〇一〇年九月七日。
292 世界銀行経済考察団『中国：社会主義経済的発展』中国語版、北京、中国財政経済出版社、一九八三。
293 世界銀行経済考察団『中国：長期発展的問題和方策（主報告）』中国語版、北京、中国財政経済出版社、一九八五。
294 財政部副部長の李勇による世界銀行加入三十年についての談話。財政部ウェブサイト、二〇一〇年九月七日。
295 李嵐清『突圍—国門初開的歳月』、一八三～一八四頁、北京、中央文献出版社、二〇〇八。
296 中共中央文献研究室編『鄧小平年譜（一九七五－一九九七）』（上）、二〇六頁、二一一頁、北京、中央文献出版社、二〇〇四。
297 李嵐清『突圍—国門初開的歳月』、一八六頁、北京、中央文献出版社、二〇〇八。
298 「党第十一届中央委員会第三次全体会議官報」、一九七八年十二月二十二日
299 李嵐清『突圍—国門初開的歳月』、一九六～一九七頁、北京、中央文献出版社、二〇〇八。
300 李嵐清『突圍—国門初開的歳月』、一九七頁、北京、中央文献出版社、二〇〇八。
301 李嵐清『突圍—国門初開的歳月』、四頁、北京、中央文献出版社、二〇〇八。

第八章

政治体制改革の理論と実践
(一九八二～一九八七年)

中国の改革は二つの方面から行われた。一つは、計画経済から市場経済への転換という経済体制改革であり、その目標は社会主義市場経済体制を作り上げることだった。もう一つは、全能型の集権政治から民主型権威政治へ転換するという政治体制改革であり、その目標は社会主義民主政治体制を作り上げることだった。鄧小平は、改革の成功は政治体制改革にかかっていると何度も述べていた。

経済体制改革と政治体制改革のどちらを先に行うべきか。また、二つの改革をどのように調和させればよいのか。これが一九八〇年代に中国の指導者が直面していた難題だった。鄧小平は経済体制改革と政治体制改革を同時に進め、互いに促進させたいと強く願っていたが、実践の中では指導者の主観的な願望だけでは決められなかった。なぜなら、二つの改革に対する抵抗と利益が大きく異なっていたからである。経済体制改革への抵抗は比較的小さく利益は比較的大きかったため、先に経済体制改革が行われた。政治体制改革への抵抗力は比較的大きく利益は比較的小さかったため、それに応じてゆっくりと進められ、時に停滞しながら安定的に進められた。これは中国の改革の方法に適合する特徴であり、改革の利益を最大にし、改革への抵抗を最小限に抑える方向で進められた。まさしく、経済体制改革の利益は政治体制改革よりはるかに大きく、政治体制改革のリスクは経済体制改革よりはるかに大きかった。

八九年の騒動後の一九九一年、鄧小平は回顧して次のように語った。「中国の改革は政治から始めたのではなく、まず経済と国民生活の改善から始めた。**これは米国式の民主主義から学んだのではなく、中国式の社会主義の民主である**」[1]。

これは、改革の政治的な論理が中国の政治文化と政治体制によって決定されていたことを示している。歴史的な条件に適応し、実情から出発して改革戦略を策定、調整したのであって、指導者の主観で決定することはできなかった。

中国の改革は経済体制の改革から着手された。その一番の目標は十数億人の民生問題の改善であり、そうすることによって人民の広範な政治的支持を取り付けることにあった。したがって、政治体制改革から着手したのではなく、まして政治的自由化と西側式の民主化を追求する改革ではなかった。この政治的な共通認識の形成は、一九八〇年代の二度にわたる重要な政治事件によって社会が動揺したことや、一九八〇年代末から一九九〇年代初期における東欧の急変とソ連の崩壊によって、社会主義運動が低迷したこととも関係があった。

しかし、中国の政治体制改革に進展がなかったわけではない。一部の人による主観的な見解や西側の政治的偏見に反して、一九八〇年代の政治体制改革は大きな成果を上げた。政治体制は大きく転換し、社会主義政治の民主は、政治的に大きな事件が国内外で起こったにもかかわらず中断することなく大きく進展し、中国式の社会主義民主政治の道を徐々に作り上げていった。

本章では主に一九八〇年代における中国の政治体制改革の理論と実践について議論し、次のような問題に答える。**指導者、特に鄧小平はどのように中国の伝統的な政治体制の弊害を認識していたか。中国の政治体制改革の方向と目標は何だったのか。また、どのような長期目標や短期目標を立てたのか。中国の政治体制改革の実践はどのように進められたのか。また、どのように具体的な実施がなされ、どのような進展があったのか。改革にはどのような制約要因、政治的な障害と限界があったのか。なぜ一九八〇年代に二度も政治的事件が起き、世界を驚かせ、社会を動揺させたのか。それはどのように処理され、どのような教訓を得たのか。中国の政治体制改革は旧ソ連や東欧諸国とどのような違いがあり、何が成功したのか。中国は経済を転換するに当たって「大失敗」と「大逆行」をどのように免れたのか。それはその後の中国の経済体制改革にどのような影響を与えたのか。この時期における中国の政治体制改革を、我々はどのように客観的かつ歴史的に評価するべきか。**

第一節　中国の政治体制の特徴

一九八六年、鄧小平は中国の政治体制について端的に概括し、「中国の政治体制モデルはソ連から学んだものなので、これを改革する必要がある」と述べた。[2]また、中国は一九五〇年代から経済体制においてスターリンの経済モデルであるソ連の計画経済モデルをそのまま模倣しただけでなく、政治体制も主にスターリンの政治モデルであるソ連の中央集権的な政治モデルを模倣したことを明確に認識していた。このため、経済と政治の二つの方面において体制改革を行う必要があり、ソ連モデルから徐々に脱却していくと同時に、「中国モデル」に努めて革新する必要があると考えていた。これが中国改革の主題であり、プロットとなった。

今、振り返ってみると、**毛沢東時代の政治制度は革新的だった。二千年続いた封建専政体制及び国民党の一党専制を排除し、社会主義の人民共和国を設立した。「人民民主主権」の人民代表大会制度は、立憲君主制とも西側諸国の「二院制」とも異なっていた。議論が噛み合わず、妨害し合う非効率的な政治的弊害を避け、党が指導する多党協力と政治協商という独特の制度を確立した。すなわち、共産党が執政し、多党も参政する制度であり、長期にわたって共産党と各民主党派が共存し、互いに監督する制度である。しかし、この政治体制は完璧ではなく、明らかに政治的な欠点や不利な点も多かった。**

広大な面積と巨大な人口を持つ大国が、どのように「四つの高度な集権と独占」を実現することができ、それはどのような構造だったのか。米国シカゴ大学政治学教授の鄒讜（Tsou

Tang）は階層構造（hierarchy）と同心円を使って党の政治権力体系を分析した。階層構造あるいは等級制度は異なる層の権力の上下関係を示す。現在、中国には中央、省級、地級市、県市級、郷鎮級、村社（区）級という少なくとも六階層の政府がある。同心円は党と他の社会集団や組織との関係、及び党の各指導層と部門間との水平関係を表している。革命戦争の時代、党は民間社会の活力の中心であり、組織した各種の社会集団を動員して権力を得た。そして、国家にもう一つの政権を立ち上げ執政党となったとき、政治社会と国家の指導の中心となり、さらに民間社会と経済の指導の中心となった。党の内部構造は、党書記を円の中心として、党委員会がすぐ外側の円、一般の党員がさらに外側の円というように、特定の層を示す円によって一組の同心円が構成される。周囲の社会集団や機関及び動員、組織したそれぞれの社会階層、グループ、個人が政治に参加する過程で、この上層に位置する党組織あるいは指導者が一個の総体として影響、指導、浸透、制御を試みる。**このような同心円を特徴とする政治権力の階級構造は、組織が貧弱な国家と社会において有効な政治的権威に対する中国人の要求に適応したものである。鄒讜教授はこのような政治権力の二面的な構造によって社会変革を実現し、社会制度が再構築された反面、権力の過度な集中と濫用が潜在的に助長されたと指摘した。**[3]

世界でも伝統的な文明大国でありながら、近代化に「乗り遅れ」「後を追う」中国が中央集権体制を採用したのは歴史的な背景による。二千年余り続いた中央集権を特徴とする政治的な伝統のほかに、現実的な必要性もあった。一八四〇年のアヘン戦争後、巨大な人口を抱える中国は「まとまりのない群集」であり、外部からの挑戦や度重なる侵略を受けた。このため、一九四九年九月三〇日、毛沢東は中国の組織化されていない状態を克服するため組織化を進めると宣言した。[4]そして、直ちに近代的な中央集権体制を作り上げ、各種の力と資源を全国から動員・結集し、強制的に工業化、都市化、近代化を進めた。しかし、この体制は「成功と失敗の両方の可能性」があった。つまり、最高指導者の政策が正しければ順調に発展できるということである。例えば建国初期、毛沢東は集団指導と民主的な政策決定という原則を遵守し政策も正しかったため、一九五二〜一九五七年における経済成長率は平均九・二％に達した。これに対して、集団指導と民主的な政策決定の原則が破られ、特に最高指導者が政策を誤った時には経済発展も失敗した。例えば、一九五八〜一九六二年は毛沢東の個人指導が誤ったため、経済発展は最低を記録した。経済成長率は過去最低、経済変動係数は最大となり、生産性は向上しなかった。また実質GDPは「大躍進」の時期より四〇％減少し、大飢饉という悲劇も招いた。[5]鄧小平はこれを自ら経験しており、深く反省した。そして、この政治体制を根本的に改革し、政治制度の面から「毛沢東晩年の過ち」という歴史的な悲劇の再来を防止した。こうして中国の政治体制の転換が始まり、中央集権的な政治体制から徐々に脱却し、社会主義民主政治という新たな制度を模索し、打ち建てた。

従来の中央集権的な政治体制が中国の発展に適応しなくなったからには、古い道に戻るわけにはいかず、改革の道が現存する選択であった。すなわち、より高いレベルの道を中国は求めた。しかし、**資本主義国家の政治制度を取り入れることはなかった。**これについては、一九七九年三月に鄧小平が次のように明言した。「対外経済開放は資本主義国家の先進技術や他の有用なものを計画的かつ選択的に導入することである。しかし、資本主義制度を学び導入することは決してない」[6]。

一般的に資本主義制度には市場経済制度、税収制度、財政移転制度、直接選挙の政治制度、報道の自由や言論の自由等の民主制度がある。客観的に見ると、当時は中国の指導者もこれらの知識と情報を十分に理解していたわけではなく、彼等が強調したのは、科学技術と管理経験導入の可能性であった。しかし、経済制度と政治制度の導入・模倣、すなわち「一切を転覆して新たに構築する」ことを公然と拒絶し、社会主義の基本制度を堅持して政治体制改革を進めた。鄧小平も次のように述べている。「政治体制改革の目的は、官僚主義を排除し、社会主義の民主を発展させ、人民と末端組織の積極性を発揮させることである。改革によって、法治と人治の関係及び党と政府の関係を適切に調整する」[7]。

第二節　政治体制改革の実践（一九八二〜一九八五年）

一九八〇年代初め、鄧小平は党と国家の指導制度を改革、改善するため、党内における政治生活の民主化、国家における政治生活の民主化、社会生活全般における民主化を制度的に保証することを提案した。この重要な制度は主に一九八二年の党第十二全大会で採択された『中国共産党章程』、第五期全国人民代表大会第五回会議で採択された『中華人民共和国憲法』で定められた党と国家の正式な制度及び具体的な実践に反映された。これらは党と国を治めるための基本法となり、中国の政治体制改革における根本的な大綱ともなった。また、毛沢東時代における政治体制の政治的な利点を最大限に活用・継承し、かつその弊害を改善したものだった。これは二つの方面から分析できる。一つは、党は執政党として制度を構築する際、どのように「党章程に依拠して党を治める」のか、もう一つは、中国は近代国家として制度を構築する際、どのように「憲法に依拠して国を治める」のかである。これらの政治体制改革は西側諸国とその政党設立のモデルや経験を参考にしたのでなく、主に一九五六年の党章程や一九五四年の憲法等、毛沢東時代の成功経験を総括し、文化大革命のような毛沢東時代における失敗の教訓をも生かしたものだった。

一、執政党の制度構築

『党章程』の制定。建国以来それは肯定、否定、再び肯定（再革新）という過程を経ており、中国共産党は党章程を三度制定している。党の統治哲学と政治方式の重要な変化を反映していた。一九五六年九月二六日、党第八全大会で採択された『党章程』は、党が執政に関わってから初めて制定したものである。執政党の特長に基づき「建設哲学」という執政理念を提唱し、社会主義建設を全面的に展開するための任務を定めた。[8] 一九六九年四月一四日、党第九全大会が採択した『党章程』は、党第八全大会党章程の正しい綱領から逸脱し、「闘争哲学」という政治理論に転換した。そして、「プロレタリア独裁下の継続革命」という誤った理論を基に開始された「文化大革命」を肯定した。これは、党第九全大会における思想的、政治的、組織的に誤った方針を反映していた。一九七三年の党第十全大会ではこの党章程が踏襲され、部分的に改正と追加がされただけだった。一九七七年八月一八日、党第十一全大会で採択された党章程は、十年間続いた内乱終結後の最初の党章程だった。この時、党第八全大会の党章程の正しい表現の一部が修正され復活したが、党第十全大会の政治と組織の路線を肯定しており、「左」偏向の誤った影響を一掃することはできなかった。

一九八〇年一月、党第十二全大会の前夜、鄧小平は党章程改正について多くの意見を提案した。党中央は鄧小平と胡耀邦を中心とし、胡喬木が具体的な責任を担う党章程改正チームを設置した。そして草稿に対して議論と修正を重ね草案第一稿が作られた。一九八〇年二月、十一期五中全会はこの草案について議論し、一回目の修正がされた。その後何度も修正が行われ、それと並行して中央、党、政府、軍の各部門、及び各省、市、自治区、各大軍区党委員会書記、さらに党員以外に十二全会に向けて意見を求め、正式に党第十二全大会に提出された。

党第十一全大会の『党章程』は五章と一九条だったが、党第十二全大会の『党章程』は一〇章と五〇条に拡大した。これは党の正式な制度が質的に変化しただけではなく量的にも変化したことを反映している。

一九八二年に制定された党章程は党の制度化における重要な象徴となった。それは、**党の執政後における社会主義国家の地位、主要任務、役割とは何かについて回答を示した。**[9] 党の執政理念を再び「建設哲学」とし、党は主に政治、思想、組織を指導することが明記された。「文化大革命」という歴史的な経験をし、教訓を得た後、党と指導者は党建設の制度化を積極的に行った。これは党が政治的に成熟したことを示しており、政治的合法性の制度的基礎を取り戻したのである。**党の制度化とは正式な制度を確立し、常に改善しながらその基本的な役割を発揮させることである。**同時に、正式ではない「暗黙のルール」等は次第になくなり、その役割も失われていった。

一九八二年、党は党員が四〇〇〇万人にも上る世界最大の執政党となったが、多くの問題に直面した上に、党章程に基づく執政党の制度構築の責任も担いながら、一九八二〜一九九一年の制度の再構築、一九九二〜二〇〇一年の制度の深化、二〇〇二年以降の制度の改善という過程を開始した。筆者は一九八二年以降のこの時期を「制度の再構築段階」と呼んでいる。これは、一九五六年の党第八全大会で正式に制定された党の制度の学習と参考、毛沢東の晩年における制度破壊の歴史的な教訓の反省と吸収、そして環境の変化に応じて党を治める効果的な新制度の探求と革新の段階である。これそのものが政治体制改革の実践の過程だった。

第一に、**党の重要な会議の開催が制度化された。**党の重要な会議が党章程に従って招集されていたかどうかは、執政党の統治管理の制度化を評価する上で最も重要な指標であり、毛沢東時代の重要な歴史的な教訓でもある。[10] 建国後、党全国代表大会は五年ごとに開催するという規定は守られていなかった。例えば、一九五六年に党第八全大会が開かれたが、次の党第九全大会が開かれたのは十三年後の一九六九年だった。党第十全大会は四年後の一九七三年に開かれたが、これは「林彪事件」に対処するため繰り上がった。党第十一全大会も四年後の一九七七年に開かれたが、これは「四人組」が逮捕されたため繰り上がった。

党全国代表大会の定期的な開催。党章程第十九条は次のように定められた。「党全国代表大会は中央委員会の招集によって五年ごとに開催する。中央委員会が必要と判断した場合、あるいは省一級組織の三分の一以上が要求した場合は、全国代表大会の早期開催も可能とするが、非常事態を除いて開催の延期は許されない」。一九八二年の党第十二全大会後、党代表大会は党章程に従って定期的に開催された（**表8－1**）。

表8-1　党代表大会の基本統計（1956〜2002年）

党代表大会	開催期間	代表人数	候補代表人数	党員総数（万人）	中央委員人数	中央候補委員人数
八大	1956年 9月15〜27日	1,026	107	1,073	97	73
九大	1969年 4月 1〜24日	1,512		2,200	170	109
十大	1973年 8月24〜28日	1,249		2,800	195	124
十一大	1977年 8月12〜18日	1,510		3,500	201	132
十二大	1982年 9月 1〜11日	1,600	160	3,965	210	138
十三大	1987年10月25日〜11月1日	1,936	61（特別招待）	4,600	175	110
十四大	1992年10月12〜18日	1,989	46（特別招待）	5,100	189	130
十五大	1997年 9月12〜18日	2,048	60（特別招待）	5,800	193	151
十六大	2002年11月 8〜14日	2,114	40（特別招待）	6,600	198	158

資料出典：作者が新華網に基づいて関連する資料を整理。
http://news.xinhuanet.com/ziliao/2004-11/24/content_2255749.htm

党第十二全大会後は、党第九全大会、党第十全大会のように密かに党代表会議を開く方法が廃止され、党第八全大会のような公開会議が復活した。しかし、党第八全大会で定められていた「党代表大会は常任制を実行し党全国代表大会を毎年開く」という規定は、新しい党章程にはなかった。中央政治局委員で党章程の起草の中心だった胡喬木は、この規定を守るのは難しいと考えた[11]。

党全国代表会議の重要な権限の明確化。党全国代表会議のような制度は以前からあったが、党第七全大会で改正された党章程では、中央は重要な問題を解決するために全国代表会議を招集でき、並びに中央委員会の一部委員を補選できると定められた。党第八全大会の党章程改正では、代表常任制を定めているため全国代表会議の開催は不要としたが、党第十二全大会の党章程改正では、代表常任制を定めず全国代表大会を五年ごとに開催すると定めた。また、代表大会前に速やかに解決しなければならない重要な問題がある場合は代表会議を開くことができると定めた[12]。党章程第二〇条では党全国代表会議の権限を、重要な問題について議論し決定することと、及び中央委員会、中央顧問委員会、中央紀律検査委員会の成員の異動と補選を定めた。これは中央委員会等の委員の異動や補選は、中央全会や他の会議ではなく党全国代表会議が決定するということである。この規定を設けたのは一九六八年一〇月第八期党拡大十二中全会で、十名の中央候補委員を中央委員に補充したことを念頭に置いている。この会議の直前の八期中央委員は九十七名だったが、そのうち五十七人をが打倒もしくは左遷されたため、全体会議に出席できる中央委員は四十名となり、法定人数である五十名に達していなかった[13]。委員を十名補充しなければ中央全会を開くことができず、劉少奇らの党と祖国に対する裏切りを清算するために劉少奇を永久除名して党内外の全職務を取り消すことができなかったのである。特に指摘しなければならないのは、一九八五年九月の党第十二期党全国代表会議を除いて[14]、**十三期から十七期までの全国代表会議の開催はすべて、党章程で明文化されているこの規定に従っておらず、これについて全国代表大会の歴代の報告でも説明されなかった。これは重要な欠陥である。**

党中央委員会の五年任期制。党章程第二一条は次のように定められた。「党中央委員会の任期を五年と定める。全国代表大会の早期開催あるいは延期の場合は、任期もそれに応じて変更される」。つまり、中央委員会の任期は党全国代表大会と同じということである。これは、党第八期及び九期中央委員会の任期が任意に延長、短縮されたことに対応したものである。党第八全大会では、党章程第三三条で「党中央委員会の任期は五年」と定めた。そのため、任期は一九六一年までだったが一九六九年まで延長された。党第九全大会では党章第八条で「党全国代表大会は五年に一回」と定めたため、党第十全大会は一九七四年に開催されるはずだった。しかし、毛沢東が「林彪は毛沢東の親密な戦友かつ後継者である」と定めた党章程の総綱を取り消すため、第十期中央委員会は一九七三年に開催された。第十二期からは、中央委員会の任期はすべて五年で短縮も延期もない。

中央委員会全体会議の開催の制度化。党章程第二一条では「中央委員会全体会議は中央政治局が招集し、年一回以上開催する。中央政治局は中央委員会全体会議に報告を行い、監督を受ける」と定めた。第十二期中央委員会は中央全体会議を七回開き、つまり中央全体会議を年一回以上開いた。党第十三全大会報告では、中央委員会全体会議の回数を増やすこと、また政治局常務委員は政治局に、政治局は中央委員会に定期的に報告することを要求した。第十三期中央委員会は、中央全体会議を八回開いており、年一回以上だった（附表参照）。一九八八年九月、趙紫陽は中央政治局を代表して中央全体会議について次のように報告した[15]。「各期の中央全体会議で中央政治局は党章程が定めた中央委員会全体会議に対する報告を行わず、監督を受けていない。中央委員会総書記が重要演説を行っただけだった。十六期三中全会でようやくこの制度が復活した[16]」。

中央指導者の任期制度の保障。党章程第二二条は次のように定められた。「各期の中央委員会で成立した中央指導者機関と中央指導者は、次回の全国代表大会会議までの間、新たな中央指導機関と中央指導者が決まるまで、通常業務を引き続き務める」。これは、「文化大革命」の教訓から作られた規定である。劉少奇や林彪らが任期を満了しなかったように、指導者の任期制度がなければ任期は不確定かつ任意的になる。実際には、党第十二期及び第十三期でもこの規定が遵守されたわけではなく、中央指導機関と中央指導者の大きな調整が行われた。例えば、総書記だった胡耀邦と趙紫陽、中央政治局常務委員の胡啓立は任期満了前に辞職または免職された。党第十四〜十七期までは、中央指導機関及び指導者は任期が保障されており[17]、任期制度が強化されたことを示している。

党章程はいかなる党員も「特例」はなく、すべての指導者が規則の下に平等であることを明確にした。『党章程』第一六条には、いかなる指導者も独断による決定や個人を組織の上位に置くことは許さないと明記されている。これは晩年の毛沢東が個人の独断を実行し、個人を党の上位に置いたという誤りに対応したものである。この規定は、党内に「特殊な人物」が再び現れることを防ぎ、党中央を凌ぐ個人への崇拝や個人の独裁、さらに「大躍進」や「文化大革命」のような個人の政策による誤りも防ぐためである。党の歴史から判断すると、制度化は党が歴史的な悲劇を繰り返さないことを保証し、また誤りは速やかに訂正して発展し続けることを保証すると言える。

第二に、**党と国家の権力構造が再構築された。**当時、鄧小平は過度な中央集権及び指導者個人の高度な専権という権力構造に直面していた。これは、毛沢東時代の政治的な遺産であり、鄧小平はこれを「過度に集中した権力」と表現した。スターリンと毛沢東が晩年は独裁と独断によって誤りを犯したという歴史的教訓から、鄧小平は党と国家の権力構造の根本的な改革を段階的に進めた。

新旧交代を加速し、集団として引き継ぎを行った。一九七九年七月、鄧小平は十一期三中全会で決定した「事実に基づいて真実を求める（実事求是）」という新しい思想路線と「経済建設を中心として開放政策を実行し、四つの基本原則を堅持する」という政治路線を提唱した。そして、組織の問題解決が急務かつ最も重要な課題であり、後継者問題が最も難しく切迫しているとした。[18] **歴史を振り返ると、毛沢東の後継者選びのやり方は、個人的な選択であった。これは、最高指導者自身の願望とそれに基づく選択であり、重大な教訓を残している。しかし、鄧小平、陳雲、葉剣英等のやり方は、集団として選択し、集団として考察し、集団として引き継ぐ、つまり一歩一歩段階を踏むやり方である。**[19] このようにして、中国の指導者の新旧交代と集団的引き継ぎが徐々に整った。[20]

鄧小平の政治設計と政治闘争の策略は「まず入れて、後で出す」という漸進的かつ段階的なものだった。まず入れることから始め中央常務委員を増員した。一九七七年の党第十一全大会の中央政治常務委員は五人だったが、一九七八年一二月、十一期三中全会で増員され、陳雲が中央常務委員に選ばれた。一九八一年の十一期五中全会でも増員され、胡耀邦と趙紫陽が中央常務委員に選ばれ、中央常務委員は八人となった。**次に中央常務委員を減員した。**一九八二年の十二期一中全会で中央常務委員は八人から六人に減員した。すなわち、**華国鋒と汪東興の「文革受益派」が辞任し**、その後二人は中央常務委員になることはなかった（表8－2）。[21] 鄧小平は多数決という平和的な方法を採り、毛沢東の激しい階級闘争や路線闘争に基づく「古いものを捨て去り新しいものを採り入れる」というような人事の一新は行わなかった。「二人入って一人出る」という新旧交代制を暫定的に用い、最終的には指導者の退職制度も必要だと考えていた。[22]

表8-2　中央政治局常務委員の変化（1982～1989年）

年 月	会 議	中央政治局常務委員
1982年9月	十二期一中全会	胡耀邦（総書記）、葉剣英、鄧小平、趙紫陽、李先念、陳雲（6人）
1987年11月	十三期一中全会	趙紫陽（総書記）、李鵬、喬石、胡啓立、姚依林（5人）
1989年6月	十三期四中全会	江沢民（総書記）、李鵬、喬石、姚依林、宋平、李瑞環（6人）

資料出典：李穎編、『従一大到十六大』（下）、988～1000頁、北京、中央文献出版社、2003。

一九八二年、党第十二全大会で党中央主席の職位を取り消し党総書記の職位を設け、一九四三年以前の指導体制を復活させた。

党第十二全大会『党章程』では中央書記処の地位と役割が明記された。すなわち、中央書記処は中央委員会全体会議が選挙で選び、中央政治局及び中央政治局常務委員会の指導の下で日常業務を行い、総書記が業務を統括するとした。胡耀邦の辞職事件の教訓から党第十二全大会で党章程が改正され、書記処は中央委員会全体会議の選挙でなく、中央政治局常務委員会の指名と中央委員会全体会議の承認によって決定するとした。書記処は中央政治局及び中央政治局常務委員会の事務機関となり、これは党第八全大会体制の復活だった。中央書記所を第一線、中央政治局常務委員会委員と政治局を第二線に配したが、これはある種「権力の二元構造」であり、欠陥もあった。

一九四三年、中国共産党は総書記の職位を取り消し、党中央主席の職位を設置した。一九四三年三月一六～二〇日、党中央政治局会議は『中央機関の調整と簡素化に関する決定』を採択し、毛沢東を第一次党中央政治局主席及び中央書記処書記に選出した[23]。この党中央主席制度は一九八二年まで三九年間続いた。

胡喬木は党第十二全大会の党章程改正について次のように説明した。「党中央は総書記だけを置き、主席と副主席は置かない。総書記は中央政治局常務委員会の委員の一人であり、政治局会議と政治局常務委員会会議を招集し中央書記処の業務を統括する。**『招集』と『統括』の意味と役割は明らかに異なる。これは、総書記個人への過度の集権と個人の独断の再発を防ぐためである。**主席制度と総書記制度が同時に存在すれば、どちらかが有名無実になるため、この制度を同時に実施する必要はない」。そして、新しい党章程に従って、党のすべての日常工作の指導的核心は中央政治局常務委員会とすると強調した[24]。一〇月、胡喬木は新しい党章程について次のように説明した。「党中央主席制から総書記制に変更したのは、厳密にいえば変更ではなく復活である。なぜなら、党第七大以前、我が党は一貫して総書記制だったからである。これらの規定はすべて、党を建設する上で重要な役割を果たす[25]。」**新しい党章程による制度は、指導者個人の『独裁』ではなく、中央の集団指導体制である。集団指導における核心は、総書記個人ではなく中央政治局と中央政治局常務委員会であり、政策決定と指導の核心は中央政治局と中央政治局常務委員会である。**当時は総書記のほかに、中央顧問委員会主任、中央紀律検査委員会第一書記、中央軍事委員会主席も中央政治局常務委員だった。これは、毛沢東や華国鋒の時代とは異なる典型的な「共通統治、工作と責任の分担」という集団指導決裁モデルである。これらの規定は党第八～十一全大会の規定と異なり、党中央を指導するのは指導者個人ではなく集団で指導することが制度によって保障された[26]。党中央の集団指導という民主的に政策を決定する制度を強化する上では、特に陳雲が重要な役割を果たした。

一九八二年、党十二大で鄧小平を中心とした第二世代の中央指導集団が正式に形成された。鄧小平は党総書記就任を固辞し、葉剣英、陳雲、李先念とともに指導集団に入り、その中で重要な役割を果たした[27]。陳雲も中央書記処と中央政治局常務委員会には入らないと主張した[28]。一九八二年、十二期一中全会で中央政治局常務委員六人が正式に選ばれ、そのうち四人は、第二世代指導者の鄧小平、葉剣英、陳雲、李先念だった。残りの二人は胡耀邦と趙紫陽で（表8－2）、それぞれ総書記と国務院総理を担当した。二人は比較的若かったが第二世代指導集団に属した。

実際は鄧小平と陳雲は毛沢東をはじめとする第一世代の指導集団の一員であり、中共八期中央政治局常務委員だった。李先念（一九五六）と葉剣英（一九六六）も相前後して同期の中央政治局委員を担当した。これは、党の指導者の交替には連続性と継承性があることを示している。

党、政治、軍の最高職務を数人の中央政治局常務委員が分担し、鄧小平を中心とした第二世代の指導集団ができ上がった。レーニンの時代は、党、政治、軍の三大権力をそれぞれ三人が担う「三人で三台の馬車を操る」トロイカ方式だった。しかし、一九四一年、スターリン一人が党、政治、軍の最高職務を担い、同時にソビエト共産党（ボルシェビキ）書記長、ソ連人民委員会主席、国防委員会主席に就任した[29]。一九四九～一九五九年、毛沢東も党中央委員会主席、国家主席（中央人民政府主席を含む）、中央軍事委員会主席に就任し、党、政治、軍の権力を一手に握った。すなわち「三位一体」制である。一九五九年、毛沢東は自ら国家主席を辞任した。一九七六年一〇月以降は、華国鋒が党中央委員会主席、国務院総理、中央軍事委員会主席に就任し、再び「三位一体」制が復活した。一九八〇年、華国鋒は自ら国務院総理を辞任した。これに対して鄧小平は次のように考えた。一九五六年における党第八全大会で、党章程改正によってスターリンの個人崇拝と個人の独断に対する教訓を総括したと報告したが、政治の権力構造が真に改革されたわけではなかった。そのため、スターリンが晩年に犯した誤りを毛沢東も犯したのである。このため、鄧小平は党、政治、軍の権力構造を大きく改革した。一九八二年九月の十二期一中全会では、胡耀邦が中央委員会総書記、鄧小平が中央軍事委員会主席に選ばれた。また、中央顧問委員会全体会議主任には鄧小平が、中央紀律検査委員会全体会議は第一書記に陳雲を選んだ。一九八三年六月の第六期全国人民代表大会第一回会議では、中央政治局常務委員の李先念を国家主席、中央政治局委員の烏蘭夫を国家副主席とした。また、国務院総理は趙紫陽に決定し、中央軍事委員会主席には鄧小平が、全国人民代表大会常務委員会委員長には中央政治局委員の彭真が選ばれた。中央政治局委員の鄧穎超は全国政治協商会議主席、中央政治局委員の楊尚昆は中央軍事委員会常務副主席兼秘書長を担当し、鄧小平の中央軍事委員会の業務に協力した。彼等はすべて鄧小平を中心とする第二世代の指導集団となった。

党章程では終身制が廃止され、正常な離職制度と退職制度を実施するとした。党章程第三六条では「党の各級指導幹部は、選挙によるか指導機関の任命によるかにかかわらず終身制ではなく、異動あるいは解任することができる。年齢や健康の理由で幹部を続けることが不適当となった場合は、党と国家の規定に基づいて離職あるいは退職とする」と明記された。

しかし、党章程には中央政治局常務委員、中央政治局員、中央書記処書記等の党中央指導者の任期については明記されていなかった。一九八二年、十二期一中全会で中央政治局委員に選ばれ、党章程の起草の中心だった胡喬木がこれに対して次のように説明した。「当時、党中央は経験が豊富で見識が高く、複雑な状況への対処にも優れ、大きな貢献によって党と人民が深い畏敬の念をもって敬愛するベテランの指導者が必要と考えた。これによって党の指導者が成熟かつ安定し、ベテラン世代から若い世代へ『経験を伝え、習得を助け、指導者を育成する』という順調な引き継ぎをすることができ、国家の長期的な安定が保証される。慎重に検討を重ねた結果、党の指導者の任期については厳格な制限を設けず、任期は人によって異なるとした」[30]。当時『党章程』で指導者の任期を明記しなかったのは、明らかに一九八〇年代初期の党中央の新旧交替における特殊な事情と大きく関係していた。実際は、鄧小平、葉剣英、陳雲、李先念という古い革命家を中共十二期中央政治局常務委員にするための特殊な規定だった。これは指導者の任期を定めないということであり、胡喬木の説明から党章程の歴史的な限界が見える。その後も党代表大会で党章程が改正されたが、この限界を超えることはできなかった。

ここで留意すべきことは、葉剣英が建国後で最初に中央政治局常務委員を率先して退職したことである。彼は一九七九年に自身の中央指導者退任を提案した。十二期全体会議で中央政治局常務委員に相変わらず選ばれたが、一九八三年二月、葉剣英は第五期全国人民代表大会常務委員会委員長の任期満了間近になると、全国人民代表大会常務委員会に書簡で第六期全国人民代表大会常務委員会委員長に自分を推薦しないよう要請した。これは、第五期人民代表大会常務委員会の同意を得た。一九八五年九月に彼は、中央委員と中央政治局常務委員に再び就任しない要請を党中央に出し、十二期四中全会の同意を得た。同時に昔からの同志六三人にも中央委員を退くことを働きかけた[31]。当時、葉剣英はすでに八八歳だった。

新たな党、政治、軍の権力構造の特徴は以下の通りである。

まず、総書記は党の指導工作に専念し、国家指導者と兼任せず国務活動と軍事事務にも関与しない。次に、国家指導者六人の五〇%を中央政治局常務委員五人の中から選ぶとした。**これは国家最高指導機関の指導者構成を改革する初めての試みだった。**『党章程』に基づき、重要な問題は集団で決定し、党内は民主的協議、相互協調、共通認識を形成し、一致した行動によって政策を決定するシステムとなった。また『憲法』に基づき、全国人民代表大会と全国人民代表大会常務委員会が国務院の監督と調整を行う等、各国家機関のバランスも調整された。ほかにも、国務院の権力を抑制し調節するため、全国政治協商会議による政治の参加と政治の議論の機能を強化した。**こうして互いに抑制、制約、協議、協調するバランスの取れた党と国家の指導・政策決定メカニズムが確立し、党内で個人が特別な力を持つのを防ぎ、集団指導による効果的な制度設計と制度安定を堅持することができた。これは、海外と比較しても、多くの国家で採用されている大統領責任制や二院制、三権分立制より優れており、政策決定においても民主的で、共通認識を形成する効率性の高い、実際的な社会主義の民主である。**これは中国の政治制度改革と制度革新に対する鄧小平の大きな貢献である。

　党指導者の革新化、若年化、知識化、専門化及び新旧交代の制度化が進んだ。この「五化」は党の指導制度の構築における重要な構成部分であり、先見性のある深い政治的構想だった。[32] **これは陳雲が最初に考えた構想で、鄧小平の政治的な支持を獲得し、共同して推進した。**[33]

　九月一日、鄧小平は党第十二全大会で、二十世紀末までの約二十年間で実現すべき四つの課題の一つを、幹部の革新化、若年化、知識化、専門化とした。

　この目標はわずか五年後の一九八七年に実現した。それは、大きく三段階に分けられる。第一段階では、党第十二期中央委員会で新たに選出された中央委員と中央委員候補は二二一人で、全体の六五%を占めた。そのうち、学歴が大学または単科専門大学卒以上だったのは一二二人で、全体の三〇%以上を占めた。また、中央委員と候補委員三四八名のうち五五歳以下だったのは一一二人で、全体の三二・二%を占めた。その中には、王兆国、喬石、胡啓立、李鉄映、李鵬、李瑞環、江沢民、尉健行、張万年、鄒家華、羅幹、謝非、そして三九歳で中央委員候補となった胡錦涛がいた。この新たに選出された委員らを、胡耀邦は「第三世代」と呼んだ。さらに胡耀邦は次のように述べた。「国家の長期的安定のため、そして党と国家の方針・政策に連続性と継承性を持たせるため、いまから第三世代の育成を始めなければならない。我が党内には徳望が高い古参の同志がいるが、党と国家の重大な政策と方針の決定は、第一世代である彼等の後ろ盾が頼りとなる。第一世代が高齢であることを考慮して、重要な大事に精力を注いでいただく。我が党の第二世代、これは現在、党中央書記処と国務院の第一線で働いている同志である。第二世代の同志の多くも若くない。だから、第三代の育成を決心した。人徳と才能を兼ね備えた働き盛りの幹部を選び出し、各級指導班に配属しなければならない」[34]。これは非常に長期的な戦略で、中央委員会に世代継承グループができ、ベテランが新人を導き、相互学習、相互協力して継承し、活力、生命力、創造力を維持していくというものだった。

党第十二全大会では、中央顧問委員会が設置された。これは臨時的な機関だったが、中央の指導者と中央委員の「政治からの引退」問題を解決するという重要な役目を担った。これは鄧小平の構想による革新的な機関だった。一九七三年八月の党第十全大会で、毛沢東は鄧小平の提案である古参幹部を中心とした「中央顧問委員会」を設立し、自ら「中央顧問委員会」主席となる構想を持っていた。しかし、周恩来らが反対して譲らず、この構想は実現しなかった[35]。鄧小平は指導者の新旧交代を実現するため、再度これを提案した。党第十二全大会の開催前の一九八二年四月、鄧小平と胡耀邦は朝鮮を非公式に訪問した。胡耀邦が金日成に党十二大では、まだ仕事ができ、考えを出し、意見を言え、党のために歴史的に貢献した古参指導者から成る中央顧問委員会の設置準備をしていると話した。すると鄧小平は、中央顧問委員会主任の希望者がなく他の者も賛成するなら自分が引き受けると話した[36]。党第十二全大会で、中央顧問委員会が正式に設置され、その主任には鄧小平が選ばれた。鄧小平は毛沢東に提案した構想を自らが実現したのだった。鄧小平は中央顧問委員会について、党の実情を踏まえて設立した新たな機関であり、党の中央指導機関の新旧交替を解決すると述べた。目的は中央委員会の若返りをはかり、古参指導者が第一線から退いた後も一定の役割を担うことだった。この意味で、顧問委員会は臨時的な組織だったと言える[37]。党章程では、中央顧問委員会は中央委員会の政治的な助手あるいは参謀とされた。党第十二全大会で選出された中央顧問委員一七二人は、党歴が平均四〇年以上で文化大革命後に復帰を果たした党、政府、軍の高級幹部だった。これは、党指導者の新旧交代における最初の一歩となり、若手の胡耀邦や趙紫陽らが党と国家の最高指導者に就任した。鄧小平、葉剣英、李先念、陳雲の四人は中央政治局常務委員に残り、徐向前、聶栄臻、彭真、鄧穎超の四人は中央政治局委員に残った。中央政治局員は再選が一〇人で、全体（二三人）の四三％を占め、中央委員会に再選されたのは一一四人で、全体（二一〇人）の五五％を占めた。五年後の十三大では、第一世代指導者八人を除いた全員が中央委員会と中央政治局委員会から退いた。中央委員会委員は六一人が選出され、全体（一七五人）の三五％を占めた。鄧小平の提案で設置された中央顧問委員会は、党指導者の新旧交代を徐々にではあるが確実に解決し、二期後の十四大で中央顧問委員会は廃止された[38]。すなわち一九九二年の党十四大で中央顧問委員会の廃止が決定し、党章程を一部改正して顧問委員会の設置と任務に関連する条項が削除された。こうして、中央顧問委員会はその歴史的使命を終えた[39]。

第二段階では、一九八五年九月二四日の十二期五中全会で中央政治局と中央書記処の構成員の一部が調整され、党の指導者の若年化と知識化がさらに進んだ。田紀雲、喬石、李鵬、呉学謙、胡啓立、及び中央政治局候補委員の姚依林が中央政治局委員に新たに選ばれた。中央政治局委員は二二人で、中央政治局候補委員が二〇人、中央政治局候補委員が二人だった。習仲勲、谷牧、姚依林は中央書記処書記からの辞任を要請し、全体会議はそれに同意した。新たな中央書記処書記には、田紀雲、李鵬、王兆国が、中央書記処候補書記には喬石、郝建秀が選出され[40]、中央書記処書記は一一人となった。

第三段階では、一九八七年一一月二日、十三期一中全会で党指導者の若年化と知識化が進んだ。まず、中央政治局常務委員が若年化した。十二大における中央政治局常務委員の平均年齢は七三・八歳だったが十三大では一〇歳下がり六三・六歳となった。次に、中央政治局員も若年化した。政治局委員の平均年齢は、十二大で七一・八歳だったが、十三大では約七歳下がり六四歳となった。江沢民、李鵬、李瑞環らは十三大で中央政治局に入った。中央政治局員は二二人から一八人に減り、そのうち政治局候補委員は丁関根一人だった。また、中央書記処書記も若年化した。書記処書記は一一人から六人に減り、その平均年齢は十二大では六三・四歳だったが十三大では七・二歳下がって五六・二歳となった。そのうち候補書記の温家宝は四五歳だった(表8－3)。

同時に、中央指導者の教育及び文化レベルが大幅に向上した。大学または単科専門大学卒以上の割合は、十二大の三二・二%から十三大の六六・六%に上昇し、その後もまたさらに上昇した(表8－4)。

中央委員会の若年化と知識化が進んだ。中央委員会委員の平均年齢は、十二大で六二歳だったが十三大では五五・二歳になり、その後は五五～五六歳を維持した。中央委員会委員のうち大学または単科専門大学卒以上の割合は、十二大で五五・四%だったのが十三大では七三・三%となり、その後も党代表大会ごとに上昇した(表8－5)。

中央委員会の知識化の実現と「科学中央委員会」の設置は、毛沢東が一九五六年の八大の時に出した構想だと言えるが[41]、残念ながら存命中に実現することはできなかった。鄧小平はこの構想をよく理解していたが、知識人に対する見方については毛沢東と大きく異なっていた。一九五七年の反右派運動後、毛沢東は知識人に対する見方を変えた。「文化大革命」に到ると、知識人は「ブルジョアジーの反動的な学術権威者」と見なされた。そして「一戦二批三改(一に資本主義の道を歩む実権派を打倒し、二に資本主義的学術権威を批判し、三に教育を改革し文芸を改革して社会主義にふさわしくない上

表8-3　十二期以降の中央指導機関の平均年齢（1982～2007年）　単位：歳

	十二期	十三期	十四期	十五期	十六期	十七期
政治局常務委員	73.8	63.6	63.4	65.1	62.1	62.1
政治局委員	71.8	64	61.9	62.9	60.7	61.4
書記処書記	63.4	56.2	59.3	62.9	59.7	56.7

資料出典：十二～十五期のデータはZheng Yongnian, 2004, Will China Become Democratic? Elite, Class and Regime Transition, Eastern Universities Press.　十六期と十七期のデータは筆者による計算。十六～十七期のデータは筆者が党の十六期及び十七期の中央指導機関の資料を整理したもの。

表8-4　十二期以降の中央政治局委員の教育レベル（1982～2007年）単位：人数、%

	十二期	十三期	十四期	十五期	十六期	十七期
無学歴	3（10.7）	0	0	0	0	0
小学	10（35.7）	0	0	0	0	0
中学	3（10.7）	5（27.7）	3（13.6）	2（ 8.3）	0	0
軍事院校	3（10.7）	1（ 5.6）	1（ 4.5）	2（ 8.3）	4（16.7）	2（ 8）
大学または単科専門大学卒以上	9（32.2）	12（66.6）	17（77.2）	18（75.0）	20（83.3）	25（100）
本科					17（70.8）	23（ 92）
大学院研究生	0	0	1（ 4.5）	2（ 8.3）	4（16.7）	9（ 36）
総数	28	18	22	24	24	25

注：（　）はパーセンテージ。
資料出典：十二～十五大のデータはLi Cheng and Lynn White, 1998, The Fifteenth Central Committee of the Chinese Communist Party: Fall Fledged Technocratic Leadership Partial Control by Jiang Zemin, Asian Survey, Vol. 38, No. 3.　十六大及び十七大のデータは筆者が党の十六期及び十七期の中央指導機関の資料を整理したもの。

表8-5　中央委員会委員の平均年齢と大学または単科専門大学卒以上の割合（1982～2002年）　単位：歳、%

	十二期（1982年）	十三期（1987年）	十四期（1992年）	十五期（1997年）	十六期（2002年）
平均年齢　（歳）	62.0	55.2	56.3	55.9	55.4
大学または単科専門大学卒以上の割合　（%）	55.4	73.3	83.7	92.4	98.6

資料出典：Zheng Yongnian, 2004 Will China Become Democratic? Eilte, Class and Regime Transition, Singapore, Eastern Universities Press, p.200.

部構造を改革するという文革中のスローガン）」の対象として、大量の知識人を弾圧した。

鄧小平は中央委員会と中央政治局委員会の新旧交替を解決するのに一〇年近くを要した。一九八三年一〇月八日、鄧小平はガボン共和国のハージ・オマール・ボンゴ大統領と会見した際、中国共産党は歴史のある党であり、革命が長く続き古参幹部が多いと認めた上で、幹部を直ちに新旧交代するのは不可能だが、あと数年かけてこの問題を解決するつもりだと述べた[42]。一九八七年の党第十三全大会時、新たな中央政治局委員の割合は七六・五％、新たな中央政治局常務委員の割合も八〇％に達した（表8－6）。鄧小平は「道理を以って相手を納得させる」方法で古参の同志を説得し、同時に「中央顧問委員会」の制度化によって新旧交代の問題を解決した。こうして党の制度が強化されただけでなく、党内の政治的な連携が保証され、後継者も育成されたことで、党の活力革新力を高めることができた。

党内における民主集中制度の強化と改善。党第十二全大会の党章程は、毛沢東晩年における個人の独断、個人への集権、個人崇拝によって党の民主集中制が破壊されたという歴史的な教訓から[43]、次のような党の各級委員会が集団指導と個人の責任分担を結合させた制度を実行することが明記された。個人崇拝はいかなる形であっても禁止し、党の指導者を党と人民の監督下に置くことを保証する。いかなる重要な問題も個人が決定することは許さず、民主的な議論によって決定する。議論で決定する場合、少数派は多数決に従うが少数派の意見についても真剣に考慮し、さらに少数派の人数が多数派と差がない場合は特に慎重に進める。

表8-6　十二期以降における新規の中央政治局委員及び常務委員の割合（1982～2007年）

単位：人

	十二期	十三期	十四期	十五期	十六期	十七期
政治局常任委員						
新たに当選した人数	3	4	5	2	8	4
総数	6	5	7	7	9	9
割合　（％）	50	80	71.1	22.2	88.9	44.4
政治局委員						
新たに当選した人数	14	13	14	8	17	10
総数	25	17	20	22	24	25
割合　（％）	56	76.5	70	36.4	70.8	40

注：新たな委員とは一期前の一中全会と比較したもので、他の全体会議の新たな委員は含まない。中央指導機関の資料を整理したもの。

資料の計算：姜華宣等編集『党重要会議記事（1921～2006）』、増訂版、北京、中央文献出版社、2006。

一九八五年九月に胡耀邦が述べたように、十一期三中全会以降、党中央の政治生活は厳格に民主集中制の原則に従って正常に行われた。党中央が重要な政策を決定する時は古参指導者がリードし、同時に事前に意見の調整を重ねた。広く意見を求め、問題によっては民主諸党派や無党派の愛国人士の意見も聞き、それから党章程に従って、中央全会及び代表大会を含む中央の会議を定期的に開いて集団で決定した。このように大勢の経験と知恵を結集することで、重要な問題の方針や政策について入念に考慮され、認識も比較的一致し、作業の進行状況を皆が理解していたため、大きな過ちを免れた。[44]その後、**党中央総書記が率先して民主集中制を厳格に実行せず、政策決定における深刻な誤りによって失脚に追い込まれるという事態が現れた。詳細な分析は後述するが、胡耀邦と趙紫陽はこのように失脚した。**

一九八二年の党第十二全大会は、党が政権を握って三十三年目だった。**党は執政党としてどのような政治を行い、またどのような条件と範囲で政治を行ったのか。その指導はどのような意味があったのか。党は、国家機関及び非党組織との関係に対してどのように対応したのか。**これについては党章程で次のように明確に規定していた。党は憲法と法律の範囲内で活動を行い、中央から末端組織までの党員及び党組織の活動はすべて、憲法と法律に抵触、違反してはならない。特に党の指導範囲については制限をし、政治、思想、組織の三大指導に集中させる。党委員会は立法機関、経済文化組織、各種の大衆組織がそれぞれ、積極的かつ独立した責任を持って協調的に活動することを保障しなければならない。党がこれらの機関や組織に代わって活動するのではない。党章程で明文化された規定は、党中央と指導者の政治的な行動を制限するだけでなく、党の各組織や責任者の行動についても制限した。こうして、党章程によって党が管理され、党を統治することとなった。

二、国家基本制度近代化の再構築

全面的に改正された憲法は、国を統治するための根本法となった。一九四九～一九六五年は、中国の国家制度が確立した重要な時期だった。一九四九年に全国第一回政協会議が採択した『共同綱領』は新民主主義の確立に関する綱領であり、暫定的に憲法の役割を果たした。『共同綱領』と『憲法』に基づき、全国人民代表大会は一二二項の法律を採択、公布し、政務院あるいは国務院が公布した一五八七項の法規と合わせて一七〇九項が公布された（表8－7）。一九五四年には第一期全国人民代表大会第一回会議で一〇六条からなる第一部憲法（「五四」憲法）が制定された。これは社会主義建設に関する憲法であり、当時の国情と発展段階に適したものだった。

「文化大革命」によって中国の国家制度は大きく損なわれた。「五四」憲法はほぼ機能せず、全国人民代表大会が公布した法律も数件に過ぎなかった（表8－7）。一九七五年、第四期全国人民代表大会第一回会議は三〇条から成る第二部憲法（「七五」憲法）を公布した。これは第一部憲法を全面的に改正したものだった。一九六六～一九七八年、全国人民代表大会が七項の法律を採択、公布し、国務院による二一七項の法規と合わせて二二四項が公布された。一九七八年以後は中国の国家制度が再構築された主要な時期であった。一九七八年、第五期全国人民代表大会第一回会議は四章六〇条から成る第三部憲法（「七八」憲法）を公布したが、これは第二部憲法を部分的に改正しただけだった。一九五四年と一九七五年のそれぞれの憲法の優れた原則と制度は、そのまま生かし、この根本法によって新時代における全国人民の任務を位置づけた。すなわちその任務は、「今世紀中に中国を農業、工業、国防、科学技術が近代化された偉大な社会主義強固として確立する」ことである。しかし、この憲法は歴史的な制限があったため、一九七八年一二月の十一期三中全会以降の改革開放という大局と国家の政治、経済、文化生活の需要に対して多くの方面で適応しておらず、中国の改革開放時代の基本的な憲法とも言えなかった。このため、党中央は「七八」憲法を全面的に改正する必要があるとして、第四部憲法（「八二」憲法）の制定に着手した。この憲法は、起草から制定まで二年余りを要した。

一九八〇年九月一〇日、党中央の提案を受け、第五期全国人民代表大会第三回会議は『憲法改正と憲法改正委員会設置に関する決議』を採択し、一九七八年の憲法を全面的に改正することを決定した。そして、全国人民代表大会常務委員会

表8-7　各時期に採択、公表された法律法規（1949～1998年）

時期	全国人大で公布された法律	国務院が公布した法規	合計
1949～1965	122（26.8）	1587（62.1）	1709（56.8）
1966～1978	7（1.5）	217（18.5）	224（7.4）
1979～1998	327（71.7）	750（29.4）	1077（35.8）
合計	456（100.0）	2554（100.0）	3010（100.0）

資料出典：Zheng Yongnian（鄭永年）, 2004, Will China Become Democratic? Eilte, Class and Regime Transition, Singapore, Eastern Universities Press, p.183.

委員長の葉剣英を主任委員、全国人民代表大会常務委員会副委員長の宋慶齢と彭真を副主任委員として、一〇三人の委員からなる憲法改正委員会を設置した。憲法改正委員会の中心は彭真が担った。九月一五日、憲法改正委員会第一回全体会議は憲法改正委員会事務局の設置を決定し、胡喬木を事務局長、呉冷西、胡縄、甘祠森、張友漁、葉篤義、邢亦民、王漢斌を副事務局長とした[45]。最初の事務局員は許崇徳、王叔文、肖蔚雲、孫立、李剣飛等だった[46]。

彭真や胡喬木らは一九五四年の第一部憲法の起草も担当していた。彭真は『中華人民共和国人民法院組織法草案』『中華人民共和国地方各級人民代表大会法及び地方各級人民委員会組織法草案』の起草の中心も担い[47]、その後も多くの法律法規の制定と実施を指導した。彼等は中国憲法の理論と実践に関して豊富な経験と深い歴史の記憶を持っており、「五四憲法」を基礎として「八二憲法」を制定した[48]。

憲法起草の前半は胡喬木が中心となって行われたが、胡喬木は病気になってしまった。鄧小平は彭真が直接憲法改正をすべきだとし[49]、自分は憲法改正委員会事務局工作会議の中心となって起草を担当した[50]。

憲法の全面的な改正は、国家の長期的な安定を確保するための社会主義の民主の制度化、法制化の象徴だった。鄧小平も一九七八年一二月に次のように重要な指摘を行っている。「人民の民主を保障するために法制の強化は必須である。民主の制度化、法制化は必ず果たさなければならず、この制度と法律は指導者の交代によって改変されるものではなく、また指導者の考え方や意向にによって改変されるものではない[51]」。中国の現行の憲法は、十一期三中全会で決定した路線、方針、政策に基づいて制定された。すなわち、中国の社会主義建設における成功と失敗の経験を総括し、十年間続いた「文化大革命」の悲惨な経験を教訓とし、世界の社会主義の成功と失敗を参考にし、改革開放、社会主義近代化、社会主義の民主を強化する法制度の構築のための新たな要求に適応して制定された[52]。

彭真は憲法改正草案の起草で、「全体的な指導思想は四つの基本原則である」と強調した。そして、自ら憲法序文を起草し、建国後の経験と教訓を総括して、中国の政治体制とその改革について深く研究、検討し、長期的な計画を立てた。

憲法草案を作成する過程では、制度設計に関する重要な問題にも及んだ。

一二月一九日、彭真は中央の『憲法改正草案の若干の問題に関する報告』で、改正草案初稿の主な問題について次のように説明した。(一)四つの基本原則は憲法全体の指導思想であり、憲法の根本でもある。序文で歴史的事実を記すことで四つの基本原則の堅持を示さなければならない。(二)人民民主独裁は中国の国体であり、民主集中制は中国の政体である[53]。(三)国家主席を復活させる[54]。国家主席は国内外における国家の代表であり、軍隊を統率するが、政府活動に干渉せず、行政責任も負わない。(四)地方の民族地区自治を実行し[55]、連邦制や共和制は採用しない。(五)政社分離を原則とする。政社分離後、農村は既存の生産大隊単位になぞらえて、郷を設ける。都市は住民による直接選挙、監督、罷免に基づく居民委員会を末端行政機関とする。(六)人民代表大会と人民代表大会常務委員会の役割を強化し[56]、全国人民代表大会常務委員会の構成員は国家行政機関、裁判機関、検察機関の職務を兼任しない。全国人民代表大会常設専門委員会を適度に増加させる。(七)全国と省レベルの人民代表大会の任期は四年、県レベルと末端行政機関は二年とする。(八)中国の経済制度の基礎は生産財の社会主義公有制、すなわち社会主義の全人民所有制及び労働者集団所有制とする。同時に、法律の範囲内における都市と農村の個体経済は、社会主義の公有制経済に必要な補完とする。(九)次のことを明確に規定する。都市の土地は国有とし、個人使用の宅地と個人自留地を含む農村と都市郊外の土地は、法律で国有と定める以外はすべて集団所有とする。(十)社会主義責任制を実行する。(十一)財政収支のバランス、貸付のバランス、物価の安定についての規定はしない。(十二)「ストライキの自由」は明記しない。(十三)居住移転の自由を規定しない。(十四)「文化大革命」の経験と教訓を生かし、社会主義における法制を強化し、法の下の平等、反特権を明記する。(十五)社会主義文明とは次の二つを含む。一つは思想道徳教育、もう一つは教育科学文化事業の発展、そして人民の文化及び科学的なレベルの向上である。(十六)台湾問題に対して次の二つの伏線を張る。一つは序文で台湾は中国の神聖な領土の一部であるとする。祖国の統一は台湾を含めた中国全人民の共通の願いであり、必ず実現しなければならない。もう一つは条文で全国人民代表大会は特別行政区域とその制度を決定する権限を持つと定める[57]。

一九八二年二月、『憲法改正草案(討論草稿)』が出され、全国人民代表大会常務委員会委員、全国政治協商会議常務委員会委員の一部、各民主諸党派と人民団体の指導者、党中央の各部門、国務院の各部門、人民解放軍の各指導機関、各省、自治区、直轄市の責任者の意見を広範に求めた。

四月二二日、彭真は委員会主任委員の葉剣英に憲法改正を委託され、第五期全国人民代表大会常務委員会第二十三回会議で憲法改正草案について説明した。そして、次の八つの問題に焦点を当てた。(一)序文では四つの基本原則の堅持を明記する。(二)総則第一条で中国を「労働者階級の指導による、労農同盟を基礎とした人民民主独裁の社会主義国家」と定める。これは国体であり、中国の特性と各階級の国家における地位を確定する。(三)社会主義制度は中国の基本制度である。中国には全面所有制、労働大衆集団所有制、労働者個体経済があり、一定の範囲でそれぞれ優位性がある。その地位と役割は異なるが、すべて不可欠である。(四)社会主義社会の発展は、高度に発達した生産力を物質的基礎とする。「今後、人民の根本的な任務は、社会主義近代化建設に力を結集することである」。(五)物質文化の向上とともに精神文化の向上を長期的な任務とする。(六)人民の文化、科学、技術のレベルを全体的に高め、社会主義における物質文化と精神文化を向上させることが必須である。(七)人民の基本的権利に関しては、一九五四年憲法で定めた、法の下で人民はすべて平等であるという規定を草案で復活させた。さらに「自由と権利を行使する場合、国家、社会、集団の利益及び他の人民の合法的な自由と権利を損なってはならない」とする。(八)国家機関の規定に国家体制の重要な改革と新たな発展を反映させる。第一に、人民代表大会制度を強化し、全国人民代表大会常務委員会の権限を拡大する。第二に、国家主席を復活する。第三に、国務院は総理責任制とし、各部（日本の省にあたる）と委員会は部長責任制、主任責任制とする。第四に、国内の武装力（人民解放軍、武装警察、民兵）を指揮する中央軍事委員会を設置する。第五に、中央と地方は適切に権力を分担することとし、省、自治区、直轄市人民代表大会及びその常務委員会は地方独自の法を制定、公布する権限を持つ。第六に、地方の民族自治を強化し、民族自治区の自治権を拡大する。第七に、末端行政機関の権利を強化する。政社分離の原則に基づき、大衆自治組織として郷政府、居民委員会、村民委員会を設置する。[58]

四月二六日、第五期全国人民代表大会常務委員会第二十三回会議で憲法改正草案公布の決議を採択し、憲法改正草案を交付して全人民で議論すると決定した。四月二七日、新華社は『中華人民共和国憲法改正草案』の全文を発表し、四月二八日には『人民日報』が『中華人民共和国憲法改正草案』を発表した。人民出版社も『中華人民共和国憲法改正草案』を発行した。

四月三〇日、彭真は新華社記者の取材を受け、次のように指摘した。「この憲法改正草案は中国の三十年余りの闘争の成果であり、成功と失敗の経験、教訓の総括である。『文化大革命』の経験と教訓がなければ、多くの条文は加えられなかっただろう。この憲法改正草案は長期にわたる革命闘争の成果と経験の集大成を、憲法という形で定めたものである。この草案に問題がないか、何を修正すればよいか、全人民の議論を要請しなければならない。草案の最大の特徴は、中国の実情から出発している点である。中国は九六〇万平方キロメートルの国土と海域を持ち、十数億の人口がある。また各地区の政治、経済、文化、風俗習慣等がそれぞれ異なり、発展も不均衡である。このような状況から出発して、中国の歴史及び外国の経験や教訓から、中国の実情に適した必要かつ有益なものを取り入れなければならない。この憲法改正の草案は一つの原則を貫いている。それは、大多数の人民に最大の利益をもたらすことである」。そして、新中国の三部憲法と関連文書、旧中国の憲法を研究し、さらに一部の国家の過去から現在までの憲法も研究したと述べた[59]。

中国は古い文明を持つ歴史ある国家でもあり、若い現代国家でもある。これは後発国の優位を生かせるということである。すなわち、各国の憲法制定の経験を参考にして、さらに近代的かつ中国の国情に適した憲法を制定し、近代的な国家制度に革新することができる。

四月、彭真は新憲法制定の感動を次のような詩で表した。「高原高山、高く連なり、チョモランマは天空に聳え立つ、世界が讃えた天地を履す大変革、惜しむらくは、黄昏に道を失えり。憲法改正草案脱稿の夜に、老君（毛沢東）を憶いて[60]」。彭真が述べたように「文化大革命」の経験と教訓がなければ、多くの条文が書き加えられることはなかった。毛沢東晩年の過ちは本人にとっては遺憾でも、後の世代にとっては歴史に残る貴重な遺産となった。鄧小平や彭真らが歴史的教訓を歴史的遺産に変えたことで、マイナスがプラスに変わり、中国が長期的に安定するための近代的な国家制度の基礎が打ち立てられたと言える。

四月以降、全国人民代表大会常務委員会が発表した憲法草案は、全国の各族人民に公布され議論が交わされた。このように大規模で参加人数も多く、大きな影響があった人民討論は極めて稀だった。九月に憲法草案の人民討論が終了すると、彭真は次のように指摘した。「多くの人民大衆が憲法改正草案に賛成した。これは、草案が事実に基づいて真実を求めたもので、国情に適合し、民心にも合っており、健全で成熟したものだったからだと考えられる。これは、国家を長期的に安定させ、社会主義近代化建設を順調に発展させる上で重要で深い意義があった[61]」。

一一月二六日、彭真は葉剣英に委託され、憲法改正委員会を代表して第五期全国人民代表大会第五回会議で憲法改正草案に関する報告を行い、次のように指摘した。「中華人民共和国の第一部憲法、すなわち一九五四年憲法は優れた憲法だった。今回の憲法改正草案は、一九五四年憲法の基本原則を継承し発展させたものである。中国の社会主義発展における豊富な経験を総括し、海外の経験も取り入れ、中国の実情と将来の発展も考慮した。そのため、今回の代表大会では、中国独自の社会主義近代化建設のニーズに対応し、かつ長期的に安定した憲法を制定しなくてはならない[62]」。そして最後に「憲法改正草案は今回の全国人民代表大会で審議、採択された後には、最大の権威と最高の法的効力を持つ国家の根本法として実施される。これは中国の新たな歴史において国を治める総合的な法律となる。憲法の権威は政治の安定と国家の未来にも関係するため、憲法の基礎を損なうことは決して許されない」と述べた[63]。

一二月四日、第五期全国人民代表大会第五回会議全体会議はこの憲法の採択で無記名投票を採用し、全体の三分の二以上の賛成で採択された。投票用紙には中国語、モンゴル語、チベット語、ウイグル語、カザフ語、朝鮮語の六種類の言語で「中華人民共和国憲法採決用紙」と印刷された。第五期全国人民代表大会代表は三四二一人で、当日の出席者は三〇四〇人だった。投票結果は、賛成が三〇三七、反対は〇、棄権が三で、議長の習仲勲が『中華人民共和国憲法』の採択を宣言した[64]。

憲法改正の歴史は、肯定、否定、そして再び肯定という過程を経た。第一部憲法（五四憲法）は優れた憲法だったが、第二部（七五憲法）、第三部憲法（七八憲法）は第一部憲法を否定し、第四部憲法（八二憲法）では第二部、第三部憲法を否定し、再び第一部憲法を肯定した。第四部憲法は第一部憲法を継承しただけでなく、さらに発展、進歩させたものだった。例えば、国家の権限はすべて人民に属すること、人民代表大会制度を堅持し改善したこと、人民は法律の下ですべて平等であること、人民の基本的な権利を拡大し十分に保障したこと、国家機関、政党、社会組織、企業及び事業団体、個人はすべて、憲法や法律等一連の民主的法制の原則を遵守することとし、それらを実現するための制度と措置が定められた。第一部憲法は一九四九～一九五四年の五年間における新民主主義の実践を総括したものであり、第四部憲法は一九五四～一九八二年の二十八年間における社会主義の実践を総括したものだった。特に「文化大革命」の悲惨な十年間は歴史的教訓となった。**この憲法が歴史的に重要なのは、「文化大革命」のような無政府主義的な混乱した政治局面を逃れ、政治的かつ社会的安定を確保し、憲法の下で民主と法制の道筋に沿って改革開放を前進させるための制度の骨組みと基盤を確立したことである。この憲法も、改革開放の過程における新たな経験や成果によって、必要があれば改正された。**憲法は国家の基本法であり、国を統治するための最高法規であり、国家の基本制度と任務、及び人民の基本的な権利と義務を定めている。憲法の安定を維持することは、国家の基本制度の安定を維持することであり、国家の長期的な安定を維持することでもある。一九五四年、毛沢東は『中華人民共和国憲法草案』の報告で、憲法は国家の総則だと述べた。憲法は国家の総合的な規程であり、基本法だと考えたからだ。憲法は科学的であるべきで、制定したら必ず実行しなければならない。しかし、この憲法が遵守された期間は短かった。毛沢東本人が多くの規定を守らず、一九七五年には憲法が改正された。

一九八二年以降、中国でようやく憲法に則った政治が行われるようになった。実際の政治活動には憲法の関連規定に背く違憲行為が多くあったが、全体的に憲法は政治活動における根本的な法律という役割を果たした。憲法は基本的に安定しており、これは国家の基本制度が安定していたことを意味し、政治と社会の安定も確保することができた。同時に、憲法は時代とともに進歩を重ね、一九八八年、一九九三年、一九九九年、二〇〇四年に、全国人民代表大会で必要かつ重要な改正が行われた。新たな情勢に常に適応し、新たな経験を取り入れ、新たな成果が確認されることで、その活力を持続させることができた。

この憲法は国情や実情に適合し、時代の発展のニーズにも適合する優れた憲法であると言える。人民に共通する意志を十分に反映し、人民の民主的権利を十分に保障し、人民の根本的な利益を十分に守り、また国家の発展と進歩を促進し、人民が幸福な生活を創造するのを保証し、中華民族の偉大な復興の実現を保証する憲法である。さらに、国家と人民がさまざまな困難やリスクに耐え、中国の特色ある社会主義の道に沿って進み続けるための法的な保証となった[65]。

全国人民代表大会と全国人民代表大会常務委員会の役割強化。中国の政治制度の基本である人民代表大会制度は、一九五三年に全国で第一回普通選挙が行われ、それに基づいて一九五四年に創設された。しかし「文化大革命」の時期、全国人民代表大会は深刻な打撃を受け、国家も機能しなかった。一九七五年、第四期全国人民代表大会第一回会議が開かれ、この制度の回復が試みられたが、「名ばかり」のものだった。彭真は憲法改正の際、次のように指摘した。「人民代表大会制度は、人民が国家と民族の将来と運命を自ら掌握するための手段である。また、人民の根本的な利益を守り、中国がさまざまなリスクに耐えるための保障でもある」。一九八二年憲法の制定後、全国人民代表大会は「国家の最高権力機関」とされた。重要な事項の決定、国家機関の指導者の選出と任免、全国人民代表大会常務委員会の権限の拡大、組織の建設の強化といった権利が憲法によって保障され、中国の政治体制で中心的な地位に位置することとなった。

それでは全国人民代表大会と国務院はどのような関係であるのか。これについては彭真が次のように説明している。「憲法の規定に従えば、全国人民代表大会は国家権力の最高機関であり、国務院は最高権力機関である全人代の執行機関、すなわち最高行政機関である。この関係は明らかである。一つは権力機関で、もう一つはその執行機関である。どちらも、人民の利益を根拠とし、また憲法を基準として役目を担う。どちらも、中国共産党の指導の下、方針、政策、目標を一致させ、お互いが対立することは許されない[66]」。これは多くの国家における国会と政府の「対立」とは異なる。国務院の任務は、全国人民代表大会と全国人民代表大会常務委員会が策定した憲法、法律、決議を全国的に実施することであり、全国人民代表大会に対してその責任と報告を担う。全国人民代表大会は、国民経済社会発展計画及び国家予算の審査と承認、国務院の監督、国務院の制定した憲法や法律に抵触する行政法規、決定、命令を取り消す権限を持つ。その主旨は常に「人民のための執政」であり、方針、政策、目標は一致している。

国家主席制度の復活と国家軍事委員会主席制度の設置。一九八一年三月一八日、鄧小平は、鄧力群、呉冷西と憲法改正について話した際、次のように述べた。「国家主席の職務を復活させるべきだ。中国は大国なので国家主席を設けた方が国家にとって有利である」[67]。

一二月四日、彭真は憲法改正草案を胡耀邦と党中央政治局常務委員に送り、添え状で次のような説明を加えた。「国家主席制度について中央が最終決定をしなければ、憲法改正委員会で討論できない。この問題に関して、草案はおおむね一九五四年の憲法の条文を写したものだが、中央の考慮と最終決定に供する。中央が国家主席制度を決定した際に、条文を注意深く再検討する」[68]。

一九八二年二月二〇日、鄧小平は中央政治局会議で国家主席制度を主張した。二二日、彭真は胡喬木を訪ねて鄧小平の主張を支持するという胡喬木の意見に賛成の意を表し、自分も発言するが他の者も発言することを望んだ。二三日、会議は議論を経て国家主席制度に同意した[69]。

四月一二日、彭真は憲法改正委員会が開催した第三回全体会議を主宰し、憲法改正草案について議論、修正した際、次のように述べた。「一九七五年及び一九七八年の憲法は党中央主席が軍隊を統率すると定めているが、これは問題がある。国家の軍隊、人民の軍隊は軍事委員会主席が統率すべきである。軍事委員会は全国人民代表大会が選出する国家機関である」。

一一月、第五期全国人民代表大会第五回会議は『憲法』第二節で「中華人民共和国主席」を含む六条を特に設けた。そして、国家主席及び副主席の選挙と任期（第七九条）及び国家主席の権限（第八〇条、第八一条）、国家副主席の権限（第八二条）、国家主席の任期（第八三条）、国家主席空席時の後継または補選（第八四条）を定めた。党中央政治局委員兼憲法改正委員会副主任委員の彭真は『中華人民共和国憲法改正草案に関する報告』において次のように説明した。「**建国以来の実践によって、健全な国家体制のためには国家主席制が必要であることが証明された。これは中国の全人民の習慣と希望にも適合している**[70]」。憲法第四節は「中央軍事委員会」の二条を新たに設け、中央軍事委員会の構成員及び主要な委員と任期（第九三条）、中央軍事委員会主席の職責（第九四条）を定めた。彭真はこれについて次のように解説した。「中央軍事委員会は主席責任制とする。軍事委員会主席は全国人民代表大会の選挙で選ばれ、全国人民代表大会及びその常務委員会に対して責任を負う。**人民解放軍は党が創設し指導したが、中華人民共和国設立後は国家の軍隊である。**憲法改正草案は建国後の歴史的な経験を総括し、中国の実情とニーズに基づき、**国家体制における軍隊の地位を適切に定めた**[71]」。

一九八二年の『憲法』は初めて国家指導者の任期を定めた。

例えば、国家正副主席、全国人民代表大会正副委員長、国務院正副首相、国務委員の任期は五年で連続二期一〇年までとし、国家指導者の終身制を廃止した。しかし、国家軍事委員会正副主席と軍事委員会委員の任期については定めなかった（表8－8）。それは胡喬木による党章程の説明と同じで、実際には鄧小平が国家軍事委員会主席だったという特殊な事情を考慮したからである。

表8-8　党と国家の指導者制度（1982年）

	任期あり	任期なし
党中央指導者		中共中央総書記 中央政治局常務委員 中央政治局員 中央書記処 中央軍事委員会正副主席、軍事委員
国家指導者	国家主席、副主席 全国人大委員長、副委員長 国務院総理、副総理、国務委員	国家軍委主席、副主席、軍事委員

注：筆者が『中国共産党党章』（1982）と『中華人民共和国憲法』（1982）の関連規定を整理した。

政治協商制度の強化。国家体制について議論した際、全国政治協商会議を上院とした二院制にすべきだと主張した者もいた。これに対して彭真は次のように答えた。「人民の手中（全国人民代表大会）に権力を集中させることに問題があるのか。人民の権力を三権分立のように三つに分けたり、五権憲法のように五つに分けたりするのが良いのか。上院と下院が互いに影響を及ぼし合うことに何か意味があるのか。これらは資本主義の考え方であり、中国の国情には適合しない。一九五四年以降、政協が上院かどうかという問題があったが、毛主席と劉少奇は政協は上院でないと述べていた。中国は二元化ではなく一元化で権力を人民代表大会に集中させた。人民の権利を分割して多元化すれば、議論しても決定できなかったり、決定しても実行されなかったりするのではないか。何か良いところがあるのか。一元化は全国人民代表大会の決定を各機関が分担して実行するもので単純明快である。二院制にすれば人民の権利を二分割して自ら面倒を招くことになり、百害あって一利なしだ。党の指導がなくては人民代表大会は有名無実になる。政協も同じだ。党の指導があってこそ、人民代表大会が機能し、政協もその役割を果たすことができる。もし、資本主義国家のように各党が順に与党となれば、与党でない時は野党として反対し、与党の時は野党が反対する。これでは中国はどうなってしまうか。一貫した政策を維持できることができるのか。国家の安定を保つことができるのか。人民代表大会、一元化、党の指導、このようであってこそ、国家の統一と安定を維持することができる」[72]。

二院制を採用しないことは鄧小平らの政治的な共通認識となり、同時に政治協商制度を強化した。これは、一九五四年の第一期人民代表大会が「五四憲法」を採択後も、政協は政治的な協力者として引き続き存在したからだった。このため、一九八二年の憲法で次のように明記された。「中国人民政治協商会議は、広範な代表による統一戦線の組織であり、歴史的にも重要な役割を果たしてきた。今後も、国家の政治活動、社会活動、対外友好活動や、社会主義近代化の建設を進め国家の統一と団結を守る闘争において、ますます重要な役割を果たすだろう。このように、党が指導する多党協力及び政治協商制度は長期にわたって存在し発展していく」。このため、党指導の多党協力と政治協商制度は、中国の基本的な政治制度の一つとなり、政治、経済、文化、社会において重要な役割を果たした。

政府機関の改革。一九八二年一月一三日、鄧小平は中央政治局会議で中央機関の合理化について提案した。そして「機関の合理化は革命とも言えるが、これは機関と体制の革命であって、人の革命ではない」と述べた[73]。当時の政府機関は膨張して重複もあり職責も明確ではなく、その効率の悪さは許容範囲を超えていた。一九八二年三月、国務院は機関改革案を策定した。国務院副首相は十三人から二人に削減し国務委員を設置した。九十八あった部、委員会、直属機関、事務機関は削減あるいは統合によって五十二程度になった。その内訳は、五十二あった部門と委員会は整理統合によって三十九に削減し、四十一の直属机関は整理統合によって十になり、五つの事務機関は整理統合によって三つとなった。ほかにも、国務院には一時的に設置した指導者小組、事務室、委員会等の非常設機関が四十五あったが、大部分を廃止して業務を関連する部及び委員会に委譲した。国務院と各部、委員会の機関が合理化されると、職員も三分の一が削減され四万九千人から約三万二千人になった。また、部級の指導幹部の平均年齢は六十四歳から五十七歳に、司、局級幹部の平均年齢は五十九歳から五十三歳に下がった。大学卒程度の幹部の割合は部級指導集団で三一％から四八％、司、局級幹部で三二％から四五％に増加した[74]。

正常な退職制度の確立。一九七九年七月、鄧小平は「今後の退職制度」を提案した[75]。一九八〇年四月二三日、党中央は『業務能力を失った古参同志は十二大の代表及び中央委員候補としないことに関する党中央の決定』を採択した。これは、幹部の職務終身制度廃止のための重要な措置だった[76]。一二月、鄧小平は中央工作会議で再度、幹部の離職制度と退職制度の実施を提案した。一九八一年六月八日、陳雲が中心となって作成した『古参幹部の退職に関する座談会概要』は、幹部退職制度の実施が根本的な解決になるとした。これは非常に重要かつ必須だった。退職すべき数十万人の幹部に関係し、他の幹部にとっても将来的に関係があったからである。『概要』は、幹部の離職、退職条例の制定も提案した。以前、陳雲は次のような提案をしたことがあった。「退職年齢は二種類として建国前の幹部は『離職』とし、建国後の幹部を『退職』と呼ぶべきである。離職は在職中と同じ給与と勤続年数に応じた補てんが支払われ、在職時より生活が良くなる。離職中の幹部は政治的に元の待遇のままとし、生活も離職前より優遇する」[77]。一九八二年二月、中央は『古参幹部の退職制度に関する決定』で、省級及び部門における副幹部は六十歳、省級及び部門級の幹部は六十五歳で退職すると定めた[78]。

一九八一年、全国の予測平均寿命は六七・七七歳で、以後上昇を続け、二〇一五には七六・三四歳に達した[79]。しかし幹部の退職年齢はずっと手を加えられておらず、そのため人民代表大会もしくは政治協商の関連する職務に転任し、そのうえで正式に退職する形が採られた。

一九八二年九月、新しい党章程で次のことが明記された。「党の各級の指導幹部は、選挙か任命にかかわらず職務終身制ではなく異動あるいは解職できる。年齢や健康の理由で幹部を続けるのに適さない場合は、党と国家の規定に従って離職または退職する」。

一九八二年末までに離職手続を行った古参幹部は全国で三万人以上となり、そのうち中央機関の部長一級幹部は一四五人で、部級幹部に占める割合は六四％だった。司、局級幹部は二二三七人が離職し、司、局級幹部に占める割合は八八％だった[80]。

しかし、この新しい党章程には中央指導者の退職年齢については規定せず、任期の制限についても厳格に定めなかった。胡喬木の説明によると、慎重に検討を重ねた末に改正した党章程であり、指導者の任期は「人によって異なる」と決定した[81]。これから、この時期に党指導者の人事異動や退職システムの制度化が始まったが、まだ移行段階であり、制度化、標準化は徹底されていないことが分かる。

つまり、一九八〇年代上半期の政治体制改革は主に次の二点に集中していたことになる。一つは党章程に基づく党制度の再構築であり、もう一つは憲法に基づく近代国家制度の再構築である。この二つは補完性があり、「経路依存」という特徴も持っていた。すなわち、**直接一九五〇年代の党章程と憲法の歴史的な経験をより多く継承しており、西側諸国の政党や政治体制モデルを参考にしたのではなかった。また毛沢東時代の体制の欠点を「修正」したのであり、「すべてを作り変えた」のではなかった。さらに党内部の政治的な共通認識に基づくもので人為的に政治的見解の相違を拡大したのではなかった。この結果、中国の政治体制は国情に適した実践可能かつ柔軟性を持ったものとなり「歴史的空白」に陥るのを逃れた。それは最良ではないが最適であり、**急進主義的な革命ではなく漸進主義的な改革だった。このようにして、中国は政治改革を大幅に前進させ、政治の安定も保証することができた。

一九八二年九月一二日、胡耀邦は十二期一中全会で次のように指摘した。「中国は有利な条件が多い。第一に多くの指導経験がある。特に十一期三中全会以降は、中央の指導集団は緊密で調和がとれており、民主集中制の原則に従って進めてきた成功経験がある。指導集団の調整や機関の改革によって各級組織の戦力が強化された。第二に革命家である古参幹部が健在で、中国を正しい方向に導いている。[82] 第三に新たに設置した中央顧問委員会は中央の助手と参謀の役割を果たし、新たに強化された中央紀律検査委員会は党の規律を維持し、党風を正す上で大きな役割を果たした。この三つがあれば、この第一期の中央指導集団は、重要な歴史的責任を担うだけではなく、前期の中央指導集団よりも優れた働きができる」。これが、政治体制改革が大きく成功した根本的な原因だった。しかし、後に胡耀邦はこの三つから逸脱し、特に民主集中制の原則に厳格に従わなかった。鄧小平、陳雲、李先念らに正しい方向に導くよう心から要請せず、政治的に致命的な誤りを犯し「有終の美を飾る」ことができなかった。胡耀邦も自分が一九八七年一月初めに突然辞職するとは思っていなかっただろう。

第三節　「八六」学生運動への対応[83]

一、政治体制改革の正道と邪道

一九八〇年代、中国の政治体制改革は重要な進展を遂げたが、順風満帆ではなかった。これは経済体制改革と政治体制改革の関係が非常に複雑だったためで、互いに促進する面とけん制する面を持ち合わせていた。政治体制改革の進め方については、政治の民主化改革を強力に進めるという急進的な主張もあった。**これは非常に魅力的ではあったが、最終的に党が自爆する可能性もあった。**そのため、鄧小平は政治体制改革の優先を断念し、まず経済体制改革を優先させた。同時に急進的な政治体制改革も断念し、**漸進主義的な政治体制改革を選んだ。その目的は、資産階級の自由化という「邪道」を中国が進まず、中国の特色ある社会主義近代化という「正道」に沿って前進していくためだった。**

華国鋒を代表とする「二つのすべて派（文革直後、毛沢東の政策をすべて支持する派閥）」が退場した後も、党内には「左」傾の思想が多く、無意識のうちに影響を受けていた。しかし、中国の改革が過去に戻ることは不可能で「左」傾の代表となる者も少なく、いたとしても政治的な地位は華国鋒に及ばなかった。これは一九七六年一〇月に党が直面した二つの選択とは異なっていた。一九八二年、党第十二全大会後、党が直面したのは選択可能な二つの道であり、二つの改革構想の論争だった[84]。一つは革新的な正道である。すなわち伝統的な体制におけるさまざまな欠点を改革し、対外開放を堅持することである。この意味では、改革とは革命であり[85]、それは豊かさと繁栄を目指す道である[86]。同時に社会と政治の安定及び社会主義を堅持し、社会主義制度の大きな可能性と党指導の政治的優位を生かす道である。これは中国の国情と多くの人民の根本的な利益に適合する中国式の社会主義近代化を目指す「中国の道」である。これに対する鄧小平と陳雲の政治的態度は鮮明であり、二人は高度な政治的共通認識を持っていた[87]。

もう一つは邪道への転向である。すなわち社会秩序を乱し、法律や法規に違反して社会の安定を破壊する道である。また、社会主義を放棄し資本主義を模倣して資本主義的政治の自由化を進め、西側の資本主義制度を確立する道である。これは西側の資本主義大国に仲間として認めてもらうことで、本質的には資本主義の従属国家になることだった。**つまり、鄧小平の言うようにそれは、「ブルジョアジー自由化」や、いわゆる「全面的な西洋化」「西洋化への道」である。**この考え方は、西側の政治と民主制度が最良だと認めるだけではなく、中国にとっても採用可能な制度だと認めることである。しかし、**実際にはこの考え方によって旧ソ連やユーゴスラビアが国家分裂と社会解体という災難の道に向かったのことは、歴史と実践が示している。**政治の方向性の一つの誤り、それが転覆につながる誤りであれば、一つの誤りが百の誤りを生み出していく。

一九八〇年代における改革の過程で、指導者による政治体制改革の必要性についての論争はなかった。しかし、どのような改革をし、どの方向を採るべきかについては、二つの考え方があった。

情報の面から分析すると、中国の政治状況に対する認識は指導者によって大きな相違があり、これが政治体制改革に対する構想の相違を招いた。政策決定メカニズムからみると、情報のタイムリーな受け渡しができず、そのため重大な問題に対する政治的コンセンサスを欠いたまま、民主集中制（例えば一人一票多数決）の名の下、政治決裁を形成した。また、党の内外及び国内外という大きな背景から見ると、受けた影響によって考え方にも相違が生じた。

政策決定者の意見の不一致は、どのような改革を進めるかという政治的な不一致を反映していた。それは学生運動という外部の突発的な事件によって政治的な分裂という形で噴出し、一九八〇年代の政治体制改革に大きな影響を与えた。

一九八〇年代は、資産階級自由化に対する賛否が政治的な議論の中心だった。資本主義の民主化という落とし穴に誤って落ちるのを免れ、社会主義の発展という政治の方向性を堅持することが、一九八〇年代における政治体制改革の主流となった。

資産階級自由化という海外の思想は、経済のグローバル化によって生じたもので、発展途上国及び社会主義国家に対して西側の資本主義国家が発信する最大のソフトパワーだった。これらの国のエリートは資本主義国の民主化に大きな魅力を感じ、西側諸国は「民主主義」のエリートを育成するだけではなく積極的に激励し、資本主義の「秘薬」を公然と推進した。その目的はこれらの国家を西側の道へ導くことであり、特にソ連の例に顕著に表れた[88]。

西側諸国は、一方では「ニンジン」をぶら下げることで、自発的に西側の民主の門をたたく「代理人」を見つけて育て上げた。もう一方では「こん棒」を振り回し、発展途上国と社会主義国の執政党を悪と宣伝し、政治的圧力と経済制裁に力を尽くした。**これらはすべて西側の政治覇権、発言権、経済力を基礎としており、世界的に「西風が東風を圧倒」という政治思想や報道が長期にわたって見られた。この国際的な風潮に立ち向かうのは大部分の国家にとって難しかった。**

一九八〇年代の南米国家の改革の失敗や、一九九〇年代の旧ソ連と東欧諸国の経済体制転換の失敗は、内的要因と外的要因の相互作用によるものだった。鄧小平が述べたように、国際的な「大きな風潮」と国内の「小さな風潮」によって決定された[89]。**日増しに進む対外開放と経済のグローバル化という新たな環境の下、資産階級自由化は中国の少数の政治エリートと知識エリートにとって大きな魅力と吸引力があり、中国の一般大衆に対し欺瞞的かつ模倣的な作用を及ぼした。**

一九八〇年代、党内にも資産階級の自由化に共感するものが現れ、この「共感」を「思想の解放」と混同していた[90]。少数の党員に限らず指導者の中にも、国内外に大きな影響力を持つ資産階級自由化の風潮を抑制せず、自己の「思想の解放」と考えて自由化と資産階級の民主化の「捕虜」となり、時には「代表者」になる者もいた。このような背景の下、党内外の少数のエリートはさらに活発化し、鄧小平の提唱する「思想の解放」を利用して資産階級自由化を推進し、鄧小平の提起した政治体制改革を利用して資本主義的な政治制度のセールスマンと化した。そして、意識的かつ無意識に西側の「思想の代理人」あるいは「政治の代理人」となった。しかし、経験豊富な鄧小平は惑わされなかった。例えば、ブルジョアジーの人道主義を宣伝することで「社会主義は反人道主義である」と攻撃したり、また「社会主義疎外論」を宣揚したりするが、「実際は、人々に社会主義を批判させ、社会主義に疑念を抱かせ、果ては社会主義の否定へと仕向ける」ことにすぎない。鄧小平は、次のように先見的な指摘を行った。「ある現象（精神汚染を指す）は、短期的には、おそらくその害悪が顕在化しない。しかし、我々が適切な注意を怠り、断固とした措置を以って阻止しなければ、その影響は放埒に拡散していき、人々は邪な道を歩くことになる。結果、事態は極めて深刻化する。長期的に考えれば、この問題は、我々の事業を次のどんな世代が引き継ぐのかにかかわり、党と国家の未来、命運に関わっている」[91]。

鄧小平は資産階級の自由化について次のように定義した。**資産階級自由化とは、独占資産階級を代表するダレス米国国務長官が第二次世界大戦後に提案した自由主義化政策である。これは、社会主義国家を社会主義から資本主義へ平和的に転化させるという「和平演変」によって、いわゆる「自由世界」に引き込むこと、かつこれをそれらの国の基本国策とさせる政策である**[92]。

これは、当時のソ連と東欧諸国における社会主義国家の民主社会主義という風潮の根源にもなった。これは世界的な現象だった[93]。一九八七年、ゴルバチョフの書いた『改革と新思考(ペレストロイカ)』が出版されると、直ちに中国語版が出版されベストセラーになった。これは「情報公開」「民主化」「多元論」というソ連の三大社会変革の方針を広く宣伝した。また「人道的かつ民主的な社会主義」を政治の目標あるいは綱領として提起し、西側の価値観を完全に認め「西洋文化」に乗り換え、ソ連の社会制度を「全面的に西洋化」するとした[94]。このゴルバチョフの考え方は中国の党内と知識界に大きな影響を与え、多くの人が同意した。**西側も、ゴルバチョフのような最高指導者や「民主派」「開明派」が中国共産党に現れ、資産階級自由化政策あるいは新自由主義を果敢に実行することを熱望していた**。

政治体制改革の結果に対する知識と情報の非対称性と不確実性のゆえに、もし十数億の人口を抱える中国が資産階級自由化あるいは「民主化」を実行したなら、果たしてどのような最終結果に至るのか、当時資産階級自由化を唱和し鼓舞したエリートを含め、誰もが本当のところを理解していなかった。資産階級自由化にこだわったいわゆる「頑迷派」を含め一人として、ソ連崩壊と東欧の大変化がもたらした政治的、経済的災難を予見できなかった。しかし、鄧小平は豊富な政治経験があり、特に「文化大革命」の悲惨な教訓があったため、資産階級の自由化には当初から反対していた。

中国の改革初期そしてその後の局面につき従うように見え隠れしていた「資産階級自由化」の思想的風潮に対峙した鄧小平は、極めて明確であった。すなわち、資産階級の自由化を放任すれば、極端な民主化と無政府主義が横行し、安定的かつ団結した政治が徹底的に破壊され、四つの近代化は失敗する。そうなれば、林彪や「四人組」との十年にわたる闘争が無駄になる。そして、**中国は再び混乱、分裂、後退、暗黒に陥り**、人民の希望はすべて失われると鄧小平は考えた[95]。**中国で資産階級の自由化を実行することは資本主義の道を進むことだというのが鄧小平の結論だった。対外開放と対内経済活性化の政策は長期的なものであり、それに伴って資産階級自由化思想の侵蝕も長期的に続くであろうこと、それゆえそ**

のような思想的な精神汚染に対する対抗も長期に及ぶことを鄧小平は十分に理解していた。[96]

党第十二全大会後、中国の政治体制改革は実質的な進展を見たが、それは順調に進んだのではなく非常に複雑な過程をたどり、重大な政治的混乱が二度続けて起こった。政治危機の肝心な時に、二人の党総書記が任期前に辞職、免職となり、党内外及び国内外に大きなショックを与えた。加えて、一九八〇年末から九〇年代にかけ、ソ連と東欧諸国が様変わりした。東欧の国々がソ連のコントロール下にあった「ワルシャワ条約機構」から離脱し、ソビエト連邦、ユーゴスラビア、チェコスロバキア等の国が相次いで崩壊した。これは、長期間執政を担ってきた中国共産党とその指導者に甚大な動揺をもたらしたが、非常に大事な反面教材となった。鄧小平が、いわゆるブルジョアジー自由化に対して強い姿勢で対処したからこそ、まさに中国の政治的安定と社会的安定が保たれ、旧ソ連で起こった分裂、解体、取り返しのつかない結末を免れた。

二、鄧小平による政治体制改革の加速

一九八六年、鄧小平の二度目の政治体制改革がピークを迎えたが、ブルジョアジー自由化も勢いを増し、政治的にも社会的にも重大な事件が起きた時期でもある。その事件は、鄧小平にとって願わくば見たくはなかったであろうが、あたかも轅《ながえ》の向きと車の進行方向が違っているかのように矛盾に満ちた事件であった。

六月一〇日、鄧小平は経済状況報告を聴取する際[97]に、一九八〇年に彼が提起した政治体制改革が具体化されていないと述べた。彼は一九八〇年に始まった最初の政治体制改革に不満を持っていた。特に巨大な機関、過剰な職員、官僚主義、怠慢な作業、不毛な議論、権利委譲と権力集中の繰り返しが、経済体制改革を妨げ、経済発展を遅らせたと考えていた。そこで、再び政治体制改革を提案し、政治体制改革をしなければ現在の情勢に適応できないとし、改革には政治体制の改革が必須であり、それが（中国）改革の進展のバロメーターとなるべきだと述べた[98]。

九月から一一月にかけて、鄧小平は政治体制改革を繰り返し強調した[99]。経済体制改革が前進するたびに政治体制改革の必要性を感じており、政治体制改革をしなければ経済体制改革も貫徹できないと考えたからである。鄧小平は、次のように述べた。「中国の旧来の政治体制モデルはソ連から学んだが、ソ連で成功しなかったモデルが中国の実情に適応するはずがない。中国の政治体制改革は中国の実情から始めなくてはならない」。

鄧小平は、政治体制改革には三つの目的があることを明確にした。すなわち、官僚主義の排除、社会主義の民主の発展、人民と末端部門の積極性の結集である。政治体制改革には次

の二つの関係の処理が重要であるとした。一つは法治と人治の関係であり、もう一つは党と政府の関係である。政治体制改革は三つの側面がある。まず党政分離であり、次に権力の委譲、つまり中央から地方へ権限を委譲する。そして、機関の合理化である。鄧小平はさらに中国の政治体制改革の最低ラインとして、西側の模倣はせず資産階級自由化もしないことを提案した[100]。

当時、胡耀邦、趙紫陽、胡啓立らも、それぞれ政治体制改革について意見を述べた。これ以前の七月、万里は初めて民主的かつ科学的な政策決定を主張した[101]。鄧小平の政治体制改革の提案に対して党内外で積極的な反応が起こり、一時期最も活発に議論された。

中国社会科学院政治学所所長であり、後の中央政治体制改革研究討論チーム事務室の厳家其、中国社会科学院マルクス・レーニン主義研究所所長の蘇紹智、中国科技大学副校長の方励之らは伝統的な政治体制を鋭く批判し、大胆かつ異見を備えた政治体制改革を主張した。

当時、**党中央は一九八七年の党第十三全大会で指導者の新旧交替を実施することを検討し始めた。鄧小平らは引退の準備を始め、中央指導機関を若年化させようとした。**一〇月三〇日、中央政治局常務委員の鄧小平、陳雲、李先念らは、一九八七年の党第十三全大会で三人は引退し、他の職務にも就かないという政治的な共通認識を持った[102]。中央政治局委員兼全国人民代表大会委員長の彭真も自ら完全に引退することを申し出た。鄧穎超、徐向前、聶栄臻は早々に第二線から退くことを希望した。こうして党の高級幹部「七長老」がすべて退き、すなわち全面的な新旧交代局面となった[103]。二日後の一一月一日、鄧小平はイタリア首相に、引退して中央指導機関の若年化を図ると告げた[104]。後に胡耀邦の辞職という政治事件が起こらなければ、党第十三全大会で鄧小平、陳雲、李先念らは「半引退」ではなく、期限通りに率先して党中央委員会や他の職務をすべて「完全に引退」していただろう[105]。

当時の党総書記である胡耀邦も党第十三全大会で第一線は退くと何度も述べていた。九月中旬、胡耀邦は十三大報告起草小組の関係者に、一九八七年の党第十三全大会後は総書記を務めないと語った。これは、鄧小平が「完全引退」した際に、胡耀邦が中央顧問委員会主任を引き継ぎ、党中央の若い指導者が総書記に選出されることを意味していた。

胡耀邦は一九八〇年から総書記、一九八一年から党中央主席、一九八二年から党中央総書記を七年務めた。これに対して「長短両面があったが、全体的には合格」と自ら評価した[106]。胡耀邦は一九一五年生まれで、一九八七年には七〇歳を超えていた。一九八四年一〇月一六日には香港の日刊新聞『明報』の社長である査良鏞と会見した際、次のように述べた。「私は六九歳、趙紫陽は六五歳である。役を担うのも後数年だろう。個人的には一九八七年の十三大までに徐々に身を引くつもりだ」[107]。胡耀邦は一年後に総書記を辞任するということを香港のメディアに明らかにしていた。これが、任期前に辞任する原因であり、党の規律に違反していたのである。

九月二三日、胡耀邦は米国の『ワシントン・ポスト』の社主であるキャサリン・グラハムに接見した際、次のように述べた。「私たちはすでに指導者の職務終身制を廃止すると明確に規定し、いかなる指導者も終身制を享受する権利はない。来年（一九八七年）の党第十三次全国代表大会で、党と国家の指導者の新旧交代問題は解決されるだろう」[108]。

胡耀邦は一〇月三日及び一〇日に高級指導者と理論工作担当者が参加する会議を開いた。そして、党第十三全大会で自発的に退くと再び表明し、次の代表大会のために政治報告等を作成し、中央指導機関の候補者を選ぶ準備すると述べた[109]。

党を含む中国社会には資産階級自由化が存在したのか。もし存在したなら、それをどのように処理したのか。これについては、党中央の内部に異なる意見があった。九月二八日、十二期六中全会で採択された『社会主義精神文明建設の指導方針に関する決議』について議論した際、中央顧問委員会常務委員の陸定一は、「資産階級自由化」という表現の削除を提案した。万里らは賛成し、鄧小平は即座に反対を表明した[110]。そして次のように述べた。「**資産階級自由化反対については、私が最も多く述べ、最も堅持している。自由化とは実際どのようなものなのか。それは中国の政策を資本主義の道に導くものだ。**この考え方の代表者は、中国を資本主義に導きたいのだ。中国は開放政策を採り、資本主義でも役に立つものは取り入れたが、それは社会主義社会の生産力を発展させるための補完としてである。自由化の反対については、今だけではなく十年、二十年後も言う必要があるだろう。このような（右の）思潮は支持しない。開放によって入ってきた無分別なものがそれと結びつけば、社会主義の四つの近代化は無視できないほどの深刻な影響を受ける」[111]。残念ながら、数カ月後に鄧小平が述べた自由化による影響が現れた。

三、「八六」学生運動

一二月五日、中国科技大学等の学生が街頭でデモを行い、副学長の方励之は賞賛し公然と支持した。その後、学生運動は北京、上海等の大都市にもあっという間に広がった。学生の政治的、社会的な主張は、大学の内部改革や末端の人民代表大会代表の直接選挙制導入でもあったが、多くは政治体制改革のさらなる進展を要求した。例えば、報道規制の緩和、戸籍制度の改革、憲法に定められた公民の権利の実行、選挙制度改革、政治体制改革及び民主化の加速である。そして、一時期、学生運動が全国的に高まった。一九八五年の「九・一八」前後にも、ごく一部の学生が日本の閣僚による「靖国神社」参拝に抗議するため、北京や西安等で許可を得ずに街頭でデモをするという事件が起きていた。

一二月下旬に学生運動はピークに達した。一部の策略家はこの学生運動を利用して、党の指導及び社会主義への反対を政治的に扇動し、交通が乱れ、社会治安規定の違反が発生した所もあった[112]。

一二月二六日、北京市人民代表大会常務委員会は『北京市のデモに関する臨時規定』を採択、公布した。この第三条では、パレードやデモの主催者は五日前までに実施地区の県公安機関で、区、県がまたがる場合は市公安機関で書面申請して許可を得なくてはならないとし、その際、その目的、人数、時間、場所、ルートを説明し、主催者の氏名、職業、住所を明記するとした。しかし、この後も一部の学生が書面申請による許可を得ずにデモを行った。

一九八六年の中国は一九六六年とは違っていた。一九六六年、毛沢東は非合法組織である「紅衛兵」運動を「自然で合理的」だと認めていた。紅衛兵のスローガンは「造反有理」「革命無罪」であり、毛沢東を紅衛兵の「紅い司令官」と呼んだ。同年八月五日、毛沢東は八期十一中全会で「共産主義青年団中央は学生運動とともに戦うべきなのに学生運動に反対している」と厳しく批判した。翌日、胡耀邦らは紅衛兵の批判と糾弾を受け、共青団中央の再編を求められた。八月一三日、北京市の中高校生紅衛兵は万人大会を開催し、共青団中央を「大衆路線の堅持と言いながら、実際には大衆路線を徹底的に攻撃した」と批判した。そして、共青団中央書記処は再編された[113]。この紅衛兵運動は法治を破壊し、人権を踏みつけ、最終的に「天下大乱」を招いた[114]。胡耀邦が指導する共青団中央は「文化大革命」で最初に攻撃された中央機関となった[115]。

しかし、一九八六年までに中国は徐々に法治社会になっており、書面申請で許可を得ずに街頭でデモをすることは法律違反であり、社会の秩序と安定を破壊することだった。もし「文化大革命」のように青年や学生が違法である紅衛兵を組織していたら、確実に「天下大乱」が起こっていただろう。

鄧小平は毛沢東のように紅衛兵の「紅い司令官」にならず、法律を基準として「強硬的」に学生運動を収束させた。その目的は社会の安定を保証することであり、改革開放を順調に進める大局にあった。しかし、党総書記の胡耀邦は、学生運動と資産階級自由化に対して「開明的」な態度、つまり弱気な態度をとったため、デモ行進によって「小さな傷口が開いた」。その後、学生運動とデモ行進は深刻な社会不安となり収拾がつかないほど大きくなった。そして「政治の日和見主義」の方法を取った総書記として、胡耀邦は「辞職」した。

胡耀邦は中央書記処会議を開いて学生のデモについて議論した際、次のように考えた。第一に、政治情勢は全国的に良好である。第二に、現在いくつかの問題が発生している。すなわち、少し前は瀋陽で労働者が大通りでデモをし、今は学生がしている。しかし、全体的な影響はない。第三に、直ちに抑圧したり成り行きに任せたりせず、適切な方向へ教え導く。胡耀邦は一部の者が起こした騒動を「大したことはない」と考えていた[116]。**これは「小さな傷口が開く」のを許し、学生が法治を破壊して学生運動を起こすのを許すことで、国際的には「改革派」「開明派」という政治的なイメージを維持した。**これについて、天津市党委員会書記の李瑞環は、「胡耀邦は学生運動に対して弱腰だ」と厳しく批判した。

党章程第二二条では「中央委員会総書記の任務は中央政治局会議と中央政治局常務委員会会議の招集、及び中央書記処の業務の統括である」と規定されていた。当時、**胡耀邦は中央書記処の会議を「統括」したが、政策決定の最高機関である中央政治局常務委員会議の招集は少なかった。**『鄧小平年譜（一九七五～一九九七）（下）』と『陳雲年譜（一九〇五～一九九四）（下）』によると、一九八六年一二月に二人が中央政治局常務委員会に参加したという公式記録はない。これは、**中央政治局常務委員会を招集するべき総書記である胡耀邦の責任が大きかった。**

これに対して陳雲は「党内に民主制度が必要だ。常務委員及び政治局会議の開催頻度を決めねばならない」と強調した。また、胡耀邦を痛烈に批判して次のように述べた。「**あなたは総書記であるが、総書記の任務である中央常務委員会の開催が少ない。**常務委員会議、政治局会議、政治局拡大会議はそれぞれ開くべきだ。それが党の民主的な運営活動である。**民主集中制を堅持し、会議を頻繁に開いて議論し十分に意見を交換すれば、大きな問題は起こらない**[117]」。陳雲は胡耀邦の「大きな問題」の本質についても指摘していた。一九八〇年一一月一一日、鄧小平が胡耀邦を中央主席に推薦した際、支持を表明しながら、「**この集団指導集団は独断で決定するようなことはせず、集団指導でお願いしたい**」と述べた[118]。

胡耀邦はかつて次のように述べた。「『文化大革命』という大きな過ちが長期にわたって是正されなかった根本的な原因は、党の正常な政治活動が破壊され、党の民主集中制、特に中央の指導集団が破壊されたからだ」。そしてそれに鑑み、「一般的に重要な問題はすべて党委員会で集団討論する必要があり、個人の独断は許されない」と述べた[119]。

しかし、胡耀邦が総書記を務めた数年間は、重要な問題について個人で決めることを好んだ。党章程を履行せず、中央政治局常務委員会と政治局会議を定期的に開かず、関係する情報が中央の上層部で十分に共有されなかった。同様に、党の民主集中制の原則を遵守しなかったため、重要な政策を決定する上で最上層部が政治的な共通認識を持つことができなかった。**その結果、問題が起これば胡耀邦が政治的な責任を負う必要があったが、これに対する覚悟や自己批判に欠けていた。これは政治的な未熟さの表れである。**胡耀邦は「文化大革命」を経験したが、**毛沢東個人による政策決定の弊害という歴史的な教訓を生かさず、楊尚昆が述べたように正式な**

制度である「中央政治局常務委員会は総書記が招集する」という党章程を遵守しなかった。

最も重要なのは、一二月三〇日に至ってようやく鄧小平に報告をしたことである。鄧小平は胡耀邦らに次のように述べた。**「北京市が公布したデモに関する規定は法律と同じ効力があるため、実行しなければならず譲歩はできない。正しい方向に導くためには、法的手段を使うこともある。社会の秩序を乱し法律に違反した場合は、必ず処分する必要がある。学生運動への対応は重要である。指導者が明確な主張や態度を示さなければ、人民も是非が分からないからだ。指導者が態度を明確にすれば騒動は起きない」**。胡耀邦が鄧小平の提案に従っていれば、学生運動は無事に収まったはずだった。

鄧小平はさらに、中央の代表である胡耀邦から地方まで思想と理論が徹底していないために騒動が起こったのだと批判した。中国の民主は徐々に成長するほかなく、西側の方法をそのまま取り入れれば混乱は免れないと考えたからだ。[120] 胡啓立によると、一九八四年六月二八日、鄧小平は彼に、**胡耀邦の弱点は、四つの基本原則の堅持及び資産階級の自由化反対に対する意思表示が弱いことだ**と述べたという。これは、学生運動への対応を第一線で行った地方責任者である李瑞環の意見と一致していた。

胡啓立は直ちに鄧小平の指示を胡耀邦に丁重に報告したが、胡耀邦は中央書記処にこれを知らせず、批判や援助も求めなかった。

胡啓立は、鄧小平の「示唆」が胡耀邦に何の効果もなかったと考えた。[121] **政治的に未熟で弱気な態度は指導者にとって致命的である。社会危機が起こった時にそれが露呈し、政治的な自由主義と軟弱主義が政治的な逃避主義と日和見主義に変わるからだ。**

四、胡耀邦の辞職

胡耀邦は鄧小平の批判を誠実に受け入れず、明確な態度も示さず、法律に則って学生運動を果断に処分しなかった。そして、図らずも自ら辞職した。**一九八七年一月二日、胡耀邦は鄧小平に書簡を送り、『本心を打ち明ける』として、自分を総書記から免職するように要請した。**[122] 胡耀邦はなぜ突然辞意を示したのか。党は「大企業」ではなく、総書記は企業のCEOのように進退を自由に決められない。**総書記が辞職すれば党に大きな負の影響を及ぼすことになる。**辞職の理由が十三大では総書記を務めないという動機からだとしても、鄧小平の批判を受け入れられないという政治的な配慮からだとしても、この辞職を願い出た書簡は理解できない。**重要な局面で辞職するのは極めて無責任である。**これは胡耀邦の政治的なイメージと威信を損なっただけではなかった。**改革開放に邁進するため固く結束していた党中央が、政治的分裂という重大な危機に陥ったことを国内外に示すこととなった**のである。

一月四日、党中央政治局常務委員会拡大会議は学生運動について議論した。これは学生運動後に初めて開催された会議だが、法律に則ってどのように学生運動を処理するかではなく、党中央内部における危機について議論された。しかし「時すでに遅し」だった。胡耀邦は辞職に固執したため、国際的に大きな影響を及ぼし、後の一九八九年の政治的騒動にも影響した。**総書記胡耀邦が周りの意見を寄せ付けず辞職したことは、党中央に難題を突き付け、中国共産党の歴史においても未だかつてなかったことでもある。総書記でありながら世界に向けて、党と鄧小平に面目を失わせ、恥をさらしたのである。**

では、**鄧小平はどのようにこの難題を処理したのか。**一月六日、鄧小平は胡耀邦と話をした。この前後、鄧小平は中央政治局常務委員会の議論を経て、胡耀邦の問題を解決するために党内生活会議の開催を決定した。中央常務委員は趙紫陽、薄一波、楊尚昆、万里、胡啓立の五人に生活会議の招集を依頼し、薄一波が会議の主宰者に指名された。一月八日、党中央弁公庁は『通知』を出して会議の出席名簿を定めた[123]。

一月一〇～一五日、中央政治局常務委員会は政治局委員と中央顧問委員会常務委員の一部が参加する中央一級党生活会議の開催を決定した[124]。

胡耀邦はこの会議で指導に対する誤りを検証し、政治原則に反する深刻な誤りを犯したこと、党に重大な損害を与えたことを認めた[125]**。しかし、依然として総書記辞任を取り下げることはしなかった。**趙紫陽が次のように鋭く指摘した。「劉賓雁や王若望に対して、なぜこれほど寛容なのか。その理由の一つは、**国内外で『開明的』なイメージを維持するためではないか。資産階級の自由化を求める者がなぜこれほど好き勝手に増長し、なぜ強気でいられるのか。それは望みをあなたに託しているからではないか**[126]」。そして、中央書記処書記の鄧力群は、資産階級自由化に反対する鄧小平の観点を系統的に説明した[127]。

ここで注目したいのは、鄧小平がこの会議で出した四つの意見である。第一に路線の誤りや路線闘争という言葉は使わない。第二に個人の資質と関連づけない。第三に「団派（共青団閥）」に言及しない。第四にセクト感情に関する問題に言及しない[128]。これは、鄧小平が毛沢東の教訓から十分に学んだことを示しており、また『党内政治活動に関する若干の準則（一九八〇）』に則って、むやみに「レッテル」を貼らない、敵味方の矛盾について思うまま言わない、一般的な政治の誤りを路線の誤りと言わないということだった。こうしなければ学生運動の拡大と胡耀邦問題の拡大を防げなかったのである。

この党生活会議の合法性を疑問視する人は多かった。党内の保守派による「クーデター」と呼び、胡耀邦の肩を持つ者もいた。**しかし、事実は次の通りである。胡耀邦が中央政治**

局常務委員会開催を避け、独断で決裁を行った事実が先にあり、後に、それが重大な誤りにつながった。辞職が先にあり、党の生活会議が後になった。胡耀邦の強い私心、大局を顧みない行動・思想が事実として先にあり、後に中央政治局拡大会議の決定につながった。

一月一三日、鄧小平は日本の自民党幹事長の竹下登と会見し、学生運動の問題に言及した際、次のように述べた。「思想の上で混乱が生じ、学生に対する指導努力が足りなかった。これは重大な失敗である」。しかし、誰が間違いを犯したのか、誰が責任を負うべきかについては、対外的に述べなかった。また、中国について考える時、中国の問題における複雑さを理解する必要があると述べた。**中国には十億以上の人口と数十の民族があり、建国後の三十年余りは紆余曲折の歴史だった。「文化大革命」の時、「大民主（大いに意見を言い、大いに討論し、大いに壁新聞を書き、大いに論争する）」が行われたが、大衆が声をあげ、騒ぐことが民主であり、これで問題が解決できると考えられていた。しかし、実際にはそれで内戦を引き起こしてしまった。**これが歴史の経験と教訓である。[129]

同日午後、鄧小平は中央政治局委員、中央軍事委員会副主席の楊尚昆と胡耀邦の問題について話した。そして「柔軟な処理」という意見を出し、全員が同意した。[130]

一月一六日、鄧小平は中央政治局拡大会議を招集した。[131]中央顧問委員会副主任の薄一波は、党中央一級党生活会議について報告した。[132]会議では胡耀邦に対し、同志としての厳粛な批判がなされ、同時に彼の業績が肯定された。胡耀邦は総書記の任期中に党の集団指導の原則に違反し、政治原則の上で重要な誤りを犯したとして、**中央に党中央総書記の辞任を許可するよう再要請した。**[133]

中央政治局拡大会議は全会一致で胡耀邦の総書記辞任の要求を認め、中央政治局委員及び常務委員は留任することとした。総書記代行には趙紫陽が任命された。中央政治局常務委員は、人数は変えずに序列が変更された。すなわち、胡耀邦、鄧小平、趙紫陽、李先念、陳雲から、[134]趙紫陽、鄧小平、李先念、陳雲、胡耀邦の序列となった。[135]これは次回の中央全会による追認を要請すると決定し、同年一〇月二五日、十一期七中全会で正式に決定した。

なぜ党中央は趙紫陽を総書記代理に任命したのか。胡縄が編集主幹した『党七〇年』によると、趙紫陽は一九八〇年までに地方で業績を上げ、一九八〇年九月以降も国務院総理を務め、経済活動で業績を上げたため、党中央総書記代行に選出されたとある。[136]『党章』第二一条では「中央委員会総書記は中央政治局常務委員会委員から選ばなければならない」と定めてある。当時の五人の中央政治局常務委員の中で趙紫陽だけが党章に定める条件を備えていた。なぜなら彼は、胡耀邦、鄧小平に次ぐ序列第三位であり、鄧小平が就任しないとなれば、趙紫陽に落ち着くほかなかった。

会議は、後日開催予定だった党第十三全大会で、引き続き指導者の職務終身制廃止を進め、中央政治局常務委員の若年化を加速すると決定した。中央政治局委員の「四老」である徐向前、聶栄臻、鄧穎超、彭真は他の職務を含めて完全に引退し、「三老」である鄧小平、李先念、陳雲は、中央政治局常務委員は退くが、他の職務には留まるとした[137]。二カ月前に上層レベルで合意していた「鄧小平、陳雲、李先念、彭真、鄧穎超、徐向前、聶栄臻――これら徳望が高い『七老』」の引退は、この会議で変更され、指導者の新旧交替を期限通りに実現することができなかった。これは胡耀邦の突然の辞職が原因である。

鄧小平は胡耀邦同志に対して「穏便」に処理するつもりだった[138]**。そして経験を総括して誤りを正すと主張した。**[139]同日、党中央は「全党の幹部、党員、人民大衆に向けた『鄧小平同志の学生運動問題に関する講話の要点』に関する通知」を発布した。

一月二〇日、鄧小平は海外の客に会見した際、次のように述べた。「学生運動と総書記交代の問題は簡単ではないが、党はこれに対処する十分な能力がある。この二つは改革開放に影響を及ぼさない」[140]。三月三日、李先念は日本の友人に会った際、次のように述べた。「**党の指導者は一人でなく集団であり、この集団指導に反することは許されない。**指導層の認識が変わった後も全体的な方針と政策は変わらないので、心配することはない」[141]。四月二〇日、鄧小平は学生運動を一事件にすぎず、ただちに解決できたと考えていた[142]。**しかし鄧小平の思惑に反して、胡耀邦の失脚は一九八九年の「六四」事件の政治的な混乱の導火線となり、趙紫陽失脚の直接的な原因ともなった。**

中央政治局拡大会議後、資産階級自由化反対が党内外で展開され、中国科技大学副校長の方励之、人民日報社高級記者の劉賓雁、上海作家協会理事の王若望の党籍剥奪が決定した。二月一八日、鄧小平は海外からの客人に次のように述べた。「学生運動の責任は学生にあるのではなく、一部の策略家が扇動したのである」[143]。後に、この三人は国内の知識界における米国を中心とした西側諸国の資産階級自由化を進める代理人であったこと、西側のメディアには「中国民主の闘士」と見なされていたことが証明された[144]。

方励之は、当時の政治制度を現代の封建主義制度と考えており、全面的に西洋化し、西側の科学、技術、文化、政治、経済、イデオロギー、道徳等を学ぶことを主張した。中国の政治体制、所有制度、政治体制改革の問題の核心である一党制か多党制かに対して、劉賓雁は当時の社会制度は封建主義で、中国の活路は私有化にあり「全面的な西洋化」が必要だとした[145]。王若望も多党政治を主張していた。西側の政治制度に対する三人の認識はとても浅く、方励之は米国で大学の教授となったが、劉と王の二人は晩年、悲惨な生活を送った後に病死した。反共を掲げることで米国から政治的な自由を与えられたが、米国に利用され価値がなくなると社会的に捨て去られたのである。しかし、このような政治的な主張は、学生や一部の知識人に大きな影響を与えた。こうした状況は、一部の知識分子に見られた——西側の民主とブルジョア精神に対する盲目的な一時の崇拝心理（「アメリカンドリーム」幻想）を反映していた。

この学生運動を通して、鄧小平は中国の問題を考える時、その複雑性を理解する必要があると考えた。同時に、あらゆる混乱を排除し、再び混乱が起きないよう安定的かつ統一的な政治を維持しなければならないと考えた。そうでなければ、経済建設と改革開放は進めることができなかった。[146] **鄧小平の学生運動に対する原則は非常に明確で、中国で混乱が起きるのを許さず、混乱ひいては動乱を招く要因は一切排除**するというものだった。[147] これは、政治体制改革を含めどのような改革であっても、社会的な不安定をもたらした場合は「民主」や「政治体制改革」よりも「混乱の収拾」と「安定」を優先するということだった。一九八九年の「八九」政治動乱も、この合理的な原則に従って処理された。

鄧小平は中国には「右」の妨害がまだあると確信していた。それは全面的に西洋化し、改革開放を擁護する旗を振りかざしながら、中国を資本主義に導こうとするものだった。**鄧小平は、中国の近代化は資本主義ではなく社会主義の下で行うと結論づけた。以前も中国で資本主義を目指した者はいたが、達成できたことはなかった。**[148] 資本主義では**数パーセントの人間は良い生活を送れるかもしれないが、九〇パーセント以上の人々はあらたに革命が必要になる**だろう。それゆえ、中国は社会主義の道を進むしかない。[149]

残念ながら、党中央は胡耀邦事件とその教訓について中央全会を開き正式な決議をしなかった。その上、総書記代理の趙紫陽は前任者の教訓を生かせず、甚だしきに至っては、「二枚舌」を使い分け、投機的な政治を行うことさえあった。

一九八〇年から趙紫陽の政治秘書を担当した鮑彤は次のように話している。「記憶の限りでは、趙紫陽は『改革開放』を矯めるために『四つの堅持』を掲げたことはない。逆に『改革開放』を掲げて『四つの堅持』をぼかし、弱め、抑制していた。鄧小平が『四つの堅持』という伝家の宝刀を掲げて自由化を鎮圧しようとするたびに、越紫陽はすぐさま全党の注意をそらそうと、「小平同志にはもう一つの基本があることを忘れてはいけない。それは『改革開放』である。況や、『核心』である近代化建設を失念してはいけない」と呼びかけた。鄧小平にしてみれば、ボトムライン（「四つの堅持」）を指すを踏み外すことは、すなわち自由化であり、動乱であり、大逆非道である。したがって、鄧小平が胡耀邦、趙紫陽の二人と袂を分かつのは、時間の問題であり、怪しむに足らず、避

け得なかった」[150]。

鮑彤は、少ない言葉であるが、鄧小平と胡耀邦、趙紫陽との根本的な違いを描き出している。つまり、党中央の上層部では社会主義の方向性をどのように維持するか、政治体制改革が誤った道に落ち入るのをどのように免れるか、政治的な騒動と動乱の再発をどのように防止するかについて**政治的な共通認識がなかった。このため一九八九年に再び学生運動が起こった時、政治的な相違から、最終的には政治の分裂に至ったのである。**

第四節　十三大の政治体制改革構想

一九八六年末に学生運動が起こり、一九八七年初めに胡耀邦が総書記を辞職した後、鄧小平は一九八七年四月に中国は西洋式の民主は行わないと重ねて強調し、直接選挙の実施は時期尚早と考えていた[151]。

中国の政治体制改革の主な目標は何だったのか。指導者はどのような認識の下に決定したのか。具体的にはどのような内容だったのか。また、最低基準をどこに置いたのか。

一九八六年九月、鄧小平の提案で党中央は政治体制改革研究討論小組の編成を決定した。メンバーは、国務院総理の趙紫陽、中央書記処書記の胡啓立、国務院副総理の田紀雲、中央顧問委員会副主任の薄一波、全国人民代表大会常務委員会副委員長の彭沖の五人で、党中央政治局常務委員会が直接指導に当たった。また、事務室を設置し、国務院総理秘書兼国家経済体制改革委員会副主任の鮑彤が責任者となった。重点的かつ全面的に問題を研究するため、特に七つの研究課題が提案された。それは、党政分離、党内民主、機構改革、幹部人事制度、社会主義民主、社会主義法制、改革の基本原則だった。

一九八七年一〇月一四日、趙紫陽は十二期七中全会の準備会議で『政治体制改革の全体構想』について説明した。政治体制改革は党政分離が鍵であり、まず指導体制改革を行う必要がある。党政分離をしなくしては、政治体制改革も始められない。社会主義諸国では党政分離が大きな流れである。これは必須であり、いずれ実施しなくてはならない。さらに、中国における党政分離の状況は社会主義国家の中では深刻であり、党政分離は党の指導体制における一大改革である。党政分離には、中央、地方、末端組織等の段階がある。党中央レベルについては、各方面の工作に対する政治指導を党中央が実行する。すなわち、政治の原則、政治の方向と内政、外交、経済、国防等の重要な政策を指導し、中央国家機関の重要な幹部を推薦する。さらに、政府の各部における党組織を徐々になくし、国務院は政治局あるいは政治局常務委員に政策決定に関する議題について中央書記処の評価や選別を受けないよう要請し、同時に指導方法や業務の改善に注意を払うとした[152]。

この趙紫陽の党政分離を方向とする政治体制改革構想は、ソ連、東欧の政治改革構想を参考にしたものだが、具体的には「党委員会が党を管理する」方法であり、またそれに限定したものである。直接には政府各部党組織、規律検査小組及び中央地方各級教法委員会等を解消し、実質的に党中央の指導を大幅に弱体化した。それが「八九」政治動乱の重要な原因を生みだした。ソ連解体・東欧の激変に起因しているが、この後、党中央は政治体制を改変した部署に調整を行い、上述の機構をあらためて復活させ、党中央の全面指導を大々的に強化した。

党第十三全大会報告では、さらに政治体制改革の目標、構想、措置について議論した。政治体制改革の長期目標は、高度に民主的、法的に完備された、効率が高く活力ある政治体制を確立することだった。短期目標は、効率、活力、協調性の高い積極的な指導者体制を確立することだった[153]。政治体制改革の重点は主に七つあった（コラム8－1）。この報告では以下のことが指摘された。「社会主義民主政治の確立は徐々に蓄積しながら漸進する。そのためには社会と政治の安定的な環境が必要であり、国家法制や社会の安定を損なう『大民主』は許されない。これは漸進主義的な政治体制改革路線であり、また『文化大革命』という悲惨な歴史を教訓とした政治体制改革の原則である」。

コラム8－1　十三大における政治体制改革の基本的な内容（一九八七年）

第一、党政分離を実行する。「今後、各級党委員会は、政府に在職していないにもかかわらず政府の工作を分掌する専任書記、常務委員を設けない」と定める。「党委員会による党の管理」を実行する。

第二、権力の委譲をさらに進める。中央と地方の関係は、全国の政令統一の保証を前提として、中央と地方の職責を徐々に明確にし、地方のことは地方が管理し、中央は、重大な政策と方針の提起、進捗の監督に責任を持つ。

第三、政府機関を改革する。専門管理部門と総合部門の専門機関を合併または削減し、企業に対して政府は直接的管理から間接的管理に転換する。政策決定の協議と調整、監督、監査、情報部門を適度に強化し、総合部門の業務方式を転換して政府のマクロ経済に対する管理・調整能力を向上させる。行政が基本的な規範と手続を提供できるよう行政立法を強化する。

第四、幹部人事制度を改革する。国家公務員制度を導入し、国家公務員は政務と業務の二種類に分ける。政務の公務員は任期制とし、社会の公開監督を受ける。業務の公務員は国家公務員法によって管理し常任制とする。党政分離、行政と企業の分離、また公務員とその職務の管理を結びつけ合理的に統制するという原則に則って、公務員を区分して管理する。

第五、社会協商対話制度を導入する。指導機関の活動をさらに公開し、重要な情況は人民に知らせ、重要な問題については人民が議論する。全国、地方、末端組織部門における重要な問題については、国家、地方、末端組織でそれぞれ協議すべきである。政務活動及び党務活動についての報道を増やし、世論が監督の役割を果たせるようにする。

第六、社会主義における若干の民主政治制度を改善する。人民代表大会及び人民代表大会常務委員会の機能を引き続き改善し、委員の若年化と同時に委員の専門化も徐々に進め、全国人民代表大会常務委員会及び各専門委員会の議事規則と業務手続を改善する。法律に則って差額選挙制度（候補者数が選出される人数よりも多い選挙制度）を引き続き堅持し、候補者の選出方法を改善する。末端組織の民主的な運営と活動を制度化し、報道機関、結社、集会、デモ等の法律を強化する。陳情制度を導入して憲法で定められた公民の権利と自由を保障する。労働仲裁制度を導入して公共福祉事業の社会化を積極的に進める。

第七、社会主義法制を強化する。立法業務の強化及び法執行活動の改善によって司法機関が独立して法律に基づく職権が持てるようにする。党、政権と他の社会組織との関係、国家権力組織、中央、地方、末端組織の関係、人材の育成、選抜、使用、解雇、末端組織の民主的な運営と活動、社会協商対話を制度化する。

資料出典：趙紫陽「中国の特色ある社会主義の道に沿って前進する～党第十三期全国代表大会報告」一九八七年一〇月二五日、党中央文献研究室編『十三大以来重要文献選編』、北京、人民出版社、一九九一。

中国はどのように政治体制改革を進め、民主政治を実行したのか。これに対して、党第十三全大会報告では「川を渡る」という目標を出し、さらに「橋」と「船」の問題を解決して「川を渡る」方法を提案した。報告では、中国政治の民主は二つの方向から始めるべきだとした。一つは党内と党中央から始め、党中央は手続、制度、規則を設けること、もう一つは社会と末端組織から始め、末端組織の民主と公民の民主的な権利を保障し、広範な政治協商対話を展開することとした。

前者は「党内民主」あるいは「政治エリートの民主」と言える。それは「トップダウン」方式の民主であり、その政治プロセスは、共産党内、とりわけ党中央内に限定されていた。党章程の関連規定に従って党内の民主を政治的な共通認識とすることで、党内の政治的な矛盾を解決する。後者は「社会の民主」あるいは「末端組織の民主」と言える。「ボトムアップ」方式の民主であり、末端組織である広範な人民大衆が参加して拡大するものである。例えば農村の村民選挙や工場業務の公開等で、非政府機関も含まれる。「トップダウン」方式の「党内民主」と「ボトムアップ」方式の「社会民主」は中国の社会及び政治の民主化において重要な役割を構成している。ほかにも、制度化の民主という第三の道もある。これは、既存の制度とその体制の下での民主である。例えば、憲法に基づいて全国人民代表大会と各級人民代表大会の役割を強化し、法制を整備強化することである。[154]

党第十三全大会報告では、政治的指導の概念をさらに明確にした。党中央は内政、外交、経済、国防等の重要な問題について政策を決定し、推薦を受けた者が最高国家機関を指導し、各方面の業務に対して政治的指導を行うとした。また省、市、県の地方党委員会は、中央の路線の執行と全国の政令の統一保証を前提として、当該地区の業務に対して政治的指導を行うこととした。[155]

一九八七年の党第十三全大会と一九八八年の第七期全国人民代表大会は「党、政府、軍」という多元権力構造を採用した。趙紫陽は総書記を務めると同時に、中央軍事委員会第一副主席、党と軍隊の事務を兼任したが、国務活動には就かなかった。一九八八年三月、全国第七期人民代表大会第一回会議では、党中央総書記、国家主席、軍事委員会主席の党・政・軍それぞれにおける最高職務を、依然として三人で分担した。つまり、政治局常務委員の趙紫陽が総書記、政治局委員の楊尚昆が国家主席、鄧小平が中央軍事委員会主席を担った。次いで、中央政治局常務委員の趙紫陽が国家中央軍事委員会第一副主席、中央政治局常務委員の李鵬が国務院総理、中央政治局常務委員の姚依林が国務院副総理を担当した。鄧小平は一斉に引退する方法を採り、陳雲、李先念らとともに中央委員会と中央政治局及び中央政治局常務委員会から退いたが「半引退」の形を採った。鄧小平は中央軍事委員会主席と国家軍事委員会主席に留任、陳雲は中央紀律検査委員会書記を辞任して中央顧問委員会主任を鄧小平から引き継いだ。李先念は国家主席を辞任して全国政治協商会議主席を鄧穎超から引き継いだ。政治局委員の万里は全国人民代表大会常務委員会委員長を彭真から引き継ぎ、国家副主席は王震が引き継いだ。中央常務委員の喬石は中央紀律検査委員会書記を、中央常務委員の胡啓立は党のイデオロギー工作を担当した。八人の国家指導者のうち中央常務委員は三人のみで、全体の三七・五％となり「党、政、軍の最高指導者は三人が担当する」という権力構造を体現した。しかし、鄧小平、陳雲、李先念が第二線に退いたために、通常の状況下では、この三人は中央政治局常務委員会もしくは拡大会議に参加することがなくなり、決済情報の共有と様々な観点の交換が難しくなった。そのため、中央政治局常務委員会の決裁システムと内部協議による政治的コンセンサスの形成及び民主集中制に基づく「少数が多数に服従する」決裁原則との間に、齟齬《そご》が生じることになった。

党第十三全大会の大きな貢献の一つは、党の民主制度構築を強化したことである。中央の指導機構から見ると、主に取られた措置は次である。定期的報告業務制度の確立、つまり中央政治局常務委員会は中央政治局に、中央政治局は中央全体会議に向けて、定期報告を行う。中央全会会議の回数を適度に増やして、中央委員会が集団で政策を決定するという効果を上げた。中央政治局、政治局常務委員会、中央書記処の業務規則と生活会制度を確立し、集団指導を制度化し、党指導者に対する監督と抑制を強化した[156]。一九八七年一一月一四日、中央政治局の全体会議で『第十三期中央政治局工作規則（試行）』『第十三期中央政治局常務委員会工作規則（試行）』『第十三期中央書記処工作規則（試行）』を採択した。これは一九八七年一月一六日の党中央政治局拡大会議で、陳雲が中央政治局常務委員会、中央政治局会議を定期的に開く制度がないことについて胡耀邦を批判し、上述の制度を提案したことによって制定されたものである。陳雲は、会議を頻繁に開き議論や意見交換を十分すれば、大きな問題は起こらないと考えていた[157]。

これは集団指導によって政策が決定される健全な制度で、党第八全大会における革新的な制度と手法が取り入れられ、民主的かつ科学的な政策決定と、中央政治局、政治局常務委員、党指導者に対する全党及び中央委員会の監督を保証するものだった。この制度が正しく遂行されていれば、党内で特別な人物となった指導者個人が党中央と全党の上に置かれることもなく、胡耀邦と趙紫陽のような問題も起きなかっただろう[158]。

党第十三全大会で採択された『党章』改正草案では、初めて差額選挙制度の採用が提起された。これは次のような段階を踏むものだった。まず大会主席団が行う全体会議で中央政治局が提案する候補者名簿を承認する。それが各代表団の予備調整に付される。そして、無記名投票による差額選挙で候補者を選出して、各代表団が主席団会議で承認した候補者名簿を調整し、代表大会で無記名投票による正式選挙を行う。この正式選挙は等額選挙（候補者数が定員と同数の選挙）である。

党第十三全大会報告では、初めて制度の確立によって長期的な政治の安定を目指す発展目標を出した。政治体制改革の目標（コラム8－1）は、中国の社会主義民主政治を段階的に制度化、法制化することだった。これは「文化大革命」の再発を防止し、国家の長期的な安定を基本的に保証するものだった。この報告では、政治体制改革の初期の目標だけでは十分ではないが、この目標を達成することによって社会主義民主政治のための良好な基盤が築かれ、長期目標も徐々に実現できるとした[159]。

国家の政治体制をどのように評価するか。これは、世界でも議論が多い。西側諸国では何かと言えば「覇権」、「三つのすべて」を持ち出し、民主的であればすべて優れた制度、自由であればすべて優れた制度と言っている。鄧小平はこれが正しくないという自信と認識を持っていた。一九八七年三月、鄧小平は外賓に対して次のように述べた。「国家の政治体制、政治構造、政策が正しいかどうか評価するには次の三点が鍵になる。一つ目は国家の政局が安定しているか、二つ目は人民の結束を強め、また人民の生活を改善できるか、三つ目は生産力の向上を継続できるかである[160]」。つまり、「民主」や「自由」といった抽象的で多様な意味に取れる単純な概念によって政治体制は評価できないということである。鄧小平のような政治家にとって、政治体制の本質は国家統治の実践過程である。したがって「実践が真理を検証する基準」であり、これが「鄧小平の基準」であり、これは人々の想像をはるかに超え、複雑多岐にわたる深謀遠慮である。

党第十三全大会で出された政治体制改革の方向性は正しかった。改革構想は明確で、改革目標は限定されており、改革方法は漸進主義で、改革措置は実行可能だった。しかし、党中央の指導の弱体化が進んだ。一九八九年の学生による示威行動が引き金となり党内上層部に深刻な分裂が生じ、鄧小平等が身を挺して有効に処理したものの、この政治的騒動が上述の政治体制改革実現プロセスに、疑いようもなくマイナスの影響を及ぼした。これは、趙紫陽、そして鄧小平にとっても予見できなかった。中国の政治体制改革は、極めて複雑な過程をたどっている。その焦点は、党の指導を強化し改善するのか、あるいは弱体化するのかに絞られてきた。実践から得る深刻な教訓は、理論としての改革構想が及びも付かないほど複雑で重要である。

注

1　一九九一年一〇月五日、鄧小平は朝鮮労働党中央委員会総書記兼国家主席の金日成と会談した際、次のように述べた。「私たちの改革は、政治ではなく、経済及び国民生活の改善から始める。政治制度の改革を発表した際、私は米式の民主主義を認めないと述べた。私はブッシュらアメリカ人と何度も話したが、**米国のものは取り入れない。西洋の民主主義に同意しないが、中国に民主は必要であり、社会主義の民主が必要だ**」。中共中央文献研究室編『鄧小平年譜（一九七五－一九九七）』（下）、一三三二頁、北京、中央文献出版社、二〇〇四。

2　鄧小平は、中国を訪れたポーランド統一労働者党中央第一書記のヤルジェスキーに次のように述べた。「両国の政治制度はどちらもソ連モデルを参考にしたが、これはソ連でもそれほど成功していないようだ。たとえソ連で一〇〇％成功したとしても、それは中国の実情に合致するのか。国家によって実情は異なる。私たちが提案した政治体制改革は、中国の実情に基づいて決定したものである」。「政治体制改革問題について」『鄧小平文選』第三巻、一七八頁、北京、人民出版社、一九九三。

3　鄒讜『中国革命再闡釈』中国語版、八～九頁、香港、オックスフォード大学出版社、二〇〇二。

4　毛沢東は次のように述べた。「私たちはさらに組織すべきである。国民の大多数を政治、軍事、経済、文化及び他の組織に組み込み、旧中国の未組織化状態を克服し、偉大な国民集団の強みを活用し、人民政府と人民解放軍を擁護し、独立民主、平和的に統一された豊かで強い新中国を建設しなければならない。毛沢東「中国人民大団結万歳」一九四九年九月三〇日、『毛沢東選集』第五巻、一〇頁、人民出版社、一九七七。

5　詳細な分析は以下を参照。胡鞍鋼『中国政治経済史論（一九四九－一九七六）』、北京、清華大学出版社、二〇〇七。

6　鄧小平「四つの基本原則の堅持」一九七九年三月三〇日、『鄧小平文選』第二巻、一六八頁、北京、人民出版社、一九九四。

7　鄧小平「政治体制改革問題について」一九八六年九月～一一月、『鄧小平文選』第三巻、一七四七頁、北京、人民出版社、一九九三。

8　党八大の党章改正報告起草グループのメンバーは、安子文、劉瀾涛、宋任窮、李雪峰、胡喬木、馬明方、楊尚昆、鄧小平、譚震林であり、鄧小平（中央秘書長兼中央組織部長）がそのリーダーを務めた。

9　胡喬木は次のように説明した。「党章の特徴は新時代の党のニーズに適応していることである。執政党としての党の地位を十分に考慮し、これに焦点を合わせて多くの規定を作成した。党章は民主制の各方面で詳細な規定を設け、個人の独断を防止した。党章では、党は憲法と法律の範囲内で行動しなければならず、積極的に、責任を独立して負い、協力して活動しなければならないと定めている」。胡喬木「十二大の重要な成果」一九八二年一〇月八日、二〇二～二〇三頁、『胡喬木談中共党史』、北京、人民出版社、一九九九。

10　詳細な分析は以下を参照。胡鞍鋼『中国政治経済史論（一九四九－一九七六）』第二版、北京、清華大学出版社、二〇〇八。

11　胡喬木は次のように考えた。「党の全国代表大会は全国人民代表大会と大きく異なり、後者は毎年多くの多年度にわたる重大な議題を議論、採択する必要がある。前者の任務は主に党の路線、政策、基本方針を決定し、より安定した指導力を発揮することであるから、毎年開催する必要はない。代表常任制を実行したなら、代表者の任務や権限、各級の党委員会との関係について具体的に規定するのは難しい。それは、各級の党委員会の業務を不必要に複雑にすることさえある」。『胡喬木同志就党章修改問題答新華社記者問』、一九八二年九月一三日、新華社電、北京。

12　胡耀邦『団結奮闘、再展宏図―在中国共産党代表会議上的開幕詞』、一九八五年九月一八日。

13　逄先知、金衝及主編『毛沢東伝（一九四九－一九七六）』下巻、一五三〇頁、北京、中央文献出版社、二〇〇三。

14　胡耀邦は次のように解説した。「十二期三中全会では、「第七次五カ年計画」の建議が国の経済と人民の生活という大事に関わっていること、中央委員会の成員を増補する等の組織事項が中央委員会のみならず中央顧問委員会、中央規律検査委員会の構成員を相応に調整する必要性に関係しており、とりわけ党内民主を大規模に発揚し、慎重な処理が求められていることを考慮し、今回の党の全国代表会議開催を決定した。そして十二期四中全会で、準備工作状況全般を審査し、この会議を今日から開催することを決定した」。胡耀邦『団結奮闘、再展宏図―在中国共産党代表会議上的開幕詞』、一九八五年九月一八日。

15 「党第十三期中央委員会第三回全体会議官報」（一九八八年九月三〇日採択）。
16 「党第十六期中央委員会第三回全体会議官報」（二〇〇三年一〇月一四日採択）。
17 陳希同と陳良宇以外は、腐敗のため中央政治局委員を免職された。
18 鄧小平「思想路線と政治路線の実現は組織の路線に依存して保証しなければならない」一九七九年七月二九日、『鄧小平文選』第二巻、一九〇～一九三頁、北京、人民出版社、一九九四。
19 一九八〇年二月、陳雲は十一期五中全会で次のように指摘した。「党における指導者交代及び後継者の問題は、国際共産主義運動と党内に痛ましい教訓をもたらした」。陳雲「中央書記処の設置は党の重要な措置である」、一九八〇年二月二四日、『陳雲文選』第三巻、二六九～二七〇頁、北京、人民出版社、一九九五。彼は「引き継ぎは、個人でなく集団で引き継がなければならない」ことを明確に提起した。
20 一九九〇年七月、鄧小平は中国を訪れた元カナダ首相ピエール・トルドーに多くを語った。「十年前から引継問題を検討していたが、去年（一九八九年）になってようやく世代交代が完了した」。中共中央文献研究室編『鄧小平年譜（一九七五－一九九七）』下冊、一三一八頁、北京、中央文献出版社、二〇〇四。
21 この手法は毛沢東の手法に非常によく似ていた。一九六六年八月、八期十一中全会では、党八期中央常務委員を七人（毛沢東、劉少奇、周恩来、朱徳、陳雲、林彪、鄧小平）から十一人（毛沢東、林彪、周恩来、陶鑄、陳伯達、鄧小平、康生、劉少奇、朱徳、李富春、陳雲）に増員した。一九六九年四月党九大では中央政治局常務委員を五人（毛沢東、林彪、周恩来、陳伯達、康生）に減員した。李穎編『従一大到十六大』下冊、九七七～九七八頁、北京、中央文献出版社、二〇〇三。
22 中共中央文献研究室編『鄧小平年譜（一九七五－一九九七）』（下）、七五六頁、北京、中央文献出版社、二〇〇四。
23 胡縄主編『中国共産党的七十年』、二一七～二一八頁、北京、中共党史出版社、一九九一。
24 胡喬木は党章改正問題に関する新華社記者の質問に対して回答した。一九八二年九月一三日、新華社電、北京。
25 胡喬木「十二大の重要な成果」一九八二年一〇月八日、『胡喬木談中共党史』、二〇四頁、北京、人民出版社、一九九九。
26 これに先立ち、一九八二年六月二四日に陳雲は、中共十二大報告討論草稿をチェックした際、胡喬木に修正意見を通知し、民主制度と民主生活制度が十分でなかったことを「文化大革命」が起こった重要な原因とする討論草稿の表現に注目して次のように指摘した。「実際、民主集中制も集団指導もなかった。これが『文化大革命』が起こった根本的な原因である」。中共中央文献研究室編『陳雲年譜（一九〇五－一九九五）』下巻、二九九頁、北京、中央文献出版社、二〇〇〇。
27 一九八九年一一月五日、鄧小平は朝鮮労働者党総書記の金日成と話した際、次のように述べた。「十一期三中全会以降、私、陳雲、李先念、葉剣英同志を含む第二世代指導グループが生まれた。この十年間、私は党で特別な立場にあった。党中央委員会総書記でも国家主席でもないが、実際には党と国家の指導者集団の中核であり、これは国際的にも認められていた」。中共中央文献研究室編『鄧小平年譜（一九七五－一九九七）』（下）、一二九四～一二九五頁、北京、中央文献出版社、二〇〇四。
28 一九八〇年二月二五日の十一期五中全会各組召集人会議における陳雲の発言。中共中央文献研究室編『陳雲年譜（一九〇五－一九九五）』下巻、二五七頁、北京、中央文献出版社、二〇〇〇。
29 陸南泉等編『ソ連興亡史論』（改訂版）、二〇〇頁、四七九頁、北京、人民出版社、二〇〇四。
30 胡喬木は党章改正問題の質問に対して新華社記者に回答した。一九八二年九月一三日、新華社電、北京。
31 『葉剣英伝』編写組『葉剣英伝』、四二〇～四二一頁、北京、当代中国出版社、二〇〇六。
32　一九八二年七月三〇日、陳雲は中央政治局拡大会議で次のように明確に述べた。「今が、道徳的、政治的な才能を持つ青壮年幹部を中央委員会に参加させ、さまざまな分野で指導者の地位に就かせる時期である」。九月六日、中共十二大全体会議で陳雲は再度「古参幹部が指導者チームから抜け、多くの青壮年幹部を抜擢するべきだ」と提案した。中共中央文献研究室編『陳雲年譜（一九〇五－一九九五）』下巻、三〇二～三〇四頁、北京、中央文献出版社、二〇〇〇。
33　鄧小平は、一九八一年七月二～四日に中央が開催した省市自治区党委書記座談会で次のように述べた。「私と陳雲は分かり合っており、今引退すれば喜ばしいと思っている。しかし今はまだできない。国家政策と党の政策においてすることがある。最も重要なのは青壮年幹部の選出で、私たちの主な仕事はこの問題を解決することである」。中共中央文献研究室編『陳雲年譜（一九〇五－一九九五）』下巻、二七八～二七九頁、北京、中央文献出版社、二〇〇〇。
34　満妹『思念依然無尽—回憶父親胡耀邦』、四六一頁、北京、北京出版社、二〇〇五。
35　逢先知、金衝及主編『毛沢東伝（一九四九－一九七六）』下巻、一六六六頁、北京、中央文献出版社、二〇〇三。
36　中共中央文献研究室編『鄧小平年譜（一九七五－一九九七）』下冊、八一八～八一九頁、北京、中央文献出版社、二〇〇四。
37　鄧小平「中央顧問委員会第一回全体会議における講話」一九八二年九月一三日、『鄧小平文選』第三巻、五～六頁、北京、人民出版社、一九九三。
38　鄧小平は次のように考えた。「十年、最長でも十五年後に、この顧問委員会を廃止する。まだ二期十年は必要であり、一期では急ぎすぎであまりよくない」。鄧小平「中央顧問委員会第一回全体会議における講話」（一九八二年九月一三日）、『鄧小平文選』第三巻、五～六頁、北京、人民出版社、一九九三。
39　「『中国共産党章程（修成案）』に関する中央の説明」、一九九二年一〇月一二日。
40　「党第十二期中央委員会第五次全体会議官報」（一九八五年九月二四日、党第十二期中央委員会第五次全体会議で採択）。
41　毛沢東は党八回大会準備会議で次のように述べた。「中央委員会には多くの技術者と科学者が入るべきだ。現在の中央委員会は政治的な中央委員会であるが、やはり科学的な中央委員会であるべきだ。将来的にはその構成を改変し、多くの技術者と科学者が入るべきであり、それこそが科学的な中央委員会である」。毛沢東「第八期中央委員会選挙問題について」、一九五六年九月一〇日、『毛沢東文集』第七巻、一〇二頁、北京、人民出版社、一九九九。
42　中共中央文献研究室編『鄧小平年譜（一九七五－一九九七）』下冊、九三八～九三九頁、北京、中央文献出版社、二〇〇四。
43　中共十二回大会の前に、陳雲は中央委員会報告原稿を見直し、「『民主生活は十分でなかった』ことが『文化大革命』の起こった重要な原因である」という言い方は正しくないと、次のように指摘した。「事実、党内には民主集中制も集団指導もなかった。これが『文化大革命』が起こった根本的な原因である」と言うべきである。『陳雲文選』第三巻、二七四頁、北京、人民出版社、一九九五年、朱佳木「改革開放初期の陳雲と鄧小平」、『当代中国史研究』、二〇一〇。
44　胡耀邦『団結奮闘、再展宏図—在中国共産党代表会議上的開幕詞』、一九八五年九月一八日。
45　『彭真伝』編写組編『彭真年譜』第五巻、七四頁、北京、中央文献出版社、二〇一二。
46　劉栄剛『彭真与一九八二年憲法的制定』、二〇一一年六月三日。http://cpc.people.com.cn/GB/218984/219001/14818774.html
47　『彭真伝』編写組編『彭真年譜』第五巻、四八六～四八七頁、北京、中央文献出版社、二〇一二。
48　一九八一年七月八日、彭真は憲法改正問題を検討するため、顧明、戎子和、段雲（当時、国家計画委員会顧問）、王漢斌、項淳一、顧昴然を招集して会議を開き、次のように述べた。「鄧小平と話したが、憲法改正は一九五四年憲法を基にする必要がある。一九五四年憲法は比較的良いが、五四年憲法を基にすると、『文化大革命』で起こった問題を記録することができないのは、一九五四年憲法が悪いのではなく、『文化大革命』が憲法に違反しているからだ」。『彭真伝』編写組編『彭真年譜』第五巻、一〇五頁、北京、中央文献出版社、二〇一二。

49　一九八一年三月二八日、彭真は王漢斌、項淳一、顧昴然を憲法改正で出された問題を研究するために召集し、「鄧小平は、私に憲法改正問題を任せた」と述べた。九月三〇日、彭真は、劉復之、林默涵（文化部副部長兼中国文学芸術連盟副主席）、劉白羽（解放軍総政治部文化部長）らと憲法改正について話した。そして、当初は胡喬木が行っていたが病気になり、胡耀邦と鄧小平は私に任せ、急いで進めることを望んだ。私は七月に着手し、具体的な作業は胡縄が担当し、王漢斌、顧明、顧昴然が秘書を担当した。『彭真伝』編写組編『彭真年譜』第五巻、九二、一一五頁、北京、中央文献出版社、二〇一二。

50　憲法改正委員会秘書処の作業部会のメンバーは、胡縄、顧明、王漢斌、邢亦民、項淳一、龔育之、顧昴然、盧之超、王叔文、許崇徳、蕭蔚雲、孫立、許空譲だった。憲法改正委員会副秘書長は胡縄が担当した。『彭真伝』編写組編『彭真年譜』第五巻、一一六頁、北京、中央文献出版社、二〇一二。

51　鄧小平「思想を解放し、事実から真実を求め、団結して前進する」一九七八年一二月一三日、『鄧小平文選』第二巻、一四六頁、北京、人民出版社、一九九四。

52　習近平『首都各界の現行憲法公布施行三〇周年大会における講話』二〇一二年一二月四日。

53　一九八一年一〇月二七日、彭真は憲法改正委員会秘書処工作組を招集して会議を開き、次のように述べた。「民主集中制に関しては、高度な民主、高度な集中が社会主義と資本主義の民主の違いである。社会主義の民主は大多数の民主かつ高度な民主であり、各種の意見はすべて出され、これを基礎として正しく集中する、それこそが高度な集中である。国家機構に関しては一九五四年憲法に基づいて書いた。民主独裁に関しては、民主だけを挙げて独裁には言及しない者がいる。林彪や『四人組』という反革命グループに対して独裁を実行しては駄目なのか。殺人などの重い刑事犯罪に対して法律に則って厳しく速やかに処罰して駄目なのか。憲法は民主独裁を体現する必要がある」。『彭真伝』編写組編『彭真年譜』第五巻、一一八～一一九頁、北京、中央文献出版社、二〇一二。

54　一九八一年三月一八日、鄧小平が鄧力群、呉冷西と会談した際に、憲法改正問題に触れている。「やはり国家主席の職位を復活するべきだ。中国は大国であり、国家主席を設ければ国に有利である」。一二月四日、彭真が憲法改正草案を胡耀邦と党中央政治局常務委員会に送付し、報告している。その中で次のように説明している。「国家主席の問題は、中央の最終決定が必要であり、その上で憲法改正委員会の議論に付すことができる。この問題に関して、草案は一九五四年憲法の条文におおよそ倣って書いたが、中央の考慮を待って最終決定する。もし、中央が主席の設置を決定したなら、その時点で再び条文を子細に斟酌する」。『彭真伝』編纂班編、『彭真伝』第五巻、九二頁、一二二頁、北京、中央文献出版社、二〇一二。

55　一九八一年九月中旬、彭真は許空譲の報告を聞いて次のように指摘した。「最も根本的なことは、連邦制でなく民族地区自治制度の実行を堅持することである。この点については毛主席が延安の時期から考えており、これは特にソ連の民族問題の教訓を参考にしている」。『彭真伝』編写組編『彭真年譜』第五巻、一一三頁、北京、中央文献出版社、二〇一二。

56　一九八一年七月二七日、彭真は項淳一、顧昴然と憲法改正問題について話した際、次のように述べた。「鄧小平は二院制ではなく一院制を採用するという考えだ」。『彭真伝』編写組編『彭真年譜』第五巻、

一〇八頁、北京、中央文献出版社、二〇一二。

57　全国人大常委会弁公庁、一九八二年、憲法改正記録第三二巻。劉栄鋼「彭真と一九八二年憲法制定」、二〇一一年六月三日。http://cpc.people.com.cn/GB/218984/219001/14818774.htm　『彭真伝』編写組編『彭真年譜』第五巻、一二四頁、北京、中央文献出版社、二〇一二。

58　『彭真伝』編写組編『彭真年譜』第五巻、一三四～一三七頁、北京、中央文献出版社、二〇一二。

59　『彭真伝』編写組編『彭真年譜』第五巻、一三七～一三八頁、北京、中央文献出版社、二〇一二。

60　『彭真伝』編写組編『彭真年譜』第五巻、一三八頁、北京、中央文献出版社、二〇一二

61　『彭真伝』編写組編『彭真年譜』第五巻、一四九頁、北京、中央文献出版社、二〇一二。

62　彭真「中華人民共和国憲法改正草案報告」一九八二年一一月二六日、『彭真文選（一九四九－一九九〇）』、四三九～四四〇頁、北京、人民出版社、一九九一。

63　彭真「中華人民共和国憲法改正草案報告」一九八二年一一月二六日、『彭真文選（一九四九－一九九〇）』、四六二頁、北京、人民出版社、一九九一。

64　『彭真伝』編写組編『彭真年譜』第五巻、一七一頁、北京、中央文献出版社、二〇一二。

65　習近平『首都各界の現行憲法公布施行三〇周年大会における講話』、二〇一二年一二月四日。

66　『彭真伝』編写組編『彭真年譜』第五巻、一九八頁、北京、中央文献出版社、二〇一二。

67　『彭真伝』編写組編『彭真年譜』第五巻、九二頁、北京、中央文献出版社、二〇一二。

68　『彭真伝』編写組編『彭真年譜』第五巻、一二二頁、北京、中央文献出版社、二〇一二。

69　『彭真伝』編写組編『彭真年譜』第五巻、一二七頁、北京、中央文献出版社、二〇一二。

70　彭真「中華人民共和国憲法改正草案報告」一九八二年一一月二六日、『彭真文選（一九四九―一九九〇）』、四五三頁、北京、人民出版社、一九九一。

71　彭真「中華人民共和国憲法改正草案報告」一九八二年一一月二六日、『彭真文選（一九四九―一九九〇）』、四五三頁、北京、人民出版社、一九九一。

72　『彭真伝』編写組編『彭真年譜』第五巻、一九九～二〇〇頁、北京、中央文献出版社、二〇一二。

73　鄧小平「機関簡素化は一つの革命である」一九八二年一月一三日、『鄧小平文選』第二巻、三九六～三九七頁、北京、人民出版社、一九九四。

74　趙紫陽「国務院機構改革に関する報告」一九八二年三月八日、中共中央文献研究室編『三中全会以来重要文献選編』下冊、一一〇六～一一一〇頁、北京、人民出版社、一九八二。

75　鄧小平「思想路線や政治路線の実現は組織の路線に依存して保証する必要がある」一九七九年七月二九日、『鄧小平文選』第二巻、一九三頁、北京、人民出版社、一九九四。

76　鄧力群『鄧力群自述―十二个春秋』、一七八～一七九頁、香港、大風出版社、二〇〇六。

77　鄧力群『鄧力群自述―十二个春秋』、一七九頁、香港、大風出版社、二〇〇六。

78　一九八二年二月二〇日、党中央は『古参幹部退職制度設立に関する決定』を作成し、次のように定めた。「中央、国家機関部長及び副部長、省、市、自治区党委員会第一書記、書記、省長、副省長、また同級の紀律検査委員会、裁判所、検察院は、主に幹部の正職務を担当する者は六五歳まで、副職務を担当する者は六〇歳までとし、司局長の幹部を担当する者は六〇歳までとする」。『決定』ではさらに次のよう

に指摘した。「党及び国家指導者の中で少数の退職年齢以上の古参幹部を保留する必要がある。これは全局において、また国内の安定、団結を維持し、国際関係を適切に処理するために必要であり、党と国民の根本的な利益に合致する。顧問と栄誉職務を含む第二線に退いた場合は、離退職としない」。『古参幹部退職制度設立に関する決定』一九八二年二月二〇日、中共中央文献研究室編『三中全会以来重要文献選編』下冊、一一六一頁、北京、人民出版社、一九八二。

79 国家統計局編『中国統計摘要二〇一六』、一八頁、北京、中国統計出版社、二〇一六。

80 譚宗級、葉心瑜主編『改革与巨変—開創現代化建設新局面』上冊、五二二〜五二三頁、長春、吉林人民出版社、一九九四。

81 胡喬木は党章改正問題の質問に対して新華社記者に回答した。一九八二年九月一三日、新華社電、北京。

82 これについて、一九八二年八月六日、胡耀邦は十一期七中全会で特に説明を行った。「この数年、中国は重大な成果を得ることができた。それは、一連の重大な政策が適切に決定されたからで、これらは党の古参幹部が大部分を決定した。古参幹部には葉剣英、鄧小平、李先念、陳雲等の同志がおり、特に鄧小平同志が大きな役割を果たした。また、徐向、聶栄臻、彭真、鄧穎超等の同志も高齢ではあるが、多くの考えを提案し重大な貢献をした。古参幹部等は深い考えで将来まで計画を立てることができ、党指導集団の主導的役割を果たした。古参革命家は健在であり、指導集団に大きな影響を与えている。これは全党、全軍、全国の国民の幸運である」。

83 『国情報告』（専刊）、第一期、二〇〇九年二月。

84 一九八一年三月、鄧小平は次のように述べた。「黄克誠の『左』があれば『左』に反対し、『右』があれば『右』に反対するという意見に同意する。『左』と『右』について具体的な分析を行う必要がある。思想を解放して反『左』も反『右』も必要である。三中全会で提出された思想の解放は『二つのすべて』に対するもので『左』の誤りを糾すことに焦点を当てた。後に『右』の傾向が表れたら修正する必要がある」。鄧小平「誤った思想反対に関する問題」一九八一年三月二七日、『鄧小平文選』第二巻、三七九頁、北京、人民出版社、一九九三。

85 鄧小平は次のように述べた。「改革を一種の革命として捉えている。当然それは『文化大革命』のような革命ではない」。鄧小平「改革を一種の革命として捉える」（一九八四年一〇月一〇日）。『鄧小平文選』第三巻、八一〜八二頁、北京、人民出版社、一九九三。

86 鄧小平「社会主義と市場経済に根本的な矛盾はない」一九八五年一〇月二三日、『鄧小平文選』第三巻、一四九〜一五〇頁、北京、人民出版社、一九九三。

87 陳雲は中国の改革の性質について次のように指摘した。「私たちは共産党で、共産党は社会主義を実施するものである。現在、社会主義体制改革を進めているが、それは社会主義制度を改善し発展させるためである」。陳雲「党全国代表会議における講話」一九八五年九月二三日、『陳雲文選』第三巻、三五〇頁、北京、人民出版社、一九九五。

88 ソ連の一九九〇年社会世論調査でどの国の改革をモデルにしたいか尋ねた結果は、米国三二%、日本三二%、ドイツ一七%、スウェーデン一一%であり、中国は四%にすぎなかった。西方をモデルにした道を進むことが、当時のソ連の社会における共通認識となった。陸南泉等編『蘇連興亡史』（改訂版）、七九三頁、北京、人民出版社、二〇〇四。

89 鄧小平「首都戒厳令部隊軍以上幹部に接見した際の講話」一九八九年六月九日、『鄧小平文選』第三巻、三〇二頁、北京、人民出版社、一九九三。

90 胡縄らは次のように考えた。「ブルジョア自由化の思潮は主に次の二つに分けられる。一つは、社会の極めて少数の者が、党が混乱を鎮める機会に乗じて、『社会の改革』という表看板を掲げ『思想を解放する』というスローガンを曲解し、『過失を少しだけ取り上げて攻撃し、その他を顧みない』手法で党の誤りを誇張し、党の指導、党指導の社会主義の道を否定しようと企むものである。もう一つは、党が自分の犯した誤りを公開し、是正しようとすると、党内部の極めて少数の者が思想を動揺させるのである。彼等は社会のブルジョア自由化の思潮を支持している」。胡縄主編『中国共産党七〇年』、五三三頁、北京、中国共産党史出版社、一九九一。

91　『鄧小平文選』第三巻、四〇〜四五頁。人民出版社、一九九三年版。

92　鄧力群『鄧力群自述―十二个春秋』、四三五〜四三六頁、香港、大風出版社、二〇〇六。

93　鄧力群は次のように考えている。「ブルジョアジー自由化の思潮は、中国にとって、また中国の社会主義制度にとって非常に危険な思潮である。ブルジョアジー自由化の思潮は中国に存在し、ソ連、東欧諸国に存在しているが、これは世界的な現象である。これらの国の失敗、激変は民主社会主義の思潮が氾濫し、頂点まで達した最悪の結果である」。鄧力群「『無産階級革命家の風格』叢書編纂に関する幾つかの建議」（一九九一年三月一四日）、『鄧力群文集』第三巻、二八七頁、北京、当代出版社、一九九八。

94　陸南泉等編『蘇連興亡史』（改訂版）、七二八頁、北京、人民出版社、二〇〇四。

95　鄧小平「四つの基本原則の堅持」一九七九年三月三〇日、『鄧小平文選』第二巻、一七六頁、北京、人民出版社、一九九四。

96　『鄧小平年譜（一九七五―一九七七）』（下）、九六五頁、北京、中央文献出版社、二〇〇四。階級闘争は以前から中国社会における主要な矛盾であるが、それはある限られた範囲――とりわけイデオロギー形態の領域に長期にわたって存在した矛盾である。したがって国内外の影響を受けて、その矛盾はさらに激化する可能性がある。

97　参加した報告者は趙紫陽、姚依林、万里、胡啓立、田紀雲、張勁夫ら。

98　中共中央文献研究室編『鄧小平年譜（一九七五―一九九七）』下冊、一一二〇〜一一二一頁、北京、中央文献出版社、二〇〇四。

99　鄧小平「政治体制改革問題について」一九八六年九月〜一一月、『鄧小平文選』第三巻、一七六〜一八〇頁、北京、人民出版社、一九九三。

100　鄧小平「政治体制改革問題について」一九八六年九月〜一一月、『鄧小平文選』第三巻、一七六〜一八〇頁、北京、人民出版社、一九九三。

101　『人民日報』一九八六年八月一五日。

102　一九八七年九月一九日、陳雲は中央紀律検査委員会第九回会議の書面による講話で次のように指摘した。「昨年（一九八六年一〇月）、鄧小平、李先念と相談して十三大で一緒に引退すると決めた。これは党の事業に必要である」。ここでの相談とは、一九八六年一〇月三〇日、陳雲と鄧小平、李先念との談話のことである。中共中央文献研究室編『鄧小平年譜（一九〇五―一九九五）』（下）、三九九、四〇六頁、北京、中央文献出版社、二〇〇〇。中共中央文献研究室編、金衝及、陳群編集主編『陳雲伝』（下）、一七四六頁、北京、中央文献出版社、二〇〇五。

103　『李先念伝』編写組『李先念伝（一九四九―一九九二）』（下）、一三三〇頁、北京、中央文献出版社、二〇〇九。

104　鄧小平は、イタリアのティノ・クラークシー首相と会談した際、次のように述べた。「自分と同年代で引退を検討している者は多い。幹部の若年化は必須であり、十一期三中全会後七年余り経ち、いくらか進んだが、まだ理想的ではない。基本的に高齢化問題や年齢構成の偏りを解決しなければ改革はできない。私はすでに八二歳で何もできない。引退すべきだろう。来年（一九八七年）、党は十三大を開催し指導機関の若年化を進めなくてはならない」。中共中央文献研究室編『鄧小平年譜（一九七五―一九九七）』下冊、一一四九〜一一五〇頁、北京、中央文献出版社、二〇〇四。

105　宋任窮は次のように述べた。「その後、下準備を重ねてようやく鄧小平、陳雲、李先念の『半引退』が決定した。つまり、党中央からは出るが、職務を一人が一つ担ってもらう。鄧小平同志は中央軍事委員会主席、陳雲同志は中央顧問委員会主任、李先念同志は全国政治協商会議主席に就くことになった」。『宋任窮回憶録』続編、二二四～二二五頁、北京、解放軍出版社、一九九六。

106 龔育之「十三大報告では社会主義初級段階論について明記しなくてはならない—社会主義初級段階の観点による党の歴史（六）」『学習時報』、二〇〇五年、第三号。

107 満妹『思念依然無尽—回億父親胡耀邦』、四七〇頁、北京、北京出版社、二〇〇五。

108 満妹『思念依然無尽—回億父親胡耀邦』、四七〇～四七一頁、北京、北京出版社、二〇〇五。

109 胡耀邦は次のように述べた「来年（一九八七年）は海外へ行くつもりはなく、指導班（中央委員会、中央書記処、中央政治局常務委員会を含む党十五期の中央指導機関を指す）をどうするかに集中する。党十三大の政治報告に好転の気配がなくても、この問題を解決すれば、それは大きな勝利であり、一九九〇年代中期まで有効である。これほどの大国となると、途中で問題が起きることは許されず、とりあえず問題を臨時処理のままにすることはできないので、毎年どのようにすればよいかをすべて考慮しなければならない。一九九七年の党十五回大会の時には躍進の時代となり、GNPを四倍にする目標は実現し、次の二十年は何をするかが確定し、その時の総書記は最もやりがいがあるだろう」。龔育之「十三大報告では社会主義初級段階論について明記しなくてはならない—社会主義初級段階の観点による党の歴史（六）」『学習時報』、二〇〇五年一二月三日、第三号。

110 鄧力群『鄧力群自述—十二个春秋』、四〇七頁、香港、大風出版社、二〇〇六。

111 鄧小平「十二期六中全会における講話」一九八六年九月二八日、『鄧小平文選』第三巻、一八一～一八二頁、北京、人民出版社、一九九三。

112 中共中央文献研究室編『鄧小平年譜（一九七五－一九九七）』（下）、一一六〇頁注［一］、北京、中央文献出版社、二〇〇四。

113 唐非『胡耀邦伝』第一巻（一九一五～一九七六）、三九六～三九七頁、北京、人民出版社、中国共産党史出版社、二〇〇五。

114 詳細な分析は以下を参照。胡鞍鋼「三・五節紅衛兵の『破四旧』運動と『天下大乱』」、『毛沢東与文革』、香港、大風出版社、二〇〇八。

115 唐非『胡耀邦伝』第一巻（一九一五－一九七六）、三九六～三九七頁、北京、人民出版社、中国共産党史出版社、二〇〇五。

116 胡耀邦は次のように考えた。「一部の若者が騙されていたが、教育を受けて、自覚するようになった。私たちは官僚主義的であるとして、少数の人々が騒ぐのも一理ある。そのほか、党や社会主義を嫌悪しているのはごく少数のため問題にはなり得ない。非常に少数なので潮流にはならないからだ」。胡耀邦は大多数の学生を信じていた。学生達は、純粋で愛国心と向上心を持つ、国家と民族の未来と希望だと考えていた。満妹『思念依然無尽—回億父親胡耀邦』、四七一～四七二頁、北京、北京出版社、二〇〇五。

117 「中央政治局拡大会議における陳雲の講話記録」一九八七年一月一六日。金衝及、陳群主編『陳雲伝』（下）、一七四五～一七四六頁、北京、中央文献出版社、二〇〇五。『陳雲文選』第三巻、三五九頁、北京、人民出版社、一九九五。

118 「中央政治局拡大会議における陳雲の講話記録」一九八〇年一一月一一日、金衝及、陳群編『陳雲伝』（下）、一五四八頁、北京、中央文献出版社、二〇〇五。

119 胡耀邦「中国共産党創立六〇周年大会における講話」一九八一年七月一日、『人民日報』一九八一年七月二日。

120 鄧小平は、一九八六年一二月三〇日、胡耀邦、趙志陽、万里、胡啓立、李鵬、何東昌と話をした際、次のように述べた。「学生問題は、この数年ブルジョア自由化に反対する態度が不鮮明だった結果である。中央から地方まで思想的な指導が弱く、ブルジョアジーの自由化を放

任していた」。鄧小平「旗幟鮮明に動乱に反対せよ」、一九八六年一二月三〇日、『鄧小平文選』第三巻、一九五頁、北京、人民出版社、一九九三。中共中央文献研究室編『鄧小平年譜（一九七五－一九九七）』（下）、一一六〇～一一六二頁、北京、中央文献出版社、二〇〇四。

121　鄧力群『鄧力群自述―十二个春秋』、四四四頁、香港、大風出版社、二〇〇六。

122　満妹『思念依然無尽―回憶父親胡耀邦』、四七二頁、北京、北京出版社、二〇〇五。

123　鄧力群『鄧力群自述―十二个春秋』、四一三頁、香港、大風出版社、二〇〇六。

124　党十二回大会の決定に基づけば、中央顧問委員会副主任は中央委員会政治局会議に出席することができ、必要であれば中央顧問委員会常務委員も中央委員会政治局会議に出席することができた。鄧小平「中央顧問委員会第一回全体会議における講話」一九八二年九月一三日、『鄧小平文選』第三巻、六頁、北京、人民出版社、一九九三。

125　鄧力群『鄧力群自述―十二个春秋』、四一八～四一九頁、香港、大風出版社、二〇〇六。

126　鄧力群『鄧力群自述―十二个春秋』、四四四頁、香港、大風出版社、二〇〇六。

127　鄧力群『鄧力群自述―十二个春秋』、四三五～四三六頁、香港、大風出版社、二〇〇六。

128　鄧力群『鄧力群自述―十二个春秋』、四一五頁、香港、大風出版社、二〇〇六。

129　中共中央文献研究室編『鄧小平年譜（一九七五－一九九七）』下冊、一一六三～一一六五頁、北京、中央文献出版社、二〇〇四。

130　中共中央文献研究室編『鄧小平年譜（一九七五－一九九七）』下冊、一一六五頁、北京、中央文献出版社、二〇〇四。

131　中央政治局拡大会議に参加したのは、中央政治局委員の一八名、中央政治局候補委員二名、中央書記処四名、中央顧問委員会責任者一七名、中央紀律検査委員会責任者二名、その他の関係する同志だった。満妹『思念依然無尽―回憶父親胡耀邦』、四七二頁、北京、北京出版社、二〇〇五。

132　満妹『思念依然無尽―回憶父親胡耀邦』、四七二頁、北京、北京出版社、二〇〇五。

133　中共中央文献研究室編『鄧小平年譜（一九七五－一九九七）』下冊、一一六六頁、北京、中央文献出版社、二〇〇四。

134　『中国共産党第十二期中央委員会第六次全体会議官報』（党第十二期中央委員会第六次全体会議、一九八六年九月二八日）。

135　『中国共産党第十二期中央委員会第七次全体会議官報』（党第十二期中央委員会第七次全体会議、一九八七年一〇月二〇日）。

136　胡縄主編『中国共産党七〇年』、五六二頁、北京、中央党史出版社、一九九一。

137　李穎編『従一大到十六大』下冊、七四七頁、北京、中央文献出版社、二〇〇三。

138　一九八七年三月三日、鄧小平はジョージ・シュルツ米国国務長官と会った際、次のように述べた。「私たちは中央政府の人事異動について常に過剰に反応していた。今回は過去の教訓から非常に穏やかにこの問題を処理した。反ブルジョアジー自由化の問題に対して、運動を起こさず、この問題の範囲を狭め、この問題の性質と重さを軽減しようとした」。鄧小平『中国は社会主義の道しかない』一九八七年三月三日、『鄧小平文選』第三巻、二〇七頁、北京、人民出版社、一九九三。

139　一九八七年四月一八日、鄧小平はコンゴ大統領デニス・サッソーと会った際、誤りを犯したことを認めたが、それは問題ではなく、経験を積み重ね、間違いを訂正すれば、前進し、徐々に発展するだろうと述べた。中共中央文献研究室編『鄧小平年譜（一九七五－一九九七）』下冊、一一八一頁、北京、中央文献出版社、二〇〇四。

140　中共中央文献研究室編『鄧小平年譜（一九七五－一九九七）』下冊、一一六六頁、北京、中央文献出版社、二〇〇四。

141 『李先念伝』編写組『李先念伝（一九四九－一九九二）』（下）、一二八一頁、北京、中央文献出版社、二〇〇九。

142 中共中央文献研究室編『鄧小平年譜（一九七五－一九九七）』下冊、一一八一～一一八二頁、北京、中央文献出版社、二〇〇四。

143 中共中央文献研究室編『鄧小平年譜（一九七五－一九九七）』下冊、一一六九頁、北京、中央文献出版社、二〇〇四。

144 三人はその後米国に逃亡した。方励之夫妻は「六四」事件後に米国大使館に政治亡命を要請し、許可を得て米国に逃亡した。一九八八年春、劉賓雁はアメリカに行き、米国が出資して設立したラジオ・フリー・アジアの特約評論員を担当した。米国の週刊誌『タイム』は「中国の英雄」と称えた。一九九一年にはニューヨークで言論自由基金賞を獲得し、二〇〇三年にはニューヨークでヒューマン・ライツ・ウォッチからヘルマン・ハメット賞を授与された。王若望は一九九二年に米国に亡命した。

145 船夫『十年学潮紀実』、北京、北京出版社、一九九〇。

146 鄧小平は次のように考えた。「中国においては、民主はゆっくり発展させることができるだけだ。西側の民主を使うことはできず、それを中国に持ち込めば、混乱が避けられない。我々の社会主義建設には、安定団結の条件下での指導が必須であり、秩序をもって進めなければならない。もし、ブルジョアジー自由化を実行したら、再び騒動が起きる。外国人に、中国の政治が安定していることを認めさせなければならない。もし、出鱈目なことをやり、団結も何もないとしたら、どんな希望があると言うのか」。鄧小平「旗を鮮明に、ブルジョアジー自由化に反対しよう」（一九八六年一二月三〇日）。『鄧小平文選』第三巻、一九六～一九七頁、北京、人民出版社、一九九三。

147 鄧小平は次のように考えた。「中国に混乱があってはならない。安定かつ統一された状況で建設することで道が開ける。社会主義の道を妨げるものはすべて排除し、混乱や動乱を引き起こすすべての要因を排除しなくてはならない。これは私が今日言ったのではなく、十一期三中全会からずっと言っていることだ。今後は、このようにしなくてはならない。これが、最近の学生問題を処理する原則と方法である。」鄧小平「指導に沿って、秩序を持って、社会主義建設を進めよう」一九八七年三月八日、『鄧小平文選』第三巻、二一二頁、北京、人民出版社、一九九三。

148 中共中央文献研究室編『鄧小平年譜（一九七五－一九九七）』下冊、一一八四頁、北京、中央文献出版社、二〇〇四。

149 中共中央文献研究室編『鄧小平年譜（一九七五－一九九七）』下冊、一一八六頁、北京、中央文献出版社、二〇〇四。

150 鮑彤『也談改革三〇年』、二〇〇八。

151 一九八七年四月一六日、鄧小平は香港特別行政区基本法制定委員会第四回会議の全体委員と会った際、次のように述べた。「本土で言う民主はブルジョアジーの民主の概念とは異なる。中国は複数政党制や三権分立、二院制ではなく、全国人民代表大会の一院制である。これは、中国の実情に最もふさわしい。次世紀、つまり五十年後には普通選挙を実施できるだろう。現在は県級以上は間接選挙、県級以下の末端は直接選挙である。中国は一〇億の人口を抱えており、国民の文化的な質が十分ではないため、直接選挙を行う条件を満たしていない。中国は実情を考慮し中国の特性に応じて、独自のシステムと管理方法を決定する必要がある」。中共中央文献研究室編『鄧小平年譜（一九七五－一九九七）』下冊、一一七九頁、北京、中央文献出版社、二〇〇四。

152 趙紫陽「党政分離に関して―十二期七中全会準備会議における講話の一部」一九八七年一〇月一四日、中共中央文献研究室編『十二大以来重要文献選編』（中）、一四六七～一四六八頁、北京、人民出版社、一九八六。

153 趙紫陽「中国の特色ある社会主義の道を進む―中国共産党第十三回全国代表大会報告」一九八七年一〇月二五日、中共中央文献研究室『十三大以来重要文献選編』（上）、三五頁、北京、人民出版社、一九九一。

154 Zheng Yongnian（鄭永年）, 2004, Will China Become Democratic? Elite, Class and Regime Transition, Singapore, Eastern Universities Press, pp. 2-6.

155 趙紫陽「中国の特色ある社会主義の道を進む—中国共産党第十三回全国代表大会報告」一九八七年一〇月二五日、中共中央文献研究室『十三大以来重要文献選編』（上）、三七頁、北京、人民出版社、一九九一。

156 趙紫陽「中国の特色ある社会主義の道を進む—中国共産党第十三回全国代表大会報告」一九八七年一〇月二五日、中共中央文献研究室『十三大以来重要文献選編』（上）、五〇~五一頁、北京、人民出版社、一九九一。

157 陳雲は次のように述べた。「中央常務委員及び政治局の会議を定期的に開く規則が必要だ。また、常務委員会議、政治局会議、政治局拡大会議は個別に開くべきである。これが党における民主的な運営、活動だ。民主集中制は堅持しなければならない」。陳雲「調査研究と党における民主的な運営、活動についての問題」一九八七年一月一六日、『陳雲文選』第三巻、三五九頁、北京、人民出版社、一九九五。

158 詳細な分析は後述する。

159 趙紫陽「中国の特色ある社会主義の道を進む—中国共産党第十三回全国代表大会報告」一九八七年一〇月二五日、中共中央文献研究室『十三大以来重要文献選編』（上）、四八頁、北京、人民出版社、一九九一。

160 鄧小平「国家の政治体制をどのように評価するか」『鄧小平文選』第三巻、二一三頁、北京、人民出版社、一九九三。

第九章

「八九」政治動乱[1]

「八九」（一九八九年の天安門事件）の政治動乱から二十年経った今、ある幾つかの問題について研究と回答をする必要がある。**この政治動乱が起こった当時、社会的、国際的にどのような背景があったのか、そしてこの動乱はどのように発生し変化していったのか。党中央はどのような判断を下したのか。なぜ趙紫陽は中央の指導集団の決定を否定し、無断で個人的な第二の意見を発したのか。なぜ学生運動は最終的に政治動乱に変化したのか。鄧小平にはどのような選択があり、どのような決定を下したのか。なぜ党中央が公然と分裂したのか。その結果として何が起こり、どのような代償を払ったのか。この動乱から何を学び、どのような教訓を得たのか。また、どのように悪の事変を好事に変えたのか、すなわち、どのように「天下大乱」を抑制して「天下大治」を維持し持続できたのか。**

まだ公表されていない文献や文書もあるため限られた資料を基に整理、分析するほかない。また、上述のように非常に複雑で論争も多い問題について、現段階で可能な回答をすることとする。

第一節　政治動乱の社会的背景

一、国際情勢と国内動向

一九八九年は中国の改革における重要な年だったが、その年に改革以来二度目の政治動乱と政治的危機が起こった。当時、党中央と鄧小平は、大規模な経済改革と社会の変遷の過程で、新たな社会矛盾が発生していると強く感じていた。また、経済不安、社会不安、政治不安といった新たな不安定要素が形成されていることも感じていた。このため「安定が最優先」という考え方をいっそう明確にしていた。

「八九」政治動乱は予期せぬものではあったが、それは中国の経済体制改革で蓄積してきた内部の矛盾を反映していた。矛盾が適宜に解消されなければ、急速に分裂が進み社会的な危機を招くことになる。情報のグローバル化の下では、その矛盾は党と国家の存亡に関わるほどの政治的危機に発展する。「八九」政治動乱前における国内の社会矛盾は次の三つに集中していた[2]。

（一）**経済成長と経済安定との矛盾が顕著になり、経済政策の誤りによって急激なインフレが起こった。**経済調整がされないまま、景気循環の法則に従って一九八七年から新たな景気循環に入った。一九八九年前後で経済はピークを迎え一九九〇年下半期から収縮し始めた。成果を急ごうと、長期にわたって採用したインフレ政策と赤字財政政策のため[3]、一九八九年に急激なインフレが起こった。一九八七年、全国の消費者物価の上昇率は七・三%、勤労者生活費用物価上昇率は八・八%で、どちらもインフレ率の警戒線である五%を上回った。一九八八年、全国の消費者物価の上昇率は一八・五%、勤労者生活費用物価上昇率は二〇・七%に跳ね上がった。一九八八年一〇月二五日、李先念は趙紫陽、李鵬、中央政治局常務委員に書簡で当時の経済問題について次のように指摘した。「**経済工作は雑然とし、非常に複雑である。適切に管理すれば人民に利益をもたらすが、そうでなければ国家と人民に損失をもたらす。適切な管理は容易ではないが必須である。さもなければ深刻な政治的問題に発展しかねない**」[4]。マクロ経済が不安定となったのは、マクロ経済における政策の誤りでありその結果だった。そして後の「八九」政治動乱の原因ともなった。一九八九年三月、鄧小平は経済過熱によって問題が起こりやすくなることを認め、次のように述べた。「現時点での問題はインフレであり、急激な物価上昇によって国家と人民が困難に陥っている。この問題を注意しており、二年またはそれ以上の時間をかけて解決するつもりだ」[5]。

三月二〇日、李鵬は『政府活動報告』で公に次のことを肯定した。すなわち、中国が直面している最も深刻な問題は明らかにインフレである。物価上昇幅はすでに民衆、企業、国家の受容能力を越え、生活水準が低下している都市住民も多い。これは社会的な懸念となって民衆の深刻な不安を招き、社会の安定及び改革に対する民衆の信頼に影響を与えている。インフレを抑制するために毅然とした措置をとらなければ、経済の安定と発展だけでなく、さまざまな改革も進めていくことはできない[6]。

（二）**改革によって社会の分化が加速し、異なる利益団体間の社会的矛盾が顕著となった。** すなわち、所得の格差拡大と不公平な分配が大きな社会問題となった。一人当たりの平均所得の上昇とともに住民の収入源が多元化し、各産業、業界、地区における利益率と収益の格差も拡大した[7]。一九八九年六月一六日、党上海市委員会書記の江沢民は雑誌『求是』で「社会分配の不公平現象を真剣に解消する」として次のように指摘した。「不公平な分配には二種類ある。一つは平均主義の立場から格差拡大に反対することであり、もう一つは少数であるが、脱税、市場独占、物価操作、汚職、賄賂、密輸や闇取引等の違法な手段による格差である[8]。実際、住民の所得構造の合理的な変動によって労働者の積極性が刺激され、社会全体の経済効率向上が可能となる。そのことによって、消費方式の多様化と需要の多層化が形成され、需要構造の変動を引き起こし、産業構造の調整と高度化を促す。それとともに、住民の限界貯蓄性向（所得の増加分に対する貯蓄の増加分の割合。一般に、高所得層ほど高い――大辞林第三版）向上が誘発され、資金ストックにおける貯蓄の役割が強化される。それが金融市場確立に有利な条件となる。しかし、収入格差の不合理な拡大によって、ある階層とある利益集団との矛盾が激化し、中国においては非常に突出した社会問題になりかねない。当時、全国の一人当たり収入の絶対水準は持続的に向上していたが、相対的な水準から見て拡大しつつあった格差が、やはり、民衆の心理的失調・不満感情を醸成し、社会の様々な不安要素の日毎の増長につながった」。

（三）**政府と大衆との矛盾が表面化し、腐敗や役人の不正取引等が深刻となった。改革開放の時代、党が直面した政治的課題は、党外ではなく党内にあった。政権の長期化によって、党内における官僚主義の蔓延と腐敗の防止が常に問題となった。**改革とは歴史の移行過程であり、初期段階においては必然的に新体制と旧体制が共存する。この両者の間に経済的、政治的な借りが大量に発生し、これが腐敗の土壌と温床になった。

一九八七年一〇月の党第十三全大会報告では、脱税、密輸品売買、贈収賄、法律執行者による法律違犯、恐喝、汚職と窃盗、国家機密や経済情報の漏えい、外交規律違犯、縁故採用、報復、背徳等を、過去数年間に一部の党員がたびたび行ったことを認めた[9]。

当時、党と政府機関による違法ビジネスが特に目立ち、幹部の腐敗も多かった[10]。中央紀律検査委員会の統計によると、一九八二～一九八七年、規約に背いて処罰された党員は八〇万人、そのうち党籍を剥奪された者が一七万七〇〇〇人いた。一九八五～一九八七年には、省軍級幹部九七人と師団級幹部九七六人が処罰され、中には地方や部門の責任者も含まれていた。一九八七年に処罰された党員は全国で一五万人おり、そのうち約二万人は汚職や賄賂によるものだった[11]。

一九八八年四月の第七期全国人民代表大会第一回会議では、最高人民検察院長の楊易辰が、一九八二～一九八七年に各級検察院機関が法律に基づき犯罪で調査、処分した指導幹部のうち、県団級以上の幹部は一五〇〇人以上だったと報告した。最高人民法院院長の鄭天翔は、過去五年間に裁判所が判決を下した重大な経済関連の事件は全国で二八万八〇〇〇件あり、三五万一〇〇〇人が刑罰を科されたと報告した。六月一日、中央は「国家公務員と党の幹部で汚職や恐喝を行ったり賄賂を受け取ったりした者がおり、直接国家と大衆の利益を損なった」と指摘した。七月二一日、中央弁公庁及び国務院弁公庁は『政府と企業の癒着問題解決に関する通知』を出し、次のように指摘した。「現在、政府と企業の癒着が相当ある。管理や運営の権限だけでなく、退職して企業に就職した幹部の中には、権力を利用して資材の転売や価格の引き上げで巨額の利益を得る者もあり、国家と国民の利益を損ない、不正と腐敗を助長した」。一〇月三日、党中央と国務院は『企業の清算と再編に関する決定』を発表し、次のように指摘した。「この数年、全国で大量の新企業を処理した。その多くが官商一体となって転売で巨大な利益を上げ、経済秩序を乱し社会の風潮を傷つけた」。一九八九年三月六日、国家商工業局副局長の劉敏学は清算する企業を公開し、一九八九年一月末までに全国で約一七万社が閉鎖、統合され、二万三五〇〇人の在職幹部が公職から他の企業に移動し、八三三二人の退職幹部が企業を辞任し、三九七五社が行政と分離された。一九八八年には経済関連の違法事件九四万五六〇〇件が調査、処分され、そのうち重大な事件は六万件以上あった。[12] まさに、八月一七日の党中央・国務院が作成した「企業のさらなる清算・再編に関する決定」に記載されているとおりの事態が見られた。「近年、党・政府機関によるビジネス参入禁止・企業活動禁止に関する中央の決定の不徹底が原因で、機関や事業単位の〝営利行為〟がやみくもに提唱され、流通分野で条件を顧みないまま多くの企業が不適切に設立されている。加えて、不完全な法整備、不十分な管理監督が企業の過剰な増加を招いている。一部の企業経営の混乱、中国の実情から遊離した高賃金、高福利の実施、職権を利用した一部の人による汚職、窃盗、投機ビジネス、贈収賄によって、清廉な行政と健全な社会主義経済秩序の確立がはなはだしく阻害されている。そのため、不公平な社会分配の矛盾が激化し、社会の安定に悪影響を及ぼしている」[13]。

経済の移行過程における政・官・財の癒着、権力濫用、汚職、腐敗等は毛沢東時代に比べより深刻になったため、党が失権する恐れがあり、一般大衆も極めて大きな不満を持っていた。そして、これが動乱の起こった大きな原因ともなった。[14]

中国の改革は極めて複雑な国情の下で進められたため、その過程で一方では社会と政治の既存の矛盾が大きくなり、一方では社会と政治の新たな矛盾が発生した。**中国の改革はどこに向かい、その目標は何か。どのように改革するのか。改革によってどのような問題が起き、どのように処理するのか。**これらに対して、指導者は先導たり得る成熟した改革理論もなければ、参考となる改革の経験もなかった。そのため、模索しながら改革を進めるしかなかった。

指導者の情報源と知識源の相違は、意見の相違となって現れた。そのため、情報の共有や交換によって政治的な共通認識に達しなければ政治的な分裂が起こる恐れがあった。そうなれば、社会の混乱は避けられない。改革は成果も得られるが問題も起き、利益も得られるがコストもかかり、利点もあるがリスクもある。

社会問題に直面し、党中央と国務院は経済情勢の難しさと国民の不満を痛感していた。[15] しかし、重責を担うべき総書記の趙紫陽は「この問題について軽んじることも、過大に誇張することもできない」[16]と考え、主体的に自己批判もせず、勇気を奮って政治的な責任を担うこともしなかった。[17] ただ、李鵬首相だけが「指導方針に欠点と誤りがあった」と自ら認めた。政策決定における誤りが政策決定者同士が袂《たもと》を分かつ原因となったのは明らかだった。

一九八九年初めから、ソ連の改革の重点は政治に移行した。指導思想が「社会主義完全化」から「社会主義の改変」へと転向し、コンセプトを「公開」「民主化」「多様化」「新思想」「人道的・民主的な社会主義」「全人類の利益を最優先」とした。非公式の組織が大量に現れ、次第に政党となった。ソ連の歴史を否定する記事や作品が新聞、雑誌、書店、舞台、映画、テレビにあふれた。加盟共和国が次々と独立を求め、多くの地区で民族衝突が起こり、ソ連の国内情勢は混乱し始めた。**同時に東欧の社会主義諸国でも「民主社会主義」の傾向が強くなり、西側の支援を受けて社会主義に反対する勢力が台頭した。それは中国でも資産階級の自由化を掲げる自由主義の支えとなり、内外で呼応するという状況となった。**[18]

一月六日、方励之は鄧小平に公開状を送り「全国で大赦を行い、特に魏京生及びそれに類する政治犯をすべて釈放せよ」と要求した。[19] 二月一六日、「中国民連」の陳軍は外国向けの記者会見を開き、方励之が鄧小平に「政治犯」である魏京生らの釈放という大赦を要求する公開状を送ったことを拡散した。[20] 二月二三日、北島ら三三人の文化人は党中央と全国人民代表大会に連名の書簡を送り、方励之の公開状を公然と支持した。

二、鄧小平による「安定最優先」方針の明確化

鄧小平は政治的な洞察力と経験から、政治的な動乱が中国で起きることを予感していた。彼は相前後して、非公開の重要な二つの講話を行っている。一つはブッシュに向けた講話(二月二六日)、もう一つは趙紫陽に対する講話(三月四日)である。その中で、中国に起きている不穏な事態に対する懸念を表明し、再度「安定最優先」の原則を強調している。不幸にも、わずか一カ月後、動乱が再び発生し、鄧小平の予言がまたも的中した。

二月二六日、アメリカ大統領ブッシュが訪中した際、鄧小平は次のように述べた。「中国では安定が何よりも重要である。安定した環境がなくては何もできず、今までの成果も無駄になる。**中国は経済発展の過程にあるため、形式だけの民主を求めても実現は不可能であり、経済も発展させることができない。これでは国家が混乱し、国民の心がばらばらになるだけだ**」。

鄧小平はブッシュになぜこのように判断したか説明した。「**中国は『文化大革命』を経験し、その最悪の結果も見てきた。中国は人口が多いため、今日はこのデモ、明日はあのデモと三六五日デモが起これば、経済建設を進められない。**民主は中国の目標ではあるが、国の安定が必要不可欠なのだ」。そして、さらに次のように述べた。「中国の民主選挙は米国と大きく異なる。米国は二百年近く選挙の経験があるが、**人口が十億もある中国で多党制の選挙をすれば『文化大革命』のような『全面的な内戦』局面に至り、混乱が生じてしまう**」。鄧小平のこの講話は速やかに党内に伝達された。しかし、党中央、特に趙紫陽は動乱が迫っているという意識が薄く、海外に向けて中国の政局は非常に安定していると主張し続けた。

三月四日、鄧小平は総書記である趙紫陽と話をした際、次

のように述べた。「中国は四つの近代化と改革開放を行っているが、鍵になるのは安定だ。**安定を妨げるものに対してはすべて対処する。これだけは譲歩も妥協もできない。中国のことは中国が処理するのであって、外国が何を言おうが言わせておけばよい。中国は不安定になってはならないと、何度でも表明する必要がある。中国は不安定を許さないと発信しなければならない**」。

鄧小平は趙紫陽に対して、違法であるデモ行進にどのように対処するか具体的に説明した。そして、**局面を抑制する方法にも注意が必要だとして、次のように述べた**。「**特に、集会、結社、行進、デモ、報道、出版等に関連する法律や法規を急ぎ作らなければならない。中国は自由にデモ行進を行うことを許していない。中国は国内外に、安定のため、より良い改革開放と近代化建設のために取り締まりを強化するということを表明しなくてはならない**」[21]。

その後、**趙紫陽は正式に中央政治局常務委員会に鄧小平の指示を伝達した。趙紫陽は鄧小平の「安定が最優先」という考えをよく理解していた。これが中国の最も重要な国益だった。趙紫陽が鄧小平の提案した方針と中央政治局常務委員の集団決定に従って行動していれば、社会で騒乱もしくは動乱が起こったとしても中国全体が不安定になることはなく、後の六四事件も起こらなかっただろう**。

しかし、趙紫陽は日和見主義的の態度を採った。また、外国人や少数のエリートの掲げる民主化と自由化の影響を受けており、特に秘書の鮑彤から直接影響を受けた[22]。趙紫陽は、学生運動を制止するかどうか、安定を保持するかどうかの重要な決定に関して、鄧小平の考えから大きく乖離し、その結果、党上層部の政策決裁者は深刻な政治的危機を経験することになった[23]。

三月五日、少数の分裂主義者がチベットのラサで騒動を起こした。「チベット独立」を掲げて大通りでデモを行い、その途中で店や政府機関部門に対して暴力、破壊、強奪を行い、公安の武装警察に発砲した。

三月七日、国務院総理の李鵬はラサで国務院の戒厳令実行命令に署名した。そして、憲法第八九条第一六項に則って[24]、一九八九年三月八日〇時から、西蔵自治区人民政府組織がラサで戒厳令を実施した[25]。

党チベット自治区党委員会第一書記の胡錦涛がこの問題に対して素早く対処したため、ラサの暴動は全国に広がらず、国際的な悪影響もなかった。しかし、この事件から中国は経済移行の過程で常に社会内部の不安定要素による影響と妨害があったということが分かる。同時に西側の反中勢力は常に中国における民主勢力を強く支持した。特に世論やメディアを利用して中国で大きな混乱が起きることを望んだ。国内でも民主勢力や異なる政治見解を持っている者たちは西側の反中勢力に随従した。中国は「安定」はしていたが「決して穏やかではない」状況だった。鄧小平が六月九日に述べたように、この動乱は起こるべくして起こった。それは人々の意志が反映されたのではなく、時期と規模の問題だった。[26]

米国では「悪いことが起こる可能性があるなら、可能性の大小にかかわらず実際に起こる」というマーフィーの法則がよく知られている。[27]この時の鄧小平は政治的な感性が鋭く直感も正確だった。不測の事態が起きても、明らかに誤りと分かるような程度の低い誤りを犯したり、過去の誤りを繰り返したりすることはなかった。これが趙紫陽との大きな違いだった。

第二節　学生運動の暴発

鄧小平は政治の安定に影響する国外の「情勢」と国内の「情勢」がすでに同調しており、中国の政治に混乱が起こると感じていた。しかし、それがいつ、どのように起こるかは予想しかねた。改革開放から十年経って、今までにない社会の動乱が起こり党中央内部が政治的危機に陥るとはだれも思っていなかった。その引き金となったのが、胡耀邦前総書記の突然の病死だった。

一、胡耀邦の急逝

四月八日、胡耀邦は中央政治局会議中に心臓発作を起こし、一五日に帰らぬ人となった。享年七三歳だった。同日、北京等で自発的に哀悼を捧げる人々が相次いだ。その中には、胡耀邦の功績に対して再評価を求める者や反資産階級自由化の完全否定を要求する者がいた。

四月一八日の夜から一九日の朝にかけて「打倒共産党」というスローガンを掲げ新華門に集まり、政府や共産党本部などがある中南海へ侵入しようとする者がいた。

四月一九日四時、北京市人民政府は、党機関への進入は違法であり許さないという通告を出し、その場で解散を求めた。一九日夜から二〇日朝にかけて、三〇〇〇人近い学生が新華門に集まり中南海に侵入しようとした。その中には扇動的な演説をしたり、「打倒共産党」というスローガンを叫んだりする者もいた。警官は新華門前に集まった学生を追い返し、身体的な衝突も発生した。

集団による中南海新華門への進入は「文化大革命」の再演であり、学生らが新たに考えたのではない。その動機がいかに善良であっても、その性質は社会の動乱と同じである。二十二年前の一九六七年一月初め、中央文革小組の扇動で造反派の学生数千人が中南海に集まった。そして、中南海の西北門と北門にスピーカーを設置し、国務院秘書長の周栄鑫の糾弾を要求した。同年七月初めから八月上旬、造反派（主に大学生）は再度「中南海包囲」を行い、資本主義を目指す党内最大の実権派である劉少奇の糾弾を要求した。概算ではあるが、当時、中南海の外側には七〇〇〇余りの小屋と五〇〇余りのスピーカーが取り付けられ、三〇〇〇余りの旗が木にかけてあったという。中でも清華大学、北京大学、北京航空学院の造反派が最も活発で「指導の中核」を担った。その後、**一九七〇年一二月一八日に毛沢東はスノーと話をした際、一九六七年七月と八月の二カ月の出来事は良くなく、社会が著しく乱れていたことを認めた。**[28] **中南海への進入は「文化大革命」期の動乱の象徴だった。**

二十二年後、李先念は学生達が再び中南海を包囲するのを見て大きな衝撃を受け、次のように述べた。**現在の全国の状況と「文化大革命」とどれほどの違いがあるのか。「『文化大革命』では新華門突撃はなかったが、今はあえて新華門に突撃している。この一事で、鄧小平がこの事件の性質を『動乱』と位置付けた理由がわかる。大学生等は歴史の経験を持ち合わせていないが、その遺伝子を引き継いでいる」。鄧小平等は歴史の経験と記憶を持っており、彼等は決して歴史の再演を許すわけにいかなかった。**

四月二〇日三時、北京市人民政府は、現場放送を通じて次のように通告した。「少数の策略家が新華門に突撃し、秩序維持に当たっていた人民警察に危害を加えた。これは重大な違法行為である。見物人は現場を離れるように望む。たくらみを以って事件を起こした少数の者たちに警告する。これ以上無謀な行為を続けるなら、その結果と質任は全てその者達が負うことになる」。

この通告は北京市人民政府が法律に則って、社会の秩序を守り中南海の中央首脳機関の安全を確保するためであり、反駁しようのない正当性があった。しかし、三〇〇〇人の大学生は、申請や許可の手続きなしに人民大会堂まで行進し、胡耀邦の再評価等、七カ条の要求を出した。[29]

改革開放を十年間経験した学生らは、この行為が違法だという意識はなく、逆に正当な民主的行動だと考えていた。これを一部の者が利用し、学生たちの主観的な願望とは反対方向へ向かわせた。

一九八七年初めに、中央全会に諮《はか》ることなく中央政治局会議が胡耀邦総書記を解任したことを「非合法」だと考える人もいた。この問題が「八九」政治動乱の直接的な原因となった。胡耀邦が主動的に辞職したことが先で、中央政治局の決定はその後であったことを学生たちは知らなかった。そのため、胡耀邦に対する処置が「不公平」であると学生は主観的に判断し、中央の決定と鄧小平に対して不満を抱き始めた。これは一九八四年、国慶節の天安門広場行進で、学生らが「小平、こんにちは」という垂れ幕で示した信頼や支持とは正反対だった。

歴史は繰り返されるものである。一九六六年八月一八日、学生と紅衛兵は天安門広場で「造反有理、革命無罪」と書かれた大きな旗を掲げていたが、その後「天下大乱」「全面内戦」の局面に至るとは思っていなかった。一九八九年の鄧小平は、晩年の毛沢東とは違っていた。鄧小平が求めたのは「造反」でも「革命」でもなかった。「法治」と「安定」を求めたのである。

当時、ごく少数の知識エリートは活発に動き、鄧小平に公然と立ち向かった。一九日に雑誌『世界経済導報』『新観察』は北京で胡耀邦記念座談会を開催した。参加者は総書記の失脚を「手続きを踏まない更迭」と考えており、鄧小平を公然と批判する者も現れた。この会議の内容は『世界経済導報』で公表された。

二、趙紫陽の誤算——学生運動と訪朝

突発した学生運動に対して中国政府は直ちに態度を表明した。四月二〇日、新華社は『社会安定の維持が当面の大局』という論説文を発表して次のように指摘した。「近頃、北京で注意すべき異常事態が発生した。胡耀邦への哀悼を口実として意図的に党と政府に矛先を向けた者がおり、明らかに胡耀邦への追悼ではなく、しかも通常の追悼を妨害した。この行動は法律の許容範囲を越えた」。

実際、学生の要求が正当かつ合理的かどうかにかかわらず、法治社会において正式に申請をせず、許可も得ないでデモ行進を行うのは違法行為である。違法行為に対しては、速やかに制止するため断固とした措置が必要だった。そうでなければ、学生運動（いわゆる民主化運動）はますます激しくなる。これは一九八六年一二月に起きた学生運動の教訓である。

しかし、**趙紫陽は前任の胡耀邦の教訓を生かさなかった。中央政治局常務委員会あるいは政治局会議を招集して事件について議論することもせず、鄧小平に意見も求めないまま政策を決定した。党第十三全大会で、事実上、鄧小平は中央指導者の第一線から退き、「半引退」という形で中央軍事委員会主席を兼任することに決定していた。**[30] **趙紫陽が胡耀邦の後継者として党中央総書記となった後の一九八七年七月一七日、陳雲が趙紫陽に話をした際、まず「現在、指導者の第一位は鄧小平である」と述べた。**[31] **これについて趙紫陽は十分理解していたが、自信過剰になり独断でこの社会的危機に対応した。これが政策決定を誤る隠れた要因となった。**

学生運動の規模、その影響の範囲、その結果に対する趙紫陽の予測は甘かった。学生運動の参加者には三種類あると分析した。まず胡耀邦に追悼を捧げる者が大多数であり、次に党中央に対して不満を持つ一部の者が追悼の場に乗じて意見を述べ、そしてごく少数の者が反共産党、反社会主義を掲げて事を荒立てようとしたと分析した。そして、学生らを胡耀邦の追悼に行かせ、暴力、略奪等の違法行為については法律に則って処罰するが、そうでなければ重い処分を科すべきではないと考えた。[32] 趙紫陽は、学生らによる胡耀邦への追悼を理由とした違法なデモ行進を許すかどうかという重要な問題

に対し「傷口を広げる」方法に賛成した。この決定は、学生運動を法律に則って解決する貴重な機会を失わせ、また新華社の文章とも矛盾するものだった。趙紫陽は自信過剰になっており、中央政治局常務委員会議の議論を経なかったために判断を誤った。個人が政策決定を行う場合、政策を誤る最大の理由は情報の偏りや不足である。

米国コロンビア大学の「中国の政治通」である黎安友の評価の通り、**「趙紫陽は、学生らが胡耀邦の追悼会で主張を述べたと認識すれば、速やかに解散すると信じていた」。しかし、学生は解散しなかった。**[33]**政策決定の動機と効果から見ると、これは典型的な判断ミスであり、「ちぐはぐで」「予想と正反対」の結果となった。政策決定の論理から見ると、「ミスを繰り返し」「ミスを重ね」たことで収拾不可能な事態をもたらした。これは趙紫陽が無意識に犯した最初の誤りに過ぎなかった。**

四月二二日午前、鄧小平らは胡耀邦の追悼会に出席した。趙紫陽は弔辞で胡耀邦を「偉大なプロレタリア革命家かつ政治家であり、我が党の非常に優れた政治工作者」として、党の指導者として十一期三中全会の路線を堅持するため、四つの基本原則と改革開放を堅持し、中国の特色ある社会主義建設の各方面で大きな貢献をしたと高く評価した。『弔辞』では、胡耀邦の自発的な辞職とその原因に触れなかったため学生らの鄧小平に対する不満は解消されず、さらに多くの政治的な要求が出された。これは、一九六七年七月二五日に首都紅衛兵代表大会核心組が出した「革命の書」のようだった。すなわち、劉少奇は毛沢東の『司令部を砲撃せよ――私の大字報』一周年である八月五日を期限に、中南海から追い出された。「文化大革命」はその十三年後に終わった。北京大学の学生の王丹らは造反派学生の伝統を受け継ぎ「造反有理、革命無罪」を再び掲げ、民主的な行動と称してさらに大規模な造反行動を組織した。すなわち、違法なデモ集会である。これは西側メディアに「独裁に抵抗する民主運動」と評価された。

その日、人民大会堂と天安門広場には数万人の学生が集まった。追悼会終了後「李鵬首相が一二時四五分に学生と会うと承諾した」、学生三人が人民大会堂東門外の石段でひざまずき、「請願書」を手渡したといううわさが伝わった。その後また「李鵬は心変わりして、学生との会見を拒否した」といううわさが流れたが、これは学生達を怒らせるためだった。その後、学生らは全国学連準備委員会を設立し、全国の学生に授業のボイコットを呼びかけ、広範な民主運動を展開した。これにより北京市では六万人の学生が授業をボイコットした。[34]学生達が要求した李鵬首相との面会は「文化大革命」で紅衛兵が周恩来総理に面会を要求した方法と同じだった。周恩来は、紅衛兵の多くの異なる派閥と面会したが「天下大乱」を止めることはできなかった。[35]

同日、西安市では深刻な暴動事件が発生した。また、同日夜から翌朝にかけて、長沙市でも暴動事件が発生した。

このような深刻な社会的動乱事件に対して、趙紫陽は三つの原則的な意見を出しただけだった。一つ目は、追悼活動はすでに終わっており正常な社会生活に戻るべきで、学生の行進を制止して授業に行かせるとした。**しかし、具体的な措置については指示はなかった。**二つ目は、学生を正しい方向に導くため、各方面、多様なルート、各種の形式で対話を展開することで意思疎通を図り理解を深めるとした。これは、**非合法的な学生組織との対話に同意することであり、「対話の落とし穴」に陥る可能性があった。**三つ目は、流血事件は絶対に避けねばならず、暴動に対しては、法律に則って処罰するとした[36]。

これは矛盾した措置だった。法律に則って処罰すれば流血事件は避けられない。また最も大事なことだが、中央政治局常務委員会や中央書記処会議の招集をせず、情報の共有もなかった。党中央あるいは国務院の名で、特に北京に対する通知や文書を出し、大学を中心とした各部門が学生運動に対応するといった適切な措置が採れず、国家教育委員会が関係する『通達』を出しただけだった。こうして、学生運動を鎮めるためのチャンスは再度失われた。

四月二三日、趙紫陽は大規模な学生運動と深刻な暴動事件が突発したにもかかわらず、訪朝を中止しなかった。予定通りに専用列車で北京から平壌に向かい、三〇日にようやく北京に戻ってきた。この間、李鵬が中央政治局常務委員会の業務を代行した。情勢が極めて混乱し不安定だった時に、なぜ趙紫陽は敢えて八日間も訪朝したのか。それは、学生運動の深刻さに対する判断ミスか、政局に対する自身の制御能力を過大評価していたか、どちらかだろう[37]。

これは趙紫陽が重要なチャンスを逃したことを示している。また、**その後、彼と中央政治局常務委員の集団決定に大きな相違が発生する原因ともなった。訪朝の間は、情報の獲得と共有ができず、他の指導者らと意見交換して政策決定の共通認識を持つ機会を失った。しかも見過ごすことができないのは、趙紫陽が自信過剰だったことである。帰国後、鄧小平が支持した中央政治局常務委員会の集団決定を個人的な見解で撤回し、党中央に二つの異なる考えを内在させてしまった。イデオロギー争いを排除しなければならない状況で、公の政策決定において最も避けなければならない低レベルの誤りを犯したと言える。**

三、中央指導集団による決定──明確な動乱反対

一九八九年四月二四日午後、党北京市委員会常務委員会議が開かれた。そして、北京等で起こっている学生運動は深刻な状況であり、引き続き拡大してさらに深刻になれば制御不能になると考えた。このため、党北京市委員会と市人民政府

は、党中央に事態に対して明確な姿勢を示すよう正式に提案した[38]。

同日夜、李鵬は中央政治局常務委員の会合を開いた。参加者は常務委員の胡啓立、喬石、姚依林及び中央政治局委員の楊尚昆、万里、田紀雲、李錫銘、李鉄映だった。会合では北京市長の陳希同と国家教育委員会副主任の何東昌が報告をした。そして次のように会議で確認された。ごく少数の者の扇動によって、北京の数十校の大学や高等専門学校に在学する学生六万人が授業をボイコットした。彼等は、壁新聞、ビラ、デマ等で人々を混乱させ、非合法組織が学校や放送室を占拠し学生会を解散させ、街頭で講演や募金活動を行い、工場や小中学校等に人を派遣し、活動交流によって授業ボイコットやストライキを全国的に扇動した。社会情勢は非常に深刻だった。

会議は今回の事件を「計画的かつ組織的な反共産党、反社会主義の政治闘争」と位置付けた。この判断は正しかったのか。最も李鵬に反対していた米国の「中国通」黎安友でさえも次のように認めた。「李鵬はおそらく一九八九年の事件で最も有能かつ堅実な政治家だった。圧力の下であっても、強硬かつ精力的に、また冷静かつ明確な態度で不安定な情勢に対処した。李鵬が学生運動を現政権への徹底した挑戦と考えていたなら、実際にはほぼ正しかったと言える。李鵬は日和見主義者ではなく、一党独裁の原則に忠実だった。たとえ大衆の支持が得られなくても、この原則を守ろうとした[39]」。

会議は中央に動乱制止指導小組の設置を決定した。中央常務委員の李鵬を中心として、メンバーは中央政治局委員から国家教育委員会主任の李鉄映、党北京市委員会書記の李錫銘、何東昌、そして国務院スポークスマンの袁木らだった。また、党北京市委員会が全市で大衆を動員して多数派となり、少数派を孤立させ、できるだけ早く動乱を静め、情勢を安定させると決定した[40]。

コラム9－1　『人民日報』社説「旗幟鮮明に動乱に反対せよ」（一九八九年四月二六日）

ごく少数の者が民主の旗を掲げ民主法制を破壊した。胡耀邦の追悼会のためではなく、中国で社会主義民主政治を進めるためでもなく、不満を爆発させたかったのでもない。その目的は、人の心をばらばらにし、全国で動乱を起こし、安定的で団結していた政治を破壊することだった。これは計画的な策略であり、動乱である。そして、その本質は党の指導と社会主義制度を根本的に否定するものである。これは、全党と全各族人民の前で行われる重要な政治闘争である。

これを黙認して放任すれば、混乱は深刻なものとなり、学生を含む全人民が望む改革開放、秩序ある統治、建設発展、物価のコントロール、生活改善、反腐敗、民主と法制の確立は、すべて水の泡となるだろう。さらに、この十年間で得られた改革の大きな成果が失われ、全人民による中華振興という偉大な夢の実現が難しくなる。希望に満ち、前途ある中国が、混乱し不安定で先の見えない中国になる危険性もある。

この動乱の制止は必須だということを全党と全人民が理解しなければ、中国に安寧はない。この闘争は改革開放及び四つの近代化の成功、そして国家と国民の未来に関わるものである。党各級の組織、多くの党員、共産主義青年団員、各民主党派、愛国民主の人士、そして全人民がこの動乱の是非を明らかにし、この動乱と闘争を迅速に鎮めるため積極的に断固として行動し、闘う必要がある。

資料出典：『人民日報』一九八九年四月二六日。

四月二六日『人民日報』は『旗幟鮮明に動乱に反対せよ』という社説で、上述の中央政治局常務委員会の観点を発表した（コラム9－1）。趙紫陽は訪朝のためこの会議は欠席していた[41]。その夜、党中央と国務院は地方に最初の『通知』を出し、直ちに行動を開始して安定と団結を守る明確な姿勢をとるよう求めた。翌日、各省、直轄市、自治区党委員会は会議を開き、地方で明確な姿勢を取るための具体的な措置を策定し、党中央に報告した。

四月二五日午前、鄧小平は李鵬、楊尚昆と話をした際、**中央政治局常務委員の会合の決定に対して全面的に賛成し支持すると表明した。「動乱の拡大を避けるため、迅速に進める必要がある。常務委員の決定は正しく、常務委員の意見が一致したのは非常に良い」**。これまで、鄧小平が政治局常務委員会の『太上皇』と考える者もいたが、これは歴史的事実に反する。まず中央政治局常務委員会の決定があり、その後で鄧小平が支持していた。鄧小平も次のように述べている。「党第十三全大会後、中央指導集団に重要な問題について意見を求められた時は、中央指導集団の多数意見を尊重し、支持した[42]」。

鄧小平は、明確な態度と効果的な措置によってこの動乱を鎮めることを望んだ。彼は次のように述べた。「**全国規模の闘争を迎え討つ決意で動乱を必ず制止する。然らずんば、天に寧日なく、国に寧日なし。すなわち、日々の安寧を手にすることができないどころか、永遠に不可能になる。今、彼等**

がどのようなことをやっても、それはすべて「文化大革命」の造反派がやったことと同じだ。ただ天下に混乱がなくなり安定することだけを恐れている。希望に満ちた中国の夢は一朝にして砕かれ、経済発展戦略や改革開放は進められなくなる。この動乱には黒幕がいる」。そして鄧小平は方励之夫妻の名を挙げた。[43]

　学生運動が起こった当初から、党中央の上層部には異なる考え方があった。六月九日、鄧小平は回想して次のように述べた。「四月二六日の『人民日報』の社説は、問題を動乱と定めた。『動乱』という言葉は適切であり、この言葉しかない。この判断が正しかったということは実践によって証明された」[44]。四月二六日に『人民日報』でこの社説が発表されると、「動乱」という表現に対して、学生が街頭で抗議しただけでなく、帰国した趙紫陽も修正を求めた。こうして、無秩序かつ爆発的な社会運動と党中央総書記が結び付き、最終的に一九七八年以降、最大の社会動乱に発展した。この二つの結び付きはどのような相互作用があったのか、また総書記が敢えて公に党中央グループの決定に否定的な態度を取ったのはなぜか、理性的に行動できなかったのはなぜかを明確にする必要がある。

　同日早朝、趙紫陽は朝鮮で鄧小平の談話と中央政治局常務委員会議の覚書をファックスで受け取ると、すぐに「**動乱の対応について鄧小平の考えに賛成する**」と返答した。これは当初、鄧小平の考えを支持していたことを示している。趙紫陽は当時、「小平同志の決裁の本義は、安定が必須であり、動乱はあってはならない、この一点である。これは我が国にとって極めて重要である。過去においては無論、現在、未来においても我々は、この一事に全力を尽くさなければならない」と考えていた[45]。しかし、四月二六日の『人民日報』の社説のファックスは趙紫陽に送られておらず[46]、先の中央政治局常務委員からの情報とは異なっていた。そのため、趙紫陽は学生運動を動乱とする李鵬ら一方の意見のみを鄧小平が聞いたと思い、それは妥当ではないと考えた[47]。

　趙紫陽が帰国後すぐに中央指導集団の決定を否定するとは誰も思っていなかった。趙紫陽は「文化大革命」を経験し「文革」で糾弾されたが、この時は「動乱」という表現に疑念を抱いた。ここで最も重要なことは、趙紫陽が中央指導集団を信頼しておらず、尊重もせずに独断で決定を変えたことである。一九六六年六～七月、毛沢東は中央指導集団の意見を排除し、学生と紅衛兵の「天下大乱」を公然と支持した[48]。これは当時の趙紫陽にはできなかった。

　四月二七日、北京の三十八カ所に上る大学・専門学校の学生三万人余りがデモ行進に向かった。公安部門の幹部と警官が制止したが無意味だった。北京市政府のスポークスマンは、今回のデモ行進は許可されておらず、北京市のデモ行進に関する第一〇条に違反していると指摘した。法制が確立した社会では学生運動は当初から違法行為であり、各種の学生組織も違法組織だった。これがごく少数の者に利用され、西側のメディアは「中国の民主化運動」と見なした。

第三節　政治的な二つの意見

一、趙紫陽の急変と明らかな誤り

四月三〇日、趙紫陽は訪朝を終えて北京に到着した。翌日、中央政治局常務委員会を招集した。これは趙紫陽にとって学生運動を制止するための三回目のチャンスだった。文書が公開されていないため、趙紫陽が帰国後に調査研究を行ったのかどうか、学生運動について党北京市委員会や国家教育委員会、そして公安部や国家安全部等の関連部門から報告を受けたかどうかは不明である。しかし、確かなことは、学生運動対応の第一線にいた北京の高等教育専門学校の責任者と会合を開かず、事件の因果関係を理解して解決案を求めようともしなかったのである。こうしたことに対して、彼は「謙虚さ」がなく、「信頼していなかった」。さらに重大なのは、自発的に鄧小平に教えを求めず、五月一三日になってようやく楊尚昆とともに鄧小平と会ったことである。

五月一日、「北京市大学等学生自治連合会」と「北京大学学生自治会準備委員会」が北京大学で開いた記者会見には、西側のメディアと千人以上の学生が集まった。記者会見では「党中央、全国人民代表大会常務委員会、国務院への公開書簡」等を読み上げた。その主な主張は「反汚職、反腐敗、官僚ブローカーの処罰」であり、民営の新聞社の許可、教育関連支出の増加、教師の待遇改善、重要な政策上の誤りの自己批判、民主化の加速だった。

五月四日、政治的な経歴も経験も豊富な趙紫陽が、この学生の政治的主張は党と政府の主張でもあると公式見解を述べた。その後、学生達はすぐさま趙紫陽を支持するようになり、この公式見解を後ろ盾として、中央常務委員会の決定すなわち四月二六日の『人民日報』の社説に対して攻撃を始めた。

前日五月三日、趙紫陽は五四運動七十周年記念会議で次のように述べた[49]。「中国に動乱が起き、大規模な社会紛争と無政府状態が発生すれば、人々の心は混乱するだろう。そして、社会、生産、学習、労働の秩序も混乱し、国民自身も混乱すれば、平穏な社会ではなくなる。前途ある中国が混乱した希望のない国になってしまう」。**趙紫陽の演説は、四月二四日の中央政治局常務委員会決議と鄧小平の精神に一致していた。重要なのは、趙紫陽は、学生運動が続けば中国に大規模な社会紛争と無政府状態が発生し、平和でなくなることを予想したことである。党中央指導集団による政治的な共通認識と政策決定を覆さなければ、この事件の結末は違っていただろう。**

残念ながら、趙紫陽が述べた「動乱による混乱」は発生してしまった。第一の責任は彼自身にあると言えるが、なぜ

「思惑と結果が矛盾」してしまったのか。公共政策の理論から分析すると、これは政策の不一致もしくは政策と情報の相互矛盾に起因し、政策の失効または失敗の根本原因であった。つまり、政策が次々と任意に変更されれば、信頼が損なわれるだけでなく、事態は人為的に拡大するということだ。これは政策決定者にとっての「タブー」である。

五月四日、趙紫陽はアジア開発銀行理事会代表と会見した際、前日述べたことを自ら否定し、中央政治局常務委員会の判断と異なる意見を発表した。そして、学生がデモをすること自体が、すでに違法であるという基本的な事実を故意に避け、多くの学生は共産党と政府に対して「満足しているが不満もある」とした。学生らは中国の根本的な制度に絶対的に反対をしているのではなく、我々の工作における弊害をなくすよう求めていた。最も不満に思っているのは汚職と腐敗である。これは、党と政府も数年前から解決しようとしている問題だった。そして、動乱が発生していたにもかかわらず、対外的には中国に大きな動乱は起きない自信があると宣言し、学生との対話を主張した[50]。これは、学生の街頭デモの合法化を宣言したに等しく、彼はさらに「民主と法制の枠組みの中での解決」を目論んだ。

これは二月~四月のポーランドの「円卓会議」に酷似していた。すなわち、ポーランド統一労働者党党首のヤルゼルスキが提案し、ワレサが率いる労組「連帯」と政治的な対話をした会議である。これは政治的な妥協に見えるが、実際にはポーランド統一労働者党の政治的な投降であり[51]、数カ月後には同党は政権を失ってしまった。

その後、趙紫陽はこの講話の意図について、学生運動を鎮め、中国に対する外資の信頼を強化したかったと述べた。講話が発表されると、温和な講話で反響も良かったと聞き、なんら矛盾や問題に気づいていなかった[52]。

これが趙紫陽の犯した低レベルの誤りだった。見識のある人ならすぐ分かる歴史的にも致命的な誤りだった。講話の内容を細かく考察すると、四月二六日の人民日報の社説とは異なり、五月三日の自身の講話とも異なっていた。**こうして、学生運動への対応について、党中央で二つの考えが出たことになり、学生運動を鎮めるための重要な時期に中央常務委員の内部分裂を公開してしまった。これは党内に強い反応を引き起こした。**[53]ロイター通信は直ちにこの情報を配信し、**趙紫陽の講話は学生に対して非常に同情的かつ個性的だったと評価した。しかし、この講話は四月二六日の『人民日報』社説を大きく修正するものであり、**学生運動を策略に利用するごく少数の者を鼓舞するものであった。この後、事態は急激に変化した[54]。

鄧小平が後に「中国の動乱は遅かれ早かれ起こったのであり、党中央内部にも問題があった」と述べたように[55]、問題は趙紫陽の五月四日の講話だった。一般の学生達さえも、この講話と四月二六日の人民日報社説との矛盾を感じ、落ち着いたばかりの学生運動が再び爆発した。

その後、趙紫陽は「あの講話によってある種の憶測を生むとは予期しなかった。慎重に情況を考慮していれば、あのような講話はしなかった」と認めた。[56] 当時、非常に厳しい情勢の下で行われた趙紫陽の重要講話は、中央政治局常務委員の議論を経たものではなかった。[57] これは秘書の鮑彤が前もって起草し、中央放送局と中央テレビ局に同日午後に放送するよう依頼していた。[58] 趙紫陽の態度の重要な変化には鮑彤が大きく関わっていた。

五月四日、北京大学や清華大学等四十の高等教育校の学生数万人が街頭で「五四宣言」を読み上げ、大学民主改革の実施、政治体制改革の促進、報道法制定を要求した。『人民日報』は五日、趙紫陽の講話と学生組織「高自連」が天安門広場に向かって行進する写真を同時に載せた。これによって学生の行進が「合法」であるという情報が全国一斉に伝わった。そして、北京市の大学等全ての高等教育校で授業のボイコットが行われた。[59]

一旦、**起きてしまった学生運動を抑制しようとしても難しく、従来と同様の経路をなぞることになる。このメカニズムが学生に街頭での示威行動を選択させ、以後、事態が進展するにつれ持続的な自己強化と自己拡張がなされていく。趙紫陽の講話が誘発した効果は、学生運動を終息させず、再び学生運動を爆発させた。**

五月六日、北京市の二十三の大学の代表は党中央等に『北京大学等高等教育校対話団請願書』を提出し、党中央、全国人民代表大会常務委員会、国務院に対して現在の学生の民主運動、政治体制改革の深化、民主的な法制度の確立について公開対話と報道を求め、五月八日午後までに回答するよう強く要求した。これは学生運動の自己強化と自己拡張であり、要求は高まっていった。

外国通信社の取材に王丹は次のように答えた。「学生運動は今までに二つの大きな目標を実現した。一つは独立した学生組織を作ったこと、もう一つは今までにない一般大衆の支持を得られたことである」。新華社は直ちに内部の参考資料としてこの情報を党中央に報告した。

五月八日、党中央弁公庁と国務院弁公庁陳情局は趙紫陽の要請に応じ、党中央と国務院の指導者らは広く学生らと接触し、対話すると回答した。

同日、趙紫陽はトルコ社会民主人民党主席エルダル・イノニュと会見した際、「現在、大部分の学生は授業に復帰した。全体的には、中国に大きな問題はないだろう。学生が出した要求の多くは党と政府が解決すべき問題であり、民主的かつ法律に則って解決していく」と自信を持って述べた。[60] 趙紫陽は学生運動が社会の混乱を引き起こしたとは思っておらず、逆に学生の政治的な要求に共感し、中国の政治問題を解決するために外部及び社会の圧力として学生運動を利用しようとしていた[61]。

しかし、再び爆発した学生運動が引き起こした社会の動乱は、趙紫陽個人の思惑から外れ、また紛争に関わった多くの学生の非合法組織の思惑からも外れていき、さらには民主と法制のレール上に引き入れることもできなかった。なぜなら、学生たちは最初から正式な申請手続きを経ておらず、「北京市デモ等示威行動に関する若干の暫定規定」に違反し[62]、すでに法制を破壊していたからである。この動乱自体は、必然として反法制の論理の下で発展していかざるを得ず、「文化大革命」における紅衛兵の造反運動に似ていた。それは暴風雨で発生した洪水で行き場を失った水のように、行ける所まで行くしかなかった。

五月九日、北京の約三十余りの報道機関が党中央の宣伝活動責任者との対話を求めた。五月一一～一三日、中央政治局常務委員で中央の宣伝活動の主管者だった胡啓立、中央書記処書記の芮杏文、閻明復それぞれが手分けして新華社、人民日報社、光明日報社、中国青年報社を訪ね報道関係者と対話をした。胡啓立らは報道改革はせざるを得ないと述べた。これは主に五月六日に趙紫陽が胡啓立に指示した報道改革を反映していた。趙紫陽は次のように述べた。「報道改革は一般的な傾向であり、人々が望むことである。世界的な進歩の潮流を目前にすれば、我々はその流れの導くままに行くほかない」。

一九八七年一二月一八日、陳雲は新任の中央政治局常務委員の胡啓立と話をした際、趙紫陽の講話を伝達しているだけだと批判した。「自分の考えは一つもなく、すべて趙紫陽の意見である。その欠点は唯物史観に基づいて問題を捉えていないことだ」。胡啓立はその場で陳雲の指摘に感謝した[63]。当時、胡啓立は指名を受けてもいないのに趙紫陽の指示をそのまま伝達し、指示通りに実行した。これは陳雲が指摘した胡啓立の欠点が正しかったことを示しており、この欠点が重要な時に浮き彫りとなった。

胡啓立が報道を主管していた時、政府筋の新聞に天安門広場で起こった事件の報道を許可した。後に、陳雲は次のように指摘した。「当時、中央常務委員会に二つの異なる意見があり、それに加えて中央のある新聞が誤った宣伝を進めていたため、中央と地方の指導同志の間でも本当の状況を把握できなかった[64]」。これは米国の学者に「共産党政権における最初の報道の自由」と見なされた[65]。この「報道の自由」が事件の社会的影響と政治的影響を拡大したのは明らかだった。違法だとしても、強大な政府に立ち向かう学生に社会は同情したのだ。これは、自ら「パンドラの箱」を開けたようなもので、国際的な潮流だったゴルバチョフの「情報公開」と「報道の自由」という構想（いわゆる世界的な進歩の潮流）及びその結果とあまり変わらなかった。

五月一〇日、中央政治局委員、全国人民代表大会常務委員会委員長の万里は、緊急に全国人民代表大会常務委員会委員長会議を招集した。そして、国務院が審議申請した『中華人民共和国集会デモ法（草案）』を聴取し、六月二〇日、第七期全国人民代表大会常務委員会第八回会議で査定すると決定した[66]。実際には、この法律は一九八六年の学生運動後に起草が始まったのだが、何らかの理由で全国人民代表大会常務委員会によって正式に採択されていなかった。「八九」政治動乱後の一九八九年一〇月三一日、この法律は第七期全国人民代表大会常務委員会第十一次会議で採択され、中華人民共和国主席の楊尚昆が正式に公布、同日施行された。この法律では、学生が申請をせずに天安門で集会、行進、デモ、絶食によって請願するのは違法であると定めている。

五月一二日、ソ連共産党書記長のゴルバチョフが中国を訪問した。学生らは学生運動に対する党中央の態度を変えさせるチャンスと考え、天安門広場でハンストによる請願を行うと宣言した[67]。五月一三日から数百人もの大学生が天安門広場に集まり『ハンスト宣言』を発表し、「目的を達するまで続ける」とした。これによって学生運動は急激に高まり、趙紫陽が帰国後十四日間に行った個人的な努力——「軟化」処置は徹底的に失敗した。そして、社会全体がコントロールを失い、学生と政府の対立は深まった。部外者から見ても、政府は世界的にメンツをつぶされた格好となった[68]。

学生のハンストによる抗議は目新しい方法ではない。一九六六年六月、清華大学の学生の蒯大富は工作組に反対するためハンストによる抗議を行った[69]。後に毛沢東が同情し、支持したため、周恩来と陳伯達を派遣し、蒯大富を解放すると、たちまち大規模な学生の造反運動が起こった。この「文化大革命」の学生運動とその後の学生運動の原因は異なるが、その手法は驚くほど似通った部分もある。それは、造反にこそ道理あり、革命に罪なしという「文革」精神を受け継いでいることである。しかし、この学生運動は、当初から大学内で起こったのではなく、直接社会に向かい、政治の象徴的中心である天安門広場に進入した。この時、学生達に歴史的な遺伝子があっただけでなく、さらに**重要なのは指導者に歴史の深刻な記憶があったことだ。鄧小平は鄧小平であり、たとえ学生に十分すぎるほど同情を寄せた趙紫陽であっても、やはり趙紫陽は毛沢東ではなかった。鄧小平は社会の動乱を制止しようとし、趙紫陽は学生運動支持を公言しなかった。歴史的に見れば、天安門事件は単なる事件に過ぎず、第二の「文化大革命」に発展するものではなかった。**

学生運動の高まる巨大な圧力の下、趙紫陽はなすすべもなく、一三日午前になってようやく楊尚昆とともに鄧小平に会いに来た。趙紫陽は四月三〇日に帰国してから鄧小平を避け、なかなか会いに来なかった。趙紫陽は五月一六日に述べたように「最も重要な問題を処理する時は、常に鄧小平に報告し助言を求める」わけではなかった。鄧小平は趙紫陽と楊尚昆に次のように述べた。「腐敗の取り締まりに関しては何度も話したが、実行が徹底していない。この機会に自分たちを浄化するのも良いだろう。透明にするにはどのように『透明』にするか研究が必要だ」。そして、「違法である学生組織は承認できない」と強調した[70]。

同日夜と翌日早朝、中央政治局委員兼国家教育委員会主任の李鉄映、中央政治局委員兼党北京市委員会書記の李錫銘、国務委員兼北京市市長の陳希同は、天安門広場に行って学生に学校に戻るよう説得したが、即座に拒絶された。

五月一四～一五日、李鉄映と中央書記処書記の閻明復は、北京の大学その他高等教育校の学生と対話し、ハンストによる請願をやめるよう説得したが、再び拒否された。この政治的な混乱はますます大きくなり、全世界から注目されていた。

五月一六日、趙紫陽はソ連共産党書記長ゴルバチョフとの談話で、「党第十三全大会以来、最も重要な問題を処理する時は常に鄧小平に報告し指示を求める。これは十三期一中全会での内部決定である」と公言した。学生運動が極めて敏感な状況にある時に、趙紫陽が漏らした内部決定は、却って社会に大きな反響を引き起こし、事件の矛先が鄧小平に向けられることになった。後に趙紫陽は、「これは私の本意ではなかった。私が、すべての責任を負いたい」と釈明している[71]。

その日も北京の大学その他高等教育校の学生はハンストを続けた。厳家其、包遵信、鄭義ら二一〇人は連名で「首都の知識界」という声明を発表した。「政府が学生の政治的な要求を受け入れないなら、前途ある中国を大きな混乱に導くかもしれない」。これは、政府は動乱に対して責任がある、という意味だった。

学生らは一七日午後、市内を合同行進して回ることを決定し、学生運動に「火に油を注ぐ」こととなった[72]。そして、矛先を再び鄧小平に向け趙紫陽を支持した[73]。党内の不一致が社会の分裂を激化させ、社会の分裂がさらに党内の分裂を激化させた。

二、趙紫陽の学生に対する忠告と制止の失敗

この社会的な動乱と化した政治的混乱の中心にいた趙紫陽には、三つの選択肢があった。一つ目は、毛沢東が公然と紅衛兵を支持したように、公然と学生運動を支持すること、二つ目は、鄧小平のように動乱の原因をすべて排除すること、三つ目は、キャンパスに戻るよう学生を説得することだった。そして、やはり三つ目を選んだ。学生運動はすでに制御不能となっていたが、これを制止する秘策があるのだろうか。あと一歩踏み出せば失敗する所にいたにもかかわらず、彼は考えを変えないまま、失敗に向かって歩を進め、誤りを繰り返すことになった。

一六日夜、党中央政治局常務委員会の緊急会議が招集され

た。**多くの中央常務委員が、情勢は非常に厳しいが、譲歩することは決してできない。より断固たる態度で動乱に反対し、動乱を制止するほかないと考えた。**四月二六日の『人民日報』の社説が誤りだったと認めれば、学生運動は愛国民主運動だと認めることになる。そして、党と政府は誤った反動的な政治綱領の承認を迫られ、非合法の学生組織も承認しなくてはならない。そうなればその他の非合法組織が組織され、中国の地で反対派、反対党として活動することになる。最終的には共産党の退場を迫り、社会主義の人民共和国が崩壊する。これが彼等の動乱の目的であり、達成するまで続けるつもりだった。

趙紫陽は多くの中央常務委員と意見が異なるため辞任すると主張した。[74]趙紫陽の説明によれば、李鵬同志が中央常務委員会の席で次のように発言している。「〝四・二六〟の社説の中の幾つかの言葉――『これは計画的な陰謀である』、『動乱である』、『その本質は、中国共産党の指導を根本的に否定し、社会主義制度を否定することである』、『これは、全党全国各族人民の面前で繰り広げられた重大な政治闘争である』――これらは小平同志の言葉のままであり、変えることはできない。趙紫陽は、当時このような言葉に同意していなかった。

趙紫陽は、『〝四・二六〟の社説は四月二四日の常務委員会の考えに基づいて書かれたものである。また、小平同志の言葉は李鵬同志が主宰した常務委員会の報告を聞いた後で話されたものである。小平同志の一貫した態度は、常務委員会の工作を全力で支持するものである。常務委員会が集団で下した決定である限り、小平同志はこれまですべて支持してきた。そうである以上、責任は我々全員が負うべきである』と考えていた。趙紫陽はさらに、『私は朝鮮から電報を返し、小平同志の決裁に賛同した、だから私は〝四・二六〟の社説に対しても責任を負うべきである。当時、私はこの問題を出し、常務委員会に考えてくれるように頼んだだけであり、決定を求めたのではない』と表明している[75]」。

明らかなことは、趙紫陽が出国前に中央政治局常務委員会を招集しなかったこと、また四月二四日に権限を受けた李鵬が主宰した常務委員会の集団決定を趙紫陽個人が否定し、なおかつ〝四・二六〟社説も否定したことである。これは混乱を大きくしただけだった。組織の原則である党規約第一六条に違反し、政策決定が粗雑で無責任だった。**これは総書記である趙紫陽が重要な問題について個人的な独断を行ったということである。また、言行が一致せず、学生との対話に固執した。学生を説得して事件を解決できるという自信を持っていた。自信過剰の趙紫陽は真剣に学生を信じたが、青年学生は年老いた趙紫陽を欺いた。**[76]

一七日朝、趙紫陽は書面で「学生らの愛国心は非常に貴く、党中央と国務院はこれを肯定する」と発表し、ハンストをやめるよう呼びかけた。そして、中央と国務院は学生との対話を続けると約束し、党と政府が「事後に制裁を加える」ことは決してしないと公に認めた。最後に学生らにハンストをやめ、できるだけ早く健康を回復することを願っていると、再度呼びかけた。**しかし、趙紫陽は自分の政治的な影響力を過大評価し、中央指導集団の影響を過小評価していた。これだけ心を砕いたのだから、学生達は忠告に従い、天安門広場から自発的に撤退すると考えた。しかし、彼はこれ以上の訴え方を思いつかず、学生たちは趙紫陽の厚情に応える気はなく、学生運動の規模はむしろますます大きくなった。当時の趙紫陽が置かれた立場は、どちらからも歓迎されない立場であった。**

同日、百万人以上が天安門広場に向かって行進し、天安門広場でハンストをしていた学生たちを応援した。この光景は、文化大革命を経験した彭真の強烈な歴史的記憶を呼び起こした。後に彼は「文化大革命のような『やりたい放題』をさせてはならない」と述べた[77]。この百万人の行進は「文化大革命」の紅衛兵よりも深刻だった。無政府主義がはびこり、多くの法律や法令は形骸化し、社会に激しい動揺をもたらした。

天安門広場の行進では「党には総書記が必要だ、太上皇は要らない」「陰の執政者は国家を誤らせ国民に害を及ぼす」という標語が掲げられた[78]。天安門広場の「学生の声」という放送ステーションでは、厳家其や包遵信らが署名した「五・一七宣言」が放送された。そして、今回の学生運動は動乱ではなく、中国最後の独裁と帝政を埋葬する偉大な愛国民主運動であるとした。そして、その矛先を「長老の政治を終わらせろ、独裁者は引退させろ」と公然と鄧小平へ向けた。

同じ日、UPI通信が次のように伝えている。「今日、中国の最高指導者に対する批判が巻き起こった。学生等は、彼（鄧小平）が高齢であるため、この国を指導することができないと考えている。中国国内で、このように公然と批判がなされるのは、今までになかったことである」。また、AFP通信は「すでに危機が公になっている中国にとって、今日が転換点となった。今、共産党総書記の趙紫陽が政権における最後の切り札となった。進退極まる中国政府は最後の望みを趙紫陽の手に託した」と伝えた。これらは直ちに党中央に報告された。この事態は、あたかも天安門広場で新たに勃発した「文化大革命」の様であったが、当時のように指導者（毛沢東）みずから発動した性質のものでなく、公になった指導者の政治的態度の分裂によって発生したものである。

当時の学生が掲げた「民主」「自由」は、政治的に最も一般受けし、社会的に最も吸引力のあるスローガンだった。そして、新たな「五・四運動」と称し、中国の「救世主」と民主化の「先駆者」を自負した。しかし、どのような民主と自由を求めているのか、また極めて複雑な中国でどのように民主と自由を始めるかは分かっていなかった。

これに対して、党上海市委員会書記の江沢民はよく分かっていた[79]。このような政治的なスローガンと行動は「社会主義の初級段階」にある中国の国情とかけ離れたものだった。また、十一億人を早急に貧困から脱却させ、衣食の不自由をなくし、さらに小康の状態にさせる必要性を全く考慮していなかった。これも三月四日に鄧小平が趙紫陽に「この十年における最大のミスは教育である。青年の政治に対する思想教育が足りなかった」と述べた理由である[80]。すなわち、当時の学生らは紅衛兵が造反して社会の秩序を破壊し、その後制圧された悲惨な体験がなく、上山下郷運動によって農山村で生産隊に入り農民の生活を体験したこともなかった。その上、改革開放を実行に移すまでの苦難も知らなかった。鄧小平は先見の明があったが、趙紫陽は責任の重圧から学生らの二面性が見えず、弱点や欠点について批判、教育、指導をするのではなく、違法な行進や集会に理解を示し、容認し迎合した。しかし、このことに関して趙紫陽は自己批判をせず、自業自得の事態となった。

　同日、中央政治局常務委員会は拡大会議を開き、趙紫陽、李鵬、喬石、胡喬木、姚依林の五人の中央常務委員と鄧小平、楊尚昆、薄一波の三人の古参同志が出席した。**趙紫陽は自分の考えに固執して譲歩を主張したが、多くの中央政治局常務委員は、大きな動乱が全国的に広がるのを防ぐために後退は許されないと考えた[81]。中央政治局常務委員の正式な投票で趙紫陽の主張は否決され、北京の一部の地区で戒厳令を敷くことが決定された。**

　鄧小平は講話を発表し、中央政治局常務委員の大多数の意見を支持し[82]、趙紫陽は厳しく批判を受けた[83]。趙紫陽は直ちに党中央総書記及び中央軍事委員会第一副主席の辞任を党中央に要請し、次のように述べた。「戒厳令の実行によって深刻な事態を招くのではないか非常に心配している。総書記としてこれは実行しても、効果をあげるのは難しいと思う」[84]。趙紫陽の辞職のやり方は、前任である胡耀邦やポーランド統一労働者党指導者のヤルゼルスキのようだった。後者はポーランド労働者党第十期中央委員会で辞職と引き換えに、彼とワレサ率いる労組「連帯」との「円卓会議」への同意を中央に迫った。ポーランド労働者党は彼の政治主張を受け入れた[85]。しかし、中国共産党中央は趙紫陽の辞職を認めた[86]。

　その後、中国共産党とポーランド統一労働者党は異なる運命をたどり、改革も異なる方法で行われた。翌日、趙紫陽は鄧小平に書簡で辞職の考慮を再度求めたが、後に穏当でなかったと考えた[87]。

四月三〇日に趙紫陽が帰国した後も、北京の学生運動はさらに拡大しており、改革開放後で最も混乱した時期となった。学生等の反対運動は政治的危機に発展し、全国的な政治動乱にまで発展した。そして、戒厳令という手段で解決せざるを得ない段階に至った。これに対する趙紫陽の政治的責任は否定できない。

一八日朝、趙紫陽、李鵬、喬石、胡啓立の四人の中央政治局常務委員は協和病院と同仁病院を訪ね、ハンストで運ばれた学生や入院していた学生を見舞った。同日午前、李鵬は人民大会堂において天安門広場でハンストによる請願をしていた学生代表と会見した。同日、北京大学の王丹は一九六六年の蒯大富と同じようにハンストの中止を拒絶し、さらに次のような要求をした。一、学生運動を民主愛国運動と認め、動乱だとした四月二六日の社説を全面的に否定すること。二、できるだけ早く対話に応じ、生中継すること。同日、天安門広場の大行進には百万人余りが参加し、それは全国に報道された。

一九日、趙紫陽と李鵬がそれぞれ天安門広場を再度訪れ、学生達を見舞った。趙紫陽は次のように述べた「私たちは来るのが遅すぎた。申し訳ない。君たちと我々は違う。我々はすでに年を取っているから、言っても無駄なのだ。今の情況はすでに深刻で、党と国家も焦り、社会もひどく心配している」。そして、学生にハンストをやめるように言い、そそくさと天安門広場を去った。やはり、強硬な拒絶に遭ったのである。[88]

趙紫陽が公の場で話をしたのは、これが最後となった。自分の政治生命がまもなく終わることを悲哀をこめて社会に伝えたが、これに対して彼は「言っても無駄」と思っていた。主観的には党の分裂を招いた「歴史の罪人」になりたくなかったのかもしれない。しかし客観的に見ると、この意図的な講話から見えてくるのは、あくまで自分のやり方と考えを押し通し、個人が党中央を凌駕する姿勢であった。また、彼が党中央と異なる意見を発した際、個人の政治的な役割を過大評価していたのは間違いない。そして、この最後の話が、さらに大規模な動乱を引き起こす直接的な原因となった。

歴史的な経験には注目する価値がある。[89]「文化大革命」で毛沢東は紅衛兵の「造反有理」を積極的に支持し資本主義の道を歩む実権派からの「全面奪権」を率先して提唱し、その代価を一切惜しまなかった。[90]鄧小平は改革の過程で「安定が最優先」という原則を常に堅持し、その代価を一切惜しまなかった。[91]彼等二人の政治的な目標函数は違っており、それはつまり政治的原則が異なっていたからであろう。危機に直面した鄧小平は必ず決裁の選択を迫られ、彼の政治的智恵が再度歴史から試され、検証を受けることになった。

社会的混乱に終止符を打つため、戒厳令の実施はやむを得ない選択だった。得るものがあれば失うものがあり、失うものがあれば得るものがある。多くのことは同時に得られないものなのだ。公共政策の面から見ると、いかなる危機が突然発生しても、いかなる方策を選択しても、異なる機会費用が発生する。「小さな悪」によって「大きな悪」を免れるしかない。逆に「小さな悪」を避ければ「大きな悪」を招き入れることになる。鄧小平は中国の正念場に際し、戒厳令を決断したが、その目的は一つだった。それは、社会の安定と改革開放の大局を維持、保証することである。これが何よりも重要な国家の核心となる利益だった。

この時が趙紫陽にとって公正な心で大局を捉え、誤りを正して鄧小平の方策を支持し、党中央の指導集団と一致団結して危機に対応する最善かつ最後のチャンスだった。しかし、党と国家にとって重要な時に、趙紫陽は日和見主義者となり「小さな悪」という歴史的罪名を負うことを厭い、逆に責任を鄧小平に押しつけ、改革家という歴史的美名を保ち続けることを思った。私心で行動した趙紫陽は歴史の重要な時に歴史に見放された[92]。しかし、地球はいつもと変わらず動いていた。

第四節　北京の戒厳令

一、中国の羅針盤としての北京

なぜ北京の一部の地区で戒厳令を敷く必要があったのか。**当時、陳雲はその本質を「北京は中国の羅針盤、すなわち北京が定まれば、天下が定まる」と述べた**[93]。

中央政治局常務委員会拡大会議の決定に基づき、一九日夜、党中央と国務院は解放軍総後勤部講堂で首都党政軍幹部大会を開いた。会議は中央政治局常務委員の喬石が司会し、李鵬が中央政治局常務委員会を代表して話をした。李鵬は次のように指摘した。「今回の学生のハンストの本質は、少数の者がハンストする学生を『人質』として、党と政府に要求を承諾するように脅迫するものである。ごく少数の者が動乱を利用して政治目的を実現しようとしていることが徐々にはっきりしており、これは、党の指導と社会主義制度を否定するものである。彼等は大量のデマを流し党と国家の指導者を攻撃、中傷、侮辱し、今は改革開放に大きな貢献をした鄧小平にその矛先を向けている。彼等が目的を達成すれば、中国の歴史は逆向し、前途ある中国が希望も未来も失ってしまう」。

李鵬はさらに次のように述べた。「**現在の首都は深刻な状況である。無政府状態がますます高じ、法と紀律が破壊されている。**この状況はさらに拡大し、国内の多くの都市にも波及している。このような状況から考えると、**速やかに局面を打開して安定させなければ、全国規模の大きな動乱が起こる可能性がある**[94]」。

李鵬は、大会で国務院による戒厳令を宣布した。二〇日、憲法第八十九条第十六項の規定に基づき、国務院は五月二〇日一〇時より北京の一部地区に戒厳令を宣布すると決定した。国家主席兼中央軍事委員会常務副主席の楊尚昆は次のように述べた。「社会の治安を守り正常な秩序を回復するため、やむなく一部の人民解放軍部隊を地方から移動した。これは完全に、首都の武装警察、公安部門幹部、警官の任務遂行に協力するためであり、学生に対応するためではない。社会の各界及び一般大衆がこれを理解することを望む」。

この時、まだ党総書記の任にあった趙紫陽は病気と称して大会出席を拒絶した。[95]これに対して、米国コロンビア大学政治学教授の黎安友（Andrew J. Nathan）が次のように評価した。**「趙紫陽は自由民主の人士であり、変革に対する考え方は称賛に値する。ただ学生の挑戦を過小評価して、危機が始まった時に北京を離れ、重要な後ろ盾である鄧小平の支持を無駄にした。西洋人が理解し難いことは、趙紫陽が鄧小平に対する忠蔵心を原則より上位に置くと決めたことである。彼は鎮圧が行われると知った時、抵抗せずに自身の辞任を提起した」**[96]**。この趙紫陽のやり方を西側は高く評価した。二〇〇二年に米国の週刊誌『ＴＩＭＥ』は「アジアの英雄」として趙紫陽を選出した。米国ホワイトハウスのスポークスマンのマクレランは、困難な状況の中でも趙紫陽は信念を貫き、犠牲となり、道徳と勇気を備えていたと称賛した。事実は、趙紫陽が党のイメージと鄧小平の名誉を損なう代わりにこの称賛を獲得したのである。歴史はまた、趙紫陽が自ら改革開放の歴史から退場し、淘汰されたことを明らかにしている。大波が砂をふるいにかけ本物の金だけをさらうように、歴史は常に真の改革者だけを運び出す。**

趙紫陽が首都党政軍幹部大会出席を拒絶したことにより、党中央内部に亀裂が生じたことが公となった。それが学生運動を社会的対立に急速に変化させ、さらに大規模な政治事件と流血事件を引き起こした。どう考えても、趙紫陽は負うべき責任があった。統一した強力な党中央を学生たちが目の当たりにするなら、学生らも公然と社会の秩序を破壊し続けることはなく、戒厳部隊に抵抗もしなかっただろう。趙紫陽は最も重要な時に鄧小平と党を裏切ったことになる。

一九日夜、数十万人の学生が天安門広場で座り込みを続け、戒厳部隊が北京の中心部に入るのを阻止した。

同日、鄧小平と李鵬、喬石、姚依林の三人の中央政治局常務委員、党中央顧問委員会主任の陳雲、全国政治協商会議主席の李先念、前全国人民代表大会常務委員会委員長の彭真[97]、国家主席兼中央軍事委員会常務副主席の楊尚昆、国家副主席の王震、中央政治局委員兼党中央組織部部長の宋平が中央政治局常務委員会拡大会議に出席した。鄧小平は端的に指摘した。**「学生運動の原因は党中央の内部に二つの司令部があることだ。中央はこの問題の処理について四月二六日の社説を発表した。これは正しかったと事実が明らかにしている。譲歩するのかしないのか。これ以上の譲歩は許されない。次に譲歩したら中華人民共和国はなくなる」**[98]。会議は全会一致で鄧小平の意見に賛成した。[99]

この会議で鄧小平が江沢民を党中央総書記にすることを提案した。[100]鄧小平が事態に直面して慌しく指導者交代を提案したのは初めてだった。五月下旬、中央政治局委員兼上海市委員会書記の江沢民が命を受けて北京入りした。これは江沢民にとっても予想外だった。[101]

陳雲らは、鄧小平の演説と中央の措置を全面的に支持した[102]。これは鄧小平、陳雲、李先念らが政治的な共通認識を持ったことを示している。これは非常時に開催した極めて特殊な会議だった。思想を統一し共通認識を持つことは、政治危機に対して果断に措置し、大局を安定させ、改革開放の方向性を保証することであった。その後、党章の関連規定に基づき、十三期六中全会を招集し中央指導集団の調整が決定した。

五月二五日、国務院は各地の学生の鉄道や車による北京入りを禁止するという緊急通知を出した。

同日、李鵬首相は外賓に次のように述べた。「戒厳令と軍事管制は同じではない。戒厳令から六日経ったが、戒厳部隊は阻止されて市内の中心部に入っていない。国民は戒厳令の意味をあまり理解しておらず、衝突を最大限に避けるために軍隊も極限まで抑制している[103]」。

陳雲は党内の政治的危機を解決する上で重要な役割を果たした。 二六日、陳雲は中央顧問委員会常務委員会議を招集し、党中央と国務院に動乱反対と社会の安定維持に関する指示の主旨を伝達した。「一つは、今が重要な時であり後退はできない。後退すれば、二〇〇〇万人の革命烈士の命と引き換えた社会主義の中華人民共和国が、資本主義の共和国に変わってしまうからである。もう一つは、今こそ、**我々古参の同志が鄧小平を中心とした党を支持し、** また首都党政軍幹部大会で李鵬が党中央政治局常務委員会を代表して行った講話を支持することである。同時に、多くの幹部と人民大衆がするべきことを積極的に行う必要がある[104]」。これに先立って二三日、陳雲は薄一波と話をした際、次のように述べた。「今の状況で退くことはできない。そのような余裕はない。鄧小平を支持し、中央の常務委員の決定を支持するのだ。今は、古参同志である私たちも口を出さなくてはならない[105]」。**この重要な時に鄧小平と陳雲は協力して互いに支持し合い、党内の危機を解決するための政治的保障となった。**

この二年前の一九八七年七月一七日、陳雲は趙紫陽と長く話したことがあった。陳雲は次のように気持ちを込めてねんごろに述べた。「数年後には党と指導者の重責をすべてあなたたちの世代が負う。なぜ、重責というのか。それは、今の中国の局面は容易ではないからだ。数千万人の革命に命をささげた烈士、全党の同志、全国各族人民が血を流し、犠牲となり、刻苦奮闘した結果、今の中国がある。これが言っておくべきことの一つである。さらに、もう一つ言いおくべきことがある。それは、我が国が十億の人口を擁する社会主義大国であることだ。現在はもちろん将来も、その一挙手一投足が世界の全体に影響することである」。**陳雲はさらに、「実事求是」の原則に重ねて言及し、次のように強調した。「重要なことは、「実事」を把握して全体を観察することである。難しいことは状況を明確に把握することであって、政策を決定することが難しいのではない。そうであるから、様々な意**

見に耳を傾ける必要がある。自分と反対の意見を述べる人は、金を払っても購うことはできない。反対意見があればこそ、自身の思考の問題点が浮き上がってくる」。

これは非常に熟考された的確な話だった。陳雲は日記に「趙紫陽と話した一時間四五分」と記している。[106]この意義は、趙紫陽が総書記として指導者の重責と歴史的な責任を負っているだけでなく、実事求是の態度をとるべきであり、民主の作風を提唱し、様々な意見に耳を傾けるべきことである。そうであれば、中央の指導集団の決裁を尊重し、この度の党の政治的分裂を避け得たのである。

国際的に見ると、とりわけその後発生した東欧の急変やソ連の崩壊、ソ連共産党の解散から見ると、[107]**鄧小平、陳雲、李先念ら旧世代のプロレタリア革命家が身を挺していなければ、また、多くの中央政治局常務委員らが協力していなければ、中国の改革開放は総書記である趙紫陽によって葬られただけでなく、中国共産党もソ連共産党と同じ運命をたどっただろう**。当時はこれが明確に認識されていなかった。しかし、特にソ連の分裂、崩壊、後退という歴史があったればこそ、重要な時に協力して歴史的な選択をし得たことが理解できる。

二、戒厳令——合法かつ必要、適切な選択

同日、万里委員長が海外訪問のため、彭真が動乱の制圧に関する第七期全国人民代表大会常務委員会の党外副委員長七人との会合を党中央から託された。彭真は、事実に基づきそして憲法と法律を基準として意見を統一させなければならないと強調した。「『文化大革命』のような『やりたい放題』は許さない。あのような苦しみはもう十分ではないか。再発を許してもよいのか」。彭真は論争の定まらない「動乱」の性質について明らかにした。「憲法第三五条では国民にデモ等示威行進の自由があると定めており、合法的なデモ行進なら動乱ではない。憲法第五一条では国民が自由と権利を行使する時は、国家、社会、集団の利益及び他の公民の合法的な自由と権利を損なってはならないと定めている。**刑法第一条、第一五八条、第一五九条は社会、生産、業務、教育及び科学研究、国民生活の秩序を乱すことは、いかなる手段であろうと禁止すると定めている**。現在の騒ぎで国事さえ正常に行えず、歩くにも通勤するのにも支障が出るなど、問題になっている。首都の秩序は乱されていないのか。国家の利益と社会の利益を損なっていないのか。このような行動は動乱ではないのか。**これを動乱でないと承認することは、実質的に全国各地で北京のような騒動を奨励することであり、それで改革開放と社会主義近代化を進められるのか**」。

国務院が首都の一部に戒厳令を敷くことが合法かどうかについて、彭真は次のように考えた。憲法第八九条第一六項は「国務院は省、自治区、直轄市の範囲で一部の地区に対して戒厳令を敷く権限を持つ」と規定しているため、**国務院が首**

都の一部の地区に戒厳令を敷くことは合法であり、また必要かつ適切な措置である。[108]

二七日、李先念は全国政治協商会議主席会議を主宰し、動乱の制圧に関して次のように発表した。「最近、全国政協委員と他の者が連名あるいは単独で私に書信を寄こした。内容は、国内、特に北京の当面の情勢に対するさまざまな意見や提案であり、全国政治協商会議が首都と全国の情勢の安定化に力を発揮するよう望んでいる。この意見や提案は重要だと判断して党中央と国務院に転送した。鄧小平同志が提起した四つの基本原則の堅持と資産階級の自由化に反対する正しい方針、それらが長期にわたって十分に貫徹、実行されていなかったために、相応の混乱が生じた。例えば、党と政府の決裁上のいくつかの誤りと我々の隊列における一部の腐敗現象が利用され、裏で画策したり、デマを流したり、扇動するなどしてほしいままに事態が拡大されていった。[109]」「現在勝手に行われている授業のボイコット、行進、デモ、ハンスト、座り込みによる請願は適切ではなく、賛成もできない。なぜなら、このような方法は国家と国民の利益を損ない、学生にとっても好ましくなく、問題も解決しない。しかも、少数の者に利用されて動乱となり、多くの学生が持つ善良な願望と反対の方向へ向かっている。**事態の推移がこれを証明している。ごく少数の者は、動乱を利用して党指導と社会主義制度の否定を企んでいる。これが達成されれば、国家と人民は深刻な災難を被る。このように複雑な状況に発展した原因は、党内部の指導層の特定の個人（趙紫陽）によるところが大きい。**[110]」

三一日、鄧小平は李鵬、姚依林と話をした際、第三世代の指導者がまさに必要だと述べた。「我々は第二世代であり、わたしもその一人であるが、我々はやはり一つの集団である。新しい指導集団が威信をひとたび確実にするなら、私はきっぱりと退き、あなた達のやることに干渉しない。江沢民を第三世代の党集団指導の中心として、団結してやっていくことを望む」。そして、これが彼の新旧交代だと述べた。[111]これが、鄧小平の中央の新指導集団に対する案配であり、彼の政治的態度の表明であった。

六月三日、戒厳部隊は抵抗を突破して警戒区域に入った。午後六時三〇分、北京市人民政府と戒厳部隊指導部は緊急通告を出し、市民に街頭や天安門広場には行かず家に留まるよう呼びかけた。

六月四日、戒厳部隊は命令を受け、幾つかのルートから、市の中心部への進入を強行した。それによって発生した衝突で、負傷者三〇〇〇余人、死亡者二〇〇余人に上り、そのうち大学生は三六人だった。このような大規模な流血事件は、党史上初めてのことだった。

党中央が戒厳令を決定するまでは困難を極めた。動乱を制圧すれば罪のない者も傷つけることになるからだ。しかし、非常に危険な状態だったため、戒厳部隊は必要かつ唯一の選択だった。今後の中国の発展という点から見れば、小さなダメージで社会の安定を獲得したのだ。鄧小平も次のように述べている「暴動に対して毅然とした行動をとることについて理解しない者もいる。しかし、最終的に理解して中央の決定を支持するだろう[112]」。

同日、ワレサが率いるポーランド労組「連帯」が選挙で勝利し、社会主義体制に終止符を打った。この事件について西側の学者は「東欧の共産主義という巨大ビルに亀裂が入り、最終的に東欧の共産主義は絶体絶命に陥った」と述べた[113]。しかし、中国は共産党が指導する社会主義制度を守った。これは十億の国民にとって非常に幸運であり、中国の近代化にとっても幸運だった。全人民にとっては、動乱は災いをもたらし、安定は幸福をもたらすからだ。

六月五日、党中央と国務院は『全共産党員と全国人民へ告ぐる書』を発表し、「ごく少数の策略を企てる者が意図的に動乱を起こし、六月三日の早朝に発生したこの動乱は世間を震撼させる反革命分子の暴動となった」とした。

六月八日、陳雲は「改革開放を提唱したのは鄧小平同志を中心とした党中央であり、趙紫陽ではない」と指摘した[114]。これは一九七八年の十一期三中全会後、胡耀邦と趙紫陽は中国の改革開放に対してそれぞれ歴史的な役割を果たしたが、彼等が指導の中核ではなく、真の指導の中核は鄧小平だったことを示している。鄧小平は公正な心で名利を求めず、改革開放の最も重要な時に社会の動乱を果断に処理して社会の安定を保ち、誤った道へ進むことを防いだが、二人はそのようにできなかった。鄧小平の行動は数億人の人民の根本的な利益と国家の核心的な利益に合致していた[115]。

六月九日、鄧小平は中央常務委員に次のように述べた。「国内外に良いイメージを示す。それは安定と団結のイメージであり、その模範を示すのだ。中国は大国であり、指導が安定して揺るがなければ誰も手出しはできない[116]」。鄧小平は新たな指導集団を提案し、さらに大胆に改革開放を進めながら、党が腐敗に対する処罰をしっかり実行しなければならない[117]とした[118]。政治体制改革における最大の目的は安定を保つことであり、中国にとって安定が最大の利益だった。中国の安定に有利なら、それは好ましいことである[119]。

第五節 十三期四中全会

一、全体会議による中央指導集団の調整

六月一六日、鄧小平は結成間近の第一期中央政治局常務委員と話し、次のように述べた[120]。「第二世代指導集団の核心は実質的に私であり、この核心があったから胡耀邦と趙紫陽が辞職しても党の指導に影響はなく常に安定していた。第三世代の指導集団も核心となる者が必要だが、それは皆が同意した江沢民同志である。政治体制改革における最大の目的は安

定を手にすることである。私はブッシュ大統領にも、中国にとって安定が最大の利益であり、中国の安定に有利なら、それは好ましいことなのだと述べた」[121]。

一九～二一日、中央政治局拡大会議が開かれ、趙紫陽の誤りが批判された。そして『趙紫陽同志の反党反社会主義の動乱における誤りに関する報告』に全会一致で同意し、十三期四中全会の開催を決定した。鄧小平、陳雲、李先念、彭真、鄧穎超（第六期全国政治協商会議主席）、徐向前（前中央軍事委員会副主席、一九六六～一九八七年）、聶栄臻（前中央軍事委員会副主席、一九八三～一九八八年）、王震（国家副主席）、薄一波（党中央顧問委員会常務副主任）の古参同志が会議で演説し、中央の決定を支持すると一致して表明した。そして、趙紫陽の誤りに対して厳粛な批判を行った。

陳雲は書面で「一、趙紫陽同志は党の期待を裏切った。二、趙紫陽同志に対する中央の処置に賛成する」と発言した[122]。一九八七年七月、陳雲は趙紫陽に二回、二点の提案と忠告をしたことがあったからだった[123]。このように古参同志らが党内の政治的危機を処理するに当たって重要な役割を果たした[124]。李先念は次のように述べた。「ごく少数の者が学生運動を利用して動乱を起こしたが、その範囲の広さと内容の深刻さはこれまでにないものだった。動乱が起きた原因は趙紫陽同志の誤りと関係があり、この誤りがもたらした困難とそれによって引き起こされた大衆の大きな不満と関係がある」。彼はさらに、趙紫陽が資産階級自由化を保護し、容認し、支持したこと、そして動乱の奨励ならびに矛先を鄧小平に向けたことを批判した。彼はさらに次のことを強調した。「今は党と国家の運命に関わる重要な時であり、苦しい決断の時でもある。多難であればこそ国が興隆するものだ。**悪い事態は良い事態に変えることができる**」[125]。

二三～二四日、北京で十三期第四中全会が開かれた。会議は『趙紫陽同志の反党反社会主義の動乱における誤りに関する報告』を採択し、次のように指摘した。「党と国家の存亡に関わる重要な時に、**趙紫陽は動乱を支持し党を分裂させるという誤りを犯した。その誤りとその後の結果は非常に深刻であり、動乱の発生及び発展に対する責任がある。**党と国家を指導し、改革開放と経済活動に貢献したが、思想の指導と実際の行動には明らかな誤りがあった。**特に中央の工作に当たってから、四つの基本原則の堅持と資産階級自由化反対の方針に消極的で、党の建設、精神文明の建設、政治思想工作を軽視したことによって党の事業に深刻な損失をもたらした**」[126]。

趙紫陽は中央全会で自身が犯した誤りについて説明し、自己批判して次のように述べた。「学生運動と動乱の処理については、学生との対立をなんとかして緩和し、大多数の学生を取り込み、学生運動を徐々に収束させようと考えていた。矛盾を解消せずに強硬手段を取るのは心配があった。特に武力を使えば衝突や流血を避けるのは難しくなり、事態はさらに悪化し、学生運動は鎮められたとしても大きな後遺症が残ると考えた」。そして、今思えば**この考えは希望であり現実的ではなかったと認めた。たとえ当時、「四・二六」社説に対する評価・定義づけを柔軟にしたところで、必ずしも矛盾を緩和できたとは限らない。また思いがけない新たな難題が生じる可能性があり、最後には矛盾が激化し、やはりそれも避けることができなかったであろう。**しかし「動乱の支持」と「党の分裂」という表現については意見を保留した[127]。

趙紫陽の主観的な願望と動機から見ると、「動乱の支持」と「党の分裂」という意図はおそらくなかっただろう。事件の発生当初から常に中国の混乱を許さないと強調していたからだ。しかし、動乱制圧の方法に関して中央指導集団との間に大きな相違が生まれていた。まさにそのため、動乱が収拾不可能な事態となった。結果的に、事態は趙紫陽の主観的な願望と制御能力を上回って発展した。そして、途方にくれて見守るだけで動乱を制圧するチャンスを何度も逃してしまった。

論理的に考えても、総書記である趙紫陽が「党を分裂」させることはあり得ないが、五月四日以降、常に党中央とは異なる意見を出し続けたことは、国内のごく少数の者に利用されただけでなく、西側のメディアにも盛んに報道された。これに対して彼は独断的な行動を取った。特に五月一七日の中央政治局常務委員会拡大会議後、彼がやったことは総書記としての責任逃れであり、やることなすことが、実際には党と鄧小平を裏切ることとなり、鄧小平は国内だけでなく全世界で非難の的となった。

国際的に見ると、鄧小平が適切な決定を下したため、中国共産党はソ連共産党のようにならずに済んだ。ソ連共産党書記のゴルバチョフはソ連の改革開放の父と呼ばれたが、同時にソ連共産党の「墓」を掘り党を崩壊させた。一九九一年八月二四日、ゴルバチョフはソ連共産党中央総書記を辞任し、党の自主解散を宣言した。八月二九日、ソ連人民代議員大会は決議を採択し、ソ連共産党のソ連邦全域における活動を一時停止した[128]。後に、ゴルバチョフはノーベル平和賞を受賞した。

歴史的に見ると、政治家の功績と誤りを評価する時は、主観的な願望ではなく客観的な結果に基づくべきである。当時のソ連や東欧における激動やその後の中国の改革開放の歴史的な発展から見ても、党中央の決定は将来を見据えた正しいもので、中国の改革を適切な方向へ導いたと言える。

歴史上、中国共産党を分裂させようとしたもので人心に叶ったものは誰もいない。一九七一年、毛沢東は次のように述べた。「中国共産党は五〇年の歴史を持ち（中略）分裂させようとしても誰もできなかった。この問題は研究する価値があり、これほどの大国で人口も多ければ分裂を望む者はいない。人心、党心を重んじさえすれば、党員の心が分裂に賛成することはない。歴史的に見ても、この党には希望がある」[129]。趙紫陽は恐らく、彼が中国共産党と鄧小平に背き、裏切った時、一人として彼につき従うものが出ないとは思いもしなったであろう。中央委員一七五人の中で鮑彤だけが趙紫陽を支持し続けたが、後に中央委員を解任、党籍も剥奪され、一九九二年に処罰された。党の高官数千人の中で新華社香港支局長の許家屯は一九九〇年に米国に亡命し、一九九一年三月に党中央政治局の承認の下、党を除名された。これは張国燾に似ていた。張国燾は中央政治局会議で、一日目は涙を流し、二日目には全く違うことを述べ非を認めなかった。毛沢東はこの張国燾を頑固な石頭だと言い、何とか救おうとしたが最終的に張国燾は国民党に転向した。しかし、警備員一人でさえ彼と共に行くものはいなかった。これほどに張国燾は孤立していた。これに対して、臨終前の趙紫陽もまた不可解だった。

党中央が趙紫陽の名誉を回復すると幻想を抱いた者も以前にはいたが、筆者は次のように考えている。**中国の改革開放が進むべき道を違えない限り、また鄧小平を否定しない限り、それはあり得ない。歴史は、とっくに「棺蓋いて事を」定めている。すなわち、すんでのところで中国の改革開放が趙紫陽のおかげで道を違えるところであったが、まさに鄧小平がいつ爆発するかもしれぬ爆弾——隠れた危険を取り除き、そのおかげで二十年ひいてはそれよりも長い「天下大治」を中国に確保したからこそ、中国の改革開放は巨大な歴史的進歩を手にすることができた。**

胡耀邦の総書記辞任処理の手順（中央政治局拡大会議招集）とは異なり、趙紫陽の場合は厳格に党章の明文規定を踏まえ、趙紫陽を総書記等、中央軍事委員会第一副主席を含む党内の一切の職務から解任することを、中央全会を開き、党中央が決定、処理した。しかし、彼の党籍はなお保留された。この中央全会で江沢民が総書記に選ばれ、政治局常務委員が増員され、江沢民、宋平、李瑞環が選ばれた。また、胡啓立政治局常務委員が解任され、同時に中央書記処が改組され、李瑞環、丁関根（政治局候補委員）が中央書記処書記に選任された。胡啓立、閻明復、芮杏文は書記処書記を解任されたが[130]、中央委員会委員の資格は保留された。

六月三〇日、第七期全国人民代表大会常務委員会第八回会議が開かれた。会議では『憲法』第六七条第一〇項の規定及び国家軍事委員会主席である鄧小平の要請に基づき、趙紫陽の国家軍事委員会副主席解任を決定した。

中央政治局常務委員は、一九八七年の十三期一中全会の二人が交代し、その割合は四〇%だった。中央書記処書記は趙紫陽を含む四人が交代し、その割合は八〇%だった。保留されたのは書記処書記の喬石と書記兼中央弁公庁主任の温家宝だった。

十三期四中全会では中央指導者が多数交代し、第三世代指導集団が形成された。江沢民は当時すでに六十三歳であり、中央委員を七年間務めたが、中央政治局委員に選出されるには二年不足していた。また、中央政治局常務委員の「学習過程」と「試験過程」を受けていなかったため、総書記に抜擢されるとは思っていなかった。だが、江沢民は「己を知っていた」。十三期四中全会で「今回、中央全会で政治局常務委員と総書記に選ばれたのは思いもよらないことだった。また、中央の包括的な経験も少なく、その責任はとても重い。やろうと思っても力量不足である」と率直に述べた[131]。江沢民は「危急の時に命を受く」であり、後に次のように述べた。「党と鄧小平に総書記を任されたが、その責任はとても重かった。一九八九年の政治動乱が収束したばかりだったため、大局を安定させ全国各族人民を団結させて、改革開放と近代化の建設を続けることが急務だった。国際的にも、あの当時は「山雨来らんと欲し、風楼に満つ」のごとく、危難がせまり、闘争は激烈を極めた。『危急の時に命を受く』だったと言える。党と人民のために最善を尽くし、決死の覚悟でやり抜くと鄧小平にも直接述べた[132]。鄧小平は、「中央指導者の中心に若干の人事調整があったが、十一期三中全会からの路線と基本政策は変わらず、引き続きやり遂げなければならない[133]」と述べた。

このように中国の政治的危機は収束し、社会の動乱と党内の分裂は党心、軍心、人心も望まないことが再び証明された。中国はこの後まもなく、政治的に統一され、社会的にも安定した時期に入った[134]。

二、政治動乱の効果的な処理とその主な要素

学生運動とハンストに対して、党と政府は極力抑制する姿勢を取り、各方面で尽力した[135]。

一つ目は、鄧小平等が政治動乱を鎮める重要な役割を果たした。江沢民も次のように述べている。「鄧小平ら一世代上の革命家は健在だった。長期の革命闘争と実践によって蓄積された党、国、軍を治める豊富な経験と崇高な威信は党の貴重な財産である。鄧小平ら一世代上の革命家の決断がなければ、また勇敢な人民解放軍、武装警察部隊、公安部門幹部、警官の献身がなければ、結果は想像を絶するものになっていただろう[136]」。

鄧小平は「文化大革命」の経験から、学生と紅衛兵による「造反有理」と「プロレタリアの大民主」がもたらした悲惨な結果を熟知していた。鄧小平の決定は、紅衛兵の暴力行為を支持、保護した毛沢東とは異なり、その結果も大きく異なった。

一九六六年八月一八日、毛沢東、林彪、周恩来、陳伯達の中央政治局常務委員は「プロレタリア文化大革命祝賀大会」で「自己革命」「破四旧（古い思想、文化、風俗、習慣の打破）」を呼びかけ、学生と紅衛兵を公然と激励した。毛沢東は林彪

に「この運動は極めて大規模であり、大衆を確実に奮起させた」と満足気に述べた。[137]その後、北京、上海、天津等の大中の都市で家財の強奪、人格の侮辱、暴行等、法を踏みにじる違法かつ野蛮な行為が至る所で発生し、紅衛兵の「破四旧」革命運動は悪質かつ残忍悲道な社会的暴力を引き起こした。[138]八月二〇日、毛沢東はこのような暴力を耳にしたが、認識を変えず、**紅衛兵の「破四旧」を大いに好ましい行動だと考えた。**[139]八月二一日、毛沢東は中央政治局常務委員会拡大会議で、**「我々は干渉しない。数カ月は好きにさせる」**と主張した。[140]同日、毛沢東の許可を得て、中国人民解放軍参謀本部と総政治部は『革命的学生の運動に対する部隊動員による武装鎮圧の不許可に関する規定』を出した。[141]八月二二日、毛沢東の許可を得て、党中央は『革命的学生の運動に対する警察出動による鎮圧厳禁に関する規定』を公安部に発布・転送し、**革命的学生の運動を鎮圧することは違法な犯罪行為であり、決して許されない**、と明示した。[142]**この二つの『規定』によって、学生や紅衛兵による暴力的な社会運動に「青信号」が点灯し、国家からも保護されることとなった。そして、これにより「天下大乱」へと急激に発展した。**[143]

鄧小平はこのことをしっかり記憶しており、二月二六日、ブッシュ大統領に次のように述べた。「形式的な民主を求めても、民主の実現どころか経済発展もできない。ただ国家が混乱し、人の心がばらばらになるだけだ。この点は、深刻な体験をした。中国には『文化大革命』という悲惨な歴史があり、私たちはその結果をこの目で見ている。中国は人口が多く、今日はこのデモ、明日はあのデモと三六五日デモ行進が起これば、経済建設などできない。中国で社会主義の民主を発展させるには急ぎ過ぎてはならない。『文化大革命』のような『全面的な内戦』という動乱が起こる。『内戦』は銃を使わなくても素手や木の棒で悲惨な結果になる。民主は中国の目標だが、国家の安定が必須である」[144]。事件後、鄧小平はカナダ前首相トルドーにも次のように述べた。「中国に動乱が起きれば、どのような状況になるか。今起きれば、『文化大革命』よりも深刻な状況になる。当時は毛主席や周恩来総理ら第一世代の指導者に威信があり、『全面的な内戦』といっても修羅場にはならず、本当の内戦に至らなかった。今は状況が異なる。次に動乱が起きれば、党も国家権力も機能しなくなるだろう。そして、ある派閥が軍隊の一部を掌握し、また別の派閥が軍隊の別の一部を掌握するようなことになれば、それは内戦だと言える。一部のいわゆる民主的な闘士が権力を持てば、その中で闘争が始まる。それが拡大し多くの死者が出るような事態になれば、『人権』どころではない。ひとたび内戦が始まれば、それぞれが覇を称え、生産力が衰退し、交通が滞り、何億人もの難民が海外へ向かうことになる。そうなればまず影響を受けるのが世界でも希望あるアジア・太平洋地域である。それは世界的な災難でもあるため、中国で動乱を起こすわけにはいかず、そうさせないのが中国の責任である。これは、全世界、全人類に対する責任でもある[145]」。

国外の反中勢力だけでなく国内のいわゆる民主派も動乱を望み、「混乱するほど良い」と考えていた。**鄧小平の言葉は決して驚かすためではなく、動乱後の悲惨な結果を深く認識していた。それは、国内だけではなく世界的な災難をもたらすと考えたのだ。この意味からして、安定は福を、動乱は災いをもたらす。鄧小平は改革開放の初期から常に動乱を警戒しており、その兆候が現れたため断固として制止したのだ。**

党中央の分裂の危機に際して、陳雲、李先念、彭真、楊尚昆、王震、薄一波ら一世代上のプロレタリア革命家が、この政治動乱の処理において重要な役割を果たし、ソ連と東欧で起こった激変を免れた。鄧小平も後に次のように述べている。「今回の動乱では趙紫陽が動乱側にいたのが明らかとなった。私がいたため、それに対処できたが、もちろん、これは私だけの働きではなかった[146]」。

二つ目は、改革と開放を貫徹したことである。中央は党の基本路線と十三大の決定は正しいと宣言し、政治動乱が起こっても動揺しなかった[147]。党中央は党の基本路線を堅持して経済建設をその中心に据え「強硬と懐柔の二刀流」を是正し、党の思想政治工作と党の建設を強化した。国家の情勢が急変する中、党は冷静に観察し対応するという方針で党の運営に集中し、次々に清廉潔白な政治建設強化の政策を打ち出した[148]。具体的には、統治の正常化及び改革の深化[149]、党と国民の意思疎通の強化[150]、上海市浦東の開発と開放[151]、国民経済と社会発展のための一〇年計画と「第八次五カ年計画」に関する提案[152]、大規模及び中規模の国営企業の改善、農業と農村の強化である[153]。これは党の指導者に大きな変動があっても党の基本路線は変わらないことを示しており、これによって党の改革路線の一貫性と安定性を維持することができた。今回の中国の政治危機は国内外に大きな影響をもたらしたが、改革開放という基本的な趨勢は全く変わらなかった。

三、「八九」政治動乱の影響

「八九」政治動乱の後、その影響に対してどのように対応したか、またどのように政治運動の拡大を免れたのか。これに対して陳雲は周到に熟考し、適時に重要な原則を示した。

一九九〇年五月二四日、陳雲は薄一波、宋任窮と話をした際「繰り返し考えたが、この度の新たな党員登記の際に、彼等の登記を許可するべきだ」と述べ、次の三つの理由を挙げた。

一つ目は、政治問題の特殊性を強調している。彼は次のように述べた。「党員登記の工作で、登記を猶予することも可能だが、政治問題は経済問題、作風の問題と分けなければならない。政治問題としてなら、慎重な処理が必要である。自己批判しさえするなら（それが口頭であろうが書面であろうが、本人の現在の誤りに対する認識の程度がそれでわかる)、それを公文書に記録し、拘束する必要はない。拘束は、我が党の作風にそぐわない。こうしたことは、我が党の深い教訓に基づいている。

二つ目は、「八九」政治動乱の複雑性である。一九八九年の動乱は、建国以来、最も複雑な政治的事件であり、特定の歴史的条件の下で起きた党内における特殊な政治闘争だった。当時、中央常務委員には二つの異なる意見があったが、中央は新聞で誤った宣伝をしたため、中央と地方の多くの指導者が正しい状況を知ることができなかった。このため、この政治闘争については正しい党内の闘争方針で処理すべきである。全局的な観点、すなわち、党にとって最高かつ長期的な利益を出発点として処理すべきである。誤りを犯した者についての審査は事実に基づいて真実を求め、法を犯した者は法に則って処罰すべきである。

三つ目は「過去の失敗や誤りを繰り返させないように反省させ、欠点を修正して立派な人間にする」という党の優れた伝統と安定、統一を保つ必要性である。趙紫陽らの処理について、陳雲は慎重な態度を主張しており、一九九〇年五月には次のように述べた。「党は、七回大会で誤りを犯した者を中央委員会に選んだことがある。その一人は李立三である。また、昨年、趙紫陽の党内の職務をすべて解任したが除名はしなかった。胡啓立も中央委員に留任させた。これは適切な処置であり、安定と団結に役立ち、大多数に対しての団結の教育にも役立った。中国は十一億の人口を抱えた社会主義大国であり、動乱を起こすことは許されない」[154]。その後、胡啓立らは再び政府の職務に就いた[155]。

米国をはじめとする西側諸国は、中国に対して制裁措置を発動した。一九八九年六月五日、アメリカのブッシュ大統領は中国の情勢について声明を発表し、中国に対して制裁措置を発動した。すなわち、「政府間の一切の武器販売及び商業輸出の一時停止。二国間における軍事指導者の相互訪問の一時停止。中国留学生の滞在延長の要求についてはやぶさかではないので、あらためて検討する。動乱で負傷した者に対しては赤十字による人道的医療援助を提供する。中国の事態を解明すると同時に米中関係について再検討する」[156]という内容であった。六月八日、ブッシュ大統領はホワイトハウスの記者レセプションで次のように警告した。「中国の指導者が個人の権利を認め、政治的主張の多様性を尊重し、学生の要求を合法と認めない限り、米国は中国と正常な関係を維持することはできない。現在の局面が改善されない場合、米国は適切な時期にさらなる措置を検討する」[157]。六月一三日、米国商務省は中国向けの原子力発電所建設輸出ライセンスを取り消すと発表した。この設備の建設費用は五億ドルだった[158]。六月二八日、世界銀行は中国に対する国際融資の検討を延期すると発表した。六月二九日及び七月一四日、米国議会の上院及び下院は中国に対する制裁の修正案を可決した。それは最恵国待遇付与の拒絶、繊維製品割当額の削減、武器及び衛星販売の停止、米国の輸出貸付、投資、経済援助の撤回等だった[159]。七月一五日、西側の七カ国首脳会議は中国を非難し、中国に制裁を科すと発表した[160]。

鄧小平は米国の制裁に対して強く反応し、七月二日に米国ブッシュ大統領特使のブレント・スコウクロフトと会見した際、次のように指摘した。「米国は中国の利益と尊厳を著しく損なった。何人といえども、中国の内政に干渉するのは許さず、結果のいかんにかかわらず中国は譲歩はしない。**中国の政治は中国が管理する。中国はいかなる事態に対しても耐え抜き、決して譲歩はしない。**中国の指導者が二国間に関する行動と言論を軽率に発表することはなく、それは今後も変わらない。中国は独立、主権、尊厳に関してあいまいにすることはない[161]」。

八月一一日、鄧小平はブッシュ大統領に対して次のように返答した。「『自分がまいた種は、自分で刈る』という話をした。それは、米国が中国の内政に干渉し、率先して中国に制裁を加え、中国の利益と尊厳は大いに損なわれ、そのため中米関係にも大きな影響を及ぼしたが、この責任は米国にあるのだから、米国が解決するべきだという意味である。米国は中国への制裁措置を継続中であり、これは中国に対する内政干渉である[162]」。

第六節　「八九」政治動乱に対する教訓と省察

一、党中央による「八九」政治動乱の教訓の総括

「八九」政治動乱は建国後における最大規模の社会的動乱であり、党中央と鄧小平等にも大きな衝撃を与え、なぜこのような動乱が発生したのか、またどのような教訓を得、マイナスをどのようにプラスにに変えるのか、改めて考えさせた。

この動乱と反革命分子による暴動は、中国の社会と歴史に深い関わりがある。当時、総書記となったばかりの江沢民は、全党で深く考えるべき二つの問題を提起した。一つは、動乱と暴動が発生し拡大したことに対する教訓とは何かであり、もう一つは、党と国家を長期的に安定させるため、動乱の原因となった思想的、政治的、経済的、社会的な要素をどのように完全に排除するかだった。これに対して、党中央の指導者はさまざまな角度から分析し議論した。十三期四中全会では趙紫陽の問題が処理され、教訓が基本的に総括された[163]。

第一に**「八九」政治動乱は、国内外の勢力が呼応し相互に支持するという背景があった。**鄧小平は次のように述べた。「この動乱は起こるべくして起こった。国際的な風潮と国内の風潮によって起こされたのであり、人々の意志によるものではない[164]」。そして**「西側が、砲煙を伴わない第三次世界大戦をすでに始めている。砲煙を伴わないとは、社会主義国家**

に対する武力に拠らない政権転覆、すなわち和平演変である」と指摘した。このような国際的な背景から鄧小平は「この動乱は遅かれ早かれ起きるべきものだった。党内部にも問題があった。総書記だった胡耀邦と趙紫陽は資産階級自由化の問題で失敗した」と考えた[165]。李鵬は次のように述べた。「事柄の原因は一朝一夕に生まれるものではない。北京で発生した学生運動が動乱となり、動乱から暴動に至った背景は国内外にあった。重要なのは国内外に社会主義制度及び共産党の指導を好ましく思わない者がいることである」[166]。そして「西側諸国が中国に対して実行した『和平演変』戦略に変更はなく、転覆と反転覆、浸透と反浸透の闘争が長期にわたって行われてきた」と考えた[167]。江沢民は「八九」政治動乱について次のように述べた。「最大の教訓は、社会主義と資本主義という二つの制度及び二つのイデオロギーによる闘争は継続していることである。ここ数年、我々のこうした観念が希薄になり、思想政治工作も弱体化し、ブルジョアジー自由化反対に力を入れてこなかった。資本主義が社会主義に対して和平演変を仕掛けているのに、我々は警戒心を失っていた。『階級闘争を綱要とする』は正しくないが、階級闘争消滅論も正しくない。これは、我々が鮮血を以って購った沈痛な教訓である」[168]。この発言は、中国の指導者の明晰な政治的思考能力と明確な政治的立場を言い得ている。ソ連・東欧の共産党指導者と截然とした違いがあり、歴史的結果が明確に違ったのは当然であった。

第二に、**「八九」政治動乱によって党と政府の誤り及び社会問題が明らかとなった。**鄧小平は次のように述べた。「我々は、自身の仕事をきちんとやらねばならない。**この度の事件が我々の誤りを白日の下に曝して、なお余りある。我々が誤ったのは確かである。しかも、その誤りは小さくない**」[169]。全国人民代表大会常務委員会委員長の万里は次のように述べた。「中国は大国であり国情も複雑である。経験不足のため、誤りを犯し国民に不満を抱かせた。例えば、不均衡な経済発展、不公平な分配、党の紀律の甘さ、腐敗現象、これに対して、党と政府は経験を積み重ねながら改善してきた。中国は引き続き改革開放政策を進める」[170]。江沢民は「党と政府は問題を解決すると決心した。腐敗をなくし、不公平な分配を克服すると同時に経済を向上させなければならない」と提案した[171]。党中央は率先してクリーンな政治を目指し、反腐敗運動を展開した。七月二八日、党中央と国務院は、腐敗を罰し、率先してクリーンな政治を目指すために努力する七カ条を決定した。それは、公司の整理、高官子女によるビジネス禁止、指導者に対する食品の「特別供給」の廃止、規定に基づいた配車と小型車の輸入禁止、接待や贈り物の禁止、指導幹部の厳格な出国管理、汚職・収賄・投機等の調査と処分、特に重要な案件に関する速やかな調査・処分だった[172]。八月一七日、党中央と国務院は『さらなる公司整理に関する決定』を作成し、全国公司整理指導小組を役立、国務院に事務機関を置き、各省長（自治区主席、直轄市市長）と各部部長に責任を負わせた。重点は、各級の党・政機関が経営する公司の切り捨てにあり、その年の末までに公司の統廃合の任務を完遂することであった。各地区、各部門は公司整理の結果を一九九〇年四月いっぱいまでに、党中央及び国務院に報告するべきこととした。軍隊が経営する公司整理の進展は、中央軍事委員会が本来決定する考え方に基づき具体的な規定が作られた[173]。

第三に、**資産階級自由化は中国に大きな災難を確実にもたらす**。江沢民は十三期四中全会で次のように述べた。「**趙紫陽の重大な誤りは、改革開放と四つの基本原則を切り離して対立させ、実際には四つの基本原則を放棄し、資産階級自由化の拡散を助長し、今回の動乱と反革命分子の暴動を引き起こし、党と国家に大きな災難をもたらしたことである**。これを、いわゆる反面教師として、また血を流して得た重い教訓として、永遠に記憶しなければならない」[174]。鄧小平は次のように述べた。「この数年、業務に没頭して政治的な状況に関心を持たず、思想工作に注意を払わず、腐敗に対する警戒が不足する者がおり、是正措置も機能していなかった。腐敗が深刻となったのは反資産階級自由化の姿勢が明確でなかったことと関係がある。今回の動乱によって、皆も目が覚めたであろう」[175]。全国宣伝部長会議で江沢民は次のように考えた。「思想的な宣伝を広範に行ったのは良いが、資産階級自由化が蔓延しているという問題も露呈してしまった。鄧小平は一九八〇年から資産階級自由化に反対すると毎年のように言っていたが、主に趙紫陽の責任で徹底されず、資産階級自由化の方向に流れてしまった」。李鵬は「動乱に反対し暴動を鎮める上で、誤解を招く情報を流さないという教訓を覚えておくべきだ」と考えた。李瑞環は次のように述べた。「この数年、趙紫陽は資産階級自由化の姿勢で党の業務を行い、党全体の機能を弱体化させた。党の宣伝活動にも問題が起こり、多くの地方で統率が乱れ、拠点を失い、思想が統一できなかった[176]」。江沢民はさらに「過小評価できない三点」として、社会主義国家の和平演変（平和的手段での内部崩壊）を企む海外の敵対勢力が党に与える影響、趙紫陽の誤りによる損害、資産階級自由化の蔓延による党建設の破壊を挙げた[177]。

第四に、**西側の世論と様々な国際的な圧力を恐れてはならない。中国の国際環境は急速に悪化し情勢は急変した。米国をはじめとする西側諸国は次々に中国への制裁措置を発表し、世界中で反中活動が高まっている。まさに「黒雲、城を圧して城くだけんと欲す（敵対勢力が強く切迫した危機的状況）」である**[178]。鄧小平は次のように述べた。「今、国際的な世論によって圧力をかけられているが、動じることなく挑発に乗らないことだ[179]」。鄧小平は西側七カ国首脳会議による中国への制裁措置に対して強く反発し、制裁を恐れなかった[180]。そして、次のように述べた。「世界で孤立、封鎖、制裁を最も恐れないのが中国である」[181]「中国は足並みを乱してはならない。**独立自主を維持し、邪なものにかぶれず、漠然としたものを恐れてはいけない。弱みは見せてはならない。恐れるほど弱く見え、西側の力がさらに大きくなってしまう**」。そして、江沢民らと国際情勢について話した際、冷静な観察、確固とした足並み、冷静な対応という三つの言葉を提示した[182]。その後、鄧小平は何度もこの問題について詳しく述べた。後に江沢民はこの方針を次のようにまとめた。「**冷静な観察、確固とした足並み、冷静な対応、才能を隠して外に現さない、劣勢時に利口なふりをしない、決して先頭に立たない、するべきことをして業績を上げる**[183]」。

　鄧小平は極秘で中国を訪問したアメリカ大統領特使スコウクロフトに次のように述べた。「中華人民共和国の歴史は、党が人民を指導した二十二年の戦いだった。そして抗米援朝を含めれば二十五年間の戦いであり、二千万人以上の命を代償にして勝利を勝ち取った。**中国は他国の指揮に従って進むことはない。どのような困難に直面しようと中国は耐え抜く。中国を指導できるのは党の力以外にない。これは空論ではなく、数十年の試練で証明されている**」。鄧小平の指導の下、中国は果敢に戦いに挑み、適切な対応で西側の制裁を打破し、反中国の風潮を制止した[184]。むしろ中国はさらに対外開放を進め、世界経済に融合した。

社会主義の道を堅持するには、西側の先進資本主義国家の属国になってはならない。鄧小平は次のように考えた。『八九』政治動乱の発生は、社会主義と党の指導を堅持するかどうかが重要であることを示している。帝国主義を標榜する全ての西側世界は、社会主義諸国に社会主義を放棄させ、最終的に国際独占資本の支配と資本主義の道に組み入れようとしている[185]。我々は今、この逆流に耐え抜き、旗を鮮明にしなければならない。なぜなら、もし中国が社会主義を堅持しないなら、最終的に行き着くところは資本主義の属国に過ぎず、しかもそのような発展を思い描くことさえ容易ではないからだ。社会主義だけが中国を救い発展させることができる[186]」。鄧小平はさらに「**今回の暴動で中国は大いに啓発され、指導者の考えが明確となった。社会主義でなければ中国の未来はない**」と述べた[187]。鄧小平はその後、中国の社会主義を「中国の特色ある社会主義」と呼び、社会の生産力が絶えず向上する社会主義、平和を主張する社会主義だとした[188]。

　第五に、**中国で重要なのは優れた党中央である。**中国の特殊な政治的条件の下では、政治的危機は執政党である共産党の政治的危機であり、共産党の政治的危機は党中央の政治的危機である。そのため、**この危機の解決には党中央が政治的危機を解決できるかどうかにかかっており、そのためには優秀な党中央指導集団の確立が必要である。**「八九」政治動乱が五月四日に悪化した原因は、主に趙紫陽総書記が四月二五日の中央指導グループの政策決定に背き、社会に向けて中央と異なる「別の声（意見）」を発信したことにある。このため、党中央内部の分裂がまたたく間に広く知られることになり、全面的な社会動乱に変化していったのである。後に、鄧小平はこれらを総括して次のように述べた。「**中国で重要なのは、優れた政治局、特に優れた政治局常務委員会を中国共産党が持つことである。これらの連携に問題がなければ中国は安泰である。最も重要なのは団結した指導の核心（中心人物）だ**[189]」。江沢民も「誤りと挫折の原因は党内にあることが多い。党の状況が国家と民族の運命を決定する」と考えた[190]。

第六に、**十一期三中全会は改革路線を引き続き堅持した。**六月九日、鄧小平は首都戒厳部隊軍級以上の幹部に接見した際「冷静に過去を振り返り、冷静に未来を考える」と強調し、二つの重要な質問をした。一つ目は、十一期三中全会で制定した路線、方針、政策の「三部作」、その発展戦略は正しいか正しくないか。今回の動乱が発生したために、我々が制定した路線、方針、政策の正統性に問題が生じたのか。我々の目標は「左」を目指すのか。さらに、それを今後の奮闘目標として継続していくのか。二つめは、党十三回大会の要点である「一つの中心、二つの基本点」は誤っているのか。二つの基本点、すなわち四つの近代化の堅持と改革開放は誤っているのか。これに対して、鄧小平は明確かつ肯定的な回答をした[191]。

重要な問題の研究と政策決定については党の民主集中制を堅持し、集団指導を維持、強化しなくてはならない。鄧小平はかつて次のように指摘した。「**政策と方針に関する重要な問題は、国務院や全国人民代表大会にせよ、他の部門にせよ、担当する党幹部が党中央常務委員会に議論するよう提案しなければならない。議論して決定した後は、調整を重ね決定を遂行しなければならない**[192]」。重要な決定や業務について常務委員会は集団で議論[193]、決定し、各方面が分担して共同作業で進めると規定されている。これは中国独特の政策決定メカニズムである。李先念は次のように指摘した。「民主集中制を真剣に実行する。党の各級指導者、特に中央で指導の核心となる者は、党代表大会と中央委員会の決議を誠実に実施し、集団指導制度を実行しなければならない。重要な問題については民主集中制の原則に基づいて集団議論で決定する[194]」。一九九〇年五月二五日、党中央は『県以上の党及び国家機関における党員指導幹部の民主生活会に関する若干規定』を配布し、県以上の各級党組織に民主生活会を組織して会合を開くことを要求した。

社会主義の基本的な政治制度を堅持、改善した。一つ目は、人民代表大会制度である。鄧小平はかつて次のように述べた。「政治体制改革で一つ肯定できるのは、米国式の三権分立制度ではなく、人民代表大会制度を堅持したことである[195]」。一九九〇年三月、江沢民もこれについて次のように述べた。「引き続き人民代表大会及び常務委員会の各機能を改善し、特に立法業務と監督工作を強化する。各級人民代表大会と人民大衆との関係をさらに深め、人民代表大会代表の役割をさらに発揮させる。また、人民代表大会及び常務委員会の機能を強化する。[196] 二つ目は、**党が指導する多党協力と政治協商制度**である。一九八九年一二月三〇日、党中央は『党指導の多党協力及び政治協商制度の堅持、改善に関する意見』を発表した。これは党と各民主諸党派の協力における基本方針を「長期共存、相互監督、肝胆相照、栄辱共有」として、党指導の多党協力と政治協商制度を基本とする政治制度であることを明確にし、国家の政権と国家の政治における各民主諸党派の地位を確定した。

第七に、**マイナスをプラスに変えた**。「八九」政治動乱は好ましくない事件であり、国内外に大きな影響を与えたが、これを好ましい方向に変えることができた。鄧小平は動乱後の第一声で次のように述べた。「この動乱によって改革開放の歩みはより安定し、速度も増し、誤りは速やかに是正され、強みをさらに向上させた。[197] この動乱が改革、発展、安定のバランスを保つための重要な実践の場となったからだ」。鄧小平はアメリカ籍の中国学者である李政道と話した際、次のように述べた。「今、確かなことがある。それは動乱を経て、四つの近代化と改革開放はさらに適切に進められるようになったことだ。動乱は中国にとって有用な授業となった[198]」。江沢民は、ポーランド労組「連帯」を例に挙げて、次のように述べた。「中国の労働組合は二つではなく一つである。労働組合とは、中国共産党の指導の下、労働者階級みずからが組織した大衆組織にほかならない。党の指導から離脱、ひいては党の指導に反対するどのような組織も、その存在は許されない。もし、そのような状況が出現したなら、労働組合は身を挺して戦わなければならない[199]」。そして、さらに次のように指摘した。「中国は西側の資産階級によるいわゆる『民主』『自由』制度を導入しない。中国では失敗することを示している。中国の全近代史が、西側の民主・自由は中国では失敗することを示している。今回の動乱も、そのように考えれば、結果的に混乱が起こっただけだった[200]」。これは、中国が誤った道を進めば、大きな混乱が起こるということである。

一九八九年以降は「八九」政治動乱のような事件は起こらず、党は長期的に団結した政治かつ安定した政治を維持し、まさに「天下大治」を実現した。「八九」政治動乱は指導者にとって政治の安定と社会の安定を維持するための教訓となったと言える。胡耀邦と趙紫陽の失敗という教訓があったからこそ、後継者である江沢民も成功することができた。鄧小平も「マイナスをプラスにした」と述べているように、中国はさらに良くなっていく。

二、東欧革命とソ連崩壊の影響

当時、ソ連と東欧諸国に激変が起こった。鄧小平は、米国をはじめとする西側の資本主義が、中国だけでなくソ連や東欧等の社会主義諸国も混乱させようとしていると強く意識していた。鄧小平はこれについて江沢民らに次のように述べた。**「国際情勢から見ると社会主義諸国が混乱している。東欧とソ連の混乱は避けられないだろう。程度はまだ分からないが、冷静に観察する必要がある。**帝国主義は社会主義諸国の変質を望んでいるのは間違いない。今の問題はソ連の崩壊ではない。**ソ連が混乱するのは必至であるが、中国が崩壊するかどうかが問題である。重要なのは中国を混乱させないことだ**[201]」。そして、米国と社会主義諸国の砲煙なき世界大戦に言及した。[202]

「千里の堤もアリの穴から崩れる」。社会主義国家にとってアリの穴は西側の資本主義国家の「和平演変」であり、味方の陣地内からの攻撃である。一九八九年、東欧の社会主義諸国では「政治のなだれ」が発生した。二月にハンガリー社会主義労働者党は複数政党制の実行に賛成し、六月に一九五六年のハンガリー反ソ暴動におけるナジ・イムレの名誉回復が行われ、九月には反対派と協定が達成され自由な議会選挙を実行した。一〇月に議会は共産党代表の会議参加を決定し、同月にはハンガリー社会主義労働者党は自主解散した。[203]これが他の東欧諸国にも波及し、次々と崩壊していった。九月中旬、東ドイツで社会不安が起こり、東ドイツの国民は西側への脱出を試みたり、大規模なデモが起きたりしたが、東ドイツ政府はこれに対して無力であり「一票の差」で武力鎮圧が否決された。一〇月一八日、ホーネッカーは党第一書記を解任され、一一月一八日に党中央政治局と政府は辞任した。翌日、西ドイツとの国境が完全開放され、ベルリンの壁崩壊が起こった。一一月一七日、プラハでデモが起こり党は屈服し、一二月一〇日、フサーク大統領は辞任、チェコスロバキア共産党は少数派となり、一二月二九日連邦議会でハヴェルが大統領に選ばれた。いわゆる「ビロード革命（静かな革命）」によって共産党政府が崩壊した。スロバキアはさらなる自治を求め、一九九三年には「二つに分裂」し、チェコ共和国とスロバキア共和国となった。

一二月、ポーランド共産党指導者であるヤルゼルスキ大統領は、大統領の権限を労組「連帯」を率いるワレサに譲り、共産党は正式に退場した。ユーゴスラビアは崩壊して「五国に分裂」した。戦火で二万五千人が命を落とし百万人以上が路頭に迷った。毛沢東に「欧州社会主義国家の一筋の光明」と称えられたアルバニアも西洋化した。欧州社会主義国家改革で最も成功したハンガリー共産党も政権の地位を失った。同月、政権を失ったブルガリア共産党中央第一書記のジフコフは「権限を利用して私利を図る」と非難され訴えられた。後継者はただちに自由選挙の実行を宣言した。ソ連タス通信は、チャウシェスクを「二十世紀で最も憎むべき独裁者の一人」と伝えた。[204]**特に一九九〇年のクリスマス、ルーマニアのチャウシエスク大統領と妻エリナが公開処刑で銃殺された光**

景は、当時総書記だった江沢民にとって大きな衝撃だっただろう。江沢民はルーマニアで短期間の業務に就いたことがあり、チャウシェスクを旧友と見なしていたからだ。[205]

最後に崩壊した社会主義国家がソ連だった。一九八五年三月、ゴルバチョフはソ連共産党中央総書記に選ばれ、「新思考」「情報公開」「民主化」「多元主義」を提唱した。アメリカのブッシュ大統領はこれに対応し、一九八九年五月一三日の演説で、西側の政策は「ソ連が解放された社会に発展することを支持する」と述べ、ソ連に「西側との協力」「永続的な多元化の実現と人権の尊重」を求めた。一九九〇年二月、ゴルバチョフはソビエト共産党中央全会で正式に複数政党制の実行を提案した。そして、ソ連人民代表大会は憲法を改正して複数政党制を決定し、ソ連共産党の法的な指導地位を廃止した。六月一二日、ゴルバチョフは『新聞法』を批准し、「報道の自由」を宣言した。そして七月一五日、テレビ及びラジオの民主化に関する大統領令を発表し、国営のテレビとラジオを「政治から独立した社会組織」であり「いかなる政党」も独占できないとした。[206]

ゴルバチョフの片腕だった「改革派」でソ連共産党中央政治局委員兼外務大臣のシェワルナゼは、一九八九年にソ連加盟国は政府を選ぶ「絶対的な自由」があると宣言し、『ワルシャワ条約機構』の効力が失われた。一九九〇年、ソ連は正式に五十万人規模の軍縮を実行し、東欧から撤退した。同年末、シェワルナゼは辞任を発表した。一九九一年三月一一日、ソ連維持の是非を問う国民投票を行ったが、六加盟国が投票に参加しなかった。四月二三日、ゴルバチョフとロシア等九名の加盟国指導者は会談を行って声明を発表し、投票にも会議にも参加しなかった六加盟国に対しては「ソ連加盟の決定について独立した権限がある」とした。これは実質的には加盟国の独立を承認するものだった。[207] 八月一九日、突然、ソ連のヤナーエフ副大統領がゴルバチョフ大統領の代行を務めると宣言し、「国家非常事態委員会」を設立してソ連の一部の地区で六カ月の非常事態宣言を発令した。これによって、戦車と軍隊がモスクワの街頭に現れた。事件後、過激派は全面的に抵抗し、大衆集会やストライキを組織して非常事態委員会に反撃し、米国や西側に支持を訴えた。非常事態委員会の優柔不断によって情況は逆転し、ヤナーエフらの政治行動は失敗に終わった。二二日早朝、ゴルバチョフはモスクワに戻った。八月二三日、エリツィンはソ連におけるソ連共産党とロシア共産党の一時的な活動停止を命じる大統領令に署名した。八月二四日、ゴルバチョフはソ連共産党中央総書記を辞任し、同時にソ連共産党中央委員会の自主解散を要求し、各共和国の共産党と地方党組織に各々の前途を自ら決定するよう要求した。八月二五日、ソ連共産党中央書記処は、ゴルバチョフが要求した自主解散の決定を受け入れる声明を発表した。エリツィンは、ソ連共産党とロシア共産党のすべての資産をロシア連邦国家所有とする大統領令に署名した。一一月五日、エリツィンはロシア連邦におけるソ連共産党とロシア共産党の活動を完全に禁止する命令を出した。ここに至って、九三年間続いたソ連共産党がついに崩壊した[208]。「八一九事件」後、ソ連の各加盟共和国は次々と独立し、九月末までに、十二加盟国が独立を宣言した。一二月八日、ロシア、ベラルーシ、ウクライナは独立国家共同体の設立とソビエト社会主義共和国連盟の「消滅」を宣言した。ゴルバチョフは辞任を発表した。こうして、七四年間続いた強大な社会主義大国が崩壊した。

これに対して、米国の戦略家ズビグネフ・ブレジンスキーは、歴史的な評価をしている。「**ソ連の崩壊は米国の共和党と民主党の二党がともに四〇年努力した成果である。ほとんどのアメリカ大統領は、このために様々な方法で実のある貢献をしてきた。ほかにもローマ法王ヨハネ・パウロ二世、レフ・ワレサ、そしてミハイル・ゴルバチョフが貢献者として挙げられる。**ゴルバチョフはまさしくソ連崩壊の『新思考の提出者』である[209]。**これは『要塞は内部から攻め落とすのが最も容易だ』ということである。**米国をはじめとする西側諸国の「砲煙無き戦争」における勝利を後押しした立役者は、ゴルバチョフを筆頭とする「人道的かつ民主的な社会主義」改革派である。公然と資本主義の道を歩む民主派がソ連共産党を徹底的に破壊し、国内外が呼応して和平演変の戦略を成功させた[210]」。

一九九一年一二月二五日、アメリカ大統領ジョージ・ブッシュはテレビで演説をした。「四十数年来、米国は西側を主導して共産主義及び私たちの貴重な価値観に対する脅威に抗して闘争をしてきた」「この対決はすでに終結した」「**これは民主と自由の勝利であり、私たち（米国）の価値観の正しさの勝利である**[211]」。**つまり、ソ連の崩壊は米国の勝利であり、東側の失敗は西側の勝利であるということだった。**当時は、東欧が急変し、ソ連とユーゴスラビアが崩壊したため、次は中国だと考える西側の人もいた。彼等は国際情勢に対する判断を誤り、中国の未来に対する判断を誤った。

中国は例外だった。まさに鄧小平が「中国を押しつぶすことはできない。中国が押しつぶされない限り、世界の人口の五分の一が社会主義を堅持していることになる。私たちは社会主義の未来に自信を持っている」と言った通りだった[212]。彼はさらに「中国は社会主義を堅持して和平演変を免れた。**中国の社会主義が崩壊しなければ、社会主義が世界で揺らぐこともない**」と述べた[213]。その後、中国は世界最大の発展途上国であるだけでなく、世界最大の社会主義国家であることが証明された。中国の紅い旗が倒れない限り、世界の社会主義も消えることはない。中国が強大にさえなれば、世界の社会主義も強大になる。二十年後、**ブッシュ大統領の「歴史の終結」宣言は過去のものとなった。当時は鄧小平以外に誰もこのこ**

とを予想できなかった。

三、改革における時限爆弾の排除

一九八〇年代末から一九九〇年代初め、中国はどのような道に進むかという重大な問題に直面した。すなわち、資本主義に転向するか、それとも社会主義を貫くかである。「八九」政治動乱後、党中央は明確な回答を出した。

江沢民は次のように指摘した。「一九八九年の『八九』政治動乱が深刻な事態に発展した原因は党内にある。総書記である趙紫陽が党を分裂させ動乱を支持するという誤りを犯したため、動乱が拡大して暴動に至った。要塞は内部から攻め落とすのが最も容易だ。さまざまな敵対勢力は常に党内部に亀裂が入ることを期待し、党の指導者を派閥に分けていた。これは策略だった[214]」。

幸いにも、**改革の肝心な時に趙紫陽という「時限爆弾」を排除し、党の分裂と社会の崩壊を免れることができた。**一九九二年一一月一六日、趙紫陽が宗鳳鳴に語っている。「鄧小平の方針は、経済をどのように改革するか、所有形態をどうするか、関係ないのであって、ただ党の指導権を決して放すことはあり得ないということだ。鄧小平にとって最大の危機は『六四』事件だったと言える。鄧小平は根本的に、自身が定めた『四つの基本原則』に呪縛され、それから抜け出せなかった。これがまた彼の悲劇なのだ[215]」。趙紫陽は自分に都合よく歴史を結論付けている。劉暁波も、趙紫陽のために歴史の結論をこしらえ、賞賛して述べている。「中共歴代の党首の中で、ただ二人だけがその晩年において、党の支配権を棄て去り、自由主義者に転向した総書記がいる。一人は陳独秀、もう一人は趙紫陽である。趙紫陽の転向がより価値あると言える[216]」。

東欧の急変とソ連の崩壊は、党にとって非常に大きな衝撃となり、鄧小平と江沢民は大きな危機感を抱いた。この問題について、**当時の党指導者はどのように考えたのか。**

九月一一日、江沢民は朝鮮労働党中央委員会総書記兼朝鮮民主主義人民共和国主席である金日成と会見した際、次のように述べた。「現在、世界の社会主義は低迷しているが、世間で言われているように社会主義が崩壊したのではない。西側には社会主義を地球から消滅させたいと考える者までいるが、それは不可能である。世界的に社会主義が低迷しているのは認めるが、中国は必ず耐え抜く。同時に社会主義国家の力を結集して経済発展を加速させ、国力を強化し、社会主義制度の優位性を十分に示せば、最終的には必ず勝利できるはずだ[217]」。

一一月二三日、鄧小平は外賓と会見した際、次のように述べた。「西側諸国が、いままさに硝煙無き第三次世界大戦を仕掛けている。硝煙無きとは、つまり社会主義国家に対する和平演変である。東欧の出来事は、我々にとっても意外であったが、遅かれ早かれ起きていたことだ」。彼はさらに述べている。「中国の今年の動乱も遅かれ早かれ起こるものだった」が、その原因は党中央の内部にあったと認めた。それは胡耀邦と趙紫陽を指しており、二人とも資産階級自由化の問題でつまづいた。もし中国がブルジョアジー自由化を実施したなら、それは必ず動乱となり、我々の事業がどれも成功せず、我々が定めた方針、政策、路線に基づく三段階発展戦略が帳消しになってしまう。だから、断固として動乱は制止する必要がある。[218]

一九九二年春、鄧小平は南方視察で重要な講話を発表し、「帝国主義は和平演変を企て、私たちの何代か後に期待していた」と述べた。しかし、和平演変が成功するか否かは、西側に主導権があるのではなく、中国共産党内部にかかっていることが重要なのだ。鄧小平は「**中国で起こった問題は党内部に原因があった**[219]」と指摘した。これは中国の社会主義の将来と運命についての深い洞察だった。これは党の経験、教訓を総括し、国際共産主義運動、特に東欧の急変とソ連の崩壊という教訓を冷静に判断して得られたマルクス主義の極めて重要な結論だった。[220]

十年後、江沢民は回想して次のように述べた。「何事も経験してみなければその難しさが分からない。この十年、国内外の環境は大きく変化し、世界も混乱していた。**一九八〇年代末から一九九〇年代初め、東欧の急変とソ連の崩壊によって世界の社会主義は深刻な挫折を味わった。西側諸国の中には中国に政治的な圧力をかけ、いわゆる経済的な「制裁措置」を発動するものもあった。中国は今までにない巨大な圧力がかけられた。海外の敵対勢力は中国を西洋化し分裂させようと各種の同化、破壊活動を行い、国内の反共、反社会主義勢力と民族分裂勢力による政権転覆活動を公然と支持した。中国の安全、そして社会、政治の安定は深刻な脅威に直面した。**米国等の西側の大国はいわゆる「人権は主権に勝る」といった「新たな干渉主義」のスローガンを掲げ、覇権主義と強権政治を進めるための根拠とした。そして世界的に軍事的な優勢を求め、新たな「砲艦外交」を推進した。国際的にも重大な事件が続けて起こり、地域紛争や局地戦争が次々と起こった。[221]これが当時の国際背景と脅威である。しかし、中国は「たとえ敵軍が幾重に取り囲もうとも、我厳然と微動だにせず」である。[222]

中国の指導者はソ連の崩壊と東欧の急変をどのように考えたのか。二〇〇一年四月、江沢民はこれについて説明した。「一九八〇年代末から一九九〇年代初め、東欧諸国の共産党と社会主義制度はドミノのように次々と崩壊し、最後にソ連も崩壊した。これは長期にわたって蓄積された経済、政治戦略に問題があったからだが、重要なのはこれらの国の党内部に問題があったことである。危機が発生すると党内で政治的な相違が生じ、政治的に収拾のつかない事態となった。東欧の急変とソ連の崩壊における最大の教訓は、社会主義、プロレタリア独裁、共産党指導、マルクス・レーニン主義を放棄したことである。その結果、すでに深刻な状況だった経済、政治、社会、民族の矛盾がさらに拡大し、最終的に制度の急変と国家の崩壊という歴史的な悲劇につながった。国外の敵対勢力は我々の分裂と西洋化を望んでいた。つまり、四つの基本原則を放棄することを妄想していた。もし四つの基本原則を放棄するなら、それはあたかも釜の下から薪をとりのけるようなもので、社会主義の中国は存続できない[223]。

これは中国にとって利益もあり不利益もあった。すなわち、プラスとマイナスの影響があった。一九九一年一〇月、鄧小平は冷静な観察、才気の温存、冷静な対応という戦略を提案した。同時に、東欧とソ連の事件を反面教師としてプラスをマイナスに変えた。この優れた手法を学び、中国の伝統としなければならない[224]。

比較しなければ識別はできない。当時はまだ、中国が耐え抜いて社会主義の道を歩み続けることが可能かどうか、明確でなかった。時が経ち歴史を検証すると、中国は改革開放を中断せず、社会主義の道を進み続けた。そして、一九九〇年代には高度経済成長を遂げ、経済体制移行の最も成功した国家となった。

世界的に社会主義が低迷する中、鄧小平は相変わらず、自信に満ちていた。**「中国が崩壊しなければ、世界の人口の五分の一が社会主義を堅持していることになる。私たちは社会主義の未来に自信を持っている」**と述べた[225]。**中国の社会主義が崩壊しなければ、社会主義が世界で揺らぐこともない[226]。これは中国が社会主義を進むための大きな自信となった。**

二〇〇一年四月、江沢民は次のように述べた。**「私はよく海外の指導者に政治の観点について話す。西側には中国が私有化を実施し、複数政党化して政権交代し、三権分立を実行することを望む声があるが、もしそうなれば、国家と人民の平穏が奪われ、十二億人の人民は食べるのにも困るようになる。これは、中国人民にとっても世界にとっても大きな災難である[227]」**。

実践は真理を検証する規準である。実践によって正しいか誤っているか知ることができ、改革の方針が異なればその結果も異なる。経済体制移行した社会主義国家二十八カ国の中で、社会主義を堅持したのは中国とベトナムの二カ国だけであり、この二カ国だけが経済成長を続けることができた。他の二十六カ国、すなわち中東欧十カ国、旧ソ連十五カ国そしてモンゴルの場合、程度は異なるが経済成長は低迷し、一九九五年末でこれらの国のＧＤＰは改革初期のレベルに回復することができず、特にロシアは一九八〇年の六〇％以下だった[228]。これから分かるのは、資本主義は中国に不適切であり、中国国民にとっては災難の道だということである。

どのような改革にもリスクと二種類の可能性を伴う。それは成功か失敗であり、あるいは当初は成功したように見える失敗である。しかし、成功と失敗の原因は何か。米国シカゴ大学の政治学教授の鄒讜は次のように考えた。**改革の過程にはリスクを伴う。それは、基本的な制度が全面的に崩壊するリスクであり、ソ連の崩壊がその一例である。**そのため、鄒讜教授は中国とソ連の改革の違いについて研究した。そして、中国の改革は旧ソ連が全面的に崩壊したのと同様のリスクを免れ、安定した社会と政治制度の下で漸進しながら改善していったと考えた。歴史に仮定は存在しないが、もし趙紫陽が引き続き政権を握っていたら、中国は旧ソ連のようになった可能性が高く、政治動乱が起こって国家が全面的に崩壊していただろう[229]。歴史的な事実を見れば、鄧小平が公心をもって動乱の制圧を決断したからこそ、中国は社会が安定を保ち発展し続けられる「正しい道」を進むことができ、全ての中国人が鄧小平の決断によって長期的な恩恵を受けることができたと言える。

四、鄧小平の自主的な引退と党中央の高い評価

党内部の政治的な危機を処理する間、鄧小平は自身の辞任と政治からの引退によって、長年の目標だった指導者の職務終身制の廃止を実現しようとしていた。

六月一六日、鄧小平は第三代集団指導体制を確立する際、次のように述べた。「**国の命運が一人か二人の声望の上に成り立っていることは、不健全かつ危険である。**現在は私の影響力が過大である。これは国家と党に不利益であり、いつかは悪影響をもたらすかもしれない。八五歳ともなれば、そのくらいの意識はある[230]」。

九月四日、鄧小平は江沢民、李鵬、喬石、姚依林、宋平、李瑞環、楊尚昆、万里と引退について正式に話をした[231]。そして単刀直入に「今日は私の引退の時期と方法について相談する」と述べた。しかし、中央指導者の江沢民らは鄧小平の引退を望まなかった。すると鄧小平は「私は引退を決めた。これは利点が多い」と決意を込めて述べた。そして、政治局常務委員の気持ちを理解した上で説明した。「引退しないで在職中に私が死ねば、世界にどれほど影響をもたらすかわからない。引退すれば業務には携わらないが、生きていればいくらか役割を果たすことができる」。

鄧小平は次のように述べた。「今までに何度も述べたが、私の最後の仕事は退職制度の設立だろう。引退生活をどう過ごすか少しずつ練習している。数十年も働いてきたのだから、完全に引退するには手順が必要だ。次の党代表大会では顧問委員を開かず退職制度を設立する。私は五中全会で引退するはずではなかったか。躊躇している間に数年経ってしまった。年寄りには良い所もあるが弱点もある。年をとれば、いつ頭が鈍くなるか分からず、体力は衰える一方だ。自然の摂理は変えられないのだから、指導者も世代交代すべきだ。退職制

度ができれば、指導者の交代や異動も簡単になるはずだ」[232]。

鄧小平の晩年は毛沢東とは違っていた。一九七三年八月に党第十全大会が開かれた時の毛沢東は八十歳近くになっており、体も弱くなる一方で、病状もますます厳しくなっていった。当時、毛沢東は古参幹部を主とした「中央顧問委員会」を設立し、自分がその主席に就く構想を持っていた。**この非常に優れた構想は、鄧小平が毛沢東に提案したもので、毛沢東も重視していたが、周恩来らが断固として反対し、願い通りにならなかった**[233]。そして、党中央は、毛沢東の選択の機会を主動的に放棄させ、引き続き中央委員会主席に就いてもらった。その後「文化大革命」はさらに三年間続き、毛沢東の死後にようやく終了した。鄧小平はこれを身をもって経験していたが、江沢民らはこの歴史が理解できず鄧小平を説得しようとした。そこで**鄧小平は「このことは、決定した」と述べ、政治的な構想と個人の願望を実現した**。これが毛沢東との最大の違いであり、鄧小平の功績の一つでもある。

鄧小平はさらに次のように述べた。「十三大で『半引退』するが、私はずっと完全引退が最善だと考えていた。**私の最後の仕事は率先して退職制度を設立することであろう。退職制度ができれば、指導層の交代や調整も容易になる**」。鄧小平は江沢民を中央軍事委員会主席に推薦した[234]。同日、鄧小平は党中央政治局に書簡で中央軍事委員会主席の辞任を提起した[235]。同年九月一六日には李政道教授と退職問題について話した[236]。一〇月七日、鄧小平は党と国家の退職制度を堅持し、例外は許さないことをさらに明確に提案した[237]。

一一月、十三期五中全会で鄧小平の辞任が承認され、江沢民が中央軍事委員会主席に就いた。楊尚昆は党中央軍事委員会第一副主席、劉華清は党中央軍事委員会副主席、楊白氷は党中央軍事委員会秘書長に就いた。一九九〇年三月、全国人民代表大会会議で、江沢民が国家軍事委員会主席に任命された。一九八七年の党第十三全大会で、鄧小平が中央政治局と中央委員会を辞任し、その三年以内に「半引退」から「完全引退」が実現した。

十三期五中全会は、これを党と国家に対する鄧小平の大きな功績だとして高く評価した。全体会議の公報は次のように指摘した。「鄧小平は各族人民に深い畏敬の念をもって敬愛されている優れた指導者であり、党の指導する革命と建設に大きく貢献した。特に十一期三中全会は、**党第二世代指導集団の核心となった**。それから十二年間、党と軍隊の各方面、経済建設と改革開放、祖国の平和的な統一と外交活動に努力し、これに当たるも恥ずることない**総合的な設計者だった**。彼を核心とした指導集団の強固な指導の下、中国人民は社会主義近代化建設において万人の嘱目に値する成果を成し遂げ、社会主義新中国の歴史に新たな時代を切り開いた。数十年に及ぶ革命の実践が明らかにしていることは、鄧小平が優れたマルクス主義者であり、確かな共産主義者であり、卓越したプロレタリア革命家、政治家、軍事家であり、党及び国家と軍隊で長期にわたって試練を乗り越えた指導者であること[238]だ」。すなわち五中全会公報が示していることは、改革開放が始まって以降、党中央指導集団の核心は、華国鋒ではなく、また胡耀邦、趙紫陽でもなく、鄧小平その人であること、さらに鄧小平は党中央主席、総書記に任ずることがなかったが、彼が「これに当たるも恥ずることのない設計師」であったことである。この評価は歴史的な評価であり、歴史の結論である。

鄧小平は、中国の改革開放の父として世界最大の改革と開放を成功させただけではない。党と国家の将来と運命に関わる重要な時に勇気ある決断によって、突然発生した深刻な社会の動乱を制圧し、党内の時限爆弾を排除し、海外の反中国や制裁という巨大な圧力に耐え、東欧の急変やソ連の崩壊のような道に中国が進むことを阻止した。こうして、中国は政治の安定と社会の安定を数十年間保ち、改革開放を社会主義の正道に沿って継続、展開した。ほかにも、中央政治局常務委員の李鵬、喬石、姚依林が重要な時に鄧小平の決定を支持し、陳雲、李先念、彭真、薄一波、楊尚昆、王震ら一世代上のプロレタリア革命家もこれに大きく貢献した。人民は彼等に感謝し、共和国は彼等を忘れず、歴史は彼等の名を銘記するであろう。

注

1　この章は二〇〇九年二月に執筆した。『国情報告』（専刊）第一期に掲載され、その後さらに重要な補充を加筆した。

2　詳細な分析は以下を参照。胡鞍鋼「峡谷——中国が直面する九十年代」一九九〇年八月、胡鞍鋼『中国——走向二十一世紀』、九六〜九九頁、北京、中国環境科学出版社、一九九一。

3　例えば一九七八〜一九八八年、国民所得は二・四倍に増加、年平均増加率は九・二%、貨幣の供給量は一〇・一倍に増加、年平均増加率は二六%となり、現金は約一五五五億元発行した。財政収支は一九八五年に少し黒字だった以外、その他の年は毎年赤字で、その累計は六五〇億七〇〇〇万元に達した。政府の国内外の債務を含めると、合計一七〇〇億元に達した。

4　李先念「現在の経済問題に対するいくつかの意見」一九八八年一〇月一五日、三〇三頁、『建国以来李先念文稿』（下）、北京、中央文献出版社、二〇一一。

5　中共中央文献研究室編『鄧小平年譜（一九七五―一九九七）』下冊、一二六九頁、北京、中央文献出版社、二〇〇四。

6　李鵬はインフレの原因を分析し、次のように考えた。「インフレの激化は経済過熱、投資需要及び消費者需要の増加、社会総需要が総供給を上回った結果である。また、現在進行中の固定資産投資プロジェクトの量及び規模が国家の能力を超えており、消費者需要は多く、社会購買力の成長は商品供給の成長を上回っている。国家財政は支出が収入より多く、貸付も通貨の発行も多すぎる。需要と供給が不均衡であると同時に、経済構造はバランスがとれておらず、農業の発展は遅れており、また限られた資源が加工産業と非生産的な建設に投資されており、工業生産が急激に成長する状況でエネルギー、原材料、輸送能力が緊迫化している。一部の企業や個人が利益追求のため、違法な売買、搾取、劣悪品の製造販売を行い、これが価格をさらに上昇させ、経済秩序の混乱を悪化させた」。李鵬「断固として経済環境の整備、経済秩序の整頓及び改革深化の方針を貫徹する」一九八九年三月二〇日、中共中央文献研究室編『十三大以来重要文献選編』（上）、四二七頁、北京、人民出版社、一九九一。

7　中国の経済のテイクオフの過程における所得変動は以下のような傾向があった。第一に、都市部と農村部の住民の所得の相対的な格差は縮小しており、絶対所得格差は拡大した。例えば、農民と労働者の消費比率（農民を一とする）は一九七八年に一：二・九だったのが、一九八八年には一：二・七になった。一九七八年の非農業住民の所得は農民より二五一元多く、一九八八年には八〇八元多くなった。第二に、地域間の所得格差はさらに拡大した。一九八五年の一人当たりの所得が一番高かった上海は、一番低かった甘粛省、河南省の三～四倍あり、今後もこの所得格差は拡大するだろう。第三に、城鎮部と農村部の所得格差は拡大傾向にあり、城鎮部住民の所得分布パターンは基本的に対数正規分布であるが、農村部は基本的にΓ分布だった。これは後者の所得格差が前者の所得格差よりも大きいことを反映している。一人当たりの所得が増加するにつれジニ係数は常に拡大する。中国の城鎮住民のジニ係数は一九八二年は〇・一二九、一九八六年は〇・一七六だった。

8　江沢民「社会の不公平な分配を真剣に排除する」一九八九年六月一六日、『江沢民文選』、第一巻、四八頁、北京、人民出版社、二〇〇六。

9　趙紫陽「中国の特色ある社会主義の道を進む—中国共産党第十三回全国代表大会報告」一九八七年一〇月二五日、中共中央文献研究室『十三大以来重要文献選編』（上）、五二頁、北京、人民出版社、一九九一。

10　一九八九年六月二一日、彭真は中央政治局拡大会議で次のように述べた。「今、人民のことを考えない『官』になった一部の党員がいる。さらに、人民の公僕ではなく、人民の上に立って尊大ぶり権力を濫用する『だんな様』になった者もいる。人民に対する関心が全くなく、仕事の責任を負わず、何か起きると責任転嫁し、水掛け論を行い、お茶を濁して責任逃れをする。党の事業と人民の利益はどれほど損害を受けたか分からない。これで共産党員と言えるのか。さらに拝金主義者となった者もあり、いかがわしい金のために、法に背き規律を乱し、腐敗し堕落して、共産主義の理想、道徳、人格をすべて放棄した。彼等は公事にかこつけて私腹を肥やし、大衆の利益を損ね自分の懐を肥やし、他人に損をさせて自分が利益を得、さらに汚職や賄賂、投機取引等、全くをもって飯を搾取する寄生虫である」。『彭真文選』（一九四一－一九九〇）、六六二頁、北京、人民出版社、一九九一。

11　陳作霖「全面的な改革深化の中で党の紀律を強化する」、『半月談』特刊、一九八九、第二号。

12　中央紀委研究室編『十一期三中全会以来党的紀律検査工作大事記』、一一四～一二二頁、北京、中国方正出版社、二〇〇八。

13　『十三大以来重要文献選編』（中）、五五八頁、人民出版社、一九九一。

14　江沢民は十三期四中全会で動乱が発生した原因を再考し、次のように述べた。「今回の動乱で多くの人が陰謀で煽動された。重要なのは、一部の党員や幹部、特にごく少数の主要幹部が深刻な腐敗を抱えていたことである」。江沢民「十三期四中全会における講話」一九八九年六月二四日、中共中央文献研究室編『十三大以来重要文献選編』（中）、五五三頁、北京、人民出版社、一九九一。

15　当時、人口と資源環境の矛盾が突出していたが、まだ指導者の視野には入ってなかった。

16　一九八八年一一月八日、科学界代表との座談会での趙紫陽の発言。譚宗級、葉心瑜主編『中華人民共和国実録——改革与巨変——開創現代化建設新局面』第四巻（中）、一三〇四頁。長春、吉林人民出版社、一九九四。

17　房維中（中央委員兼国家計画委員会副主任）は次のように述べた。

「趙紫陽の十三期三中全会における最初の演説の原稿には自己批判がなく、李鵬、姚依林が意見を出した後に『私たちは気づくのが遅く、その後の対応も遅かった』という文章を加えた」。房維中『中国発展与改革編年紀事提要』、二〇〇四。

18　陳永発は次のように考えた。「東欧で広範な民主化運動が起こり、その情報は中国にも伝わった。一部の知識人は喜び、関連する活動を再び始めた。陳永発『中国共産党七〇年』、改訂版、（下）、九四四頁、台北、連経、二〇〇一。

19　方励之は「一九八九年は中国建国四〇周年であり、五四運動から七〇年である」と述べた。「今年はフランス革命二〇〇周年であり、その意味するところは自由、平等、友愛、人権は普遍的に尊重されているということである。したがって、私はあなたが私の提案について誠実に考慮し、未来に対して新たに敬意を払うことを心から願う」。尹永欽、楊崢暉編『巨変　一九七八年－二〇〇四年中国経済改革歴程』、一六八頁、北京、当代世界出版社、二〇〇四。

20　陳軍はさらに台湾で「最も影響力を持つ」新聞を通して方励之らを支持すると公言し、中国政府に対する「圧力グループ」を作った。尹永欽、楊崢暉編『巨変　一九七八年－二〇〇四年中国経済改革歴程』、一六八頁、北京、当代世界出版社、二〇〇四。

21　鄧小平「中国で混乱は許されない」一九八九年三月四日、『鄧小平文選』第三巻、二八六頁、北京、人民出版社、一九九三。

22　鮑彤は、武力によって学生を鎮圧する鄧小平の方針に断固として反対し、趙紫陽の方針を支持した。鮑彤『鮑彤回憶録』、香港、太平洋世紀出版社、二〇〇〇。

23　コロンビア大学東アジア研究所のAndrew J. Nathan（黎安友）は次のように考えた。「『天安門事件』は、北京の学生による改革と自由の深化に対する要求から始まったが、それはすぐに、より大きな意味を持つ変革要求に発展した。天安門広場における学生のハンストは、数千万人もの市民の支持を得、数週間後には中国の数百の都市で市民が通りに出て政府の対応を要求した。政府は当初、天安門広場でハンストを行う学生が撤退してから対話を行うつもりだったが、最終的に命令と武力で強制的に広場から撤退させるよりほかなかった。**この決定を下す過程で、党の高レベルの意思決定者らは文化大革命後で最も深刻な分裂を経験した。**黎安友「前言」、張良『中国「六四」真相』、前言、香港、明鏡出版社、二〇〇一。

24　憲法第八九条第一六項は国務院に「省、自治区、直轄市の一部の地区に対して戒厳令を決定する」職権があると定めていた。

25　新華月報社編『中華人民共和国大事紀（一九四九－二〇〇四）』、八七六頁、北京、人民出版社、二〇〇四。

26　鄧小平「首都戒厳令部隊軍級以上幹部に接見した際の講話」一九八九年六月九日、『鄧小平文選』第三巻、三〇二頁、北京、人民出版社、一九九三。

27　李英偉編『影響世界的一八個定律』、四五頁、北京、中国紡織工業出版社、二〇〇五。

28　毛沢東「スノーとの会見談話紀要」一九七〇年一二月一八日、『建国以来毛沢東文稿』第十三冊、一六三頁、北京、中央文献出版社、一九九八。

29　学生の請願書には七つの要求が含まれていた。一、胡耀邦の再評価　二、反ブルジョアジー自由化の否定　三、指導者の私的収入と財産の公表　四、言論と出版の自由　五、知識分子の待遇改善　六、デモ制限の解除　七、教育予算の増額。

30　中共中央文献研究室編、金衝及、陳群編『陳雲伝』（下）、一七八〇頁、北京、中央文献出版社、二〇〇五。

31　中共中央文献研究室編、金衝及、陳群編『陳雲伝』（下）、一七八三頁、北京、中央文献出版社、二〇〇五。

32　「十三期四中全会における趙紫陽の発言」一九八九年六月二三日、楊継縄『中国改革年代的政治闘争』、Excellent Culture Press（Hong Kong）、二〇〇四。

33 黎安友「前言」、張良『中国「六四」真相』、香港、明鏡出版社、二〇〇一。

34 譚宗級、葉心瑜主編『改革与巨変─開創現代化建設新局面』、一三八九～一三九〇頁、長春、吉林人民出版社、一九九四。

35 分析については以下を参照。胡鞍鋼『毛沢東与文革』、一八八～一九二頁、香港、大風出版社、二〇〇八。

36 「十三期四中全会における趙紫陽の発言」一九八九年六月二三日、楊継縄『中国改革年代的政治闘争』、Excellent Culture Press（Hong Kong）、二〇〇四。

37 陳永発『中国共産党七〇年』、改訂版、九四五頁、台北、連経、二〇〇一。

38 中国共産党中央党史研究室第三研究部『中国改革開放三〇年』、二八二頁、瀋陽、遼寧人民出版社、二〇〇八。

39 黎安友「前言」、張良『中国「六四」真相』、香港、明鏡出版社、二〇〇一。

40 譚宗級、葉心瑜主編『改革与巨変─開創現代化建設新局面（一九七七－一九八三）』、一三九〇～一三九一頁、長春、吉林人民出版社、一九九四。

41 中共中央文献研究室編『鄧小平年譜（一九七五－一九九七）』（下）、一二七二頁、北京、中央文献出版社、二〇〇四。

42 鄧小平「中国共産党中央政治局への書簡」一九八九年九月四日、『鄧小平文選』第三巻、三二一頁、北京、人民出版社、一九八九。

43 中共中央文献研究室編『鄧小平年譜（一九七五－一九九七）』（下）、一二七二～一二七三頁、北京、中央文献出版社、二〇〇四。

44 鄧小平「首都戒厳令部隊軍級以上幹部に接見した際の講話」一九八九年六月九日、『鄧小平文選』第三巻、三〇二頁、北京、人民出版社、一九九三。

45 「十三期四中全会における趙紫陽の発言」一九八九年六月二三日、楊継縄『中国改革年代的政治闘争』、Excellent Culture Press（Hong Kong）、二〇〇四。

46 「十三期四中全会における趙紫陽の発言」一九八九年六月二三日、楊継縄『中国改革年代的政治闘争』、Excellent Culture Press（Hong Kong）、二〇〇四。

47 「十三期四中全会における趙紫陽の発言」一九八九年六月二三日、楊継縄『中国改革年代的政治闘争』、Excellent Culture Press（Hong Kong）、二〇〇四。

48 詳細な分析は以下を参照。胡鞍鋼『毛沢東与文革』、香港、大風出版社、二〇〇八。

49 趙紫陽によると、この講話は中央政治局及び書記処の審査を経ている。審査に送付する時、多くの党員が修正意見を提案し、これに基づいて変更を加えた。「十三期四中全会における趙紫陽の発言」一九八九年六月二三日、楊継縄『中国改革年代的政治闘争』、Excellent Culture Press（Hong Kong）、二〇〇四。

50 趙紫陽はアジア開発銀行（ＡＤＢ）理事会第二十二期年次例会に出席したアジア開発銀行代表団団長及びアジア開発銀行の高級官吏と会見した際、次のように述べた。「今も北京及びその他の都市において学生のデモは継続している。しかし、事態は次第に収まり大きな動乱になることはないと信じている。私はこれについては自信がある」。どのように学生のデモを処理するのかについては、趙紫陽は、今最も必要なのは冷静、理知、抑制、秩序であり、民主と法制に則って問題を解決すると強く指摘した。「同様に民主と法制に則って、理性的かつ秩序をもって解決するべきである。広範な対話、学生との対話、労働者との対話、知識人との対話、各民主党派及び各界の人士との対話が必要だ」。『人民日報』一九八九年五月五日。

51 【英】ベン・フォウクス『東欧共産主義的興衰』中国語版、二六二頁、北京、中央編訳出版社、一九九八。

52 「十三期四中全会における趙紫陽の発言」一九八九年六月二三日、楊継縄『中国改革年代的政治闘争』、Excellent Culture Press（Hong Kong）、二〇〇四。

53　李先念は趙紫陽の演説を聞いた後、鄧小平に電話して中央に二つの意見があると述べた。陳雲も鄧小平に趙紫陽の「アジア開発銀行の演説」に注意するよう伝言した。楊継縄『中国改革年代的政治闘争』、四〇六頁、香港、Excellent Culture Press（Hong Kong）、二〇〇四。

54　中国共産党中央党史研究室第三研究部『中国改革開放三〇年』、二五〇頁、瀋陽、遼寧人民出版社、二〇〇八。

55　鄧小平「社会主義を堅持し和平演変を防ぐ」一九八九年一一月二三日、『鄧小平文選』第三巻、三四四頁、北京、人民出版社、一九九三。

56　「十三期四中全会における趙紫陽の発言」一九八九年六月二三日、楊継縄『中国改革年代的政治闘争』、Excellent Culture Press（Hong Kong）、二〇〇四。

57　趙紫陽は次のように述べた。「後になって中央政治局常任委員会の議論を経なかった私の演説が同志等から批判された。これは事実だが、中央委員会委員が外賓との会見（正式な会談を除く）で話をする際、常務委員会に議題として提出したことはなく、一般的にそれらは中央の方針に従って自分が準備する」。「十三期四中全会における趙紫陽の発言」一九八九年六月二三日、楊継縄『中国改革年代的政治闘争』、Excellent Culture Press(Hong Kong)、二〇〇四。

58　譚宗級、葉心瑜主編『改革与巨変—開創現代化建設新局面（一九七七—一九八三）』、一三九七頁、長春、吉林人民出版社、一九九四。

59　譚宗級、葉心瑜主編『改革与巨変—開創現代化建設新局面（一九七七—一九八三）』、一三九七頁、長春、吉林人民出版社、一九九四。

60　譚宗級、葉心瑜主編『改革与巨変—開創現代化建設新局面（一九七七—一九八三）』、一三九八～一三九九頁、長春、吉林人民出版社、一九九四。

61　当時、趙志陽は許家屯（新華社香港分社社長）に「思うに、この学生運動が政治的改革を促進するかもしれない」と楽観的に語った。許家屯「序文」、呉国光『趙紫陽与政治改革』、台北、遠景出版社、一九九七。

62　この規則は、一九八六年一二月二七日に北京市人民代表大会が正式に採択、承認し、公布日から実施された。第二条では「市民が法律に則って開催するパレードやデモは、各級人民政府によって保護される」と規定していた。第三条では「パレードやデモの主催者は五日前までに実施地区の県公安機関で、実施地区が区や県にまたがる場合は市公安機関で書面申請によって許可を得なくてはならない。その際、その目的、人数、時間、場所、ルートを説明し、主催者の氏名、職業、住所を明記する」と規定していた。

63　中共中央文献研究室編、金衝及、陳群編『陳雲伝』（下）、一七八五～一七八六頁、北京、中央文献出版社、二〇〇五。

64　陳雲「薄一波、宋任窮、並びに中顧委常務委員会各同志への書簡」一九九〇年五月二五日、金衝及、陳群編『陳雲伝』（下）、一八〇五頁、北京、中央文献出版社、二〇〇五。

65　黎安友（Andrew J. Nathan）「前言」、張良『中国「六四」真相』、香港、明鏡出版社、二〇〇一。

66　譚宗級、葉心瑜主編『改革与巨変—開創現代化建設新局面（一九七七—一九八三）』、一三九九頁、長春、吉林人民出版社、一九九四。

67　陳永発『中国共産党七〇年』、改訂版、（下）、九四七頁、台北、連経、二〇〇一。

68　ゴルバチョフは中ソ決裂後三十年で初めて北京を訪問したソ連共産党の総書記だったが、学生らは党中央の立場も考えず、歓迎式開催予定の場所を譲らず、ゴルバチョフの同情を引こうとした。陳永発『中国共産党七〇年』、改訂版、（下）、九四七頁、台北、連経、二〇〇一。

69　一九六六年七月三日午後一時、蒯大富は、清華大学工作組組長と蒯大富を右派だと見なしていた国家経済貿易委員会副主任の葉林に抗議するため、このような不法な政治的迫害に対して抗議するとして、一九九六年七月五日朝六時からハンストを行うと「大字報」で宣言した。このため、蒯大富は団を除名され七月二一日まで一八日間拘禁された。陳伯達は、清華大学で拘禁されていた蒯大富を見舞うため、中央文革小組の王力、関鋒を派遣した。七月三〇日と三一日、毛沢東の指示で、周恩来が毛沢東と党中央を代表して蒯大富を二度訪ねて報告を聞き、彼の革命的な行動への支持を表明した。これに対し蒯大富は「夢にも思わなかった」と語った。

70 中共中央文献研究室編『鄧小平年譜（一九七五－一九九七）』下冊、一二七五頁、北京、中央文献出版社、二〇〇四。

71 自身がなぜこの情報を漏らしたかについて趙紫陽は後に、次のように説明した。「私が朝鮮から帰ると、四月二五日の学生運動問題についての小平同志の演説が広範に伝達されたことで、社会的に多くの議論を引き起こしており、常務委員が鄧小平に組織の原則に適合しないと報告したと聞いた。さらに聞き苦しい話もあった。私は自分が明確に説明する必要があると感じた。公に報道することによってこの情況を大衆に知らせれば、議論を少なくできると考えた。当時、私がゴルバチョフに通達した内容は、**十三期一中全会で下した厳粛な決定についてであり、重要な問題は鄧小平に通達して助言してもらう必要があるということだ**。鄧小平同志は常に私たちを全力で支持し、集団で決定した政策を支持する。理屈から言えば、この話から鄧小平がすべてを決定するという印象を与えることはあり得ない。しかし、私の発言が**鄧小平同志を傷つけるとは思わなかった**。私はこれに対しすべての責任を引き受けたいと思う」。「十三期四中全会における趙紫陽の発言」一九八九年六月二三日、楊継縄『中国改革年代的政治闘争』、Excellent Culture Press（Hong Kong）、二〇〇四。

72 譚宗級、葉心瑜主編『改革与巨変―開創現代化建設新局面（一九七七－一九八三）』、一四〇五頁、長春、吉林人民出版社、一九九四。

73 台湾の中国共産党史専門家の陳永発は次のように論評した。「趙紫陽に追随する高級知識人らが情勢が良いと考え、『肩書きのない皇帝』である鄧小平を打倒すると公に宣言したため、事態はさらに悪くなった。これは、明らかに学生運動の中で鄧小平を打倒し、趙紫陽を支持する潮流を作りたかったからである」。陳永発『中国共産党七〇周年』、改訂版、（下）、九五〇頁、台北、連経、二〇〇一。

74 譚宗級、葉心瑜主編『改革与巨変―開創現代化建設新局面（一九七七－一九八三）』、一四〇五頁、長春、吉林人民出版社、一九九四。

75 「十三期四中全会における趙紫陽の発言」一九八九年六月二三日、楊継縄『中国改革年代的政治闘争』、Excellent Culture Press（Hong Kong）、二〇〇四。

76 陳一諮は、急進的な学生が趙紫陽及び政治改革を推進している党の改革者らとの協力には消極的であることを認めた。陳一諮「序文」、呉国光『趙紫陽与政治改革』、台北、遠景出版事業会社、一九九七。

77 中共中央に委託された彭真が党外の全国人大副議長と座談会を行った際の講話。「憲法と法律による思想の統一」、『彭真文選』、北京、人民出版社、一九九一。

78 楊継縄『中国改革年代的政治闘争』四二〇頁、Excellent Culture Press (Hong Kong)、二〇〇四。

79 江沢民は元大統領のニクソンに、ハンストをした学生を病院に見舞った時のことを紹介した。「ある女子学生が民主的で自由でなければならないと私に言うので、どのような民主と自由を望んでいるのか尋ねたが、彼女はそれに答えることができなかった。これは民主と自由について正しい概念がない若者がいることを示している」。江沢民「中国人は民族的気骨を重んじる」一九八九年一〇月三一日、「江沢民文選」第一巻、七二頁、北京、人民刊行院、二〇〇六。

80 鄧小平「中国は混乱を許さない」（一九八九年三月四日）。『鄧小平文選』第三巻、二八七頁、北京、人民出版社、一九九三。

81 譚宗級、葉心瑜主編『改革与巨変―開創現代化建設新局面』、一四〇五～一四〇六頁、長春、吉林人民出版社、一九九四。

82 中共中央文献研究室編『鄧小平年譜（一九七五－一九九七）』（下）、一二七六～一二七七頁、北京、中央文献出版社、二〇〇四。

83 中共中央文献研究室編、金衝及、陳群編『陳雲伝』下巻、一八〇〇頁、北京、中央文献出版社、二〇〇五。

84　「十三期四中全会における趙紫陽の発言」一九八九年六月二三日、楊継縄『中国改革年代的政治闘争』、Excellent Culture Press（Hong Kong）、二〇〇四。

85　【英】ベン・フォウクス『東欧共産主義的盛衰』中国語版、二六二頁、北京、中央編訳出版社、一九九八。

86　中共中央文献研究室編『鄧小平年譜（一九七五－一九九七）』（下）、一二七六～一二七七頁、北京、中央文献出版社、二〇〇四。

87　「十三期四中全会における趙紫陽の発言」一九八九年六月二三日、楊継縄『中国改革年代的政治闘争』、Excellent Culture Press（Hong Kong）、二〇〇四。

88　譚宗級、葉心瑜主編『改革与巨変―開創現代化建設新局面（一九七七－一九八三）』、一四〇六～一四〇七頁、長春、吉林人民出版社、一九九四。

89　毛沢東の言葉、「人民日報」一九六八年一月二五日、『建国以来毛沢東文稿』第十二冊、北京、中央文献出版社、一九九八。

90　詳細な分析は以下を参照。胡鞍鋼『毛沢東与文革』、香港、大風出版社、二〇〇八。

91　一九八六年一二月三〇日、鄧小平は自ら胡耀邦と趙紫陽に次のように語った。「専政の手段がないのは良くない。専政の手段は、言うだけでなく、必要な時に使わなければならない。その時は慎重に、逮捕者を最小人数に抑える必要がある。しかし、誰かが流血事件にしたいというならどうしようもない。**私たちの方針は、まず陰謀を暴露し流血を避けることであり、私たちの方の人が傷ついても、法律に則って事件を処理する方がまだよい。このような決心がなくてはこの事件を止めることはできない。措置を講じなければ後退し、将来的にはさらに大きな問題が生じるだろう。**鄧小平「旗幟鮮明に資産階級自由化に反対せよ」、一九八六年一二月三〇日、『鄧小平文選』第三巻、一九六頁、北京、人民出版社、一九九三。

92　趙紫陽のこの考えを断固として支持したのは中央委員の鮑彤だけだった。鮑彤『也談改革三〇年』、二〇〇八。

93　一九日午前、李先念、楊尚昆は鄧小平の委託で、北京一部の地区に戒厳令を敷く決定を陳雲に通達した。陳雲は中央の決定を支持し、「北京は中国の羅針盤」と述べた。中共中央文献研究室編、金衝及、陳群編『陳雲伝』（下）、一八〇〇頁、北京、中央文献出版社、二〇〇五。

94　中共中央文献研究室編、金衝及、陳群編『陳雲伝』（下）、一八〇〇～一八〇一頁、北京、中央文献出版社、二〇〇五。

95　中共中央文献研究室編、金衝及、陳群編『陳雲伝』（下）、一八〇一頁、北京、中央文献出版社、二〇〇五。

96　黎安友「前言」、張良『中国「六四」真相』、香港、明鏡出版社、二〇〇一。

97　当時、中共中央政治局委員兼全国人大常任委員会委員長だった万里が海外を訪問した。

98　中共中央文献研究室編、金衝及、陳群編『陳雲伝』（下）、一八〇一頁、北京、中央文献出版社、二〇〇五。

99　『李先念伝』編写組『李先念伝（一九四九－一九九二）』（下）、一三五五頁、北京、中央文献出版社、二〇〇九。

100　中共中央文献研究室編『鄧小平年譜（一九七五－一九九七）』（上）、一二七七頁、北京、中央文献出版社、二〇〇四。

101　江沢民「十三期四中全会における講話」一九八九年六月二四日、『江沢民文選』第一巻、一三五頁、北京、人民出版社、二〇〇六。

102　中共中央文献研究室編、金衝及、陳群編『陳雲伝』（下）、一八〇一頁、北京、中央文献出版社、二〇〇五。

103　譚宗級、葉心瑜主編『改革与巨変―開創現代化建設新局面（一九七七－一九八三）』、一四〇九頁、長春、吉林人民出版社、一九九四。

104　陳雲「動乱に反対する」一九八九年五月二六日、『陳雲文選』第三巻、三六八頁、北京、人民出版社、一九九五年。

105　中共中央文献研究室編、金衝及、陳群編『陳雲伝』（下）、一八〇一頁、北京、中央文献出版社、二〇〇五。

106 中共中央文献研究室編、金衝及、陳群編『陳雲伝』（下）、一七八三～一七八四頁、北京、中央文献出版社、二〇〇五。

107 ソ連の劇的な変化は一九九〇年代で最も重大な政治的事件であり、予期せぬ事件でもあった。ゴルバチョフ総書記が政治改革を進めた結果、権力闘争を招き全面的に権力を失った。すなわち、ソ連共産党内部の政治的な分割、ロシア共産党の設立、ソ連共産党中央委員会の実権喪失、ゴルバチョフによる共産党中央委員会の解散、それらによって、ソ連共産党は執政党の地位を喪失した。そして、ソビエト連邦は崩壊し十五の共和国が独立した。こうして社会主義の民主化を放棄し資本主義の道を歩んだ。

108 彭真「憲法と法律による思想の統一」一九八九年五月二六日、『彭真文選』、北京、人民出版社、一九九一。

109 『人民日報』一九八九年五月二八日。

110 譚宗級、葉心瑜主編『改革与巨変—開創現代化建設新局面』、一四一〇頁、長春、吉林人民出版社、一九九四。

111 鄧小平「改革を実行する希望のある指導グループを作り上げる」一九八九年五月三一日、『鄧小平文選』第三巻、三〇一頁、北京、人民出版社、一九九三。

112 鄧小平「首都戒厳令部隊軍級以上幹部に接見した際の講話」一九八九年六月九日、『鄧小平文選』第三巻、三〇二頁、北京、人民出版社、一九九三。

113 雑誌「ヨーロッパとアジアの研究」特約評論員W・V・ウォレス、【英】ベン・フォウクス『東欧共産主義的興衰』中国語版、北京、中央編訳出版社、一九九八。

114 陳雲「党の指導を否定し、社会主義制度を否定する動乱において趙紫陽同志が犯した誤りの状況に関する党中央政治局常務委員会の報告」（草稿）における評語（一九八九年六月八日）。金沖及、陳群主編『陳雲伝』（下）、一八〇三頁、北京、中央文献出版社、二〇〇五。

115 鄧小平は次のように述べた。「私はアメリカ人（ブッシュ大統領）と話した際、中国にとって最高の利益は安定であり、中国の安定に利益があればそれは良いことだと述べた」。鄧小平「第三代指導者の当面の急務」一九八九年六月一六日、『鄧小平文選』第三巻、三一〇頁、北京、人民出版社、一九九三。

116 鄧小平「改革開放政策が安定的なら、中国は大いに希望がある」一九八九年九月四日、『鄧小平文選』第三巻、三一七～三一八頁、北京、人民出版社、一九九三。

117 鄧小平「第三代指導者の当面の急務」一九八九年六月一六日、『鄧小平文選』第三巻、三一三頁、北京、人民出版社、一九九三。

118 鄧小平「第三代指導者の当面の急務」一九八九年六月一六日、『鄧小平文選』第三巻、三一四頁、北京、人民出版社、一九九三。

119 鄧小平「第三代指導者の当面の急務」一九八九年六月一六日、『鄧小平文選』第三巻、三一三頁、北京、人民出版社、一九九三。

120 鄧小平は江沢民、李鵬、喬石、姚依林、宋平、李瑞環、楊尚昆、万里と話をした。中共中央文献研究室編『鄧小平年譜（一九七五－一九九七）』（下）、一二八一頁、北京、中央文献出版社、二〇〇四。

121 鄧小平「第三代指導者の当面の急務」一九八九年六月一六日、『鄧小平文選』第三巻、三一〇頁、北京、人民出版社、一九九三。

122 金衝及、陳群編『陳雲伝』（下）、一八〇三～一八〇四頁、北京、中央文献出版社、二〇〇五。

123 陳雲は次のような二つの提案をした。「一つは、責任が重大であることだ。革命に勝つために何人が死んだのか。胡耀邦はこの責任を負おうとしていない。今、あなたが責任を引き継ぐわけだが、犠牲となった数千万人もの人々に想いを馳せ、その事業を継承しなければならない。もう一つは、哲学をよく学ぶことだ。哲学と世界観の問題が解決しなければ、責任を負うことは難しい」。鄧力群『鄧力群自述—十二个春秋』、四九一頁、香港、大風出版社、二〇〇六。

124 一九九〇年一月一八日、鄧小平は李嘉誠に会った際、次のように述べた。「動乱を速やかに解決し、安定した環境を実現する。我々は決心した。そうでなければ、常にデモが起こり、毎日あらゆるところで騒ぎが起こり、死者が何人出るか分からない。十年間法制を整備してきた成果は消滅し、収拾のつかない事態になる。我々はこの状況を収拾することができる。私もその一人であり、革命家である古参幹部がいる」。中共中央文献研究室編、金衝及、陳群編『陳雲伝』（下）、一八〇三頁、北京、中央文献出版社、二〇〇五。

125 『李先念伝』編写組『李先念伝（一九四九－一九九二）』（下）、一三五八～一三五九頁、北京、中央文献出版社、二〇〇九。

126 「中国共産党第十三期中央委員会第四回全体会議官報」一九八九年六月二十四日、中共中央文献研究室編『十三大以来重要文献選編』（上）、五四四～五四五頁、北京、人民出版社、一九九一。

127 楊継縄『中国改革年代的政治闘争』、六二一頁、香港、Excellent Culture Press（Hong Kong）、二〇〇四。

128 陸南泉ら主編『蘇聯興亡史』（改訂版）、七八二頁、北京、人民出版社、二〇〇四。

129 毛沢東「外地巡視における各地の責任者との談話紀要」一九七一年八－九月、『建国以来毛沢東文稿』第十三冊、二二三頁、北京、中央文献出版社、一九九八。

130 「中国共産党第十三期中央委員会第四回全体会議官報」一九八九年六月二十四日、中共中央文献研究室編『十三大以来重要文献選編』（中）、五四四～五四五頁、北京、人民出版社、一九九一。

131 江沢民「十三期四中全会における講話」一九八九年六月二四日、『江沢民文選』第一巻、五七頁、北京、人民出版社、二〇〇六。

132 江沢民「『三講教育』の状況を中央政治局常務委員へ通達する講話」二〇〇〇年一月二〇日、『江沢民文選』第二巻、五二一頁、北京、人民出版社、二〇〇六。

133 江沢民「十三期四中全会における講話」一九八九年六月二四日、『江沢民文選』第一巻、五七頁、北京、人民出版社、二〇〇六。

134 黎安友は評価して次のように述べた。「中央（十三期四中全会の決議）は『六四事件』の処理を決定した。三八軍軍長以外は分裂する省もなく、軍隊全体も一致団結した。分裂したのは上層部でこれが恐らく最も悪い。これは重大な弱点ではあるが、体制全体を貫く亀裂にはなっていない。官僚体制から言えば、この体制は堅固である」。張良『中国「六四」真相』、前言、香港、明鏡出版社、二〇〇一。

135 中共中央党史研究室『中国共産党的七十年』、五七二頁、北京、中共党史出版社、一九九一。

136 江沢民「十三期四中全会における講話」一九八九年六月二四日、『江沢民文選』第一巻、五八頁、北京、人民出版社、二〇〇六。

137 新華社電、一九六六年八月一八日。

138 「上海と天津の革命的青年将校と商業労働者が搾取階級の『四旧』に向け総攻撃を行い、革命の鉄の箒《ほうき》を揮いあげ、旧習俗を一掃した」新華社電、一九六六年八月二四日、『人民日報』一九六六年八月二五日。「毛沢東思想によって全社会の精神の有様を断固改造し、紅衛兵の革命的造反精神が全国の革命的大衆を奮起させ、各地の革命的青年将校が搾取階級の旧思想、旧文化、旧風俗、旧習慣の全てに対して総攻撃を発動した」新華社電、一九六六年八月二五日、『人民日報』一九六六年八月二六日。「毛主席は我々の最高の領袖であり、十六条は我々の行動綱領である。紅衛兵と革命的大衆は党中央の決定を真剣に、活き活きと学習し、活用している」。新華社電、一九六六年八月二七日、『人民日報』一九六六年八月二八日。

139 一九六六年八月二〇日、毛沢東は林彪が転送した紅衛兵による「破四旧」行動の簡易報告について指示をした。「先ほど読んだが、**これは良いことである。社会のさまざまな悪事や悪人を徹底的に暴くことは不思議ではない。これは一つの方法であり、人々に利益をもたらす**」。解放軍報編集長室『文化大革命の情況短信』第一〇九号に対する毛沢東の意見、一九六六年八月二〇日。逢先知、金衝及主編『毛沢東伝（一九四九－一九七六）』下巻、一四三頁、北京、中央文献出版社、二〇〇三。

140　一九六六年八月二一日、毛沢東は中央政治局常務委員会拡大会議で次のように述べた。「北京はごろつきが牛耳る世界になったのか。**そうではない。大多数は善人で悪人は少数なのだから、それはあり得ない。**彼等について基本的に干渉せず、**数カ月間好きにさせる。**大多数が善人で、悪人は数パーセントしかいないと私たちは確信している」。「中央政治局拡大会議における毛沢東の演説記録」一九六六年八月二一日、逢先知、金衝及主編『毛沢東伝（一九四九－一九七六）』下巻、一四三八頁、北京、中央文献出版社、二〇〇三。

141　この『規定』第一条では次のように定められている。「**すべての軍隊は、革命的な学生運動を武力鎮圧することは許されておらず、学生に対して発砲することはもちろん、空撃ちすることも重大な政治的誤りであり、厳重な懲戒処分が科せられる**」。第四条は、学生と学生、あるいは学生と大衆とが衝突した場合、軍隊は介入してはならないと定めている。

142　『規定』の具体的内容は次の通り。一、いかなる理由があろうと、革命的な学生運動を鎮圧するために警察が出動し干渉してはならない。二、革命的な教師や学生に発砲することは許さない。空撃ちで脅すことも許さない。三、殺人、放火、麻薬密売、破壊、国家機密窃盗等を犯した明らかな証拠がある反革命分子以外は、法に則って処理し、活動中には逮捕しないことを再確認する。四、警察が学校に入ることは許可されていないことを再確認する。五、警察は町における秩序を維持するのみである。けんかや殴り合いに対しては仲裁に入ることができる。革命的な学生が警察に暴力をふるった場合も反撃は許されない。

143　詳細な分析は以下を参照。胡鞍鋼『毛沢東与文革』第三章「全面発動、全面内戦（一九六六－一九六九）」、香港、大風出版社、二〇〇八。

144　鄧小平「安定が最優先である」一九八九年二月二六日）『鄧小平文選』第三巻、二八四～二八五頁、北京、人民出版社、一九九三。

145　鄧小平「中国は永遠に内政干渉を許さない」、一九九〇年七月一一日、『鄧小平文選』第三巻、三六〇～三六一頁、北京、人民出版社、一九九三。

146　鄧小平「私たちは中国がさらにうまくやることを信じている」一九八九年九月一六日、『鄧小平文選』第三巻、三二四頁、北京、人民出版社、一九九三。

147　江沢民「改革開放と近代化建設を加速し、中国の特色ある社会主義事業のさらなる勝利を勝ち取ろう――中国共産党第十四回全国代表大会における報告」一九九二年一〇月一二日。中共中央文献研究室編『十四大以来重要文献選編』（上）、八～九頁、北京、人民出版社、一九九六。

148　以下を指す。一九八九年八月二八日、中共中央政治局会議で「党建設強化に関する通知」が採択され、党建設に集中することを要求し、業務の厳格な精査と整理、幹部の真剣な査察、思想の整理等、一連の措置を提案した。

149　以下を指す。一九八九年一一月九日、十三期五中全会は「経済環境の整備、経済秩序の整頓及び改革深化に関する党中央の決定」を採択した。

150　以下を指す。一九九〇年三月一二日、十三期六中全会は「党と人民大衆との関係強化に関する決定」を採択し、人民大衆が党の力の源であり党の勝利の基礎であることを強調し、大衆が最も関心のある問題を解決しまた条件を整え、実践的な行動で党と人民大衆との関係を築き上げるとした。

151　以下を指す。一九九〇年四月一八日、中共中央と国務院は上海市が浦東地域の発展を加速することに同意し、浦東に経済技術開発区と経済特区の政策を実施するとした。

152　以下を指す。一九九〇年一二月三〇日、十三期七中全会は「国民経済と社会の発展のための十カ年計画及び第八次五カ年計画策定の建議」を採択した。翌年四月九日、七期全国人大四次会議は、「国民経済と社会の発展のための十カ年計画及び第八次五カ年計画綱要」を承認した。

153　以下を指す。一九九一年一一月二五日～二九日に開催された十三期八中全会で「農業と農村工作のさらなる強化に関する決定」が採択され、農村における党の基本方針の安定と改善、農村改革の深化を強調した。

154　陳雲「動乱に反対する」一九九〇年五月二二日、『陳雲文選』第三巻、三六八～三六九頁、北京、人民出版社、一九九五年。

155　胡啓立は一九九一～一九九三年に機械電子工業部副部長を担当、一九九三～一九九八年に電子工業部部長を担当、一九九八～二〇〇三年に全国政治協商会議副主席を担当した。閻明復は一九九一～一九九七年に民政部副部長を担当した。芮杏文は一九九一～一九九三年に国家計画委員会副主任を担当した。

156　Public Papers of the Presidents of the United States, George Bush, 1989, Book I, II, Washington D.C.: United States Government Printing Office, 1990, p.670.　劉連第編『中美関係重要文献資料選編』、二九五～二九六頁、北京、時事出版社、一九九六。

157　劉連第、汪大為編『中美関係的軌道―建交以来大事縦覧』、二七七頁、北京、世界知識出版社、一九九八。

158　宮力『鄧小平与美国』、五四七頁、北京、中共中央党校出版社、二〇〇四。

159　宮力『鄧小平与美国』、五四八頁、北京、中共中央党校出版社、二〇〇四。

160　宮力『鄧小平与美国』、五四七～五四八頁、北京、中共中央党校出版社、二〇〇四。

161　中共中央文献研究室編『鄧小平年譜（一九七五－一九九七）』（下）、一二八四頁、北京、中央文献出版社、二〇〇四。

162　中共中央文献研究室編『鄧小平年譜（一九七五－一九九七）』（下）、一二八五頁、北京、中央文献出版社、二〇〇四。

163　江沢民「十三期四中全会における講話」一九八九年六月二四日、『江沢民文選』第一巻、五八～五九頁、北京、人民出版社、二〇〇六。

164　鄧小平「首都戒厳令部隊軍級以上幹部に接見した際の講話」一九八九年六月九日、『鄧小平文選』第三巻、三〇二頁、北京、人民出版社、一九九三。

165　鄧小平「社会主義を堅持し和平演変を防ぐ」一九八九年一一月二三日、『鄧小平文選』、第三巻、三四四頁、北京、人民出版社、一九九三。

166　一九八九年六月二一日、李鵬総理がパキスタン外交秘書のハンイユーン・カーンと会談した際の講話。譚宗級、葉心瑜主編『改革与巨変―開創現代化建設新局面』（下）、一四二五頁、長春、吉林人民出版社、一九九四。

167　一九八九年九月七日、一部の経済貿易海外参事官領事に対する李鵬総理の講話。譚宗級、葉心瑜主編『改革与巨変―開創現代化建設新局面』（下）、一四二五頁、長春、吉林人民出版社、一九九四。

168　中共中央文献研究室編『江沢民思想年譜（一九八九－二〇〇八）』、五頁、北京、中央文献出版社、二〇一〇。

169　鄧小平「第三代指導者の当面の急務」一九八九年六月一六日、『鄧小平文選』第三巻、三一一～三一二頁、北京、人民出版社、一九九三。

170　一九八九年七月一日、全国人大常委会委員長の万里が、ガイアナ国民議会代表団と会見した際の講話。譚宗級、葉心瑜主編『改革与巨変―開創現代化建設新局面』（下）、一四三三頁、長春、吉林人民出版社、一九九四。

171　一九八九年七月七日、江沢民が馬万祺ら香港やマカオの知名人と会った際の講話。譚宗級、葉心瑜主編『改革与巨変―開創現代化建設新局面』（下）、一四三五～一四三六頁、長春、吉林人民出版社、一九九四。

172　『十三大以来重要文献選編』（中）、五五五～五五七頁、北京、人民出版社、一九九一。

173　『十三大以来重要文献選編』（中）、五五八～五六五頁。

174　江沢民「十三期四中全会における講話」一九八九年六月二四日、

『十三大以来重要文献選編』（中）、五五〇頁、北京、人民出版社、一九九一。

175 鄧小平「私たちは中国がさらにうまくやることを信じている」一九八九年九月一六日、『鄧小平文選』第三巻、三二五頁、北京、人民出版社、一九九三。

176 一九八九年七月一七〜二一日、全国宣伝部長会議。譚宗級、葉心瑜主編『改革与巨変―開創現代化建設新局面』（下）、一四三九〜一四四〇頁、長春、吉林人民出版社、一九九四。

177 一九八九年八月一八〜二二日全国組織部長会議、二一日の江沢民の講話。譚宗級、葉心瑜主編『改革与巨変―開創現代化建設新局面』（下）、一四三九〜一四四〇頁、長春、吉林人民出版社、一九九四。

178 銭其琛『外交十記』、一六五頁、北京、世界知識出版社、二〇〇三。

179 鄧小平「第三代指導者の当面の急務」一九八九年六月一六日、『鄧小平文選』第三巻、三一一〜三一二頁、北京、人民出版社、一九九三。

180 鄧小平は次のように指摘した。「我々は、西側七カ国首脳会議がすべてを取り仕切ることに疑義を表明する。中国は脅威を恐れず、孤立を恐れず、制裁を恐れない。率直に言って、制裁が十年、二十年続いたところで、中国はやはり存在している」。中共中央文献研究室編『鄧小平年譜（一九七五－一九九七）』下冊、一二九〇頁、北京、中央文献出版社、二〇〇四。

181 鄧小平「社会主義中国は揺るがない」一九八九年一〇月二六日、『鄧小平文選』第三巻、三二九頁、北京、人民出版社、一九九三。

182 鄧小平「改革開放政策が安定的なら、中国は大いに希望がある」一九八九年九月四日、『鄧小平文選』第三巻、三二〇〜三二一頁、北京、人民出版社、一九九三。

183 中国共産党中央党歴史研究室『中国共産党歴史大事記（一九二一年七月－二〇一一年六月）』（三）、二〇一一年七月二二日、新華社電。

184 銭其環『外交十記』之六、「黒雲圧城城不摧（黒雲城を圧するも、城摧《くだ》けず）」、北京、世界知識出版社、二〇〇三。（唐代、李賀の詩、雁門太守行に「黒雲、城を圧し、城摧けんと欲す」とある。（訳者注））

185 鄧小平「第三代指導者の当面の急務」一九八九年六月一六日、『鄧小平文選』第三巻、三一一頁、北京、人民出版社、一九九三。

186 中共中央文献研究室編『鄧小平年譜（一九七五－一九九七）』（下）、一二八一頁、北京、中央文献出版社、二〇〇四。

187 鄧小平「第三代指導者の当面の急務」一九八九年六月一六日、『鄧小平文選』第三巻、三一一〜三一二頁、北京、人民出版社、一九九三。

188 一九八九年一〇月二六日、鄧小平はタイのチャートチャーイ・チュンハワン首相と会談した。中共中央文献研究室編『鄧小平年譜（一九七五－一九九七）』（下）、一二八一頁、北京、中央文献出版社、二〇〇四。

189 鄧小平「チャンスを使って発展問題を解決する」一九九〇年一二月二四日、『鄧小平文選』第三巻、三六五頁、北京、人民出版社、一九九三。

190 江沢民「新中国四〇年の歴史の基本的結論」一九八九年九月二九日、『江沢民文選』第一巻、六九頁、北京、人民出版社、二〇〇六。

191 鄧小平は次のように述べた。「この改革開放は基本的に間違っているのか。間違っていない。改革開放がなければ今年はどうなっていたか」「当初策定した基本的な路線、方針、政策は進行中であり堅実に動いている。言葉を一部変更する必要があるが、基本的な路線、方針、政策は何も変わらない」。鄧小平「首都戒厳令部隊軍級以上幹部に接見した際の講話」一九八九年六月九日、『鄧小平文選』第三巻、三〇六〜三〇七頁、北京、人民出版社、一九九三。

192 鄧小平「改革開放政策が安定的なら、中国は大いに希望がある」一九八九年九月四日、『鄧小平文選』第三巻、北京、人民出版社、一九九三。

193 江沢民「『三講教育』の状況を中央政治局常務委員へ通達する講話」二〇〇〇年一月二〇日、『江沢民文選』第二巻、五七五頁、北京、人民出版社、二〇〇六。

194　『李先念伝』編写組『李先念伝（一九四九－一九九二）』（下）、一三五八～一三五九頁、北京、中央文献出版社、二〇〇九。
195　鄧小平「首都戒厳令部隊軍級以上幹部に接見した際の講話」一九八九年六月九日、『鄧小平文選』第三巻、三〇七頁、北京、人民出版社、一九九三。
196　江沢民「人民代表大会制度を堅持し改善する」一九九〇年三月一八日、『江沢民文選』第一巻、一一一～一一六頁、北京、人民出版社、二〇〇六。
197　鄧小平「首都戒厳令部隊軍級以上幹部に接見した際の講話」一九八九年六月九日、『鄧小平文選』第三巻、三〇四頁、北京、人民出版社、一九九三。
198　鄧小平「私たちは中国がさらにうまくやることを信じている」一九八九年九月一六日、『鄧小平文選』第三巻、三二五頁、北京、人民出版社、一九九三。
199　江沢民「工会の役割を正しく認識する」一九八九年七月二六日、『江沢民文選』第一巻、六五頁、北京、人民出版社、二〇〇六。
200　江沢民「十三期四中全会における講話」一九八九年六月二四日、『江沢民文選』第一巻、六二頁、北京、人民出版社、二〇〇六。
201　鄧小平「改革開放政策が安定的なら、中国は大いに希望がある」一九八九年九月四日、『鄧小平文選』第三巻、三二〇～三二一頁、北京、人民出版社、一九九三。
202　一九八九年九月一六日、鄧小平が李政道教授に話している。「西側は、中国の動乱を確実に望んでいる。中国の動乱だけでなく、ソ連、東欧も全て混乱することを望んでいる。アメリカ、それに西側の一部の国が社会主義国家に和平演変を仕掛けている。現在、アメリカはある方便を使っている。すなわち、〝硝煙無き世界大戦〟をやっている。我々は警戒しなければいけない」。中共中央文献研究室編『鄧小平年譜（一九七五－一九九七）』（下）、一二八九頁。北京、中央文献出版社、二〇〇四。
203　【英】ベン・フォウクス『東欧共産主義的興衰』中国語版、二六六～二六七頁、北京、中央編訳出版社、一九九八。
204　ロレイン・グレノン等編、「二十世紀人類全記録」、中国語版、六五六頁、北京、中国友誼出版社、二〇〇〇年。
205　ロバート・ローレンス・クーン『江沢民伝　他改変了中国』中国語版、一六四頁、上海、訳文出版社、二〇〇五。
206　李慎明主編『居安思危—蘇共亡党二十年的思考』、四六五、四六八頁、北京、社会科学文献出版社、二〇一一。
207　李慎明主編『居安思危—蘇共亡党二十年的思考』、五一四頁、北京、社会科学文献出版社、二〇一一。
208　李慎明主編『居安思危—蘇共亡党二十年的思考』、五一六～五一七頁、北京、社会科学文献出版社、二〇一一。
209　ズビグネフ・ブレジンスキー『第二次機遇　三位総統与超級大国美国的危機』中国語版、上海、上海人民解放出版会、二〇〇八。ズビグネフ・ブレジンスキーは米国戦略国際問題研究所のコンサルタント兼ディレクターであり、ジミー・カーター元米国大統領の国家安全保障補佐官を務めた。
210　李慎明主編『居安思危—蘇共亡党二十年的思考』、四八八頁、北京、社会科学文献出版社、二〇一一。
211　新華社ワシントン支局、一九九一年一二月二五日電信。
212　鄧小平「改革開放政策が安定的なら、中国は大いに希望がある」一九八九年九月四日、『鄧小平文選』第三巻、三二一頁、北京、人民出版社、一九九三。
213　鄧小平「社会主義を堅持し和平演変を防ぐ」一九八九年一一月二三日、第三巻、三四四～三四六頁、『鄧小平文選』、北京、人民出版社、一九九三。
214　江沢民「『三講教育』の状況を中央政治局常務委員へ通達する講話」二〇〇〇年一月二〇日、『江沢民文選』第二巻、五五二～五五三頁、北京、人民出版社、二〇〇六。

215 宗風鳴『趙紫陽軟禁中的談話』、七三〜七五頁、開放出版社、二〇一七。

216 宗風鳴『趙紫陽軟禁中的談話』、裏表紙、開放出版社、二〇一七。

217 江沢民「社会主義事業を発展させる」一九九〇年九月一一日、『江沢民文選』第一巻、一三五〜一三六頁、北京、人民出版社、二〇〇六。

218 鄧小平「社会主義を堅持し、和平演変を防止する」一九八九年一一月二三日。『鄧小平文選』第三巻、三四四〜三四五頁。北京、人民出版社、一九九三。

219 鄧小平「武昌、深圳、珠海、上海等における談話の要点」（一九九二年一月一八日〜二月二一日）、『鄧小平文選』第三巻、三八〇頁。北京、人民出版社、一九九三。

220 李慎明「社会主義民主政治発展のための戦略思考」、『人民論伝』、二〇一一、第九号。

221 江沢民「『三講教育』の状況を中央政治局常務委員へ通達する講話」二〇〇〇年一月二〇日、『江沢民文選』第二巻、五二一〜五二二頁、北京、人民出版社、二〇〇六。

222 毛沢東『西江月・井岡山』、「山下旌旗在望　山頭鼓角相聞　敵軍圍困萬千重　我自巋然不動　早已森嚴壁壘　更加衆志成城　黄洋界上礮聲隆　報道敵軍宵遁」一九二八年秋。

223 江沢民「四つの基本原則の堅持」二〇〇一年四月二日、『江沢民文選』第三巻、二三〇頁、北京、人民出版社、二〇〇六。

224 中共中央文献研究室編『鄧小平年譜（一九七五ー一九九七）』下冊、一三三二頁、北京、中央文献出版社、二〇〇四。

225 鄧小平「改革開放政策が安定的なら、中国は大いに希望がある」一九八九年九月四日、『鄧小平文選』第三巻、三二一頁、北京、人民出版社、一九九三。

226 鄧小平「社会主義を堅持し和平演変を防ぐ」一九八九年一一月二三日、『鄧小平文選』、第三巻、三四四〜三四六頁、北京、人民出版社、一九九三。

227 江沢民「四つの基本原則の堅持」二〇〇一年四月二日、『江沢民文選』第三巻、二二〇頁、北京、人民出版社、二〇〇六。

228 以下は世界銀行の調査による。中国のGDPは一九七八〜一九九五年に九・四％増加し、ベトナムは改革を行った一九八六〜一九九五年で七・一％増加した。これに対して、急進的に改革を行った二六カ国、四つのグループは、一九八九〜一九九五年の改革期間中にGDPは年間一・六〜九・六％減少し、そのうち戦争の影響を受けた国は一一・七％減少した。一九九四〜一九九五年に急速に進展が見られた二つのグループは、それぞれ四・三％、四・〇％増加して回復し始め、進展の遅かった二つのグループはそれぞれ一二・五％、一一・四％減少した。**一九九五年末、急進的に改革を進めた国のGDPはすべて改革前の水準に回復しなかった。**急進的な改革を行った国では、さらに第二次世界大戦と大恐慌の打撃も受けた。一つは、一九三三年の米国大恐慌の谷では、GDPは基準年である一九二九年の七〇％程度だった。ソ連のGDPの谷は、第二次世界大戦期の一九四二年であり、基準年一九四〇年の八〇％弱であった。また、この体制転換によって、ロシアのGDPは一九九五年、直線的に最低点まで下落し、基準年一九八九年の六〇％に達しなかった。ウクライナ、カザフスタンなどの国は基準年のわずか四〇％強にすぎなかった。世界銀行『一九九六年世界発展報告　従計画到市場』中国語版、北京、中国財政経済出版社、一九九六。

229 甘陽「鄒讜教授『中国革命再闡釈』編者の前書き」、鄒讜『中国革命再闡釈』中国語版、香港、オックスフォード大学出版社、二〇〇二。

230 鄧小平「第三代指導者の当面の急務」一九八九年六月一六日、『鄧小平文選』第三巻、三一〇〜三一一頁、北京、人民出版社、一九九三。

231 中共中央文献研究室編『鄧小平年譜（一九七五ー一九九七）』（下）、一二八六頁、北京、中央文献出版社、二〇〇九。

232 鄧小平「改革開放政策が安定的なら、中国は大いに希望がある」一九八九年九月四日、『鄧小平文選』第三巻、三一五〜三一六頁、北京、人民出版社、一九九三。

233　周恩来は次のように述べた。「鄧小平は、古参同志の中には健康でなくても顧問はできる者もいると述べたことがあった。鄧小平の意見を重視し、**毛沢東主席はベテラン幹部を中心とした『中央顧問委員会』の設置を提案した。**党にこのようなシステムは今までなかった。毛沢東は『顧問委員会』委員長を務めると述べたが、私たちは同意しなかった。毛沢東は冗談ではなく本当にこれを設置したかった。そして『私はまだ関わる必要があり、〝顧問〟をやるだけでなく〝質問〟もやる』と述べた。それでも反対されたため、主席はさらに『**君たち皆が反対するなら、やはり私は（中央委員会）主席をやらざるを得ない。僅んで全力を尽くす**』と述べた」。「中央政治局が招集した各省、市、自治区、及び中央の党、政府、軍の直轄機関の責任者会議における周恩来の講話記録」一九七三年八月二三日、逄先知、金衝及主編『毛沢東伝（一九四九－一九七六）』下巻、一六六六頁、北京、中央文献出版社、二〇〇三。

234　鄧小平「改革開放政策が安定的なら、中国は大いに希望がある」一九八九年九月四日、『鄧小平文選』第三巻、三一五～三一七頁、北京、人民出版社、一九九三。

235　鄧小平「中国共産党中央政治局への書簡」一九八九年九月四日、『鄧小平文選』第三巻、三二一～三二三頁、北京、人民出版社、一九九三。

236　鄧小平は次のように述べた。「私は個人の影響を誇張して主張したことはない。これは危険で持続不可能だ。一人か二人の威信で安定的な国と政党を確立することは、信頼性が低く問題も起こりやすい。したがって、退職制が必要である」。中共中央文献研究室編『鄧小平年譜（一九七五－一九九七）』（下）、一二八九頁、北京、中央文献出版社、二〇〇四。

237　中共中央文献研究室編『鄧小平年譜（一九七五－一九九七）』（下）、一二九二頁、北京、中央文献出版社、二〇〇四。

238　「中国共産党第十三期中央委員会第五回全体会議公報」（中国共産党第十三期中央委員会第五回全体会議、一九八九年一一月九日採択）。『十三大以来重要文献選編』（上）、六七七～六七八頁。北京、人民出版社、一九九一。

第十章

主な評価と基本的な総括

中国の改革開放をいくつかの段階に分けると、一九七八～一九九一年が第一段階だと見なせる。この時期は鄧小平が改革開放を始め、中国が従来の計画経済から社会主義市場経済に移行を始める段階だった。同時に、中国が社会主義民主政治体制を再構築する重要な段階でもあり、農村における絶対貧困人口を大幅に削減し「衣食問題を解決」するための「第一歩」を踏み出す目標を達成した急速な発展段階でもあった。

なぜ中国は改革を始めたのか、直接的または間接的な発端は何か、政治的あるいは経済的な理由があったのか。この時期の改革開放の成果をどのように評価するか、どのような性質の改革で、他の社会主義諸国家の先行した改革と何が根本的に異なっていたのか。中国の改革の特徴は何か、どのような長所と欠陥があったのか、どのような策略を採り、それはどのような結果となったのか。なぜ中国の改革は比較的成功したのか、その秘訣は何だったのか。なぜ中国の改革は順調に進まなかったのか、どのような歴史的制限があったのか。また、汲むべき重要な教訓はどこに見出せるのか。本書の最終章では、これらに対して筆者が主な評価と基本的な総括を行った。

第一節　中国の改革開放の発端

中国の改革開放の直接的な発端は「文化大革命」の失敗である。これには二つの政治的な意味がある。一つは「文化大革命」の終結がなければ改革開放は始まらず、「文化大革命」後の中国は改革開放をせざるを得ない時期だったと言え、この二つの間には内在的、政治的、歴史的な発展の論理が存在する。もう一つは「文化大革命」という歴史の教訓がなければ、改革開放も成功しなかった。適切な言い方をするなら、毛沢東晩年という失敗がなければ、鄧小平の改革開放も成功しなかった。まさしく「失敗は成功の母」である。[1]

毛沢東が「文化大革命」を始めた目的は、中国共産党が修正主義の党にならないこと、フルシチョフのような指導者を出現させないこと、資本主義を復活させないことだった。しかし、その結果は十年の時間を費やした上に、巨大な代償を払い、徹底的な失敗に終わった。毛沢東の良かれと思った意図に反し、轅が南を向いているのに轍は北へ向かっているかのごとく長期的利益から乖離していき、いわゆる「時間的不整合」を呈した。毛沢東の失敗は偶然ではなかった。これは毛沢東個人による失敗だけではなく、党による失敗もあった。党は毛沢東による「文化大革命」の開始を阻止できず、終了させることもできなかった。自然に任せ毛沢東の死によって終了した。これは悲惨な失敗であり、忘れてはならない失敗である。[2]短期的に見れば、「文化大革命」は悪事であり、十年もの間「天下大乱」が続いた。長期的に見れば、「文化大革命」は好事であり、数十年の「天下大治」をもたらした。

「天下大治」でありさえすれば、中国の改革開放、経済繁栄、社会の進歩が可能であり、中国がすみやかに興隆することも中華民族の大いなる復興も可能であった。

「文化大革命」終結後、中国共産党は「苦痛の日々に思いを致しそれを教訓とする」自己反省と「誤りがあれば必ず糾す」自己改革のプロセスを開始した。しかし、そのプロセスを開始した当初は、毛沢東の重大な政治的誤りを認識せず、また中国の政治体制の重大な弊害を認識することはなかった。「文化大革命」は終結したが、毛沢東が後継者として指名した党中央主席華国鋒が、なおも「文化大革命」を存分に肯定し、「毛沢東亡き後」も毛沢東晩年の政治路線の執行を続けた。これは明らかに、旧い道であり、行き詰まる道、失敗する道であった。これに対して、鄧小平が身を挺して立ちはだかり、「実事求是」、「撥乱《じょうらん》を収め正常に復す」新しい道を切り拓いた。それは、社会主義政治の方向性を堅持し、ソ連式の邪道を回避する、成功へとつながる「人間の正道」であった。

鄧小平、陳雲を代表とする党の健全な勢力は、華国鋒、汪東興を代表とする「文革受益派（海外での呼称は『毛沢東主義者』）」と政治的駆け引きを展開し、一九七八年末の中央工作会議と十一期三中全会で決定的な勝利を収めた。その重要な鍵となったのは、全体会議で陳雲が中央政治局常務委員に選ばれ「三（葉剣英、鄧小平、陳雲）対二（華国鋒、汪東興）」で多数派となったことだった。鄧小平は「思想解放、実事求是」の改革路線を提起し、それは毛沢東「個人に対する迷信」と「個人崇拝」を打破することにつながった。一九八一年「歴史決議（建国以来の党の若干の歴史問題に関する決議）」を承認し、「文化大革命」を徹底的に否定した。これは、中国共産党と社会主義制度の「再建、再生」にとって十分な政治的準備となり、また改革開放にとって良好なスタート台となる政治的基盤を固めた。こうして、改革の当初から毛沢東の「プロレタリア独裁継続革命理論」と「文化大革命」という非人権的かつ非制度的な急進主義を放棄した。すなわち「全面的な奪権」のように国家機関を破壊して「覆《くつがえ》して一新する」というように、党、政府、軍の幹部の大部分を一掃、批判するのではなく、社会主義の基本的な政治制度を堅持し、経済体制と政治体制の深刻な弊害や欠陥に照準を合わせ、トップダウン、あるいはボトムアップの自己革新を進め、人権の保護、民主化、制度化に基づく漸進主義的な改革を行った。これは、継続的に実践、革新、総括を行う中国の特色ある社会主義近代化という新たな道だった。

国際的には、経済のグローバル化と開放が進む中、鄧小平は、閉鎖的かつ保守的な井の中の蛙であれば発展できる[3]はずもなく、これが長期にわたって中国が後れをとった根本的な原因だと確信していた。そして彼が率先して「外へ出かけ」、自ら近隣諸国や日本、米国を視察した。そして、国際競争の厳しさや先進国とのギャップをさらに意識した。鄧小平は、一九七〇年代初めに毛沢東が作り上げた戦略的チャンスの窓口を十分に活用し、『中日平和友好条約』の締結と米国との国交正常化を相次いで実現し、対外開放を果敢に進めた。同時に、二十年国際平和環境大戦略を提唱し、新中国では初めて貴重な「天の時」「地の利」を得た。これは中国の改革において「人の和」との相乗効果を生み出した。

　社会主義諸国の中でも、中国は率先して経済体制改革を実行した。二十世紀後半の二十年間、世界人口の約三分の一を占める地域で大規模な経済体制転換プロセス、すなわち計画経済体制から市場経済への移行が開始された。そこには中国、ベトナム、モンゴル等のアジアの社会主義国家、旧ソ連と東欧の社会主義国家等、あわせて二十八の国が含まれていた。[4]東欧と旧ソ連は、中国の経済体制改革より前に社会主義計画経済体制を改革したが、大きな進展は得られず、世界的に注目されるような成果も得られなかった。一九五〇年代に計画経済体制の設計と実施を担った鄧小平、陳雲、李先念等は後の実践でこの体制の弊害を認識し、深く反省、批判した。彼等のやり方は「文化大革命」の急進主義的なやり方、つまり「覆して一新する」やり方とは異なる漸進主義的改革のやり方であった。彼等は政治的なコンセンサスを形成した。すなわち、生産力に適合していない一切の生産関係の改革、経済基盤に適合していない一切の上部構造の改革の必要性を明確に指し示し、[5]中国の経済体制改革を主動的かつ積極的に推進した。次のように考えることができる。中国は、世界的な経済体制改革の潮流における先駆者であり、社会主義市場経済体制という独創的な新しい経済体制の創始者であり実践者でもある。

　一九八〇年代前後は参考にできるような成功経験や既成の理論が中国にほぼなかったが、社会主義近代化という道を持続的に模索し、社会主義市場経済という新たな体制を生み出した。その後の発展から分かるように、経済移行を行った約三〇カ国のうち、社会主義を維持した中国とベトナムだけが大きな衰退と後退を免れ、成功することができた。

第二節　中国の発展に対する評価（一九七七～一九九一年）

中国の改革の成功を評価する最も重要な指標は何か。この時期の経済発展と社会の進歩を客観的数値でかつ歴史的に評価するにはどのようにすればよいか。国際的な比較から中国の改革が優れていたことをどのように証明できるか。ここでは、実践及び歴史的な検証として、複数の方面から定量的に改革の事後評価を行う。

一、経済成長の評価

鄧小平が改革開放を始めたとき、中国は世界でも貧しい国家の一つだった。一人当たりのGDPは世界の低所得国家の平均の半分しかなく、一人当たりの支出が一日一ドルより低いという国際貧困ラインにある者が約八億人、国家の貧困ラインにある者が約二億五千万人もいた。**「窮而思変（窮まって変を思う）」[6]、変とは改革である。改革とはすみやかに貧困から脱却し、富裕を追い求めることである。これこそが中国の経済体制改革を推進したモチベーションである。**そして、鄧小平時代の末期には貧困人口が大幅に減少したのである。

一九七八年以降、中国は経済のテイクオフ期に入り、高度経済成長が続いた。[7]一九七八～一九九一年、国内総生産（GDP）は四倍に増加し、年平均成長率は九・〇%に達した。これは一九六六～一九七六年の五・二%より大幅に高く、党第十二全大会報告の目標だった七・二%も上回った。[8]第六期、第七期の五カ年計画を相前後して完遂し、近代化の最初の戦略目標を繰り上げて実現した。[9]この時期、中国の一人当たりのGDPは三・六倍に増加し、年平均増加率は七・五%となった。これは七年ごとに二倍増加することに匹敵し、一九六六～一九七六年の十年間の二・七%よりも明らかに高かった。[10]また、国際的にも中国は世界の高度成長国家の仲間入りを果たし、[11]同時期の韓国とポツワナに比してわずかに低いものの、世界第三位に位置した。最も重要なことは、中国はインド等の発展途上の大国よりも先に経済のテイクオフを果たし、対外開放においても一歩先んじていたことである。ルイスは「経済成長が始まると、制度が経済成長に有利になるよう徐々に変わっていくため、経済成長を推進する各種の要因も強化される」と述べている。[12]

経済成長の要因を分析すると、一九六六～一九七六年の「文化大革命」期の十年間は、生産要素投入の増加率は高かったが、全要素生産性はマイナスだったため、GDPの年平均成長率は五・二%しかなかった。一九七八～一九九〇年は、生産要素投入の増加率は依然として高かったが、全要素生産性が増加して三・七〇%に達し、経済成長に対する寄与率が四〇%以上となった。このため、GDPの年平均成長率は九・〇%（表10－1）に高まった。これは、経済体制改革で資源配分の効率化と技術の進歩が促進されたため、投入条件が同じでもより高い成長率を達成できたということである。

中国全体の経済実力は大いに増強された。アンガス・マディソンのデータ（PPP、一九九〇年GKドル）基づいて計算すると、中国のGDPの世界に占める割合は、一九七八年の四・九三%から一九九一年には八・二三%に向上している。中国のGDPと米国のGDPの相対差は、一九七八年の四・三七倍から一九九一年には二・五五倍までに縮小し、日本の国内総生産との差がわずか六%にまで接近した。翌年の一九九二年に中国のGDPは日本を上まわり、中国が世界第二位の経済体となった。[13] 世界銀行のデータ（ＰＰＰ、二〇一一年ＧＫドル）に基づけば、中国の国内総生産は米国、日本、ドイツ、ロシアに次ぐ世界第五位に躍進し、一九九九年に日本を抜き、世界第二の経済体となった。[14] 中国生産部門の完備が強化され、資源開発能力も向上した。一部の重要な工農業産品生産量が世界のトップグループに入った。例えば、鉄鋼と化学繊維は世界第五位から四位に上がり、非鉄金属が七位から四位、発電量が六位から四位、石炭とセメントが三位から一位、エチレンが十五位から八位にそれぞれ順位を上げた。[15]

中国経済構造の変動傾向。まず、ＧＤＰの構成からみると一つは、第三次産業の割合が大幅に上昇した。一九七八年の二四・六％から一九九〇年三一・四％になり、七・八ポイントの上昇である。二つめは、工業比率の明確な下降である。四四・一％から三六・六％まで七・五ポイント下落している。工業主導型産業の枠組みはなお維持されているものの、その中で重工業のＧＤＰに占める割合が五六・九％から五一・一％まで下落し、軽工業化の傾向が見て取れる。だが、主たるものは依然として重工業である。三つ目は、第一次産業の変化比率が大きくなく、わずかに一・一ポイント下落しただけである。

次いで就業構成からみると、第三次産業の割合が上昇傾向にあり、一二・二％から一八・五％まで六・三ポイント上昇している。第二次産業の割合も上昇傾向を示していて、一七・三％から二一・四％、四・一ポイントの上昇幅である。三つ目は、

表10-1　中国の経済成長要因概観（1966～1990年）　　単位：％

年	GDP	資本ストック	労働力	人的資本	全要素生産性
成長率					
1966～1976	5.2	8.51	2.68	4.50	-0.40
1980～1985	10.7	8.34	3.32	2.19	5.71
1985～1990	7.9	8.99	5.36	1.98	2.07
1978～1990	9	8.64	4.06	2.13	3.70
1980～1990	9.3	8.66	4.33	2.08	3.89
寄与率					
1966～1976	100	65.9	15.6	26.1	-7.7
1980～1985	100	31.2	9.3	6.1	53.4
1985～1990	100	45.7	20.4	7.5	26.3
1978～1990	100	38.3	13.5	7.1	41.1
1980～1990	100	37.4	14.0	6.7	41.9

注：GDPと資本ストックの増加率は実質成長率、資本ストックは継続記録法、減価償却率の計算式はDi+1=Di+2/n、すなわち次年度の減価償却率は前年度の減価償却率に2を加え、総計算年度で除す。重み係数は資本投入0.4、労働力投入0.3、人的資本投入0.3で計算。

第一次産業の比率の下降傾向が明らかであり、七〇・五％から六〇・一％、一〇・四ポイント下落している。これはつまり、農業の余剰労働力の放出・拡散が効果的に行われ、農業の労働生産性が向上していることである。このように短期間で、第一次産業と第二次・三次産業の就業構成割合が「七対三」から「六対四」に転換している（表10－2）。一九九一年にピークアウトし最初の転換点を迎えた農業労働力は、相対的な下降傾向から絶対的な下降傾向に変化した。

表10-2　経済構造指標（1978～1990年）

単位：％

	1978年	1980年	1985年	1990年	1978-1990年 変化量
国内総生産構成比					
第一次産業	27.7	29.6	27.9	26.6	-1.1
第二次産業	47.7	48.1	42.7	41.0	-6.7
工　業	44.1	43.9	38.2	36.6	-7.5
第三次産業	24.6	22.3	29.4	32.4	7.8
就業構成					
第一次産業	70.5	68.7	62.4	60.1	-10.4
第二次産業	17.3	18.2	20.8	21.4	4.1
第三次産業	12.2	13.1	16.8	18.5	6.3

資料出典：国家統計局

第三に投資構造からみると、一つ目は自己資金投資の全社会固定資産投資における比率が三一・九％から五二・四％に上昇している。これは、市場性を備えたもしくは特徴的な外部刺激性投資の動向を表している。二つ目、国内の融資による投資割合が一・七％から一九・六％に上昇している。三つ目、国家予算による公共投資が六二・二％から八・七％に下降している。国家主導の投資から市場動向にあわせた市場主導型の投資に転換している。

二、農村の発展と貧困減少の評価

農村経済の全面発展。農業の付加価値は約二倍近く増え、年平均増加率は五・三％で一九六六～一九七六年の二・二％より大幅に上昇し[16]、世界的にも農業生産額増加率最高国の一つとなった。実際、中国の農民の一戸当たりの耕地面積は〇・五ヘクタール未満、労働力は平均一・四人に過ぎなかったが、農民が土地の管理権と経営自主権を獲得し市場取引をする自由度が上がり、農産物価格が上昇したため、農民の生産意欲が高まり、労働生産性と土地生産性が向上したためである[17]。中国はすでに世界でも主要な農産物生産大国になっており、食糧総生産量が、相次いで三五〇〇億キロ、四〇〇〇億キロの大台に到達した。一九九〇年における穀類、肉類、種綿、菜種は世界一、落花生と茶葉は世界第二位、大豆は世界第三位、サトウキビと果物は世界第四位だった[18]（表10－3）。最も重要なことは、中国の主要農産品一人当たり生産量（牛乳を除く）が世界の一人当たり生産量の水準に近づくか、到達したことである。インド、インドネシア、パキスタン等、億を超える人口大国を明らかに上回っている。とりわけ中国の穀物一人当たり生産量は、インドの一・五一倍、インドネシアの一・二三倍、パキスタンの一・九一倍となっている（表10－4）。これら億単位の人口大国は「衣食問題」のうち基本的な「食」の問題を十分に解決できていない。しかし中国は、世界全体の一〇％の耕地、六・五％の水資源に依存しながら世界の二〇％以上の人口の「衣食問題」を基本的に解決した。そうした中で、全国に設けた二百七十四の国家級商品化基地は、全国の五分の一の耕地面積を占め、全国の四分の一に相当する食糧を生産し、食糧生産十年の累計が三九二二億キロとなった[19]。国家統計局の資料によれば、中国の一人一日当たりの摂取カロリーはすでに二五〇〇キロカロリーを超え、そのうちタンパク質は六〇グラム、脂肪は五〇グラムであり[20]、一億以上の人口を有する発展途上国における記録となった。

農家一人当たりの純収入は四・二倍に増え、年平均増加率は九・三％となり、同時期の城鎮住民一人当たりの可処分所得の年増加率六・〇％より高かった。しかし、一九八八～一九九一年の増加率は緩慢になり二％の増加となった[21]。

農村における絶対貧困人口は、一九七八年で二億五〇〇〇万人だったのが一九九一年は九四〇〇万人に減少し、貧困発

表10-4　主要農産品一人当たり生産量国際比較（1990年）　単位：kg／人

国家	穀物	肉類（ブタ、牛、羊）	綿花	菜種	牛乳	鶏卵
世界総計	372	25	4	5	90	7
中国	357	22	4	6	4	7
インド	236	4	2	5	33	2
インドネシア	290	4	0	2		
パキスタン	187	10	15	2	30	30

資料出典：国際連合食糧農業機関『統計季報』1991年第4季度

表10-3　中国農業主要産品生産量世界ランク推移（1949～1990年）

	1949年	1957年	1965年	1978年	1980年	1985年	1990年
穀物	3	2	2	1	2	1	1
肉類（ブタ、牛、羊）	3	2	3	3	2	1	1
綿花	4	2	2	3	2	1	1
大豆	2	2	2	3	3	3	3
落花生	2	2	3	2	2	2	2
菜種	2	2	2	2	2	1	1
サツマイモ	3	9	9	4	4	4	4
茶葉	3	3	3	2	2	2	2

資料出典：国際連合食糧農業機関『統計季報』1991年第4季度

生率は三〇・七%から一〇・四%に低下した。[22] 国際貧困ライン（一人当たり消費支出が一日一・二五ドル未満、二〇〇五年PPP価格）から見ると、世界銀行の推計に基づけば、中国の貧困人口は、一九八一年に八億三五〇〇万人だったが、一九九〇年には六億八三〇〇万人に減少し、貧困発生率は八四・〇%から六〇・二%に下がった。[23] 世界銀行は「短期間でこれほど貧困人口が減少した前例はない」と評価した。[24] 中国で経済体制改革が始まるとすぐに、多くの農民、特に貧困層に利益をもたらした。これは典型的な利益を共有する改革であり、経済成長だった。

改革後、新興企業である郷鎮企業が活発になり、農村労働力九〇〇〇万人余りを受け入れ、都市と農村の商品経済の発展を促した。これによって農民が工業化・都市化に参加する現実的な道が開かれ、工業化の発展モデルが一変した。都市と農村を分割する「一国二制度」の下、農村地区では工業化が進んだ。これは、農村経済の分業化、農村労働力の農業部門から非農業部門への移行、伝統的な農業の変革、非農業経済収入の増加等を推進する効果をもたらした。こうして、郷鎮企業と伝統的農業という中国の農村社会特有の二元経済構造が形成された。これに城鎮の正規経済部門が加わり、中国経済社会は二元構造から三元構造に移行した。[25]

三、社会発展の評価

中国の都市化が加速段階に入った。城鎮の人口は、一九七八年に一億七二四五万人であったが、一九九〇年になると三億一九五万人に増え、年平均増加率四・八%、純増人口が一億二九五〇万人、増加ペースは年平均一〇七九万人である。都市と農村の人口構成を見ると、城鎮の人口比率が一九七八年の一七・九二%から一九九〇年に二六・四一%に上昇し、八・四九ポイント上昇、年平均〇・七一ポイントの上昇ペースである。都市化は経済成長を大きく促し、また産業構造、就業構造、需給構造、消費構造、人的資本構造等の優良化をも大きく促進した。この時期の社会の発展と変遷は極めて重大な事件であり、旧来の都市と農村の二元的構造を大々的に改変した。

都市と農村の消費が持続的に増加していった。一九七八年の不変価格による計算では、一九九〇年の全国民の消費水準は三・二八に増加し、そのうち農村住民は三・四〇倍に、城鎮住民は二・六四倍に増えている。

科学技術、教育、保健衛生等の社会事業が大きく発展した。重要な科学技術成果は合計十一万項目に上り、そのうち国家奨励を受けたものは一万弱、一部の分野では世界レベルに近づくか到達している。パテントは五万余り獲得し、重要な科学技術が広く普及し、旧来産業の技術水準と経済効果を押し上げた。[26]

国民の教育水準が引き続き向上し、各級教育の入学率が上昇した。学齢児童の純入学率は一九七八年の九五・五%から一九九〇年の九七・八%に上昇し、七〇%以上の県で小学教育が普及した。初級中学の粗入学率は一九九〇年に六六・七八%に達し、多くの都市で初・中級教育が普及した。[27] 高校の粗入学率（就職前）は一九九〇年に二一・九%に達した。[28] 高等教育の粗入学率は一九九〇年に三・四%に達した。[29] 普通高等教育学校の本科・専科で養成され卒業したものが四三五万人、研究生が二〇万人弱、高等教育を受けた成人は三七四万人である。成人の識字率は一九八二年に六五・五一%だったのが一九九〇年には七七・八%に上昇し、成人の識字人口は四億四二一八万人から六億四三一二万人に増加した。同時に成人の非識字率は三四・四九%から二二・二%に大幅に低下し、[30] 非識字人口も二一・二%減少して二億三一八〇万人から一億八三五一万人となった。総人口に対する各種の教育レベルの人口の割合も高くなった。例えば、小学校は一九八二年の三五・二%から一九九〇年の三七・二%に、中学校は一七・八%から二三・三%に、高校は六・六%から八・〇%に増加し、高卒レベル人口は三六・三%増加して六七〇九万人から九一四七万人となった。大学及び専科学校程度は一・四%まで増加し、[31] 大学及び専科学校卒以上の人口は二・三一倍に増加して六一五万人から一四二二万人となった。[32] 人口当たり平均教育年限が四・六年から五・五年に上昇し、年平均増加率は二・三%に達した。

健康指標が改善された。嬰児死亡率は一九八一～一九九〇年平均年〇・四七ポイント低下して三四・七‰から三〇‰となった。[33][34] 平均寿命[35]は一九八二～一九九〇年で〇・七八歳増加して六七・七七歳から六八・五五歳となり、[36] 年平均〇・一歳延びた。これは一人当たりの平均所得が大幅に増加したことを反映している。しかし、健康指標の改善には限界があり、そのうち農村における医療保険制度と公共衛生サービス機関は人民公社の解散に伴ってほぼ崩壊した。国際的に比較すると、中国の平均寿命は世界平均（一九九〇年現在六五・四四歳）より高く、インドの平均寿命（一九九〇年現在五七・九二歳）を大幅に上まわっている。[37]

人間開発指標は大幅に改善された。[38] 国連開発計画の人間開発指数（HDI）によると、中国は一九七五年に〇・五三となり、中位国の水準である〇・五〇を超えた。目標とする米国に対する割合は〇・六一だった。一九九〇年、中国のHDIは〇・一〇四上昇して〇・六三四に達した。米国に対する割合は〇・六九で（表10－5）、中国のHDIは数値的に上昇しただけでなく、相対的にも向上したと言える。

要するに、中国は鄧小平が提起した近代化「三段階」戦略の第一段階を実現した。すなわち、一九八七年より前に工業生産総額を二倍にし、しかも一一億四〇〇〇万人の人民の生活を目に見えて改善した。多数の地域で衣食問題を解決し、小康社会に向かって過渡段階を開始した。いまだ衣食の問題が完全解決に至っていない地域が少数であるが存在しているが、人民生活は程度を異にしながらも改善された[39]。

表10-5　人間開発指数の国際比較（1975～1990年）

国　家	1975年	1980年	1985年	1990年	1975～1990年の変化
米　国	0.87	0.89	0.904	0.919	0.049
中　国	0.53	0.559	0.595	0.634	0.104
インド	0.419	0.45	0.487	0.521	0.102
中国／米国（%）	61	63	66	69	－
インド／米国（%）	48	51	54	57	－

注：計算データ：国連開発計画（UNDP）『人間開発報告』（2007～2008）。

四、対外開放の評価

中国が改革開放を行った時期は、まさに経済のグローバル化が進んでいる時だった[40]。そして、この貴重なチャンスを十分に生かして急速に世界経済と融合していった。一九七八年以降、中国は鎖国及び自給自足の政策を放棄し、対外貿易及び対外投資体制の改革を徐々に進め、経済特別区や技術開発区を設置して積極的に外資を引きつけた。そして、人民元相場を調整しながら[41]、中国は比較優位性を大いに発揮し、国際市場における競争力を高めた。

一つ目は、**対外貿易が急速に増加したことである。これは中国の新たな原動力となった。**一九七八年の中国は典型的な貿易小国で、貿易額は二〇六億四〇〇〇万ドルしかなく、世界でも第二九位にすぎなかった。一九九一年の貿易総額は一九七八年の五・六倍である一三五七億ドルに達し、世界第十五位に上昇した。年平均増加率は一五・六%だった。輸出入総額がGDPに占める割合が九・七%から三一・八%に上昇したが、これは対外貿易依存度が大幅に増したことも意味している。

二つ目は、**海外の資金を大量に引きつけた**ことである。一九七八年、中国は対外債務も外資の対中直接投資もない世界でも稀な国家だったが、一九九〇年には海外資金を累計五七二億二〇〇〇万ドル引き入れた。これらは二種類の形式と資金源があった。一九七九～一九九〇年、累計四〇八億二〇〇〇万ドルという大量の借款をした。一年当たり平均三四・〇億ドルで、民用飛行場、鉄道、道路、港湾、油田、電力、化学工業等五五〇のプロジェクトに用立てられ[42]、大部分は中長期借入金だった。アジア、南米の発展途上国や旧ソ連、東欧社会主義諸国が大量に対外債務を滞納していたが、中国は信用度が高く外貨準備高も常に増加したため、一度も滞納しなかった[43]。大量の外資による直接投資は、一九七九～一九九一年までに累計二〇〇億米ドル近くに上り、対ＧＤＰ比が〇・三％から一・一％まで高まった[44]。大部分は中長期投資で、これは中国にとって新たな資金源となった。一九九〇年、社会固定資産投資のうち外資利用額は二八六億四〇〇〇万元で、投資総額の六・三％を占めた[45]。この時期の外国資金導入の特徴は、対外借款を主とし、外資による直接投資を従とするパターンだった。対外請負工事、労務協力及び国際観光業などが大いに発展し[46]、国際観光業による外貨獲得累計が一六〇億米ドルに達したが、一九八九年だけマイナス成長であった。

　三つ目は、海外の技術を大量に導入したことである。これは、技術及び経済のキャッチアップに有利だった。技術の導入には主に二つのルートがあった。一つは直接技術を買う方法である。これは海外技術の契約額で表示でき、消化、吸収、革新のための主な技術を国内企業に提供した。もう一つは間接的に技術を導入する方法である。これは外資による対中直接投資額で表示でき、海外技術のスピルオーバー効果を利用して、模倣、革新するための技術を国内企業に提供した。国内の研究開発費を国内の自主開発資金源とするなら、上記三種類の経費がＧＤＰに占める割合を比較すると（表10－6）この時期、中国の新技術の開発は、海外技術の導入と模倣革新が主体で、自主研究開発と自主革新が補完となっていたことが分かる。こうして、中国は経済のグローバル化の下「二種類の技術」を大いに活用できるようになった。そして多様な形式で世界の出来合いの技術を共有して開発技術のコストを大幅に節約し、新技術を急速かつ広範囲に拡散、普及させることができた。

　要するに、一九七八年の対外開放以来、中国は従来からの鎖国、半鎖国状態から脱却し、世界の舞台に大きく踏み出した。対外開放の規模・分野が持続的に拡大し、「経済特区→沿海都市の解放→沿海経済開放区→内陸地域」へと対外開放方式が徐々に広がっていった[47]。

五、経済と社会の発展の国際比較

国際的に比較するため、経済体制移行した二十八カ国を二つのタイプに分けた。一つは社会主義の政治を堅持し社会主義の道を進んだ中国とベトナムであり、もう一つは資本主義の政治に移行して資本主義の道を進んだロシアと東欧諸国である。重要な指標としては次の三つを選択した。一つ目はＧＤＰ（購買力平価、一九九〇年、国際ドル）、二つ目は一人

表10-6　中国の主要な技術源（1983～1991年）

年	研究開発費（億元）	GDPに占める研究開発費の割合（%）	海外技術契約額（億元）	GDPに占める海外技術契約額の割合（%）	FDI（億元）	GDPに占めるFDIの割合（%）
1983					18.10	0.30
1984					33.02	0.46
1985			93.93	1.04	57.44	0.64
1986			154.79	1.51	77.48	0.75
1987	74.03	0.61	111.10	0.92	86.13	0.71
1988	89.50	0.59	132.07	0.88	118.88	0.79
1989	112.31	0.66	110.06	0.65	127.71	0.75
1990	125.43	0.67	60.94	0.33	166.79	0.89
1991	159.46	0.73	184.15	0.85	232.42	1.07

資料出典：張平等『中国経済増長前沿Ⅱ―転向結構均衡増長的理論和政策研究』、244頁、北京、中国社会科学出版社、2011。

当たりのＧＤＰ（購買力平価、一九九〇年、国際ドル）、三つ目は人間開発指数である。経済体制改革の十四年後を比較すると、中国とベトナムが三つの指標すべてにおいて最も良かった。ロシアは一番悪く、改革後十四年経ってもまだ改革前のレベルより低かった。東欧諸国はその中間に当たるが、ＧＤＰと一人当たりのＧＤＰが改革前よりわずかに増加したに過ぎず、ＨＤＩは改革前のレベルと同程度だった（表10－7）。国際競争が激化する中、早く進んで勝つか、進まずに後退するか、進むのが遅く後退するかであり、どの国家の経済移行が成功し、どの国家が失敗したかは一目瞭然である。同時に、社会主義の政治を堅持し社会主義路線を進んだ中国とベトナムだけが、経済移行で成功したことが分かる。

この時期の中国の改革開放における最も重要な成果は、中国の特色ある社会主義近代化への道を開拓したことであり、わずか十数年で大きな成功を収めた。一九九二年一〇月、江沢民は党第十四全大会報告で、**十一億人の衣食の問題は基本的には解決されたと宣言した。**[48] **これは中国の経済建設、国民生活、総合力が大きな段階に到達し、中国が特色ある社会主義近代化の道を開拓したことを意味する。**[49] 中国は鄧小平の特色ある社会主義近代化のための「三段階発展戦略」の第一段階を期限通りに成し遂げた。これは次の十年間で「小康レベル」を実現するという第二段階のための確かな基盤を築いたことになる。

表10-7　中国、ベトナム、ロシア、東欧諸国の改革初期における主要な指標

	改革1年目	改革5年目	改革10年目	改革14年目
GDP				
中　国（1978～1991）	100	127	201	227
ベトナム（1986～1999）	100	121	179	224
ロシア（1990～2003）	100	65	61	74
東欧諸国（1990～2003）	100	87	105	115
1人当たりのGDP				
中　国（1978～1991）	100	121	178	191
ベトナム（1986～1999）	100	110	149	179
ロシア（1990～2003）	100	65	61	75
東欧諸国（1990～2003）	100	87	106	116
人間開発指数				
中　国（1978～1991）	100	106	114	117
ベトナム（1986～1999）	100	107	116	123
ロシア（1990～2003）	100	95	96	97
東欧諸国（1990～2003）	100	93	96	99

注：改革の開始年度は、中国が1978年、ベトナムが1986年、ロシアと東欧諸国が1990年。東欧諸国はアルバニア、ブルガリア、前チェコスロバキア、ハンガリー、ポーランド、ルーマニア、前ユーゴスラビアの7カ国を指す。
データ出典：Angus Maddison, Statistics on World Population, GDP and Per Capita GDP, 1-2008 AD, 2010, http://www.ggdc.net/MADDISON/oriindex.htm; UNDP, Human Development Report 1995, 2002 and 2009.

第三節　中国の改革が成功した理由

二十八カ国の社会主義国家が経済体制改革を実行してから十数年経ったが、中国とベトナムが最も成功したのはなぜか。これについては多くの理由が挙げられている。例えば、中国は漸進主義的な改革を進めたが、他の国家は急進主義的な改革を進めた等である。[50]しかし、これらが根本的な原因ではない。中国の経済体制改革は当初から社会主義的経済体制改革であり、資本主義的経済体制改革に転向したのではなかった。これは、根本的な問題――すなわち中国の指導者が毛沢東時代の政治的遺産を如何に取扱い、処理したのかに関係している。これは次の三つの方面が考えられる。

第一に、毛沢東晩年の誤りと歴史的な地位をどのように正しく認識し、評価したか。鄧小平と陳雲は一九五〇年代中期、ソ連共産党二十回大会におけるスターリン否定に関する中共中央の態度決定過程に直接参与したが、フルシチョフによる「スターリンの全面的な否定」及び「自己否定」のやり方には一貫して賛成しなかった。[51]鄧小平は「反毛沢東を掲げれば国は必ず乱れる」と考えていたからである。陳雲も、中国の毛沢東に対する評価とフルシチョフのスターリンに対する評価は異なると明確に述べた。二人は毛沢東を否定することは党を否定することになりかねず、フルシチョフのような人物

が出るかもしれないと分かっていた。このような歴史的な記憶と経験から、鄧小平と陳雲は事実に基づいて真実を求めるという方法で「文化大革命」と毛沢東の功罪及び是非を適切に評価することを提案した。[52]同時にまた、毛沢東の歴史的地位を十分に肯定する必要があり、そのために毛沢東同志の功績を第一位、（晩年の）誤りを第二位に置くことを提起した。[53]こうして、中国はその後ソ連で発生した事態を免れた。すなわち、スターリンを悪として否定し、次にソ連共産党を批判、否定し、ソ連共産党は分裂後に解党し、党指導者は打倒された。そして最終的に、自らソ連を崩壊させ社会主義の政治を放棄し、行ったことは「一切を転覆し、あらたな再建」、つまり資本主義の道への転向であり、フランス式の半大統領制実施による連邦国家体制への移行、直接選挙による大統領選出、立法・司法・行政の三権分立、複数政党制、二院制等を実行した。これは西側を「模倣」、西側に「追随」したに過ぎなかった。

第二に、毛沢東時代の政治の遺産をどのように正しく認識し、継承したか。鄧小平時代は、毛沢東時代を継承し、これを基礎として改革刷新を行った時代である。彼は、毛沢東時代の最も重要な政治の遺産を受け継ぎ、社会主義の基本的な政治制度の優位性を生かした。これは、毛沢東が革新した一連の基本的な政治制度を含む。例えば、人民代表大会制度、中国共産党指導の多党協力と政治協商制度、民族自治区制度といった三大制度である。この制度は、西側諸国の「二院制」「二大政党制」「複数政党制」「三権分立」とは根本的に異なり、国家の重大な政策決定における民主化、制度化、手順の明確化を保証し、政策決定の効率と執行能力も高め、さらに「全国を統一的に計画する」「重要な事業に力を集中する」という社会主義の政治制度の優位性を生かしたものだった。また、ソ連のように加盟共和国からなる「連邦制」とも根本的に異なっていた。政治、経済、文化、社会等の各方面で五十六民族の融合を促進し、中華民族の融合発展、協調発展、共同発展を促進することによって、ともに中華民族の大家族を作り上げ、中華民族の偉大な復興を実現するというものだった。同時に、鄧小平は中国の国情に適合するよう末端の大衆自治制度等の革新及び政治体制の改革を行い、党と国家の活力と創造力を維持できるようにした。

鄧小平は資本主義制度の欠点を明確に認識しており、中国の社会主義制度の優位性に対して大きな自信を持っていた。彼は次のように指摘した。「一般的に政治体制改革は民主化だと言われるが、民主化という言葉は非常にあいまいである。資本主義社会における民主はブルジョア階級の民主だが、実際は独占資本の民主で、多党制、三権分立、二院制にすぎない。中国の社会主義制度は人民代表大会制度という共産党指導の人民民主制であり、西側の制度を採用することはできない。社会主義国家には最大の利点がある。すなわち、政策が決定すれば直ちに実行され、干渉されないことである。けん制し合う、議論しても決められない、決定後も実行できないということはない。**この点で社会主義は効率的で、これが社会主義の優位性である。中国はこの優位性を維持し、その優位性を保証しなければならない」**[54]。**これは、中国の社会主義制度の優位性に対する鄧小平の深く、優れた洞察と制度的自覚の表われである。まさにこのような政治制度の自覚を基礎として、鄧小平は政治体制を主体的に改革し、三つの大きな目標を実現した。**その目標とは、党と国家の体制の活力強化、経済、行政、組織の効率向上、人民大衆の積極性を存分に引き出すことである[55]。

第三に、毛沢東時代の社会主義の道をどのように正しく認識し、継承したか。社会主義の歴史は資本主義よりずっと短く、革新の可能性も大きい。毛沢東はこれについて政治的に自覚していた[56]。しかし、社会主義を模索する過程は順調ではなく、成功もあれば失敗もあり、常に探求、実践、調整、継承、革新する必要があった。**毛沢東時代に社会主義の道を探求する過程で大きな挫折を経験したが、その挫折は、社会主義の道が誤りであることを意味していないだけではなく、探索の挫折もしくは重大な失敗を理由にこの道を放棄し資本主義の道へ舵を切ることを全く意味していない。**柳宗元は『封建論』で、秦の始皇帝に対する評価を「秦は制度ではなく政治で失敗した」と述べている。それに仮託すれば、毛沢東晩年の失敗は、自身が作り上げた中国共産党、中華人民共和国、人民解放軍、社会主義の基本的な制度にあったのではなく、彼の晩年における政策の失敗にあった。すなわち、国情から離れ、発展段階以上を求める過激かつ度を越した政策と手段の失敗にあった。

中国について述べるとすれば、中国は結局どの道を進み、中国の改革は結局どのような政治の方向性を堅持するのか。これについて、鄧小平らは非常に明確かつ確固とした考えを持っており、繰り返し次のように強調した。「中国の改革は社会主義の改革だ。改革の総体的な目的は社会主義制度と党の指導を強化し、党の指導と社会主義制度の下で生産力を向上させることである」[57]。これは、中国の改革初期から過去に後退するという危険に直面しただけではなく、誤った道に進む危険にも直面した。いわゆる「民主派」「自由派」という新たな勢力が現れたからである。彼等は党の指導を「独裁、専制」と見なし、中国の「全面的な西洋化」を主張し[58]「植民地化」を唱え[59]、西側諸国政治の民主制の導入とブルジョア自由化、さらに共産党を解党して政権交替することも主張した。鄧小平が「自由化の思想は数年前からあったが、現在もある。社会だけでなく党内にもある」と述べた通りである[60]。このような勢力は社会で主流だったわけではなく、もちろん党内でも主流ではなかった。しかし、社会的な影響は大きく、西側のさまざまな反中勢力も公然と支持した。この「民主派」「自由派」という社会勢力に対し、胡耀邦、趙紫陽は、旗幟鮮明を怠り、明確な反対を公表せず、当初は同情さえしていた。その後、鄧小平の指示に従わず、学生運動や社会の動乱を適切に処理できず、さらに意識的かつ無意識に党内においてこの社会勢力の代弁者となった。そして、党と国家が重大な政治的危機にある時、「改革派」という個人の名誉の保全に走り土壇場で辞職願を出した。政治における自由主義から日和見主義に走り、政治的逃亡主義者に成り下がった。「**二人とも失敗した。しかも、経済問題ではなく反ブルジョア自由化の問題でつまずいた**[61]」と鄧小平が述べた通りである。これに対し、鄧小平は公正な心で勇敢に立ち向かった。直ちに党中央指導者を調整し、社会の動乱を制止して「天下大治」を維持した。そして、西側の制裁に抵抗し、中国の西洋化、分裂を阻止した。こうして、中国は旧ソ連と旧ユーゴスラビアで起こった深刻な「分裂」「崩壊」「後退」という事態を逃れることができた。

日増しに成熟し、強くなる党の正しい指導の下、中国は改革開放路線を堅持し、段階的かつ計画的に調整しながら改革を設計し、進めた。方向を変えて社会主義を放棄し、資本主義に走ったのではなく、社会主義を堅持することで中国が誤った道に進むのを防ぎ、中国の特色ある社会主義近代化を革新し続けた。

まさに、経験豊かな李鵬総理が総括して次のように述べた通りである。「我が国は、八〇年代の改革開放と近代化建設の実践から非常に豊かな経験を得ることができた。すなわち、揺るぐことなく一つ事に集中すること、つまりマルクス主義の普遍的真理と我が国の具体的な実際とを結合し、自身の道を歩み、中国の特色ある社会主義を建設することである。我々が八〇年代に巨大な成果を獲得でき、またこの二年に亘る外圧と内なる困難の状況にありながら絶えず前進できたその根本となる所以は、中国の特色ある社会主義を建設する道を歩んできたことにある。マルクス主義の想像力と社会主義の生命力を、実践が雄弁に重ねて証明している[62]**。**

学習メカニズムの強化及び党中央の集団民主の政策決定メカニズムの改善は、政策決定の誤りを減少させ、誤りの速やかな是正に役立つ。これも党の中央指導集団の政治的な共通認識となり、政治的な願望となった。

一九七九年一二月、李先念は特に学習強化問題を強調し、中国の経済発展の優劣は指導者の学習の優劣によって決定されると述べた[63]。

学習制度が正式に導入され、学習型の政党が構築された。一九七七年一〇月五日、党中央は『各級党校の運営に関する決定』を出し、全国の各級党校を相次いで復活させた。一九八二年一〇月三日、党中央と国務院による『中央党政府機関幹部の教育工作に関する決定』は、中央党政府機関のすべての幹部は三年ごとに一時的に現場を離れ半年間学習すると定めた。党校では一～二年間の幹部養成訓練班と半年間の幹部研修班が開講された。

一九八〇年三月、李先念は中国の改革戦略を「**積極的かつ慎重、着実に前進する**」とまとめた[64]。すなわち、改革初期は慎重に進み、経験を積んだ後に大胆に進むという意味である。この方法が主体的であることは歴史によって証明されている。

一九八一年九月、李先念は、毛沢東時代の歴史的教訓を次のように概括している。「教訓とは『二つの大きな騒乱』である。その二つとは、政治的には『階級闘争を綱要とする』として発動された『文化大革命』であり、経済的には、一九五八年の大躍進のように、高すぎる経済指標を目標としたことである。しかし、今日の党中央があのような騒乱を再現することはあり得ない。そのことに、私は自信がある[65]」。なぜなら、鄧小平、陳雲、李先念らはこの二つの大きな騒乱を経験し、毛沢東がどのように失敗し、どれほど大きな損失を被り、どれほど大きな代償を払って是正したかを目の当たりにしていたからである。**ということは、あのような「二つ大きな騒乱」を回避さえすれば、中国の改革は成功できることである。これが、胡錦濤が「騒乱を起こさない」と強調した歴史的根拠であり、歴史の記憶である**[66]。改革開放の大きな方向性は「騒乱を起こさない」、大きな方針は「動揺しない」であり、また一方で、改革開放の過程で出現した誤りは随時是正する、それはつまり「固執せず」、「硬直せず」ということである。

一九八三年六月、国家主席に就任したばかりの李先念は、第六次全国人民代表大会第一回会議で「多くの人民は指導者に、できる限り誤りの回避に尽力することを望んでいる。この人民の期待に背いてはならない」と述べた[67]。これは全人民に対して公開した政治的な約束だった。

一九八五年七月一五日、鄧小平は外賓に対し次のように述べた。「どのような改革開放を行っても、結果は成功か失敗の二つしかない。中国は成功すると信じている。その過程では紆余曲折があり、大小の間違いを犯すかもしれないが、慌てる必要はない。間違いがあれば是正し、ある方法が駄目なら別の方法に変えればよい。つまり、経験と教訓を適時にかつ常に総括することだ[68]」。

一九八八年九月一六日、鄧小平は日本の客人に次のように述べた。「十億の人口を持つ大国は、できる限り安定に努めるべきだ。一歩進むたびに経験を総括し、誤りがあれば修正し、小さな誤りを大きくしない。これが原則である[69]」。

一九八九年四月、鄧小平は次のように述べた。「現在の経済過熱を五年前に警戒していれば、情況は今よりずっと良かっただろう。それが三年前でも今より良かっただろう。**順調に進んでいる時も、警戒しておけば誤りを犯さずに済む。急速な発展によって起こり得る新たな問題について検討する必**

要がある。そうすれば、政策の誤りによる損失を最小限にできる。たとえ問題が起こったとしても、最小限にとどめるようにしなければならない」[70]。

一九九三年一月、鄧小平は損失の回避について次のように述べた。「特に大きな損失を回避する必要がある。小さな損失については、後で経験を総括して修正すれば問題ない[71]」。このように、誤りを直ちに修正すれば、小さな誤りが大きな誤りや大きな災難に発展することはない。

中国の改革理論は何か。これについては、一九九二年の党第十四全大会報告と一九九七年の党第十五全大会報告で体系的にまとめられた。そして「鄧小平理論」として概括され、『中国共産党党章』総則に明記された（コラム10－1）。

コラム10－1　鄧小平理論（一九九七年）

十一期三中全会以来、鄧小平同志を主要な代表とする中国共産党人は、建国以来の成功と失敗の両側面の経験を総括し、思想解放と実事求是の態度で、全党の工作の焦点を経済建設へ移行することを実現し、改革開放を実行してきた。それによって社会主義事業発展の新時代を切り開き、中国の特色ある社会主義を建設する路線、方針、政策を一歩一歩作り上げ、中国の社会主義の建設、強化、発展における基本問題を解き明かし、鄧小平理論を確立した。鄧小平理論は、マルクス・レーニン主義の基本原理と現代中国における実践及び時代の特徴を融合させたものである。新たな歴史的条件の下で毛沢東思想を継承し発展させた中国の新たな発展段階におけるマルクス主義であり、現代中国のマルクス主義である。これは中国共産党総体の知恵の結晶であり、中国の社会主義近代化を導き、常に前進させる理論である。

『中国共産党章程』より引用。（中国共産党第十五次全国代表大会で一部修正し、一九九七年九月一八日採択）

ここで、筆者は改革方法論の角度から、鄧小平の「二つの理論」を評価してみる。

一つは「猫論」である。すなわち「白い猫でも黒い猫でも、ネズミをつかまえるのが良い猫である」。「猫論」はもともと四川省の農村のことわざで、劉伯承元帥が新たな軍事的観点とし、現実と結果を顧みない軍事的教条主義と区別した。一九六〇年代初期、鄧小平は会議で劉伯承元帥の「猫論」を何度も引用し、農村の経済調整のため、特に責任田や包産到戸といった農村改革を実行するための理論的根拠とし、「非合法であれば合法化すればよい」と述べた。[72]しかし、鄧小平の「猫論」は毛沢東の激しい非難を受けた。「鄧小平はやはり、〝白猫黒猫〟だ」という毛沢東の鄧小平に対する「批判」によって、逆にこの「猫論」が全国に広く知れ渡り、誰もが知るところとなった。実際には、鄧小平は改革の時期にこの「猫論」に言及したことはなかったが、『鄧小平文選』にはこの思想が十分反映されている。このことから鄧小平の思想がこの実務主義である「猫論」に基づいていること、また「猫論」に基づいて中国の国情と改革の共通認識が形成されたことが分かる。後に陳雲は、この実務主義の理論を概括し「権威によらず、書によらず、ただ実際がどうであるかを問題にする（事実に基づいて真実を求める）、意見の交換、事象の比較、考慮の反復によって誤りなく判断できる」とした。そして、前半は唯物論、後半は弁証法、つまり唯物弁証法だと述べた。[73]これは陳雲が一生をかけて構築した革命と経験の総括であり、マルクス主義哲学の精髄でもあった。[74]

鄧小平の二つ目の改革方法論は、「川底の石を探りながら川を渡る」という「摸論」だった。[75]これは陳雲が最初に提案したものである。万里は一九九八年に「摸論」について次のように説明した。「中国の特色ある社会主義をどのように作り上げるか。それは『川底の石を探りながら川を渡る』ことだと誰もが知っている。石とは何か。それは実践であり、大衆である。つまり、実践しながら大衆の願望と要求及び歴史の流れと傾向を探って明確にする。これは中国の伝統だったが、長期間『左』の誤りを犯したため失われていた。農村改革では、これが回復して優れた力を発揮したため、成功することができた。これは非常に貴重な経験であり、今後これを失ってはならない」[76]。

改革開放は偉大な実験である。参考になる成功例も指導に役立つ既存の理論もなかったため、誤る可能性も高く、リスクも大きかった。では、どうすればよいか。それは改革を川と見なし、絶えず川の中の石を探り、一歩一歩慎重に進むことである。換言すれば、リスクの高い改革を行う際、進むとも退くこともできる道をいくつか残しておくことで、盲目的に進み自力で這い上がれないような落とし穴に落ちないことである。「石を探る」は不確定なことに対処する方法でもある。フィードバックに基づいて調整を行い、急激あるいは突然の変化を避ける。「川底の石を探りながら川を渡る」は、経済体制改革の哲学的な方法論と見なされている。[77]

改革は学び続ける過程であり、先駆者も固定的なモデルもない。これは、経済学の「実戦で学び、学びながら実践する」という試作法に似ている。

「試作法」の最大の特徴は何か。それは、情報の非対称性を解決し、情報のコストとリスクを最小限にできることであり、漸進的かつ着実な一貫した連続性を持つことである。改革は漸進主義に基づき絶えず進化、発展、変遷するもので、事前に設計するのでも、壮大な青写真があるわけでもない。改革の最終目標や改革過程にかかわらず、改革の方法を事前に定めるのではない。なぜなら、人口規模が巨大かつ様々な矛盾が突出する中国で改革を行うのは、情報の非対称性も大きく、政治的な大きなリスクも伴うからだ。

地方の革新を奨励し、人民のパイオニア精神を尊重する。中国の改革と革新が主に地方と末端組織から始まっていることは、人民の革新と実践の反映である。一九九二年初め、鄧小平は珠海を視察した際、次のように述べた。「中国の改革開放の成功は、書物ではなく実践と実事求是によるものだ。農村における農家生産請負は農民が考え出した方法だ。農村改革の多くが農民によって考え出され、私たちがそれを全国で使えるように改変した。真理は実践によってのみ検証できる」[78]。

改革の本質は、人々の革新を奨励する有効な構造を確立するところにある。これを「人心に順応し、民意に適合する」という。この時期、なぜ党の改革開放政策は国民の支持を得られ、予想以上の成功を収めることができたのか。一九八二年三月二一日、胡耀邦は李政道教授に次のように述べた。「今の中国では、人心は安定を願い、富強を願い、国家の統一を願っている。私たちはこの潮流に適応し、民心に順応しなければならない。党と国家はなぜ今日のような成功を収めることができたのか。それは、私たちが世の潮流に適応し、人民の意思に沿ったからだ。歴史を振り返れば、人民の心に背けば失敗することが分かる」[79]。これは、なぜ晩年の毛沢東が十年続けた「文化大革命」は、彼の死後に終了し失敗したのか[80]、なぜ鄧小平が始めた改革開放は、彼が亡くなった後も続き、さらに時代の潮流、歴史的な傾向となったのかを説明している。

鄧小平を代表とする中国の指導者は、国情に合わせて実践しながら漸進するという改革路線を選んだ。中国の改革は社会主義の革新的な改革であり、自ら変革、更新、改善するもので、社会主義を否定、断念、放棄するものではない。鄧小平は「中国は社会主義を堅持しなければならない。社会主義を放棄すれば、中国は乱れ、すべてを失う。そうなれば、中国は何事も為し得ない」と考えていた[81]。

中国の改革をどのように評価するか。中国はどのような道を選んだのか。これに対して国外と国内での見方は異なっていた。鄧小平はこれをよく分かっており、一九八五年八月、次のように述べた。「世界には中国の改革について二つの評価がある。評論家の中には、改革によって中国は社会主義を諦めると考える者もいれば、中国は社会主義を諦めないと考える者もいる。後者は先見の明があると言える。改革の目的は一つであり、社会の生産力向上の障害となるものを一掃することだ。中国の経済改革を一言で表せば、国内経済の活性化と対外開放である。国内経済の活性化は国内を開放することでもあり、開放によって全国民の意欲を刺激する」ことである。さらに次のように述べている。「私たちの改革は中国だけでなく世界的な実験であり、成功すると信じている。**成功すれば、世界の社会主義建設と発展途上国の発展のために中国の経験を提供することができる**」[82]。

では「中国の経験」とは何か。どのような意味があるのか。後に、胡錦涛は改革開放における中国の経験を互いに関連する十項目としてまとめた（コラム10－2）。

コラム10－2 **胡錦涛――中国の改革開放の貴重な経験**（二〇〇七年）

改革開放の過程で、党は以下の十項目の融合によって、十数億の人口を抱えた発展途上大国である中国で、貧困からの脱却、近代化の加速、社会主義の強化、発展という貴重な経験を得た。

一、マルクス主義の基本原理の堅持とマルクス主義の中国化の推進　二、四つの基本原則の堅持と改革開放の堅持　三、人民のパイオニア精神の尊重と党の指導の強化、改善　四、社会主義の基本制度の堅持と市場経済の発展　五、経済基盤の変革推進と上部構造改革の推進　六、社会生産力の向上と全民族の文化的素養の向上　七、効率化と社会的な公平の促進　八、独立自主の堅持と経済のグローバル化への参与　九、改革・発展の推進と社会の安定維持　十、中国の特色ある社会主義を推進する大事業と党建設という新しい大事業

改革開放後、中国が成果と進歩を得られた根本的な原因は、中国の特色ある社会主義の道を切り開き、中国の特色ある社会主義の理論体系を構築したことにある。中国の特色ある社会主義の偉大な旗を高く掲げること――その最も根本的なことは、この道とこの理論体系を堅持しなければならないことである。

資料出典　胡錦涛「中国の特色ある社会主義の偉大な旗を高く掲げ、小康社会の全面的建設の新しい勝利を奪取するために奮闘しよう」――中国共産党第十七次全国代表大会における報告。二〇〇七年一〇月一五日。

第四節　改革成功の鍵となった鄧小平

鄧小平の歴史的な役割をどのように評価するか。まず、第三者である海外の評価を見てみる。

　著名な中国問題専門家であり、米国ジョンズ・ホプキンズ大学中国研究センター主任のデビッド・ランプトンは次のように考えた。「一九七八年以降、ほぼすべての転換点で、西側のアナリストたちは中国の指導者を過小評価していた。これは一九七八年の例が理解しやすい。冷戦や『大躍進』、十年間続いた『文化大革命』という政治運動を経て、毛沢東から鄧小平という歴史的な転換を予想するのはほとんど不可能だった[83]」。これは「八九」政治動乱後は言うまでもなく、西側諸国の政府、メディア、アナリストがなぜ中国について予測を誤ったのかを説明している。ランプトンは以下のように評価している「鄧小平の指導者としての貢献は、主に次の三つである。(一)政治と国家の目標を再設定し、その目標を階級闘争から経済成長に転換した。(二)中国の未来を世界に融合させた。(三)テクノクラートタイプの統治エリートを養成し、これをシステム化した。これらの構想によって中国は持続的に発展する軌道に乗ることができた[84]」。

　鄧小平は、中国の経済体制改革だけでなく、中国の政治体制改革の成功にも重要な役割を果たした。鄧小平の優れた政治的な見識は、毛沢東晩年の誤りと失敗を深い教訓としており、新たな政治の指導方法を実行し、それは後継者にとって貴重な政治の遺産となった。

　鄧小平は改革開放でどのような役割を担ったか。また、党中央はどのように決定を出したのか。まず、鄧小平が党の政策を主に決定していた。一九八一年六月二九日、胡耀邦は十一期六中全会閉会式で次のように述べた。「この数年、誰の貢献が大きかったか。『四人組』打倒後、政治局と常務委員は皆それぞれの立場で貢献した。しかし、やはり一世代上の革命家の貢献が大きかった。常務委員では葉剣英、鄧小平、李先念、陳雲の四人の同志である。鄧小平同志は経験豊富で活力にあふれ、長期にわたる闘争によって作られた威信もあり、その貢献は際立っている。鄧小平同志は現在の党の主要な決定者である[85]」。一九七八～一九八二年は鄧小平が党の指導集団の核心だったと言える。

　次に、鄧小平は中国の改革開放の総合的な設計者だった。これを正式に述べたのが、一九八九年六月二四日十三期四中全会の江沢民の「改革開放の総合的な設計者と指導者は鄧小平だ」という演説である[86]。同年九月、十三期五中全会は鄧小平の評価を次のように決定した。「『四人組』打倒後、特に十一期三中全会を経て、鄧小平同志は党第二世代指導集団の核心となった」。「この十年間、党と軍隊、経済建設と改革開放において、また平和的な祖国の統一実現と外交活動に力を注いだ点で、鄧小平同志はまさしく名に恥じない総合的な設計者である」[87]。一九九二年一〇月一二日、江沢民は党十四全大会の報告で次のように指摘した。「鄧小平は社会主義の改革開放及び近代化建設の総合的な設計者だ。実践を尊重し、大衆を尊重し、常に多くの人民の利益と願望に関心を持ち、人民の経験と創造の統括に優れていた。時代の流れとチャンスを鋭く捉え、先人の知恵を受け継ぎながら古い慣習を打破し、社会主義建設の新しい道を切り開く政治的な勇気とマルクス主義の新境地を切り開く理論的な勇気を示し、中国の特色ある社会主義理論の構築において歴史的に重大な貢献をした[88]」。

鄧小平は党第二世代の指導集団の核心及び改革開放の総合的な設計者として、歴史的に重大な貢献をしただけでなく、重要な政治的関係についても適切な対応をした。その中でも際立っているのが以下のことである。

鄧小平は個人と党の関係について適切な対応を取った。鄧小平が毛沢東と同じだったのは、指導集団の核心、政治の核心、思想と理論の核心だったことである。しかし、鄧小平は党と国家の最高指導者の地位に就かず、軍隊の最高指導者である党中央軍事委員会主席及び国家中央軍事委員会主席を担っただけだった。この点が毛沢東との最大の違いである。このため、最後まで指導集団の一人に過ぎず、党中央を圧倒するような存在にはならなかった[89]。

まず、鄧小平は党中央総書記に再度就かなかった。一九八〇年末、葉剣英は中央政治局会議で鄧小平を高く評価した。「小平同志は党に対して歴史的にも大きな貢献をした。四人組を打倒した後、重要な局面では常に鋭く敢然と正しい政策と主張を打ち出した。小平同志は国を治める卓越した才能を持ち、全党の『参謀』、全軍の統帥者であり、この任に当たるも恥ずるところなし」。一九五六～一九六六年、鄧小平は総書記を務めたことがあり、豊富な政治経験もあったため、一九八一年六月の十一期六中全会で総書記就任を期待されたが、断固として引き受けなかった。彼は、中国は幹部（指導者）の高齢化が問題になっており、幹部政策には若返りが必要であり、元気いっぱいの同志が担当するのが良いと考えていた[90]。胡耀邦はこの全体会議で中央委員会主席に選ばれると、次のように述べた。「私は党の特殊な事情で主席に就くこととなった。圧倒的多数の党員の要望で、本来なら中央主席は小平同志が就くはずだった。ほかにも、レベル、能力、経歴、人望が私より優れた者がいる。今回の決定はもちろん大きな変化だ。しかし、次の二つは変わらないと言わなければならない。一つは古参の革命家の役割であり、もう一つは私のレベルである」[91]。一九八二年、十二期一中全会で胡耀邦は党中央総書記に選ばれた。

次に、鄧小平は国家主席にも就かなかった。一九五四年、毛沢東が最初の新中国憲法を制定した際、最も重要な国家制度の一つとして国家主席制度を提案した。同年、毛沢東は第一次全国人民代表大会第一回会議で国家主席に選ばれ、一九五九年に正式に国家主席を辞任して劉少奇が後任となった。一九七〇年、毛沢東は再び国家主席に就くのを望まず、国家主席制度を廃止しようとした。このため、中央政治局と多くの中央政治局員の提案を否決し、林彪と激しい政治闘争も繰り広げた。一九八二年二月二〇日、中央政治局会議で『中華人民共和国憲法改正草案（討論草稿）』について議論した際、国家主席を設けるなら鄧小平しかいないという者がいた。それに対して、鄧小平は直ちに「私を除外する。ほかの誰かがついても良い」と述べた。二月二三日、中央政治局会議が再度、国家主席の設置について議論した際、鄧小平は「国家に必要なら設けるべきだが、個人（鄧小平）に配慮して国家の制度を決定してはならない」。と述べた。[92] 鄧小平は国家主席制度を設けないことの方が、自身が国家主席になるよりも重要だと考えていたのは明らかである。一九八二年一二月、全国人民代表大会第五回会議はこの憲法草案を採択し、改めて国家主席を設置した。国家主席には中央政治局常務委員の李先念が選ばれた。

鄧小平はなぜ総書記や国家主席への就任を拒絶したのか。これについて彼自身は大事な考え方を持っており、一九八八年に次のように述べた。「私は次のように考える。党や国家が一人か二人の威信に望みを託すのは健全ではない。その人の変化が不安定さにつながるからだ。十一期三中全会後、総書記や国家主席の就任を望まれたがすべて拒否した。党第十三全大会では、私と数人の古い世代は指導の中心から引退した。これは中国の未来を若い指導集団に託したということだ[93]」。

鄧小平は率先して集団による政策決定メカニズムを構築し、指導者個人と指導集団の適切な関係を作り上げた。これは毛沢東晩年における個人崇拝、個人による政策決定、個人の独断によって引き起こされた深刻な誤りから得た教訓である。一九八一年一一月、鄧小平は次のように述べた。「一九七八年一二月十一期三中全会後の路線・方針と政策は集団討論によって集団で決定した。もちろん、個人の影響は否定しないし、私自身が与えるべくして与えた影響もあった。しかし多くの具体的な政策や問題は、私だけでなく皆で出し合ったものだ。すべての問題が集団討論によって最終的に集団で決定したと言える。私たちは個人による過多な干渉は好ましくないという経験をしている。ある意味からして、毛沢東晩年の誤りもこれと関連がある[94]」。鄧小平は他の指導者の意見と提案を聴くことに細心の注意を払い、指導者らの「知的所有権」にも注意を払い、尊重していた。そして「人の手柄を自分のものとするような利己主義」に走ることはなかった。例えば、鄧小平は「幹部の革命化、世代交代、知識化と専門化」を何度も提案したが、これはもともと陳雲の考えだった。

一九八五年四月、鄧小平はタンザニア共和国副大統領のアリ・ハッサン・ムウィニと会見した。ムウィニは中国の改革はとても注目を集めており、鄧小平を改革の設計者と呼んだ。すると**鄧小平は「改革は皆の考えであり、人民の要求なのだ」と謙虚に答えた。**[95]

鄧小平は党内の矛盾や意見の不一致についても適切に対応した。党内矛盾にどのように対応したかについて、鄧小平は明らかに毛沢東とは違う取り上げ方、方法を用いた。まず、党内の意見の違いによる争いを二つの路線の闘争とする、毛沢東によって長期間続けられた取り上げ方を放棄したことで党内の二つの路線の闘争を終結させた。鄧小平は、過去において毛沢東の取り上げ方が正しく運用されず、混乱することが多かったと考えた。党内闘争の性質を言う時は性質が何かを云々し、何かの誤りを犯したならその誤りが何かを云々し、原則として路線闘争という取り上げ方を再び用いることはなかった。[96]これは、鄧小平が「文化大革命」では、劉少奇とともに党内のブルジョアジーの司令部代表と見なされ、一九七六年には党内で右からの巻き返しの代表と見なされたこと、また十一期三中全会で毛沢東の「階級闘争を綱要とする」やり方が放棄されたことと関係がある。当時、党の任務の重点は経済建設に移行しており、党内には路線闘争はないとして、常態化していた路線闘争という不正常なやり方に終止符を打った。次に、鄧小平は党指導者への対処も慎重に行い、必要以上の追求もしなかった。鄧小平は華国鋒、胡耀邦、趙紫陽の三人の指導者の政治問題を処理する際、ただ名前を読み上げて誤りの性質を説明するにとどめ、「路線闘争」や「代表人物」という表現を使わなかった。また、政治的な拡大化もせず、他の関連する指導者についても言及しなかった。これは、指導者に政治的な安心感を持たせ、指導集団の内部の衝突を最低限に抑え、指導集団の安定と継続性を保持した。

また、鄧小平は党内の異なる意見に対して「一に道理で説得し、二に根気強く待つ、三に事実から分からせる」という温和な態度で対応した。これは毛沢東の「一に公開批判、二に残酷な闘争、三に非情な攻撃」という人為的に党内に闘争を作り出す過激な方法とは異なっていた。中国はこのように複雑な国情の下、今までに経験のない改革を進めたため、異なる認識と見方があったのも無理はなく、異なる意見にどのように対応するかが問題だった。鄧小平は「改革は始めからすべて理解できるものではない。事実によって証明されなければ受け入れられない」と述べた。[97]そして、一九九一年二月にも次のように述べた。「改革開放に異を唱えるものがいる。しかし、それに悪意はない。一つには慣れておらず、二つには問題が起きるのを恐れているのだろう。私だけでは十分でないので、党委員会が説明する。もちろん焦って進めるのは好ましくなく、事実による証明が必要だ。当時、農村の農家生産請負制度について賛成しない者が多くいた。請負は社会主義かどうか疑っていたのだ。口には出さないが納得できずなかなか行動せず、二年も頑張る者もいたが、私たちはひたすら待った[98]」。このような鄧小平の対応によって、多くの重要な問題における党内の政治的な共通認識が持ちやすくなり、集団による政策決定が全党の決定となった。

鄧小平は度量が大きく寛大で、自分に反対した者との協力関係を築くのに長けていた。一九七七年五月二四日、王震、鄧力群と話をした際、胡喬木らによる一九七六年の「批鄧・右からの巻き返しの風に反対する」運動は行き過ぎだったことに話が及ぶと、鄧小平は平然と次のように述べた。「あれは大したことではなく気にしていない。本心と違うことを言ったのは分かっている。負担に思う必要はなく、もう気にしなくてよい[99]」。

鄧小平は率先して「完全引退」して「指導者の終身制」を終わらせた。一九八六年九月二日、鄧小平は米国ＣＢＳのマイク・ウォレスとのインタビューで、終身制の廃止と退職制度の設立という政治的願望を公にした。そして、これは党の決定と国民の意思に従わなくてはならず、さらに説得が必要だと述べた[100]。一九八七年、党第十三全大会で鄧小平は中央委員会から退出し、その後も中央政治局常務委員に就かなかった。鄧小平が中央軍事委員会主席を続けられるよう、十三大は『党章程』の「党の中央軍事委員会の構成員は中央委員会が決定する。中央の軍事委員会主席は、中央政治局常務委員会委員から選ぶ」を「党の中央軍事委員会の構成員は中央委員会が決定する」と修正した。鄧小平は党と国家の軍事委員会主席に就く際、中央に「完全引退」を一貫して要請し日常的な業務に関与しないと提起した。党中央指導集団に重要な問題について意見を求められた時は、常に中央指導集団の多数意見を尊重し支持した[101]。

鄧小平は、功績や誤りを一個人に帰する「暗黙のルール」に反対し、当然「指導集団」に帰するものであると考えた。毛沢東は党の「暗黙のルール」の典型的な例である。毛沢東の生前、功績はすべて毛沢東一人のものであり、他の者に何の功績もないかのようであった。劉少奇と林彪の功績も二人が批判され失脚すると、その功績は毛沢東のものとなった。また毛沢東の死後、「大躍進」と文化大革命を含む一切の誤りは毛沢東一人の責任となった。これは個人決裁の大きな弊害である。最高指導者が集団ではなく個人で政策を決定すれば、「成功も失敗も」指導者の責任になる、ということである。鄧小平は「指導集団も指導者として責任を負わなければならない」と考えた[102]。

鄧小平の高尚さは「己を知る賢さ」にあり、自分に誤りがあれば公然と承認したことである。そして「毛沢東は自分も間違いを犯すと述べたことがある。一人の言うことが絶対に正しいということはない」と述べた。彼はまた「人は『七割成功』できればよい。私の死後『七割成功』と言われればようれしいし、満足だ」と述べた。[103] 鄧小平は十一期五中全会で次のように述べた。「個人的には『六割成功』すればよい。六〇パーセントはよくやり、四〇パーセントは大したことがなかったで十分だ。おおむね良かったということではないか」[104]。一九八〇年八月、イタリアの記者が鄧小平に取材で「自分をどのように評価するか」と尋ねると、「半分成功できれば十分だ」と答え、「あなた方に私の話をしっかり記憶してほしい。私が少なからぬ間違いを犯したことだ。毛沢東同志の犯したいくつかの誤りに私も責任がある。ただし、善意から犯した誤りだと言っても良い」「過去の誤りをすべて毛沢東一人の誤りにすることはできない」と述べた。[105] **鄧小平は毛沢東を大きく上回った。最も重要なのは、彼が毛沢東晩年の誤りを繰り返さず、毛沢東の失敗を成功の糧としたことである。**

鄧小平は生前に自分の誤りを認めた。それは大きな誤りだったこともある。一九八九年一一月六日、鄧小平は金日成と話をした際、次のように述べた。「第二世代の指導集団の下、党と国家は多くの事業を行った。多くは基本的にうまくいったが、誤りもあった。大きな誤りを犯したこともあった。総書記二人が職責を果たさなかったのは大きな誤りだろう。この誤りの是正はほぼ順調に行われたが、その経験も総括する必要がある」[106]。これは、鄧小平が誤りに気づけば速やかに改めることを示している。

鄧小平は、指導者が個人的な自伝や肖像画を描かせることに明確に反対している。一九八六年二月二一日、鄧小平はカナダのマギル大学東アジア研究所主任の林達光教授からの書簡に対して、関係方面に「自分の自叙伝には賛成しない」と返信するよう指示をした。林教授の手紙は「米国のバンタム出版社から『鄧小平自叙伝』の依頼があり、意見を聞きたい」という内容だった。[107] 同年九月二日、鄧小平は米国ＣＢＳのマイク・ウォレスのインタビューで、なぜ中国の公の場に鄧小平の写真がないのかと聞かれ、次のように答えた。「それは、個人は集団の一部分である。何事も一人がすべてを行ったのではない。だから個人的には自叙伝を書くのも反対だ」[108]。**鄧小平は、外国人が彼の伝記を書くことを何度も断っている。**一九八九年九月、鄧小平は次のように述べた。「革命に数十年関わった者はすべて、功績も誤りもあるが、それはすべて功績と言える。海外から自叙伝の依頼が来たがすべて断った。自叙伝で功績のみを書けば、功績や人徳をむやみに称賛することになり、自分を自画自賛することになる。そのような必要があるのだろうか」[109]。

鄧小平は中国の政治を安定させるため、常により良い中央政治局常務委員会にしようと尽力してきた。江沢民と李鵬と談話した際には、次のように指摘した。「中国で重要なのは、党が適切な政治局、特に適切な政治局常務委員会をつくることだ。この要に問題が生じなければ、中国は泰山の如く安泰だ」[110]。

これは鄧小平が問題に対応する際の政治的な原則だった。**つまり、中国の改革開放の前提は中国の安定であり、中国の安定の前提は中国の政治の安定である。中国の政治の安定の前提は党の安定であり、党の安定の前提は党指導の中枢の安定である。**中国が、政治的に「泰山の如く」であれば、積極的に各種の国内外の課題に対応できるのである。この原理から考えれば、政治指導集団における新旧交代の制度化、規範化、手続化は必須であり、段階的に漸進し、徐々に移行しなければならなかった。

第五節　中国改革の歴史的な限界性

歴史性を帯びた存在としての鄧小平が領導した中国もまた何かしらの歴史的な限界性があるのではないか。我々が鄧小平等を評価するにどのように扱うべきなのか。実際、鄧小平自身はこれらの問題を回避しなかったどころか、深い認識を持っていた。一九八八年九月一六日、鄧小平は次のように述べた。「改革し、発展してきて今日の段階まで到達したが、しっかりと総括すべき時期になった。この十年間の発展に対し満足しているが、新たな問題も発生しているからだ[111]」。

一方、筆者自身が改革開放の参与者、研究者として、当時の環境下に在ったなら、どのような認識をしただろうか。確実なことを言えば、当時の文献は鄧小平個人の歴史的限界性を語っているだけではない。主として語っていることは特定の歴史的背景と条件の下での中国改革の歴史的限界性である。つまり、多くの問題が歴史の発展や変化に伴って解決されなかったことや、中国の改革の過程で根本的な深い矛盾があったことを反映している。

一、不安定な発展

建国以来、さらにまた改革以来、経済発展の指導方針には常に二つの異なる考え方があった。一つは急速な発展を目指し、速ければ速いほど良いという考えである。この考えは主流であることが多く、多くの期間で主導的な立場を占めた。もう一つは安定した発展を目指す考え方だった。特に経済的にも資源的にも制約がある条件の下、マクロ経済の安定を維持し「急がば回れ」「安定を前提として進む」という主張で、「無茶をしない」ということだった。この考えは常に非主流であり、経済危機となった時のみ暫定的に主導的となったが、危機が過ぎると、また急速な発展という考え方が主流となり、これが中国の「政策周期」となった[112]。

毛沢東時代は、毛沢東が前者の代表で、「盲目的に進む」だけでなく「大躍進」も主張した。劉少奇と鄧小平もこれを支持した。周恩来と陳雲は後者の代表で「反盲目的」を主張し、李富春、李先念、薄一波が支持した。鄧小平時代は、先に華国鋒、後に鄧小平が前者の代表であり、胡耀邦、趙紫陽も発展の加速を主張した。しかし、毛沢東と異なっていたのは、「大躍進論」ではなく「段階論」を主張していたことであり、経済危機の際には毛沢東のように自分の主張に固執せず、実務的に経済調整を行った。陳雲と李先念は後者の代表で、李鵬、姚依林も安定的発展、協調的発展を主張した。これは中国の基本的な国情に対する彼等の認識の相違と、中国の経済発展に対する彼等の異なる構想を反映していた。また、これが中国経済の変動の原因となり、時には急激な変動を引き起こす経済政策の原因となった。このため、毛沢東時代に「きわめて不安定」な経済成長が出現し、そのなかでも「大躍進」が暴発しただけでなく、経済変動係数が非常に高い——一五四%に達した——状態となった。鄧小平時代も経済の「変動」は多かった。大規模な経済調整が二度行われ、経済変動係数は下がったものの、一九七七～一九九一年は三五・八%に達した。

　これについて、筆者等は専門的な研究及び歴史的な分析を行った。これは陳雲の経済面での提案に近いものとなった。一九八九年六月、筆者は趙涛、姚増と行った研究報告で、発展途上にある社会主義大国にとって発展は永遠のテーマだと指摘した。そうであるが、中国経済の長期発展にとって、短期の基本的指導方針がどうあるべきかということではない。中国の経済発展は四〇年間続いたが、これをどのように認識するべきか。「持続的、安定的、協調的」な発展は、四〇年間続いた中国の経済発展における最も重要な歴史的総括であり、今後も長期にわたって発展していくための指導方針である。持続的というのは、総生産額の追求、経済過熱、効率低下に焦点を向けたもので、長期的に持続する経済発展の追求、全面的かつ実質的な社会の進歩、人類と自然の調和の維持を目的とする。安定的というのは、急激な経済変動に焦点を向けたもので、周期的な変動幅を小さくして経済の急激な変化を避けることを目的とする。協調というのは、国民経済の重大なアンバランスと不合理な経済構造に焦点を向けたもので、経済発展過程における各産業部門間の適切な成長速度と合理的なバランスを保持することによって、各部門間の縦と横の連係を促進し、産業構造の合理化と近代化を加速することが目的である。[113] 報告は、最初に「持続的、安定的、協調的発展」の経済的意義を定義づけ、定量化することで国民経済の持続的、安定的、協調的発展の指標体系、比例関係、数量境界を確定している。それによって、経済活動を秩序だて整理するための若干の政策と措置の提起を行い、国民経済の発展傾向のさしあたっての予測を行っている。この報告は趙濤博士から張勁夫同志に直接提出され、高い評価と合意を得た。党中央はこの方針と政策の提案をただちに採用した。

　一一月九日、十三期五中全会は正式に『党中央のさらなる経済環境の管理と経済秩序の正常化及び改革の深化に関する決定』を採択し、次のように指摘した。「長期にわたる持続的、安定的、調和的な経済発展を一貫して堅持しなければならない。中国の経済発展の過程で、国情を離れ、国力を過大視し、成功を急ぎ、大きな変動を起こしたことは四十年間で最も重要な教訓である。大衆の積極性を著しくくじき、往々にして巨大な損失をもたらす。これは経済工作における要となる問題である。そのため、経済環境の管理と経済秩序の正常化の間も、またその後においても、この教訓を生かす必要がある。常に中国の基本国情から出発し、持続的、安定的、協調的に発展させるという基本思想を確立し、過度な発展速度の追求を防止し、経済効率の持続的な向上を常に経済活動における最優先事項としなければならない[114]」。

これに先立ち、一一月三日の中央工作会議は全会一致で「建設及び改革の成果は短期間に出そうとしない、経済環境の管理と経済秩序の正常化も短期間で達成しようとしない」とした[115]。

しかし、ほどなく発展の加速が再び主流となった。一九九二年初め、鄧小平は南巡視察の際、発展の加速をテーマとした演説を行った。同年一〇月、江沢民は党十四全大会報告のタイトルを「改革開放と近代化建設の加速」という「二つの加速」とし、次のように指摘した。「一九九〇年代、中国の経済成長は年六％だったが、現在の国内外の情勢から見るとさらに上昇するだろう。現時点では八～九％の成長率になると予測され、この目標に向かって前進するべきだ」「現在の好機をしっかりつかみ、発展を加速する。条件が良ければさらに加速させることもできる。品質と効率を向上させ、国内外の市場の変化に適応できるなら、発展を促進させるべきだ[116]」。一九九二年と一九九三年に中国経済は再び過熱し、GDP成長率は一九九二年が一四・二％、一九九三年は一四・〇％に達し[117]、一九九三年下半期に再びマクロコントロールをするほかなかった。これは、発展の加速を盲目的に追求するという指導思想を捨て切れなかったことを反映しており、政治による経済の急激な変動だった[118]。一九九七年になって初めて、中国はマクロ経済の「ソフト・ランディング」を実現し、鄧小平時代の「不安定」な経済成長から江沢民時代の安定した経済成長に移行した。

二、不公平な発展

建国以来、中国がいかに発展するかについて異なる考え方があった。一つは毛沢東の考え方で、公平な発展、バランスの取れた発展、共有する発展を主張し「三大格差」（労働者と農民、都市と農村、頭脳労働者と肉体労働者の格差）を縮小し消滅させるとした。これは社会主義の正しい理念であり、「共同富裕」という言葉の源となった。しかし、その手段に問題があり成功しなかった。それは主に次の二つが原因である。一つは計画経済体制であり、国家が計画、管理することによって市場メカニズムが排斥された。もう一つは都市における国有化と集団化（城鎮の集団所有制）で、私有経済と個体経済が消滅した。農村においては集団化が実行され、合作社が高級合作社となり、さらに「人民公社化」運動が始まった。そして「文化大革命」では「五・七指示」が出され、全国の各業種で工もやり、農もやり、文もやり、武もやる革命的「共産主義大学校」を成し遂げなければならないとされた。これは、社会主義社会ないしは共産主義社会実現を目指した毛沢東の理論的追求と社会実践であったが、成功できなかった。多くの方面で失敗し、中国人民を富裕にすることは能わず、まして共同富裕も不可能となった。

もう一つは鄧小平の考え方だった。その政治理念は毛沢東の考えに通じており、社会主義の堅持と「共同富裕」を社会主義の本質と見なす。しかし、彼は極めて実務的であった。それは次の二つのことからわかる。中国は世界の最貧国であると深く認識していたことが一つ、二つめは「先富論」を提起したその創意性であり、「貧困の陥穽《かんせい》」から抜け出す成功の道を見つけたことである。鄧小平の「三段階発展戦略」は、初めの二段階で「先富論」を基本として小康という目標を実現し、二十一世紀以降「共同富裕論」を基本として近代化という目標を実現するものだった。鄧小平の手段は毛沢東とはさらに異なっていた。第一に、市場競争のメカニズムを取り入れ、社会主義市場経済体制を実行し、人々の活力と創造力を刺激した。第二に「非集団化」「非国有化」を実行し、個人と民間による経済発展を奨励し、積極的に外資の直接投資を誘致した。第三に、「二つの大局」を別々に実行する構想を採り入れ[119]、まず沿海地区を開放し経済特別区、経済開発区、技術開発区を設置し、優遇政策によって国際経済への参加と国際競争への参入を奨励した。こうして、中国は貧困からのすみやかな脱却を果たし、一人当たりの収入は大幅に増加した。多くの人達がますます豊かになってきたが、しかし新たな社会問題も発生した。

鄧小平の構想は中国経済の実情に符合していただけではなく、経済発展の客観的な法則に沿ったものだった。それは社会主義の道を認識するプロセスであり、また社会主義の道を実践するプロセスでもあった。これはまさしく毛沢東が述べた通りだった。「実践と学習を繰り返し、成功と失敗を何度も経験し、同時に注意深く研究することで、自身の認識を徐々に法則に符合させていく。失敗がなく成功だけでは法則を認識することはできない[120]」。明らかなことは、後人は先人の成功を総括することができ、先人の失敗の教訓をなお理性的に採り入れることができることである。言い換えれば、主観的な認識が客観の現実にさらに符合し、発展戦略がさらに実務性を増していく。その結果として、さらに大きな成功を獲得し得ることになる。

ここで、改革開放以来の初めの十年間の都市住民と農村住民の収入格差解決の変化過程だけではあるが、それを例として提示する。

まず、都市住民と農村住民の収入に基づくジニ係数は連続して上昇している。城鎮住民のジニ係数は一九七八年に〇・一六だったが一九九一年には〇・〇八ポイント上昇して〇・二四となった。農村住民のジニ係数は一九七八年に〇・二一二〇だったが、一九九一年には〇・〇九五二ポイント上昇して〇・三〇七二となった。都市と農村の住民全体のジニ係数は一九七八年に〇・三三三だったのが、一九九一年には〇・〇二二ポイント上昇して〇・三五五となった（表10－8）。

次に、都市と農村の住民の一人当たりの収入と一人当たりの消費支出の差がまず縮小し、その後拡大した。城鎮住民の一人当たり可処分所得と農村住民の一人当たりの純収入の差は、一九七八～一九八三年は二・五七倍から一・八二倍に縮小したが、一九九一年には二・四〇倍に拡大した。城鎮部住民と農村住民の一人当たりの消費支出の差は、一九七八～一九八三年は二・九倍から二・二倍に縮小したが、一九八六年以降は拡大し、一九九一年には三・一倍となった（表10－9）。しかし、それは都市住民と農村住民の収入及び消費が増加し続けているために、増加傾向にある収入と消費における相対格差が拡大していることであって、増加幅の違いとなって表れている。

表10-8　中国の都市と農村における住民のジニ係数の変化（1978～1991年）

年	全体	城鎮住民	農村住民
1978	0.3330	0.1600	0.2120
1979	0.3350	0.1600	0.2370
1980	0.3310	0.1600	0.2380
1981	0.3340	0.1500	0.2406
1982	0.3400	0.1500	0.2317
1983	0.3400	0.1500	0.2461
1984	0.3420	0.1600	0.2439
1985	0.3480	0.1900	0.2267
1986	0.3550	0.1900	0.3042
1987	0.3530	0.2000	0.3045
1988	0.3550	0.2300	0.3026
1989	0.3620	0.2300	0.3099
1990	0.3590	0.2300	0.3099
1991	0.3550	0.2400	0.3072

資料出典：張平等『中国経済増長前沿Ⅱ——転向結構均衡増長的理論和政策研究』、622頁、北京、中国社会科学出版社、2011。

表10-9　都市と農村の住民の一人当たりの収入及び一人当たり消費支出の差（1978～1991年）

年	都市と農村の住民の一人当たりの収入の差	都市と農村の住民の一人当たりの消費支出の差
1978	2.57	2.9
1979	2.42	2.7
1980	2.50	2.7
1981	2.21	2.6
1982	1.95	2.4
1983	1.82	2.2
1984	1.83	2.2
1985	1.86	2.2
1986	1.95	2.3
1987	1.98	2.4
1988	2.05	2.6
1989	2.10	2.7
1990	2.20	2.9
1991	2.40	3.1

資料出典：張平等『中国経済増長前沿Ⅱ——転向結構均衡増長的理論和政策研究』、622頁、北京、中国社会科学出版社、2011。

この時期、地区ごとの一人当たりのＧＤＰの差が縮小したことは特に指摘しておかなければならない。各地区の不変価格に基づいて計算した一人当たりＧＤＰの相対差係数は、一九七八～一九九〇年に〇・九六から〇・五九へ下がり、一九九一年以後は上昇した。

ほかにも、辺境の民族地区については他の内陸と比較しても経済、文化の面で大きな差があり、まだ衣食の問題が解決されていない少数民族もいた[121]。

この時期は所得格差が拡大し、不公平な分配が大きな社会問題となったと言える。一九九一年、筆者はジニ係数を計算した際、都市住民のジニ係数が一九八二～一九八六年で〇・一〇二九から〇・一七六に上昇したことに気づいた。住民の収入構造が経済発展に対して積極的役割を果たすと筆者は考えるが、しかし収入格差の拡大によって、ある階層とある利益集団との矛盾が激化し、それが突出した社会問題に十分成り得る。一人当たり収入レベルが継続して向上するにもかかわらず、一般公衆が心理的バランスを失い、不満感情を抱き、社会のさまざまな不安定要素の増強を招きかねない[122]。中国のジニ係数は世界でも低い方だが、これは一人当たりの収入が低いこと以外に、社会主義制度によって国民の衣食問題が全体的にほぼ解決し、社会の富の分配が比較的公平になされているのが主な原因である。しかし、一人当たりの収入の上昇に伴う所得分配の不公平の拡大は避けられず、これを解決するには、政府の対応が必要である。すなわち、できるだけ早く適切な所得分配政策を実行しさまざまな利益グループの矛盾を緩和させ、経済成長を促進し、経済効率を向上させる以外にも、国民全体の「共同富裕」を保証し、公平な社会を実現する必要がある[123]。

当時、鄧小平は貧富の両極分化によって革命が起こり得ると警戒していた。そして、中国は社会主義でなければならないという結論に至った[124]。鄧小平は江沢民、李鵬と話をした際、次のように述べた。「改革当初から述べていたように、**将来的には共同富裕が重点課題となる。社会主義の最大の優位性は共同富裕であり、それが社会主義の本質である**」。そして、中国の四大矛盾（民族、地区、階級、中央と地方）が拡大するのを心配した[125]。

一九九二年初め、鄧小平は南巡講話で再び共同富裕に言及した。「共同富裕とは次のような構想である。まず条件の良い一部の地区を先に発展させ、一部の地区はゆっくり発展させる。先に発展した地区が後で発展する地区を支援することで、最終的に共同富裕が達成できる。豊かな者がより豊かになり、貧しい者がより貧しくなれば両極分化が発生する。社会主義制度は両極分化を避けるべきで、それが可能である」「いつこの問題を重点的に提起し、解決するか、何を基礎として提起し解決するかは検討する必要がある。今世紀末に小康のレベルに達した際、この問題を重点的に提起し解決する必要が生じるだろう」[126]。これは鄧小平が初めて出した共同富裕へのタイムテーブルだった。

三、国力の急速な低下

いわゆる国力とは、国家（中央政府）が意志や目標を現実化する能力である。国力には、財政力、マクロコントロール力、法治力及び強制力の四つがある。中でも財政力は最も重要な国力で他の国力の基礎となる。発展途上国にとって財政力を高めることは特に重要である。貧困や後進性からの脱却、経済のテイクオフ、先進国との格差縮小のための重要な条件となるからだ。

筆者と王紹光は、一九九三年五月の『中国国家能力報告』で次のように指摘した。一九八〇年から実行された「かまどを分けて飯を食う」という財政の一括請負制によって起こった重要な変化は、国家の財政力の急速な低下、政府資金の極端な分散、中央による経済のマクロコントロール力の低下である。特に目立つのは以下の点である。財政収入の弾力性が下がり、しかもその範囲が低位にあること。GNPに占める財政収入の割合が低下し、国家の財政力が非常に低く、市場経済工業国の一般的なレベルにも及ばないこと。中央政府の財政力が過去最低であり、「弱い中央」となったこと。予算外資金（国家予算には計上せず各省、各部門等が管理する財政資金）が激増し、「第一財政予算」とほぼ同額となったこと。筆者らの報告は、さらに国力低下がもたらした深刻な結果についても議論し、次のように厳しく指摘した。「国家の財政力低下は、中央政府による経済のマクロコントロール力の低下を意味し、中国が市場経済に移行する過程で短期的かつ長期的に深刻な影響を与える。すなわち、景気の変動、急激な投資拡大、消費者需要の拡大、慢性的財政赤字、中央による経済のマクロコントロール力の低下が起こる」[127]。

一九八〇年代末、**鄧小平と陳雲は中央のマクロコントロール力の低下による深刻な結果を見ていた。**一九八八年九月一二日、鄧小平は趙紫陽らに次のように述べた。「中央に権威が必要だ。これがなくては、混乱が起こり各自が自由に動くことになる。これでは駄目だ。「政策あれば対策あり」をやらせては駄目だ。つまり中央の政策に背く「対策」は許さないということだ。これは数年前から言っていることだ。党中央と国務院に権威がなくては、情勢をコントロールできない。自分のことしか考えず、互いに争って傷つけ合えば統一はできない。これを統一できるのは党中央と国務院しかない。中央の意思がマクロコントロールに反映されれば事足りる」[128]。一〇月八日、陳雲は趙紫陽と話をした際、次のように指摘した。「中央の政治的な権威は中央の経済的な権威の基礎が必要である。中央に経済的な権威がなければ、中央の政治的な権威も強化できない。経済活動において、中央は集中すべき権力を集中させなければならない。経済の活性化は正しいが、権力が分散し混乱していては、それも難しくなる。全体的に見ると、重要なバランスの中で最も基本となるのは財政のバランスだ。現在の混乱した経済を転換するには、まず財政のバランス、特に中央の財政のバランスが重要だ」。趙紫陽はこの意見に同意し、この話を引用して中央政治局常務委員会議の委員に配布した。[129] 陳雲は当時の政治について、「各方面の大将が多すぎて、協議で決まらず、決まっても実行されず、それぞれが勝手に行動している」と表現した。鄧小平は陳雲のこの批判は正しいと考え、一九八九年九月に江沢民や李鵬らに対して「党中央の権威を強化する必要がある。特に困難な状況では、中央と国務院の権威がなくては問題を解決できない」と強調した。[130] しかし、この問題はしばらく解決されなかった。一九九三年一一月の十四期三中全会以降、マクロコントロール体系が健全化され、経済のマクロコントロール権が中央に明確に集中し、中央と地方の分税制が実行された。[131] ようやく転換局面に至った。

四、持続不可能な発展

最も大きな矛盾は人と自然のギャップが絶えず拡大することである。 筆者は一九八九年に大量のデータや資料を用いて中国の天然資源、生態環境の基本的な特徴と現状、発展動向について分析を行った。そして、次のように考えた。中国の資源環境は優勢ではなく、もともと劣勢な上に人口も多い。そのため、長期にわたって自然と資源を過度に開発した結果、建国初期は経済的に混乱していただけでなく、資源は著しく不足し、自然環境は極めて劣悪かつ脆弱になっていた。これが中国の現代の経済発展における長期的な制約要因となっている。建国後、これらの改善に努めたが、人口の急増、人為的破壊、政策的な誤りによって、工業化の過程で大量の資源が消費され、環境汚染が発生した。その結果、誤りをもって功を相殺し、害をもって利を消すこととなった。中国の各種の天然資源は一人当たりに換算すると世界の平均より少ない。人口は増え、耕地は減少し、一部の地域と多くの都市における水不足問題は、中国の人口と資源の矛盾の基本構造を表している。人口増加に伴って国民経済も急速な成長期に入り、資源の需要は前例がないほど増加した。そして人口と資源、経済と資源の需給のギャップはさらに拡大した。もともと不足していた土地、水、林等の農業資源を維持するのは容易ではなくなり、大量の資源の輸入が不可欠となった。中国の生態環境は改善された地域もあるが全体的には悪化した。管理が破壊に追いつかず、環境の質は悪化している上に、発展途上国の生態系破壊と先進国の環境汚染という発展の危機が重なったため、人類生存と環境キャパシティ、工業化と環境汚染、資金不足と環境管理という矛盾が深刻化した。短期間で発展のハードル（一人当たりのＧＮＰが四〇〇〜一一〇〇ドル）を超えること、及び管理能力を得ること（ＧＮＰ

に占める汚染対策費用の割合が二〜三%）は難しく、中国は今後、深刻な汚染とともに発展することになる。筆者が案じているのは、中国の指導者がこれらの危機に対する結果と重大性を過小評価し、それらに対する危機管理能力を過大評価していることである。[132]上述の判断と分析から、この時期に人口と自然の間のギャップが拡大し、資源、環境と発展の矛盾が顕著になり、巨大な生態学的赤字を生み出したことは、短期的な発展だけでなく、その後の長期的な発展にも影響したことを示している。

一九八〇年代初め、胡耀邦は鉱物資源開発政策を緩和すると主張し、「有水快流」（石炭資源保有地域であらゆる手段を動員し、採掘を行って利益を得る）政策を提起した。一九八一年八月一九日、胡耀邦が河北省沙河県を視察した際、当時の責任者は豊富な地下水資源を節約して長持ちさせ、計画的に採掘すると報告した。胡耀邦は「節約の必要はない。有水快流で国家も個人も進める。数十年後については考えなくてよい。その時は原子力エネルギーがある」と述べ、その後、この考え方は「大鉱山大開発、小鉱山解放、有水快流」と表された。[133]一九九〇年初め、江沢民はこの考え方を「基本思想とはしない。これは問題だと明らかにしなくてはならない」と指摘した。[134]

当時、中央の指導者の中で中国の生態破壊と環境汚染の深刻さを意識していたのは李先念と陳雲だけだった。一九七八年六月二三日、李先念は次のように指摘した。「中国の森林資源は少ない。国民経済の発展と国民の生活における大きな需要に対して絶望的なほどである。このような状況にもかかわらず、多くの地区で森林と植生の破壊が続けられている。この問題を解決せず自由に開発させ続ければ、森林面積が減少するだけでなく、国土は荒れ、砂が舞い、土壌が侵食され、水害や干ばつ等が頻繁に発生するだろう。つまり、収拾不可能な深刻な事態となり、自然からのしっぺ返しを受けることになる」[135]。残念ながら、李先念が指摘した通りの事態となった。

一九八八年八月二五日、陳雲は「汚染対策と環境保護は、子孫に利益をもたらす」と述べた。八月二七日、陳雲は新華社に掲載された本渓市の環境汚染調査研究報告『衛星では見えない都市』と人民日報社の『全国の十分の一を占める四川の汚染排出量』を見て、[136]ただちに趙紫陽、李鵬、姚依林に書簡で次のように伝えた。「**汚染対策に力を入れて環境を保護することは中国の国策であり、非常に重要である。**これは、常に宣伝して国民に注意を促すこと、資金の投入を増やすこと、検査を重ねてすべての部門に責任を持たせることが必要である[137]」。

一九九二年六月、ブラジルで国連環境開発会議が開かれ、「持続可能な開発のための世界行動計画」が採択された。このため、中国は『中国の二十一世紀の人口環境発展白書』を策定し、一九九四年三月二五日、李鵬首相が主持する国務院常務会議で議論、採択された。一九九五年九月、江沢民は十四期五中全会で、正式に「近代化建設においては、持続可能な発展の実現を主要な戦略としなければならない」とした[138]。その後、中国はようやく生態系の破壊から生態系構築へ移行し、生態学的赤字も次第に生態学的黒字に移行していった。

五、深刻化する腐敗

党は十数億の人民を擁する中国の執政党として、内在する大きな問題に常に直面してきた。問題とは、多くの党員や指導幹部、ひいては高級幹部ですら人民大衆から離れ、経済体制改革の過程で腐敗に手を染めたことである。このため、一九七八年一二月、十一期三中全会は改革開放の決定だけでなく、党風、党規律、腐敗反対の三大職務を担う中央紀律検査委員会を設置することとした。また一九八六年には、国務院指導下の行政監察部門として国家監察部を設置し、各級政府機関、指導者、公務員に対して監察を行った。

しかし、このような制度と措置では腐敗を抑制、撲滅できず、逆に悪化させてしまった。一つは、市場経済体制移行期の制度的欠陥、とりわけ価格の二重構造が広範なレントシーキングを生みだしたことである[139]。例えば農産品、商品、生産資料の二重価格、外国為替相場の二重構造、銀行貸付金利の二重構造、対外貿易における二重構造などである。二つめは、党・政府機関によるビジネスである。各種各様の公司を設立または各種名義の「創収[140]」を組織したり、退職もしくは在職の高級幹部が各種公司の役務を兼任したりするなど、多彩な利益を獲得した。三つ目は、軍隊のビジネスが許されたことである。同じく各種の公司設立、創収組織の実行等、軍隊の商業化、ローカライズ化が加速し、軍隊の腐敗が進んだ[141]。これらは、党と政府の威信と名声を傷つけただけでなく、党、政府と国民の関係に緊張をもたらした。

計画経済から市場経済への移行は、新旧二つの体制を共存させ、転換し、交代させる過程であり、市場的な要素が急速に拡大した。これには常に党と政府の職員による「市場腐食」が伴っていた。党と政府の幹部が退職してビジネスを始めた場合、彼等は中国の企業家の新た供給源となり、技術を革新し、財富を生みだす最も活発な経済活動の主体となった。その一方で、彼等と党・政府機関との入り組んだつながりが、「産官結託」、「公の私物化」を生み、腐敗現象が急速に蔓延した。一九八四年一二月、党中央と国務院が『党と政府機関及び党と政府の幹部による商業経営及び企業経営を禁止する決定』を出すと、党と政府機関による企業は基本的に閉鎖するか党・政府機関と関係を断ち、ビジネスや企業経営に参与していた党・政の幹部の大多数は、機関の部署の仕事にも戻るかあるいは党・政の職務から辞任した。この「商売旋風」は完全に制止することはできず、ますます激しくなった。一九八五年三月、鄧小平はこの「商売旋風」問題に気づき次のように指摘した。「党と政府機関が多くの公司を設立し、国家の経費を持ち出して商売し、権限を利用して私腹を肥やし、公を私物化した」「現在、経済改革の真最中であるのに不当なことをする者が現れた。『政策あれば対策あり』という、法規と政策に違反するさまざまな『対策』が非常に多い[142]」。一九八六年二月四日、党中央と国務院は再度『党と政府機関及び党と政府の幹部による商業経営と企業経営のさらなる禁止の規定』を出し、党と政府機関及び党と政府の幹部が各種の手段を使って経営を継続し、また党と政府の指導幹部が企業に在職したまま汚職を続けていること等を指摘した[143]。一九八九年八月一七日、党中央と国務院は『会社のさらなる整理に関する決定』を発表し、次のことを認めた。すなわち、ここ数年、党と政府機関が商業や企業を経営することを許さないという決定を中央が徹底せず、機関と事業単位による「創収」行為を盲目的に推奨したため、流通分野では条件を顧慮せず不適切に大量の会社が設立され、加えて法規が不完全で管理監督も不足したため、会社の乱立を招いた――ことを認めた[144]。こうして、腐敗――反腐敗――再びの腐敗――再びの反腐敗という政治的なサイクルが形成されてきた。客観的に言っても、反腐敗の道筋と方法を、終始、探し出すことはなかった。

　鄧小平は晩年になると、腐敗の深刻さと悪影響の認識を深め、江沢民らには特に重要な「政治的引継」を行った。一九八九年の「六四」事件後の演説で彼は、「**第三世代指導者の当面の急務は主に二つある。一つはより大胆な改革開放であり、もう一つは腐敗に対する処罰をゆるがせにしないことである**」と述べている。そして「腐敗に対する処罰、特に党内上層部の腐敗に対する処罰を怠れば、確実に（改革開放が）失敗する危険性がある。新指導者はまずこの問題にしっかり取り組むことだ。これは党の作風を整えるためにも重要である」と述べ、最後にねんごろに戒めた。「常務委員会は党建設に精魂をそそいで取り組まなければならない。これは党がしっかりしなくてはならない[145]」。

　李先念も何度も述べている。「**水は舟を浮かべることもできるが、ひっくり返すこともできる。人民大衆が水なら党は舟である。党は人民大衆から離れてはいけない。私たちの任務も人民大衆から離れてはいけない**[146]」。次のように言うことができる。人民大衆から遊離することが共産党の最大危機であり、人民大衆との緊密な連携が共産党の執政基盤である。計画経済から市場経済への移行過程で、国民から遊離する党員と幹部は増え続けている。これは個別の現象にとどまらず、さらに深刻かつ普遍的な現象になっている。

　中央軍事委員会主席に就いたばかりの江沢民は、軍隊がビジネスを行う問題と危険性に気づいており、第一次中央軍事委員会拡大会議で次のように述べた。「軍隊が『自己発展』『自己改善』を行うのは筋が通らないため、私は常に賛成しなかった。当然、経費不足を補うため、軍隊の特徴と結びつけて生産を行うことも必要だが、軍隊が自分で自分を肥やしてはならない。ビジネスや金儲けに全力を注ぐのは非常に危険だ」。江沢民は「軍隊は国の給与で生活する」ことを明確に唱えたが[147]、「長城が内部から崩壊する」と言われるほどに、軍隊によるビジネスがますます拡大し、糾すことが難しくなった。

日毎に深刻さを増す腐敗問題に対峙するには、「発展は不抜の道理である」だけでなく、「反腐敗も不抜の道理である」ことが必要とされた。改革開放と反腐敗の二つの旗を同時に高く掲げ、制度刷新によって腐敗を根絶し、反腐敗によって改革開放を維持しなければならない。腐敗を厳しく処罰するだけでなく、制度の革新によって腐敗を撲滅することが重要である。[148]

一九八〇年代、腐敗はますます深刻になり、一九九〇年代でピークを迎えた。腐敗はすでに大きな経済的損失をもたらし、社会に悪影響を与え、政治的にも最も大きな問題となっていた。[149]

六、鄧小平理論と政治の世代交代

一九九二年一〇月、党の第十四回大会で意義深い決定がなされた。鄧小平による中国の特色ある社会主義建設理論が党における指導的地位を確立したのである。江沢民の『十四大報告』では鄧小平理論を総括して、次の九つの方面にまとめた。(一)社会主義発展において独自の方法で進み、中国の特色ある社会主義を建設する。(二)社会主義の発展段階については、中国はまだ社会主義初級段階にあると科学的に判断された。(三)社会主義の根本的な任務については、生産力の解放と向上、搾取の廃絶、両極分化の解消を社会主義の本質と指摘し、最終的に共同富裕に達することとされた。(四)社会主義の推進力については、改革もまた革命であり、生産力の解放であると強調し、それこそが中国近代化にとって必要な道であるとした。(五)社会主義建設における外部の条件については、平和と発展が世界的な課題であることを指摘し、独立自主の平和外交政策を堅持しなければならず、それは中国の近代化建設にとって有利な国際環境を得るためであるとした。(六)社会主義建設を政治的に保障するため、四つの基本原則を堅持しなければならない。(七)社会主義建設の段階については、近代化の基本的な実現を三段階に分けて進めることを提起した。(八)社会主義の指導する力、頼るべき力については、中国共産党が社会主義事業の指導的核心であると強調した。(九)祖国統一については革新的かつ創造性ある「一国二制度」構想を提起した。[150]

一九九三年一一月二日、党中央文献研究室編集の『鄧小平文選』(第三巻)が出版された。[151]これは、八十九歳という高齢になった鄧小平がすべて草稿を監修し[152]、第三世代指導者と全党の「政治の後継者」に対して、鄧小平個人と鄧小平を代表とする第二世代指導集団が行った政治的な引き継ぎだった。[153]これは『鄧小平文選』（第二巻）とともに、鄧小平が後代に残した貴重な財産となった。それは、鄧小平が敢然と切り拓き、探求してきた「中国の道」であるだけではなく、彼が敢然と革新し、総括した「中国の理論」である。

翌日、党中央は『鄧小平文選』（第三巻）の学習報告会を開き、党中央総書記の江沢民は厳粛に鄧小平の中国の特色ある社会主義理論を党の旗に記した。[154]

筆者はこの鄧小平の理論を毛沢東後の第二世代発展戦略と呼んでいる。なぜなら、中国の発展モデルはキャッチアップが本質であり、工業化と近代化が遅れたため、基本的な目標と任務は、先行して発達している工業国を追いかけることだったからである。そのため中国は時期ごとに異なる方法でキャッチアップ戦略を選択した。それは、発展目標や発展観、工業化の過程、経済的、社会的関係、発展するための手段、発展と自然環境の関係等の面で異なっていた。建国後の発展の歴史を振り返ると、二十五～三十年で大きな変革があった。発展戦略については三段階に分けられる。第一段階は一九五〇～一九七八年で、計画経済期の伝統的な経済発展戦略だった。第二段階は一九七八～二〇〇二年で、経済体制転換期の経済発展戦略だった。第三段階は二〇〇二年以降で、科学的発展観を代表とする新たな発展戦略だった。この三段階の発展戦略には共通点もあれば相違点もあり、明確に異なる発展戦略ではなかった。共通点としては発展戦略の継承性であり、相違点としては発展戦略の革新性であった。すべて前段階の戦略を承けて未来を開拓するものであった。互いに連結し、時代とともに進み、絶えず革新されてきた。これは、その時期の指導者が近代化とグローバル化に対応したことを反映している。[155]

晩年の鄧小平が行った最大の政治的な引き継ぎは、共同富裕という目標を実行することだった。一九九三年九月一六日、引退した鄧小平は弟の鄧墾と話をした際、初めて「発展の自己矛盾」について言及した。「以前、まずは発展だと述べたが、今考えると発展後も発展前と同じくらい問題がある」。鄧小平は、貧富の差の拡大が大きな問題になることを予見しており、次のように述べた。「貧富の差の拡大を防止する必要があると述べたが、実際にそうなり、一部の者が多くの富を獲得し、多くの者にはその恩恵がない。このような発展が続けば、いつか問題が起きる。不公平な分配は貧富の両極分化となり、時が来れば必ず問題が起きる」[156]。

それでは、**この問題をいつ、どのように解決するのか**。鄧小平にはこの議論と解決をする時間が足りなかった。ただ、一九九二年の党十四全大会報告では次のように強調した。「分配制度について、効率と公平さの両方に配慮しながら労働に応じた分配を主体として、他の分配方式は補完とする。

市場を含めた調節手段を利用し、進歩を奨励し、効率を向上させ、所得格差に合理性を持たせ、かつ両極分化は防止し、徐々に共同富裕を実現する」[157]。

残念ながら、この鄧小平の指示は正式には内部に伝達も公布もされず、二〇〇四年になって党中央文献研究室編集の『鄧小平年譜（一九七五－一九九七）』の下巻で正式に公表された。

鄧小平だけでなく李先念も、国民が豊かになり始めたのを喜び、同時に中国が共同富裕を実現することを望んだ。二人はこれが一生をかけて奮闘するべき目標だと信じていた。

李先念は生前、貧困地区、特に革命旧解放区（抗日戦争時代の共産党根拠地）における生産の発展を支援し、速やかに貧困から脱却させるよう何度も国家に提案していた。一九九二年五月、中国扶貧基金会名誉主席の李先念は、基金会の責任者に対して次のようにねんごろに述べた。「貧困扶助は現代に幸福をもたらし、先代の功は後代に及び、現在の功は未来に承け継がれる」。同月二七日、李先念は最後の手紙で「共同富裕は社会主義が努力すべき目標だ」と指摘した[158]。また、次のように述べた。「革命旧解放区の人民は革命に多くの犠牲を払った。彼等を裕福にできないなら、だれも裕福にすることはできない。それでは彼等に対して本当に申し訳が立たない」[159]。これが李先念の最後の政治的願望だった。

中国では、貧困人口の収入が下がり、富裕人口の収入が上がるという、いわゆる貧富の両極分化は現れなかった。ただ貧困人口及び低所得層の一人当たりの平均所得も増加したが、明らかに富裕人口の所得よりは低かった。不公平な所得分配と所得格差の拡大は、改革開放期における最も突出した経済的、社会的問題の一つとなった。共同富裕という社会主義の目標を実現できるか否かという難題が、後継者である江沢民や胡錦涛らにとって重要課題かつ歴史的任務となった。貧困は社会主義ではない。少数が裕福になるのも社会主義ではない。共同富裕こそ真の社会主義である。

注

1 詳細は以下を参照。胡鞍鋼『中国政治経済史論（一九四九－一九七六）』第二版、北京、清華大学出版社、二〇〇八。

2 詳細は以下を参照。胡鞍鋼『毛沢東与文革』、香港、大風出版社、二〇〇九。

3 鄧小平「開放政策を実施し、世界の先端科学技術を学ぶ」一九七八年一〇月一〇日、『鄧小平文選』第二巻、一三二頁、北京、人民出版社、一九九四。

4 世界銀行『一九九六年世界発展報告――従計画到市場』中国語版、北京、中国財政経済出版社、一九九六。

5 李先念「国務院理論・思想研究会における講話」（一九七八年九月九日）、『李先念文選（一九三五－一九八八）』、三三一頁。北京、人民出版社、一九八九。

6　周易繋辞下伝に「易窮則変、変則通、通則久。（易は窮まれば変じ、変ずれば通じ、通ずれば久し）」とある。一九五八年四月、毛沢東は「窮すれば変化を求めるものだ、やらねばならない。革命をやらねばならない」と語った。毛沢東「ある合作社の紹介」一九五八年四月、『毛沢東文集』第七巻、北京、人民出版社、一九九九。

7　筆者は一九八九年にこの判断を下した。中国は一九八〇～二〇二〇年に、低所得から中所得へ経済が急速に発展する段階に入る。工業化も加速を始め、経済構造が大きく変化し、社会があらゆる方向に向かって大きな変化を遂げる時期である。胡鞍鋼『人口与発展―中国人口問題的系統研究』、二六頁、杭州、浙江人民出版社、一九八九。

8　党十二大報告では、一九八一～二〇〇〇年で、全国の産業と農業の生産額を四倍にし、年平均増加率七・二%を達成しようと努力するとした。

9　李鵬「国民経済と社会の発展十年計画及び第八期五カ年計画綱要に関する報告」（一九九一年三月二五日）。

10　『新中国六〇年統計資料滙編』、一二頁のデータより計算。

11　高成長国家あるいは地区とは、一人当たりのGDP年平均成長率が持続的に三%より高い国家あるいは地区を指す。

12　W. A. Lewis, 1955, The Theory of Economic Growth, Unwin University Books, London.

13　Angus Maddison, Statistics on World Population, GDP and Per Capita GDP, 1-2008 AD, 2010. http://www.ggdc.net/MADDISON/oriindex.htm

14　米国GDPは九・五七GKドル、日本は三・九四GKドル、ドイツは二・六六GKドル、ロシアは二・四八GKドル、中国が二・二八GKドルである。https://data.worldbank.org/indicator/NY.GDP.MKTP.PP.KD?locations=CN-JP-DE-RU-GB-IN-US

15　李鵬「国民経済と社会の発展十年計画及び第八期五カ年計画綱要に関する報告」（一九九一年三月二五日）。

16　『新中国六〇年統計資料滙編』、一二頁のデータより計算。

17　アンガス・マディソン『中国経済長期表現――公元九六〇－二〇三〇』中国語版、六頁、上海、上海人民出版社、二〇〇八。

18　国家統計局編『中国統計摘要（二〇一一）』、一九八頁、北京、中国統計出版社、二〇一一。

19　新華社電信、北京、一九九二年、一二月八日。

20　『李鵬経済日記――市場与調控』（中）、新華出版社、中国電力出版社、二〇〇七年版、八六一頁。

21　国家統計局編『中国統計摘要（二〇一〇）』、一〇七頁、北京、中国統計出版社、二〇一〇。

22　国家統計局編『中国統計摘要（二〇一〇）』、一〇九頁、北京、中国統計出版社、二〇一〇。

23　World Bank, World Development Indicators 2009, The World Bank, p.70.

24　World Bank, 2009, From Poor Areas to Poor People: China's Evolving Poverty Reduction Agenda, An Assessment of Poverty and Inequality in China, The World Bank, Washingtong, DC.

25　詳細な分析は以下を参照。胡鞍鋼、馬偉「現代中国経済社会転型――従二元結構到四元結構（一九四九－二〇〇九）」、清華大学国家状況研究センター『国家状況報告書』、二〇一一、第一五号。

26　李鵬「国民経済と社会の発展十年計画及び第八期五カ年計画綱要に関する報告」（一九九一年三月二五日）。

27　粗入学率とは、該当する級次の在校生総数と該当する級次学齢人口の比である。

28　高校の就職前段階の統計対象は、普通高校、職業高校、普通中等専門学校及び職業訓練校である。

29　国家統計局編『中国統計摘要』（二〇一一）、一七一頁、北京、中国統計出版社、二〇一一。

30　教育部門ポータルサイト、二〇〇九年一一月一八日。

31　国家統計局編『中国統計摘要』（二〇一〇）、三九頁、北京、中国統計出版社、二〇一〇。

32　教育部門ポータルサイト、二〇〇九年一一月一八日。

33　第三回国勢調査データ。

34　Gapminder database, 2011.

35　平均寿命とは、当該前年の年齢別死亡率が不変であると仮定し、同一時期の出生ゼロ歳児の生存可能平均年数である。当該前年の年齢別死亡率を基に計算するが、実際は、死亡率はたえず変化するものであるから、平均寿命は仮定指標である。

36　国家統計局編『中国統計摘要』（二〇一〇）、三九頁、北京、中国統計出版社、二〇一〇。

37　世界銀行データベース。

38　一九九〇年以来、国連開発計画は出生時平均余命、成人識字率、すべてのレベルの学校入学率、一人当たりのＧＤＰ（購買力平価）を含む人間開発指数を開発した。これらの指標は、人間開発に重要な三つの側面を反映するために加重平均される。一つ目は長寿で健康的な生活、二つ目は教育水準、三つ目は人間らしい生活と尊厳である。

39　李鵬「国民経済と社会の発展十年計画及び第八期五カ年計画綱要に関する報告」（一九九一年三月二五日）。

40　BrandtとRawskiは、このグローバリゼーションの特徴を次のように考えた。第一に、よりオープンになったグローバルな貿易環境であり、一九八〇年代半ば以降、西太平洋で行われた経済自由化における関税及び他の貿易保護措置が大幅に削減された。第二に、主に国境を越えた資本、労働、技術の流れの急速な発展に対処するため、世界経済構造が急速に調整された。第三に、輸送、通信、情報管理技術の大幅な進歩によって取引コストが大幅に削減された。その結果、国際市場は中国にチャンス（もちろんリスクもある）をもたらし、これは日本と韓国がテイクオフする時よりもはるかに大きかった。Brandt and Rawski, Ross Garnaut『中国――未来二十年的改革与発展』中国語版、四頁、北京、社会科学文献出版社、二〇一一。

41　一九五七～一九七〇年、人民元為替レートは変化がなかったが、一九七〇～一九八〇年に人民元の為替相場が上昇し、一九八〇～一九九五年には五分の一に下落した。このため、中国製品は国際市場で非常に競争力を持った。アンガス・マディソン『中国経済的長期表現――公元九六〇－二〇三〇』、中国語版、八九頁、上海、上海人民出版社、二〇〇八。

42　李鵬「国民経済と社会の発展十年計画及び第八期五カ年計画綱要に関する報告」（一九九一年三月二五日）。

43　アンガス・マディソン『中国経済的長期表現――公元九六〇－二〇三〇』、中国語版、九四頁、上海、上海人民出版社、二〇〇八。

44　国家統計局編『中国統計摘要（二〇一一）』七二頁、北京、中国統計出版社、二〇一一。

45　国家統計局『中国統計要覧（二〇一一）』、五〇頁、北京、中国統計出版社、二〇一一。

46　李鵬「国民経済と社会の発展十年計画及び第八期五カ年計画綱要に関する報告」（一九九一年三月二五日）。

47　『十三大以来重要文献選編』（中）、一三七五頁、北京、人民出版社、一九九一。

48　江沢民「改革開放と近代化の歩みを加速し、中国の特色ある社会主義事業のさらに大きな勝利を奪取する――中国共産党第十四回全国代表大会における報告」一九九二年一〇月一二日。

49　筆者は一九八九年に次のように判断した。一九八〇～二〇二〇年まで経済成長を維持すれば、効率的な経済体制と社会構造を持つ、比較的完全で創造性と生命力に富む中国の特色ある社会主義モデルが世界の東に現れる。胡鞍鋼『人口与発展―中国人口問題的系統研究』、三〇頁、杭州、浙江人民出版社、一九八九。

50　世界銀行『一九九六年世界発展報告：従計画到市場』中国語版、北京、中国財政経済出版社、一九九七。

51　鄧小平は「私たちは毛沢東をフルシチョフがスターリンにしたようには扱わない」と述べた。鄧小平「イタリアのジャーナリスト、オリナ・ファラージへの回答」一九八〇年八月二一日、『鄧小平文選』第二巻、三四七頁、北京、人民出版社、一九九四。

52　鄧小平「『建国以来の党の若干の歴史的問題に関する決議』の起草に関する意見」一九八一年六月二二日、『鄧小平文集』第二巻、三〇七頁、北京、人民出版社、一九九四。

53　陳雲「『建国以来の党の若干の歴史的問題に関する決議』に関する幾つかの意見」一九八一年三月、『陳雲文選』第三巻、二八四頁、北京、人民出版社、一九九五。

54　鄧小平「改革を加速すべきである」一九八七年六月二十日、『鄧小平文選』第三巻、二四〇頁、北京、人民出版社、一九九三。

55　鄧小平は次のように述べた。「個人的には次の三条を考えている。第一に、党と行政機関、そして国家体制すべてを活性化させる。つまり、硬直せずに新しい考え方で新しいことに対応する。第二に、真剣に効率を高める。第三に、人民と各業種における末端組織の積極性を十分に引き出す」。鄧小平「改革を加速すべきである」一九八七年六月二十日、『鄧小平文選』第三巻、二四一頁、北京、人民出版社、一九九三。

56　まず、資本主義と社会主義の歴史が違う。まさに毛沢東が次のように述べているとおりである。「資本主義の発展は、数百年を経ている。十七世紀から現在まで既に三百六十年余り経っている」「三百数十年かけて強大な資本主義経済が確立された。中国では高々五十年から百年ほどである。ここに強大な社会主義経済を打ち立てて、何か悪いことがあろうか」。毛沢東「拡大中央工作会議における講話」（一九六二年一月三〇日）、『毛沢東文集』第八巻。北京、人民出版社、一九九九。

57　鄧小平「改革を加速すべきである」一九八七年六月二十日、『鄧小平文選』第三巻、二四一頁、北京、人民出版社、一九九三。

58　詳細な分析は以下を参照。厳子琪「社会主義は中国人民の光明ある大道である—方励之による社会主義の『空想』論『失敗』論『全面的な西洋化』論 への反論」、『長沙理工大学学報（社会科学版）』一九八七、第一号。

59　一九八八年、香港の『解放月報』編集長の金鐘は、劉暁波への取材で「中国の国民性を批判する人がいますが、これをどう思うか」と尋ねると、劉暁波は率直に答えた。「中国の後進性は少数の暗君が引き起こしたとは思わない。国民一人一人に責任がある。制度は人間によって作られたものなので、中国のすべての悲劇は、自ら編み、自ら演出し、演じそして自ら観賞したものである。これは人種に関連しているかもしれない」。次に「どのような条件の下で、中国は本当の歴史的変化を達成することが可能か」について、次のように答えた。「三〇〇年、植民地となることだ。香港は百年間の植民地時代を経て今のようになった。中国はとても大きいので、香港のようになるには三〇〇年間の植民地となることが必要だ。三〇〇年で十分かどうかは疑問であるが」。詳細については以下を参照。王文傑「社会主義の道は中国人民の偉大な歴史の雌雄淘汰である—劉暁波が吹聴していた『三〇〇年の植民地』への反論を兼ねて」、『華東交通大学学報』一九九一、第三号。

60　鄧小平「資本主義自由化は資本主義の道を進むことである」一九八五年五月、六月、『鄧小平文選』第三巻、一二三〜一二四頁、北京、人民出版社、一九九三。

61　鄧小平「武昌、深圳、珠海、上海等における談話の要点」（一九九二年一月一八日〜二月二一日）。『鄧小平文選』第三巻、三八〇頁、北京、人民出版社、一九九三。

62　李鵬「国民経済と社会の発展十年計画及び第八期五カ年計画綱要に関する報告」（一九九一年三月二五日）。

63　李先念は次のように述べた。「中国で四つの近代化を実現することは、前例のない新たな大事業であり、私を含む全員がほとんど知識と経験を持っていない。ある意味では、四つの近代化の成否は、私たちの学習次第だと言える」。李先念「国家計画会議における講話」一九七九年一二月二〇日、『李先念文選（一九三五－一九八八）』、三九五〜

四〇九頁、北京、人民出版社、一九八九。

64　李先念「財政収支のバランスに余裕を持たせる方針を堅持する」一九八〇年三月三日、六日）、『李先念文選（一九三五－一九八八）』、四一〇～四一五頁、北京、人民出版社、一九八九。

65　李先念「経済発展調節は実事求是であらねばならない」（一九八一年九月二日）、『李先念文選（一九三五－一九八八）』四二三～四二四頁、北京、人民出版社、一九八九。

66　胡錦濤は「動揺しない、努力を怠らない、騒がない」と指摘した。胡錦濤「十一期三中全会三十周年記念大会における講話」二〇〇八年一二月一九日。胡錦濤『中国共産党成立九〇周年慶祝大会上的講話』二〇一一年七月一日。

67　李先念「社会主義近代化を推進し前進する」一九八三年六月二一日、『李先念文選（一九三五－一九八八）、四五五～四五八頁、北京、人民出版社、一九八九。

68　中共中央文献研究室編『鄧小平年譜（一九七五－一九九七）』（下）、一〇六〇頁、北京、中央文献出版社、二〇〇四。

69　中共中央文献研究室編『鄧小平年譜（一九七五－一九九七）』（下）、一二四九～一二五〇頁、北京、中央文献出版社、二〇〇四。

70　中共中央文献研究室編『鄧小平年譜（一九七五－一九九七）』（下）、一二七一頁、北京、中央文献出版社、二〇〇四。

71　中共中央文献研究室編『鄧小平年譜（一九七五－一九九七）』（下）、一三五九頁、北京、中央文献出版社、二〇〇四。

72　一九六二年七月七日、鄧小平は中国共青団中央三期七中全会で次のように述べた。「どのような生産関係が最善であるかについては次のように考える。形式や場所にかかわらず、比較的早く簡単に農業生産が回復し発展する形式を採用する。また、大衆が望む形式を採用するべきだろう。非合法なら合法化すれば良い。劉伯承は『黄色い猫であれ黒い猫であれ、ネズミを捕るのが良い猫である』という四川のことわざをよく挙げていた。これを言ったのは内戦の時で、蒋介石に勝てたのは規則に縛られ古い方法を採るのではなく、状況をすべて把握して勝利を算段したからだ。今は農業生産を回復させなければならない。また、今の状況は生産関係において固定された形式を取ることは良くない。大衆の積極性を引き出せる形式かどうかを見なくてはならない」。鄧小平「農業生産の回復方法」一九六二年七月七日、『鄧小平文選』第一巻、三二三頁、北京、人民出版社、一九九四。

73　陳雲「権威によらず、書によらず、ただ実際がどうであるかを問題にする、意見の交換、事象の比較、考慮の反復によって誤りなく判断できる」一九九〇年一月十四日、『陳雲文選』第三巻、三七一～三七三頁、北京、人民出版社、一九九五。

74　金邦秋『陳雲経済学思想研究』、二一三頁、北京、中央文献出版社、二〇〇五。

75　一九八〇年、陳雲は次のように述べた。「改革は必要である。しかし、穏やかに進まなければならない。私たちの改革は複雑なので過度のスピードを求めることはできない。改革は理論と研究、経済統計、経済予測を基に行わなければならず、**さらに重要なのは、私たちは試すことから出発し、常に経験を総括する必要がある。つまり『川底の石を探りながら川を渡る』のである。最初はゆっくり進む必要がある。これは改革が不要だと言うのでは断じてない。調整に有利なように改革を進め、改革自体の成功に有利なように行うのである**」。陳雲「経済状況と教訓」一九八〇年一二月一六日、『陳雲文選』第三巻、二七九頁、北京、人民出版社、一九九五。

76　劉強倫、汪大理編著『鄧小平卓越知慧』、三五三頁、北京、当代中国出版社、二〇〇一。

77　王輝『漸進革命――震蕩世界的中国改革之路』中国語版、三一頁、北京、中国計画出版社、一九九八。

78　鄧小平「武昌、深圳、上海等における談話の要点」一九九二年一月一八日～二月二一日、『鄧小平文選』第三巻、三八二頁、北京、人民出版社、一九九三。

79 譚宗級、葉心瑜主編『改革与巨変―開創現代化建設新局面』、五三二～五三三頁、長春、吉林人民出版社、一九九四。
80 胡鞍鋼『毛沢東与文革』、四頁、香港、大風出版社、二〇〇八。
81 中共中央文献研究室編『鄧小平年譜（一九七五‐一九九七）』（下）、一三一六頁、北京、中央文献出版社、二〇〇四。
82 鄧小平「中国の改革に対する二つの評価」一九八五年八月二一日、『鄧小平文選』第三巻、一三四～一三五頁、北京、人民出版社、一九九三。
83 デイビッド・ランプトン『中国力量的三面――軍力、財力和智力』中国語版、一〇二頁、北京、新華出版社、二〇〇九。
84 デイビッド・ランプトン『中国力量的三面――軍力、財力和智力』中国語版、一〇一頁、北京、新華出版社、二〇〇九。
85 胡耀邦はさらに次のように述べた。「前にも述べたように、この数年、常務委員会で主要な役割を果たしているのは、剣英、小平、先念、陳雲の四人の同志である。特に小平同志は重要な役割を果たしている。これは秘密ではない。外国人でさえ、今、中国共産党における主要な政策決定者は小平同志だと知っている。時には『総合的な設計者』とも彼等は呼んでいるが、どんな言葉でも意味は同じである。現在、中央指導者の核心、政治活動は正常であり、本当に集団指導を取り戻した。ベテランの指導者の中には、中央政府の政治活動は今までで最良だと言う者もいる。私はこれに同意する。革命家である古参幹部らは今でも中央政府で大きな役割を果たしている中心的指導者である。この状況を党全体に伝えることはできるだろうか。私はそれができるだけでなく、そうすべきだと思う」。胡耀邦「十一期六中全会閉幕会における講話」一九八一年六月二九日。
86 江沢民「十三期四中全会における講話」一九八九年六月二四日、『江沢民文選』第一巻、六〇頁、北京、人民出版社、二〇〇六。
87 「十三期五中全会―鄧小平同志の中国中央軍事委員会主席の職務辞任に関する決定」一九八九年一一月九日。
88 江沢民「改革開放及び近代化のスピードを加速し、中国の特色ある社会主義の勝利を勝ち取る」一九九二年一〇月一二日、『江沢民文選』第一巻、二二二頁、北京、人民出版社、二〇〇六。
89 龔之育らが述べている。「十一期三中全会後、鄧小平が総書記と国家主席に就くことを皆が望んだが、彼は拒否した。これは、一つには当時七四歳という年齢を考慮したからであり、もう一つのより重要な側面は、歴史的な経験と教訓、また党と国家の長期的利益のため、後継者を早期に育成する必要性があると考えたからである。新たな指導集団の中心となった鄧小平は、毛沢東同様、政治路線、戦略的な決定の核心であり、理論的な革新における核心だった」。龔育之、楊春貴、石仲泉、周小文『重読鄧小平』、五〇～五一頁、北京、中共中央党校出版社、二〇〇四。
90 中共中央文献研究室編『鄧小平年譜（一九七五‐一九九七）』（下）、八六四頁、北京、中央文献出版社、二〇〇四。
91 胡耀邦「十一期六中全会閉幕会における講話」一九八一年六月二九日。
92 中共中央文献研究室編『鄧小平年譜（一九七五‐一九九七）』（下）、八〇一頁、北京、中央文献出版社、二〇〇四。
93 鄧小平「未来を切り開くための歴史の総括」一九八八年九月五日、『鄧小平文選』第三巻、二七二～二七三頁、北京、人民出版社、一九九三。
94 中共中央文献研究室編『鄧小平年譜（一九七五‐一九九七）』（下）、七八四頁、北京、中央文献出版社、二〇〇四。
95 『鄧小平与外国首脳及記者会談録』、二四一頁、北京、台湾海峡出版社、二〇一一。
96 鄧小平「『建国以来の党の若干の歴史的問題に関する決議』の起草に関する意見」（第九部分）一九八一年六月二二日、『鄧小平文集』第二巻、三〇七～三〇八頁、北京、人民出版社、二〇〇二。
97 鄧小平「事実をもとに話をする」一九八六年三月二八日、『鄧小平

文選』第三巻、一五六頁、北京、人民出版社、一九九三。

98 中共中央文献研究室編『鄧小平年譜（一九七五－一九九七）』（上）、一三二六～一三二七頁、北京、中央文献出版社、二〇〇四。

99 中共中央文献研究室編『鄧小平年譜（一九七五－一九九七）』（上）、一六一頁、北京、中央文献出版社、二〇〇四。

100 中共中央文献研究室編『鄧小平年譜（一九七五－一九九七）』下冊、一一三三～一一三四頁、北京、中央文献出版社、二〇〇四。

101 鄧小平「中国共産党中央政治局への書簡」一九八九年九月四日、『鄧小平文選』第三巻、三三二頁、北京、人民出版社、一九九三。

102 鄧小平は次のように述べた。「過去のいくつかの問題に対する責任は集団で負わなければならない。もちろん主な責任は毛沢東にある。私たちは制度が決定的な要素であったと述べたし、当時の制度はそのようだった。ただ、誰もがすべてを一人に帰した。私たちはいくつかの問題に反対もしなかったのだから、責任を負うべきだ。もちろん、あの状態では現実的に反対することは難しかった。しかし、私たちは『自分自身』を避けることはできない。私たちが責任を負っても悪いことはなく、いい面がある。それは教訓を得られることだ」。中共中央文献研究室編『鄧小平年譜（一九七五－一九九七）』（下）、七五一頁、北京、中央文献出版社、二〇〇四。

103 鄧小平「『二つのすべて』はマルクス主義に適合しない」一九七七年五月二四日、『鄧小平文選』第二巻、三八頁、北京、人民出版社、一九九四。

104 鄧小平「社会主義を堅持し、工作の方法を改善しよう」一九八九年一一月二三日、第二巻、二七七頁、『鄧小平文選』、北京、人民出版社、一九九四。

105 鄧小平「イタリアのジャーナリスト、オリアーナ・ファラーチへの回答」（一九八〇年八月二一日、二三日）『鄧小平文選』第二巻、三五三頁、北京、人民出版社、一九九四。

106 中共中央文献研究室編『鄧小平年譜（一九七五－一九九七）』（下）、一二九四～一二九五頁、北京、中央文献出版社、二〇〇四。

107 中共中央文献研究室編『鄧小平年譜（一九七五－一九九七）』（下）、一一〇五～一一〇六頁、北京、中央文献出版社、二〇〇四。

108 中共中央文献研究室編『鄧小平年譜（一九七五－一九九七）』（下）、一一三三頁、北京、中央文献出版社、二〇〇四。

109 鄧小平「改革開放政策が安定的なら、中国は大いに希望がある」一九八九年九月四日、『鄧小平文選』第三巻、三一七頁、北京、人民出版社、一九九三。

110 鄧小平「チャンスを生かして発展問題を解決する」一九九〇年一二月二四日、『鄧小平文選』第三巻、三六五頁、北京、人民出版社、一九九三。

111 中共中央文献研究室編『鄧小平年譜（一九七五－一九九七）』下冊、一二四九頁、北京、中央文献出版社、二〇〇四。

112 詳細は以下を参照。胡鞍鋼『中国経済波動報告』、瀋陽、遼寧人民出版社、一九九四。

113 趙涛、胡鞍鋼、姚増起「中国の国民経済が持続的かつ安定的に歩調を合わせて発展するための初歩的な研究報告」一九八九年六月、胡鞍鋼『中国——走向二十一世紀』、三四頁、北京、中国環境科学出版社、一九九一。

114 『中共中央関于進一歩治理整頓和深化改革的決定』一九八九年一一月九日、十三期五中全会で採択。

115 李鵬『市場与調整—李鵬日記』（中）、六七〇頁、北京、新華出版社、中国電力出版社、二〇〇七。

116 江沢民「改革開放及び近代化のスピードを加速し、中国の特色ある社会主義の勝利を勝ち取る—中国共産党第十四次全国代表大会報告」一九九二年一〇月一二日。

117 国家統計局編『中国統計摘要』（二〇一一）、二三頁、北京、中国統計出版社、二〇一一。

118 胡鞍鋼「『特急』はいつまで続くか」、『僑報』（米国ニューヨーク、中国語新聞）、一九九二年一二月。

119　鄧小平は次のように指摘した。「沿岸地域は対外開放を急速に進め、二億人の人口を持つこの広大な地域がより早く先行発展し、内陸のより良い発展につなげなくてはならない。これは、全局の問題である。内陸はこの全局に配慮する必要がある。逆にある程度発展した後は、沿岸地域は内陸の発展を助けるためにさらに力を発揮する必要があり、これも全局である。その時は、沿岸地域が全局に従わなければならない」。鄧小平「中央には権威が必要である」一九八八年九月一二日、『鄧小平文選』第三巻、二七七～二七八頁、北京、人民出版社、一九九三。一九九九年六月、西部地域発展のための戦略計画に関する江沢民の提案は、鄧小平の発言に基づいていた。江沢民「チャンスを逃さず西部開発戦略を達成する」一九九九年六月一七日、『江沢民文選』第二巻、三四〇頁、北京、人民出版社、二〇〇六。

120　『毛沢東文集』第八巻、一〇四～一〇五頁、人民出版社、一九九九。

121　江沢民「十三届六中全会期間の座談会における講話」、一九九〇年三月一〇日、中共中央文献研究室編『江沢民思想年譜（一九八九－二〇〇八）』、二五頁、北京、中央文献出版社、二〇一一。

122　筆者は当時、次のように考えていた。所得格差が広がり貧困層と富裕層が生まれれば、その社会的な不公平に大部分が失望感を味わう。状況は悪化していると感じ、昔の方が良かったと思い、既存の分配制度に不満を持てば、ある条件の下でこの不満が社会全体に広がり、社会不安の大きな要因となる。胡鞍鋼『中国――走向二十一世紀』、一〇四頁、北京、中国環境科学出版社、一九九一。

123　胡鞍鋼『中国――走向二十一世紀』、九八～九九頁、北京、中国環境科学出版社、一九九一。

124　一九九〇年七月、鄧小平が次のように述べている。「中国の人口は十一億人である。もしその十分の一、つまり一億人が富裕になり、それに相応して残りの九億人が貧困から抜け出せないままなら、革命を起こさざる得ない。九億人が革命をやろうとするだろう。だから、中国は社会主義をやるほかない。両極分化はあってはならない。」中共中央文献研究室編『鄧小平年譜（一九七五－一九九七）』（下冊）、一三一七頁、北京、中央文献出版社、二〇〇四。

125　鄧小平「チャンスを生かして発展問題を解決する」一九九〇年一二月二四日、『鄧小平文選』第三巻、三六四頁、北京、人民出版社、一九九三。

126　鄧小平「武昌、深圳、上海等における講話要点」一九九二年一月一八日～二月二一日、『鄧小平文選』第三巻、三七三～三七四頁、北京、人民出版社、一九九三。

127　王紹光、胡鞍鋼『国家能力報告』、瀋陽、遼寧人民出版社、一九九三。

128　鄧小平「中央には権威が必要である」一九八八年九月一二日、『鄧小平文選』第三巻、二七七～二七八頁、北京、人民出版社、一九九三。

129　金衝及、陳群編『陳雲伝』（下）、一七九四～一七九七頁、北京、中央文献出版社、二〇〇五。

130　鄧小平「改革開放政策が安定的なら、中国は大いに希望がある」一九八九年九月四日、『鄧小平文選』第三巻、三一九頁、北京、人民出版社、一九九三。

131　「社会主義市場経済体制確立におけるいくつかの問題に関する党中央の決定」（党第十四期中央委員会第三回全体会議、一九九三年一一月四日採択）、中共中央文献研究室編『十四大以来重要文献選編』上冊、五三四頁、北京、人民出版社、一九八二。

132　胡鞍鋼『人口与発展－中国人口問題的系統研究』、八～九頁、杭州、浙江人民出版社、一九八九。詳細な分析は以下を参照。中国生態環境預警課題組、胡鞍鋼、王毅、牛文元『生態赤字　二十一世紀中華民族生存的最大危機』、一九八九、中国科学報社編『国情与決策』、一八六～二四九頁、北京、北京出版社、一九九〇。

133　李沛林「採鉱業『大鉱実行』における『有水快流』の探求」、『経済管理』、一九八四、第一〇号。

134 中共中央文献研究室編『江沢民思想年譜（一九八九—二〇〇八）』、二二頁、北京、中央文献出版社、二〇一一。

135 李先念「森林資源の保護と開発」一九七八年六月二三日、『建国以来李先念文稿』第四冊、一二五頁、北京、中央文献出版社、二〇一一。

136 金衝及、陳群編『陳雲伝』（下）、一七九八頁、北京、中央文献出版社、二〇〇五。

137 陳雲「汚染対策と環境保護は一大国策である」一九八八年八月二七日、『陳雲文選』第三巻、三六四頁、北京、人民出版社、一九九五年。

138 江沢民「社会主義近代化建設におけるいくつかの重大な関係を適切に処理する」一九九五年九月二八日、『江沢民文選』第一巻、四六三頁、北京、人民出版社、二〇〇六。

139 一九八九年、胡和立は一九八八年の中国における賃貸価格を見積もった。「一九八八年中国賃料推計」、『経済社会体制比較』、一九八九、第五号。

140 本来、非営利組織である公的機関が、その職権等の条件を利用して収入源を作ること。（訳者注）

141 詳細な分析は以下を参照。胡鞍鋼、康暁光「制度革新によって腐敗を根絶する」一九九四年一月、胡鞍鋼『中国——走向二十一世紀的十大関係』、四四一～四七〇頁、北京、中国環境科学出版社、一九九五。

142 鄧小平「一に理想、二に紀律があって団結できる」、一九八五年三月七日、『鄧小平文選』第三巻、一一二頁、北京、人民出版社、一九九三。

143 中共中央文献研究室編『十二大以来重要文献選編』中冊、九〇一頁、北京、人民出版社、一九八六。

144 中共中央文献研究室編『十三大以来重要文献選編』中冊、五五八頁、北京、人民出版社、一九九一。

145 鄧小平「第三代指導者の当面の急務」一九八九年六月一六日、『鄧小平文選』第三巻、三一三～三一四頁、北京、人民出版社、一九九三。

146 『李先念伝』編写組『李先念伝（一九四九－一九九二）』（下）、一三七五～一三七六頁、北京、中央文献出版社、二〇〇九。

147 江沢民「軍隊の建設と改革をしっかりやろう」一九八九年一一月一二日、『江沢民文選』第一巻、七八頁、北京、人民出版社、二〇〇六。

148 一九九四年、筆者らは次のように提案した。制度革新は腐敗と戦うための基本的な方法であり、改革によって賃料を廃止または減額し、レントシーキング活動者及び特別利益団体を制度によって制限する。制度刷新に大衆運動を動員する必要はなく、反腐敗運動が文化大革命のような運動に変貌することを避ける必要がある。また、制度刷新と腐敗根絶のための重要な施策を提案した。例えば貸付利率管理のオープン化、市場利率の一本化といった施策であり、「金利の前では何人も平等である」と提唱した。外国為替相場を開放し、市場為替レートを一本化する。非関税貿易障壁をなくし、大幅に関税率を引き下げ、公的オークションの輸入を許可し、すべての企業に輸出入権を与える。産業行政部、委員会を廃止し産業協会を設立する。独占と不公平な競争を厳格に制限し、各種の企業が業界に自由に出入りし競争に参加できることを保証する。党及び政府機関による企業経営を禁止し、行政官の規模を縮小し、公的給与を大幅に引き上げ、「正当な税金で政府を運営する」。軍隊がビジネスを行うことを禁止し、「正当な税金で軍隊を運営」して軍隊の費用を大幅に上げる。詳細は、胡鞍鋼、康暁光「制度刷新による腐敗の根絶」を参照。胡鞍鋼『中国——走向二十一世紀的十大関係』、四四一～四七〇頁、ハルピン・黒竜江教育出版社、一九九五。

149 詳細な分析は以下を参照。胡鞍鋼主編『中国挑戦腐敗』、杭州、浙江人民出版社、二〇〇一。

150 江沢民「改革開放及び近代化のスピードを加速し、中国の特色ある社会主義の勝利を勝ち取る－中国共産党第十四次全国代表大会報告」一九九二年一〇月一二日。

151 鄭必堅（中共中央委員、中央宣伝部常務副部長）、逢先知（中共中央文献研究室主任）、龔育之（全国政協委員）編集担当、中共中央文献研究室編『鄧小平年譜（一九七五－一九九七）』（下）、一三六七頁、北京、中央文献出版社、二〇〇四。

152 『鄧小平文選』第三巻「出版説明」、一九九三九月二七日、『鄧小平文選』第三巻、北京、人民出版社、一九九三。

153 二〇〇三年八月二四日、鄧小平は『鄧小平文選』第三巻の最終校正刷りが終わると、二十人の同志に送り意見を聞き、「事実上、これは政治的な引継ぎのための書だ」と述べた。中共中央文献研究室編『鄧小平年譜（一九七五－一九九七）』（下）、一三六二～一三六三頁、北京、中央文献出版社、二〇〇四。

154 中共中央文献研究室編『鄧小平年譜（一九七五－一九九七）』（下）、一三六五～一三六六頁、北京、中央文献出版社、二〇〇四。

155 清華大学国情研究センター、胡鞍鋼、王亜華「国情与発展」、一六三～一六五頁、北京、清華大学出版社、二〇〇五。

156 中共中央文献研究室編『鄧小平年譜（一九七五－一九九七）』下冊、一三六四頁、北京、中央文献出版社、二〇〇四。。

157 江沢民「改革開放及び近代化のスピードを加速し、中国の特色ある社会主義の勝利を勝ち取る―中国共産党第十四次全国代表大会報告」一九九二年一〇月一二日。

158 『人民日報』一九九二年五月二八日。

159 『人民日報』一九九二年七月八日。

付録 中国共産党代表大会と中央全会年表（一九七七～一九九二年）

開催月	会議	内容
一九七七年　七月	十期三中全会	華国鋒が主宰。 全体会議は華国鋒を党中央主席及び中央軍事委員会主席とすることを追認。 鄧小平の党中央副主席及び中央軍事委員会副主席等の職務の回復。 第十一回党全国代表大会の繰り上げ招集決定を採択。 「王洪文、張春橋、江青、姚文元反党集団に関する決議」採択。 鄧小平が「正確かつ完全な毛沢東思想によって指導しなければならない」と会議で述べ、初めて華国鋒の「二つのすべて」という観点と対立。
一九七七年　八月	党十一全大会	華国鋒が主宰し、政治報告を行った。華国鋒が「文化大革命」終結を宣言したが、「文化大革命」の誤った理論、政策、スローガンの継続は肯定された。 『中国共産党章程』を改正し採択し、中央委員会の新しい構成員を選出。
一九七七年　八月	十一期一中全会	党中央機関を選出。党中央主席に華国鋒、党中央副主席に葉剣英、鄧小平、李先念、汪東興。この五人は中央政治局常務委員である。
一九七八年　二月	十一期二中全会	第五期全国人民代表大会及び第六期全国政治協商会議開催準備のため、人代常務委員会、国務院、政治協商会議等の構成員を選出し、承認。
一九七八年一二月	十一期三中全会	「二つのすべて」を批判し、真理の基準問題の議論を肯定し、党の思想路線を確立した。すなわち、「階級闘争を綱要とする」のスローガンと「プロレタリア階級独裁下の継続革命」の路線を放棄し、今世紀中に社会主義近代化強国を建設する新たな政治路線を確立した。 党の民主集中制を健全化し、党集団指導を強化するとした。 陳雲を党中央副主席、中央政治局常務委員会に増補した。 中央紀律検査委員会を設置し、第一書記として陳雲を選出した。 党の歴史における多くの冤罪や誤審事件、及び一部の重要な指導者の功績と是非の問題を審査、解決した。また、党の工作の重点を社会主義近代化建設に移行すると全会一致で決定し、対外開放と対内経済活性化の重要方針を確立した。
一九七九年　九月	十一期四中全会	葉剣英の「中華人民共和国成立三十周年慶祝大会における講話」及び「農業の発展加速の若干の問題に関する中共中央の決定」を承認、採択した。 中央委員会政治局員として趙紫陽、彭真を選出した。

		国民経済における「調整、改革、整理、向上」方針を貫徹するとした。
一九八〇年　二月	十一期五中全会	第十二回全国人民代表大会の繰り上げ開催を決めた。 胡耀邦と趙紫陽を政治局常務委員会の委員に増補し、胡耀邦が総書記、万里を含む十一名が中央書記処書記に任命された。 汪東興、紀登奎、呉徳、陳錫連の辞任要請を承認した。 「党内政治生活に関する若干の準則」を採択した。 劉少奇の名誉を完全に回復させた。 憲法第四十五条「四大（大鳴、大放、大弁論、大字報）」の権利規定取り消しを全人代に建議した。
一九八一年　六月	十一期六中全会	『建国以来の党の若干の歴史的問題に関する決議』を採択した。 華国鋒の党中央主席及び中央軍事委員会主席の辞任要求に同意した。 胡耀邦を党中央主席、趙紫陽、華国鋒を党中央副主席、鄧小平を中央軍事委員会主席に選出した。 中央政治局常務委員会委員を、胡耀邦、葉剣英、鄧小平、趙紫陽、李先念、陳雲、華国鋒とし、習仲勛を中央書記処書記に補充した。
一九八二年　八月	十一期七中全会	胡耀邦、葉剣英、鄧小平、趙志陽、李先念、陳雲、華国鋒が会議を主宰し、「党十二回大会報告」「党章程（改正案）」を審議、採決し、党第十二回全国大会に提出した。
一九八二年　九月	党十二全大会	胡耀邦が政治報告「社会主義近代化建設の新局面を全面的に創り出す」を行った。 『中国共産党章程』と中央規律検査委員会の作業報告を審査、承認した。 新たな中央委員会、中央顧問委員会、中央紀律検査委員会を選出した。三年間かけて党風及び組織を全面的に整頓すると決定した。
一九八二年　九月	十二期一中全会	中央政治局委員二十五名と候補委員三名が選出された。 胡耀邦、葉剣英、鄧小平、趙紫陽、李先念、陳雲等の七人が中央政治局常務委員会委員となり、総書記に胡耀邦、中央書記処書記九名、候補書記二名を任命した。 中央軍事委員会主席に鄧小平、副主席四名が決定した。
一九八三年一〇月	十二期二中全会	「整党に関する党中央の決定」を議論、採択し、十六名からなる党中央整党工作指導委員会を設置した。鄧小平は「党の組織路線と思想戦線における重要任務」と題する講話を行った。
一九八四年一〇月	十二期三中全会	「経済体制改革に関する中共中央の決定」を採択し、都市を重点とする経済体制改革が加速した。 「党の全国代表会議開催に関する十二期三中全会の決定」を採択した。

一九八五年　九月	十二期四中全会	「国民経済と社会発展のための第七次五カ年計画制定に関する党中央の建議（草案）」を原則採択した。中央指導機関の新旧交代をさらに進めるための討論を行った。葉剣英の中央政治局常務委員辞職要請に同意し、党指導者の終身制の廃止を推進した。中央の三つの委員会委員に再任しないという多くの古参同志の要請に同意した。
一九八五年　九月	全国代表会議	「国民経済と社会発展のための第七次五カ年計画制定に関する党中央の建議」を採択した。中央指導機関の構成員を調整した。六十四名の中央委員及び候補委員、三十六名の中央顧問委員、三十一名の中央紀律委員について再任させないこととした。中央委員五十六名、候補委員三十四名、中央顧問委員五十六名、中央紀律委員三十三名が補充された。
一九八五年　九月	十二期五中全会	中央政治局と中央書記処のメンバーを部分的に調整した。中央政治局委員に田紀雲ら六名を、中央書記処書記に喬石、李鵬ら五名を補充した。習仲勛、谷牧、姚依林が中央書記処書記を辞任することに同意した。中央紀律委員、第二書記、常務委員会書記、書記の補充を承認した。
一九八六年　九月	十二期六中全会	『社会主義精神文明建設指導方針に関する党中央の決議』『第十三回党全国代表大会招集に関する決議』を採択した。
一九八七年一〇月	十二期七中全会	党十三回大会報告及び党章程部分条文改正案が審議、可決され、党十三回大会に提出することが決定した。 「政治体制改革総体方案」を原則採択した。 一九八七年一月一六日、党中央政治局拡大会議は胡耀邦の党中央総書記辞任とその代理に趙紫陽を選出する決定を確認した。 趙紫陽が「党政分離に関する講話」を行い、「政治体制改革総体構想」、「党十三回大会報告」に対する説明を行った。
一九八七年一〇月	党十三全大会	趙紫陽が「中国の特色ある社会主義の道に沿って前進する」という報告を行った。 「中国共産党章程部分条文修正案」を採択した。 「中央紀律検査委員会工作報告」を採択した。 「中央顧問委員会工作報告」を採択した。 中央委員会、中央紀律検査委員会、中央顧問委員会の新委員を選出した。
一九八七年一一月	十三期一中全会	中央政治局委員十七名、その候補委員一名を選出した。 中央政治局常務委員は趙紫陽、李鵬、喬石、胡啓立、姚依林の五名とし、趙紫陽を総書記、中央書記処書記四名、候補書記一名を任命した。 陳雲を中央顧問委員会主任、喬石を中央紀律検査委員会書記とした。 中央軍事委員会主席を鄧小平、第一副主席を趙紫陽、常務副主席を楊尚昆に決定した。

一九八八年　三月	十三期二中全会	趙紫陽が代表して行った中央政治局の工作報告を審議した。 中央政治局、政治局常務委員会、中央書記処書記の工作規則を採択した。 中央政治局が提出した第七期全国人民代表大会、全国政治協商会議向けの推薦指導者名簿を審議した。
一九八八年　九月	十三期三中全会	趙紫陽が代表して行った中央政治局の工作報告を審議、採択した。 「価格賃金改革に関する暫定案」を原則採択した。 「企業の思想及び政治工作の強化、改善に関する党中央の通知」を原則採択した。
一九八九年　六月	十三期四中全会	中央政治局を代表して李鵬が提出した「反党反社会主義の動乱において趙紫陽が犯した誤りに関する報告書」を審議、採択した。 趙紫陽の総書記等の職務を解任し、趙紫陽の問題に対して引き続き審査を行った。 胡啓立の政治局常務委員の職務を免職した。 芮杏文、閻明復の中央書記処書記の職務を免職した。 江沢民を総書記に選出した。政治局常務委員に江沢民、宋平、李瑞環を補充し、新たな中央政治局常務委員会が組織された。
一九八九年一一月	十三期五中全会	「経済環境の管理と経済秩序の正常化及び改革の深化に関する党中央の決定」を審議、採択した。 「鄧小平同志の党中央軍事委員会主席辞任に関する党中央の決定」を審議、採択した。 江沢民を中央軍事委員会主席、楊尚昆を第一副主席、劉華清を副主席に決定し、楊白氷を中央書記処書記に増補した。
一九九〇年　三月	十三期六中全会	「党と人民大衆の連携強化に関する党中央の決定」を審議、承認した。
一九九〇年一二月	十三期七中全会	「十年計画策定及び第八次五カ年計画に関する党中央の建議」を審議、承認した。 李鵬が「建議」草案について説明した。
一九九一年一一月	十三期八中全会	「農業と農村工作をさらに強化することに関する党中央の決定」を審議、承認した。 「党第十四回全国代表大会の招集に関する決議」を審議、承認した。
一九九二年一〇月	十三期九中全会	中央委員会の第十四回全国代表大会報告と及び「党章程（改正案）」を審議、承認し、これらを十四回大会に提出することを決定した。

本表は以下の資料に基づいて著者がまとめた。

『十一届三中全会以来歴次党代会、中央全会報告、公報、決議、決定』（上）、北京、中国方正出版社、二〇〇八。

姜華宣ら編『中国共産党重要会議紀事（一九二一～二〇〇六）』（増訂本）、中央文献出版社、二〇〇六。

表・図・コラム索引

表索引

図 索引

コラム 索引

あとがき

本書は『中国政治経済史論』シリーズの第二部である。「鄧小平時代」をテーマに据え、中華民族の偉大な復興と人類社会の偉大な変革の歴史的な流れを記述している。私はこの時代を、近代国家のライフサイクルの視点から、中国が経済テイクオフを果たし、急速な経済成長へと向かう歴史的起点となった時代であり、一つの歴史段階であると考えている。本書は、継続的に向上し続ける中国の主要な指標を、世界全体の中で相互比較し考察しているだけではなく、中国の迅速な発展、急速な興隆、加速する強大化の根本的な動因を研究、分析している。私は、これらをひっくるめて「中国の革新」と呼ぶことにした。これは、鄧小平を代表とする中国共産党人が十億に余る中国人民を指導する偉大なイノベートであり、ここから「中国の道」すなわち中国の特色ある社会主義近代化の道が創られてきた。それは、中国史のみならず世界史に銘記されることである。

私は歴史を研究し学ぶ徒ではないから、現代中国の政治経済史を編むことになるとは考えもしなかった。カリキュラムの求めに応じて、二〇〇〇年の初めから清華大学公共管理学院の院生に「社会主義経済の理論と実践」を必修科目として講義することになった。私は従来の教材に頼るのではなく、独自、独創的であろうと考え、『中国政治経済史論』を著しながら講義に着手することにした。建国以来の新中国の政治経済史を主旋律とすることで、主要なテーマである「中国の道」を深くかつ詳細に論述し、生気に溢れ、人の心をつかんで離さない、紆余曲折に富む、広大な歴史絵巻物語を学生・読者の眼前に繰り広げたいと考えた。執筆、講義、修正を同時に進めながら、第一部『中国政治経済史論（一九四九－一九七六）――毛沢東時代』（清華大学出版社[1]）をようやく二〇〇七年に正式出版することができ、さらに二〇〇八年に増刷された。二〇一一年にも第二版が出版増刷された。この第一部は七十万字[2]を超えた。二〇一二年、四十三万字余りの第二部『中国政治経済史論――鄧小平時代』を脱稿し、やはり再版と増刷の恩恵に与った。「十年一剣を磨くが如く、一つ事に専心し」、「白紙に黒字を記せば、確固として定まる」、ここに真正な歴史が記されたと自負する。現在、私は『中国政治経済史論——江沢民時代』の執筆に取り掛かっているが、おそらく四十万から五十万字の大部となり、やはり五年から十年の時間が必要だと思っている。これは、現代中国政治経済史を書き記す私の長期計画であり、歴史の記録、歴史の考察として後世に残ることを願っている。

歴史は常に連続的であるだけでなく、弯曲する龍の背のように起伏に富み、歴史自体にも発展の論理と因果関係が内在している。私の専門はリアルな中国を研究することであるが、しかし、現代中国の歴史に関する知識、経験、教訓が私に欠けていたなら、未来の中国が歩んでいく方向や求めるところをそれなりに正確に予測し、洞察することは不可能であったろう。そうであるから、私は中国を観察し、認識し、分析し、予見し得る独特かつ必要な歴史的視点を手に入れ、中国社会に存在する消極面や影の部分を分析できた。同時に、そこに存在する多くの積極面や光の当たる面も観察できた。また、中国の発展に影響を及ぼす制限要素と不利な条件も分析でき、同時に、その発展の推進要素と有利な条件も見届けることができた。歴史が、すでに我々に語っている。中国の発展・進歩は、常に歴史における真の主流、大きな趨勢であり、その影の部分は中国社会の進歩に伴って、歴史という長江の水底に消失していった。この唯物史観が、積極的かつ自信に満ちた私の中国観に決定的な影響を及ぼした。当然、リアルの中国が歴史となるのは極めて早い。しかし、私はやはり時間を隔てながらも、このリアルな中国、そして歴史へと変化していく中国を記憶し、吟味し、追体験し、評価する。なぜなら我々は、実践が真理を検証する基準であり、誤りを検証する基準であること、歴史が正しい基準と誤った基準を検証することを知っているからである。

本書では、鄧小平等が国内外の課題にどのように対応したのか、改革開放政策をどのように決定したのか、新たな観念をどのように生み出し、戦略の革新、制度の変革、政策の策定を行ったかについて多くのページを費やした。これは鄧小平等個人の伝記ではない。彼等の政策決定の考えと行動を国内外の大きな背景及び各方面の制約条件の下に置き、その高度な理性及び歴史的な合理性、歴史的な限界を観察して歴史的な判断と評価を行ったものである。このため、本書では、「『八六』学生運動」「『八九』政治動乱」という特にデリケートな二つの政治事件についても分析を行った。より詳しい文献が公開されていない現状であるが、なぜ鄧小平等は成功し、胡耀邦と趙紫陽が失敗したのかについて、説得力のある説明ができたと思っている。これは、政策決定の考えと行動について典型的な実例を提供することで、今後の中国の政治家が政治的な勇気と政治的な知識を持ち、政治的な策略を革新できるようにするためである。そして、中国が正しい政治の方向から逸脱せず、すでに確立された制度的枠組みを揺るがさず、これまで開拓してきた中国の道を変えないことを保証するためである。

本書は、鄧小平等の文選を通して、彼等と歴史的な対話と交流を行うもので、これは優れた歴史的な対話である。彼等の思い、考え、言動を理解し、歴史的な背景や事件、歴史による検証を知ることで、真実に近い歴史の姿を復元ができる。それは彼等の間にあったさまざまな観点や相違点を含んでいる。また、どのような決定システムが彼等の政治的コンセンサス形成を不断に促し、さらに彼等に実践に基づく検証、時機に適った構想・決定・政策の具体的な調整を可能にしたのか理解できる。私は経済学等さらに専門的な知識を用いて政策の効果を検証し、評価することができた。それは、短期と長期の評価、プラス面とマイナス面の評価、現実的な合理性と歴史的な限界の評価であり、優れた歴史の教材たりうるものである。

これまで中国の改革開放の歴史で鄧小平について書かれたものは多いが、鄧小平を代表とする集団指導が果たした役割を重視していなかった。本書では、特に陳雲、李先念、葉剣英、彭真らの実際の役割と重要な貢献について具体的に紹介し説明した。彼等は皆、党第八期中央政治局委員であり、重要な政策決定に関与し、深い歴史的な経験と教訓を持っていた。これは彼等の改革開放における政策決定に極めて貴重な歴史的な財産となっている。このゆえに、彼等はまさしく中国の改革開放の父であり、本書で詳しく記述する価値がある。また後世の人々が記憶に残し、思い出し、感謝する価値がある。

本書で記録した歴史は、私が観察、記録、研究、評論しただけではなく、私が経験した歴史でもある。

まず、これは私の人生の軌道を変えた時代の歴史である。一九七七年夏、鄧小平が大学入試の再開を決定し、私は同年末の最初の大学入試を受けた。これは、人生で初めて自分の運命を選ぶチャンスだった。幸運にも合格することができ、改革開放の最初の受益者となった。その後も、改革開放と有機的に関連し合っている。国家の繁栄が個人の成長を決定し、民族の運命が個人の運命を決定した。これも、私がこの時期の歴史を記録したゆえんであり、感謝の気持ちをもって鄧小平に応え、国家の恩義と人民に報いるゆえんである。

次に、これは中国が急速に発展し、偉大な復興を始めた時代の歴史である。私は、中国経済がテイクオフする過程、社会が変化していく過程、対外開放が実施されていく過程、中国が世界と融合していく過程、その歴史の過程を目の当たりにした。私は歴史の経験者、参加者として同感し、この歴史をさまざまな文章や著作で記録できるだけでなく、自分が実際に体験した感銘も表現することができた。事実、私自身も「中国の発展に同行し、中国の開放に連れ添い、中国の変革とともに変化し、中国の繁栄と共存する」という強い意識がある。[3]

加えて、これは人類の歴史上、最大の社会実践であり、社会の変遷である。中国の総人口は世界の五分の一を占める。その今までにない規模の変化は激しく、影響も大きく、衝撃的である。その渦中にある私たちは幸運であるだけでなく、光栄である。なぜなら、歴史的な大きな舞台というのは大いにやりがいがあり、歴史の大きな変遷の中で大きく活躍できるからである。これが、私が世界に向けて英語版の出版を目論む理由である。「中国の偉大な歴史」を伝え、「中国の偉大な変革」を開陳し、「中国の偉大な変遷」を反映するためである。

最後に、「大講堂」で教える機会を与えて下さった清華大学に感謝したい。本書は清華大学の本科生、大学院生、留学生に講義するために執筆した。授業の準備や講義をしながら執筆と修正を行い、長い間少しずつ積み重ねてきたものが出版され、重版も出された。そして二〇一一年八月八日、ようやくすべてが完成した。その後も授業の準備や講義の合間に絶えず修正、補充、調整を重ねている。今後も再版や増刷があるかもしれない。これも歴史に対する私の認識と理解が時代とともに絶えず進歩していることの反映だろう。歴史に対する認識と研究というものは、始まりはあるが終わりがない。先人がいるからこそ、後代の者がいる。後代の者はいつでも先人より知識が豊富で正しく賢明であらねばならない。

二〇一一年一二月一三日、清華大学にて

胡　鞍鋼

1　同書は、二〇一七年、日本僑報社から邦訳出版された。（訳者注）

2　中国語の字数である。（訳者注）

3　胡鞍鋼主編『影響決策的国情報告』「序言」、北京、清華大学出版社、二〇〇二年。

著者 胡 鞍鋼（こ あんこう）

1953年4月27日生まれ。清華大学人文社会科学院上席教授（資深教授）、公共管理学院教授、清華大学国情研究院院長。中国経済50人フォーラムメンバー。

中国トップレベルの国家政策決定シンクタンクである清華大学国情研究院の首席専門家として、1985年以来、現代中国研究と国家政策研究に従事するかたわら、中国改革開放の実践に深く関与し、現代中国の知識理論体系構築に寄与してきた。

中国の長期発展戦略研究に一貫して専念するとともに、国家五カ年計画専門家委員会に度々参与し、マクロ政策決定において有効なコンサル活動を担う。中国国情研究分野において、国内外ともにその影響力が重要視されている。

国内外において、多数の中国研究学術専門書を出版した。国情研究に従事して30年来、上梓した単著・共著・編著及び外国語著書は100冊を超える。

主な邦訳書に、『中国のグリーン・ニューディール』、『SUPER CHINA～超大国中国の未来予測～』、『中国の百年目標を実現する第13次五カ年計画』、『習近平政権の新理念——人民を中心とする発展ビジョン』、『中国集団指導体制の「核心」と「七つのメカニズム」——習近平政権からの新たな展開』、『中国政治経済史論——毛沢東時代（1949～1976）』『改革開放とともに40年』（以上、日本僑報社刊）などがある。

「中国国家自然科学基金委員会傑出青年基金奨励金」、「中国科学院科学技術進歩賞一等賞」（2回受賞）、「第9回孫冶方経済科学論文賞」、「復旦管理学傑出貢献賞」など多数受賞。

訳者 日中翻訳学院 本書翻訳チーム

日中翻訳学院（http://fanyi.duan.jp/）は、日本僑報社が2008年9月に設立した、よりハイレベルな日本語・中国語人材を育成するための出版翻訳プロ養成スクール。

中国政治経済史論　鄧小平時代

2019年10月1日　初版第1刷発行
著　者　　胡 鞍鋼（こ あんこう）
訳　者　　日中翻訳学院 本書翻訳チーム
発行者　　段 景子
発行所　　株式会社 日本僑報社
〒171-0021 東京都豊島区西池袋3-17-15
TEL03-5956-2808　FAX03-5956-2809
info@duan.jp
http://jp.duan.jp
中国研究書店 http://duan.jp

Printed in Japan.　ISBN 978-4-86185-264-0　C0036

日本僑報社　書籍のご案内

中国の人口変動　人口経済学の視点から　李仲生
日本華僑華人社会の変遷（第二版）　朱慧玲
近代中国における物理学者集団の形成　楊艦
日本流通企業の戦略的革新　陳海権
近代の闇を拓いた日中文学　康鴻音
大川周明と近代中国　呉懐中
早期毛沢東の教育思想と実践　鄭萍
現代中国の人口移動とジェンダー　陸小媛
中国の財政調整制度の新展開　徐一睿
現代中国農村の高齢者と福祉　劉燦
中国における医療保障制度の改革と再構築　羅小娟
中国農村における包括的医療保障体系の構築　王峥
日本における新聞連載　子ども漫画の戦前史　徐園

中国都市部における中年期男女の夫婦関係に関する質的研究　于建明
中国東南地域の民俗誌的研究　何彬
現代中国における農民出稼ぎと社会構造変動に関する研究　江秋鳳
東アジアの繊維・アパレル産業研究　康上賢淑
中国工業化の歴史　―化学の視点から―　峰毅
二階俊博　―全身政治家―　石川好
中国はなぜ「海洋大国」を目指すのか　胡波
中国人の価値観　宇文利
尖閣諸島をめぐる「誤解」を解く　笘米地真理

若者が考える「日中の未来」シリーズ
宮本賞 学生懸賞論文集

①日中間の多面的な相互理解を求めて
②日中経済交流の次世代構想
③日中外交関係の改善における環境協力の役割
④日中経済とシェアリングエコノミー
⑤中国における日本文化の流行
監修　宮本雄二

「ことづくりの国」日本へ　関口知宏

対中外交の蹉跌―上海と日本人外交官―　片山和之

日中文化DNA解読　尚会鵬

日本語と中国語の落し穴　久佐賀義光

習近平主席が提唱する新しい経済圏構想「一帯一路」詳説　王義桅

日本人論説委員が見つめ続けた激動中国　加藤直人

日中友好会館の歩み　村上立躬

日本人の中国語作文コンクール受賞作品集

① 我們永遠是朋友（日中対訳）　段躍中編

② 女児陪我去留学（日中対訳）　段躍中編

③ 寄語奥運　寄語中国（日中対訳）　段躍中編

④ 我所知道的中国人（日中対訳）　段躍中編

⑤ 中国人旅行者のみなさまへ（日中対訳）　段躍中編

⑥ Made in Chinaと日本人の生活（日中対訳）　段躍中編

中国人の日本語作文コンクール受賞作品集

① 日中友好への提言2005　段躍中編

② 壁を取り除きたい　段躍中編

③ 国という枠を越えて　段躍中編

④ 私の知っている日本人　段躍中編

⑤ 中国への日本人の貢献　段躍中編

⑥ メイドインジャパンと中国人の生活　段躍中編

⑦ 甦る日本！　今こそ示す日本の底力　段躍中編

⑧ 中国人がいつも大声で喋るのはなんでなのか？　段躍中編

⑨ 中国人の心を動かした「日本力」　段躍中編

⑩ 「御宅（オタク）」と呼ばれても　段躍中編

⑪ なんでそうなるの？　段躍中編

⑫ 訪日中国人「爆買い」以外にできること　段躍中編

⑬ 日本人に伝えたい中国の新しい魅力　段躍中編

⑭ 中国の若者が見つけた日本の新しい魅力　段躍中編

毎日新聞（2018年1月14日）に
橋爪大三郎氏書評を掲載

大反響!!

中国政治経済史論

毛沢東時代 1949-1976

胡鞍鋼……著
日中翻訳学院
本書翻訳チーム……訳

A5判 712頁（上製本） 16000円＋税
ISBN 978-4-86185-221-3 C0036

橋爪 大三郎 評

中国政治経済史論 毛沢東時代（1949～1976）

胡鞍鋼著（日本僑報社・1万7280円）

データで明らかにする新中国の骨格

アメリカを抜く、世界最大の経済に迫る中国。その波乱の現代史を、指導者らの実像を織り込んで構成する大作だ。ぶ厚い二巻本の前半、毛沢東時代の部分が今回訳出された。

著者・胡鞍鋼《フアンガン》教授は、中国指折りの経済学者。文化大革命時に東北の農村で七年間の辛酸をなめ、入試が復活するや猛勉強で理工系大学に合格。その後経済学も独学でマスターし、認められて米国に留学、帰国後は清華大学のシンクタンク「国情研究中心」を舞台に、膨大な著書や提言を発表し続けている。

中国の経済は政治と不可分である。それを熟知する著者は、党や政府の幹部に向けた政策レポートを書き続けるうち、政治との密接不可分な関係を検証する「歴史」研究こそ経済の本質に届くのだと思い定める。そこで、文化大革命がどういう原因で生じ、どれだけ災厄をもたらしたか、また改革開放がいかに可能となり、どれだけ成長をもたらしたかを、政府統計や党の文書を精査して洗い出した。信頼すべきデータと方法に基づき新中国の政治経済史の骨格を明らかにする、本格的業績だ。

文化大革命の前奏曲が、大躍進だった。経済を理解しない毛沢東がソ連と張り合って、十五年で英米に追いつくとぶち上げた。党中央は熱に浮かされた。ノルマは下級に伝えられるたび膨らみ、無能と思われないための水増し報告が積み上がった。大豊作、大増産の一人歩きだ。人民公社の食堂の食べ放題も輪をかけた。大飢饉《ききん》が始まり、餓死者は一千五百万人に達した。劉少奇は人民公社を手直しし、家族に責任を持たせて生産をテコ入れした。大躍進の責任を追及された毛沢東は深く恨み、劉少奇の打倒を決意する。資本主義復活を企《たくら》む実権派と戦う、共産党内の階級闘争が始まった。

《毛沢東個人の意見が全党で可決した決議とぶつかった時には前者が優先され、指導者個人が党を凌駕《りょうが》し始めた》。党が正しいルールに戻る機会が何度かあったが空《むな》しかった。文化大革命で劉少奇が命を失い、鄧小平が打倒され、林彪が失脚し、多くの党員が悲惨な運命に見舞われた。この異様な党のあり方を深刻に反省した鄧小平は、のちに改革開放で党の何をどう変えるかの骨格を頭に刻んだ。

毛沢東時代をどう評価すべきか。《一九五二～一九七八年の間に工業総生産額は一七倍に増加し、年平均成長率は一一・三%》だった。実際この時期の成長は目覚ましかった。が、大躍進と文化大革命がダメージを与えた。胡教授の推計によると、長期潜在成長率約九%に対し《一九五七～一九七八年が五・四%》で《政策決定の誤りによる経済損失は、経済成長率の三分の一～四分の一に相当する》という。このほか、教育機会を奪われた人材の喪失や人心の荒廃、社会秩序の混乱も深刻だ。

毛沢東の失政をもたらしたのは体制の欠陥だと著者は言う。指導者の終身制。党規約の空文化。《「文化大革命」は鄧小平が改革開放を始めた直接的動機であり、政治的・社会的安定を保つことができた根本的要因でもあった》。文革の災厄から、人びとは教訓を学んだのだ。

毛沢東の歴史的評価は中国では、現在でも「敏感」な問題である。胡教授は公平に、客観的・科学的に、この問題を追い詰める。動乱の渦中で青年期を過ごした経験と、経済学者としての見識に基づき、党関係の膨大な資料を読み抜いた本書は、待望の中国の自己認識の書だ。日本語訳文も正確で読みやすい。全中国関連の必須図書として、全国のなるべく多くの図書館に一冊ずつ備えてもらいたい。

（日中翻訳学院 本書翻訳チーム訳）